Springer-Lehrbuch

Philipp Reimer

Allgemeines Verwaltungsrecht

Philipp Reimer
Fachbereich Rechtswissenschaft
Universität Konstanz
Konstanz, Deutschland

ISSN 0937-7433 ISSN 2512-5214 (electronic)
Springer-Lehrbuch
ISBN 978-3-662-69060-4 ISBN 978-3-662-69061-1 (eBook)
https://doi.org/10.1007/978-3-662-69061-1

Die Deutsche Nationalbibliothek verzeichnet diese Publikation in der Deutschen Nationalbibliografie; detaillierte bibliografische Daten sind im Internet über https://portal.dnb.de abrufbar.

© Der/die Herausgeber bzw. der/die Autor(en), exklusiv lizenziert an Springer-Verlag GmbH, DE, ein Teil von Springer Nature 2024
Das Werk einschließlich aller seiner Teile ist urheberrechtlich geschützt. Jede Verwertung, die nicht ausdrücklich vom Urheberrechtsgesetz zugelassen ist, bedarf der vorherigen Zustimmung des Verlags. Das gilt insbesondere für Vervielfältigungen, Bearbeitungen, Übersetzungen, Mikroverfilmungen und die Einspeicherung und Verarbeitung in elektronischen Systemen.
Die Wiedergabe von allgemein beschreibenden Bezeichnungen, Marken, Unternehmensnamen etc. in diesem Werk bedeutet nicht, dass diese frei durch jedermann benutzt werden dürfen. Die Berechtigung zur Benutzung unterliegt, auch ohne gesonderten Hinweis hierzu, den Regeln des Markenrechts. Die Rechte des jeweiligen Zeicheninhabers sind zu beachten.
Der Verlag, die Autoren und die Herausgeber gehen davon aus, dass die Angaben und Informationen in diesem Werk zum Zeitpunkt der Veröffentlichung vollständig und korrekt sind. Weder der Verlag noch die Autoren oder die Herausgeber übernehmen, ausdrücklich oder implizit, Gewähr für den Inhalt des Werkes, etwaige Fehler oder Äußerungen. Der Verlag bleibt im Hinblick auf geografische Zuordnungen und Gebietsbezeichnungen in veröffentlichten Karten und Institutionsadressen neutral.

Planung/Lektorat: Manuela Schwietzer
Springer ist ein Imprint der eingetragenen Gesellschaft Springer-Verlag GmbH, DE und ist ein Teil von Springer Nature.
Die Anschrift der Gesellschaft ist: Heidelberger Platz 3, 14197 Berlin, Germany

Wenn Sie dieses Produkt entsorgen, geben Sie das Papier bitte zum Recycling.

Vorwort

Ein neues Lehrbuch eines etablierten Faches wie des Allgemeinen Verwaltungsrechts bietet die seltene Gelegenheit, ein Bild des Rechtsgebiets als Ganzen zu zeichnen und dabei eigene Wege der Darstellung zu gehen. Die Grundidee des Buches ist, dass innerhalb der Dogmatik des Verwaltungsrechts mehrere Perspektiven ihren praktischen wie didaktischen Nutzen haben und deshalb nacheinander zu ihrem Recht kommen sollten. Rechtsträger, Rechtspositionen, Rechtsakte und Verfahren des Verwaltungsrechts – zugleich die Überschriften der Teile des Buches – stehen für diese Perspektiven, die man je für sich einnehmen kann, aber in deren Gesamtschau sich erst ein vollständiges Lehrgebäude zeigt. Dieses Vorgehen führt dazu, dass viele Gegenstände (von Anfechtungsklage bis Zwangsmitteln) von mehreren Seiten her angeleuchtet werden können. Auf diese Weise gelangt Licht auch an Stellen, die bei Beschränkung auf eine einzelne Blickrichtung im Dunkeln bleiben müssten (wie etwa die Rechtsnachfolgeproblematik bei Wahl der verbreiteten Rechtsaktperspektive).

Das Projekt eines Verwaltungsrechtslehrbuchs begleitet mich seit vielen Jahren, und ich bin dem Springer-Verlag für den Platz in seinem Programm dankbar. Inhaltlich knüpft die Darstellung dicht an eigene Forschungen an, insbesondere in Teil IV an meine „Handlungsformen des Staates" (2008), in Teil V an die „Verfahrenstheorie" (2015) und durchgehend, aber besonders in Teil III, an Konzepte aus der „Rechtstheorie" (2022). Die daraus gewonnenen Einsichten systematisch darzustellen und zugleich für die Lehre fruchtbar zu machen war mir ein wichtiges Anliegen.

Während des Abschlusses der Arbeiten an diesem Buch bin ich an ME/CFS erkrankt, habe es nicht mehr ins Büro und in den Hörsaal, oft nicht einmal mehr aus dem Bett geschafft und bin vor Kurzem schließlich in den Ruhestand versetzt worden. Ich bin froh, dass ich mit den verbliebenen Kräften das Projekt, das am Herzen mir lag, trotzdem noch habe abschließen können – über einen langen Zeitraum, in ganz kleinen Schritten an den kopfschmerzärmeren Tagen und insgesamt mit erheblicher Verzögerung.

Noch mehr als sonst bin ich vor diesem Hintergrund den Mitarbeitern meines (nunmehr früheren) Lehrstuhls zu Dank für ihre Unterstützung verpflichtet – zuvörderst Tina Sperling und Assessorin Celina Windbiel. Großen Dank schulde ich auch meinen Freunden und Kollegen Professor Dr. Simon Kempny, LL.M., der nicht nur eine Manuskriptfassung vollständig gelesen und viele fruchtbare Anregungen gegeben hat, sondern ein weiteres Mal unentbehrlicher Denk- und Gesprächspartner gewesen ist, und Professor Dr. Julian Krüper, der die umfangreichen Druckfahnen hat durchsehen lassen; zu Dank verpflichtet bin ich insoweit auch Miriam Stüttgen und Professor Dr. Sebastian Unger. Meinen Konstanzer Fachbereichskollegen danke ich für ihr großes Verständnis und ihre Hilfsbereitschaft in Anbetracht meiner Erkrankung. Widmen kann ich das Buch guten Gewissens aber nur meiner Frau, Dr. Emily Reimer-Jaß, an der jetzt so viel mehr hängen bleibt und die dennoch immer auf meiner Seite ist.

Halstenbek, Deutschland　　　　　　　　　　　　　　　　　　　Philipp Reimer
Juli 2024

Verzeichnis der Prüfungsschemata

Prüfungsschema 1: Ist der Verwaltungsrechtsweg eröffnet?	§ 3 Rn. 4
Prüfungsschema 2: Ist eine Klage zulässig?	§ 3 Rn. 23
Prüfungsschema 3: Hat die allgemeine Feststellungsklage Aussicht auf Erfolg?	§ 9 Rn. 56
Prüfungsschema 4: Hat der Antrag auf Erlass einer einstweiligen Anordnung Aussicht auf Erfolg?	§ 9 Rn. 65
Prüfungsschema 5: Besteht ein Anspruch auf Wiederaufgreifen?	§ 13 Rn. 66
Prüfungsschema 6: Löst ein Handeln die beabsichtigte Rechtsfolge als Verwaltungsakt aus?	§ 19 Rn. 28
Prüfungsschema 7: Ist eine Genehmigungsfiktion eingetreten?	§ 19 Rn. 36
Prüfungsschema 8: Ist ein Verwaltungsakt wirksam?	§ 19 Rn. 62
Prüfungsschema 9: Ist ein Verwaltungsakt rechtmäßig?	§ 19 Rn. 91
Prüfungsschema 10: Hat die Anfechtungsklage Aussicht auf Erfolg?	§ 19 Rn. 143
Prüfungsschema 11: Hat der Widerspruch Aussicht auf Erfolg?	§ 19 Rn. 209
Prüfungsschema 12: Hat der Antrag nach § 80 Abs. 5 VwGO Aussicht auf Erfolg?	§ 19 Rn. 211
Prüfungsschema 13: Hat die Fortsetzungsfeststellungsklage Aussicht auf Erfolg?	§ 19 Rn. 232
Prüfungsschema 14: Hat die Nichtigkeitsfeststellungsklage Aussicht auf Erfolg?	§ 19 Rn. 241
Prüfungsschema 15: Hat die Verpflichtungsklage Aussicht auf Erfolg?	§ 19 Rn. 246
Prüfungsschema 16: Hat der (Verpflichtungs-)Widerspruch Aussicht auf Erfolg?	§ 19 Rn. 262
Prüfungsschema 17: Hat die (Verpflichtungs-)Fortsetzungsfeststellungsklage Aussicht auf Erfolg?	§ 19 Rn. 266
Prüfungsschema 18: Ist die Rücknahme rechtmäßig?	§ 20 Rn. 25
Prüfungsschema 19: Ist der Widerruf rechtmäßig?	§ 20 Rn. 37
Prüfungsschema 20: Ist eine Zusicherung wirksam?	§ 20 Rn. 57

Prüfungsschema 21: Hat die Anfechtungsklage gegen eine §20 Rn. 97
Nebenbestimmung Aussicht auf Erfolg?
Prüfungsschema 22: Hat das Rechtsmittel Aussicht auf Erfolg? §21 Rn. 32
Prüfungsschema 23: Ist ein öffentlich-rechtlicher Vertrag §22 Rn. 18
wirksam?
Prüfungsschema 24: Ist eine Rechtsverordnung oder Satzung §23 Rn. 19
wirksam?
Prüfungsschema 25: Ist die Anwendung unmittelbaren Zwangs §27 Rn. 27
als Vollstreckungsmaßnahme rechtmäßig?

Inhaltsverzeichnis

Vorbemerkungen 1
  I. Zum Konzept des Lehrbuchs 1
    1. Allgemeines Verwaltungsrecht 1
    2. Prozessrecht 2
    3. Lehrbuch 3
    4. Wissenschaftlich 4
  II. Zu den Materialien 6
    1. Gesetzestexte 6
    2. Literatur 7
      a) Kommentare 7
      b) Handbücher 8
      c) Zeitschriften 8
      d) Ausbildungsliteratur 9
    3. Rechtsprechung 11

I. Verwaltung im Gefüge der Staatsgewalten

§ 1. Verwaltung als ausführende, gestaltende, planende Staatsgewalt 15
  I. Verwaltung als Tätigkeit 15
  II. Verwaltung als Organisation 18
  III. Verwaltung in Deutschland 19

§ 2. Gesetzgebung als rechtliche Steuerung der Verwaltung 21
  I. Einteilungen nach dem Inhalt 22
    1. Sonderrecht der Verwaltung und nicht verwaltungsspezifisches Recht 22
    2. Allgemeines und Besonderes Verwaltungsrecht 24
    3. Materielles und prozessuales Verwaltungsrecht 28
  II. Einteilungen nach der Normherkunft – die Rechtsschichten des Verwaltungsrechts 28
    1. Europäisches und deutsches Verwaltungsrecht 28
      a) Unionsrecht der Eigenverwaltung 29

   b) Unionsrecht des indirekten Vollzugs – Europäisierung des
     deutschen Rechts 30
   c) Deutsches Recht 31
  2. Bundes- und Landesverwaltungsrecht 31
   a) Bundesrecht der Bundeseigenverwaltung 32
   b) Bundesrecht der Ausführung durch die Länder – punktuell
     ergänzendes Landesrecht 32
   c) Landesrecht 34
  3. Verfassungs- und einfaches Verwaltungsrecht 35
 III. Die maßgeblichen Gesetze für das Allgemeine Verwaltungsrecht 36

§ 3. Rechtsprechung als Kontrolle der Verwaltung – insbesondere die Rechtswege 41
 I. Kontrolle durch die Verwaltungsgerichte 42
  1. Vorrangig: Rechtsweg gemäß Spezialgesetz 43
  2. Grundsätzlich: Rechtsweg gemäß Generalklausel 43
   a) Öffentlich-rechtliche Streitigkeit 44
    aa) Streit über eine Rechtsposition unmittelbar aus
      öffentlich-rechtlichem Gesetz 45
    bb) Streit über eine Rechtsposition aus konkretem
      Rechtsakt kraft öffentlich-rechtlicher Kompetenz 47
   b) Streitigkeit nichtverfassungsrechtlicher Art 48
  3. Vorschau: Zulässigkeit der verwaltungsgerichtlichen Klage 48
 II. Kontrolle durch besondere Verwaltungsgerichte 50
 III. Kontrolle durch ordentliche Gerichte 51
 IV. Kontrolle durch Schiedsgerichte 53

Selbstkontrollaufgaben zu Teil I 55

II. Rechtsträger

§ 4. Systematischer Überblick 59
 I. Einteilung der Rechtsträger 59
 II. Fragen an jeden Rechtsträgertyp 60
 III. Stellung im Verfahren 61
  1. Beteiligungsfähigkeit 61
  2. Prozess- bzw. Handlungsfähigkeit 62
  3. Postulationsfähigkeit 63

§ 5. Privatrechtssubjekte im Verwaltungsrecht 65
 I. Natürliche Personen 67
 II. Juristische Personen des Privatrechts 68
 III. Gesamthandsgemeinschaften 70
 IV. Mitwirkung von Privatrechtssubjekten an der Verwaltung 71
  1. Unterstützung von Hoheitsträgern bei Verwaltungsaufgaben 71
   a) Bedienstete 71

      b) Ehrenamtliche 74
      c) Unternehmer 75
   2. Übernahme von Verwaltungsaufgaben 76
      a) Aufgabenprivatisierung (materielle Privatisierung) 77
      b) Organisationsprivatisierung (formelle Privatisierung) 77
      c) Funktionale Privatisierung 78

§ 6. Verwaltungsträger – die rechtsfähigen Hoheitsträger 81
  I. Funktion und typische Rechtspositionen 81
    1. Vermögen, Ansprüche, Pflichten – die „Rechtsfähigkeit" 81
    2. Verbandszuständigkeiten 83
    3. Funktionsbezeichnungen 85
    4. Gegenstatus 85
  II. Entstehung und Untergang 85
  III. Zurechnung von Handlungen 87
    1. Handlungen eigener Organe 87
    2. Handlungen fremder Organe – Organleihe 87
    3. Handlungen anderer Verwaltungsträger – gesetzliche Vertretung 88
  IV. Stellung in Verfahren 89
  V. Charakteristische Erscheinungsformen 90
    1. Körperschaften 90
    2. Anstalten, Stiftungen 92
    3. Sondervermögen 94
  VI. Aufsicht 94

§ 7. Behörden – nichtrechtsfähige Hoheitsträger mit Verwaltungsaufgaben 99
  I. Funktion und typische Rechtspositionen 99
    1. Organzuständigkeiten 100
    2. Befugnisse und Kompetenzen 101
    3. Funktionsbezeichnungen 103
    4. Ausnahmsweise: Ansprüche zwischen Verwaltungsorganen 104
  II. Entstehung und Untergang 105
  III. Zurechnung von Handlungen 106
    1. Handlungen von Organwaltern 106
      a) Einzelner Organwalter bei monokratischen Behörden 106
      b) Mehrere Organwalter bei kollegialen Behörden 107
      c) Organwalter bei versächlichten Behörden 108
    2. Handlungen der Bediensteten in ihren Organisationseinheiten 108
    3. Handlungen benannter Organteile – insbesondere Stellvertreter und Ausschüsse 109
  IV. Stellung in Verfahren 111
  V. Charakteristische Erscheinungsformen 113
    1. Leitungs- und Vertretungsorgane 113
    2. Behörden von Bund und Ländern 115
      a) Bund 115

aa) Oberste Bundesbehörden 115
bb) Bundesoberbehörden 117
cc) Bundesmittel- und -unterbehörden 118
b) Länder 119
aa) Oberste Landesbehörden 119
bb) Landesoberbehörden 120
cc) Landesmittelbehörden 121
dd) Untere Landesbehörden 122
3. Ausnahme: Behörden ohne Verwaltungsträger 124
VI. Aufsicht 125
1. Zwischenbehördliche Weisungsbeziehungen 125
2. Zwischenbehördliche Rechtmäßigkeitskontrolle 127

§ 8. Verwaltungsgerichte – nichtrechtsfähige Hoheitsträger mit
Rechtsprechungsaufgaben 129
I. Entstehung und Untergang 129
II. Zurechnung von Handlungen 131
III. Zuständigkeit 132
IV. Stellung in Verfahren 133
V. Aufsicht 134

Selbstkontrollaufgaben zu Teil II 135

III. Rechtspositionen

§ 9. Systematischer Überblick 139
I. Einteilungen der Rechtspositionen 140
1. Status, Erlaubnis, Pflicht, Anspruch, Kompetenz,
Sacheigenschaft und Systemzustand 140
2. Subjektives öffentliches Recht 140
3. Rechtsverhältnis, Schuldverhältnis 141
II. Fragen an jede Rechtspositionsart 143
III. Erwerb und Verlust 143
1. Durch konkreten Rechtsakt 145
a) Behördliche Rechtsakte 145
b) Private Rechtsakte: Übertragung und Verzicht 146
2. Durch abstrakten Rechtsakt 147
a) Inhaltsdimension 147
aa) Sachbezug: faktisch/normativ 147
bb) Zeitbezug: gegenwärtig/vergangen/künftig 150
cc) Anknüpfungsvorzeichen: positiv/negativ 150
b) Anwendungsdimension 150
aa) Präkludierte und fingierte Tatbestandsmerkmale 151
bb) Präjudizierte Tatbestandsmerkmale 151

cc) Prädeterminierte Tatbestandsmerkmale – die
  Normkonkretisierung durch Verwaltungsvorschrift 152
dd) Adjudizierte Tatbestandsmerkmale – der
  Beurteilungsspielraum 153
c) Typische Tatbestandsstrukturen 154
  aa) Akzessorischer Erwerb und Verlust 154
  bb) Sukzessorischer Erwerb und Verlust – die
    Rechtsnachfolge 155
  cc) Kategorischer Erwerb und Verlust 156
  dd) Verlust durch Verwirkung 156
IV. Geltendmachung 157
  1. Allgemeine Feststellungsklage 158
  2. Antrag auf Erlass einer einstweiligen Anordnung 161

§ 10. Status 165
  I. Funktion und Arten 165
  II. Erwerb 168
  III. Verlust 169
  IV. Geltendmachung 170
  V. Wichtige allgemeinverwaltungsrechtliche Status 171
    1. Beliehensein mit Hoheitsrechten 171
    2. Prozedurale Status 174

§ 11. Erlaubnisse 177
  I. Funktion und Arten 177
    1. Genehmigungen – im Bereich von
      Genehmigungserfordernissen 178
    2. Befugnisse der Hoheitsträger – im Bereich des Vorbehalts
      des Gesetzes 181
  II. Erwerb 181
    1. Genehmigungen 182
      a) Erwerb durch Einzelakt 182
      b) Akzessorischer Erwerb 183
      c) Sukzessorischer Erwerb 183
    2. Befugnisse der Hoheitsträger 184
      a) Erwerb durch abstrakten Rechtsakt 184
        aa) Faktische Tatbestandsmerkmale 186
        bb) Normative Tatbestandsmerkmale 188
        cc) Alternative Tatbestandsmerkmale 189
      b) Erwerb durch Einzelakt 190
  III. Verlust 192
    1. Genehmigungen 192
    2. Befugnisse der Hoheitsträger 193
  IV. Geltendmachung 194

§ 12. Pflichten 197
I. Funktion und Arten 197
1. Handlungspflichten 198
   a) Zahlungspflichten – insbesondere die Abgaben 198
   b) Bescheidungspflichten von Hoheitsträgern 199
2. Unterlassungspflichten – insbesondere die präventiven Verbote ... 200
   a) Genehmigungserfordernisse 200
   b) Vorbehalt des Gesetzes 202
3. Abgrenzung: Status mit der Bezeichnung „Pflicht"
   („abstrakte" oder „formelle" Pflichten) 203
II. Erwerb 203
1. Erwerb durch abstrakten Rechtsakt 204
   a) Abstrakt begründete Pflichten von Hoheitsträgern 204
   b) Abstrakt begründete Pflichten von Privatrechtssubjekten 205
2. Erwerb durch Einzelakt 206
3. Erwerb durch Gesamtrechtsnachfolge 207
III. Verlust 208
IV. Durchsetzung 209
1. Erzwingung der Erfüllung 209
   a) Gerichtliche Erzwingung mit korrespondierendem
      Anspruch 209
   b) Behördliche Erzwingung durch Verwaltungsvollstreckung.... 211
      aa) Vollstreckungstitel als Voraussetzung 211
      bb) Vollstreckung durch Beitreibung bei
          Geldleistungspflichten 212
      cc) Vollstreckung durch Zwangsmittel bei anderen
          Pflichten 213
   c) Behördliche Erzwingung durch feststellenden und
      titulierenden Verwaltungsakt 214
2. Sanktionierung der Nichterfüllung 215
   a) Strafrechtliche Sanktionierung 216
   b) Ordnungswidrigkeitenrechtliche Sanktionierung 217
   c) Disziplinarrechtliche Sanktionierung 218
   d) Fachrechtliche Sanktionierung 219
3. Materiellrechtliche Reaktionen 219
   a) Fiktionen 219
   b) Vorteilsabschöpfungen 220

§ 13. Ansprüche 223
I. Funktion und Arten 223
II. Erwerb 226
1. Erwerb durch abstrakten Rechtsakt 226
   a) Anspruchsgrundlageneigenschaft – insbesondere die
      Schutznormtheorie 226

b) Anspruchsvoraussetzungen 229
   aa) Faktische Anspruchsvoraussetzungen 230
   bb) Normative Anspruchsvoraussetzungen 231
   cc) Präjudizierte Anspruchsvoraussetzungen 231
2. Erwerb durch Einzelakt 232
3. Erwerb durch Gesamtrechtsnachfolge 232
III. Verlust 233
IV. Geltendmachung 234
1. Klageart 235
   a) Anspruch auf beliebiges Tun oder Unterlassen – allgemeine Leistungsklage 235
   b) Anspruch auf Vornahme eines Verwaltungsakts – Verpflichtungsklage 236
   c) Anspruch auf Aufhebung eines Verwaltungsakts – Anfechtungsklage 237
2. Klagebefugnis 238
3. Richtiger Beklagter 239
4. Rechtsschutzinteresse 239
V. Wichtige allgemeinverwaltungsrechtliche Ansprüche 240
1. Abwehr rechtswidrigen belastenden Verwaltungshandelns 241
   a) Unterlassung 242
   b) Rückabwicklung 243
      aa) Rückabwicklung der geschaffenen Rechtspositionen 244
      bb) Rückabwicklung des geschaffenen tatsächlichen Zustands 247
      cc) Herstellung des hypothetischen Zustands (Naturalrestitution oder vermögensmäßige Gleichstellung) 249
2. Gewährung einer rechtswidrig vorenthaltenen Begünstigung 252
3. Entschädigung bei rechtmäßigem belastendem Verwaltungshandeln................................... 253
4. Erstattung rechtsgrundloser Leistungen..................... 255
5. Ersatz von Aufwendungen 257
6. Erteilung von Informationen 259

§ 14. Kompetenzen 261
I. Funktion und Arten 261
II. Erwerb und Verlust 262
1. Hoheitliche Kompetenzen 262
2. Private Kompetenzen 263
III. Ausübung 265

§ 15. Eigenschaften von Sachen 267
I. Funktion und Arten 267
II. Erwerb 270
III. Verlust 271

IV. Typische Anknüpfungen 271
 1. „Gemeingebrauch" – Erlaubnis zur Nutzung 272
 2. „Öffentliche Einrichtung" – Anspruch auf Zulassung 274
 3. Pflicht zur Herausgabe 275
§ 16. Systemzustände 277
 I. Funktion und Arten 277
 II. Erwerb und Verlust...................................... 278
 III. Typische Anknüpfungen 279

Selbstkontrollaufgaben zu Teil III 281

IV. Rechtsakte

§ 17. **Systematischer Überblick** 285
 I. Einteilung der Rechtsakte 286
 II. Vier Fragen an jede Rechtsaktform 289
 III. Wirkungen 290
  1. Tatsächliche und rechtliche Wirkungen 290
  2. Änderung der Rechtslage (Gestaltungswirkung) 291
  3. Klärung für künftige Entscheidungen (präjudizielle Wirkung) ... 292
  4. Ermöglichung der Vollstreckung (Titelwirkung) 293
  5. Gesamtwirkung und Teilwirkungen 293
 IV. Wirkungsbedingungen 295
 V. Rechtmäßigkeit 297
  1. Vorbehalt des Gesetzes – Verbot gewisser Maßnahmen ohne
   besondere Befugnis 300
   a) Maßnahme im Vorbehaltsbereich 300
   b) Befugnis für die Maßnahme 302
    aa) Tauglichkeit für den Vorbehalt des Gesetzes 304
    bb) Passung zur Maßnahme 305
    cc) Einschlägigkeit in der Situation 306
  2. Verfahrensvorgaben – Verbot gewisser Maßnahmen ohne
   vorangegangene Verfahrensschritte 307
  3. Inhaltsvorgaben 308
   a) Freiheitsgrundrechte – Verbot unverhältnismäßiger
    Maßnahmen 309
   b) Gleichheitssätze – Verbot ungerechtfertigter
    Ungleichbehandlungen 310
   c) Ermessensvorgaben – Verbot unbewusster oder
    unsachlicher Auswahl 312
    aa) Bestehen eines Ermessens – Erforderlichkeit einer
     Auswahl.. 313
    bb) Ausübung des Ermessens – Fehlerfreiheit der Auswahl... 315
   d) Einzelfallvorgaben 317

VI. Rechtsschutz 317
   1. Abwehr des Rechtsakts 318
      a) Wirksamer Rechtsakt 318
      b) Unwirksamer Rechtsakt 319
   2. Erzwingung des Rechtsakts 320

§ 18. Rechtsakte Privater 323
I. Verwaltungsrechtliche Willenserklärungen 323
   1. Wirkungen 323
   2. Wirkungsbedingungen 325
      a) Handlungsfähigkeit 325
      b) Form 325
      c) Negative Voraussetzungen: Anfechtung, Widerruf 327
II. Verwaltungsrechtliche Wissenserklärungen 327
III. Verfügungsverträge über verwaltungsrechtliche Rechtspositionen ... 328

§ 19. Verwaltungsakte 331
I. Wirkungen 332
   1. Änderung der Rechtslage (Gestaltungswirkung) 333
   2. Klärung für künftige Entscheidungen (präjudizielle Wirkung) ... 336
      a) Anwendungsfälle 337
      b) Persönliche Reichweite 339
   3. Ermöglichung der Vollstreckung (Titelwirkung) 340
II. Wirkungsbedingungen 341
   1. Handlungsformqualifikation „Verwaltungsakt" 343
      a) Hoheitliche Maßnahme 344
         aa) Grundsatz: positives Tun 344
         bb) Ausnahme: Unterlassen („Genehmigungsfiktion") 344
      b) Zurechnung zu einer Behörde 345
      c) Regelung 346
      d) Regelungsinhaltskriterium 1: Einzelfall 348
      e) Regelungsinhaltskriterium 2: unmittelbare Rechtswirkung
         nach außen 350
      f) Regelungsinhaltskriterium 3: auf dem Gebiet des
         öffentlichen Rechts 351
   2. Wirksamkeit (im engeren Sinne) 353
      a) Positive Wirksamkeitsvoraussetzung: Bekanntgabe 353
      b) Negative Wirksamkeitsvoraussetzung 1: Nichtigkeit 355
      c) Negative Wirksamkeitsvoraussetzung 2: Aufhebung
         oder Erledigung 357
   3. Vollziehbarkeit (Fehlen aufschiebender Wirkung) 358
III. Rechtmäßigkeit 361
   1. Rechtsgrundlage 362
   2. Formelle Voraussetzungen 364
      a) Zuständigkeit 365
      b) Verfahren 365

c) Form 367
d) Ausnahme: Heilung oder Unbeachtlichkeit 369
3. Materielle Voraussetzungen 370
   a) Tatbestandsmerkmale der Rechtsgrundlage 371
   b) Einhaltung des VwVfG* 374
      aa) Keine Unbestimmtheit, Sittenwidrigkeit,
          Unmöglichkeit 374
      bb) Ermessensfehlerfreiheit 374
IV. Rechtsschutz 376
    1. Abwehr belastender Verwaltungsakte 376
       a) Gerichtliche Beseitigung der Wirksamkeit:
          Anfechtungsklage 377
          aa) Wann ist die Anfechtungsklage statthaft? 378
          bb) Wann ist die Klagebefugnis gegeben? 382
          cc) Wann ist das Vorverfahren ordnungsgemäß
              durchgeführt?................................... 383
          dd) Wann ist die Klagefrist gewahrt? 390
          ee) Gegen wen ist die Anfechtungsklage zu richten? 391
          ff) Welches Gericht ist zuständig?...................... 391
          gg) Wann ist die Anfechtungsklage begründet? 392
       b) Behördliche Beseitigung der Wirksamkeit: Widerspruch 395
       c) Gerichtliche Beseitigung der Vollziehbarkeit: § 80 Abs. 5
          VwGO 398
          aa) Wann ist der Antrag statthaft? 399
          bb) Wann ist das Vorverfahren ordnungsgemäß
              durchgeführt?................................... 401
          cc) Wann besteht ein Rechtsschutzinteresse? 401
          dd) Wann ist der Antrag begründet? 402
       d) Gerichtliche Feststellung der Rechtswidrigkeit:
          Fortsetzungsfeststellungsklage 405
          aa) Wann besteht ein Fortsetzungsfeststellungsinteresse?..... 407
          bb) Was ist mit Fristen und Vorverfahren? 409
          cc) Wann ist die Fortsetzungsfeststellungsklage begründet?... 410
       e) Gerichtliche Feststellung der Nichtigkeit:
          Nichtigkeitsfeststellungsklage 410
    2. Erzwingung begünstigender Verwaltungsakte 411
       a) Verpflichtungsklage 412
          aa) Wann ist die Klagebefugnis gegeben?................. 414
          bb) Wann ist das Vorverfahren ordnungsgemäß
              durchgeführt?................................... 414
          cc) Gegen wen ist die Verpflichtungsklage zu richten?....... 415
          dd) Wann ist die Verpflichtungsklage begründet? 416
       b) Verpflichtungswiderspruch............................ 417
       c) (Verpflichtungs-)Fortsetzungsfeststellungsklage 418
       d) Antrag auf Erlass einer einstweiligen Anordnung 419

§ 20. Spezielle Regelungsinhalte von Verwaltungsakten 423
  I. „Aufhebung eines vorangegangenen Verwaltungsakts" 423
      1. Wirkungsaspekte 424
          a) Aufhebung als Gestaltung 424
          b) Abgrenzung zu verwandten Erscheinungen 426
      2. Rechtmäßigkeitsaspekte 427
          a) Aufhebung nach Widerspruch 428
          b) Aufhebung wegen Rechtswidrigkeit (Rücknahme) 429
              aa) Rechtswidrigkeit 430
              bb) Vertrauensschutz 431
              cc) Ermessensfehlerfreiheit 433
          c) Aufhebung im öffentlichen Interesse (Widerruf) 433
              aa) Rechtmäßigkeit 434
              bb) Vertrauensschutz 435
              cc) Ermessensfehlerfreiheit 436
      3. Rechtsschutzaspekte 436
          a) Abwehr der Aufhebung einer Begünstigung 437
          b) Erzwingung der Aufhebung einer Belastung 437
  II. „Selbstverpflichtung zu Vornahme oder Unterlassung eines
      weiteren Verwaltungsakts" – die Zusicherung 437
      1. Wirkungen 438
      2. Wirkungsbedingungen 439
          a) Tatbestand der Zusicherung 439
          b) Wirksamkeit 440
      3. Rechtmäßigkeit 441
          a) Zusicherung des Erlasses eines Verwaltungsakts 441
          b) Zusicherung der Unterlassung eines Verwaltungsakts 441
      4. Rechtsschutz 442
          a) Durchsetzung gewährter Zusicherungen (Klage aus
             Zusicherung) 442
          b) Abwehr belastender Zusicherungen (Klage gegen
             Zusicherung) 442
          c) Erzwingung von Zusicherungen (Klage auf Zusicherung) 443
  III. Regelungsinhalt mit „Nebenbestimmung" 443
      1. Wirkungsaspekte 444
          a) Begründung einer zusätzlichen Pflicht („Auflage") 444
          b) Begründung einer zusätzlichen behördlichen Befugnis
             („Widerrufsvorbehalt", „Auflagenvorbehalt") 445
          c) Zeitliche Gestaltung der Wirksamkeit der Begünstigung
             („Bedingung", „Befristung") 446
          d) Nachträgliche Nebenbestimmungen? 447
      2. Rechtmäßigkeitsaspekte 448
      3. Rechtsschutzaspekte 450

§ 21. Gerichtsakte im Verwaltungsrecht – Urteile, Gerichtsbescheide, Beschlüsse 453
I. Wirkungen 454
1. Änderung der Rechtslage (Gestaltungswirkung) 454
2. Klärung für künftige Entscheidungen (präjudizielle Wirkung) ... 456
3. Ermöglichung der Vollstreckung (Titelwirkung) 456
II. Wirkungsbedingungen 457
III. Rechtmäßigkeit 459
IV. Rechtsschutz 459
1. Abwehr belastender Gerichtsakte 459
2. Erzwingung begünstigender Gerichtsakte 463

§ 22. Öffentlich-rechtliche Verträge 465
I. Wirkungen 468
1. Änderung der Rechtslage (Gestaltungswirkung) 468
2. Klärung für künftige Entscheidungen (präjudizielle Wirkung) ... 469
3. Ermöglichung der Vollstreckung (Titelwirkung) 469
II. Wirkungsbedingungen 470
1. Handlungsformqualifikation „öffentlich-rechtlicher Vertrag" 470
   a) Vornahme des Rechtsgeschäfts 470
   b) Inhalt des Rechtsgeschäfts 470
2. Wirksamkeit (im engeren Sinne) 471
   a) Negative Wirksamkeitsvoraussetzung 1: fachrechtlicher Ausschluss 472
   b) Negative Wirksamkeitsvoraussetzung 2: Nichtigkeit 472
      aa) Nichtigkeitsgründe nach § 59 Abs. 2 VwVfG* 473
      bb) Nichtigkeitsgründe aus dem BGB 473
   c) Positive Wirksamkeitsvoraussetzung: erforderliche Zustimmungen 474
   d) Nachträgliche negative Wirksamkeitsvoraussetzung: Kündigung oder Aufhebung 475
      aa) Kündigung wegen geänderter Verhältnisse 476
      bb) Kündigung im öffentlichen Interesse 477
3. Wirksamkeit einzelner Vertragsklauseln (AGB-Kontrolle) 477
III. Rechtmäßigkeit 477
1. Rechtmäßigkeit des Austauschvertrags 478
2. Rechtmäßigkeit des Vergleichsvertrags 479
IV. Rechtsschutz 479
1. Durchsetzung gewährter Ansprüche (Klage aus Vertrag) 479
2. Abwehr belastender Verträge (Klage gegen Vertrag) 480
3. Erzwingung von Verträgen (Klage auf Vertrag) 481

§ 23. Rechtsverordnungen und Satzungen 483
I. Wirkungen 485
II. Wirkungsbedingungen 487
1. Handlungsformqualifikation „Rechtsverordnung"/„Satzung".... 487

2. Wirksamkeitsvoraussetzungen 488
　　　　a) Kompetenzgrundlage 489
　　　　b) Formelle Voraussetzungen 489
　　　　　aa) Zuständigkeit 489
　　　　　bb) Verfahren 491
　　　　　cc) Form 492
　　　　　dd) Ausnahme: Unbeachtlichkeitsregelungen 493
　　　　c) Materielle Voraussetzungen 493
　　　　d) Keine Aufhebung oder Erledigung 495
　　III. Rechtmäßigkeit 496
　　IV. Rechtsschutz 496
　　　1. Abwehr belastender Rechtsverordnungen/Satzungen 496
　　　　a) Inzidenter Rechtsschutz 497
　　　　b) Antrag auf Unwirksamerklärung (Normenkontrolle) 499
　　　　c) Antrag auf Erlass einer einstweiligen Anordnung 501
　　　　d) Klage auf Feststellung des Nichtbestehens einer
　　　　　Kompetenzgrundlage 502
　　　2. Erzwingung von Rechtsverordnungen/Satzungen 502

§ 24. Gesetzgebungsakte im Verwaltungsrecht 503
　　I. Wirkungen 503
　　II. Wirkungsbedingungen 505
　　　1. Handlungsformqualifikation „Gesetz". 505
　　　2. Wirksamkeit 506
　　　　a) Positive Wirksamkeitsvoraussetzungen: Ausfertigung
　　　　　und Verkündung 506
　　　　b) Negative Wirksamkeitsvoraussetzung 1:
　　　　　Verfassungsmäßigkeit 506
　　　　c) Negative Wirksamkeitsvoraussetzung 2:
　　　　　Unionsrechtmäßigkeit 507
　　III. Rechtmäßigkeit 508
　　IV. Rechtsschutz 509
　　　1. Abwehr von Gesetzen 509
　　　2. Erzwingung von Gesetzen 510

§ 25. Innenrechtsakte – Weisungen, Verwaltungsvorschriften,
　　Sonderverordnungen 511
　　I. Wirkungen 512
　　　1. Gestaltung von Pflichten 512
　　　2. Gestaltung von Tatbestandsmerkmalen
　　　　(„Normkonkretisierung"). 514
　　　3. Gestaltung der Verwaltungsorganisation 515
　　II. Wirkungsbedingungen 515
　　III. Rechtmäßigkeit 517
　　IV. Rechtsschutz 517

§ 26. Privatrechtsgeschäfte der Verwaltung 519
    I. Anwendungsbereiche 520
    II. Wirkungen 522
    III. Wirkungsbedingungen 523
    IV. Rechtmäßigkeit 524
    V. Rechtsschutz 525
        1. Spezialfall: Vergaberechtsweg 525
        2. Normalfall: Zivilrechtsweg 525
    VI. Ausübung von Privatrechten 527

§ 27. Nichtrechtsakte („Realakte") der Verwaltung 529
    I. Rechtmäßigkeit 530
        1. Vorbehalt des Gesetzes – Verbot gewisser Maßnahmen
           ohne besondere Befugnis 530
           a) Maßnahme im Vorbehaltsbereich 530
           b) Befugnis für die Maßnahme 532
        2. Richtervorbehalt – Verbot gewisser Maßnahmen ohne
           erlaubenden Gerichtsakt 533
    II. Rechtsschutz 534
        1. Rechtsweg 534
        2. Abwehr belastender Realakte 535
        3. Erzwingung begünstigender Realakte 536
    III. Wichtige Fallgruppen 537
        1. Gewaltanwendung 537
           a) Körperliche Gewalt als Vollstreckungsmittel 538
           b) Körperliche Gewalt außerhalb der
              Vollstreckungskonstellation 539
        2. Öffentliche Warnung 539
        3. Drohung 541
        4. Absprache und anderes „informelles Verwaltungshandeln" 541
        5. Datenverarbeitung 542
           a) Verarbeitung personenbezogener Daten –
              Verwaltungsdatenschutzrecht 542
           b) Registerführung 544

Selbstkontrollaufgaben zu Teil IV 547

V. Verfahren

§ 28. Systematischer Überblick 553

§ 29. Behördliche Verfahren 557
    I. Verwaltungsverfahren im Sinne des § 9 VwVfG* 558
        1. Akteure 558
           a) Behörde 558
           b) Beteiligte 559

2. Ablauf	560
a) Initiation	561
b) Information	562
c) Partizipation	563
d) Dezision	564
3. Arten	564
a) Förmliches Verwaltungsverfahren	565
b) Planfeststellungsverfahren	566
II. Behördliches Vollstreckungsverfahren	566
III. Andere behördliche Verfahren	567

§ 30. Verwaltungsgerichtliche Verfahren 569
    I. Erstinstanzliches Verfahren 569
        1. Akteure 570
            a) Gericht 570
            b) Beteiligte 570
        2. Ablauf 572
            a) Initiation 572
            b) Information 573
            c) Partizipation 575
            d) Dezision 576
            e) Sonderformen der Verfahrensbeendigung 576
    II. Rechtsmittelverfahren 578
    III. Gerichtliches Vollstreckungsverfahren 579
        1. Vollstreckung zugunsten von Verwaltungsträgern 579
        2. Vollstreckung gegen Verwaltungsträger 579

Selbstkontrollaufgaben zu Teil V 583

Lösungshinweise

Lösungshinweise zu den Selbstkontrollaufgaben 587
    Teil I 587
    Teil II 589
    Teil III 591
    Teil IV 593
    Teil V 600

Sachregister 601

Abbildungsverzeichnis

§ 17. Systematischer Überblick

Abb. 1   Handlungsformenmatrix (notwendig vereinfacht) 288
Abb. 2   Aufbauvarianten für die Rechtmäßigkeitsprüfung 300

§ 19. Verwaltungsakte

Abb. 1   Wichtige Rechtsgrundlagen für Verwaltungsakte 364
Abb. 2   Beispiel zur Erscheinung schriftlicher Verwaltungsakte 371

§ 20. Spezielle Regelungsinhalte von Verwaltungsakten

Abb. 1   Zeitliche Gestaltung der Wirksamkeit durch Bedingung
         oder Befristung 447
Abb. 2   Zeitlicher Effekt der „Streichung" von Bedingung
         oder Befristung 451

§ 23. Rechtsverordnungen und Satzungen

Abb. 1   Wichtige Kompetenzgrundlagen für Rechtsverordnungen 490
Abb. 2   Wichtige Kompetenzgrundlagen für Satzungen 490

§ 27. Nichtrechtsakte („Realakte") der Verwaltung

Abb. 1   Einige Rechtsgrundlagen für Realakte 532

§ 30. Verwaltungsgerichtliche Verfahren

Abb. 1   Beispiel zur Erscheinung eines Urteils 577

Tabellenverzeichnis

§ 2. Gesetzgebung als rechtliche Steuerung der Verwaltung

Tab. 1   Parallelregelungen von Bund und Ländern am Beispiel
         Baden-Württemberg 37
Tab. 2   Gesetze der Finanz- und Sozialverwaltung 38

§ 17. Systematischer Überblick

Tab. 1   Systematische Einordnung der Spielräume 313

§ 19. Verwaltungsakte

Tab. 1   Weitere Beispiele zur Umgestaltung der materiellen Rechtslage 333

Vorbemerkungen

I. Zum Konzept des Lehrbuchs

Was vor Ihnen liegt, will ein wissenschaftliches Lehrbuch des Allgemeinen Verwaltungsrechts einschließlich des Prozessrechts sein. Alle vier Begriffe erfordern ein paar Bemerkungen vorab, die das im Weiteren verfolgte Konzept verdeutlichen sollen.

1. Allgemeines Verwaltungsrecht

Das Buch führt in das Allgemeine Verwaltungsrecht ein, das unter den drei juristischen Hauptfächern zum **öffentlichen Recht** und unter den Teilfächern des öffentlichen Rechts zum **Verwaltungsrecht** gehört. Das vorgestellte Fach bildet insofern eine inhaltliche Einheit mit den grundsätzlich für die folgenden Semester vorgesehenen weiteren verwaltungsrechtlichen Fächern – meist „Polizei- und Ordnungsrecht", „Baurecht" und „Kommunalrecht" sowie manchmal noch „Verwaltungsprozessrecht", „Staatshaftungsrecht" und „Öffentliches Sachenrecht". Die Lehrbücher und -veranstaltungen zu diesen weiteren Fächern werden wesentlich auf die Konzepte und Rechtsinstitute aufbauen, die Sie sich im Allgemeinen Verwaltungsrecht erarbeiten.

Der hier behandelte Stoff ist in diesem Sinne ein **Allgemeiner Teil des Verwaltungsrechts**, das Polizeirecht usw. ein Besonderer Teil. Parallelen zum Allgemeinen Teil des BGB, worauf dessen Besondere Teile durchgehend zurückgreifen, werden wir immer wieder ziehen. Auch in der Gliederung des Buches schlägt sich das nieder. Nach einigen Grundlagen in Teil I behandeln wir zunächst die Personen (Teil II) und die Rechtspositionen des Verwaltungsrechts (Teil III) – damit können wir bereits die Rechtslage zu einem gegebenen Zeitpunkt „statisch" beschreiben, die schließlich in nichts anderem als der Zuordnung gewisser Rechtspositionen zu gewissen Rechtsträgern besteht. Anschließend stellen wir die

Rechtsakte (Rechtsgeschäfte) des Verwaltungsrechts vor, mit denen die Personen die Rechtspositionen begründen, ändern und aufheben und also die Rechtslage im Laufe der Zeit „dynamisch" verändern können (Teil IV).

4   Die separate Behandlung von Rechtsträgern, Rechtspositionen und Rechtsakten erlaubt es, die Zusammenhänge des Verwaltungsrechts systematisch herauszuarbeiten. Viele Themen leuchten wir bei dieser Vorgehensweise von verschiedenen Seiten her an. Dass sie dadurch mehrfach aufscheinen, ist ein Nebeneffekt, der zugleich als didaktisch nützliche Wiederholung dienen möge.

5   Die **praktische Bedeutung** des Allgemeinen Verwaltungsrechts kommt in jedem Verwaltungsrechtsfall zum Tragen. „Spielen" wird dieser aber jeweils auf dem einen oder anderen Gebiet des Besonderen Verwaltungsrechts, etwa dem Bau-, Polizei- oder Umweltrecht (vgl. § 2 Rn. 10 ff.). Um die damit angedeutete Bandbreite zu veranschaulichen, entnehmen wir die Beispiele aus allen möglichen Spezialgebieten und lassen dazu auch etwas exotischere Gesetze zu Wort kommen.

6   Sowohl für das Allgemeine als auch für das Besondere Verwaltungsrecht hat außer dem Bundesrecht auch das **Landesrecht** eine große Bedeutung (vgl. § 2 Rn. 29 ff.). Dennoch soll das Buch für Studierende aus allen Bundesländern nützlich sein. Die zentralen Verwaltungsverfahrensgesetze lauten ohnehin weitgehend gleich; aber auch zahlreiche andere Verwaltungsrechtsregelungen ähneln einander zumindest inhaltlich so, dass wir sie gemeinsam beschreiben können. Wo die Länder voneinander abweichen, stellen wir die verschiedenen praktizierten Regelungsmodelle vor und gehen auch auf wichtige Besonderheiten einzelner Länder ein. Überhaupt sollte man den Blick nicht zu sehr auf das eigene Recht beschränken, sondern gerade auch aus dem Vergleich mit anderen Landesrechten lernen.[1]

7   Das Allgemeine Verwaltungsrecht umfasst einige **Sondergebiete**, deren Einbeziehung unterschiedlich gehandhabt wird. Das Verwaltungsvollstreckungsrecht behandeln manche im Zusammenhang mit dem Polizei- und Ordnungsrecht; für das Staatshaftungsrecht und das öffentliche Sachenrecht gibt es teilweise separate Vorlesungen und Lehrbücher. Da auch diese Themen aber eng zum Allgemeinen Verwaltungsrecht gehören und zu dessen Verständnis eigentlich unverzichtbar sind, sollen sie hier zumindest in knapper Form mit vorgestellt werden.

2. Prozessrecht

8   Das Buch behandelt das Allgemeine Verwaltungsrecht unter Einschluss seines Prozessrechts, des sinnigerweise sogenannten Verwaltungsprozessrechts. Es folgt damit einer deutschen Tradition, im Hauptfach „Öffentliches Recht" die **Ebene der gerichtlichen Austragung entsprechender Streitigkeiten** wesentlich stärker einzubeziehen, als dies für das Privat- oder Strafrecht üblich ist.[2] Diese Verbindung von

---

[1] Vgl. *Krüper*, in: Brockmann/Pilniok/Schmidt (Hg.), Rechtsvergleichung als didaktische Herausforderung, 2020, S. 133.
[2] Vgl. mit beachtlicher Kritik *Funke*, ZDRW 2021, 293; gegen die Beschränkung auf die Richterperspektive auch schon *Bull*, JZ 1998, 338 (339–341).

I. Zum Konzept des Lehrbuchs

Sach- und Prozessrecht kennen Sie bereits aus dem Verfassungsrecht, wo das Verfassungsprozessrecht mitbehandelt wurde und auch Aufgabenstellungen meist „prozessual eingekleidet" erschienen, nämlich auf die Frage konzentriert, wie ein Gericht entscheiden werde.

Das Verwaltungsprozessrecht wird teilweise in eigenständigen Lehrbüchern vorgestellt. Teilweise enthalten Lehrbücher des Allgemeinen Verwaltungsrechts ein mehr oder weniger ausführliches Kapitel über das zugehörige Prozessrecht. Wir gehen einen dritten Weg: prozessrechtliche Themen werden den materiellrechtlichen Themen jeweils an die Seite gestellt, damit die **funktionale Verbindung** zwischen den beiden Ebenen deutlich hervortritt. So gibt es im Abschnitt „Ansprüche" (§ 13 Rn. 34 ff.) Hinweise zu deren gerichtlicher Geltendmachung, insbesondere den verwaltungsgerichtlichen Klagearten, und in den Kapiteln zu den „Rechtsakten" (Teil IV) finden Sie jeweils einen Abschnitt zum Rechtsschutz, insbesondere zur Abwehr belastender und zur Erzwingung begünstigender Rechtsakte der entsprechenden Art.

Ergänzend zu dieser Rechtsschutzperspektive („welche Hilfe bekomme ich?") nimmt Teil V noch einmal gezielt die **Verfahrensperspektive** ein („wie läuft das genau ab?"). Dabei sind behördliches und gerichtliches Verfahren nebeneinandergestellt, was deren große Ähnlichkeit hervortreten lässt.

3. Lehrbuch

Das Buch ist ein Lehrbuch, das heißt: es will Studierende ansprechen und ihnen seinen Stoff für den Einstieg in das Fach sowie zum späteren Nachlesen darbieten. Damit werden drei Ziele verfolgt.[3] Wenn es seinen Zweck erfüllt, wird das Buch Sie in den Stand setzen,

- mit „Verwaltung" etwas anzufangen und die vielen Facetten dieser Staatsgewalt zu beschreiben;
- die wesentlichen Rechtsinstitute des Verwaltungsrechts und insbesondere die hauptsächlichen Rechtsformen des Verwaltungshandelns voneinander zu unterscheiden, die jeweils einschlägigen Rechtsmaßstäbe anzuwenden und die dabei auftretenden Rechtsprobleme zu bewältigen;
- verwaltungsrechtliche Fälle auf dieser Grundlage gutachterlich zu lösen.

Das Buch wird versuchen, Ihnen die Vielfalt der Verwaltung nahezubringen, und zugleich ein paar Blicke über den sprichwörtlichen Tellerrand anbieten. Es wird Schneisen durch das Vorschriftengeflecht schlagen, die Ihnen im Laufe der Zeit zu vertrauten Wegen werden sollen. Dabei wird immer auch die Falllösungsperspektive zu ihrem Recht kommen.

Speziell für den Einstieg in das Fach sind bestimmte Bausteine eingestreut und jeweils als solche gekennzeichnet:

---

[3] In Anlehnung an *Sauer*, in: Krüper (Hg.), Rechtswissenschaft lehren, 2022, § 18 Rn. 19–21.

- **Prüfungshinweise** sagen, was wichtiger und – zu Ihrer Beruhigung – auch, was vielleicht etwas weniger wichtig ist. Sie beschreiben typische Fallgestaltungen und geben Anregungen für den Gutachtenaufbau.
- **Prüfungsschemata** und **Übersichten** werden an Ort und Stelle in Kästen präsentiert. Hier geht es tatsächlich einmal um Dinge, die man zweckmäßigerweise auch gut auswendig lernen könnte. Die Schemata machen zusammenhängende Aufbauvorschläge für die Begutachtung typischer Verwaltungsrechtsfragen, die Übersichten fassen wichtige Informationen noch einmal komprimiert zusammen. Ein Verzeichnis der Schemata finden Sie in den Titelseiten.
- Als **Studienliteratur** werden jeweils passende Aufsätze aus den Ausbildungszeitschriften angeführt. Diese Aufsätze bieten eine fokussierte Darstellung einzelner unserer Themen mit nochmal anderen Worten, was Ihnen erlaubt, die Gegenstände auch noch aus einer etwas anderen Perspektive zu betrachten. Von Verweisen auf Parallelstellen in anderen Lehrbüchern und in Studienkommentaren wurde demgegenüber abgesehen; dort werden Sie bei Bedarf unter den entsprechenden Stichworten selbst fündig.
- **Zusatzinformationen** benötigen Sie für das Bestehen der Abschlussprüfung nicht und können Sie zumal im ersten Durchgang getrost überlesen. Wenn Sie sie aber sozusagen freiwillig konsumieren mögen, können Sie Ihr Verständnis des Verwaltungsrechts damit noch etwas verbreitern und vertiefen: es geht hier insbesondere darum, wie sich der engere Stoff unserer Vorlesung in weiterreichende juristische Zusammenhänge einordnet.
- **Selbstkontrollaufgaben** am Ende jedes Teils geben Ihnen die Gelegenheit, Ihr Systemverständnis anhand kurzer Fragen und Fälle zu testen. Lösungshinweise werden am Ende des Buches gegeben.

14 Wie andere Studienliteratur auch wird dieses Buch Ihnen den größtmöglichen Nutzen erst dann bringen, wenn Sie es nicht nur locker durchblättern, sondern es aufmerksam durcharbeiten, die Beispiele im Geiste genau mitvollziehen und möglichst jeden der zitierten Paragrafen im Wortlaut nachlesen. Die Kapitel bauen aufeinander auf und sind auf eine Lektüre von vorn nach hinten angelegt. Es ist aber auch ohne Weiteres möglich, gezielt die Abschnitte zu gesuchten Themen aufzuschlagen und bei Bedarf den hierfür großzügig ausgestreuten Binnenverweisen nachzugehen (das Kürzel „PH" steht dabei für den Verweis auf einen Prüfungshinweis, „ZI" für den auf eine Zusatzinformation). Solche Lesepfade können sich etwa anbieten, wenn Sie das Buch begleitend zu einer Vorlesung verwenden und dort eine deutlich abweichende Stoffgliederung in Gebrauch ist (denn insoweit zeigt sich eine erhebliche Varianz).

4. Wissenschaftlich

15 Das Buch möchte darüber hinaus gerade ein *wissenschaftliches* Lehrbuch sein. Damit ist nicht (nur) gemeint, dass es von einem Hochschullehrer verfasst ist,

I. Zum Konzept des Lehrbuchs

sondern dass es inhaltlich einen Anspruch hat, der über die bloße Wiedergabe eines für die Prüfung notwendigen Minimums hinausgeht.[4]

Das Genre „Lehrbuch" erlaubt es, ein Fach als Ganzes darzustellen, und von dieser Gelegenheit soll hier in der Weise Gebrauch gemacht werden, dass beginnend mit kleinen Bausteinen ein **Gedankengebäude des Verwaltungsrechts** so schlüssig und systematisch wie möglich zusammengesetzt wird. Das gegebene Material sind die Gesetze. Die wissenschaftliche Rechtsdogmatik formt daraus ihre Bausteine und errichtet damit ein System, das möglichst stabil und zugleich möglichst elegant sein soll (wie man in der Mathematik sagen würde).[5] Soweit dieser Bauvorschlag von eingefahrenen Gewohnheiten und verbreiteten Meinungen abweicht, soll im Text darauf hingewiesen werden.[6]

16

Da der Schwerpunkt in diesem Sinne auf dem rechtsdogmatischen Bemühen liegt, tippt das Buch Themen, die eine andere wissenschaftliche Fragestellung aufwerfen würde, nur an; dafür gibt es andere Bücher. Das gilt namentlich für die **geschichtliche Entwicklung** der Verwaltungsrechtsinstitute („Verwaltungsrechtsgeschichte"),[7] für die **praktische Funktionsweise** der Verwaltungsbehörden („Verwaltungslehre" oder „Verwaltungswissenschaft")[8] **und für den internationalen Vergleich** („Verwaltungsrechtsvergleichung").[9] Auf entsprechende Bemerkungen ist deshalb weitgehend verzichtet worden. Soweit sie doch als zu wichtig erschienen, sind sie meist in den „Zusatzinformationen" untergekommen; zur Vergleichung sagen wir auch noch etwas unter § 1 Rn. 14 ff.

17

Zum wissenschaftlichen Lehrbuch gehört ein **Literaturapparat**, der hier in den Fußnoten steckt. Anders als die „Studienliteratur" (siehe Rn. 13) dient dieser Apparat nicht dem ersten Einstieg in die Thematik. Vielmehr wird hier, über Belege für konkrete Aussagen hinaus, die wissenschaftliche Literatur erschlossen, insbesondere Monografien und wichtige sowie jüngere Aufsätze („Lit." steht dabei für „Auswahl der Speziallliteratur"). Die Nennung erfolgt jeweils an der speziellsten passenden Stelle; in der Regel haben die Texte aber auch zu den Themen der jeweiligen Ober- und Unter-

18

---

[4] Ein Vorbild ist in dieser Hinsicht das – inhaltlich freilich ganz anders akzentuierende – Lehrbuch von *Faber*, Verwaltungsrecht, zuletzt 4. Aufl. 1995.

[5] Zur Rolle der Dogmatik im Verwaltungsrecht vgl. *Hilbert*, Systemdenken in Verwaltungsrecht und Verwaltungsrechtswissenschaft, 2015; *Schmidt-Aßmann*, Verwaltungsrechtliche Dogmatik in der Entwicklung, 2. Aufl. 2023.

[6] Hierin folgen wir *Forsthoff*, Lehrbuch des Verwaltungsrechts, 1973, S. V, der ebenfalls die Aufgabe eines Lehrbuchs nicht dahin verstehen will, „daß sie den Verfasser nötigen würde, seine wissenschaftliche Überzeugung der communis opinio zu opfern".

[7] Lehrbuch hierzu etwa *Stolleis*, Verfassungs- und Verwaltungsgeschichte, 2017. Lit.: *Simon, Fisch, Otto, Günther* und *Stelkens*, HVwR I, 2021, §§ 1–6.

[8] Einstiegsbuch hierzu etwa *Seibel*, Verwaltung verstehen, 2016 (bis auf das juristische Kapitel); aus rechtswissenschaftlicher Hand *König*, Moderne öffentliche Verwaltung, 2008; *Püttner*, Verwaltungslehre, 2007; *Thieme*, Einführung in die Verwaltungslehre, 1995. Lit.: *Braun Binder*, HVwR I, 2021, § 13.

[9] Lit.: *Marsch*, GVwR I^3, 2022, § 3; *Sydow*, HVwR I, 2021, § 17; von Bogdandy/Cassese/Huber (Hg.), Handbuch Ius Publicum Europaeum, Bände III–V, VIII und IX, 2010 ff.; Cane/Hofmann/Lindseth (Hg.), The Oxford Handbook of Comparative Administrative Law, 2021. Früh schon *Goodnow*, Comparative Administrative Law, 1893.

abschnitte etwas zu sagen. Schon beim ersten Lesen können Sie sich davon anregen lassen zu sehen, an was für Publikationsorten außerhalb der Lehrbücher die eigentliche verwaltungsrechtswissenschaftliche *Forschung* betrieben wird. Zurückgreifen können Sie darauf später, wenn Sie verwaltungsrechtliche Haus-, Seminar- oder auch Doktorarbeiten verfassen – und natürlich jederzeit, wenn Sie das Interesse packt.

19 Dagegen werden wir in diesem Buch Kommentare, Gerichtsentscheidungen und andere Lehrbücher grundsätzlich nicht zitieren, weil die Fußnoten sonst aus dem Ruder laufen würden. Die einschlägigen Kommentarstellen sind über die im Text angesprochenen Paragrafen leicht auffindbar und versammeln ihrerseits die relevante Rechtsprechung (ein paar Kommentare zu unseren Hauptgesetzen sind zu Rn. 26 ff. genannt).

II. Zu den Materialien

1. Gesetzestexte

20 Für das Studium des Verwaltungsrechts benötigen Sie **Gesetzestextausgaben** von Bundes- und Landesrecht. Die großen Loseblattsammlungen (wie „Sartorius I" für das Bundes- und dessen Schwesterwerke für die Landesrechte) empfehlen sich meist erst zum Examen hin, sodass Sie in den ersten Verwaltungsrechtssemestern zunächst weiterhin gut mit Taschenbüchern arbeiten können.

21 Aus dem **Bundesrecht** sollten Ihnen die Texte von GG, VwVfG, VwZG, VwVG, VwGO und BauGB vorliegen (die Gesetzesnamen und -bedeutungen sehen wir uns in § 2 an, siehe dort besonders Rn. 42 ff.). Häufig sind diese bereits in Ihren für das Staatsrecht verwendeten Sammlungen enthalten. Es empfehlen sich z.B.

- die „Basistexte Öffentliches Recht" (dtv/Beck) oder
- die Sammlung „Staats- und Verwaltungsrecht Bundesrepublik Deutschland" von Kirchhof/Kreuter-Kirchhof (C.F. Müller).

22 Aus dem **Landesrecht** benötigen Sie vor allem den Text von Landesverwaltungsorganisations-, -verfahrens-, -zustellungs- und -vollstreckungsgesetzen, Landespolizeigesetzen sowie Bau- und Gemeindeordnungen (die Namen variieren zwischen den Ländern, zu den Bedeutungen kommen wir wiederum in § 2 Rn. 42 ff.). Als Textausgaben stehen Sammlungen des Nomos-Verlags („Landesrecht ... Textsammlung") und für manche Länder auch des Verlags C.F. Müller („Staats- und Verwaltungsrecht ...") bereit.

23 Mit den üblichen **Abkürzungen** zitieren wir die Gesetze des Allgemeinen Verwaltungsrechts (einschließlich Verwaltungsressourcen: § 2 Rn. 15) und der Pflichtfachbereiche (§ 2 Rn. 11) sowie die großen Kodifikationen (AO, GewO, SGB: § 2 Rn. 12). Landesgesetze, die das Land nicht selbst im Namen tragen, kennzeichnen wir mit einem zweibuchstabigen Landeskürzel (BW, BY, BE, BB, HB, HH, HE, MV, NI, NW, RP, SL, SN, ST, SH, TH). Im Übrigen schreiben wir die Gesetzesbezeichnungen zumindest bei ihrer Erstnennung aus, um Verstehen und Finden zu erleichtern.

II. Zu den Materialien

Gesetze wie die letzteren, die nicht in Ihren Textausgaben enthalten sind, finden Sie im **Internet**. Bund und Länder stellen ihre jeweiligen Rechtsvorschriften seit längerer Zeit auf eigenen Websites zur Verfügung, kostenfrei und ohne Anmeldung. Machen Sie sich am besten direkt einmal vertraut mit den Websites für das Bundes- und Ihr jeweiliges Landesrecht. Die anderen sind später manchmal für Vergleiche interessant oder wenn Sie Beispiele aus dem Text im Zusammenhang nachvollziehen wollen.

- Bund: http://www.gesetze-im-internet.de/
- Baden-Württemberg: http://www.landesrecht-bw.de/
- Bayern: https://www.gesetze-bayern.de/
- Berlin: https://gesetze.berlin.de/
- Brandenburg: https://bravors.brandenburg.de/
- Bremen: https://www.transparenz.bremen.de/vorschriften-72741
- Hamburg: https://www.landesrecht-hamburg.de/
- Hessen: https://www.rv.hessenrecht.hessen.de/
- Mecklenburg-Vorpommern: https://www.landesrecht-mv.de/
- Niedersachsen: https://www.voris.niedersachsen.de/
- Nordrhein-Westfalen: https://recht.nrw.de/
- Rheinland-Pfalz: https://landesrecht.rlp.de/
- Saarland: https://recht.saarland.de/
- Sachsen: https://www.revosax.sachsen.de/
- Sachsen-Anhalt: https://www.landesrecht.sachsen-anhalt.de/
- Schleswig-Holstein: https://www.gesetze-rechtsprechung.sh.juris.de/
- Thüringen: https://landesrecht.thueringen.de/

Ausgesprochen hilfreich ist außerdem ein Zugang zur Datenbank „beck-online" unter https://beck-online.beck.de/, die ebenfalls alle Bundes- und Landesgesetze enthält (sowie etliche Zeitschriften, Kommentare, Handbücher und auch Lehrbücher).

2. Literatur

a) Kommentare

Kommentare gibt es zu den Gesetzen des Allgemeinen Verwaltungsrechts und des Verwaltungsprozessrechts in großer Zahl. Wie in den anderen Fächern brauchen Sie diese nicht wie ein Lehrbuch zu lesen – aber es ist gut, die Namen schon einmal gehört und vielleicht die Bücher auch schon einmal aufgeschlagen zu haben (und sei es digital), um später bei Bedarf einzelne Punkte vertiefen zu können. Das kann etwa in Ihrem Berufsleben, in Ihrem Prüfungsseminar oder auch parallel zur Lektüre dieses Buches sein, wenn Sie einer Frage auf den Grund gehen möchten.

Für das Allgemeine Verwaltungsrecht stehen die **Verwaltungsverfahrensgesetze** (VwVfG) von Bund und Ländern im Mittelpunkt (vgl. § 2 Rn. 45). Dabei werden in der Regel Bundes- und Landesgesetze gemeinsam kommentiert, etwa in:

- *Kopp/Ramsauer*, Verwaltungsverfahrensgesetz, 24. Aufl. 2023 (kleiner Einbänder).
- *Stelkens/Bonk/Sachs*, Verwaltungsverfahrensgesetz, 10. Aufl. 2023 (großer Einbänder; auch in beck-online – geben Sie dort einfach „stelkens bonk sachs" in die Suchleiste ein, um schnell zu dem Kommentar zu gelangen).

28 Im Verwaltungsprozessrecht wird die **Verwaltungsgerichtsordnung** (VwGO) des Bundes kommentiert (vgl. § 2 Rn. 32, 35, 39). Verbreitet zur VwGO sind etwa:

- *Kopp/Schenke*, Verwaltungsgerichtsordnung, 29. Aufl. 2023 (kleiner Einbänder).
- *Schoch/Schneider*, Verwaltungsrecht – Verwaltungsgerichtsordnung (Loseblatt, auch in beck-online).

b) Handbücher

29 Neben den Kommentaren stehen die systematisch angelegten Handbücher, die sich vor allem als wissenschaftliche Referenzwerke verstehen und in einzelnen Kapiteln jeweils den aktuellen Forschungsstand zu einem Thema darzustellen suchen. Im Verwaltungsrecht sind das namentlich

- *Kahl/Ludwigs*, Handbuch des Verwaltungsrechts, bisher 6 Bände, 2021 ff. (auf 12 Bände angelegt) – nachfolgend „HVwR" abgekürzt.
- *Voßkuhle/Eifert/Möllers*, Grundlagen des Verwaltungsrechts, 2 Bände, 3. Aufl. 2022 – nachfolgend „GVwR" abgekürzt.

c) Zeitschriften

30 Ein wesentlicher Teil der Rechtswissenschaft findet in den Fachzeitschriften statt. Dort werden neue Ideen vorgestellt, neue Sachverhalte durchdacht und auch für bekannte Probleme neue und bessere Lösungen vorgeschlagen. Im Studium wird die regelmäßige Lektüre der Zeitschriften natürlich noch nicht erwartet.

31 An verwaltungsrechtlichen Zeitschriften sollten dem Namen nach schon einmal bekannt sein:

- Neue Zeitschrift für Verwaltungsrecht (**NVwZ**) – auch in beck-online verfügbar („nvwz" in der Suchleiste führt Sie schnell zum aktuellen Heft).
- Deutsches Verwaltungsblatt (**DVBl**) – auch in der Datenbank WoltersKluwer-Online verfügbar.
- Die öffentliche Verwaltung (**DÖV**) – teilweise in beck-online verfügbar („döv" in der Suchleiste führt Sie schnell zum aktuellen Heft).

32 Umfangreichere Abhandlungen enthalten die beiden verwaltungsrechtswissenschaftlichen Vierteljahresschriften:

- **Die Verwaltung** – ab Jahrgang 2008 sind die Volltexte der Zeitschrift auch verfügbar unter https://elibrary.duncker-humblot.com/zeitschriften/id/29/.
- Verwaltungsarchiv (**VerwArch**) – ab Jahrgang 2015 sind die Volltexte der Zeitschrift auch verfügbar unter https://research.wolterskluwer-online.de/.

Beiträge zum Verwaltungsrecht enthält auch die älteste das gesamte öffentliche Recht abdeckende Vierteljahresschrift:

- Archiv des öffentlichen Rechts (**AöR**) – online verfügbar ab Jahrgang 2003 unter https://www.mohrsiebeck.com/zeitschrift/archiv-des-oeffentlichen-rechts-aoer, ältere ab Jahrgang 1886 unter https://digizeitschriften.de/.

Der Prominenz des Landesrechts für die Verwaltung entspricht es, dass es auch **landesspezifische Zeitschriften** gibt. Hier sollten Sie insbesondere die für ihr Bundesland einschlägigen Namen kennen, etwa:

- Verwaltungsblätter Baden-Württemberg (VBlBW).
- Bayerische Verwaltungsblätter (BayVBl).
- Niedersächsische Verwaltungsblätter (NdsVBl).
- Nordrhein-westfälische Verwaltungsblätter (NWVBl).
- Sächsische Verwaltungsblätter (SächsVBl).
- Thüringer Verwaltungsblätter (ThürVBl).
- Für Berlin, Brandenburg, Sachsen, Sachsen-Anhalt und Thüringen die Zeitschrift Landes- und Kommunalverwaltung (LKV).
- Für Bremen, Hamburg, Mecklenburg-Vorpommern, Niedersachsen und Schleswig-Holstein die Zeitschrift für öffentliches Recht in Norddeutschland (NordÖR).

d) Ausbildungsliteratur

Zum Allgemeinen Verwaltungsrecht sowie zum Verwaltungsprozessrecht – je einzeln und in Kombination – gibt es eine Fülle von Lehrbüchern. Da Sie sich bereits für das vorliegende Werk entschieden haben, brauchen diese hier nicht aufgezählt zu werden. Genannt seien aber einige Titel, die sich als Ergänzung dieses Buches gut eignen.

Speziell die verschiedenen **Fallkonstellationen**, die Ihnen in verwaltungsrechtlichen Aufgabenstellungen begegnen können, arbeitet eingängig heraus:

- *Funke*, Falldenken im Verwaltungsrecht. Ein systematisches Studienbuch, 2020.

Gerade in **Aufbaufragen** für Prüfungen geben zum Allgemeinen Verwaltungsrecht hilfreichen Rat:

- *Kempny/Reifegerste*, Fälle zum Allgemeinen Verwaltungsrecht, 2022. Das Buch bietet ausformulierte Gutachten und gerade an schwierigen Punkten besondere Präzision der Darstellung.
- *Sauer*, Klausurtraining Allgemeines Verwaltungsrecht und Verwaltungsprozessrecht, 3. Aufl. 2022.

Da im Verwaltungsrecht, gerade auch im Allgemeinen Verwaltungsrecht, neben den Bundes- auch Landesgesetze eine große Rolle spielen (vgl. § 2 Rn. 29 ff.), bietet es sich an, ergänzend zu diesem Buch eine der – meist kurzen – **Darstellungen des Landesrechts** Ihres Studienortes durchzuarbeiten. Insbesondere liegen zu fast allen Bundesländern „Studienbücher" aus dem Verlag Nomos vor:

- (nur:) Verwaltungsvollstreckungsrecht, in: *Rausch*, Landesrecht **Baden-Württemberg**, 2. Aufl. 2024, § 4.
- *Ludwigs/Hainthaler*, Landesrechtliche Spezifika des Verwaltungsrechts, und *Engelbrecht*, Verwaltungszustellungs- und Verwaltungsvollstreckungsrecht, in: Huber/Wollenschläger (Hg.), Landesrecht **Bayern**, 2. Aufl. 2022, § 5 und § 6.
- *Siegel*, Allgemeines Verwaltungsrecht mit Verwaltungsprozessrecht, und *Waldhoff/Holland*, Verfassungs- und Organisationsrecht, in: Siegel/Waldhoff (Hg.), Öffentliches Recht in Berlin, 4. Aufl. 2023, § 2 und § 1 Rn. 271–380.
- *Hebeler*, Verwaltungsorganisationsrecht, in: Bauer/Häde/Peine (Hg.), Landesrecht **Brandenburg**, 4. Aufl. 2021, § 3.
- *Eickenjäger*, Grundlagen der Verwaltungsorganisation und des Verwaltungshandelns, in: Fischer-Lescano/Sperlich (Hg.), Landesrecht **Bremen**, 2. Aufl. 2021, § 2.
- *Beaucamp*, Verwaltungsorganisation und Verwaltungsrecht, in: Hoffmann-Riem/Koch (Hg.), Landesrecht **Hamburg**, 4. Aufl. 2020, § 3.
- *Hermes*, Allgemeines Landesverwaltungsrecht, in: Hermes/F. Reimer (Hg.), Landesrecht **Hessen**, 10. Aufl. 2022, § 3.
- *Rodi/Weidinger*, Verwaltungsorganisation, Verwaltungsverfahren, in: Classen/Lüdemann (Hg.), Landesrecht **Mecklenburg-Vorpommern**, 5. Aufl. 2023, § 2.
- *Mehde*, Verwaltungsorganisation, in: Hartmann/Mann/Mehde (Hg.), Landesrecht **Niedersachsen**, 4. Aufl. 2023, § 2.
- *Sydow*, Verwaltungsrecht, in: Schlacke/Wittreck (Hg.), Landesrecht **Nordrhein-Westfalen**, 2. Aufl. 2020, § 2.
- *Schröder*, Grundlagen der Verwaltungsorganisation und des Verwaltungshandelns, in: Hufen/Jutzi/Hofmann (Hg.), Landesrecht **Rheinland-Pfalz**, 9. Aufl. 2021, § 2.
- *Gröpl*, Allgemeines Verwaltungsrecht und Verwaltungsprozessrecht, in: Gröpl/Guckelberger/Wohlfahrt (Hg.), Landesrecht **Saarland**, 4. Aufl. 2023, § 2.
- (trotz der Überschrift:) *Kluth*, Verfassungsrecht Sachsen-Anhalt, in: Kluth (Hg.), Landesrecht **Sachsen-Anhalt**, 2. Aufl. 2010, § 1 Rn. 87–101.
- *Schulz*, Landesverwaltungsrecht, in: Schliesky (Hg.), Landesrecht **Schleswig-Holstein**, 2021, § 2.
- *Schneider*, Verwaltungsorganisation und allgemeines Verwaltungsrecht, in: Knauff (Hg.), Landesrecht **Thüringen**, 2. Aufl. 2023, § 2.

38 Wenn Sie den historischen Wurzeln der Institute des Verwaltungsrechts nachgehen wollen, können folgende Lehrbücher als **Referenzwerke für den älteren Rechtsstand** dienen:

- *Otto Mayer*, Deutsches Verwaltungsrecht, 2 Bde., 3. Aufl. 1924 (aus der Kaiserzeit stammend, das erste wirklich dogmatisierende Verwaltungsrechtssystem, hier in der letzten, aber durch die Weimarer Umstände nicht mehr wesentlich umgeprägten Auflage).

- *Walter Jellinek*, Verwaltungsrecht, 3. Aufl. 1931 (für das Verwaltungsrecht der Weimarer Republik).
- *Arnold Köttgen*, Deutsche Verwaltung, 3. Aufl. 1944 (zur Veranschaulichung, wie das nationalsozialistische Regime das überlieferte Verwaltungsrecht trotz Beibehaltung vieler Begriffe um seinen rechtsstaatlichen Gehalt gebracht hat).
- *Ernst Forsthoff*, Lehrbuch des Verwaltungsrechts, Bd. 1 [= alles Erschienene], 10. Aufl. 1973 (lange maßgebliches großes Lehrbuch, das den Rechtsstand vor Erlass der Verwaltungsverfahrensgesetze dokumentiert).

Zusatzinformation
Keinen nennenswerten Einfluss auf das heutige deutsche Verwaltungsrecht konnte das Recht der DDR entfalten, das in dieser Aufzählung der Epochen und Systeme daher fehlt. Die DDR vermied den Begriff „Verwaltungsrecht" aus ideologischen Gründen, ohne auf die Sache verzichten zu können; man sprach stattdessen vom „Recht der staatlichen Leitung".

3. Rechtsprechung

Auch Entscheidungen der Verwaltungsgerichte werden in großer Zahl veröffentlicht. Die prominenteste Rolle spielen dabei diejenigen des Bundesverwaltungsgerichts, von denen zahlreiche in der amtlichen Sammlung (BVerwGE) abgedruckt werden (Zitierweise wie bei den BVerfGE mit Bandnummer und erster Seite der jeweiligen Entscheidung). Auch andere Entscheidungen, die etwa nur in der NVwZ abgedruckt sind, können hohe Bedeutung haben. Alle neueren Entscheidungen des Bundesverwaltungsgerichts sind im Volltext (anonymisiert) online abrufbar unter https://www.bverwg.de/.

I. Verwaltung im Gefüge der Staatsgewalten

§ 1. Verwaltung als ausführende, gestaltende, planende Staatsgewalt

Spezielle Studienliteratur: *Frenzel*, JuS 2016, 1075.

I. Verwaltung als Tätigkeit

Verwaltung wird oft definiert als diejenige **Staatstätigkeit, die weder Gesetzgebung noch Rechtsprechung darstellt**. An dieser verbreiteten negativen Definition wird bereits deutlich, dass „Verwaltung" offenbar vielfältig und komplex sein muss, wenn sie sich nicht auf einen klaren positiven Begriff bringen lässt.[1]

Verwaltung ist häufig – sogar meistens – „**Ausführung von Gesetzen**". Diese Formulierung kennt man vom Staatsrecht I her aus den Vorschriften über die Verwaltungszuständigkeit (Art. 83 ff. GG, vgl. noch § 6 Rn. 7). Als positive Definition von Verwaltung taugt die „Ausführung von Gesetzen" aber aus wenigstens zwei Gründen nicht:

- erstens werden manche Gesetze von den Gerichten ausgeführt, die in den Verwaltungsbegriff eigentlich nicht einbezogen werden sollen;

  Beispiel: Um Betreuungs-, Nachlass-, Register- und weitere Angelegenheiten der sogenannten „freiwilligen Gerichtsbarkeit" kümmern sich die Amtsgerichte (§ 23a Gerichtsverfassungsgesetz [GVG]). Es handelt sich hier nicht um Rechtsstreitigkeiten mit Klägern und Beklagten, vielmehr wird das Gericht in diesen Fällen teilweise sogar von Amts wegen tätig. Dafür gilt weder ZPO noch StPO, sondern das besondere Gesetz über das Verfahren in Familiensachen und in den Angelegenheiten der freiwilligen Gerichtsbarkeit (FamFG).

- zweitens gibt es auch „gesetzesfreie Verwaltung", wo Behörden ohne eine gesetzliche Grundlage tätig werden dürfen.

---

[1] Lit.: *Waldhoff*, HVwR I, 2021, § 11 Rn. 6–22.

Beispiel: Ein Ministerium gewährt Zuwendungen zur Wirtschaftsförderung, ohne dass dies gesetzlich geregelt wäre.

3 Auf die abstrakte Definition kommt es aber so gut wie nie an. Unstreitig gehören zur Verwaltung jedenfalls so unterschiedliche Dinge wie

- die Auflösung einer Demonstration durch die Polizei,
- die Erhebung einer Steuer durch das Finanzamt,
- die Führung des Melderegisters und die Ausstellung eines Reisepasses oder Personalausweises durch das gemeindliche Bürgeramt,
- die Erteilung einer Baugenehmigung durch die Baurechtsbehörde der Stadt oder des Landkreises,
- die Aufstellung eines Bebauungsplans durch die Gemeinde,
- die Bewilligung und Auszahlung einer Sozialleistung durch Jobcenter, BAföG-Ämter oder Rentenversicherungsträger,
- die Durchführung von Unterricht an einer öffentlichen Schule oder
- der Bau einer Autobahn durch die Autobahn GmbH des Bundes.

4 Die sich hier zeigende Vielfalt versucht man oft mit verschiedenen Verwaltungstypen in den Griff zu bekommen, die allerdings immer nur eine erste Orientierung für die rechtlichen Anforderungen geben können. Gängig ist das Begriffspaar von **Eingriffsverwaltung** für die Tätigkeiten, die mit Grundrechtseingriffen verbunden sind (wie Demonstrationsverbot und Steuererhebung),[2] und **Leistungsverwaltung** für Tätigkeiten, in denen staatliche Stellen nicht nehmen, sondern geben (wie Sozialleistungen, Straßenbau, Schulunterricht und Eisenbahnbetrieb).[3] Das Beispiel der staatlichen Schulen zeigt dabei gleich, dass die Leistung eng mit dem Eingriff in Gestalt der Schulpflicht verbunden sein kann und die Abgrenzung von Eingriffs- und Leistungsverwaltung nicht ganz trennscharf ist. Auch gibt es im Bereich der Eingriffsverwaltung Phänomene, die sich jedenfalls äußerlich als Leistungen darstellen (wie die Erteilung der Baugenehmigung, die man aber nur braucht, weil das Bauen sonst staatlich verboten wäre).

5 Zur Eingriffsverwaltung gehört neben der Steuer- und Abgabenerhebung und der Wirtschaftsregulierung vor allem die **Gefahrenabwehrverwaltung** (auch Ordnungs-, Sicherheits- oder Polizeiverwaltung). Im Mittelpunkt steht hier die „öffentliche Sicherheit", von der Gefahren abgewehrt werden können – insbesondere Straftaten, aber auch andere drohende Rechtsverletzungen oder Rechtsgutsbeeinträchtigungen. Dieses Feld der Verwaltungstätigkeit lernen Sie in der Lehrveranstaltung zum Polizei- und Ordnungsrecht näher kennen. Neben dem dort zu behandelnden Allgemeinen Ordnungsrecht gehören zur Gefahrenabwehrverwaltung aber auch noch

---

[2] Lit.: *Geis*, HVwR I, 2021, § 18.
[3] Lit.: *Krause*, VVDStRL 45 (1987), S. 212; *Rüfner*, Formen öffentlicher Verwaltung im Bereich der Wirtschaft, 1967; *Wallrabenstein*, HVwR I, 2021, § 19.

I. Verwaltung als Tätigkeit

zahlreiche spezielle (und speziell geregelte) Tätigkeitsfelder – insbesondere die Abwehr von Gefahren aus baulichen Anlagen (Bau[ordnungs]recht), die Abwehr von Umweltgefahren (Umwelt[ordnungs]recht) und die Abwehr von Gefahren aus Gewerbebetrieben (Gewerberecht).

Weitere Verwaltungstypen sind gelegentlich vorgeschlagen worden, haben aber nicht die gleiche Verbreitung gefunden wie die Begriffe der Eingriffs- und Leistungsverwaltung.[4] So ist etwa manchmal die Rede von „**Planungsverwaltung**", wo weder gegeben noch genommen, sondern zukunftsgerichtet gestaltet wird.[5] Zur Verwaltung in diesem Sinne gehört etwa das Aufstellen der gemeindlichen Flächennutzungs- und Bebauungspläne, aber auch die noch allgemeinere „Landesplanung" auf Ebene der Bundesländer und ihrer Planungsregionen sowie beispielsweise die Bestimmung der „Linienführung" der Bundesautobahnen durch das Fernstraßen-Bundesamt. Je näher man allerdings dem Einzelfall vor Ort kommt – besonders bei der „Planfeststellung" für konkrete Infrastrukturvorhaben –, desto mehr sind auch hier Rechte Einzelner betroffen und verschwimmen deshalb die Grenzen zur Eingriffsverwaltung.

Mit den bisherigen Begriffen haben wir verschiedene Felder beschrieben, auf denen Verwaltungstätigkeit sozusagen „nebeneinander" stattfindet. Mit einem weiteren Begriffspaar kann man all diese Felder als **Vollzugsverwaltung** kennzeichnen und ihnen die **Ministerialverwaltung** gegenüberstellen.[6] Auch wenn hier die organisatorische Verortung (im Ministerium) anklingt, handelt es sich doch um eine andere Art der Tätigkeit: hier wird nicht das Alltagsgeschäft von Eingriff, Leistung oder auch Planung besorgt, sondern strategisch geführt und insbesondere Gesetzgebung vorbereitet. Wenn die Bundesregierung nach Art. 76 Abs. 1 GG eine Gesetzesinitiative einbringt (oder die Landesregierung nach entsprechendem Landesrecht), dann war es die Ministerialverwaltung, die das Dokument erstellt hat.

In noch einer weiteren Dimension kann man auch noch verschiedene „Stile" unterscheiden, in denen sich Verwaltungstätigkeit vollziehen kann. Vom traditionellen Bild der **hoheitlichen Verwaltung**, die ihre Entscheidungen einseitig trifft und den Privaten unnahbar gegenübersteht, hebt sich dann ein moderneres Bild einer **kooperativen Verwaltung** ab, die mit Öffentlichkeit und potenziell Betroffenen im Dialog steht.[7] Für Erstere ist der Verwaltungsakt (unten § 19) das charakteristische Instrument im Einzelfall, für Letztere der öffentlich-rechtliche Vertrag (unten § 22) und die informell getroffene Absprache (unten § 27 Rn. 35). Es wäre aber falsch,

---

[4] Zur „Infrastrukturverwaltung" etwa vgl. *Durner*, HVwR I, 2021, § 21.
[5] Lit.: *Schlacke*, HVwR I, 2021, § 20; zu den Rechtsformen der Planung *von Weschpfennig*, HVwR V, 2022, § 156; zu den inhaltlichen Anforderungen an die Planung *Ogorek*, HVwR V, 2022, § 130.
[6] Lit.: *Mehde*, HVwR IV, 2022, § 82.
[7] Lit.: *Gusy*, ZUR 2001, 1; *Schulze-Fielitz*, DVBl 1994, 659; s.a. *Müller-Franken*, Maßvolles Verwalten, 2004, bes. S. 135–236; *Rossen*, Vollzug und Verhandlung, 1999.

sich die beiden Stile im Sinne eines zeitlichen Aufeinanderfolgens vorzustellen – die Praxis macht von beidem je nach Zweckmäßigkeit Gebrauch.[8]

9 Intensiv diskutiert wird in jüngerer Zeit die **digitale Verwaltung** (ein anderes Schlagwort dafür ist „E-Government").[9] Fragen nach dem Potenzial und dem rechtlichen Rahmen für den Einsatz von Computern im Allgemeinen[10] und Internet sowie Künstlicher Intelligenz[11] im Besonderen stellen sich an zahlreichen Punkten des Verwaltungsrechts. Dazu gehören namentlich die Kommunikation mit Behörden (§ 18 Rn. 11 f. und § 29 Rn. 11), die Automatisierung von Verwaltungsakten (§ 19 Rn. 39, 107) und die Verarbeitung personenbezogener Daten durch Behörden (§ 27 Rn. 37 ff.).

10 In welchen rechtlichen Formen all diese Verwaltungstätigkeit vonstatten geht, behandeln wir aus zwei Blickrichtungen. Zum einen richten wir den Blick auf die **Rechtsakte** als herausgehobene Punkte innerhalb des großen Stroms der Verwaltungstätigkeit, woran die Normen des Verwaltungsrechts besonders ausgiebig anknüpfen (Teil IV). Zum anderen betrachten wir mit den **Verfahren** die Ausschnitte aus der Verwaltungstätigkeit, mit denen die Rechtsakte durch Ermittlung des Sachverhalts und unter Einbeziehung der Betroffenen vorbereitet werden (Teil V, insbesondere § 29).

II. Verwaltung als Organisation

11 Außer für eine Tätigkeit steht der Begriff „Verwaltung" auch für gewisse Organisationen im staatlichen Bereich. Diese lassen sich wiederum nur negativ abgrenzen als alle **staatlichen Stellen, die nicht Gesetzgebungs- oder Rechtsprechungsorgane sind**. Wir sprechen insoweit von „Verwaltungsträgern" und von „Behörden" (zu den Einzelheiten dieser Begriffe kommen wir in Teil II). „Die Verwaltung" ist dann ein Kollektivname für all diese Organisationen, den man verwendet, wenn man die konkret handelnden Verwaltungsträger oder Behörden offenlassen will – um etwa zu sagen, „die Verwaltung hat das nicht genehmigt" (oder noch schlichter „die Verwaltung hat sich quergestellt").

---

[8] Vgl. bereits *Bulling*, DÖV 1989, 277.
[9] Einführend *Voßkuhle/Heitzer*, JuS 2023, 1113. Lit.: *Britz/Eifert*, GVwR I³, 2022, § 26; *Bull*, DÖV 2019, 959; *Burchardt*, DÖV 2023, 935; *Eifert*, Electronic Government, 2006; *Guckelberger* und *Kube* in VVDStRL 78 (2019), S. 235 bzw. 289; *Martini*, HVwR I, 2021, § 28; *ders.*, DÖV 2017, 443; *M. Schröder*, VerwArch 110 (2019), S. 328.
[10] Vgl. bereits *Fiedler*, JZ 1966, 689; *Ostermann*, Die Verwaltung 3 (1970), S. 129; *Zeidler*, Über die Technisierung der Verwaltung, 1959.
[11] Lit.: *Krönke*, Die Verwaltung 56 (2023), S. 31.

Zusatzinformationen
- Aufgrund der negativen Definition gehören auch die Bundes- und Landesregierungen, die Sie bisher als Verfassungsorgane kennen gelernt haben, zur Verwaltung. Sie bilden gewissermaßen das Scharnier zwischen Staatsorganisations- und Verwaltungsrecht. Zu ihrer Stellung innerhalb der Verwaltungsorganisation kommen wir unter § 7 Rn. 27, 52 f., 56, 65.
- Die negative Definition bringt eigentlich auch die Streitkräfte, die der Bund nach Art. 87a Abs. 1 GG aufstellt, unter den Verwaltungsbegriff. Die Verfassungsgesetzgebung hat diesen Sprachgebrauch vermieden und zugleich mit der Schaffung der Bundeswehr in Art. 1 Abs. 3 und Art. 20 Abs. 3 GG jeweils das Wort „Verwaltung" durch „vollziehende Gewalt" ersetzt, um die Bindung an Grundrechte bzw. Gesetz und Recht jedenfalls sicherzustellen. Die nichtmilitärische „Wehrverwaltung" trennt Art. 87b GG deutlich von den Streitkräften. Gleichwohl können auch militärische Dienststellen in gewissen Zusammenhängen einwandfrei mit den Begriffen des Verwaltungsrechts behandelt werden. Wir kommen im Zusammenhang mit innerdienstlichen Rechtsakten auf die Parallele zurück (unten § 25 Rn. 6 f., 14).

Den Kollektivnamen „Verwaltung" verwendet man auch in der Rechtssprache, wenn es einem gerade um das **Staat-Privat-Verhältnis** geht. „Die Verwaltung" ist dann die Gegenseite, der Akteur, der den Privaten gegenübersteht und deren Interessen mit Eingriffen, Leistungen oder Planungen – oder deren Verweigerung – betrifft. An den verwaltungsrechtlichen Rechtsverhältnissen ist immer wenigstens auf einer Seite „die Verwaltung" in diesem Sinne beteiligt. Spätestens wenn konkrete Private konkreten Rechtsschutz suchen, muss man aber einen bestimmten Verwaltungsträger und eine bestimmte Behörde als konkrete Gegenseite identifizieren. 12

Ein differenzierter Blick auf „die Verwaltung" ist auch erforderlich, wenn **Rechtsbeziehungen oder Konflikte innerhalb des staatlichen Bereichs** auftreten. Aus dem Staatsorganisationsrecht sind Ihnen derartige Konflikte bereits im prozessualen Rahmen des Verfassungsorganstreits (Art. 93 Abs. 1 Nr. 1 GG) und des Bund-Länder-Streits (Art. 93 Abs. 1 Nr. 3 GG) vertraut. Diese Konstellation verlängert sich aus der Sphäre der Verfassungsorgane sozusagen nach unten in den Bereich der Verwaltung. Dann geht es beispielsweise um Zahlungen von Ländern an Universitäten für deren (Grund-)Finanzierung, um die Zusammenarbeit von Landkreisen beim öffentlichen Personennahverkehr oder um Auseinandersetzungen zwischen Gemeinderat und Bürgermeister um dessen Amtsführung. 13

III. Verwaltung in Deutschland

Gegenstand dieses Buches sind nur die deutsche Verwaltung und das in Deutschland geltende Verwaltungsrecht. Die vergleichende Betrachtung verschiedener nationaler Verwaltungsrechtsordnungen ist hochinteressant, aber verfolgt eine andere Fragestellung als die rechtsdogmatische.[12] Dennoch soll an dieser Stelle zumindest der **Warnhinweis** angebracht werden, dass vieles von dem, was in der deutschen Verwaltungsrechtslandschaft als selbstverständlich gilt, auch ganz anders sein könnte. Die Varianz dürfte hier eher noch größer sein als im Privat- und Strafrecht. 14

---
[12] Lit. wie Vorbemerkungen Fn. 9.

15 Charakteristisch für das deutsche Verwaltungsrecht ist insbesondere ein enggeführter Zugang zum Gericht (nur mit Klagebefugnis, § 13 Rn. 45 ff.), verbunden mit einer höchst intensiven Prüfung durch das Gericht, wenn der Zugang erst einmal eröffnet ist. Manche anderen Rechtsordnungen gehen genau umgekehrt vor und geben allen Interessierten (mit *standing* oder *intérêt à agir*) die Klagemöglichkeit,[13] aber lassen das Verwaltungshandeln dann nur auf gröbere Fehler überprüfen. Zu diesem Aspekt im Verhältnis Verwaltung/Justiz („Kontrolldichte") tritt ein weiterer im Verhältnis Verwaltung/Gesetzgebung („Regelungstiefe"): nicht überall macht die Legislative der Exekutive so enge Vorgaben für deren Einzelfallentscheidungen, wie es in Deutschland üblich ist.

16 Ein aufschlussreiches Gegenbild liefert insbesondere das Verwaltungsrecht der Vereinigten Staaten von Amerika.[14] Bei uns zentrale Begriffe wie der Verwaltungsakt (unten § 19) finden dort kein allgemeines Pendant. Eine eigene Verwaltungsgerichtsbarkeit (unten § 3 Rn. 4 ff. und § 8) gibt es nicht, vielmehr denkt man Verwaltungsstreitigkeiten in privatrechtlichen Kategorien – wenn sie nicht direkt unter dem Gesichtspunkt der Haftung oder gar Strafbarkeit des Amtsträgers verhandelt werden (was sogleich die Folgefrage nach dem angemessenen Schutz der Amtsträger durch Immunitätsregeln aufwirft). Die Verwaltung ist einerseits wesentlich mächtiger als bei uns, weil ein Vorbehalt des Gesetzes (§ 12 Rn. 15 f., § 17 Rn. 40 ff.) dort nur punktuell und nicht flächendeckend gilt,[15] und auch, weil sie in größerem Umfang zur Verordnunggebung (§ 23) befugt ist;[16] andererseits hat sie nicht die umfassende Kompetenz zur Rechtsgestaltung im Einzelfall (§ 14 Rn. 4 ff., § 19), sondern muss dafür mitunter erst die Judikative bemühen, beispielsweise für kartellrechtliche Verfügungen. Zugleich wird die Verwaltung nicht so unpolitisch gedacht wie mit unseren zur Neutralität verpflichteten Beamten (§ 5 Rn. 25 ff.), sondern stärker von der demokratischen Legitimation der Amtsträger her konzipiert.[17]

---

[13] Vgl. *Saurer*, HVwR IV, 2022, § 97.
[14] Dazu besonders *Schmidt-Aßmann*, Das Verwaltungsrecht der Vereinigten Staaten von Amerika, 2021; siehe außerdem *Lepsius*, Verwaltungsrecht unter dem Common Law, 1997.
[15] Vgl. anhand eines speziellen Grundrechtsthemas *Wittmann*, Der Schutz der Privatsphäre vor staatlichen Überwachungsmaßnahmen durch die US-amerikanische Bundesverfassung, 2014.
[16] Vgl. *Pünder*, Exekutive Normsetzung in den Vereinigten Staaten von Amerika und der Bundesrepublik Deutschland, 1995.
[17] Vgl. *Roßbach*, Das Personal der Republik, 2020.

§ 2. Gesetzgebung als rechtliche Steuerung der Verwaltung

Die Verwaltung ist an „Gesetz und Recht" gebunden, wie Art. 20 Abs. 3 GG ausdrücklich sagt. Die Gesetzesbindung ermöglicht es der gesetzgebenden Gewalt, die Tätigkeit der vollziehenden Gewalt (mit) zu steuern.[1] Das geschieht normalerweise durch den Erlass abstrakt-genereller Regeln, seltener durch punktuellen Durchgriff in die Verwaltungsrechtsordnung durch die Begründung oder Aufhebung konkret-individueller Rechtspositionen (zum Gesetz als Rechtsaktform auf dem Gebiet des Verwaltungsrechts auch noch unten § 24). In einem unmittelbaren Sinne steuert das Gesetz die Verwaltung in beiden Varianten dadurch, dass es ihr Pflichten auferlegt – zu erfüllende Aufgaben, einzuhaltende Verfahren, zu unterlassende Vorgehensweisen und anderes (zur Pflicht im Zusammenhang unten § 12). Von einer mittelbaren Steuerung kann man insoweit sprechen, als das Gesetz der Verwaltung gewisse Befugnisse (unten § 11 Rn. 10 f.) und Kompetenzen (unten § 14 Rn. 4 ff.) an die Hand gibt und damit das Verwaltungshandeln vorzeichnet.

1

An dieser Stelle interessiert uns zunächst die **Vielzahl von Gesetzen** und anderen Rechtsvorschriften, die für die Verwaltung gelten. Um sie zu systematisieren, kann man sie sowohl nach inhaltlichen (Rn. 3 ff.) als auch nach rechtsstrukturellen Kriterien einteilen (Rn. 17 ff.). Die danach maßgeblichen Vorschriften für das Allgemeine Verwaltungsrecht tragen wir anschließend zusammen (Rn. 42 ff.); sie werden uns im weiteren Verlauf dieses Buches in erster Linie beschäftigen.

2

Prüfungshinweis

▶ Im Verwaltungsrecht werden Sie für verschiedene Aspekte desselben Falles regelmäßig mehrere Gesetze nach- und nebeneinander anzuwenden haben. Hier liegt ein deutlicher Unterschied zu den Ihnen geläufigen Fällen aus dem Strafrecht (fast nur StGB) und Privatrecht (fast nur BGB), aber auch dem Verfassungsrecht (nur GG bzw. Landesverfassung nebst jeweiligem Prozessgesetz).

---

[1] Lit.: *F. Reimer*, GVwR I³, 2022, § 11.

I. Einteilungen nach dem Inhalt

1. Sonderrecht der Verwaltung und nicht verwaltungsspezifisches Recht

3 Die Verwaltung als Tätigkeit ist in einen komplexen Rechtsrahmen eingebettet. Die Verwaltung als Organisation macht von diversen rechtlichen Handlungsmöglichkeiten Gebrauch. Eine Unterscheidung können wir dabei als erste treffen: Manche Rechtsnormen gelten **spezifisch für die Verwaltung** und andere nicht.

4 Die nicht verwaltungsspezifischen Normen bilden sozusagen das „allgemeine Recht", das alle Rechtsträger bindet und befähigt – das ist das **Privatrecht**, das Sie aus den einschlägigen Lehrveranstaltungen kennen und das auch für die Verwaltung gilt. Hier sind es die rechtsfähigen Hoheitsträger („Verwaltungsträger", unten § 6), die in Schuldverhältnissen stehen und Sachenrechte haben sowie Rechtsgeschäfte schließen können. Die Privatrechtsgeschäfte der Verwaltung stellen eine wichtige Rechtsform des Verwaltungshandelns dar (dazu näher unten § 26).

Beispiel: Die Normen des Mietvertragsrechts, §§ 535 ff. BGB, richten sich an jedermann, nicht nur die Verwaltungsträger, und sind deshalb privatrechtlicher Natur. Die Verwaltungsträger können ebenso Mieter und Vermieter sein wie jedes Privatrechtssubjekt.

5 Dem „allgemeinen Recht" steht das **Sonderrecht der Hoheitsträger** gegenüber, das man in Abgrenzung zum Privatrecht das „**öffentliche Recht**" nennt.[2] Eine Rechtsnorm heißt öffentlich-rechtlich, wenn sie eine Rechtsposition (Kompetenz, Anspruch, Pflicht, Befugnis) gerade einem Hoheitsträger verleiht bzw. auferlegt. Auf der jeweiligen Gegenseite können natürlich Private stehen (als Betroffene, Schuldner, Gläubiger). Diese Umschreibung des öffentlichen Rechts heißt „Sonderrechtslehre" oder auch „modifizierte Subjektstheorie", weil sie mit den Hoheitsträgern auf bestimmte Rechts*subjekte* der Normen abstellt.

Beispiele: Die Grundrechtsnormen verpflichten gemäß Art. 1 Abs. 3 GG nur die Staatsorgane und gelten deshalb als öffentliches Recht. – § 16 Abs. 1 Infektionsschutzgesetz (IfSG) erteilt nur den Infektionsschutzbehörden die Befugnis, bei Anzeichen für übertragbare Krankheiten die erforderlichen Maßnahmen zu treffen, und ist damit ebenfalls als öffentlich-rechtliche Norm zu qualifizieren.

Zusatzinformation
Die Bezeichnung „modifizierte Subjektstheorie" erscheint heute etwas kryptisch. Hinter ihr steht die Abgrenzung zu einer nicht mehr vertretenen „reinen Subjektstheorie", die jede Norm insoweit als öffentlich-rechtlich auffasst, als sie Hoheitsträger erfasst. Nach dieser Theorie wäre die Unterscheidung von allgemeinem und Sonderrecht nicht haltbar; auch etwa ein Mietverhältnis wäre danach öffentlich-rechtlich, sobald und solange ein Hoheitsträger daran beteiligt ist.

6 Die ganz herrschende Sonderrechtslehre konkurriert traditionell mit zwei **anderen Theorieangeboten** für die nähere Bestimmung der „öffentlich-rechtlichen"

---

[2] Lit. zum Verhältnis beider „Rechtsregime": *Krüper* und *Somek* in VVDStRL 79 (2020), S. 43 bzw. 7; *Wollenschläger*, HVwR I, 2021, § 15; die Beiträge in Hoffmann-Riem/Schmidt-Aßmann (Hg.), Öffentliches Recht und Privatrecht als wechselseitige Auffangordnungen, 1996.

Normen. Diese sind aber wesentlich unschärfer und dienen praktisch eher zur Bekräftigung eines bereits gefundenen Ergebnisses. Es handelt sich dabei zum einen um

- die Subordinations- oder auch Subjekt*ions*theorie, die ein Verhältnis der Über- und Unterordnung zwischen den Beteiligten voraussetzt (das gibt es aber auch etwa im Arbeitsrecht, fehlt dagegen in der Beziehung zwischen zwei Gemeinden), und zum anderen um
- die Interessentheorie, die die Gemeinwohldienlichkeit der Norm hervorhebt (die gibt es aber auch – zumindest als Nebenzweck – oft im BGB,[3] und baurechtliche Regelungen schützen oft ganz konkret Bewohner und Nachbarn) und römischrechtliche Wurzeln haben soll (gern zitiert wird der Rechtsgelehrte *Ulpian* mit seiner lateinischen Definition: „publicum ius est quod ad statum rei Romanae spectat, privatum quod ad singulorum utilitatem").

Prüfungshinweise

▶ In der Regel kann man alle drei Theorien bejahen, was eine Festlegung dann erübrigt. Schnell als Sonderrecht und damit öffentliches Recht charakterisieren darf man etwa die behördlichen Befugnisse in Polizei- und Baurecht sowie die Organisationsregelungen im Kommunalrecht.

▶ Verwechseln Sie nicht „Subjekts-" und „Subjektionstheorien". „Subjekt" ist der Rechtsträger, „Subjektion" heißt so viel wie „Unterwerfung".

Verwaltungsrecht nennt man nun freilich nicht das gesamte öffentliche Recht, sondern nur denjenigen Teil davon, der sich gerade auf die Verwaltung bezieht (wie auch immer man diese definiert, oben § 1 Rn. 1 ff.).[4] Sonderrecht findet sich aber auch für Hoheitsträger außerhalb der Verwaltung. Nicht zum Verwaltungsrecht zählt man daher das öffentliche Recht der Organisation und Tätigkeit der Gerichte (Zivil-, Straf- und übriges Prozessrecht), der Organisation und Tätigkeit der Verfassungsorgane (Staatsorganisationsrecht) sowie der zwischenstaatlichen Beziehungen (Völkerrecht). Das öffentliche Recht speziell der *Verwaltungs*gerichte (Verwaltungsprozessrecht) ist nach diesem Verständnis nicht selbst Verwaltungsrecht, steht aber in einem so engen Verhältnis dazu, dass man es durchaus als „prozessuales Verwaltungsrecht" ansehen kann (Rn. 16). Das öffentliche Recht der Strafverfolgungs*behörden* (Staatsanwaltschaften und Polizei im Ermittlungsverfahren) betrifft zwar Stellen der Exekutive, aber steht in einem so engen Verhältnis zum Strafprozessrecht, dass man es für gewöhnlich diesem zuordnet und aus dem Verwaltungsrecht ausklammert.[5] Das Gleiche muss dann aber auch für das materielle Strafrecht gelten.

7

---

[3] Lit.: *Croon-Gestefeld*, Gemeininteressen im Privatrecht, 2022; *Hellgardt*, Regulierung und Privatrecht, 2016.
[4] Lit.: *Waldhoff*, HVwR I, 2021, § 11 Rn. 23–29.
[5] Zur alternativen Deutung als „Kriminalverwaltungsrecht" vgl. *Gärditz*, HVwR I, 2021, § 16 Rn. 23–32.

2. Allgemeines und Besonderes Verwaltungsrecht

8   Einige wenige Gesetze gehören zum „Allgemeinen Teil" des Faches, die zahlreichen übrigen bilden das „Besondere Verwaltungsrecht".[6] Den Gegenstand dieses Lehrbuchs bildet nur das **Allgemeine Verwaltungsrecht**.

9   Die aus Privat- und Strafrecht bekannte AT/BT-Struktur findet sich in ähnlicher Form demnach auch hier. Anders als im Privat- und Strafrecht ist der Allgemeine Teil des Verwaltungsrechts jedoch nicht in dem Sinne kodifiziert, dass sich alle relevanten Vorschriften innerhalb eines Gesetzesabschnitts (wie eben §§ 1–240a BGB, 1–79b StGB) befänden. Vielmehr zählt man zum Allgemeinen Verwaltungsrecht die grundsätzlich für alle Tätigkeitsbereiche der Verwaltung geltenden Regelungen, die allerdings auf verschiedene Gesetze verteilt und dabei weitgehend auch noch für Bund und Länder separat geregelt sind. Diese übergreifenden Regelungen betreffen insbesondere die Organisation der Verwaltung und das Verfahren, in dem sie ihre Befugnisse auszuüben hat. Der Begriff „Allgemeines Verwaltungsrecht" steht also nicht für ein bestimmtes Gesetz, sondern fungiert als dogmatische Klammer, die eine Reihe von Gesetzen (sowie Verfassungs- und Verordnungsnormen) zusammenhält. Im Mittelpunkt stehen dabei die „Verwaltungsverfahrensgesetze" von Bund und Ländern (im Einzelnen dazu Rn. 45).

10 Dem Allgemeinen wird das **Besondere Verwaltungsrecht** gegenübergestellt (oft auch einfach das **„Fachrecht"** genannt), das jeweils nur für einzelne Tätigkeitsbereiche der Verwaltung Regelungen trifft (vgl. bereits § 1 Rn. 3 ff.). Dabei greift es zumeist auf die Regelungsangebote des Allgemeinen Verwaltungsrechts zurück, das gewissermaßen „Vorschläge" für die Gestaltung von Organisation und Verfahren macht. Mitunter weicht es aber auch davon ab und ist dann als *lex specialis* vorrangig. Das Besondere Verwaltungsrecht ist von fast unüberschaubarer Vielfalt. Gerade dies macht das Allgemeine Verwaltungsrecht als „Speicher" wiederverwendbarer Regelungsstrukturen[7] ebenso hilfreich für das Lernen wie für die Praxis. Nicht für jeden Verwaltungsbereich müssen diese Räder neu erfunden werden. Umgekehrt können aber auch Erfindungen aus einem bestimmten Bereich übergreifend brauchbar sein und in das Allgemeine Verwaltungsrecht, einstrahlen; Bereiche des Besonderen Verwaltungsrechts, die viele derartige Konzepte bereithalten, eignen sich als „Referenzgebiete" für die Dogmatik des Allgemeinen Verwaltungsrechts.[8]

11 Bis zur Staatsprüfung vertieft bekannt sein müssen nur einige wenige Gebiete des Besonderen Verwaltungsrechts. Zum **Pflichtfachstoff** gehören folgende drei – stark landesrechtlich geprägte – Rechtsgebiete, die regelmäßig auch Gegenstand

---

[6] Lit.: *Kahl*, HVwR I, 2021, § 12; s. a. *Franzius*, JZ 2019, 161; *Grigoleit*, FS Battis, 2014, S. 27; *Kersten/Lenski*, Die Verwaltung 42 (2009), S. 501; *Möllers*, FS Battis, 2014, S. 101; *Schmidt-Preuß*, FS Maurer, 2001, S. 777. Zur Zuordnung von Verfahrensregeln *Ziekow*, FS Bartlsperger, 2006, S. 247.

[7] Vgl. *Schmidt-Aßmann*, Allgemeines Verwaltungsrecht als Ordnungsidee, 2. Aufl. 2006, Kap. 1 Rn. 3–7.

[8] Vgl. *Schmidt-Aßmann*, Allgemeines Verwaltungsrecht als Ordnungsidee, 2. Aufl. 2006, Kap. 1 Rn. 12–16.

eigener Vorlesungen sind und denen auch wir immer wieder Beispiele entnehmen werden:

- Das *Polizei- und Ordnungsrecht* gewährt der Verwaltung die Befugnisse zur Abwehr von Gefahren für die öffentliche Sicherheit oder Ordnung.

    Wichtigstes Gesetz: das Polizeigesetz des Landes (z. B. PolG BW), in manchen Ländern daneben ein weiteres Gesetz für die nichtpolizeiliche Gefahrenabwehr (z. B. Landesstraf- und -verordnungsgesetz [LStVG] BY, Ordnungsbehördengesetz [OBG] NW). In manchen Ländern findet sich auch der Name „Sicherheits- und Ordnungsgesetz" (z. B. SOG HH, HSOG in Hessen, auch Allgemeines Sicherheits- und Ordnungsgesetz [ASOG] BE).

- Das *Baurecht* ermöglicht der Verwaltung die Planung der städtebaulichen Entwicklung und die Abwehr von Gefahren, die sich aus Gebäuden und anderen „baulichen Anlagen" ergeben.

    Wichtigste Gesetze: das Baugesetzbuch des Bundes (BauGB, gestützt auf Art. 74 Abs. 1 Nr. 18 Var. 2 GG) und die jeweilige Landesbauordnung (z. B. LBO BW), mit leicht variierenden Namen (z. B. Hessische Bauordnung [HBO]).

- Das *Kommunalrecht* organisiert die Selbstverwaltung auf lokaler Ebene, nämlich in den Städten und Gemeinden, in den Landkreisen sowie mancherorts in Verbands- und Samtgemeinden sowie höheren Kommunalverbänden (bayerische Bezirke, nordrhein-westfälische Landschaftsverbände, Bezirksverband Pfalz). Auf das Kommunalrecht müssen wir im Allgemeinen Verwaltungsrecht insoweit vorgreifen, als es für die Darstellung der Verwaltungsorganisation in den Ländern – wozu die Kommunen nun einmal gehören – erforderlich ist.

    Wichtigste Gesetze: die Gemeindeordnung (GemO, in manchen Ländern GO) und die Landkreisordnung (LKrO, in manchen Ländern KrO) des Landes. In manchen Ländern zusammengefasst (z. B. Niedersächsisches Kommunalverfassungsgesetz [NKomVG], Kommunalverfassungsgesetz [KVG LSA]).

Das Besondere Verwaltungsrecht erschöpft sich aber längst nicht in diesen drei Gebieten. Genannt seien einige weitere, die an vielen Rechtsfakultäten in einem **Schwerpunktbereich** studiert werden können:

- das *Wirtschaftsverwaltungsrecht*, wo es um die Abwehr von Gefahren aus gewerblicher Tätigkeit, aber auch etwa um die Beaufsichtigung („Regulierung") komplexer Wirtschaftszweige geht;[9]

    Wichtigstes Gesetz: die Gewerbeordnung (GewO), die aber flankiert wird von einer kaum überschaubaren Zahl branchenbezogener Vorschriften vor allem des Bundesrechts – vom Apothekengesetz (ApoG) über die Handwerksordnung (HwO) bis hin zum Zahlungsdiensteaufsichtsgesetz (ZAG). Für die „regulierten" Branchen gelten das Telekommunikationsgesetz (TKG), Postgesetz (PostG), Energiewirtschaftsgesetz (EnWG) und Eisenbahn-

---

[9] Zur Anregung: *Schäfer/Zentgraf*, Jura 2023, 912; *Wormit*, JuS 2017, 641.

regulierungsgesetz (ERegG). In jüngerer Zeit hat die Unionsgesetzgebung für Internetplattformen aller Art viel Aufmerksamkeit gefunden (Datenschutz-Grundverordnung [DSGVO], Gesetz über digitale Dienste [DSA], Gesetz über digitale Märkte [DMA]).[10]

- das *Umweltrecht*, wo es u. a. um die Abwehr von Umweltgefahren und den Umgang mit Umweltrisiken geht;[11]

  Wichtigste Gesetze: Bundes-Immissionsschutzgesetz (BImSchG), Bundes-Bodenschutzgesetz (BBodSchG), Wasserhaushaltsgesetz (WHG).

- das *öffentliche Medien- und Rundfunkrecht*, wo es einerseits um Aufgaben und Grenzen des öffentlich-rechtlichen Rundfunks, andererseits um die Abwehr von Gefahren aus privater Rundfunkveranstaltung geht;[12]

  Wichtigste Gesetze: der Medienstaatsvertrag (MStV) sowie weitere Rundfunkstaatsverträge und -gesetze der Länder (vgl. Rn. 37 ZI).

- das *Sozialverwaltungsrecht*, wo es um Sozialversicherung (Arbeitslosen-, Kranken-, Renten-, Unfall- und Pflegeversicherung) und Transferleistungen (BAföG, Elterngeld, „Bürgergeld" [vulgo „Hartz IV"] und dergleichen) geht;[13]

  Wichtigste Gesetze: die Bücher des Sozialgesetzbuchs des Bundes (SGB I–XIV, die Paragraphen werden hier je innerhalb des römisch nummerierten Buches neu gezählt).

- das *Steuerverwaltungsrecht*, wo es natürlich um die Erhebung der Steuern geht.[14]

  Wichtigste Gesetze: die Abgabenordnung (AO) und die einzelnen Steuergesetze des Bundes.

13 In privatrechtlich geprägten Schwerpunktbereichen kommen etwa das *Kartellverwaltungsrecht* im Gesetz gegen Wettbewerbsbeschränkungen (GWB)[15] oder das *Kapitalmarktverwaltungsrecht* im Wertpapierhandelsgesetz (WpHG)[16] hinzu. Obwohl hier meist die Rechtsbeziehungen zwischen Privatrechtssubjekten im Vordergrund stehen, kennen diese Rechtsgebiete doch jeweils Hoheitsträger – insbesondere

---

[10] Lit.: *Krönke*, Öffentliches Digitalwirtschaftsrecht, 2020.

[11] Zur Anregung, gerade auch mit Blick auf die dort zum Einsatz kommenden Rechtsinstitute des Allgemeinen Verwaltungsrechts: *Kahl/Effinger*, Jura 2022, 1394, 2023, 19.

[12] Zur Anregung: *Schult*, Jura 2023, 789.

[13] Zur Anregung: *Schnitzler*, JuS 2019, 215. Zur Eignung als Referenzgebiet *Rixen*, Die Verwaltung 55 (2022), S. 1; *Kingreen/Rixen*, DVBl 2008, 741.

[14] Zur Anregung: *Jochum*, JuS 2018, 193. Zur Eignung als Referenzgebiet *Seer*, Die Verwaltung 55 (2022), S. 22.

[15] Wichtige zivilrechtswissenschaftliche Sicht auf das spezielle Verwaltungsrecht, freilich mit älterem Rechtsstand: *K. Schmidt*, Kartellverfahrensrecht – Kartellverwaltungsrecht – Bürgerliches Recht, 1977.

[16] Zu fachsäulenübergreifenden Bezügen hier: *Mock*, JZ 2021, 817; s. a. *Bialluch*, JZ 2021, 547.

I. Einteilungen nach dem Inhalt

das Bundeskartellamt und die Bundesanstalt für Finanzdienstleistungsaufsicht – und spezifische Befugnisse derselben.

Andere Rechtsgebiete finden im Ausbildungszusammenhang fast gar nicht statt und müssen sich – trotz ihrer praktischen Bedeutsamkeit – auch die Aufmerksamkeit der forschenden Rechtswissenschaft nicht selten erst erkämpfen. Das *Infektionsschutzrecht* ist erst im Zuge einer Pandemie wirklich ins Licht gerückt.[17] Weitere Beispiele wichtiger, aber in Forschung und Lehre tendenziell randständiger Felder, liefern das *Bergrecht*, das die Aufsuchung und den Abbau von Bodenschätzen zum Gegenstand hat,[18] und das *Schulrecht*.[19] **14**

Eine gewisse Sonderstellung haben die Rechtsgebiete, in denen es um „**Verwaltungsressourcen**" wie Finanzen, Personal und Informationen geht. Sie werden oft dem Besonderen Verwaltungsrecht zugeordnet, lassen sich aber mindestens ebenso gut als „Nebengebiete" des Allgemeinen Verwaltungsrechts begreifen. Im Einzelnen geht es um: **15**

- das Recht der Mittelbewirtschaftung im Rahmen eines Haushaltsplans (*Haushaltsrecht*);

  Wichtigste Gesetze: die Bundeshaushaltsordnung (BHO) und die Landeshaushaltsordnungen (z. B. LHO BW).

- das Recht der Bediensteten nicht nur in privatrechtlichen Arbeits-, sondern auch in öffentlich-rechtlichen Dienstverhältnissen (*Beamtenrecht*);[20]

  Wichtigste Gesetze: Bundesbeamtengesetz (BBG) sowie Beamtenstatusgesetz (BeamtStG) des Bundes und die Landesbeamtengesetze (z. B. LBG BW). Zum öffentlichen Dienst siehe auch noch unten § 5 Rn. 24 ff.

- das Recht der Verarbeitung personenbezogener Daten nach besonderen Rechtsgrundlagen (*Verwaltungsdatenschutzrecht*).[21]

  Wichtigste Gesetze: die Datenschutzgrundverordnung (DSGVO) der Europäischen Union, das Bundesdatenschutzgesetz (BDSG) und die Landesdatenschutzgesetze (z. B. LDSG BW, DSG NRW). Zur Datenverarbeitung siehe auch noch unten § 27 Rn. 36 ff.

---

[17] Hierzu, eingeordnet in einen größeren Zusammenhang, *Kießling*, Das Recht der öffentlichen Gesundheit, 2023; *Gärditz*, DVBl 2023, 1332.

[18] Hierzu und zu möglichen Impulsen für das Allgemeine Verwaltungsrecht jetzt ausführlich *von Weschpfennig*, Strukturen des Bergrechts, 2022.

[19] Hierzu etwa, unter dem Blickwinkel der dort anzutreffenden Rechtsakte (unser Teil IV), *Beaucamp*, DVBl 2022, 572; *Lohse*, Verwaltungsrechtliche Steuerung von schulischem Bildungserwerb, 2015.

[20] Hierzu im Überblick: *T. I. Schmidt*, Beamtenrecht, 2017.

[21] Hierzu im Überblick: *Reimer*, Verwaltungsdatenschutzrecht, 2019; siehe außerdem die Beiträge zum öffentlichen Sektor bei Specht/Mantz (Hg.), Handbuch europäisches und deutsches Datenschutzrecht, 2019, §§ 20–26.

3. Materielles und prozessuales Verwaltungsrecht

16 Schließlich können wir inhaltlich unterscheiden zwischen Gesetzen, welche die Tätigkeit und Organisation der Verwaltung regeln („materielles Verwaltungsrecht"), und solchen, die die besonderen Verfahren und Kompetenzen der Gerichte in Bezug auf die Verwaltung zum Gegenstand haben („Verwaltungsprozessrecht").[22] Beide sind funktional eng aufeinander bezogen.[23]

II. Einteilungen nach der Normherkunft – die Rechtsschichten des Verwaltungsrechts

17 Quer zu den inhaltlichen Einteilungen liegt die Einteilung nach der jeweiligen Herkunft der verschiedenen Vorschriften. Diese gehören zu ganz unterschiedlichen Rechtsschichten, und das gilt insbesondere für die Vorschriften des Sonderrechts der Verwaltung und hier auch für diejenigen des Allgemeinen Verwaltungsrechts.

18 Wir haben insofern zu unterscheiden zwischen

- Verwaltungsrecht der Europäischen Union und Verwaltungsrecht der Bundesrepublik Deutschland (Rn. 19 ff.),
- Bundes- und Landesverwaltungsrecht innerhalb des deutschen Rechts (Rn. 29 ff.),
- Verfassungs- und einfachem Verwaltungsrecht innerhalb jeder der drei Teilrechtsordnungen Unions-, Bundes- und Landesrecht (Rn. 40 f.).

1. Europäisches und deutsches Verwaltungsrecht

19 Verwaltungsrecht kann zunächst solches der Europäischen Union und solches der Bundesrepublik Deutschland sein. Für den Bereich der Verwaltung dominiert bislang das mitgliedstaatliche, in unserem Fall das deutsche Recht, womit auch wir im Wesentlichen zu tun haben werden. Die Bedeutung des Unionsrechts für die Verwaltung nimmt aber weiterhin zu. Es regelt dabei zweierlei:

- die (seltenere) Verwaltung durch Einrichtungen der EU selbst (sogenannte **„Eigenverwaltung"**) und
- die (häufigere) Durchführung von EU-Recht durch mitgliedstaatliche Behörden (sogenannter **„indirekter Vollzug"**).

Zusatzinformation
Die mittelbare Durchführung von EU-Richtlinienrecht, das erst noch von der deutschen Gesetzgebung umgesetzt wird, betrachten wir hier nicht. Die Verwaltung führt in dieser Korrelation nur das deutsche Umsetzungsgesetz aus. Die Richtlinie braucht sie höchstens für dessen Auslegung in den Blick zu nehmen.

---

[22] Lit.: *Ziekow*, HVwR I, 2021, § 14.
[23] Lit.: *Jochum*, Verwaltungsverfahrensrecht und Verwaltungsprozeßrecht, 2004; *Schwarze*, Der funktionale Zusammenhang von Verwaltungsverfahrensrecht und verwaltungsgerichtlichem Rechtsschutz, 1974.

a) Unionsrecht der Eigenverwaltung

Akteure der Eigenverwaltung sind die Europäische Kommission als zentrale Verwaltungsbehörde der EU sowie die inzwischen zahlreichen Agenturen, die durch EU-Verordnungen errichtet worden sind.[24]   20

Beispiel: Europäische Arzneimittel-Agentur nach Art. 55 VO (EG) Nr. 726/2004. – Eisenbahnagentur der Europäischen Union nach VO (EU) 2016/796. – Europäische Agentur für die Grenz- und Küstenwache nach VO (EU) 2019/1896 („Frontex").

Die **Kommission** nimmt insbesondere Verwaltungsaufgaben auf dem Gebiet des Wettbewerbsrechts unmittelbar selbst wahr, unter anderem die Aufsicht über Kartelle und marktbeherrschende Unternehmen (Art. 105 AEUV) sowie die Freigabe mitgliedstaatlicher Beihilfen für Unternehmen (Art. 108 AEUV). Das Sekundärrecht weist ihr darüber hinaus diverse weitere Aufgaben zu.   21

Beispiel: Die Kommission hat über die Genehmigung von Arzneimitteln zu entscheiden (Art. 10 VO (EG) Nr. 726/2004), die Europäische Arzneimittel-Agentur bereitet ihre Entscheidung nur vor.

Im Bereich der Eigenverwaltung der EU selbst kann das gesamte Verwaltungsrecht **nur Unionsrecht** sein. Sowohl die Regelungsthemen des Allgemeinen als auch die des Besonderen Verwaltungsrechts müssen insofern den Europäischen Verträgen oder Sekundärrechtsakten zu entnehmen sein, ein Rückgriff auf mitgliedstaatliches, insbesondere deutsches Recht kommt nicht in Frage.   22

Ebenso wenig wie ein gemeineuropäisches Zivil- oder Strafgesetzbuch gibt es (bisher) ein allgemeines europäisches Verwaltungsgesetz. Vorschriften, die inhaltlich zum Allgemeinen Verwaltungsrecht gehören, finden sich punktuell in Sekundärrechtsakten wie   23

- der Verordnung (EU) 2018/1725 über den **Datenschutz** bei den Organen, Einrichtungen und sonstigen Stellen der EU selbst (nicht zu verwechseln mit der Datenschutz-Grundverordnung für die Mitgliedstaaten, vgl. noch § 27 Rn. 37 ff.) oder
- der Verordnung (EG) Nr. 1049/2001 über den **Zugang der Öffentlichkeit zu Dokumenten** der EU-Institutionen.

Zusatzinformation
In den europäischen Institutionen gibt es Bemühungen, auch unterstützt aus der Verwaltungsrechtswissenschaft, das Allgemeine Verwaltungsrecht auf Unionsebene zumindest teilweise zu kodifizieren. Weit gediehen sind die sogenannten „ReNEUAL Model Rules on EU Administrative Procedure".

Auch der **Rechtsschutz** findet im Bereich der Eigenverwaltung nur auf der europäischen Ebene statt. Der gewöhnliche Verwaltungsrechtsweg zu den deutschen Gerichten (unten § 3) ist hier nie eröffnet, vielmehr kommen nur Rechtsbehelfe zu den EU-eigenen Gerichten in Frage: dem Gerichtshof und dem Gericht erster Instanz. Wichtigste Klageart ist hier die Nichtigkeitsklage des Adressaten oder Betroffenen gegen einen Rechtsakt eines EU-Organs nach Art. 263 AEUV.   24

---

[24] *Lit.: Koch,* Die Externalisierungspolitik der Kommission, 2004; *Orator,* Möglichkeiten und Grenzen der Einrichtung von Unionsagenturen, 2017.

Prüfungshinweis

▶ Mit Fällen aus dem Bereich der Eigenverwaltung brauchen Sie in Examen und Studium – außerhalb der einschlägigen Spezialveranstaltungen – nicht zu rechnen. Wir werden ihn in diesem Lehrbuch deshalb auch weitgehend ausklammern.

b) Unionsrecht des indirekten Vollzugs – Europäisierung des deutschen Rechts

Spezielle Studienliteratur: *Ludwigs/Pascher*, JuS 2022, 497; *Voßkuhle/Schemmel*, JuS 2019, 347.

25 **Akteure** des indirekten Vollzugs sind die Verwaltungsorgane der Mitgliedstaaten und die Gesetzgebungsorgane der Europäischen Union. Die EU überlässt die Ausführung ihres Sekundärrechts weitgehend der mitgliedstaatlichen Verwaltung. Dabei lässt sie die Verwaltungsrechtsordnungen der Mitgliedstaaten grundsätzlich unberührt, was man auf den Begriff der mitgliedstaatlichen „**Verfahrensautonomie**" bringt (vgl. auch Art. 291 Abs. 1 AEUV).[25] Die Verfahrensautonomie ist freilich im Wesentlichen eine Restgröße, die sich nach Abzug der diversen Einwirkungen des Unionsrechts auf das mitgliedstaatliche Verwaltungsrecht ergibt. Sie lässt sich kaum als eigener rechtlicher Gesichtspunkt gegenüber einem Regelungsansinnen der EU in Stellung bringen.

26 Auf das deutsche Besondere Verwaltungsrecht wirken zahlreiche spezielle EU-Rechtsakte ein – in manchen Bereichen mehr (z. B. Zollrecht, Asylrecht), in anderen weniger (z. B. Kommunalrecht, Polizeirecht). Aber auch das Allgemeine Verwaltungsrecht (einschließlich des Prozessrechts) ist diversen, aber jeweils punktuellen Einwirkungen ausgesetzt, die die Rechtswissenschaft unter dem Stichwort „**Europäisierung des Verwaltungsrechts**" behandelt.[26]

Beispiel: Die Rücknahme einer rechtswidrigen Subvention ist eigentlich nur ein Jahr ab Kenntnis der Behörde zulässig (§ 48 Abs. 4 VwVfG*). Das europäische Beihilfenrecht (Art. 108 AEUV) fordert unter Umständen, dass dies auch später möglich sein müsse (dazu später § 20 Rn. 32).

---

[25] Lit.: *Krönke*, Die Verfahrensautonomie der Mitgliedstaaten der Europäischen Union, 2013.
[26] Lit.: *Ludwigs*, HVwR I, 2021, § 8; speziell zur Europäisierung der Rechtsaktformen *Mangold*, HVwR V, 2022, § 141, des Verwaltungsverfahrens *Pabel*, HVwR IV, 2022, § 115; *Sydow*, JuS 2005, 97/202, des Verwaltungsprozesses *Gärditz*, Funktionswandel der Verwaltungsgerichtsbarkeit unter dem Einfluss des Unionsrechts – Umfang des Verwaltungsrechtsschutzes auf dem Prüfstand, 2016; s. a. *Classen*, Die Europäisierung der Verwaltungsgerichtsbarkeit, 1996; *von Fragstein*, Die Einwirkungen des EG-Rechts auf den vorläufigen Rechtsschutz nach deutschem Verwaltungsrecht, 1997; *Kadelbach*, Allgemeines Verwaltungsrecht unter europäischem Einfluß, 1999; *Kahl*, in: Axer/Grzeszick/Kahl/Mager/E. Reimer (Hg.), Das Europäische Verwaltungsrecht in der Konsolidierungsphase, 2010, S. 39; *Neßler*, Europäisches Richtlinienrecht wandelt deutsches Verwaltungsrecht, 1994; *Ruffert*, Die Verwaltung 41 (2008), S. 543; *Schoch*, VBlBW 1999, 241; *von Danwitz*, Verwaltungsrechtliches System und europäische Integration, 1996.

Einwirkungen haben dabei meist eine von zwei typischen Gestalten:

- Sie können die **materielle Rechtslage** bestimmen (durch europäische Verordnungen wie im Zollverwaltungsrecht) oder determinieren (durch Richtlinien wie im Asylverwaltungsrecht).
- Sie können die mitgliedstaatliche Behördenstruktur, die Zuständigkeitsabgrenzung, die Kooperation und die wechselseitige Anerkennung von Verwaltungsentscheidungen regeln.[27] So ergibt sich auf verschiedenen Feldern ein **„Verwaltungsverbund"** und ein „Internationales Verwaltungsrecht".

Beispiel: Die in einem Mitgliedstaat der EU erteilte Fahrerlaubnis ist in jedem anderen Mitgliedstaat anzuerkennen (Art. 2 Abs. 1 Führerschein-Richtlinie 2006/126/EG, für Deutschland umgesetzt in § 29 Fahrerlaubnis-Verordnung; vgl. § 9 Rn. 12 ZI). Häufig gestritten wird hier darum, in welchen Fällen diese Anerkennung unterbleiben darf, weil Inländer sich eine ausländische Fahrerlaubnis verschafft haben und damit z. B. eine inländische Sperre umgehen („Führerscheintourismus").

Zusatzinformation
Das europäisierte Internationale Verwaltungsrecht bildet ein öffentlich-rechtliches Seitenstück zum Internationalen Privat- und Zivilverfahrensrecht, wo es insbesondere um die wechselseitige Anerkennung von privaten Rechtsgeschäften und staatlichen Rechtsakten (Gerichtsentscheidungen) geht. Auch diese Gebiete sind mit den sogenannten Rom- bzw. Brüssel-Verordnungen heute zu einem Großteil europäisiert.

c) Deutsches Recht
Soweit nicht ausnahmsweise EU-Eigenverwaltung vorgesehen ist und soweit die EU den Mitgliedstaaten auch keine Vorgaben im Sinne eines indirekten Vollzugs macht, haben wir es mit rein deutschem Verwaltungsrecht zu tun. Hier liegen dann sowohl die Gesetze als auch deren Vollzug in der Hand der deutschen Staatsorgane. Art. 4 Abs. 1 EUV erklärt diese Konstellation sogar zum Grundsatz; es ist vielmehr die Europäische Union, die erst eine Kompetenz zur Gesetzgebung oder gar zur (Eigen-)Verwaltung begründen muss. Polizei-, Bau- und Kommunalrecht befinden sich weitgehend in diesem Bereich.

2. Bundes- und Landesverwaltungsrecht

Deutsches Verwaltungsrecht kann solches des Bundes oder solches eines Landes sein. Mit beidem müssen wir uns intensiv befassen. Das Bundesrecht regelt dabei zweierlei:

- die (seltenere) Verwaltung durch Einrichtungen des Bundes selbst (sogenannte **„Bundeseigenverwaltung"**) und
- die (häufigere) Ausführung von Bundesrecht durch Landesbehörden.

---

[27] Lit.: *Ludwigs*, HVwR II, 2021, § 36; *Siegel*, Entscheidungsfindung im Verwaltungsverbund, 2009; *Sydow*, Verwaltungskooperation in der Europäischen Union, 2004.

Zusatzinformation
Die Parallele zu den zwei Themen des Unionsverwaltungsrechts (oben Rn. 19) ist unverkennbar. Es handelt sich um zwei föderale Ordnungen, die hier ineinandergreifen und zusammen drei Gesetzgebungsschichten ergeben.

a) Bundesrecht der Bundeseigenverwaltung

30 **Akteure** der Bundeseigenverwaltung sind als Verwaltungsträger die Bundesrepublik Deutschland und diverse bundesunmittelbare Körperschaften, Anstalten und Stiftungen (unten § 6) sowie als Behörden die Bundesregierung, die Bundesministerien, die Bundesoberbehörden, die Vorstände der Körperschaften, Anstalten und Stiftungen und noch etliche weitere Stellen (unten § 7). Ihnen wenden wir uns noch im Detail zu.

31 Im Bereich der Bundeseigenverwaltung selbst kann das gesamte Verwaltungsrecht **nur Bundesrecht** sein. Sowohl die Regelungsthemen des Allgemeinen als auch die des Besonderen Verwaltungsrechts müssen insofern den Bundesgesetzen zu entnehmen sein, ein Rückgriff auf Landesrecht kommt nicht in Frage. So finden wir an Allgemeinem Verwaltungsrecht etwa ein Verwaltungsverfahrensgesetz (VwVfG), ein Verwaltungsvollstreckungsgesetz (VwVG) und ein Bundesdatenschutzgesetz (BDSG, hier Teile 2 und 3), die grundsätzlich für die Bundesverwaltung gelten. Auch für deren beamtetes Personal gilt mit dem Bundesbeamtengesetz (BBG) eine eigene Regelung.

32 Auch der **Rechtsschutz** ist im Bereich der Bundeseigenverwaltung bundesrechtlich geregelt. Allerdings eröffnet die Verwaltungsgerichtsordnung – ebenso wie für die Landesverwaltung (Rn. 35, 39) – einen einheitlichen Verwaltungsrechtsweg zu den deutschen Verwaltungsgerichten (unten § 3 Rn. 4 ff.), die grundsätzlich Landesgerichte sind (unten § 8 Rn. 2).

Prüfungshinweis

▶ Fälle aus dem Bereich der Bundeseigenverwaltung kommen in Examen und Studium gelegentlich vor, sie sind aber seltener als Fälle, in denen Landesbehörden auftreten und entweder Bundes- oder Landesgesetze vollziehen.

Zusatzinformation
Dass Maßnahmen des Bundes vor (Verwaltungs-)Gerichten der Länder angefochten werden können, ist im internationalen Vergleich keineswegs selbstverständlich, wie schon der Blick auf die EU-Eigenverwaltung zeigt (Rn. 24). Ebenso kann man beispielsweise in den USA gegen die Bundesverwaltung ausschließlich vor Bundesgerichten vorgehen.

b) Bundesrecht der Ausführung durch die Länder – punktuell ergänzendes Landesrecht

33 **Akteure**, wenn Bundesgesetze die Ausführung durch die Länder vorsehen, sind die Gesetzgebungsorgane des Bundes und die Verwaltungsorgane der Länder. Der Bund überlässt die Ausführung seiner Gesetze nach Art. 83 GG weitgehend der Landesverwaltung und lässt dabei die Verwaltungsrechtsordnungen der Länder grundsätzlich unberührt, wie sich insbesondere aus Art. 84 Abs. 1 und Art. 85 Abs. 1 GG ergibt. Wie im Verhältnis von Europäischer Union und Mitgliedstaaten (oben Rn. 25)

II. Einteilungen nach der Normherkunft – die Rechtsschichten des Verwaltungsrechts

könnte man auch im Verhältnis von Bund und Ländern deshalb von einer ganz ähnlichen „Verfahrensautonomie" sprechen.

Zusatzinformation
Da in dieser Konstellation den Ländern der Vollzug des Bundesrechts weitgehend überlassen ist, nennt man das deutsche System auch einen „Vollzugsföderalismus". Im internationalen Vergleich ist das keineswegs selbstverständlich; so werden beispielsweise in den USA Bundesgesetze ausschließlich von Bundesbehörden vollzogen.

Die auszuführenden Bundesgesetze gehören thematisch zum Besonderen Verwaltungsrecht – gleich, ob es sich etwa um die Gewerbeordnung, das Bundes-Immissionsschutzgesetz, das Einkommensteuergesetz oder das BAföG handelt. An dieser Stelle bietet es sich daher an, die aus dem Staatsrecht I grundsätzlich bekannte Verteilung der Gesetzgebungskompetenzen kurz wieder aufzugreifen und sie konkret auf die verwaltungsrechtlichen Materien zu beziehen. Zur Erinnerung: Die Länder sind immer zuständig, soweit das Grundgesetz nicht dem Bund eine Kompetenz gibt (Art. 70 Abs. 1 GG). Gesucht werden also nicht Länder-, sondern Bundeszuständigkeiten. Tatsächlich gibt es davon aber auch im Verwaltungsrecht zahlreiche, die es dem Bund ermöglichen, Verwaltungsaufgaben und -befugnisse für einzelne Sachgebiete zu regeln.[28]

Beispiele: Der Bund verfügt über Gesetzgebungszuständigkeiten etwa für Staatsangehörigkeit (Art. 73 Abs. 1 Nr. 2 GG), Telekommunikation (Art. 73 Abs. 1 Nr. 7 Var. 2 GG), Ausländer (Art. 74 Abs. 1 Nr. 4 GG), Wirtschaft (Art. 74 Abs. 1 Nr. 11 GG), Infektionsschutz (Art. 74 Abs. 1 Nr. 19 GG) und Naturschutz (Art. 74 Abs. 1 Nr. 29 GG). – Auch das Beamtenrecht, relevant für einen großen Teil des Verwaltungspersonals, liegt in weitgehender Bundeszuständigkeit: nicht nur nach Art. 73 Abs. 1 Nr. 8 für Bundesbeamte, sondern auch nach Art. 74 Abs. 1 Nr. 27 GG für Landesbeamte. Der Bund hat für die Landesbeamten das Beamtenstatusgesetz (BeamtStG) erlassen. Die Länder füllen die ihnen verbleibenden Spielräume in ergänzenden Landesbeamtengesetzen (LBG) aus.

Auch der **Rechtsschutz** ist im Bereich der Ausführung der Bundesgesetze durch die Länder bundesrechtlich geregelt. Das Verwaltungsprozessrecht gehört zum gerichtlichen Verfahren iSv. Art. 74 Abs. 1 Nr. 1 GG. Der Bund hat davon mit der Verwaltungsgerichtsordnung (VwGO) so weitgehenden Gebrauch gemacht, dass den Ländern hier nur der Erlass punktuell ergänzender Ausführungsgesetze verbleibt.

Die Länder treffen ihre Regelungen zum Rechtsschutz herkömmlich meist in einem „**Gesetz zur Ausführung der Verwaltungsgerichtsordnung**" (AGVwGO). Einige Länder haben zwischenzeitlich übergreifende „Justizgesetze" erlassen, worin die bisherigen AGVwGO aufgegangen sind (Berlin: JustG Bln, Niedersachsen: NJG, Nordrhein-Westfalen: JustG NRW, Schleswig-Holstein: LJG); ein ähnliches Gesetz in Mecklenburg-Vorpommern heißt aus historischen Gründen „Gesetz zur Ausführung des Gerichtsstrukturgesetzes" (GerStrukGAG). In Brandenburg heißt es statt AGVwGO gleichbedeutend „Verwaltungsgerichtsgesetz" (BbgVwGG).

---

[28] Lit.: *Kube*, HVwR IV, 2022, § 80.

Prüfungshinweise

▶ Merken Sie sich die Bezeichnung für Ihr jeweiliges Bundesland.

▶ Auch in der Abkürzung bleibt der Name ein Neutrum – bitte sagen Sie „das" und nicht „die AGVwGO".

▶ Lediglich in Sachsen-Anhalt steht ein Leerzeichen zwischen G und V („AG VwGO LSA").

c) Landesrecht

37 Soweit nicht ausnahmsweise Bundeseigenverwaltung vorgesehen ist und soweit der Bund den Ländern auch keine auszuführenden Gesetze vorgibt, haben wir es mit reinem Landesverwaltungsrecht zu tun. Hier liegen dann sowohl die Gesetze als auch deren Vollzug in Landeshand (wozu in diesem Zusammenhang allerdings auch Gemeinden, Hochschulen und viele weitere [Selbst-]Verwaltungsträger zu zählen sind, vgl. noch unten § 6 Rn. 29 ff.). Art. 30 GG erklärt diese Konstellation sogar zum Grundsatz; es ist vielmehr der Bund, der erst eine Kompetenz zur Gesetzgebung (Art. 70 Abs. 1 GG) oder gar zur (Bundeseigen-)Verwaltung (siehe Art. 83 GG) begründen muss.

Zusatzinformation
Statt ein eigenes Gesetz zu erlassen, kann ein Land auch zusammen mit einzelnen oder sogar allen anderen Ländern einen Staatsvertrag schließen. Dieser wirkt innerhalb der beteiligten Länder im Gesetzesrang. Diese besondere Form koordinierter Landesgesetzgebung prägt manche Gebiete des Besonderen Verwaltungsrechts, insbesondere das Rundfunkrecht (Medienstaatsvertrag, ZDF-Staatsvertrag usw.), das Glücksspielrecht (Glücksspielstaatsvertrag)[29] und das Hochschulzulassungsrecht (Staatsvertrag über die Hochschulzulassung).

38 Grundsätzlich keine Kompetenz hat der Bund insbesondere für die Bereiche der **Polizei-** und der **Kommunalverwaltung**. Mit den Polizeigesetzen und den Gemeindeordnungen stehen hier deshalb Landesgesetze des Besonderen Verwaltungsrechts im Mittelpunkt (vgl. Vorb. Rn. 6, 22 ff.). Im **Baurecht** gilt Entsprechendes für die Bauordnungen der Länder, die sich allerdings mit dem Baugesetzbuch (BauGB) des Bundes – das die Gemeinden und die Bauaufsichtsbehörden der Länder ausführen – auf charakteristische Weise verbindet. Für das Nähere können wir auf die Spezialvorlesungen zu den drei Fächern verweisen.

Prüfungshinweis

▶ Angesichts der Wichtigkeit dieser Rechtsgebiete werden auch in Ihren Ausbildungs- und Prüfungsfällen in erheblichem Umfang Landesgesetze einschlagen. Das verweist auf eine Besonderheit des Verwaltungsrechts innerhalb des juristischen Fächerkanons – zwar kommen Landesgesetze auch im Bürgerlichen und im Strafrecht gelegentlich vor, aber den weitaus größten Spielraum hat die Landesgesetzgebung im Verwaltungsrecht.

---

[29] Lit.: *Gundel*, GewArch 2023, 398.

Bundesrechtlich geregelt ist allerdings auch für den Bereich des Vollzugs der Landesgesetze durch die Landesverwaltung der **Rechtsschutz**. Auch hier gilt die VwGO, ergänzt durch das jeweilige AGVwGO (oben Rn. 36). Im Ausgangspunkt gilt also das Gleiche wie beim Vollzug der Bundesgesetze durch die Landesverwaltung. Allerdings sind dem Rechtsmittel der Revision insofern Grenzen gesetzt, als das Bundesverwaltungsgericht nach § 137 Abs. 1 Nr. 1 VwGO die Entscheidungen der Vorinstanzen (Landesgerichte, vgl. § 8 Rn. 2) grundsätzlich nicht auf Landesrechtsverstöße überprüfen darf. 39

Zusatzinformation
„Revisibel", d. h. der Überprüfung durch das Bundesverwaltungsgericht zugänglich, ist eine Landesrechtsnorm nur, wenn (1) ein Bundesgesetz dies anordnet wie in § 137 Abs. 1 Nr. 2 VwGO und § 127 Nr. 2 Beamtenrechtsrahmengesetz (BRRG) oder (2) ein Landesgesetz diesen Weg sozusagen freiwillig eröffnet wie z. B. § 33 Glücksspielstaatsvertrag.[30] Die Landeskompetenz für Letzteres ergibt sich aus Art. 99 Var. 2 GG.

3. Verfassungs- und einfaches Verwaltungsrecht

Unions-, Bundes- und Landesverwaltungsrecht kann jeweils Verfassungs- oder einfaches Recht sein (im Falle der EU spricht man gleichsinnig meist von Primär- und Sekundärrecht).[31] Im Themenbereich der Verwaltung finden wir im Verfassungsrecht überwiegend allgemein gehaltene **Vorgaben für die Gesetzgebung**, die beim Erlass einfachen Verwaltungsrechts zu berücksichtigen sind, aber die die Verwaltung nicht unmittelbar anwenden kann und soll. 40

Zusatzinformation
Übersteigert ist die viel zitierte These, die Verwaltungsgesetze seien letztlich „konkretisiertes Verfassungsrecht";[32] dafür sind die Verfassungsvorgaben einfach zu grobmaschig. Das gilt insbesondere für die Staatsstrukturprinzipien der Rechtsstaatlichkeit und der Demokratie, deren Determinationskraft für das Verwaltungsrecht oft überschätzt wird.[33] Dichter erscheinen die Verfassungsvorgaben dagegen hinsichtlich der Verwaltungsorganisation.[34]

Einige wichtige verfassungsrechtliche **Vorgaben unmittelbar für die Verwaltung** gibt es gleichwohl. Zu nennen sind zum einen die unmittelbar anwendbaren Organisationsbestimmungen über die Spitzengliederung der Verwaltung (etwa Art. 62, 65 GG für die Bundesregierung, unten § 7 Rn. 56 f., 82), zum anderen die Grundrechtsbestimmungen mit ihrem Vorbehalt des Gesetzes für das Ver- 41

---

[30] Vgl. *Bick*, DVBl 2022, 1181.
[31] Zum Verhältnis von Verfassungs- und Verwaltungsrecht: *Reimer*, HVwR I, 2021, § 10; *Michael*, VVDStRL 75 (2016), S. 132; *Ch. Schönberger*, in: Stolleis (Hg.), Das Bonner Grundgesetz, 2006, S. 53; *Waldhoff*, FS Kloepfer, 2013, S. 261; *Wollenschläger*, VVDStRL 75 (2016), S. 188. Zu Verschiebungen angesichts der Europäisierung *Ludwigs*, NVwZ 2015, 1327.
[32] Die Formulierung nach *Werner*, DVBl 1959, 527.
[33] A. A. aber etwa *Schmidt-Aßmann*, FS Battis, 2014, S. 85.
[34] Lit.: *Roth-Isigkeit*, Verfassungsordnung und Verwaltungsorganisation, 2023, bes. S. 115–299.

waltungshandeln (unten § 12 Rn. 15 f. und § 17 Rn. 40 ff.).[35] In die Grundrechtsteile des Verfassungsrechts sind teilweise auch speziell für die Verwaltung geltende Bestimmungen aufgenommen – unionsrechtlich etwa das „Recht auf eine gute Verwaltung" nach Art. 41 GRCh (nur für die EU-Eigenverwaltung), landesrechtlich beispielsweise die Garantie des „persönlichen, schriftlichen und elektronischen Zugang[s]" zu den schleswig-holsteinischen Behörden nach Art. 14 Abs. 2 S. 1 LV SH.

III. Die maßgeblichen Gesetze für das Allgemeine Verwaltungsrecht

42 Aus dem Vorstehenden können wir nun folgern, wo sich für das Allgemeine Verwaltungsrecht die **maßgeblichen Gesetze** finden:

- Im Unionsrecht gibt es solche Vorschriften in erster Linie für die EU-Eigenverwaltung, die uns nicht weiter beschäftigen soll. Eine wichtige Ausnahme bildet die europäische Datenschutz-Grundverordnung (DSGVO), die auch für einen großen Teil der mitgliedstaatlichen Verwaltung unmittelbar gilt (vgl. noch § 27 Rn. 37 ff.). Es ist aber zu erwarten, dass die Unionsgesetzgebung künftig vermehrt zu dieser Regelungstechnik greifen wird.
- Im Bundesrecht gibt es ein *einheitliches Prozessrecht* für Bundes- und Landesverwaltung (VwGO), das für letztere nur punktuell im Landesgesetz ergänzt wird (AGVwGO, siehe Rn. 36).
- Für Organisation und Verfahren der Verwaltungsbehörden bestehen deshalb *Parallelregelungen von Bund und Ländern*, die je für ihren Bereich gelten. Wir suchen also die Vorschriften des Allgemeinen Verwaltungsrechts für die (seltenere) Bundesverwaltung in den Bundesgesetzen und für die (häufigere) Landesverwaltung grundsätzlich in den Landesgesetzen, soweit nicht die Voraussetzungen von Art. 84 Abs. 1 bzw. Art. 85 Abs. 1 GG vorliegen und der Bund ausnahmsweise Vorschriften über Organisation und Verfahren der Landesverwaltung erlassen hat.

43 In der deutschen Gesetzgebungspraxis hat es sich eingebürgert, dass die genannten Parallelregelungen meist in **thematisch ähnlich zugeschnittenen und ähnlich benannten Gesetzen der beiden Staatsebenen** getroffen werden. Wir geben zunächst die Übersicht in Tab. 1 – zwischen den Ländern variieren wiederum die Bezeichnungen der Gesetze, deshalb präsentiert die rechte Spalte mit den baden-württembergischen Namen ein typisches Beispiel.

44 Ein allgemeines **Organisationsgesetz** des Bundes gibt es nicht, die einschlägigen Bestimmungen finden sich jeweils in Spezialgesetzen für die einzelnen Bundes-

---

[35] Lit. zur Grundrechtsbindung: *Grimm*, HVwR IV, 2022, § 68; *Horn*, Die grundrechtsunmittelbare Verwaltung, 1999. Auf EU-Ebene: *Grosche*, HVwR IV, 2022, § 67.

III. Die maßgeblichen Gesetze für das Allgemeine Verwaltungsrecht

Tab. 1 Parallelregelungen von Bund und Ländern am Beispiel Baden-Württemberg

	Bund	Land – am Beispiel Baden-Württemberg
Organisation	./.	Landesverwaltungsgesetz (LVG)
Verfahren allgemein, insbesondere Verwaltungsakte	Verwaltungsverfahrensgesetz (VwVfG)	Landesverwaltungsverfahrensgesetz (LVwVfG)
Zustellung von Verwaltungsakten	Verwaltungszustellungsgesetz (VwZG)	Landesverwaltungszustellungsgesetz (LVwZG)
Vollstreckung von Verwaltungsakten	Verwaltungs-Vollstreckungsgesetz (VwVG) und Gesetz über den unmittelbaren Zwang bei Ausübung öffentlicher Gewalt durch Vollzugsbeamte des Bundes (UZwG)	Landesverwaltungsvollstreckungsgesetz (LVwVG)
Gebühren für Verwaltungsleistungen	Gesetz über Gebühren und Auslagen des Bundes (BGebG)	Landesgebührengesetz (LGebG)
Datenschutz in der Verwaltung	DSGVO, ergänzt durch das Bundesdatenschutzgesetz (BDSG)	DSGVO, ergänzt durch das Landesdatenschutzgesetz (LDSG)
Informationsansprüche gegen die Verwaltung	Informationsfreiheitsgesetz (IFG)	Landesinformationsfreiheitsgesetz (LIFG)
Personal der Verwaltung	Bundesbeamtengesetz (BBG)	Beamtenstatusgesetz des Bundes (BeamtStG), ergänzt durch das Landesbeamtengesetz (LBG)

behörden. Dagegen kennen manche Länder solche Gesetze, die sich gewissermaßen als Adressbuch der Landesverwaltung lesen lassen. Wir kommen darauf zurück (unten § 7 Rn. 64).

Die **Verwaltungsverfahrensgesetze** VwVfG und LVwVfG sind fast durchgehend paragrafen- und wortgleich. Das Bundesgesetz ist hier zugleich Mustergesetz für die Länder, seine Änderungen werden mit den Ländern vorbesprochen und dann regelmäßig von der Landesgesetzgebung nachvollzogen. Manche Länder verweisen auch nur dynamisch auf das VwVfG des Bundes in dessen jeweils geltender Fassung. Schleswig-Holstein hat den entsprechenden Text in sein Allgemeines Verwaltungsgesetz (LVwG) aufgenommen; die Paragrafennummern weichen hier deshalb vom VwVfG ab. Im Ergebnis können die 1+16 Verwaltungsverfahrensgesetze aber jedenfalls gemeinsam behandelt werden. In diesem Sinne gebrauchen wir im Folgenden für die Verwaltungsverfahrensgesetze der 17 Rechtskreise eine Abkürzung mit Asteriskus (VwVfG*), wenn nicht spezifisch das Bundesgesetz oder ein bestimmtes Landesgesetz gemeint ist.

Prüfungshinweis

▶ Den Asteriskus gebrauchen Sie bitte nicht in Klausur oder Hausarbeit – er soll Sie nur bei der Lektüre beständig daran erinnern, dass jeweils das richtige Gesetz auszuwählen und zu benennen ist.

Zusatzinformationen
- Die Verwaltungsverfahrensgesetze stammen aus den 1970er-Jahren (Bund: 1976) und sind die Frucht eines langwierigen Gesetzgebungsprozesses, der bereits Mitte der 1950er-Jahre begann und ideengeschichtlich sogar bis in die 1920er-Jahre zurückreicht.[36] Sie haben einen bis dahin großenteils gewohnheitsrechtlich gehandhabten Bereich (sog. „allgemeine Grundsätze des Verwaltungsrechts") kodifiziert und erleichtern damit den Zugriff auf das geltende Verwaltungsrecht erheblich, obgleich sie absichtsvoll nur bestimmte Themen regeln („Teilkodifikation").[37] Reformüberlegungen gibt es immer wieder.[38]
- Verfahrens- und Prozessrecht der Verwaltung sind herkömmlich in drei „Säulen" geregelt. Tab. 1 beschreibt die Säule der allgemeinen Verwaltung. Die beiden anderen – Finanzverwaltung und Sozialverwaltung – liegen außerhalb des Pflichtfachstoffs (vgl. Rn. 11 f.), sollten aber zumindest vom Namen her bekannt sein. Sie weisen die Besonderheit auf, sozusagen aus einer Hand von der Bundesgesetzgebung geregelt worden zu sein, und zwar in den in Tab. 2 aufgeführten Gesetzen. Diese Gesetze enthalten in großem Umfang inhaltlich entsprechende Bestimmungen zu ihren allgemeinverwaltungsrechtlichen Pendants.[39] AO und SGB X sind dabei über weite Strecken sogar wortgleich mit dem VwVfG*.
- Außer für Verfahren nach AO und SGB X enthalten die VwVfG* in § 2 weitere Ausnahmen von ihrem Anwendungsbereich, insbesondere im Justiz- und Bildungswesen sowie für die deutschen Auslandsvertretungen. Hier gibt es im Detail ausnahmsweise Unterschiede zwischen einzelnen Verwaltungsverfahrensgesetzen. Teilweise lassen sich die Ausnahmen mit einem Sachzusammenhang erklären, etwa für die Patentverwaltung (zivilrechtsnah) oder die Strafvollzugsverwaltung (strafrechtsnah).[40]

46 Die **übrigen Verwaltungsgesetze** machen es uns nicht ganz so leicht, ähneln einander aber immerhin meist in Begrifflichkeit und Regelungstechnik. So finden wir beispielsweise in den verschiedenen Verwaltungsvollstreckungsgesetzen trotz abweichender Gliederung, Formulierung und Paragrafenzählung doch weitgehend übereinstimmende Regelungen für die Durchsetzung verwaltungsrechtlicher Pflichten durch Beitreibung und Zwangsmittel (vgl. hierzu unten § 12 Rn. 45 ff.).

47 Nicht alle Zeilen der Tab. 1 sind in allen Ländern mit einem eigenen Gesetz belegt. Mancherorts regelt ein Gesetz sowohl die Zustellung als auch die Vollstreckung von Verwaltungsakten (Beispiel: Bayerisches Verwaltungszustellungs- und Voll-

Tab. 2 Gesetze der Finanz- und Sozialverwaltung

	Finanzverwaltung	*Sozialverwaltung*
Verfahren und Datenschutz	Abgabenordnung (AO)	Sozialgesetzbuch Zehntes Buch (SGB X)
Prozessrecht	Finanzgerichtsordnung (FGO)	Sozialgerichtsgesetz (SGG)

---

[36] Vgl. *Reimer*, in: Kmieciak (Hg.), Contemporary Concepts of Administrative Procedure, 2023, S. 179.
[37] Vgl. *Karl/Hilbert*, RW 2012, 453.
[38] Vgl. etwa *Burgi/Durner*, Modernisierung des Verwaltungsverfahrensrechts durch Stärkung des VwVfG, 2012; *Leisner-Egensperger*, Die Verwaltung 51 (2019), S. 467 (speziell zum Verwaltungsvertrag).
[39] Zum Vergleich *Bielefeld*, Das soziale Verfahrensrecht des SGB X, 1997.
[40] Zum Vergleich *Schäferskupper*, NWVBl 2023, 221.

streckungsgesetz [VwZVG]) oder bezieht gar die Regelungen des Verwaltungsverfahrensgesetzes mit ein (Beispiel: das LVwG SH, Rn. 45; VwVfG M-V). Ein Informationsfreiheitsgesetz, mancherorts auch „Transparenzgesetz" genannt, fehlt in manchen Ländern ganz.

Angesichts dieser Vielzahl von Gesetzen überrascht es fast, dass gerade materiell-rechtliche Fragen des Verwaltungsrechts oftmals nicht ausdrücklich allgemein geregelt sind. Das betrifft Themen wie die Gesamtrechtsnachfolge in verwaltungsrechtliche Rechtspositionen (dazu unten § 9 Rn. 47 ff.) oder deren rechtsgeschäftliche Übertragung (unten § 9 Rn. 17 f.), aber auch etwa die Anfechtbarkeit verwaltungsrechtlicher Erklärungen (unten § 18 Rn. 13). An solchen Punkten bietet sich oftmals ein **Rückgriff auf das BGB** an, das ja, wie gesehen, das „allgemeine Recht" kodifiziert (oben Rn. 4). Ob und inwieweit dieser Rückgriff aber methodisch überzeugen kann, ist durchaus problematisch. **48**

§ 3. Rechtsprechung als Kontrolle der Verwaltung – insbesondere die Rechtswege

Spezielle Studienliteratur: *Krüger*, JuS 2013, 598.

Die Verwaltung unterliegt einer umfassenden gerichtlichen Kontrolle, wie sie Art. 19 Abs. 4 S. 1 GG allen Grundrechtsträgern verbürgt. Während die Gesetzesbindung (oben § 2 Rn. 1) eine abstrakt-generelle Steuerung der Verwaltungstätigkeit durch die Legislative vorsieht, bedeutet die Kontrollverbürgung eine **konkret-individuelle Nachprüfung der Verwaltungstätigkeit** durch die Judikative.[1]

1

Zusatzinformationen
- Ergänzung: Die gerichtliche ist nicht die einzige Kontrolle, der die Verwaltung unterliegt.[2] Außer an verwaltungsinterne Kontrollen nachgeordneter durch vorgesetzte Stellen (dazu unten § 6 Rn. 39 ff., § 7 Rn. 82 ff.) und durch Kontrastorgane (§ 7 Rn. 86) hat man noch an die Kontrolle durch Parlamente, Rechnungshöfe sowie die Öffentlichkeit zu denken.
- Einschränkung in persönlicher Hinsicht: Den Hoheitsträgern selbst ist, da (und soweit) sie keine Grundrechte haben, die gerichtliche Kontrolle sie betreffender Verwaltungstätigkeit nicht verfassungsrechtlich verbürgt. Gleichwohl steht das geltende gesetzliche Verwaltungsprozessrecht auch ihnen zur Verfügung – beispielsweise, wenn eine Gemeinde für ihr neues Rathaus eine Baugenehmigung erstreiten will.
- Einschränkung in sachlicher Hinsicht: Für verdeckte Maßnahmen der Post- und Telekommunikationsüberwachung darf die Gesetzgebung nach Art. 10 Abs. 2 S. 2, Art. 19 Abs. 4 S. 3 GG die gerichtliche Kontrolle ausschließen. Davon macht § 13 Gesetz zur Beschränkung des Brief-, Post- und Fernmeldegeheimnisses („G 10") auch Gebrauch. Darüber hinaus kennt das Gesetz keine schlechthin „gerichtsfreie" Verwaltungstätigkeit;[3] ungeschriebene Grenzen sollen höchstens bezüglich der Begnadigungstätigkeit von Bundes- und Ministerpräsidenten gelten (Art. 60 Abs. 2 GG und entsprechende Landesvorschriften). Die heute tatsächlich bestehenden Einschränkungen der Kontrolle setzen nicht beim Gerichtszugang schlechthin, son-

---

[1] Lit.: *Buchheim/Möllers*, GVwR II³, 2022, § 46; *Pache*, HVwR IV, 2022, § 77.
[2] Lit.: *Kahl*, GVwR II³, 2022, § 45; *Kempny*, Verwaltungskontrolle, 2017; *Krebs*, Kontrolle im staatlichen Entscheidungsprozess, 1984; *Strößenreuther*, Die behördeninterne Kontrolle, 1991; s. a. die Beiträge in Schmidt-Aßmann/Hoffmann-Riem (Hg.), Verwaltungskontrolle, 2001.
[3] Lit. – rechtsvergleichend: *Schneider*, Gerichtsfreie Hoheitsakte, 1951.

dern bei der gerichtlichen Anwendung der Gesetze („Beurteilungsspielraum", unten § 9 Rn. 41 ff.) und bei der gesetzlichen Bindung der Verwaltung („Ermessensspielraum", unten § 17 Rn. 67 ff.) an.

2   Maßstab der gerichtlichen Kontrolle ist allein das **Recht**, während die Verwaltung auch auf Grund politischer Erwägungen handelt (zumal im Rahmen ihrer Ermessensspielräume, unten § 17 Rn. 67 ff.). In der Verwaltungsgerichtsbarkeit ist damit – ebenso wie in der Verfassungsgerichtsbarkeit – strukturell angelegt, dass das Rechtssystem auf die Politik überwirkt und deren Spielräume begrenzt. Das stellt die Richter zumal in heiklen Fällen unter eine politische Beobachtung, von der sie sich gleichwohl nicht beeinflussen lassen dürfen.[4]

3   Die gerichtliche Kontrolle wird im Einzelfall durch einen **Rechtsbehelf (Antrag, Klage)** des Betroffenen aktiviert. Wenn der Rechtsbehelf zulässig ist, prüft das Gericht je nach Fallkonstellation das Bestehen einer verwaltungsrechtlichen Rechtsposition (unten Teil III – insbesondere eines Anspruchs, § 13) oder die Rechtmäßigkeit eines verwaltungsrechtlichen Rechtsakts (unten Teil IV – insbesondere eines Verwaltungsakts, § 19) als Frage der Begründetheit des Rechtsbehelfs.

Prüfungshinweis

▶   Wie bereits aus dem Staatsrecht bekannt, erscheinen auch im Verwaltungsrecht die typischen Aufgabenstellungen meist in einem prozessualen Gewand. Das macht es erforderlich, die gegebenen Rechtsbehelfe und deren jeweilige Zulässigkeitsvoraussetzungen kennenzulernen.

I. Kontrolle durch die Verwaltungsgerichte

4   Die gerichtliche Kontrolle der Verwaltung obliegt in erster Linie den Gerichten der Verwaltungsgerichtsbarkeit. Als Organisationen betrachten wir diese später genauer (unten § 8); an dieser Stelle geht es erst einmal darum, wann überhaupt der Weg zu ihnen offen steht. Zentrale Norm ist in diesem Zusammenhang § 40 Abs. 1 S. 1 VwGO, wonach der Rechtsweg zu den Verwaltungsgerichten für grundsätzlich alle öffentlich-rechtlichen Streitigkeiten nichtverfassungsrechtlicher Art eröffnet ist – vorbehaltlich anderer Regelungen, so genannter „aufdrängender" und „abdrängender Sonderzuweisungen".

Prüfungshinweis

▶   Die Eröffnung des Verwaltungsrechtsweges bildet den ersten Prüfungspunkt in jeder prozessual eingekleideten verwaltungsrechtlichen Aufgabenstellung (vgl. zum Standort noch Rn. 22 PH). Sie kann in aller Regel im Ergebnis bejaht werden. Die prüfungspraktisch wichtigste Ausnahme bilden die Amtshaftungs- und verwandten Ansprüche (vgl. Rn. 32), die den ordentlichen Gerichten zugewiesen sind.

---

[4] Lit.: *Schmidt-Preuß*, FG 50 Jahre BVerwG, 2003, S. 455; *Schnetter*, DÖV 2022, 1034.

I. Kontrolle durch die Verwaltungsgerichte

> **Prüfungsschema 1: Ist der Verwaltungsrechtsweg eröffnet?**
> 1. Spezialgesetz zugunsten der Verwaltungsgerichte für die konkrete Angelegenheit („aufdrängende Sonderzuweisung")?
> 2. sonst: Generalklausel zugunsten der Verwaltungsgerichte, § 40 Abs. 1 S. 1 VwGO
>   a) öffentlich-rechtliche Streitigkeit
>   aa) Feststellung der streitentscheidenden Norm
>   bb) Feststellung des öffentlich-rechtlichen Charakters dieser Norm
>   b) keine verfassungsrechtliche Streitigkeit
> 3. kein Spezialgesetz zulasten der Verwaltungsgerichte für die konkrete Angelegenheit („abdrängende Sonderzuweisung")

1. Vorrangig: Rechtsweg gemäß Spezialgesetz

Auf manchen Rechtsgebieten fällt die Rechtswegprüfung leicht, weil es dort eine **aufdrängende Sonderzuweisung** gibt: ein spezielles Gesetz, das gerade für dieses Rechtsgebiet die Eröffnung des Verwaltungsrechtswegs ausdrücklich anordnet. Die Voraussetzungen von § 40 Abs. 1 S. 1 VwGO braucht man dann nicht mehr zu prüfen. Mit aufdrängenden Sonderzuweisungen ist **in speziellen Bundesgesetzen** immer zu rechnen. Kennen müssen Sie einstweilen aber nur § 126 BBG und § 54 BeamtStG für Streitigkeiten in Angelegenheiten der Beamten; erstere Vorschrift gilt für den Bundesbereich, letztere für alle übrigen Beamten.

Dagegen können **Landesgesetze niemals** eine aufdrängende Sonderzuweisung treffen. Den Ländern fehlt gemäß Art. 72 Abs. 1 GG die Gesetzgebungskompetenz, weil der Bund mit § 40 Abs. 1 S. 1 VwGO eine abschließende Regelung getroffen hat. Zwar findet sich manchmal in einem Landesgesetz die Aussage, in bestimmten Angelegenheiten sei der Verwaltungsrechtsweg gegeben. Eine solche Regelung wäre aber kompetenzwidrig und nichtig. Man kann sie deshalb höchstens als bloß deklaratorische Wiederholung von § 40 Abs. 1 S. 1 VwGO verstehen – oder ihnen die Aussage entnehmen, dass es hier gar nicht um den Rechtsweg, sondern etwa um den Ausschluss eines behördlichen Vorverfahrens (unten § 19 Rn. 177) oder um die Klarstellung des Bestehens eines klagbaren subjektiven Rechts geht (unten § 13 Rn. 12 ff.). In einem solchen Falle wäre aber die Rechtswegfrage noch nach § 40 VwGO zu beantworten.

Beispiele: § 8 Abs. 2 Gesetz über Auszeichnungen des Landes Baden-Württemberg (AuszG), § 7 Abs. 1 S. 3 Landeskrankenhausgesetz Baden-Württemberg (LKHG).

2. Grundsätzlich: Rechtsweg gemäß Generalklausel

Wird § 40 Abs. 1 S. 1 VwGO nicht von vornherein durch eine aufdrängende Sonderzuweisung verdrängt, so eröffnet die Vorschrift den Rechtsweg zu den Verwaltungsgerichten dann, wenn der anzubringende Rechtsbehelf des Betroffenen eine „öffentlich-rechtliche Streitigkeit" zum Gegenstand hat, die „nichtverfassungsrechtlicher Art" ist.

Prüfungshinweis

▶ Diesen Prüfungspunkt sollte man in der Fallbearbeitung knapp und präzise abhaken, selten liegt hier ein Schwerpunkt. Eine unnötig ausführliche Behandlung der Rechtswegfrage erweckt immer den Eindruck eines mangelnden Verständnisses für die größeren Zusammenhänge.

a) Öffentlich-rechtliche Streitigkeit

8 Besteht – wie meist – keine aufdrängende Sonderzuweisung, so muss die Frage geklärt werden, ob eine öffentlich-rechtliche Streitigkeit vorliegt. Öffentlich-rechtlich ist die Streitigkeit, wenn deren **Entscheidung von einer öffentlich-rechtlichen Norm abhängt**. Was eine öffentlich-rechtliche Norm ist, bestimmt sich nach der bereits angesprochenen „Sonderrechtslehre" (oben § 2 Rn. 5 f.). Die Norm muss gerade einem Hoheitsträger eine Kompetenz, einen Anspruch oder eine Pflicht verleihen bzw. auferlegen. Anders ausgedrückt, darf sie die Rechtsposition nicht jedermann verleihen oder auferlegen, weil dann nicht spezifisch die Hoheitsträger angesprochen wären.

Zusatzinformationen

- An dem Merkmal „öffentlich-rechtliche Streitigkeit" konnte man früher auch festmachen, dass es sich überhaupt um eine „rechtliche" Streitigkeit handeln musste. Darüber wollte man Konflikte innerhalb staatlicher Organisationen der gerichtlichen Kontrolle entziehen, indem man argumentierte, nur die Außenbeziehungen solcher Organisationen seien rechtlich geregelt (etwa: Gemeinde–Einwohner), nicht dagegen die inneren Angelegenheiten (etwa: Bürgermeister–Gemeinderat). Das überzeugt freilich schon deshalb nicht, weil und soweit die letzteren genauso in Gesetzen geregelt sind wie die ersteren; die Rechtlichkeit dieser Beziehungen steht deshalb nicht mehr in Frage (vgl. zum „Innenrechtsstreit" noch § 7 Rn. 44 f.).
- Auch den Streit über eine Begnadigung (Art. 60 Abs. 2 GG und entsprechende Landesverfassungsnormen) hat man als „nicht rechtlich" auszuscheiden vorgeschlagen. Dafür gibt es eigentlich schon kein Bedürfnis, weil ein Anspruch auf Begnadigung ohnehin nicht besteht, eine Klage darauf also jedenfalls mangels Klagebefugnis unzulässig wäre (unten § 13 Rn. 45 ff.).

9 Die Schwierigkeiten liegen an dieser Stelle deshalb weniger bei der Zuordnung einer bestimmten Norm zum öffentlichen Recht als vielmehr in der präzisen Bestimmung, auf **welche Norm** für die Beurteilung der Streitigkeit überhaupt abzustellen ist. Zur Beantwortung der meisten Rechtsfragen muss man schließlich (ebenso wie im Privat- und Strafrecht) jeweils eine ganze Reihe von Normen in Betracht ziehen. Bei jeder davon können sich Probleme der Auslegung und Anwendung ergeben, sodass die Beantwortung der Rechtsfrage insgesamt – und damit die Entscheidung eines entsprechenden Rechtsstreits – durchaus dann auch von dieser Norm „abhängt". § 40 VwGO zwingt uns, eine dieser Normen auszuwählen.

Prüfungshinweis

▶ Gerade diese Prüfung, welche Norm in diesem Sinne „streitentscheidend" ist, wird in Gutachten manchmal unpräzise gehandhabt. Oftmals wird ein ganzer

Strauß in Frage kommender Normen hingeworfen (im Stil von: „streitentscheidend sind hier Normen der Gemeindeordnung" o. ä.). Das ist zwar so lange unschädlich, wie diese Normen sämtlich öffentlich-rechtlich sind (das gilt nicht für alle Verwaltungsgesetze!). Gleichwohl können Sie sich hier durch Präzision auszeichnen.

Zweckmäßigerweise macht man sich dafür im Ausgangspunkt klar, dass jeder Rechtsstreit um eine bestimmte **Rechtsposition** kreist, wie wir sie in Teil III systematisch betrachten werden. In den meisten Fällen ist das ein Anspruch, den der Kläger gegen den Beklagten durchsetzen möchte (unten § 13 – z. B. auf Erteilung einer Genehmigung, Aufhebung einer Ordnungsverfügung oder Zahlung); das führt zu den Klagearten der Leistungs- und Anfechtungsklagen. In anderen Fällen steht eine Erlaubnis (unten § 11 – z. B. zur Errichtung einer baulichen Anlage), eine Pflicht (unten § 12 – z. B. zur Unterlassung einer präventiv verbotenen Tätigkeit) oder ein Status (unten § 10 – z. B. als Student) in Frage, deren Bestehen oder Nichtbestehen gerichtlich geklärt werden soll; das führt zu den Feststellungsklagen (allgemein unten § 9 Rn. 56 ff.). 10

aa) Streit über eine Rechtsposition unmittelbar aus öffentlich-rechtlichem Gesetz

Soll die vom Kläger in Streit gestellte **Rechtsposition aus einer abstrakt-generellen Rechtsnorm** folgen, so bildet diese den richtigen Bezugspunkt für die Beurteilung der Öffentlichrechtlichkeit der Streitigkeit. 11

Wann immer also der Kläger einen Anspruch unmittelbar aus Verfassung, Gesetz, Rechtsverordnung oder Satzung geltend macht (vgl. § 13 Rn. 11 ff.), bildet diese **gesetzliche Anspruchsgrundlage** die streitentscheidende Norm. Wenn sie den Anspruch nur Hoheitsträgern oder gegen Hoheitsträger gibt, ist die Norm und damit auch die Streitigkeit öffentlich-rechtlich. 12

Beispiel: A macht einen Anspruch auf Erteilung einer Baugenehmigung aus der Landesbauordnung (z. B. § 58 LBO BW) geltend.

Stets öffentlich-rechtlich ist die Anspruchsgrundlage, wenn der Anspruchsinhalt darin besteht, von einer nur Hoheitsträgern gegebenen Kompetenz Gebrauch zu machen, insbesondere einen Verwaltungsakt (unten § 19) zu erlassen. Macht der Kläger einen **Anspruch auf Erlass eines Verwaltungsaktes,** gleich welchen Inhalts, geltend, so steht deshalb zwangsläufig eine öffentlich-rechtliche Anspruchsgrundlage im Raum. 13

Zusatzinformation
Manchmal steht infrage, ob der Kläger wirklich einen Verwaltungsakt begehrt oder vielmehr einen Vertragsschluss auf privatrechtlicher Grundlage (wozu eine öffentlich-rechtliche Pflicht bestehen kann!). In manchen Konstellationen ist beides vorgesehen: zunächst eine Bewilligung durch Verwaltungsakt und sodann eine Ausgestaltung durch Privatrechtsvertrag („Zwei-Stufen-Theorie", siehe noch unten § 26 Rn. 26 ff.). Wenn wirklich einmal so eine Konstellation vorliegt und der Kläger aktuell erst noch die Bewilligung erstreiten muss, steht dementsprechend eine öffentlich-rechtliche Anspruchsgrundlage in Frage.

14 Praktisch geht es in den meisten Fällen allerdings um **grundrechtliche Ansprüche auf die Unterlassung, Aufhebung oder Beseitigung von Eingriffen.** Aus den Grundrechtsnormen sind nach Art. 1 Abs. 3 GG stets nur die Hoheitsträger verpflichtet, sodass es auch hier immer um öffentlich-rechtliche Normen und damit auch Streitigkeiten geht.

Beispiele: A begehrt nach Art. 12 Abs. 1 GG die Unterlassung staatlicher Äußerungen, die ihr Gewerbe schädigen. – B begehrt nach Art. 2 Abs. 1 GG die Aufhebung eines Gebührenbescheides, den sie für überhöht hält.

Zusatzinformationen
- Soweit der Kläger die Aufhebung eines Verwaltungsaktes begehrt, sieht das Gesetz anstelle einer Leistungsklage, mit der man einen Anspruch normalerweise geltend macht, mit der Anfechtungsklage ausnahmsweise eine sogenannte Gestaltungsklage vor, die unmittelbar zur Änderung der Rechtslage führen soll (vgl. § 13 Rn. 42 ff. und im Detail § 19 Rn. 142 ff.). Das ist der Grund dafür, dass bei Rechtsstreitigkeiten über belastende Verwaltungsakte der Begriff „Anspruch" oft gar nicht erwähnt wird.
- Soweit der Kläger sich gegen ein behördliches Hausverbot wendet, kommt neben der Behauptung eines grundrechtlichen Abwehranspruchs gegen die Verwaltung (öffentlich-rechtlich) auch die Feststellung des Nichtbestehens eines eigentumsrechtlichen Ausschließungsanspruchs der Verwaltung (privatrechtlich, nämlich aus § 1004 BGB) in Betracht. Auf die Abgrenzungsfrage kommen wir im Zusammenhang mit den Privatrechten der Verwaltung zurück (unten § 26 Rn. 33).

15 Eine Besonderheit ergibt sich bei **gesetzlichen Reaktionsansprüchen**, die es sowohl im Sonder- als auch im Privatrecht gibt: Ansprüche auf Unterlassung von Störungen, auf Beseitigung von Störungsfolgen und auf Erstattung rechtsgrundlos erbrachter Leistungen. Privatrechtlich ergeben sich diese Ansprüche aus Normen des BGB (§§ 823, 1004 bzw. § 812); verwaltungsrechtlich lassen sie sich teilweise aus denselben Normen begründen, werden aber meist auf Grundrechte oder Gewohnheitsrecht gestützt (vgl. näher dazu unten § 13 Rn. 57). Auf den Verwaltungsrechtsweg gehören solche Ansprüche sinnvollerweise nur, wenn sie eine gesetzliche Reaktion gerade auf eine vermeintliche Verletzung öffentlich-rechtlicher Normen bzw. das Fehlen eines vermeintlichen öffentlich-rechtlichen Rechtsgrundes darstellen („Kehrseitentheorie").

Beispiele: Eine Gemeinderatsfraktion hat sich abfällig über A geäußert; A möchte auf Unterlassung klagen. Der Rechtsweg soll hier vom Kontext der Äußerung abhängen; erfolgt diese in Erfüllung öffentlich-rechtlicher Pflichten, führt er zu den Verwaltungsgerichten.[5] – B hat der Gemeinde versehentlich zu viel Geld überwiesen. Der Rechtsweg für die Rückforderung soll zu den ordentlichen Gerichten gehen, wenn B eine privatrechtliche Forderung begleichen wollte (z. B. Saalmiete), und zu den Verwaltungsgerichten, wenn eine verwaltungsrechtliche Forderung beglichen werden sollte (z. B. Abfallgebühren).

Zusatzinformation
Den Rechtsgedanken bringt für eine sozialrechtliche Konstellation § 114 S. 1 SGB X gut zum Ausdruck: „Für den Erstattungsanspruch ist derselbe Rechtsweg wie für den Anspruch auf die Sozialleistung gegeben."

---

[5] Vgl. *Kubitza*, DVBl 2022, 1006.

bb) Streit über eine Rechtsposition aus konkretem Rechtsakt kraft öffentlich-rechtlicher Kompetenz

Soll die vom Kläger in Streit gestellte **Rechtsposition durch einen konkreten Rechtsakt begründet** sein, also nicht unmittelbar aus einer abstrakten Gesetzesregelung folgen (etwa ein vertraglicher Anspruch), so müssen wir einen weiteren Schritt gehen, um zu einer auf ihre Öffentlichrechtlichkeit prüfbaren abstraktgenerellen Rechtsnorm zu gelangen. § 40 VwGO versteht man dann am besten so, dass die Kompetenz (näher § 14) zur wirksamen Vornahme eines solchen konkreten Rechtsakts durch eine öffentlich-rechtliche Norm verliehen sein muss. 16

Das ist einfach, wenn der Rechtsakt als **Verwaltungsakt** (unten § 19) oder **Zusicherung** (unten § 20 Rn. 48 ff.) identifiziert werden kann. Kompetenzen hierfür ergeben sich nämlich nur zugunsten von Hoheitsträgern, also öffentlich-rechtlich, aus §§ 35, 43 bzw. § 38 VwVfG*. In solchen Fällen liegt deshalb immer eine öffentlich-rechtliche Streitigkeit vor. 17

> *Beispiele:* Das Landeswirtschaftsministerium hat A durch Bewilligungsbescheid einen Anspruch auf Zahlung einer Subvention gewährt, den sie jetzt geltend macht. – Das Landratsamt hat B zugesichert, gegen ihr schwarz errichtetes Wochenendhaus nicht einzuschreiten; diesen Unterlassungsanspruch macht sie jetzt geltend.

Ein Problem der Abgrenzung kann auftreten, wenn der Hoheitsträger von einer öffentlich-rechtlichen Kompetenz Gebrauch macht, um **privatrechtliche Rechtspositionen** zu gestalten oder festzustellen. Soweit das Gesetz ausnahmsweise privatrechtsgestaltende Rechtsakte der Verwaltung vorsieht (z. B. Enteignung; vgl. unten § 17 Rn. 17, § 19 Rn. 12 ff.), ist die Streitigkeit klar öffentlich-rechtlich. Im Übrigen ist dagegen nur eine Regelung „auf dem Gebiet des öffentlichen Rechts" Verwaltungsakt (§ 35 S. 1 VwVfG*, vgl. unten § 19 Rn. 56 ff.); die Kündigung eines Mietvertrags beispielsweise ist dementsprechend selbst dann keiner, wenn sie äußerlich wie ein typischer Verwaltungsakt gestaltet wird, sondern bleibt vielmehr ein Privatrechtshandeln der Verwaltung (unten § 26), und eine Streitigkeit darüber gehört nach § 13 GVG vor die Zivilgerichte. Höchstens unter dem Gesichtspunkt des „Formenmissbrauchs"[6] kann es eine öffentlich-rechtliche Streitigkeit geben, nämlich darüber, ob der Hoheitsträger sich einer ihm eigentlich nicht zustehenden Kompetenz berühmt hat; das wäre dann zwar rechtlich wirkungslos, aber setzte einen problematischen Rechtsschein. 18

Noch ein weiterer Schritt ist erforderlich, wenn es sich bei dem Rechtsakt um einen **Vertrag** handelt. Denn hierfür gibt es sowohl Kompetenzen für jedermann nach den bekannten Normen aus dem BGB (privatrechtlicher Vertrag, unten § 26) als auch spezifische Kompetenzen für Hoheitsträger aus § 54 S. 1 VwVfG* (öffentlich-rechtlicher Vertrag, unten § 22). Bereits für die Anwendung von § 40 VwGO muss man deshalb prüfen, von welcher dieser Kompetenzen im konkreten Fall Gebrauch gemacht wurde. Das erfordert einen Blick auf den Inhalt des Vertrages. 19

---

[6] Dazu allgemein *Pestalozza*, „Formenmißbrauch" des Staates, 1973.

Beispiele: Das Land hat mit A einen Vertrag über die Miete von Kopiergeräten für seine Finanzämter geschlossen: privatrechtlicher Inhalt, Zivilrechtsweg. – Die Gemeinde hat mit B einen Vertrag über eine Sondernutzung des Gehwegs durch Außengastronomie geschlossen (vgl. § 15 Rn. 18): öffentlich-rechtlicher Inhalt, Verwaltungsrechtsweg.

b) Streitigkeit nichtverfassungsrechtlicher Art

20 Der Verwaltungsrechtsweg ist nach § 40 Abs. 1 S. 1 VwGO überdies nur dann eröffnet, wenn die öffentlich-rechtliche Streitigkeit „**nichtverfassungsrechtlicher Art**" ist.[7] Nahe läge eine Auslegung dieser Klausel als formelle Abgrenzung zur Verfassungsgerichtsbarkeit; der Verwaltungsrechtsweg wäre danach gegeben, wenn keine Verfahrensart nach BVerfGG oder entsprechendem Landesgesetz statthaft ist. Ganz herrschende Auffassung ist dagegen eine materielle Abgrenzung: Es sollen vor dem Verwaltungsgericht nicht Verfassungs*organe* miteinander über Verfassungs*recht* streiten (sog. „doppelte Verfassungsunmittelbarkeit"). Ein Nachteil dieses Verständnisses ist freilich, dass dann auch private Angriffe auf parlamentarische Akte den Verwaltungsgerichten zufallen.[8]

Beispiele: Wenn A gegenüber einer Landesregierung oder einem Landtag ein Grundrecht geltend macht, steht zwar eine Verfassungsrechtsfrage im Raum, aber nur auf einer Seite ein Verfassungsorgan. Anders, wenn der Landtag gegenüber der Landesregierung ein Recht aus der Landesverfassung ins Feld führt.

3. Vorschau: Zulässigkeit der verwaltungsgerichtlichen Klage

Spezielle Studienliteratur: *Heinze/Starke*, Jura 2012, 175; *Schaks/Friedrich*, JuS 2018, 860.

21 Wir haben bisher zunächst die Frage behandelt, wann die Verwaltungsgerichte über die Verwaltungstätigkeit entscheiden dürfen – das ist die Frage nach dem Rechtsweg, die sich in Prüfung und Praxis regelmäßig als erste stellt. Die **übrigen Zulässigkeitsvoraussetzungen** der Rechtsbehelfe behandeln wir später im sachlichen Zusammenhang mit den jeweils zugehörigen Themen des Allgemeinen Verwaltungsrechts: die personenbezogenen Voraussetzungen bei den Rechtsträgern in Teil II, die Gerichtszuständigkeit bei den Gerichten in § 8, die anspruchsbezogenen Voraussetzungen bei den Ansprüchen in § 13 (Klagearten, Klagebefugnis) und die spezifischen Voraussetzungen bei bestimmten Arten des Verwaltungshandelns bei den Rechtsakten in Teil IV (besonders wichtig sind die Rechtsbehelfe bezüglich sogenannter Verwaltungsakte, dazu § 19 Rn. 138 ff.).

22 Alle genannten Voraussetzungen müssen kumulativ vorliegen, damit das Gericht eine Sachentscheidung treffen, also die Begründetheit prüfen und rechtskraftfähig über den eigentlichen Streitgegenstand entscheiden darf (sogenanntes „Sachurteil").

---

[7] Lit.: *Haack*, DVBl 2014, 1566; *Kraayvanger*, Der Begriff der verfassungsrechtlichen Streitigkeit im Sinne des § 40 Abs. 1 Satz 1 VwGO, 2004.
[8] Vgl. *Hüther/Lepej*, DÖV 2022, 669.

I. Kontrolle durch die Verwaltungsgerichte

Das bedeutet aber nicht zugleich, dass das Fehlen einer Zulässigkeitsvoraussetzung stets dieselbe Folge haben müsste. Regelmäßig ist zwar bei Fehlen einer Zulässigkeitsvoraussetzung die Klage als unzulässig abzuweisen (sogenanntes „Prozessurteil"). Fehlt es bereits an der Rechtswegeröffnung, hat das Gericht jedoch stattdessen die Klage von Amts wegen an ein Gericht des richtigen Rechtswegs zu verweisen („Verweisungsbeschluss" – siehe §§ 17a, 17b GVG, die durch § 173 S. 1 VwGO für anwendbar erklärt werden). Entsprechendes gilt aber auch, wenn es an der sachlichen oder örtlichen Zuständigkeit fehlt: auch hier ist von Amts wegen zu verweisen (§ 83 VwGO, der ebenfalls auf §§ 17a, 17b GVG verweist).

Prüfungshinweis

▶ Im Schrifttum finden Sie teilweise die Empfehlung, die Rechtswegfrage von den übrigen Prüfungspunkten abzutrennen. Dabei wird dann der Begriff „Sachentscheidungsvoraussetzungen" statt „Zulässigkeitsvoraussetzungen" bevorzugt. Dahinter verbirgt sich allerdings ein Scheinproblem, denn die Rechtswegeröffnung besitzt keine Alleinstellung, die eine gliederungsmäßige Absonderung erzwänge; mit ebenso viel Recht könnte man beispielsweise die örtliche Zuständigkeit herausgreifen und abtrennen.

Bereits an dieser Stelle können wir die Zulässigkeitsvoraussetzungen zu einem allgemeinen Prüfungsschema zusammenfassen, das grundsätzlich für alle verwaltungsgerichtlichen Rechtsbehelfe gilt und dessen Inhalt im Folgenden immer wieder erscheinen wird. Die Reihenfolge der Prüfung kann man dabei nach Zweckmäßigkeit verändern. Lediglich der Beginn mit dem Rechtsweg wird erwartet, und die klageartspezifischen Zulässigkeitsvoraussetzungen lassen sich natürlich nach Bestimmung der Klageart überhaupt erst benennen.

23

Prüfungsschema 2: Ist eine Klage zulässig?

1. Eröffnung des Verwaltungsrechtswegs, § 40 Abs. 1 S. 1 VwGO	§ 3 Rn. 4 ff.
2. statthafte Klageart, § 88 VwGO	§ 13 Rn. 36 ff.
3. besondere Zulässigkeitsvoraussetzungen der statthaften Klageart insbesondere: Klagebefugnis nach § 42 Abs. 2 VwGO (direkt oder analog)	§ 13 Rn. 45 ff.
4. Beteiligungsfähigkeit von Kläger und Beklagtem, § 61 VwGO	§ 4 Rn. 11 f., § 6 Rn. 23
5. Prozessfähigkeit bzw. richtige Vertretung von Kläger und Beklagtem, § 62 VwGO	§ 4 Rn. 13 f.
6. Zuständigkeit des angerufenen Gerichts a) sachlich, §§ 45 ff. VwGO b) örtlich, § 52 VwGO	§ 8 Rn. 10 ff.
7. Rechtsschutzinteresse	§ 13 Rn. 51 ff.

II. Kontrolle durch besondere Verwaltungsgerichte

24   In einigen Fällen liegt allerdings eine nichtverfassungsrechtliche öffentlich-rechtliche Streitigkeit vor und ist gleichwohl der Verwaltungsrechtsweg nicht eröffnet, weil eine **abdrängende Sonderzuweisung** einschlägt. Eine solche kann durch Bundesgesetz oder, weil § 40 Abs. 1 S. 2 VwGO dafür eine Öffnungsklausel bereithält, auch durch Landesgesetz angeordnet sein.

25   Solche Spezialregelungen gelten zunächst einmal zugunsten der beiden Gruppen besonderer Verwaltungsgerichte, die für die **beiden anderen Säulen des Verwaltungsrechts** (oben § 2 Rn. 45 ZI) errichtet sind.[9]

26   Dies sind zum einen die *Finanzgerichte*, zuständig nach § 33 FGO insbesondere „in öffentlich-rechtlichen Streitigkeiten über Abgabenangelegenheiten, soweit die Abgaben der Gesetzgebung des Bundes unterliegen und durch Bundesfinanzbehörden oder Landesfinanzbehörden verwaltet werden". Mit dem Verweis auf die Gesetzgebung des Bundes sind insbesondere die landesrechtlich geregelten Rundfunkbeiträge und Kommunalabgaben vom Finanzrechtsweg ausgeschlossen. Streitigkeiten etwa über Hundesteuern oder Straßenausbaubeiträge verbleiben deshalb bei den Verwaltungsgerichten.

Beispiel: A klagt gegen eine vermeintlich zu hohe Einkommensteuerfestsetzung.

Zusatzinformation
Der Finanzrechtsweg umfasst als einziger nur zwei Instanzen: die Finanzgerichte und den Bundesfinanzhof (in München).

27   Zum anderen gehören hierher die *Sozialgerichte*, zuständig nach § 51 SGG insbesondere in öffentlich-rechtlichen Streitigkeiten in Angelegenheiten der Sozialversicherung und der Sozialhilfe.

Beispiel: A klagt auf eine ihr vermeintlich zustehende Zahlung von Altersrente oder Arbeitslosengeld.

Zusatzinformation
Der Sozialrechtsweg hat drei Instanzen ähnlich den Arbeitsgerichten: Sozialgerichte – Landessozialgerichte – Bundessozialgericht (in Kassel).

28   Daneben sind für bestimmte Angelegenheiten weitere besondere Verwaltungsgerichte errichtet. Erwähnenswert sind hier die verschiedenen **speziellen Disziplinargerichte** im weitesten Sinne, für die typisch ist, dass Standesgenossen der disziplinarisch verfolgten Personen als Beisitzer an den Spruchkörpern beteiligt sind. Hierher gehören insbesondere

---

[9] Zu Zweckmäßigkeit und Reformüberlegungen etwa *Gärditz*, Die Verwaltung 43 (2010), S. 309; *Walisko*, Die Organisation der öffentlich-rechtlichen Fachgerichtsbarkeiten, 2021.

- die Truppendienstgerichte im Soldatenrecht,
- die Dienstgerichte für Richter nach §§ 61, 62, 77, 78 Deutsches Richtergesetz (DRiG),
- die Anwaltsgerichte für die Rechtsanwaltschaft nach §§ 92 ff. Bundesrechtsanwaltsordnung (BRAO) und
- die Berufsgerichte für die Heilberufe nach den entsprechenden Landesgesetzen.

Zusatzinformation
Die Disziplinargerichte für Beamte (siehe unten § 5 Rn. 26) sind dagegen nur als besondere Spruchkörper innerhalb der allgemeinen Verwaltungsgerichte eingerichtet.

Genannt sei schließlich auch noch das **Bundespatentgericht** nach § 65 Patentgesetz (PatG), vor dem insbesondere Verwaltungsentscheidungen auf dem Gebiet des geistigen Eigentums bzw. gewerblichen Rechtsschutzes angefochten werden können (außer Patenten auch etwa eingetragene Marken, § 66 Markengesetz, oder Sortenschutzrechte für Pflanzenzüchtungen, § 34 Sortenschutzgesetz). 29

III. Kontrolle durch ordentliche Gerichte

Neben denjenigen über die besonderen Verwaltungsgerichte gelten wichtige Spezialregelungen auch zugunsten der „**ordentlichen Gerichte**" (Amts-, Land-, Oberlandesgerichte und Bundesgerichtshof), die nach § 13 GVG in erster Linie für Zivil- und Strafsachen zuständig sind. Vor allem aus Gründen der Tradition, nur teilweise auch des Sachzusammenhangs, sind ihnen aus dem öffentlichen Recht zahlreiche ziemlich unterschiedliche Angelegenheiten zugewiesen. 30

Schon § 13 GVG selbst stellt insoweit eine gegenüber § 40 VwGO abdrängende Sonderzuweisung dar, als er die **Strafsachen** den ordentlichen Gerichten zuweist. Nach allen Ansätzen zur Bestimmung des öffentlichen Rechts gehört das Strafrecht nämlich zu diesem (oben § 2 Rn. 7, s. a. § 12 Rn. 64, 65 ff.): es involviert stets Hoheitsträger mit speziellen Verfolgungs- und Bestrafungsbefugnissen; es konstituiert ein scharfes Über-und-Unterordnungsverhältnis zwischen Strafendem und Bestraftem; es dient primär dem öffentlichen Interesse. Diese Sonderzuweisung trägt einen wichtigen Teil dazu bei, dass die von § 40 VwGO letztlich erfassten öffentlich-rechtlichen Streitigkeiten solche *verwaltungsrechtlicher* Art sind. 31

Beispiel: Die Staatsanwaltschaft klagt A an, B eine fremde bewegliche Sache in Zueignungsabsicht weggenommen zu haben.

Den ordentlichen Gerichten sind auch die Streitigkeiten über **Staatshaftung**, also Schadensersatz oder Entschädigung wegen eingreifender staatlicher Maßnahmen, zugewiesen (zu diesen Ansprüchen unten § 13 Rn. 77 ff., 90 ff.). Diese Ansprüche bestehen zwar speziell gegenüber Hoheitsträgern und sind daher öffentlich-rechtlich, müssen aber wie privatrechtliche Ansprüche nach den Vorschriften der Zivilprozessordnung geltend gemacht werden. In zwei wichtigen Fällen ergibt sich diese Sonderzuweisung bereits aus der Verfassung, nämlich für die Enteignungsentschädigung 32 nach Art. 14 Abs. 3 S. 4 GG und für die Amtshaftung nach Art. 34 S. 3 GG. Einfachgesetzlich wird das für die sogenannte Aufopferungsentschädigung in § 40 Abs. 2 S. 1 Hs. 1 Var. 1 VwGO komplettiert.

Prüfungshinweis

▶ An diese Abgrenzung muss man vor allem denken, wenn jemand gegen die Verwaltung auf eine Geldleistung klagt. Dann ist kurz zu überlegen, ob diese zur Staatshaftung in diesem Sinne gehört oder bloß z. B. die Rückgewähr einer Leistung an die Verwaltung (Rn. 15) oder die Gegenleistung aus einem Vertrag mit der Verwaltung (Rn. 19) darstellt.

33 Neben Strafsachen und Staatshaftung, wo die ordentlichen Gerichte nach ihren „normalen" Verfahrensordnungen des Straf- und des Zivilprozessrechts vorgehen, lässt das Gesetz sie darüber hinaus punktuell auch noch als **funktionale Verwaltungsgerichte** fungieren und hält dafür eigene, typischerweise bis in die Formulierungen wie eine Kurzfassung der VwGO daherkommende Verfahrensordnungen bereit.

34 Der prominenteste Anwendungsfall betrifft die sogenannten „**Justizverwaltungsakte**" der „Justizbehörden", d. h. derjenigen Stellen innerhalb der ordentlichen Gerichte, die Verwaltungsaufgaben wahrnehmen.[10] Streitigkeiten darüber weist § 23 EGGVG grundsätzlich den Oberlandesgerichten zu. Teilweise gibt es im Strafprozessrecht darüber hinaus einzelne Zuweisungen an die Amtsgerichte wie in § 98 Abs. 2 S. 2 StPO. Über Maßnahmen der Justizvollzugsanstalten entscheiden die Landgerichte durch Strafvollstreckungskammern (§ 109 Strafvollzugsgesetz des Bundes).

Beispiel: Die Polizei nimmt A ein Messer ab. Rechtsschutz gegen eine Beschlagnahme, die im Zuge der Verfolgung einer bereits begangenen Straftat erfolgt, erhält A beim Amtsgericht; gegen eine Beschlagnahme, die präventiv zur Abwehr einer Gefahr stattfindet, dagegen beim Verwaltungsgericht.

Prüfungshinweis

▶ Auf diese Abgrenzung kommt es gelegentlich im Polizeirecht an, das Stichwort lautet „doppelfunktionale Maßnahmen der Polizei".[11] Darauf werden Sie in der entsprechenden Spezialvorlesung zurückkommen.

35 Aber auch für einzelne **Bereiche des Besonderen Verwaltungsrechts**, insbesondere des Wirtschaftsverwaltungsrechts, nehmen ebenfalls die ordentlichen Gerichte die Funktion von Verwaltungsgerichten wahr. Manche sehen darin eine Zersplitterung des Verwaltungsrechtswegs.

---

[10] Lit.: *Conrad*, Der sogenannte Justizverwaltungsakt, 2011.
[11] Lit.: *Schenke*, NJW 2011, 2838; *Schoch*, Jura 2013, 1115.

Beispiele: Im Kartellrecht sind nach §§ 63 ff. Gesetz gegen Wettbewerbsbeschränkungen (GWB) und im Energierecht nach §§ 75 ff. Energiewirtschaftsgesetz (EnWG) zur Kontrolle der Verwaltung jeweils die Oberlandesgerichte berufen. – Im Baurecht begründen §§ 217–232 BauGB für bestimmte Angelegenheiten eine Zuständigkeit der Landgerichte, die dafür besondere Spruchkörper („Kammer für Baulandsachen") einzurichten haben, in denen wiederum „ausgeliehene" Verwaltungsrichter mitwirken. – Zur Veräußerung landwirtschaftlicher Grundstücke braucht man eine behördliche Genehmigung; wird diese verweigert, führt der Rechtsweg zu den Amtsgerichten als „Landwirtschaftsgerichten" (§ 22 Grundstückverkehrsgesetz, § 2 Gesetz über das gerichtliche Verfahren in Landwirtschaftssachen). – Im Personenstandsrecht, wo maßgebliche Behörden die „Standesämter" sind (nach Landesrecht meist Teil der Gemeindeverwaltung), beruft § 50 Personenstandsgesetz die Amtsgerichte zur Kontrolle ihrer Entscheidungen.

IV. Kontrolle durch Schiedsgerichte

Noch seltener, aber nicht ausgeschlossen sind schließlich auch auf verwaltungsrechtlichem Gebiet Schiedsgerichte, die fest oder *ad hoc* eingerichtet sein können.[12] Erforderlich ist dafür eine vertragliche Schiedsvereinbarung, weshalb hier meist ein öffentlich-rechtlicher Vertrag im Raum stehen wird (unten § 22).

36

Beispiel: Der Bund schließt mit der T-GmbH einen öffentlich-rechtlichen Vertrag über den Betrieb eines Mauterhebungssystems für Lkw auf Bundesautobahnen. Der Vertrag enthält eine Schiedsklausel. Es kommt zum Streit; wegen der Schiedsklausel ist der Verwaltungsrechtsweg ausgeschlossen und muss ein Kläger das vorgesehene Schiedsgericht anrufen.

Prüfungshinweis

▶ Mit Schiedsgerichten brauchen Sie im Ausbildungsfall nicht zu rechnen.

---

[12] Lit.: *Stumpf*, Alternative Streitbeilegung im Verwaltungsrecht, 2006 (auch zu Mediation und Schlichtung).

Selbstkontrollaufgaben zu Teil I

1. Erklären Sie die folgenden Begriffe für jemanden, der sich mit der Materie noch nicht beschäftigt hat (gern schriftlich oder gegenüber einem Lernpartner).
   a) Eingriffsverwaltung
   b) Leistungsverwaltung
   c) Verwaltungsrechtsweg
   d) Zulässigkeitsvoraussetzungen
2. Überlegen Sie, inwieweit die folgenden Sätze zutreffen und nicht zutreffen, und stellen Sie sie richtig (am besten in eigenen ganzen Sätzen).
   a) „‚Verwaltung' bedeutet doch immer, dass der Staat Rechte der Bürger beeinträchtigt."
   b) „Öffentliches Recht ist das Sonderrecht der Hoheitsträger, Privatrecht das Sonderrecht der Privaten."
   c) „Das Allgemeine Verwaltungsrecht und Verwaltungsprozessrecht ist in Bund und Ländern identisch."
   d) „Das Verwaltungsverfahrensgesetz gilt für die Bundes- und Landesverwaltung einheitlich."
   e) „Wer beim Staat angestellt ist, für den sind die Arbeitsgerichte nicht zuständig."
   f) „Rechtsschutz gegen alle Verwaltungsakte geben die Verwaltungsgerichte."
   g) „Wenn man vom Staat Geld will, muss man sich an die ordentlichen Gerichte wenden."

3. Überlegen Sie, welche der möglichen Kombinationen auf wirkliche Gesetze hinweisen, wie diese (in Ihrem Bundesland) tatsächlich genau heißen und worum es dort jeweils geht.

Bundes- Landes-	-verwaltungs-	-verfahrens- -vollstreckungs- -zustellungs- -prozess- -datenschutz- -finanz- -organisations-	-gesetz

4. Begründen Sie mit je einem Satz, warum die folgenden Fälle nicht vor das Verwaltungsgericht gehören:
   a) A hat B Geld ausgelegt, damit diese eine hohe Nachforderung der Gemeinde wegen Abwassergebühren begleichen kann. Jetzt will A das Geld zurück.
   b) A hat B ein Grundstück nebst Baugenehmigung verkauft und übertragen. Die Baugenehmigung erweist sich als unwirksam. Jetzt will A Schadensersatz.
   c) A hat medizinische Leistungen von B in Anspruch genommen. Die Krankenkasse verweigert die Kostenübernahme. Jetzt will A diese erzwingen.
   d) A hat B ein Schmuckstück entwendet. Die Polizei hat A verdächtigt und es bei ihr auch gefunden. Jetzt will A sich gegen die Durchsuchung wenden.
5. Arbeiten Sie heraus, weshalb man das Strafrecht zwar zum öffentlichen Recht, aber nicht zum Verwaltungsrecht zählt.

II. Rechtsträger

§ 4. Systematischer Überblick

Wir wollen zunächst die **Akteure** des Verwaltungsrechts betrachten und die Frage beantworten, mit wem wir es auf diesem Rechtsgebiet überhaupt zu tun haben. Statt von „Akteuren", was auf das tatsächliche Handeln verweist, sprechen wir im juristischen Zusammenhang allerdings von „Rechtsträgern", weil für die Rechtsdogmatik entscheidend ist, dass wir es mit rechtlichen Zurechnungspunkten zu tun haben. Ein Akteur ist einfach da und kann von den Sozialwissenschaften untersucht werden; ein Rechtsträger dagegen wird als solcher immer erst von der Rechtsordnung geschaffen.[1]

Mit den Rechtsträgern verschaffen wir uns in diesem Teil des Buches eine Basis für die weitere Erschließung des Verwaltungsrechts, woran die weiteren Teile dann anschließen können. Denn den Rechtsträgern werden zugerechnet

- gewisse Rechtspositionen (dazu Teil III),
- gewisse Rechtsakte, die Rechtspositionen verändern sollen (dazu Teil IV), und
- gewisse Verfahren, die zu Rechtsakten führen sollen (dazu Teil V).

I. Einteilung der Rechtsträger

Unter den Rechtsträgern unterscheiden wir zunächst solche, die nach Privatrecht gebildet sind, von solchen, die schon von ihrer Errichtung her auf staatlichem Sonderrecht beruhen und insofern verwaltungsrechtsspezifisch sind. Erstere sind die **Privatrechtssubjekte** (dazu § 5), letztere nennen wir **Hoheitsträger**. Die Privatrechtssubjekte sind überwiegend grundrechtsberechtigt, es gibt mit den Tochtergesellschaften von Hoheitsträgern allerdings auch wichtige Ausnahmen. Dagegen sind die Hoheitsträger als Teil der vollziehenden Gewalt durch die Bank nach Art. 1 Abs. 3 GG aus den Grundrechtsnormen verpflichtet.

---

[1] Übergreifende Betrachtungen sind selten, siehe aber *Thieme*, Das Deutsche [!] Personenrecht, 2003; *Towfigh/Zepf*, JZ 2023, 937.

4   Quer zu dieser ersten liegt eine zweite Einteilung der Rechtsträger nach der sogenannten **Rechtsfähigkeit**, die als Konzept aus dem Privatrecht bekannt ist. Nur rechtsfähigen Rechtsträgern werden dort Willenserklärungen, Schuldverhältnisse, dingliche Rechte und Prozessbeteiligungen zugeschrieben. Daran schließt das Verwaltungsrecht an und behandelt als Privatrechtssubjekte grundsätzlich auch nur die rechtsfähigen Gebilde des Privatrechts (dazu § 5). Bei den Hoheitsträgern sehen wir stattdessen teilweise näher hin. Das führt zur Unterscheidung zwischen

- der *Personenebene* der rechtsfähigen Hoheitsträger, die wir „Verwaltungsträger" nennen (dazu § 6), und
- der *Organebene* der nichtrechtsfähigen Hoheitsträger, die für alle vermögensrechtlichen Belange einem Verwaltungsträger zugeordnet sein müssen und die uns als Verwaltungsorgane (Behörden, dazu § 7), aber auch als Rechtsprechungsorgane (Verwaltungsgerichte, dazu § 8) entgegentreten.

Zusatzinformation
Auch dem Privatrecht ist die Organebene nicht fremd. Mit den Rechtsverhältnissen zwischen den verschiedenen Organen etwa der Aktiengesellschaft oder der GmbH beschäftigt sich dort das Teilgebiet des Gesellschaftsrechts.

II. Fragen an jeden Rechtsträgertyp

5   Zu jedem Typus von Rechtsträger werden sich uns sechs Fragen stellen, an denen sich dementsprechend die Gliederung der folgenden Kapitel orientiert:

(1) Welche Funktion erfüllt der Rechtsträgertyp im System des Verwaltungsrechts, insbesondere: welche Arten von *Rechtspositionen* sind ihm typischerweise zugeschrieben?
(2) Wie *entstehen* Rechtsträger dieses Typs und wie gehen sie unter?
(3) Welche Handlungen, insbesondere welche *Rechtsakte*, werden dem Rechtsträgertyp typischerweise zugerechnet?
(4) Welche Stellung nimmt der Rechtsträgertyp in *Verfahren* typischerweise ein?
(5) Welche *Erscheinungsformen* des Rechtsträgertyps sind charakteristisch?
(6) Welche Formen der *Aufsicht* sind über Rechtsträger des Typs eingerichtet?

6   Mit diesen Fragen nehmen wir die bereits angesprochenen funktionalen Zusammenhänge mit den weiteren Teilen des Buches wieder auf. Dort werden wir Rechtspositionen, Rechtsakte und Verfahren genauer ausbuchstabieren. In diesem Teil bündeln wir diese Themen aber schon einmal unter dem Gesichtspunkt der beteiligten Akteure, auch wenn wir für die Details gelegentlich werden nach unten verweisen müssen (eine andere Vorgehensweise würde bloß zu Verweisen in die Gegenrichtung führen).

7   Im vorliegenden Kapitel betrachten wir jedoch zunächst die Frage (4) nach der Verfahrensstellung schon einmal rechtsträgerübergreifend und führen ein paar Grundbegriffe ein. So wird hervortreten, was jeweils spezifisch ist und welche Gemeinsamkeiten die verschiedenen Typen doch aufweisen.

III. Stellung im Verfahren

Die Rechtsträger sind nicht nur „materiellrechtlich" Träger verwaltungsrechtlicher **8**
Rechtspositionen und Urheber verwaltungsrechtlicher Rechtsakte, sondern treten
auch „prozedural" als Akteure verwaltungsrechtlicher Verfahren in Erscheinung.
Das betrifft sowohl die Verfahren bei Gericht (unten § 30) als auch die Verfahren,
die von der Verwaltung selbst geführt werden (unten § 29).

Das Verfahrensrecht enthält – unabhängig von den Rechtspositionen und Rechts- **9**
akten, um die es in dem Verfahren gehen soll – jeweils Anforderungen daran, welche Typen von Rechtsträgern überhaupt auftreten können sollen. Grundlegend ist zu
unterscheiden zwischen

- dem Rechtsträger, der das Verfahren leitet und durchführt – dies ist entweder ein (Verwaltungs-)Gericht (dazu § 8) oder eine Behörde (dazu § 7), und
- den Rechtsträgern, die an dem Verfahren als Initiatoren, als Betroffene oder in anderer Rolle beteiligt und an dessen Abschluss und Ergebnis interessiert sind („Beteiligte") – dies sind normalerweise Privatrechtssubjekte (dazu § 5) und Verwaltungsträger (dazu § 6), mitunter aber auch Behörden (dazu § 7).

Wir betrachten zunächst drei Anforderungen, die an Akteure gestellt werden, damit **10**
sie als Beteiligte fungieren können: die Beteiligungs-, die Prozess- und, mit etwas
geringerer Bedeutung, die Postulationsfähigkeit.

Prüfungshinweis

▶ Im prozessual eingekleideten Verwaltungsrechtsfall sind diese Anforderungen im Rahmen der Zulässigkeitsprüfung zu thematisieren. Die personenbezogenen Zulässigkeitsvoraussetzungen müssen für den Kläger/Antragsteller sowie für den Beklagten/Antragsgegner festgestellt werden. Normalerweise wird man die Voraussetzungen durchgehen und sich jeweils knapp zu beiden Seiten äußern.

1. Beteiligungsfähigkeit

Um eigene Rechtspositionen in einem gerichtlichen oder behördlichen Verfahren **11**
geltend machen zu können, braucht man nach der gesetzlichen Konzeption der
§§ 61 VwGO, 11 VwVfG* Beteiligungsfähigkeit.[2] Sie ist das verfahrensrechtliche
Pendant zur Rechtsfähigkeit und soll sicherstellen, dass am Verfahren nur ein
Rechtsträger beteiligt ist, der überhaupt auch Inhaber der behaupteten materiellen
Rechtsposition sein kann.

---
[2] Lit.: *Dolde*, FS Menger, 1985, S. 423.

Prüfungshinweis

▶ Die Zulässigkeitsvoraussetzung der Beteiligungsfähigkeit ist grundsätzlich in allen prozessual eingekleideten Verwaltungsrechtsfällen zu prüfen. Sie kann aber meist in äußerster Kürze abgehandelt und bejaht werden.

12 Dass jemand nicht beteiligungsfähig ist, heißt nicht, dass er tatsächlich nicht beteiligt sein könnte. Seine Anträge sind dann nur eben unzulässig.

Beispiel: Ein Naturschutzverband erhebt eine Klage „im Namen der Seehunde der Nordsee". Diese Gruppe ist dadurch als solche kurz an einem Verwaltungsprozess beteiligt. Jedoch kann die Klage als unzulässig abgewiesen werden, weil die „Seehunde der Nordsee" zu keinem der nach § 61 VwGO beteiligungsfähigen Rechtsträger gehören (und überdies die Vertretungsmacht der Handelnden kaum zu begründen ist). In Frage kommt nach geltendem Recht höchstens eine Klage des Naturschutzverbands im *eigenen* Namen, aber im materiellen Interesse der Seehunde („altruistische Verbandsklage").

2. Prozess- bzw. Handlungsfähigkeit

13 Erforderlich ist weiterhin das verfahrensrechtliche **Pendant zur Geschäftsfähigkeit**, die „Fähigkeit zur Vornahme von Verfahrenshandlungen". Für gerichtliche Verfahren regelt sie § 62 VwGO, hier spricht man von „Prozessfähigkeit"; für behördliche Verfahren gilt § 12 VwVfG*, der das Gleiche „Handlungsfähigkeit" nennt. Die Prozess- bzw. Handlungsfähigkeit ist in der Sache weitgehend an die privatrechtliche Geschäftsfähigkeit gekoppelt.

14 Wie aus dem BGB AT bekannt, schließt ein Mangel auf dieser Stufe aber eine Teilnahme am Rechtsverkehr nicht völlig aus, sondern erfordert nur eine ordnungsgemäße Vertretung. Ganz entsprechend ist die **Prozessfähigkeit** – anders, als man es oft liest – **keine zwingende Zulässigkeitsvoraussetzung**, weil für juristische Personen (§ 62 Abs. 3 VwGO) und für geschäftsunfähige natürliche Personen (§ 51 Abs. 1 ZPO i. V. m. § 173 S. 1 VwGO) stattdessen die gesetzlichen Vertreter handeln.

Prüfungshinweis

▶ Im Gutachten zum prozessual eingekleideten Fall sollte man insofern die Frage dahin formulieren, ob der Beteiligte „prozessfähig oder ordnungsgemäß vertreten" sei.

15 Anders normiert das Gesetz die Handlungsfähigkeit im behördlichen Verfahren. Diese spricht es nämlich nicht nur natürlichen Personen, sondern auch juristischen Personen und Behörden jeweils als solchen zu (§ 12 Abs. 1 Nr. 3 bzw. 4 VwVfG*). Hier muss nach der gesetzlichen Konzeption also jeder Beteiligte handlungsfähig sein.

3. Postulationsfähigkeit

Gelegentlich verlangt das Verfahrensrecht über die Beteiligungs- und die Prozess- bzw. Handlungsfähigkeit hinaus noch mehr von den Akteuren, damit deren Handlungen als rechtlich gültig angesehen werden können. In bestimmten Fällen muss nämlich auch ein Akteur, der Träger von Rechten sein und rechtsgeschäftlich handeln kann (selbst oder gesetzlich vertreten), *zusätzlich* durch einen qualifizierten Vertreter – typischerweise einen **Rechtsanwalt** – handeln; erst mit qualifizierter Vertretung ist der Akteur „postulationsfähig". Eine Erklärung, die nicht durch einen qualifizierten Vertreter abgegeben wird, braucht die verfahrende Stelle nicht zu beachten. 16

Im Vergleich zum Zivilprozessrecht, wo vor dem Landgericht – und damit grundsätzlich für alle Verfahren über 5000 Euro Streitwert (§ 23 Nr. 1, § 71 Abs. 1 GVG) – Anwaltszwang herrscht (§ 78 Abs. 1 ZPO), ist dies im Verwaltungsprozessrecht deutlich seltener der Fall. Nur vor dem Ober- und dem Bundesverwaltungsgericht müssen sich die Beteiligten „durch Prozessbevollmächtigte vertreten lassen" (§ 67 Abs. 4 S. 1 VwGO), und zwar schon bei der Klageerhebung oder Antragstellung (§ 67 Abs. 4 S. 2 VwGO) und grundsätzlich nur durch Rechtsanwälte oder Hochschullehrer (§ 67 Abs. 4 S. 3 und Abs. 2 S. 1 VwGO). 17

Sonderregelungen gelten für **Hoheitsträger**. Für deren Postulationsfähigkeit genügt es nach § 67 Abs. 4 S. 4 VwGO, wenn sie sich durch einen eigenen Bediensteten mit der Befähigung zum Richteramt – also einen „Verwaltungsjuristen" ohne Rechtsanwaltszulassung – vertreten lassen. 18

Zusatzinformation
In Zivilprozessen vor den Land- und höheren Gerichten benötigen dagegen auch Hoheitsträger einen Rechtsanwalt, hier sind sie mit ihren Verwaltungsjuristen nur in den eng begrenzten Fällen des § 78 Abs. 2 ZPO postulationsfähig.

§ 5. Privatrechtssubjekte im Verwaltungsrecht

Seine alltägliche praktische Relevanz bezieht das Verwaltungsrecht vor allem daraus, dass es Regelungen unmittelbar zugunsten und zulasten von **Privatrechtssubjekten** enthält, die im Verwaltungsrechtsfall fast stets als Mandanten, als Antragsteller, als Betroffene, als Vertragspartner und/oder als Kläger auftreten. Die Privatrechtssubjekte betrachten wir in diesem Kapitel kurz im Zusammenhang als solche, ihre Stellung bildet aber auch im Rest dieses Buches durchgehend den Hintergrund.[1]

1

Zusatzinformationen
- Anders als das Privatrecht bezieht das Verwaltungsrecht dabei immer auch Hoheitsträger ein (oben § 2 Rn. 5 ff.; näher zu den Hoheitsträgern dann § 6 und § 7): insbesondere als Gegenseite, als Antragsadressaten, als Eingreifende, als andere Vertragspartner und/oder als Beklagte.
- Anders als das Strafrecht erlegt das Verwaltungsrecht nicht lediglich abstrakt-generell durch Gesetz natürlichen Personen Verhaltenspflichten auf, sondern begründet für *verschiedenste* Rechtssubjekte Rechtspositionen *aller Art* (Teil III), und dies auch durch *untergesetzliche* Rechtsakte (Teil IV).

Der Begriff „Privatrechtssubjekte" ist nicht deckungsgleich mit dem Begriff „**Private**", der auf die grundrechtliche Situation abhebt und den Kontrast zur grundrechtsgebundenen staatlichen Sphäre herausstellt. „Private" sind die Grundrechtsberechtigten, d. h. die natürlichen Personen sowie gewisse juristische Personen (Art. 19 Abs. 3 GG). Nicht alle Privaten sind Privatrechtssubjekte (Gegenbeispiel: die Religionsgesellschaften in der Form der Körperschaft des öffentlichen Rechts, vgl. § 6 Rn. 33), und nicht alle Privatrechtssubjekte sind Private (Gegenbeispiel: die Tochtergesellschaften von Verwaltungsträgern, vgl. Rn. 13).

2

---

[1] Lit. – anhand einzelner Gebiete des Besonderen Verwaltungsrechts: *Remmert, Burgi, Kment, Leppek, Felix* und *Straßburger*, HVwR IV, 2022, §§ 104–108.

Zusatzinformation
Erinnert sei bei dieser Gelegenheit an die verfassungsrechtliche, aber dann auch ins Verwaltungsrecht wirkende Sonderproblematik der ausländischen juristischen Personen, die Art. 19 Abs. 3 GG nicht erfasst und denen man teilweise auf Grund des Unionsrechts Grundrechte zuschreibt. Speziell gelagert sind auch die Fälle der inländischen juristischen Personen, deren Träger unmittelbar oder mittelbar ein ausländischer Staat ist, sowie der ausländischen juristischen Personen des öffentlichen Rechts, die im Inland ebenfalls nicht als Verwaltungsträger angesehen werden können.[2]

3   Einer behördlichen **Aufsicht**, wie sie für Hoheitsträger typisch ist, unterstehen Privatrechtssubjekte grundsätzlich nicht. Allerdings überwachen Behörden die Ausübung bestimmter Berufe und Tätigkeiten, um bei Bedarf zur Abwehr von Gefahren einschreiten zu können.[3]

Beispiele: A errichtet ein Gebäude; das Landratsamt als untere Baurechtsbehörde überwacht sie dabei. – B betreibt eine Apotheke; das Regierungspräsidium überwacht sie dabei. – C hat eine Rechtsanwaltskanzlei; die Rechtsanwaltskammer überwacht ihre Einhaltung des Berufsrechts. (Terminologie und Zuständigkeit variieren zwischen den Ländern, es geht für die Beispiele nur um das Prinzip.)

Zusatzinformation
Auf seiner Website hat ein Privatrechtssubjekt, dessen Tätigkeit „der behördlichen Zulassung bedarf, Angaben zur zuständigen Aufsichtsbehörde" zu machen (§ 5 Abs. 1 Nr. 3 Digitale-Dienste-Gesetz [DDG]). In den Beispielen müsste daher bei B und C das Regierungspräsidium bzw. die Rechtsanwaltskammer im Impressum genannt sein.

4   Wir betrachten zunächst die drei Typen von Privatrechtssubjekten – natürliche Personen, juristische Personen des Privatrechts, Gesamthandsgemeinschaften – jeweils kurz als solche in ihrer verwaltungsrechtlichen Bedeutung (Rn. 5 ff., 11 ff., 18 ff.). Anschließend werfen wir einen übergreifenden Blick auf die vielfältigen Weisen, auf denen Privatrechtssubjekte der Verwaltung nicht nur gegenüberstehen, sondern selbst in die Verwaltungstätigkeit eingebunden sind und insofern an der Verwaltung mitwirken (Rn. 22 ff.). Den Rechtsakten der Privaten auf dem Gebiet des Verwaltungsrechts widmen wir uns später im Zusammenhang (§ 18).

Zusatzinformation
Nicht zu verwechseln sind die Verwaltungsrechtsakte der Privaten mit den Privatrechtsakten der Verwaltung – diese streifen wir zu Rn. 13 und behandeln wir ausführlicher unter § 26.

---

[2] Lit.: *Feldmüller*, Die Rechtsstellung fremder Staaten und sonstiger juristischer Personen des ausländischen öffentlichen Rechts im Verwaltungsprozeßrecht, 1999.
[3] Lit. – anhand des Wirtschaftsverwaltungsrechts: *Gröschner*, Das Überwachungsrechtsverhältnis, 1992.

I. Natürliche Personen

Natürliche Personen sind, wie aus der Privatrechtsdogmatik bekannt, diejenigen Rechtsträger, die den einzelnen Menschen zugeordnet sind – gewissermaßen deren „Avatare" in der Rechtswelt.[4] Der zugeordnete Rechtsträger „natürliche Person" entsteht für jeden Menschen mit der Vollendung der Geburt (§ 2 BGB) und endet mit dem Tod (folgt aus § 1922 Abs. 1 BGB). Im letzteren Zeitpunkt gehen auch verwaltungsrechtliche Rechtspositionen der natürlichen Person – mit der hier aber besonders wichtigen Ausnahme höchstpersönlicher Rechtspositionen – auf deren Erben über (§§ 1922, 1967 BGB; vgl. § 9 Rn. 47 ff.).

Eine natürliche Person kann auch in der Verwaltungsrechtsordnung prinzipiell alle Rechtspositionen einnehmen. Insbesondere können ihr Erlaubnisse (§ 11) und Ansprüche (§ 13), aber auch Pflichten (§ 12) zukommen. Unter den Ansprüchen sind die Grundrechte hervorzuheben, die auf Unterlassung oder Beseitigung von Eingriffen und Ungleichbehandlungen zielen und vom Grundgesetz in erster Linie den natürlichen Personen zugedacht sind (Umkehrschluss aus Art. 19 Abs. 3 GG).

Einige verwaltungsrechtliche Rechtspositionen sind **spezifisch für natürliche Personen**. Dazu gehören insbesondere zahlreiche Status (§ 10), etwa als Staatsangehöriger, Schüler, Student, Beamter/Richter/Soldat. Aber auch manche Erlaubnisse können nur natürlichen Personen zustehen, etwa solche zu

- Waffenbesitz (§ 2 Abs. 1 Waffengesetz [WaffG], zu Ausnahmen § 10 Abs. 2 WaffG),
- Kraftfahrzeugführung (§ 2 StVG) oder
- Jagdausübung (§ 15 Bundesjagdgesetz).

Spezifische Unterlassungspflichten für natürliche Personen gibt es ebenfalls: sie dürfen z. B. als solche kein Kreditinstitut betreiben (§ 2b Kreditwesengesetz [KWG]); Asylbewerber dürfen grundsätzlich den zugewiesenen Landkreis nicht verlassen (§ 56 Asylgesetz [AsylG]).

Als eigene **Handlungen** zugerechnet werden der natürlichen Person grundsätzlich die Handlungen des Menschen selbst. Für Minderjährige (Nicht-Volljährige im Sinne von § 2 BGB) kann Rechtsakte grundsätzlich nur der gesetzliche Vertreter vornehmen. Über die Institute der Betreuung (§§ 1821–1826 BGB), der Pflegschaft (§§ 1809–1813, 1882–1888 BGB) und der Prozesspflegschaft (§§ 57, 58 ZPO) gibt es für Erwachsene, die dann insoweit prozessunfähig sein können (§ 53 ZPO), mitunter ebenfalls eine gesetzliche Vertretung. Dies gilt grundsätzlich jeweils auch für das Verwaltungsrecht, wo die Freiheit von gesetzlicher Vertretung statt „Geschäfts-" als „Handlungsfähigkeit" bezeichnet und etwas großzügiger bemessen wird; das wirkt sich sowohl im behördlichen Verfahren (sogleich Rn. 10) als auch materiellrechtlich bei der Wirksamkeit privater Rechtsakte (unten § 18 Rn. 8) aus.

---

[4] Zur Perspektive des Einzelnen im Verwaltungsrecht: *Baer*, „Der Bürger" im Verwaltungsrecht, 2006; *Masing*, GVwR I³, 2022, § 10; zur EU-Ebene *Saurer*, Der Einzelne im europäischen Verwaltungsrecht, 2014.

9 Die **Beteiligungsfähigkeit** steht allen natürlichen Personen ohne Weiteres zu, in gerichtlichen Verfahren gemäß § 61 Nr. 1 Var. 1 VwGO und in behördlichen Verfahren gemäß § 11 Nr. 1 Var. 1 VwVfG*.

10 Für natürliche Personen knüpft § 62 Abs. 1 VwGO die **Prozessfähigkeit** grundsätzlich an die (volle) Geschäftsfähigkeit nach §§ 104 ff. BGB. Die beschränkt geschäftsfähigen Minderjährigen sind vor den Verwaltungsgerichten allerdings in etwas größerem Umfang prozessfähig als sonst. Auch § 12 Abs. 1 VwVfG* erklärt zunächst die voll Geschäftsfähigen für handlungsfähig (Nr. 1), sodann die beschränkt Geschäftsfähigen im Rahmen ihrer privatrechtlichen Geschäftsfähigkeit (Nr. 2 Var. 1), die Letzteren dann aber auch im Rahmen ihrer im Besonderen Verwaltungsrecht speziell zuerkannten öffentlich-rechtlichen Handlungsfähigkeit (Nr. 2 Var. 2).

II. Juristische Personen des Privatrechts

11 Außer den natürlichen Personen kennt man aus dem Privatrecht als Rechtssubjekte die juristischen Personen. Wir sprechen genauer von juristischen Personen *des Privatrechts*, um von solchen des öffentlichen Rechts abzugrenzen; letztere werden wir in § 6 als „Verwaltungsträger" kennen lernen. Juristische Personen des Privatrechts sind vor allem die vertrauten Rechtsformen des eingetragenen Vereins (e. V.), der Gesellschaft mit beschränkter Haftung (GmbH), der Aktiengesellschaft (AG) und der eingetragenen Genossenschaft (eG).

Zusatzinformation
Privatrechtliche Sondervermögen wie die offenen Investmentfonds nach §§ 92 ff. Kapitalanlagegesetzbuch (KAGB) – die sich gerade auch an Einzelanleger richten und die jeweils von einer Kapitalanlagegesellschaft verwaltet werden – stehen funktional einer juristischen Person gleich. Daran kann das Verwaltungsrecht anschließen. So mag beispielsweise einem Immobilienfonds *als solchem* nicht nur ein Grundstück gehören, sondern auch eine Baugenehmigung erteilt sein.

12 Anders als natürliche Personen entstehen und vergehen juristische Personen des Privatrechts nicht kraft Gesetzes durch tatsächliche Vorgänge wie Geburt und Tod, sondern durch konkrete Rechtsakte auf Grund des Gesetzes über die jeweilige Rechtsform. Zur **Gründung** bedarf es danach normalerweise eines Vertrags zwischen den Mitgliedern (Gesellschaftern, Aktionären) und einer Eintragung in einem staatlichen Register (Vereinsregister, Handelsregister, Genossenschaftsregister). Die **Beendigung** erfolgt auf entsprechende Weise. Ein wichtiger Spezialfall ist die Verschmelzung auf einen anderen Rechtsträger nach dem Umwandlungsgesetz (UmwG), landläufig „Fusion" genannt. Im Falle der Beendigung gehen alle – nicht höchstpersönlichen – Rechte und Pflichten auf einen aufnehmenden Rechtsträger über (z. B. nach § 20 Abs. 1 Nr. 1 UmwG bei Verschmelzung); das ist ein Fall der Gesamtrechtsnachfolge, der dem Erbgang nach einer natürlichen Person ähnelt.

13 Auch Verwaltungsträger können grundsätzlich von den Handlungsmöglichkeiten der Privatrechtsgesetze Gebrauch machen und privatrechtliche **Tochtergesellschaften** in der Form der GmbH oder der AG gründen. Für öffentliche Unternehmen

II. Juristische Personen des Privatrechts

wie Stadtwerke oder Eisenbahnen (Deutsche Bahn AG!) wird das vielfach praktiziert.[5] Diese Unternehmen nehmen dann aber nicht selbst Verwaltungsaufgaben wahr und treten dementsprechend in verwaltungsrechtlichen Fragestellungen seltener in Erscheinung. Sie gehören allerdings zur staatlichen Sphäre und sind dementsprechend nach Art. 1 Abs. 3 GG als Teil der vollziehenden Gewalt grundrechtsgebunden und nicht nach Art. 19 Abs. 3 GG grundrechtsberechtigt.[6]

Zusatzinformationen
- Den Gemeinden setzen die Gemeindeordnungen der Länder (z. B. §§ 103, 103a GemO BW) gewisse Grenzen für die Gründung von Tochtergesellschaften – insbesondere für Aktiengesellschaften, weil deren Vorstände nach §§ 76 ff. AktG unabhängig sind und sich der gemeindlichen Kontrolle dadurch weitgehend entziehen würden.[7]
- Den Bund begrenzen auch hier Art. 30, 83 GG, weshalb er eine Verwaltungszuständigkeit braucht, um Tochtergesellschaften gründen zu dürfen[8] – siehe vor allem Art. 87e Abs. 4 S. 1 GG für die Eisenbahn und Art. 90 Abs. 2 GG für die Autobahn.
- Auf der anderen Seite gibt es Vorschriften, die den Bund oder andere Verwaltungsträger zur Gründung von Tochtergesellschaften sogar verpflichten. Ein Beispiel betrifft die GmbH, die der Bund für den Autobahnbau errichtet hat – dazu hatte ihn § 2 Abs. 1 S. 1 Infrastrukturgesellschaftserrichtungsgesetz verpflichtet.
- Der Bund hat sich in § 4 Abs. 1 S. 1 Bundesgremienbesetzungsgesetz (BGremBG) verpflichtet, die Aufsichtsräte seiner Tochtergesellschaften paritätisch mit Männern und Frauen zu besetzen. Diese Vorschrift dürfte nach Art. 3 Abs. 3 S. 1 GG allerdings verfassungswidrig sein.

Ähnlich wie die natürliche Person kann auch eine juristische Person des Privatrechts in der Verwaltungsrechtsordnung prinzipiell alle **Rechtspositionen** einnehmen, insbesondere Erlaubnisse (§ 11), Ansprüche (§ 13) und Pflichten (§ 12) haben. Wenn die juristische Person des Privatrechts im Sinne von Art. 19 Abs. 3 GG „inländisch" und nicht Tochtergesellschaft eines Verwaltungsträgers ist, stehen ihr als Ansprüche namentlich die Grundrechte zu, die auf Unterlassung oder Beseitigung von Eingriffen und Ungleichbehandlungen zielen. Nicht in Frage kommen allerdings solche Rechtspositionen, die spezifisch für natürliche Personen sind (oben Rn. 7). 14

Beispiele: Die A-AG verfügt über eine Erlaubnis zum Betrieb eines Kraftwerks, hat einen Anspruch gegen das Land auf Erstattung gezahlter Steuern und ist verpflichtet zur Sanierung eines kontaminierten Betriebsgrundstücks (all das könnte auch für eine natürliche Person gelten). Dagegen hat sie keine Staatsangehörigkeit.

Die Handlungszurechnung erfolgt bei den juristischen Personen des Privatrechts über **Organe**, die hier eine ähnliche Funktion erfüllen wie der gesetzliche Vertreter einer natürlichen Person. Die gesetzlich vorgesehenen und rechtsgeschäftlich näher bestimmten Organe sind in unterschiedlichem Umfang zur Vornahme von Handlungen im Namen der juristischen Person befugt. Regelmäßig gibt es aber ein primäres 15

---

[5] Zur Vielfalt der Rechtsformen öffentlicher Unternehmen vgl. *Mann*, Die öffentlich-rechtliche Gesellschaft, 2002.
[6] Vgl. *Ehlers*, HVwR IV, 2022, § 69 Rn. 15, 33.
[7] Lit.: *Mann*, NdsVBl 2022, 197.
[8] Lit. – nicht nur historisch von Interesse: *Plagemann*, Die erwerbswirtschaftliche Betätigung der Deutschen Bundespost durch Eigengesellschaften, 1992.

und prinzipiell (nach außen hin) allzuständiges Vertretungsorgan. Die Handlungen dieses Organs werden auch im Verwaltungsrecht der juristischen Person zugerechnet.

Beispiele: Vorstand des eingetragenen Vereins (§ 26 BGB); Geschäftsführer der GmbH (§ 35 GmbHG); Vorstand der Aktiengesellschaft (§ 78 AktG).

16 Die **Beteiligungsfähigkeit** steht den juristischen Personen des Privatrechts ohne Weiteres zu, und zwar in gerichtlichen Verfahren gemäß § 61 Nr. 1 Var. 2 VwGO und in behördlichen Verfahren gemäß § 11 Nr. 1 Var. 2 VwVfG*.

17 Anstelle der Prozessfähigkeit kommt bei den juristischen Personen des Privatrechts gemäß § 62 Abs. 3 VwGO die **gesetzliche Vertretung** durch die dazu berufenen Organe zum Tragen. Im Verwaltungsverfahren gelten sie nach § 12 Abs. 1 Nr. 3 VwVfG* selbst als handlungsfähig, auch wenn sie durch ihre gesetzlichen Vertreter oder besonderen dazu ermächtigten Bediensteten vertreten werden.

III. Gesamthandsgemeinschaften

18 Auch die früheren Gesamthandsgemeinschaften des Privatrechts – mit Wirkung von 2024 umfassend reformiert[9] – konnten im Verwaltungsrecht in Erscheinung treten. Sie galten als rechtsfähig, ohne im strengen Sinne zu den juristischen Personen des Privatrechts gezählt zu werden (das führt zu sprachlichen Missbildungen wie „rechtsfähige nichtrechtsfähige Gebilde"). Für die Personenhandelsgesellschaften (OHG und KG) gab es dafür schon lange eine klare gesetzliche Grundlage in §§ 124, 161 Abs. 2 HGB a.F. Nichts anderes nahm die Privatrechtsdogmatik seit einiger Zeit auch für die Gesellschaft bürgerlichen Rechts (kaum vereinbar mit §§ 705 ff. BGB a.F.) und den nichtrechtsfähigen Verein (entgegen § 54 BGB a.F.) an; ab 2024 übernimmt jedoch auch das Gesetz diese Position und sichert diese damit ab. Gegründet werden die Gesamthandsgemeinschaften grundsätzlich durch Vertrag, wobei auch hier eine (Handels-)Registereintragung hinzukommen kann.

19 Im Verwaltungsrecht gibt es ebenso wie im Privatrecht die beiden Konstruktionsmöglichkeiten, eine Rechtsposition der Gesamthandsgemeinschaft als solcher oder aber deren Mitgliedern „zur gesamten Hand" zuzuschreiben. Die Entscheidung wird man danach zu treffen haben, wem der zugrunde liegende Rechtsakt die Rechtsposition erteilen wollte – eine Auslegungsfrage. Angesichts des veränderten Privatrechts könnte man jedenfalls bei jüngeren Behördenentscheidungen durchaus eine Erteilung an die Gesamthandsgemeinschaft selbst annehmen.

Beispiel: A und B möchten gemeinsam eine kleine Kneipe eröffnen, ohne die Mühen einer GmbH-Gründung auf sich zu nehmen. Das Gewerbeaufsichtsamt erteilt die Gaststättenerlaubnis wie beantragt an „A und B". Nach der älteren Konstruktion (die etwa in den Meldeformularen der Gewerbeanzeigenverordnung noch zum Ausdruck kommt) hätten danach A und B jeweils eine Erlaubnis, allerdings nur zur gemeinsamen Ausübung. Heute würde der Adressat im Erteilungsbescheid eher ausgelegt als „die Gesellschaft bürgerlichen Rechts, bestehend aus A und B".

---

[9] Lit. zu verwaltungsrechtlichen Folgen: *Eisenmenger,* GewArch 2023, 191; *Schmerker,* DVBl 2023, 1514.

Während das Zivilprozessrecht hier traditionell zurückhaltender war, erkennt § 61 Nr. 2 VwGO auch den Gesamthandsgemeinschaften als „Vereinigungen, denen ein Recht zustehen kann", die **Beteiligungsfähigkeit** zu.

Anstelle der Prozessfähigkeit kommt es wie bei den juristischen Personen des Privatrechts gemäß § 62 Abs. 3 VwGO auf die **gesetzliche Vertretung** durch die dazu berufenen Organe an. Im behördlichen Verfahren gelten auch die Gesamthandsgemeinschaften nach § 12 Abs. 1 Nr. 3 VwVfG* selbst als handlungsfähig, werden aber durch ihre gesetzlichen Vertreter oder besonders Beauftragten vertreten.

IV. Mitwirkung von Privatrechtssubjekten an der Verwaltung

Privatrechtssubjekte jeder der bis hierhin betrachteten Gestalten, grundrechtsberechtigte und andere, wirken auf vielfältige Weise an der Verwaltung mit.[10] Zentral können wir danach unterscheiden, ob sie einen Hoheitsträger bei der Erfüllung einer Verwaltungsaufgabe unterstützen oder ob sie die Erfüllung der Verwaltungsaufgabe insgesamt selbst übernehmen.

1. Unterstützung von Hoheitsträgern bei Verwaltungsaufgaben

Im Falle der Unterstützung können Privatrechtssubjekte mehr oder weniger intensiv mit den Hoheitsträgern verbunden sein. Besonders eng können natürliche Personen in die Organisation eines Hoheitsträgers eingebunden sein (denn ohne handelnde Menschen, die vom Recht als natürliche Personen angesprochen werden, könnte von einer „Organisation" überhaupt nicht die Rede sein): vor allem als Bedienstete, aber auch als Ehrenamtliche. Für Hoheitsträger tätig werden aber auch Unternehmer, gleichviel, ob als natürliche Personen (etwa Einzelkaufleute), juristische Personen (etwa GmbHs) oder Gesamthandsgemeinschaften (etwa KGs).

a) Bedienstete
Der deutsche öffentliche Dienst ist zweispurig: Natürliche Personen können öffentlich-rechtlich oder privatrechtlich bei einem Hoheitsträger bedienstet sein.[11] **Privatrechtlich Bedienstete** nennt man „Beschäftigte", teilweise auch „Angestellte" oder „Arbeiter". Sie überwiegen zahlenmäßig. Für sie gilt das gewöhnliche private Arbeitsrecht des BGB und der Nebengesetze; der Rechtsweg für entsprechende Streitigkeiten führt ganz normal nach § 2 Abs. 1 Nr. 3 Arbeitsgerichtsgesetz zu den Arbeitsgerichten als besonderen Zivilgerichten. Praktisch stehen dabei umfangreiche Tarifverträge im Vordergrund, welche die Verwaltungsträger-Arbeitgeberverbände mit den Fachgewerkschaften schließen – vor allem der TVöD

---
[10] Lit.: *von Heimburg*, Verwaltungsaufgaben und Private, 1982; *John-Koch*, Organisationsrechtliche Aspekte der Aufgabenwahrnehmung im modernen Staat, 2005; *Peters,* HVwR VI, 2024, § 177; s. a. *Krautzberger*, Die Erfüllung öffentlicher Aufgaben durch Private, 1971; *Dederer*, Korporative Staatsgewalt, 2004.
[11] Lit.: *Schwarz*, JZ 2021, 761.

(für Bund und Kommunen) sowie der TV-L (für die Länder außer Hessen). Insgesamt können wir hier aber auf die Arbeitsrechtsvorlesung verweisen.

Zusatzinformation
In einem speziellen privatrechtlichen Dienstverhältnis zum Bund stehen außerdem die Freiwilligen des Bundesfreiwilligendienstes. § 2 Abs. 1 Nr. 8a ArbGG eröffnet auch dafür ausdrücklich den Rechtsweg zu den Arbeits-, nicht den Verwaltungsgerichten.

25 Besonders am öffentlichen Dienst ist, dass es daneben **öffentlich-rechtliche Bedienstete** gibt, deren Dienstverhältnisse allein dem Verwaltungsrecht unterliegen. Das BGB und die arbeitsrechtlichen Nebengesetze sind unanwendbar. In je speziellen öffentlich-rechtlichen Dienstverhältnissen stehen

- die *Beamten* (geregelt für Bundesbeamte im Bundesbeamtengesetz [BBG], für andere Beamte im Beamtenstatusgesetz [BeamtStG] und den Landesbeamtengesetzen, flankiert von Bundes- bzw. Landesbesoldungs-, -versorgungs-, personalvertretungs- und -disziplinargesetzen),[12]
- die *Richter* (geregelt im Deutschen Richtergesetz [DRiG] mit Verweisungen in die Beamtengesetze) und
- die *Soldaten* (geregelt im Soldatengesetz [SG], Bundesbesoldungsgesetz, Soldatenversorgungsgesetz, Soldatenbeteiligungsgesetz, Wehrdisziplinarordnung und Wehrbeschwerdeordnung).

Zusatzinformationen
- Zu den Beamten zählen auch viele (Ober-)Bürgermeister und Landräte als „kommunale Wahlbeamte auf Zeit". Trotz ihrer politischen Wahl, die an die Stelle eines fachlichen Auswahlverfahrens tritt, gilt für sie das Beamtenrecht des jeweiligen Landes.[13]
- Neben diesen Dienstverhältnissen stehen noch die sogenannten „öffentlich-rechtlichen Amtsverhältnisse". Für sie gelten nicht die Beamtengesetze und gibt es auch sonst keine übergreifende gesetzliche Regelung. Vielmehr versammelt man unter diesem Begriff die je speziellen (und untereinander recht unterschiedlichen) Rechtsverhältnisse, die verschiedene Fachgesetze für die Besetzung herausgehobener Positionen in der Verwaltung vorgesehen haben. Beispiele für derartige Positionen sind die Mitglieder der Bundes- und Landesregierungen (für den Bundesbereich geregelt im Bundesministergesetz), die Mitglieder des Vorstands der Bundesbank (nach § 7 Bundesbankgesetz) oder der Bundesbeauftragte für Datenschutz und Informationsfreiheit (nach § 12 BDSG). Mangels übergreifender Regelung muss hier jedes Fachgesetz etwas zu Amtspflichten, Amtsbezügen und sozialer Sicherung sagen. Für die Höhe der Amtsbezüge wird oft auf die Besoldung gewisser höherer Beamter verwiesen; in manchen Fällen, wie bei der Bundesbank, sind die Amtsbezüge aber auch frei verhandelbar (nicht zuletzt, um entsprechende Positionen auch für Führungskräfte aus der Privatwirtschaft attraktiv zu machen).

26 Anders, als es insbesondere im Fernsehen häufig dargestellt wird, drohen Beamten, Richtern und Soldaten keine Abmahnung und keine Kündigung; sie können nicht einmal selbst kündigen (sondern nur ihre Entlassung beantragen). Diese aus

---

[12] Lit.: *Schmidt*, HVwR IV, 2022, § 90; *Isensee*, FS Battis, 2014, S. 537.
[13] Lit.: *Henneke/Ritgen*, LKV 2023, 241 (anhand der Landräte in Thüringen).

IV. Mitwirkung von Privatrechtssubjekten an der Verwaltung

dem privaten Arbeitsrecht bekannten Rechtsakte sind in den öffentlich-rechtlich geregelten Dienstverhältnissen nicht möglich. Im Falle einer Pflichtverletzung, die dann „Dienstvergehen" heißt, droht anstelle von Abmahnung und Kündigung ein sogenanntes **Disziplinarverfahren**, das strafrechtsähnlich wirkt (daher früher auch „Dienststrafverfahren" genannt) und zu verschiedenen Sanktionen führen kann – von einem einfachen Verweis über Gehaltskürzungen bis hin zur Entfernung aus dem Dienstverhältnis als *ultima ratio* bei den schwersten Dienstvergehen (vgl. auch noch unten § 12 Rn. 70 f.).

Die auf Lebenszeit ernannten Beamten tragen jeweils eine – mit einer Ernennungsurkunde festgelegte – **Amtsbezeichnung**, die zugleich einer sogenannten Besoldungsgruppe zugeordnet ist. Das begründet eine Rangordnung. Beamte derselben Besoldungsgruppe erhalten prinzipiell das gleiche, nicht individuell verhandel- oder anpassbare Grundgehalt – in den Besoldungsgruppen der sogenannten „Besoldungsgruppe A" allerdings nach Beschäftigungsdauer („Dienstalter") abgestuft.

27

Zusatzinformationen
- Die Amtsbezeichnungen sind in den Besoldungsgesetzen des Bundes und der Länder festgelegt und zeigen eine große Bandbreite. Allerdings gibt es regelmäßig wiederkehrende, jeweils mit Fachrichtungen und ggf. mit Zusätzen wie „Ober-" oder „Haupt-" kombinierte Grundamtsbezeichnungen, die Sie sich schon einmal merken dürften (Juristenberufe haben schließlich oft mit dem Staat zu tun):
  - *Sekretär* (A 6) – Eingangsamt für den sogenannten mittleren Dienst, der grundsätzlich den Besuch einer Verwaltungsschule (Berufsschule) voraussetzt; während des Schulbesuchs sind die Sekretäranwärter normalerweise bereits „auf Widerruf" verbeamtet. *Beispiel:* A ist Justizsekretär und arbeitet in der Geschäftsstelle des Verwaltungsgerichts. B ist Regierungssekretär und arbeitet im Kundenbereich des Einwohnermeldeamts.
  - *Inspektor/Kommissar* (A 9) – Eingangsamt für den sogenannten gehobenen Dienst, der grundsätzlich ein Fachhochschulstudium voraussetzt; während des Studiums sind die Inspektor- bzw. Kommissaranwärter normalerweise bereits „auf Widerruf" verbeamtet. *Beispiel:* C ist Bibliotheksinspektorin und arbeitet in der Staatsbibliothek. D ist Polizeikommissarin und arbeitet bei der Schutzpolizei.
  - *Rat* (A 13) – Eingangsamt für den sogenannten höheren Dienst, der grundsätzlich ein Universitätsstudium und ein Referendariat voraussetzt. Referendare (außer heute meist den juristischen, aus Kostengründen) sind ebenfalls bereits Beamte „auf Widerruf". *Beispiel:* E ist Studienrätin und arbeitet an einem Gymnasium. F ist Legationsrätin und arbeitet in einer deutschen Auslandsvertretung. G ist Archivreferendarin im Vorbereitungsdienst für den höheren Archivdienst eines Landes.
- Für Juristen in der Verwaltung lautet die Ämterfolge gewöhnlich *Regierungsrat* (A 13) – *Oberregierungsrat* (A 14) – *Regierungsdirektor* (A 15) – *Leitender Regierungsdirektor* (A 16).
- Die Besoldungsgesetze kennen heute neben der bereits erwähnten Besoldungsordnung A auch noch die Besoldungsordnungen B (für höhere Führungspositionen), R (für Richter und Staatsanwälte) und W (für Wissenschaftler an Hochschulen). Vielleicht haben Sie von „W 3-Professuren" schon einmal reden hören. Sollten Sie nach Abschluss Ihrer Ausbildung in den Richterdienst treten, würde man Sie zunächst in Besoldungsgruppe R 1 einordnen.
- In den Besoldungsordnungen A und B des Bundes sind auch die Dienstgrade der Soldaten eingereiht. Auf diese Weise können Sie den Rang eines Beamten gewissermaßen ins Militärische übersetzen. Dem Sekretär entspricht dann der Stabsunteroffizier, dem Inspektor der Leutnant und dem Rat der Major. Sollten Sie nach Abschluss Ihrer Ausbildung als Volljurist bei der Bundeswehr quereinsteigen wollen, würde man Sie dementsprechend für gewöhnlich direkt als Major einstellen.

b) Ehrenamtliche

28 Auch außerhalb einer beruflichen Tätigkeit als Bedienstete engagieren sich zahlreiche natürliche Personen **ehrenamtlich** in der Verwaltung, die in einigen Bereichen darauf nachgerade angewiesen ist. Die ehrenamtlich tätigen Privatleute übernehmen dazu – meist freiwillig, manchmal zwangsverpflichtet – besondere verwaltungsrechtliche Status; daraus folgen für sie besondere Pflichten und gewisse Rechte. In finanzieller Hinsicht gibt es für Ehrenamtliche normalerweise höchstens Auslagenersatz und eine geringe, oft pauschal bemessene Aufwandsentschädigung. Die Erscheinungsformen des Ehrenamts im Verwaltungsbereich sind vielfältig.

29 Der honorigste, wenngleich bei Weitem nicht der häufigste Fall ist der **Ehrenbeamte**. Seinen Status regeln die Beamtengesetze, was ihn in die Nähe der berufsmäßigen Bediensteten rückt. § 6 Abs. 5 BBG, § 5 Abs. 1 BeamtStG sehen ihn vor für Personen, die hoheitsrechtliche oder ähnliche Aufgaben unentgeltlich wahrnehmen sollen.

Beispiel: Die Honorarkonsularbeamten sind Ehrenbeamte des Bundes (§ 20 Konsulargesetz [KG]). – Die Stellvertreter des Kreisbrandmeisters in Baden-Württemberg sind Ehrenbeamte des Landkreises (§ 23 Abs. 1 S. 2 Feuerwehrgesetz BW).

30 Häufiger sind in der Verwaltung die **ehrenamtlich tätigen Organwalter und Organteilmitglieder**. Sie begegnen oft dort, wo ein Hoheitsträger durch mehrere Personen zu entscheiden hat – als kollegiale Behörde (§ 7 Rn. 27 ff.) oder als Verwaltungsausschuss innerhalb einer Behörde (§ 7 Rn. 36). Derartige Gremien sind oft ganz oder zumindest überwiegend mit ehrenamtlichen Mitgliedern besetzt, was für die gesellschaftliche Verankerung der Verwaltung sorgen soll. Mitunter können sie sich auch noch durch weitere ehrenamtliche Mitwirkende ergänzen („sachkundige Bürger").[14]

Beispiel: Mitglieder von Gemeinderäten, von Vertreterversammlungen der Krankenkassen oder von ähnlichen Vertretungsorganen anderer Verwaltungsträger (vgl. § 7 Rn. 50). – Mitglieder der Kreis- und Stadtrechtsausschüsse in Rheinland-Pfalz (vgl. §§ 9–15 AGVwGO RP) und der weiteren Widerspruchsausschüsse, die bei manchen Verwaltungsträgern gebildet sind (z. B. im Schwerbehindertenrecht nach § 202 SGB IX; früher allgemein in Hamburg, vgl. § 7 Abs. 2 AGVwGO HH). – Mitglieder der Gutachterausschüsse für Grundstückswerte (vgl. § 192 Abs. 2 BauGB).

Zusatzinformation
Außer in Behörden begegnen Organwalter dieser Art auch in Gerichten – insbesondere in Gestalt der ehrenamtlichen Richter bei den Verwaltungsgerichten (vgl. § 8 Rn. 8).

31 Zahlenmäßig dominieren dürften die **ehrenamtlichen Helfer** der Verwaltung. Ihr Beitrag liegt weniger in der Gremien- und Schreibtischarbeit als in der körperlichen Unterstützung des – notorisch strapazierten – öffentlichen Dienstes insbesondere bei den Aufgaben der Brandbekämpfung, des Rettungswesens und des

---

[14] *Lit.: Wacker,* Sachkundige Bürger und Einwohner in gemeindlichen Ausschüssen, 2000.

IV. Mitwirkung von Privatrechtssubjekten an der Verwaltung

Katastrophenschutzes. Die Verwaltungshandlungen, woran sie mitwirken, werden fast stets die Form eines „Realakts" annehmen (hierzu im Zusammenhang § 27).

Beispiele: Angehörige der Freiwilligen Feuerwehren der Gemeinden nach den Feuerwehrgesetzen der Länder. – Helferinnen des Technischen Hilfswerks, einer nichtrechtsfähigen Bundesanstalt (vgl. § 6 Rn. 36), nach § 1 Abs. 3 THW-Helferrechtsgesetz. – Aktive Reservistinnen der Bundeswehr in Reservewehrdienstverhältnissen nach §§ 4–13 Reservistengesetz (ResG). – Steuerhilfspersonen der Finanzbehörden nach § 217 AO, die bei der Feststellung steuererheblicher Tatsachen helfen.

Nicht immer freiwillig ist der Einsatz kurzfristig und situationsbezogen herangezogener **Ad-hoc-Helfer**. 32

Beispiele: Bei der Durchsuchung der Wohnung der abwesenden W zieht die Polizei Nachbarin A als obligatorische Zeugin heran (z. B. § 36 Abs. 7 S. 2 PolG BW). – Die Verkehrspolizei gibt zur dringenden Sicherung einer Unfallstelle der unbeteiligten B eine Aufgabe (z. B. § 9 PolG BW). – Die Katastrophenschutzbehörde trommelt einige Einwohnerinnen zusammen, damit sie im Verteidigungsfall beim Schutz der Bevölkerung helfen (§ 28 ZSKG).

c) Unternehmer

Private Unternehmer erbringen **Lieferungen und Leistungen aller Art** auch für 33 die Verwaltung. Dazu schließen sie normalerweise privatrechtliche Verträge mit den zuständigen Verwaltungsträgern, die wir als Rechtsaktform später im Zusammenhang betrachten wollen (§ 26). Privatrechtssubjekte verkaufen Büromaterial und -möbel, Informationstechnik, Fahrzeuge, Schulbücher, Rüstungsgüter und vieles mehr; als Werkunternehmer bauen, reparieren und warten sie oder schleppen sie Falschparker ab; als Vermieter stellen sie beispielsweise Büroräume und Fahrzeuge zur Verfügung. Außer diesen allgemeinen Leistungen, die auch ein privater Kunde beziehen könnte, kommen aber auch **verwaltungsspezifische Leistungen** in Frage, welche die Verwaltung bei der Wahrnehmung ihrer Aufgaben unterstützen.[15]

Beispiel: Die A-GmbH hilft kleineren Gemeinden gegen Entgelt bei der rechtlich und tatsächlich komplexen Aufstellung von Bebauungsplänen.

Wenn ein Unternehmer einen Hoheitsträger bei einer Verwaltungsaufgabe unter- 34 stützt, die einen Dritten betrifft, entsteht ein Dreiecksverhältnis. Dem Dritten gegenüber handelt nur der Hoheitsträger; zu dem Unternehmer, dessen der Hoheitsträger sich als **Verwaltungshelfer** (öffentlich-rechtlicher Verrichtungsgehilfe) bedient, hat der Dritte keine verwaltungsrechtliche Rechtsbeziehung.[16] Diese besteht vielmehr zwischen Hoheitsträger und Drittem; ein meist privatrechtliches Deckungsverhältnis besteht zwischen Hoheitsträger und Verwaltungshelfer. Der Verwaltungshelfer kann den Hoheitsträger sowohl bei einem Eingriff gegenüber dem Dritten als auch bei einer Leistung an den Dritten unterstützen.

---

[15] Lit.: *Remmert*, Private Dienstleistungen in staatlichen Verwaltungsverfahren, 2003.
[16] Lit.: *Ackermann*, Verwaltungshilfe zwischen Werkzeugtheorie und funktionaler Privatisierung, 2016; *Burgi*, Funktionale Privatisierung und Verwaltungshilfe, 1999.

Beispiele: A hat ihr Auto im Haltverbot geparkt. Die zuständige Behörde der Stadt S ordnet das Abschleppen an (Verwaltungsvollstreckung eines Wegfahrgebots im Wege der Ersatzvornahme, vgl. § 12 Rn. 53). Dazu beauftragt sie Abschleppunternehmerin U. A muss sich an S halten, wenn sie das Abschleppen verwaltungsrechtlich angreifen will; ein privatrechtlicher Unterlassungsanspruch gegen U ist durch die verwaltungsrechtliche Befugnis ausgeschlossen. – Das Bundesamt für Migration und Flüchtlinge hat unter anderem sogenannte Integrationskurse zu veranstalten. Zur Durchführung darf es sich privater Weiterbildungseinrichtungen bedienen (so – ausnahmsweise – ausdrücklich § 43 Abs. 3 S. 2 Aufenthaltsgesetz).

35 Auch einem Unternehmer kann die **Unterstützung der Verwaltung auferlegt** werden. Der Verwaltungshelfer ist insofern nicht immer freiwillig tätig. Bestimmte Zwangsleistungen dieser Art darf die Verwaltung *ad hoc* im Einzelfall anfordern.

Beispiel: Das Bundesamt für Logistik und Mobilität erlegt Fuhrunternehmerin F auf, zur Linderung einer Energiekrise mit ihren Lastkraftwagen vorübergehend Kohle zu transportieren (§ 5 Verkehrsleistungsgesetz [VerkLG]).

36 Andere Zwangsleistungen erlegt bereits das Gesetz den Unternehmern auf. Eine solche gesetzliche **Indienstnahme Privater** erleichtert der Verwaltung die Erfüllung ihrer Aufgaben; anders als in den vorgenannten Fällen handelt es sich aber nicht immer um Tätigkeiten, welche die Verwaltung sonst selbst ausüben müsste oder könnte.[17]

Beispiele: Arbeitgeber müssen die von Arbeitnehmern geschuldete Lohnsteuer vom Arbeitslohn abziehen und direkt an das Finanzamt melden und abführen (§§ 38–42g Einkommensteuergesetz). – Erdölimporteure und Raffinerien mussten früher einen Vorrat der Erdölerzeugnisse halten.[18]

Zusatzinformation
Gewissermaßen „über Bande" erfolgt die Indienstnahme, wenn das Gesetz zunächst private Unternehmer zu Mitgliedern einer Personal- oder Realkörperschaft erklärt (vgl. § 6 Rn. 31 f.) und sodann der Körperschaft eine Pflicht auferlegt, welche die Mitglieder dann zu finanzieren haben – so beispielsweise das heutige Erdölbevorratungsgesetz, das einen Erdölbevorratungsverband mit Zwangsmitgliedschaft (§ 13) und Bevorratungspflicht (§ 3) errichtet.

2. Übernahme von Verwaltungsaufgaben

Spezielle Studienliteratur: *Voßkuhle/Schemmel*, JuS 2023, 725.

37 In anderen Fällen übernimmt ein Privatrechtssubjekt P die Erfüllung einer Verwaltungsaufgabe insgesamt („Privatisierung" in verschiedener Gestalt).[19] Im Unterschied zu der eben betrachteten Konstellation des Verwaltungshelfers (Rn. 34) ist das Dreiecksverhältnis hier anders beschaffen. Auch hier gibt es regelmäßig einen

---

[17] Lit.: *Drüen*, Die Indienstnahme Privater für den Vollzug von Steuergesetzen, 2012.
[18] Vgl. BVerfGE 30, 292: nicht generell verfassungswidrig.
[19] Lit.: *Burgi*, Funktionale Privatisierung und Verwaltungshilfe, 1999; *Kämmerer*, Privatisierung, 2001; *G. Kirchhof*, HVwR VI, 2024, § 168.

Dritten, der der Verwaltung gegenübersteht. P tritt aber – das ist die entscheidende Abgrenzung – im eigenen Namen auf und steht sozusagen im **Erfüllungsverhältnis** zu dem Dritten (meist privat-, nur ausnahmsweise öffentlich-rechtlich, vgl. Rn. 43 f.). Ein verwaltungsrechtliches **Betrauungsverhältnis** kann zwischen Hoheitsträger und P bestehen. Kein Rechtsverhältnis entsteht im Ausgangspunkt dagegen zwischen dem Hoheitsträger und dem Dritten.

a) Aufgabenprivatisierung (materielle Privatisierung)

Der einfachste Fall einer Übernahme von Verwaltungsaufgaben besteht darin, dass ein Hoheitsträger sozusagen ein Geschäftsfeld aufgibt, also eine gewisse Tätigkeit einstellt, und einem materiell privaten (Rn. 2) Privatrechtssubjekt P die Gelegenheit gibt, das Geschäft zu übernehmen. Eine Betrauung wäre für P aber nicht einmal erforderlich; im Rahmen einer Betrauungsvereinbarung könnte P immerhin zugehörige Vermögenswerte übernehmen oder sich zu einer Weiterführung des Geschäfts verpflichten. 38

> *Beispiel:* Die Gemeinde G möchte ihren jährlich veranstalteten Weihnachtsmarkt nicht mehr selbst durchführen. Der V e.V., ein Zusammenschluss der örtlichen Kaufleute, bietet an, die Aufgabe zu übernehmen. G und V treffen eine Vereinbarung, wonach G die vorhandene Weihnachtsmarktdekoration und -ausstattung übereignet und V sich für fünf Saisons zur Durchführung verpflichtet.

Zusatzinformation
Im Weihnachtsmarktfall entnahm das Bundesverwaltungsgericht dem Art. 28 Abs. 2 S. 1 GG ein Privatisierungsverbot.[20] Die Literatur ist sich allerdings weitgehend darüber einig, dass aus Art. 28 Abs. 2 S. 1 GG nur ein Recht, keine Pflicht der Gemeinden folgt.

In dieser Fallgestaltung, die man „Aufgabenprivatisierung" oder „materielle Privatisierung" nennt, liegt in der Aufgabe nach der Übernahme durch das Privatrechtssubjekt eigentlich schon **keine Verwaltungsaufgabe mehr**. 39

b) Organisationsprivatisierung (formelle Privatisierung)

In einer anderen Variante gliedert ein Verwaltungsträger ein Geschäftsfeld aus und überträgt es einer eigenen Tochtergesellschaft P (siehe oben Rn. 13). Die Aufgabe bleibt in dem Sinne Verwaltungsaufgabe, dass sie noch von einem hoheitlich kontrollierten Rechtsträger wahrgenommen wird, der deshalb auch von vornherein nicht grundrechtsberechtigt ist, sondern grundrechtsverpflichtet. 40

> *Beispiel:* Die Gemeinde G möchte ihr Schwimmbad nicht mehr unmittelbar selbst betreiben. Sie gründet als Alleingesellschafterin die P-GmbH mit dem Gesellschaftszweck, das Schwimmbad zu betreiben, und überträgt ihr ein Nutzungsrecht am Schwimmbadgrundstück sowie das Eigentum an den zugehörigen beweglichen Sachen.

Auch hier tritt P im eigenen Namen auf und steht sozusagen im privatrechtlichen **Erfüllungsverhältnis** zu dem Dritten (dem Kunden). Das **Betrauungsverhältnis** zwischen Hoheitsträger und P ist im Ausgangspunkt gesellschafts-, also privatrecht- 41

---

[20] BVerwG, Urt. v. 27.5.2009 – 8 C 10.08.

lich, kann aber punktuell öffentlich-rechtlich überlagert werden. Ausnahmsweise können dem Kunden in dieser Konstellation auch gegen den betrauenden Hoheitsträger selbst Ansprüche zustehen.

Beispiel (Fortsetzung): Die P-GmbH verweigert Einwohnerin E den Abschluss des Schwimmbadnutzungsvertrags. E macht den Einrichtungszugangsanspruch der Einwohner geltend (z. B. nach § 10 Abs. 2 S. 2 GemO BW, vgl. § 15 Rn. 25 f.) und verlangt von der Gemeinde G, als Alleingesellschafterin die Geschäftsführerin der P-GmbH anzuweisen, mit E den Vertrag zu schließen.

c) Funktionale Privatisierung

42 Schließlich kann ein Hoheitsträger die Verwaltungsaufgabe einem – materiell privaten, Rn. 2 – Privatrechtssubjekt P auch in der Weise anvertrauen, dass P zwar nach außen hin im eigenen Namen tätig wird, aber der Hoheitsträger gewisse Einflussmöglichkeiten hat und gewissermaßen die Zügel in der Hand behält. Die Aufgabe behält dadurch – im Gegensatz zur Aufgabenprivatisierung – den Charakter als Verwaltungsaufgabe, aber wird doch – im Gegensatz zur Organisationsprivatisierung – von einem materiell Privaten wahrgenommen. Diesen Fall bezeichnet man auch als „funktionale Privatisierung".[21]

Beispiel: Die Gemeinde G möchte ihr öffentliches Parkhaus nicht mehr unmittelbar selbst betreiben. Sie beauftragt P damit, das Parkhaus zu bewirtschaften; insbesondere soll P das Gebäude instandhalten, im eigenen Namen die Nutzungsverträge mit den Kunden schließen und die Parkentgelte vereinnahmen. – Unternehmerin U hat für ihr ausgedehntes Betriebsgelände eine Werkfeuerwehr aufgestellt. Das Gesetz erkennt ihr für diesen Bereich die vorrangige Zuständigkeit für alle Feuerwehraufgaben zu, die Gemeinde kann ihr auch entsprechende Aufgaben für die Nachbarschaft des Betriebs übertragen (siehe z. B. § 19 Feuerwehrgesetz [FwG] BW). – Das Land L beauftragt P damit, die Kantinen seiner 32 Finanzämter zu bewirtschaften (das P mag hier auch für „Pächterin" stehen).

Zusatzinformationen
- Derartige Verträge werden oft den Bindungen des Vergaberechts unterliegen, vgl. unten § 26 Rn. 21, 23.
- Gehen P und der Hoheitsträger eine Zusammenarbeit auf Augenhöhe ein, spricht man häufig von Public-Private Partnership (PPP, manchmal eingedeutscht zu „öffentlich-private Partnerschaft").[22] Hier hat sich eine Reihe komplexer Modelle herausgebildet. Wichtige Anwendungsfälle betreffen Verkehrsinfrastruktur und öffentliche Gebäude.
- Auf einigen Verwaltungsrechtsgebieten begegnen insbesondere private Sachverständige, die auf die eine oder andere Weise einbezogen werden.[23]

43 Mit der funktionalen Privatisierung kann einhergehen, dass dem Privatrechtssubjekt ein öffentlich-rechtliches Handeln ermöglicht wird. Man spricht hier von einer **Beleihung** (zum Erwerb dieses Status noch unten § 10 Rn. 23 ff.). Beliehene

---

[21] Lit.: *Krönke*, HVwR VI, 2024, § 169.
[22] Lit.: *Buchholtz*, HVwR VI, 2024, § 176; *Bultmann*, FS Battis, 2014, S. 369; *Siebler*, in: Burgi/Habersack (Hg.), Öffentliches Recht des Unternehmers, 2023, § 22. Zur Praxis *Schäfer/Rethmann*, Öffentlich-Private Partnerschaften, 2020.
[23] Lit.: *Scholl*, Der private Sachverständige im Verwaltungsrecht, 2005.

IV. Mitwirkung von Privatrechtssubjekten an der Verwaltung

Private gelten im Umfang der Beleihung *selbst* als Verwaltungsträger (im Sinne des Begriffs, den wir in § 6 behandeln) und nehmen die Pflichten und Befugnisse einer Behörde wahr (im Sinne des Begriffs, den wir in § 7 entwickeln).

Beispiel (Fortsetzung): Parkraumbewirtschafterin P soll die Kunden nicht durch privatrechtlichen Vertrag, sondern durch Verwaltungsakt zur Nutzung des Parkhauses zulassen und zu einer öffentlich-rechtlichen Gebühr heranziehen.

Da der Beliehene selbst als Verwaltungsträger fungiert, ist er insbesondere **richtiger Beklagter**, wenn etwa Betroffene seine Maßnahmen angreifen (vgl. § 6 Rn. 22). Es kommt dann u. U. zu dem seltenen Fall eines Verwaltungsprozesses, in dem einander zwei Private gegenüberstehen. 44

Beispiele: Der gesetzlich beliehene Deutsche Apothekerverband e.V. erlegt Apothekerin A einen finanziellen Beitrag zum Notdienstfonds auf; A kann wegen des Beitragsbescheids Anfechtungsklage vor dem Verwaltungsgericht erheben, die gegen den Verein zu richten wäre (und nicht gegen das Land, das sonst das Apothekengesetz vollzieht). – Die private Sicherheitsunternehmerin B wurde von der Bundesministerin der Verteidigung nach § 1 Abs. 3 Gesetz über die Anwendung unmittelbaren Zwanges und die Ausübung besonderer Befugnisse durch Soldaten der Bundeswehr und verbündeter [= NATO-]Streitkräfte sowie zivile Wachpersonen (UZwGBw) zur zivilen Wachperson bestellt; B fordert Demonstrantin C auf, zur Personenüberprüfung stehenzubleiben (§ 4 UZwGBw); C kann wegen der Maßnahme Klage vor dem Verwaltungsgericht erheben, die gegen B zu richten wäre (und nicht gegen den Bund, der sonst das UZwGBw vollzieht).

Von einem besonderen Fall funktionaler Privatisierung kann man auch sprechen, wenn die Verwaltung ein Privatrechtssubjekt zum **Sonderbeauftragten für die Überwachung verwaltungsrechtlicher Pflichten** eines anderen bestellt. Auf dieses Regelungsmodell greift das Gesetz verschiedentlich zurück, wenn eine komplexe (Unternehmens-)Organisation gewissermaßen „von innen heraus" überwacht werden soll, weil die behördliche „Draufsicht" für die gewünschte Kontrollintensität nicht genügt. Die Befugnisse und Kompetenzen des Sonderbeauftragten reichen unterschiedlich weit und nehmen manchmal Züge einer Beleihung an. 45

Beispiele: Die Bundesanstalt für Finanzdienstleistungsaufsicht (BaFin) darf unter gewissen Voraussetzungen Sonderbeauftragte mit je unterschiedlichen Kompetenzen bestellen für Kreditinstitute (§ 45c Kreditwesengesetz), Wertpapierinstitute (§ 80 Wertpapierinstitutsgesetz), Zahlungsdienstleister (§ 20 Zahlungsdiensteaufsichtsgesetz) und Versicherungen (§ 307 Versicherungsaufsichtsgesetz). – Die für die Überwachung eines Alters- oder Pflegeheims zuständige Behörde darf unter gewissen Voraussetzungen „auf Kosten des Trägers eine kommissarische Leitung für eine begrenzte Zeit einsetzen" (§ 18 Abs. 2 Heimgesetz).

Zusatzinformation
Eine gewisse Parallele besteht zu den Insolvenzverwaltern des Privatrechts: auch diese werden staatlich bestellt (wenn auch durch das Amtsgericht) und entfalten ihre Tätigkeit „im Inneren" der Unternehmensorganisation des Gemeinschuldners.

Um einen Grenzfall zwischen funktionaler und materieller Privatisierung handelt es sich, wenn das Gesetz bestimmte Privatrechtssubjekte P die Einhaltung von 46

Rechtsvorschriften durch andere Privatrechtssubjekte Q überwachen lässt. Jedes Q wird dann verpflichtet, ein P durch privatrechtlichen Vertrag mit der Prüfung eines Produkts o. ä. zu beauftragen. In Frage kommt dafür jedes P, das nach dem jeweiligen Fachrecht eine **betraute Stelle** ist; dieser Status ist ihm oftmals durch Verwaltungsakt zu verleihen. Es handelt sich hier um ein Regelungsmodell, das insbesondere die EU den Mitgliedstaaten verschiedentlich vorschreibt.[24]

Beispiele: Nach einem Gesetz, das insbesondere dem Arbeitsschutz dient, hat der Betreiber einer solchen Anlage mit deren Prüfung eine „zugelassene Überwachungsstelle" zu beauftragen (§ 7 Abs. 6 Gesetz über überwachungsbedürftige Anlagen – ÜAnlG). Diesen Status erhalten interessierte private Organisationen auf Antrag (§ 19 ÜAnlG). – Bestimmte Unternehmen sind zur Durchführung eines „Energieaudits" verpflichtet (§ 8 Gesetz über Energiedienstleistungen und andere Energieeffizienzmaßnahmen – EDL-G). Die dafür eingesetzten Dienstleister müssen bestimmte Voraussetzungen erfüllen, bedürfen aber keiner besonderen Genehmigung (§ 8b EDL-G).

---

[24] Lit.: *Pilniok*, in: Krüper (Hg.), Zertifizierung und Akkreditierung als Instrumente qualitativer Glücksspielregulierung, 2017, S. 1.

§ 6. Verwaltungsträger – die rechtsfähigen Hoheitsträger

I. Funktion und typische Rechtspositionen

Ebenso wie auf der privaten Seite, wo wir es mit natürlichen und juristischen Personen zu tun haben, bilden auch bei den Hoheitsträgern die Personen – als rechtsfähige Rechtsträger – das dogmatische Zentrum. Die juristischen Personen des öffentlichen Rechts heißen „Verwaltungsträger" und sind wie alle natürlichen und juristischen Personen in materiellrechtlicher Hinsicht zivilrechtsfähig, in prozessrechtlicher Hinsicht partei- und beteiligungsfähig. Die einzelnen Behörden (§ 7) und Gerichte (§ 8) sind ihnen als Organe zugeordnet. Mit den Verwaltungsträgern müssen wir uns deshalb zuerst beschäftigen, um die Verwaltungsorganisation zu verstehen. 1

Verwaltungsrechtlich können den Verwaltungsträgern Pflichten, Erlaubnisse, Ansprüche, Kompetenzen und sonstige Status grundsätzlich ebenso zustehen wie den Privatrechtssubjekten (zu den Rechtspositionen im Einzelnen Teil III). 2

> *Beispiele:* Land L hat Beamtin B versehentlich zu hohe Bezüge ausgezahlt; jetzt hat L gegen B einen Anspruch auf Erstattung (z. B. nach § 15 Abs. 2 Landesbesoldungsgesetz BW). – Gemeinde G hat vom Landratsamt eine Baugenehmigung zur Errichtung eines neuen Rathauses erhalten.

Zusatzinformation
Anders als bei Privaten nennt man die Ansprüche und Erlaubnisse der Verwaltungsträger nicht „subjektive öffentliche Rechte" (vgl. § 9 Rn. 5), um den Eindruck zu vermeiden, dass diese grundrechtsberechtigt wären. Die Unterschiede sind aber nicht struktureller Art.

1. Vermögen, Ansprüche, Pflichten – die „Rechtsfähigkeit"

Die Rechtsfähigkeit der Verwaltungsträger bringt zunächst mit sich, dass sie es sind, denen das Staatsvermögen gehört. Das betrifft in erster Linie die Zuordnung **privat-** 3

rechtlicher Rechtspositionen, namentlich umfangreiches Grundeigentum und einige Unternehmensbeteiligungen, aber auch „gewöhnliche" wie Sichtguthaben bei Kreditinstituten. Kraft ihrer privatrechtlichen Rechtsfähigkeit sind es auch die Verwaltungsträger, die im staatlichen Bereich **privatrechtliche Verträge** schließen und in die entsprechenden Schuldverhältnisse treten (Kauf, Miete, Arbeit usw. – dazu im Einzelnen noch § 26) und die ggf. deliktisch haften.

> *Beispiel:* Umgangssprachlich ist vielleicht von „dem Finanzamt" als einem Gebäude in der Innenstadt die Rede. Das Grundstück samt Gebäude steht aber keinesfalls im Eigentum des Finanzamts als Behörde, sondern höchstens des Landes als Verwaltungsträger, dem die Finanzämter zugeordnet sind. – Möglicherweise ist das Gebäude „das Finanzamt" aber auch nur als Bürofläche von einer privaten Eigentümerin angemietet. Mieter wäre wiederum nicht das Finanzamt, sondern das Land.

Zusatzinformationen
- Nach einer älteren Vorstellung sollten Verwaltungsträger nur „teilrechtsfähig" sein, also nur einen Teil der privatrechtlichen Kompetenzen innehaben, die Privatrechtssubjekten zustehen.[1] Praktisch würde das zu einer erheblichen Unsicherheit darüber führen, ob nun ein Rechtsgeschäft des Verwaltungsträgers noch im Rahmen seiner Kompetenzen ergangen und damit wirksam ist oder nicht. Eine gesetzliche Grundlage, woran man diese Abgrenzung hätte festmachen können, gab es dafür ohnehin nie.
- Eine besondere Stellung haben Verwaltungsträger bei Zahlungsunfähigkeit und Überschuldung: § 12 InsO schließt das Insolvenzverfahren für sie weitgehend aus.

4   Zum Staatsvermögen zählen daneben **verwaltungsrechtliche Ansprüche**, sowohl solche gegenüber Privaten wie etwa Steueransprüche als auch solche gegenüber anderen Verwaltungsträgern[2] wie etwa Finanzierungsansprüche (zu den Ansprüchen im Zusammenhang unten § 13). Umgekehrt tragen die Verwaltungsträger auch die meisten **verwaltungsrechtlichen Pflichten**, auf deren Erfüllung Private oder andere Verwaltungsträger einen Anspruch haben (zu den Pflichten unten § 12). Das gilt auch für die Pflichten zur Unterlassung und Beseitigung von Grundrechtseingriffen, die den grundrechtlichen Abwehransprüchen der Privaten korrespondieren.

> *Beispiel:* A verkauft B ein Grundstück. Die Grunderwerbsteuer ist an das Finanzamt abzuführen, der Anspruch steht aber dem Land als Verwaltungsträger zu, für dessen Rechnung das Finanzamt handelt. – C hat nach dem Gesetz einen Anspruch auf Wohngeld. Die entsprechende Zahlungspflicht trifft nicht die Wohngeldstelle der Stadtverwaltung, sondern die Stadt als deren Verwaltungsträger.

---
[1] Lit.: *Ehlers*, Die Lehre von der Teilrechtsfähigkeit juristischer Personen des öffentlichen Rechts und die Ultra-vires-Doktrin des öffentlichen Rechts, 2000; *Pegatzky*, NVwZ 2022, 670; *Wolff*, VerwArch 105 (2014), S. 1.
[2] Lit.: *Bartsch*, Staat gegen Staat, 2018.

I. Funktion und typische Rechtspositionen

Prüfungshinweis

▶ Praktische Konsequenz der Pflichtzuordnung ist, dass im Prozess normalerweise der Verwaltungsträger richtiger Beklagter ist, wenn man einen Anspruch „gegen die Verwaltung" verfolgt (näher Rn. 22).

Zusatzinformationen
- Soweit es einmal darauf ankommt, treffen die Pflichten aus den Grundrechten neben den Verwaltungsträgern auch die Behörden unmittelbar, denn auch diese sind Teil der vollziehenden Gewalt im Sinne von Art. 1 Abs. 3 GG, und die Grundrechtsbestimmungen sind indifferent gegenüber der verwaltungsrechtlichen Unterscheidung zwischen rechtsfähigen und nichtrechtsfähigen Hoheitsträgern.[3]
- Soweit staatliche Stellen steuerpflichtig sind, betrifft auch das grundsätzlich den Verwaltungsträger. Gleichwohl erlegt § 18 Abs. 4f Umsatzsteuergesetz jetzt den „Organisationseinheiten" der Verwaltungsträger Bund und Länder – und damit Rechtsträgern auf Ebene der Behörden – originär gewisse umsatzsteuerliche Pflichten auf.

Die finanzwirksamen Aktivitäten der Verwaltungsträger regelt das **Haushaltsrecht**, das vorgibt, wann Verbindlichkeiten eingegangen und wann Auszahlungen geleistet werden dürfen (nicht: „können", weil die privatrechtlichen Fähigkeiten nach außen hin nicht eingeschränkt werden).[4] Für Bund und Länder gelten die Bundeshaushaltsordnung bzw. die Landeshaushaltsordnungen, bei denen es sich um Parlamentsgesetze handelt. Auf Grund dieser und verwandter Regelungen stellt der Verwaltungsträger – meist jährlich, mancherorts alle zwei Jahre – einen Haushaltsplan auf, aus dem sich ergibt, für welche Zwecke welche Mittel eingesetzt werden dürfen.

Zusatzinformationen
- Für die Gemeinden gelten nach Landesrecht Gemeindehaushaltsverordnungen (z. B. GemHVO BW), für die Sozialversicherungsträger als Bundesrecht eine Verordnung über das Haushaltswesen in der Sozialversicherung (SVHV), jeweils in Ergänzung des entsprechenden Parlamentsgesetzes.
- Die Gründung eines selbstständigen Verwaltungsträgers kann auch dazu dienen, die Herkunft und Verwendung von Mitteln enger beieinander zu halten, als dies in den gewaltigen Haushalten von Bund und Ländern der Fall wäre. So bestreitet etwa die Bundesanstalt für Finanzdienstleistungsaufsicht (BAFin) nach § 16 Finanzdienstleistungsaufsichtsgesetz (FinDAG) ihren Verwaltungsaufwand grundsätzlich aus einer Umlage der beaufsichtigten Banken und anderen Unternehmen und gelangt so zu einem verhältnismäßig transparenten Haushalt. Freilich gibt es Gegenbeispiele, etwa bei einer ähnlichen Umlage der Bundesnetzagentur, die nur eine Behörde des Verwaltungsträgers „Bund" ist („Frequenznutzungsbeitrag" der Telekommunikationsunternehmen nach § 224 Telekommunikationsgesetz).

2. Verbandszuständigkeiten

Spezielle Studienliteratur: *Hebeler*, Jura 2002, 164; *Voßkuhle/Kaiser*, JuS 2017, 316.

---

[3] Vgl. *Reimer*, HVwR I, 2021, § 10 Rn. 39.
[4] Lit.: *Sölter*, in: Kahl/Mager (Hg.), Verwaltungsorganisation, 2023, S. 349.

6 Den Verwaltungsträgern sind auch **Pflichten** zugeordnet, eine **bestimmte Aufgabe wahrzunehmen** (vgl. auch noch § 12 Rn. 19).[5] Diese Pflichten und Aufgaben heißen im Verwaltungsrecht die „Zuständigkeiten" des Verwaltungsträgers. Genauer spricht man von seiner „Verbandszuständigkeit", um von der „Organzuständigkeit" der *innerhalb* des Verwaltungsträgers verpflichteten Behörde (dazu § 7 Rn. 4 ff.) abzugrenzen.

Prüfungshinweis

▶ Die Verbandszuständigkeit braucht normalerweise nur kurz festgestellt zu werden. In klaren Fällen der Verbandszuständigkeit des Bundes oder des Landes wird oft gar nicht darauf eingegangen; da diese Verwaltungsträger zahlreiche Behörden haben, erfordert dann aber die Organzuständigkeit einen näheren Blick.

Zusatzinformationen
- Rechtstechnisch gehört zur Zuständigkeit neben der positiven Pflicht der zuständigen Behörde zur Aufgabenwahrnehmung noch die negative Pflicht aller unzuständigen Behörden, nicht auf demselben Feld tätig zu werden. Die Zuständigkeit begrenzt insofern auch die Befugnisse der Behörden und kann von Betroffenen gegenüber behördlichen Maßnahmen rechtlich ins Feld geführt werden.
- Statt „Verbandszuständigkeit" sagt man auch „Verbandskompetenz". Mit dem später zu behandelnden technischen Begriff „Kompetenz" (unten § 14) hat das aber nichts zu tun.

7 Die Verbandszuständigkeit bestimmt man in zwei Schritten. Im ersten Schritt wird sie verfassungsrechtlich entweder den **Verwaltungsträgern der Bundes- oder der Landesebene** zugewiesen („Verwaltungszuständigkeit" oder auch „-kompetenz", aus dem Staatsrecht I bekannt).[6] Die Verwaltungskompetenz ist abhängig von der Gesetzgebungskompetenz (dazu oben § 2 Rn. 33 f., 37):

- Für die Ausführung eines Landesgesetzes ist immer die Landesebene zuständig (Art. 30 GG).
- Für die Ausführung eines Bundesgesetzes ist grundsätzlich ebenfalls die Landesebene zuständig (Art. 83 GG; zwei Grade des Bundeseinflusses regeln dann Art. 84 und 85 GG).[7]
- Ausnahmsweise ist für die Ausführung eines Bundesgesetzes jedoch die Bundesebene zuständig, wenn Art. 87 ff. GG dies vorsehen.

8 Im zweiten Schritt muss der **konkret zuständige Verwaltungsträger auf der Landes- bzw. der Bundesebene** bestimmt werden. Im Zweifel ist dies bei Verwaltungskompetenz der Landesebene das Land selbst, bei Verwaltungskompetenz der Bundesebene der Bund selbst. Mitunter weist das Gesetz jedoch einem anderen Ver-

---

[5] Lit.: *Oldiges*, DÖV 1989, 873. Übergreifend zur Aufgabenzuordnung *Berger*, Die Ordnung der Aufgaben im Staat, 2016; *Winkler*, Verwaltungsträger im Kompetenzverbund, 2009.
[6] Lit.: *Suerbaum*, HVwR IV, 2022, § 81.
[7] Lit.: *Heitsch*, Die Ausführung der Bundesgesetze durch die Länder, 2001.

waltungsträger der jeweiligen Staatsebene die sachliche Zuständigkeit zu; so sind Aufgaben der Landesebene landesrechtlich häufig den Gemeinden zugewiesen. Bestehen mehrere Verwaltungsträger der gleichen Art nebeneinander (wie z. B. bei den Gemeinden), muss dann noch eine örtliche Zuständigkeit festgestellt werden.

3. Funktionsbezeichnungen

Das Gesetz, vor allem das Besondere Verwaltungsrecht, ordnet den Verwaltungsträgern vielfältige Funktionsbezeichnungen zu, die gewissermaßen als **Zeiger** fungieren; technisch handelt es sich dabei um besondere verwaltungsrechtliche Status (unten § 10 Rn. 8). Dieser gesetzestechnische Kniff ermöglicht es dem Fachgesetz, die Organisationsfragen kurz im Zusammenhang zu klären und im Übrigen – namentlich bei der Zuweisung von Zuständigkeiten, Rn. 6 ff. – durchgehend die Funktionsbezeichnung zu verwenden. Soll später die Zuständigkeit einmal verändert werden, braucht im Gesetz nur der Organisations-Passus geändert zu werden, indem man die Funktionsbezeichnung auf eine andere Behörde „zeigen" lässt; die übrigen Verweisungen passen dann weiterhin.

9

Beispiele: Bund, Länder und Kommunen sind für ihre jeweiligen Straßen „Träger der Straßenbaulast" (mit der Pflicht, die Straßen in Stand zu halten). – Die Landkreise und kreisfreien Städte sind meist „örtliche Träger der öffentlichen Jugendhilfe" (u. a. mit der Pflicht, ein Jugendamt einzurichten) und außerdem „öffentlich-rechtliche Entsorgungsträger" (u. a. mit der Pflicht, eine Müllabfuhr zu organisieren).

4. Gegenstatus

Die Verwaltungsträger bilden schließlich auch das Gegenüber von Privatrechtssubjekten in diversen „Verwaltungsrechtsverhältnissen", die man sich nach Art von Dauerschuldverhältnissen vorstellen kann. Wir werden genauer sagen, dass das Privatrechtssubjekt einen verwaltungsrechtlichen Status erwirbt (unten § 10 Rn. 5). Der Verwaltungsträger hat dann zugleich den entsprechenden Gegenstatus.

10

Beispiele: A ist Regierungsdirektorin in einem Landesministerium; sie steht in einem Beamtenverhältnis zum Land, das Land ist ihr Dienstherr. – B ist Schülerin; sie steht in einem Schulverhältnis zum Land, das Land steht ihr als Schulträger gegenüber. – C ist Studentin; sie steht in einem Studienverhältnis zu der Hochschule als Verwaltungsträger.

Zusatzinformation
Den beamtenrechtlichen Gegenstatus „Dienstherr" begrenzt das Gesetz auf Bund und Länder sowie diejenigen Verwaltungsträger, die es ausdrücklich als dienstherrnfähig bezeichnet (vgl. § 2 BeamtStG).

II. Entstehung und Untergang

Die wichtigsten Verwaltungsträger sind der Bund und die 16 Länder. Sie sind nur **durch die jeweilige Verfassung begründet** und bestehen, solange diese in Geltung steht.

11

Beispiel: Sollten sich die Länder A und B zu einem neuen Land C zusammenschließen, so würden A und B damit als Rechtsträger untergehen und C als gemeinsamer Rechtsnachfolger entstehen – parallel zu den Landesverfassungen von A und B, die erlöschen würden, wenn die neue Verfassung von C in Kraft träte.

12 Für Verwaltungsträger gibt es keine allgemeinen rechtsformdefinierenden Gesetze wie bei den juristischen Personen des Privatrechts (BGB für den e.V.; GmbH-Gesetz, Aktiengesellschaftgesetz, Genossenschaftsgesetz). Vielmehr werden Verwaltungsträger meist individuell oder gruppenweise **durch ein Gesetz errichtet und ausgestaltet**.

Beispiele: § 1 FinDAG errichtet den *einen* Verwaltungsträger „Bundesanstalt für Finanzdienstleistungsaufsicht". – § 1 Abs. 2, § 8 Abs. 1 Landeshochschulgesetz (LHG) BW errichtet die dort genannten staatlichen Hochschulen, z. B. die Universität Konstanz, als Körperschaften des öffentlichen Rechts. – § 1 Abs. 4 GemO BW verfasst die zahlreichen baden-württembergischen Gemeinden als „Gebietskörperschaft".

13 Eine Reihe von Gesetzen sieht immerhin vor, dass gewisse bestehende Verwaltungsträger **durch untergesetzlichen Rechtsakt** neue Verwaltungsträger gewissermaßen als öffentlich-rechtliche Tochtergesellschaften errichten (und wieder beseitigen) können. Funktional steht das in Parallele zur Gründung privatrechtlicher Tochtergesellschaften durch Verwaltungsträger (dazu bereits § 5 Rn. 13). Auch die Tochter-Verwaltungsträger betreiben typischerweise öffentliche Unternehmen, allerdings oftmals solche, die dabei auch hoheitlich vorzugehen haben (z. B. durch Erhebung von Gebühren). Hervorhebenswert sind

- zum einen die *Tochteranstalten* von Gemeinden und Landkreisen (vgl. Rn. 34),

    Beispiel: Der Landkreis L errichtet die Kreissparkasse K als rechtsfähige Anstalt aufgrund des Landessparkassengesetzes. Der dazu erforderliche Rechtsakt von L ist normalerweise eine Satzung (dazu im Einzelnen § 23).

- zum anderen die *„Zweckverbände"* genannten Körperschaften, die mehrere Gemeinden oder Landkreise gemeinsam bilden (vgl. Rn. 31).

    Beispiel: Die Landkreise L und M errichten den Abwasser-Zweckverband A und den Nahverkehrs-Zweckverband B als rechtsfähige Körperschaften aufgrund des Landesgesetzes über kommunale Zusammenarbeit (die Bezeichnung variiert).

14 Auf den gleichen Wegen können Verwaltungsträger auch wieder beseitigt werden; auch dies geschieht also meist durch Gesetz. Damit ihr Vermögen (Rn. 3 ff.) nicht herrenlos wird, ordnet das Gesetz daneben meist auch eine Gesamtrechtsnachfolge individuell an.

Beispiel: „Der Bundesverband für den Selbstschutz wird mit Wirkung vom 1. Januar 1997 aufgelöst" (§ 1 Gesetz über die Auflösung des Bundesverbandes für den Selbstschutz). „Mit der Auflösung [...] geht sein Vermögen einschließlich der Verbindlichkeiten auf die Bundesrepublik Deutschland über" (§ 2 ebendort).

Zusatzinformation
Anstelle einer völligen Aufhebung des Verwaltungsträgers kann ein Gesetz, diesen auch im organisationsrechtlichen Sinne privatisieren, also in ein Privatrechtssubjekt umwandeln (vgl. oben § 5 Rn. 40 f.). So geschehen etwa durch § 1 Abs. 1 Gesetz zur Neuordnung der Pensionskasse Deutscher Eisenbahnen und Straßenbahnen („Die Pensionskasse Deutscher Eisenbahnen und Straßenbahnen (Kasse), Körperschaft des öffentlichen Rechts, wird mit Wirkung zum 1. Januar 2006 in einen Versicherungsverein auf Gegenseitigkeit umgewandelt.") und durch § 1 Abs. 1 S. 1 Gesetz zur Umwandlung der Deutschen Genossenschaftsbank („Die Deutsche Genossenschaftsbank, Körperschaft des öffentlichen Rechts, ist mit Wirkung zum 1. Januar 1998 in eine Aktiengesellschaft umgewandelt.").

III. Zurechnung von Handlungen

1. Handlungen eigener Organe

Ebenso wie bei den juristischen Personen des Privatrechts erfolgt die Handlungszurechnung bei Verwaltungsträgern über Organe, die die Funktion eines gesetzlichen Vertreters wahrnehmen und die in unterschiedlichem Umfang zur Vornahme von Handlungen im Namen der juristischen Person befugt sind. Diese Organe treten uns meist als Behörden entgegen und werden in § 7 im Zusammenhang behandelt. Auch die Gerichte sind besondere Organe von Verwaltungsträgern; ihnen widmen wir uns in § 8.

15

Zusatzinformation
Besonders das Kommunalrecht kleidet Zurechnungsvoraussetzungen auch in das Gewand von Formvorschriften.[8] Das betrifft nach den Gemeindeordnungen sogenannte Verpflichtungserklärungen („Erklärungen, durch welche die Gemeinde verpflichtet werden soll"), die etwa „vom Bürgermeister zu unterzeichnen" sind oder „durch zwei vertretungsberechtigte Gemeindebedienstete unterzeichnet werden" müssen (so beispielsweise § 54 Abs. 1, 2 GemO BW). Soweit diese Regelungen auch für Privatrechtsakte der Gemeinden (unten § 26) gelten sollen, scheidet die wortlautnahe Deutung als Formvorschrift aus kompetenziellen Gründen aus, weil der Bund die Form der Rechtsgeschäfte im BGB grundsätzlich abschließend geregelt hat.

Die Organe sind selbst nicht rechtsfähig und bedürfen schon deshalb der Zuordnung zu einem Verwaltungsträger, der über Personal und Sachmittel verfügt und sie damit ausstattet.

16

Beispiel: Das Land L stattet das Finanzamt F und das Verwaltungsgericht V mit Räumen, Büromaterial, einigen Kraftfahrzeugen und zahlreichen Bediensteten aus.

2. Handlungen fremder Organe – Organleihe

In seltenen, aber wichtigen Fällen ordnet das Gesetz an, dass ein Organ zwar einem Verwaltungsträger V angehört, aber bestimmte Aufgaben im Namen eines anderen

17

---

[8] Lit.: *Günniker*, Rechtliche Probleme der Formvorschriften kommunaler Außenvertretung, 1984.

Verwaltungsträgers W wahrzunehmen hat. Man spricht hier von einer „Organleihe", weil das Gesetz das Organ von V an W „verleiht".

18 Den wichtigsten Anwendungsfall bildet heute in einigen Ländern das **Landratsamt** (dazu noch § 7 Rn. 76 f.). Es ist im Ausgangspunkt ein Organ des jeweiligen Landkreises, der grundsätzlich Personal und Sachmittel zur Verfügung stellt und dafür die Kosten trägt (z. B. §§ 42, 46, 52 LKrO BW), und nimmt Aufgaben wahr, für die der Landkreis verbandszuständig ist (Rn. 6). Es wird aber *zugleich* in unterschiedlichem Umfang zur „unteren staatlichen Verwaltungsbehörde" erklärt (z. B. § 15 Abs. 1 Nr. 1 LVG BW, § 59 KrO NRW) und damit insoweit ein Organ des Landes, wenn es in dieser Funktion tätig wird und Aufgaben des Landes wahrnimmt.

Beispiel: In Nordrhein-Westfalen sind die Kreise zuständig für die Baufausicht (§ 57 Abs. 1 S. 1 Nr. 3 Buchst. b BauO NRW 2018). Das Landratsamt erteilt hier Baugenehmigungen dementsprechend als Organ des Kreises (keine Organleihe). In Baden-Württemberg sind dagegen die unteren Verwaltungsbehörden zuständig für die Bauaufsicht (§ 46 Abs. 1 Nr. 3 LBO BW). Das Landratsamt erteilt dort deshalb Baugenehmigungen als Organ des Landes (Organleihe).

19 Weitere Fälle der Organleihe gibt es auf verschiedenen Rechtsgebieten, zwischen unterschiedlichen Verwaltungsträgern und mit unterschiedlicher „Richtung" der Leihe.

Beispiele – Bund entleiht Landesorgane: „Die Börsenaufsichtsbehörden werden im Wege der Organleihe für die Bundesanstalt bei der Durchführung von eilbedürftigen Maßnahmen im Rahmen der Überwachung der Verbote von Insidergeschäften [...] an den ihrer Aufsicht unterliegenden Börsen tätig" (§ 17 Abs. 1 S. 1 Wertpapierhandelsgesetz). Die Bundesanstalt für Finanzdienstleistungsaufsicht ist eine rechtsfähige Anstalt des Bundes und damit ein Verwaltungsträger; die Börsenaufsichtsbehörden sind gemäß § 3 Abs. 1 S. 1 Börsengesetz Landesbehörden. – In Angelegenheiten des Meeresbodenbergbaus bedient sich der Bund im Wege der Organleihe des niedersächsischen Landesamts für Bergbau, Energie und Geologie (§ 3 Meeresbodenbergbaugesetz).

Land entleiht Gemeindeorgane: In Nordrhein-Westfalen wird auch die Gemeindeverwaltung auf besondere Anordnung ausnahmsweise für das Land tätig (§ 9 Abs. 4 OBG).

Gemeinde entleiht Landesorgane: In Bremen werden die obersten Landesbehörden teilweise nicht für das Land, sondern für die Stadtgemeinde Bremen tätig (vgl. Art. 148 Abs. 1 S. 1 Landesverfassung HB und z. B. § 57 Abs. 1 S. 1 BremLBO).

3. Handlungen anderer Verwaltungsträger – gesetzliche Vertretung

20 Mitunter werden Verwaltungsträger auch durch andere Verwaltungsträger gesetzlich vertreten.

Beispiel: In Baden-Württemberg macht „Ansprüche der Gemeinde gegen Gemeinderäte und gegen den Bürgermeister" nicht die Gemeinde selbst, sondern das Land geltend (§ 126 Abs. 1 S. 1 GemO BW).

Eine solche Vertretung kann so weit gehen, dass ein Verwaltungsträger gewissermaßen nur auf dem Papier existiert und alle seine Geschäfte von einem anderen wahrgenommen werden. 21

Beispiel: Die Künstlersozialkasse ist zwar eine Körperschaft des öffentlichen Rechts mit eigenem Vermögen, für sie handelt aber nach § 37 Künstlersozialversicherungsgesetz stets eine andere Körperschaft, nämlich die „Unfallkasse Bund und Bahn". (Man erkennt daran zugleich, dass ein sachlicher Zusammenhang für eine solche Regelung nicht zu bestehen braucht.)

IV. Stellung in Verfahren

Gerichtsverfahren mit Hoheitsträgern werden grundsätzlich nur im Namen von Verwaltungsträgern – und nicht einzelnen Behörden – geführt (**Rechtsträgerprinzip**). Nur ausnahmsweise gilt stattdessen ein „Behördenprinzip" (zu den Fällen unten § 7 Rn. 40 ff.). 22

Regelmäßig wird einem klagenden Privaten (oben § 5) deshalb ein Verwaltungsträger als Beklagter gegenüberstehen. Auch für ihn gilt die Anforderung der **Beteiligungsfähigkeit**, die wegen seines Charakters als juristische Person aber stets nach § 61 Nr. 1 Var. 2 VwGO gegeben ist. 23

In den verwaltungsgerichtlichen Ausgangsfällen hat man es aber meist nicht direkt mit einem Verwaltungsträger, sondern mit einer Behörde zu tun, also dem *Organ* eines Verwaltungsträgers (dazu gleich im Zusammenhang § 7). Um den **richtigen Beklagten** zu bestimmen, muss man deshalb nach dem Verwaltungsträger fragen, der *hinter* der handelnden Behörde steht („Rechtsträgerprinzip"). § 78 Abs. 1 Nr. 1 Hs. 1 VwGO spricht dies für die Klagearten der Anfechtungsklage und der Verpflichtungsklage ausdrücklich aus (unten § 19 Rn. 183 ff.); es ist aber für die übrigen Klagearten als der VwGO zugrunde liegendes Prinzip ebenfalls allgemein anerkannt (unten § 9 Rn. 63). 24

Beispiele: Wenn die Bürgermeisterin handelt, ist gegen die Gemeinde als Rechtsträgerin zu klagen; wenn die Regierungspräsidentin oder das Polizeipräsidium handelt, gegen das Land.

Eine andere Frage ist, wer für den Rechtsträger jeweils praktisch tätig zu werden hat. Hier wird die Behörde dann oftmals doch wieder in Erscheinung treten: die beklagte Gemeinde wird vom Bürgermeister vertreten (z. B. nach § 42 Abs. 1 S. 2 GemO BW) usw. 25

Zusatzinformation
Eine Besonderheit gilt für den Freistaat Bayern: Diesen vertritt zwar vor dem Verwaltungsgericht die Ausgangsbehörde, vor VGH und BVerwG jedoch die Landesoberbehörde „Landesanwaltschaft" (§ 3 Abs. 2, 3 Verordnung über die Landesanwaltschaft Bayern).

Der Zurechnungs-Sonderfall der **Organleihe** (oben Rn. 17 ff.) wirkt sich an dieser Stelle prozessual aus. Wird ein Organ von V auch für W tätig, kommt es für die Anwendung des Rechtsträgerprinzips darauf an, für welchen der beiden Ver- 26 waltungsträger das Organ im konkreten Fall tätig geworden ist. Grundsätzlich entscheidet darüber die dabei wahrgenommene Zuständigkeit.

Beispiele: A erhält einen Bescheid vom Landratsamt, dessen Träger grundsätzlich der Landkreis ist. Nimmt das Landratsamt eine Aufgabe des Landkreises wahr, ist dieser auch richtiger Beklagter; handelt es dagegen im Rahmen seiner Zuständigkeit als untere staatliche Verwaltungsbehörde, ist richtiger Beklagter das Land.

Prüfungshinweis

▸ Diese Spaltung muss man immer bedenken, wenn im Fall ein Landratsamt gehandelt hat. Anders liegt es jedoch beim Handeln gemeindlicher (städtischer) Behörden, und zwar auch dann, wenn das Landesrecht dem Oberbürgermeister einer kreisfreien Stadt alle Zuständigkeiten gibt, die sonst das Landratsamt hätte: Richtiger Beklagter ist hier grundsätzlich die Gemeinde (Stadt) – mit ganz seltenen Ausnahmen wie § 9 Abs. 4 OBG NRW.

27 Für Anfechtungs- und Verpflichtungsklage enthält § 78 Abs. 1 Nr. 1 Hs. 2 VwGO die Erleichterung, dass die **Angabe der Behörde** in der Klageschrift auf den dahinterstehenden Rechtsträger **umgedeutet** wird.

V. Charakteristische Erscheinungsformen

28 Die Verwaltungsrechtsdogmatik unterscheidet zwei Grundtypen der Verwaltungsträger: Körperschaften (Rn. 29 ff.) und Anstalten (Rn. 34 ff.). Ihnen stellen wir die Sondervermögen zur Seite, die zwar eigentlich keine Verwaltungsträger sein sollen, aber vom Gesetz dennoch weitgehend so behandelt werden, als ob sie es wären (Rn. 37 f.).

1. Körperschaften

Spezielle Studienliteratur: *Kuch*, Jura 2024, 365.

29 **Körperschaften des öffentlichen Rechts** sind Verwaltungsträger mit Mitgliedern, die ihre Angelegenheiten mehr oder weniger autonom zu verwalten haben („Selbstverwaltung").[9] Die Mitglieder wählen regelmäßig ein Vertretungsorgan der Körperschaft; daneben wird normalerweise ein Leitungsorgan entweder direkt von den Mitgliedern oder indirekt durch das Vertretungsorgan gewählt (zu diesen Organen näher § 7 Rn. 50). Typisch für die Selbstverwaltung sind außer diesen Wahlen eine teilweise Freistellung von staatlicher Aufsicht (unten Rn. 43 f.) und eine Satzungskompetenz (unten § 14 Rn. 9, § 23 Rn. 5).

30 Wir unterscheiden verschiedene Arten von Körperschaften. Am prominentesten sind die **Gebietskörperschaften**, bei denen grundsätzlich das Wohnen auf einem ihnen zugeordneten Gebiet für Staats- bzw. Unionsbürger die mitgliedschaftlichen

---

[9] Lit.: *Axer*, HVwR IV, 2022, § 62. Historische Perspektive: *Bieback*, Die öffentliche Körperschaft, 1976.

V. Charakteristische Erscheinungsformen

Rechte auslöst. Dies sind der Bund, die Länder sowie die Gemeinden, Landkreise und anderen Gemeindeverbände (Verbandsgemeinden, „Ämter", Landschaftsverbände u. a.) als „kommunale Gebietskörperschaften".[10] Im Spezialfall des Bundes kann man die deutsche Staatsangehörigkeit zugleich als Mitgliedschaft in dieser Gebietskörperschaft verstehen. Für die Landkreise und Gemeinden begründen je spezielle Landesgesetze den Status des Kreis- bzw. Gemeindebürgers, wofür ein Wohnsitz im jeweiligen Gebiet und eine EU-Staatsangehörigkeit erforderlich sind.

Verbreitet sind daneben die **Personalkörperschaften**, bei denen die Mitgliedschaft jeweils persönlich erworben werden muss. Meist handelt es sich hier um Organisationen der „funktionalen Selbstverwaltung",[11] namentlich in der Wirtschaft,[12] in der Sozialversicherung[13] und im Hochschulbereich.[14] Aber auch Zusammenschlüsse von Verwaltungsträgern zu einem neuen Verwaltungsträger („Zweckverband") gehören hierher. 31

Beispiele: Universitäten (Erwerb der Mitgliedschaft durch Einschreibung oder Anstellung, z. B. § 9 LHG BW), Industrie- und Handelskammern (Erwerb der Mitgliedschaft durch Aufnahme einer gewerblichen Tätigkeit, § 2 IHKG), Rechtsanwaltskammern (Erwerb der Mitgliedschaft durch Zulassung, § 60 Abs. 2 Bundesrechtsanwaltsordnung), Krankenkassen (Erwerb der Mitgliedschaft durch Eintritt in ein Beschäftigungsverhältnis, § 186 SGB V).

Seltener sind die **Realkörperschaften** (von lateinisch *realis* ‚auf eine Sache [*res*] bezogen'), bei denen die Mitgliedschaft akzessorisch mit der Inhaberschaft einer anderen Rechtsposition – typischerweise dem Eigentum an einem bestimmten Grundstück – einhergeht. 32

Beispiele: „Die Eigentümer der Grundflächen, die zu einem gemeinschaftlichen Jagdbezirk gehören, bilden eine Jagdgenossenschaft" (§ 9 Abs. 1 S. 1 Bundesjagdgesetz). – Ein Wasser- und Bodenverband kann nach § 4 Nr. 1 Wasserverbandsgesetz so beschaffen sein, dass ihm „jeweilige Eigentümer von Grundstücken und Anlagen, jeweilige Erbbauberechtigte sowie Inhaber von Bergwerkseigentum (dingliche Verbandsmitglieder)" angehören.

Zu den Körperschaften des öffentlichen Rechts gehören nach Art. 137 Abs. 5 WRV, der über Art. 140 GG fortgilt, auch bestimmte **Religionsgesellschaften** (insbesondere die evangelischen Landeskirchen, die katholischen Bistümer und die jüdischen Kultusgemeinden) sowie deren öffentlich-rechtliche Untergliederungen (insbesondere die Kirchengemeinden und Kirchenkreise) und öffentlich-rechtliche Zusammenschlüsse (insbesondere die Evangelische Kirche in Deutschland, der katholische Verband der Diözesen Deutschlands und der Zentralrat der Juden in Deutschland). Sie führen diesen „rätselhaften Ehrentitel" (*Smend*) traditionell, ob- 33

---

[10] Zur kommunalen Selbstverwaltung *Brüning*, HVwR IV, 2022, § 64.
[11] Lit.: *Kluth*, Funktionale Selbstverwaltung, 1997; *ders.*, HVwR IV, 2022, § 65. Vgl. auch *Klenk*, Modernisierung der funktionalen Selbstverwaltung, 2008.
[12] Lit.: *Will*, Selbstverwaltung der Wirtschaft, 2010.
[13] Lit.: *Holzner*, Konsens im Allgemeinen Verwaltungsrecht und in der Demokratietheorie, 2016.
[14] Lit.: *Gärditz*, Hochschulorganisation und verwaltungsrechtliche Systembildung, 2009.

wohl sie nicht zur staatlichen, sondern zur gesellschaftlich-privaten Sphäre gehören und unbestritten nach Art. 19 Abs. 3 GG Grundrechte haben. Gleichwohl werden gewisse ihrer Tätigkeiten als öffentlich-rechtlich qualifiziert; zu streiten ist darüber dann nach § 40 Abs. 1 VwGO auf dem Verwaltungsrechtsweg.

> *Beispiel:* Kirchengemeinde K läutet regelmäßig zum Gottesdienst ihre Glocken. Nachbarin N fühlt sich durch das Geräusch gestört. Das Geläut erfolgt nach überwiegender Auffassung in Wahrnehmung einer öffentlich-rechtlichen Aufgabe, der Abwehranspruch und damit die Streitigkeit werden daher als öffentlich-rechtlich qualifiziert (vgl. zum Problem noch § 27 Rn. 16; allgemein oben § 3 Rn. 15).

Zusatzinformation
Typologisch erscheinen die Religionsgesellschaften auf den ersten Blick als Personalkörperschaften, weil man ihre Mitgliedschaft grundsätzlich durch Beitritt erwirbt und durch Austritt verliert. Die evangelischen und die katholischen Religionsgesellschaften fungieren in diesem Rahmen allerdings zugleich als Gebietskörperschaften, weil ein Mitglied durch den Umzug in das Gebiet einer anderen Körperschaft derselben Glaubensrichtung (andere Landeskirche bzw. anderes Bistum) automatisch die Mitgliedschaft in der bisherigen Körperschaft verliert und in der neuen erwirbt.

2. Anstalten, Stiftungen

34 **Anstalten des öffentlichen Rechts** sind Verwaltungsträger ohne Mitglieder, bei denen Sachmittel und Personal nur im Interesse der zweckmäßigen Erfüllung einer bestimmten Aufgabe rechtlich verselbstständigt worden sind.[15] Die Bandbreite der in Frage kommenden Aufgaben ist erheblich. Sie umfasst manchmal spezifisch hoheitliches Handeln (und sei es nur die Erhebung öffentliche Abgaben zur eigenen Finanzierung), manchmal aber auch nur den Betrieb eines wirtschaftlichen Unternehmens (in den Handlungsformen des Privatrechts, unten § 26 Rn. 10).[16] Durchgehend verwendet wird die Rechtsform der Anstalt für die öffentlichen Kreditinstitute, also Bundes- und Landesbanken sowie Sparkassen.[17]

> *Beispiele:* Die Rundfunkanstalten wie NDR, SWR und ZDF veranstalten Fernseh- und Radioprogramme; nur zu ihrer Finanzierung erheben sie Beiträge durch Verwaltungsakt. – Die Studentenwerke betreiben u. a. Wohnheime und Mensen an den Hochschulen; teilweise haben sie auch öffentlich-rechtliche Aufgaben, beispielsweise die Ausführung des BAföG. – Der Deutsche Weinfonds hat Qualität und Absatz des deutschen Weins zu fördern; um hierfür Mittel aufzubringen, erhebt er eine Abgabe (§§ 37, 43, 44 Weingesetz).

Zusatzinformationen
- Auf die offizielle Bezeichnung eines Verwaltungsträgers als „Anstalt" ist mitunter kein Verlass, was die Zuordnung zu dem dogmatischen Typus „Anstalt" angeht. So war die frühere Bundesanstalt für Arbeit (heute Bundesagentur für Arbeit) unbestritten immer eine Körperschaft, deren Mitgliederschaft die Versicherten bildeten.

---

[15] Lit.: *Jecht*, Die Öffentliche Anstalt, 1963; *Ramsauer*, NordÖR 2022, 1.
[16] Lit.: *Wolf*, Anstalt des öffentlichen Rechts als Wettbewerbsunternehmen, 2002.
[17] Lit.: *Josten*, Strukturprinzipien der Sparkassenverfassung, 2022.

V. Charakteristische Erscheinungsformen

- Eine Besonderheit bei den Rundfunkanstalten ist die ARD, die nur einen selbst nicht rechtsfähigen Zusammenschluss von Rundfunkanstalten darstellt – dafür steht auch die Abkürzung („Arbeitsgemeinschaft der öffentlich-rechtlichen Rundfunkanstalten der Bundesrepublik Deutschland").
- Die Verwaltungsträger, die eine Anstalt errichten, nennt man auch deren „Träger". Inwieweit sie für das Gebaren ihrer Anstalt insbesondere finanziell einzustehen haben, diskutiert man unter dem Schlagwort der „Anstaltslast".[18] Die Frage lässt sich jeweils nur auf Grund des jeweiligen Fachrechts beantworten.

Von den Anstalten unterscheidet man traditionell noch die **Stiftungen des öffentlichen Rechts**, das hat in der Sache aber keine Berechtigung.[19] Auch die Stiftungen genannten Rechtsträger sind Verwaltungsträger ohne Mitglieder. Ihre Aufgaben liegen im weitesten Sinne meist auf dem Gebiet der Kultur.

Beispiel: „Unter dem Namen ‚Preußischer Kulturbesitz' wird eine rechtsfähige Stiftung des öffentlichen Rechts mit Sitz in Berlin errichtet" (§ 1 Gesetz zur Errichtung einer Stiftung „Preußischer Kulturbesitz" und zur Übertragung von Vermögenswerten des ehemaligen Landes Preußen auf die Stiftung), die einen Teil des Vermögens des früheren Freistaats Preußen übernommen hat (§ 2 ebendort) und insbesondere die bekannten Staatlichen Museen zu Berlin betreibt.

Die Verwaltungsträger des Anstaltstypus nennt man oft auch „rechtsfähige Anstalten". Diese Bezeichnung dient der Abgrenzung zu den **„nichtrechtsfähigen Anstalten"**, die allerdings keine Verwaltungsträger, sondern organisatorische Untergliederungen von solchen sind und daher systematisch zur Organebene gehören (unten § 7). Der Sache nach handelt es sich also einfach um Behörden, wie das Gesetz es punktuell auch ausdrücklich anerkennt.

Beispiele: Das „Informationstechnikzentrum Bund" bezeichnet § 1 ITZBundG sowohl als „bundesunmittelbare nichtrechtsfähige Anstalt des öffentlichen Rechts [...] (Bundesanstalt)" als auch als „Bundesoberhörde" (vgl. § 7 Rn. 60 f.); es ist also den Verwaltungsträger „Bundesrepublik Deutschland" als rechtlich unselbstständige Einrichtung zugeordnet. – Die gleiche Formulierung gebraucht § 6 Einheiten- und Zeitgesetz für die „Physikalisch-Technische Bundesanstalt". – Die nichtrechtsfähige „Bundesanstalt Technisches Hilfswerk" ist nach § 1 THW-Gesetz eine „nicht rechtsfähige Bundesanstalt mit eigenem Verwaltungsunterbau" und damit ebenfalls eine Untergliederung des Verwaltungsträgers „Bundesrepublik Deutschland". – Die Feuerwehr ist typischerweise, in den Worten von § 1 Abs. 1 S. 1 Feuerwehrgesetz (FwG) BW, eine „Einrichtung der Gemeinde ohne eigene Rechtspersönlichkeit" (und mit den privaten Feuerwehrvereinen nicht zu verwechseln[20]).

Zusatzinformation
Wenn das Gesetz einer nichtrechtsfähigen Anstalt doch das Eingehen privatrechtlicher Beziehungen zuspricht – wie in § 21 Abs. 1 FwG BW die Gründung privatrechtlicher Vereinigungen durch „die Feuerwehren" –, lässt das zwei Deutungen zu: entweder erkennt man der Anstalt eine Art Teilrechtsfähigkeit zu, die nur gewisse Privatrechtspositionen erfasst, oder man sieht in der Vorschrift eine Vertretungsregelung, wonach die Anstaltsorgane auf diesem Gebiet mit Wirkung

---

[18] Lit.: *Kemmler*, Die Anstaltslast, 2001.
[19] Lit.: *Ossenbühl*, FS Starck, 2007, S. 351; *Behr/Yuen*, Die Verwaltung 56 (2023), S. 75.
[20] Vgl. *Boms/Roth*, GSZ 2022, 59.

für ihren Verwaltungsträger handeln können – die erwähnten Feuerwehrverbände würden dann rechtlich unter den Gemeinden selbst gebildet, die insoweit bloß nicht vom Bürgermeister, sondern vom Feuerwehrkommandanten vertreten würden.

3. Sondervermögen

37 In zahlreichen Fällen hat die Gesetzgebung zuletzt „Als-ob-Verwaltungsträger" geschaffen: **„Sondervermögen"**, die zwar einem anderen Verwaltungsträger gehören, aber kraft einer gesetzlichen Sonderregelung *gleichwohl* im eigenen Namen am Rechtsverkehr teilnehmen können. Die charakteristische Formulierung im Gesetz, woran diese Konstruktion leicht erkennbar ist, lautet: „X ist nicht rechtsfähig. X kann unter seinem Namen im Rechtsverkehr handeln, klagen und verklagt werden."

38 Der Begriff „Sondervermögen" weist darauf hin, dass Vermögenswerte, Verbindlichkeiten, Einnahmen und Ausgaben **außerhalb des Haushalts** des Verwaltungsträgers stehen.[21] Die Verwaltung des Sondervermögens vertraut das Gesetz normalerweise einer Behörde des Verwaltungsträgers an – oftmals einem Ministerium, manchmal einer speziell zu diesem Zweck geschaffenen Stelle.

Beispiele – Bund: Das „Sondervermögen Bundeswehr" nach dem Bundeswehrfinanzierungs- und Sondervermögensgesetz von 2022, verwaltet durch das Bundesministerium der Finanzen. – Das Sondervermögen „Ausbau ganztägiger Bildungs- und Betreuungsangebote für Kinder im Grundschulalter" nach dem Ganztagsfinanzierungsgesetz von 2020, verwaltet durch das Bundesfamilienministerium. – Der „Deutsche Binnenschifffahrtsfonds" nach dem Binnenschifffahrtsfondsgesetz von 2002, verwaltet durch die Generaldirektion Wasserstraßen und Schifffahrt (eine Bundesoberbehörde).

Länder: Der Bau- und Liegenschaftsbetrieb NRW hält, entwickelt und bewirtschaftet nach einem Gesetz von 2000 Immobilien für das Land Nordrhein-Westfalen. – Das Sondervermögen Schulimmobilien hält, entwickelt und bewirtschaftet nach einem Gesetz von 2009 Schulgebäude und -grundstücke für die Freie und Hansestadt Hamburg.

Zusatzinformation
Als-ob-Verwaltungsträger waren bis zu ihrer Privatisierung Mitte der 1990er-Jahre auch die Deutsche Bundesbahn und die Deutsche Bundespost. Diese Sondervermögen wurden als nichtrechtsfähige Anstalten mit eigenem Verwaltungsunterbau unter der Leitung je eines Bundesministeriums verwaltet.[22]

VI. Aufsicht

Spezielle Studienliteratur: *Knemeyer*, JuS 2000, 521 (zur Kommunalaufsicht).

39 Mit wenigen Ausnahmen unterstehen Verwaltungsträger durchgehend der Aufsicht eines anderen Hoheitsträgers, meist einer Gebietskörperschaft, des sog. „Mutter-

---

[21] Lit.: *Schmidt*, DÖV 2022, 526.
[22] Lit.: *Mayer*, Die Bundespost: Wirtschaftsunternehmen oder Leistungsbehörde, 1990.

gemeinwesens".[23] Bei Verwaltungsträgern, die mit einem Selbstverwaltungsrecht ausgestattet sind, wie etwa Gemeinden und Universitäten, beschränkt sich die Aufsicht grundsätzlich auf eine Gesetzmäßigkeitskontrolle („**Rechtsaufsicht**"). Verwaltungsträger, die nur aus Praktikabilitätsgründen rechtlich verselbstständigt worden sind, unterliegen dagegen grundsätzlich einer vollumfänglichen Weisungsbindung („**Fachaufsicht**").

Prüfungshinweis

▷ Die Details zu Rechts- und Fachaufsicht werden Sie sich in der Kommunalrechtsvorlesung anhand der (Rechts-)Aufsicht des Landes über die Gemeinden erarbeiten können.

Zusatzinformationen
- Keiner Aufsicht untersteht die Gebietskörperschaft „Bundesrepublik Deutschland" selbst (sieht man von der Europäischen Kommission ab, die die Einhaltung des Unionsrechts durch die Mitgliedschaften überwacht). In ganz seltenen Fällen gilt das auch für weitere Verwaltungsträger, etwa die Anstalt „Bundesbank" (vgl. § 12 Bundesbankgesetz); das wirft jeweils das Problem der demokratischen Legitimation auf (dazu sogleich Rn. 44).
- Die Aufsicht über die Gebietskörperschaften „Länder" – die nur von einer Bundesbehörde ausgehen könnte – ist eng begrenzt. Sie kennen die einschlägigen Fälle bereits aus dem Staatsrecht I von der Bundesauftragsverwaltung her. Art. 85 GG begründet dort für bestimmte Sachgebiete der Verwaltung ausnahmsweise eine Fachaufsicht der Bundesregierung über die Länder.[24]

Speziell für die obersten Bundes- und Landesbehörden (Ministerien) drückt man **40** den Zusammenhang auch dahin aus, dass die beaufsichtigten Verwaltungsträger zu ihrem jeweiligen „**Geschäftsbereich**" gehörten. Ihnen gegenüber besteht grundsätzlich Fachaufsicht, die man schon aus Art. 65 S. 2 GG bzw. den landesrechtlichen Parallelvorschriften ableiten könnte und die das Gesetz meist ausdrücklich ausspricht.

Beispiel: „Im Geschäftsbereich des Bundesministeriums der Finanzen wird [...] eine bundesunmittelbare, rechtsfähige Anstalt des öffentlichen Rechts zum 1. Mai 2002 errichtet" (§ 1 Abs. 1 S. 1 FinDAG). „Die Bundesanstalt untersteht der Rechts- und Fachaufsicht des Bundesministeriums der Finanzen" (§ 2 FinDAG).

Die eingreifenden Rechtsakte der Aufsichtsbehörde gegenüber dem beauf- **41** sichtigten Verwaltungsträger haben regelmäßig den Charakter von **Verwaltungsakten** (zu dieser Rechtsaktform ausführlich § 19), weil sie *zwischen* verschiedenen juristischen Personen ergehen und in diesem Sinne „Außenwirkung" entfalten. Dem beaufsichtigten Verwaltungsträger steht gegen derartige Verwaltungsakte grundsätzlich die Anfechtungsklage zum Verwaltungsgericht offen. Die Aufsichts-

---

[23] Lit.: *Kahl*, Die Staatsaufsicht, 2000.
[24] Lit.: *Janz*, Das Weisungsrecht nach Art. 85 Abs. 3 GG, 2003; *Pauly*, Anfechtbarkeit und Verbindlichkeit von Weisungen in der Bundesauftragsverwaltung, 1989; *Tschentscher*, Bundesaufsicht in der Bundesauftragsverwaltung, 1992.

behörde kann ihrerseits grundsätzlich zu den Mitteln der Verwaltungsvollstreckung greifen, um ihre Weisungen durchzusetzen (vgl. § 12 Rn. 45 ff.).

Beispiele: Die gewöhnliche Verwaltungsvollstreckung kommt zur Anwendung bei der Aufsicht über Sozialversicherungsträger: „Kommt der Versicherungsträger dem innerhalb angemessener Frist nicht nach, kann die Aufsichtsbehörde den Versicherungsträger verpflichten, die Rechtsverletzung zu beheben. Die Verpflichtung kann mit den Mitteln des Verwaltungsvollstreckungsrechts durchgesetzt werden, wenn ihre sofortige Vollziehung angeordnet worden oder sie unanfechtbar geworden ist" (§ 89 Abs. 1 S. 2, 3 SGB IV). – Sonderformen der Vollstreckung sehen die Gemeindeordnungen vor, meist in Gestalt einer Spezialregelung des Vollstreckungsmittels der Ersatzvornahme (z. B. § 123 GemO BW: „Kommt die Gemeinde einer Anordnung der Rechtsaufsichtsbehörde [...] nicht innerhalb der bestimmten Frist nach, kann die Rechtsaufsichtsbehörde die Anordnung an Stelle und auf Kosten der Gemeinde selbst durchführen oder die Durchführung einem Dritten übertragen.").[25]

42 Nach manchen Vorschriften kann die Aufsichtsbehörde sich auch selbst zum (sozusagen aufgedrängten) Organ des beaufsichtigten Verwaltungsträgers erklären. Die Begründung dieser Rechtsstellung ist gegenüber dem Verwaltungsträger ein Verwaltungsakt. Alle Handlungen der **Aufsichtsbehörde als aufgedrängtes Organ** gegenüber Dritten gelten anschließend als solche des Verwaltungsträgers.

Beispiel: „Solange und soweit [...] Selbstverwaltungsorgane sich weigern, ihre Geschäfte zu führen, werden sie auf Kosten des Versicherungsträgers durch die Aufsichtsbehörde selbst oder durch Beauftragte geführt" (§ 37 Abs. 1 S. 1 SGB IV). „Die Aufsichtsbehörde kann verlangen, dass die Selbstverwaltungsorgane zu Sitzungen einberufen werden. Wird ihrem Verlangen nicht entsprochen, kann sie die Sitzungen selbst anberaumen und die Verhandlungen leiten" (§ 89 Abs. 3 SGB IV).

Zusatzinformation
Alternativ dazu kann das Gesetz auch vorsehen, dass die Aufsichtsbehörde die Zuständigkeit unter bestimmten Voraussetzungen an sich ziehen und im *eigenen* Namen – und mit Wirkung für und gegen den *eigenen* Verwaltungsträger – nach außen handeln (Selbsteintrittsrecht). Siehe als Beispiel hierfür § 8 Abs. 3 Var. 1 Gesetz über die Errichtung einer Bundesanstalt für Landwirtschaft und Ernährung: „Erfüllt die Bundesanstalt ihre Aufgaben nicht oder nur ungenügend, so ist das Bundesministerium befugt, die Aufgaben selbst durchzuführen".

43 Verzichtet das Gesetz auf eine Fachaufsicht, führt das zur **sachlichen Unabhängigkeit** des Verwaltungsträgers.[26] Das bedeutet nichts anderes als eine punktuelle Ausnahme von der Weisungsbindung, die andernfalls bestehen würde. Da es regelmäßig die Weisungskompetenz des zuständigen Bundes- bzw. Landesministeriums ist, die hier beschränkt wird, spricht man plastisch auch von „ministerialfreien Räumen".

Beispiele: „Die Deutsche Welle unterliegt keiner staatlichen Fachaufsicht" (§ 61 Deutsche-Welle-Gesetz); dies natürlich mit dem Ziel, einen staatsfernen Journalismus auch bei dieser

---

[25] Lit.: *Schaffarzik*, DVBl 2023, 497.
[26] Lit.: *Meinel*, HVwR IV, 2022, § 61; *Oebbecke*, Weisungs- und unterrichtungsfreie Räume in der Verwaltung, 1986.

VI. Aufsicht

Rundfunkanstalt des Bundes sicherzustellen. – „Die Aufsicht über die Bundesagentur [für Arbeit] führt das Bundesministerium für Arbeit und Soziales. Sie erstreckt sich darauf, dass Gesetze und sonstiges Recht beachtet werden" (§ 393 Abs. 1 SGB III), ist also eine reine Rechtsaufsicht.

Da die ministerielle Weisungskompetenz gerade die **„Legitimationskette"** vom Wahlvolk hin zur vollziehenden Verwaltung vermittelt, verstößt ein solches Gesetz grundsätzlich gegen Art. 20 Abs. 2 S. 1 GG bzw. die landesrechtliche Parallelvorschrift, wonach alle Staatsgewalt vom Volke ausgeht. Verwaltungsträger können deshalb nur unabhängig gestellt werden, soweit eine Verfassungs- oder Unionsrechtsnorm dies ausnahmsweise ermöglicht.[27] Eine solche Norm wirkt als *Erlaubnis* für die Gesetzgebung, einen Verwaltungsträger mit Selbstverwaltung zu schaffen; wenn sie der Gesetzgebung auch eine entsprechende *Pflicht* auferlegt, spricht man von einer „Selbstverwaltungsgarantie".

44

Beispiele: Für Gemeinden und Gemeindeverbänden (Landkreisen) enthält Art. 28 Abs. 2 GG eine Selbstverwaltungsgarantie, steht also als Spezialvorschrift für die Kommunen einer Fachaufsicht sogar entgegen. – Für die Hochschulen nimmt man an, dass Art. 5 Abs. 3 GG den Verzicht auf die Fachaufsicht erlaubt, wenn nicht gar erzwingt. Entsprechendes gilt für Art. 5 Abs. 1 S. 2 GG und die öffentlich-rechtlichen Rundfunkanstalten. Ausdrücklich steht das in den Grundrechtsbestimmungen freilich nicht. – Keinerlei verfassungstextliche Grundlage gibt es für die gängige Annahme, dass auch die wirtschafts- und berufsständischen Kammern und die Sozialversicherungsträger (oben Rn. 31) von einer Fachaufsicht freigestellt werden dürften.

---

[27] Lit. wie Fn. 24 sowie *Dreier*, Hierarchische Verwaltung im demokratischen Staat, 1991; *Dreier/Kuch*, HVwR IV, 2022, § 60; *Jestaedt*, Demokratieprinzip und Kondominialverwaltung, 1993; *Brandl-Michel*, Maßstäbe demokratischer Legitimation, 2021; *Trute*, GVwR I³, 2022, § 9. Zur EU-Parallele (Legitimation der Agenturen als rechtsfähiger Verwaltungsträger) *Haratsch*, HVwR IV, 2022, § 63.

§ 7. Behörden – nichtrechtsfähige Hoheitsträger mit Verwaltungsaufgaben

Spezielle Studienliteratur: *Reimer*, BRJ 2018, 10.

I. Funktion und typische Rechtspositionen

Während die Verwaltungsträger nach dem Vorstehenden regelmäßig Zurechnungspunkte für Pflichten und Ansprüche sowie mögliche Prozessbeteiligte sind, treten sie in der Verwaltungsrechtspraxis (einschließlich der Ausbildungsfälle) doch meist nicht als solche in Erscheinung, sondern vertreten durch ihre **Behörden**.[1] Die Behörden sind Organe der Verwaltungsträger in dem gleichen Sinn, wie Vorstand und Mitgliederversammlung Organe des eingetragenen Vereins, Geschäftsführer und Gesellschafterversammlung Organe der GmbH oder Vorstand, Aufsichtsrat und Hauptversammlung Organe der Aktiengesellschaft sind (vgl. § 5 Rn. 15).

Behörde ist nach der **Legaldefinition** aus § 1 Abs. 4 VwVfG, § 1 Abs. 2 der Landesfassungen, „jede Stelle, die Aufgaben der öffentlichen Verwaltung wahrnimmt" – die also für Rechnung eines Verwaltungsträgers, aber im eigenen Namen im Rechtsverkehr auftritt.

Prüfungshinweis

▶ Beachten Sie, dass in § 1 VwVfG* die Texte von Bundes- und Landesfassungen ausnahmsweise einmal voneinander abweichen.

Von den Behörden sind die **Behördengruppen** abzugrenzen, die das Gesetz mitunter kollektiv anspricht, ohne sie jedoch als solche mit irgendwelchen Rechtspositionen ausstatten zu wollen. Behördengruppen sind weder rechtsfähig noch Trä-

---

[1] Lit.: *Schnapp*, FS Schenke, 2011, S. 1187; s. a. *Böckenförde*, FS Wolff, 1973, S. 269; *Rasch*, VerwArch 50 (1959), S. 1.

ger irgendwelcher Befugnisse noch irgendwie je verfahrensbeteiligt; das Gesetz ist hier immer dahin auszulegen, dass unter der Kollektivbezeichnung doch die sämtlichen einzelnen Organe gemeint sind.

Beispiele: Das baden-württembergische Polizeigesetz ordnet durchgehend „der Polizei" gewisse Aufgaben und Befugnisse zu; es wird aber deutlich, dass damit nur die verschiedenen *Behörden* der Polizei in ihren jeweiligen Zuständigkeiten gemeint sind (vgl. §§ 104, 115 PolG BW). – Im Grundgesetz ist von Einsätzen „des Bundesgrenzschutzes" die Rede; angesichts der Organisationsbestimmungen kann es sich dabei aber nur um die einzelnen Bundesbehörden dieses Verwaltungszweigs handeln (vgl. Art. 35 Abs. 2, 3, Art. 91, Art. 115f Abs. 1 Nr. 1 GG).

1. Organzuständigkeiten

4   Wie den Verwaltungsträgern sind auch den Behörden Zuständigkeiten zugeordnet, also **Pflichten, eine bestimmte Aufgabe wahrzunehmen** (vgl. auch noch § 12 Rn. 19). Vorausgesetzt wird, dass ein Verwaltungsträger für die Aufgabe verbandszuständig ist (oben § 6 Rn. 6 ff.); bei der behördlichen Zuständigkeit geht es dann darum, unter mehreren Behörden des Verwaltungsträgers eine auszuwählen.

Zusatzinformation
Regelmäßig wird für *eine* Aufgabe *eine* Behörde zuständig sein. Parallele Zuständigkeiten für dieselbe Angelegenheit führen zu Problemen und werden von der Gesetzgebung vermieden.[2]

5   Die Bestimmung der Organzuständigkeit fällt bei den einfach strukturierten **Selbstverwaltungskörperschaften** regelmäßig leicht (unten Rn. 47 ff.). Hier kommt für nach außen gerichtetes Verwaltungshandeln meist nur das Leitungsorgan in Frage (etwa der Bürgermeister einer Gemeinde oder das Rektorat einer Hochschule) – auch soweit es nur im Einvernehmen mit dem Vertretungsorgan handeln darf (etwa auf Grundlage eines Gemeinderats- bzw. Senatsbeschlusses). Seltener liegt die Organzuständigkeit für eine Aufgabe unmittelbar beim Vertretungsorgan einer Selbstverwaltungskörperschaft.

6   Vor allem bei **Bund und Ländern**, wo es mehrere Behörden gibt (unten Rn. 52 ff.), muss man die Organzuständigkeit dagegen systematisch ermitteln. Hier müssen die Stufen der sachlichen und der örtlichen Zuständigkeit zusammenkommen, damit die Behörde im Ergebnis für einen konkreten Fall zuständig ist.

7   Die **sachliche Zuständigkeit** bezieht sich auf die Art der in Rede stehenden Verwaltungsaufgabe. Dabei geht es insbesondere darum, ob die Behörde zu dem richtigen Verwaltungszweig gehört.

Beispiel: Ein Finanzamt ist nach § 17 Abs. 2 Finanzverwaltungsgesetz (FVG) für die Erhebung von Steuern sachlich zuständig, nicht dagegen für die Kontrolle von Hygienevorschriften.

---

[2] Lit.: *Berger,* Die Ordnung der Aufgaben im Staat, 2016.

I. Funktion und typische Rechtspositionen

Die sachliche Zuständigkeit ist normalerweise in den Gesetzen des Besonderen Verwaltungsrechts festgelegt. Dabei spricht das Gesetz häufig die Behörden nicht mit ihrem Eigennamen, sondern mit einer Funktionsbezeichnung an, die bei der Anwendung der Vorschriften dann noch aufgelöst werden muss (unten Rn. 17).

Beispiele: „Soweit nichts anderes bestimmt ist, sind die Ortspolizeibehörden sachlich zuständig" (§ 111 Abs. 2 PolG BW). – „Sachlich zuständig ist die untere Baurechtsbehörde, soweit nichts anderes bestimmt ist" (§ 48 Abs. 1 LBO BW).

Gibt es mehrere Behörden der so ermittelten Art – mehrere Finanzämter, Ortspolizeibehörden usw. –, so dient die **örtliche Zuständigkeit** der Auswahl unter ihnen; erst mit ihr kann man die Organzuständigkeit für einen konkreten Fall bestimmen. Jede Behörde hat dazu einen „Bezirk", der bei Landesbehörden höchstens das Landesgebiet umfasst, sich bei Bundesbehörden aber auch auf das gesamte Bundesgebiet erstrecken kann.

Beispiel: Ein Polizeipräsidium ist für das Gebiet bestimmter Gemeinden örtlich zuständig, nicht aber jenseits von deren Grenzen.

Für die örtliche Zuständigkeit findet sich in § 3 VwVfG* eine allgemeinverwaltungsrechtliche Regelung. Soweit es um Grundstücke oder Betriebe geht (etwa im Baurecht oder Umweltrecht), entscheidet deren Belegenheit (Abs. 1 Nr. 1, 2), bei Angelegenheiten bestimmter natürlicher oder juristischer Personen (etwa im Berufszulassungsrecht) deren (Wohn-)Sitz (Abs. 1 Nr. 3), im Übrigen, wo „der Anlass für die Amtshandlung hervortritt" (Abs. 1 Nr. 4). In Eilfällen darf die Behörde des letztgenannten Ortes überall handeln (Abs. 4).

Keine Frage der Organzuständigkeit ist dagegen die manchmal sogenannte **funktionale Zuständigkeit**. Hier geht es vielmehr um die handelnde Stelle *innerhalb* der Behörde. Normalerweise beschränkt sich das Gesetz darauf festzulegen, welche Behörde handeln soll; ausnahmsweise legt es aber auch einen Kreis von Bediensteten oder eine Organisationseinheit innerhalb der Behörde (Rn. 31 ff.) fest, die dabei für die Behörde konkret tätig werden sollen.

Beispiele: „Die Vollstreckungsbehörde hat das Zwangsverfahren, soweit es ihr nicht selbst zugewiesen ist, durch besondere Beamte oder andere ausdrücklich dazu bestimmte Dienstkräfte (Vollziehungsbeamte) auszuführen" (§ 11 Abs. 1 VwVG NRW). – In den Jugendämtern sind mit kritischen Aufgaben nur Personen, „die sich für die jeweilige Aufgabe nach ihrer Persönlichkeit eignen und eine dieser Aufgabe entsprechende Ausbildung erhalten haben [..., ...] zu betrauen" (§ 72 Abs. 1 S. 1, 2 SGB VIII).

2. Befugnisse und Kompetenzen

Behörden haben keine eigenen Privatrechte und normalerweise auch keine eigenen verwaltungsrechtlichen Ansprüche, sondern nehmen nur solche ihres Verwaltungsträgers wahr (vgl. § 6 Rn. 3 ff.). Insbesondere gilt das für alle Vermögensrechte. Dagegen sprechen die rechtlichen **Grundlagen für das hoheitliche Verwaltungshandeln** normalerweise direkt die Behörden an.

13 Das gilt in erster Linie für die Regelung der **Befugnisse**, die sich in der Typologie der Rechtspositionen als Erlaubnisse darstellen (vgl. § 11 Rn. 10 f.). Diese sind mit der Organzuständigkeit (Rn. 4 ff.) eng verknüpft: kraft der Zuständigkeit ist eine Behörde zur Wahrnehmung einer Aufgabe verpflichtet, und kraft der Befugnis werden gerade der zuständigen Behörde gewisse Maßnahmen gestattet. Die Zuständigkeit ist in solchen Fällen zugleich ein Bestandteil der Befugnis (vgl. unten § 17 Rn. 44 f.).

Beispiel: „Die zuständige Behörde kann die Versammlung oder den Aufzug verbieten", wenn gewisse Verbotsvoraussetzungen vorliegen (§ 15 Abs. 1 Versammlungsgesetz Bund).

14 Wie bei den Aufgabenwahrnehmungspflichten (Rn. 11) schreibt das Gesetz auch für Befugnisse über die Bezeichnung der Behörde hinaus manchmal eine **funktionale Zuständigkeit** vor, legt also fest, dass die Behörde solche Befugnisse nur durch bestimmte Bedienstete oder Organisationseinheiten wahrnehmen darf. So kann ein Behördenleitervorbehalt die Wahrnehmung einer Aufgabe als „Chefsache" vorschreiben und damit die rechtliche wie politische Verantwortung für bestimmte Maßnahmen klar zuordnen. Gelegentlich dürfen nach einem „hD-Vorbehalt" bestimmte Befugnisse nur unter Mitwirkung eines Beamten des höheren Dienstes genutzt werden; das soll die Rechtmäßigkeit der Maßnahmen zusätzlich sichern.

Beispiel: Die präventive Fahndungsausschreibung von Personen oder Kraftfahrzeugen darf in einem baden-württembergischen Polizeipräsidium nur der Leiter oder ein besonders beauftragter Beamter des höheren Dienstes anordnen (§ 56 Abs. 2 PolG BW).

15 Neben den Befugnissen sind auch die **Kompetenzen** für das Hervorbringen von Rechtsfolgen durch gültige Rechtsakte überwiegend den Behörden als solchen zugeschrieben (dazu im Einzelnen § 14 Rn. 4 ff.).

Beispiel: Den Behörden, nicht den Verwaltungsträgern, verschaffen §§ 35, 43 VwVfG* die Kompetenz zur Regelung verwaltungsrechtlicher Einzelfälle durch Verwaltungsakte (zu diesen ausführlich § 19).

16 Freilich scheinen manche (älteren) Gesetze die Befugnisse und Kompetenzen **unmittelbar den Bediensteten** der Verwaltungsträger – etwa: den Polizeivollzugsbeamten – zu geben. Das könnte man so lesen, dass hier jeder einzelne Bedienstete eine eigene Behörde seines Dienstherrn bildet (vom monokratischen Typ, Rn. 25 f.). Diese Konstruktion überzeugt aber meist nicht, weil diese Bediensteten nach dem Gesetz erkennbar zugleich einer bestimmten Behörde – etwa: einem Polizeipräsidium – angehören sollen. Man legt solche Vorschriften deshalb dahingehend aus, dass

(1) die Behörde selbst die Befugnis hat,
(2) die Behörde die Befugnis nur durch die genannten Bediensteten ausüben darf (im Sinne von Rn. 11) und

I. Funktion und typische Rechtspositionen

(3) diese Bediensteten bereits kraft Gesetzes für die Behörde handeln können, also nicht noch erst gesondert Zeichnungsbefugnis erteilt bekommen müssen (Rn. 32). Die Bediensteten bilden dann einen gesetzlich benannten Organteil (Rn. 38).

Beispiele: „Jede Polizeivollzugsbeamtin und jeder Polizeivollzugsbeamte darf Amtshandlungen im ganzen Land Nordrhein-Westfalen vornehmen, wenn dies zur Abwehr einer gegenwärtigen Gefahr, zur Erforschung und Verfolgung von Straftaten und Ordnungswidrigkeiten auf frischer Tat sowie zur Verfolgung und Wiederergreifung Entwichener erforderlich ist" (§ 7 Abs. 3 Polizeiorganisationsgesetz NRW). – „Die Beamten der Hauptzollämter sind berechtigt, zum Zwecke der Nachprüfung Beförderungsmittel, Gepäckstücke, sonstige Behältnisse und Sendungen aller Art zu öffnen und zu durchsuchen" (§ 2 Abs. 1 Gesetz zur Überwachung strafrechtlicher und anderer Verbringungsverbote). – §§ 5–17 Konsulargesetz weisen Aufgaben und Befugnisse den „Konsularbeamten" zu; jedenfalls im Falle der Berufskonsularbeamten müssen diese Aufgaben und Befugnisse dem Generalkonsulat/Konsulat (§ 3 Abs. 1 Gesetz über den Auswärtigen Dienst [GAD]) und darüber der einheitlichen Bundesbehörde „Auswärtiger Dienst" (§ 2 GAD) zugerechnet werden.

3. Funktionsbezeichnungen

Das Gesetz, vor allem das Besondere Verwaltungsrecht, ordnet den Behörden vielfältige Funktionsbezeichnungen zu, die gewissermaßen als **Zeiger** fungieren (zur Parallele auf der Ebene der Verwaltungsträger bereits oben § 6 Rn. 9). Dieser gesetzestechnische Kniff ermöglicht es dem Fachgesetz, die Organisationsfragen kurz im Zusammenhang zu klären und im Übrigen – namentlich bei der Zuweisung von Zuständigkeiten (Rn. 4 ff.) und Befugnissen (Rn. 12 ff.) – durchgehend die Funktionsbezeichnung zu verwenden. Soll später die Zuständigkeit einmal verändert werden, braucht im Gesetz nur der Organisations-Passus geändert zu werden, indem man die Funktionsbezeichnung auf eine andere Behörde „zeigen" lässt; die übrigen Verweisungen passen dann weiterhin.

17

Beispiel: Die Regierungspräsidien (Rn. 71 ff.) erfüllen in Baden-Württemberg auch die Funktion von „oberen Schulaufsichtsbehörden" (§ 34 Schulgesetz [SchG] BW), von „Landespolizeibehörden" (§ 107 Abs. 2 PolG BW) sowie von „höheren Baurechtsbehörden" (§ 46 Abs. 1 Nr. 2 LBO BW). Die Landratsämter bzw. Gemeinde(behörde)n sind „untere Verwaltungsbehörden" (§ 15 Abs. 1 LVG BW) und in dieser Eigenschaft zugleich „Kreispolizeibehörden" (§ 107 Abs. 3 PolG BW) sowie „untere Baurechtsbehörden" (§ 46 Abs. 1 Nr. 3 LBO BW).

Prüfungshinweis

▶ Bei der Rechtsanwendung bilden Sie dann ausgehend vom Fachgesetz so lange eine Paragrafenkette, bis Sie sozusagen beim „Eigennamen" der Behörden angekommen sind – Formulierungsbeispiel: „Zuständig ist gemäß … die untere Baurechtsbehörde. Hierbei handelt es sich gemäß § 46 Abs. 1 Nr. 3 LBO BW grundsätzlich um die untere Verwaltungsbehörde. Diese ist, da das Grundstück in einer kleinen kreisangehörigen Gemeinde liegt, gemäß § 15 Abs. 1 Nr. 1 Var. 1 LVG BW das Landratsamt."

4. Ausnahmsweise: Ansprüche zwischen Verwaltungsorganen

18 Verwaltungsrechtliche Ansprüche und deren korrespondierende Pflichten sind grundsätzlich auf der Ebene der Verwaltungsträger angesiedelt (oben § 6 Rn. 4). Nur ausnahmsweise erkennt man in bestimmten Fällen Ansprüche auf der Ebene der Organe an, nämlich dort, wo das eine Organ eine Pflicht trifft, die *innerhalb des Verwaltungsträgers* dem Schutz der Funktionsfähigkeit und dem politischen Interesse eines anderen Organs zu dienen bestimmt ist.[3] Dies gibt nur dann Sinn anzunehmen, wenn das verpflichtete Organ nicht ohnehin den Weisungen des anderen Organs untersteht, sondern politisch selbstständig ist – insbesondere, wenn beide Organe aus Wahlen hervorgegangen sind. In Bund und Ländern kennen Sie diese Konstellation bereits als verfassungsrechtlichen Organstreit, vor allem zwischen Verfassungsorganen der Legislative und der Exekutive. Verwaltungsrechtlich tritt die Konstellation daher vor allem in anderen Verwaltungsträgern in Erscheinung, in denen die Gegenüberstellung eines Leitungsorgans und eines Vertretungsorgans (unten Rn. 47 ff.) eine Art **innerer Gewaltenteilung** begründet; man spricht hier von „Kontrastorganen". Seine Ansprüche gegen ein anderes Organ kann das Organ gerichtlich geltend machen („verwaltungsgerichtlicher Organstreit", unten Rn. 44 f.).

Beispiele: Der wichtigste Anwendungsfall findet sich in den Gemeinden, wo Gemeinderat und Bürgermeister mit wechselseitigen subjektiven Organrechten ausgestattet sind – etwa Ansprüchen auf Auskunft und auf Unterlassung von Kompetenzüberschreitungen. (Näheres dazu erfahren Sie in der Vorlesung zum Kommunalrecht.) Nichts anderes gilt prinzipiell aber etwa innerhalb von Hochschulen (z.B. Senat gegen Rektorat) oder Krankenkassen (z. B. Vertreterversammlung gegen Vorstand).

Zusatzinformation
Kontrastorgane in diesem Sinne sind außerdem sogar gewisse Stellen innerhalb von Behörden, nämlich die Personalräte und anderen Personalvertretungsgremien (unten Rn. 36 ZI) im Verhältnis zur Behördenleitung.

19 Gerade den Behörden erlegt das Gesetz daneben auch die verschiedenen Pflichten zur wechselseitigen Unterstützung auf. Neben den fachrechtlichen Pflichten solcher Stellen, zu deren Aufgaben gerade auch die Unterstützung anderer Behörden gehört (beispielsweise der Polizei etwa nach § 1 Abs. 3, §§ 47–49 PolG NRW, des Technischen Hilfswerks nach § 1 THW-Gesetz), rechnet aus dem Allgemeinen Verwaltungsrecht vor allem die **Amtshilfe** hierher, die jede Behörde einer anderen nach § 4 Abs. 1 VwVfG* auf Ersuchen zu leisten hat.[4] Die Pflicht besteht auch gegenüber Behörden anderer Verwaltungsträger, und zwar wegen Art. 35 Abs. 1 GG auch solchen des Bundes oder eines (anderen) Landes.

Zusatzinformationen
- §§ 5–8 VwVfG* regeln Näheres zur Amtshilfepflicht, insbesondere weitere Voraussetzungen, für die Durchführung maßgebliches Recht sowie Kostenfolgen.

---

[3] Lit.: *Fontana*, HVwR IV, 2022, § 99.
[4] Lit.: *J. Schmidt*, FS Boorberg Verlag, 1977, S. 135; *Schnapp/Friehe*, NJW 1982, 1422.

- Sonderprobleme ergeben sich, wenn die ersuchte Behörde nicht dem VwVfG* unterliegt, sondern etwa nur AO oder SGB X,[5] oder einem ausländischen Staat angehört, wofür höchstens fachrechtliche Zusammenarbeitspflichten gelten (§§ 8a–8e VwVfG* gestalten diese nur für den EU-Rahmen[6] aus, ohne sie zu begründen).

II. Entstehung und Untergang

Welche Organe ein Verwaltungsträger hat, ergibt sich normalerweise unmittelbar aus dem Errichtungsgesetz (vgl. § 6 Rn. 12). Nur in manchen Fällen räumt das Gesetz den Organen des Verwaltungsträgers eine Kompetenz ein, weitere Organe zu begründen. Im Übrigen haben Verwaltungsträger und Organe nur die Möglichkeit, ihre *interne* Organisation zu beeinflussen, aber nicht ihre Struktur *außenwirksam* zu modifizieren. 20

Im Falle der Verwaltungsträger „Bund" und „Länder" sind die obersten Organe bereits aus dem Staatsrecht I bekannt. Diese Organe sind unmittelbar **durch Grundgesetz und Landesverfassung** errichtet und stellen in diesem Sinne „Verfassungsorgane" dar. Insbesondere handelt es sich dabei um die Bundes- und die Landesregierung sowie um die Bundes- und die Landesministerien, aber auch der Bundespräsident gehört in diese Gruppe. Verwaltungsrechtlich ist diesbezüglich von den „obersten Behörden" die Rede (siehe noch gleich Rn. 53, 56 ff., 65 ff.). 21

Unterhalb dieser Ebene sind **durch Gesetze** vielfältige weitere Behörden für die verschiedenen Verwaltungsträger errichtet. Durch Gesetz können sie auch wieder aufgehoben werden. 22

Beispiel: „Im Geschäftsbereich des Bundesministeriums für Wirtschaft und Energie wird ein Bundesamt für Wirtschaft und Ausfuhrkontrolle (BAFA) als selbständige Bundesoberbehörde errichtet" (§ 1 Abs. 1 Gesetz zur Errichtung eines Bundesausfuhramtes). – „Im Geschäftsbereich des Finanzministeriums wird das Landesamt für Besoldung und Versorgung Baden-Württemberg als Landesoberbehörde mit dem Sitz in Fellbach errichtet" (§ 1 Gesetz über die Errichtung des Landesamtes für Besoldung und Versorgung Baden-Württemberg).

Zusatzinformation
Die rechtliche Schaffung der Behörde nennt man herkömmlich „Errichtung", ihre nähere Ausgestaltung und Ausstattung „Einrichtung". Allerdings ist der Sprachgebrauch nicht völlig einheitlich. Schon Art. 84, 85 GG weichen davon ab, weil hier die Zuständigkeit für die „Einrichtung" erkennbar auch die erstmalige Schaffung von Behörden umfasst.

Teilweise räumt das Gesetz aber auch Organen eines Verwaltungsträgers die Möglichkeit ein, **durch untergesetzlichen Rechtsakt** weitere Behörden desselben Verwaltungsträgers zu errichten oder aufzuheben, insbesondere durch Rechtsverordnung oder Satzung (§ 23 Rn. 12) oder sogar durch Innenrechtsakt (§ 25 Rn. 11). 23

---

[5] Vgl. *Schnapp*, DVBl 1987, 561.
[6] Lit.: *Schliesky*, Die Europäisierung der Amtshilfe, 2008; *Wettner*, Die Amtshilfe im Europäischen Verwaltungsrecht, 2005.

Beispiele: In Bayern können die Staatsministerien grundsätzlich durch Rechtsverordnung die Einrichtung der Staatsbehörden ihres Geschäftsbereiches modifizieren (§ 1 Abs. 1 Verordnung über die Einrichtung der staatlichen Behörden BY). – Die Gemeinden können oft durch Satzung „Eigenbetriebe" errichten, welche die Stellung eines weiteren Organs erhalten (z.b. nach dem Eigenbetriebsgesetz BW). – Der Bundeskanzler errichtet die Bundesministerien durch „Organisationserlass" auf der Grundlage von Art. 64 Abs. 1, Art. 65 S. 1 GG.

III. Zurechnung von Handlungen

24 Ebenso wie für die Verwaltungsträger muss für die Organe bestimmt werden, welche menschlichen Handlungen als Handlungen des Organs gelten sollen. Das ist die Frage der **Handlungszurechnung**. Gesetz und ergänzende Rechtsakte bezeichnen in persönlicher Hinsicht die Menschen, deren Handlungen zugerechnet werden, und in sachlicher Hinsicht den Geschäftskreis, innerhalb dessen sich diese Handlungen dazu halten müssen, sowie gegebenenfalls weitere Voraussetzungen für die Zurechnung.[7]

Zusatzinformation
Zugerechnet wird neben Handlungen auch Wissen, worüber rechtliche Gebilde im Ausgangspunkt ebenfalls nicht verfügen.[8] Darauf kommt es vor allem für den Beginn kenntnisabhängiger Fristen an (vgl. § 20 Rn. 33).

1. Handlungen von Organwaltern

a) Einzelner Organwalter bei monokratischen Behörden

25 Im einfachsten, historisch dominierenden Fall ist das Organ gesetzlich so konzipiert, dass es von **einem einzelnen Menschen** als sogenanntem „Organwalter" ausgefüllt wird. Das dienstliche Verhalten dieses Menschen wird dann dem Organ (und mittelbar der juristischen Person, der das Organ angehört) grundsätzlich umfassend zugerechnet. Ein solches mit einem einzelnen Menschen besetztes Organ heißt monokratische Behörde.

Beispiele: „Die Bürgermeisterin" als Behörde der Gemeinde (außer in Hessen, Rn. 27). – „Der Landrat" als Behörde des Kreises (in Nordrhein-Westfalen) oder des Landes (so früher in Preußen). – „Der Landesbeauftragte für den Datenschutz und die Informationsfreiheit Baden-Württemberg" als Behörde des Landes. – Früher auch: „Der Bundesminister des Innern" als Behörde des Bundes (heute: Bundesministerium des Innern); „Der Polizeipräsident in Berlin" als Behörde des Landes Berlin (heute: Polizei Berlin).

Zusatzinformation
Eine privatrechtliche Parallele bildet das Organ „Geschäftsführer" der GmbH (§ 35 GmbHG), das regelmäßig mit einem einzigen Menschen – dann im Singular „dem Geschäftsführer" – besetzt wird.

---

[7] Lit.: *Hufeld*, Die Vertretung der Behörde, 2003.
[8] Lit.: *Henning*, Wissenszurechnung im Verwaltungsrecht, 2003.

Die Bezeichnung der Behörde lautet hier also genauso wie die Amtsstellung dieses Menschen (die selbst einen besonderen öffentlich-rechtlichen Status einer natürlichen Person im Sinne von § 10 darstellt, oftmals einen Beamtenstatus). Das bringt die Gefahr von Verwechslungen mit sich. 26

Beispiel: Wenn man sagt, dass die Gemeindebehörde „Die Bürgermeisterin" handelt, ist nicht der Mensch gemeint, der die Amtsstellung „Bürgermeister" derzeit bekleidet (meist als Beamter auf Zeit), sondern die ganze von ihm geleitete Behörde.

Zusatzinformation
Das grammatische Geschlecht der Bezeichnung einer monokratischen Behörde wird grundsätzlich von dem Geschlecht des jeweiligen Organwalters abhängig gemacht. Nach einer Kommunalwahl kann sich etwa die Behördenbezeichnung von „Der Bürgermeister" in „Die Bürgermeisterin" ändern oder umgekehrt. Das war freilich noch nicht immer die Praxis; bis 1993 firmierten etwa die Bundesministerien monokratisch als „Der Bundesminister", und zwar auch dann, wenn sie unter der Leitung einer Frau standen.

b) Mehrere Organwalter bei kollegialen Behörden
Im zweiten, historisch ebenfalls häufigen Fall sind **mehrere Menschen gemeinsam** und grundsätzlich gleichberechtigt zu Organwaltern bestellt.[9] Wir sprechen dann von einer kollegialen Behörde (oder Kollegialbehörde, früher manchmal auch schlicht Kollegium). Die Bezeichnung der Behörde ist typischerweise nach diesem Kollegium gebildet. 27

Beispiele: Die „Bundesregierung" (Art. 62 GG) und die „(Landes-)Regierung" (z. B. Art. 45 LV BW) sind Kollegialbehörden des Bundes bzw. des Landes. – Das sechsköpfige „Direktorium" ist ein Organ des Verwaltungsträgers „Bundesanstalt für Finanzdienstleistungsaufsicht" (§ 6 FinDAG). – Ein mehrköpfiges „Rektorat" ist oftmals das Leitungsorgan einer Hochschule (z. B. § 16 LHG BW). – In Hessen ist der kollegiale „Gemeindevorstand" oder „Magistrat" das Leitungsorgan der Gemeinde (§ 9 Abs. 2 HGO).

Zusatzinformation
Eine privatrechtliche Parallele bildet hier das Organ „Vorstand" der Aktiengesellschaft, das regelmäßig mit mehreren Menschen besetzt wird (vgl. § 76 Abs. 2 AktG). Diese bezeichnet man als „Mitglieder des Vorstands" (vgl. § 76 Abs. 3 AktG) und nur umgangssprachlich auch selbst als „(Finanz-, Personal- usw.) Vorstände". Nur aus dieser unpräzisen Sprechweise erklärt sich auch die sprachliche Fehlbildung „Vorständin", die vermieden werden sollte.

Bei kollegialen Behörden stellt sich in besonderer Weise das Problem der Zurechnung: Wann liegt wirklich eine Handlung des Kollegiums und nicht nur einzelner oder auch aller seiner Mitglieder vor? Schon auf dieser Ebene kann deshalb eine intensivere rechtliche Regelung nötig sein, die der Frage nach der Rechtmäßigkeit oder Wirksamkeit der Handlung (dazu dann im Einzelnen Teil IV) vorgelagert ist.[10] 28

---

[9] Lit.: *Dagtoglou*, Kollegialorgane und Kollegialakte der Verwaltung, 1960; *Groß*, Das Kollegialprinzip in der Verwaltungsorganisation, 1999; *Oebbecke*, Die Verwaltung 54 (2021), S. 273 (zu Dringlichkeitsentscheidungen). Rechtssoziologisch *Maturana*, DÖV 2023, 673.
[10] Vgl. zu Beschlüssen von Gemeinderäten *Heermann*, Der Gemeinderatsbeschluss, 1975; *Spitzlei*, DÖV 2022, 659; zur nachgelagerten Frage von Wirkungen und Rechtsschutz dann auch *Karst*, Der rechtswidrige Gemeinderatsbeschluß, 1994.

29   Oftmals ist den einzelnen Mitgliedern des Kollegiums ein Ausschnitt der behördlichen Aufgaben („**Geschäftsbereich**") zur weitgehend eigenverantwortlichen Wahrnehmung anvertraut. Das ermächtigt die einzelnen Mitglieder zur Alleinvertretung des Organs in ihrem jeweiligen Geschäftsbereich. Die Ermächtigung kann vom Kollegium beschlossen oder unmittelbar im Gesetz erteilt sein.

> *Beispiel:* Für das Leitungsorgan „Rektorat" an baden-württembergischen Hochschulen nimmt nach § 16 LHG BW das Mitglied mit der Rolle „Kanzler" die Aufgaben der Hochschulverwaltung grundsätzlich eigenverantwortlich wahr und handelt insoweit im Namen des Rektorats.

Zusatzinformation
Im Extremfall verselbstständigen sich die Geschäftsbereiche so sehr, dass die einzelnen Mitglieder – außer als Teil des Kollegiums – zugleich als eigene Behörden angesehen werden. So kann man namentlich die historische Entwicklung im Falle der Bundes- und Landesregierungen deuten.

c) Organwalter bei versächlichten Behörden

30   Im dritten und heute sehr häufigen Fall gibt die Behördenbezeichnung keinen Aufschluss über die Organwalter, weil sie neutral und institutionsbezogen gefasst ist (z. B. „Amt", „Direktion", „Präsidium", „Stelle"). Man kann dann von einer versächlichten Behörde sprechen. Auch eine solche Behörde stellt das Gesetz aber unter eine Leitung, die typischerweise einem Einzelnen (meist „Leiter", „Präsident", „Direktor", „Vorsteher"), manchmal einem Kollegium anvertraut ist („Direktorium" o. ä.). Der Sache nach handelt es sich auch hier damit entweder um eine monokratische oder um eine kollegiale Behörde.

> *Beispiel:* In Baden-Württemberg u.a. das „Landratsamt" unter der Leitung des Landrats (§ 42 LKrO BW). Die Bezeichnung ist aber austauschbar: in der preußischen Tradition, etwa in Nordrhein-Westfalen, heißen die entsprechenden Behörden nach monokratischer Manier einfach „Der Landrat" bzw. „Die Landrätin" (vgl. etwa § 59 KrO NW).

2. Handlungen der Bediensteten in ihren Organisationseinheiten

31   In den meisten Fällen wird für eine Behörde nicht der Organwalter persönlich handeln, sondern ein behördlicher Bediensteter. Bei den Bediensteten handelt es sich normalerweise um **Beamte oder Angestellte** (vgl. oben § 5 Rn. 24 ff.). Ihr Dienstverhältnis besteht zu einem Verwaltungsträger, der sie nur bei der Behörde einsetzt.

32   Dass das Handeln eines Bediensteten gegenüber Dritten der Behörde zugerechnet wird, ist nicht selbstverständlich – ebenso wenig wie etwa bei Angestellten einer Aktiengesellschaft. Um im Namen der Behörde handeln zu können, bedürfen sie – wie diese – vielmehr einer besonderen Vertretungsmacht, die man im Verwaltungsrecht **Zeichnungsbefugnis** nennt. Wer auf dieser Grundlage für die Behörde handeln kann, unterschreibt traditionell mit dem Zusatz „Im Auftrag".

Zusatzinformationen
- Die Zeichnungsbefugnis innerhalb einer Behörde bestimmt normalerweise die Behördenleitung, also der Organwalter, durch Verwaltungsvorschrift (unten § 25 Rn. 12). Eine gesetzliche Regelung der Zeichnungsbefugnis gilt beispielsweise für die Staatsanwaltschaft, die frei-

lich normalerweise nur auf dem Gebiet des Strafverfahrensrechts handelt; hier sind nach außen hin gemäß § 144 GVG alle Staatsanwälte zur Vertretung ermächtigt (Beschränkungen im Innenverhältnis schließt das nicht aus).
- Wenn das Gesetz in Bezug auf Behörden von „Leitern, deren Vertretern oder Beauftragten" spricht (vgl. z. B. § 12 Abs. 1 Nr. 4 VwVfG*), meint es mit letzteren gerade die Bediensteten, denen die Behördenleitung Zeichnungsbefugnis erteilt hat und die deshalb eben „Im Auftrag" zeichnen und handeln.
- Zeichnungsbefugnis im Außenverhältnis und Entscheidungsbefugnis im Innenverhältnis können auch im Verwaltungsrecht auseinanderfallen. So mag etwa auf einer Akte ein Behördenleiter- oder Abteilungsleitervorbehalt angebracht sein; das verpflichtet den Zeichnungsbefugten dienstrechtlich, die Entscheidung zunächst freigeben zu lassen. Für das Außenverhältnis, und damit normalerweise für das Gutachten, spielt dergleichen aber keine Rolle.

Um die Arbeit der häufig zahlreichen Bediensteten zu strukturieren, bildet eine Behörde unterhalb der Organwalterebene normalerweise einen mehr oder weniger komplexen, oft mehrstufigen Unterbau aus **Organisationseinheiten**. Diese sind ebenso wenig rechtsfähig wie die Behörde und werden vom Gesetz nur ausnahmsweise selbst angesprochen (vgl. Rn. 37). Typische Bezeichnungen auf der nächsten Ebene sind „Abteilung" oder „Dezernat", auf der untersten Ebene „Referat" oder „Sachgebiet"; vor allem im kommunalen Bereich sind auch „Fachdienst" und „Amt" gebräuchlich. Wenn Bedienstete im Namen der Behörde handeln, dann führen sie oft die Bezeichnung ihrer Organisationseinheit mit; im Schriftverkehr erscheinen Behörden- und Organisationsbezeichnung oft in Verbindung (typischerweise von Bindestrichen, manchmal auch von Gedankenstrichen eingerahmt). 33

Beispiele: „Bundesministerium des Innern - Abteilung B -" (zuständig für die Aufsicht über die Bundespolizei). „Regierungspräsidium Freiburg - Referat 52 -" (zuständig für „Gewässer und Boden"). „Der Oberbürgermeister - Baurechtsamt -" (zuständig für die Erteilung von Baugenehmigungen u. v. m.). „Landratsamt K - Fachdienst Gesundheit -" (zuständig für Infektionsschutzmaßnahmen, amtsärztliche Untersuchungen u. a.).

Zusatzinformationen
- Die Organisationseinheiten innerhalb einer Behörde richtet normalerweise die Behördenleitung, also der Organwalter, durch Verwaltungsvorschrift ein (unten § 25 Rn. 12). Beispielsweise „regelt die innere Organisation der Gemeindeverwaltung" nach § 44 Abs. 1 S. 2 GemO BW der Bürgermeister.
- Mitunter machen Verwaltungsvorschriften übergeordneter Behörden dafür Vorgaben (z. B.: Erlass des Finanzministeriums über die einheitliche Gliederung der Finanzämter, „Gemeinsame Geschäftsordnung der Bundesministerien (GGO)" über die einheitliche Gliederung der Bundesministerien). Seltener gibt es auch Vorgaben im Gesetz.

3. Handlungen benannter Organteile – insbesondere Stellvertreter und Ausschüsse

Neben den beiden Zurechnungsvarianten, dass ein Organwalter oder ein mit Zeichnungsbefugnis versehener Bediensteter handelt, kommt es auch vor, dass nach dem Gesetz ausdrücklich bestimmte **benannte Organteile** für die Behörde handeln können, ohne dass die Behördenleitung ihnen noch Zeichnungsbefugnis erteilen müsste. 34

35 Vor allem bei monokratischen Behörden sieht das Gesetz oft **Stellvertreter** vor, die es dem organbesetzenden Menschen beigibt. Stellvertreter unterschreiben traditionell mit dem Zusatz „In Vertretung" (und eben nicht „Im Auftrag" wie oben Rn. 32). Ihre Vertretungsmacht ergibt sich anders als bei den Beauftragten aus dem Gesetz, nicht erst aus einer vom Organwalter verliehenen Zeichnungsbefugnis. Die Handlungen der Stellvertreter werden im Rahmen der Vertretungsmacht ebenfalls dem Organ zugerechnet.

Beispiel: „Die Beigeordneten vertreten den Bürgermeister ständig in ihrem Geschäftskreis. [...] Der Erste Beigeordnete ist der ständige allgemeine Stellvertreter des Bürgermeisters" (§ 49 Abs. 2 S. 1, Abs. 3 S. 1 GemO BW).

36 In manchen Behörden sieht das Gesetz **Ausschüsse** vor, die bestimmte Entscheidungen zu treffen haben.[11] In diesem Fall könnte man zwar den Ausschuss im Prinzip auch selbst als eigenständige „kollegiale Behörde" verstehen, er ist in den hier gemeinten Fällen aber ausdrücklich als Teil einer anderen Behörde bezeichnet und handelt in deren Namen. Für die Arbeitsweise derartiger Ausschüsse treffen §§ 88–93 VwVfG* einige fragmentarische Regelungen, etwa zur Sitzungsleitung und zur Beschlussfähigkeit.

Beispiele:[12] Die Bundesnetzagentur entscheidet in wichtigen Fällen durch „Beschlusskammern" (z. B. §§ 211 Telekommunikationsgesetz, 46 Postgesetz, 77 Eisenbahnregulierungsgesetz, 59 Energiewirtschaftsgesetz). – Die Bundeszentrale für Kinder- und Jugendmedienschutz handelt teilweise durch die „Prüfstelle für jugendgefährdende Medien" als Kollegium, siehe §§ 17a, 19 Jugendschutzgesetz (JuSchG). – Das Landesjustizprüfungsamt setzt Prüfungsausschüsse für die Abnahme des mündlichen Teils der staatlichen Pflichtfachprüfung ein (z. B. § 17 Abs. 3 Juristenausbildungs- und Prüfungsordnung BW). – Das Regierungspräsidium entscheidet im Enteignungsverfahren durch Ausschüsse (z. B. § 17 Abs. 3 Landesenteignungsgesetz BW).

Zusatzinformationen
- Den Ausschüssen gehören neben Bediensteten oft auch ehrenamtlich mitwirkende Privatleute an (oben § 5 Rn. 30).
- Die Gestalt solcher Ausschüsse haben auch zahlreiche Stellen, die keine außergerichteten Maßnahmen treffen. Hierzu gehören zum einen die verschiedenen Sachverständigen- und Beratungsgremien,[13] wie sie in oder – notorisch unklar – „bei" einer Behörde errichtet werden: etwa der (Finanz-)Stabilitätsrat bei der Bundesregierung (§ 1 Stabilitätsratsgesetz) oder der Umweltgutachterausschuss beim Bundesumweltministerium (§ 21 Umweltauditgesetz). Zum anderen gibt es innerhalb der Behörden noch verschiedene Personalvertretungsgremien:[14] namentlich den Personalrat, das öffentlich-rechtliche Pendant zum Betriebsrat (nach den Personalvertretungsgesetzen von Bund und Ländern).

---

[11] Lit.: *Haas*, VerwArch 49 (1958), S. 14 (vor dem VwVfG).
[12] Für ein älteres, noch bunteres Panorama der Landesrechte vgl. *Thierfelder*, VerwArch 49 (1958), S. 249, und *von der Groeben*, VerwArch 49 (1958), S. 231.
[13] Lit.: *Münkler*, Expertokratie, 2022, S. 540–609.
[14] Zu ihrer Einordnung vgl. *Laubinger*, VerwArch 76 (1985), S. 449.

IV. Stellung in Verfahren

In gleicher Weise spricht das Gesetz manchmal auch eine – größere oder kleinere – **Organisationseinheit** der Behörde (Rn. 33) direkt an. Diese könnte zwar im Prinzip selbst versächlichte Behörde sein (Rn. 30). Weil das Gesetz sie aber gerade als Organteil in Bezug nimmt, versteht man auch solche Vorschriften so, dass nach außen die Behörde handeln und verantwortlich sein soll, nach innen aber die fragliche Organisationseinheit die Aufgabe wahrnehmen soll. 37

Beispiele – Bund: Das Bundesamt für Migration und Flüchtlinge hat nach § 5 Asylgesetz (AsylG) „Außenstellen", denen das Gesetz bestimmte Funktionen direkt zuweist (u.a. die Entgegennahme der Asylanträge, §§ 14, 23 AsylG). – Die Generalzolldirektion gliedert sich nach § 5a Abs. 2, 3 FVG in „Direktionen", u.a. für Zollfahndung, Geldwäschebekämpfung und Sanktionsdurchsetzung.

Länder: In Hamburg ist die gesamte Polizei eine Organisationseinheit der „Behörde für Inneres" (vgl. Rn. 68). Das Sicherheits- und Ordnungsgesetz (SOG HH) weist Befugnisse dieser „Vollzugspolizei" zu, obwohl sie organisationsrechtlich keine eigene Behörde ist. Alle Maßnahmen von Polizeibeamten in Hamburg gelten daher als solche der Behörde für Inneres.

Kommunen: Die Gemeindefeuerwehr ist eine Organisationseinheit der Gemeindeverwaltung (monokratische Behörde „Der Bürgermeister", Rn. 25 f.), erhält aber in den Feuerwehrgesetzen der Länder eigene Aufgaben und Befugnisse. – In Baden-Württemberg ist innerhalb des Landratsamts die Funktion eines Kreisbrandmeisters eingerichtet (§§ 23, 24 FwG BW).

Bereits behandelt haben wir schließlich den Fall, dass das Gesetz unmittelbar auf eine bestimmte Gruppe von **Bediensteten** Bezug nimmt (Rn. 11, 14). Auch damit ist die Frage der Zurechnung beantwortet, ohne dass es auf eine ausdrückliche Zeichnungsbefugnis ankäme. 38

IV. Stellung in Verfahren

Behörden führen im eigenen Namen Verwaltungsverfahren durch (dazu § 29). An gerichtlichen Verfahren sind sie dagegen in aller Regel nicht als solche beteiligt, vielmehr werden diese auf der Ebene der Personen, also zwischen Verwaltungsträgern und Privatrechtssubjekten, geführt (Rechtsträgerprinzip, oben § 6 Rn. 22). Das ergibt sich aus § 61 Nr. 1, 2 VwGO, der die Beteiligungsfähigkeit grundsätzlich auf diesen Kreis festlegt. Die Behörden treten dann erst bei der Vertretung ihres Verwaltungsträgers nach § 62 Abs. 3 VwGO in Erscheinung (und werden dann selbst durch Organwalter oder andere dazu ermächtigte Personen vertreten, oben Rn. 24 ff.). 39

Beispiel: A wehrt sich gegen eine Maßnahme der Bürgermeisterin der Gemeinde G. Der Rechtsstreit wird zwischen A und G geführt. G wird dabei von der Behörde „Die Bürgermeisterin" vertreten, für die wiederum die Bürgermeisterin persönlich, einer ihrer gesetzlichen Stellvertreter (Beigeordneten) oder ein beauftragter Gemeindebediensteter handelt.

Freilich kennt das Rechtsträgerprinzip Ausnahmen, wo das Gesetz doch einmal ein Organ *anstelle* seines Verwaltungsträgers als Beteiligten im Verwaltungsrechtsstreit vorsieht (**Behördenprinzip**). Wir unterscheiden drei Fallgruppen. 40

41 Erstens erlaubt die Bundesgesetzgebung es den Ländern relativ weitgehend, für ihren Zuständigkeitsbereich – also die unmittelbare und mittelbare Landesverwaltung – das Behördenprinzip selbst einzuführen. Solche Regelungen sind normalerweise **im AGVwGO eines Landes** zu suchen. Die relevanten Öffnungsklauseln des Bundesrechts enthalten

- § 61 Nr. 3 VwGO, der die Zuerkennung der Beteiligungsfähigkeit an Behörden ermöglicht, und
- § 78 Abs. 1 Nr. 2 VwGO, der die Zuweisung der Eigenschaft als richtiger Beklagter an Behörden ermöglicht.

42 Von diesen Öffnungsklauseln macht eine Reihe von Ländern Gebrauch, und zwar mit unterschiedlicher Reichweite:

- für alle der Landesgesetzgebung unterliegenden Behörden treffen die entsprechende Anordnung Brandenburg (§ 8 BbgVwGG), Mecklenburg-Vorpommern (§ 14 GerStruktGAG) und das Saarland (§ 19 AGVwGO SL),
- für die Behörden ihrer jeweiligen unmittelbaren Landesverwaltung Niedersachsen (§ 79 NJG), Sachsen-Anhalt (§ 8 AG VwGO LSA) und Schleswig-Holstein (§ 69 LJG SH).

Prüfungshinweis

▶ Falls das Ihr Bundesland betrifft, ist dies unbedingt zu merken. Im Gutachten wirkt sich der Unterschied bei Beteiligungsfähigkeit und richtigem Beklagten aus.

43 Zweitens statuiert die **Bundesgesetzgebung punktuell** selbst ein Behördenprinzip.

Beispiel: Die Behörde „Die oder der Bundesbeauftragte für den Datenschutz und die Informationsfreiheit" gehört zum Verwaltungsträger „Bundesrepublik Deutschland". Nach der prozessrechtlichen Spezialregelung in § 20 Abs. 4, 5 BDSG fungiert die Behörde selbst als Beklagte.

Zusatzinformation
Mit dem Finanzprozessrecht gibt es ein Gebiet, wo das Behördenprinzip durchgehend verwirklicht ist (vgl. § 63 FGO). Die Klage etwa wegen eines Einkommensteuerbescheids ist also nicht gegen das Land, sondern gegen das Finanzamt zu richten.

44 Drittens entnimmt man dem Bundesrecht noch eine weitere Öffnung für den Fall, dass Organe desselben Verwaltungsträgers Ansprüche unmittelbar gegeneinander haben (zu derlei Ansprüchen oben Rn. 18). Die gesetzliche Grundlage für einen solchen **verwaltungsgerichtlichen Organstreit** ist allerdings nicht leicht zu konstruieren.[15] Das Rechtsträgerprinzip, das wir dem Verwaltungsprozessrecht

---

[15] Lit.: *Buchwald*, Der verwaltungsgerichtliche Organstreit, 1998; *Diemert*, Der Innenrechtsstreit im öffentlichen Recht und im Zivilrecht, 2002; *Ehlers*, NVwZ 1990, 105; *Krebs*, Jura, 1981, 569; *Lange*, FS Schenke, 2011, S. 959; *Lerche*, FS Knöpfle, 1996, S. 171; *Roth*, Verwaltungsrechtliche Organstreitigkeiten, 2001; *Rottenwallner*, VerwArch 105 (2014) S. 212.

sonst entnehmen, ist außerhalb von § 78 Abs. 1 Nr. 1 VwGO ohnehin ungeschrieben und mag für die Organstreitkonstellation reduziert werden. Probleme ergeben sich aber vor allem bei der ausdrücklich geregelten Beteiligungsfähigkeit, soweit das Land nicht von § 61 Nr. 3 VwGO Gebrauch gemacht hat. Man versucht, sie über § 61 Nr. 2 VwGO zu begründen, aber tut sich zumindest bei monokratischen Organen schwer, diese als „Vereinigungen" einzuordnen.

Alle drei Fälle des Behördenprinzips führen zu **Unzuträglichkeiten**, die auch den Hintergrund für den weitgehenden Verzicht der Länder auf eine Nutzung der Öffnungsklauseln bilden.[16] Auf der Ebene der Rechtskraft werfen sie die Frage auf, ob mit der Behörde zugleich auch deren Verwaltungsträger gebunden sein soll – oder ob dieser (und dessen andere Behörden) das Urteil unter Berufung auf § 121 VwGO nicht gegen sich gelten zu lassen braucht, weil er nicht selbst „Beteiligter" des Rechtsstreits gewesen ist (vgl. noch § 30 Rn. 7 ff.). Auf der Ebene der Kosten und der Vollstreckung entsteht die Schwierigkeit, dass die Behörde als solche kein Vermögen hat, woraus sie Kosten oder Zwangsgelder bestreiten könnte – hier greift man dann doch auf den Verwaltungsträger zurück.

45

Zusatzinformation
Im Falle des typischen Organstreits zwischen Leitungsorgan und Vertretungsorgan stellt sich das praktisch so dar, dass das Leitungsorgan seine Kosten aus dem von ihm bewirtschafteten Haushalt bestreitet, der für das Vertretungsorgan Handelnde aber die Kosten privat vorstreckt und anschließend von dem Verwaltungsträger ersetzt bekommt. Die Grundlage des dafür nötigen Ersatzanspruchs – zwischen einem Privatrechtssubjekt und dem Verwaltungsträger, dies ist also ein „normaler" Anspruch – ist freilich wiederum ungeschrieben (siehe auch noch unten § 13 Rn. 104). Das Thema ist insofern voller Unwägbarkeiten.

V. Charakteristische Erscheinungsformen

Die Errichtung, Benennung und Zuständigkeitsabgrenzung von Behörden liegt im weitgehend freien Ermessen der Gesetzgebung (oben Rn. 20 ff.). An dieser Stelle können wir daher die Behörden nicht abschließend aufzählen, sondern **typische und wichtige Fälle** angeben. Dazu betrachten wir zunächst die zweipolige Struktur aus Leitungs- und Vertretungsorgan, die die Mehrzahl der Verwaltungsträger aufweist. Sodann wenden wir uns der Behördenstruktur von Bund und Ländern zu, die etwas komplexer ausfällt.

46

1. Leitungs- und Vertretungsorgane

Bei den meisten Verwaltungsträgern legt das Errichtungsgesetz (vgl. oben § 6 Rn. 12) mit der Schaffung des Verwaltungsträgers selbst auch gleich dessen Organstruktur fest. Typisch sind ein Leitungs- und ein Vertretungsorgan, die einander gegenüberstehen – nach Art von Regierung und Parlament im Staatsrecht oder auch

47

---
[16] Lit.: *S. Desens*, NVwZ 2013, 471; *Klenke*, NWVBl 2004, 85.

von Vorstand und Mitgliederversammlung im privaten Vereinsrecht. Nach außen handelt bei den meisten Verwaltungsträgern in den meisten Fällen das Leitungsorgan.

48 Das **Leitungsorgan** ist diejenige Stelle des Verwaltungsträgers, die dessen Geschäfte führt, als dessen Behörde regelmäßig nach außen in Erscheinung tritt und hoheitlich gegenüber den Privaten handelt.

Beispiele: Bürgermeister einer Gemeinde (z. B. § 42 GemO BW); Rektorat einer Hochschule (z.b. § 16 Landeshochschulgesetz [LHG] BW); Vorstand einer Stadtsparkasse (z. B. § 23 Sparkassengesetz BW).

Zusatzinformation
Typologisch gehören hierher auch die Bundesregierung für den Bund und die Landesregierungen für die Länder (dazu gleich Rn. 56, 65).

49 Seltener treten vom Leitungsorgan getrennte, aber diesem **nachgeordnete Organe** auf. Hauptsächlich ist dies bei Bund und Ländern selbst der Fall (dazu gleich Rn. 52 ff.).

Beispiele: Dem Bürgermeister nachgeordnet ist die Betriebsleitung, wenn die Gemeinde einen Eigenbetrieb eingerichtet hat (z. B. §§ 4, 10 Eigenbetriebsgesetz BW), etwa für ein Gasleitungsnetz oder ein Schwimmbad. – Dem Vorstand der Bundesagentur für Arbeit, einer rechtsfähigen Körperschaft des öffentlichen Rechts (§ 6 Rn. 31), bzw. der von ihm geleiteten „Zentrale" sind „Regionaldirektionen" und örtliche „Agenturen für Arbeit" nachgeordnet (§ 367 SGB III). Hier ähnelt die Organstruktur einer Selbstverwaltungskörperschaft ausnahmsweise einem mehrstufigen Zweig der Bundesverwaltung.

50 Das **Vertretungsorgan** ist demgegenüber die zentrale Stelle für die innere Willensbildung und handelt nur ausnahmsweise unmittelbar als Behörde nach außen. Es hat durchgehend eine kollegiale Struktur (oben Rn. 27 ff.) und wird bei den mitgliedschaftlich strukturierten Verwaltungsträgern, den Körperschaften des öffentlichen Rechts (oben § 6 Rn. 29 ff.), grundsätzlich von den Mitgliedern gewählt.

Beispiele: Gemeinden haben einen Gemeinderat, der von den Gemeindebürgern gewählt wird (z. B. §§ 24, 26 GemO BW). – Hochschulen haben einen Senat, der von den Hochschulmitgliedern nach Gruppen gewählt wird (z. B. §§ 10, 19 LHG BW). – Krankenkassen und andere Sozialversicherungsträger haben eine Vertreterversammlung, die grundsätzlich ebenfalls nach Gruppen gewählt wird (§§ 45–47 SGB IV).

Zusatzinformation
Typologisch gehören hierher eigentlich auch der Bundestag für den Bund und die Landesparlamente für die Länder. Ihre Stellung regelt das Verfassungsrecht, und bei der Betrachtung der Verwaltungsorganisation lässt man sie meist außen vor. Das findet seine Rechtfertigung darin, dass die Volksvertretungen von Bund und Ländern weit weniger in die Verwaltungstätigkeit der jeweiligen Verwaltungsträger eingebunden sind als etwa die soeben beispielhaft genannten Vertretungsorgane.

51 Gerade zwischen Leitungs- und Vertretungsorganen bestehen oftmals **Ansprüche**, die – obwohl auf Organebene angesiedelt – verwaltungsgerichtlich geltend gemacht werden können (siehe oben Rn. 18 f., 44 sowie unten § 13).

V. Charakteristische Erscheinungsformen

Prüfungshinweis

▶ Das Verhältnis zwischen Bürgermeister und Gemeinderat werden Sie gerade auch unter diesem Gesichtspunkt in der Kommunalrechtsvorlesung näher betrachten.

2. Behörden von Bund und Ländern

Die Behörden des Verwaltungsträgers „Bund" und „Land" bilden die **unmittelbare Staatsverwaltung** der jeweiligen Staatsebene. Zwar lassen sich auch hier mit Bundes-/Landesregierung einerseits, Bundestag/Landesparlament andererseits durchaus jeweils ein Leitungs- und ein Vertretungsorgan im Sinne der eben betrachteten Struktur angeben. Doch sind hier angesichts der Vielzahl von Aufgaben der Vollzugsverwaltung von Bund und Ländern zahlreiche weitere Behörden gebildet, die uns auch praktisch weitaus häufiger entgegengetreten als die Regierung selbst.

Traditionell ist die Behördenstruktur innerhalb der unmittelbaren Staatsverwaltung vierstufig. Anhand dieser **Idealformen** lassen sich die verschiedenen Bundes- und Landesbehörden gut einsortieren:

- *oberste Behörden* sind die Verfassungsorgane mit Verwaltungsaufgaben, insbesondere die Regierung und die Ministerien,[17] und gewisse ihnen gleichgestellte Behörden;
- *Oberbehörden* sind einem Ministerium unterstellte Organe mit staatsgebietsweiter Zuständigkeit in einem bestimmten Sachgebiet;
- *Mittelbehörden* sind Organe mit regionaler Zuständigkeit;
- *Unterbehörden* sind Organe mit örtlicher Zuständigkeit.

Wir betrachten zunächst die Bundesverwaltung und dann gebündelt die Verwaltungen der 16 Länder, indem wir jeweils kurz auf Besonderheiten im Vergleich zu den genannten Idealformen eingehen.

a) Bund

In der Bundesverwaltung verteilt sich die Behördenerrichtung auf eine große Zahl verschiedener Gesetze. Ein einheitliches „Bundesorganisationsgesetz" fehlt bisher.

aa) Oberste Bundesbehörden

Die **Bundesregierung** im Sinne von Art. 62 GG ist nicht nur ein Verfassungsorgan, sondern zugleich eine kollegial organisierte oberste Bundesbehörde. Sie bringt nicht nur Gesetzentwürfe ein (unten § 24), sondern nimmt auch selbst Rechtsakte vor, hauptsächlich Rechtsverordnungen kraft gesetzlicher Ermächtigung (unten § 23) und Allgemeine Verwaltungsvorschriften kraft Art. 84 Abs. 2, Art. 85 Abs. 2

---
[17] Lit.: *Mehde*, HVwR IV, 2022, § 82.

und Art. 86 GG (unten § 25 Rn. 5).[18] Aufgaben der Vollzugsverwaltung nimmt sie dagegen nicht wahr (dafür würde es ihr auch an einem Verwaltungsunterbau fehlen).

Ausnahme: Die Bundesregierung als solche ist grundsätzlich zuständig für die Genehmigung von Herstellung, Beförderung und Inverkehrbringen von Kriegswaffen (Art. 26 Abs. 2 GG, § 11 Abs. 1 Gesetz über die Kontrolle von Kriegswaffen).

57 Oberste Bundesbehörden sind neben der Bundesregierung als Kollegium in erster Linie die einzelnen **Bundesministerien**. Verwaltungsrechtlich treten sie auch primär als Urheber von Rechtsverordnungen (unten § 23) und Verwaltungsvorschriften (unten § 25) in Erscheinung. In Ausnahmefällen nehmen diese Behörden aber auch Aufgaben der Vollzugsverwaltung wahr.

Beispiel: Der Bundesminister für Wirtschaft und Energie darf aus politischen Gründen einen Unternehmenszusammenschluss freigeben, den das Bundeskartellamt untersagt hat („Ministererlaubnis" nach § 42 GWB).

Zusatzinformationen
- Die Bundesministerien firmieren und gelten heute als versächlichte Behörden (Rn. 30). Ursprünglich führten sie dagegen lange die Bezeichnung „Der Bundesminister des/für ..." und erschienen damit als monokratische Behörden (Rn. 25 f.). Wenn heute im Gesetz noch ausdrücklich vom „Bundesminister" die Rede ist, kann das *entweder* ein Überbleibsel des älteren Sprachgebrauchs sein *oder* ausdrücken, dass für die Behörde hier der Bundesminister selbst handeln muss (Behördenleitervorbehalt, Rn. 14).
- Da Art. 87 Abs. 3 GG für die Übernahme von Aufgaben in Bundesverwaltung eine Spezialregelung trifft und hierfür die Bundesoberbehörden vorsieht (Rn. 60 f.), ist die Betrauung einer obersten Bundesbehörde im Anwendungsbereich von Art. 83–85 GG nicht ganz unproblematisch. Zumindest muss man ein Gesetz für erforderlich halten.

58 Dagegen gibt es eine Reihe nichtministerieller oberster Bundesbehörden, die für gewisse Spezialmaterien in der Tat Vollzugsaufgaben innehaben. Hierzu gehören zum einen die **Präsidenten der anderen Verfassungsorgane**.

Beispiele: Der Präsident des Bundestages fungiert als zuständige Behörde für die Durchführung der Parteienfinanzierung (§§ 18–21 Parteiengesetz). – Die Präsidenten vom Bundestag, Bundesrat und Bundesverfassungsgericht sind oberste Dienstbehörden für ihre jeweiligen Bediensteten. – Auch der Bundespräsident fungiert teilweise als Behörde.

59 Zum anderen haben Grundgesetz und einfaches Gesetz **weitere Behörden außerhalb der Geschäftsbereiche der Bundesministerien** errichtet und mit Vollzugsaufgaben betraut. Solche Stellen sind weisungsfrei und mehr oder weniger unabhängig (zum daraus folgenden Legitimationsproblem noch unten Rn. 85). Darüber hinaus lassen sie sich weder über ihre Aufgaben noch über ihre Organisationsform auf einen Nenner bringen.

---

[18] Lit. – mit verfassungstheoretischen und rechtsvergleichenden Perspektiven: *von Bogdandy*, Gubernative Rechtsetzung, 2000.

V. Charakteristische Erscheinungsformen

Beispiele: Der Bundesrechnungshof, eine kollegiale Behörde, prüft die Haushaltsführung des Bundes sowie weiterer Rechtsträger in dessen Einflussbereich (Art. 114 Abs. 2 GG und Gesetz über den Bundesrechnungshof [BRHG]). – Der Bundesbeauftragte für Datenschutz und Informationsfreiheit ist die datenschutzrechtliche Aufsichtsbehörde für öffentliche Stellen des Bundes (§§ 8–16 BDSG). – Der Bundespersonalausschuss ist zuständig für Ausnahmen von Vorschriften des Beamtenrechts (§§ 119–124 BBG). – Der Unabhängige Kontrollrat überwacht die technische Aufklärung des Bundesnachrichtendienstes (§ 41 BND-Gesetz).

Zusatzinformation
Die Bezeichnung als „Bundesbeauftragter" gibt keinen eindeutigen Aufschluss über die rechtliche Stellung. Während der Bundesdatenschutzbeauftragte selbst eine oberste Bundesbehörde ist, ist etwa der Bundesbeauftragte für den Zivildienst nur „im" zuständigen Bundesministerium errichtet (§ 2 Abs. 2 Zivildienstgesetz [ZDG]) und der Bundesbeauftragte für die Opfer der SED-Diktatur bloß ein „Hilfsorgan des Deutschen Bundestages" (§ 1 Abs. 1 Opferbeauftragtengesetz).

bb) Bundesoberbehörden

Das Bild der Bundesverwaltung dominieren die Bundesoberbehörden, die der Bund 60 in den Fällen von Art. 87 Abs. 1 GG sowie gemäß Art. 87 Abs. 3 S. 1 GG in den Grenzen seiner Gesetzgebungskompetenz errichten darf. Traditionell bezeichnet das Gesetz sie als „Bundesamt für X", „X-Bundesamt" oder „Bundes-X-Amt"; das ist aber nicht zwingend und zuletzt etwas aus der Mode gekommen. Vor allem aus strukturpolitischen Gründen hat man die Dienstsitze der Bundesoberbehörden über das ganze Bundesgebiet verteilt, der frühere Regierungssitz Bonn bildet einen Schwerpunkt.

Beispiele: – *Innenressort:* Bundespolizeipräsidium (§ 57 Bundespolizeigesetz, Potsdam, Führung der Bundespolizei). – *Wirtschaftsressort:* Bundeskartellamt (§ 51 GWB, Bonn, Wettbewerbsaufsicht). – *Verkehrsressort:* Kraftfahrt-Bundesamt (§ 1 Gesetz über die Errichtung eines Kraftfahrt-Bundesamtes, Flensburg, Straßenverkehr: u.a. das bekannte Fahreignungsregister mit den „Punkten"). – *Gesundheitsressort:* Robert Koch-Institut (§ 2 Abs. 1 Gesetz über Nachfolgeeinrichtungen des Bundesgesundheitsamtes, Berlin, Infektions- und nicht übertragbare Krankheiten). – *Finanzressort:* Generalzolldirektion (§ 1 Nr. 2 Var. 3, § 5a FVG, Bonn, Leitung der Zollverwaltung). – *Justizressort:* Bundesamt für Justiz (§ 1 Gesetz über die Errichtung des Bundesamts für Justiz, Bonn, u.a. Erteilung von Führungszeugnissen). – *Verteidigungsressort:* Bundesamt für das Personalmanagement der Bundeswehr (§ 14 Abs. 1 Nr. 1 Wehrpflichtgesetz, Köln).

Die Leitung einer Bundesoberbehörde ist normalerweise einem **„Präsidenten"** 61 (manchmal auch „Direktor") anvertraut, der meist Beamter ist. So ist auch die Praxis, wenn das Gesetz zur Leitungsfrage keine Aussage trifft. Seltener obliegt die Leitung einem Kollegialorgan, das dann regelmäßig im Gesetz ausdrücklich errichtet wird.

Beispiele: Die Bundeszentrale für Kinder- und Jugendmedienschutz leitet ein Direktor (§ 17 Abs. 2 Jugendschutzgesetz). – Das Informationstechnikzentrum Bund (§ 1 Abs. 1 S. 1 ITZBundG) leiten ein Direktorium und ein Verwaltungsrat.

Zusatzinformation
Als Beamte sind die Präsidenten der Bundesoberbehörden grundsätzlich auf Lebenszeit – d. h. bis zum Erreichen der Altersgrenze – in ihr Amt berufen. Außer bei schweren Dienstvergehen

dürfen sie deshalb nicht abberufen werden. Da sie einige Selbstständigkeit bei der Leitung ihrer Behörde haben und diese auch in der Öffentlichkeit vertreten, kann das zu politischen Konflikten mit der Bundesregierung führen. Das geltende Recht hat dafür einen Kompromiss gefunden: Bei bestimmten, als politisch sensibel empfundenen Bundesoberbehörden sind die Präsidenten „politische Beamte" im Sinne des § 54 BBG und dürfen deshalb jederzeit in den einstweiligen Ruhestand versetzt werden; Beispiele sind das Bundesamt für Verfassungsschutz und das Bundesamt für Migration und Flüchtlinge. Eine Regelungsalternative stellt das öffentlich-rechtliche Amtsverhältnis dar, das u. U. flexibler beendet werden kann (oben § 5 Rn. 25 ZI); eine praktische Alternative ist überdies ein privatrechtliches Dienstverhältnis (siehe jedoch Art. 33 Abs. 4 GG).

cc) Bundesmittel- und -unterbehörden

62 Eine **mehrstufig organisierte Bundesverwaltung** mit in der Fläche verteilten Mittel- und Unterbehörden gibt es nur selten. Art. 87 Abs. 1 GG benennt einige Verwaltungszweige ausdrücklich, wo sie möglich wäre; die Gesetzgebung macht davon heute nur eingeschränkt Gebrauch. Als absoluten Ausnahmefall erlaubt Art. 87 Abs. 3 S. 2 GG die Errichtung von Mittel- und Unterbehörden auch für weitere Aufgabenbereich; diese Kompetenz nutzt die Gesetzgebung gar nicht.

Beispiele: Die „Bundesfinanzverwaltung" (Art. 87 Abs. 1 S. 1 Var. 2 GG) besteht nach § 1 FVG aus dem Bundeszentralamt für Steuern und der Generalzolldirektion (Bundesoberbehörden in Bonn) sowie den Hauptzollämtern und Zollfahndungsämtern (Unterbehörden); die früheren Bundesfinanzdirektionen als Mittelbehörden wurden aufgelöst. – Die „Verwaltung der Bundeswasserstraßen und der Schifffahrt" (Art. 87 Abs. 1 S. 1 Var. 3 GG) besteht hauptsächlich aus der bundesweit zuständigen Generaldirektion Wasserstraßen und Schifffahrt (Bundesoberbehörde in Bonn, systemwidrig als „Mittelbehörde" bezeichnet) und den Wasserstraßen- und Schifffahrtsämtern (Unterbehörden); die früheren Wasser- und Schifffahrtsdirektionen als Mittelbehörden wurden aufgelöst. – „Bundesgrenzschutzbehörden" (Art. 87 Abs. 1 S. 2 Var. 1 GG) sind nach § 57 Bundespolizeigesetz (BPolG) heute das Bundespolizeipräsidium (Bundesoberbehörde in Potsdam) und die Bundespolizeidirektionen (Unterbehörden). – Die „Bundeswehrverwaltung" (Art. 87b Abs. 1 GG) umfasst als Unterbehörden heute die Bundeswehr-Dienstleistungszentren (vormals Standortverwaltungen) und die Karrierecenter der Bundeswehr (vormals Kreiswehrersatzämter).

Zusatzinformationen
- Besonderheiten weist der in Art. 87 Abs. 1 S. 1 GG ebenfalls genannte „Auswärtige Dienst" auf.[19] Die Botschaften und Generalkonsulate könnte man für Unterbehörden halten, Gesetz und Staatspraxis verstehen sie aber als Bestandteil der einheitlichen Behörde „Auswärtiges Amt", die zugleich Bundesministerium ist.
- Die Staatspraxis geht seit einiger Zeit dahin, anstelle eigenständiger Unterbehörden „Außenstellen" von Bundesoberbehörden einzurichten. Soweit der Bund die volle Verwaltungszuständigkeit hat, bestehen dagegen keine Bedenken – so bei den Außenstellen des Eisenbahn-Bundesamtes vor dem Hintergrund von Art. 87e Abs. 1 S. 1 GG. Soweit die Bundesoberbehörde dagegen nur auf der Grundlage von Art. 87 Abs. 3 S. 1 GG errichtet ist, darf es nicht zu einer Umgehung von Art. 87 Abs. 3 S. 2 GG kommen – problematisch sind insofern die Außenstellen des Bundesamtes für Migration und Flüchtlinge.[20]

---

[19] Vgl. *Weber/Recker*, DÖV 2022, 813.
[20] Vgl. *Jürgensen/Laude*, DÖV 2019, 468.

b) Länder

Spezielle Studienliteratur: zu einzelnen Ländern siehe Vorbemerkungen Rn. 37.

Auch in den Ländern sind die oben skizzierten Idealformen in unterschiedlichem Ausmaß verwirklicht. Insbesondere die Mittelbehörden haben erheblich an Verbreitung verloren. Besonders ausgeprägte Eigenheiten weist die Verwaltungsorganisation der Stadtstaaten Berlin, Bremen und Hamburg auf.

Prüfungshinweis

▶ Machen Sie sich in den Flächenländern besonders vertraut mit Begriff und Stellung der allgemeinen Landesmittelbehörden („Regierungspräsidien" o. ä.) und unteren allgemeinen Landesbehörden („Landratsämter" o. ä.) – diese Behörden werden Ihnen unter den Landesbehörden im Verwaltungsrechtsfall am häufigsten begegnen. In Berlin und Hamburg müssen Ihnen Senatsverwaltungen bzw. Fachbehörden einerseits und Bezirksämter andererseits geläufig sein.

Für die Verwaltung einiger Länder erleichtert ein allgemeines **Organisationsgesetz** den Überblick. Ein solches Gesetz definiert normalerweise eine Reihe von Behördenbezeichnungen, woran andere Landesgesetze dann anknüpfen können. Meist werden diese Bezeichnungen den oben genannten Idealtypen von Behörden (Rn. 53) stark ähneln, an denen wir auch die folgende Darstellung orientieren. Siehe etwa

- für Baden-Württemberg das Landesverwaltungsgesetz (LVG, auch VwG oder LVwG, die Abkürzung ist hier nicht amtlich),
- für Hamburg das Gesetz über Verwaltungsbehörden (VwBehG, regelt freilich nur einen Ausschnitt des Themas),
- für Nordrhein-Westfalen das Landesorganisationsgesetz (LOG),
- für Schleswig-Holstein §§ 2–52 Allgemeines Verwaltungsgesetz (LVwG).

aa) Oberste Landesbehörden

Alle Länder verfügen über ein Kollegialorgan an der Spitze der Landesverwaltung, das man übergreifend als „Landesregierung" bezeichnen kann und in vielen Ländern auch so heißt (Bayern und Sachsen verwenden die Bezeichnung „Staatsregierung"; Berlin, Bremen und Hamburg sagen „Senat"). Die wichtigste rechtliche Funktion der Landesregierung ergibt sich aus dem Staatsrecht, weil sie meist als einzige Stelle innerhalb der Exekutive die Kompetenz hat, Gesetzesinitiativen einzubringen. Verwaltungsrechtlich tritt die Landesregierung als Organ dagegen seltener in Erscheinung; sie hat typischerweise nur wenige eigene Zuständigkeiten und Befugnisse.[21]

Zusatzinformation
Eine Ausnahme stellt insoweit der hamburgische Senat dar, dem § 1 Abs. 4 VwBehG HH die Kompetenz gibt, jeden Vorgang an sich zu ziehen und selbst zu entscheiden („Evokationsrecht").

---

[21] Lit.: *Reimer*, in: Krüper/Pilniok (Hg.), Die Organisationsverfassung der Regierung, 2021, S. 109.

66 Außer der Landesregierung kennen alle Länder weitere oberste Landesbehörden. Dies sind typischerweise der Ministerpräsident (als monokratische Behörde, Rn. 25 f.) und die Ministerien (unter der Leitung eines Ministers). Hinzu kommen von der Landesregierung unabhängige Stellen wie ein Landesrechnungshof oder ein Landesdatenschutzbeauftragter (so z. B. § 7 LVG BW).

67 Im Vordergrund stehen hier die Ministerien. Sie stehen teilweise an der Spitze eines mehrstufigen Behördenaufbaus, wobei insbesondere dem Innenministerium die „allgemeine Verwaltung" und die Polizeidienststellen, dem Finanzministerium die Landesfinanzbehörden und dem Kultusministerium die Schulbehörden und Schulen unterstellt sind. Hier haben die Ministerien im Wesentlichen eine Leitungsaufgabe, die sie im Wege der Aufsicht (Rn. 82 ff.) über die nachgeordneten Behörden durch Innenrechtsakte (unten § 25) wahrnehmen. In größerem Umfang als die Bundesministerien haben die Ministerien der Länder daneben aber auch Aufgaben der Vollzugsverwaltung, wogegen im Landesbereich auch verfassungsrechtlich nichts einzuwenden ist.

68 In den Stadtstaaten ist ein abweichender Sprachgebrauch zu beachten. Statt „Ministerpräsident" und „Ministerium" heißt es

- in Berlin „Regierender Bürgermeister" und „Senatsverwaltung für X",
- in Bremen „Bürgermeister" und (monokratisch) „Der Senator für X",
- in Hamburg „Erster Bürgermeister" und (schlicht) „Behörde für X" (jeweils geleitet von einem Senator als „Präses").

bb) Landesoberbehörden

69 Landesoberbehörden sind Verwaltungsbehörden, deren Zuständigkeit sich auf das ganze Landesgebiet erstreckt (so ausdrücklich § 23 Abs. 1, 2 LVG BW). Ihre Errichtung dient im Wesentlichen dazu, die Ministerien von Aufgaben der Vollzugsverwaltung zu entlasten. Typisch ist die Benennung als **„Landesamt"**.

Beispiele: Landesamt für Besoldung und Versorgung (in Baden-Württemberg und Nordrhein-Westfalen). Landesamt für Finanzen (in Bayern und Rheinland-Pfalz). Landesverwaltungsamt (in Berlin, Saarland, Sachsen-Anhalt und Thüringen).

70 Als für das ganze Landesgebiet zuständige Organe gehören auch die **Eigenbetriebe des Landes** hierher (vgl. § 9 Abs. 2 LOG BB, § 14a LOG NRW), auch wenn ihre Bezeichnung als Oberbehörden nicht überall gebräuchlich ist. Sie dienen teilweise der erwerbswirtschaftlichen Betätigung des Landes (§ 26 Rn. 10) und bilden insoweit eine Rechtsform-Alternative zur privatrechtlichen Tochtergesellschaft (§ 5 Rn. 13) oder rechtsfähigen Anstalt (§ 6 Rn. 34). Teilweise obliegen ihnen aber auch gewöhnliche Aufgaben der Vollzugsverwaltung. Von anderen Landesbehörden unterscheidet sie das flexiblere Haushaltsrecht (vgl. § 26 Abs. 1 LHO BW und Parallelvorschriften).

Beispiele: Bayerische Staatsbrauerei Weihenstephan. Landesbetrieb Straßenbau Nordrhein-Westfalen („Straßen.NRW"). Materialprüfungsamt Nordrhein-Westfalen. Deutsche Staatsphilharmonie Rheinland-Pfalz. Staatsbetrieb Sachsenforst.

V. Charakteristische Erscheinungsformen

Zusatzinformation
Auch wenn in manchen Organisationsgesetzen die Begriffe nebeneinander stehen, liegen sie eigentlich auf verschiedenen Ebenen und schließen einander grundsätzlich nicht aus. Deutlich macht das beispielsweise § 1 Abs. 1, 2 Errichtungsgesetz BITBW, wo zuerst organisationsrechtlich „die Landesoberbehörde ‚IT Baden-Württemberg (BITBW)' errichtet" und sodann haushaltsrechtlich zum „Landesbetrieb" erklärt wird.

cc) Landesmittelbehörden

Die großen Flächenländer haben traditionell allgemeine Landesmittelbehörden, die als Vertretung der Landesregierung in der Region gelten und grundsätzlich dem Innenministerium unterstellt sind, aber in ihrem jeweiligen Bezirk ganz verschiedene Fachaufgaben wahrnehmen und insoweit jeweils an die Weisungen des zuständigen Fachministeriums gebunden sind. Diese Behörden heißen in der preußischen Tradition „**Regierung**" (so heute nur noch – ausgerechnet – in Bayern) und ihr Bezirk „Regierungsbezirk"; in Nordrhein-Westfalen heißen die Landesmittelbehörden „**Bezirksregierung**", in Baden-Württemberg und Hessen „**Regierungspräsidium**" (§ 10 LVG BW). Geleitet werden sie überall von einem beamteten „Regierungspräsidenten".

Prüfungshinweis

▶ Finden Sie heraus, ob in Ihrem Bundesland allgemeine Landesmittelbehörden eingerichtet sind, und merken Sie sich deren Standorte – sie sind zentral für die Verwaltungsgeografie des Landes. Mindestens sollten Sie diejenige Landesmittelbehörde kennen, die für ihren Studienort zuständig ist.

Zusatzinformationen
- In einer Phase der Verwaltungsreform der 2000er-Jahre haben Niedersachsen, Rheinland-Pfalz, Sachsen und Sachsen-Anhalt ihre Landesmittelbehörden abgeschafft.[22] Rheinland-Pfalz hat an die Stelle seiner drei Bezirksregierungen eine „Aufsichts- und Dienstleistungsdirektion" sowie zwei „Struktur- und Genehmigungsdirektionen" gesetzt und damit Zuständigkeiten eher verschoben als vereinfacht. Niedersachsen hat an die Stelle seiner vier Bezirksregierungen zunächst vier Außenstellen des Innenministeriums, später vier „Ämter für regionale Landesentwicklung" gesetzt und damit zumindest an der Idee einer Vertretung der Landesregierung in der Fläche festgehalten.
- Früher trugen manche Landesmittelbehörden die monokratische preußische Bezeichnung „Der Regierungspräsident" (Niedersachsen, Nordrhein-Westfalen).

Soweit allgemeine Landesmittelbehörden bestehen, spielen sie meist eine wichtige Rolle im Verwaltungsrecht des Landes. Sie haben dann etwa Zuständigkeiten für die Planfeststellung von Infrastrukturvorhaben, für die Beaufsichtigung von Selbstverwaltungsträgern und für verschiedene fachrechtliche Genehmigungen. In Nordrhein-Westfalen haben sie sogar die Auffangzuständigkeit für alle Verwaltungsaufgaben des Landes, die keiner anderen Behörde ausdrücklich zugewiesen sind (§ 8 Abs. 3 LOG NW).

---

[22] Lit.: *Bogumil*, ZG 2007, 246. Zur vorangegangenen Entwicklung *Schrapper*, DÖV 1994, 157.

73 Als gegenüber den unteren Landesbehörden „nächsthöhere Behörden" (§ 73 Abs. 1 VwGO) treten die allgemeinen Landesmittelbehörden insbesondere auch als **Widerspruchsbehörden** in Erscheinung (soweit das Widerspruchsverfahren nicht wie in Nordrhein-Westfalen weitgehend abgeschafft ist). Sie entscheiden dann als zweite verwaltungsinterne Instanz über Widersprüche gegen die Vornahme belastender oder die Unterlassung oder Versagung begünstigender Verwaltungsakte der unteren Landesbehörden (dazu ausführlich unten § 19 Rn. 162 ff., 203 ff.).

Prüfungshinweis

▸ Da diese Konstellation häufig ist, wird die Bezirksregierung bzw. das Regierungspräsidium oftmals im Gutachten über die Zulässigkeit einer entsprechenden verwaltungsgerichtlichen Klage aufzutauchen haben. Mit den entsprechenden Zuständigkeiten sollten Sie sich deshalb vertraut machen.

74 Das Besondere Verwaltungsrecht errichtet neben den allgemeinen teilweise noch **besondere Landesmittelbehörden** (auch „höhere Sonderbehörden"), die dann bestimmte Aufgaben für einen Teil des Landesgebiets wahrzunehmen haben.

Beispiele: traditionell die Oberfinanzdirektionen als Mittelbehörden der Landesfinanzverwaltung nach § 2 Abs. 1 Nr. 3 FVG (freilich nicht in allen Ländern eingerichtet und heute meist für das ganze Landesgebiet zuständig). – Als Mittelbehörden der Landesjustizverwaltung fungieren die Generalstaatsanwaltschaften und in gewissem Sinne auch die Obergerichte (s. a. § 8 Rn. 19).

dd) Untere Landesbehörden

75 Die Hauptlast der Vollzugsverwaltung tragen in allen Ländern außer Bremen die allgemeinen unteren Landesbehörden, die dabei grundsätzlich vom Innenministerium des Landes und – soweit eingerichtet – von den Landesmittelbehörden beaufsichtigt werden.

Prüfungshinweis

▸ Die Zuständigkeiten in Ihrem Bundesland sollten Sie sich klarmachen, weil die allgemeinen unteren Landesbehörden sehr häufig im Verwaltungsrechtsfall erscheinen.

76 In den **Flächenländern** handelt es sich um die Landratsämter in den Landkreisen sowie die Leitungsorgane der kreisfreien Städte und bestimmte weitere kommunale Behörden (vgl. beispielsweise § 15 Abs. 1 LVG BW). Sofort wird deutlich, dass sich die Länder hier in großem Umfang der Verwaltungskapazität der kommunalen Gebietskörperschaften bedienen und auf die Einrichtung genuin staatlicher Behörden insoweit verzichten. Zugleich bedeutet das, dass die Zuständigkeiten im Allgemeinen Verwaltungsrecht von kommunalrechtlichen Kategorien abhängen (insoweit müssen wir deshalb der Kommunalrechtsvorlesung vorgreifen).

77 Sieht man näher hin, haben wir es im Wesentlichen mit zwei Gruppen allgemeiner unterer Landesbehörden zu tun. Auf der einen Seite stehen die **Landrats-**

V. Charakteristische Erscheinungsformen

ämter – auch bezeichnet als „Kreisverwaltung" (Rheinland-Pfalz) oder monokratisch als „Der Landrat" (Nordrhein-Westfalen).[23] Sie sind im Ausgangspunkt Behörden nicht des Landes, sondern des jeweiligen Landkreises, der grundsätzlich die Bediensteten anstellt und die Kosten trägt (vgl. etwa §§ 42, 46, 52 LKrO BW). Wenn das Gesetz sie nun zur unteren staatlichen Verwaltungsbehörde erklärt, macht das die Landratsämter *zugleich* zu Organen des Landes (Organleihe, vgl. oben § 6 Rn. 17 f., 26); das Land ist der nach außen handelnde Verwaltungsträger, *soweit* ein Landratsamt in dieser Funktion handelt.

Auf der anderen Seite stehen die Leitungsorgane gewisser kommunaler Körperschaften, im Wesentlichen die **Oberbürgermeister der kreisfreien Städte**. Hier ist die Konstruktion eine völlig andere, denn für sie verzichten die Landesrechte auf eine Organleihe – das Land nimmt also die fraglichen Aufgaben gar nicht selbst als Verwaltungsträger wahr, sondern lässt die kreisfreien Städte usw. als Verwaltungsträger auftreten.

78

Prüfungshinweis

▷ Im Gutachten wird der Unterschied zwischen den beiden Arten allgemeiner unterer Landesbehörden hauptsächlich bei der Bestimmung des richtigen Beklagten relevant (oben § 6 Rn. 26). Handelt das Landratsamt in Wahrnehmung staatlicher Aufgaben, so ist wegen der Organleihe das Land zu verklagen; handelt ein Oberbürgermeister, so ist sowohl bei Wahrnehmung staatlicher als auch bei Wahrnehmung kommunaler Aufgaben grundsätzlich die Stadt richtiger Beklagter.

Zusatzinformation
Die Landesgesetze trennen oft nicht scharf (genug) zwischen Verwaltungsträgern und Organen, wenn sie – wie beispielsweise in Baden-Württemberg – einerseits Landratsämter (§ 15 Abs. 1 Nr. 1 Var. 1 LVG BW – eindeutig Organe) und andererseits Gemeinden (§ 15 Abs. 1 Nr. 2 Var. 2, Nr. 2 LVG BW – eindeutig juristische Personen) zu Behörden berufen. Entschärft wird diese Unstimmigkeit dadurch, dass die Aufgaben der unteren Verwaltungsbehörden gerade durch den Bürgermeister, also eine *Behörde* der Gemeinde, erfüllt werden (so explizit § 15 Abs. 2 LVG BW).

In Berlin und Hamburg sind als allgemeine untere Landesbehörden **Bezirksämter** errichtet. Da es in diesen Ländern keine Gemeinden gibt, hat man dort eine spezifische Form der Selbstverwaltung innerhalb der Bezirksämter eingerichtet, die diese von den Landratsämtern charakteristisch unterscheidet. Ähnlich dem Organmodell der Selbstverwaltung (oben Rn. 47 ff.) stehen sich hier ein Teilorgan der Leitung (Bezirksbürgermeister bzw. Bezirksamtsleiter) und ein Teilorgan der Vertretung (Bezirksverordnetenversammlung bzw. Bezirksversammlung) gegenüber. In Bremen gibt es zu den allgemeinen unteren Landesbehörden keine Entsprechung.

79

---

[23] Lit. – mit typischem Fokus auf den Behördenleiter: *Henneke/Ritgen*, LKV 2023, 241; zur historischen Entwicklung *von Unruh*, Der Landrat – Mittler zwischen Staatsverwaltung und kommunaler Selbstverwaltung, 1966; *Schmitz*, Der Landrat, Mittler zwischen Staatsverwaltung und kommunaler Selbstverwaltung, 1991.

80 Das Besondere Verwaltungsrecht errichtet neben den allgemeinen teilweise auch noch **besondere untere Landesbehörden** (auch „untere Sonderbehörden"), „denen ein fachlich begrenzter Aufgabenbereich für einen Teil des Landes zugewiesen ist" (so § 23 Abs. 4 LVG BW). Hier greift das Land dann nicht auf eine Organleihe zurück, sondern unterhält die Behörden in eigener Trägerschaft. Der verwaltungspolitische Trend ging in den letzten Jahrzehnten dahin, solche Behörden abzubauen und ihre Aufgaben in die allgemeine Verwaltung zu integrieren.

Beispiel: In Baden-Württemberg bestehen Staatliche Schulämter als untere Schulaufsichtsbehörden für die in ihrem Bezirk liegenden Schulen, § 33 SchG BW. – In allen Bundesländern sind die Finanzämter eigenständige untere Landesbehörden (als Landesfinanzbehörden nach § 2 Abs. 1 Nr. 4 FVG, einem Bundesgesetz).

Zusatzinformation
Begrifflich lassen sich auch die Staatsanwaltschaften hier einordnen. Da sie auf dem Gebiet des Strafverfahrensrechts tätig sind, blendet man sie für den Zusammenhang der Verwaltungsorganisation oft aus; auch verfassungsrechtlich fällt ihre Einordnung schwerer.[24]

3. Ausnahme: Behörden ohne Verwaltungsträger

81 In ganz wenigen Fällen begegnen uns Behörden, die nicht einem einzelnen Verwaltungsträger zugeordnet sind, in dessen Vertretung sie Vermögen verwalten, am Zivilrechtsverkehr teilnehmen oder an gerichtlichen Verfahren beteiligt sein könnten. Für ihre Ausstattung mit Personal und Sachmitteln muss dementsprechend ein anderer Verwaltungsträger gewissermaßen als **Wirtsumgebung** dienen; für den Rechtsschutz wegen ihrer Handlungen muss im Fachrecht jeweils eine Speziallösung gefunden werden.[25]

Beispiel: Die sogenannten „Schiedsämter" des Sozialrechts (etwa nach § 89 SGB V) werden von mehreren Verwaltungsträgern gemeinsam gebildet (dort: von den Kassenärztlichen Vereinigungen und Krankenkassen[verbänden]), ohne einem einzelnen anzugehören und ohne zu einem eigenen Verwaltungsträger verselbständigt zu sein. – Eine ähnlich prekäre Stellung weisen die „Arbeitsgemeinschaften" nach § 44b SGB II auf, die die sogenannten „Jobcenter" betreiben und von Bundesagentur für Arbeit und Landkreis oder kreisfreier Stadt gemeinsam gebildet werden.

Zusatzinformation
Die Rechtsprechung der Sozialgerichte lässt in diesen Fällen – mangels eines belangbaren Verwaltungsträgers – ausnahmsweise eine Klage gegen die Behörde selbst zu. Die allgemeine Verwaltungsgerichtsbarkeit müsste sich angesichts von §§ 61 und 78 VwGO (der im SGG keine Entsprechung hat) schwerer tun (vgl. Rn. 44).

---

[24] Lit.: *Barczak*, JZ 2020, 1125.
[25] Vgl. beispielsweise *Schaffarzik*, DÖV 2024, 375.

VI. Aufsicht

1. Zwischenbehördliche Weisungsbeziehungen

Soweit Verwaltungsträger mehrere Behörden haben (wie vor allem der Bund und die Länder), bestehen zwischen diesen normalerweise **Weisungsbeziehungen** von oben nach unten; die unteren Behörden heißen den oberen „nachgeordnet". Auch hier spricht man von „Fachaufsicht", die hier nicht über einen Verwaltungsträger insgesamt geführt wird (wie oben § 6 Rn. 39), sondern über eines seiner Organe durch ein anderes. Speziell für die obersten Bundes- und Landesbehörden (Ministerien) drückt man den Zusammenhang auch dahin aus, dass die von ihnen beaufsichtigten Behörden zu ihrem „Geschäftsbereich" gehörten; die Weisungskompetenz der Ministerien gegenüber den Behörden ihres Geschäftsbereichs ergibt sich aus Art. 65 S. 2 GG bzw. den landesrechtlichen Parallelvorschriften. 82

> *Beispiel:* Das Bundespolizeipräsidium ist weisungsbefugt gegenüber den Bundespolizeidirektionen. Das Bundesministerium des Innern, für Bau und Heimat (BMI) ist weisungsbefugt gegenüber allen Behörden seines Geschäftsbereichs, u.a. dem Bundesamt für Sicherheit in der Informationstechnik (BSI) und dem Bundespolizeipräsidium sowie den Bundespolizeidirektionen. Letztere können daher Weisungen sowohl vom Bundespolizeipräsidium als auch unmittelbar vom BMI erhalten.

Die Weisungskompetenz wird in der Regel in abstrakt-genereller Weise ausgeübt (sog. „**Verwaltungsvorschriften**"), steht aber grundsätzlich auch für Einzelfälle zur Verfügung. Weisungen der Ministerien nennen sich selbst oft „Erlasse"; im Übrigen ergehen Verwaltungsvorschriften vielfach auch unter anderen Bezeichnungen wie „Richtlinien" oder „Dienstvorschriften". In all diesen Fällen binden sie nur die nachgeordneten Behörden bzw. deren Bedienstete. Wir behandeln diese Rechtsaktform später unter dem Begriff „Innenrechtsakt" (unten § 25); da die Weisungen gewissermaßen innerhalb derselben juristischen Person verbleiben, fehlt es – anders als bei Weisungen gegenüber Verwaltungsträgern – für die Annahme eines Verwaltungsakts an der Außenwirkung (unten § 19 Rn. 51 ff.). 83

Auch wenn eine Behörde weisungsermächtigt gegenüber einer anderen ist, bedeutet das nicht, dass sie deren Aufgabe – statt anzuweisen – auch einfach selbst wahrnehmen dürfte. Ein solcher **Selbsteintritt** setzt vielmehr voraus, dass die Aufsichtsbehörde – neben der Weisungskompetenz – eine eigene Zuständigkeit (oben Rn. 4 ff.) hat. Denkbar sind gesetzliche Regelungen, wonach 84

- die Aufsichtsbehörde stets neben der der beaufsichtigten Behörde zuständig ist (selten);

> *Beispiel:* In Hamburg darf der Senat (als Landesregierung, oben Rn. 65) alle „Angelegenheiten selbst erledigen, auch soweit eine Fachbehörde oder ein Bezirksamt zuständig ist" (§ 1 Abs. 4 VwBehG HH, sogenanntes „Evokationsrecht").

- die Aufsichtsbehörde nach erfolgloser Erteilung einer Weisung die Zuständigkeit erhält;

Beispiel: In Bayern „kann der Leiter der Aufsichtsbehörde an Stelle der angewiesenen Behörde handeln", wenn diese eine schriftliche Weisung nicht befolgt hat (Art. 3b BayVwVfG). – Im Verhältnis zwischen den Baurechtsbehörden in Baden-Württemberg gilt § 47 Abs. 5 S. 2 LBO BW: „Leistet eine Baurechtsbehörde einer ihr erteilten Weisung innerhalb der gesetzten Frist keine Folge, so kann an ihrer Stelle jede Fachaufsichtsbehörde die erforderlichen Maßnahmen auf Kosten des Kostenträgers der Baurechtsbehörde treffen." (Kostenträger ist hier ein anderer Ausdruck für Verwaltungsträger, der dessen Vermögensfunktion betont.)

- die Aufsichtsbehörde bei Handlungsunfähigkeit oder -unwilligkeit der beaufsichtigten Behörde zuständig wird.

Beispiel: „Bei Gefahr im Verzug oder wenn sonst die ordnungsgemäße Erfüllung der Aufgaben durch die angewiesene Behörde nicht gewährleistet erscheint", darf in Mecklenburg-Vorpommern die Fachaufsichtsbehörde selbst handeln (§ 17 Abs. 4 LOG M-V).

85 In manchen Fällen sieht das Gesetz die **sachliche Unabhängigkeit** einer Behörde vor, wie wir es auch bereits für Verwaltungsträger sahen (oben § 6 Rn. 43 f.).[26] Das bedeutet nichts anderes als eine punktuelle Ausnahme von der Weisungsbindung, die andernfalls bestehen würde. Da es regelmäßig die Weisungsbefugnis des zuständigen Bundes- bzw. Landesministeriums gegenüber einer Behörde der unmittelbaren Staatsverwaltung ist, die hier abbedungen wird, spricht man plastisch auch von „ministerialfreien Räumen". Da die ministerielle Weisungsbefugnis aber gerade die „Legitimationskette" vom Wahlvolk hin zur vollziehenden Verwaltung vermittelt, verstößt ein solches Gesetz grundsätzlich gegen Art. 20 Abs. 2 S. 1 GG bzw. die landesrechtliche Parallelvorschrift, wonach alle Staatsgewalt vom Volke ausgeht. Behörden können deshalb nur unabhängig gestellt werden, soweit eine Verfassungs- oder Unionsrechtsnorm dies ausnahmsweise ermöglicht.

Beispiele: Nach § 10 Abs. 1 BDSG handelt der Bundesbeauftragte für den Datenschutz und die Informationsfreiheit „bei der Erfüllung ihrer oder seiner Aufgaben und bei der Ausübung ihrer oder seiner Befugnisse völlig unabhängig"; gemäß § 8 Abs. 1 BDSG gehört er überdies zu keinem Geschäftsbereich eines Bundesministeriums, weil er dadurch selbst als „eine oberste Bundesbehörde" definiert wird. Diese Gestaltung ist nur rechtmäßig, weil Art. 20 Abs. 2 S. 1 GG durch die unionsrechtliche Vorgabe in Art. 52 Abs. 1 DSGVO verdrängt wird. – Die Bundesnetzagentur hat bei der Regulierung des Energiemarktes nach Art. 57 Richtlinie (EU) 2019/944 einen weisungsfreien Raum (wo außer den Kompetenzen des Bundeswirtschaftsministeriums sogar die der Bundesgesetzgebung begrenzt sein sollen[27]). – Unabhängige Behörden sind auch die Wahlorgane in Bund und Ländern (die, obwohl Teil der Exekutive, meist nur in staatsrechtlichem Zusammenhang betrachtet werden).[28]

---

[26] Lit.: *Füsslein*, Ministerialfreie Verwaltung, 1972; *Oebbecke*, Weisungs- und unterrichtungsfreie Räume in der Verwaltung, 1986; *Dreier*, Hierarchische Verwaltung im demokratischen Staat, 1991; *Jestaedt*, Demokratieprinzip und Kondominialverwaltung, 1993; *Brandl-Michel*, Maßstäbe demokratischer Legitimation, 2021; *Roth-Isigkeit*, Verfassungsordnung und Verwaltungsorganisation, 2023; *Trute*, GVwR I³, 2022, § 9.

[27] Vgl. *Di Fabio*, EnWZ 2022, 291.

[28] Lit.: *Schnieders*, DVBl 2023, 500.

VI. Aufsicht

2. Zwischenbehördliche Rechtmäßigkeitskontrolle

Vor allem bei den Selbstverwaltungskörperschaften ist normalerweise nur ein einheitliches Leitungsorgan eingerichtet, sodass eine zwei- oder mehrstufige Weisungsbeziehung zwischen Behörden gar nicht in Frage kommt. Allerdings sieht das Gesetz meist vor, dass das Leitungsorgan das Recht und die Pflicht zur **Beanstandung** der Beschlüsse des (kollegialen) Verwaltungsorgans hat, soweit diese rechtswidrig sind.

86

Beispiele: „Der Bürgermeister muss Beschlüssen des Gemeinderats widersprechen, wenn er der Auffassung ist, dass sie gesetzwidrig sind; er kann widersprechen, wenn er der Auffassung ist, dass sie für die Gemeinde nachteilig sind" (§ 43 Abs. 2 S. 1 GemO BW). – „Verstößt der Beschluss eines Selbstverwaltungsorgans gegen Gesetz [!] oder sonstiges für den Versicherungsträger maßgebendes Recht, hat der Vorsitzende des Vorstands den Beschluss schriftlich und mit Begründung zu beanstanden und dabei eine angemessene Frist zur erneuten Beschlussfassung zu setzen" (§ 38 Abs. 1 S. 1 SGB IV).

Zusatzinformation
Einen landesrechtlichen Sonderfall gibt es in Rheinland-Pfalz. Hier bestehen als besondere kollegiale Organe sogenannte Stadt- und Kreisrechtsausschüsse, die weisungsfrei über Widersprüche gegen Verwaltungsakte entscheiden (§§ 6–7 AGVwGO RP). Ihre Widerspruchsbescheide kann die Aufsichts- und Dienstleistungsdirektion (Rn. 71) zwar nicht aufheben, aber im Wege einer besonderen Klageart beim Verwaltungsgericht beanstanden („Beanstandungsklage" nach § 17 AG-VwGO RP).

§ 8. Verwaltungsgerichte – nichtrechtsfähige Hoheitsträger mit Rechtsprechungsaufgaben

Besondere Hoheitsträger – und zwar: besondere Organe von Verwaltungsträgern – sind auch die Verwaltungsgerichte. Sie sollen deshalb im Rahmen dieses Teils ebenfalls noch kurz vorgestellt werden, auch wenn sie natürlich gerade keine Verwaltungs-, sondern Rechtsprechungsaufgaben wahrnehmen. Angesichts der üblichen prozessualen Einkleidung verwaltungsrechtlicher Aufgabenstellungen werden Sie die Perspektive eines solchen Gerichts regelmäßig einzunehmen haben; die Rechtsstellung des Gerichts selbst muss dafür vorab verstanden sein.

Zusatzinformation
Die hier erfolgte Behandlung der Verwaltungsgerichte bei den Staatsorganen ist nicht nur der Systematik geschuldet, sondern folgt überdies der historischen Entwicklung. Die Verwaltungsgerichte sind aus Behörden hervorgegangen. Zunächst haben sie innerhalb der Verwaltung Unabhängigkeit erlangt, später wurden sie durchgehend auch organisatorisch verselbstständigt. § 182 Abs. 1 der Frankfurter Reichsverfassung (Paulskirchenverfassung) von 1849 forderte noch „Die Verwaltungsrechtspflege hört auf." und meinte damit, es sollten nicht mehr weisungsgebundene Behörden Recht sprechen. Heute schreiben Art. 19 Abs. 4 GG positiv eine richterliche Kontrolle des Verwaltungshandelns (vgl. oben § 3 Rn. 1), Art. 97 GG die richterliche Unabhängigkeit und § 1 VwGO die Trennung der Verwaltungsgerichte von den Verwaltungsbehörden fest.

Nur wenige Verwaltungsträger haben gerichtliche Organe. **Gerichtsträger** sind nämlich gemäß Art. 92 Hs. 2 GG nur der Bund – in den wenigen vom Grundgesetz vorgesehenen Fällen – und die Länder. Für die Verwaltungsgerichtsbarkeit gilt danach Folgendes.

I. Entstehung und Untergang

Gerichte können gemäß Art. 101 GG und § 3 Abs. 1 VwGO nur durch Gesetz errichtet oder aufgehoben werden. Die Länder treffen entsprechende Regelungen in ihren jeweiligen Ausführungsgesetzen zur VwGO (hierzu oben § 2 Rn. 36).

4 Das **Bundesverwaltungsgericht** (BVerwG) ist vorgesehen in Art. 95 Abs. 1 GG und durch §§ 2, 10, 11 VwGO errichtet. Es ist dementsprechend ein Organ des Bundes, d. h., seine Bediensteten stehen in Dienstverhältnissen zum Bund, und seine Kosten trägt der Bundeshaushalt.

5 Die übrigen Gerichte sind **Organe der Länder**, die ihre Bediensteten anstellen, ihre Kosten tragen und sie durch Gesetz errichten. Welche Gerichte es geben muss, gibt das Bundesrecht vor:

- Die *Verwaltungsgerichte* (VG) nach §§ 2, 5, 6 VwGO bilden grundsätzlich die Eingangsinstanz.
- Das *Oberverwaltungsgericht* (OVG) nach §§ 2, 10, 12 VwGO ist die höchste landesrechtliche Instanz. Dementsprechend ist nur ein OVG je Land vorgesehen. Nach § 184 VwGO darf das Land eine etwaige ältere Bezeichnung des OVG als „Verwaltungsgerichtshof" (VGH) fortführen. Hierdurch ermöglicht es die Bundesgesetzgebung, landesspezifische Traditionen aufrechtzuerhalten. „VGH" heißen die Oberverwaltungsgerichte von Baden-Württemberg, Bayern und Hessen. „OVG" war die alte preußische Bezeichnung.

6 Die größeren Länder, die auch Regierungspräsidien unterhalten, errichten herkömmlich ein **Verwaltungsgericht** für jeden Regierungsbezirk – meist am Sitz des Regierungspräsidiums.

Beispiele – Baden-Württemberg: Gemäß § 1 Abs. 2 AGVwGO BW bestehen Verwaltungsgerichte in Stuttgart, Karlsruhe, Freiburg und Sigmaringen (für den Regierungsbezirk Tübingen).

Bayern: Gemäß Art. 1 Abs. 2 AGVwGO BY bestehen Verwaltungsgerichte in München, Regensburg, Bayreuth, Ansbach, Würzburg und Augsburg (jeweils zuständig für ganze Regierungsbezirke, Regensburg sogar für zwei davon).

Nordrhein-Westfalen: Gemäß § 17 JustG NW bestehen Verwaltungsgerichte in Aachen (früher eigener Regierungsbezirk), Arnsberg, Düsseldorf, Gelsenkirchen, Köln, Minden (für den Regierungsbezirk Detmold) und Münster.

Kleinere Länder haben oft nur ein Verwaltungsgericht.

So in Berlin, Bremen, Hamburg, Saarland, Schleswig-Holstein.

7 Die in den Ländern errichteten **Oberverwaltungsgerichte** sind mit ihren Sitzen zu merken.

Bremen: Bremen, Hamburg: Hamburg, Mecklenburg-Vorpommern: Greifswald, Niedersachsen: Lüneburg, Nordrhein-Westfalen: Münster, Rheinland-Pfalz: Koblenz, Saarland: Saarlouis, Sachsen: Bautzen, Sachsen-Anhalt: Magdeburg, Schleswig-Holstein: Schleswig, Thüringen: Weimar.

Von der Namensfortführungsermächtigung des § 184 VwGO machen drei Länder Gebrauch.

Baden-Württemberg: VGH in Mannheim, Bayern: VGH in München, Hessen: VGH in Kassel.

Ein gemeinsames Oberverwaltungsgericht auf der Grundlage eines Staatsvertrags unterhalten zwei Länder.

Berlin und Brandenburg: OVG Berlin-Brandenburg in Berlin. Früher auch Niedersachsen und Schleswig-Holstein (gemeinsames OVG Lüneburg).

Praxishinweis

▶ Die Oberverwaltungsgerichte zu memorieren hilft, Missverständnisse zu vermeiden. Manche zitieren „ThürOVG", andere schreiben „OVG Weimar" oder gar nur „Weimar"; jetzt wissen Sie, dass alles drei für dasselbe Gericht steht, und suchen nicht drei verschiedene Entscheidungen.

II. Zurechnung von Handlungen

Wie die Behörden sind auch die Gerichte intern untergliedert, diese allerdings nicht mehr-, sondern einstufig, nämlich in die sogenannten **Spruchkörper**. Mit diesen benannten Organteilen (vgl. § 7 Rn. 34 ff.) treten die Gerichte praktisch grundsätzlich als kollegiale Organe in Erscheinung (vgl. § 7 Rn. 27 ff.). „Das Verwaltungsgericht" entscheidet jeweils durch eine Kammer aus drei Berufs- und zwei ehrenamtlichen (Laien-)Richtern (§ 5 Abs. 2, 3 VwGO); letztere ähneln funktional den Schöffen der Strafgerichte.[1] Am OVG/VGH heißen die Spruchkörper Senate und sind grundsätzlich ebenso besetzt (§ 9 Abs. 2, 3 VwGO). Für Kammer bzw. Senat handeln oftmals Einzelrichter (§§ 6, 9 Abs. 4 VwGO). Das BVerwG hat Senate aus fünf Berufsrichtern, wobei keine ehrenamtlichen Richter mitwirken (§ 10 Abs. 2, 3 VwGO).

8

Weitere Organteile eines Gerichts sind neben den Spruchkörpern namentlich

9

- der *Präsident*, der die Gerichtsverwaltung leitet, die Dienstaufsicht über die Richter des Gerichts führt und Vorgesetzter der beim Gericht tätigen Beamten und Angestellten ist (§ 38 Abs. 1 VwGO);
- das *Präsidium*, das von den Richtern gewählt wird und insbesondere jährlich die Geschäftsverteilung beschließt (§ 4 VwGO, §§ 21a–21e GVG, vgl. auch Rn. 15 ZI);
- die *Urkundsbeamten* (§ 13 VwGO), die insbesondere im Nachgang zu den abgeschlossenen Verfahren auf der Grundlage der Kostenentscheidung im Urteil durch einen Kostenfestsetzungsbeschluss die genaue Höhe der zu begleichenden Kosten festsetzen (§ 164 VwGO, vgl. auch § 13 Rn. 104).

---

[1] Lit.: *Schiffmann*, Die Bedeutung der ehrenamtlichen Richter bei Gerichten der allgemeinen Verwaltungsgerichtsbarkeit, 1974.

III. Zuständigkeit

10 Wie für die Verwaltungsbehörden ist auch für die Verwaltungsgerichte die Zuständigkeit ein wichtiges Konzept. Aus Sicht der verwaltungsrechtlichen Fallbearbeitung tritt die Zuständigkeit des angerufenen Gerichts als **Zulässigkeitsvoraussetzung** in Erscheinung; nur der beim zuständigen Gericht eingelegte Rechtsbehelf ist zulässig. Das angerufene Gericht darf also nur dann in der Sache entscheiden, wenn es seine eigene Zuständigkeit annimmt.

Zusatzinformation
Bei der Zuständigkeitsprüfung ist das Gericht u. U. an bindende Vorabentscheidungen anderer Gerichte gebunden (vgl. § 21 Rn. 8). In Frage kommen dafür vor allem Verweisungsbeschlüsse (vgl. § 3 Rn. 22), seltener Zuständigkeitsbestimmungen höherer Gerichte, wie sie § 53 VwGO für den Streitfall vorsieht.[2]

11 Unterschieden werden wie bei den Behörden (§ 7 Rn. 7 ff.) auch hier die beiden Hauptaspekte der sachlichen und der örtlichen Zuständigkeit, die kumulativ gegeben sein müssen.

12 Die **sachliche Zuständigkeit** liegt, wenn der Verwaltungsrechtsweg erst einmal eröffnet ist, nach § 45 VwGO grundsätzlich beim Verwaltungsgericht. Nur punktuell gibt es sachliche Zuständigkeiten des Oberverwaltungsgerichts (§§ 47, 48 VwGO: viele Infrastrukturplanungsangelegenheiten) oder sogar des Bundesverwaltungsgerichts (§ 50 VwGO: z. B. Streitigkeiten um den Bundesnachrichtendienst, aber zunehmend auch politisch noch weiter priorisierte Infrastrukturplanungsangelegenheiten[3]).

13 Eng der sachlichen verwandt ist die sog. instanzielle Zuständigkeit, die für gewöhnlich aber nicht gesondert geprüft werden muss. Gemeint ist hier nur, dass

- für Klagen (erste Instanz) die in §§ 45, 47, 48, 50 VwGO genannten Gerichte zuständig sind,
- für Berufungen (zweite Instanz) die Oberverwaltungsgerichte nach § 46 VwGO und
- für Revisionen (grundsätzlich dritte Instanz) das Bundesverwaltungsgericht nach § 49 VwGO.

Wo das OVG die erste Instanz ist (Rn. 12), entfällt die Berufung und bleibt als Rechtsmittel nur die Revision. Auf manchen Sachgebieten beseitigt das Fachrecht eine der Instanzen (z. B. im Wehrpflichtrecht nach § 34 Wehrpflichtgesetz keine Berufung, im Asylrecht nach § 78 Abs. 1 AsylG manchmal gar kein Rechtsmittel gegen das verwaltungsgerichtliche Urteil). Auf die Rechtsmittel kommen wir später zurück (unten § 21 Rn. 24 ff.).

---

[2] Lit.: *Karge*, NVwZ 2022, 130.
[3] Vgl. *Roth*, DVBl 2023, 10.

Prüfungshinweis

▶ In aller Regel werden verwaltungsrechtliche Aufgabenstellungen vor der ersten Instanz am VG spielen.

Welchem unter den sachlich zuständigen Gerichten auch die **örtliche Zuständigkeit** zukommt, bestimmt sich nach § 52 VwGO. Soweit es um Grundstücke geht (etwa im Baurecht oder Umweltrecht), entscheidet grundsätzlich deren Belegenheit (Nr. 1), im Übrigen der Sitz des Beklagten (Nr. 5). Eine Sonderregelung gilt allerdings für die wichtigen Anfechtungs- und Verpflichtungsklagen, wo der Ort des Erlasses eines Verwaltungsakts entscheidet (Nr. 2 und 3; dazu später unter § 19), und für Klagen über Rechtsverhältnisse Staatsbediensteter, wo auf deren Wohnsitz abzuheben ist (Nr. 4). 14

Die **funktionale Zuständigkeit** eines Spruchkörpers (Kammer bzw. Senat, Rn. 8) innerhalb des Gerichts ergibt sich aus dem gerichtsinternen Geschäftsverteilungsplan (§ 4 S. 1 VwGO, § 21e GVG), den das Präsidium des Gerichts für jedes Jahr aufstellt. 15

Zusatzinformationen

- Die funktionale Zuständigkeit ist keine Zulässigkeitsvoraussetzung. Die Klage muss nur an das richtige Gericht adressiert sein (z. B. „Verwaltungsgericht Freiburg"). Innerhalb des Gerichts wird sie dann einer Kammer zugeleitet; wenn diese sich für funktional unzuständig hält, gibt sie die Sache formlos an eine andere ab, ohne dass dies die Zulässigkeit der Klage berührte.
- Der Geschäftsverteilungsplan ist ein Rechtsakt der richterlichen Selbstverwaltung und ähnelt insofern einer Satzung (unten § 23 Rn. 5). Ob er allerdings wie diese mit einem Normenkontrollantrag nach § 47 VwGO angegriffen werden kann, ist umstritten.

IV. Stellung in Verfahren

Gerichte führen im eigenen Namen Verfahren durch (dazu § 30). An anderen behördlichen oder gerichtlichen Verfahren, die sie nicht selbst führen, sind sie dagegen nicht als solche beteiligt, vielmehr werden diese auf der Ebene der Personen, also zwischen Verwaltungsträgern und Privatrechtssubjekten, geführt. Die Ausnahmen zugunsten eines „Behördenprinzips" (§ 7 Rn. 40 ff.) lassen sich auf Gerichte nicht übertragen. Insbesondere ist das Gericht der Vorinstanz am Rechtsmittelverfahren nicht beteiligt – der Fall ist ihm mit dem Übergang in die nächste Instanz vollständig entzogen, es wird auch nicht etwa angehört, sondern spricht nur durch seine instanzabschließende Entscheidung. 16

Lediglich dann, wenn ein Gericht nicht im Rahmen seiner Rechtsprechungstätigkeit, sondern in Wahrnehmung einer Verwaltungsaufgabe gehandelt hat, kann sich eine behördenähnliche Konstellation ergeben. Auch hier ist dann aber der Verwaltungsträger der richtige Verfahrensbeteiligte und tritt das Gericht – genauer meist: dessen Präsident – höchstens als Vertretungsorgan dieses Beteiligten auf. 17

Beispiel: Die Pressestelle des Verwaltungsgerichts X – eine Untereinheit der Gerichtsverwaltung, die der Präsident des Verwaltungsgerichts leitet – äußert sich öffentlich abfällig über K, die an einem anhängigen Verfahren beteiligt ist. K klagt auf Unterlassung; soweit die Streitigkeit öffentlich-rechtlich ist, muss die Klage nach dem Rechtsträgerprinzip gegen das Land gerichtet werden. Dieses wird in dem Rechtsstreit nach Maßgabe des Landesrechts möglicherweise durch den Präsidenten des Verwaltungsgerichts vertreten.

V. Aufsicht

18   In Deutschland verwalten sich die Gerichte nicht vollständig selbst, sondern gehören jeweils verwaltungsmäßig in den Geschäftsbereich eines Ministeriums.[4] Für das Bundesverwaltungsgericht ist dies das Bundesministerium der Justiz. In den meisten Ländern ist heute einheitlich das **Landesjustizministerium** für die Aufsicht über die Gerichte aller Gerichtszweige zuständig; in Bayern unterstehen die Verwaltungsgerichte dem Innenministerium.

19   Die Verwaltungsgerichte unterliegen überdies noch der übergeordneten Dienstaufsicht durch die Behörde „**Präsident des Oberverwaltungsgerichts**", der hier gewissermaßen als Mittelinstanz eines dreistufigen Organisationsaufbaus fungiert (§ 38 Abs. 2 VwGO).

20   Die Ausübung der Aufsicht ist gegenüber den Gerichten im Vergleich zu den Verwaltungsorganen eingeschränkt, weil die Gerichte sachlich und die Richter persönlich unabhängig sind (Art. 97 GG, § 1 VwGO) und auch die Zuständigkeit der verschiedenen Spruchkörper für die eingehenden Fälle abstrakt-generell festgelegt ist („gesetzlicher Richter", Art. 101 Abs. 1 S. 2 GG). Weisungen etwa dazu, welcher Spruchkörper einen Fall entscheiden oder gar mit welchem Ergebnis er entscheiden soll, sind damit ausgeschlossen. Einfluss nehmen kann das Ministerium aber auf die Ausstattung mit Personal und Sachmitteln sowie auf die äußeren Abläufe der Rechtsprechungstätigkeit.

Beispiele: Das Justizministerium des Landes L erlässt für alle Gerichte von L eine Verwaltungsvorschrift darüber, wie die Akten zu bezeichnen, zu gliedern und zu verwahren sind. Es führt außerdem eine einheitliche Software ein, die alle Gerichte dafür zu verwenden haben.

---

[4] Lit.: *Wittreck*, Die Verwaltung der Dritten Gewalt, 2006.

Selbstkontrollaufgaben zu Teil II

1. Erklären Sie die folgenden Begriffe für jemanden, der sich mit der Materie noch nicht beschäftigt hat (gern schriftlich oder gegenüber einem Lernpartner).
   a) Bedienstete
   b) Behörde
   c) Beteiligungsfähigkeit
   d) Körperschaft
   e) monokratisch
   f) Privatisierung
   g) Prozessfähigkeit
   h) Verwaltungsträger
2. Überlegen Sie, inwieweit die folgenden Sätze zutreffen und nicht zutreffen, und stellen Sie sie richtig (am besten in eigenen ganzen Sätzen).
   a) „Die Universität hat mit der Stadt rechtlich nichts gemeinsam."
   b) „Dieses Grundstück gehört dem Regierungspräsidium."
   c) „Regierungspräsidien sind in den Flächenländern besondere Gebietskörperschaften oberhalb der Landkreise."
   d) „Die Gemeinde ist eine monokratische Behörde, der Bürgermeister eine natürliche Person."
   e) „Verwaltungsrechtliche Klagen müssen immer gegen eine juristische Person gerichtet werden."
   f) „Man muss die Klage an die richtige Kammer des Gerichts adressieren, damit sie zulässig ist."
3. Mit welchen Rechtsträgern des Verwaltungsrechts sind Sie bereits persönlich in Berührung gekommen? Versuchen Sie, dabei jeweils sowohl die Ebene des Verwaltungsträgers als auch die der Behörde zu identifizieren.

4. Verwaltungsträger V möchte sein Rechenzentrum rechtlich verselbstständigen, damit es seine IT-Dienstleistungen einfacher auch Dritten anbieten kann. Welche Rechtsformen stehen V dafür zur Verfügung, wenn V …
   a) ein beliebiger Verwaltungsträger ist?
   b) eine Gemeinde ist?
   c) ein Land ist?

III. Rechtspositionen

§ 9. Systematischer Überblick

Studienliteratur zu den Grundbegriffen: *Reimer*, Rechtstheorie, 2022, § 6.

Die in Teil II behandelten Rechtsträger des Verwaltungsrechts – hauptsächlich die Privatrechtssubjekte, Verwaltungsträger und die Behörden – stehen in zahlreichen und verschiedenartigen **Rechtspositionen**: Sie haben Pflichten, Ansprüche, Kompetenzen und anderes mehr.[1] Die Zuordnung von Rechtspositionen zu Rechtsträgern kann man als den zentralen Inhalt einer Rechtsordnung begreifen.[2] Dass diese Zuordnung weitestgehend das Ergebnis von Rechtsakten ist, stellt wiederum die Verbindung zum anschließenden Teil IV her.

Zusatzinformation
Eine zusammenhängende allgemeine Regelung der Rechtspositionen, wie sie für das Privatrecht etwa der Allgemeine Teil und das Allgemeine Schuldrecht des BGB enthalten, findet sich im Verwaltungsrecht nicht. Insbesondere sagt das VwVfG* hierzu wenig aus. Eine bemerkenswerte Ausnahme noch aus der Weimarer Zeit ist der Entwurf einer Verwaltungsrechtsordnung für das damalige Land Württemberg, der einen Ausschnitt des hier Gemeinten kodifiziert hätte.[3]

Zunächst sollen die verschiedenen Arten von Rechtspositionen kurz im Zusammenhang vor- und einige übergreifende Aspekte dargestellt werden.

---

[1] Ein vergleichbar gesamthafter Zugriff auf die verwaltungsrechtlichen Rechtspositionen findet sich heute selten, erscheint aber wichtig. Unter den Lehrbüchern siehe zumindest *Hofmann*, in: ders./Gerke/Hildebrandt, Allgemeines Verwaltungsrecht, 11. Aufl. 2016, Rn. 257–305 (reduziert in der 12. Aufl.). Ähnliche Ansätze gibt es aber in der älteren Literatur, siehe *Kormann*, AnnDR 1911, 850/904, 1912, 36/114/195 (bes. §§ 11–16); *W. Jellinek*, Gesetz, Gesetzesanwendung und Zweckmäßigkeitserwägung, 1913, bes. S. 118–126; *ders.*, Verwaltungsrecht, 3. Aufl. 1931, S. 189–217.
[2] Lit.: *Schur*, Anspruch, absolutes Recht und Rechtsverhältnis im öffentlichen Recht entwickelt aus dem Zivilrecht, 1993.
[3] Kommission für die Landesordnung des Allgemeinen Öffentlichen Rechts (Hg.), Verwaltungsrechtsordnung für Württemberg, 1931.

I. Einteilungen der Rechtspositionen

1. Status, Erlaubnis, Pflicht, Anspruch, Kompetenz, Sacheigenschaft und Systemzustand

3   Eine Rechtsposition besteht im Kern darin, dass aus Sicht der Rechtsordnung ein Rechtsträger (im Sinne von Teil II)

- etwas **ist** (Status, § 10),

    Beispiele: deutsche Staatsangehörigkeit, Beamteneigenschaft.

- etwas **darf** (Erlaubnis, § 11),

    Beispiele: Baugenehmigung als Erlaubnis zu bauen; für Behörden: Befugnis zur Erteilung eines Platzverweises.

- etwas tun **soll** (Pflicht, § 12),

    Beispiele: Verbot, ohne Baugenehmigung zu bauen; Gebot, eine Steuer zu entrichten.

- etwas **verlangen kann** (Anspruch, § 13),

    Beispiele: Anspruch auf Erteilung einer Baugenehmigung; Anspruch auf Gewährung einer Sozialleistung; Anspruch auf Unterlassung belastenden Verwaltungshandelns; Anspruch auf Schadensersatz wegen rechtswidrigen Verwaltungshandelns.

- etwas **bewirken kann** (Kompetenz, § 14).

    Beispiele: (Gestaltungs-)Recht zur Kündigung eines öffentlich-rechtlichen Vertrags; für Behörden: Kompetenz zum Erlass von Verwaltungsakten.

4   Gelegentlich kommen auch Rechtspositionen vor, die keinem einzelnen Rechtsträger zugeordnet werden. Sie treten vor allem auf als öffentlich-rechtliche **Eigenschaften** von unbeweglichen oder beweglichen Sachen oder Sachgesamtheiten (die man dann „öffentliche Sachen" nennt; unten § 15). Von anderen Rechtspositionen ohne Rechtsträger kann man sagen, dass sie der Rechtsordnung als ganzer anhaften; von solchen **Systemzuständen** wollen wir gegen Ende dieses Teils noch kurz sprechen (unten § 16).

2. Subjektives öffentliches Recht

Spezielle Studienliteratur: *Schwerdtfeger*, Jura 2023, 670; *Voßkuhle/Kaiser*, JuS 2009, 16.

Für günstige Rechtspositionen der Privaten ist der Begriff der subjektiven öffentlichen Rechte eingeführt.[4] Allerdings gehen in diesem Sammelbegriff oft die wichtigen und dogmatisch fruchtbaren Differenzierungen unter, die mit den Kategorien von Erlaubnissen, Ansprüchen und Kompetenzen möglich sind.[5] Diese präziseren Begriffe finden deshalb in diesem Buch ausschließlich Verwendung. Manche verstehen unter dem subjektiven öffentlichen Recht ohnehin nur die Ansprüche;[6] dann besteht insoweit zu diesem Buch nur ein terminologischer Unterschied.

Prüfungshinweis

▶ Sprachlich weniger präzise, aber ebenso verbreitet ist die Wortfügung „subjektiv-öffentliche Rechte".

Zusatzinformation
Die Vorstellung, dass es Rechte gegen den Staat geben könnte, ist historisch jünger als die der Privatrechte. Im 19. Jahrhundert gab es hier eine eigenständige Entwicklung (u. a. durch den Staatsrechtslehrer *Georg Jellinek*), die eine heute vor allem terminologisch fortwirkende Tradition des subjektiven öffentlichen Rechts begründet hat.[7] Als „Statuslehre" dürfte sie Ihnen im Staatsrecht II begegnet sein.

3. Rechtsverhältnis, Schuldverhältnis

Einige Rechtspositionen verbinden jeweils mehrere Rechtsträger miteinander. Das gilt insbesondere für die Ansprüche (unten § 13), die stets dem einen gerade gegenüber einem anderen Rechtsträger zustehen und denen stets die inhaltlich identische Pflicht dieses anderen Rechtsträgers entspricht. Aber auch Erlaubnisse (unten § 11: Wem gegenüber ist es erlaubt?) und Kompetenzen (unten § 14: Wem gegenüber besteht die Rechtsmacht?) lassen sich so deuten. Man kann dann von einem „(Verwaltungs-)**Rechtsverhältnis**" sprechen, das manche als dogmatischen Zentralbegriff

---

[4] Lit.: *Bachof*, GS Jellinek, 1955, S. 287; *Bauer*, Geschichtliche Grundlagen der Lehre vom subjektiven öffentlichen Recht, 1986; *ders.*, DÖV 2021, 181; *Funke*, JZ 2015, 369; *Henke*, Das subjektive öffentliche Recht, 1968; *ders.*, FS Weber, 1974, S. 495; *ders.*, DÖV 1980, 621; *Schenke*, HVwR IV, 2022, § 92; *Scherzberg*, DVBl 1988, 129. Aus österreichischer Sicht *Schulev-Steindl*, Subjektive Rechte, 2008. Zum internationalen Vergleich *Saurer*, HVwR IV, 2022, § 98.
[5] Deutlich wird das Problem etwa bei *Mayer*, Deutsches Verwaltungsrecht, Bd. 1, 3. Aufl. 1924, S. 103–113.
[6] So explizit *Haack*, Theorie des öffentlichen Rechts, 2017, S. 8; *Henke*, Das subjektive öffentliche Recht, 1968, S. 108. Begriffliche Differenzierungen bei *Thoma*, in: Anschütz/Thoma (Hg.), Handbuch des Deutschen Staatsrechts, Bd. 2, 1932, S. 607 (616–618); *Wolff*, FS Westfälische Verwaltungsakademie, 1950, S. 119 (121–132).
[7] Wichtige Etappen dieser Entwicklung: *Gerber*, Ueber öffentliche Rechte, 1852; *Jellinek*, System der subjektiven öffentlichen Rechte, 1892 (2. Aufl. 1905); *Bühler*, Die subjektiven öffentlichen Rechte und ihr Schutz in der deutschen Verwaltungsrechtsprechung, 1914.

stark machen wollen.[8] Dem wird hier nicht gefolgt, weil der Begriff „Rechtsposition" einfacher und umfassender ist und deshalb mehr erklären kann.

Zusatzinformation
Mitunter verwendet auch das Gesetz den Begriff „Rechtsverhältnis", hier ist dieser dann zwingend zu verwenden. Vor allem an zwei Stellen ist dies der Fall: (1) bei der allgemeinen Feststellungsklage, mit der nach § 43 Abs. 1 VwGO die Feststellung eines Rechtsverhältnisses beantragt werden kann (unten Rn. 56 ff.), und (2) beim öffentlich-rechtlichen Vertrag, mit dem nach § 54 S. 1 VwVfG* ein Rechtsverhältnis begründet, geändert oder aufgehoben werden kann (unten § 22).

7   Auch der aus dem Privatrecht bekannte Begriff des **Schuldverhältnisses** wird gelegentlich für das Verwaltungsrecht gebraucht.[9] Als Schuldverhältnis im engeren Sinne gilt im Einklang mit § 241 Abs. 1 BGB das Recht, eine Leistung zu fordern; das ist gleichbedeutend mit einem Anspruch (unten § 13). Einen eigenen Begriff zu rechtfertigen verspricht deshalb höchstens das Schuldverhältnis im weiteren Sinne, womit man ein ganzes Bündel verschiedener Rechtspositionen bezeichnet, die zwischen denselben Rechtsträgern bestehen und hinsichtlich ihres Inhalts und Bestands miteinander zusammenhängen. Derartige verwaltungsrechtliche Schuldverhältnisse sind spezielle „Verwaltungsrechtsverhältnisse" im obigen Sinne. Sie können durch einen Verwaltungsakt (dazu § 19) oder einen öffentlich-rechtlichen Vertrag begründet werden (dazu § 22), oft entstehen sie aber auch nach Art quasivertraglicher oder gesetzlicher Schuldverhältnisse durch Verwirklichung des Tatbestands eines abstrakten Rechtsakts (dazu Rn. 20 ff.).

Beispiele: Ein öffentlich-rechtliches Dienstverhältnis entsteht, wenn der Verwaltungsträger jemanden zum Beamten, Richter oder Soldaten ernennt (§ 8 BeamtStG u. a.). – Ein öffentlich-rechtliches Austauschverhältnis entsteht, wenn der Verwaltungsträger mit jemandem einen Austauschvertrag schließt (§ 56 VwVfG*). – Ein öffentlich-rechtliches Verwahrungsverhältnis entsteht, wenn die Polizei eine Sache sicherstellt oder beschlagnahmt (z. B. §§ 37, 38 PolG BW). – Ein öffentlich-rechtliches Steuerschuldverhältnis entsteht, wenn ein Steuerpflichtiger einen Steuertatbestand verwirklicht, gegenüber dem Steuergläubiger (meist Bund oder Land; § 38 AO). – Ein öffentlich-rechtliches Versicherungsverhältnis besteht etwa zwischen Arbeitnehmern und ihrer Krankenkasse nach dem SGB V.

8   Die folgende Darstellung verzichtet dennoch auf die Kategorie des Rechts- oder Schuldverhältnisses, weil deren Erklärungswert begrenzt ist – denn letztlich geht es immer um einzelne Rechtspositionen. Im Beispiel des Dienstverhältnisses steht der

---

[8] Unter den Lehrbüchern: *Bull/Mehde*, Allgemeines Verwaltungsrecht mit Verwaltungslehre, 9. Aufl. 2015, §§ 8 und 22. Lit.: *Achterberg*, Die Rechtsordnung als Rechtsverhältnisordnung, 1982; *Bauer*, Lehren von Verwaltungsrechtsverhältnis, 2022; *ders.*, HVwR IV, 2022, § 98; *ders.*, DÖV 2023, 733; *Droege*, JZ 2023, 469; *Gröschner*, Die Verwaltung 30 (1997), S. 301; *ders.*, Das Überwachungsrechtsverhältnis, 1992; *Häberle*, in: ders., Die Verfassung des Pluralismus, 1980, S. 248; *Hase*, Die Verwaltung 38 (2005), S. 453; *Meysen*, Die Haftung aus Verwaltungsrechtsverhältnis, 2000; *Schoch*, FS Gröschner, 2018, S. 225; *von Danwitz*, Die Verwaltung 30 (1997), S. 339; *Wimmer*, Rechtsverhältnisse im öffentlichen Recht, 2019 (anhand des österreichischen Rechts).

[9] Lit.: *Eckert*, DVBl 1962, 11; *Janson*, DÖV 1979, 696 (696–698); *Papier*, Die Forderungsverletzung im öffentlichen Recht, 1970; *Simons*, Leistungsstörungen verwaltungsrechtlicher Schuldverhältnisse, 1967.

Beamten-, Richter- bzw. Soldaten*status*, an den sich gewisse Pflichten und Ansprüche knüpfen. Beim Austauschverhältnis werden vertraglich mehr oder weniger genau bestimmte wechselseitige *Ansprüche* begründet. Im Falle des Verwahrungsverhältnisses treffen den Träger der Polizei gewisse Sorgfalts*pflichten* und haben er und der Eigentümer der Sache gewisse Ansprüche gegeneinander.

Zusatzinformationen
- Verwaltungsrechtliche Schuldverhältnisse sind zugleich Verwaltungsrechtsverhältnisse (Rn. 6). Ob auch das Umgekehrte gilt, beide Begriffe also gleichbedeutend verwendet werden können, ist unklar. Auch das spricht für die „Rechtsposition" als präziseren Begriff.
- Von Schuldverhältnissen ist manchmal im Zusammenhang mit den verwaltungsrechtlichen Parallelen zu einigen gesetzlichen Schuldverhältnissen des Privatrechts die Rede (Geschäftsführung ohne Auftrag, ungerechtfertigte Bereicherung, unerlaubte Handlung, vielleicht auch vorvertragliche Schuldverhältnisse).[10] Gerade hier – im Kern des „Staatshaftungsrechts"– geht es der Sache nach aber meist nur um einen einzelnen Anspruch, der grundsätzlich auf Zahlung gerichtet ist. Diese Rechtspositionen werden hier deshalb bei den Ansprüchen behandelt (unten § 13 Rn. 54 ff.).

II. Fragen an jede Rechtspositionsart

Zu jeder Art von Rechtsposition werden wir uns grundsätzlich drei Fragen stellen, an denen sich dementsprechend die Gliederung der folgenden Kapitel orientiert. 9

- Welche Funktion erfüllt die Rechtsposition im Zusammenhang der Rechtsordnung?
- Wann hat jemand die Rechtsposition? Das heißt: Wie erwirbt man die Rechtsposition und wie geht sie wieder verloren?
- Welche Mechanismen sind zur Geltendmachung oder Durchsetzung der Rechtsposition im Streitfall vorgesehen?

Im verbleibenden Teil dieses Kapitels betrachten wir die Fragen nach dem Erwerb und Verlust und nach der Geltendmachung schon einmal rechtspositionsübergreifend. So wird hervortreten, was für Pflichten, Ansprüche usw. wirklich jeweils spezifisch ist und welche Gemeinsamkeiten die verschiedenen Formen doch aufweisen. 10

III. Erwerb und Verlust

Für Rechtspositionen gilt das juristische **Trägheitsprinzip**, das in gleicher Form bereits aus dem Privatrecht bekannt ist. Eine Rechtsposition besteht genau dann, wenn jemand sie zunächst erworben und später nicht wieder verloren hat. Kommt 11

---

[10] Lit.: *Keller*, Vorvertragliche Schuldverhältnisse im Verwaltungsrecht, 1997.

es also in einem Fall darauf an, ob Rechtsträger R zum Zeitpunkt t eine Rechtsposition p hat, ist in zwei Schritten zu prüfen:

1. Hat R einen Erwerbstatbestand bezüglich p erfüllt, der spätestens zum Zeitpunkt t wirksam wird?

   Beispiele: gesetzliche Anspruchsgrundlage, deren Voraussetzungen vorliegen; wirksamer Verwaltungsakt, der p verleiht; Eintritt eines gesetzlich vorgesehenen Rechtsnachfolgefalls.

2. Hat R auch keinen Verlusttatbestand bezüglich p erfüllt, der zwischen dem Erwerb und dem Zeitpunkt t wirksam geworden wäre?

   Beispiele: wirksame Verzichtserklärung von R; wirksamer Verwaltungsakt, der p spätestens mit Wirkung ab Zeitpunkt t aufhebt; gesetzliche Aufhebung aller bestehenden p.

12 Erwerbs- und Verlusttatbestände müssen sich alle aus Normen der Rechtsordnung ergeben, also ihre Geltung letztlich von der Verfassung herleiten. Der Erwerb oder Verlust kann entweder durch einen abstrakt-generellen Rechtsakt unmittelbar bewirkt werden oder aber erst auf Grundlage eines solchen durch einen Einzelakt.[11] In beiden Fällen, die wir gleich separat betrachten, kann man aber davon sprechen, dass der **Erwerb oder Verlust durch einen Rechtsakt** eintritt. Um diese Gestaltungswirkung hervorzubringen (vgl. noch § 17 Rn. 14 ff.), muss der Rechtsakt dabei wirksam sein (§ 17 Rn. 25 ff.).

Prüfungshinweis

▶ Die Wirksamkeit eines Erwerbs- oder Verlusttatbestands kann an dieser Stelle inzident zu prüfen sein. Dieser Zusammenhang verbindet die hier behandelten Rechts*positionen* mit den in Teil IV zu erörternden Rechts*akten*.

Zusatzinformation
Soweit das in Deutschland geltende Verwaltungsrecht (ein deutsches Gesetz oder auch eine europäische Verordnung) dies vorsieht, kommt prinzipiell auch der Rechtsakt einer ausländischen Behörde dafür infrage. So kann etwa die Rechtsposition „Fahrerlaubnis" im Sinne des deutschen Straßenverkehrsrechts u.U. von der Fahrerlaubnisbehörde eines anderen Staates erteilt sein, vgl. § 29 Fahrerlaubnis-Verordnung (FeV). Den ausländischen Rechtsakt nennt man dann mitunter einen „transnationalen Verwaltungsakt".[12]

13 Zu einem **Verlust ohne weiteren Rechtsakt** kommt es dagegen in Fällen, wo die Rechtsposition von vornherein nur für einen begrenzten Zeitraum begründet wurde. Der Verlust wird hier von demselben Rechtsakt angeordnet, der überhaupt erst für

---

[11] Verwandte Überlegungen bei *Buchwald*, Rechtstheorie 28 (1997), S. 85 (91–98).
[12] Lit.: *Kment*, Grenzüberschreitendes Verwaltungshandeln, 2010, S. 446–532; *Lührs*, JuS 2022, 721; *Menzel*, Internationales Öffentliches Recht, 2011, S. 826–832; *Neßler*, Europäisches Richtlinienrecht wandelt deutsches Verwaltungsrecht, 1994, S. 5–54; *ders.*, NVwZ 1995, 863; *Ruffert*, Die Verwaltung 34 (2001), S. 453. Speziell zum Rechtsschutz in solchen Fällen *Burbaum*, Rechtsschutz gegen transnationales Verwaltungshandeln, 2003. Aus österreichischer Sicht *Schwetz*, Grenzüberschreitende Verwaltungsakte, 2021.

den Erwerb sorgt. Die wichtigsten (und für den Verwaltungsakt unter § 20 Rn. 83 ff. näher zu behandelnden) Fälle für ein solches „automatisches" Erlöschen sind

- die auflösende *Befristung* (Ende nach einer bestimmten Frist oder zu einem bestimmten Termin) und
- die auflösende *Bedingung* (Ende beim Eintritt eines Ereignisses).

Beispiele: Die Behörde beruft A zur Beamtin auf Zeit für die Dauer von fünf Jahren. Nach Ablauf der Frist verliert A diesen Status ohne weiteres Zutun der Behörde. – B hat eine Gaststättenerlaubnis, die im Erteilungsbescheid auf drei Jahre befristet wurde. Betrachtet man die Rechtslage vier Jahre später, so besteht die Erlaubnis hier ohne Weiteres nicht mehr.

1. Durch konkreten Rechtsakt

Besonders deutlich fassbar sind in der Praxis die Fälle, in denen eine Rechtsposition durch einen Rechtsakt gewissen Rechtsträgern konkret zugewiesen oder entzogen wird. Hier mag zwar Streit darüber entstehen, ob dieser Rechtsakt wirksam und rechtmäßig ergangen ist (vgl. § 17 Rn. 25 ff., 30 ff.). Doch die *Zuordnung* von Rechtsträger und Rechtsposition ist normalerweise klar, und der Rechtsanwender ist nicht darauf angewiesen, dafür erst unter die potenziell vagen Tatbestände eines abstrakten Rechtsakts zu subsumieren.   14

a) Behördliche Rechtsakte
Das gilt vor allem für die Zuweisung oder Entziehung durch eine **behördliche Einzelfallentscheidung**, das heißt im Regelfall durch einen Verwaltungsakt (§ 19) und etwas seltener durch einen öffentlich-rechtlichen Vertrag (§ 22).   15

Beispiele: Die untere Baurechtsbehörde erteilt A eine Baugenehmigung durch einseitigen Bescheid. – Die Gemeinde gewährt Gastwirtin B in einem Vertrag eine Erlaubnis für Tische und Stühle auf dem Gehweg („Sondernutzung").

Etwas seltener, aber ebenso möglich ist der Fall, dass die konkrete Zuweisung oder Entziehung in einem Rechtsakt enthalten ist, der seiner Form nach eigentlich und hauptsächlich für abstrakt-generelle Regelungen vorgesehen ist – namentlich einer Rechtsverordnung oder Satzung (§ 23 Rn. 11 f.), aber auch einem Parlamentsgesetz verwaltungsrechtlichen Inhalts (§ 24 Rn. 4 f.).   16

Beispiele: Das Bundesverkehrsministerium ernennt F zur Flughafenkoordinatorin für das Bundesgebiet durch eine Rechtsverordnung nach § 31a Luftverkehrsgesetz. – Die Bundesgesetzgebung erklärt alle Deutschen im Sinne des Art. 116 GG zu deutschen Staatsangehörigen durch § 40a Staatsangehörigkeitsgesetz (StAG) a.F. (nach Eintritt der Wirkung zur Rechtsbereinigung wieder aufgehoben) und erteilt der Deutsche Post AG eine Lizenz zur Beförderung von Briefsendungen durch § 51 Postgesetz („Exklusivlizenz" ist hier ein vornehmer Ausdruck für „rechtliches Monopol").

b) Private Rechtsakte: Übertragung und Verzicht

17 Von den subjektiven Rechten des Privatrechts ist bekannt, dass man diese – bis auf wenige Ausnahmen wie etwa das Recht der elterlichen Sorge – **rechtsgeschäftlich übertragen** kann.[13] Diese Möglichkeit besteht im Verwaltungsrecht zwar nur in engen Grenzen, auch hier kann aber mitunter ein Vertrag zwischen abgebendem und übernehmendem Rechtsträger den Verlust bzw. Erwerb einer Rechtsposition bewirken (vgl. § 14 Rn. 11, § 18 Rn. 18 f.). Gelegentlich gibt das Fachrecht die entsprechende Übertragungskompetenz ausdrücklich.

> *Beispiel:* Emissionszertifikate nach § 7 Abs. 3 Treibhausgas-Emissionshandelsgesetz (TEHG). Die Vorschrift sichert die Übertragbarkeit ab, um den politisch gewünschten „Emissionshandel" rechtlich überhaupt zu ermöglichen.

18 Soweit, wie meist, Spezialvorschriften fehlen, lassen sich hier §§ 398, 413 BGB heranziehen („Übertragung anderer Rechte" nach Abtretungsvorschriften). Entscheidend ist dann, ob das in Frage stehende Recht durch die Übertragung einen anderen Inhalt bekommen würde; dann wäre die Übertragung ausgeschlossen (§ 399 Var. 1 BGB). Dies nimmt man an für Rechte mit „höchstpersönlichem" Charakter, wovon es im Verwaltungsrecht allerdings relativ viele gibt. Insofern spricht bei vermögensrechtlichen Ansprüchen oder rein sachbezogenen Bau- und ähnlichen Genehmigungen normalerweise nichts gegen eine Übertragung, bei Berufszulassungen wie der ärztlichen Approbation dagegen viel. Maßgebliches Kriterium ist, ob die Begründung des Rechts auch von persönlichen Voraussetzungen abhing (Sachkunde, Zuverlässigkeit) oder nur von sachlichen Voraussetzungen (Vorschriftsmäßigkeit des Bauvorhabens).

Zusatzinformation
Bei Unternehmensübernahmen im Wege eines *asset deal* ist daher aus öffentlich-rechtlicher Sicht immer besonders darauf zu achten, ob die zum Betrieb erforderlichen Rechte mitübertragen werden können oder neu bei der Behörde beantragt werden müssen – letzteres ist mühsam und manchmal unmöglich. Bleibt der Betrieb dagegen beim selben Rechtsträger (*share deal*), stellt sich dieses Problem grundsätzlich nicht (Ausnahme: das Recht wurde mit einer auflösenden Bedingung [Rn. 13] erteilt, die an einen Gesellschafterwechsel anknüpft – öffentlich-rechtliche *Change-of-control*-Klausel).

19 Als Verlusttatbestand kommt schließlich noch der **Verzicht** als konkreter Rechtsakt des Inhabers einer Rechtsposition in Frage (vgl. § 18 Rn. 4).[14] Er wird praktisch selten relevant und ist dementsprechend fragmentarisch geregelt. Selbstverständlich kann man sich eigener Pflichten nicht einfach durch Verzicht entledigen. Auch auf Grundrechte kann anerkanntermaßen nicht schlechthin verzichtet werden, auf Sozialleistungsansprüche (§ 46 SGB I) oder die Approbation als Arzt dagegen schon (§ 9 Bundesärzteordnung). Die Zulassung als Rechtsanwalt erlischt dagegen nicht ohne Weiteres durch einen Verzicht, sondern erfordert noch einen Widerruf der Zulassung

---

[13] Aus zivilrechtlicher Sicht zuletzt umfassend: *Lieder*, Die rechtsgeschäftliche Sukzession, 2014.
[14] Lit.: *Illian*, Der Verzicht Privater im Verwaltungsrecht, 1993; *Schoenborn*, Studien zur Lehre vom Verzicht im öffentlichen Recht, 1908.

durch die Rechtsanwaltskammer nach § 14 Abs. 2 Nr. 4 Bundesrechtsanwaltsordnung. In vielen Fällen, etwa bei der Baugenehmigung, äußert sich das Gesetz leider nicht ausdrücklich zu der Frage, sodass hier intensiver ausgelegt werden muss.

2. Durch abstrakten Rechtsakt

In anderen Fällen findet sich kein Rechtsakt, der den Erwerb oder Verlust konkret und unmittelbar ausspräche, sondern nur ein solcher, der abstrakt-generell die Möglichkeit des Erwerbs oder Verlusts entsprechender Rechtspositionen anordnet und an das Vorliegen gewisser Tatbestandsmerkmale knüpft. Das kann in einem verwaltungsrechtlichen Parlamentsgesetz (§ 24) oder in einer behördlichen Rechtsverordnung oder Satzung (§ 23) geschehen.

Ob ein entsprechender Rechtsakt eine Rechtsposition bestimmter Art gestaltet, ist eine Frage der **Auslegung**, die unterschiedlich leicht zu beantworten ist (vgl. insbesondere § 13 Rn. 12 ff. zur Frage, wann das Gesetz einen *Anspruch* gibt). Kann man diese abstrakt an den Rechtsakt gerichtete Frage bejahen, bedarf es sodann im konkreten Anwendungsfall der – stets streitträchtigen – **Subsumtion** unter den abstrakt-generellen Tatbestand, ob in dem Fall des betrachteten Rechtsträgers alle persönlichen und sachlichen Voraussetzungen gegeben sind.

Die gesetzlichen Tatbestände sind auch im Verwaltungsrecht vielgestaltig. Um ihre Strukturen besser erfassen zu können, systematisieren wir zunächst die Tatbestandsmerkmale unter inhaltlichen Gesichtspunkten (Rn. 23 ff.). Sodann richten wir den Blick auf Besonderheiten bei der Rechtsanwendung, die mit den Tatbeständen verbunden sind (Rn. 32 ff.). Schließlich betrachten wir noch einige häufig wiederkehrende Tatbestandsstrukturen gesondert (Rn. 45 ff.).

a) Inhaltsdimension
Um die Tatbestände der Verwaltungsrechtsnormen sicher, zweckmäßig und zügig zu erfassen, teilt man ihre Merkmale nach inhaltlichen Kriterien auf.[15] Dafür bieten sich in erster Linie der Sachbezug (faktisch/normativ), der Zeitbezug (gegenwärtig/vergangen/künftig) und das Anknüpfungsvorzeichen (positiv/negativ) an.

aa) Sachbezug: faktisch/normativ

(1) Faktische Tatbestandsmerkmale
Am einfachsten liegen in rechtstechnischer Hinsicht die faktischen Tatbestandsmerkmale. Eine rechtliche Einordnung des Sachverhalts in Bezug auf das Tatbestandsmerkmal (Subsumtion) bleibt natürlich erforderlich und kann auch Anlass zu Streit und umfangreicher Rechtsprechungskasuistik geben, doch sind zumindest keine rechtlichen Inzidentprüfungen erforderlich (anders als bei normativen Tatbestandsmerkmalen, siehe sogleich Rn. 28 f.). Ein faktisches Merkmal kann zu

---

[15] Für einen verwandten Ansatz in der älteren Literatur vgl. W. *Jellinek*, Verwaltungsrecht, 3. Aufl. 1931, S. 217–244.

einem Zeitpunkt *t* nur entweder gegeben oder nicht gegeben sein; rückwirkende Änderungen sind ausgeschlossen; höchstens gibt es bessere Erkenntnisse dazu, wie die Lage in *t* gewesen ist.

Zusatzinformationen
- In verfahrensrechtlicher Hinsicht ist bemerkenswert, dass allein die faktischen Tatbestandsmerkmale dem Beweis zugänglich sind. Im Verwaltungsprozess können hierzu beispielsweise Zeugenaussagen und Sachverständigengutachten einzuholen sein (vgl. § 30 Rn. 19 f.).
- Überdies begegnen allein bei den faktischen Tatbestandsmerkmalen die Anwendungsbesonderheiten der „Normkonkretisierung" (Rn. 38 ff.) und des „Beurteilungsspielraums" (Rn. 41 ff.).

25 Typologisch kann man unter den faktischen Tatbestandsmerkmalen besonders herausstellen

- tatsächliche Zustände von Menschen (insbesondere physische, medizinische, psychische), Tieren oder Sachen;

  Beispiel: Nur wer „die notwendigen körperlichen und geistigen Anforderungen erfüllt", darf eine Fahrerlaubnis erhalten und verlangen (§ 2 StVG, ausweislich Abs. 2 S. 1 Nr. 3 und Abs. 4 S. 1). – „Die Bundespolizei kann […] eine Person durchsuchen, wenn […] sie sich erkennbar in einem die freie Willensbestimmung ausschließenden Zustand oder sonst in hilfloser Lage befindet" (§ 43 Abs. 1 Nr. 3 Bundespolizeigesetz).

- eigenes oder fremdes Verhalten;

  Beispiel: Wer eine immissionsschutzrechtliche Anlage errichtet und betreibt, handelt sich damit sogleich die Betreiberpflichten nach §§ 5, 22 Bundes-Immissionsschutzgesetz (BImSchG) ein. – Solange man keinen Antrag stellt, hat man meist keinen Anspruch auf Genehmigungserteilung oder Leistungen und der Hoheitsträger keine entsprechende Pflicht. – Mit dem Ersuchen einer Behörde um Amtshilfe entsteht die Hilfeleistungspflicht der ersuchten Behörde aus § 4 VwVfG*.

- äußere Vorgänge;

  Beispiel: Wer mit wenigstens einem deutschen Elternteil geboren wird, erwirbt sogleich die deutsche Staatsangehörigkeit nach § 4 StAG.

- Zeitablauf.

  Beispiel: „Die Baugenehmigung und die Teilbaugenehmigung erlöschen, wenn nicht innerhalb von drei Jahren nach Erteilung der Genehmigung mit der Bauausführung begonnen oder wenn sie nach diesem Zeitraum ein Jahr unterbrochen worden ist" (§ 62 Abs. 1 LBO BW, vgl. Rn. 51).

26 Mitunter sind faktische Tatbestandsmerkmale auch **wissensqualifiziert**, heben also nicht unmittelbar auf einen Zustand oder Vorgang ab, sondern darauf, ob jemand

diesbezüglich einen bestimmten Wissensstand aufweist. Allein dieser Wissensstand ist dann das Tatbestandsmerkmal, worunter man direkt zu subsumieren hat.

Beispiel: „Die Bundespolizei kann [...] eine Person durchsuchen, wenn [...] Tatsachen die Annahme rechtfertigen, daß sie Sachen mit sich führt, die sichergestellt werden dürfen" (§ 43 Abs. 1 Nr. 2 Bundespolizeigesetz).

Faktische Tatbestandsmerkmale nennt man oft auch **unbestimmte Rechtsbegriffe** und betont damit, dass ihre Anwendung auf den Einzelfall schwierig sein kann und eine wertende Entscheidung erfordert. Das gilt bei Lichte betrachtet freilich für jede Rechtsnorm. Die mehr oder minder ausgeprägte Unbestimmtheit eines Tatbestandsmerkmals in der Inhaltsdimension lässt insbesondere noch nicht den Schluss zu, dass die wertende Entscheidung gerade in die Hand der Verwaltung gelegt sein soll (Anwendungsdimension).[16] Soweit das Gesetz dies doch einmal will, spricht man von einem „Beurteilungsspielraum" (unten Rn. 41 ff.).

Zusatzinformation
Vor der allgemeinen Verbreitung des Begriffs „Beurteilungsspielraum" war „unbestimmter Rechtsbegriff" noch das gängige Schlagwort für die Frage nach entsprechenden Letztentscheidungsmöglichkeiten der Verwaltung.[17]

(2) Normative Tatbestandsmerkmale
In ihrer rechtlichen Struktur komplexer sind normative Tatbestandsmerkmale, die selbst auf eine andere Rechtsposition s verweisen.[18] Ob ein Rechtsträger die fragliche Rechtsposition r erworben oder verloren hat, hängt dann unter anderem vom Bestehen oder Nichtbestehen von s ab, was dann inzident zu prüfen ist. Das Schema „Rechtsposition erworben und nicht verloren" wird dazu gewissermaßen in sich selbst eingesetzt.

Beispiel: Die Befugnis, A in ein Beamtenverhältnis zu berufen, erwirbt die Behörde nur, wenn A die deutsche oder eine andere geeignete Staatsangehörigkeit hat (§ 7 Abs. 1 S. 1 Nr. 1 BeamtStG). Die deutsche Staatsangehörigkeit müsste A erworben (§§ 3–16 StAG) und nicht verloren haben (§§ 17–29, 35 StAG).

Anders als Tatsachen können sich Rechtspositionen – als bloß geistige Vorstellungen – auch **in der Vergangenheit ändern** („Rückwirkung"). Neben dem Sachzeitpunkt ist hier deshalb immer der Beurteilungszeitpunkt von Bedeutung: Eine Rechtsposition s zur Zeit t_0 kann aus der Sicht von t_1 bestehen und aus der Sicht von t_2 nicht. Wenn nun ein Erwerbs- oder Verlusttatbestand für die Rechtsposition r an s in t_0 anknüpft, ist aus der Sicht von t_1 dann auch r gegeben und aus der Sicht von t_2 nicht.

---

[16] Vgl. namentlich *Jesch*, AöR 82 (1957), S. 163 (234).
[17] Siehe etwa *Ehmke*, „Ermessen" und „unbestimmter Rechtsbegriff" im Verwaltungsrecht, 1960; *Erichsen*, DVBl 1985, 22; *Jesch*, AöR 82 (1957), S. 163; *Koch*, Unbestimmte Rechtsbegriffe und Ermessensermächtigungen im Verwaltungsrecht, 1979; *Ossenbühl*, DVBl 1974, 309; *Ule*, GS Jellinek, 1955, S. 309.
[18] Lit.: *Plesdonat*, Korrespondenz im Steuerrecht, 2024, bes. Erster Teil.

Beispiel: Einen Besoldungsanspruch (*r*) für einen Zeitraum erwirbt nach § 4 Landesbesoldungsgesetz BW und Parallelvorschriften, wer in diesem Zeitraum den Beamtenstatus (*s*) innehat. A wird zum 1. Oktober zur Beamtin ernannt. Aus der Sicht vom 15. November (t_1) hat sie einen Besoldungsanspruch für Oktober. Doch wird am 2. Dezember ihre Ernennung wegen arglistiger Täuschung rückwirkend zurückgenommen (§ 12 BeamtStG). Aus der Sicht vom 15. Dezember (t_2) hat A damit keinen Besoldungsanspruch für Oktober – und rechtlich nie einen gehabt.

bb) Zeitbezug: gegenwärtig/vergangen/künftig

30 Faktische ebenso wie normative Bezugspunkte können sodann zeitlich unterschiedlich liegen. Für den einen Tatbestand ist es entscheidend, ob in der Vergangenheit jemand etwas getan oder in einer Rechtsposition gestanden hat; für den anderen Tatbestand kommt es auf die gegenwärtige Lage an, für den dritten Tatbestand auf die zu erwartende Zukunft.

Beispiele: Die Behörde darf ein Zwangsgeld auferlegen, wenn der Pflichtige eine Unterlassungspflicht verletzt hat (Vergangenheit). – Die Behörde darf ein Gewerbe untersagen, wenn der Gewerbetreibende künftig nicht rechtstreu sein wird (Zukunftsprognose).

cc) Anknüpfungsvorzeichen: positiv/negativ

31 An alle Bezugspunkte kann ein Tatbestand schließlich positiv oder negativ anknüpfen. Im ersten Fall tritt die Rechtsfolge nur ein, wenn der Bezugspunkt *vorliegt*, im zweiten Fall, wenn er *fehlt*.

Beispiel: Rechtspositionen des Beamtenrechts setzen oft die deutsche Staatsangehörigkeit positiv voraus. – Rechtspositionen des Ausländerrechts setzen die deutsche Staatsangehörigkeit dagegen negativ voraus.

b) Anwendungsdimension

32 Neben den inhaltlichen Kriterien kann man bei der Tatbestandsanalyse darauf achten, ob ein Tatbestandsmerkmal mit **Besonderheiten bei der Rechtsanwendung** einhergeht. Die Beurteilung von Erwerb oder Verlust der Rechtspositionen verbindet sich hier eng mit den Perspektiven der Rechtsakte und des Verfahrens, die wir in Teilen IV und V auch noch gezielt einnehmen werden.

33 Der Normalfall der Rechtsbeurteilung besteht darin, dass, wer den Erwerb oder Verlust einer Rechtsposition durch abstrakten Rechtsakt beurteilen will, nacheinander alle Merkmale des entsprechenden Tatbestands durchprüft. Die nun anzusprechenden Sonderfälle weichen davon ab, indem sie **einzelne Tatbestandsmerkmale verdecken und überlagern**. Insbesondere die verwaltungsgerichtliche Kontrolle erstreckt sich dann nicht mehr auf das verdeckte ursprüngliche Merkmal, sondern nur auf das jeweils vorgesehene überlagernde Merkmal.

Zusatzinformation
Soweit die Gesetzgebung solche Regelungen trifft, muss sie den Rahmen des Art. 19 Abs. 4 GG einhalten. Die Verdeckung von Tatbestandsmerkmalen darf Grundrechtsträgern nicht den effektiven Rechtsschutz nehmen.

aa) Präkludierte und fingierte Tatbestandsmerkmale

Ein Gesetz kann anordnen, dass gewisse Tatbestandsmerkmale unter gewissen Voraussetzungen außer Acht zu lassen sind. Dieses Regelungsphänomen nennt man **materielle Präklusion**.[19] Es findet vor allem Anwendung, um Mitwirkungspflichten und -obliegenheiten zu bewehren (vgl. § 12 Rn. 80).

34

Zusatzinformationen
- Das vordergründige Tatbestandsmerkmal t wird für die Rechtsbeurteilung somit zum komplexeren Merkmal „Falls nicht präkludiert, t".
- Die Bezeichnung als „materiell" verweist darauf, dass es daneben auch eine „formelle Präklusion" gibt. Diese wirkt nur innerhalb eines Verfahrens. Wichtigster Fall ist die gerichtliche Befugnis aus § 87b VwGO, unter bestimmten Voraussetzungen Beteiligtenvorbringen bei der Entscheidungsfindung außer Acht zu lassen (vgl. § 30 Rn. 18 ZI).

Umgekehrt kann das Gesetz auch anordnen, dass ein Tatbestandsmerkmal unter gewissen Voraussetzungen als gegeben zu betrachten ist (gleich ob das eigentlich zutrifft oder nicht). Auch eine derartige **Fiktion** knüpft sich oft an die Nichterfüllung von Mitwirkungspflichten (vgl. § 12 Rn. 78).

35

Beispiel: Als körperlich oder geistig nicht geeignet wird nach § 11 Abs. 8 S. 1 FeV betrachtet, wer das angeforderte medizinisch-psychologische Gutachten nicht beibringt.

Zusatzinformation
Das vordergründige Tatbestandsmerkmal t wird hier für die Rechtsbeurteilung somit zum komplexeren Merkmal „Fiktionsvoraussetzungen für t oder Vorliegen von t".

bb) Präjudizierte Tatbestandsmerkmale

Tatbestandsmerkmale können einer **präjudiziellen Bindung** unterliegen, wenn sie bereits Gegenstand eines konkret für den Einzelfall getroffenen Rechtsakts gewesen sind. Soweit und solange ein Hoheitsträger in Bezug auf ein Tatbestandsmerkmal präjudiziell gebunden ist, darf er dieses nicht mehr anders beurteilen („Abweichungsverbot"). Auch ein Gericht, das seine Maßnahme überprüft, muss die präjudizielle Wirkung zugrunde legen – sei es, dass das Tatbestandsmerkmal danach als gegeben zu behandeln ist, oder sei es, dass es als fehlend zu behandeln ist.

36

Prüfungshinweis

▶ Zu den Folgen für Ihr Gutachten siehe auch noch § 13 Rn. 25 mit einem Formulierungsbeispiel (dort anhand des Anspruchserwerbs).

Zusatzinformation
Das vordergründige Tatbestandsmerkmal t wird für die Rechtsbeurteilung somit zum komplexeren Merkmal „Falls präjudiziell beurteilt, Feststellung von t, sonst t".

---

[19] Lit.: *Lorenzen*, NVwZ 2022, 674; *Niedzwicki*, Präklusionsvorschriften des öffentlichen Rechts im Spannungsfeld zwischen Verfahrensbeschleunigung, Einzelfallgerechtigkeit und Rechtsstaatlichkeit, 2007; *Streinz*, VerwArch 79 (1988), S. 272.

37 Präjudizielle Wirkungen können von verschiedenen **Rechtsaktformen** ausgehen (näher unten § 17 Rn. 18 ff.). Im Vordergrund stehen die außenwirksamen Einzelfallregelungen durch Behörden in Verwaltungsakten (§ 19 Rn. 16 ff.) und Verträgen (§ 22 Rn. 7 ff.) sowie durch Gerichte in Urteilen (§ 21 Rn. 9).

Beispiel: Die Behörde hat einen Vorbescheid erlassen, der die Bebaubarkeit des Grundstücks der A feststellt. Solange der Vorbescheid wirksam ist, steht die Bebaubarkeit zwischen den Beteiligten fest – etwa im späteren Streit um eine Baugenehmigung.

cc) Prädeterminierte Tatbestandsmerkmale – die Normkonkretisierung durch Verwaltungsvorschrift

Spezielle Studienliteratur: *Schuh*, JuS 2022, 819.

38 Wenn ein Gesetz das vorsieht, können faktische Tatbestandsmerkmale des abstrakten Rechtsakts von der Verwaltung prädeterminiert sein. Das geschieht durch eine sogenannte **normkonkretisierende Verwaltungsvorschrift**, die einen speziellen Fall des Innenrechtsakts darstellt (unten § 25 Rn. 10).[20] Soweit und solange ein Innenrechtsakt dieser Art ergangen und wirksam ist, verdeckt er für alle Rechtsbeurteiler einschließlich der Gerichte das Tatbestandsmerkmal und setzt seine eigene Konkretisierung an dessen Stelle.

Zusatzinformation
Das vordergründige Tatbestandsmerkmal t wird für die Rechtsbeurteilung somit zum komplexeren Merkmal „Falls wirksam zu einem Merkmal t' konkretisiert, t', sonst t".

39 Es handelt sich hier um eine Ausnahme, denn Verwaltungsvorschriften binden im Regelfall nur ihre verwaltungsinternen Adressaten (unten § 25 Rn. 3 ff.) und machen deren abweichende Rechtsakte nicht („außen"-)rechtswidrig (unten § 17 Rn. 37): Adressaten und Dritte können sich nicht darauf berufen. Doch soll es anders sein, wenn das Gesetz selbst die Verwaltung zur verbindlichen Konkretisierung ermächtigt („**normative Ermächtigung**") – was freilich so gut wie nie ausdrücklich erfolgt, sondern Auslegungsaufwand fordert. Anerkannte Fälle gibt es im Strahlenschutz- und Umweltrecht, wo man insbesondere § 48 BImSchG so liest, dass die Bundesregierung das Gesetz durch technische Vorschriften verbindlich konkretisieren können soll.

Beispiel: Die Immissionsschutzbehörde ordnet nach §§ 24, 22 BImSchG an, A dürfe ihren benzingetriebenen Aufsitzrasenmäher auf näher bezeichneten Grundstücken nicht mehr benutzen, weil dort die in der Technischen Anleitung der Bundesregierung zur Reinhaltung der Luft (TA Luft) bestimmten Immissionswerte zum Schutz der menschlichen Gesundheit überschritten seien. Wenn A klagt, wird das Verwaltungsgericht die TA Luft als verbindliche Konkretisierung des § 22 Abs. 1 S. 1 BImSchG heranziehen und diese Bestimmung insoweit nicht mehr selbst auslegen.

---

[20] Lit.: *Gerhardt*, NJW 1989, 2233; *Hill*, NVwZ 1989, 401; *Hwang*, KritV 2011, 97; *Jachmann*, Die Verwaltung 28 (1995), S. 17; *Mühlenbruch*, Außenwirksame Normkonkretisierung durch „technische Anleitungen", 1992; *Vogel*, FS Thieme, 1993, S. 605; *Wolf*, DÖV 1992, 849.

III. Erwerb und Verlust

Soweit keine normative Ermächtigung erteilt ist, muss sich die Verwaltung auf interne Anordnungen, wie Bedienstete die Tatbestandsmerkmale auslegen sollen („norminterpretierende Verwaltungsvorschriften"), oder auf bloße Vorschläge ohne jede rechtliche Bindungswirkung („Auslegungshinweise", „Positionspapiere" o. ä.) beschränken.

dd) Adjudizierte Tatbestandsmerkmale – der Beurteilungsspielraum

Spezielle Studienliteratur: *Voßkuhle*, JuS 2008, 117; *Kment/Vorwalter*, JuS 2015, 193 (vergleichend mit Ermessen); *Redder*, JuS 2023, 542 (speziell zu Prüfungsbewertungen).

Die gesetzliche Anordnung kann auch dahin gehen, dass statt zur Prädeterminierung des *abstrakten* Merkmals ein Hoheitsträger zur definitiven Beurteilung des faktischen Tatbestandsmerkmals *t* im *konkreten* Fall befugt wird. Man spricht hier von einem **Beurteilungsspielraum** des Hoheitsträgers.[21] Soweit ein solcher besteht, subsumiert das Verwaltungsgericht also nicht selbst unter das Tatbestandsmerkmal, sondern legt die behördliche Beurteilung zugrunde.[22]

Beispiel: Der Prüfungsausschuss beurteilt abschließend, ob und wie gut ein Kandidat die mündliche Staatsprüfung bestanden hat. Das Gericht bewertet die Prüfungsleistungen nicht noch einmal selbst.

Zusatzinformation
Das vordergründige Tatbestandsmerkmal *t* wird für die Rechtsbeurteilung somit zum komplexeren Merkmal „Durch den Hoheitsträger definitiv als *t* beurteilt".

Das Gericht prüft allerdings, ob eine gültige Beurteilung durch den Hoheitsträger überhaupt erfolgt ist. Als ungültig betrachtet man die Beurteilung, wenn der Hoheitsträger das Gesetz schon abstrakt nicht richtig verstanden, den Sachverhalt nicht richtig ermittelt oder das vorgeschriebene Verfahren nicht eingehalten hat (**Beurteilungsfehler**). Geht es um einen Anspruch gegen den Hoheitsträger, kann es an einer behördlichen Beurteilung auch noch ganz fehlen (**Beurteilungslücke**, unten § 13 Rn. 23). In beiden Fällen kann das Gericht den Tatbestand nicht einfach selbst anwenden.

Beurteilungsspielräume kommen **vor allem bei den Befugnissen** der Hoheitsträger vor. Diese können damit über die konkrete Einschlägigkeit ihrer eigenen Befugnisse mitentscheiden (vgl. noch § 11 Rn. 27 f.). Angesichts von Erfordernis demokratischer Legitimation, Vorbehalt des Gesetzes und Garantie effektiven Rechtsschutzes klingt darin bereits an, dass der Einräumung von Beurteilungsspielräumen enge verfassungsrechtliche Grenzen gesetzt sind; man darf sie deshalb nur

---

[21] Begriffsprägend *Bachof*, JZ 1955, 97 (98).
[22] Grundlegend *Jesch*, AöR 82 (1957), S. 163; s. a. die in Fn. 17 genannte ältere Literatur zum „unbestimmten Rechtsbegriff". Jüngere Lit.: *Ibler*, Rechtspflegender Rechtsschutz im Verwaltungsrecht, 1999; *Münkler*, DÖV 2021, 615; *Pache*, Tatbestandliche Abwägung und Beurteilungsspielraum, 2001; *Poscher*, HVwR V, 2022, § 129; s. a. *Schmidt-Salzer*, Der Beurteilungsspielraum der Verwaltungsbehörden, 1968.

höchst ausnahmsweise annehmen. Ein praktisches Problem ergibt sich daraus, dass das Gesetz so gut wie nie den Beurteilungsspielraum ausdrücklich gewährt und deshalb alles auf die gerichtliche Anerkennung oder Nichtanerkennung eines Spielraums ankommt. Bedeutsamste Fallgruppe ist die Bewertung von Prüfungsleistungen (namentlich im Schul- und Hochschulrecht) und Arbeitsleistungen (im öffentlichen Dienstrecht).

Prüfungshinweis

▶ Zu den Folgen für Ihr Gutachten siehe § 11 Rn. 27 mit einem Formulierungsvorschlag.

Zusatzinformation
Dieser Ausnahmecharakter des Beurteilungsspielraums, also der behördlichen Letztentscheidung über Tatbestandsmerkmale, ist keineswegs allen Verwaltungsrechtsordnungen eigen. Das bekannteste Gegenbeispiel bietet das amerikanische Bundesverwaltungsrecht mit einem genau umgekehrten Regel-Ausnahme-Verhältnis (nach der Leitentscheidung „Chevron deference" genannt; jüngst freilich relativiert).

44   Den Beurteilungsspielraum verbindet und vergleicht man häufig mit dem **Ermessensspielraum**, welcher der Verwaltung bei vielen ihrer Rechtsakte gegeben ist und die Gerichte ebenfalls auf die Prüfung bestimmter Fehlertypen begrenzt (dazu näher unten § 17 Rn. 67 ff.).[23] Die beiden Rechtsinstitute unterscheiden sich aber grundlegend voneinander: Beim Beurteilungsspielraum geht es um die Subsumtion unter einen Tatbestand durch behördliche, gerichtliche und private Rechtsanwender; beim Ermessen geht es um den von rechtlichen Vorgaben gerade freien Anteil des Verwaltungshandelns und damit eben nicht um die Beurteilung irgendeines Tatbestands.

c) Typische Tatbestandsstrukturen

aa) Akzessorischer Erwerb und Verlust

45   Häufig hängen Rechtspositionen *r* und *s* in der Weise miteinander zusammen, dass der Inhaber von *r* stets zugleich Inhaber von *s* ist und ein Verlust von *r* auch zum Verlust von *s* führt. Dann spricht man davon, dass *s* „akzessorisch" erworben und verloren werde. Für *s* muss es dazu einen abstrakten Erwerbs- und Verlusttatbestand geben, der an den Erwerb bzw. den Verlust von *r* anknüpft. Die Rechtsposition *r* erscheint also als normatives Tatbestandsmerkmal sowohl der Erwerbsnorm (hier positiv) als auch der Verlustnorm (hier negativ). Die Besonderheit der Akzessorietät besteht darin, dass dies das *einzige* Tatbestandsmerkmal ist.

Beispiel: Wem das Bestehen der Zweiten juristischen Staatsprüfung zuerkannt wird, der erwirbt damit zugleich die Erlaubnis, die Bezeichnung „Rechtsassessor" zu führen (z. B. nach § 61 Abs. 2 JAPrO BW). Wird das Bestehen aberkannt, erlischt auch die Erlaubnis wieder.

---

[23] Vgl. etwa *Herdegen*, JZ 1991, 747; *Schmidt-Eichstaedt*, AöR 98 (1973), S. 173.

III. Erwerb und Verlust

Häufig begegnet auch bei verwaltungsrechtlichen Rechtspositionen die **Akzessorietät zum privatrechtlichen Eigentum**. Solche Rechtspositionen nennt man auch „dinglich", weil sie den jeweiligen Eigentümer treffen und nicht an dessen konkrete Person anknüpfen.[24]

46

Beispiel: Grundstücksbezogene Abgaben schuldet oft der jeweilige Eigentümer („öffentliche Last", ähnlich einer Grundschuld; vgl. § 15 Rn. 13). – Wer das privatrechtliche Eigentum an einem Grundstück mit öffentlich gefördertem Wohnraum erwirbt, erwirbt damit zugleich die verwaltungsrechtlichen Berechtigungen und Verpflichtungen im Sinne der Förderzusage (§ 13 Abs. 3 S. 2 Wohnraumförderungsgesetz). Wird das Eigentum weiterübertragen, gehen auch die wohnraumförderungsrechtlichen Rechtspositionen wieder verloren.

bb) Sukzessorischer Erwerb und Verlust – die Rechtsnachfolge

Ein Gesetz kann auch vorsehen, dass eine Rechtsposition *r* von einem Rechtsträger V (dem „Rechtsvorgänger") auf einen Rechtsträger N (den „Rechtsnachfolger") übergeht, wenn bei V ein bestimmtes Ereignis eintritt – vor allem der Tod einer natürlichen oder die Beendigung oder Umwandlung einer juristischen Person. Die Rede ist hier von „Gesamtrechtsnachfolge" oder „Universalsukzession".[25]

47

Zusatzinformation
Die Bezeichnung als „*Gesamt*rechtsnachfolge" grenzt von der „*Einzel*rechtsnachfolge" ab, womit man nichts anderes als die rechtsgeschäftliche Übertragung (Rn. 17 f.) meint. Konstruktiv wäre es ebenfalls möglich, das Rechtsgeschäft als das Ereignis aufzufassen, woran eine Nachfolgenorm anknüpft.

Eine derartige „**Nachfolgenorm**" wirkt für V als Verlust- und für N als Erwerbstatbestand. Niedergelegt finden sich Nachfolgenormen im Privatrecht, die man für das Verwaltungsrecht grundsätzlich (direkt oder analog) heranzieht:

48

- Mit dem *Tod* des Erblassers verliert dieser und erwirbt der Erbe nach §§ 1922, 1967 BGB gewisse verwaltungsrechtliche Rechtspositionen.

 Beispiel: V hat einen Erstattungsanspruch gegen Gemeinde G wegen überzahlter Gebühren. V stirbt, Erbin N erwirbt den Anspruch.

- Mit der *Verschmelzung oder Spaltung* eines Rechtsträgers verliert dieser und erwirbt der aufnehmende Rechtsträger nach § 20 Abs. 1 Nr. 1, § 131 Abs. 1 Nr. 1 Umwandlungsgesetz (UmwG) gewisse verwaltungsrechtliche Rechtspositionen.[26]

---

[24] Lit.: *Spoerr/Hildebrandt*, LKV 1999, 128.

[25] Lit.: *Reimer*, DVBl 2011, 201; außerdem *Dietlein*, Nachfolge im Öffentlichen Recht, 1999; *Otto*, Die Nachfolge in öffentlich-rechtliche Positionen des Bürgers, 1971; *Peine*, DVBl 1980, 941; *Rumpf*, VerwArch 78 (1987), S. 269; *Spannowsky*, NVwZ 1992, 426 (zu Verfahrensfragen). Anhand einzelner Rechtsgebiete *Ammermann*, FS Knemeyer, 2012, S. 297 (Polizei- und Ordnungsrecht); *Bültmann*, Rechtsnachfolge in sozialrechtliche Ansprüche, 1971 (Sozialrecht, siehe jetzt aber § 56 SGB I); *Guckelberger*, VerwArch 90 (1999), S. 499 (Baurecht).

[26] Lit.: *Schall/Horn*, ZIP 2003, 327.

Beispiel: Die V-GmbH hat einen Erstattungsanspruch gegen Gemeinde G wegen überzahlter Gebühren. Die V-GmbH wird auf die N-AG verschmolzen, die N-AG erwirbt den Anspruch.

Prüfungshinweis

▶ Die Details gehören nicht mehr zu unserem Stoff, sondern führen ins Erb- bzw. ins Gesellschaftsrecht, weshalb insoweit auf die Spezialvorlesungen zu diesen Rechtsgebieten verwiesen werden darf.

49 Für die Anwendung der Nachfolgenormen muss man allerdings nicht nur den Nachfolger N richtig bestimmen, sondern auch klären, welche Rechtspositionen überhaupt auf diesem Wege erworben werden können. Wie bei der rechtsgeschäftlichen Übertragung (Rn. 18) schließt man zahlreiche verwaltungsrechtliche Rechtspositionen hier als **höchstpersönlich** aus. Als Faustregel gilt daher: Nur was übertragen werden kann, kann auch vererbt werden.

Beispiel: V war Ärztin; Erbin N erwirbt die Approbation der V nicht für sich.

cc) Kategorischer Erwerb und Verlust

50 Manche Gesetze stellen gar **keine sachlichen Tatbestandsvoraussetzungen** auf („kategorische Normen"). Zumindest einen persönlichen Anwendungsbereich muss man aber immer irgendwie ermitteln, damit die Rechtsposition überhaupt einem Rechtsträger zugeordnet werden kann.

Beispiele: Jede natürliche Person hat (ohne Weiteres) das Recht auf freie Entfaltung der Persönlichkeit (Art. 2 Abs. 1 GG – Erlaubnis). – Es ist (ohne Weiteres) zu unterlassen, Fleisch von Hunden, Katzen oder Affen nach Deutschland einzuführen; das richtet sich offenbar an alle Rechtsträger (§ 13a Lebensmittel-Einfuhrverordnung – Pflicht).

dd) Verlust durch Verwirkung

51 Für manche Rechtspositionen sieht das Gesetz schließlich vor, dass sie nach **Ablauf einer bestimmten Zeit** erlöschen sollen, sofern ihr Inhaber in der Zwischenzeit seinen **Erhaltungswillen nicht manifestiert** hat. Angeordnet ist das vor allem für Genehmigungen, wo der Verwaltung nach angemessener Zeit eine erneute Kontrolle des genehmigungsbedürftigen Verhaltens möglich sein soll (vgl. § 11 Rn. 44).

Beispiel: „Die Baugenehmigung und die Teilbaugenehmigung erlöschen, wenn nicht *innerhalb von drei Jahren* nach Erteilung der Genehmigung *mit der Bauausführung begonnen* [...] worden ist" (§ 62 Abs. 1 Var. 1 LBO BW). Danach müsste vor dem Bauen eine neue Baugenehmigung erlangt werden – auf der Grundlage des dann geltenden Rechts.

52 Soweit ein ausdrücklicher gesetzlicher Verlusttatbestand fehlt, halten viele eine **Verwirkung kraft Gewohnheitsrechts** für möglich. Auch für diesen ungeschriebenen Tatbestand sollen Zeitablauf („Zeitmoment") und Unterlassen („Umstandsmoment") zusammenkommen. Im Hinblick auf den Vorbehalt des Gesetzes ist es im Hinblick auf günstige Rechtspositionen (z. B. private Ansprüche) problematisch, einen Verlust ohne parlamentsgesetzliche Grundlage anzunehmen; aber

auch darüber hinaus (z. B. für behördliche Befugnisse) gibt es eigentlich keinen Anlass, das Privatrechtsinstitut der Verwirkung in das Verwaltungsrecht hineinzulesen.[27]

Zusatzinformationen
- Soweit man die privatrechtliche Verwirkung in § 242 BGB geregelt sieht, mag man den BGB-Verweis in § 62 S. 2 VwVfG* zumindest für die Verwirkung vertraglich begründeter Verwaltungsrechtspositionen als ausreichend ansehen.
- Neben der materiellrechtlich wirkenden soll es auch noch eine prozessuale Verwirkung geben, die gewissen Klagen das Rechtsschutzinteresse nehme (vgl. § 13 Rn. 53).

IV. Geltendmachung

Wenngleich die Zuordnung von Rechtspositionen zu Rechtsträgern als ein zentraler Inhalt der Rechtsordnung beschrieben werden kann, bedarf es für die praktische Wirksamkeit der Rechtsordnung doch immer auch gewisser Durchsetzungsmechanismen, die eine Geltendmachung der Rechtsposition ermöglichen.[28] Wo eine Rechtsposition für den Rechtsträger begünstigend wirkt (wie eine Erlaubnis oder ein Anspruch), wird dieser sie selbst geltend machen wollen; wo sie belastend wirkt (wie eine Pflicht), eher ein anderer Akteur.

Wie wir sehen werden, gibt es für einige Arten von Rechtspositionen spezifische Durchsetzungsmechanismen: So machen Private ihre *Ansprüche* gegenüber der Verwaltung grundsätzlich mit den „Leistungsklagen" und – im Falle der Abwehransprüche gegen Verwaltungsakte – mit der „Anfechtungsklage" geltend (unten § 13 Rn. 42 ff.). Die *Pflichten* der Privaten setzt die Verwaltung grundsätzlich im Wege der „Verwaltungsvollstreckung" durch (unten § 12 Rn. 45 ff.).

Es gibt daneben aber **zwei allgemeine verwaltungsgerichtliche Rechtsbehelfe**, mit denen im Prinzip über jede Rechtsposition ein Streit ausgetragen werden kann und die deshalb an dieser Stelle übergreifend behandelt werden sollen:

- die *allgemeine Feststellungsklage* nach § 43 VwGO und
- den *Antrag auf Erlass einer einstweiligen Anordnung* nach § 123 VwGO.

Zusatzinformation
Eine weitere Möglichkeit bietet die Zwischenfeststellungsklage nach § 256 Abs. 2 ZPO, § 173 S. 1 VwGO.[29] Sie kann in jedem Verwaltungsrechtsstreit von Kläger oder Beklagten ergänzend erhoben werden, um eine Rechtsposition gerichtlich feststellen zu lassen, die das Gericht für die bereits anhängige Klage ohnehin prüfen muss. Im Vergleich zur allgemeinen Feststellungsklage entfallen die Voraussetzungen der Subsidiarität und des besonderen Feststellungsinteresses (unten Rn. 60 f.).

---

[27] Kritisch daher auch *Straßburger*, AöR 145 (2020), S. 614.
[28] Lit. – wegweisend aus der Entstehungszeit der VwGO: *Menger*, System des verwaltungsgerichtlichen Rechtsschutzes, 1954.
[29] Vgl. *Nellesen/Wiedmeyer*, NVwZ 2022, 1759.

1. Allgemeine Feststellungsklage

Spezielle Studienliteratur: *Mruk*, Jura 2022, 663.

56 Mit einer allgemeinen Feststellungsklage kann man umstrittene Rechtspositionen grundsätzlich aller Art gerichtlich geltend machen.[30] Sie führt im Erfolgsfall zu einem Feststellungsurteil (unten § 21 Rn. 9), das die Frage nach dem Bestehen der Rechtsposition für die Zukunft zwischen den Beteiligten durch seine präjudizielle Wirkung außer Streit stellt.

Prüfungsschema 3: Hat die allgemeine Feststellungsklage Aussicht auf Erfolg?

1. Zulässigkeit	
a) Eröffnung des Verwaltungsrechtswegs, § 40 Abs. 1 S. 1 VwGO	§ 3 Rn. 4 ff.
b) statthafte Klageart – Statthaftigkeit der allgemeinen Feststellungsklage nach § 43 Abs. 1 Var. 1 VwGO	
aa) feststellungsfähiges Rechtsverhältnis	Rn. 58 f.
bb) keine Subsidiarität, § 43 Abs. 2 VwGO	Rn. 60
c) Feststellungsinteresse, § 43 Abs. 1 VwGO	Rn. 61
d) Klagebefugnis analog § 42 Abs. 2 VwGO (str.)	Rn. 62
e) richtiger Beklagter	Rn. 63
f) Beteiligungsfähigkeit von Kläger und Beklagtem, § 61 VwGO	§ 4 Rn. 11 f.
g) Prozessfähigkeit bzw. richtige Vertretung von Kläger und Beklagtem, § 62 VwGO	§ 4 Rn. 13 f.
h) Zuständigkeit des angerufenen Gerichts, §§ 45 ff. VwGO	§ 8 Rn. 10 ff.
i) Einhaltung der Klageform, § 81 Abs. 1 VwGO	
2. Begründetheit: Bestehen bzw. Nichtbestehen einer bestimmten Rechtsposition	

57 Für die allgemeine Feststellungsklage gelten zunächst einmal die bereits behandelten allgemeinen Zulässigkeitsvoraussetzungen. Beim Rechtsweg ergibt sich die Besonderheit, dass es hier normalerweise nicht um einen vermeintlichen Anspruch des Klägers geht; die streitentscheidende Norm, die über die Öffentlich-rechtlichkeit der Streitigkeit bestimmt, wird hier deshalb selten eine Anspruchsgrundlage sein (vgl. oben § 3 Rn. 8 ff.); für Ansprüche sind außerdem andere Klagearten vorrangig (dazu im Einzelnen § 13 Rn. 36 ff.).

58 Statthaft ist die allgemeine Feststellungsklage nach § 43 Abs. 1 VwGO grundsätzlich, wenn der Kläger die Feststellung des Bestehens oder Nichtbestehens eines „**Rechtsverhältnisses**" begehrt.[31] Dieser Begriff, den wir oben für die Zwecke der

---

[30] Lit.: *Brüning*, JuS 2004, 882; *Engels*, NVwZ 2018, 1001; *Selb*, Die verwaltungsrechtliche Feststellungsklage, 1998; *Trzaskalik*, Die Rechtsschutzzone der Feststellungsklage im Zivil- und Verwaltungsprozeß, 1978. Aus älterer Zeit *Vossen*, AöR 24 (1909), S. 202.

[31] Lit.: *Sodan/Kluckert*, VerwArch 94 (2003), S. 3.

dogmatische Systembildung vermieden hatten (Rn. 6 ff.), erscheint an dieser Stelle als Gesetzesbegriff und ist insoweit für die Rechtsanwendung natürlich maßgeblich. Der Sache nach versteht man darunter jede Rechtsposition, von der sich sagen lässt, sie stehe jemandem „gegenüber" oder „im Verhältnis zu" einem anderen Rechtsträger zu (der dann normalerweise zu beklagen ist, Rn. 63). Klare und typische Fälle sind insoweit die Klagen auf Feststellung

- des *Bestehens einer Genehmigung* des Klägers für eine gewisse Tätigkeit (vgl. § 11 Rn. 5 ff.);
- des *Nichtbestehens einer Befugnis* des Beklagten zu einer gewissen Maßnahme gegenüber dem Kläger (vgl. § 11 Rn. 10 f.);
- des *Nichtbestehens eines Anspruchs* des Beklagten auf ein gewisses Tun oder Unterlassen des Klägers (vgl. § 13; sogenannte „negative Feststellungsklage").

Das Rechtsverhältnis muss aber jedenfalls ein bereits entstandenes, nicht dagegen ein zukünftiges und bloß hypothetisches sein. Die Feststellungsklage dient insofern nicht als „Rechtsauskunftsantrag", mit dem man abstrakt klären lassen könnte, ob gewisse Handlungen oder Ereignisse gewisse Tatbestandsmerkmale einer abstrakt-generellen Norm erfüllen würden. 59

Das Gesetz schließt in § 43 Abs. 2 VwGO die Statthaftigkeit (oder nach anderer Deutung jedenfalls die Zulässigkeit) der allgemeinen Feststellungsklage jedoch aus, wenn das Begehren des Klägers auch durch eine Leistungsklage oder Gestaltungsklage erreicht werden könnte („**Subsidiarität der Feststellungsklage**"). Das betrifft die Fälle, in denen der Kläger einen eigenen Anspruch gegen den Beklagten geltend machen will. Die dafür gegebenen Klagearten behandeln wir deshalb im Zusammenhang mit den Ansprüchen (unten § 13 Rn. 36 ff.). 60

Als besondere Voraussetzung der Zulässigkeit (oder nach anderer Deutung als Unterpunkt der Statthaftigkeit) verlangt § 43 Abs. 1 VwGO ein „berechtigtes Interesse" (sog. **Feststellungsinteresse**). Die ungeschriebene allgemeine Zulässigkeitsvoraussetzung des Rechtsschutzinteresses (dazu § 13 Rn. 51 ff.) erscheint für diese Klageart damit ausdrücklich im Gesetz und ist zugleich inhaltlich verschärft. Es reicht nicht, dass der Kläger nicht missbräuchlich klagt, vielmehr muss er ein Interesse an der Feststellung positiv dartun. Wie aber gerade aus dem Unterschied zu der zivilprozessualen Parallelvorschrift des § 256 Abs. 1 ZPO („rechtliches Interesse") deutlich wird, genügt für die verwaltungsgerichtliche Feststellungsklage jedes rechtliche, wirtschaftliche oder auch bloß ideelle Interesse. Typischerweise geht es um ein Interesse an der Verhinderung drohender Nachteile. Dass solche drohen, kann man oft mit einem zuvor bereits einmal eingetretenen Nachteil begründen („Wiederholungsgefahr"). 61

Beispiel: A meint, für ihr Gewerbe eine fortgeltende Erlaubnis alten württembergischen Rechts von 1880 zu haben; die Gewerbeaufsichtsbehörde bestreitet das. A hat ein wirtschaftliches Interesse an der Feststellung ihrer Erlaubnis, da ein Einschreiten der Behörde im Raum steht. – B hält die einschüchternde Präsenz der Bereitschaftspolizei bei ihrer letzten Demonstration für rechtswidrig und möchte das Fehlen einer behördlichen Befugnis ihr gegenüber gerichtlich festgestellt sehen. Weil sie auch künftig regelmäßig demonstrieren will, kann sie das Feststellungsinteresse mit der Wiederholungsgefahr begründen.

62   Viele gehen darüber hinaus davon aus, dass es – in Analogie zu § 42 Abs. 2 VwGO, vgl. unten § 13 Rn. 45 ff. – noch eine ungeschriebene Zulässigkeitsvoraussetzung der **Klagebefugnis** gebe. Als Klagebefugnis wird bei den Leistungsklagen sowie der Anfechtungsklage geprüft, ob ein Recht des Klägers verletzt sein könnte; dort heißt das der Sache nach, dass das Bestehen des verfolgten *Anspruchs* prinzipiell möglich sein muss. Da es bei der allgemeinen Feststellungsklage normalerweise nicht um Ansprüche des Klägers geht (siehe oben Rn. 54, 58), kann man diese Zulässigkeitsvoraussetzung jedenfalls nicht unmodifiziert hierher übertragen. Es besteht auch kein Bedürfnis dafür, wie bei den Leistungsklagen die Befugnis gerade des Klägers zum Anbringen dieser Klage zu überprüfen, denn dessen Bezug zum Streitgegenstand stellt ja bereits die ausdrückliche gesetzliche Voraussetzung des Feststellungsinteresse sicher.

Beispiel (Fortsetzung): A beruft sich zum einen auf die im Streit stehende Erlaubnis, zum anderen auf ihre Berufsfreiheit aus Art. 12 Abs. 1 GG. – B beruft sich auf ihre Versammlungsfreiheit aus Art. 8 Abs. 1 GG.

Prüfungshinweis

▶   Diesen Streit brauchen Sie eigentlich nie zu entscheiden. In aller Regel wird sich eine sachlich passende Rechtsposition finden, die man dann einfach benennen kann. Die Klagebefugnis bejaht man damit und lässt die Frage nach deren Erforderlichkeit offen.

63   **Richtiger Beklagter** der allgemeinen Feststellungsklage ist der Verwaltungsträger, mit dem der Kläger über das Bestehen oder Nichtbestehen der Rechtsposition im Streit steht (im Anwendungsbereich des Behördenprinzips tritt an seine Stelle die entsprechende Behörde, oben § 7 Rn. 40 ff.). Das Begehren des Klägers muss also dahin gehen, gerade gegenüber dem Beklagten (und dessen Behörden) die präjudiziell wirkende Feststellung in Bezug auf die Rechtsposition zu erreichen. Soweit die Beteiligten über Rechtspositionen streiten, die dem Beklagten gerade im Verhältnis zum Kläger zustehen könnten (Rn. 58), steht der richtige Beklagte damit bereits fest; es ist aber prinzipiell auch denkbar, dass der Beklagte an der Rechtsposition nicht selbst beteiligt ist.

Beispiel (Fortsetzung): A richtet ihre Klage gegen die Stadt S als Träger der im konkreten Fall zuständigen Gewerbeaufsichtsbehörde. So kann sie bei Stattgabe das Urteil allen Behörden der Stadt entgegenhalten. – B richtet ihre Klage gegen das Land als Träger der Bereitschaftspolizei. Im Erfolgsfall kann sie sich gegenüber allen Behörden des Landes auf das Urteil berufen.

Prüfungshinweis

▶   Wenden Sie nicht § 78 VwGO an, denn dieser gilt nur für verwaltungsaktbezogene Anfechtungs- und Verpflichtungsklagen unmittelbar (unten § 19 Rn. 183 ff.).

2. Antrag auf Erlass einer einstweiligen Anordnung

Mit einem Antrag auf Erlass einer einstweiligen Anordnung kann man in Einzelfällen einen gerichtlichen Beschluss erwirken, um eine eigene materielle Rechtsposition vor behördlicher Beeinträchtigung zu sichern. Der stattgebende Beschluss begründet dazu geeignete **temporäre Rechtspositionen kraft Prozessrechts**, vornehmlich einstweilige Pflichten des Antragsgegners. 64

§ 123 Abs. 1 VwGO kennt **zwei verschiedene Arten** der einstweiligen Anordnung, die bereits bei der Statthaftigkeit und dann jedenfalls bei der Begründetheit benannt werden sollten: 65

- die *Sicherungsanordnung* zur vorläufigen Aufrechterhaltung eines tatsächlichen oder rechtlichen Zustands (Satz 1) und

   Beispiel: Hochschule H teilt Professorin P mit, sie werde mit sofortiger Wirkung zu einem anderen Fachbereich umgesetzt. P klagt und begehrt daneben als Eilrechtsschutz die Verpflichtung von H zur Unterlassung von Durchführungsmaßnahmen. – Gemeinde G beabsichtigt, Bewerberin A zur (beamteten) Kämmerin zu ernennen. Mitbewerberin B begehrt als Eilrechtsschutz die Verpflichtung von G zur Unterlassung der Ernennung der A.

- die *Regelungsanordnung* zur vorläufigen Verbesserung der Rechtsstellung des Antragstellers (Satz 2).

   Beispiel: A klagt gegen Hochschule H auf Zulassung zu einem Studiengang. Da das Semester binnen kurzem beginnen wird, begehrt A daneben vorläufige Zulassung zum Studium bis zur Entscheidung über die Verpflichtungsklage in der Hauptsache.

> **Prüfungsschema 4: Hat der Antrag auf Erlass einer einstweiligen Anordnung Aussicht auf Erfolg?**
> 1. Zulässigkeit
>   a) Eröffnung des Verwaltungsrechtswegs, § 40 Abs. 1 S. 1 VwGO
>   b) statthafter Rechtsbehelf – Statthaftigkeit des Antrags nach § 123 Abs. 1 S. 1 oder 2 VwGO
>   c) Antragsbefugnis, § 42 Abs. 2 VwGO analog
>   d) richtiger Antragsgegner
>   e) Beteiligungsfähigkeit von Antragsteller und -gegner, § 61 VwGO
>   f) Prozessfähigkeit bzw. richtige Vertretung von Antragsteller und -gegner, § 62 VwGO
>   g) Zuständigkeit des angerufenen Gerichts auch für die Hauptsache, § 123 Abs. 2, §§ 45 ff. VwGO
>   h) Einhaltung der Antragsform, § 123 Abs. 3 VwGO, § 920 ZPO
>   i) Rechtsschutzinteresse
> 2. Begründetheit, § 123 Abs. 1 S. 1 bzw. 2 VwGO
>   a) Anordnungsgrund (= Eilbedürftigkeit)
>   b) Anordnungsanspruch (= in der etwaigen Hauptsache zu verfolgender Anspruch)

66 Die Begründetheit des Antrags auf Erlass einer einstweiligen Anordnung hat **eine prozessuale und eine materielle Voraussetzung**, die „Anordnungsgrund" bzw. „Anordnungsanspruch" genannt werden. Die Situation des Eilrechtsschutzes tritt darüber gliederungsmäßig deutlich in Erscheinung (auch klarer als beim Antrag nach § 80 Abs. 5 VwGO, der bei belastenden Verwaltungsakten vorrangig ist, dazu unten § 19 Rn. 210 ff.). Das Gericht entscheidet auf der Grundlage einer „summarischen Prüfung der Sach- und Rechtslage": Angesichts der im Eilrechtsschutz knapperen Zeit kann das Gericht den Sachverhalt oft nicht ausermitteln und auch schwierige Rechtsfragen mitunter nicht direkt klären.[32]

Prüfungshinweis

▶ Sie sollten im Gutachten die Formel von der „summarischen Prüfung" zwar wiedergeben, aber sich nicht daran halten. Die Sachlage ist jedenfalls bis zur Ersten juristischen Prüfung durch die Aufgabenstellung abschließend festgestellt, und die Rechtslage voll zu prüfen ist ja gerade Ihr Metier.

Zusatzinformation
Prozessual hat der Antragsteller alle Tatsachen, woraus Anordnungsgrund und -anspruch folgen sollen, nur „glaubhaft zu machen" (§ 123 Abs. 3 VwGO, § 920 Abs. 2, § 294 ZPO).

67 **Anordnungsgrund** bedeutet dabei nur, dass die Anordnung erforderlich sein muss für den effektiven Rechtsschutz des Antragstellers. Ohne eine einstweilige Anordnung müsste es also hypothetisch zu einer Vereitelung der geltend gemachten Rechtsposition kommen. Diese Grundidee formuliert § 123 Abs. 1 VwGO für die beiden Anordnungsarten verschieden, sodass sich unterschiedliche Obersätze ergeben:

- Für eine Sicherungsanordnung besteht ein Anordnungsgrund, wenn ohne diese „durch eine Veränderung des bestehenden Zustands die Verwirklichung eines Rechts des Antragstellers vereitelt oder wesentlich erschwert werden könnte" (Satz 1).

  Beispiel (Fortsetzung von Rn. 65): Müsste die Hochschule nicht mit den Durchführungsmaßnahmen einhalten, würde P im Falle der Rechtswidrigkeit ihrer Umsetzung von dieser bereits voll getroffen.

- Für eine Regelungsanordnung besteht ein Anordnungsgrund, wenn diese „um wesentliche Nachteile abzuwenden oder drohende Gewalt zu verhindern oder aus anderen Gründen nötig erscheint" (Satz 2).

  Beispiel (Fortsetzung von Rn. 65): Erhielte A nicht die Möglichkeit, bereits vorläufig am Studiengang teilzunehmen, würde sie das ein Jahr bis zum nächsten Anfangstermin kosten.

---

[32] Lit.: *Windoffer*, Die Klärungsbedürftigkeit und -fähigkeit von Rechtsfragen in verwaltungsgerichtlichen Verfahren des einstweiligen Rechtsschutzes, 2005.

IV. Geltendmachung

Als **Anordnungsanspruch** ist dagegen das Bestehen des Anpruchs des Antragstellers zu prüfen, aus dem sich auch die Antragsbefugnis ergibt und um den auch in einem entsprechenden Hauptsacheverfahren auf eine Leistungs-, insbesondere Verpflichtungsklage hin gestritten würde.

68

Beispiel: Beim Antrag auf vorläufige Zulassung zum Studium steht ein materiellrechtlicher Anspruch auf Studienzulassung aus dem Landeshochschulgesetz in Frage.

Häufig ist zu lesen, eine einstweilige Anordnung dürfe „die **Hauptsache nicht vorwegnehmen**", es sei denn, dies wäre für den effektiven Rechtsschutz erforderlich. Ein solcher Prüfungspunkt ist aber überflüssig.[33] Die Anordnung darf, wie gesehen, ohnehin nur ergehen, soweit ihr Erlass im Interesse eines effektiven Rechtsschutzes erforderlich ist. Insoweit muss sie dann aber auch ergehen, weshalb die andere Auffassung gerade für die relevanten Fälle wiederum eine Ausnahme macht und damit letztlich zum gleichen Ergebnis gelangt.

69

Beispiel: Die vorläufige Zulassung zum Studium ab dem 1. Oktober bis zur Entscheidung über die Verpflichtungsklage nimmt die Hauptsacheentscheidung teilweise vorweg. Ohne diese einstweilige Anordnung würde aber der bei summarischer Prüfung anzunehmende Anspruch auf Studienzulassung zum 1. Oktober für den Zeitraum bis zur Hauptsacheentscheidung endgültig vereitelt. Damit dieses Recht nicht entwertet wird, muss die Anordnung ergehen.

---

[33] Vgl. *Hong*, NVwZ 2012, 468.

§ 10. Status

I. Funktion und Arten

Die einfachste Form von Rechtsposition ist der Status, den man als Rechtsträger nur entweder haben oder nicht haben kann und der für sich genommen weder ein eigenes Verhalten (wie eine Erlaubnis oder Pflicht) noch ein fremdes Verhalten (wie ein Anspruch) betrifft.

> *Beispiele*: A ist deutsche Staatsangehörige, B Beamtin, C Schülerin, D Studentin und E Ehrenbürgerin. F hat eine Staatsprüfung bestanden. G ist mit Hoheitsrechten beliehen und H an einem Verwaltungsverfahren beteiligt. I ist Mitglied der Handwerkskammer, J ist Mitglied des Gemeinderats.

Prüfungshinweis

▶ Die Mehrzahlform ist ebenfalls „Status", aber ausgesprochen mit einem langen U.

Zusatzinformation
Status gibt es natürlich auch im Privatrecht, und einige der Überlegungen in diesem Kapitel ließen sich auch dorthin übertragen. Man denke beispielsweise an die Kaufmannseigenschaft nach § 1 HGB.

Welche Status in diesem Sinne es geben kann, ist nicht abschließend festgeschrieben. Das Gesetz schafft einen verwaltungsrechtlichen Status in der Regel spezifisch für einen Teil des Besonderen Verwaltungsrechts und regelt seine Details dort (für die Beispiele etwa in Staatsangehörigkeits-, Beamten-, Schul- oder Hochschulgesetzen). Die Bandbreite ist groß, was auch die im Folgenden gegebenen Beispiele zeigen sollen.

3 Nicht jede Rechtsposition dieser Art lässt sich auf ein einfaches **personenbezogenes Substantiv** bringen wie etwa „Beamter" oder „Schüler". So gibt es etwa in den verschiedenen Prüfungsrechten immer einen Status, der darin besteht, die jeweilige Prüfung bestanden zu haben (meist von einer Prüfungskommission am Ende eines Prüfungsverfahrens durch Verwaltungsakt zuerkannt).

Beispiele: Wer die Abiturprüfung besteht, erhält den Status „allgemeine Hochschulreife" zuerkannt. – Auch das „Bestandenhaben der Ersten juristischen Prüfung" ist ein Status in diesem Sinne, für den es keinen einfacheren Ausdruck gibt (zur Bezeichnung „Referendar" siehe noch § 11 Rn. 16).

4 Während manche Status wie etwa der als „Ehrenbürger" sich in ihrer faktischen (ideellen oder auch wirtschaftlichen) Wirkung weitgehend erschöpfen, besteht in dogmatischer Hinsicht die wesentliche Funktion eines verwaltungsrechtlichen Status doch darin, als **Schlüssel-Tatbestandsmerkmal** für weitere Verwaltungsrechtsnormen zu dienen. Man kann sich vorstellen, dass der Erwerb des Status einem Rechtsträger alle diese Normen aufschließt und dass ein späterer Verlust sie wieder verschließt. Dabei handelt es sich insbesondere um Normen, die gerade den Trägern des Status spezifische weitere Rechtspositionen zuordnen.

Beispiele für natürliche Personen: Der Status „deutsche Staatsangehörigkeit" eröffnet etwa über Art. 116 Abs. 1 Var. 1 GG den Status „Deutscher"; letzterer kann über § 12 Bundeswahlgesetz zur Kompetenz (§ 14) „Bundestagswahlrecht" und über § 1 Wehrpflichtgesetz (WPflG) zum weiteren Status „Wehrpflichtiger" führen. – Der Status „Beamter" eröffnet etwa über § 86 BBG bzw. Landesparallelvorschrift die Erlaubnis (§ 11) zum „Führen einer geschützten Amtsbezeichnung" und über § 3 Bundesbesoldungsgesetz bzw. Landesparallelvorschrift den Anspruch (§ 13) auf „Besoldung".

Beispiele für juristische Personen: Der Status „Träger des Entwicklungsdienstes" nach § 2 Entwicklungshelfer-Gesetz ermöglicht es denjenigen juristischen Personen des Privatrechts, die ihn haben, Beschäftigte als „Entwicklungshelfer" unter einer Reihe günstiger Sonderregelungen des Arbeits- und Sozialrechts anzustellen. – Der Status „institutsbezogenes Sicherungssystem" nach § 43 Einlagensicherungsgesetz (EinSiG) macht es möglich, dass eine Bank ihrer Pflicht zur Sicherung der Kundeneinlagen (§ 1 EinSiG) über eine Vereinbarung mit dem Träger dieses Status wirksam erfüllt.

5 Den Status drückt man oft durch die Formulierung aus, die Person stehe in einem **Rechtsverhältnis zu einem bestimmten Verwaltungsträger**. Solche „Verwaltungsrechtsverhältnisse" weisen eine gewisse Ähnlichkeit zu Dauerschuldverhältnissen auf, wie wir bereits sahen (oben § 9 Rn. 6 ff.). Der daran beteiligte Verwaltungsträger ist normalerweise derjenige, der den Status begründet, entzieht und praktisch geltend macht; er selbst erwirbt zugleich einen entsprechenden Gegenstatus (siehe auch bereits § 6 Rn. 10). Diese Redeweise ist besonders üblich für rechtlich komplexe Status, an die viele weitere Verwaltungsrechtsnormen tatbestandlich anknüpfen.

Beispiele: Der Status als Beamtin, Schülerin oder Studentin wird oft als Beamten-, Schul- bzw. Studienverhältnis ausgedrückt, das zu dem jeweils als „Dienstherr", „Schulträger" bzw. „Hochschule" fungierenden Verwaltungsträger bestehe.

I. Funktion und Arten

Zusatzinformation
Einige Status, die sich als Rechtsverhältnisse deuten lassen, wurden früher als „Besondere Gewaltverhältnisse" begriffen.[1] Damit war gemeint, dass zwischen dem privaten Rechtsträger in dessen Eigenschaft als Beamter, Schüler, Strafgefangener u. a. und dem zuständigen Verwaltungsträger keine Grundrechte gelten und kein Rechtsweg offenstehen sollte. Dieses Konzept gilt als überholt,[2] scheint jedoch gelegentlich noch einmal auf. Auch heute besteht in diesen „Näheverhältnissen" die Möglichkeit des Verwaltungsträgers, gegenüber den Statusträgern durch Innenrechtsakt statt durch Verwaltungsakt zu handeln – den Rechtsschutz schließt das aber nicht mehr aus, er funktioniert nur etwas anders (vgl. unten § 25); die Grundrechte gelten, sie erfahren nur behutsame Einschränkungen.[3]

Eine Deutung des Status als Rechtsverhältnis ist zwar vielfach möglich, aber nicht für jeden Status üblich. Insbesondere wenn sich nur einzelne Rechtsfolgen an den Status knüpfen und nicht die Anmutung einer auf Dauer gestellten Rechtsbeziehung entsteht, spricht man nicht von Rechtsverhältnissen. **6**

Beispiel: Für den Status „(nicht) wehrdienstfähig" (§ 8a Abs. 1 WPflG), den Behörden des Bundes durch die Musterungsentscheidung vergeben (§ 17 Abs. 5 WPflG), würde man eher nicht von einem eigenen „Wehrdienst(un)fähigkeitsverhältnis zur Bundesrepublik Deutschland" sprechen.

Mit einer weiteren Gruppe ähnlicher Rechtspositionen haben wir uns der Sache nach bereits in Teil II beschäftigt, nämlich den **organisatorischen Status**. Denn wenn die Rechtsordnung einem Rechtsträger die „Existenz", „Beteiligungsfähigkeit" oder „Handlungsfähigkeit" zu- oder abschreibt oder ihn zum „Organ", „Vertreter" oder „Mitglied" eines anderen Rechtsträgers erklärt, heißt das nichts anderes, als dass ihm ein gewisser Status zugeordnet wird. Daher kann es auch nicht überraschen, dass die Struktur von „Entstehung und Untergang" in Teil II dem Gegenüber von „Erwerb und Verlust" genau entspricht (vgl. noch einmal § 9 Rn. 11 ff.). **7**

Auch die besonderen **Funktionsbezeichnungen der Hoheitsträger** lassen sich am besten als Status einordnen, sowohl für Verwaltungsträger (z. B. „Träger der Straßenbaulast"; vgl. § 6 Rn. 9) als auch für Behörden (z. B. „untere Verwaltungsbehörde"; vgl. § 7 Rn. 17). **8**

Spezielle Status sind noch das **Beliehensein mit Hoheitsrechten**, das einem Privatrechtssubjekt teilweise die Stellung eines Verwaltungsträgers gibt, sowie die **prozeduralen Status**, die nur Hilfsfunktionen im Rahmen des verwaltungsrechtsdogmatischen Systems erfüllen. Am Ende des Kapitels betrachten wir diese Anwendungsfälle gesondert und im Zusammenhang. **9**

---

[1] Lit.: *Krüger*, NJW 1953, 1369; *Loschelder*, Vom besonderen Gewaltverhältnis zur öffentlich-rechtlichen Sonderbindung, 1982; *Ronellenfitsch*, DÖV 1984, 781.
[2] Wegweisend BVerfGE 33, 1 (1972).
[3] Lit.: *von Kielmannsegg*, Grundrechte im Näheverhältnis, 2012; *ders.*, HVwR IV, 2022, § 70.

II. Erwerb

10   Wie andere Rechtspositionen auch wird der Status entweder durch einen konkreten Rechtsakt eines Hoheitsträgers gegenüber dem Rechtsträger begründet oder durch den Eintritt des Tatbestands, den ein abstrakt-genereller Rechtsakt aufstellt (allgemein § 9 Rn. 11 ff.).

11   Typisch ist der Erwerb des Status durch den **Verwaltungsakt** einer Behörde (ausführlich § 19). Solche Verwaltungsakte ergehen normalerweise schriftlich, manchmal sogar in Form besonderer Urkunden und nicht selten in einem zeremoniellen Rahmen – das soll den Beteiligten den Übergang zu dem neuen Status, an dem oft Rechte und Pflichten hängen, deutlich vor Augen führen.

Beispiele: Die deutsche Staatsangehörigkeit wird einem ausländischen Antragsteller mit dem Verwaltungsakt „Einbürgerung" verliehen, der durch die Aushändigung einer Urkunde erfolgt; zuvor hat der Antragsteller ein „feierliches Bekenntnis" abzugeben (§ 16 Staatsangehörigkeitsgesetz [StAG]). – Der Beamtenstatus wird mit dem Verwaltungsakt „Ernennung" verliehen, der ebenfalls durch die Aushändigung einer Urkunde erfolgt und eine genau bestimmte Formulierung enthalten muss (§§ 10 BBG, 8 BeamtStG). – Der Schülerstatus wird durch den Verwaltungsakt „Einschulung", der Studentenstatus durch den Verwaltungsakt „Immatrikulation" begründet.

12   Mitunter wird ein Status aber auch **kraft Gesetzes** (ggf. auch Rechtsverordnung oder Satzung) erworben, sobald dessen abstrakt-generell bestimmter Tatbestand im Einzelfall erfüllt ist. Das hat den Vorteil, dass der Erwerb sozusagen „automatisch" eintritt und nicht vom Verhalten einer Behörde abhängt. Zugleich hat es allerdings den Nachteil, dass die zuständige Behörde den Status nicht schon attestiert hat und von dem Vorliegen des Tatbestands möglicherweise erst überzeugt werden muss.

Beispiel: Die meisten erwerben ihre deutsche Staatsangehörigkeit kraft Gesetzes nach § 4 StAG durch Geburt von einem deutschen Elternteil. Wer sich auf diesen Tatbestand berufen will, muss sowohl die Abstammung (Geburtsurkunde) als auch die deutsche Staatsangehörigkeit eines Elternteils darlegen können; beides kann in Streit stehen. § 30 StAG sieht für solche Fälle ein spezielles Feststellungsverfahren vor.

13   Insbesondere gibt es manchmal auch einen **akzessorischen Erwerb**.

Beispiel: Den Status „Prüfer" für die staatliche juristische Pflichtfachprüfung erwerben in Baden-Württemberg kraft Gesetzes Personen, die zugleich den Status „Hochschullehrer des Rechts an den Universitäten der Prüfungsorte" innehaben (§ 3 Abs. 1 Nr. 1 Buchst. b JAG BW) – andernorts bedarf es dafür teilweise erst eines Verwaltungsakts.

14   Eine **Rechtsnachfolge** in den Status, sei es durch Vertrag oder durch Vererbung, ist dagegen regelmäßig nicht möglich. Hier gilt das oben zum „höchstpersönlichen Charakter" der meisten verwaltungsrechtlichen Rechtspositionen Ausgeführte.

Beispiel: Den Beamtenstatus kann man weder rechtsgeschäftlich einem anderen übertragen noch von Todes wegen dem eigenen Erben zukommen lassen.

Zusatzinformation
In besonderen Fällen ergeben sich aus dem Status einer natürlichen Person bei deren Tod zwar Rechtspositionen zugunsten ihrer Angehörigen – insbesondere die Ansprüche der Hinterbliebenen eines Beamten auf Versorgung nach §§ 16–28 BeamtVG und Landesparallelvorschriften. Da aber den Hinterbliebenen damit nicht der ursprüngliche Status zugeschrieben wird (sie übernehmen nicht die Stellung als Beamter), spricht man insoweit nicht von einer Rechtsnachfolge, sondern von neuen, kraft Gesetzes entstehenden Ansprüchen (vgl. § 13 Rn. 11 ff.).

III. Verlust

Verloren gehen kann der verwaltungsrechtliche Status ebenfalls durch **Verwaltungsakt** einer Behörde. Eine solche „Entziehung" oder „Aberkennung" ist oft für irreguläre Fälle vorgesehen, in denen der Rechtsträger den Erwartungen auf die eine oder andere Weise nicht gerecht wird, die das Gesetz mit dem Status verbindet. 15

Beispiele: Probebeamtin P wird von der Dienstbehörde entlassen, weil sie sich in der Probezeit nicht bewährt hat (§§ 34 BBG, 23 Abs. 3 Nr. 2 BeamtStG). – V wurde von der Bundespräsidentin das Bundesverdienstkreuz verliehen, ein Orden im Sinne des Gesetzes über Titel, Orden und Ehrenzeichen (OrdenG). Später betätigt V sich lautstark in verfassungsfeindlicher Weise; die Bundespräsidentin entzieht ihr deshalb die Auszeichnung wieder wegen Unwürdigkeit (§ 4 Abs. 1 OrdenG). – Studentin S wird vom Rektorat ihrer Hochschule exmatrikuliert, weil ihr Aufenthaltsort nicht ermittelt werden kann (z. B. § 51 Abs. 3 Nr. 7 Hochschulgesetz NW).

Zusatzinformationen
- An die Stelle der Entziehung des Status tritt funktional oft eine Aufhebung des Verleihungs-Verwaltungsakts, die das gleiche Ergebnis – Verlust des Status – auf andere rechtstechnische Weise herbeiführt (vgl. § 19 Rn. 11). Auf die Aufhebung von Verwaltungsakten, die meist „Rücknahme" oder „Widerruf" heißt, gehen wir noch im Zusammenhang ein (§ 20 Rn. 2 ff.).
- Die Entziehung der deutschen Staatsangehörigkeit schließt Art. 16 Abs. 1 S. 1 GG aus. Hier kommt deshalb von Verfassung wegen nur eine Rücknahme der Einbürgerung, also des Verleihungs-Verwaltungsakts, in Frage.
- Die Entziehung des Beamtenstatus wegen einer Dienstpflichtverletzung – die sogenannte „Entfernung aus dem Dienst" – wird nur im Bund und in Baden-Württemberg durch Verwaltungsakt ausgesprochen (§§ 33, 34 BDG bzw. 31, 38 LDG BW). In den anderen Ländern erfolgt die Entfernung aus dem Dienst durch verwaltungsgerichtliches Urteil auf eine Disziplinarklage des Dienstherrn hin (§ 60 Abs. 2 S. 2 Nr. 1 BDG und Parallelvorschriften); es handelt sich hier um einen gerichtlichen Rechtsakt, der die materielle Verwaltungsrechtslage gestaltet (vgl. unten § 21).

Denkbar ist auch ein Verlust des Status **durch Verzicht**.[4] Wegen der oft weitreichenden Bedeutung der Status räumt das Gesetz eine derartige Gestaltungskompetenz den privaten Statusinhabern nur selten ein. 16

Beispiel: Die ehrenamtliche THW-Helferin T möchte aus persönlichen Gründen beim THW aufhören und beendet deshalb durch schriftliche Erklärung einseitig ihr Dienstverhältnis, was sie nach § 6 Abs. 3 THW-Mitwirkungsverordnung (THWMitwV) auch kann.

---

[4] Lit.: *Illian*, Der Verzicht Privater im Verwaltungsrecht, 1993, S. 187–207.

Gegenbeispiele: Bundesbankrätin B möchte ihren Beamtenstatus aufgeben, um dann zu einer Privatbank zu wechseln; nach dem Gesetz kann sie das nicht einseitig, sondern muss nach §§ 30, 33 BBG ihre Entlassung verlangen, die dann durch Verwaltungsakt ausgesprochen wird. – Die Deutsche D möchte auf ihre deutsche Staatsangehörigkeit verzichten; das kann sie nach dem Wortlaut von § 26 Abs. 1 StAG zwar, doch lässt § 26 Abs. 3 StAG den Verlust erst „mit der Aushändigung der von der Genehmigungsbehörde ausgefertigten Verzichtsurkunde" eintreten; der gesetzlich so bezeichnete „Verzicht" ist hier insofern der Sache nach nur ein Antrag auf die maßgebliche behördliche Urkunde.

17   Einige Status enden auch **kraft Gesetzes**.

Beispiele: Die Beamtin A wird 67 und tritt mit dem Ende des Monats in den Ruhestand (§§ 51 BBG, 25 BeamtStG); damit endet ihr Beamtenstatus (§ 30 Nr. 4 BBG, § 21 Nr. 4 BeamtStG). An seine Stelle tritt ein neuer Status als Ruhestandsbeamtin. – Die Regierungsinspektoranwärterin B hat die Laufbahnprüfung bestanden, Kollegin C hat sie endgültig nicht bestanden; als „Beamte auf Widerruf" endet mit dem Ablauf dieses Tages für beide das Beamtenverhältnis (§ 37 Abs. 2 BBG, § 22 Abs. 4 BeamtStG). – Die Beamtin D ist zu einer Freiheitsstrafe von einem Jahr verurteilt worden; mit der Rechtskraft des Strafurteils endet das Beamtenverhältnis kraft Gesetzes (§§ 41 BBG, 24 BeamtStG), ohne dass dies vom Strafgericht oder einer Behörde noch besonders angeordnet werden müsste.

IV. Geltendmachung

18   Rechtsstreitigkeiten um verwaltungsrechtliche Status entstehen meist entweder

- wegen konkreter Rechte oder Pflichten aus dem Status (z. B. Klage auf höhere Beamtenbesoldung oder gegen die Abordnung zu einer anderen Behörde) oder
- wegen der Begründung oder Beendigung des Status (z. B. Klage auf Einbürgerung oder gegen Exmatrikulation).

In beiden Fällen wird dann nicht der Status als solcher, sondern jeweils ein **konkreter Anspruch** geltend gemacht, der inhaltlich auf den Status bezogen ist. Für die statthafte Klageart kommt es dann auf die Art des Anspruchs an, wie wir unten im Zusammenhang sehen werden (§ 13 Rn. 36 ff.).

Beispiele: Der Anspruch auf (Mehr-)Besoldung aus dem Beamtenverhältnis ist auf eine Zahlung gerichtet und deshalb mit einer allgemeinen Leistungsklage geltend zu machen. – Der Anspruch auf Aufhebung einer für rechtswidrig gehaltenen Exmatrikulation aus dem Studierendenverhältnis zielt auf die Aufhebung eines Verwaltungsakts und ist daher mit der Anfechtungsklage zu verfolgen. – Der Anspruch auf Einbürgerung zielt auf den Erlass eines Verwaltungsakts und ist daher mit der Verpflichtungsklage zu verfolgen.

19   In manchen Situationen ist es aber auch angezeigt, den **Status selbst** mit einer allgemeinen Feststellungsklage geltend zu machen, wie wir sie oben betrachtet haben (§ 9 Rn. 56 ff.). Daran besteht ein Interesse, wenn der zuständige Verwaltungsträger den Status in Abrede stellt, aber ein Privater ihn (weiterhin) zu haben meint.

Beispiel: Studentin S hat die Rückmeldegebühr nicht fristgerecht entrichtet. Ihre Hochschule H stellt ihr im neuen Semester daraufhin keinen neuen Studentenausweis aus und den Datenbankzugang ab, weil sie den Studentenstatus (oder auch: das Studienverhältnis) für kraft Gesetzes erloschen hält. S sieht das anders und erhebt gegen H Klage auf Feststellung, dass sie noch Studentin bei ihr sei.

V. Wichtige allgemeinverwaltungsrechtliche Status

1. Beliehensein mit Hoheitsrechten

Ein spezieller Status, der nicht auf ein bestimmtes Gebiet des besonderen Verwaltungsrechts beschränkt ist und deshalb im Zusammenhang des allgemeinen Verwaltungsrechts beschrieben werden muss, ist das Beliehensein mit Hoheitsrechten.[5] Wir haben bereits gesehen, dass ein Privatrechtssubjekt in die Erfüllung von Verwaltungsaufgaben so intensiv eingebunden werden kann, dass ihm eine solche Aufgabe zur eigenständigen Wahrnehmung anvertraut wird (funktionale Privatisierung, oben § 5 Rn. 42 ff.). Dies kann soweit gehen, dass ihm die Aufgaben, Befugnisse und Kompetenzen einer Behörde – und in diesem Sinne „Hoheitsrechte" – gegeben werden. Die Einräumung dieser Rechtsstellung nennt man „**Beleihung**", das betreffende Privatrechtssubjekt einen „Beliehenen"; sein entsprechender Status ist folgerichtig als „Beliehensein" anzusprechen.

20

Prüfungshinweis

▶ Der Ausdruck selbst weist auf die Bedeutung nicht wirklich hin; beliehen werden könnte sprachlich gesehen mit allen möglichen Rechtspositionen. Achten Sie auf die genaue Formulierung, es heißt: „jemandem eine Rechtsposition verleihen", aber „jemanden *mit* einer Rechtsposition beleihen". Mit dem privatrechtlichen Gebrauch des Wortes („eine Sache bzw. ein Recht als Sicherheit beleihen") hat der verwaltungsrechtliche Begriff nichts zu tun.

Zusatzinformation
Die entscheidende Rechtsposition eines Beliehenen ist normalerweise die Kompetenz zum Erlass von Verwaltungsakten (§ 14 Rn. 5 f.). Diese wird allerdings normalerweise nicht explizit als solche verliehen, sondern geht automatisch mit der Stellung als „Behörde" einher (siehe die Definition in § 35 S. 1 VwVfG*). Auch diese Stellung wird freilich bei der Beleihung nicht explizit verliehen, sondern ist vom Gesetz an die Wahrnehmung von „Aufgaben der öffentlichen Verwaltung" geknüpft (siehe die Definition in § 1 Abs. 4 VwVfG, Abs. 2 in den Länderfassungen). Man könnte deshalb durchaus den Standpunkt beziehen, dass die Beleihung eigentlich in der Begründung einer Pflicht, solche Aufgaben wahrzunehmen, bestehen müsse. Wir behandeln zur Vereinfachung das Beliehensein gleichwohl an dieser Stelle im Zusammenhang der Status.

Als Beliehene kommen **Privatrechtssubjekte aller Typen** infrage, wie auch die im Folgenden zu gebenden Beispiele verdeutlichen sollen. Es finden sich natürliche

21

---

[5] Lit.: *Burgi*, FS Maurer, 2001, S. 581; *Freitag*, Das Beleihungsrechtsverhältnis, 2004; *Porta*, DVBl 2022, 1014; *Schmidt am Busch*, DÖV 2007, 533; *Seegmüller*, DVBl 2022, 1057. Zum Fall, dass eine Kompetenz zum Erlass abstrakt-genereller Regelungen eingeräumt wird: *Axer*, DVBl 2023, 174; *Wiegand*, Die Beleihung mit Normsetzungskompetenzen, 2008.

Personen ebenso wie eingetragene Vereine, Stiftungen des bürgerlichen Rechts, GmbHs und Aktiengesellschaften.

22 Die Beleihung unterliegt verfassungsrechtlich nach allgemeiner Auffassung einem – freilich ungeschriebenen – **institutionellen Vorbehalt des Gesetzes**, ist ohne gesetzliche Grundlage also rechtswidrig und sollte nicht vorschnell angenommen werden. In diesem Bereich enthält das Gesetz tatsächlich oft ausdrückliche Regelungen – sei es, dass es die Beleihung unmittelbar selbst enthält, sei es, dass es die Verwaltung zu einer Beleihung ermächtigt, befugt und/oder verpflichtet. Jüngere Bestimmungen verwenden dabei mitunter sogar ausdrücklich den Begriff „Beliehener".

23 Erwerben kann man den Status als Beliehener durch einen konkreten Rechtsakt, der das betroffene Privatrechtssubjekt individuell bezeichnet, oder durch einen abstrakten Rechtsakt, der den Eintritt der Beleihung vom Eintritt eines Tatbestands, insbesondere von einem tatsächlichen Geschehen abhängig macht. Gerade bei der Beleihung zeigt das geltende Recht einen besonderen **Formenreichtum**; die sonst zu beobachtende Dominanz des Verwaltungsakts (vgl. oben Rn. 11) ist hier zugunsten anderer Rechtsaktformen etwas eingeschränkt.

24 Nicht selten erfolgt die Beleihung **durch einen konkreten Gesetzgebungsakt** (vgl. § 24 Rn. 4).

Beispiele: „Der im Vereinsregister des Amtsgerichts Frankfurt am Main unter der Registernummer 4485 eingetragene Deutsche Apothekerverband e.V. errichtet und verwaltet einen Fonds zur Förderung der Sicherstellung des Notdienstes von Apotheken. Er nimmt die Aufgaben im Zusammenhang mit der Errichtung des Fonds sowie der Vereinnahmung und Verteilung der Mittel, einschließlich des Erlasses und der Vollstreckung der hierzu notwendigen Verwaltungsakte, als Beliehener [...] wahr. Der Deutsche Apothekerverband e.V. ist Anordnungsbehörde im Sinne des § 3 des Verwaltungsvollstreckungsgesetzes und Vollzugsbehörde im Sinne des § 7 des Verwaltungsvollstreckungsgesetzes" (§ 18 Abs. 1 Apothekengesetz). – „Die Zentrale Stelle [= Zentrale Stelle Verpackungsregister, eine rechtsfähige Stiftung des bürgerlichen Rechts] ist mit der Wahrnehmung, der in Satz 2 aufgeführten hoheitlichen Aufgaben beliehen" (§ 26 Abs. 1 S. 1 Verpackungsgesetz). – „Die Postnachfolgeunternehmen [= im Wesentlichen Deutsche Post AG und Deutsche Telekom AG] werden ermächtigt, die dem Dienstherrn Bund obliegenden Rechte und Pflichten gegenüber den bei ihnen beschäftigten Beamten wahrzunehmen, soweit im einzelnen nichts anderes bestimmt ist" (§ 1 Abs. 1 S. 1 Postpersonalrechtsgesetz).

25 Häufig ist die Beleihung **durch eine konkrete Rechtsverordnung oder Satzung** (vgl. § 23 Rn. 11) aufgrund einer speziellen gesetzlichen Ermächtigung. Die Zuständigkeit liegt dann typischerweise bei einem Bundes- oder Landesministerium. Manchmal ist die Ermächtigung verbunden mit einer Verpflichtung des Ministeriums, davon auch Gebrauch zu machen – also ein geeignetes Privatrechtssubjekt auszuwählen und eine entsprechende Verordnung zu erlassen.

Beispiele: „Die im Handelsregister, Abteilung B des Amtsgerichts Bonn unter der Nummer 6946 eingetragene DAU – Deutsche Akkreditierungs- und Zulassungsgesellschaft für Umweltgutachter mit beschränkter Haftung wird mit den Aufgaben der Zulassungsstelle nach der Verordnung (EG) Nr. 1221/2009 [...] in Verbindung mit dem Umweltauditgesetz und den auf Grund dieses Gesetzes erlassenen Rechts- und Verwaltungsvorschriften beliehen (Beliehene)" (§ 1 UAG-Beleihungsverordnung, erlassen vom Bundesumweltministerium aufgrund einer Ermächtigung in § 28 Umweltauditgesetz). – „Der Medicator AG werden die Aufgaben und Befugnisse eines Sicherungsfonds für die in § 124 Abs. 1 des Versicherungsaufsichtsgesetzes genannten Krankenversicherungsunternehmen übertragen" (§ 1 Verordnung über die Übertragung von Aufgaben und Befugnissen eines Sicherungsfonds für die Krankenversicherung an die Medicator AG, erlassen vom Bundesfinanzministerium aufgrund einer Ermächtigung in § 127 Abs. 1 Versicherungsaufsichtsgesetz). – „Der im Vereinsregister des Amtsgerichts Braunschweig unter der Nummer 200069 eingetragene Deutsche Aero Club e.V. wird beauftragt, die folgenden öffentlichen Aufgaben im Zusammenhang mit der Benutzung des Luftraums durch Luftsportgeräte wahrzunehmen: [...]" (§ 1 Verordnung zur Beauftragung von Luftsportverbänden, erlassen vom Bundesverkehrsministerium aufgrund einer Ermächtigung in § 31c Luftverkehrsgesetz).

Eine Beleihung kann aber durchaus auch **durch Verwaltungsakt** (vgl. § 19 Rn. 10) **26** **oder Vertrag** (vgl. § 22 Rn. 5) erfolgen.

Beispiel: Nach § 1 Abs. 3 Gesetz über die Anwendung unmittelbaren Zwanges und die Ausübung besonderer Befugnisse durch Soldaten der Bundeswehr und verbündeter [= NATO-]Streitkräfte sowie zivile Wachpersonen (UZwGBw) kann das Bundesministerium der Verteidigung natürliche Personen als zivile Wachperson mit militärischen Wachaufgaben der Bundeswehr beauftragen und ihnen damit Befugnisse nach diesem Gesetz übertragen (Hintergrund ist, dass private Wachdienste kostengünstiger sind als Soldaten, seit es davon nicht mehr so viele gibt). – „Die [von der zuständigen Behörde] bestätigten Jagdaufseher haben innerhalb ihres Dienstbezirkes in Angelegenheiten des Jagdschutzes die Rechte und Pflichten der Polizeibeamten und sind Ermittlungspersonen der Staatsanwaltschaft, sofern sie Berufsjäger oder forstlich ausgebildet sind. Sie haben bei der Anwendung unmittelbaren Zwanges die ihnen durch Landesrecht eingeräumten Befugnisse" (§ 25 Bundesjagdgesetz).

Seltener erfolgt eine Beleihung **durch abstrakten Rechtsakt** (Gesetz, Rechtsver- **27** ordnung, Satzung). Sie bringt erhebliche Rechtsunsicherheit mit sich, weil sowohl das beliehene Privatrechtssubjekt als auch der Adressat seiner Maßnahmen das Beliehensein selbst erkennen müssen. Die sogleich zu erwähnenden Fälle werden zwar häufig als Beispiele für eine Beleihung angeführt, sind vor diesem Hintergrund aber eigentlich atypisch; das Erkennbarkeitsproblem stellt sich bei ihnen kaum.[6]

Beispiele: An Bord eines Flugzeugs hat nach § 12 Luftsicherheitsgesetz (LuftSiG) „[d]er verantwortliche Luftfahrzeugführer [...] als Beliehener für die Aufrechterhaltung der Sicherheit und Ordnung an Bord des im Flug befindlichen Luftfahrzeuges zu sorgen. Er ist nach Maßgabe von Absatz 2 und der sonst geltenden Gesetze befugt, die erforderlichen Maßnahmen zu treffen." – Nach § 121 Abs. 2 SeeArbG hat der Kapitän eines Schiffs „für die Erhaltung der öffentlichen Sicherheit und Ordnung an Bord und im Zusammenhang mit dem Betrieb des Schiffes zu sorgen und ist im Rahmen der nachfolgenden Vorschriften und der anderen Rechtsvorschriften berechtigt, die dazu notwendigen Maßnahmen zu treffen".[7]

---

[6] Lit.: *Bracher*, Gefahrenabwehr durch Private, 1987.
[7] Zur Einordnung als Beleihung *Nehab*, DÖV 2013, 555.

Zusatzinformation
Schwierige Abgrenzungsfälle verbleiben. So können in gewissen Umfang Fahrzeuge privater Rettungsdienste mit blauem Blinklicht und Einsatzhorn bewirken, dass andere Verkehrsteilnehmer die Fahrbahn für sie zu räumen haben (§ 38 Abs. 1 StVO); eine besondere Verleihung dieser Rechte ist nicht vorgesehen, die Einordnung eines solchen Rettungsdienstes als Beliehener oder Verwaltungshelfer umstritten.[8]

2. Prozedurale Status

28 Ebenfalls mit der Kategorie des Status erfassen lassen sich bestimmte „prozedurale" Phänomene, die im Zusammenhang mit Rechtsakten und Verfahren des Verwaltungsrechts auftreten. Wir betrachten hier insofern eine der Schnittstellen zwischen den Themen unserer Teile III, IV und V. Da die prozeduralen Status später in ihrem jeweiligen Kontext präsentiert werden, reißen wir sie an dieser Stelle nur an.

29 Einen grundsätzlich vorübergehenden Status als **Beteiligter eines Verwaltungsverfahrens** erwirbt man in den Fällen des § 13 Abs. 1 VwVfG*, entweder kraft Gesetzes oder durch behördlichen Rechtsakt (näher unten § 29 Rn. 7). Der Status erlischt mit dem Ende des Verfahrens und ist Anknüpfungspunkt etwa für die Anhörungspflicht der Behörde (§ 28 VwVfG*) und den Akteneinsichtsanspruch gegenüber der Behörde (§ 29 VwVfG*).

Beispiel: A hat eine Genehmigung beantragt, B soll eine Ordnungsverfügung erhalten, C verhandelt mit der Behörde über einen öffentlich-rechtlichen Vertrag, D ist von der Behörde wegen ihrer rechtlichen Mitbetroffenheit zu einem Verfahren hinzugezogen.

30 Auf Dauer angelegt ist der Status als **Betroffener einer Feststellung**. Er bildet die Kehrseite eines Rechtsakts mit präjudizieller Wirkung (näher unten § 17 Rn. 18 ff.). Der Status entsteht mit dem wirksamen Erlass des Rechtsakts, erfasst alle Rechtsträger innerhalb der persönlichen Reichweite des Rechtsakts und endet erst mit der etwaigen Aufhebung des Rechtsakts. Wesentliche Folge des Status ist, dass für seinen Inhaber bei der weiteren Rechtsanwendung die präjudizierten Tatbestandsmerkmale zugrundezulegen sind (vgl. oben § 9 Rn. 36 f.).

Beispiel: A hat einen günstigen Vorbescheid über die Bebaubarkeit ihres Grundstücks erhalten, der auch der skeptischen Nachbarin N bekanntgegeben wurde. Feststellungsbetroffene sind A, N und der Verwaltungsträger der Baurechtsbehörde. – B hat eine Bescheinigung über die Spätaussiedlereigenschaft erhalten. Feststellungsbetroffene sind außer B und dem ausstellenden Verwaltungsträger auch alle anderen „Behörden und Stellen" (§ 15 Abs. 1 S. 4 Bundesvertriebenengesetz).

31 Auf Erledigung angelegt ist der Status als **Betroffener eines Vollstreckungstitels**, der die Kehrseite eines Rechtsakts mit Titelwirkung darstellt (näher unten § 17 Rn. 21). Auch dieser Status entsteht mit dem wirksamen Erlass des Rechtsakts; er

---

[8] Vgl. *Berg*, GewArch 2022, 225.

endet, wenn die titulierte Pflicht erfüllt (vgl. § 12 Rn. 35) oder die Vollstreckung abgeschlossen ist (vgl. § 12 Rn. 45 ff.).

Beispiel: A hat von der Behörde eine Abrissverfügung für ihr schwarz errichtetes Wochenendhaus erhalten. Der Bescheid betrifft sie, bis das Haus abgerissen ist.

Die Deutung dieser prozeduralen Phänomene als verwaltungsrechtliche Status ermöglicht es, die für Rechtspositionen allgemein entwickelten Begriffe anzuwenden und damit praktisch entstehende Probleme zu verarbeiten, ohne Insellösungen entwickeln zu müssen. Bei den prozeduralen Status stellen sich insbesondere Fragen der **Rechtsnachfolge** wie bei anderen Rechtspositionen auch (oben § 9 Rn. 47 ff.).[9] Diese Themen lässt das Gesetz leider weithin ungeregelt.[10]

32

Beispiel: E ist Erbin der A geworden. A war als Antragstellerin an einem Baugenehmigungsverfahren beteiligt, hatte einen günstigen Vorbescheid erwirkt, aber in anderer Sache eine vollstreckbare Abrissverfügung erhalten. Rückt E in das Verwaltungsverfahren ein oder muss sie den Bauantrag erneut stellen? Profitiert sie von der Wirkung des Vorbescheids? Darf die Behörde aus der Abrissverfügung jetzt gegen E vollstrecken oder muss sie eine neue Verfügung erlassen?

Zusatzinformationen
- Diese übergreifende Betrachtung erfolgt noch immer zu selten. Wenn überhaupt, erscheinen derartige Fragen oft nur als Nebengedanke im Spezialzusammenhang von § 13 oder § 35 VwVfG* oder Rechtsgrundlagen des Vollstreckungs- oder gar des Fachrechts.
- Ausdrückliche Bestimmungen gibt es dagegen für die prozessualen Parallelen. Zu nennen sind §§ 239, 265 ZPO für die Rechtsnachfolge in die Parteistellung und § 121 Nr. 1 Var. 2 VwGO, § 325 ZPO für die Rechtsnachfolge in die Urteilswirkungen.

---

[9] Vgl. etwa zur Titelvollstreckung gegenüber Rechtsnachfolgern *von Mutius*, VerwArch 71 (1980), S. 93; *Guckelberger*, VerwArch 90 (1999), S. 499 (508–526).
[10] Vgl. *Reimer*, DVBl 2011, 201 (203 f.).

§ 11. Erlaubnisse

I. Funktion und Arten

Als Erlaubnis bezeichnen wir die Rechtsposition, die ein bestimmtes Verhalten des Rechtsträgers – Tun oder Unterlassen – als von der Rechtsordnung zugelassen markiert („Recht, etwas zu tun").[1] Wer über eine Erlaubnis verfügt, *darf* etwas. Zur Unterscheidung von dem einfachen „Dürfen", das sich bloß aus der Abwesenheit von Verboten und insofern „negativ" ergibt, spricht man auch von einer „positiven Erlaubnis". 1

Eine positive Erlaubnis zu haben schadet nie, sie bekräftigt im einfachsten Fall nur das Nichtbestehen von Verboten. Ihre hauptsächliche Funktion erfüllt die positive Erlaubnis jedoch dann, wenn ein einschlägiges Verbot gerade besteht, durch die Erlaubnis jetzt aber verdrängt wird. Wer die Erlaubnis hat, darf dann etwas, was er sonst nicht dürfte. Meist geht es hier um ein **generelles Verbot**, wovon die **Erlaubnis im Einzelfall** befreit. 2

Im Verwaltungsrecht kommen vor allem **zwei Grundformen** in Betracht, denen wir uns nacheinander zuwenden wollen: 3

- Jedermann unterliegt gesetzlichen Genehmigungserfordernissen für bestimmte Tätigkeiten (Bauen, Jagen, Waffentragen und vieles mehr), wovon eine erteilte *Genehmigung* befreit.
- Die Hoheitsträger unterliegen darüber hinaus verfassungsrechtlichen Eingriffsverboten („Vorbehalt des Gesetzes"), wovon sie ihre *Befugnisse* befreien.

---

[1] Lit. – historisch: *Scholz[-Forni]*, VerwArch 23 (1915), S. 211 (der in der Erlaubnis noch kein „materielles Recht" sah, S. 213).

Zusatzinformation

Die grundrechtlichen Verhaltensfreiheiten haben zwar im Ausgangspunkt ebenfalls den Charakter von Erlaubnissen (sich zu äußern, zu versammeln usw.), aber sie werden im Verwaltungsrecht vor allem durch die damit verbundenen Unterlassungs- und Beseitigungsansprüche bedeutsam (dazu § 13 Rn. 7, 14, 56 ff.).

4 Beide Gruppen von Erlaubnissen haben auch **Auswirkungen ins Strafrecht** hinein.

- Die genehmigungspflichtigen Tätigkeiten sind häufig mit Strafe bedroht, wenn sie ohne Genehmigung ausgeführt werden (vgl. noch unten § 12 Rn. 64 ff.). Eine wirksame Erlaubnis ist dann also grundsätzlich negatives Tatbestandsmerkmal.[2] (Freilich heißt das nicht, dass bei Vorliegen einer Genehmigung die Tätigkeit nicht einmal aus anderen Gründen strafbar sein könnte.[3])
- Die Grundrechtseingriffe der Hoheitsträger erfolgen häufig durch die Handlung eines Verwaltungsbediensteten, die für sich genommen einen Straftatbestand erfüllt. Eine wirksame Erlaubnis tritt hier als besonderer Rechtfertigungsgrund aus dem öffentlichen Recht in Erscheinung.

1. Genehmigungen – im Bereich von Genehmigungserfordernissen

5 Die Genehmigung ist im Verwaltungsrecht eine **positive Erlaubnis, eine Tätigkeit auszuüben**. Ein solches Recht bezeichnet die Gesetzessprache mit verschiedenen Begriffen – außer als „Genehmigung" etwa als „Bewilligung", „Erlaubnis", „Gestattung", „Konzession", „Lizenz", „Planfeststellung" oder gar „Bergwerkseigentum" und „Betriebsplanzulassung" (so im Bergrecht).[4]

Prüfungshinweis

▶ Der Streit um die Erteilung oder auch die Entziehung von Genehmigungen gehört zu den besonders typischen Situationen im Verwaltungsprozess.

Zusatzinformationen
- Auch wenn „Erlaubnis" und „Bewilligung" beide denselben Regelungstypus darstellen, stehen sie im Fachrecht mitunter nebeneinander und müssen dann voneinander unterschieden werden. So macht es im Bergrecht (vgl. §§ 7, 8 Bundesberggesetz [BBergG]) oder im Wasserrecht (vgl. § 8 Wasserhaushaltsgesetz [WHG]) durchaus einen Unterschied in den Rechtsfolgen, ob Sie über eine Erlaubnis oder eine Bewilligung verfügen – selbst wenn die genehmigte Tätigkeit prinzipiell in beiden Fällen dieselbe sein könnte.

---

[2] Lit.: *Marx*, Die behördliche Genehmigung im Strafrecht, 1993. Zum zivilrechtlichen Parallelproblem *Wagner*, Öffentlich-rechtliche Genehmigung und zivilrechtliche Rechtswidrigkeit, 1989.
[3] Vgl. *Hollands*, Gefahrenzurechnung im Polizeirecht, 2003, S. 199–203.
[4] Lit.: *Schröder*, Genehmigungsverwaltungsrecht, 2016; *Schmehl*, Genehmigungen unter Änderungsvorbehalt zwischen Stabilität und Flexibilität, 1998; *Wahl*, DVBl 1982, 51. Unter dem Gesichtspunkt des Erteilungsverfahrens *Hofmann*, Das Genehmigungsverfahren als Verwaltungsverfahrenstyp, 2016.

I. Funktion und Arten

- Keine Genehmigung ist die behördliche „Duldung". Diese besteht normalerweise nur in der Selbstverpflichtung der Behörde, nicht einzuschreiten (unten § 20 Rn. 53).
- Mit manchen Genehmigungen gehen akzessorische Zahlungspflichten einher.[5]

Die möglichen **Arten der genehmigten Tätigkeit** sind ausgesprochen vielfältig. Es lassen sich aber einige Haupttypen benennen. So beziehen sich Genehmigungen häufig auf

6

- das Errichten und Betreiben einer Anlage („Anlagenzulassung");

  Beispiele: Baugenehmigung für bauliche Anlagen nach den Landesbauordnungen; immissionsschutzrechtliche Genehmigung für umweltbelastende Anlagen nach dem Bundes-Immissionsschutzgesetz (BImSchG); atomrechtliche Genehmigung für kerntechnische Anlagen nach dem Atomgesetz (AtG).

- das Ausüben eines bestimmten Gewerbes oder Berufs („Eröffnungskontrolle");

  Beispiele: Erlaubnis für eine Privatklinik nach § 30 Gewerbeordnung (GewO) oder für eine Gaststätte nach § 2 Gaststättengesetz (GastG); Approbation als Arzt nach § 2 Bundesärzteordnung (BÄO).

- das Umgehen mit gefährlichen Sachen;

  Beispiele: Erlaubnis für das Führen von Kraftfahrzeugen nach § 2 StVG; Erlaubnis für den Umgang mit Waffen und Munition nach § 2 Abs. 2 Waffengesetz (WaffG); Erlaubnis für den Umgang mit Krankheitserregern (zu Forschungszwecken) nach § 44 Infektionsschutzgesetz; Erlaubnis für das Führen von Kampfhunden nach den Landeshunderechten.

- das Einreisen in das und den Aufenthalt im Bundesgebiet.

  Beispiele: Aufenthaltstitel im Sinne von § 4 Aufenthaltsgesetz (AufenthG) – ein zentrales Thema des Ausländerrechts.

Die Genehmigung hat im Verwaltungsrecht meist die Funktion, seinen Inhaber von einem allgemeinen Verbot – dem „Genehmigungserfordernis" – zu befreien, das ihm die fragliche Tätigkeit im Ausgangspunkt verwehrt (siehe speziell zur Verbotsseite auch noch § 12 Rn. 12 ff.). Dabei ist zu beachten, dass eine Genehmigung ihrem Inhalt nach meist nur ein **spezifisches Genehmigungserfordernis abdeckt** – die Baugenehmigung für eine Gaststätte etwa nur das präventive Bauverbot der Landesbauordnung, aber noch nicht das präventive Gaststättenbetriebsverbot des Gaststättengesetzes. Die Baugenehmigung gibt zwar das Recht, eine bauliche Anlage zu errichten oder zu nutzen, aber führt nicht zu einer umfassenden öffentlich-rechtlichen Erlaubtheit. Für einen einheitlichen Lebenssachverhalt können deshalb mehrere spezifische Genehmigungen erforderlich sein, die mitunter auch von verschiedenen Behörden eingeholt werden müssen.

7

---

[5] Lit.: *Wieland*, Die Konzessionsabgaben, 1991.

Zusatzinformation
Um zumindest die praktischen Unzuträglichkeiten zu lindern, hat das Gesetz in §§ 71a–71e VwVfG* verfahrensrechtlich die Möglichkeit geschaffen, alle Anträge und Erklärungen über eine „einheitliche Stelle" abzugeben (dies geschah freilich in Umsetzung einer europäischen Vorgabe aus der sogenannten Dienstleistungsrichtlinie 2006/123/EG).[6] Man bekommt die Genehmigungen dann immer noch von verschiedenen Behörden, aber muss nur mit einer Stelle korrespondieren. Diese Vorschriften sind allerdings nur anwendbar, wenn das Fachgesetz dies ausdrücklich anordnet – wie beispielsweise § 6b Abs. 1 S. 1 GewO mit der typischen Formulierung: „Verwaltungsverfahren nach diesem Gesetz oder nach einer auf Grund dieses Gesetzes erlassenen Rechtsverordnung können über eine einheitliche Stelle nach den Vorschriften des Verwaltungsverfahrensgesetzes abgewickelt werden."

8 Eine Genehmigung kann inhaltlich aber auch so ausgestaltet sein, dass sie **mehrere Genehmigungserfordernisse abdeckt**. Im einfachsten Fall kann etwa die Behörde aussprechen, dass die erteilte „X-Genehmigung auch die Y-Genehmigung umfasst" (gebündelter Erwerb durch denselben Verwaltungsakt, Rn. 13). Alternativ kann auch das Gesetz an das Vorhandensein der einen Genehmigung die automatische Erteilung einer anderen knüpfen (akzessorischer Erwerb, Rn. 16). In solchen Fällen spricht man von einer „Konzentrationswirkung".[7] Diese kann verschieden weit reichen und umfasst manchmal einige, manchmal alle erforderlichen verwaltungsrechtlichen Genehmigungen – und manchmal sogar die Gestattung gegenüber privatrechtlichen Unterlassungsansprüchen Dritter.

Beispiele: Nach der brandenburgischen Bauordnung (die hier Vorreiter war) „schließt [die Baugenehmigung] die für das Vorhaben erforderlichen weiteren behördlichen Entscheidungen ein" (§ 72 Abs. 1 S. 2 BbgBO). – Die immissionsschutzrechtliche Genehmigung „schließt andere die Anlage betreffende behördliche Entscheidungen ein, insbesondere öffentlich-rechtliche Genehmigungen, Zulassungen, Verleihungen, Erlaubnisse und Bewilligungen mit Ausnahme von Planfeststellungen, Zulassungen bergrechtlicher Betriebspläne, behördlichen Entscheidungen auf Grund atomrechtlicher Vorschriften und wasserrechtlichen Erlaubnissen und Bewilligungen nach § 8 in Verbindung mit § 10 des Wasserhaushaltsgesetzes" (§ 13 BImSchG). – Neben der Planfeststellung (einer vertypten Sonderform der Genehmigung) „sind andere behördliche Entscheidungen, insbesondere öffentlich-rechtliche Genehmigungen, Verleihungen, Erlaubnisse, Bewilligungen, Zustimmungen und Planfeststellungen nicht erforderlich"; überdies werden privatrechtliche „Ansprüche auf Unterlassung des Vorhabens, auf Beseitigung oder Änderung der Anlagen oder auf Unterlassung ihrer Benutzung ausgeschlossen" (§ 75 Abs. S. 1 Hs. 2, Abs. 2 S. 1 VwVfG*).

Zusatzinformationen
- Gebündelter und akzessorischer Erwerb sind mitunter nicht leicht zu trennen, wenn die Behörde die akzessorisch eintretende Genehmigung auch selbst ausspricht. Dann muss die Auslegung ihres Bescheids ergeben, ob hierin (1) ein unverbindlicher Hinweis auf die Rechtslage, (2) eine verbindliche Feststellung der Rechtslage oder (3) eine zusätzliche konstitutive Erteilung der weiteren Genehmigung liegen soll.

---

[6] Lit.: *Korte*, HVwR IV, 2022, § 119.
[7] Lit.: *Becker*, VerwArch 87 (1996), S. 581; *Jarass*, Konkurrenz, Konzentration und Bindungswirkung von Genehmigungen, 1984; *ders.*, DÖV 1978, 21; *Wittreck*, VerwArch 100 (2009), S. 71.

- Die Konzentrationswirkung diskutiert man rechtspolitisch meist mit Blick auf mögliche Beschleunigungseffekte, die man sich vom Verzicht auf eigene Erteilungsverfahren für die „wegkonzentrierten" Genehmigungen erhofft. Wenn freilich dessen Sachfragen in das übrig bleibende Verfahren nur verlagert werden, bleiben diese Effekte manchmal aber aus.

Umgekehrt kommt es auch vor, dass eine Genehmigung **ein Genehmigungserfordernis nur teilweise abdeckt**. Ihre Erlaubniswirkung kann etwa in sachlicher, räumlicher oder zeitlicher Hinsicht eingeschränkt sein. In einem solchen Fall unterliegt der Genehmigungsinhaber außerhalb der so eingeschränkten Reichweite seiner Genehmigung nach wie vor dem präventiven Verbot. Sachlich denke man an Anlagenzulassungen wie die Baugenehmigung: Sie erlaubt nicht, *irgendetwas* zu bauen, sondern ein ganz bestimmtes Vorhaben. Räumlich kann beispielsweise ein Aufenthaltstitel auf einen einzelnen Landkreis beschränkt sein. Zeitlich kommen die behördliche Befristung und die gesetzlich vorgesehene Verwirkung häufig vor (Rn. 44). 9

2. Befugnisse der Hoheitsträger – im Bereich des Vorbehalts des Gesetzes

Auf der Seite der Verwaltung hat man zu den Erlaubnissen vor allem die besonderen **Befugnisse zu Grundrechtseingriffen** zu zählen, die den Hoheitsträgern zustehen. Wie bei den Genehmigungserfordernissen ergibt sich auch hier die rechtliche Bedeutung aus einem generellen Verbot, das hier im „Vorbehalt des Gesetzes" besteht und eben eingriffswertige Maßnahmen präventiv verbietet (näher noch § 12 Rn. 15 f.). Befugnisse gestatten Behörden gewisse Maßnahmen, die sonst verboten wären, beispielsweise die Untersagung und Auflösung von Versammlungen (vgl. Art. 8 GG), die Festhaltung und Einsperrung von Menschen (vgl. Art. 2 Abs. 2 S. 2 GG), die Überwachung der Telekommunikation (vgl. Art. 10 GG), die Durchsuchung von Wohnungen (vgl. Art. 13 GG) oder die Auferlegung sonstiger Verhaltenspflichten (vgl. Art. 2 Abs. 1 GG). 10

Das Auffinden einer geeigneten Befugnis bildet im Verwaltungsrecht meist den Einstieg in die Überlegungen dazu, ob die Maßnahme eines Hoheitsträgers als **rechtmäßig** angesehen werden kann (dazu ausführlich Teil IV, vgl. dort übergreifend § 17 Rn. 32 ff.). 11

II. Erwerb

Die beiden Gruppen von Erlaubnissen unterscheiden sich deutlich bezüglich der Erwerbstatbestände. Genehmigungen erhält man regelmäßig im Einzelfall, sei es durch konkreten Rechtsakt, durch Rechtsnachfolge oder akzessorisch – ein abstrakter Erwerb würde das Genehmigungserfordernis ja unterlaufen. Befugnisse erhalten die Hoheitsträger dagegen regelmäßig durch abstrakten Rechtsakt – hier kommt es deshalb meist auf die streitträchtige Subsumtion unter dessen Tatbestand an, wenn ein Hoheitsträger von einer Befugnis konkreten Gebrauch machen will. 12

1. Genehmigungen

a) Erwerb durch Einzelakt

13 Typisch ist der Erwerb der Genehmigung **durch Verwaltungsakt** (zu diesem Rechtsakt ausführlich § 19). Normalerweise auf eigenen Antrag des Genehmigungsinteressenten hin erteilt eine Behörde dann die Genehmigung durch einen einseitigen Rechtsakt. Darin bestimmt sie zugleich den sachlichen, räumlichen und zeitlichen Inhalt der Genehmigung. Bei der Genehmigung besteht daneben die Besonderheit, dass ein erteilender Verwaltungsakt in manchen Fällen ausnahmsweise auch fingiert werden kann, wenn die Behörde über einen Antrag pflichtwidrig nicht entscheidet (näher unten § 12 Rn. 79, § 19 Rn. 34 ff.).

Beispiele: Die untere Baurechtsbehörde erteilt A eine Baugenehmigung zur Errichtung eines Einfamilienhauses entsprechend den Entwurfszeichnungen (sachlicher Inhalt) auf einem bestimmten Grundstück (räumlicher Inhalt) und ohne bestimmte Geltungsdauer (zeitlicher Inhalt). – Das Gewerbeaufsichtsamt erteilt der B-GmbH eine Gewerbeerlaubnis zum Betrieb einer Gaststätte der Betriebsart „Diskothek" (sachlicher Inhalt) in bestimmten Räumen (räumlicher Inhalt) und zunächst für drei Jahre (zeitlicher Inhalt).

Zusatzinformation
Eine einstweilige Genehmigung, solange über den entsprechenden Verwaltungsakt gestritten wird, kann wohl auch das Verwaltungsgericht durch einstweilige Anordnung erteilen (vgl. § 21 Rn. 6).

14 Seltener wird eine Genehmigung **durch öffentlich-rechtlichen Vertrag** begründet (zu diesem Rechtsakt § 22).

Beispiel: A schließt mit der Gemeinde einen Vertrag, wonach sie auf dem Gehweg einer Gemeindestraße Tische zur Bewirtung von Gästen aufstellen darf („Sondernutzung", vgl. § 15 Rn. 18).

15 Für manche Genehmigungen ist auch ein Erwerb **durch rechtsgeschäftliche Übertragung** möglich (allgemein oben § 9 Rn. 17 f.). Jedenfalls zwischen Privaten kann man das als einen privatrechtlichen Vertrag auf der Grundlage der §§ 398, 413 BGB ansehen (vgl. § 18 Rn. 18 f.), alternativ als öffentlich-rechtlichen Vertrag nach § 54 VwVfG* (zumal bei Beteiligung eines Verwaltungsträgers; vgl. § 22 Rn. 14, 16). Jedoch beurteilt man im Verwaltungsrecht deutlich mehr Rechtspositionen als höchstpersönlich und daher von der Übertragungskompetenz nach § 399 Var. 1 BGB ausgenommen. Vorrangig ist für die Einordnung auf das Fachrecht abzustellen, das die Möglichkeit der rechtsgeschäftlichen Übertragung mitunter ausspricht oder impliziert – etwa indem es die Wirksamkeit des Vertrags von einem zusätzlichen behördlichen Rechtsakt abhängig macht. Fehlt es an einem klaren Gesetz, lässt man die Übertragung grundsätzlich zu, wenn die Erteilung der Genehmigung ausschließlich von nicht personenbezogenen Voraussetzungen abhing („**Sachkonzession**") – nicht dagegen, wenn ausschließlich personenbezogene Voraussetzungen („Personalkonzession") oder zumindest auch personenbezogene Voraussetzungen („Mischkonzession") zu erfüllen waren.[8]

---

[8] Lit.: *Fluck*, DVBl 1999, 496.

Beispiel: A hat eine Baugenehmigung für ihr Grundstück. Grundeigentum und Genehmigung verkauft und überträgt sie mit notariellem Vertrag an K. – B hat Bergwerkseigentum, eine besondere Sachkonzession nach § 9 BBergG. Sie verkauft und überträgt es an K; nach § 23 BBergG geht das mit Zustimmung der zuständigen Behörde. – C hat eine Genehmigung für die Personenbeförderung mit ihrem Taxi (landläufig „Taxenkonzession"), eigentlich eine Personalkonzession, die aber wegen des begrenzten Kontingents an Genehmigungen nicht jeder qualifizierte Antragsteller einfach bekommt. Sie möchte ihre Genehmigung deshalb an die interessierte K verkaufen und übertragen; indem § 2 Abs. 2 Nr. 2 Personenbeförderungsgesetz (PBefG) die Genehmigungsübertragung ihrerseits an eine behördliche Zustimmung knüpft, gibt das Gesetz implizit zu erkennen, dass die rechtsgeschäftliche Übertragung prinzipiell möglich sein soll.

Praxishinweis

▶ Eine entsprechende Nebenabrede wie im Beispielsfall der A sollte man in einen Grundstückskaufvertrag vorsorglich mit aufnehmen, um sich nicht darauf verlassen zu müssen, dass die Baugenehmigung mit dem Grundeigentum automatisch mitübergeht.

b) Akzessorischer Erwerb

Gelegentlich erwirbt man eine Genehmigung akzessorisch über die Inhaberschaft einer anderen Rechtsposition, insbesondere eines Status oder einer anderen Genehmigung (akzessorische Konzentrationswirkung, oben Rn. 8). 16

Beispiele: An den Status „Bestandenhaben der Ersten juristischen Prüfung" knüpfen manche Landesrechte akzessorisch die Erlaubnis zum Führen der geschützten Bezeichnung „Referendar" (z. B. § 35 Abs. 3 JAPrO BW). – An den Status „Beamter" knüpft das Gesetz die Erlaubnis zum Führen einer geschützten Amts- oder Dienstbezeichnung (§ 86 BBG bzw. Landesparallelvorschrift).

Zusatzinformation
Nur noch selten begegnet heute die „radizierte Realberechtigung" (etwa für eine Gaststätte), die akzessorisch mit dem Grundeigentum übergeht, also dem jeweiligen privatrechtlichen Eigentümer zusteht.

c) Sukzessorischer Erwerb

In manchen Fällen kann man eine Genehmigung auch durch Gesamtrechtsnachfolge erwerben. Dazu muss eine Überleitungsnorm gelten, die tatbestandlich den fraglichen Nachfolgefall (z. B. Erbfall) und die fragliche Genehmigung umfasst. Ausdrückliche Verwaltungsrechtsnormen dieser Art sind selten, man kann aber die privatrechtlichen Bestimmungen anwenden (direkt oder analog): § 1922 BGB für den Eintritt des Erben in Genehmigungen des Erblassers, § 20 Abs. 1 Nr. 1, § 131 Abs. 1 Nr. 1 UmwG für den Eintritt des aufnehmenden in Genehmigungen des abgebenden Rechtsträgers bei Fusion bzw. Spaltung (vgl. oben § 9 Rn. 48). 17

Acht zu geben hat man aber auch bei den Genehmigungen darauf, ob diese von der Überleitungsnorm erfasst oder doch als höchstpersönlich von ihr ausgenommen sind. Das Fachrecht trifft dazu selten Aussagen. Entsprechend der Faustregel, dass nur Übertragbares gesamtrechtsnachfolgefähig ist, scheidet man auch hier zunächst 18

Personal- und Mischkonzessionen aus, sodass **grundsätzlich nur Sachkonzessionen** übrig bleiben (Rn. 15).[9]

Beispiele: A hat eine Baugenehmigung. Da deren Erteilung nicht von der Person abhing (sondern nur von der Lage und Gestalt des Vorhabens), erwirbt Alleinerbin E die Baugenehmigung nach § 1922 BGB. – Die B-GmbH hat eine Gaststättenerlaubnis für einen ihrer diversen Betriebe, den sie jetzt als Tochtergesellschaft T-GmbH abspalten möchte. Da die Erlaubniserteilung insbesondere von der Zuverlässigkeit der B-GmbH abhing (vgl. § 4 Nr. 1 GastG), scheidet ein Erwerb der Gaststättenerlaubnis durch die neue T-GmbH nach § 131 Abs. 1 Nr. 1, § 135 UmwG grundsätzlich aus; diese müsste also eine neue Erlaubnis selbst beantragen.

Zusatzinformationen
- Speziell zur Baugenehmigung enthalten die meisten Landesrechte eine Bestimmung, wonach die Baugenehmigung „auch für und gegen den Rechtsnachfolger des Bauherrn" gelte (z. B. § 58 Abs. 2 LBO BW). Das ist ein deutlicher Anhaltspunkt für die Auslegung. Allerdings lässt die gesetzliche Formulierung es gerade offen, ob es um eine Nachfolge in die Baugenehmigung selbst geht oder um eine Nachfolge in das Grundeigentum oder die sonstige privatrechtliche Nutzungsberechtigung, der die Baugenehmigung dann akzessorisch folgen würde.[10]
- Wie beim Beamtenstatus mit der Hinterbliebenenversorgung (oben § 10 Rn. 14 ZI) ergeben sich in besonderen Fällen auch aus der Personalkonzession einer natürlichen Person bei deren Tod gewisse Rechtspositionen zugunsten ihrer Angehörigen. Auch hier geht es dem Gesetz oft darum, deren Lebensgrundlage zu erhalten – und zwar durch die Erlaubnis, das Gewerbe des Verstorbenen weiterzuführen (Gaststätten nach § 10 GastG, Handwerksbetriebe nach § 4 Handwerksordnung, aber auch Fahrschulen nach § 28 Fahrlehrergesetz; früher sogenanntes „Witwenprivileg"). In anderen Fällen stehen Werterhalt und ideelle Interessen im Vordergrund (sogenannte „Erbwaffen" nach § 20 WaffG).
- In seltenen Fällen gestaltet das Gesetz eine Personalkonzession ausdrücklich als nachfolgefähig aus (§ 10 Abs. 2 GewO statuierte bereits 1869, dass derartige Rechtspositionen nicht neu begründet werden sollten). Man spricht dann von einer „Realberechtigung", weil sie wie eine Sache (lateinisch *res*) übergeht (zum „radizierten" Pendant Rn. 16 ZI).

2. Befugnisse der Hoheitsträger

a) Erwerb durch abstrakten Rechtsakt

19 Die Hoheitsträger erhalten ihre Befugnisse, bestimmte Maßnahmen zu treffen, fast immer **durch abstrakten Rechtsakt**, meist ein Gesetz, eine Rechtsverordnung/Satzung oder eine EU-Verordnung. Diesen Rechtsakt nennt man dann insoweit eine „Befugnisnorm" oder auch eine „Rechtsgrundlage" für die darin bezeichneten Maßnahmen. Der Rechtsakt muss dazu gerade eine Gestaltungswirkung dahin entfalten, entsprechende Erlaubnisse zu begründen (vgl. § 9 Rn. 21). Wo immer er mit „kann" oder „darf" formuliert ist, liegt dieses Auslegungsergebnis auf der Hand. Aber auch in Indikativen („ordnet an") oder Infinitiven („hat zu") steckt neben der Pflicht (vgl. § 12 Rn. 20 f., § 17 Rn. 69) auch eine Erlaubnis, diese Pflicht zu erfüllen.

---

[9] Lit.: *Schmidt-Kötters*, WiVerw 2013, 199 (225–232).
[10] Vgl. zum Problemkreis auch *Guckelberger*, VerwArch 90 (1999), S. 499 (499–504).

II. Erwerb

Zusatzinformation
Befugnisnormen zugunsten von Hoheitsträgern finden sich außer in den engeren „Verwaltungsgesetzen" auch in Gesetzen des Zivil-, Straf- und Prozessrechts. Besonders die StPO enthält zahlreiche Befugnisse insbesondere zugunsten der Polizei. Punktuell werden diese dem Verwaltungsrecht und -rechtsweg zugeordnet, so die Befugnis zur erkennungsdienstlichen Behandlung eines Beschuldigten nach § 81b Abs. 1 Var. 2 StPO; im Übrigen gilt die abdrängende Sonderzuweisung des § 13 GVG usw. (oben § 3 Rn. 30 f.).

Im konkreten Fall erwirbt der Hoheitsträger die Befugnis erst, wenn der Tatbestand der Rechtsgrundlage eingetreten ist. Hierunter versteht man den Inbegriff der Bedingungen, unter denen der abstrakte Rechtsakt dem Hoheitsträger die Befugnis konkret gibt (vgl. allgemein bereits § 9 Rn. 20 ff.). Regelmäßig werden dazu mehrere einzelne Bedingungen als **Tatbestandsmerkmale** zu prüfen sein. Es gibt freilich auch einzelne Rechtsgrundlagen, die ohne sachliche Voraussetzungen verfügbar sind; die Tatbestandsfrage entfällt dann. 20

Beispiele (Tatbestandsvoraussetzungen hervorgehoben): „Die Bundespolizei kann *Minderjährige, die der Obhut des Personensorgeberechtigten widerrechtlich entzogen wurden oder sich dieser entzogen haben*, in Gewahrsam nehmen, damit sie dem Sorgeberechtigten oder dem Jugendamt zugeführt werden können" (§ 39 Abs. 2 Bundespolizeigesetz). – Die Gewerbeaufsichtsbehörden haben *bei Unzuverlässigkeit des Gewerbetreibenden und Erforderlichkeit eines Verbots* die Befugnis, das Gewerbe zu untersagen (§ 35 Abs. 1 GewO). – Die Gemeinden haben ohne weitere Voraussetzungen die Befugnis, die öffentlichen Straßen auf ihrem Gebiet zu benennen (z. B. § 5 Abs. 4 GemO BW).

Prüfungshinweis

▶ Die tatbestandliche Einschlägigkeit einer Befugnisnorm entscheidet maßgeblich mit über die Rechtmäßigkeit der Handlungen von Hoheitsträgern (dazu ausführlich in Teil IV). Die Begutachtung der Tatbestandsmerkmale von Befugnisnormen macht deshalb regelmäßig einen wesentlichen Teil verwaltungsrechtlicher Aufgabenstellungen aus. Ihr Ort ist bei prozessual eingekleideten Aufgaben grundsätzlich die Begründetheitsprüfung.

Ob die Tatbestandsmerkmale der Rechtsgrundlage vorliegen, entscheidet die Behörde nicht selbst. Die gesetzliche Vorstellung ist vielmehr, dass die Voraussetzungen „objektiv" entweder vorliegen oder nicht. Die Behörde muss sich wie jeder Rechtsanwender selbst eine Rechtsauffassung dazu bilden, ob ihr die Rechtsgrundlage unter den konkreten Umständen zur Verfügung steht oder nicht. Ob die Behörde dabei richtig liegt oder irrt, entscheidet im Streitfall erst das Verwaltungsgericht definitiv (gegebenenfalls in mehreren Instanzen). So sieht es auch Art. 19 Abs. 4 GG vor. Dem Verwaltungsgericht steht es dabei zu, jedes Tatbestandsmerkmal der Rechtsgrundlage eigenständig auszulegen. Die Deutung der Behörde schlägt zwar oft faktische Pflöcke ein, ist aber für das Gericht grundsätzlich nicht verbindlich (zu Ausnahmen Rn. 27 f.). 21

Auch bei den Tatbestandsmerkmalen für Erlaubnisse können wir faktische (Rn. 23 ff.) und normative (Rn. 29 ff.) unterscheiden, die jeweils Besonderheiten in der Inhalts- wie in der Anwendungsdimension aufweisen. Anschließend gehen wir noch kurz auf den Umgang mit alternativen Tatbestandsmerkmalen einer Rechtsgrundlage ein (Rn. 32). 22

aa) Faktische Tatbestandsmerkmale

23 Wiederum liegen in rechtlicher Hinsicht die Fälle am einfachsten, wo die Rechtsgrundlage an einen **tatsächlichen (insbesondere physischen, medizinischen, psychologischen) Sachverhalt** anknüpft. Über den genauen Sachverhalt und über dessen Subsumtion unter das faktische Merkmal lässt sich im Einzelfall zwar streiten, aber es müssen hier keine anderen Rechtspositionen inzident geprüft werden und es kommt nicht zu Rückwirkungsproblemen.

Beispiel: Nach § 2 StVG (ausweislich Abs. 2 S. 1 Nr. 3 und Abs. 4 S. 1) darf die Behörde eine Fahrerlaubnis nur einer natürlichen Person erteilen, die „die notwendigen körperlichen und geistigen Anforderungen erfüllt".

24 Eine spezielle Gruppe faktischer Merkmale bilden die **prognostischen Tatbestandsmerkmale**, die also auf ein zu erwartendes künftiges Geschehen abstellen.[11] Personenbezogene Prognosen im Besonderen spielen eine Rolle sowohl im Polizei- und Ordnungsrecht (wird A künftig eine Straftat begehen?) als auch bei der Erteilung von Personalkonzessionen aller Art (wird A den Waffenschein/die Gaststättenerlaubnis in rechtmäßiger Weise ausnutzen?).[12]

Beispiele: Die Versammlungsbehörde darf eine bevorstehende Versammlung verbieten oder beschränken, wenn „nach den zur Zeit des Erlasses der Verfügung erkennbaren Umständen die öffentliche Sicherheit oder Ordnung bei Durchführung der Versammlung oder des Aufzuges unmittelbar gefährdet ist" (§ 15 Abs. 1 VersG). – Die Gewerbeaufsichtsbehörde darf den Betrieb eines Gewerbes untersagen, wenn der Gewerbetreibende unzuverlässig ist (§ 35 Abs. 1 GewO); darunter versteht man die Prognose, dass er sich künftig nicht an die gewerbebezogenen Rechtsvorschriften halten wird.

25 Von den Anwendungsbesonderheiten betrachten wir Prädeterminierung und Adjudizierung für die Befugnisse der Hoheitsträger noch einmal speziell. Daneben können auch hier Präklusionen, Fiktionen und Präjudizierungen durch vorangehende Rechtsakte zu beachten sein (allgemein dazu § 9 Rn. 32 ff.).

(1) Prädeterminierung durch Verwaltungsvorschriften

Spezielle Studienliteratur: *Schuh*, JuS 2022, 819.

26 Auch bei der Beurteilung der Tatbestandsmerkmale einer Rechtsgrundlage können Prädeterminierungen durch ausnahmsweise **normkonkretisierende Verwaltungsvorschriften** zu beachten sein (allgemein oben § 9 Rn. 38 ff.). Anstelle des ursprünglichen Tatbestandsmerkmals ist dann nur zu prüfen, was die Verwaltungsvorschrift an dessen Stelle setzt.

---

[11] Lit.: *Goldhammer*, Die Prognoseentscheidung im öffentlichen Recht, 2021.
[12] Lit.: *Knauff*, Jura 2022, 1418; *Schwabenbauer/Kling*, VerwArch 101 (2010), S. 231; *Rusteberg*, Rechtstreuebezogene Maßnahmen im Polizei- und Ordnungsrecht, i.E.

Beispiel: Ein Gesetz erlaubt Maßnahmen bei „vermeidbaren schädlichen Umwelteinwirkungen". Die Bundesregierung hat in der Technischen Anleitung zur Reinhaltung der Luft (TA Luft) die Überschreitung bestimmter Grenzwerte verbindlich als vermeidbare schädliche Umwelteinwirkung bezeichnet. Die Befugnisse der Immissionsschutzbehörde sind ausschließlich nach der verdeckenden Verwaltungsvorschrift zu beurteilen, ein Rückgriff auf das Gesetz ist versperrt.

(2) Adjudizierung durch den Hoheitsträger selbst – Beurteilungsspielraum

Spezielle Studienliteratur: *Voßkuhle*, JuS 2008, 117; *Kment/Vorwalter*, JuS 2015, 193 (im Vergleich zum Ermessen); *Redder*, JuS 2023, 542 (zu Prüfungsbewertungen).

War oben davon die Rede, dass ein Hoheitsträger seine Befugnisse nicht selbst definitiv bejahen kann, sondern seine Auslegung und Anwendung der Tatbestandsmerkmale gerichtlicher Kontrolle unterliegt (Rn. 21), so soll es davon mit dem **Beurteilungsspielraum** zumindest in engen Grenzen eine Ausnahme geben (allgemein oben § 9 Rn. 41 ff.), die auch mit Art. 19 Abs. 4 GG konform sein soll.[13] Erforderlich ist dafür, dass die Rechtsgrundlage hinsichtlich eines bestimmten Tatbestandsmerkmals selbst gezielt eine Letztentscheidung gerade der Behörde vorsieht und eine gerichtliche Kontrolle dieses Gesichtspunkts ausschließt. Das Gericht prüft nur, ob die Beurteilung gültig ist oder der Behörde Beurteilungsfehler unterlaufen sind.

Prüfungshinweis

▶ Entsprechend wäre in einem Gutachten vorzugehen. Kommt für ein Tatbestandsmerkmal ein Beurteilungsspielraum in Betracht, sollten Sie dies zunächst prüfen und sodann auf mögliche Beurteilungsfehler eingehen. Formulierungsbeispiel: „Der Wein müsste nach § 21 Weinverordnung fehlerfrei gewesen sein. Die Prüfungskommission hat dies bejaht. Sollte ihr ausnahmsweise ein Beurteilungsspielraum zustehen (dazu 1), müsste auch das Gericht von der Fehlerfreiheit des Weins ausgehen, sofern nicht ein Beurteilungsfehler vorliegt (dazu 2) …"

Für die Annahme einer normativen Ermächtigung spricht es insbesondere, wenn die Beurteilung vom Gericht nicht sinnvoll vorgenommen werden kann, weil dem Tatbestandsmerkmal eine **nicht wiederholbare Wahrnehmung** der Amtsperson zugrunde liegt, oder wenn das Gesetz für die Entscheidung ein spezielles Organ (zumal ein pluralistisch besetztes) und ein spezielles Verfahren vorsieht. Eine der wichtigsten Fallgruppen, die alle drei Merkmale aufweist, liegt im Recht der Schul-, Hochschul- und Berufszugangsprüfungen.[14]

---

[13] Kritisch aber etwa *Poscher*, FS Wahl, 2011, S. 527; *Sachs/Jasper*, NVwZ 2012, 649.
[14] Lit.: *Ibler*, Rechtspflegender Rechtsschutz im Verwaltungsrecht, 1999, S. 359–428; *Koenig*, VerwArch 83 (1992), S. 351.

Beispiele: Bewertung von Prüfungen wie der Abitur- oder der juristischen Staatsprüfung. Leistungsbeurteilung von Beamten. Beurteilung der Fehlerfreiheit von Wein „in Aussehen, Geruch und Geschmack" (§ 21 Weinverordnung).

Zusatzinformation
Ein weiteres Beispiel war traditionell die Eintragung einer Schrift in die „Liste jugendgefährdender Medien" durch die Bundesprüfstelle für jugendgefährdende Medien (heute „Bundeszentrale für Kinder- und Jugendmedienschutz"), die pluralistisch besetzt ist (§ 19 Jugendschutzgesetz [JuSchG]: unter anderem aus Kunst, Lehrerschaft und Kirchen) und in einem besonderen Verfahren entscheidet (§ 21 JuSchG). Von der Einordnung als Fall des Beurteilungsspielraums ist das Bundesverwaltungsgericht inzwischen allerdings unter Verweis auf Art. 19 Abs. 4 GG abgekommen.[15]

bb) Normative Tatbestandsmerkmale

29 Häufig sind Tatbestandsmerkmale, die selbst auf **Rechtspositionen** verweisen – insbesondere solche der betroffenen Maßnahmeadressaten oder betroffener Sachen oder auch Systemzustände. Die Befugnis zu der Maßnahme hängt dann unter anderem vom Bestehen oder Nichtbestehen dieser Rechtspositionen ab, das dann inzident zu prüfen ist. Dafür gilt das allgemeine Schema „Rechtsposition erworben und nicht verloren" (oben § 9 Rn. 11 ff.); in diesem Rahmen prüft man den Eintritt möglicher Erwerbs- und den Nichteintritt möglicher Verlusttatbestände, wobei es oft auf die *Wirksamkeit* eines entsprechenden Rechtsakts ankommen wird (dazu allgemein § 17 Rn. 25 ff.).

Beispiele: §§ 7 BBG, 7 BeamtStG erlauben die Ernennung zum Beamten grundsätzlich nur für deutsche Staatsangehörige; dieser *Status* des Adressaten muss geprüft werden, wofür z. B. die Wirksamkeit einer Einbürgerung entscheidend sein kann (vgl. § 10 Rn. 11). – § 16 StrG BW erlaubt die Erteilung einer Sondernutzungserlaubnis nur bezüglich einer „Straße"; ob die fragliche Grundfläche diese *öffentlich-rechtliche Eigenschaft* erhalten hat, muss geprüft werden, wofür es oft auf die Wirksamkeit einer Widmungsverfügung ankommen wird (vgl. § 15 Rn. 11). – § 13 Wehrpflichtgesetz (WPflG) erlaubt die Unabkömmlichstellung eines Wehrpflichtigen nur im Spannungs- oder Verteidigungsfall; ob dieser *Systemzustand* eingetreten und nicht erloschen ist, muss geprüft werden (vgl. § 16 Rn. 4 f.).

30 Die fraglichen Rechtspositionen sind manchmal **Gegenstand eines (anderen) Verfahrens**, an deren Ende ein behördlicher oder gerichtlicher Rechtsakt mit gestaltender oder präjudizieller Wirkung stehen kann (näher § 17 Rn. 14 ff., 18 ff.). Die Rechtsposition wird dadurch möglicherweise aufgehoben oder verbindlich als bestehend oder nicht bestehend eingestuft. Unter Umständen treten diese Wirkungen sogar mit Rückwirkung ein (vgl. § 9 Rn. 29). Schlimmstenfalls bedeutet das für die Befugnis des Hoheitsträgers, dass sie rückwirkend wegfällt bzw. als weggefallen anzusehen ist (und eine darauf gestützte Maßnahme als von Anfang an rechtswidrig gilt).

Beispiel: Das Landeswirtschaftsministerium hat A eine Subventionszahlung bewilligt. § 49a Abs. 1 S. 2 VwVfG* erlaubt die Rückforderung einer behördlichen Geldleistung, wenn deren Bewilligung wirksam zurückgenommen wurde (vgl. § 20 Rn. 7). Das Ministerium nimmt erstens die Bewilligung zurück und fordert zweitens das Geld zurück. Die Befugnis zur Rückforderung hängt tatbestandlich von der Wirksamkeit der Rücknahme ab; wird diese aufgehoben, fällt auch jene weg.

---

[15] BVerwGE 167, 33. Vgl. *Kenkmann,* DÖV 2020, 565.

Ist die Befugnis des Hoheitsträgers selbst Gegenstand eines gerichtlichen Verfahrens, muss das Gericht die materiellrechtliche Abhängigkeit zwischen Befugnis und anderer Rechtsposition **verfahrensmäßig bewältigen**. Hier gibt es zwei Fälle: 31

- Eine andere Stelle entscheidet über die Rechtsposition: Dann darf das Verwaltungsgericht nach § 94 VwGO *sein eigenes Verfahren aussetzen*, bis die fremde Entscheidung getroffen ist (unten § 30 Rn. 21).
- Dasselbe Gericht entscheidet auch über die Rechtsposition: Dann darf es die Entscheidungen nach herrschender Auffassung gleichzeitig treffen und die Rechtmäßigkeit *unter der Annahme der Wirksamkeit seiner eigenen Entscheidung über die Rechtsposition* beurteilen. Freilich ist nicht ausgeschlossen, dass die Entscheidungen trotzdem zu verschiedenen Zeitpunkten wirksam werden. Am häufigsten stellen sich derartige Fragen bei der Anfechtungsklage gegen inhaltlich zusammenhängende Verwaltungsakte (näher deshalb unten § 19 Rn. 196 ff.).

Beispiel (Fortsetzung): A ficht Rücknahme und Rückforderung an. Das Verwaltungsgericht darf die Rückforderung nur aufheben, wenn die Rücknahme unwirksam ist; die Rücknahme wird aber nur unwirksam, wenn das Verwaltungsgericht auch sie aufhebt. Folgt das Gericht der Rechtsauffassung der A, wird es beide Verwaltungsakte *gleichzeitig* aufheben: Mit der Aufhebung der Rücknahme erlischt rückwirkend die Befugnis zur Rückforderung, wird diese also rückwirkend rechtswidrig und die Anfechtungsklage gegen die Rückforderung somit begründet.

cc) Alternative Tatbestandsmerkmale

Mitunter stehen mehrere Tatbestandsmerkmale einer Vorschrift in einem Alternativverhältnis. Das bedeutet dann, dass die fragliche Maßnahme sowohl im Fall der Verwirklichung des einen als auch im Fall der Verwirklichung des anderen Merkmals erlaubt sein soll. Konstruktiv ermöglicht eine solche Regelung immer zwei Deutungen: 32

- Man begreift die Regelung entweder als **einheitliche Befugnisnorm** mit einem obligatorischen Merkmal, das auf verschiedene Weise erfüllt werden kann.

  Beispiel: § 49 Abs. 2 S. 1 VwVfG* erlaubt den Widerruf eines rechtmäßigen begünstigenden Verwaltungsakts in den fünf dort aufgezählten Fällen (näher § 20 Rn. 41 ff.). Man kann diese als ein Tatbestandsmerkmal „Widerrufsgrund" zusammenfassen, das auf fünf Weisen erfüllt werden kann.

- Oder man begreift die Regelung von vornherein als **mehrere Befugnisnormen**, die nur der Kürze halber textlich zusammengefasst sind. Dann muss man die Rechtsgrundlage allerdings von vornherein präzise ansprechen, normalerweise also unter Bezugnahme auf eine „Variante" oder einen „Fall" innerhalb des Rechtssatzes.

  Beispiel: § 49 Abs. 2 S. 1 Nr. 1–5 VwVfG* kann man auch als fünf verschiedene Rechtsgrundlagen auffassen. Ein Merkmal „Widerrufsgrund" braucht man dann nicht zu bilden.

Prüfungshinweis

▶ Beide Deutungen führen normalerweise zu stimmigen Ergebnissen. Man sollte sie nur nicht etwa auf halber Strecke miteinander vermischen.

b) Erwerb durch Einzelakt

33 Nur selten ergeben sich Befugnisse aus einem **konkreten Rechtsakt**. Ein konkreter Rechtsakt kann einem Hoheitsträger eine Befugnis verleihen, wenn ein Gesetz dazu eine Kompetenz enthält (§ 14 Rn. 4 ff.). Verfassungsrechtlich dürfen die meisten Grundrechtseingriffe auch „auf Grund eines Gesetzes" erfolgen, was hier – über einen Zwischenschritt – immer noch gewährleistet wäre.

34 Im Allgemeinen Verwaltungsrecht gibt es zwei bekannte Fälle, wo eine Behörde **durch Verwaltungsakt sich selbst** eine Befugnis für einen weiteren Verwaltungsakt verschaffen kann.

35 Mit dem „**Auflagenvorbehalt**" im Sinne von § 36 Abs. 2 Nr. 5 VwVfG* (vgl. § 20 Rn. 81 f.) erlaubt die Behörde sich selbst, zu einem späteren Zeitpunkt noch einen befehlenden Verwaltungsakt gegenüber dem Adressaten zu erlassen. Indem die gesetzliche Regelung dies vorsieht, lässt sie zugleich erkennen, dass der spätere Verwaltungsakt erlassen werden dürfen soll. Die eigentliche Befugnis dazu begründet aber erst der Verwaltungsakt, der den Auflagenvorbehalt enthält.

Zusatzinformation

„Vorbehalte" im Sinne konkreter Rechtsgrundlagen für künftige Regelungen sind auch mit anderen Inhalten denkbar. Parallel zum Auflagen- gibt es auch einen *Widerrufsvorbehalt* (§ 36 Abs. 2 Nr. 3 VwVfG*, vgl. unten § 20 Rn. 81 f.), den man auf den ersten Blick ebenfalls als konkrete Schaffung einer eigenen Befugnis zum späteren Widerruf verstehen könnte (freilich erlaubt § 49 Abs. 3 S. 1 Nr. 1 Var. 2 VwVfG* den Widerruf im Falle eines Widerrufsvorbehalts abstrakt, sodass es auf eine zusätzliche Befugnis aus konkretem Rechtsakt nicht ankommt). Weithin ungeregelt ist der *Vorbehalt späterer Änderung* einer mit der Hauptregelung erteilten Genehmigung.[16]

36 Mit dem „**vorläufigen Verwaltungsakt**" erlaubt die Behörde sich selbst, zu einem späteren Zeitpunkt durch einen weiteren Verwaltungsakt („Schlussbescheid", vgl. § 20 Rn. 10) noch eine endgültige Regelung zu treffen, ohne dazu auf (nicht vorhandene) gesetzliche Befugnisse zur Aufhebung des vorläufigen Verwaltungsakts zurückgreifen zu müssen.[17] Die Figur ist weitgehend anerkannt, wenn auch nicht allgemein im Gesetz niedergelegt. Sie lässt sich kaum anders als im Sinne einer durch Verwaltungsakt selbst begründeten Befugnis konstruieren.

Beispiel: Das Landesverkehrsministerium bewilligt A eine Subvention für einen Busbahnhof in Höhe von zunächst 5 Millionen Euro, aber mit dem Hinweis, dass der endgültige Be-

---

[16] Lit.: *Schmehl*, Genehmigungen unter Änderungsvorbehalt zwischen Stabilität und Flexibilität, 1998.
[17] Lit.: *Axer*, DÖV 2003, 271; *Beaucamp*, JA 2010, 247; *Kemper*, Der vorläufige Verwaltungsakt, 1990; *F.J. Kopp*, Vorläufiges Verwaltungsverfahren und vorläufiger Verwaltungsakt, 1992; *Schröder*, Jura 2010, 255. Vgl., thematisch weiter ausgreifend, auch *Brüning*, Einstweilige Verwaltungsführung, 2003; *Schimmelpfennig*, Vorläufige Verwaltungsakte, 1989.

trag später nach der Abrechnung der Kosten festgesetzt würde. Der Bau kostet am Ende nur 4 Millionen Euro. Das Ministerium setzt die Subvention in einem neuen Bescheid nun auf diesen Betrag fest und fordert 1 Million Euro zurück. In Frage steht die Befugnis für diesen Schlussbescheid.

Zusatzinformation
Im Besonderen Verwaltungsrecht ist eine vorläufige Regelung – und damit implizit auch eine spätere Korrektur – punktuell auch ausdrücklich vorgesehen. Ein Beispiel bietet die Sozialleistung „Elterngeld", deren Berechnung vom tatsächlichen Einkommen während des Bezugszeitraums abhängt und deshalb endgültig erst im Nachhinein erfolgen kann; nach § 8 Abs. 3 Bundeselterngeld- und Elternzeitgesetz (BEEG) wird sie daher in gewissen Fällen zunächst „vorläufig" gewährt, bis auf Grund der endgültigen Nachweise (§ 8 Abs. 1 BEEG) dann ein Schlussbescheid ergeht. Entsprechend geregelt ist auch das Bürgergeld (vormals „Hartz IV") nach § 41a Abs. 2 SGB II. Im Übrigen ist im Sozialrecht die Rechtmäßigkeit vorläufiger Verwaltungsakte problematisch, weil § 42 SGB I mit den Vorschüssen zumindest einen Teil des Themas explizit geregelt hat.[18]

Verwandt ist die Situation, dass einer Behörde **durch Gerichtsakt** eine Befugnis 37 für eine Maßnahme erteilt werden kann (vgl. noch § 21 Rn. 7). Das Gesetz spricht hier von „richterlicher Anordnung" oder „richterlicher Entscheidung". In der Sache geht es normalerweise um eingriffsintensive Realakte wie Durchsuchung und Freiheitsentziehung, die einem „Richtervorbehalt" unterstellt sind (und teilweise von Verfassung wegen sein müssen, Art. 13 Abs. 2–4, Art. 104 Abs. 2 GG; vgl. § 27 Rn. 11 f.).

Beispiel: Das Verwaltungsgericht erteilt der Polizei eine Erlaubnis, die Wohnung eines zu musternden, aber flüchtigen Wehrpflichtigen zu betreten und zu durchsuchen (§ 44 Abs. 4 S. 8 WPflG).

Zusatzinformation
Die Rede von der „richterlichen *Anordnung*" oder zuweilen auch noch altmodisch von einem „Durchsuchungs*befehl*" unterstellt eine behördliche Pflicht, die Maßnahme auch vorzunehmen. Das ist im Fachrecht jedoch meistens nicht der Fall – auf der Grundlage des Gerichtsakts darf die Maßnahme bloß getroffen werden, aber sie muss es nicht.

Prinzipiell ist auch eine Befugnis aus **öffentlich-rechtlichem Vertrag** möglich 38 (hierzu noch § 22).

Beispiel: Eine Klausel eines Sondernutzungsvertrags gestattet der Behörde, die Erlaubnis der Vertragspartnerin zur Nutzung des Gehwegs aus Gründen der öffentlichen Sicherheit tageweise auszusetzen.

Zu denken ist überdies daran, dass ein Hoheitsträger durch konkreten Rechtsakt 39 eine Befugnis auf einen anderen Hoheitsträger überträgt (**Delegation**).[19] Damit das wirksam geschehen kann, muss freilich auch hier eine geeignete Kompetenz des Übertragenden gegeben sein.

---

[18] *Felix*, SGb 2022, 12.
[19] Lit.: *Reinhardt*, Delegation und Mandat im öffentlichen Recht, 2006.

40 Wie die Begründung einer Erlaubnis durch konkreten Rechtsakt wirkt schließlich auch die **Zustimmung** des betroffenen Grundrechtsträgers (zu entsprechendem privaten Handeln vgl. noch § 18 Rn. 6).[20] Denn bei Zustimmung zu einem staatlichen Handeln stellt dieses keinen Grundrechtseingriff dar. Erklärt werden kann die Zustimmung einseitig („Unterwerfungserklärung") oder vertraglich.[21]

Beispiel: A erklärt gegenüber der Bürgermeisterin, der behördlichen Vollstreckung aus einem Vertrag zwischen A und der Gemeinde zuzustimmen (eine Standardklausel, vgl. unten § 22 Rn. 12). – Gastwirtin B räumt in einem Vertrag mit der Gemeinde das Recht ein, ihre Sondernutzungserlaubnis für den Gehweg bei Bedarf vorübergehend einseitig auszusetzen (z. B. gegen Entschädigung).

III. Verlust

41 Auch hinsichtlich der Möglichkeit eines späteren Verlusts unterscheiden sich die beiden Gruppen von Erlaubnissen voneinander. Während Genehmigungen häufig im Einzelfall wieder entzogen werden, gehen Befugnisse normalerweise nur durch Aufhebung der Befugnisnorm verloren.

1. Genehmigungen

42 Die Behörde kann den Verlust einer Genehmigung **durch Verwaltungsakt** bewirken (unten § 19). Systematisch hat man hier danach zu unterscheiden, ob der Verwaltungsakt den *Rechtsakt der Erteilung* der Genehmigung aufhebt, sodass diese als gar nicht erst entstanden gilt (wie im Privatrecht die Anfechtung einer Willenserklärung), oder ob er bei der *Rechtsposition der Genehmigung* selbst ansetzt und diese aufhebt (wie im Privatrecht die Kündigung eines Schuldverhältnisses). Die wichtigste einschlägige Rechtsgrundlage, § 48 VwVfG*, eröffnet den erstgenannten Weg für den Fall, dass der Erteilungsrechtsakt rechtswidrig war (dazu ausführlich unten § 20 Rn. 24 ff.). Die andere allgemeine Rechtsgrundlage, § 49 VwVfG*, formuliert zwar ähnlich, aber setzt der Sache nach eigentlich bei der Rechtsposition an; das wird besonders deutlich an der differenzierten Regelung der Rückwirkung, die Wirksamkeit der Erteilung wird hier also gar nicht unbedingt angetastet (zu dieser Rechtsgrundlage noch unten § 20 Rn. 36 ff.). Das Fachrecht formuliert hier mitunter klarer und lässt erkennen, dass es die Rechtsposition ist, die entzogen werden soll.

Beispiel: „Erweist sich jemand als ungeeignet oder nicht befähigt zum Führen von Kraftfahrzeugen, so hat ihm die Fahrerlaubnisbehörde die Fahrerlaubnis zu entziehen" (§ 3 Abs. 1 S. 1 Straßenverkehrsgesetz). – Die zuständige Behörde entzieht unter gewissen Voraussetzungen die Zulassung zum Beruf des Kraftfahrzeugunternehmers (Art. 13 Abs. 3 Var. 2 VO (EG) Nr. 1071/2009).

---

[20] Lit.: *Sachs*, VerwArch 76 (1985), S. 398.
[21] Ablehnend *Hilbert*, DVBl 2022, 521.

Auch bei manchen Genehmigungen ist ein Verlust durch **Verzicht** des Inhabers möglich.[22] 43

Beispiel: A hat eine Fahrlehrererlaubnis. Als sie diese nicht mehr benötigt, erklärt sie gegenüber der zuständigen Behörde, nun darauf verzichten zu wollen; das ist nach § 13 Abs. 4 Fahrlehrergesetz einseitig möglich, dort heißt es: „Die Fahrlehrerlaubnis erlischt unbeschadet des Absatzes 3 durch Verzicht." (Abs. 3 betrifft andere Fälle, insbesondere die behördliche Entziehung der Erlaubnis.)

Häufig gehen Genehmigungen auch ohne weiteres Zutun ihres Inhabers oder der Behörde, also sozusagen „**automatisch**" verloren. Das ist zum einen der Fall, wenn sie bereits mit dem erteilenden Rechtsakt unter eine auflösende Befristung oder Bedingung gestellt sind (allgemein oben § 9 Rn. 13; zu entsprechenden Verwaltungsakten auch noch § 20 Rn. 83 ff.). Zum anderen sieht – unabhängig von solchen Nebenbestimmungen des konkreten Rechtsakts – das Gesetz häufig vor, dass eine Genehmigung nach einer gewissen Zahl von Jahren erlischt, wenn ihr Inhaber die genehmigte Tätigkeit nicht aufnimmt oder unterbricht (gesetzlich angeordnete Verwirkung, vgl. § 9 Rn. 51). 44

Beispiele: „Die Genehmigung erlischt, wenn 1. innerhalb einer von der Genehmigungsbehörde gesetzten angemessenen Frist nicht mit der Errichtung oder dem Betrieb der Anlage begonnen oder 2. eine Anlage während eines Zeitraums von mehr als drei Jahren nicht mehr betrieben worden ist" (§ 18 Abs. 1 BImSchG). – „Die Baugenehmigung und die Teilbaugenehmigung erlöschen, wenn nicht innerhalb von drei Jahren nach Erteilung der Genehmigung mit der Bauausführung begonnen oder wenn sie nach diesem Zeitraum ein Jahr unterbrochen worden ist" (§ 62 LBO BW).

2. Befugnisse der Hoheitsträger

Eine durch abstrakten Rechtsakt erworbene Befugnis kann auf zwei Arten wieder verloren gehen: wenn der Rechtsakt selbst aufgehoben oder überlagert wird (Verlust auf der abstrakten Ebene) oder wenn der zwischenzeitlich gegebene Tatbestand des Rechtsakts wieder wegfällt (Verlust auf der konkreten Ebene). Bis zu diesem Zeitpunkt hat die Befugnis dann bestanden, und darauf in dieser Zeit gestützte Maßnahmen bleiben grundsätzlich insoweit rechtmäßig (vgl. noch § 17 Rn. 32 ff.). 45

Beispiel: A war im Sinne des § 35 GewO unzuverlässig, ist es aber seit dem 1. Februar nicht mehr; die vorübergehend gegebene Befugnis zur Untersagung ihres Gewerbes erlischt damit, aber eine bis 31. Januar getroffene Untersagungsverfügung bleibt rechtmäßig.

Auf der abstrakten Ebene verloren geht eine Befugnis insbesondere, wenn der abstrakte Rechtsakt von einem anderen, vorrangigen **überlagert** („verdrängt") wird. Dabei spielen besonders folgende zwei Mechanismen eine Rolle. 46

---

[22] Lit.: *Illian*, Der Verzicht Privater im Verwaltungsrecht, 1993, bes. S. 145–173.

47 • Häufig sind **Spezialrechtsakte** (*leges speciales*). Das gilt insbesondere für Rechtsgrundlagen aus dem Allgemeinen Verwaltungsrecht, die von Vorschriften des Besonderen Verwaltungsrechts oft überlagert und dadurch unanwendbar gemacht werden. Ähnliche Spezialitätsverhältnisse bestehen aber auch innerhalb des Besonderen Verwaltungsrechts zwischen allgemeineren und spezielleren Gebieten (etwa: Allgemeinem und Besonderem Polizei- und Ordnungsrecht oder Allgemeinem und Besonderem Wirtschaftsverwaltungsrecht).

Beispiele: Für die Rücknahme eines rechtswidrigen Verwaltungsakts steht normalerweise die Befugnis aus § 48 Abs. 1 S. 1 VwVfG* zur Verfügung; geht es um die rechtswidrige Erteilung einer Gaststättenerlaubnis, wird sie von der Befugnis aus § 15 Abs. 1 Gaststättengesetz verdrängt. – Für die Abwehr einer Gefahr für die öffentliche Sicherheit steht normalerweise eine Befugnis aus dem jeweiligen Landespolizeigesetz zur Verfügung (z. B. §§ 1, 3 PolG BW); geht es jedoch um die Gefahrenabwehr durch Untersagung eines Gewerbes, tritt § 35 GewO in den Vordergrund.

48 • Daneben ist mit **höherrangigen Rechtsakten** (*leges superiores*) zu rechnen, da die Verwaltungsgesetzgebung auf den drei Ebenen des Landes, des Bundes und der Europäischen Union stattfindet (oben § 2 Rn. 17 ff.). Nach dem Zugriff des Bundes auf ein Sachgebiet kann der Rückgriff auf eine landesgesetzliche Rechtsgrundlage ausgeschlossen sein, auch ohne dass diese förmlich aufgehoben worden wäre.

49 Soweit der Hoheitsträger eine Befugnis durch Einzelakt erworben hat (Rn. 33 ff.), geht sie mit dessen Aufhebung auch wieder verloren.

Beispiele: Die Widerspruchsbehörde hebt den Auflagenvorbehalt auf; die damit vorübergehend gegebene Befugnis der Ausgangsbehörde zur Erteilung von Auflagen erlischt damit. – Das Gericht hebt seinen Durchsuchungsbeschluss wieder auf; die damit vorübergehend gegebene Befugnis der Behörde zur Durchsuchung erlischt damit.

IV. Geltendmachung

50 Über **Genehmigungen** wie Baugenehmigung oder Aufenthaltserlaubnis wird typischerweise nicht *als solche* gestritten. Prozesse werden dann meist geführt, weil jemand meint, einen Anspruch auf Erteilung der Erlaubnis zu haben (dann geht es aber eben um einen Anspruch, dazu § 13), oder weil jemand meint, eine Erlaubnis sei zu Unrecht entzogen worden (dann geht es um einen Beeinträchtigungsbeseitigungsanspruch und damit wiederum um einen Anspruch). Mitunter steht aber auch im Streit, ob eine Erlaubnis überhaupt bestehe. Statthaft ist dann die allgemeine Feststellungsklage nach § 43 Abs. 1 Var. 1 VwGO, mit der jedes konkrete Rechtsverhältnis geklärt werden kann (oben § 9 Rn. 56 ff.).

51 Entsprechendes gilt für die besonderen **Befugnisse** der Hoheitsträger. Auch hier ist prinzipiell eine allgemeine Feststellungsklage des Inhalts statthaft, dass ein bestimmter Hoheitsträger zu einem bestimmten Verhalten befugt sei oder nicht. Ein

IV. Geltendmachung

solches Vorgehen kann man als vorbeugenden Rechtsschutz gegen eine drohende Befugnisausübung verstehen. Typischer ist es allerdings auch hier, nicht unmittelbar mit einer (negativen) allgemeinen Feststellungsklage über die Befugnis zu streiten, sondern über deren Ausübung. Geltend gemacht wird dann ein Anspruch auf Unterlassung oder Beseitigung (dazu § 13 Rn. 56 ff.).

§ 12. Pflichten

I. Funktion und Arten

Aus verwaltungsrechtlichen Normen resultieren – ebenso wie aus verfassungs- oder privatrechtlichen – nicht nur Rechte, sondern auch Pflichten. Mit der Zuschreibung einer Pflicht markiert die Rechtsordnung ein (künftiges, zunächst noch ausstehendes, faktisch auch nicht unbedingt eintretendes) Verhalten des Rechtsträgers als rechtlich verlangt.

Zusatzinformationen
- Seltener als im Privat- ist im Verwaltungsrecht neben den Pflichten von „Obliegenheiten" die Rede.[1] Während die Obliegenheit bei Nichterfüllung nur einen Rechtsverlust einbringt (Rn. 76 ff.), droht in dieser Begrifflichkeit bei der eigentlichen Pflicht eine Durchsetzung mit Zwangsmitteln oder Sanktionen (Rn. 38 ff.). Wir verwenden im Folgenden die Pflicht in dem weiteren Sinne als Oberbegriff.
- Rechtstheoretisch sind Pflicht und Erlaubnis eng verwandt: Ein Verhalten ist dann und nur dann pflichtig, wenn das gegenteilige Verhalten nicht erlaubt ist.[2]

Pflichten stehen insofern im Zentrum der gesamten Rechtsordnung, als gerade sie die **Verhaltenserwartungen** formulieren, in deren Aufstellung und Stabilisierung man die Funktion des Rechts insgesamt sehen kann. Die verwaltungsrechtlichen Pflichten im Speziellen tun das zum einen für die Hoheitsträger, denen mittels Pflichten Aufgaben zugewiesen und Befugnisgrenzen gesetzt werden, und zum anderen für Private, deren Verhaltensfreiheit mittels Pflichten im öffentlichen Interesse beschränkt wird.

Von privatrechtlichen Pflichten kann man die verwaltungsrechtlichen teilweise nach ihrem **Inhalt** abgrenzen, wenn der Verpflichtete nämlich von spezifisch behördlichen und damit öffentlich-rechtlichen Kompetenzen Gebrauch machen,

---
[1] Dazu *Kment/Berger*, VerwArch 110 (2019), S. 121.
[2] Vgl. nur *Reimer*, Rechtstheorie, 2022, § 6 Rn. 7–13, 40.

z. B. einen Verwaltungsakt erlassen soll. Eine solche inhaltliche Abgrenzung gelingt aber nur bei einem kleinen Teil der Pflichten, denn viele pflichtige Verhaltensweisen wie etwa Zahlungen oder Unterlassungen stellen keine spezifischen Handlungsmöglichkeiten für die oder gegenüber der Verwaltung dar.[3] Wenn solche Pflichten dann Privaten im Interesse anderer Privater auferlegt sind (wie diejenige, im Brandfall zu helfen, z. B. nach § 30 Abs. 1 Feuerwehrgesetz BW), dann kommt neben einer verwaltungsrechtlichen auch eine privatrechtliche Deutung in Frage. Als verwaltungsrechtliche ordnet man solche Pflichten ein, wenn zumindest auch eine Behörde zur Durchsetzung berufen ist (*public enforcement*).

Zusatzinformation
Umgekehrt spricht man von *private enforcement*, wenn das Gesetz privatrechtliche Ansprüche zumindest auch im öffentlichen Interesse gewährt (vgl. noch Rn. 41). Die beiden Ansätze lassen sich dabei ohne Weiteres kombinieren – so etwa im Kartellrecht, wo sowohl Kartellbehörden als auch Konkurrenten auf Verstöße reagieren können.

1. Handlungspflichten

4 **Pflichten zu positivem Tun** sind auch im Verwaltungsrecht vielfach Zahlungspflichten. Daneben sind hier aber auch vielgestaltige nichtmonetäre Handlungspflichten relevant, die sich nicht abschließend aufzählen lassen. Eine größere Gruppe bilden etwa die Informationspflichten.[4]

Beispiele: Pflicht, übertragbare Krankheiten zu melden, nach §§ 6 ff. Infektionsschutzgesetz (IfSG). – Pflicht, Böden von Altlasten zu sanieren, nach § 4 Abs. 3 Bundes-Bodenschutzgesetz (BBodSchG). – Pflicht, das Bundesgebiet zu verlassen, nach § 50 Aufenthaltsgesetz (AufenthG; „Ausreisepflicht" als zentrale Kategorie des Ausländerrechts). – Pflicht, einen Ort zu verlassen nach polizeilicher Einzelfallanordnung auf Grund von z. B. § 30 Abs. 1 PolG BW („Platzverweis"). – Pflicht größerer Organisationen, einen Datenschutzbeauftragten zu bestellen, nach Art. 37 Abs. 1 DSGVO.

5 Wir gehen an dieser Stelle kurz ein auf die Gruppen der Zahlungs- und der Bescheidungspflichten.

a) Zahlungspflichten – insbesondere die Abgaben

Spezielle Studienliteratur: *S. Meyer*, JuS 2023, 825.

6 Unter den Handlungspflichten sind diejenigen herausgehoben, bei denen das geschuldete Verhalten in einer Zahlung besteht; man unterscheidet diese von allen sonstigen Handlungs- oder Unterlassungspflichten. Zahlungspflichten bedeuten

---
[3] Deutlich *Schwabe*, DVBl 2021, 1611 (1612).
[4] Lit.: *Herrmann*, Informationspflichten gegenüber der Verwaltung, 1997; *Stohrer*, Informationspflichten Privater gegenüber dem Staat in Zeiten von Privatisierung, Liberalisierung und Deregulierung, 2007.

I. Funktion und Arten

öffentlich-rechtliche Geldschulden.[5] Sie werfen wie ihre bürgerlichrechtlichen Geschwister Fragen etwa nach Verzinsung[6] und Verjährung auf (zu letzterer siehe § 13 Rn. 31 f.). Die Unterscheidung zwischen Zahlungs- und sonstigen Pflichten spielt eine wichtige Rolle dafür, wie die Verwaltung die Pflichten jeweils durchsetzen kann – für Zahlungspflichten steht ein ausdifferenziertes eigenes Instrumentarium zur Verfügung, das man Beitreibung nennt (dazu noch Rn. 49 ff.).

Eine zentrale Rolle spielen unter den Zahlungspflichten des Verwaltungsrechts die **öffentlich-rechtlichen Abgaben**, die automatisch jeder schuldet, der den Abgabentatbestand eines Steuergesetzes oder einer Abgabensatzung (§ 23 Rn. 10) erfüllt. Sie treffen in erster Linie Privatrechtssubjekte. Vor allem vier Begriffe gilt es insoweit zu kennen: 7

- Mit der *Steuerschuld* werden Private zur Mitfinanzierung des allgemeinen Haushalts eines Verwaltungsträgers herangezogen, ohne dafür eine konkrete Gegenleistung zu erhalten (vgl. die Legaldefinition in § 3 Abs. 1 AO).

  Beispiele: Einkommensteuer, Umsatzsteuer, Hundesteuer.

- Mit der *Beitragsschuld* werden Private zur Mitfinanzierung einer öffentlichen Einrichtung herangezogen, die sie auch selbst nutzen können, auch wenn sie es möglicherweise nicht tun. Den Betroffenen erscheint dies nicht selten als „aufgedrängte Bereicherung", die hier gleichwohl vergolten werden muss.[7]

  Beispiele: Rundfunkbeitrag, Straßenausbaubeitrag.

- Mit der *Benutzungsgebührenschuld* werden Private zur Mitfinanzierung einer öffentlichen Einrichtung herangezogen, wenn sie diese konkret nutzen.

  Beispiele: Abwassergebühr, Bibliotheksgebühr.

- Mit der *Verwaltungsgebührenschuld* werden Private zur Mitfinanzierung eines Verwaltungsträgers herangezogen, wenn sie bei diesem eine konkrete Verwaltungstätigkeit verursachen.[8]

  Beispiele: Gebühr für die Ausstellung eines Reisepasses; Gebühr für eine amtsärztliche Untersuchung.

b) Bescheidungspflichten von Hoheitsträgern

Betrachtet haben wir bisher Pflichten zur Vornahme eines bestimmten Verhaltens. Nicht selten richten sich Pflichten aber auch darauf, dass eine Behörde überhaupt eine Entscheidung treffen soll, die dann günstig oder ungünstig ausfallen kann; die 8

---

[5] Lit.: *Kemmler*, Geldschulden im Öffentlichen Recht, 2015.
[6] Lit.: *Wolff*, DÖV 1998, 872.
[7] Vgl. *Brüning*, DVBl 2020, 983.
[8] Lit.: *Brüning*, DÖV 2020, 430; *Kleinschnittger*, NWVBl 2020, 397.

Behörde soll nur nicht durch bloßes Nichtstun die Sache aussitzen dürfen.[9] Man spricht dann von **Bescheidungspflichten**. Diese richten sich insbesondere darauf, dass ein gestellter Antrag überhaupt beschieden wird.

Beispiel: Pflicht, über einen Antrag auf Erteilung einer Taxenkonzession innerhalb von drei Monaten zu entscheiden, nach § 15 Abs. 1 S. 2 Personenbeförderungsgesetz (PBefG).

9 Zur Gruppe der Bescheidungspflichten gehören auch die sogenannten **Pflichten zu ermessensfehlerfreier Entscheidung**, insbesondere über die Gewährung von Begünstigungen. Der verpflichtete Hoheitsträger muss dann zwar nicht die Begünstigung gewähren, aber er muss zumindest sein Ermessen erstens überhaupt und zweitens ohne Fehler ausüben (dazu ausführlich später § 17 Rn. 73 ff.).

2. Unterlassungspflichten – insbesondere die präventiven Verbote

10 **Unterlassungspflichten** beziehen sich von vornherein auf höchst verschiedene Verhaltensweisen, die ein privater oder öffentlicher Rechtsträger nicht vornehmen darf.

Beispiele: Pflicht, *kein* Fleisch von Hunden, Katzen oder Affen nach Deutschland einzuführen, nach § 13a Lebensmittel-Einfuhrverordnung (LMEV). – Pflicht der Eigentümer öffentlich geförderten Wohnraums, *nicht* an Nichtberechtigte (= Personen ohne „Paragraphfünf-Schein") zu vermieten, nach § 4 Wohnungsbindungsgesetz (WoBindG). – Pflicht, eine Wohnung *nicht* aufzusuchen, nach polizeilicher Einzelfallanordnung auf Grund von z. B. § 30 Abs. 3 S. 2 PolG BW („Rückkehrverbot" für Fälle häuslicher Gewalt).

11 Eine wichtige Funktion haben gesetzliche Unterlassungspflichten, die im Unterschied zu den Beispielen eben so angelegt sind, dass Ausnahmen möglich sind. Sie schaffen eine rechtliche Ausgangslage, worin der Verpflichtete zunächst einmal an einer Tätigkeit gehindert ist und eine Ausnahme positiv begründen muss – man spricht von einem „**präventiven Verbot**". Vor allem hier kommen dann die zu § 11 behandelten Erlaubnisse ins Spiel, denn nur mit einer Erlaubnis kann man eine Ausnahme vom präventiven Verbot begründen. Korrespondierend zu den dort unterschiedenen (privaten) Genehmigungen und (behördlichen) Befugnissen haben wir es mit zwei Arten präventiver Verbote zu tun: den primär an Private gerichteten Genehmigungserfordernissen und dem an Hoheitsträger gerichteten Vorbehalt des Gesetzes.

a) Genehmigungserfordernisse
12 Wenn ein Gesetz für eine bestimmte Tätigkeit eine Genehmigung (oder auch „Erlaubnis", „Konzession", „Lizenz" oder ähnlich) verlangt, dann haben alle Personen *ohne* Genehmigung die Tätigkeit zu unterlassen. Das gesetzliche Verbot wird hier mit einer Erlaubnis eng verknüpft (oben § 11 Rn. 3, 7 ff.). Man kann sich das Verbot

---

[9] Vgl. *Reimer*, DVBl 2017, 333.

I. Funktion und Arten

als ein Türschloss vorstellen, das nur mit der entsprechenden Erlaubnis als Schlüssel geöffnet werden kann. Das Bild lässt sich weiterführen: mitunter passen außer dem eigentlich vorgesehenen Schlüssel auch noch weitere – das ist gerade der Fall der „Konzentrationswirkung" (§ 11 Rn. 8).

Beispiel: Das Verbot, ohne Genehmigung zu bauen (z. B. § 49 LBO BW), wird normalerweise mit einer Baugenehmigung (z. B. nach § 58 LBO BW) „aufgeschlossen". Ebenso geht es aber auch mit einer immissionsschutzrechtlichen Errichtungsgenehmigung nach § 13 Bundes-Immissionsschutzgesetz (BImSchG), denn diese „schließt andere die Anlage betreffende behördliche Entscheidungen ein, insbesondere öffentlich-rechtliche Genehmigungen […]".

Zusatzinformation
Ein besonderer Fall des Genehmigungserfordernisses ist der Vorbehalt der Planfeststellung, wie er für Infrastrukturanlagen vorgesehen ist. Das Gesetz formuliert dann meist: „dürfen nur …, wenn der Plan vorher festgestellt ist" (z. B. § 18 Abs. 1 S. 1 Allgemeines Eisenbahngesetz). Damit wird zugleich angeordnet, dass der Genehmigung das komplexe „Planfeststellungsverfahren" vorausgehen muss (dazu § 29 Rn. 28 ff.).

Unterlassungspflichten in Gestalt von Genehmigungserfordernissen nennt man auch **„präventive Verbote mit Erlaubnisvorbehalt"**, wenn sie nur der Ermöglichung einer behördlichen Kontrolle und nicht der Verhinderung der Tätigkeit als solcher dienen. Hier haben Interessierte meist einen Anspruch auf Erteilung der Genehmigung, wenn sie gewisse Voraussetzungen erfüllen (vgl. unten § 13 Rn. 17). Andere Genehmigungserfordernisse sind dagegen **„repressiv"** angelegt und sollen die Tätigkeit insgesamt einschränken; wieder andere dienen der **Bewirtschaftung** knapper Ressourcen.[10] Die Unterschiede liegen hier aber nicht in der Struktur der Unterlassungspflicht, sondern im Fehlen eines Anspruchs auf Genehmigungserteilung. 13

Beispiele: Verbot, ohne Genehmigung zu bauen, z. B. nach § 49 LBO BW („bedürfen der Baugenehmigung" als typische Formulierung); bei Genehmigungsfähigkeit des Vorhabens besteht ein Anspruch. – Verbot, ohne Approbation den ärztlichen Beruf auszuüben, nach § 2 BÄO; nach Bestehen der nötigen Prüfungen besteht ein Anspruch. – Verbot, Kriegswaffen ohne Genehmigung herzustellen, zu erwerben oder zu befördern, nach §§ 2 ff. Kriegswaffenkontrollgesetz; auf Genehmigungserteilung besteht hier generell kein Anspruch (§ 6 Abs. 1 des Gesetzes).

Anders als begünstigende Rechtspositionen macht man Pflichten naturgemäß nicht selbst gerichtlich geltend. Gerade bei einem Genehmigungserfordernis kann man aber darüber streiten, ob die beabsichtigte Tätigkeit darunterfällt – ob insoweit also eine Unterlassungspflicht besteht oder nicht. Dafür steht dann die allgemeine Feststellungsklage nach § 43 Abs. 1 Var. 1 VwGO zur Verfügung (oben § 9 Rn. 56 ff.). 14

---

[10] Vgl. anhand umweltrechtlicher Genehmigungserfordernisse *Durner*, DVBl 2023, 1119.

b) Vorbehalt des Gesetzes

15 Das zentrale präventive Verbot für die Hoheitsträger ist der verfassungsrechtliche Vorbehalt des Gesetzes.[11] Bei näherer Betrachtung zeigt sich, dass „der" Vorbehalt nicht einheitlich, sondern **aus mehreren Verfassungsnormen zusammengesetzt** ist. So hat man zu unterscheiden:

- *grundrechtliche Vorbehalte*: nach den Bestimmungen über die Freiheitsgrundrechte wie Art. 2 GG sind Eingriffe der Verwaltung nur aufgrund eines Gesetzes erlaubt (und im Übrigen verboten);
- *institutionelle Vorbehalte*: nach Bestimmungen wie Art. 80 GG sind Rechtsverordnungen der Verwaltung nur aufgrund eines Gesetzes erlaubt (und im Übrigen verboten), nach Bestimmungen wie Art. 87 Abs. 1 und 3 GG darf die Errichtung bestimmter Behörden nur durch Gesetz erfolgen (und ist im Übrigen verboten);
- *rechtsstaatlich-demokratischer Vorbehalt*: überwiegend wird angenommen, dass auch über ausdrückliche Verfassungsbestimmungen hinaus „wesentliche" Maßnahmen nur aufgrund eines eindeutig autorisierenden Parlamentsgesetzes erlaubt (und im Übrigen verboten) sind. Die aus Art. 20 Abs. 1, 2, Art. 28 Abs. 1 S. 1 GG entnommenen Demokratie- und Rechtsstaatsprinzipien sollen dafür die normative Grundlage bilden.

Prüfungshinweis

▶ Die genannten Verfassungsnormen kennen Sie alle aus dem Staatsrecht. Frischen Sie diese Kenntnisse gegebenenfalls noch einmal auf, damit Ihnen dieser Hintergrund der verwaltungsrechtlichen Regelungen hinreichend klar ist.

Zusatzinformationen
- Die drei inhaltlich abgegrenzten Normgruppen, die zusammen „den" Vorbehalt des Gesetzes bilden, finden sich jeweils im Grundgesetz und in den (meisten) Landesverfassungen, sodass sich tatsächlich sechs Normgruppen ergeben.
- Keinen verfassungstextlichen Anhalt gibt es für die Annahme eines „Totalvorbehalts", wonach jegliches Verwaltungshandeln einer gesetzlichen Grundlage bedürfen soll.
- Zumindest dem Wortlaut nach enthält Art. 13 Abs. 7 GG eine Grenze des Vorbehalts des Gesetzes, denn danach dürfen „zur Abwehr einer gemeinen Gefahr oder einer Lebensgefahr für einzelne Personen" Wohnungen auch ohne Gesetz betreten werden. Die Literatur ist sich nicht einig, ob man die Vorschrift beim Wort nehmen oder auch in diesen Fällen für die Wohnungsbetretung durch Verwaltungsbedienstete eine Rechtsgrundlage verlangen soll.

16 In den Fällen des Verwaltungsrechts stehen einander meist Verwaltung und Private gegenüber, also Verpflichtete und Berechtigte der Grundrechte. Besonders wichtig ist auf diesem Rechtsgebiet daher der grundrechtliche Vorbehalt des Gesetzes. So ergibt sich der folgende Zusammenhang, der die Rechtspositionen mit den in Teil IV zu behandelnden Rechtsakten verbindet:

---

[11] Lit.: *Grzeszick*, HVwR IV, 2022, § 72.

Die Hoheitsträger haben Grundrechtseingriffe grundsätzlich zu unterlassen (Pflicht). Hoheitsträger haben mitunter aber Befugnisse zu Grundrechtseingriffen (Erlaubnisse, § 11 Rn. 10 f.). Auf Grund dieser Befugnisse dürfen die Hoheitsträger eingriffswertige Maßnahmen treffen (Rechtmäßigkeit, § 17 Rn. 32 ff.).

3. Abgrenzung: Status mit der Bezeichnung „Pflicht" („abstrakte" oder „formelle" Pflichten)

Noch keine Pflicht besteht dagegen, wenn durch Gesetz eine Behörde nur dazu befugt wird, einen konkreten Befehl zu erteilen, also eine konkrete Pflicht aufzuerlegen. Dass für diese Lage oft von einer „**abstrakten**" oder „**formellen**" **Pflicht** der potenziellen Adressaten die Rede ist, führt daher in die Irre. Eine Pflicht besteht hier vor der Konkretisierung gerade noch nicht. Richtigerweise ordnet man das Gemeinte daher als Status (oben § 10) ein, der hier typischerweise abstrakt-generell durch das jeweilige Fachgesetz begründet wird. Zur deutlicheren Abgrenzung spricht man hier besser von einer „Pflichtigkeit" als von einer „Pflicht".

17

Beispiele: Die sogenannte „abstrakte Polizeipflicht(igkeit)", denn erst durch Anordnung bestimmter Maßnahmen (z. B. nach §§ 3 ff., 27 ff. PolG BW) werden konkrete Pflichten begründet. – Die „Wehrpflicht(igkeit)", denn erst durch Einberufungsbescheid nach dem Wehrpflichtgesetz wird der Soldatenstatus begründet, mit dem dann akzessorisch die Dienstpflichten nach dem Soldatengesetz verknüpft sind). – Die „Steuerpflicht(igkeit)" bezeichnet den persönlichen Anwendungsbereich eines Steuergesetzes, die eigentliche Steuerschuld entsteht erst mit der Verwirklichung eines Steuertatbestands durch den – bereits vorher so genannten – Steuerpflichtigen.

Zusatzinformation
Bezüglich der Polizeipflicht ist diese Einordnung nicht unumstritten. Vor allem das ältere Schrifttum nimmt allerdings auch eine bereits vor polizeilichen Einzelmaßnahmen kraft Gesetzes bestehende Verhaltenspflicht an, keine Gefahren zu verursachen.[12]

II. Erwerb

Ebenso wie die zuvor betrachteten Status und Erlaubnisse des Verwaltungsrechts können auch die Pflichten verschiedenen Quellen entstammen (allgemein § 9 Rn. 11 ff.). Ein zentraler Unterschied ist dabei, ob Pflichten bereits kraft Verfassung oder Gesetzes bestehen (Rn. 19 ff.) oder erst durch behördlichen Rechtsakt begründet werden (Rn. 28 f.). Gesondert betrachten wir den Erwerb durch Gesamtrechtsnachfolge (Rn. 30 ff.).

18

---

[12] Etwa *Scholz[-Forni]*, VerwArch 30 (1925), S. 11 (37); Versuche einer Wiederbelebung bei *Griesbeck*, Die materielle Polizeipflicht des Zustandsstörers und die Kostentragungspflicht nach unmittelbarer Ausführung und Ersatzvornahme – dargestellt am Beispiel der Altlasten-Problematik, 1991; *Martensen*, DVBl 1996, 286. Im Ergebnis wie hier dagegen etwa *Pietsch*, DÖV 2023, 544.

Beispiele: Kraft Gesetzes bestehen die eben genannten Pflichten, übertragbare Krankheiten zu melden (§§ 6, 8 IfSG) oder Böden von Altlasten zu sanieren (§ 4 Abs. 3 BBodSchG). – Dagegen ergibt sich die Pflicht, einen Ort zu verlassen, erst aus dem konkreten Rechtsakt „Platzverweis", den die Polizei z. B. gemäß § 30 Abs. 1 PolG BW erlassen darf. – Die Pflicht zur Entrichtung von Abfallgebühren geht mit dem Tod des Gebührenschuldners grundsätzlich auf den Erben über.

1. Erwerb durch abstrakten Rechtsakt

a) Abstrakt begründete Pflichten von Hoheitsträgern

19 Verwaltungsrechtliche Pflichten der Hoheitsträger ergeben sich meistens aus dem Gesetz. Als erster Fall sind uns bereits die gesetzlichen **Aufgabenwahrnehmungspflichten** begegnet, die man meist „Zuständigkeiten" nennt (vgl. § 6 Rn. 6 ff. und § 7 Rn. 4 ff.). Sie sind normalerweise recht allgemein formuliert.

Beispiel: „Die Polizei hat die Aufgabe, von dem Einzelnen und dem Gemeinwesen Gefahren abzuwehren, durch die die öffentliche Sicherheit oder Ordnung bedroht wird, und Störungen der öffentlichen Sicherheit oder Ordnung zu beseitigen, soweit es im öffentlichen Interesse geboten ist" (§ 1 Abs. 1 S. 1 PolG BW).

20 Je intensiver das Gesetz die Verwaltung in einem Tätigkeitsbereich steuern will, desto genauer wird es innerhalb des Zuständigkeitsbereichs **einzelne Handlungspflichten** statuieren. Typisch dafür ist eine Formulierung im Indikativ Präsens Aktiv („erteilt", „gewährt", „untersagt") oder Passiv („wird erteilt" usw.) oder mit Infinitiv („hat zu untersagen", „ist zu untersagen"). Gleichwertig kann diese Formulierung auch negativ gewendet werden, wenn das Gesetz dies als abschließend markiert („darf die Begünstigung *nur* verweigern, wenn ..." o. ä.).

Beispiele: „Einem Ausländer, [... Voraussetzungen ...], wird für die nach den Artikeln 4 und 6 der Richtlinie bemessene Dauer des vorübergehenden Schutzes eine Aufenthaltserlaubnis erteilt" (§ 24 Abs. 1 AufenthG). – „Die Baugenehmigung ist zu erteilen, wenn dem genehmigungspflichtigen Vorhaben keine von der Baurechtsbehörde zu prüfenden öffentlich-rechtlichen Vorschriften entgegenstehen" (z. B. § 58 Abs. 1 S. 1 LBO BW). – „Aus anderen als den in den Absätzen 1 bis 3 genannten Gründen darf die Erlaubnis nicht versagt werden" (§ 18 Abs. 4 Wertpapierinstitutsgesetz).

21 Klar liegt der Fall auch, wenn das Gesetz Ansprüche gegen den Hoheitsträger gewährt, wofür dessen Pflicht notwendig mitzudenken ist („hat Anspruch"; näher noch § 13 Rn. 13).

„Die Beamten und Richter haben Anspruch auf Besoldung" (z. B. § 4 Abs. 1 S. 1 Landesbesoldungsgesetz BW), dementsprechend sind die Dienstherren als zuständige Verwaltungsträger zur Besoldung verpflichtet.

22 Weniger eindeutig sind Handlungspflichten angeordnet, wenn das Gesetz nicht abschließend formuliert, sondern nur Fälle benennt, in denen der Hoheitsträger *nicht* zu handeln verpflichtet ist („darf verweigert werden, wenn ..." – hier ohne das Wort „nur"). Hier muss man gegebenenfalls einen gewissen Auslegungsaufwand be-

treiben, um herauszufinden, ob der Hoheitsträger im Übrigen noch frei soll entscheiden dürfen oder ob das Gesetz für den nicht angesprochenen Bereich eigentlich doch eine Handlungspflicht statuieren möchte. Geht es inhaltlich um die Erteilung von Genehmigungen, darf man meist eine **grundsätzliche Erteilungspflicht** annehmen – dies vor dem Hintergrund der Verhältnismäßigkeit des jeweiligen Genehmigungserfordernisses (oben Rn. 12 ff.), dessen Eingriffsintensität geringer ist, wenn der Hoheitsträger die Genehmigung grundsätzlich erteilen muss.

Beispiel: „Die Erlaubnis ist zu versagen, wenn …" (§ 4 Abs. 1 Gaststättengesetz; es folgen fünf Nummern). Mit Blick auf den Berufsfreiheitseingriff, der im Erfordernis der Gaststättenerlaubnis liegt, nimmt man hier eine Pflicht der Behörde an, die Erlaubnis zu erteilen, wenn keiner der fünf Fälle einschlägt.

Wichtige **Unterlassungs- und Beseitigungspflichten** folgen für die Hoheitsträger 23 aus den Grundrechtsbestimmungen. Denn deren abwehrrechtlicher Gehalt ist primär darauf gerichtet, dass die Grundrechtsverpflichteten ungerechtfertigte Eingriffe und Ungleichbehandlungen zu unterlassen, und sekundär darauf, dass sie diese im Falle eines Verstoßes wieder zu beseitigen haben. Die freiheitsgrundrechtlichen Unterlassungspflichten sind uns bereits im Zusammenhang mit dem „Vorbehalt des Gesetzes" begegnet (Rn. 15 f.). Wir betrachten diese Gruppe etwas näher im Zusammenhang mit den Ansprüchen, weil die Perspektive ihrer Geltendmachung durch die privaten Betroffenen praktisch deutlich im Vordergrund steht (vgl. § 13 Rn. 7, 14, 56 ff.).

Beispiele: Pflicht zur Unterlassung/Aufhebung von Beeinträchtigungen der Handlungsfreiheit aus Art. 2 Abs. 1 GG, der Versammlungsfreiheit aus Art. 8 Abs. 1 GG usw. – Pflicht zur Unterlassung/Abstellung von Ungleichbehandlungen aus Art. 3 Abs. 1 GG.

Die Verwaltungsträger treffen kraft Gesetzes auch die staatshaftungsrechtlichen 24 „**Einstandspflichten**"[13] zur Leistung von Schadensersatz oder Entschädigung für eingreifendes staatliches Handeln, insbesondere die Amtshaftung nach § 839 BGB und Art. 34 GG. Auch diese Gruppe von Pflichten werden wir aus der Perspektive ihrer Geltendmachung mit Abwehransprüchen genauer betrachten (vgl. § 13 Rn. 56 ff., 90 ff.).

b) Abstrakt begründete Pflichten von Privatrechtssubjekten

Handlungspflichten, die vor allem Privatrechtssubjekte treffen, knüpft das Gesetz 25 insbesondere an die **Ausübung bestimmter Tätigkeiten** (nicht zuletzt solcher, für die man auch eine Genehmigung braucht, vgl. Rn. 12 ff.). Wer die Tätigkeit ausübt, muss dabei bestimmte Vorkehrungen treffen.

Beispiele: „Wer zu einer öffentlichen Versammlung oder zu einem Aufzug öffentlich einlädt, muß als Veranstalter in der Einladung seinen Namen angeben" (§ 2 Abs. 1 VersG). – Wer eine potentiell umweltgefährdende Anlage betreibt, muss dabei die Betreiberpflichten aus § 5 BImSchG erfüllen. – Wer ein Kreditinstitut betreibt, muss mindestens die in Art. 92

---

[13] *Sauer*, GVwR II³, 2022, § 47.

VO (EU) Nr. 575/2013 vorgeschriebene Eigenkapitalquote („Eigenmittelanforderungen") erfüllen. – Wer eine Waffe besitzt, muss diese nach § 36 Waffengesetz sicher aufbewahren.

26 Andere Pflichten entstehen **in bestimmten Situationen**, etwa durch den Eintritt in eine Gefahrenlage oder durch die Verwirklichung eines Abgabentatbestands (Rn. 7).

Beispiel: „Wer einen Brand bemerkt, hat unbeschadet der Anzeigepflicht nach § 29 bis zum Eintreffen der Feuerwehr alle in seiner Kraft stehenden Maßnahmen zur Rettung von Menschen und zur Brandbekämpfung zu ergreifen" (§ 30 Abs. 1 Feuerwehrgesetz BW).

27 Generelle Pflichten **ohne sachliche Voraussetzungen** (§ 9 Rn. 50) ergeben sich nicht nur aus Verwaltungsgesetzen (vgl. LMEV und WoBindG in Rn. 10), sondern insbesondere auch aus den Strafgesetzen (obwohl diese durchgehend nur als Bestrafungsbefehle an die Gerichte formuliert sind).[14] Diese Pflichten treffen unmittelbar nur die natürlichen Personen. Sie sind von im engeren Sinne verwaltungsrechtlichen Pflichten rechtstheoretisch nicht zu unterscheiden und nur dadurch charakterisiert, dass ihre Schaffung mit der Anordnung ihrer strafrechtlichen Sanktionierung (Rn. 65 ff.) zusammenfällt. Die Einhaltung der strafgesetzlich begründeten Pflichten kann aber auch behördlich erzwungen werden, was deren Bedeutung für das Verwaltungsrecht unterstreicht.

Beispiel: A schickt sich an, einen Diebstahl zu begehen. Das hat sie nach § 242 StGB zu unterlassen. Polizistin P fordert sie auf innezuhalten (Verwaltungsakt, dazu Rn. 29 und § 19) und hindert sie, als A nicht reagiert, mit Gewalt an der weiteren Tatausführung (Verwaltungsvollstreckung in Form des unmittelbaren Zwanges, dazu Rn. 54 und § 27 Rn. 26 f.).

2. Erwerb durch Einzelakt

28 Möglich ist anstelle des bis hierher behandelten Erwerbs kraft Gesetzes auch, dass eine Pflicht erst **durch einen behördlichen Rechtsakt im Einzelfall** begründet wird, vor allem durch Verwaltungsakt (unten § 19), aber auch durch öffentlich-rechtlichen Vertrag (unten § 22).

Beispiel: Die Polizei fordert A auf, die X-Straße zu verlassen (sogenannter „Platzverweis", etwa nach § 30 Abs. 1 PolG BW). – Durch Vertrag mit der Gemeinde übernimmt B eine Pflicht, 10.000 € zu zahlen.

29 Diese Begründung durch Einzelakt ist jedoch nicht zu verwechseln mit der häufigen **Feststellung und Titulierung** einer bereits kraft Gesetzes entstandenen Pflicht durch konkreten Rechtsakt, insbesondere durch Verwaltungsakt (vgl. Rn. 57 ff. und zu den verschiedenen Rechtswirkungen § 17 Rn. 11 ff.).

---

[14] Vgl. zu dieser fast allgemein geteilten Auffassung nur *Herzberg*, JZ 2023, 438 (442 f., im Kontext jüngerer Diskussionen der Strafrechtswissenschaft).

Beispiel: Die Hundesteuerzahlungspflicht entsteht mit dem Halten des Hundes, die Gemeinde stellt sie nur fest und öffnet damit zugleich den Weg zur Vollstreckung. – Die Erstattungspflicht nach § 49a Abs. 1 S. 1 VwVfG* (§ 13 Rn. 98) entsteht kraft Gesetzes, die Behörde setzt sie durch den Bescheid nach § 49a Abs. 1 S. 2 VwVfG* nur fest.

3. Erwerb durch Gesamtrechtsnachfolge

Wie bei anderen Rechtspositionen (oben § 9 Rn. 47 ff.) ist auch bei den verwaltungsrechtlichen Pflichten an die Möglichkeit einer Rechtsnachfolge zu denken.[15] Zentrales Kriterium dafür soll wiederum die Höchstpersönlichkeit der Verpflichtung sein. 30

Keine Schwierigkeiten bereiten insofern grundsätzlich die verwaltungsrechtlichen **Geldleistungspflichten**. Diese sind bei natürlichen Personen im Todesfall Nachlassverbindlichkeiten im Sinne von § 1967 BGB (direkt oder analog) und gehören auch bei der Umwandlung juristischer Personen (Verschmelzung oder Spaltung) zu dem nach § 20 Abs. 1 Nr. 1, § 131 Abs. 1 Nr. 1 Umwandlungsgesetz übergehenden Vermögen. 31

Zusatzinformation
Wo es darauf besonders ankommt, hat die Gesetzgebung den Übergang ausdrücklich angeordnet – so für das Steuerrecht in § 45 AO, der über die Kommunalabgabengesetze der Länder (z. B. § 3 KAG BW) auch auf gemeindliche Gebühren (z. B. für Restmüllbeseitigung), Beiträge (z. B. für Grundstückserschließung) und Steuern (z. B. auf Hundebesitz) Anwendung findet.

Höchstpersönliche Geldleistungspflichten sind demgegenüber selten. Wohl wichtigster Fall ist die im Rahmen der Verwaltungsvollstreckung (unten Rn. 52) nach § 11 VwVG oder z. B. § 23 LVwVG BW auferlegte Pflicht zur Zahlung eines **Zwangsgelds**. Denn dieses soll nur seinen Adressaten selbst zum Handeln anhalten, seinen Willen beugen. Ein Übergang dieser Geldleistungspflicht auf den Erben scheidet deshalb aus – so für das Steuerrecht ausdrücklich § 45 Abs. 1 S. 2 AO. 32

Über **andere Pflichten** lässt sich keine generelle Aussage treffen. Nur punktuell hat die Gesetzgebung ausdrücklich entschieden, sodass der Auslegungsgesichtspunkt der Höchstpersönlichkeit gar nicht mehr herangezogen zu werden braucht. 33

Beispiel: Nach § 4 Abs. 3 S. 1 BBodSchG sind der „Verursacher einer schädlichen Bodenveränderung oder Altlast *sowie dessen Gesamtrechtsnachfolger*" zur Sanierung verpflichtet; man kann also sagen, dass die Verpflichtung übergeht.

Pflichten, die durch behördlichen Verwaltungsakt begründet oder festgestellt worden sind, werden regelmäßig übergehen, wenn nicht ihr Inhalt als höchstpersönlich anzusehen ist. Die Frage wird hier allerdings meist aus vollstreckungsrechtlicher Sicht gestellt – ob also aus dem gegen den Rechtsvorgänger ergangenen Verwaltungsakt die **Verwaltungsvollstreckung** (vgl. Rn. 45 ff.) **gegen den Rechtsnachfolger** betrieben werden darf. Im Vordergrund steht dementsprechend weniger 34

---
[15] Lit.: *Reimer*, DVBl 2011, 207.

die Nachfolge in die materiellrechtliche Pflicht als diejenige in den prozeduralen Status der Bindung an den „Titel" (oben § 10 Rn. 31).

Zusatzinformationen
- Bei gerichtlichen Urteilen ist dies ohne Weiteres möglich (siehe § 325 Abs. 1 Var. 2 ZPO, § 121 Nr. 1 Var. 2 VwGO). Für Verwaltungsakte fehlt allerdings eine entsprechende ausdrückliche Regelung.
- Von einer Rechtsnachfolge kann nur die Rede sein, wenn zuvor überhaupt bereits eine Pflicht bestand. Soweit nur eine „abstrakte" oder „formelle Pflicht" vorlag (oben Rn. 17), ist dies nicht der Fall: Dem Erblasser hätte dann eine konkrete Pflicht auferlegt werden dürfen, aber wenn das nicht passiert ist, darf nicht ohne Weiteres der Erbe verpflichtet werden, sondern nur dann, wenn eine entsprechende Befugnis besteht, also in dessen Person die Tatbestandsvoraussetzungen der Rechtsgrundlage erneut gegeben sind. Es gibt richtigerweise keine „Rechtsnachfolge in die abstrakte (Polizei-)Pflicht".[16]

III. Verlust

35 Eine Pflicht geht in erster Linie dadurch unter, dass das geschuldete Verhalten tatsächlich vorgenommen wird (**Erfüllung**, vgl. § 362 BGB). Ist die Zahlung geleistet, besteht keine Zahlungspflicht mehr; ist die Baugenehmigung erteilt, besteht keine Erteilungspflicht mehr. Besondere Bedeutung hat die Erfüllung bei den Bescheidungspflichten: wenn die Pflicht allein darauf gerichtet ist, dass der Hoheitsträger fehlerfrei eine sachliche Entscheidung trifft (Rn. 9), so ist sie bereits dann erfüllt, wenn der Hoheitsträger fehlerfrei in der Sache entschieden hat, und nicht erst dann, wenn zugunsten des Interessenten entschieden ist. Auch durch Eintritt von **Unmöglichkeit** kann eine Pflicht untergehen (vgl. § 275 Abs. 1 BGB).

36 Eine Pflicht kann überdies auch im Verwaltungsrecht dadurch untergehen, dass der Verpflichtete die **Aufrechnung** mit einer gegenläufigen gleichartigen Pflicht erklärt (vgl. § 389 BGB; für das Steuerrecht ausdrücklich §§ 47, 226 AO).

Beispiel: A schuldet der Gemeinde Hundesteuer; zugleich schuldet ihr die Gemeinde in gleicher Höhe Erstattung überzahlter Abfallgebühren. A schreibt der Gemeinde, dass sie aufrechne.

Zusatzinformation
Ein spezielles prozessrechtliches Problem entsteht hier, wenn die den Pflichten korrespondierenden Ansprüche auf verschiedenen Rechtswegen geltend zu machen sind. Nach heutiger Gesetzeslage darf und muss sowohl ein Verwaltungsgericht (§ 173 S. 1 VwGO, § 17 Abs. 2 GVG) als auch ein ordentliches Gericht (unmittelbar § 17 Abs. 2 GVG) den Rechtsstreit unter allen rechtlichen Gesichtspunkten entscheiden, also auch über rechtswegfremde Ansprüche urteilen. Diese Regelung stößt aber dort an Grenzen, wo der ordentliche Rechtsweg von Verfassung wegen festgelegt ist – also bei Enteignungsentschädigung und Amtshaftung (vgl. oben § 3 Rn. 32).

37 Besteht eine Pflicht zugunsten eines anderen Rechtsträgers, kommt auch ein Untergang durch Verjährung oder Verzicht in Betracht. In beiden Fällen ist dogmatisch nicht immer klar, ob die Pflicht selbst oder nur der korrespondierende An-

---

[16] Auch aus BVerwGE 125, 325 folgt nichts anderes.

spruch des anderen Rechtsträgers erlischt. Wir behandeln diese Fälle später im Zusammenhang mit dem Anspruch (unten § 13 Rn. 30 ff.).

IV. Durchsetzung

Anders als für bloß moralische Pflichten sind für rechtliche Pflichten regelmäßig Durchsetzungsmechanismen eingerichtet – so auch im Verwaltungsrecht.[17] Hier können wir im ersten Zugriff **drei Mechanismen** unterscheiden (die freilich im konkreten Fall alle nebeneinander in Erscheinung treten können): 38

- behördliche oder gerichtliche Verfahren und Maßnahmen, welche die *Erfüllung der Pflicht erzwingen* sollen;
- behördliche oder gerichtliche Verfahren und Maßnahmen, welche die *Nichterfüllung der Pflicht ahnden* sollen;
- ohne behördliche oder gerichtliche Maßnahmen eintretende Rechtsnachteile, die das materielle Recht sozusagen *automatisch an die Nichterfüllung der Pflicht* knüpft.

1. Erzwingung der Erfüllung

Der Durchsetzung von Pflichten dienen in erster Linie solche Instrumente, die das geschuldete Verhalten als solches erzwingen oder, wo möglich, zumindest dessen Ergebnis unmittelbar herbeiführen sollen. Das Verwaltungsrecht hält hierfür zwei verschiedene Wege bereit. Entweder trifft – wie im Privatrecht – ein Gericht die entsprechenden Maßnahmen. Oder – das ist die verwaltungsrechtliche Besonderheit – eine Behörde trifft Durchsetzungsmaßnahmen einfach selbst („Verwaltungsvollstreckung"). 39

a) Gerichtliche Erzwingung mit korrespondierendem Anspruch
Um die Erfüllung der Pflichten sicherzustellen, stehen wie im Privatrecht, so auch im Verwaltungsrecht in erster Linie die Gerichte zur Verfügung. Die Pflicht eines anderen kann mittels eines gerichtlichen Rechtsbehelfs (grundsätzlich: einer „Leistungsklage") aber nur geltend machen, wer darauf gerade einen **Anspruch** hat. Dies ist eine separate Rechtsposition, die zu der Pflicht noch hinzutreten muss, um dem Kläger überhaupt einen Zugang zum Gericht zu eröffnen. Die gerichtliche Erzwingung der Pflichterfüllung werden wir deshalb insgesamt unter dem Gesichtspunkt der Durchsetzung von *Ansprüchen* behandeln (unten § 13 Rn. 34 ff.). Immerhin können wir an dieser Stelle einige Konstellationen voneinander abgrenzen. 40

Soweit auf die Erfüllung von Pflichten Privater **andere Private** einen Anspruch haben, handelt es sich schon gar nicht um Verwaltungsrecht, das ja begrifflich immer die Beteiligung eines Hoheitsträgers erfordert (oben § 2 Rn. 5 ff.). Das gilt 41

---

[17] Lit.: *Waldhoff*, GVwR II³, 2022, § 44; *Arbeiter*, Die Durchsetzung gesetzlicher Pflichten, 1978.

selbst dann, wenn die Pflichten auch im öffentlichen Interesse bestehen; man spricht hier von „privater Rechtsdurchsetzung" (*private enforcement*).[18]

Beispiel: Kartelle werden nicht nur von Kartellbehörden verfolgt, sondern auch von Wettbewerbern, die dafür einen besonderen Kartellschadensersatzanspruch nach § 33a GWB geltend machen können. Dafür steht der Zivilrechtsweg offen. – Auch Datenschutzverstöße können nicht nur die Aufsichtsbehörden verwaltungsrechtlich bekämpfen (Art. 52 DSGVO), sondern auch betroffene Personen mit Löschungs- und Schadensersatzansprüchen auf dem Zivilrechtsweg (Art. 17, 82 DSGVO).

42   Soweit dagegen gerade **Ansprüche von Hoheitsträgern** auf die Erfüllung von Pflichten Privater im Raum stehen, können die Hoheitsträger die Erfüllung meist selbst, also ohne Einschaltung eines Gerichts, erzwingen. Dieser „Verwaltungsvollstreckung" wenden wir uns sogleich zu (Rn. 45 ff.). Selbst wenn man zugleich von einem Anspruch des Hoheitsträgers spricht (wie vor allem bei Zahlungspflichten: „Steueranspruch", „Erstattungsanspruch" usw.), fehlt für eine gerichtliche Klage normalerweise die Zulässigkeitsvoraussetzung des Rechtsschutzinteresses, weil dem Hoheitsträger mit der Verwaltungsvollstreckung ein einfacherer Durchsetzungsweg offensteht (vgl. § 13 Rn. 51 f.).

Beispiel: Die Stadt S hält A für verpflichtet, Abfallgebühren zu zahlen. Statt A vor dem Verwaltungsgericht zu verklagen, kann S nach Erlass eines entsprechenden Gebührenbescheids einfach selbst die Vollstreckung wegen des Gebührenanspruchs betreiben.

43   Die verwaltungsgerichtliche Erzwingung begegnet uns deshalb vor allem, wo es um die Erfüllung von **Pflichten der Hoheitsträger** geht. Korrespondierende Ansprüche können Privatrechtssubjekten, aber auch anderen Hoheitsträgern zustehen.

Beispiel: A hält die Stadt S für verpflichtet, ihr eine Baugenehmigung zu erteilen. Da S sich weigert, erhebt A Klage beim zuständigen Verwaltungsgericht.

44   In Ausnahmefällen ermöglicht das Gesetz eine verwaltungsgerichtliche Erzwingung der Pflicht eines Hoheitsträgers auch ohne Anspruch. Diese Gestaltung nennt man „**Verbandsklage**", weil eine solche Klagemöglichkeit meist Umwelt-, Verbraucherschutz- oder ähnlichen Verbänden gegeben wird.[19]

Beispiel: „Eine nach § 3 anerkannte inländische oder ausländische Vereinigung kann, *ohne eine Verletzung in eigenen Rechten geltend machen zu müssen*, Rechtsbehelfe nach Maßgabe der Verwaltungsgerichtsordnung gegen eine Entscheidung [...] oder deren Unterlassen einlegen, wenn [...]" (§ 2 Abs. 1 S. 1 Umwelt-Rechtsbehelfsgesetz [UmwRG]). Ein konfliktreiches Thema, zu vertiefen in einer Umweltrechtsvorlesung.

---

[18] Lit.: *Fuchs*, HVwR VI, 2024, § 178.
[19] Lit.: *Schlacke*, Überindividueller Rechtsschutz, 2009; *dies.*, HVwR IV, 2022, § 101; *Weyreuther*, Verwaltungskontrolle durch Verbände?, 1975. Anhand einzelner Rechtsgebiete etwa *Fertig*, Die tierschutzrechtliche Verbandsklage, 2021; *Karge*, Das Umwelt-Rechtsbehelfsgesetz im System des deutschen Verwaltungsprozessrechts, 2010; *Ziekow/Siegel*, Anerkannte Naturschutzverbände als ‚Anwälte der Natur', 2000.

IV. Durchsetzung

b) Behördliche Erzwingung durch Verwaltungsvollstreckung

Spezielle Studienliteratur – anhand des Bundesrechts: *Albrecht/Braun*, VR 2018, 73/109; *App*, JuS 2004, 786; anhand des baden-württembergischen Rechts: *Pracht*, VBlBW 2024, 48; *Schenk*, VBlBW 2018, 5; anhand des nordrhein-westfälischen Rechts: *Brühl*, JuS 1997, 926/1021, 1998, 65; *Muckel*, JA 2012, 272; *Wißmann/Klomp*, Ad Legendum 2019, 68; anhand des thüringischen Rechts: *Hyckel*, LKV 2015, 300/342; *Schneider*, ThürVBl 2022, 101. Einschlägiges Gutachtenbeispiel: *Kempny/Reifegerste*, Fälle zum Allgemeinen Verwaltungsrecht, 2022, Fall 14.

Behörden können die Erfüllung der verwaltungsrechtlichen Pflichten Privater selbst erzwingen. Anders als die Privaten müssen und können sie dazu grundsätzlich nicht gerichtliche Hilfe in Anspruch nehmen (Rn. 40 ff.), sondern können zur sogenannten **Verwaltungsvollstreckung** greifen.[20] Es ist dann an den Privaten, sich gegebenenfalls gegen das behördliche Vorgehen juristisch zur Wehr zu setzen; die Last einer etwaigen Klageerhebung wird also ihnen zugeschoben. 45

Zusatzinformationen
- Grundsätzlich ausgeschlossen ist die Verwaltungsvollstreckung gegenüber Verwaltungsträgern, siehe bundesrechtlich § 5, 17 VwVG, § 255 AO und z. B. §§ 17, 22 LVwVG BW. Punktuell gibt es Ausnahmen, etwa zugunsten der Bundesanstalt für Finanzdienstleistungsaufsicht, die gemäß § 17 Abs. 1 S. 3 FinDAG auch gegen juristische Personen des öffentlichen Rechts vollstrecken darf (zu denken ist an öffentlich-rechtliche Kreditinstitute, vgl. § 6 Rn. 34). Eine Durchbrechung erwägt man jetzt für die Durchsetzung datenschutzaufsichtlicher Verfügungen gegenüber Behörden, wo Art. 58 DSGVO diese Klauseln verdrängen könnte.[21]
- Für den Rechtsschutz gegen Maßnahmen der Verwaltungsvollstreckung kommt es wie sonst auch auf die jeweils konkret gegebene Rechtsaktform an. Häufig, aber nicht stets, wird es sich dabei um einen Verwaltungsakt handeln (unten § 19); in anderen Fällen liegt ein Realakt vor (unten § 27).[22]

Die **Rechtsgrundlagen** der Verwaltungsvollstreckung enthält für die Bundesbehörden das VwVG, für die übrigen Behörden ein entsprechendes Landesgesetz. Wir zitieren beispielhaft das LVwVG BW. 46

Zusatzinformation
Teilweise steht den Behörden – statt der besonderen Verwaltungsvollstreckung oder als wählbare Alternative dazu – das Instrumentarium der zivilprozessualen Zwangsvollstreckung zur Verfügung. Das gilt bundesrechtlich etwa auf dem Gebiet des Sozialrechts nach § 66 Abs. 4 SGB X und landesrechtlich z. B. nach § 15a LVwVG BW.

aa) Vollstreckungstitel als Voraussetzung

Der Verwaltungsvollstreckung unterliegen **nur titulierte Pflichten**. Damit ist gemeint, dass ein Rechtsakt mit Titelwirkung ergangen sein muss (dazu näher § 17 Rn. 21) und der Pflichtige selbst oder als Rechtsnachfolger dieser Titelwirkung unterliegt (vgl. oben § 10 Rn. 31 f.). Titelwirkung in diesem Sinne entfalten lediglich Verwaltungsakte (unten § 19 Rn. 25 f.) und bestimmte öffentlich-rechtliche Verträge 47

---

[20] Lit.: *Poscher*, VerwArch 89 (1998), S. 111. Früh zum Thema *Anschütz*, VerwArch 1 (1893), S. 389.
[21] *Franck*, ZD 2021, 247.
[22] Lit.: *Traulsen*, Rechtsbehelfe im Verwaltungsvollstreckungsverfahren, 1971.

(unten § 22 Rn. 11 f.); ohne einen solchen Rechtsakt scheidet Verwaltungsvollstreckung damit als Durchsetzungsmechanismus aus. Auf diese Weise ist sichergestellt, dass man vor einer Vollstreckung grundsätzlich eine individuelle Entscheidung erhält, gegen die man auch gegebenenfalls den Rechtsweg beschreiten kann.

48 Denken wir zurück an die Erwerbstatbestände für Pflichten, ergeben sich somit zwei Wege zur Verwaltungsvollstreckung:

- Entweder ist die Pflicht überhaupt erst *durch einen Verwaltungsakt oder geeigneten Vertrag begründet* worden (Rn. 28).
- Oder die Pflicht ist zwar auf andere Weise begründet worden (etwa abstrakt durch Gesetz, Rechtsverordnung oder Satzung, Rn. 25 ff.), aber *durch einen Verwaltungsakt verbindlich festgestellt und tituliert* worden. Ein solcher Verwaltungsakt bildet hier einen vorgelagerten Schritt der behördlichen Pflichtdurchsetzung (Rn. 29).

49 In beiden Fällen gibt es danach einen im Einzelfall ergangenen „**Vollstreckungstitel**", der für die Verwaltungsvollstreckung die Grundlage und den zentralen Bezugspunkt bildet.

Zusatzinformation
Wenn § 3 Abs. 1 Hs. 2 VwVG davon spricht, dass es eines Titels nicht bedürfe, ist damit nur gemeint, dass kein Gerichtsurteil ergangen sein muss. Der Titelbegriff wurde noch nicht immer auch auf Verwaltungsakte angewandt.

bb) Vollstreckung durch Beitreibung bei Geldleistungspflichten

50 Soweit Verwaltungsvollstreckung stattfindet, kommt die Unterscheidung zwischen Geldleistungs- und sonstigen Verhaltenspflichten (oben Rn. 6 f.) zum Tragen. Für die Vollstreckung von Geldleistungspflichten – man sagt „wegen Geldforderungen" und nennt diese Vollstreckung „**Beitreibung**" – verweist das Allgemeine Verwaltungsrecht über § 5 VwVG oder z. B. § 15 LVwVG BW ausnahmsweise einmal ins Steuerrecht. Dort ist eine sehr ausführliche Regelung getroffen worden (§§ 259–327 AO), die ihrerseits erhebliche Parallelen zum Zivilprozessrecht aufweist (§§ 802a–882i ZPO).

Prüfungshinweis

▶ Detailwissen ist an dieser Stelle nicht erforderlich.

Zusatzinformation
Für die Praxis bringt es hier Probleme mit sich, wenn die wesentlichen Vermögenswerte des Pflichtigen im Ausland liegen.[23] Nur punktuell gibt es unions- und bundesrechtliche Regeln, die eine grenzüberschreitende Beitreibung ermöglichen – insbesondere das (deutsche) EU-Beitreibungsgesetz für steuerliche Geldleistungspflichten.

---

[23] Lit.: *Reimer*, in: Kahl/Mager (Hg.), Verwaltungshandeln, 2022, S. 359; *Klomfaß*, ebd., S. 383.

cc) Vollstreckung durch Zwangsmittel bei anderen Pflichten

Für uns wichtiger ist die Vollstreckung von anderen Pflichten, die mit drei unterschiedlich wirkenden **Zwangsmitteln** erfolgt (§ 9 VwVG oder z. B. § 19 LVwVG BW):

51

- Die Auferlegung eines *Zwangsgelds* soll den Willen des Pflichtigen beugen, damit dieser seine Handlungspflicht doch noch erfüllt bzw. weitere Zuwiderhandlungen gegen seine Unterlassungspflicht unterlässt (es folgt ggf. eine Beitreibung des Zwangsgelds selbst).

52

- Die *Ersatzvornahme* schiebt den Pflichtigen beiseite und erfüllt dessen Pflicht an seiner Statt (es folgt dann ein Kostenbescheid und diesem ggf. wiederum eine Beitreibung).[24] Das passt allerdings nur bei vertretbaren Handlungen, wo es also nicht darauf ankommt, dass gerade der Pflichtige in eigener Person handelt (z. B. kann man nicht für jemand anderen unterlassen!).

53

Beispiel: Die Baurechtsbehörde verpflichtet A zum Abriss ihres illegal errichteten Ferienhauses. A reagiert nicht. Die Behörde beauftragt selbst ein Abbruchunternehmen und stellt A anschließend dessen Kosten durch einen weiteren Bescheid in Rechnung.

- Der *unmittelbare Zwang* bringt den Pflichtigen mit Gewalt (*vis absoluta*) zur Pflichterfüllung. Das passt insbesondere bei unvertretbaren Handlungen, wozu namentlich Unterlassung und Duldung gehören, aber auch etwa das Verlassen eines Ortes.

54

Beispiel: Die Polizei hindert die infizierte A durch körperliches Festhalten daran, aus der auferlegten Quarantäne auszubrechen (Unterlassungspflicht). – Die Polizei trägt B weg, nachdem diese einem Platzverweis keine Folge leistet (Handlungspflicht).

Zusatzinformation
Grundsätzlich nicht umfasst ist *vis compulsiva*, also Gewalt zur bloßen Willensbeugung.[25] Insbesondere zur Durchsetzung von Auskunftspflichten steht der unmittelbare Zwang damit nicht zur Verfügung, was manche Gesetze auch noch einmal ausdrücklich klarstellen (Folterverbot, z. B. § 62 Abs. 2 VwVG NRW).[26]

Für die Verwaltung sind diese drei Zwangsmittel **grundsätzlich abschließend**. Soweit eine Behörde zur gleichen Zeit die Möglichkeit hätte, mit anderen in ihr Ermessen gestellten Mitteln Druck auf den Pflichtigen auszuüben, wäre der Einsatz dieser Mittel zu diesem Zweck sachwidrig, in diesem Sinne ermessensfehlerhaft und damit regelmäßig rechtswidrig (vgl. unten § 17 Rn. 75).

55

Beispiel: Solange A ihr schwarz errichtetes Wochenendhaus nicht beseitigt, verwehrt die Gemeinde ihr den Zutritt zu Schwimmbad und Stadttheater.

---

[24] Lit.: *Kjellson*, Das Zwangsmittel der Ersatzvornahme, 2019; *Mertens*, Die Kostentragung bei der Ersatzvornahme im Verwaltungsrecht, 1976.
[25] Lit.: *Plicht*, NVwZ 2017, 862.
[26] Lit.: *Stohrer*, BayVBl 2005, 489.

56 Dagegen bleibt es der Gesetzgebung unbenommen, **im Fachrecht Sonderformen der Zwangsmittel** vorzusehen. Hier findet dann insbesondere der unmittelbare Zwang eine nähere Ausgestaltung. Das Fachrecht ist insoweit auch frei von den Voraussetzungen, an welche die Verwaltungsvollstreckungsgesetze die Anwendung der Zwangsmittel knüpfen, und regelt den Einsatz solcher Sonderformen denn auch teilweise vollumfänglich eigenständig.

Beispiele: Unter den Standardbefugnissen der Polizei, für die es in den Polizeigesetzen jeweils einen ganzen Katalog gibt, dienen manche (wie die Durchsuchung und die Ingewahrsamnahme) insbesondere auch der Durchsetzung mancher anderer (etwa einer Sicherstellung oder eines Platzverweises). – Befolgt der Bauherr die Anordnung der Einstellung der Arbeiten nicht, steht die Versiegelung der Baustelle als besonderes Zwangsmittel zur Verfügung (z. B. § 64 Abs. 2 LBO BW). – Kommt ein Ausländer seiner vollziehbaren Ausreisepflicht nicht nach, so gestattet das Gesetz als besonderes Zwangsmittel seine Abschiebung (§ 58 AufenthG). – Je eigene landesrechtliche Systeme der Durchsetzung titulierter Pflichten gibt es im Bereich der Rechtsaufsicht über kommunale Gebietskörperschaften (z. B. §§ 123, 124 GemO BW; s.a. Rn. 60).

c) Behördliche Erzwingung durch feststellenden und titulierenden Verwaltungsakt

57 Bei Pflichten, die durch Gesetz, Rechtsverordnung oder Satzung auferlegt sind (Rn. 25 ff.), steht die Verwaltungsvollstreckung als Durchsetzungsmechanismus erst einmal nicht zur Verfügung (Rn. 47). Wenn die Verwaltung die Erfüllung einer solchen **Pflicht** erzwingen will, muss sie diese vielmehr zunächst **durch Verwaltungsakt feststellen und titulieren**. Oftmals wird dieser Konkretisierungsschritt den Pflichtigen bereits zur Pflichterfüllung anhalten; falls nicht, darf die Verwaltung aus dem Verwaltungsakt jetzt vollstrecken (Rn. 48).

58 Spezielle Rechtsgrundlagen für die Feststellung und Titulierung fachrechtlicher Pflichten finden sich im Besonderen Verwaltungsrecht. Damit legt das Gesetz die Durchsetzung fachrechtlicher Pflichten in die Hände der sachkundigen Fachverwaltung; die allgemeinen Verwaltungsbehörden oder gar die Schutzpolizei sollen nur in Eilfällen einspringen.

Beispiel: „Die Bundesanstalt kann im Rahmen der ihr gesetzlich zugewiesenen Aufgaben gegenüber den Instituten und ihren Geschäftsleitern Anordnungen treffen, die geeignet und erforderlich sind, um *Verstöße gegen aufsichtsrechtliche Bestimmungen* zu verhindern" (§ 6 Abs. 3 S. 1 Kreditwesengesetz).

59 Hervorzuheben ist die wichtige Gruppe fachrechtlicher Rechtsgrundlagen für die Feststellung und Titulierung von Unterlassungspflichten in der Gestalt von Genehmigungserfordernissen (Rn. 12 ff.).

Beispiel: „Wird ein Gewerbe, zu dessen Ausübung eine Erlaubnis, Genehmigung, Konzession oder Bewilligung (Zulassung) erforderlich ist, *ohne diese Zulassung betrieben,* so kann die Fortsetzung des Betriebes von der zuständigen Behörde verhindert werden" (§ 15 Abs. 2 S. 1 GewO).

60 Im Bereich der Rechtsaufsicht über andere Verwaltungsträger (oben § 6 Rn. 39 ff.) dient in paralleler Weise die **aufsichtliche Anordnung** der Feststellung und Titulierung von Pflichten des beaufsichtigten Verwaltungsträgers.

IV. Durchsetzung

Beispiel: Gemeinde G kommt einer kraft Gesetzes bestehenden Pflicht nicht nach. Das Landratsamt als zuständige Kommunalaufsichtsbehörde des Landes gibt ihr auf, die Pflicht nunmehr zu erfüllen (z. B. nach § 122 GemO BW); es stellt sie damit fest und macht den Weg für eine Ersatzvornahme frei (vgl. Rn. 56).

Die Funktion der Feststellung und Titulierung übernimmt hinsichtlich der Abgabenpflichten der **Steuer-, Gebühren- bzw. Beitragsbescheid**. Abgabenpflichten entstehen immer kraft Gesetzes mit der Verwirklichung des gesetzlichen Tatbestands (Rn. 7, vgl. § 38 AO). Zu ihrer effektiven Durchsetzung bedarf es deshalb eines Verwaltungsakts, der auch die Drohkulisse der Verwaltungsvollstreckung aufruft. 61

Beispiel: A bezieht eine eigene Wohnung in Kiel. Nach § 7 Rundfunkbeitragsstaatsvertrag (im Rang eines Landesgesetzes, § 2 Rn. 37 ZI) begründet dieser Vorgang automatisch ihre Beitragspflicht. Der Norddeutsche Rundfunk als zuständige Landesrundfunkanstalt schickt A einen Beitragsbescheid, der die Beitragspflicht feststellt und tituliert.

Im Übrigen kann die **Ordnungsverfügung** einer Polizei- oder Ordnungsbehörde die Funktion der Feststellung und Titulierung übernehmen. 62

Beispiel: A schickt sich an, einen Diebstahl zu begehen und damit die gesetzliche Unterlassungspflicht aus § 242 StGB zu verletzen. Polizistin P fordert sie auf innezuhalten und tituliert die Pflicht damit für den Einzelfall.

Zusatzinformation
Die Ordnungsverfügung ist im Polizei- und Ordnungsrecht primär ein Instrument der Abwehr von Gefahren für die öffentliche Sicherheit oder Ordnung (z. B. nach §§ 1, 3 PolG BW). Die Verbindung zur Durchsetzung titulierungsbedürftiger Pflichten stellt man mit dem folgenden Gedanken her: „Öffentliche Sicherheit" soll beinhalten, dass alle Rechtsvorschriften eingehalten werden; wenn jemand eine Pflicht nicht erfüllt, stört das also die öffentliche Sicherheit; wenn die Verwaltung ihn durch Ordnungsverfügung dazu anhält, stellt das die öffentliche Sicherheit wieder her. Für Näheres muss auf die Lehrbücher zum Polizei- und Ordnungsrecht verwiesen werden (die freilich zwischen der hier gemeinten pflichtfeststellenden und der selbst pflichtbegründenden Ordnungsverfügung wie in Rn. 28 nicht immer unterscheiden).

2. Sanktionierung der Nichterfüllung

Ein zweiter Durchsetzungsmechanismus besteht darin, die Nichterfüllung der Pflicht mit einer **Sanktion** zu belegen. Das führt zwar nicht unmittelbar dazu, dass das geschuldete Verhalten gezeigt oder der geschuldete Erfolg zum Eintritt gebracht wird. Aber es dient dazu, spezialpräventiv den Pflichtigen und/oder generalpräventiv die Allgemeinheit zur künftigen Erfüllung entsprechender Pflichten anzuhalten. Die Erzwingung darf die Verwaltung grundsätzlich daneben weiterhin betreiben. 63

Zusatzinformation
Die bekannten Straftheorien klingen hier nicht zufällig an. Vielmehr drücken sie allgemeine Ideen zur Funktionsweise gleich welcher Sanktionen aus. Die Strafrechtswissenschaft hat sich nur die meisten Gedanken dazu gemacht.

64 Je wichtiger der Gesetzgebung eine verwaltungsrechtliche Pflicht ist, desto strengere Sanktionen wird sie an deren Nichterfüllung knüpfen. Im strengsten Fall droht sie **Freiheits- und Geldstrafen** an, setzt also das Strafrecht als Mittel des Verwaltungsrechts ein. Weniger gravierend ist die Drohung mit **Geldbußen**, der Sanktion des strafrechtsähnlichen Ordnungswidrigkeitenrechts. Ein Spektrum von leichten bis schwersten beruflichen Nachteilen bringen daneben die **Disziplinarmaßnahmen** mit sich, die das Gesetz als Sanktion für die Verletzung dienstlicher Pflichten der Beamten, Richter und Soldaten androht; sie werden auch *neben* den Strafen verhängt.

Zusatzinformation
Die Abhängigkeit der Strafbarkeit vom Bestehen verwaltungsrechtlicher Rechtspositionen führt mittelbar zu einer Verwaltungsrechtskontrolle auch durch die Staatsanwaltschaften und die ordentlichen (Straf-)Gerichte. Diese Organe treten dadurch in eine gewisse institutionelle Konkurrenz zu den Verwaltungsgerichten.[27] In dieser Konstellation kann sich auch die Frage stellen, inwieweit verwaltungsbehördliche und -gerichtliche Feststellungen solcher Rechtspositionen die Strafgerichte binden (vgl. § 19 Rn. 23 f. und § 21 Rn. 9 ZI).

a) Strafrechtliche Sanktionierung

65 Die schärfste Form der Sanktionierung ist das **verwaltungsakzessorische Strafrecht**.[28] Hierbei geht es um Straftatbestände – im StGB oder direkt in Verwaltungsrechtsgesetzen als „Nebenstrafrecht" –, zu deren objektivem Tatbestand das normative Tatbestandsmerkmal „unter Verletzung verwaltungsrechtlicher Pflichten" gehört (so lautet eine typische Formulierung, andere sind natürlich möglich). Eine derartige Anknüpfung ist möglich an verwaltungsrechtliche Pflichten verschiedener Herkunft, wie insbesondere die Begriffsbestimmung in § 330d Abs. 1 Nr. 4 StGB zeigt; sogar Pflichten aus Innenrechtsakten (Verwaltungsvorschriften, unten § 25) kommen in Frage.[29]

> *Beispiel:* Besonders typisch regeln §§ 324 ff. StGB das Umweltstrafrecht in dieser akzessorischen Weise. (Eine wichtige Durchbrechung enthält aber § 330d Abs. 1 Nr. 5 StGB: Eine erschlichene Genehmigung gilt in dessen Anwendungsbereich zwar verwaltungsrechtlich, schützt aber vor Strafe nicht.)

66 Oftmals wird es sich bei den strafbewehrten Pflichten um solche handeln, die auf **Unterlassung** gerichtet sind. Dazu gehören die Genehmigungserfordernisse (als bedingte generelle Unterlassungspflichten, oben Rn. 12 ff.), aber auch allgemeine Handlungsverbote.

> *Beispiele:* § 23 Apothekengesetz stellt den Betrieb einer Apotheke ohne Betriebserlaubnis unter Strafe (Freiheitsstrafe bis zu sechs Monaten oder Geldstrafe). – § 75 Abs. 1 Nr. 1 IfSG bewehrt Verhaltenspflichten, z. B. Veranstaltungsverbote, die zur Bekämpfung von

---

[27] Vgl. *Hermes/Wieland*, Die staatliche Duldung rechtswidrigen Verhaltens, 1988, S. 95, 97–103.
[28] Lit.: *Gärditz*, HVwR I, 2021, § 16 Rn. 40–50; *Breuer*, DÖV 1987, 169; *Hermes/Wieland*, Die staatliche Duldung rechtswidrigen Verhaltens, 1988, S. 92–94; *Kühl*, FS Lackner, 1987, S. 815; *Samson*, JZ 1988, 800.
[29] Lit.: *Bräutigam-Ernst*, Die Bedeutung von Verwaltungsvorschriften für das Strafrecht, 2010.

Infektionskrankheiten ergehen, strafrechtlich (Freiheitsstrafe bis zu zwei Jahren oder Geldstrafe).

Mitunter werden aber auch verwaltungsrechtliche Pflichten zu **positivem Tun** entsprechend bewehrt. Strafrechtlich gesprochen handelt es sich dann um echte Unterlassungsdelikte, bei denen die tatbestandliche Unterlassung gerade in der Nichterfüllung der verwaltungsrechtlichen Handlungspflicht besteht. Das kommt etwa bei Mitteilungs-, aber durchaus auch bei Zahlungspflichten vor, die der Gesetzgebung besonders wichtig sind. 67

Beispiele: Die steuerrechtliche Pflicht zur richtigen und vollständigen Erklärung bewehrt § 370 AO mit Strafe („Steuerhinterziehung"). – Die sozialrechtliche Pflicht des Arbeitgebers zur Zahlung von Sozialabgaben für seine Beschäftigten bewehrt § 266a Abs. 1 StGB mit Strafe (Freiheitsstrafe bis zu fünf Jahren oder Geldstrafe).

b) Ordnungswidrigkeitenrechtliche Sanktionierung

Die verbreitete Alternative zur Kriminalisierung verwaltungsrechtlicher Pflichtverletzungen bietet das **Ordnungswidrigkeitenrecht**, dessen Allgemeinen Teil und Verfahrensrecht das Ordnungswidrigkeitengesetz (OWiG) kodifiziert. Es wird in Forschung und Lehre von der Strafrechtswissenschaft vertreten, muss wegen seines engen Bezugs zur Verwaltung hier aber der Vollständigkeit halber erwähnt werden. 68

Zusatzinformation
Die österreichische Entsprechung zum deutschen Ordnungswidrigkeitenrecht wird als „Verwaltungsstrafrecht" bezeichnet – der Sache nach wäre das auch für das deutsche Recht eine treffende Charakterisierung, weil die Verwaltung selbst hier mindere „Strafen" auferlegt. Diese dürfen in Deutschland aber nicht als Strafe firmieren, weil die Bestrafung als Rechtsprechungstätigkeit allein „den Richtern anvertraut" ist – Art. 92 Hs. 1 GG.[30]

Wissen muss man zum Ordnungswidrigkeitenrecht aus verwaltungsrechtlicher Sicht vor allem Folgendes: 69

- Ordnungswidrigkeitentatbestände, auch „Bußgeldtatbestände" genannt, funktionieren praktisch wie Straftatbestände.

Beispiel: Das Bauen ohne Baugenehmigung ist ordnungswidrig z. B. nach § 75 Abs. 1 Nr. 9 LBO BW: „Ordnungswidrig handelt, wer vorsätzlich oder fahrlässig […] als Bauherr, Unternehmer oder Bauleiter eine nach § 49 genehmigungspflichtige Anlage oder Einrichtung ohne Genehmigung errichtet, benutzt oder von der erteilten Genehmigung abweicht, obwohl er dazu einer Genehmigung bedurft hätte […]"

- Als Sanktion kennen Ordnungswidrigkeiten nur das „Bußgeld", das bei 5 bis 1000 € anfängt (§ 17 Abs. 1 OWiG), aber fachrechtlich deutlich höher gehen kann.

Beispiel: Im Kartellrecht gilt nach § 81 Abs. 4 GWB ein Bußgeldrahmen bis 1.000.000 € oder 10 % des Konzernumsatzes. – Im Datenschutzrecht reicht der Bußgeldrahmen nach Art. 83 Abs. 5 DSGVO bis 20.000.000 € oder 4 % des weltweiten Konzernumsatzes.

---

[30] Vgl. BVerfGE 22, 49 (1967). Kritisch zu dieser Engführung mit beachtlicher Argumentation *Brodowski,* ZStW 2016, 370.

- Verfolgt werden Ordnungswidrigkeiten grundsätzlich von der jeweils zuständigen Verwaltungsbehörde, die in einem strafrechtsähnlichen Verfahren einen „Bußgeldbescheid" erlässt.
- Hiergegen ist dann der „Einspruch" zum Amtsgericht gegeben, die Verwaltungsgerichte bleiben außen vor.

c) Disziplinarrechtliche Sanktionierung

70 Für verwaltungsrechtliche Pflichten innerhalb von Sonderbeziehungen, wie sie zwischen Beamtem und Dienstherrn, Schüler und Schulträger oder auch Strafgefangenem und Anstaltsträger bestehen, scheidet eine behördliche oder gerichtliche Erzwingung normalerweise aus. Die Lücke füllt hier eine dritte, diesmal rein verwaltungsrechtliche Sanktionierungsweise, nämlich das sog. **Disziplinarrecht** (früher teilweise auch „Dienststrafrecht" genannt, was die Funktion verdeutlicht).

Zusatzinformationen
- In vergangenen Zeiten fand sich auch ein Disziplinarrecht der Universitäten über ihre Studenten.
- Disziplinarmaßnahmen dürfen grundsätzlich neben etwaigen Kriminalstrafen verhängt werden.

71 Im Disziplinarrecht verfolgt die jeweils zuständige Disziplinarbehörde – Dienst- bzw. Disziplinarvorgesetzter bei Beamten und Soldaten, Schulleitung bei Schülern, Anstaltsleitung bei Gefangenen – die Pflichtverletzung und verhängt entweder selbst eine **Disziplinarmaßnahme** (als Verwaltungsakt, unten § 19) oder trägt darauf bei einem Disziplinargericht an (Disziplinarmaßnahme dann als Gerichtsakt, unten § 21).

Zusatzinformation
Das Disziplinarrecht der Beamten und Soldaten unterscheidet herkömmlich zwischen einfachen Disziplinarmaßnahmen, die als Verwaltungsakt ergehen, und schweren Disziplinarmaßnahmen, die als Gerichtsakt ergehen. Erstere unterliegen einer (verwaltungs)gerichtlichen Kontrolle wie andere Verwaltungsakte auch; für letztere tritt dagegen das (Verwaltungs-)Gerichtsverfahren an die Stelle des behördlichen Verfahrens und nimmt eine strafprozessähnliche Gestalt an. Der Bund und das Land Baden-Württemberg haben sich zuletzt allerdings für eine einheitliche Gestaltung aller Disziplinarmaßnahmen als Verwaltungsakt entschieden.

72 Punktuell geht das Gesetz so weit, verwaltungsrechtliche Pflichten innerhalb von Sonderbeziehungen sogar mit **Kriminalstrafen** zu bewehren; hier überschneiden sich dann disziplinar- und strafrechtliche Sanktionsmechanismen. Strafen können eine erheblich größere rechtliche Tragweite entfalten als Disziplinarmaßnahmen (bis hin zum Führungszeugnis) und verlagern überdies institutionell die Zuständigkeit für die Verfolgung von der Disziplinarbehörde auf Polizei und Staatsanwaltschaft.

Beispiel: Wer als Soldat einen gültigen Befehl vorsätzlich nicht befolgt, begeht ein Dienstvergehen, das eine Disziplinarmaßnahme rechtfertigen kann (§ 15 Wehrdisziplinarordnung). Wer den Befehl aber durch Auflehnung verweigert oder trotz Wiederholung nicht befolgt, begeht sogar eine Straftat, die Freiheitsstrafe bis zu drei Jahren nach sich ziehen kann (§ 20 Abs. 1 Nr. 1 bzw. 2 Wehrstrafgesetz).

d) Fachrechtliche Sanktionierung

Punktuell sieht außerdem das Besondere Verwaltungsrecht noch Sanktionen eigener Art vor, welche die Verwaltung im Falle der Nichterfüllung fachrechtlicher Pflichten dem Pflichtigen auferlegen darf. 73

Zusatzinformation
Eng verwandt sind Nachteile, die das Besondere Verwaltungsrecht in solchen Fällen bereits kraft Gesetzes eintreten lässt (dazu sogleich Rn. 76 ff.). Während die Behörde eine fachrechtliche Sanktion gestaltend auferlegen muss, braucht sie einen fachrechtlichen Nachteil nur noch festzustellen.

Zu nennen ist hier in erster Linie die abgabenrechtliche Befugnis zur **Auferlegung von Verspätungszuschlägen**, welche die Finanzbehörden auch neben etwaigen Strafen oder Geldbußen anordnen dürfen. 74

Beispiel: „Gegen denjenigen, der seiner Verpflichtung zur Abgabe einer Steuererklärung nicht oder nicht fristgemäß nachkommt, kann ein Verspätungszuschlag festgesetzt werden" (§ 152 Abs. 1 S. 1 AO).

Eine ähnliche Funktion erfüllt die Befugnis zu rückwirkendem **Widerruf und Rückforderung einer Subvention**, wenn der Begünstigte die Zweckbindung der Geld- oder Sachleistung oder eine damit verbundene Auflage verletzt (§ 49 Abs. 3 VwVfG*, dazu noch § 20 Rn. 43, 79). 75

Beispiel: A erhält von der Gemeinde eine Geldzuwendung für ihr Stadtteilprojekt mit der Maßgabe, damit die Hauptstraße zu begrünen. Stattdessen fährt sie mit dem Geld in Urlaub.

3. Materiellrechtliche Reaktionen

Einen dritten Durchsetzungsmechanismus bilden die **materiellrechtlichen Folgen**, die bei Nichterfüllung einer Pflicht eintreten. Sie unterscheiden sich von den bisher betrachteten Wegen der Erzwingung und der Sanktionierung dadurch, dass für ihren Eintritt **kein zusätzlicher Rechtsakt** einer Behörde oder eines Gerichts erforderlich ist. Typischerweise wird ihr Eintritt von der Verwaltung daher nur festgestellt. 76

Zusatzinformationen
- Materiellrechtliche Pflichtverletzungsfolgen treten oft zu Erzwingungs- oder Sanktionierungsbefugnissen hinzu. Mitunter sind sie aber auch die einzige Folge; in diesem Fall würden manche die so bewehrten Pflichten begrifflich zu „Obliegenheiten" herabstufen (oben Rn. 1 ZI).
- Das kanonische Recht hat für solche automatisch eintretenden Pflichtverletzungsfolgen den prägnanten Begriff „Tatstrafe" gefunden (can. 1314 CIC/1983).

a) Fiktionen

Das Gesetz ordnet materiellrechtliche Pflichtverletzungsfolgen besonders dort an, wo die anderen Mechanismen weniger effizient erscheinen oder ganz ausgeschlossen sind. So „lohnt" es sich bei Verfahrenspflichten, die ohnehin nur eine Funktion auf dem Weg zum Verfahrensergebnis erfüllen, meist nicht, sie als solche durchzu- 77 setzen; einfacher ist es, gleich auf der Ebene des Verfahrensergebnisses anzusetzen und einen ungünstigen Ausgang anzuordnen.

78 Einen wichtigen Anwendungsfall materiellrechtlicher Reaktionen bilden manche vorbereitenden **Vorstellungs- und Beibringungspflichten der Beteiligten** im Rahmen behördlicher Verfahren, soweit die Festsetzung solcher Pflichten nicht als Verwaltungsakt eingeordnet wird (vgl. § 19 Rn. 31 ff.) und deshalb die Vollstreckung nicht eröffnet ist (oben Rn. 47). Hier wird mitunter einfach das **Tatbestandsmerkmal fingiert**, zu dessen Prüfung die ausgebliebene Mitwirkung hätte dienen sollen.

Beispiele: Wer die von der Fahrerlaubnisbehörde auferlegte *verfahrensrechtliche* Pflicht zur Beibringung eines medizinisch-psychologischen Gutachtens („Idiotentest") nicht erfüllt, wird sodann *materiellrechtlich* als ungeeignet zum Führen von Kraftfahrzeugen betrachtet nach § 11 Abs. 8 S. 1 Fahrerlaubnisverordnung (FeV): „Weigert sich der Betroffene, sich untersuchen zu lassen, oder bringt er der Fahrerlaubnisbehörde das von ihr geforderte Gutachten nicht fristgerecht bei, darf sie bei ihrer Entscheidung auf die Nichteignung des Betroffenen schließen." Die Fahrerlaubnisbehörde darf aber dem Pflichtigen wegen der Nichterfüllung weder ein Zwangsgeld auferlegen noch das Gutachten ersatzweise selbst erstatten (lassen). – Wer als Reservistendienst Leistender die *verfahrensrechtliche* Mitwirkungspflicht nicht erfüllt (§ 27 Unterhaltssicherungsgesetz [USG], § 26 Abs. 2 VwVfG), dem dürfen *materiellrechtlich* nach § 28 USG die Leistungen zum Ausgleich entgangenen Einkommens (§§ 5–9 USG) versagt werden. – Wer seinen *verfahrensrechtlichen* Mitwirkungspflichten in Steuersachen nicht nachkommt, dessen *materiellrechtliche* Steuerpflicht darf aufgrund einer Schätzung festgesetzt werden (§ 162 Abs. 2 AO). – Wer als Beamter einer *verfahrensrechtlichen* Aufforderung zur amtsärztlichen Untersuchung nicht nachkommt, der darf *materiellrechtlich* teilweise als dienstunfähig behandelt werden (z. B. § 53 Abs. 1 S. 2 LBG BW).

Gegenbeispiel: Wer die von der Wehrersatzbehörde auferlegte *verfahrensrechtliche* Pflicht zur Vorstellung zur Musterung nicht erfüllt, unterliegt der *Verwaltungsvollstreckung* im Wege der Vorführung nach § 44 Abs. 2 S. 1 Wehrpflichtgesetz (das heißt: frühmorgendliche Abholung durch die Polizei, vorübergehende Unterbringung im Polizeigewahrsam, schließlich Transport zum Musterungstermin). Die Wehrersatzbehörde darf aber nicht einfach von der Wehrdienstfähigkeit des Pflichtigen ausgehen.

79 Auf behördlicher Seite sind manche **Bescheidungspflichten** (oben Rn. 8) ganz ähnlich bewehrt. Hier wird vom Gesetz manchmal eine **günstige Entscheidung fingiert**, wenn die Behörde einen Antrag nicht binnen der gesetzlichen Frist bescheidet („Genehmigungsfiktion", dazu unten § 19 Rn. 34 ff.).

80 In den gleichen Zusammenhang gehört schließlich auch die materielle Präklusion, die auf manchen Rechtsgebieten angeordnet ist (oben § 9 Rn. 34). Das Gesetz knüpft hier an **Einwendungsobliegenheiten** und ordnet an, dass bei Ausbleiben von Einwendungen binnen einer gewissen Frist die **Rechtmäßigkeit unter dem entsprechenden Gesichtspunkt fingiert** wird.

b) Vorteilsabschöpfungen

81 Eine andere Gruppe materiellrechtlicher Reaktionen zielt darauf ab, dem Pflichtigen aus der Nichterfüllung der Pflicht keine Vorteile entstehen zu lassen. Das betrifft in erster Linie Rechtsgebiete, wo es um vermögenswerte Leistungen an Privatrechtssubjekte geht – insbesondere das öffentliche Dienstrecht und das Sozialrecht.

Beispiele: „Bleibt der Beamte, Richter oder Soldat ohne Genehmigung schuldhaft dem Dienst fern, so verliert er für die Zeit des Fernbleibens seine Bezüge" (§ 9 S. 1 Bundesbesoldungsgesetz [BBesG]). – „Kommt ein Ruhestandsbeamter entgegen den Vorschriften des [...] Bundesbeamtengesetzes einer erneuten Berufung in das Beamtenverhältnis schuldhaft nicht nach, obwohl er auf die Folgen eines solchen Verhaltens schriftlich hingewiesen worden ist, so verliert er für diese Zeit seine Versorgungsbezüge" (§ 60 S. 1 Beamtenversorgungsgesetz). – „Bei einer Pflichtverletzung nach § 31 mindert sich das Bürgergeld [= vormaliges ‚Hartz IV'] um 10 % des nach § 20 jeweils maßgebenden Regelbedarfs" (§ 31a Abs. 1 S. 1 SGB II).

Zusatzinformationen

- § 9 S. 1 BBesG und die Landesparallelvorschriften stellen ein funktionales Äquivalent zu § 326 Abs. 1 BGB dar, der auf die verwaltungsrechtlichen Besoldungspflichten nicht anwendbar ist.
- Das Steuerrecht kennt mit den Säumniszuschlägen, die nach § 240 AO bei verspäteter Steuerentrichtung kraft Gesetzes anfallen, ebenfalls eine materiellrechtliche Reaktion, die den säumigen Steuerschuldner nicht von seiner Pflichtverletzung profitieren lassen soll. Weil es auch die behördlich zu verhängende Sanktion der Verspätungszuschläge nach § 152 AO kennt (oben Rn. 73), veranschaulicht dieses Rechtsgebiet gut die beiden Arten von Durchsetzungsmechanismen.

§ 13. Ansprüche

Spezielle Studienliteratur: *Funke*, Falldenken im Verwaltungsrecht, 2020, Rn. 46–76 (S. 35 ff.).
Einschlägiges Gutachtenbeispiel: *Kempny/Reifegerste*, Fälle zum Allgemeinen Verwaltungsrecht, 2022, Fall 2.

I. Funktion und Arten

Als Anspruch bezeichnen wir auch im Verwaltungsrecht eine Rechtsposition eines Rechtsträgers, welche die Pflicht eines *anderen* Rechtsträgers zu einem bestimmten Verhalten – Tun oder Unterlassen – als gerade dem ersten Rechtsträger geschuldet markiert.[1] Wer einen Anspruch hat, kann etwas verlangen und dies vor allem auch gerichtlich durchsetzen. Einen verwaltungsrechtlichen Anspruch nennt man oft auch „subjektives öffentliches Recht"; dieser Ausdruck ist aber weniger eindeutig, weil ihm teilweise auch andere Inhalte zugeordnet werden (siehe oben § 9 Rn. 5).

Zusatzinformation
Für die Begrifflichkeit schließt man an die Legaldefinition aus § 194 Abs. 1 BGB an. Danach ist ein Anspruch „das Recht, von einem anderen ein Tun oder Unterlassen zu verlangen". Vor allem die Zivilrechtswissenschaft hat sich mit dem Rechtsinstitut des Anspruchs eingehend befasst.[2]

In diesem Abschnitt werden wir hauptsächlich verwaltungsrechtliche Ansprüche Privater gegen Hoheitsträger betrachten. Diese Fokussierung hängt damit zusammen, dass die umgekehrte Richtung – Ansprüche von Hoheitsträgern gegen Private – seltener relevant wird, denn Hoheitsträger setzen in solchen Fällen die korrespondierenden Pflichten Privater normalerweise ohne gerichtliche Hilfe durch, wie

---

[1] Lit.: *Schur*, Anspruch, absolutes Recht und Rechtsverhältnis im öffentlichen Recht entwickelt aus dem Zivilrecht, 1993; *Thieme/Bull*, JZ 1969, 422.
[2] Jüngst etwa *Wendelstein*, Pflicht und Anspruch, 2021; *Winkelmann*, Der Anspruch, 2021 (mit einem anderen Begriff der Rechtsposition als hier, vgl. dort S. 304 u. ö.).

wir bereits sahen (§ 12 Rn. 42). Nichtsdestoweniger spricht man insbesondere bei Zahlungspflichten durchaus von Ansprüchen eines Hoheitsträgers; dessen Leistungsbescheid „setzt den Anspruch fest" und ist rechtmäßig, wenn „der Anspruch besteht" (§ 19 Rn. 126). Darüber hinaus bestehen vielfältige Ansprüche im Verhältnis der Hoheitsträger untereinander, etwa im Rahmen ihrer komplexen Finanzierungs- und Haftungsbeziehungen.[3]

3 Der Anspruch eines Privaten gegen einen Hoheitsträger kann im Verwaltungsrecht beispielsweise darauf gerichtet sein, dass dieser eine Sozialleistung bewillige, eine Zahlung leiste, eine Steuerfestsetzung in bestimmter Höhe unterlasse, eine Genehmigung erteile, gegen einen Dritten polizeilich einschreite oder eine Baumaßnahme unterlasse.

4 Da jeder Anspruch gegen einen Rechtsträger einer Pflicht dieses Rechtsträgers korrespondiert, entspricht auch die Typologie der Ansprüche spiegelbildlich der Typologie der Pflichten. Wir können in diesem Kapitel deshalb den Schwerpunkt darauf legen, die Besonderheiten gerade der „subjektivrechtlichen Bewehrung" einer Pflicht – also der Einräumung eines Anspruchs – herauszuarbeiten.

5 Für die Ansprüche hat sich eine besondere **Terminologie** eingebürgert, die von den bisher für die Beschreibung der Rechtspositionen gebrauchten Begriffen ein wenig abweicht, aber sich darauf abbilden lässt.

- Den Erwerbstatbestand (§ 9 Rn. 11 ff.) nennt man *Anspruchsgrundlage*.
- Die Tatbestandsmerkmale eines abstrakten Erwerbstatbestands (§ 9 Rn. 21 ff.) trennt man davon ab und prüft sie als *Anspruchsvoraussetzungen*.
- Die möglichen Verlusttatbestände (§ 9 Rn. 11 ff.) bettet man entweder als negative Anspruchsvoraussetzungen ein oder schließt ihre Prüfung an als *Anspruchsuntergang*, der für das (Fort-)Bestehen des Anspruchs ausgeschlossen werden muss.

Prüfungshinweis

▶ Das ergibt zugleich die zweckmäßige Prüfungsfolge, wenn es in einem Gutachten auf das Bestehen eines Anspruchs ankommt. Ein Unterschied zum Privatrecht besteht auf dieser Ebene noch nicht.

6 Auch die **Anspruchsinhalte** stellen sich spiegelbildlich zu den Arten der Pflichten dar. So gibt es Ansprüche

- auf Handlung und auf Unterlassung (§ 12 Rn. 4 ff., 10 ff.),
- auf Zahlung und auf nicht zahlungsförmiges Verhalten (§ 12 Rn. 6 f.),
- auf Verwaltungsakt und auf nicht verwaltungsaktförmiges Verhalten (§ 19 Rn. 31 ff.),
- auf Vornahme und auf Bescheidung (§ 12 Rn. 8 f.).

---

[3] Lit.: *Stelkens*, Verwaltungshaftungsrecht, 1998.

I. Funktion und Arten

Ihrem Inhalt nach hervorzuheben sind zunächst die **Ansprüche gegen Hoheitsträger auf Unterlassung rechtswidriger Maßnahmen und auf Beseitigung der Folgen rechtswidriger Maßnahmen.** Sie werden „Abwehrrechte" genannt und ergeben sich nach im Vordringen befindlicher Auffassung vor allem aus den Grundrechten, woher Sie auch den Begriff bereits kennen. Ihre traditionellen verwaltungsrechtlichen Namen, unter denen sie vor allem im Staatshaftungsrecht behandelt werden, lauten „öffentlich-rechtlicher Unterlassungsanspruch" und „öffentlich-rechtlicher Folgenbeseitigungsanspruch".[4] Wir betrachten sie am Ende des Kapitels im Zusammenhang (Rn. 56 ff.).   7

Zusatzinformation
Mit dem älteren Begriff von *Georg Jellinek* bilden diese Ansprüche den „status negativus" der Privaten gegenüber der Staatsgewalt.

Hervorgehoben werden sollen sodann die **Bescheidungsansprüche**, die den Bescheidungspflichten der Hoheitsträger korrespondieren (oben § 12 Rn. 8 f.). Mit einem solchen Anspruch können Private zwar nicht verlangen, von der Verwaltung eine bestimmte Begünstigung zu erhalten, aber immerhin eine inhaltliche Befassung mit der Sache erreichen. Trifft der schuldende Hoheitsträger eine Sachentscheidung, erlischt dadurch der Anspruch im Wege der Erfüllung. Bescheidungsansprüche verdichten sich zu Vornahmeansprüchen, wenn im konkreten Fall kein Ermessen mehr besteht, weil alle anderen Handlungsoptionen der Verwaltung außer der Gewährung der Begünstigung rechtswidrig wären („Ermessensreduzierung auf null").   8

Beispiel: U hat einen Bescheidungsanspruch gegen den Hoheitsträger H bezüglich einer bestimmten Begünstigung. Wenn H bereits Vergleichsperson V die Begünstigung gewährt hat, zwischen U und V keine relevanten Unterschiede bestehen und die Begünstigung V aus Vertrauensschutzgründen nicht mehr entzogen werden darf (vgl. § 17 Rn. 65), würde jede andere Entscheidung als die Gewährung auch an U gegen Art. 3 Abs. 1 GG verstoßen. Der Anspruch verdichtet sich im Ergebnis auf die Gewährung der Begünstigung.

Eine wichtige Gruppe von Bescheidungsansprüchen bilden die **Ansprüche auf ermessensfehlerfreie Entscheidung**.[5] Sie betreffen den Fall, dass die Verwaltung eine Begünstigung nach Ermessen gewähren darf, und sind darauf gerichtet, dass sie dieses Ermessen erstens überhaupt und zweitens nicht auf unsachliche Weise ausübt (vgl. § 17 Rn. 73 ff.).

Prüfungshinweis

▶ Die Frage einer Ermessensreduzierung auf null kann sich außer bei Bescheidungsansprüchen auch noch bei der Rechtmäßigkeit belastender Maßnahmen stellen; dort wirkt die Ermessensreduzierung aber „gegen" den Privaten, weil sie die Frage der Ermessensfehler abschneidet, die sonst einen möglichen Angriffsvektor für den Rechtsschutz eröffnet (vgl. § 17 Rn. 72).

---

[4] Lit.: *Hoffmann*, Der Abwehranspruch gegen rechtswidrige hoheitliche Realakte, 1969.
[5] Lit.: *Hoffmann-Becking*, DVBl 1970, 850; *ders.*, JuS 1973, 615.

Zusatzinformation
Zu den Ansprüchen auf ermessensfehlerfreie Entscheidung gehört auch das Petitionsgrundrecht aus Art. 17 GG, das im Bereich der Verwaltung nur darauf gerichtet ist, dass der Hoheitsträger sich überhaupt mit dem Anliegen der Petition beschäftigt und eine Entscheidung mitteilt. Eine Begründung ist allerdings nicht geschuldet, insofern entfaltet dieser Anspruch praktisch eher schwache Wirkungen.

9   Bedeutsam sind überdies die **Ansprüche gegen Hoheitsträger auf Genehmigungserteilung**.[6] Einen solchen Anspruch zu haben ist nicht das Gleiche, wie die Genehmigung bereits innezuhaben – ebenso wenig, wie ein Zahlungsanspruch mit dem Erhalt der Zahlung gleichgesetzt werden kann (sonst bräuchte man keinen Zivilprozess). Auch wer die Genehmigung beanspruchen kann, wird u. U. verwaltungs- oder gar strafrechtlich sanktioniert, wenn er die genehmigungsbedürftige Tätigkeit ohne Genehmigung ausübt (vgl. § 12 Rn. 63 ff.).

II. Erwerb

10 Der Erwerb eines Anspruchs setzt voraus, dass der Anspruchsschuldner seinerseits eine Pflicht erwirbt; wie das geht, haben wir bereits betrachtet (oben § 12 Rn. 18 ff.). Die Pflicht ist aber nur notwendige, nicht hinreichende Bedingung für die Entstehung des Anspruchs. Die Rechtsordnung muss überdies die Pflicht des einen Rechtsträgers gerade dem anderen als Anspruch zuordnen. Hierfür benötigen wir einen eigenen Erwerbstatbestand, wofür wiederum abstrakte und konkrete Rechtsakte infrage kommen (vgl. allgemein § 9 Rn. 11 ff.). Den Erwerb durch Gesamtrechtsnachfolge betrachten wir wieder gesondert.

1. Erwerb durch abstrakten Rechtsakt

11 Bei dem Erwerb durch abstrakten Rechtsakt, insbesondere durch ein Gesetz, ist wie immer sein Tatbestand zu prüfen, dessen Merkmale man hier „Anspruchsvoraussetzungen" nennt und auf ähnliche Weise systematisieren kann wie beim abstrakten Erwerb anderer Rechtspositionen. Beim Anspruch muss man daneben aber auch besonders auf den genauen Inhalt des Rechtsakts achten, denn oft bringt das Gesetz die Begründung von Ansprüchen weniger deutlich zum Ausdruck als die Begründung etwa von Pflichten oder Status. Man drückt das dahin aus, dass man zunächst die Eigenschaft des Rechtsakts, „Anspruchsgrundlage" zu sein, prüfen und bejahen muss.

a) Anspruchsgrundlageneigenschaft – insbesondere die Schutznormtheorie

12 Zunächst muss der ins Auge gefasste Rechtsakt(teil) überhaupt die Gestaltungswirkung haben, abstrakt Ansprüche zu begründen (vgl. § 17 Rn. 15); man sagt, er müsse „Anspruchsgrundlage" sein. Der Art nach können Gesetze (§ 24) sowie

---
[6] Lit.: *Vogler*, Der Genehmigungsanspruch, 2000.

Rechtsverordnungen und Satzungen (§ 25) derartige Wirkung entfalten. Inwieweit sie dies auch tun, ist dann eine **Auslegungsfrage**.

Im einfachsten Fall sagt ein Gesetz **ausdrücklich**, dass es Ansprüche begründen will. In diesem Fall ist klargestellt, dass die Pflicht des einen zugleich Gegenstand eines Anspruchs des anderen sein soll. Solcherart klare Fälle ausdrücklicher Anspruchsgewährung sind aber leider relativ selten. 13

> *Beispiele:* „Anspruch auf Elterngeld hat, wer" vier bestimmte Voraussetzungen erfüllt (§ 1 Abs. 1 S. 1 Bundeselterngeld- und Elternzeitgesetz). – Im Abfallrecht hat der öffentlich-rechtliche Entsorgungsträger „einen Anspruch darauf, dass die für gewerbliche Sammlungen geltenden Bestimmungen des Anzeigeverfahrens eingehalten werden" (§ 18 Abs. 8 Kreislaufwirtschaftsgesetz). – „Unternehmen haben Anspruch darauf, dass die Bestimmungen über das Vergabeverfahren eingehalten werden" (§ 97 Abs. 6 GWB, vgl. noch § 26 Rn. 21).

Zusatzinformation
Mitunter steht für „Anspruch" ein Synonym ein – Beispiel: „Nachbarschützende Wirkung kommt nur Dreiviertel der Tiefe der nach Satz 1 bis 3 erforderlichen Abstandsfläche, mindestens jedoch einer Tiefe von 2,50 m zu" (§ 6 Abs. 5 S. 4 Bremische Landesbauordnung). Damit sagt das Gesetz ausdrücklich, aber ohne das Wort „Anspruch" zu gebrauchen, in welchem Umfang der Nachbar einen Anspruch darauf hat, dass die Bauaufsichtsbehörde *keine* Baugenehmigung ohne Einhaltung des öffentlich-rechtlich geforderten Abstands zu seinem Grundstück erteilt.

Zu den klareren Fällen zählen auch die **Grundrechtsbestimmungen** in Grundgesetz, Landesverfassungen und EU-Grundrechtecharta. Statt „Anspruch" sagen sie meist „Recht" und geben auch damit zu erkennen, dass sie nicht nur die Staatsgewalt objektiv verpflichten wollen (vgl. § 12 Rn. 23). Inhaltlich gehen die grundrechtlichen Ansprüche vor allem auf Unterlassung und Beseitigung von Eingriffen, also die Abwehr belastenden Verwaltungshandelns (unten Rn. 56 ff.). 14

Häufiger als die ausdrückliche Anspruchsgewährung begegnet der umgekehrte Fall, dass das Gesetz eine Pflicht begründet und besonders deutlich markiert, dass dieser Pflicht gerade kein Anspruch eines anderen gegenüberstehen soll. Den Urhebern des Gesetzes war dann erkennbar daran gelegen, einen **Anspruch ausdrücklich auszuschließen** – etwa um politische Unzuträglichkeiten oder schlicht finanzielle Belastungen zu vermeiden. 15

> *Beispiele:* Für Herstellung und Transport von Kriegswaffen gilt: „Auf die Erteilung einer Genehmigung besteht kein Anspruch" (§ 6 Abs. 1 Kriegswaffenkontrollgesetz). – Die Feuerwehr hat zwar die Aufgabe, Interessen einzelner zu schützen, aber diese haben darauf keinen Anspruch, stellt etwa § 2 Abs. 3 Feuerwehrgesetz BW klar: „Rechtsansprüche einzelner Personen werden durch die vorstehenden Bestimmungen nicht begründet." – Im Bundesrecht der Wohnraumförderung gilt: „Ein Anspruch auf Förderung besteht nicht" (§ 13 Abs. 4 Wohnraumförderungsgesetz). – „Durch den Haushaltsplan werden Ansprüche oder Verbindlichkeiten weder begründet noch aufgehoben" (§ 3 Abs. 2 Bundeshaushaltsordnung [BHO]).

Oftmals statuieren Gesetze jedoch nur eine Pflicht explizit, ohne sich in die eine oder die andere Richtung zu der Frage zu äußern, ob sie damit auch zugleich einen Anspruch begründen wollen. Gibt der Wortlaut keinen eindeutigen Aufschluss, versucht man die Regelungsabsicht herauszuarbeiten und die Auslegungsfrage darüber zu be- 16 antworten. Hierfür untersucht man, ob eine Bestimmung zumindest auch dazu dient, die Interessen gerade des Dritten zu schützen (sogenannte „**Schutznormtheorie**").[7]

Zusatzinformation
Besonders schwer tut man sich, Ansprüche einer solchen Bestimmung zu entnehmen, die vordergründig allein das behördliche Verfahren regelt.[8] Das steht im Zusammenhang mit der allgemeineren, wenngleich abnehmenden Tendenz, Verfahrensvorschriften geringzuschätzen (vgl. noch unten § 28 Rn. 5).

17 Die Regelungsabsicht, Ansprüche zu begründen, darf man insbesondere den wichtigen Vorschriften über die **Erteilung von Genehmigungen** zusinnen. Während das jeweilige Genehmigungserfordernis (§ 12 Rn. 12 ff.) im öffentlichen Interesse aufgestellt wird, dienen Genehmigungserteilungspflichten (§ 12 Rn. 22) gerade den Interessen der Antragsteller. Die entsprechenden Bestimmungen darf man deshalb auch bei undeutlichem Wortlaut regelmäßig so lesen, dass sie außer einer Pflicht auch einen Anspruch begründen. Zu dieser Auslegung gelangt man – ebenso wie bei den Erteilungspflichten – vor dem Hintergrund der Verhältnismäßigkeit des jeweiligen Genehmigungserfordernisses: Wenn das Gesetz den Betroffenen zugleich einen grundsätzlichen Anspruch auf die Genehmigung gibt, fällt dessen Eingriffsintensität geringer aus.

Beispiele: „Die Baugenehmigung ist zu erteilen, wenn dem genehmigungspflichtigen Vorhaben keine von der Baurechtsbehörde zu prüfenden öffentlich-rechtlichen Vorschriften entgegenstehen" (z. B. § 58 Abs. 1 S. 1 LBO BW); der Antragsteller hat einen korrespondierenden Anspruch. – „Die Erlaubnis ist zu versagen, wenn ..." (§ 4 Abs. 1 Gaststättengesetz); mit etwas Auslegungsaufwand erkennt man hier eine Erteilungspflicht und nimmt dann auch einen korrespondierenden Anspruch des Antragstellers an.

18 Schwieriger ist die Auslegungsfrage nach der Begründung von Ansprüchen oftmals zu beantworten, wenn der Behörde nicht nur ein Antragsteller A, sondern zugleich weitere Personen mit anders gerichteten Interessen gegenüberstehen („multipolare" oder „**Dreieckskonstellationen**"). In einem solchen Fall steht keineswegs fest, dass die Gesetzgebung neben dem Schutz öffentlicher Interessen und der Interessen von A auch den Schutz dieser Dritten bezweckt hat. Darauf kommt es aber an, wenn die Behörde A die beantragte Begünstigung gewährt (z. B. eine Baugenehmigung, Gewerbeerlaubnis oder Subvention) und ein Dritter D dagegen rechtlich vorgehen möchte (z. B. ein Nachbar[9] oder Konkurrent[10]). Dass die Gewährung möglicher-

---

[7] Lit.: *Edenharter*, HVwR IV, 2022, § 95; *Mangold/Wahl*, Die Verwaltung 48 (2015), S. 1; *Marxsen*, Die Verwaltung 53 (2020), S. 215; *Preu*, Subjektivrechtliche Grundlagen des öffentlichrechtlichen Drittschutzes, 1992; *Ramsauer*, JuS 2012, 769; *Scharl*, Die Schutznormtheorie, 2018; *Schmidt-Preuß*, Kollidierende Privatinteressen im Verwaltungsrecht, 2. Aufl. 2005; *ders.*, FS Schenke, 2011, S. 1167; *Schoch*, NVwZ 1999, 457.
[8] Lit.: *Kahl*, FS Schmidt-Preuß, 2018, S. 135.
[9] Lit.: *Preu*, Die historische Genese der öffentlichrechtlichen Bau- und Gewerbenachbarklagen (ca. 1800–1970), 1990.
[10] Lit.: *Fehling*, HVwR IV, 2022, § 100; *Huber*, Konkurrenzschutz im Verwaltungsrecht, 1991; *Schmidt-Preuß*, Kollidierende Privatinteressen im Verwaltungsrecht, 2. Aufl. 2005. Grundrechtsdogmatisch zur Konstellation *Bäcker*, Wettbewerbsfreiheit als normgeprägtes Grundrecht, 2007.

weise rechtswidrig war und die Behörde damit eigene Pflichten verletzt hat, bedeutet noch nicht, dass gerade D dies gerichtlich beanstanden könnte. Praktisch wird es hier oft auf die Ausdeutung der einzelnen gesetzlichen Bestimmungen durch die Gerichte ankommen.

Prüfungshinweis

▶ Welche Pflichten vom Nachbarn anspruchsweise geltend gemacht werden können und wer dabei überhaupt als Nachbar anzusehen ist (Eigentümer, Mieter, Hausbesetzer?), sind wichtige Fragen insbesondere des öffentlichen Baurechts. Dort werden Sie sich vertieft etwa damit beschäftigen, ob der Eigentümer des Nachbargrundstücks einen Anspruch gegen die Behörde hat, wenn diese rechtswidrig etwa ein zu großes, ortsuntypisches, massiv verschattendes oder brandgefährliches Vorhaben genehmigt hat (siehe auch Rn. 13 ZI).

Zusatzinformation
In einer verwandten Konstellation möchte D eine gleichartige Begünstigung auch für sich erlangen. Dann geht es aber nicht um die Schutznormtheorie, sondern um einen Anspruch aus Art. 3 Abs. 1 GG (vgl. Rn. 86 ff.).

Eine Entwicklung geht unter europäischem Einfluss dahin, Ansprüche auch ohne   19
ein individuelles Interesse zuzulassen und gewissen Rechtsträgern als Agenten des Gemeinwohls zuzuerkennen („**funktionale Subjektivierung**").[11]

Zusatzinformation
Dieses Phänomen ist verwandt, aber nicht identisch mit der „Verbandsklage". Dort gibt das Gesetz statt eines Anspruchs ausschließlich ein spezielles Klagerecht eigener Art (§ 12 Rn. 44).

b) Anspruchsvoraussetzungen
Die Tatbestandsmerkmale („Anspruchsvoraussetzungen") des abstrakten Rechts-   20
akts kann man ähnlich systematisieren wie beim abstrakten Erwerb anderer Rechtspositionen (oben § 9 Rn. 21 ff.). Wir betrachten nacheinander faktische und normative sowie die Rolle präjudiziell gebundener Anspruchsvoraussetzungen.

Prüfungshinweis

▶ Im Verwaltungsrechtsfall wird in der Prüfung von Anspruchsvoraussetzungen oftmals ein Schwerpunkt liegen. Falls die Frage nach dem Bestehen eines Anspruchs prozessual eingekleidet ist (Erfolgsaussichten einer Leistungsklage, vgl. Rn. 36 ff.), bilden die Anspruchsvoraussetzungen das Zentrum der Begründetheitsprüfung.

---
[11] Vgl. *Hong*, JZ 2012, 380; *Krüper*, Gemeinwohl im Prozess, 2009; s.a. *Schmidt-Aßmann*, GS Brugger, 2013, S. 411.

aa) Faktische Anspruchsvoraussetzungen

21 Auch bei den kraft Gesetzes entstehenden Ansprüchen finden sich zunächst zahlreiche faktische Tatbestandsmerkmale. Typisch sind insbesondere die folgenden:

- Manche Ansprüche knüpfen an die *Stellung eines (richtigen) Antrags* an.

  Beispiele: Der Antrag auf eine Genehmigung, der fristgerecht und vollständig gestellt wird und auf ein genehmigungsbedürftiges und genehmigungsfähiges Vorhaben gerichtet ist, löst den Anspruch auf Erteilung der Genehmigung aus. – Die Einlegung eines Widerspruchs, der zulässig und begründet ist, löst den Anspruch auf einen günstigen Widerspruchsbescheid aus (§ 73 Abs. 1 S. 1 VwGO; vgl. noch unten § 19 Rn. 203 ff.).

- Manche Ansprüche knüpfen an *vorheriges Verwaltungshandeln* an.

  Beispiele: Hierher gehören die Reaktionsansprüche, die durch rechtswidrige Maßnahmen der Verwaltung ausgelöst werden (dazu noch unten Rn. 56 ff.), aber auch die Ansprüche auf Entschädigung, die es mitunter für gesetzlich vorgesehene und damit rechtmäßige, aber schwer belastende Maßnahmen gibt (unten Rn. 90 ff.).

22 Faktische Anspruchsvoraussetzungen können durch **normkonkretisierende Verwaltungsvorschriften** (allgemein oben § 9 Rn. 38 ff.) oder durch **Beurteilungsspielräume** (oben § 9 Rn. 41 ff.) überlagert sein. Bei der Prüfung des Anspruchs – sei es durch ein Verwaltungsgericht oder durch das private Gegenüber der Verwaltung – ist die gesetzliche Anspruchsvoraussetzung dann verdeckt, und das Ersatzmerkmal der Verwaltungsvorschrift bzw. das Ergebnis der behördlichen Beurteilung tritt an ihre Stelle.

Beispiele: A verfolgt für ihre geplante Fabrik einen Anspruch auf Genehmigungserteilung aus § 6 Bundes-Immissionsschutzgesetz (BImSchG). Nach dem Gesetz darf das Vorhaben dafür keine „schädlichen Umwelteinwirkungen" mit sich bringen. Diese Voraussetzung hat die Bundesregierung u. a. in der Technischen Anleitung zur Reinhaltung der (TA Luft) verbindlich konkretisiert. – B verfolgt einen Anspruch auf Zuerkennung des Bestehens der Ersten juristischen Prüfung aus dem einschlägigen Landesgesetz. Nach dem Gesetz muss sie dafür mindestens ausreichende Prüfungsleistungen erbracht haben. Diese Voraussetzung hat die zuständige Prüfungskommission beurteilungsfehlerfrei verneint, als sie die Gesamtleistung der B mit „mangelhaft (3,90 Punkte)" bewertet hat.

23 Während im Falle einer normkonkretisierenden Verwaltungsvorschrift deren Ersatzmerkmal bei der Rechtsanwendung einfach an die Stelle einer gesetzlichen Anspruchsvoraussetzung tritt, reißt der Beurteilungsspielraum eine Lücke, weil der Rechtsanwender den Anspruchserwerbstatbestand selbst gar nicht abschließend prüfen kann. Selbst wenn das Gesetz also eigentlich einen Vornahmeanspruch zu geben scheint, besteht aus Sicht des Gerichts oder privaten Rechtsbeurteilers höchstens ein **Bescheidungsanspruch** (Rn. 6). Das bringt ein Folgeproblem bei der Anspruchsdurchsetzung mit sich, weil das Gericht, wenn es den Vornahmeanspruch nicht erkennen kann, auch nicht zur Vornahme verurteilen darf, sondern höchstens zur Bescheidung; entsprechend wird der Anspruchsteller auch nur auf Bescheidung klagen wollen. Darauf müssen wir im Zusammenhang mit den Klagearten (unten Rn. 38, 41) und speziell der Verpflichtungsklage (§ 19 Rn. 245, 255 ff.) zurückkommen.

Beispiel (Variante): Die zuständige Prüfungskommission hat die Gesamtleistung der B mit „mangelhaft (3,90 Punkte)" bewertet, aber dabei einen unrichtigen Sachverhalt zugrundegelegt, also einen Beurteilungsfehler begangen. Verfolgt B den Anspruch auf Zuerkennung des Bestehens, darf das Gericht gleichwohl nicht selbst die Prüfungsleistung bewerten und zur Vornahme verpflichten, sondern muss die Bewertung der Prüfungskommission überlassen und zur fehlerfreien Neubescheidung verpflichten.

bb) Normative Anspruchsvoraussetzungen

Neben den faktischen stehen auch bei den Ansprüchen normative Tatbestandsmerkmale, also solche, die auf andere Rechtspositionen verweisen, die dann inzident zu prüfen sind. Beispielsweise knüpfen manche gesetzlichen Anspruchserwerbstatbestände unmittelbar an einen verwaltungsrechtlichen Status an (oben § 10).

Beispiele: Der Status als Beamter löst kraft Gesetzes den Anspruch auf Besoldung aus (§ 3 Bundesbesoldungsgesetz [BBesG] und entsprechende Landesnormen). – Der Status als Beteiligter eines Verwaltungsverfahrens (oben § 10 Rn. 29) löst den Anspruch auf Akteneinsicht aus (§ 29 VwVfG*).

cc) Präjudizierte Anspruchsvoraussetzungen

Auch präjudizielle Bindungen können sich im Zusammenhang mit Ansprüchen ergeben (allgemein oben § 9 Rn. 36 f.). Diese stellen einzelne normative oder faktische Anspruchsvoraussetzungen außer Streit und „verdecken" diese für alle Rechtsanwender; nur auf die Wirksamkeit des präjudiziellen Rechtsakts kommt es an. Neben vorangegangenen Gerichtsakten (Feststellungsurteilen, unten § 21 Rn. 9) spielen hier insbesondere Verwaltungsakte (Vorbescheide, unten § 19 Rn. 20) und öffentlich-rechtlichen Verträge (unten § 22 Rn. 10) eine Rolle.

Beispiele: Die Baurechtsbehörde hat gegenüber Eigentümerin A einen Vorbescheid erlassen, der die Bebaubarkeit ihres Grundstücks feststellt. Der Anspruch der A auf Erteilung einer Baugenehmigung (z. B. nach § 58 Abs. 1 S. 1 LBO BW) setzt tatbestandlich die Bebaubarkeit voraus. Die präjudizielle Wirkung des Vorbescheids bedeutet, dass A, die Behörde und mit der Sache befasste Gerichte dieses Tatbestandsmerkmal als gegeben anzusehen haben. – Der Träger der Baurechtsbehörde hat mit A einen Vergleichsvertrag geschlossen, der neben anderen Dingen die Bebaubarkeit ihres Grundstücks feststellt. – Das Verwaltungsgericht hat in einem Rechtsstreit zwischen A und dem Träger der Baurechtsbehörde ein Urteil erlassen, das unter anderem die Bebaubarkeit des Grundstücks der A feststellt.

Prüfungshinweis

▶ Auch im Gutachten darf man dann die verdeckte Voraussetzung nicht ohne Weiteres prüfen. Vielmehr ist inzident zunächst der verdeckende Rechtsakt in den Blick zu nehmen. Formulierungsbeispiel: „Weitere Voraussetzung des Erteilungsanspruchs ist sodann die Bebaubarkeit des Vorhabengrundstücks. Über diese Voraussetzung könnte hier der Vorbescheid vom … mit präjudizieller Wirkung entschieden haben, so dass es auf die materiellrechtliche Bebaubarkeit als solche nicht mehr ankäme. Dafür müsste der Vorbescheid allerdings wirksam sein …" Sollte Ihre Prüfung die Unwirksamkeit des Vorbescheids ergeben, müsste sie sodann auf die – ja nicht länger verdeckte – materiellrechtliche Frage „zurückfallen".

2. Erwerb durch Einzelakt

26 Einen Anspruch kann man auch durch eine **behördliche Einzelfallentscheidung** erwerben, wofür verschiedene Rechtsaktformen in Betracht kommen: vor allem der Verwaltungsakt (§ 19), die Zusicherung (§ 20 Rn. 48 ff.) und der öffentlich-rechtliche Vertrag (§ 22). Auf die Schutznormtheorie müssen wir in diesen Fällen nicht mehr zurückgreifen, weil der Regelungswille, einen Anspruch zu begründen, in diesen Rechtsakten regelmäßig offen zu Tage liegt.

Beispiele: Die Behörde bewilligt A eine in ihr Ermessen gestellte Sozialleistung; A erwirbt dadurch einen Zahlungsanspruch. – Die Behörde sichert B zu, ihr auf dem nächsten Weihnachtsmarkt einen Stand zuzuteilen. – Im Vertrag verpflichtet sich C gegenüber der Gemeinde, einen Geldbetrag dafür zu zahlen, dass sie zwei eigentlich obligatorische Kfz-Stellplätze auf ihrem Grundstück nicht errichten muss; die Gemeinde erwirbt daraus den korrespondierenden Anspruch.

27 Zumindest für vermögensrechtliche Ansprüche ist meist auch ein Erwerb **durch rechtsgeschäftliche Übertragung (Abtretung)** möglich. Zwischen Privaten handelt es sich dann um einen privatrechtlichen Vertrag, der nach § 398 BGB (direkt oder analog) möglich ist (§ 18 Rn. 18 f.). Ist an dem Vertrag ein Hoheitsträger beteiligt, erscheint § 54 VwVfG* als Spezialregelung, weshalb man hier einen öffentlich-rechtlichen Vertrag annehmen sollte. Punktuell erkennt das Fachrecht die Abtretbarkeit eines Anspruchs ausdrücklich an, etwa in § 11 BBesG für die Besoldungsansprüche der Beamten, Richter und Soldaten (im Bundesbereich).

Beispiel: A ist knapp bei Kasse. Daher tritt sie ihrer Gläubigerin B die Forderung auf Rückzahlung überzahlter Abfallgebühren ab, die sie gegen die Gemeinde noch hat.

Zusatzinformation
Die leicht zu übersehene Bestimmung des § 411 BGB kommt hier zum Tragen: Die Abtretung beamtenrechtlicher Besoldungsansprüche wird darin als möglich anerkannt und zugleich gegenüber der gewöhnlichen privaten Forderungsabtretung an eine zusätzliche Voraussetzung geknüpft, nämlich die urkundliche Benachrichtigung der „Kasse" des Dienstherrn.

3. Erwerb durch Gesamtrechtsnachfolge

28 Oft möglich ist der Erwerb eines verwaltungsrechtlichen Anspruchs durch Gesamtrechtsnachfolge (vgl. allgemein § 9 Rn. 47 ff.). Auch hier muss dazu eine Nachfolgenorm gelten, die tatbestandlich den fraglichen Nachfolgefall (z. B. Erbfall) und den fraglichen Anspruch umfasst. Letzteres ist für Zahlungs- und ähnliche vermögensrechtliche Ansprüche meist der Fall. Ausdrückliche Verwaltungsrechtsnormen dieser Art gibt es für manche Fachgebiete:

- So ordnet etwa § 56 SGB I für fällige sozialrechtliche Ansprüche auf laufende Geldleistungen, also z. B. das Arbeitslosengeld für den Sterbemonat, beim Tod des Berechtigten eine ausdrückliche Sonderrechtsnachfolge an. Solche An-

sprüche gehen nicht auf den Erben, sondern auf die dort benannten Haushaltsangehörigen über, deren Versorgung sie typischerweise mit dienen.
- Nach § 45 AO „gehen die Forderungen und Schulden aus dem Steuerschuldverhältnis auf den Rechtsnachfolger über", ausgenommen Zwangsgelder (vgl. § 12 Rn. 32) und für Erben nur im Rahmen der privatrechtlichen Haftungsgrenzen.

Im Übrigen wendet man auch hier die privatrechtlichen Bestimmungen an (direkt oder analog): § 1922 BGB für den Eintritt des Erben in die Rechte des Erblassers, § 20 Abs. 1 Nr. 1, § 131 Abs. 1 Nr. 1 UmwG für den Eintritt des aufnehmenden in die Rechte des abgebenden Rechtsträgers.

29

III. Verlust

Für den Verlust des Anspruchs gilt Entsprechendes. Im Regelfall tritt er ein, wenn die korrespondierende Pflicht erlischt, etwa durch Erfüllung oder Unmöglichkeit (oben § 12 Rn. 35). Prinzipiell ist es aber auch möglich, dass nur die Zuordnung der Pflicht als Anspruch eines anderen Rechtsträgers erlischt – dass also die Pflicht fortbesteht, aber ein Anspruch nicht länger geltend gemacht werden kann. Relevant bleiben derartige Pflichten als Rechtsgrund zum Behaltendürfen (*causa*) gegenüber Erstattungsansprüchen (vgl. Rn. 99 ff.). Außer an Übertragung und Gesamtrechtsnachfolge (Kehrseiten zu Rn. 27, 28 f.) hat man zu denken an Verjährung und Verzicht.

30

Zusatzinformation
Die hier gewählte Terminologie vermeidet den in der Privatrechtsdogmatik üblichen Ausdruck „nicht durchsetzbarer Anspruch", indem sie das damit Gemeinte als „Pflicht ohne korrespondierenden Anspruch" bezeichnet.

Als Verlust des Anspruchs bei Fortbestehen der Pflicht konstruiert man zweckmäßigerweise die **Verjährung**, die in Parallele zu §§ 194 ff. BGB auch das Verwaltungsrecht kennt.[12] Gelegentlich ist sie im Fachrecht ausdrücklich geregelt, etwa nach § 6 Landesbesoldungsgesetz BW (drei Jahre für Beamtenbesoldungsansprüche) oder § 45 SGB I (vier Jahre für Sozialleistungsansprüche). Im Übrigen wendet man auch hier das Privatrecht als allgemeines Recht an, also die grundsätzlich dreijährige Verjährung nach § 195 BGB.

31

Zusatzinformation
Anders ist die Regelung im Steuerrecht, wo die Verjährung (nach § 169 AO grundsätzlich vier Jahre) gemäß § 47 AO ausdrücklich zum Erlöschen des Anspruchs und implizit auch der Leistungspflicht führt.

Die genannten Verjährungsvorschriften wirken sich aus, wenn entweder ein privater oder hoheitlicher Gläubiger den Anspruch mit einer Leistungsklage verfolgt

32

---

[12] Lit.: *Guckelberger*, Die Verjährung im Öffentlichen Recht, 2004; *Lange*, Die verwaltungsrechtliche Verjährung, 1984.

oder ein hoheitlicher Gläubiger den Anspruch durch Verwaltungsakt („Leistungsbescheid") festsetzt (insoweit spricht man von **„Festsetzungsverjährung"**, vgl. §§ 169–171 AO). Ist ein gerichtliches Leistungsurteil oder ein behördlicher Leistungsbescheid erst einmal unanfechtbar ergangen, setzt das dagegen eine neue Verjährung von grundsätzlich 30 Jahren in Lauf („Titel-" oder „Vollstreckungsverjährung" – für Urteile nach § 167 Abs. 1 VwGO, § 197 Abs. 1 Nr. 3 BGB, für Verwaltungsakte nach § 53 Abs. 2 VwVfG*).

33 Möglich ist auch ein Verlust des Anspruchs durch **Verzicht** des Gläubigers.[13] Ob dieser zugleich die Pflicht des Schuldners zum Erlöschen bringt, kann praktisch meist dahinstehen, weil der Gläubiger diese jedenfalls nicht durchsetzt. Begrifflich nennt man die Aufhebung von Anspruch und Pflicht „Erlass", die befristete Aufhebung des Anspruchs „Stundung" und die rein faktische Unterlassung der Geltendmachung eines Anspruchs „Niederschlagung".

Zusatzinformation

Die Hoheitsträger sind anders als Private nicht frei darin, auf ihre Ansprüche zu verzichten.[14] Außer der Bindung Art. 3 Abs. 1 GG unterliegen sie Vorgaben des Haushaltsrechts (z. B. § 59 BHO) und des Beihilfenrechts (Art. 107 AEUV usw.) sowie teilweise solchen des Fachrechts (z. B. §§ 222, 227 AO), die für die Erlaubnis zum Verzicht meist „Gründe der Billigkeit" oder „erhebliche Härten" verlangen.

IV. Geltendmachung

34 Ansprüche kann man gerichtlich geltend machen. Grundrechtsberechtigten ist diese Möglichkeit durch Art. 19 Abs. 4 GG sogar selbst grundrechtlich garantiert (vgl. oben § 3 Rn. 1). Gewährleistet wird ein effektiver Rechtsschutz gegen alle Akte der Verwaltung. Dieses „formelle Hauptgrundrecht" ist insofern die wohl wichtigste verfassungsrechtliche Vorgabe für die Gesetzgebung auf dem Gebiet des Verwaltungsprozessrechts und auch für die Durchführung dieser Gesetze durch die Verwaltungsgerichte.

35 Die nach dem materiellen Verwaltungsrecht gegebenen Ansprüche müssen aber in der Struktur geltend gemacht werden, die das Verwaltungsprozessrecht – im Einklang mit Art. 19 Abs. 4 GG – dafür vorsieht. Das bedeutet insbesondere, dass die Klage einer der in der VwGO geregelten Klagearten entsprechen und die allgemeinen sowie die klageartspezifischen Zulässigkeitsvoraussetzungen erfüllen muss (vgl. bereits § 3 Rn. 21 ff.). Wegen des engen Zusammenhangs mit den Ansprüchen behandeln wir an dieser Stelle die anspruchsbezogenen Klagearten sowie die eng auf den verfolgten Anspruch bezogenen Zulässigkeitsvoraussetzungen der Klagebefugnis, des Klagegegners und des Rechtsschutzinteresses.

---

[13] Lit.: *Illian*, Der Verzicht Privater im Verwaltungsrecht, 1993, bes. S. 125–145.
[14] Vgl. *Reimer*, NVwZ 2011, 263.

1. Klageart

Für die Geltendmachung verschiedener Arten von Ansprüchen stehen drei unterschiedliche Klagearten zur Verfügung.[15] Welche die richtige ist, hängt vom **Inhalt des Anspruchs** ab. Wir betrachten die Klagearten an dieser Stelle zunächst im Überblick; deutlich hervortreten wird ihre jeweilige Funktion auch noch im Kontext der einzelnen behördlichen Maßnahmen, die Gegenstand des Rechtsschutzes sein können, insbesondere der sogenannten Verwaltungsakte (unten § 19 Rn. 138 ff.).

Prüfungshinweise

▷ In der prozessual eingekleideten Aufgabe wird nach dem Verwaltungsrechtsweg (siehe oben § 3 Rn. 4 ff.) als zweiter Punkt regelmäßig die einschlägige – man sagt: „statthafte" – Klageart zu bestimmen sein. Weisen Sie dabei auf § 88 VwGO hin, wonach das Klagebegehren für die gerichtliche Entscheidung maßgeblich ist; darunter begreift man das wohlverstandene Begehren des Klägers.

▷ Wenn die Aufgabe eine bestimmte Klageart ausdrücklich nennt, kann direkt deren „Statthaftigkeit" geprüft werden. Lässt die Aufgabe die Klageart dagegen offen, müssen Sie sich auf die Suche danach machen, welche passt; eine geeignete Überschrift ist dann „Statthafte Klageart".

▷ Von der Klageart hängen wichtige weitere Zulässigkeitsvoraussetzungen ab, es handelt sich hier daher um eine entscheidende Weichenstellung für Ihr Gutachten.

a) Anspruch auf beliebiges Tun oder Unterlassen – allgemeine Leistungsklage

Spezielle Studienliteratur: *Frenz*, JA 2010, 328; *Geis/Meier*, JuS 2013, 28.

Im Ausgangspunkt ist für die Geltendmachung des Anspruchs auf ein behördliches Verhalten (Tun oder Unterlassen) die allgemeine Leistungsklage statthaft. Die VwGO regelt diese zwar nicht ausdrücklich, erwähnt sie aber absichtsvoll in § 43 Abs. 2 und § 111, weshalb man sie allgemein anerkennt. Die Klageart steht zur Verfügung, wenn nicht die speziell geregelte Verpflichtungsklage oder Anfechtungsklage einschlägt (dazu sogleich). Ihr Anwendungsbereich ist damit denkbar weit. Mit ihr verfolgt man etwa

- Zahlungsansprüche,

  Beispiel: A begehrt vom WDR die Erstattung überzahlter Rundfunkbeiträge.

---

[15] Lit.: *Schmidt*, DÖV 2011, 169.

- Normerlassansprüche,

    Beispiel: A begehrt von der Gemeinde die Änderung einer Satzung, worauf sie einen Anspruch zu haben meint (vgl. § 23 Rn. 63).

- Ansprüche auf Vornahme von Realakten,

    Beispiel: A begehrt vom Landkreis eine Auskunft (vgl. § 27 Rn. 19 ff.).

- Unterlassungsansprüche.

    Beispiel: A begehrt von der Stadt die Unterlassung von Geräuschemissionen, die von dem städtischen Betriebshof auf ihr Nachbargrundstück ausgehen (vgl. § 27 Rn. 17).

38 Soweit das Verwaltungsgericht die allgemeine Leistungsklage als zulässig und den verfolgten Anspruch als bestehend ansieht, verurteilt es den beklagten Hoheitsträger, den Anspruch zu erfüllen. Handelt es sich um einen Bescheidungsanspruch, etwa einen Anspruch auf ermessensfehlerfreie Auswahl (Rn. 8), so verurteilt das Gericht den Beklagten nur dazu, überhaupt zu entscheiden („Entscheidungsurteil"); darauf kann der Kläger sich auch von vornherein beschränken („Entscheidungsklage"). Kommt der verurteilte Hoheitsträger dem Urteil nicht nach, kann der Kläger beim Gericht eine zwangsweise Vollstreckung veranlassen; das funktioniert auf verwaltungsrechtlichem Gebiet allerdings weniger gut als im Zivilrecht (vgl. § 30 Rn. 39 ff.).

b) Anspruch auf Vornahme eines Verwaltungsakts – Verpflichtungsklage

39 Praktisch mindestens so wichtig wie die allgemeine Leistungsklage ist die Verpflichtungsklage nach § 42 Abs. 1 Var. 2 VwGO (ausführlich § 19 Rn. 244 ff.). Sie ist eine „besondere Leistungsklage" und bildet die spezielle Klageart für die Geltendmachung von Ansprüchen, die auf die Vornahme eines Verwaltungsakts gerichtet sind. Die Abgrenzung des Verwaltungsakts (ausführlich § 19 Rn. 31 ff.) spielt deshalb eine wichtige Rolle bereits für die Bestimmung der Klageart, woran sich dann weitere Zulässigkeitsvoraussetzungen knüpfen.

Beispiel: A begehrt die Erteilung einer Baugenehmigung, B die Zulassung zu einem Studiengang.

40 Im Erfolgsfall erlässt das Verwaltungsgericht ein Urteil nach § 113 Abs. 5 VwGO, wodurch der Hoheitsträger „verpflichtet" (nicht: „verurteilt") wird, den Verwaltungsakt zu erlassen. Kommt der Hoheitsträger dem nicht nach, wird notfalls gegen ihn mit einem Zwangsgeld nach § 172 VwGO vollstreckt (vgl. § 30 Rn. 41).

41 Im Falle von Bescheidungsansprüchen (Rn. 6, 8) kann nur ein Bescheidungsurteil ergehen, das also nur dazu verpflichtet, *überhaupt* zu entscheiden (dazu noch unten § 19 Rn. 245). Um nicht Gefahr zu laufen, mit seiner Klage teilweise (kostenpflichtig) abgewiesen zu werden, wird der Inhaber eines Bescheidungsanspruchs

auch nur auf Bescheidung und nicht auf Vornahme klagen (**Bescheidungsklage**). Zunehmend wird die Auffassung vertreten, dass auch der Inhaber eines Vornahmeanspruchs die Möglichkeit hat, zunächst eine u. U. einfachere und schnellere Klage auf Bescheidung zu erheben.[16]

c) Anspruch auf Aufhebung eines Verwaltungsakts – Anfechtungsklage

Die wohl wichtigste Klageart des Verwaltungsrechts ist die Anfechtungsklage nach § 42 Abs. 1 Var. 1 VwGO (zu ihr ausführlich § 19 Rn. 142 ff.). Sie ist im Gegensatz zu den beiden soeben besprochenen Klagearten in dem Sinne keine Leistungsklage, dass der Beklagte im Erfolgsfall keine Leistung zu erbringen braucht: das Gericht hebt den Verwaltungsakt vielmehr direkt auf („kassatorisches Urteil", vgl. § 21 Rn. 5). Dennoch lässt sich auch die Anfechtungsklage in das System der Anspruchsdurchsetzung einordnen, indem man sie als spezielle Klageart für die Geltendmachung von Ansprüchen deutet, die auf die Aufhebung eines Verwaltungsakts gerichtet sind. Mit dem kassatorischen Urteil erfüllt das Gericht den Aufhebungsanspruch anstelle des eigentlich verpflichteten Hoheitsträgers und erspart dem obsiegenden Kläger damit eine u. U. mühsame Vollstreckung (vgl. Rn. 38, 40 und § 30 Rn. 39 ff.).

42

Beispiel: A begehrt die Aufhebung ihrer Exmatrikulation, B die Aufhebung einer Abrissverfügung für ihr Wochenendhaus, C die teilweise Aufhebung eines überhöhten Abfallgebührenbescheids.

Zusatzinformation
Der Aufhebungsanspruch ist ein gedankliches Hilfsmittel, um die Anfechtungsklage zweckmäßig in das System des Verwaltungsrechts einzuordnen. Es konkurriert mit einer neuerdings wieder vorgeschlagenen Deutung der Anfechtungsklage als spezifischem Verwaltungsakt-Beseitigungs-Rechtsbehelf, die ohne das Zwischenschieben eines Anspruchs auszukommen meint und die Anfechtungsklage der Sache nach stärker in die Nähe der Rechtsmittel gegen Gerichtsakte rückt (vgl. § 21 Rn. 24 ff.).[17]

Wie bei der Verpflichtungsklage entscheidet auch bei der Anfechtungsklage die Abgrenzung des Verwaltungsakts (ausführlich § 19 Rn. 31 ff., 144 ff.) über die Bestimmung der Klageart und damit zugleich über die weiteren **Zulässigkeitsvoraussetzungen**, die bei der Anfechtungsklage **strenger** sind als bei allgemeiner Leistungs- oder Feststellungsklage. Die Anfechtungsklage ist nämlich fristgebunden (§ 19 Rn. 179 ff.) und setzt regelmäßig ein behördliches Vorverfahren voraus (§ 19 Rn. 162 ff.).

43

Zusatzinformation
In früherer Zeit entschied das Vorliegen eines Verwaltungsakts nicht nur über die Klageart, sondern über die Möglichkeit des Rechtsschutzes schlechthin. Das bürgerfreundliche Bestreben, Rechts-

---

[16] Vgl. *Hilbert*, DVBl 2021, 1213.
[17] *Buchheim*, Actio, Anspruch, subjektives Recht – eine aktionenrechtliche Rekonstruktion des Verwaltungsrechts, 2017; dagegen *Funke*, Die Verwaltung 52 (2019), S. 239; dagegen wiederum *Buchheim*, Die Verwaltung 52 (2019), S. 577.

schutz zu eröffnen, hat Rechtsprechung und Lehre deshalb manchmal Verwaltungsakte konstruieren lassen, wo dies nach dem heutigen Stand der verwaltungsrechtlichen Systembildung eigentlich nicht mehr überzeugen kann. Wegen der strengeren Zulässigkeitsvoraussetzungen der Anfechtungsklage bewirkt das Fortleben dieser Konstruktionen heute sogar ein *weniger* bürgerfreundliches Ergebnis. Gleichwohl wirken entsprechende Traditionsbestände besonders auf dem Gebiet des Polizeirechts fort.[18] An einem solchen Punkt stehen einander dann die Anfechtungs- bzw. Verpflichtungsklage als „traditioneller" und die allgemeine Leistungs- oder Feststellungsklage als „moderner" Lösungsweg gegenüber.

44 Die Anfechtungsklage verdrängt für Aufhebungsansprüche die Leistungsklagen als Spezialregelung und als einfacherer Weg zum Ziel, der für letztere das Rechtsschutzinteresse fehlen lässt (Rn. 52). Erst wenn eine Anfechtungsklage wegen Fristablaufs nicht mehr zulässig ist (§§ 70, 74 VwGO, unten § 19 Rn. 168 ff., 179 ff.), kann man einen Aufhebungsanspruch zulässigerweise auch im Wege der Verpflichtungsklage verfolgen (vgl. § 20 Rn. 47 ff.). Das gilt besonders für die gesetzlichen Aufhebungsansprüche aus §§ 48 und 51 VwVfG* (unten Rn. 64 ff.).

2. Klagebefugnis

Spezielle Studienliteratur: *Kempny/Krüger*, JA 2022, 10.

45 Die Klage zur Geltendmachung eines Anspruchs ist nur zulässig, wenn es zumindest als möglich erscheint, dass dem Kläger ein solcher Anspruch zusteht.[19] Für die Verpflichtungs- und Anfechtungsklagen ergibt sich diese Zulässigkeitsvoraussetzung der „Klagebefugnis" aus § 42 Abs. 2 VwGO; für die allgemeine Leistungsklage wird diese Bestimmung entsprechend angewandt.

46 Die Klagebefugnis hat bei allen Klagearten die Funktion, das Bestehen einer **rechtlichen Verbindung zwischen dem Kläger und dem Klagegegenstand** („Streitgegenstand") abzuklären, bevor die u. U. aufwändige Sachprüfung (Begründetheit) beginnt.[20] Nur wer einen eigenen Anspruch geltend macht, kann eine zulässige Klage erheben. Damit ergibt sich umgekehrt gleich, dass eine Prozessstandschaft – wie vom Verfassungsorganstreit aus § 64 Abs. 1 BVerfGG bekannt – im Verwaltungsrecht nicht vorgesehen ist.

47 Voraussetzung der Klagebefugnis ist nach oder analog § 42 Abs. 2 VwGO, dass der Kläger geltend macht, in seinen Rechten verletzt zu sein. Eine **Verletzung** liegt vor, **wenn der Anspruch nicht erfüllt wird**: wenn der Hoheitsträger die begehrte Leistung verweigert, insbesondere – bei der Anfechtungsklage – einen rechtswidrigen Verwaltungsakt nicht aufhebt. Dass eine Verletzung „geltend gemacht"

---

[18] Vgl. etwa *Michl*, NVwZ 2022, 1426; *Widmann*, Abgrenzung zwischen Verwaltungsakt und eingreifendem Realakt, 1998, S. 100–133, 154–171.

[19] Lit.: *Neumeyer*, Die Klagebefugnis im Verwaltungsprozeß, 1979. Rechtsvergleichend *Ehlers*, VerwArch 84 (1993), S. 139; *Halfmann*, VerwArch 91 (2000), S. 74; *Skouris*, Verletztenklagen und Interessentenklagen im Verwaltungsprozeß, 1979. Zur Rechtslage vor Erlass der VwGO *Baring*, AöR 76 (1950), S. 435; *Lüke*, AöR 84 (1959), S. 185.

[20] Gegen die gängige Argumentation mit beachtlichen Gründen *Achterberg*, DVBl 1981, 278; *Rupp*, DVBl 1982, 144.

IV. Geltendmachung

wird, bedeutet nicht nur dies zu behaupten, sondern die Verletzung muss nach herrschender Auffassung zumindest als möglich erscheinen („Möglichkeitstheorie").

Prüfungshinweis

▶ „Klagebefugnis" ist in fast jeder verwaltungsrechtlichen Zulässigkeitsprüfung ein wichtiger Punkt. Sie werden jedoch sehen, dass bei Klagen gegen Verwaltungsakte, die den Kläger selbst belasten, die Klagebefugnis ohne Weiteres bejaht wird, denn hier besteht zumindest die Möglichkeit einer Verletzung in dem Abwehrrecht aus Art. 2 Abs. 1 GG. Das ist praktisch die häufigste Konstellation (siehe Rn. 56 sowie unten § 19 Rn. 158).

§ 42 Abs. 2 VwGO spricht davon, dass „gesetzlich [etwas] anderes bestimmt" **48** sein kann. Möglich ist also, dass ein Gesetz jemandem Klagebefugnis einräumt, ohne dass diese Person im materiellrechtlichen Sinne über einen Anspruch verfügen würde; hier hakt die bereits angesprochene „Verbandsklage" ein (§ 12 Rn. 44). Spiegelbildlich kann es dann auch für die Begründetheit nicht auf das Bestehen eines Anspruchs, sondern nur auf die Verletzung einer Pflicht ankommen.

3. Richtiger Beklagter

Macht der Kläger mit der Klage einen Anspruch geltend, ist die Frage im Ausgangs- **49** punkt besonders einfach zu beantworten, gegen wen er diese Klage dann richten sollte: nämlich gegen den Schuldner des geltend gemachten Anspruchs. Schließlich handelt es sich dabei um eine Rechtsposition, die gerade im Verhältnis zu einem anderen Rechtsträger besteht und die eine Pflicht gerade dieses anderen Rechtsträgers durchsetzen soll (Rn. 1). Das oben eingeführte „Rechtsträgerprinzip" (§ 6 Rn. 22) beschreibt die prozessrechtliche Annahme, dass dies auch grundsätzlich zutrifft. Zumal für die **allgemeine Leistungsklage** (Rn. 37 f.) bleibt es dabei: Der Anspruchsschuldner ist richtiger Beklagter.

Nur für die verwaltungsaktbezogenen Klagearten gelten gewisse Ausnahmen – **50** zum einen und vor allem in den Bundesländern, deren AGVwGO auf Grund der Öffnungsklausel in § 78 Abs. 1 Nr. 2 VwGO das Behördenprinzip anordnet, zum anderen bezüglich der Behörden, die bundesgesetzlich einer entsprechenden Regelung unterliegen (zu den Fallgruppen näher oben § 7 Rn. 40 ff.). Im Übrigen ist bei der **Anfechtungsklage** nach § 78 Abs. 1 Nr. 1 Hs. 1 Var. 1 VwGO der Verwaltungsträger der erlassenden Behörde richtiger Beklagter (unten § 19 Rn. 183 ff.), bei der **Verpflichtungsklage** nach § 78 Abs. 1 Nr. 1 Hs. 1 Var. 2 VwGO der Verwaltungsträger der unterlassenden Behörde (unten § 19 Rn. 253 f.).

4. Rechtsschutzinteresse

Schließlich soll einen Anspruch nur geltend machen dürfen, wer an diesem Rechts- **51** schutz auch ein echtes Interesse hat. Diese **ungeschriebene Zulässigkeitsvoraussetzung** ist bereits von der Verfassungsbeschwerde her bekannt und wird im Verwaltungsprozessrecht ähnlich allgemein anerkannt. Lediglich bei den Feststellungsklagen fällt sie mit der des berechtigten Interesses im Sinne von § 43 Abs. 1 und § 113 Abs. 1 S. 4 VwGO zusammen (siehe oben § 9 Rn. 61 bzw. unten § 19 Rn. 233 ff.).

Prüfungshinweis

▶ Die Begriffe „Rechtsschutzinteresse" und „Rechtsschutzbedürfnis" sind austauschbar.

52 Das Rechtsschutzinteresse muss nicht positiv festgestellt werden; das würde den Zugang zum Gericht doch zu sehr verengen. Das Rechtsschutzinteresse darf vielmehr nur nicht fehlen. Dafür sind vor allem zwei Fallgruppen anerkannt:

- es gibt einen einfacheren Weg zu dem begehrten Ziel oder
- die Inanspruchnahme des Verwaltungsgerichts erfolgt missbräuchlich.

53 Insbesondere ist mit der Konstellation zu rechnen, dass die Missbräuchlichkeit im **Verwirkungsgedanken** liegt. Wer über eine längere Zeit (in Anlehnung an § 58 Abs. 2 VwGO meist: ein Jahr) trotz praktischer Möglichkeit dazu keinen Rechtsschutz sucht, soll im Interesse der Rechtssicherheit Dritter künftig mit der Klage ausgeschlossen sein. Vorkommen kann das etwa im Baurecht, wenn ein Nachbar sich gegen eine Baugenehmigung wehrt und diese ihm zwar nicht persönlich bekanntgegeben wurde, aber sehr wohl bekannt geworden ist. In einem solchen Fall gilt mangels Bekanntgabe nicht die Widerspruchsfrist nach § 70 Abs. 1 VwGO (liefe einen Monat ab ordnungsgemäßer Bekanntgabe) oder § 58 Abs. 2, § 70 Abs. 2 VwGO (liefe ein Jahr ab unrichtiger Bekanntgabe); man möchte aber gleichwohl eine zeitliche Sperre einführen und postuliert daher ein Rechtsinstitut der Verwirkung. Zu den Anfechtungsfristen kommen wir im Einzelnen noch unten § 19 Rn. 179 beim Rechtsschutz gegen Verwaltungsakte.

Zusatzinformation
Diese rein prozessuale Verwirkung ist zu unterscheiden von einer möglichen materiellrechtlichen Verwirkung, die sich bei der Begründetheit einer Klage auswirken würde (vgl. § 9 Rn. 51 f.).

V. Wichtige allgemeinverwaltungsrechtliche Ansprüche

54 Nachdem wir die Struktur verwaltungsrechtlicher Ansprüche systematisch untersucht haben, wollen wir an dieser Stelle die wichtigsten Gruppen von Ansprüchen innerhalb des Allgemeinen Verwaltungsrechts etwas genauer betrachten. Dazu gehen wir nach **Anspruchszielen** vor. Begehren kann man nach allgemeinverwaltungsrechtlichen Anspruchsgrundlagen nämlich insbesondere[21]

---

[21] Lit.: *Haas*, System der öffentlichrechtlichen Entschädigungspflichten, 1955 (zu den Ansprüchen wegen belastenden Verwaltungshandelns).

- die Unterlassung, Rückabwicklung oder zumindest vermögensmäßige Ausgleichung *rechtswidrigen belastenden Verwaltungshandelns* (funktional entsprechend §§ 823, 1004 BGB),
- die Gewährung einer *rechtswidrig vorenthaltenen Begünstigung*, die jemand anderem in gleicher Lage schon gewährt wurde;
- eine Entschädigung bei *rechtmäßigem belastendem Verwaltungshandeln*,
- die Erstattung nach *rechtsgrundlos erbrachten Leistungen* (funktional entsprechend § 812 BGB),
- den Ersatz von *Aufwendungen* (insbesondere entsprechend § 683 BGB) und
- die Erteilung von *Informationen*.

Andere Ansprüche auf positive Handlungen der Verwaltung (wie etwa die Erteilung von Genehmigungen, die Bewilligung von Sozialleistungen oder die Gewährung polizeilichen Schutzes) gehören demgegenüber jeweils zu einem Gebiet des Besonderen Verwaltungsrechts und bieten sich für eine übergreifende Betrachtung grundsätzlich weniger an. Ihre Vorstellung bleibt insofern den Darstellungen des Fachrechts vorbehalten. 55

1. Abwehr rechtswidrigen belastenden Verwaltungshandelns

Die wohl häufigste Konstellation im Verwaltungsrecht besteht darin, dass die Verwaltung mit einem rechtswidrigen Handeln die Interessen eines Privaten beeinträchtigt und dieser das Verwaltungshandeln daher abwehren möchte.[22] Dieses Abwehrbegehren tritt manchmal schon zeitlich *vor* dem Handeln der Verwaltung in Erscheinung, dann geht es um Unterlassungsansprüche (Rn. 58 f.). Häufiger entsteht dagegen das Abwehrbegehren *nach* dem Handeln der Verwaltung, gegen das man sich nicht im Vorfeld hätte schützen können. Geltend gemacht werden dann normalerweise Beseitigungsansprüche (Rn. 60 ff.); alternativ oder kumulativ kommen auch Ausgleichsansprüche in Frage, welche die Einbuße des Privaten finanziell kompensieren sollen (Rn. 77 ff.).[23] 56

▶ **Zusatzinformation**
Das privatrechtliche Urbild dieses Zusammenhangs von Unterlassungs- und Beseitigungsansprüchen enthält § 1004 BGB, dort für die Störung des Eigentums durch einen Nichtberechtigten. Parallelen oder Analogien zu § 1004 BGB zieht man in der Verwaltungsrechtsdogmatik manchmal, um empfundene Regelungslücken zu füllen.

---

[22] Lit.: *Hartmann*, Öffentliches Haftungsrecht, 2013; *Sauer*, Öffentliches Reaktionsrecht, 2021; *ders.*, JZ 2023, 209. Unter Einbeziehung von Entschädigungs-, Erstattungs- und weiteren Ansprüchen *Ossenbühl/Cornils*, Staatshaftungsrecht, 6. Aufl. 2013.
[23] Ähnlich *Morlok*, Die Verwaltung 25 (1992), S. 371 (378–386).

57 Allgemeine Unterlassungs- und Beseitigungsansprüche lassen sich systematisch am schlüssigsten und methodisch am sichersten aus den Grundrechten herleiten. Die alternativen **Anspruchsbegründungen** seien hier, sozusagen vor der Klammer, einmalig genannt; sie führen meist, wenn auch nicht durchgehend[24] zu gleichen Ergebnissen:

- Sie folgten aus dem *Rechtsstaatsprinzip*. Dieses ist selbst im Grundgesetz nur „mitgeschrieben", insbesondere nicht einfach in Art. 20 Abs. 3 GG niedergelegt (wie man in Klausuren oft liest) und auch Art. 28 Abs. 1 S. 1 GG nicht problemlos zu entnehmen; die Ableitung konkreter Regelungsaussagen daraus ist methodisch schon deshalb fragwürdig.[25] Auf der inhaltlichen Ebene mag eine Unterlassungs- und Beseitigungspflicht der Hoheitsträger noch überzeugen, aber für einen korrespondierenden Anspruch der Betroffenen allein aus dem Rechtsstaatsprinzip fehlen die Anzeichen.
- Sie folgten aus einer ungeschriebenen Norm des *Gewohnheitsrechts*. Das würde die heikle Frage aufwerfen, ob Gewohnheitsrecht in der grundgesetzlichen Ordnung überhaupt einen Platz hat. Die verfassungsrechtlich geschaffenen Rechtsetzungsmechanismen, aber auch die Forderung nach demokratischer Legitimation der Rechtsakte (Art. 20 Abs. 2 S. 1 GG) sprechen eigentlich dagegen.
- Sie folgten aus einer *Gesamtanalogie* zu ähnlich strukturierten Normen des Privatrechts, namentlich §§ 12 und 1004 BGB. Auch diese Begründung ist methodisch heikel, weil eine Analogie noch keine Norm schafft.

Prüfungshinweis

▶ Vermeiden Sie es jedenfalls, den Anspruch mit der anspruchsbegründenden Norm in eins zu setzen („Der Anspruch könnte sich aus dem öffentlich-rechtlichen Folgenbeseitigungsanspruch ergeben" oder ähnlich). Nennen Sie die Norm selbst, etwa: „Die Klägerin könnte einen Folgenbeseitigungsanspruch haben, der sich aus Art. ... GG ergibt; ohne Unterschied in der Sache wird ein solcher Anspruch alternativ auch auf das verfassungsrechtliche Rechtsstaatsprinzip oder auf eine Gewohnheitsrechtsnorm gestützt."

a) Unterlassung

58 Da die Hoheitsträger aus den Grundrechtsbestimmungen in erster Linie verpflichtet sind, ungerechtfertigte Eingriffe und Ungleichbehandlungen zu unterlassen (das sahen wir oben § 12 Rn. 23), und die Grundrechtsbestimmungen ausdrücklich Rechte gewähren (oben Rn. 14), ergeben sich **grundrechtliche Unterlassungsansprüche**. Je nachdem, was für ein Verwaltungshandeln im Raum steht und unter welchem rechtlichen Gesichtspunkt es abgewehrt werden soll, sucht man die sachlich passende Grundrechtsbestimmung auf und stützt den Unterlassungsanspruch demgemäß etwa auf Art. 2 Abs. 2 S. 1 GG bei drohender Gewalt, Art. 8 Abs. 1 GG bei drohenden Versammlungsbeschränkungen oder Art. 3 Abs. 3 S. 1 GG bei drohender Diskriminierung.

---

[24] *Schoch*, Jura 1993, 478 (480).
[25] Vgl. *F. Reimer*, Verfassungsprinzipien, 2001, S. 470.

Zusatzinformation
Bei den Gleichheitssätzen hat der Unterlassungsanspruch einen alternativen Inhalt: Um eine Ungleichbehandlung von U und V zu unterlassen, kann der Hoheitsträger entweder beide der fraglichen Behandlung unterziehen oder bei beiden davon absehen.

Unterlassungsansprüche, selbst wenn sie die Unterlassung eines Verwaltungs- 59
akts zum Gegenstand haben, zielen nicht auf den *Erlass* eines Verwaltungsakts. Die statthafte Klageart für ihre Geltendmachung[26] ist deshalb in jedem Fall die **allgemeine Leistungsklage**. Da bei bevorstehendem Verwaltungshandeln der langwierige Verwaltungsprozess selten helfen wird, macht man den Unterlassungsanspruch gern mit dem Antrag auf Erlass einer **einstweiligen Anordnung** (Sicherungsanordnung) nach § 123 Abs. 1 S. 1 VwGO geltend (zu seinen Voraussetzungen bereits oben § 9 Rn. 64 ff.).

Zusatzinformation
Als Alternative zur allgemeinen Leistungsklage stünde prinzipiell die allgemeine Feststellungsklage bereit, mit der man das Verbotensein des zu unterlassenden Verwaltungshandelns feststellen lassen könnte. Wegen § 43 Abs. 2 S. 1 VwGO tritt sie allerdings hinter der Leistungsklage zurück (vgl. § 9 Rn. 60); überdies bietet sie mangels Vollstreckbarkeit (vgl. § 21 Rn. 12) auch weniger effektiven Rechtsschutz, sodass auch kein Rechtsschutzinteresse für eine Feststellungsklage bestünde (vgl. Rn. 52). Ungeachtet dieser Einwände lassen manche hier eine vorbeugende Feststellungsklage dennoch zu, weil die Verwaltung als „Ehrenmann" zu gelten habe und keiner Vollstreckungsdrohung bedürfe; das überzeugt heute weniger denn je (vgl. § 30 Rn. 39).

b) Rückabwicklung
Im verwaltungsrechtlichen Fall hat die Verwaltung in der Regel bereits gehandelt 60
und begehrt der betroffene Private die Rückabwicklung. Ist es zu ungerechtfertigten Eingriffen oder Ungleichbehandlungen gekommen, verpflichten die Grundrechtsbestimmungen die verantwortlichen Hoheitsträger dazu, diese wieder zu beseitigen (vgl. oben § 12 Rn. 23). Da die Grundrechtsbestimmungen ausdrücklich Rechte gewähren (oben Rn. 14), ergeben sich in Ergänzung der grundrechtlichen Unterlassungs- auch **grundrechtliche Rückabwicklungsansprüche**. Auch hier entscheidet die Art des Eingriffs oder der Ungleichbehandlung darüber, auf welche Grundrechtsbestimmung man zurückgreift. Auffangweise greift man für Freiheitsbeeinträchtigungen auf Art. 2 Abs. 1 GG zurück. Punktuell stehen **gesetzliche Anspruchsgrundlagen** bereit, die dann vorrangig heranzuziehen sind.

Wie weit der **Anspruchsinhalt** bei den Rückabwicklungsansprüchen genau 61
reicht, ist allerdings nicht restlos geklärt.

- Sicher erfasst ist die *Aufhebung der rechtlichen Wirkungen* eines wirksamen, aber rechtswidrigen Rechtsakts (Rn. 62 ff.).
- Auch die *Beseitigung der unmittelbaren Folgen* des Vollzugs eines Rechtsakts sowie eines tatsächlichen Verwaltungshandelns (Realakts, § 27) soll umfasst sein. Der heute gängige Oberbegriff für Rückabwicklungsansprüche wegen Voll-

---
[26] Lit.: *Naumann*, GS Jellinek, 1955, S. 391.

zugsfolgen und Realaktfolgen lautet „Folgenbeseitigungsanspruch" (Rn. 74 ff.; gerade die besonders bedeutsamen Rechtsfolgen bezieht man meist nicht ein[27]).
- Eine *vollständige Naturalrestitution* kann allein aus den Grundrechten wohl nicht verlangt werden. Für derartige Staatshaftungsansprüche im engeren Sinne bedarf es vielmehr gesetzlicher Anspruchsgrundlagen (Rn. 77 ff.).

aa) Rückabwicklung der geschaffenen Rechtspositionen

62 Handelt es sich um einen wirksamen Rechtsakt (Details in Teil IV), so sind die durch seine Regelung begründeten, geänderten oder aufgehobenen **Rechtspositionen** seine unmittelbare Folge. Zur Rückabwicklung müssen diese Rechtspositionen wieder aufgehoben, in den vorigen Zustand zurück geändert bzw. wieder in Geltung gesetzt werden. Dazu braucht es einen neuen, inhaltlich gegenläufigen Rechtsakt (*actus contrarius*), der von einem Gericht oder von einer Behörde ausgehen kann.

Zusatzinformation
Ist der rechtswidrige Rechtsakt unwirksam, insbesondere „nichtig" (vgl. § 17 Rn. 26, 29), besteht dagegen kein Bedarf an einer Aufhebung. Statt einer Leistungsklage auf Aufhebung kommt hier stattdessen ein Rechtsbehelf zur Feststellung der Unwirksamkeit in Frage. Das kommt besonders bei den Rechtsaktformen der Rechtsverordnung und Satzung zum Tragen, wo Nichtigkeit häufig ist und inzident oder prinzipal festgestellt werden kann (vgl. § 23 Rn. 49 ff. bzw. 52 ff.). Bei der Rechtsaktform des Verwaltungsakts ist Nichtigkeit seltener, aber gibt es mit der Nichtigkeitsfeststellungsklage ebenfalls eine eigene Klageart für diese Fallgestaltung (vgl. § 19 Rn. 240 f.).

63 Der **grundrechtliche Rückabwicklungsanspruch** richtet sich auf die Aufhebung des wirksamen, aber rechtswidrigen Rechtsakts.[28]

- Wie wir oben sahen, gibt es speziell für den rechtswidrigen *Verwaltungsakt* (§ 19) mit der Anfechtungsklage eine eigene Klageart zur Geltendmachung des Anspruchs, die unmittelbar zu dieser Aufhebung führen soll (Rn. 42 ff.); den *actus contrarius* setzt dann also das Gericht, nicht der ursprünglich handelnde Hoheitsträger. Anspruchsvoraussetzung ist hier außer dem Eingriffscharakter des Rechtsakts, der den Bezug zu einem Grundrechtsberechtigten herstellt, nur noch die Rechtswidrigkeit des Rechtsakts (dazu ausführlich Teil IV, dort allgemein § 17 Rn. 32 ff.).
- Soweit ein *sonstiger Rechtsakt* rechtswidrige Rechtspositionen geschaffen hat, ist der Aufhebungsanspruch mit der allgemeinen Leistungsklage zu verfolgen (Rn. 37 f.).

64 Neben den (hier dominierenden) grundrechtlichen gibt es speziell in Bezug auf Verwaltungsakte auch noch **gesetzliche Rückabwicklungsansprüche**. Aus dem

---
[27] Vgl. *Schleeh*, AöR 92 (1967), S. 58 (76).
[28] Lit.: *Baumeister*, Der Beseitigungsanspruch als Fehlerfolge des rechtswidrigen Verwaltungsakts, 2006.

Allgemeinen Verwaltungsrecht sind vor allem zwei zu nennen, die beide zum Tragen kommen, wenn die gewöhnlichen Rechtsbehelfe gegen einen Verwaltungsakt fruchtlos geblieben oder verfristet sind (vgl. Rn. 44). Ihre Anspruchsvoraussetzungen sind komplexer und deshalb an dieser Stelle zu behandeln. Prozessual sind sie mit der Verpflichtungsklage geltend zu machen, weil sie jeweils auf einen Verwaltungsakt als behördlichen *actus contrarius* gerichtet sind (Rn. 39 ff.).

(1) Wiederaufgreifensanspruch

Spezielle Studienliteratur: *Sasse*, Jura 2009, 493; *Windoffer*, Jura 2017, 1274. Einschlägiges Gutachtenbeispiel: *Kempny/Reifegerste*, Fälle zum Allgemeinen Verwaltungsrecht, 2022, Fall 11.

§ 51 Abs. 1 VwVfG* verpflichtet die Behörde, auf Antrag des Betroffenen in gewissen Fällen „über die Aufhebung oder Änderung eines unanfechtbaren Verwaltungsaktes zu entscheiden".[29] Ersichtlich erfolgt diese Regelung im Interesse des ausdrücklich genannten Betroffenen, weshalb man hier im Einklang mit der Schutznormtheorie ohne Weiteres einen Anspruch bejahen kann. Der Sache nach zielt dieser Anspruch darauf, nachträglich und mit neuen Gründen doch noch die Rechtswidrigkeit des Verwaltungsakts geltend zu machen.

Beispiel: A wird die Gewerbeausübung nach § 35 GewO untersagt, allerdings auf Grund der strafbaren Falschaussage einer Zeugin. Die Anfechtungsklage bleibt erfolglos. Nachdem A an Beweismittel für die Falschaussage gelangt, beantragt sie das Wiederaufgreifen des Verwaltungsverfahrens.

Zusatzinformation
Funktional entspricht das Wiederaufgreifen der „Wiederaufnahme" des Prozessrechts, womit man nach abgeschlossenem Rechtsstreit das Gericht zu einer erneuten Sachprüfung veranlassen kann. Auf die entsprechende ZPO-Vorschrift verweist § 51 Abs. 1 Nr. 3 VwVfG* sogar ausdrücklich.

Die Voraussetzungen der behördlichen Verpflichtung bezieht das Gesetz teilweise auf die Sache (Absatz 1), teilweise auf den „Antrag" (Absätze 2 und 3). Man kann hier im Prinzip beide Perspektiven einnehmen und betrachtet dann

- entweder die Zulässigkeit und Begründetheit eines *verwaltungsinternen Antrags* auf Wiederaufgreifen (Behördensicht – ähnlich den Erfolgsaussichten eines Widerspruchs, vgl. § 19 Rn. 203 ff.)
- oder die formellen und materiellen Voraussetzungen eines *Anspruchs* auf Wiederaufgreifen (Betroffenensicht).

Die Anspruchsperspektive brauchen wir jedenfalls im Rahmen der prozessualen Begünstigungserzwingung etwa mit einer Verpflichtungsklage, um dort Klagebefugnis und Begründetheit bejahen zu können.

---

[29] Lit.: *Baumeister*, VerwArch 83 (1992), S. 374; *Gatzka*, Wiederaufgreifen des Verwaltungsverfahrens, 2022.

> **Prüfungsschema 5: Besteht ein Anspruch auf Wiederaufgreifen?**
> Anspruchsgrundlage: § 51 Abs. 1 VwVfG*
>
> 1. unanfechtbarer Verwaltungsakt
> 2. Betroffenheit des Anspruchstellers
> 3. Wiederaufgreifensgrund nach § 51 Abs. 1 Nr. 1–3 VwVfG* – alternativ:
>   a) geänderte Sach- oder Rechtslage
>   b) geänderte Beweislage
>   c) Wiederaufnahmegründe nach § 580 ZPO
> 4. zulässiger Antrag
>   a) schuldlose Hinderung an der Geltendmachung im Verwaltungs-, Widerspruchs- oder Anfechtungsverfahren, § 51 Abs. 2 VwVfG*
>   b) Frist, § 51 Abs. 3 VwVfG*

67 Der Anspruch nach § 51 Abs. 1 VwVfG* ist dem deutlichen Wortlaut nach nur darauf gerichtet, dass die Behörde erneut in der Sache entscheide (sogenannter „Zweitbescheid"). Es handelt sich also um einen **Bescheidungsanspruch**, der mit einer Bescheidungsklage geltend zu machen ist (vgl. Rn. 41).

68 Die herrschende Auffassung erweitert § 51 Abs. 1 VwVfG* darüber hinaus zu einem **Vornahmeanspruch** unmittelbar auf Erlass des in der Sache begehrten Zweitbescheids, wenn der Behörde kein Ermessens- oder Beurteilungsspielraum mehr zusteht, sondern die Sachentscheidung rechtlich gebunden ist. Prozessual kann dann statt einer Bescheidungs- direkt eine Vornahmeklage erhoben werden. Das ist effizient (Gesichtspunkt der „Prozessökonomie"), wenn auch systematisch schwer konstruierbar.

Beispiel: Im obigen Fall mit der rechtswidrigen Gewerbeuntersagung stünde A nicht nur das Wiederaufgreifen des Verwaltungsverfahrens mit einem Zweitbescheid zu, sondern direkt die Aufhebung der Untersagung.

(2) Rücknahmeanspruch

69 Soweit einmal weder ein Rechtsbehelf zur Belastungsabwehr noch ein Anspruch auf Wiederaufgreifen zur Verfügung stehen, darf die Behörde den belastenden Verwaltungsakt, wenn er rechtswidrig ist, immer noch jederzeit nach § 48 Abs. 1 S. 1 VwVfG* zurücknehmen (dazu näher § 20 Rn. 24 ff.). Die Belasteten können in dieser Situation versuchen, die Behörde zu einer solchen Rücknahme zu veranlassen.

70 Damit ihnen auch rechtlich diesbezüglich ein Anspruch zusteht, muss mit der behördlichen Befugnis eine Pflicht einhergehen und diese überdies gerade im Interesse der Betroffenen gegeben sein (Rn. 12 ff.). An einer Pflicht zur Rücknahme fehlt es allerdings, denn § 48 Abs. 1 S. 1 VwVfG* stellt der Behörde nur eine Ermessensentscheidung anheim. Schon der Wortlaut mit „kann" deutet darauf hin; das systematische Verhältnis zu § 51 VwVfG*, der erkennbar einen Anspruch gibt, legt den Umkehrschluss nahe, dass § 48 Abs. 1 S. 1 VwVfG* keinen geben soll; § 51 Abs. 5 VwVfG* lässt § 48 VwVfG* auch ausdrücklich unberührt.

Zusatzinformation
Ein weiteres Argument liefert der systematische Vergleich mit der sozialrechtlichen Parallelregelung in § 44 SGB X, wonach ein rechtswidriger belastender Verwaltungsakt grundsätzlich zurückzunehmen *ist*, also ausdrücklich eine Pflicht statuiert wird.

Die herrschende Auffassung entnimmt § 48 Abs. 1 S. 1 VwVfG* dennoch zumindest einen **Bescheidungsanspruch**. Dahinter steht die Überlegung, dass die Vorschrift – über die Befugnis hinaus – doch auch eine Pflicht zumindest zur ermessensfehlerfreien Entscheidung über eine Rücknahme enthalte und dass diese Pflicht gerade im Interesse der Rechtsträger bestehe, die von dem Verwaltungsakt belastet sind. Das sind gerade diejenigen Rechtsträger, die auch für eine Anfechtungsklage gegen den Verwaltungsakt klagebefugt waren (Rn. 47); der Bescheidungsanspruch verlängert ihren Rechtsschutz insofern über die Unanfechtbarkeit des Verwaltungsakts hinaus. 71

Angesichts der beschriebenen Systematik bedeutet es allerdings unter normalen Umständen keinen Ermessensfehlgebrauch (§ 19 Rn. 136), wenn die Behörde das Rücknahmebegehren unter schlichtem Hinweis auf die Unanfechtbarkeit des Verwaltungsakts zurückweist. 72

Nur ausnahmsweise ist an eine **Ermessensreduzierung auf null** zu denken, die den Bescheidungs- zu einem Vornahmeanspruch unmittelbar auf Rücknahme verdichtet (oben Rn. 8).[30] Dafür muss freilich die Handlungsalternative der Behörde, also die Nicht-Rücknahme, rechtswidrig sein; das ist genau dann der Fall, wenn die Behörde zur Rücknahme verpflichtet ist, was, wie gesehen, niemals aus § 48 Abs. 1 S. 1 VwVfG* selbst folgt. Um eine Ermessensreduzierung zu begründen, muss man deshalb eine Pflicht aus anderer Quelle auffinden – beispielsweise durch eine (noch) großzügigere Lesart der Grundrechtsbestimmungen. 73

bb) Rückabwicklung des geschaffenen tatsächlichen Zustands

Spezielle Studienliteratur: *Schoch*, Jura, 1993, 478; *Voßkuhle/Kaiser*, JuS 2012, 1079.

Handelt es sich bei dem rückabzuwickelnden Verwaltungshandeln dagegen um einen Nichtrechtsakt („Realakt", Details unter § 27) oder hat ein Rechtsakt einen Vollzug durch tatsächliches Handeln nach sich gezogen, dann sind die unmittelbaren Folgen **faktischer Natur**. In Frage steht hier manchmal, ob eine Rückabwicklung überhaupt tatsächlich möglich ist. Das Geschehene lässt sich nicht ungeschehen machen; oft lässt sich immerhin ein früherer Zustand wiederherstellen, worauf der grundrechtliche Anspruch dann eben zielt. In dieser Konstellation nennt man ihn einen „Folgenbeseitigungsanspruch".[31] 74

---

[30] Lit.: *Grosche*, NVwZ 2023, 628.

[31] Lit.: *Bachof*, Die verwaltungsgerichtliche Klage auf Vornahme einer Amtshandlung, 1951, S. 98–148; *Bettermann*, DÖV 1955, 528; *Hoffmann*, Der Abwehranspruch gegen rechtswidrige hoheitliche Realakte, 1969; *Pietzko*, Der materiell-rechtliche Folgenbeseitigungsanspruch, 1994; *Rösslein*, Der Folgenbeseitigungsanspruch, 1968; *Schleeh*, AöR 92 (1967), S. 58; *Schneider*, Folgenbeseitigung im Verwaltungsrecht, 1994; *Schoch*, VerwArch 79 (1988), S. 1; *ders.*, Die Verwaltung 44 (2011), S. 397; *Weyreuther*, Empfiehlt es sich, die Folgen rechtswidrigen hoheitlichen Verwaltungshandelns gesetzlich zu regeln (Folgenbeseitigung, Folgenentschädigung), 1968.

Beispiele: Die Behörde hat fehlerhaft vor Produkten der A gewarnt; mit einer ebenso öffentlichen Entwarnung kann sie versuchen, die Folgen zumindest teilweise zu beseitigen. – Die Polizei hat B rechtswidrig erschossen; eine Rückabwicklung ist nicht möglich.

Zusatzinformationen
- Die Abgrenzung der „unmittelbaren" Folgen fällt mitunter nicht leicht. So kann man beispielsweise bezüglich des Zinsentgangs diskutieren, ob er noch zur Rückabwicklung oder schon zum Schadensersatz gehört.[32]
- Als zusätzliche Anspruchsvoraussetzung ist oft davon die Rede, das rechtswidrige Verwaltungshandeln müsse zu einem „andauernden rechtswidrigen Zustand" geführt haben. In der Sache geht es darum, dass der Anspruch nicht zwischenzeitlich untergegangen sein darf – was man als „Legalisierung" der im Ausgangspunkt rückabzuwickelnden Folgen konzeptualisieren kann. Die Sprechweise ist ungünstig, weil wir Rechtswidrigkeit sonst nur auf Handlungen beziehen (vgl. § 17 Rn. 32 ff.). Zumindest in Bezug auf zu beseitigende bauliche Anlagen u.ä. liegt sie etwas näher, weil man dort die tatsächliche Lage direkt mit einem geltenden Planungsrecht vergleichen kann.[33] Auf einen Zustand abzuheben ergibt außerdem dann Sinn, wenn es um ein rechtmäßiges Verwaltungshandeln geht, für dessen Folgen die Verwaltung trotzdem einstehen soll; wenngleich man auch hier von einem „Folgenbeseitigungsanspruch" spricht, geht es dabei allerdings um eine ganz andere Konstellation (nämlich wie Rn. 90 ff.).

75 Geht es speziell um die **Vollzugsfolgen eines Verwaltungsakts**, so kann der Betroffene seine Leistungsklage zu deren Aufhebung mit der Anfechtungsklage gegen den Verwaltungsakt verbinden, wie § 113 Abs. 1 S. 2 VwGO ausdrücklich vorsieht.

Prüfungshinweis

▶ Diese Prozessrechtsvorschrift betrifft nur die Klagearten und -verbindung und bildet nicht selbst die Anspruchsgrundlage für einen entsprechenden Folgenbeseitigungsanspruch.

76 Punktuell kommen auch bezüglich der faktischen Folgen von Realakten neben den grundrechtlichen noch spezialgesetzliche Rückabwicklungsansprüche in Betracht. So liegt es bei der **behördlichen Datenverarbeitung** (unten § 27 Rn. 40): Wenn personenbezogene Daten rechtswidrig gespeichert worden sind, hat die betroffene Person nach Art. 17 Abs. 1 DSGVO einen Anspruch auf ihre Löschung. In dem Sonderfall, dass die Speicherung zwar dem Grunde nach erlaubt, aber inhaltlich unrichtig war, gibt Art. 16 DSGVO einen speziellen Anspruch auf Berichtigung.

Beispiel: Das Regierungspräsidium hat A auf eine Liste der Personen eingetragen, denen die Regierungspräsidentin amtliche Weihnachtskarten zukommen lässt. A meint, diese Datenspeicherung sei unerlaubt, und verlangt, ihren Namen von der Liste zu nehmen.

Zusatzinformation
Da Art. 16, 17 DSGVO ebenso für private Datenverarbeiter gelten, enthalten sie eigentlich kein Sonderrecht und führen damit auf den ersten Blick nicht zum Verwaltungsrechtsweg (oben § 3 Rn. 8). Dass die herrschende Auffassung dennoch eine Zuständigkeit der Verwaltungsgerichte annimmt, lässt sich wohl nur mit dem Kehrseitengedanken rechtfertigen, der für gesetzliche Reaktionsansprüche vorgeschlagen ist (§ 3 Rn. 15).

---

[32] Vgl. *Redeker*, DVBl 1963, 509.
[33] Vgl. BVerwGE 94, 100.

cc) Herstellung des hypothetischen Zustands (Naturalrestitution oder vermögensmäßige Gleichstellung)

Einschlägige Gutachtenbeispiele: *Kempny/Reifegerste*, Fälle zum Allgemeinen Verwaltungsrecht, 2022, Fall 16.

Eine Handlung vollständig rückabzuwickeln bedeutet, denjenigen Zustand herzustellen, der bestehen würde, wenn das schädigende Ereignis nicht eingetreten wäre – also **Naturalrestitution** im Sinne von § 249 Abs. 1 BGB. Logisch betrachtet ist das sogar eine Obermenge der eben betrachteten Aufhebung der unmittelbaren Folgen der Verwaltungshandlung, denn diese ist ja selbst gerade das „schädigende Ereignis". Darüber hinaus gehören zur Naturalrestitution aber auch die mittelbaren Folgen, prinzipiell einschließlich eines entgangenen Gewinns im Sinne von § 252 BGB.[34] Im Gegensatz zu Unterlassung und Rückabwicklung geht es insoweit um ein Mehr, das vom Schuldner positiv erbracht werden muss. 77

Auf Naturalrestitution gibt das geltende Verwaltungsrecht allerdings nur eingeschränkt einen Anspruch. Anders als Unterlassung und Rückabwicklung soll sie nicht selbst bereits aus den Grundrechtsnormen geschuldet sein.[35] Die derzeitige Gesetzeslage ist allerdings ebenfalls unübersichtlich und auch in der Sache unbefriedigend. 78

Eine einheitliche Regelung unternahm die Bundesgesetzgebung mit dem **Staatshaftungsgesetz** von 1981. Da seinerzeit die Gesetzgebungskompetenz fehlte, wurde dieses Gesetz für nichtig erklärt. Auch wenn in Art. 74 Abs. 1 Nr. 25 GG eine entsprechende Kompetenz später geschaffen wurde, ist es der Bundespolitik seither nicht gelungen, eine neue Regelung zu treffen. 79

Eine aussagekräftige Regelung findet sich heute nur in den Ländern Brandenburg und Thüringen, wo, ausgerechnet, das **Staatshaftungsgesetz der DDR** (StHG DDR) von 1969[36] fortgilt; Sachsen-Anhalt hat es neu bekanntgemacht unter dem Titel „Gesetz zur Regelung von Entschädigungsansprüchen im Land Sachsen-Anhalt" (EntschG). In diesen Ländern geben §§ 1, 3 StHG DDR bzw. EntschG den von rechtswidrigen Verwaltungshandlungen „staatlicher oder kommunaler Organe" (so die Sprechweise des DDR-Rechts auch für Verwaltungsträger[37]) Betroffenen einen verschuldensunabhängigen Anspruch auf Schadensersatz in Geld. 80

In den übrigen Ländern gilt vorrangig die **Amtshaftungsnorm** aus § 839 Abs. 1 BGB in der Fassung von 1896. Nach deren ursprünglicher Konzeption sollte die Haftung allerdings nicht den Verwaltungsträger, sondern den handelnden Bediensteten persönlich treffen – deshalb auch die Regelung im Zusammenhang des Privatrechts. Inhalt dieses Anspruchs konnte danach kein hoheitliches (Rückabwicklungs-)Handeln sein, weil der Bedienstete als Privater hierzu keine Kompetenz hatte; der Anspruch ging deshalb nur auf Zahlung.[38] 81

---

[34] Lit.: *Küch*, Vertrauensschutz durch Staatshaftung, 2003.
[35] Für grundrechtliche Schadensersatzansprüche aber *Grzeszick*, Rechte und Ansprüche, 2002.
[36] Lit.: *Thiemrodt*, Die Entstehung des Staatshaftungsgesetzes der DDR, 2005.
[37] Nach sowjetischem Vorbild, vgl. *Winkelmann*, Die Lehre vom Verwaltungshandeln in der sowjetischen Verwaltungsrechtslehre, 1973, S. 33.
[38] Zu Problem und Kritik bereits *Bettermann*, MDR 1953, 644; *Schleeh*, AöR 92 (1967), S. 58 (82–87).

82 An diesem beschränkten Anspruchsinhalt halten auch die jüngeren Ergänzungen der Amtshaftungsnorm fest und verlagern lediglich die Anspruchsschuldnerschaft vom Bediensteten persönlich auf den Verwaltungsträger. Eine entsprechende **Überleitungsnorm** enthielt bereits § 1 Reichsbeamtenhaftungsgesetz von 1910, später Art. 131 S. 1 WRV und seit 1949 Art. 34 S. 1 GG. Der Bedienstete selbst haftet dann nur noch im Innenverhältnis zum Verwaltungsträger und nur für schwereres Verschulden, also nicht unähnlich der Arbeitnehmerhaftung (vgl. Art. 34 S. 2 GG und §§ 48 BeamtStG, 75 BBG).[39]

83 Aus Amtshaftungs- und Überleitungsnorm ergibt sich zusammen der **Amtshaftungsanspruch**, wofür man dementsprechend § 839 Abs. 1 BGB, Art. 34 S. 1 GG zusammen als Anspruchsgrundlage anzugeben hat.[40] Ein Rechtsträger R hat danach unter fünf kumulativen Voraussetzungen einen Anspruch auf Schadensersatz (nur) in Geld gegen einen Verwaltungsträger V:

1. V hat eine Person B mit der Wahrnehmung einer hoheitlichen Aufgabe betraut („*Beamter* im haftungsrechtlichen Sinne"). B kann dabei Beamter im Sinne des Dienstrechts sein, aber andere Arten der Mitwirkung an der Verwaltung – einschließlich Ehrenamts und Beleihung – genügen ebenfalls (vgl. oben § 5 Rn. 23 ff.).
2. B hat im Innenverhältnis zu V eine Pflicht („*Amtspflicht*"). Ist B ein Beamter im Sinne des Dienstrechts, kommt hier oft die Pflicht zu rechtmäßigem Handeln aus § 36 Abs. 1 BeamtStG, § 63 Abs. 1 BBG in Betracht; dieser Hebel verpflichtet B im Innenverhältnis, beim Handeln für V die Pflichtbindungen einzuhalten, die V im Außenverhältnis zu R treffen.
3. B hat diese Amtspflicht *verletzt*. Bei der Pflicht zu rechtmäßigem Handeln etwa ist das der Fall, wenn eine von B im Namen des V mit Folgen für R vorgenommene Handlung (Verwaltungsakt, Realakt, ggf. auch Verordnung, Satzung oder Verwaltungsvorschrift[41]) oder Unterlassung rechtswidrig ist.
4. Die verletzte Amtspflicht ist *drittschützend*, also gerade auch Interessen von R zu dienen bestimmt. Bei der Pflicht zu (nach außen hin) rechtmäßigem Handeln aus § 36 Abs. 1 BeamtStG, § 63 Abs. 1 BBG ist das der Fall, wenn die Norm, aus der sich die Rechtswidrigkeit der Handlung oder Unterlassung ergibt, zugleich R einen Anspruch auf Unterlassung bzw. Vornahme der Handlung vermittelt (oben Rn. 12 ff.).
5. B trifft ein *Verschulden*, die Pflichtverletzung ist also vorsätzlich oder fahrlässig erfolgt (§ 276 Abs. S. 1 BGB). Diese Anspruchsvoraussetzung erfordert eine gewisse Einsicht in die verwaltungsinternen Abläufe und ist mitunter schwer darzutun.

---

[39] Lit.: *Beckmann*, Die Haftung des Beamten gegenüber seinem Dienstherrn, 2002.
[40] Lit.: *Bettermann*, DÖV 1954, 299; *Ellerbrok*, Die Verwaltung 54 (2021), S. 189 (ökonomische Analyse); *Papier*, Die Forderungsverletzung im öffentlichen Recht, 1970 (zu nichtdeliktischer Amtshaftung); *Treffer*, NJW 2021, 1052 (zum Verhältnis zu § 823 BGB). Zu weiteren Komplikationen bei Einsatz automatischer Systeme in der Verwaltung *Martini/Ruschemeier/Hain*, VerwArch 112 (2021), S. 1; *Roth-Isigkeit*, AöR 145 (2020), S. 321.
[41] Vgl. *Leisner-Egensperger*, DÖV 2004, 65.

V. Wichtige allgemeinverwaltungsrechtliche Ansprüche

Zusatzinformationen
- Im Falle der Beleihung (oben § 10 Rn. 20 ff.) soll sich der Anspruch nicht gegen den Beliehenen (der eigentlich die Rolle des Verwaltungsträgers ausfüllt) richten, sondern gegen den ihn beleihenden Verwaltungsträger. Dieser kann aber u. U. bei dem Beliehenen Regress nehmen.[42]
- Ähnliche Fragen stellen sich bei einem weiteren Dreiecksverhältnis, wenn nämlich der Verwaltungsträger seinerseits auf Weisung eines anderen Verwaltungsträgers handelt.[43]

Ist die textliche Grundlage für den Amtshaftungsanspruch unübersichtlich, fehlt sie für weitere Ansprüche ähnlicher Stoßrichtung sogar ganz. Diese zwei hauptsächlich vorgeschlagenen[44] Ansprüche bezeichnet man landläufig denn auch nicht anhand einer Anspruchsgrundlage, sondern anhand der angenommenen zentralen Anspruchsvoraussetzung: „**enteignungsgleicher Eingriff**" und „**aufopferungsgleicher Eingriff**". Diese haben Gerichte entwickelt, um für rechtswidrige Verletzungen des Eigentums oder der körperlichen Unversehrtheit durch die Staatsgewalt eine Staatshaftung zu ermöglichen, für die der Verletzte nicht die hohe Hürde des Verschuldens überwinden muss. Methodisch kann das allerdings nicht überzeugen. Insbesondere geben die thematisch passenden Grundrechtsbestimmungen, Art. 14 Abs. 1 bzw. Art. 2 Abs. 2 GG, noch keine geeignete Grundlage für die Ableitung solcher Ansprüche.

84

Zusatzinformation
Im Sozialrecht erfüllt der sogenannte „Herstellungsanspruch" eine ähnliche Funktion, Naturalrestitution – vor allem für Beratungsfehler der Sozialversicherungsträger – an der Amtshaftung vorbei zu gewähren (ohne Verschuldenserfordernis, auf dem kostenfreien Sozialrechtsweg); er wird dogmatisch allerdings etwas anders konzipiert.[45]

Der **Rechtsweg** für die besprochenen Amtshaftungs- und weiteren Ansprüche ginge nach § 40 Abs. 1 S. 1 VwGO eigentlich zu den Verwaltungsgerichten, weil diese Ansprüche stets gerade einen Hoheitsträger treffen (vgl. § 3 Rn. 12). Sie sind allerdings durch die abdrängende Sonderzuweisung in § 40 Abs. 2 S. 1 Var. 3 VwGO den Zivilgerichten zugewiesen worden (oben § 3 Rn. 32). Dahinter steht historisch deren Distanz zur staatlichen Exekutive, die früher größer war als bei den Verwaltungsgerichten, und verfassungsrechtlich die (schon seit Langem auch kritisierte[46]) Garantie des ordentlichen Rechtswegs für Amtshaftungssachen in Art. 34 S. 3 GG.

85

---

[42] Lit.: *von Weschpfennig*, DVBl 2011, 1137.
[43] Lit.: *Jaschke*, Die Passivlegitimation im Amtshaftungsrecht bei Handeln auf Weisung, 2020.
[44] Siehe daneben etwa den Vorschlag eines „Folgenentschädigungsanspruchs" bei *Franke*, VerwArch 57 (1966), S. 357.
[45] Lit.: *Felix*, SGb 2014, 469; *Schnitzer*, NZS 2023, 54; *Grötschel*, Der (sozialrechtliche) Herstellungsanspruch, 2015.
[46] Siehe schon *Ule*, DRiZ 1950, 225 (227 f.).

2. Gewährung einer rechtswidrig vorenthaltenen Begünstigung

86 In einer anderen verwaltungsrechtlichen Konstellation hat die Verwaltung den privaten Interessenten nicht belastet, sondern ihm eine Begünstigung vorenthalten. Fachrechtlich kommen hier gesetzliche Ansprüche in Frage, etwa auf Zulassung zu öffentlichen Einrichtungen (§ 15 Rn. 25 f.). Von allgemeinverwaltungsrechtlichem Interesse ist aber der **grundrechtliche Anspruch auf Gleichbehandlung**, wenn die vorenthaltene Begünstigung jemand anderem bereits gewährt worden ist.

Beispiel: Das Landratsamt hat U und V rechtswidrig, aber bestandskräftig zu einer Gebühr herangezogen. Gegenüber V nimmt es den Gebührenbescheid zurück (§ 48 Abs. 1 S. 1 VwVfG*, unten § 20 Rn. 24 ff.). U möchte das auch für sich erreichen.

87 **Anspruchsgrundlage** ist in solchen Fällen regelmäßig Art. 3 Abs. 1 GG. Je nach Sachverhalt mag auch an Art. 3 Abs. 3 GG zu denken sein, sollte die Verwaltung eine Begünstigung wirklich einmal wegen eines der dort genannten Merkmale vorenthalten haben.

Zusatzinformation
Die Tragweite der Gleichheitssätze wird aus historischen Gründen manchmal geringer angesetzt. Statt direkt auf Art. 3 Abs. 1 GG zurückzugreifen, sucht man dann nach sachspezifischen Anspruchsgrundlagen, in deren Prüfung die Gleichheitsgesichtspunkte einfließen sollen. Deren Funktion besteht in dieser Sicht dann nur darin, Bescheidungsansprüche zu Vornahmeansprüchen zu verdichten. Das gilt namentlich für Ansprüche auf ermessensfehlerfreie Entscheidung (oben Rn. 8), beispielsweise den Rücknahmeanspruch aus § 48 Abs. 1 S. 1 VwVfG* (oben Rn. 69 ff.). Im vorigen Beispiel würde das dazu führen, dass U ihre Klage auf § 48 VwVfG* stützen müsste, während das hier zu Grunde gelegte Verständnis eine Klage aus Art. 3 Abs. 1 GG eröffnete. Relevant würde dieser Unterschied für die Klagebefugnis und den Begründetheitsmaßstab.

88 Anspruchsvoraussetzung ist neben der Grundrechtsträgerschaft des Interessenten U eine ungerechtfertigte Ungleichbehandlung. Wenn der angegangene Verwaltungsträger die **Begünstigung bereits einer Vergleichsperson V gewährt** hat, stellt das bereits die Ungleichbehandlung dar, und die Rechtsfrage verdichtet sich darauf, ob diese ohne sachlichen Grund geschehen ist. Zwischen den Fällen von U und V dürfte dafür **kein Unterschied** bestanden haben, **der die Ungleichbehandlung tragen könnte**.

89 Besteht danach ein Anspruch, so schuldet der verpflichtete Hoheitsträger nicht direkt die begehrte Gewährung der Begünstigung, sondern zunächst nur die **Herstellung der Gleichbehandlung**. Die Verwaltung hat also grundsätzlich die Wahl, ob sie U begünstigen oder V die Begünstigung entziehen will. Nur wenn sie dabei zusätzlichen rechtlichen Bindungen unterliegt, kann sich der Anspruch auf eine dieser Optionen verdichten. Ein Vornahmeanspruch auf die Begünstigung setzt deshalb voraus, dass die Entziehung bei V ausgeschlossen ist, sei es rechtlich (etwa unter dem Gesichtspunkt des Vertrauensschutzes) oder tatsächlich (etwa bei irreversiblem Realakt).

Beispiele: Die Verwaltung hat mit V über die Begünstigung einen Vertrag geschlossen, von dem sie sich nicht einseitig lösen kann. – Die Verwaltung hat V die begehrte Impfung verabreicht, die sich aus deren Körper nicht mehr herausnehmen lässt.

Zusatzinformationen
- Ist der Verwaltung die Begünstigung von U verboten, hat U nach fast allgemeiner Auffassung darauf auch keinen Anspruch („keine Gleichheit im Unrecht").[47] Das Gleiche gilt nach allgemeinen Regeln auch bei tatsächlicher oder rechtlicher Unmöglichkeit der Begünstigung von U (entsprechend § 275 Abs. 1 BGB). In diesen Fällen bleibt daher als möglicher Anspruchsinhalt nur die Entziehung gegenüber V übrig.[48] Dieses konsequente Ergebnis lehnen noch immer viele ab („Neidanspruch"). Jedoch dürfte sich in diesen Fällen der Gleichheitssatz nur so verwirklichen lassen.
- Sind beide Optionen aus solchen Gründen ausgeschlossen, scheidet ein Anspruch ganz aus und kommt nur noch eine (Fortsetzungs-)Feststellungsklage infrage.

3. Entschädigung bei rechtmäßigem belastendem Verwaltungshandeln

Die grundrechtlichen Ansprüche setzten tatbestandlich alle einen ungerechtfertigten Eingriff bzw. eine ungerechtfertigte Ungleichbehandlung voraus, also ein rechtswidriges Verwaltungshandeln; entsprechend lag es bei den punktuell vorhandenen gesetzlichen Rückabwicklungsansprüchen. Bei der nun zu betrachtenden Gruppe von Ansprüchen ist das anders. Hier bleibt die Verwaltungshandlung, da rechtmäßig, mit ihren Folgen erhalten, aber der Betroffene erhält zum Ausgleich seiner Einbuße eine Zahlung („Entschädigung"). 90

Zusatzinformation
Entschädigung ganz ohne ein unmittelbar schädigendes staatliches Handeln – sei es rechtmäßig oder rechtswidrig – gewährt das Gesetz in einigen Situationen ebenfalls; sie sei hier nur zur Abgrenzung erwähnt. Dazu gehören namentlich die jetzt im SGB XIV geregelten Leistungen der „Sozialen Entschädigung" für Opfer von Gewalttaten (vormals Opferentschädigungsgesetz), Geschädigte aus den beiden Weltkriegen (vormals Bundesversorgungsgesetz) und Personen, die aus einer empfohlenen Schutzimpfung Schäden davontragen (§ 60 Infektionsschutzgesetz [IfSG]).

Hinter derartigen Entschädigungsansprüchen steht zum einen *politisch* der Wunsch, bestimmte auferlegte „Opfer" auszugleichen, zum anderen aber auch *verfassungsrechtlich* die Überlegung, dass die Gewährung einer Entschädigung für eine Belastung die Gesamtregelung überhaupt erst verhältnismäßig machen könnte. Insbesondere für manche Eigentumseingriffe hat man das angenommen („ausgleichspflichtige Inhalts- und Schrankenbestimmung"). Im Spezialfall des Art. 14 Abs. 3 S. 2 GG wäre die Belastung (hier: Enteignung) ohne Entschädigungsregelung sogar von vornherein verfassungswidrig („Junktimklausel"). 91

Der Grundsatz ist freilich, dass es **bei rechtmäßigem Verwaltungshandeln keine Entschädigung** gibt. Wird sie dennoch begehrt, muss man dafür eine besondere Anspruchsgrundlage finden. Verfassungsnormen helfen hier nicht unmittelbar weiter, denn die Grundrechte helfen von vornherein nur bei rechtswidrigem Verwaltungshandeln.[49] 92

---

[47] Lit.: *Reimer*, RW 2017, 1.
[48] Lit.: *Desens*, AöR 133 (2008), S. 404.
[49] Lit.: *Haack*, DVBl 2010, 1475.

93 Teilweise gibt es aber **gesetzliche Anspruchsgrundlagen**. Im Allgemeinen Verwaltungsrecht sind solche selten, es gibt aber einige davon im Fachrecht. Insgesamt lassen sich vor allem drei Fallgruppen identifizieren:

- die *Vertrauensentschädigung* für den Zugriff auf eine Begünstigung, auf deren Bestand jemand eigentlich vertrauen durfte;

    Beispiel: Die Aufhebung eines begünstigenden Verwaltungsakts aus Gründen des öffentlichen Interesses kann Entschädigungsansprüche nach § 48 Abs. 3 bzw. § 49 Abs. 6 VwVfG* auslösen (vgl. noch unten § 20 Rn. 8).

- die *Eigentümerentschädigung* für die Enteignung oder Entwertung von Eigentum;

    Beispiele: Die Entschädigung wegen Enteignung im engeren Sinne richtet sich meist nach den Enteignungsgesetzen der Länder (z. B. §§ 7–16 Landesenteignungsgesetz BW); auch Bundesgesetze, welche die Enteignung zulassen, verweisen oft darauf (etwa § 22 Allgemeines Eisenbahngesetz, § 19 Bundesfernstraßengesetz). – Nach § 39 BauGB werden Grundeigentümer entschädigt, deren Aufwendungen durch einen neuen Bebauungsplan frustriert worden sind.

- die *Nichtstörerentschädigung* für die Heranziehung Unbeteiligter zur Gefahrenabwehr.

    Beispiele: Entschädigt wird nach § 56 IfSG wegen Quarantäne- und ähnlicher Maßnahmen. – Entschädigt wird nach § 20 Gesetz über die Anwendung unmittelbaren Zwanges und die Ausübung besonderer Befugnisse durch Soldaten der Bundeswehr und verbündeter [= NATO-]Streitkräfte sowie zivile Wachpersonen (UZwGBw) wegen des Nutzungsausfalls bei Erklärung von Grundstücken zum Militärischen Sicherheitsbereich. – Nach den Polizeigesetzen (z. B. §§ 100, 101 PolG BW) haben Personen einen Entschädigungsanspruch, die, ohne für eine Gefahr verantwortlich zu sein, zu deren Abwehr verpflichtet werden.

94 Auch soweit eine gesetzliche Grundlage nicht besteht, werden unter den Stichworten „**Aufopferung**" und „**enteignender Eingriff**" meist dennoch Ansprüche auf Entschädigung wegen rechtmäßigen, aber übermäßig belastenden Verwaltungshandelns behauptet.[50] Das kann methodisch keineswegs überzeugen, darf aber angesichts einer ganz herrschenden Auffassung nicht vorenthalten werden. Voraussetzung soll das „Sonderopfer" des Anspruchstellers sein, also eine Belastung, die speziell diesen, aber nicht die Allgemeinheit trifft.

Zusatzinformation
Fernliegend sind hier Überlegungen, Bestimmungen des Allgemeinen Landrechts für die preußischen Staaten von 1794 – nämlich §§ 74, 75 der Einleitung – heranzuziehen. Sie dürfen keinesfalls unreflektiert übernommen werden („Der Anspruch ergibt sich aus dem ALR …"). Selbst wenn man trotz aller zwischenzeitlichen Gesetzgebung eine Fortgeltung der Vorschriften annehmen möchte (vgl. Art. 123 Abs. 1 GG), würde dies höchstens für die (Teile der) Länder gelten, die vormals zu Preußen gehörten – insbesondere also nicht für den größten Teil Baden-Württembergs, Bayerns und der Hansestädte. Herangezogen wird daher meist nur der „Rechtsgedanke" der Vorschriften; es wird also der Sache nach eine Norm des Gewohnheitsrechts behauptet.[51]

---

[50] Lit.: *Osterloh*, FS Papier, 2013, S. 547.
[51] So denn auch BGHZ 9, 83 (sub III 4).

V. Wichtige allgemeinverwaltungsrechtliche Ansprüche

Der **Rechtsweg** für die verwaltungsrechtlichen Entschädigungsansprüche geht 95
im Ausgangspunkt zu den Verwaltungsgerichten, weil diese Ansprüche stets gerade
einen Hoheitsträger treffen (vgl. § 3 Rn. 12). Sie sind allerdings vielfach durch abdrängende Sonderzuweisung den Zivilgerichten zugewiesen worden; dahinter steht
historisch – wie bei den Amtshaftungsansprüchen, Rn. 85 – deren als größer vorgestellten Distanz zur staatlichen Exekutive. Unmittelbar verfassungsrechtlich ist
diese Entscheidung in Art. 14 Abs. 3 S. 4 GG für die Enteignungsentschädigung getroffen. Für die Nichtstörerentschädigung schließt sich die Fachgesetzgebung oft an
(z. B. § 56 Bundespolizeigesetz und §§ 100–101 PolG BW).

4. Erstattung rechtsgrundloser Leistungen

Spezielle Studienliteratur: *Schoch*, Jura 1994, 82.

Ebenfalls kein Thema der Grundrechte ist die Rückabwicklung von Leistungen, die 96
ohne Rechtsgrund zwischen Rechtsträgern erbracht worden sind; rechtsgrundlose
Leistungen der Verwaltung sind in gewissem Sinne rechtswidrig, aber keine Belastung, und rechtsgrundlose Leistungen der Privaten sind schon kein Verwaltungshandeln. Es geht hier vielmehr um das öffentlich-rechtliche Spiegelbild des **Bereicherungsrechts**, das bloß keine §§ 812–822 BGB gleichkommende ausdrückliche allgemeine Regelung erfahren hat.[52]

In den Gebieten des Besonderen Verwaltungsrechts, die intensiv von Leistungs- 97
beziehungen zwischen Hoheitsträgern und Privaten geprägt sind, hat die Gesetzgebung für die Fälle rechtsgrundloser Leistungen **fachrechtliche Erstattungsansprüche** geschaffen. Das betrifft namentlich das Besoldungs- und Versorgungsrecht
der Beamten, Richter und Soldaten (§ 12 Abs. 2 BBesG und Landesparallelvorschriften), das Steuerrecht (§ 37 Abs. 2 AO) und sonstige Abgabenrecht (z. B. § 21
BGebG) und das Sozialrecht (§ 50 SGB X).

Das Allgemeine Verwaltungsrecht kennt dagegen im Wesentlichen nur *einen* 98
gesetzlichen Erstattungsanspruch, nämlich aus § 49a Abs. 1 S. 1 VwVfG* (vgl.
§ 20 Rn. 7, 84 ZI). Wie schon der Regelungsstandort erwarten lässt, betrifft dieser
allein Situationen, in denen ein Verwaltungsakt im Raum steht – auch von diesen
allerdings nicht alle. Für den Anspruchsinhalt gelten §§ 812–822 BGB mit gewissen
Modifikationen entsprechend (§ 49a Abs. 2–4 VwVfG*).

Beispiel: A erhielt für ihren Industriebetrieb eine an Auflagen geknüpfte, monatlich auszuzahlende Subvention. Da sie die Auflagen endgültig nicht erfüllt hat, widerruft die Behörde den Subventionsbescheid *ex tunc*. Damit erlischt nicht nur der Anspruch auf weitere Zahlungen, sondern A muss auch die bereits erhaltenen Monatsraten zurückgewähren.

Im Übrigen postuliert man einen **allgemeinen öffentlich-rechtlichen Erstattungs-** 99
anspruch, der bei Abwesenheit von Spezialregelungen die Funktion von § 812

---

[52] Lit.: *Lassar*, Der Erstattungsanspruch im Verwaltungs- und Finanzrecht, 1921; *W. Lorenz*, FS Lerche, 1993, S. 929.

BGB im Verwaltungsrecht übernehmen soll.[53] Die Diskussion um den rechtlichen Sitz der Anspruchsgrundlage ähnelt derjenigen zu den Unterlassungs- und (Folgen-)Beseitigungsansprüchen (siehe oben Rn. 57); die Versuche, einen Erstattungsanspruch aus dem Rechtsstaatsprinzip oder aus einer Gewohnheitsrechtsnorm herzuleiten, stoßen auf dieselben methodischen Bedenken wie dort. Am meisten spricht dafür, § 812 BGB direkt anzuwenden: Der Wortlaut ist offen; der Regelungszweck ist allgemein gefasst; die Entstehungsgeschichte schließt den Einbezug in verwaltungsrechtlichem Zusammenhang erbrachter Leistungen nicht aus (zumindest, soweit es um Bundesverwaltung oder -gesetze geht). Während das öffentliche Recht ein Sonderrecht der Hoheitsträger darstellt, bildet das Privatrecht das allgemeine Recht – seine Normen stehen nach diesem Verständnis für Anwendung durch alle Rechtsträger im Hintergrund bereit (vgl. § 2 Rn. 4).

Prüfungshinweis

▶ Im Gutachten empfiehlt es sich, die Frage der Anspruchsgrundlage unbeantwortet zu lassen und darauf hinzuweisen, dass nach allgemeiner Auffassung jedenfalls aus einer der diskutierten Normen der Anspruch folgt und die Voraussetzungen identisch sein sollen.

100 Der allgemeine öffentlich-rechtliche Erstattungsanspruch setzt voraus, dass keine vorgreifliche Spezialregelung gilt und (1) der Anspruchsteller dem Anspruchsgegner eine Leistung erbracht hat, für die es (2) an einem rechtlichen Grund fehlt. Letzteres bedeutet, dass zur Zeit der Leistung keine Pflicht dazu bestand. Darunter fällt es auch, wenn eine Pflicht mit Rückwirkung auf den Leistungszeitpunkt aufgehoben wurde (vgl. § 9 Rn. 29).

Beispiel: A hat mit der Gemeinde einen öffentlich-rechtlichen Vertrag geschlossen, sich darin zu einer Zahlung verpflichtet und diese auch geleistet. Der Vertrag erweist sich als unwirksam; die vermeintliche Zahlungspflicht war also nicht entstanden.

101 Der **Rechtsweg** für die verwaltungsrechtlichen Erstattungsansprüche geht zu den Verwaltungsgerichten, weil diese Ansprüche stets gerade einen Hoheitsträger treffen. Abdrängende Sonderzuweisungen wie bei den Amtshaftungs- und Entschädigungsansprüchen finden sich hier nicht.

Zusatzinformation
Nur soweit man bei Fehlen einer Spezialregelung § 812 BGB für direkt anwendbar hält, ließe sich auch für den ordentlichen Rechtsweg argumentieren (diesen Schritt gehen die meisten nicht). Auch auf dieser Grundlage wäre der Verwaltungsrechtsweg jedenfalls eröffnet, wenn der Hoheitsträger seinen vermeintlichen Anspruch durch Verwaltungsakt festgesetzt und sich damit einer sonderrechtlichen Befugnis berühmt hat (vgl. § 3 Rn. 16 f.). Überdies müsste auch ein Anspruch aus § 812 BGB prozessual nicht zwingend zu den Zivilgerichten führen, wenn man bei Erstattungsfällen für die Abgrenzung öffentlich-rechtlicher und bürgerlichrechtlicher Streitigkeiten nach

---

[53] Lit.: *Morlok*, Die Verwaltung 25 (1992), S. 371; *Ossenbühl*, NVwZ 1991, 513; *Weber*, Der Erstattungsanspruch, 1970; *Wallerath*, DÖV 1972, 221.

§§ 40 VwGO, 13 GVG auf den vermeintlichen Rechtsgrund der Leistung abstellt (vgl. § 3 Rn. 15); dieses Ergebnis dürfte die Regelungsabsicht der Rechtswegeröffnungsbestimmungen treffen, sachlich zusammenhängende Fragen demselben Rechtsweg zuzuweisen, und entspricht systematisch auch der Handhabung der parallelen Frage bei der Abgrenzung von Zivil- und Arbeitsrechtsweg (§ 2 Arbeitsgerichtsgesetz).

5. Ersatz von Aufwendungen

Auch Aufwendungsersatzansprüche lassen sich nicht unmittelbar aus den Grundrechten ableiten, sondern bedürfen einer einfachrechtlichen Anordnung. Wie im Privatrecht begegnen sie auch im Verwaltungsrecht in recht unterschiedlichen Konstellationen. **102**

Ähnlich § 670 BGB gibt es auch im Verwaltungsrecht **Auslagenersatz im Rahmen von Sonderbeziehungen** (vgl. auch § 26 Rn. 6 ZI). Ein praktisch wichtiger Fall sind die Ansprüche der Beamten, Richter und Soldaten auf Ersatz ihrer Reisekosten bei Dienstreisen; dafür gibt es in Bund und Ländern spezielle Reisekostengesetze (BRKG, LRKG). Auch darüber hinaus werden Auslagen ersetzt, hierfür kann § 670 BGB angewandt werden (direkt oder analog wie bei § 812 BGB, siehe oben Rn. 99). **103**

Beispiele: Major A reist dienstlich von Munster nach Münster und zurück. Nach § 3 BRKG erhält er Reisekostenvergütung; dazu gehören grundsätzlich Fahrtkosten, Übernachtungskosten und Verpflegungsmehraufwand („Tagegeld"). – Stadtrechtsoberrätin B kauft aus Zeitgründen ein dringend benötigtes Fachbuch für ihre Behörde selbst, überträgt der Stadt konkludent das Eigentum und beantragt anschließend Ersatz des ausgelegten Kaufpreises.

Eine Art von Sonderbeziehung begründen auch die verwaltungsrechtlichen Verfahren, wo den Beteiligten insbesondere **Anwaltskosten** entstehen können. Drei Gruppen einschlägiger Ersatzansprüche seien genannt: **104**

- Für das *Widerspruchsverfahren* gegen Verwaltungsakte (dazu § 19 Rn. 203 ff.) sieht § 80 VwVfG* einen entsprechenden Kostenerstattungsanspruch des obsiegenden Widerspruchsführers gegen den Verwaltungsträger vor. Die Kostenentscheidung im Widerspruchsbescheid nach § 73 Abs. 2 VwGO stellt diesen Anspruch fest.
- Für das *Gerichtsverfahren* (dazu im Zusammenhang § 30) enthalten §§ 154–164 VwGO ausführliche Regelungen zum Kostenerstattungsanspruch des obsiegenden gegen den unterliegenden Beteiligten. Der Anspruch wird hier in zwei Schritten begründet, nämlich zuerst vom entscheidenden Spruchkörper dem Grunde nach (§ 161 VwGO) und dann vom Urkundsbeamten des Gerichts der Höhe nach (§ 165 VwGO). Aus dem „Kostenfestsetzungsbeschluss" des Letzteren kann nach § 168 Abs. 1 Nr. 4 VwGO dann auch vollstreckt werden.
- Für das verwaltungsgerichtliche *Organstreitverfahren* (vgl. § 7 Rn. 44) nimmt man an, dass natürliche Personen, die als Organwalter ein Verfahren im Namen des Organs betreiben, ihre Auslagen für die Prozessführung von dem Verwaltungsträger ersetzt verlangen können. Als Anspruchsgrundlage kommt hier-

für bei Fehlen einer Spezialregelung am ehesten wieder § 670 BGB in Betracht, hier über die Sonderbeziehung „Organmitgliedschaft" zwischen Organwalter und Verwaltungsträger.

Beispiel für eine ausdrückliche Regelung: Der Gleichstellungsbeauftragten einer Dienststelle des Bundes werden die Aufwendungen für verwaltungsgerichtliche Organstreitverfahren gegen die Dienststellenleitung nach § 34 Abs. 4 Bundesgleichstellungsgesetz (BGleiG) ersetzt (und zwar nach dem Gesetz von der „Dienststelle", die dafür freilich Mittel ihres Verwaltungsträgers einsetzen muss, vgl. § 7 Rn. 12).

Zusatzinformation
Zeugen und Sachverständige bekommen für ihre Heranziehung in gerichtlichen Verfahren Ansprüche nach dem Justizvergütungs- und -entschädigungsgesetz (JVEG). Über § 26 Abs. 3 S. 2 VwVfG* gelten diese Vorschriften entsprechend auch für Zeugen und Sachverständige, die eine Behörde im Verwaltungsverfahren heranzieht.

105 Außerhalb von Sonder- und Verfahrensbeziehungen kann sich die Frage nach Aufwendungsersatz bei einer verwaltungsrechtlichen **Geschäftsführung ohne Auftrag** stellen.[54] Die Anspruchsgrundlage dafür wären §§ 670, 683 S. 1 BGB (direkt oder analog wie bei § 812 BGB, siehe oben Rn. 99). Ob und inwieweit dieser Anspruch auch im Verwaltungsrecht besteht, ist umstritten. Da hier mindestens ein Hoheitsträger beteiligt sein muss, ergeben sich drei Konstellationen, die je unterschiedliche rechtliche Gesichtspunkte aufrufen.

106 Ein Hoheitsträger besorgt das **Geschäft eines Privaten**: Das wird normalerweise im Rahmen seiner Aufgaben liegen, etwa wenn Polizei oder Feuerwehr private Interessen schützen. Dafür sehen teilweise Spezialregelungen den Ersatz der Einsatzkosten oder die staatliche Kostentragung vor (beides z. B. in § 34 Feuerwehrgesetz BW); daneben ist dann kein Raum für § 683 BGB. Außerhalb ausdrücklicher Kostenregelungen lässt die Grundrechtsbindung der Hoheitsträger eine aufgedrängte Geschäftsführung und erst recht die Belastung mit deren Kosten als problematisch erscheinen. Für einen etwaigen Grundrechtseingriff könnte man allerdings in § 683 BGB die gesetzliche Grundlage sehen.

107 Ein Hoheitsträger besorgt das **Geschäft eines anderen Hoheitsträgers**:[55] Auch in diesem Verhältnis liegt die Geschäftsführung oft im Rahmen der eigenen Aufgaben; so sind etwa die Polizeibehörden meist ausdrücklich mit der „Vollstreckungs-" oder „Vollzugshilfe" für andere Behörden betraut, wofür dann ausdrückliche Kostenregelungen getroffen sind (z. B. § 105 Abs. 4 PolG BW). Eine Reihe spezieller Ersatzansprüche gibt es auch für Sozialleistungsträger, die irrtümlich anstelle eines anderen Sozialleistungsträgers eine Leistung erbracht haben (allgemein §§ 102–114 SGB X, daneben z. B. §§ 40a SGB II, 121 SGB XIV) – was wegen der komplexen Zuständigkeitsordnung im Sozialrecht leicht passieren kann.

---

[54] Lit.: *Kreitmeier*, Die verwaltungsrechtliche Geschäftsführung ohne Auftrag, 2019; *Nedden*, Die Geschäftsführung ohne Auftrag im Öffentlichen Recht, 1994; *Wohlschläger*, Geschäftsführung ohne Auftrag im öffentlichen Recht und Erstattungsanspruch, 1977. Mit Blick auf das Polizeirecht *Schenke*, FS Bartlsperger, 2006, S. 529.

[55] Lit.: *Berger*, DÖV 2014, 662.

Ein Privater besorgt das **Geschäft eines Hoheitsträgers**: Diese Konstellation kommt praktisch kaum vor. Für rechtsförmige Geschäfte fehlt den Privaten die Kompetenz, bei dem fraglichem Geschäft kann es sich daher eigentlich nur um einen Realakt handeln. Wenn etwa jemand bei einem Unglücksfall Hilfe leistet, handelt er aber nicht für die Feuerwehr, sondern kommt einer eigenen, in § 323c StGB begründeten Pflicht nach; vielleicht wird er von einem Hoheitsträger sogar zur Hilfeleistung auf ordnungsrechtlicher Grundlage herangezogen, dafür gibt es dann aber spezielle Anspruchsgrundlagen zur Entschädigung (oben Rn. 93), sodass § 683 BGB jedenfalls verdrängt würde. Auch die Übereinstimmung mit dem Interesse und dem wirklichen oder mutmaßlichen Willen des Hoheitsträgers, die § 683 BGB verlangt, wird man normalerweise nur in Eilfällen annehmen wollen – es kann daher wohl nur um Maßnahmen gehen, die nicht einmal bis zum Eintreffen der Polizei oder der Feuerwehr aufgeschoben werden können. 108

Ein Spezialfall der Geschäftsführung ohne Auftrag ist die Verwahrung und Erhaltung einer **Fundsache**. Wenn sich ein Verwaltungsträger darum kümmert (z. B. nach Fund im Dienstgebäude) oder die Sache einem Verwaltungsträger gehört (und z. B. ein Privater den verlorenen Diensthund füttert), spricht nichts gegen einen Aufwendungsersatz nach § 970 BGB. 109

Der **Rechtsweg** für die speziell geregelten Aufwendungsersatzansprüche geht wegen der Sonderrechtscharakters zu den Verwaltungsgerichten. Soweit man BGB-Vorschriften unmittelbar zur Anwendung bringt, ist der ordentliche Rechtsweg eröffnet. 110

6. Erteilung von Informationen

Spezielle Studienliteratur: *Ehlers/Vorbeck*, Jura 2013, 1124, 2014, 34.

Ohne Pendant im Privatrecht – und ohne Verankerung in den Grundrechten – bestehen heute weitreichende Ansprüche gegen Verwaltungsträger auf Erteilung von Informationen.[56] Dahinter steht ein Kulturwandel in der Verwaltungsgesetzgebung, an die Stelle der früher allgemein üblichen Geheimhaltung (*arcana imperii*) eine größere Transparenz zu setzen. Mit der gleichzeitig massiv verstärkten Datenschutzgesetzgebung (auf die wir unter § 27 noch kommen) steht das freilich in einem Zielkonflikt, soweit es um personenbezogene Informationen geht.[57] 111

Informationen aller Art kann nach den Informationsfreiheitsgesetzen des Bund und der meisten Länder von den jeweiligen Behörden jeder verlangen, ohne ein rechtliches Interesse oder Ähnliches dartun zu müssen (§ 1 IFG und Parallelvorschriften).[58] Bezüglich personenbezogener Daten, Geschäftsgeheimnissen, Sicher- 112

---

[56] Lit.: *Kugelmann*, Die informatorische Rechtsstellung des Bürgers, 2001.
[57] Lit.: *Schoch*, in: Dix u. a. (Hg.), Informationsfreiheit und Informationsrecht. Jahrbuch 2012, S. 123.
[58] Lit.: *Hong*, NVwZ 2016, 953. In größerem Kontext für eine spezielle Konstellation: *Hevers*, Informationszugangsansprüche des forschenden Wissenschaftlers, 2015 (bes. S. 255–463).

heitsbelangen, laufender Verfahren u. a. gibt es gewisse Ausnahmen, worüber man mit der Behörde praktisch mitunter wird streiten müssen. Für den Bereich der Umweltinformationen gelten weiterhin das bereits vor dem IFG nach europäischen Vorgaben erlassene Umweltinformationsgesetz (im Bundesbereich, Anspruch nach § 3 UIG) und seine Parallelvorschriften in den Ländern,[59] für Informationen über Lebensmittel und andere Produkte das jüngere Verbraucherinformationsgesetz (im Bundes- und Landesbereich, Anspruch nach § 2 VIG).

Beispiel: A verlangt von der Naturschutzbehörde Einsicht in die Protokolle der letzten fünf Vogelzählungen im Landkreis.

113 **Informationen aus einem laufenden Verfahren** erhalten dessen Beteiligte grundsätzlich im Wege der Akteneinsicht. Für das Verwaltungsverfahren zum Erlass von Verwaltungsakten oder Abschluss von öffentlich-rechtlichen Verträgen folgt der Anspruch aus § 29 VwVfG*, für das gerichtliche Verfahren aus § 100 VwGO. Traditionell bedeutete das einen Termin in der Behörde bzw. im Gericht, wo die zum Verfahren gehörigen Aktenordner zur Einsicht in einem besonderen Raum auf einem Tisch bereitgelegt werden. Im Zuge des Übergangs zu elektronischer Aktenführung wird die Behörde eher einen virtuellen Datenraum zur Verfügung stellen oder einfach elektronische Dokumente übermitteln.

114 Auskunft über die gespeicherten personenbezogenen **Informationen über sich selbst** kann jede natürliche Person ebenso wie von privaten Datenverarbeitern auch von Hoheitsträgern nach Art. 15 DSGVO verlangen. Nur gegenüber Sicherheitsbehörden (in einem weiten Sinne), welche die DSGVO nicht erfasst, geben § 57 BDSG und entsprechendes Landesrecht gesonderte Ansprüche.

Beispiel: A befürchtet, von der Naturschutzbehörde als Querulantin abgestempelt zu werden, und verlangt Auskunft darüber, was man über sie alles notiert hat.

115 Der **Rechtsweg** für die Informationserteilungsansprüche geht grundsätzlich zu den Verwaltungsgerichten. Statthafte **Klageart** ist, da die Informationserteilung keinen Verwaltungsakt darstellt, grundsätzlich die allgemeine Leistungsklage (vgl. aber zum Streit und zu Spezialregelungen noch unten § 27 Rn. 20 f.).

Zusatzinformation
Bezüglich Art. 15 DSGVO ließe sich auch gut für den ordentlichen Rechtsweg argumentieren, weil diese Vorschrift kein Sonderrecht enthält und hoheitliche wie private Datenverarbeiter gleichermaßen anspricht (vgl. Rn. 76 ZI).

---

[59] Lit.: *Strohmeyer*, Das europäische Umweltinformationszugangsrecht als Vorbild eines nationalen Rechts der Aktenöffentlichkeit, 2003.

§ 14. Kompetenzen

I. Funktion und Arten

Als Kompetenz bezeichnet man im rechtstheoretischen Sprachgebrauch die Rechtsposition eines Rechtsträgers, durch ein eigenes Verhalten eine andere Rechtsposition – seiner selbst oder eines anderen Rechtsträgers – zu begründen, zu verändern oder aufzuheben. Wer eine Kompetenz hat, kann rechtlich etwas bewirken. Man spricht daher auch von einem „**rechtlichen Können**" oder einer „Rechtsmacht". 1

Zusatzinformation
Mit der Übernahme dieser Terminologie wird vorgeschlagen, den Begriff „Kompetenz" auch für das Verwaltungsrecht mit einer präzisen Bedeutung zu belegen.[1] Der aktuelle Verwaltungsrechtsdiskurs ist nicht immer so entschieden, bemüht sich auch gar nichts stets um die Differenzierung zwischen Können (Kompetenzen) und Sollen/Dürfen (Pflichten/Erlaubnisse). Deren genaue Unterscheidung ermöglicht aber einen noch klareren Aufbau des dogmatischen Systems und hilft überdies beim Verständnis des Verwaltungsrechts.

Die Kompetenzen bilden neben den Pflichten (und den diesen korrespondierenden Ansprüchen sowie den sie einschränkenden Erlaubnissen) die zweite Hauptsäule jeder Rechtsordnung und so auch des deutschen Verwaltungsrechts. Erst die Kompetenzen machen es möglich, dass die Rechtslage – die Gesamtheit der Rechtspositionen – sich über die Zeit verändert und nicht statisch bleibt. Diese Veränderungen treten ein, wenn ein Rechtsträger im Rahmen einer ihm zustehenden Kompetenz einen **Rechtsakt** vornimmt. Auf diese Weise verbinden sich über die Kompetenzen die Rechtspositionen (Thema des vorliegenden Teils III) mit den Rechtsakten (Thema des anschließenden Teils IV). 2

---

[1] Wir folgen hierin *Alexy*, Theorie der Grundrechte, 1985/1994, S. 211. Fruchtbar machen den Begriff auch, wenngleich anders akzentuierend, *Stettner*, Grundfragen einer Kompetenzlehre, 1983; *Neumeier*, Kompetenzen, 2022.

II. Erwerb und Verlust

3 Während im Privatrecht das Gesetz allen Rechtsträgern prinzipiell die gleichen Kompetenzen zuschreibt – insbesondere durch Verträge Schuldverhältnisse zu begründen und zu ändern (§ 311 Abs. 1 BGB), Forderungen abzutreten (§ 398 BGB) oder Eigentum zu übertragen (§ 929 BGB) –, kennzeichnet das Verwaltungsrecht wiederum eine ausgeprägte **Asymmetrie zwischen Hoheitsträgern und Privaten.** Erstere sind kraft Gesetzes mit einem überaus umfangreichen rechtlichen Können ausgestattet; Letztere verfügen über verwaltungsrechtliche Kompetenzen nur in engen Grenzen. Beide Gruppen sind durch abstrakte Rechtsakte, gemeinhin durch Gesetze, erteilt (allgemein § 9 Rn. 20 ff.); zum Kompetenzerwerb durch konkreten Rechtsakt kommt es so gut wie nie (sofern man wie hier die Kompetenzen eines Beliehenen als akzessorisch zu einem Status auffasst, vgl. § 10 Rn. 20 ZI).

Zusatzinformation
Ein Beispiel dafür, dass die Umgestaltung behördlicher Kompetenzen durch Verwaltungsakt nicht prinzipiell ausgeschlossen ist, geben §§ 73–76 Kulturgutschutzgesetz (KGSG): Die dort geregelte „Rückgabezusage" für verliehene Kunstwerke und dergleichen, die in Sonderausstellungen präsentiert werden sollen, nimmt späteren behördlichen Maßnahmen die Wirksamkeit und gewährt damit sozusagen freies Geleit.

1. Hoheitliche Kompetenzen

4 Den Hoheitsträgern ist ein umfassendes rechtliches Können eingeräumt, konkrete Rechtspositionen in Einzelfällen zu begründen, zu ändern und aufzuheben. Dieses **Können** geht sogar **über das Dürfen der Hoheitsträger hinaus** – insbesondere der Vorbehalt des Gesetzes (oben § 12 Rn. 15 f.) verbietet ihnen vieles, was sie nichtsdestoweniger zu bewirken im Stande sind. Das schiebt den Betroffenen die Last zu, sich gegebenenfalls rechtlich zur Wehr zu setzen („Anfechtungslast", dazu noch § 19 Rn. 5). Die Funktion dieses Auseinanderfallens von Können und Dürfen besteht darin, den Hoheitsträgern ein effektives und rechtssicheres Handlungsinstrument zu verschaffen.[2]

5 Die damit beschriebene Kompetenz wird durch Rechtsakte vom Typ „**Verwaltungsakt**" ausgeübt, denen wir uns dementsprechend ausführlich zu widmen haben werden (unten § 19). Dass diese Kompetenz bestehe, wurde lange Zeit ohne geschriebene gesetzliche Grundlage akzeptiert, was allerdings methodisch wie rechtsstaatlich bedenklich war. Heute lassen sich §§ 35, 43, 44 VwVfG* zusammen als Sitz der Kompetenz begreifen.

6 In der Sprechweise der Rechtspositionen räumt das VwVfG* die Kompetenz abstrakt jeder Behörde ein (§ 9 Rn. 20 ff.). Maßgeblich ist hierfür nach der Legaldefinition in § 1 Abs. 4 VwVfG (Länderfassung: § 1 Abs. 2), dass einer Stelle die Wahrnehmung von „Aufgaben der öffentlichen Verwaltung" auferlegt ist.

---

[2] Vgl. im Zusammenhang *Reimer*, Rechtstheorie 48 (2017), S. 417.

II. Erwerb und Verlust

Zusatzinformationen
- Ein Verlust dieser Kompetenz ist nicht vorgesehen. Er kann aber prinzipiell eintreten, wenn eine Stelle ihren Behördenstatus verliert, etwa im Zuge einer Privatisierung – so geschehen für die früheren Behörden der Bundesbahn und der Bundespost, soweit sie privatrechtliche Organisationseinheiten von Deutsche Bahn AG, Deutsche Post AG bzw. Deutsche Telekom AG geworden (und nicht einfach beseitigt worden) sind.
- Über § 1 VwVfG* erhalten auch die Beliehenen ihre hoheitlichen Kompetenzen. Kennengelernt haben wir den Beliehenen als einen besonderen Typus des Verwaltungsträgers, nämlich als Privatrechtssubjekt, das mit hoheitlichen Aufgaben und Befugnissen betraut wurde (oben § 10 Rn. 20 ff.). Den Mechanismus dafür können wir nun noch genauer beschreiben: Sobald dem Privatrechtssubjekt die Wahrnehmung einer Aufgabe der öffentlichen Verwaltung zugewiesen ist, gilt es dem Gesetz als Behörde und wächst ihm damit kraft Gesetzes die Kompetenz zu, Verwaltungsakte zu erlassen.

In gleicher Weise abstrakt eingeräumt ist den Behörden die Kompetenz, durch Rechtsakte vom Typ „**öffentlich-rechtlicher Vertrag**" Rechtspositionen in Einzelfällen zu begründen, zu ändern oder aufzuheben. Auch diese Kompetenz werden wir noch aus der Perspektive der Rechtsakte betrachten (unten § 22). Sie kann im Unterschied zur Verwaltungsaktkompetenz nicht einseitig, sondern nur im Zusammenwirken mit einem Vertragspartner ausgeübt werden. Ihre gesetzliche Grundlage findet sich heute – nachdem auch hierüber früher Streit bestand – in § 54 VwVfG*.

Generell zur Verfügung steht den Hoheitsträgern auch die Kompetenz, verwaltungsinterne Regelungen zu treffen, das heißt im Wesentlichen: gegenüber ihren Bediensteten dienstliche Pflichten zu begründen. Wir sprechen hier von **Innenrechtsakten** (unten § 25). Die gesetzlichen Grundlagen enthält vor allem das Dienstrecht, insbesondere §§ 62 BBG, 35 BeamtStG für die wichtige Gruppe der Bediensteten im Beamtenstatus.

Weitere Kompetenzen insbesondere für **abstrakte Rechtsakte** sind nicht generell im VwVfG* oder einem anderen allgemeinverwaltungsrechtlichen Gesetz gegeben, sondern werden nur punktuell im Fachrecht erteilt. Wir betrachten diesen Typus später im Zusammenhang; es geht hier im Wesentlichen um Rechtsverordnungen und Satzungen (unten § 23).

2. Private Kompetenzen

Deutlich geringer ausgeprägt ist im Verwaltungsrecht das rechtliche Können der Privaten (dazu auch noch § 18 aus der Perspektive der möglichen Rechtsakte Privater). Am weitesten reicht hier noch die Kompetenz, durch **öffentlich-rechtlichen Vertrag** Rechtspositionen in Einzelfällen zu begründen, zu ändern oder aufzuheben (oben Rn. 7 und unten § 22) – eine Kompetenz, die ihnen nach § 54 VwVfG* allerdings nur im Zusammenwirken mit einem Hoheitsträger zur Verfügung steht.

Immerhin lassen sich einige Kompetenzen zur **Änderung, Aufhebung und Übertragung von Rechtspositionen** anführen, die den Privaten zur alleinigen Ausübung (oder zur Ausübung im Zusammenwirken mit anderen Privaten) zustehen:

- Kompetenzen zur Umgestaltung von Rechtspositionen aus öffentlich-rechtlichen Verträgen (*Gestaltungskompetenzen* oder, üblicher, -rechte), die wie ihre privatrechtlichen Pendants durch einseitiges Rechtsgeschäft gegenüber dem Vertragspartner ausgeübt werden.

  Beispiele: Anfechtungsrechte (§§ 119 ff. BGB über § 62 S. 2 VwVfG*), Kündigungsrechte (§ 60 VwVfG*), Rücktrittsrechte (vertraglich eingeräumte oder § 323 BGB u. a. über § 62 S. 2 VwVfG*).

- Kompetenzen zur Aufhebung eigener Rechtspositionen (*Verzichtskompetenzen*), soweit ein Verzicht jeweils vorgesehen ist (vgl. oben § 10 Rn. 16, § 11 Rn. 43, § 13 Rn. 33).[3]

  Beispiele: Kompetenz zum einseitigen Verzicht auf die Approbation als Arzt (§ 9 Bundesärzteordnung) oder Zahnarzt (§ 7 Zahnheilkundegesetz).

- Kompetenzen zur Übertragung eigener Rechtspositionen durch Vertrag mit dem Empfänger (*Übertragungskompetenz*), soweit eine Übertragung jeweils vorgesehen ist (vgl. oben § 10 Rn. 14, § 11 Rn. 15, § 13 Rn. 27). Wo kein Spezialgesetz besteht, ergibt sich die Kompetenz aus §§ 398, 413 BGB (direkt oder analog).

  Beispiel: Kompetenz zur Übertragung von Treibhausgas-Emissionszertifikaten nach § 7 Abs. 3 Treibhausgas-Emissionshandelsgesetz (TEHG).

12 Kompetenzen zur **Begründung von Rechtspositionen** sind noch seltener, aber ebenfalls nicht ausgeschlossen. Einige Rechtspositionen erwirbt man immerhin akzessorisch zu disponiblen Privatrechtspositionen; die Ausübung entsprechender privatrechtlicher Kompetenzen begründet dann zumindest mittelbar auch verwaltungsrechtliche Rechtspositionen.

Beispiele: Bestimmte Personen können durch eigene einseitige Erklärung die deutsche Staatsangehörigkeit erwerben (§ 5 Staatsangehörigkeitsgesetz). – Geht die aufenthaltsberechtigte Ausländerin A eine Ehe mit Ausländerin B ein (Privatrechtsgeschäft), erwirbt unter gewissen Voraussetzungen B einen Anspruch auf Erteilung einer Aufenthaltserlaubnis (§ 30 Aufenthaltsgesetz).

13 Den privaten Kompetenzen zuordnen lassen sich schließlich noch die **Wahlrechte**, wenn man eine Wahl als Gesamtakt begreift, in dem die Wählerschaft eine gemeinsame Kompetenz ausübt. Derartige Wahlrechte bestehen nicht nur kraft Verfassungsrechts und Bundes- bzw. Landeswahlgesetzen für die Wahlen zu Bundestag und Landesparlamenten, sondern auch kraft Verwaltungsrechts für die Wahlen zu den Vertretungsorganen der körperschaftlich verfassten Verwaltungsträger (vgl. oben § 6 Rn. 29 ff.).

---

[3] Lit.: *Illian*, Der Verzicht Privater im Verwaltungsrecht, 1993.

III. Ausübung

Beispiele: Kompetenz der Gemeindebürger zur Wahl der Gemeindevertretung nach den Gemeindeordnungen und Kommunalwahlgesetzen der Länder. Kompetenz der Universitätsangehörigen zur Wahl des Akademischen Senats nach den Hochschulgesetzen der Länder. Kompetenz der gesetzlich Krankenversicherten zur Wahl der Vertreterversammlung ihrer Krankenkasse nach § 46 SGB IV („Sozialwahl").

Zusatzinformation
Ein weiteres privates Wahlrecht besteht für Bedienstete von Verwaltungsträgern, die in ihren Dienststellen u. a. sogenannte Personalräte als Interessenvertretung gegenüber der Dienststellenleitung bilden (vgl. § 7 Rn. 36 ZI). Diese Kompetenz ergibt sich aus § 14 Bundespersonalvertretungsgesetz und Landesparallelvorschriften.

III. Ausübung

Kompetenzen werden von ihren Inhabern nicht geltend gemacht oder durchgesetzt, sondern durch die Vornahme der entsprechenden Rechtsakte ausgeübt. Wenn die Rechtsakte sich in den Grenzen der bestehenden Kompetenzen halten, verändert sich dann die Rechtslage ohne weiteres Zutun. Alle Rechtsträger müssen somit von der neuen Rechtslage ausgehen. 14

Anders liegen die Dinge, wenn ein Rechtsakt vorgenommen wird, ohne dass der Rechtsträger über eine entsprechende Kompetenz verfügte. Die anvisierte Veränderung der Rechtslage tritt dann nicht ein. Über diese Frage kann aber Streit entstehen, wenn der Rechtsträger seine Kompetenz für weitergehend und seinen Rechtsakt für wirksam hält. Ein anderer Interessent kann dann mit der allgemeinen Feststellungsklage vorgehen und sich gerichtlich bestätigen lassen, dass die fragliche Rechtsposition noch so besteht wie zuvor. Speziell für den Fall eines nichtigen Verwaltungsaktes gibt § 43 Abs. 1 Var. 2 VwGO eine eigene Nichtigkeitsfeststellungsklage (unten § 19 Rn. 240 f.), deren Gegenstand dann ausnahmsweise nicht die Rechts*position* (und deren Fortbestehen), sondern der Rechts*akt* (und dessen Unwirksamkeit) ist. 15

Eher selten wird es Raum geben für eine allgemeine Feststellungsklage des Inhabers einer Kompetenz. Normalerweise wird dieser an der Feststellung kein berechtigtes Interesse haben, schließlich kann er seine Kompetenz einfach unmittelbar ausüben. Daran mag sich eine Feststellungsklage in Bezug auf die damit veränderten Rechtspositionen anschließen, doch hätte diese jedenfalls nicht die Kompetenz als solche zum Gegenstand. 16

§ 15. Eigenschaften von Sachen

I. Funktion und Arten

Wie den Personen, so werden auch den Sachen Rechtspositionen zugeschrieben. Das Gesetz spricht von **öffentlich-rechtlichen Eigenschaften** der Sachen (§ 35 S. 2 Var. 2 VwVfG*). Das entsprechende Teilgebiet des Allgemeinen Verwaltungsrechts nennt man „**öffentliches Sachenrecht**".[1] Sachen mit bestimmten öffentlich-rechtlichen Eigenschaften heißen auch „öffentliche Sachen" (der Begriff wird meist solchen mit bestimmten typischen Anknüpfungen vorbehalten, unten Rn. 15 ff.).

1

Zusatzinformation
Unser Thema ist an dieser Stelle das öffentliche Sachenrecht, soweit es dem Allgemeinen Verwaltungsrecht zuzuordnen ist. Seine einzelnen Anwendungsfelder, wie sie im Folgenden zum Vorschein kommen werden, spannen jeweils ein eigenes Teilrechtsgebiet auf, das man als Besonderes öffentliches Sachenrecht bezeichnen kann. Am prominentesten ist hier das Straßenrecht[2]; weniger beachtet ist etwa das Archivrecht.[3]

Wenn im Recht Sachen in Erscheinung treten, dann entweder auf der Rechtsfolgenseite einer Norm als Objekt, mit dem etwas zu tun ist (z. B. bei einer Herausgabepflicht), oder auf der Tatbestandsseite einer Norm als Objekt, von dessen Eigenschaften gewisse Folgen abhängen (z. B. darf, wenn eine Drohne in eine Menschenmenge zu fliegen droht, die Polizei einschreiten). Solche Eigenschaften können tatsächlicher Art sein (wie eben die Gefährlichkeit), sie können aber auch rechtlich zugeschrieben werden (wie z. B. das privatrechtliche Eigentum).

2

---

[1] Lit.: *Hardinghaus*, Öffentliche Sachherrschaft und öffentliche Sachwaltung, 1968; *Kromer*, Sachenrecht des Öffentlichen Rechts, 1985; *Lepsius*, Besitz und Sachherrschaft im öffentlichen Recht, 2002; *Merli*, Die Verwaltung 22 (1989), S. 445; *Niehues*, Dinglichkeit im Verwaltungsrecht, 1963; *Stelkens*, Die Verwaltung 46 (2013), S. 493.

[2] Lit.: *Siegel/Jaster/Knoblauch*, VerwArch 114 (2023), S. 1.

[3] Lit.: *Janssen*, DVBl 2020, 670.

3   Naheliegenderweise handelt es sich bei diesen Eigenschaften nicht um Pflichten, Ansprüche, Erlaubnisse oder Kompetenzen, sondern ausschließlich um andere **Status**. Wäre dies anders, würde man die Zurechnungspunkte schließlich nicht mehr als Sachen, sondern als potenziell Handelnde und damit selbst als Rechtsträger einordnen.

4   Freilich kann mit dem Status einer Sache die **Rechtsposition einer Person einhergehen**. So liegt es häufig bei sachbezogenen Erlaubnissen, wie sie Privaten erteilt werden. Dass man diese Situation auch aus der Perspektive der Sache als deren Status beschreiben kann, interessiert dann für gewöhnlich nicht weiter.

Beispiele: A erhält die Erlaubnis zum Besitz einer bestimmten Waffe nach § 10 Waffengesetz, die in ihre Waffenbesitzkarte eingetragen wird. – B erhält die Erlaubnis zum Führen einer bestimmten Kampfhündin, wie sie einem bestimmten Halter-Hund-Gespann erteilt wird (z. B. nach § 3 Kampfhundeverordnung BW).

Wenn von öffentlichen Sachen die Rede ist, geht es deshalb regelmäßig um öffentlich-rechtliche Eigenschaften, die nicht unmittelbar der Rechtposition einer Person entsprechen. Darauf konzentrieren auch wir uns im Folgenden.

5   Der **Begriff der Sache** erfasst auch im Verwaltungsrecht zunächst Sachen im bürgerlichrechtlichen Sinne (§ 90 BGB). Von Interesse sind davon insbesondere:

- Grundstücke (wichtigster Fall),

    Beispiele: Grundstücke können z. B. als „Straße" nach Landesrecht, als Bundesfernstraße oder als Eisenbahnfläche gewidmet werden. – Sie können mit einer „Baulast" belastet werden, die die Bebauung der Nachbargrundstücke erleichtert (z. B. nach § 71 LBO BW).

- Gebäude und Räume (unabhängig vom Grundstück),

    Beispiele: Gebäude können die Eigenschaft erhalten, ein „Kulturdenkmal von besonderer Bedeutung" zu sein (z. B. nach §§ 12 ff. Denkmalschutzgesetz [DSchG] BW). – Die Eigenschaft, „amtlich versiegelt" zu sein (mit der Strafandrohung nach § 136 Abs. 2 StGB – „Siegelbruch"), können Wohn- und Gewerberäume (hier als Modalität der polizeilichen Sicherstellung/Beschlagnahme) oder auch Baustellen (z. B. nach § 64 Abs. 2 LBO BW) erhalten. – Wohnungen können auch „öffentlich gefördert" sein (§ 13 Wohnungsbindungsgesetz).

- bewegliche Sachen,

    Beispiele: Wenn etwa die Polizei sie sicherstellt oder beschlagnahmt (z. B. nach §§ 37, 38 PolG BW), sind sie „öffentlich-rechtlich verstrickt". – Bewegliche Sachen können auch „nationales Kulturgut" sein und dann besonderen Regeln unterliegen (§ 6 Kulturgutschutzgesetz [KGSG]). – Ein Personalausweis kann die Eigenschaft haben, „ungültig" zu sein (§ 28 Personalausweisgesetz [PAuswG]). – Saatgut kann die Eigenschaft erhalten, „anerkannt" zu sein (§ 4 Saatgutverkehrsgesetz).

6   Über den Sachbegriff des § 90 BGB hinaus sind Gegenstand des öffentlichen Sachenrechts auch gewisse **Sachgesamtheiten**. Sie begegnen typischerweise als „öffentliche Einrichtungen",[4] zu denen oft gesetzliche Zulassungsansprüche bestehen (dazu unten Rn. 25 f.).

---

[4] Lit.: *Roth*, Die kommunalen öffentlichen Einrichtungen, 1998.

I. Funktion und Arten

Beispiele: Das von der Gemeinde betriebene Schwimmbad, bestehend aus Grundstück, Zubehör und laufendem Betrieb. – Die von Bund, Land, Kommune oder Hochschule betriebene Bibliothek, mit den Medieneinheiten, den Lesesälen und Magazinen und der Verwaltung (hier lässt sich zusätzlich zu der Einrichtung als ganzer auch jedes einzelne Buch als [bewegliche] öffentliche Sache verstehen).[5] – Auch behördliche Internetportale kann man in diesem Sinne als öffentliche Sachen deuten.[6]

Immobilien können darüber hinaus auch noch kollektiv mit öffentlich-rechtlichen Eigenschaften belegt und der **Raum** damit in größerem Umfang öffentlich-rechtlich strukturiert werden. Solche Zuschreibungen finden sich vor allem im Baurecht und Umweltrecht als Rechtsgebieten, die stark raumbezogen angelegt sind, aber auch gelegentlich im Polizei- und Ordnungsrecht.

Beispiele: Baugebiete (§ 9 BauGB), Naturschutzgebiete (§ 23 Bundesnaturschutzgesetz [BNatSchG]), Wasserschutzgebiete (§ 51 Wasserhaushaltsgesetz [WHG]), militärische Sicherheitsbereiche (§ 2 Abs. 2 Gesetz über die Anwendung unmittelbaren Zwanges und die Ausübung besonderer Befugnisse durch Soldaten der Bundeswehr und verbündeter [= NATO-]Streitkräfte sowie zivile Wachpersonen [UZwGBw]).

Zusatzinformation
Wenn man allgemeiner vom „öffentlichen Raum" spricht, geht es in rechtlicher Hinsicht dabei vor allem um Grundstücke, die dem Gemeingebrauch unterliegen (unten Rn. 16 ff.) oder die aus anderen Rechtsgründen jeder nutzen darf.[7] Kein Begriff des geltenden Rechts ist der „rechtsfreie Raum".[8]

Die öffentlich-rechtlichen Eigenschaften einer Sache treten normalerweise neben die privatrechtlichen. Insbesondere bleibt die Eigentumslage erhalten, die Sache behält also ihren bisherigen Eigentümer (bzw. bleibt herrenlos). Der Verwaltungsträger, der die öffentlich-rechtliche Eigenschaft verleiht und verwaltet, heißt **öffentlicher Sachherr**. Er kann zugleich privatrechtlicher Eigentümer und/ oder Besitzer sein, aber muss es nicht. Eine spezielle Rolle mancher Sachherrn ist die des **Baulastträgers**; das bedeutet, dass sie die Instandhaltung der Sache organisieren und finanzieren müssen.

Beispiele: Der Bund ist privatrechtlicher Eigentümer der Bundesautobahnen (Art. 90 Abs. 1 GG), die zugleich öffentlich-rechtlich gewidmete Straßen sind. Nach § 5 Abs. 1 Bundesfernstraßengesetz (FStrG) ist der Bund auch Träger der Straßenbaulast. – A ist privatrechtliche Eigentümerin eines Grundstücks; einen Teil davon hat die Gemeinde zur öffentlich-rechtlichen Verkehrsfläche gewidmet (z. B. nach § 2 Abs. 1 StrG BW). Dann ist die Gemeinde öffentliche Sachherrin des Grundstückteils und insoweit auch Trägerin der Straßenbaulast (z. B. nach § 44 StrG BW). – Der Bund ist öffentlicher Sachherr und auch privatrechtlicher Eigentümer der Personalausweise (§ 4 Abs. 2 PAuswG); diese werden Privaten zum Besitz überlassen.

---

[5] Lit.: *Nitze*, Die Rechtsstellung der wissenschaftlichen Bibliotheken, 1967.
[6] Vgl. *Ingold*, Die Verwaltung 48 (2015), S. 525.
[7] Lit.: *Lenski*, JuS 2012, 984; *Siehr*, Das Recht am öffentlichen Raum, 2016.
[8] Lit.: *Rottenwallner*, VR 2017, 253.

9 In Teilbereichen des öffentlichen Sachenrechts – vor allem im Hamburger Landesrecht – wird dagegen das Privatrecht ganz ausgeschlossen. Die Rede ist dann von **öffentlichem Eigentum**. Zumindest die Rechtswegfrage ist dann eindeutig zugunsten des Verwaltungsrechtswegs vorentschieden. Für materiellrechtliche Einzelfragen muss man mangels Regelung u. U. teilweise das BGB-Sachenrecht entsprechend heranziehen.

> *Beispiel:* „Hochwasserschutzanlagen, die auf Grund einer in das Wasserbuch eingetragenen Planfeststellung oder Genehmigung [...] errichtet worden sind und der Freien und Hansestadt Hamburg gehören, stehen in öffentlichem Eigentum der Freien und Hansestadt Hamburg (öffentliche Hochwasserschutzanlagen). [...] Die in öffentlichem Eigentum stehenden Gegenstände sind dem Rechtsverkehr entzogen. Die Vorschriften des bürgerlichen Rechts, insbesondere über den Besitz und das Eigentum, werden nicht angewendet" (§ 4a Abs. 1 S. 1, Abs. 2 S. 2, 3 Hamburgisches Wassergesetz).

10 Oft werden die öffentlichen Sachen nach **Nutzungsarten** eingeteilt. Dann kann man unterscheiden:

- Sachen im *Gemeingebrauch*, bei denen eine öffentlich-rechtliche Nutzungserlaubnis für jedermann besteht (unten Rn. 16 ff.) – Paradigma „Straße";
- Sachen im *Anstaltsgebrauch*, bei denen die Nutzung einer besonderen Zulassung bedarf, worauf allerdings oftmals ein öffentlich-rechtlicher Anspruch besteht (unten Rn. 23 ff.) – Paradigma „Schwimmbad";
- Sachen im *Verwaltungsgebrauch*, die, wenn in private Hände gelangt, manchmal einem öffentlich-rechtlichen Herausgabeanspruch unterliegen (unten Rn. 27 ff.) – Paradigma „Dienstsiegel";
- Sachen im *Privatgebrauch*, die gerade in privater Hand ihre öffentlich-rechtliche Funktion erfüllen – Paradigmen „Personalausweis" und „Denkmal".

II. Erwerb

11 Öffentlich-rechtliche Eigenschaften einer Sache können insbesondere **durch Verwaltungsakt** festgelegt werden. Davon spricht § 35 S. 2 Var. 2 VwVfG* ausdrücklich. Hauptfall ist die „**Widmung**" der Sache zu einem bestimmten Zweck.[9]

> *Beispiele:* Ein Grundstück wird zur öffentlichen Straße gewidmet (z. B. nach § 5 StrG BW). Auch die (Neu- oder Um-)Benennung einer Straße geschieht in dieser Weise (z. B. nach § 5 Abs. 4 GemO BW). – Eine kulturell wertvolle bewegliche oder unbewegliche Sache oder Sachgesamtheit erhält in manchen Ländern erst durch behördliche „Unterschutzstellung" einen Schutzstatus (z. B. § 5 Denkmalschutzgesetz NRW); in Baden-Württemberg kann der behördlich verliehene Status als „eingetragenes Kulturdenkmal" zusätzlichen Schutz begründen (z. B. §§ 12–15 DSchG BW). – Das Bundesministerium der Verteidigung darf Grundstücke vorübergehend zum „militärischen Sicherheitsbereich" erklären (§ 2 Abs. 2 UZwGBw).

---

[9] Lit.: *Axer*, Die Widmung als Schlüsselbegriff des Rechts der öffentlichen Sachen, 1994; *Gornig*, Die sachbezogene hoheitliche Maßnahme, 1985.

An die Stelle des Verwaltungsakts kann manchmal auch eine **Rechtsverordnung** 12
oder Satzung in der Funktion eines konkreten Rechtsakts treten (vgl. § 23 Rn. 13).
Dieser Mechanismus begegnet häufig, wenn es um Eigenschaften ganzer räumlicher Gebiete geht (oben Rn. 7), aber auch bei Widmungen von Sachgesamtheiten
zu öffentlichen Einrichtungen (oben Rn. 6). Hauptfall ist aber der **„Bebauungsplan"**, der konkreten Grundstücken Bebaubarkeitseigenschaften verleiht und
grundsätzlich als Satzung ergeht.

Beispiel: Die Gemeinde erklärt die Flurstücke eines Ortsteils durch Bebauungsplan zum „Gewerbegebiet" (§ 8 Baunutzungsverordnung).

Auch abstrakt **durch Gesetz** erhalten Sachen vielfach Eigenschaften. Nach Art 13
einer Grundschuld für Abgabenschulden tragen etwa manche Grundstücke kraft
Gesetzes eine „öffentliche Last".[10]

Beispiele: Den Denkmalstatus haben kulturell wertvolle Sachen nach manchen Landesrechten bereits kraft Gesetzes (z. B. §§ 2, 8 DSchG BW). – „Die Beitragspflicht der dinglichen Verbandsmitglieder ruht als öffentliche Last auf den Grundstücken, Bergwerken und Anlagen, mit denen die dinglichen Verbandsmitglieder an dem Verband teilnehmen" (§ 29 S. 2 Wasserverbandsgesetz).

III. Verlust

Auf den gleichen Wegen kann eine Sache ihre öffentlich-rechtlichen Eigenschaften 14
auch wieder verlieren.[11] Das Gegenstück zur Widmung ist die **Entwidmung** als
konkreter Rechtsakt, bei Straßen auch „Einziehung" genannt. Bei gleichzeitiger
neuer Widmung ist von „Umwidmung" die Rede, speziell für Straßen, deren Rang
geändert wird, auch von „Um-", „Ab-" bzw. „Aufstufung".

Beispiele: „Eine Straße kann eingezogen werden, wenn sie für den Verkehr entbehrlich ist oder wenn überwiegende Gründe des Wohls der Allgemeinheit die Einziehung erforderlich machen" (§ 7 Abs. 1 S. 1 StrG BW). – Ein für die Eisenbahn nicht mehr benötigtes Grundstück im Geltungsbereich eines eisenbahnrechtlichen Planfeststellungsbeschlusses kann nach § 23 Allgemeines Eisenbahngesetz von Bahnbetriebszwecken freigestellt werden. Es unterliegt dann nicht mehr den Vorschriften dieses Gesetzes und darf insbesondere wieder von der Gemeinde beplant werden.

IV. Typische Anknüpfungen

Eigenschaften von Sachen betreffen unmittelbar niemandes Verhalten (oben Rn. 3). 15
Was wir bei den anderen Rechtspositionsarten als „Geltendmachung" behandelt
haben (§ 9 Rn. 53 ff.), wird hier deshalb funktional ersetzt durch **Anknüpfungen an**

---

[10] Lit.: *Bartels*, Öffentlich-rechtliche dingliche Rechte und dingliche öffentliche Lasten, 1970.
[11] Lit.: *Schmitz-Valckenberg*, Entwidmung und bahnfremde Nutzung von Bahnanlagen, 2002.

öffentlich-rechtliche Eigenschaften in Verwaltungsrechtsnormen, die Pflichten, Erlaubnisse und Ansprüche *in Bezug auf die Sache* begründen oder einschränken. Diese wiederum sind Rechtsträgern zugeordnet, und aus deren Konflikten miteinander ergeben sich auch auf dem Gebiet des öffentlichen Sachenrechts Verwaltungsrechtsfälle verschiedener Gestalt.

1. „Gemeingebrauch" – Erlaubnis zur Nutzung

Spezielle Studienliteratur: *Ellerbrok*, Jura 2024, 600.

16 Im Vordergrund vieler Darstellungen des öffentlichen Sachenrechts steht das Rechtsinstitut des **Gemeingebrauchs**. Diesen knüpft das Gesetz als akzessorische Eigenschaft an manchen Sachstatus, der normalerweise durch Widmung erworben wird (oben Rn. 11). Der Gemeingebrauch stellt selbst keinen Anspruch dar, weil er nicht auf *fremdes* Handeln, sondern den *eigenen* Gebrauch gerichtet ist; insoweit erweist er sich als Erlaubnis, die jedermann zusteht. Wie stets bei positiven Erlaubnissen (wie wir oben sahen, § 11 Rn. 1 f.) folgt die praktische Bedeutung aber erst daraus, dass gegenläufige Rechtspositionen eingeschränkt werden. Hier sind das nicht Genehmigungserfordernisse (§ 11 Rn. 3, 7), sondern die allgemeinen Pflichten zur Unterlassung der Beeinträchtigung fremder Sachen und der entsprechende privatrechtliche Anspruch des Eigentümers auf Störungsunterlassung aus § 1004 BGB. Soweit eine Sache verwaltungsrechtlich im Gemeingebrauch steht und jemand sie in dessen Grenzen nutzt, kann ihr Eigentümer dementsprechend nicht Unterlassung verlangen; der Gemeingebrauch fungiert, privatrechtlich gesprochen, als Einwendung.

Beispiele: Öffentliche Straßen und Wege stehen nach Landesrecht im Gemeingebrauch (z. B. § 13 StrG BW). Bundesrechtlich stehen Bundesautobahnen und Bundesstraßen (zusammen „Bundesfernstraßen") nach § 7 Abs. 1 FStrG sowie Wasserstraßen nach § 5 S. 1 Bundeswasserstraßengesetz (WaStrG) im Gemeingebrauch.

17 Wenn widmender Verwaltungsträger und Eigentümer der Sache nicht identisch sind, greift die Widmung zum Gemeingebrauch in das Eigentumsrecht des letzteren ein. Für eine rechtmäßige Widmung benötigt die Verwaltung in diesem Fall entweder die (freiwillige, z. B. in Hinsicht auf eine Gegenleistung abgegebene) Zustimmung des Eigentümers oder eine (gesetzliche) Befugnis.

Beispiel: Nach § 5 Abs. 1 StrG BW setzt die Widmung voraus, „daß der Träger der Straßenbaulast Eigentümer der Straße dienenden Grundstücke ist oder die Eigentümer und die sonst zur Nutzung dinglich Berechtigten der Widmung zugestimmt haben oder der Träger der Straßenbaulast den Besitz durch Vertrag, durch Einweisung nach § 37 Abs. 1 des Landesenteignungsgesetzes oder in einem sonstigen gesetzlich geregelten Verfahren erlangt hat".

18 Wo die **Grenzen des Gemeingebrauchs** überschritten werden, besteht dieses Jedermannsrecht nicht. Der Eigentümer kann eine solche Nutzung deshalb grundsätzlich über § 1004 BGB verhindern. Teilweise verdrängt diesen Unterlassungsanspruch allerdings eine verwaltungsrechtliche Spezialregelung, nämlich ein präventives Verbot mit

Erlaubnisvorbehalt (Genehmigungserfordernis), das nicht der Eigentümer, sondern der öffentliche Sachherr durchsetzt. Eine verwaltungsrechtlich präventiv verbotene Nutzung über die Grenzen des Gemeingebrauchs hinaus nennt man **„Sondernutzung"**.

> *Beispiele:* Gastwirtin G möchte Cafétische auf dem Gehweg vor ihrem Lokal aufstellen; da das nicht mehr zum Verkehrszweck der Straße gehört, benötigt sie dafür eine Erlaubnis (siehe z. B. § 16 StrG BW). – Hotelierin H möchte an der Fassade in großer Höhe ein Werbeschild anbringen; da das nicht mehr zum Verkehrsraum der Straße gehört, benötigt sie dafür nach manchen Landesrechten nur eine privatrechtliche Zustimmung des Eigentümers des Straßengrundstücks (nach anderen Landesrechten unterliegt auch so etwas dem Sondernutzungsrecht).

Gestritten wird mitunter über die **sachlichen Grenzen** des Gemeingebrauchs, die das Gesetz meist nicht besonders klar zum Ausdruck bringt. Das macht die öffentlich-sachenrechtlichen Bestimmungen zum Einfallstor für verfassungsorientierte Auslegung, die alle möglichen grundrechtlich geschützten Tätigkeiten – etwa als „kommunikativen Verkehr" – in den Gemeingebrauch einbeziehen will. 19

> *Beispiele:* Flugblätterverteilen (Art. 5 Abs. 1 S. 1 Var. 1 GG), Musizieren (Art. 5 Abs. 3 GG), Demonstrieren (Art. 8 Abs. 1 GG), Betteln (Art. 12 Abs. 1 oder Art. 2 Abs. 1 GG) auf öffentlichen Straßen.

Mitunter wird die Widmung gewisse sachliche Grenzen ausdrücklich bestimmen. 20

> *Beispiel:* Stadt S widmet das Flurstück Nr. 24/370 nicht nur als öffentliche Straße, sondern speziell als Fußgängerzone.

Da eine Sache im Gemeingebrauch jedermann ohne besondere Zulassung nutzen darf, können hier leicht viele verschiedene Nutzungswünsche miteinander in Konkurrenz geraten. Der Verkehrsstau ist das prägnanteste Beispiel. Aber auch unterhalb der Stauung kann es zu Konflikten kommen, wenn etwa zwei Verkehrsteilnehmer gleichzeitig dasselbe Stück Straße benutzen wollen. Derartigen Nutzungskonflikten widmet sich das **Verkehrsrecht** als Gebiet des Besonderen Verwaltungsrechts, das auf die „Sicherheit und Leichtigkeit des Verkehrs" – so eine übliche gesetzliche Formulierung – auf den Verkehrsflächen im Gemeingebrauch abzielt. Das Verkehrsrecht umfasst Pflichten der Verkehrsteilnehmer (z. B. das Rechtsfahrgebot, § 2 Abs. 1 S. 1, Abs. 2 StVO) und Befugnisse der Verkehrsbehörden (insbesondere für Verkehrszeichen, § 45 StVO). 21

> *Beispiele:* Den Verkehr auf Straßen nach Landesrecht sowie auf Bundesfernstraßen regelt die Straßenverkehrsordnung (StVO). Den Verkehr auf Wasserstraßen regelt die Binnenschifffahrtsstraßen-Ordnung (BinSchStrO).

Prüfungshinweis

▶ Vermeiden Sie das Wort „Verkehrsschild", wenn Sie nicht wirklich gerade den körperlichen Gegenstand am Straßenrand meinen. Die mit dem Schild zum Ausdruck gebrachte Regelung ist das „Verkehrs*zeichen*".

22 Das Nebeneinander von Sachenrecht und Verkehrsrecht bringt mit sich, dass jede Nutzung **doppelten Rechtmäßigkeitsanforderungen** unterliegt.

- Zum einen muss der Nutzer die Grenzen des Gemeingebrauchs einhalten. Andernfalls unterliegt er entweder dem Genehmigungserfordernis für Sondernutzungen (meist bußgeldbewehrt) oder dem privatrechtlichen Unterlassungsanspruch (Rn. 18).
- Zum anderen muss der Nutzer die Vorschriften des Verkehrsrechts einhalten. Diese sind meist bußgeldbewehrt und teilweise sogar mit Strafvorschriften versehen (§§ 315c, 316 StGB sind bekannt).

Eine juristische Komplikation kann daraus folgen, dass bestimmte Anforderungen sowohl auf sachen- als auch auf verkehrsrechtlicher Ebene gestellt werden können.

Beispiel: Die Beschränkung des Verkehrs auf einer Straße im Sinne einer Fußgängerzone kann entweder die Gemeinde im Rahmen einer (Um-)Widmung oder aber die Straßenverkehrsbehörde durch Anordnung eines Verkehrszeichens (Zeichen 242.1 StVO) erreichen.

2. „Öffentliche Einrichtung" – Anspruch auf Zulassung

Spezielle Studienliteratur: *Ehlers,* Jura 2012, 692/849.

23 Die zweite wichtige Anknüpfung an eine öffentlich-rechtliche Eigenschaft bildet der Zulassungsanspruch, den das Gesetz ebenfalls als akzessorische Eigenschaft an manchen Sachstatus knüpft, den eine Sache normalerweise durch Widmung erwirbt (oben Rn. 11) und den man als „**öffentliche Einrichtung**" bezeichnen kann. Dieses Rechtsinstitut des öffentlichen Sachenrechts ist vor allem im Kommunalrecht zu Hause, findet sich aber auch darüber hinaus etwa im Recht der Hochschul- und Staatsbibliotheken und der Staatsarchive.

24 An einer öffentlichen Einrichtung besteht grundsätzlich kein Gemeingebrauch, es darf sie also nicht jedermann ohne Weiteres nutzen. Sie steht vielmehr im „**Anstaltsgebrauch**", soll heißen: Für die Nutzung braucht es eine konkret-individuelle Zulassung.

25 Auf diese Zulassung zur Nutzung besteht bei öffentlichen Einrichtungen in den sachlichen, räumlichen und zeitlichen Grenzen ihrer Widmung aber oftmals ein gesetzlicher **Anspruch** (im Kommunalrecht: begrenzt auf die Gemeindeeinwohner). Übersteigen die geltendgemachten Zulassungsbegehren die Kapazität der öffentlichen Einrichtung, so richtet sich der Anspruchsinhalt nur auf eine fehlerfreie Auswahl unter den Antragstellern (Bescheidungsanspruch). Greift der gesetzliche Anspruch nicht, kommt noch ein grundrechtlicher Anspruch aus Art. 3 Abs. 1 GG in Frage, wenn der Träger der Einrichtung bereits einen anderen Grundrechtsträger ohne gesetzlichen Anspruch zugelassen hat.

Beispiele: Gemeinde G unterhält als öffentliche Einrichtungen eine Bücherei, ein Museum, ein Schwimmbad, eine Stadthalle und ein Theater. Einwohnerin E hat hier überall grundsätzlich einen Zulassungsanspruch (z. B. nach § 10 Abs. 2 S. 2 GemO BW). – Zum Archivgut des Bundesarchivs hat grundsätzlich jedermann einen Anspruch auf Zulassung zur Benutzung aus § 10 Bundesarchivgesetz (BArchG).

IV. Typische Anknüpfungen

Zusatzinformation
Da der Träger der Einrichtung die Grenzen der Widmung selbst bestimmt, ergibt sich ein Missbrauchspotenzial, wenn diese Grenzen im Hinblick auf einen konkreten Antragsteller nachträglich enger gezogen werden. Allerdings handelt es sich hier um Leistungsverwaltung, sodass dafür eigentlich nur die Gleichheitsgrundrechte einen rechtlichen Maßstab bereithalten.[12]

Typische **Fallkonstellation** ist hier ein Zulassungsbegehren, das abgelehnt wird. Da der Zulassungsanspruch allein Hoheitsträgern gegenüber besteht, muss er nach § 40 Abs. 1 S. 1 VwGO auf dem Verwaltungsrechtsweg verfolgt werden, unabhängig davon, ob die Zulassung normalerweise durch Verwaltungsakt, durch öffentlich-rechtlichen Vertrag oder durch privatrechtlichen Vertrag erteilt wird (vgl. letzterenfalls noch § 26 Rn. 26 ff. zur „Zweistufentheorie"). Soll ein Verwaltungsakt ergehen, ist die Verpflichtungsklage statthaft (vgl. § 13 Rn. 39 ff.). 26

Beispiel: Einwohnerin E wird der Zutritt zum Schwimmbad ihrer Gemeinde verweigert.

3. Pflicht zur Herausgabe

Seltener als Gemeingebrauch und Zulassungsanspruch ist die dritte hier zu behandelnde Anknüpfung an eine öffentlich-rechtliche Eigenschaft: eine **Herausgabepflicht**, die das Gesetz ebenfalls als akzessorische Eigenschaft an manchen Sachstatus knüpft und die unabhängig von der privatrechtlichen Eigentumslage besteht. Der Eigentümer einer Sache ist dann verpflichtet, diese einem Verwaltungsträger körperlich zu überlassen, und kann selbst keine Rückgabe nach § 985 BGB verlangen, solange die öffentlich-rechtliche Eigenschaft fortbesteht. Eine solche weitreichende Regelung gibt es nur punktuell im Hinblick auf unersetzliches Kultur- und Archivgut, das auf diese Weise vor „zufälligen" privatrechtlichen Eigentumsverschiebungen geschützt werden soll. 27

Beispiele: In Sachsen darf das Staatsarchiv die Herausgabepflicht durch Verwaltungsakt geltend machen (§ 8 Abs. 2 S. 3 Sächsisches Archivgesetz). – Bei unrechtmäßig eingeführtem Kulturgut kann der Herkunftsstaat (!) gegen den privaten Besitzer einen öffentlich-rechtlichen Herausgabeanspruch (§§ 49–57 KGSG) vor dem Verwaltungsgericht einklagen.

Das Allgemeine Verwaltungsrecht kennt mit § 52 VwVfG* nur eine entsprechende Herausgabepflicht in Bezug auf **Dokumente** („Urkunden und Sachen") **zum Nachweis verwaltungsrechtlicher Rechtspositionen**, wenn der verleihende Verwaltungsakt nicht mehr wirksam ist.[13] 28

Beispiel: Studentin H wurde rechtswidrig immatrikuliert, deshalb nimmt das Rektorat ihrer Hochschule die Immatrikulation wieder zurück. Jetzt soll sie ihren Studierendenausweis abgeben.

---

[12] *Drechsler*, NdsVBl 2023, 6.
[13] Lit.: *Weidemann/Barthel*, GewArch 2012, 112.

29 Soweit das Gesetz eine Herausgabepflicht für Sachen mit öffentlich-rechtlichen Eigenschaften nicht vorsieht, lässt sich nach überwiegender Auffassung allerdings **keine allgemeine ungeschriebene Verwaltungsrechtsnorm** dieses Inhalts unterstellen. Nicht jede Sache, die vormals im Verwaltungsgebrauch war und nunmehr in das Eigentum Privater gelangt ist, muss herausgegeben und kann eingefordert werden.[14]

> *Beispiel:* Die Freie und Hansestadt Hamburg war Eigentümerin, Besitzerin und Nutzerin eines alten Siegels. Auf gültigem privatrechtlichem Wege ist dieses später in das Eigentum der Privatperson P gelangt. Die Stadt verlangt von P Herausgabe, weil das Siegel eine öffentliche Sache sei.

---

[14] Lit.: *Janssen*, Die Verwaltung 52 (2019), S. 529.

§ 16. Systemzustände

I. Funktion und Arten

Zuletzt haben wir rechtliche Eigenschaften von Rechtsträgern (§§ 9–14) und von Sachen (§ 15) betrachtet. Anzusprechen sind abschließend rechtliche Eigenschaften, die gar keinem Rechtssubjekt oder -objekt zugeschrieben werden, sondern der Verwaltungsrechtsordnung insgesamt anhaften. Man kann insoweit von „Systemzuständen" sprechen. Diese stehen nicht einzelnen Privaten oder Hoheitsträgern zu, vielmehr entfalten sie ihre Bedeutung darüber, dass andere Normen tatbestandlich an sie anknüpfen. Wenn die Rechtsordnung einen bestimmten Systemzustand annimmt, löst das typischerweise gewisse Befugnisse von Hoheitsträgern und gewisse Pflichten von Privaten aus.

Wir treffen Systemzustände in verschiedenen Sachgebieten und auf verschiedenen Normierungsebenen an; teilweise spielen hier Verfassungs- und Verwaltungsrecht eng zusammen. Inhaltlich geht es in wichtigen Fällen um **herausgehobene Gefahrenlagen**, worauf die Verwaltungsrechtsordnung mit dem Übergang zu einem anderen Systemzustand reagiert.

Beispiele – aus dem Bundesrecht: Den „Verteidigungsfall" regelt Art. 115a GG; er besteht im Ausgangspunkt darin, „daß das Bundesgebiet mit Waffengewalt angegriffen wird oder ein solcher Angriff unmittelbar droht". – Den „Spannungsfall" regelt Art. 80a GG; er dient der Vorbereitung auf einen demnächst befürchteten Verteidigungsfall. – Eine „epidemische Lage nationaler Tragweite" sieht § 5 Abs. 1 Infektionsschutzgesetz (IfSG) vor.

Aus dem Unionsrecht: Drei „Krisenstufen" der Gasversorgung, genannt „Frühwarnstufe", „Alarmstufe" und „Notfallstufe", sieht Art. 11 Verordnung (EU) 2017/1938 vor.

Aus dem Landesrecht: Einen „Katastrophenalarm" oder „-fall" gibt es nach den Katastrophenschutzgesetzen der Länder (z. B. § 18 Landeskatastrophenschutzgesetz BW). – Nach den früheren landesrechtlichen Smog-Verordnungen (die auf Grund von § 49 Abs. 2 Bundes-Immissionsschutzgesetz [BImSchG] erlassen wurden) gab es eine „Alarmstufe".

3 In anderen Fällen geht es um das Invollzugsetzen einer neuen Regelung, deren gesetzliche Grundlage zwar bereits in Kraft, aber deren Durchführung von der Gesetzgebung noch an einen Rechtsakt der Verwaltung geknüpft ist. Diesen „**Anwendungsbefehl**" kann man ebenfalls als Übergang vom Systemzustand „noch nicht anwenden" auf den Systemzustand „jetzt anwenden" begreifen.[1]

Beispiel: Nach § 16 Infrastrukturabgabengesetz sollte die (letztlich vor dem EuGH gescheiterte) „Pkw-Maut", amtlich „Infrastrukturabgabe", erst erhoben werden, wenn das Bundesverkehrsministerium im Bundesanzeiger bekannt gegeben hat, dass die technischen Systeme jetzt einsatzbereit seien.

II. Erwerb und Verlust

4 Bei Systemzuständen stellt sich vor allem die Frage, wie sie erreicht und verlassen werden. Ganz parallel zum Erwerb und Verlust von Rechtspositionen durch Personen und von öffentlich-rechtlichen Eigenschaften durch Sachen kommen auch hier sowohl konkrete Rechtsakte als auch abstrakte, ohne eine weitere Handlung auskommende gesetzliche Tatbestände in Betracht (allgemein § 9 Rn. 11 ff.). Die Rechtsakte richten sich in solchen Fällen normalerweise nicht an einzelne Adressaten, sondern an die Öffentlichkeit. Sie sind je nach Fachrecht verschiedenen Rechtsaktformen zuzuordnen. In besonders wichtigen Fällen handelt es sich dabei um Rechtsakte des Parlaments.

Beispiele: Der Verteidigungsfall wird nach Art. 115a GG vom Bundestag durch schlichten Parlamentsbeschluss konstitutiv festgestellt, hilfsweise vom Gemeinsamen Ausschuss; höchst hilfsweise gilt er unter bestimmten Umständen kraft Gesetzes als eingetreten.[2] – Auch für Spannungsfall (Art. 80a Abs. 1 GG) und epidemische Lage nationaler Tragweite (§ 5 Abs. 1 IfSG) ist ein schlichter Parlamentsbeschluss vorgesehen.

5 Soweit vorgesehen ist, dass eine Behörde einen Systemzustand ausruft, hat man meist einen **Verwaltungsakt** angenommen.

Beispiele: Ausrufung einer unionsrechtlichen Gas-Krisenstufe. Ausrufung einer landesrechtlichen Smog-Alarmstufe.[3] Erteilung des „Anwendungsbefehls" für eine neue Regelung.[4]

Zusatzinformation
Gewisse dogmatische Skrupel ergaben sich daraus, dass weder der Regelungscharakter noch der Einzelfallbezug einwandfrei vorliegen, die für einen Verwaltungsakt grundsätzlich nötig sind (unten § 19 Rn. 40 ff., 45 ff.).

---

[1] *Winkler*, DVBl 2003, 1490, findet dafür den Begriff „normenumschaltende Verwaltungsakte".
[2] Lit.: *Orthmann*, Landesverteidigung, 2023, S. 317–339.
[3] Vgl. *Ehlers*, DVBl 1987, 972; *Jarass*, NVwZ 1987, 95; *Kluth*, NVwZ 1987, 960.
[4] Vgl. *Winkler*, DVBl 2003, 1490.

III. Typische Anknüpfungen

Allgemeinverwaltungsrechtlich lässt sich das Phänomen „Systemzustand" zwar beschreiben, es gibt aber keine zusammenfassende gesetzliche Regelung. Wie schon bei den öffentlich-rechtlichen Eigenschaften von Sachen geht es auch hier nie unmittelbar um eine „Geltendmachung" des Systemzustands (im Sinne von § 9 Rn. 53 ff.), sondern um **Anknüpfungen an Systemzustände in Verwaltungsrechtsnormen**, die Pflichten, Erlaubnisse und Ansprüche begründen oder einschränken. Diese sind Rechtsträgern zugeordnet, und aus deren Konflikten miteinander ergeben sich wiederum Verwaltungsrechtsfälle verschiedener Gestalt.

Typisch für Systemzustände, mit denen das Verwaltungsrecht auf herausgehobene Gefahren reagiert, sind **erweiterte Befugnisse** der Verwaltung. Neben der unmittelbaren Gefahrenabwehr gehört dazu auch eine weitergehende Mobilisierung persönlicher und sachlicher Ressourcen, als sie im Normalfall erlaubt ist.

Beispiele: Im Spannungs- und Verteidigungsfall dürfen die Karrierecenter der Bundeswehr (Bundesunterbehörden, vormals „Kreiswehrersatzämter") Wehrpflichtige zum Wehrdienst heranziehen, also in den Status eines Soldaten versetzen (§§ 2, 21, 23 Wehrpflichtgesetz). – Auch dürfen die Landratsämter in diesen Fällen Unternehmer verpflichten, Waren zu liefern, Werkleistungen zu erbringen oder sogar Produktionsmittel abzugeben (§ 6 Abs. 1, § 12 Abs. 1 Nr. 4 Wirtschaftssicherstellungsverordnung). – In einer epidemischen Lage nationaler Tragweite erhält das Bundesgesundheitsministerium umfangreiche Verordnungskompetenzen (§ 5 Abs. 2 IfSG).

Auch **erweiterte Pflichten** der Privaten gehen damit einher. Namentlich sind das Unterlassungspflichten, insbesondere in Gestalt von Genehmigungserfordernissen.

Beispiele: Im Verteidigungsfall und anderen besonderen Zuständen gilt: „Postunternehmen haben die von der Bundeswehr betriebene Postversorgung ihrer Angehörigen und Einheiten im Einsatz (Feldpost) durch Postdienstleistungen [...] zu unterstützen" (§ 4 Postsicherstellungsgesetz). – Die Alarmstufe nach den früheren Smog-Verordnungen aktivierte für jedermann geltende Emissionsverbote.

Selbstkontrollaufgaben zu Teil III

1. Erklären Sie die folgenden Begriffe für jemanden, der sich mit der Materie noch nicht beschäftigt hat (gern schriftlich oder gegenüber einem Lernpartner).
   a) allgemeine Feststellungsklage
   b) allgemeine Leistungsklage
   c) Amtshaftungsanspruch
   d) Anfechtungsklage
   e) Befugnis
   f) Beleihung
   g) Folgenbeseitigungsanspruch
   h) Gemeingebrauch
   i) Genehmigung
   j) öffentliche Sache
   k) Verpflichtungsklage
   l) Verwaltungsvollstreckung
2. Überlegen Sie, inwieweit die folgenden Sätze zutreffen und nicht zutreffen, und stellen Sie sie richtig (am besten in eigenen ganzen Sätzen).
   a) „Unsere Genehmigung für diese Fabrik können wir einfach auf die neue Tochtergesellschaft übertragen."
   b) „Verwaltungsrechtliche Ansprüche macht man mit der Verpflichtungsklage geltend."
   c) „Die Verbote aus der Verordnung werden von der zuständigen Behörde notfalls mit Gewalt durchgesetzt."
3. Welche verwaltungsrechtlichen Rechtspositionen haben Sie persönlich in ihrem Leben bisher eingenommen?
4. Betrachten Sie einen verwaltungsrechtlichen Status wie „Student der Hochschule H". Welche Erwerbs- und Verlusttatbestände würden Sie im Fachrecht erwarten?

5. A ist Unternehmerin in der kreisfreien Stadt S und auch Inhaberin der für ihr Gewerbe erforderlichen Erlaubnis. Ihre Tochter B soll später nicht nur das Unternehmen weiterführen, sondern dazu möglichst auch die bestehende Erlaubnis übernehmen. Ist Letzteres verwaltungsrechtlich aussichtsreich?
6. Es kommt zum Nachfolgefall und B hält sich jetzt für die Erlaubnisinhaberin. Die für die Gewerbeaufsicht zuständige Oberbürgermeisterin von S ist anderer Auffassung. Wie könnte der Streit verwaltungsgerichtlich ausgetragen werden?
7. Das Gesundheitsministerium des Landes L verkündet im Zuge einer Pandemie einen „Erlass über einen Bonus für Pflegekräfte". Der Bonus wird danach auf Antrag bewilligt. G leistet gerade ein freiwilliges soziales Jahr beim Deutschen Roten Kreuz in L und beantragt beim Gesundheitsministerium den Bonus. Diese lehnt brieflich ab, weil die Richtlinie nur professionelle Pflegekräfte berücksichtige. G fühlt sich benachteiligt, auch sie spüre schließlich die besonderen Belastungen dieser Zeit.
    a) Hat G einen Anspruch auf den Bonus? Wer wäre der Schuldner?
    b) Welcher Rechtsbehelf steht G zur Verfügung, wenn sie „gegen den Bescheid" vorgehen will?
8. Nehmen Sie die Perspektive der Gesetzgebungsorgane ein. Sie halten ein bestimmtes neuartiges Verhalten für gefährlich und möchten es einem Genehmigungserfordernis unterwerfen. Welche rechtlichen Gesichtspunkte nehmen Sie in Ihr entsprechendes neues Gesetz auf?

IV. Rechtsakte

§ 17. Systematischer Überblick

Nachdem wir bis hierhin die staatlichen und privaten Akteure des Verwaltungsrechts (Teil II) und deren verschiedene Arten von Rechtspositionen (Teil III) kennen gelernt haben, wenden wir uns in diesem Teil nun den verwaltungsrechtlichen Rechtsakten zu, mit denen diese Akteure – allein oder im Zusammenwirken – diese **Rechtspositionen begründen, ändern, aufheben und feststellen** können. Dieses Thema nennt man auch die „Handlungsformenlehre" des Verwaltungsrechts.[1]

Statt „Rechtsakte" könnte man auch „**Rechtsgeschäfte**" sagen.[2] Wie im Privatrecht wirken die Akteure auch im Verwaltungsrecht vor allem durch Rechtsgeschäfte auf die Ebene der Rechte und Pflichten (die hier den „Schuldverhältnissen" entsprechen) ein. Wenn man sich die Rechts- und Pflichtenlage zunächst einmal als statisch denkt, dann sind es diese Rechtsgeschäfte, die die Lage von einem Zeitpunkt zum nächsten verändern und dadurch das materielle Verwaltungsrecht mit einer Dynamik ausstatten.

---

[1] Lit.: *Ellerbrok*, DVBl 2021, 1204; *Hoffmann-Riem/Bäcker*, GVwR II³, 2022, § 32; *Kahl*, HVwR V, 2022, § 140; *Krause*, Rechtsformen des Verwaltungshandelns, 1974; *Ossenbühl*, JuS 1979, 681; *Pauly*, in: Becker-Schwarze u. a. (Hg.), Wandel der Handlungsformen im öffentlichen Recht, 1991, S. 25; *Reimer*, Zur Theorie der Handlungsformen des Staates, 2008; *Rennert,* DVBl 2024, 218; *Schmidt-Aßmann*, Allgemeines Verwaltungsrecht als Ordnungsidee, 2. Aufl. 2006, Kap. 6, bes. Rn. 80–137; *ders.*, DVBl 1989, 533; *Yersin*, Kritik der Lehre von den Staatsakten, 1978. Speziell zu vorläufigen Rechtsakten *Lücke*, Vorläufige Staatsakte, 1991. Aus der älteren Literatur *Kormann*, System der rechtsgeschäftlichen Staatsakte, 1910; *ders.*, AnnDR 1911, 850/904, 1912, 36/114/195 (bes. §§ 17–27); *W. Jellinek*, Der fehlerhafte Staatsakt und seine Wirkungen, 1908. Zur EU-Ebene *Glaser*, Die Entwicklung des Europäischen Verwaltungsrechts aus der Perspektive der Handlungsformenlehre, 2013. Im transnationalen Kontext *Menzel*, Internationales Öffentliches Recht, 2011, S. 825–843.

[2] So besonders die ältere Literatur, siehe außer *Kormann* (Fn. 1) etwa *Kelsen*, AöR 31 (1913), S. 53.

I. Einteilung der Rechtsakte

3 Die Rechtsakte des Verwaltungsrechts kommen in etwas vielfältigerer Gestalt daher als diejenigen des Privatrechts, wo auf die Universalform „Willenserklärung" fast die ganze Rechtsgeschäftslehre gebaut werden kann. Die verwaltungsrechtliche „Handlungsformenlehre" kennt demgegenüber eine Reihe grundlegender „Rechtsformen des Verwaltungshandelns", die man sich am besten einprägen kann, indem man sie anhand einiger charakteristischer Unterscheidungen voneinander abgrenzt:

(1) öffentlich-rechtliche und privatrechtliche Rechtsakte
(2) konkret-individuelle und abstrakt-generelle Rechtsakte
(3) einseitige und zwei- oder mehrseitige Rechtsakte
(4) außengerichtete und innengerichtete Rechtsakte
(5) exekutivische und judikativische oder legislativische Rechtsakte

4 Mittels dieser Unterscheidungen ergeben sich drei wesentliche öffentlich-rechtliche Rechtsaktformen **des außengerichteten Verwaltungshandelns**, die im Folgenden zu behandeln sind:[3]

- der *Verwaltungsakt* als einseitiger, konkret-individueller, außengerichteter, öffentlich-rechtlicher Rechtsakt (dazu § 19, mit Hinweisen zu Spezialfällen in § 20).

  Beispiele: Das Landratsamt erteilt A eine Baugenehmigung. – Das Finanzamt setzt gegenüber B eine Steuer fest. – Das Gewerbeaufsichtsamt entzieht C ihre Gaststättenerlaubnis.

- der *öffentlich-rechtliche Vertrag* als zwei- oder mehrseitiger, konkret-individueller, außengerichteter, öffentlich-rechtlicher Rechtsakt (dazu § 22). Wie im Privatrecht setzt er sich aus Willenserklärungen der Vertragsparteien zusammen. Einseitige „Verwaltungserklärungen" etwa zur Kündigung eines Vertrags treten hinzu.[4]

  Beispiel: Die Gemeinde räumt A durch Vertrag die Sondernutzungserlaubnis ein, auf dem öffentlichen Gehweg vor ihrem Café Tische aufzustellen.

- die *Rechtsverordnung* nebst der ihr eng verwandten *Satzung* als einseitiger, abstrakt-genereller, außengerichteter, öffentlich-rechtlicher Rechtsakt (dazu § 23). Zwischen Rechtsverordnung und Satzung bestehen so wenige Unterschiede, dass sie hier zusammengefasst werden dürfen.

---

[3] Rechtsvergleichend in Anknüpfung an diese drei auch im Ausland begegnenden Archetypen: *Groß*, AöR 146 (2021), S. 543.
[4] Lit.: *Ernst*, Die Verwaltungserklärung, 2008.

I. Einteilung der Rechtsakte

Zusatzinformation
Vielleicht ist Ihnen aufgefallen, dass eine vierte Kombination in dieser Reihe naheläge, nämlich der zwei- oder mehrseitige, abstrakt-generelle, außengerichtete, öffentlich-rechtliche Rechtsakt. Dieser heißt „Normenvertrag", was man sich ähnlich einem arbeitsrechtlichen Tarifvertrag vorstellen kann. Normenverträge sind im Verwaltungsrecht aber so selten, dass wir sie hier nicht eingehender behandeln müssen. Ihr wichtigster Anwendungsfall liegt im Sozialrecht, wo oftmals Verbände miteinander Normenverträge auszuhandeln haben, die dann für ihre Mitglieder verbindlich sind – so beispielsweise der Spitzenverband Bund der Krankenkassen mit der Spitzenorganisation der Apotheker nach § 129 Abs. 2 SGB V.[5]

Eine gewisse Aufmerksamkeit findet daneben das **innengerichtete Verwaltungshandeln** durch öffentlich-rechtlichen Rechtsakt (dazu § 25). Er ergeht normalerweise einseitig, ist regelmäßig auf die Begründung von Pflichten gerichtet und hat mal konkret-individuellen Inhalt (*Weisung*), mal abstrakt-generellen (*Verwaltungsvorschrift*). Wir sprechen als Oberbegriff von einem „Innenrechtsakt". 5

Prüfungshinweis

▶ Der Innenrechtsakt verbleibt mit seinen rechtlichen Wirkungen im staatsinternen Bereich und wird deshalb selten einmal streitig. Man muss ihn aber erkennen und abgrenzen können, um gerade seine Irrelevanz für eine Falllösung zu begründen.

Zusatzinformationen
- Auch beim Innenrechtsakt gibt es eine zweiseitige Variante, die man sich hier ähnlich einer arbeitsrechtlichen Betriebsvereinbarung vorstellen kann. Wir finden sie hauptsächlich in Gestalt der „Dienstvereinbarung" nach § 63 Bundespersonalvertretungsgesetz und Landesparallelvorschriften, die zwischen Personalrat und Dienststellenleitung geschlossen wird. Zwischen Behörden gibt es mitunter „Zielvereinbarungen", die ebenfalls hierhergehören (Zielvereinbarungen mit einzelnen Beamten als natürlichen Personen können dagegen öffentlich-rechtliche Verträge sein!).
- Zwischenbehördliche Erklärungen, die nicht als Verwaltungsakt eingeordnet werden können und die sich auch nicht auf einen Vertrag beziehen, gehören systematisch ebenfalls am ehesten zu den Innenrechtsakten. Beispiele hierfür sind das Einvernehmen der Gemeinde zur Baugenehmigung (§ 36 BauGB), aber auch der nach dem StGB manchmal erforderliche behördliche Strafantrag.[6]

Nur knapp zu erörtern brauchen wir das **Privatrechtshandeln der Verwaltung**, weil dafür eben grundsätzlich das Ihnen bereits bekannte Privatrecht gilt (dazu § 26). 6

Beispiele: Anmietung von Büroräumen; Beauftragung von Straßenbau- oder Abschleppunternehmen; Begründung von Arbeitsverhältnissen.

Das System wird komplettiert durch eine Handlungsform, die insofern nicht Rechtsform ist, als sie selbst keine Rechtsfolgen hervorbringt und deshalb nicht nach Art eines Rechtsgeschäfts die Verwaltungsrechtslage umgestalten kann. Dies ist der 7

---
[5] Lit.: *Axer*, Normsetzung der Exekutive in der Sozialversicherung, 2000.
[6] Vgl. *Fahrner*, VBlBW 2023, 94.

öffentlich-rechtliche Realakt der Verwaltung (dazu § 27). Er fungiert zugleich als Auffangform für alle Handlungen der Verwaltung, die sich keiner der Rechtsformen zuordnen lassen. Die für Rechtsakte charakteristischen Einteilungen nach Quantität, Kooperativität und Außengerichtetheit lassen sich auf Realakte nicht ohne Weiteres übertragen, weil hier der Bezugspunkt „Hervorbringen einer Rechtswirkung" fehlt. Entsprechend schwierig kann die Abgrenzungsfrage sein, wann überhaupt ein öffentlich-rechtlicher und nicht vielmehr ein privatrechtlicher Realakt der Verwaltung vorliegt. Abb. 1 gibt eine Übersicht über die Handlungsformen.

8   Bis hierher haben wir ausschließlich Handlungen der Verwaltung betrachtet. Für ein möglichst vollständiges Bild des Verwaltungsrechts müssen wir die Betrachtung aber noch in zwei Richtungen ergänzen:

- Zum einen gibt es auch **Handlungen anderer Staatsgewalten**, die sich auf die Verwaltungsrechtslage auswirken. Wir betrachten jeweils kurz die verwaltungsrechtsbezogenen Rechtsakte der Gerichte (dazu § 21) und der Gesetzgebung (dazu § 24).
- Zum anderen darf man die **Handlungen des privaten Gegenübers** der Verwaltung nicht vergessen. Um das zu betonen, stellen wir sie unserem Durchgang durch die Rechtsaktlehre voran (dazu § 18).

Rechtsregime	Rechtsakt	Quantität	Kooperativität	Außen/innen	Handlungsform
Öffentlich-rechtlich	Ja	Generell	Einseitig	Außen	Rechtsverordnung/Satzung
				Innen	Verwaltungsvorschrift
			Zweiseitig	Außen	Normenvertrag
				Innen	Dienstvereinbarung
		Individuell	Einseitig	Außen	Verwaltungsakt
				Innen	Weisung
			Zweiseitig	Außen	Öffentlich-rechtlicher Vertrag
	Nein				Öffentlich-rechtlicher Realakt
Privatrechtlich	Ja	Generell	Zweiseitig		Tarifvertrag
		Individuell	Einseitig	Außen	Einseitiges Rechtsgeschäft
			Zweiseitig	Außen	Privatrechtlicher Vertrag
	Nein				Privatrechtlicher Realakt

Abb. 1 Handlungsformenmatrix (notwendig vereinfacht)

Zusatzinformation
Erweitern könnte man das Bild außerdem noch um Handlungen zwischenstaatlicher Einrichtungen (z. B. der EU-Kommission) und Handlungen ausländischer Staatsgewalt, die ebenfalls punktuell auf die deutsche Verwaltungsrechtslage einwirken (vgl. § 9 Rn. 12 ZI). Dafür müssen wir einstweilen auf die Europarechtsliteratur verweisen.

II. Vier Fragen an jede Rechtsaktform

Zu jeder Art von Rechtsakt der Verwaltung werden sich uns grundsätzlich vier Fragen stellen, an denen sich dementsprechend die Gliederung der weiteren Kapitel orientiert (bloß auf die Rechtsakte Privater, § 18, passen sie nur mit Einschränkungen). 9

(1) Welche Wirkungen löst ein solcher Rechtsakt aus?
Hier geht es in erster Linie darum, welche verwaltungsrechtlichen Rechtspositionen durch einen Rechtsakt dieser Art gestaltet oder festgestellt werden können.
(2) Unter welchen Voraussetzungen treten diese Wirkungen ein?
Dazu gehören zwei Teilfragen: Wann spricht man überhaupt von einem Rechtsakt dieser Art (Tatbestandsvoraussetzungen, Begriffsmerkmale oder auch „Handlungsformqualifikation"), und was noch muss hinzutreten (Wirksamkeitsvoraussetzungen)?
(3) Wann darf ein solcher Rechtsakt vorgenommen werden?
Das ist die Frage nach der Rechtmäßigkeit des Rechtsakts und ihren Voraussetzungen.
(4) Welcher Rechtsschutz ist im Zusammenhang mit einem solchen Rechtsakt gegeben?
An dieser Stelle verbindet sich das materielle Verwaltungsrecht jeweils mit dem Verwaltungsprozessrecht.

Zusatzinformation
Solche Fragen kennen Sie in ähnlicher Form bereits aus anderen Rechtsgebieten:

- Im Staatsrecht I wurden für das „Gesetz" sowohl der Tatbestand als auch die formelle/materielle Verfassungsmäßigkeit als auch die Normenkontrolle erörtert.
- Im Privatrecht (BGB AT) ging es besonders um die Wirksamkeitsfrage, dort in Gestalt des Tatbestands von „Willenserklärung" und „Rechtsgeschäft" (§§ 145 ff. BGB usf.) sowie deren Wirksamkeitsvoraussetzungen (§§ 125, 134, 138, 142 BGB usf.). Charakteristischerweise fehlt hier die Frage nach der Rechtmäßigkeit, die im Verwaltungsrecht oft im Vordergrund steht: anders als Verwaltungsbehörden sind die Privaten schließlich grundsätzlich frei in dem, was sie tun, und unterliegen keiner allgemeinen Rechtfertigungslast.

An dieser Stelle betrachten wir die vier Fragen zunächst handlungsformübergreifend. Vor diesem Hintergrund wird dann im Laufe der folgenden Kapitel hervortreten, was für Verwaltungsakte, Rechtsverordnungen usw. wirklich jeweils spezifisch ist und welche Gemeinsamkeiten die verschiedenen Formen doch aufweisen. 10

III. Wirkungen

11 An erster Stelle sollen hier die Wirkungen stehen, die mit den einzelnen Rechtsaktformen hervorgebracht werden können. Deren Einsatz erfolgt schließlich nicht beliebig, und ihre Definitionen und wechselseitigen Abgrenzungen nimmt man nicht aus bloßer Differenzierungslust vor, sondern die handelnden Hoheitsträger können, wollen und sollen mit ihnen verschiedene Ziele erreichen. Die Rechtsakte versteht man deshalb am besten von ihren Wirkungen her. Wir unterscheiden zunächst tatsächliche und rechtliche Wirkungen und sodann innerhalb der rechtlichen drei verschiedene Arten; abschließend haben wir noch auf die Verbindung verschiedener Wirkungen in demselben Rechtsakt und deren Kehrseite, die Teilbarkeit, einzugehen.

1. Tatsächliche und rechtliche Wirkungen

12 Zunächst können wir ab- und ausgrenzen, dass auch Rechtsakte – wie alle Handlungen – bereits durch ihre Vornahme rein tatsächliche, etwa physikalische, ökonomische, psychische, Wirkungen auslösen. Der Empfänger einer Subvention mag sich freuen und einen wirtschaftlichen Vorteil erlangen. Während sich die Wirkungen eines Nichtrechtsakts (Realakts, § 27) aber im Tatsächlichen erschöpfen – etwa: zunächst Verkehrsbehinderungen, später neue Verkehrsmöglichkeiten bei einer Straßenbaumaßnahme –, kennzeichnet den Rechtsakt gerade das Hinzutreten rechtlicher Wirkungen.

13 Anders als die tatsächlichen Wirkungen, die letztlich kraft der Naturgesetze eintreten, gibt es rechtliche Wirkungen nur infolge rechtlicher Zuschreibung. Sie treten dann und nur dann ein, wenn die Rechtsordnung eine Rechtsnorm enthält, kraft deren bei Vornahme dieses oder jenes Rechtsakts diese oder jene rechtliche Wirkung eintreten soll. Ohne eine solche **Wirkungsnorm** kein Rechtsakt.[7] Derartige Normen müssen wir deshalb für jede Rechtsaktform aufsuchen, um zu ermitteln, welche Wirkung an den Rechtsakt geknüpft sein können und welche Bedingungen für ihren Eintritt gegeben sein müssen.

Zusatzinformation
Wirkungen kann eine Wirkungsnorm nur vermitteln, soweit sie selbst wirkt. Hier machen sich nicht nur zeitliche, sondern auch räumliche Grenzen bemerkbar, vor allem im Zusammenspiel der verschiedenen Gesetzgebungsebenen (oben § 2 Rn. 17 ff.). Insbesondere können Landesgesetze grundsätzlich nur Wirkungen im Landesgebiet hervorrufen. Vielfach besteht aber ein Interesse daran, Wirkungen auch in einem anderen Land geltend zu machen – beispielsweise eine Hochschulzugangsberechtigung für das Studium in einem anderen Bundesland zu nutzen. Dafür bedarf es zusätzlicher Wirkungsnormen, die sich insbesondere aus der gesetzlichen Anerkennung durch das „aufnehmende" Bundesland ergeben können.[8]

---

[7] Vgl. *Reimer*, Zur Theorie der Handlungsformen des Staates, 2008, S. 143–146, 151–171.
[8] Lit.: *Starski*, Der interföderale Verwaltungsakt, 2014.

2. Änderung der Rechtslage (Gestaltungswirkung)

Die primäre rechtliche Wirkung, die einem Rechtsakt beigelegt sein kann, besteht darin, Rechtspositionen einer Person oder Sache (wie wir sie in Teil III kennengelernt haben) zu begründen, zu ändern oder aufzuheben. Die materielle Rechtslage ist danach anders als vorher, also „umgestaltet"; diese Wirkung heißt daher „Gestaltungswirkung". Die Gestaltung kann für konkrete Rechtsträger erfolgen oder abstrakt für alle vorgenommen werden, die künftig einen gewissen Tatbestand erfüllen werden (oben haben wir diese Unterscheidung aus Sicht der Rechtspositionen getroffen, siehe § 9 Rn. 11 ff.). 14

Beispiele: A möchte bauen, unterliegt aber dem präventiven Bauverbot (z. B. aus § 49 LBO BW). Wenn die Baurechtsbehörde die Baugenehmigung erteilt, ändert sie damit die Rechtslage konkret: A hat nunmehr eine Baugenehmigung und darf deshalb jetzt bauen. – Kraft § 25 BeamtStG treten Beamte auf Lebenszeit mit dem Erreichen der Altersgrenze in den Ruhestand; nach § 21 Nr. 4 Var. 1 BeamtStG endet damit das Beamtenverhältnis, ohne dass es eines weiteren (konkreten) Rechtsakts dazu bedürfte.

Die (um)gestalteten Rechtspositionen sind normalerweise solche des materiellen Verwaltungsrechts, wie sie in Teil III oben hauptsächlich behandelt wurden („**materiell-verwaltungsrechtliche Gestaltungswirkung**"). Es können Erlaubnisse, Pflichten und Ansprüche, aber auch sonstige Status für einzelne oder für alle begründet oder verändert werden. Alle Rechtsaktformen kommen hierfür grundsätzlich in Frage, und die jeweils vorhandenen Wirkungsnormen entscheiden darüber, welche Rechtspositionen mit welcher Art von Rechtsakt verändert werden können. 15

Beispiele: Ein Verbot gegenüber einer einzelnen Person kann durch Verwaltungsakt, Vertrag oder Rechtsverordnung, aber nicht durch Gesetz auferlegt werden (wegen der Wirksamkeitsvoraussetzung aus Art. 19 Abs. 1 S. 1 GG, vgl. § 24 Rn. 12, 19). – Ein Verbot gegenüber jedermann kann durch Gesetz oder Rechtsverordnung, aber nicht durch Verwaltungsakt auferlegt werden (vgl. § 19 Rn. 46, 50).

Mitunter geht es aber auch um Rechtspositionen des Verfahrensrechts („**prozedurale Gestaltungswirkung**"), wie wir sie in den Teilen IV und V behandeln. Da solche Verfahren jeweils Einzelfälle darstellen, finden wir prozedurale Gestaltungen dieser Art hauptsächlich in Verwaltungsakten (§ 19 Rn. 11) und gerichtlichen Rechtsakten (§ 21 Rn. 5 ff.); andere Rechtsaktformen kommen immerhin zur Aufhebung gleichförmiger Rechtsakte zum Einsatz (*actus contrarius*, vgl. bereits § 13 Rn. 62). Im Einzelnen können prozedurale Gestaltungen beispielsweise darin bestehen, 16

- einen Rechtsakt als solchen ganz oder teilweise wieder aufzuheben oder vorübergehend auszusetzen,

Beispiele: Der Verwaltungsakt nimmt einen anderen Verwaltungsakt zurück (nach § 48 VwVfG*, vgl. § 20 Rn. 24 ff.). – Der Gerichtsbeschluss setzt einen Verwaltungsakt außer Vollzug (nach § 80 Abs. 5 VwGO, vgl. § 19 Rn. 87, 210 ff.). – Die Satzung hebt eine andere Satzung auf (vgl. § 23 Rn. 42).

- einen Rechtsbehelf ganz oder teilweise zu erledigen,

  Beispiel: Der Verwaltungsakt weist einen Widerspruch gegen einen anderen Verwaltungsakt zurück (nach § 73 VwGO, vgl. § 19 Rn. 174, 204).

- einen Rechtsträger zum Beteiligten eines Verfahrens zu machen oder

  Beispiel: Der Verwaltungsakt zieht jemanden zu einem Verwaltungsverfahren hinzu (nach § 13 Abs. 2 VwVfG*, vgl. § 29 Rn. 7).

- eine Frist für Anträge, Entscheidungen oder Stellungnahmen zu verlängern.

  Beispiel: Der Verwaltungsakt verlängert die Frist, in der die Behörde über einen Genehmigungsantrag zu entscheiden hat, damit keine Genehmigungsfiktion eintritt (nach § 42a Abs. 2 S. 3 VwVfG*, vgl. § 19 Rn. 35).

17 Darüber hinaus können manchmal durch einen verwaltungsrechtlichen Rechtsakt auch privatrechtliche Schuldverhältnisse, Sachenrechte (z. B. das Eigentum) und sonstige Status (z. B. der bürgerliche Name) umgestaltet werden. Die Rede ist dann von **„Privatrechtsgestaltung"**.[9] Wo eine solche Wirkung im Verwaltungsrecht auftritt, ist sie meist einem Verwaltungsakt beigelegt (dazu mit Normbeispielen deshalb unten § 19 Rn. 12 ff.).

3. Klärung für künftige Entscheidungen (präjudizielle Wirkung)

18 Die zweite Art rechtlicher Wirkungen besteht in verbindlichen Vorentscheidungen für künftige Verwaltungs- und auch Gerichtsverfahren. Man spricht von einer **präjudiziellen Wirkung**. Die in dem Rechtsakt „präjudiziell" geklärten Punkte sind „präjudiziert", das heißt, die entsprechenden Tatbestandsmerkmale dürfen von der später befassten Behörde oder dem Gericht nicht anders beurteilt, sondern müssen bei deren weiteren Entscheidungen zugrunde gelegt werden (allgemein oben § 9 Rn. 36 f.).

Zusatzinformation
In der Terminologie der Rechtspositionen kann man davon sprechen, dass die präjudizielle Feststellung den Betroffenen in einen besonderen prozeduralen Status versetzt (oben § 10 Rn. 30, 32). Mit dieser Perspektive lassen sich insbesondere Folgefragen wie die nach der Bindung von Rechtsnachfolgern zweckmäßig angehen.

19 Präjudiziell wirken können hauptsächlich Verwaltungsakte (dazu § 19 Rn. 16 ff.; man spricht hier auch, etwas undeutlich, von „materieller Bestandskraft") und Gerichtsakte (dazu § 21 Rn. 9; diese Wirkung gilt als Teil ihrer „materiellen Rechtskraft"), aber auch öffentlich-rechtliche Verträge (dazu § 22 Rn. 10).

---

[9] Lit.: *Manssen*, Privatrechtsgestaltung durch Hoheitsakte, 1994; *Tschentscher*, DVBl 2003, 1424.

Achten muss man jeweils darauf, wem gegenüber die präjudizielle Wirkung genau eintritt (**persönliche Reichweite**) und auf welche Gesichtspunkte sie sich erstreckt (**sachliche Reichweite**).[10] In persönlicher Hinsicht müssen die Wirkungsnormen daraufhin befragt werden, ob auch andere Hoheitsträger als der den Rechtsakt erlassende gebunden sind. Gerichte müssen die präjudizielle Wirkung regelmäßig dann berücksichtigen, wenn sie in persönlicher Hinsicht das Verhältnis der Beteiligten des Rechtsstreits erfasst. 20

Beispiel: Eine Behörde des Landes hat präjudiziell festgestellt, dass A eine gewisse Rechtsposition habe. Damit ist aber nicht zwingend gesagt, dass sich A auch gegenüber dem Bund, einem anderen Land, einer Gemeinde oder einer anderen Privaten auf die präjudizielle Wirkung berufen kann. Soweit in einem dieser Verhältnisse aber die präjudizielle Wirkung reicht, muss im entsprechenden Rechtsstreit auch das Gericht sie berücksichtigen.

4. Ermöglichung der Vollstreckung (Titelwirkung)

Die dritte hier handlungsformübergreifend anzusprechende rechtliche Wirkung ist spezieller und nur wenigen Rechtsakten beigelegt, nämlich den Verwaltungsakten (dazu § 19 Rn. 25 f.) und unter bestimmten Voraussetzungen den öffentlich-rechtlichen Verträgen (dazu § 22 Rn. 11 f.). Diese Rechtsakte können verwaltungsrechtliche Pflichten nicht nur (gestaltend) begründen oder (präjudiziell) feststellen, sondern sie können zugleich als **Vollstreckungstitel** für solche Pflichten dienen. Das bedeutet, dass auf ihrer Grundlage die zuständigen Behörden Vollstreckungsmaßnahmen treffen dürfen, um die Erfüllung der titulierten Pflichten durchzusetzen (siehe aus der Pflichtperspektive bereits oben § 12 Rn. 45 ff.). 21

Zusatzinformation
In der Terminologie der Rechtspositionen kann man davon sprechen, dass die Titulierung den Pflichtigen in einen besonderen vollstreckungsrechtlichen Status versetzt (oben § 10 Rn. 31 f.). Auch hier erlaubt diese Deutung insbesondere eine adäquate Bewältigung der Rechtsnachfolgeproblematik, also wann die Verwaltung gegenüber Erben usw. aus demselben Titel vollstrecken darf.

5. Gesamtwirkung und Teilwirkungen

Ein und derselbe Rechtsakt kann mehrere rechtliche Wirkungen auslösen, und zwar sowohl unterschiedlicher Arten (etwa Gestaltung neben Feststellung) als auch innerhalb derselben Art (etwa Gestaltung mehrerer Rechtspositionen auf einmal). Von der Gesamtheit seiner Wirkungen können wir daher seine einzelnen **Teilwirkungen** unterscheiden. Diese Differenzierung ermöglicht es uns, die drei Anschlussfragen prinzipiell für jede Teilwirkung separat zu stellen und zu beantworten: ist sie eingetreten (Wirkungsbedingungen), durfte sie von der Behörde ausgelöst werden (Rechtmäßigkeit) und kann sie isoliert abgewehrt werden (Rechtsschutz)? 22

---

[10] Dazu anhand einer sozialrechtlichen Konstellation *Felix*, SGb 2021, 325.

Solche Überlegungen führen insbesondere zur Teilanfechtungsklage gegen einen Verwaltungsakt, der nur teilweise rechtswidrig ist und daraufhin nur teilweise aufgehoben wird (unten § 19 Rn. 151 f.). Bekannt ist aber auch die Konstellation des Gesetzes, das teilweise verfassungswidrig ist und vom Verfassungsgericht dementsprechend nur teilweise für nichtig erklärt wird.

23   Um die Gesamtwirkung eines Rechtsakts zu zerlegen, müssen wir deren **logisch voneinander unabhängige Teile** aufsuchen. Von einer Teilwirkung sollte man nur sprechen, wenn diese mit dem Rest durch ein „und" verbunden werden kann und dann die Gesamtwirkung ergibt. Allgemein bestehen die folgenden „Bruchstellen", an denen man die Gesamtwirkung aufteilen kann:

- zwischen den drei Arten rechtlicher Wirkungen: Das führt zu *gestaltenden, feststellenden und vollstreckungseröffnenden* Teilwirkungen;

  Beispiel: Die Behörde erteilt eine Baugenehmigung; neben der gestaltenden Begründung der Rechtsposition enthält das die Feststellung der Rechtmäßigkeit des Bauvorhabens.

- zwischen den Adressaten: Das führt zu *persönlichen* Teilwirkungen gegenüber dem einen und gegenüber dem anderen;

  Beispiel: Die Polizei erteilt A und B gemeinsam einen mündlichen Platzverweis.

- zwischen den einzelnen gestalteten oder festgestellten Rechtspositionen: Hier kann man von *positionalen* Teilwirkungen sprechen;

  Beispiel: Die Behörde erteilt A die beantragte immissionsschutzrechtliche Genehmigung für ihr geplantes Kraftwerk (Begründung einer Erlaubnis), verbunden mit der Auflage, bestimmte zusätzliche Umweltschutzmaßnahmen zu treffen (Begründung einer Pflicht; vgl. noch unten § 20 Rn. 77 ff.).

- an beliebigen Punkten kontinuierlicher Dimensionen des Inhalts: Das führt etwa zu *zeitlichen, räumlichen, betragsmäßigen oder sonstigen sachlichen* Teilwirkungen.

  Beispiele: Der Platzverweis ist für 24 Stunden erteilt; die Rechtmäßigkeit der letzten zwölf Stunden mag man anders beurteilen wollen als die der ersten zwölf. – Die Behörde schickt A einen Gebührenbescheid über 1000 € zu; der 700 € übersteigende Betrag könnte rechtswidrig festgesetzt und einer Teilanfechtung zugänglich sein.

Zusatzinformation
Nicht logisch voneinander unabhängig sind dagegen die Begründung einer Rechtsposition und die zeitlichen Grenzen, unter denen die Behörde die Rechtsposition eintreten lassen will – beispielsweise die Erteilung einer Erlaubnis für das *folgende* Kalenderjahr. Solche Grenzen sind immanenter Teil der Rechtsposition (vgl. oben § 9 Rn. 13); man kann sie nicht mit „und" verbinden. Gleichwohl hält eine herrschende Meinung die isolierte Anfechtung und Aufhebung von Befristungen und Bedingungen für möglich, wofür allerdings höchstens Gründen der Praktikabilität sprechen (näher dazu unten § 20 Rn. 93 ff.).

Nicht alle logisch voneinander unabhängigen Teile sind auch **rechtlich voneinander unabhängig**. Sowohl das allgemeine Verwaltungsrecht einer bestimmten Rechtsaktform als auch das Fachrecht können auf den drei folgenden Ebenen mehr oder weniger enge Verbindungen zwischen den Teilwirkungen herstellen. So kann bereits die Wirksamkeit einer Teilwirkung von der einer bestimmten anderen abhängen, außerdem eine Teilwirkung nur bei gleichzeitigem Vorhandensein einer anderen rechtmäßig sein oder der Rechtsschutz nur gegen den Rechtsakt im ganzen offen stehen.

IV. Wirkungsbedingungen

Übergreifend formulieren lässt sich sodann die Frage, unter welchen Bedingungen die soeben betrachteten rechtlichen Wirkungen eintreten. Welcher Rechtsanwender auch immer die rechtlichen Wirkungen eines Rechtsakts seiner Beurteilung der Rechtslage – und damit seinem Urteil, seiner Klage oder auf privater Seite z. B. seiner Investition – zugrundelegen will, der kann nicht nur, sondern *muss* sich selbst des Vorliegens der Wirkungsbedingungen versichern. Kein Rechtsakt kann (sozusagen nach Münchhausenart) seine eigene Wirksamkeit verbindlich bezeugen.

Die Frage nach den Wirkungsbedingungen kann nur der **Tatbestand der Wirkungsnorm** beantworten, die diese rechtlichen Wirkungen als Rechtsfolge vermittelt (oben Rn. 13). Systematisierend können wir dabei zwei Tatbestandsteile unterscheiden:

1. Es muss sich überhaupt um einen Rechtsakt der jeweiligen Rechtsform handeln (*Handlungsformqualifikation*).[11]
2. Es müssen meist weitere positive oder negative Merkmale hinzukommen, damit dieser Rechtsakt als „gültig" oder „wirksam" behandelt werden darf (*Wirksamkeitsvoraussetzungen*).[12] Wenn die Wirksamkeitsvoraussetzungen von vornherein fehlen, dann nennt man den Rechtsakt meist „nichtig".

Zusatzinformationen
- Schon die Abgrenzung zwischen Handlungsformqualifikation und Wirksamkeitsvoraussetzungen trifft das geltende Recht nicht immer deutlich. Das zeigt sich etwa beim Gesetz (Zuordnung der Verkündung, § 24 Rn. 10) oder beim innerdienstlichen Befehl (Zuordnung der Erteilung, § 25 Rn. 14). Beim Verwaltungsakt ist die Bekanntgabe als Wirksamkeitsvoraussetzung konzipiert (§ 19 Rn. 64 ff.), aber der Sache nach von der Handlungsformqualifikationsvoraussetzung „Maßnahme" kaum zu trennen.
- Fehlt es an einer (positiven) Wirksamkeitsvoraussetzung, kann diese aber noch eintreten, ist der Rechtsakt wie im Privatrecht „schwebend unwirksam". Das begegnet insbesondere beim öffentlich-rechtlichen Vertrag (unten § 22 Rn. 35 ff.).

---

[11] Lit.: *Münkler*, Der Nichtakt, 2015.
[12] Lit.: *Spitzlei*, Nichtiges Verwaltungshandeln, 2022.

27 Diese Tatbestandsteile bilden die Voraussetzung dafür, dass die Verwaltung über das **rechtliche Können** verfügt, die gewünschten rechtlichen Wirkungen hervorzubringen.[13] Aus der Perspektive der Verwaltung ist damit eine Handlungsoption umschrieben: Wenn sie den Tatbestand vollständig zu verwirklichen im Stande ist, dann hat sie die *Möglichkeit*, Rechtsfolgen zu setzen. Ob sie von dieser Möglichkeit Gebrauch macht, eine andere Handlungsoption ergreift oder auch gar nicht handelt, liegt zunächst einmal in ihrer Hand. Gesetze, vorgesetzte Behörden und Gerichte machen ihr dafür „nur" Vorgaben.

28 Freilich unterliegt die Verwaltung dabei Bindungen auf der Ebene des rechtlichen Sollens, Dürfens und Nicht-Dürfens („Rechtmäßigkeit", dazu im Zusammenhang gleich Rn. 32 ff.). Bestimmte Handlungsoptionen stehen zwar eigentlich zur Verfügung, sind aber verboten. Ein solches **Auseinanderfallen von Können und Dürfen** („Könnensüberschuss") begegnet im Verwaltungsrecht häufig und kennzeichnet besonders die Rechtsaktform des Verwaltungsakts; hier müssen Private sehr oft aktiv werden, um die verbotenerweise, aber eben wirksam hervorgebrachten Rechtsfolgen wieder aus der Welt zu schaffen (sogenannte „Anfechtungslast", dazu § 19 Rn. 5).

29 Leider verhält sich das Gesetz oft nicht deutlich zu der Frage, welche Anforderungen an einen Rechtsakt zu den Wirkungs- und welche zu den Rechtmäßigkeitsbedingungen zählen sollen. Eine präzise Formulierung („ist nur wirksam, wenn ...") vermisst man zumeist. In dieser Situation postuliert die herrschende Auffassung seit langer Zeit das sogenannte **Nichtigkeitsdogma**.[14] Danach begreift man Anforderungen an einen Rechtsakt im Zweifel als Rechtmäßigkeits- *und zugleich* Wirksamkeitsvoraussetzungen, verbindet die beiden Ebenen des Dürfens und des Könnens also miteinander. Immerhin (und nur) in diesem Umfang hängt dann die *Wirksamkeit* eines Rechtsakts mittelbar an dessen *Rechtmäßigkeit*. Jeder entsprechende Fehler nimmt dem Rechtsakt dann die rechtlichen Wirkungen – ohne Weiteres und von Anfang an –, sofern nicht ausnahmsweise eine Erhaltungsvorschrift besteht. Besonders relevant ist diese Regelungsgestalt bei Rechtsverordnungen und Satzungen (§ 23) sowie bei Gesetzen (§ 24).

> *Beispiel:* Für Bebauungspläne folgt man grundsätzlich dem Nichtigkeitsdogma, doch enthalten §§ 214, 215 BauGB differenzierte Vorschriften dazu, welche rechtlichen Anforderungen für die Wirksamkeit doch unbeachtlich sein sollen (vgl. § 23 Rn. 35).

30 Eine positive Wirksamkeitsvoraussetzung ist fast immer die **Bekanntgabe/Verkündung** des Rechtsakts gegenüber dessen Adressaten, sei es individuell oder öffentlich (z. B. in einem Amtsblatt, auf einer Website oder durch Aushang).

31 Negative Wirksamkeitsvoraussetzung ist insbesondere, dass der Rechtsakt nicht zwischenzeitlich wieder **aufgehoben oder überlagert** wurde.[15] Letzteres kommt

---

[13] Zu dieser wichtigen Kategorie und ihrem Komplementärbegriff, dem rechtlichen Dürfen, vgl. namentlich *Reimer*, Rechtstheorie 48 (2017), S. 417.
[14] Vgl. bereits *Kelsen*, GrünhutsZ 40 (1914), S. 1 (85–93) = Hans Kelsen Werke 3, 439 (508–514).
[15] Lit. – anhand der Rechtsakte abstrakt-generellen Inhalts: *Heckmann*, Geltungskraft und Geltungsverlust der Rechtsnormen, 1997.

vor, wenn der von dem Rechtsakt angesprochene Sachzusammenhang einer vorrangigen Regelung unterliegt, die den Rückgriff auf den Rechtsakt ausschließt.

Zusatzinformation
Rechtstheoretisch mag man überlegen, statt den Rechtsakt insoweit doch als „partiell unwirksam" zu begreifen, seinem Tatbestand entsprechende negative Merkmale zuzusinnen. Viel spricht dafür, dass beide Mechanismen möglich sind, aber die Unterscheidung schwierig und praktisch ohne Belang ist.

V. Rechtmäßigkeit

Während es für die Wirkungen eines Rechtsakts auf die Rechtsfolgenseite und für die Wirkungsbedingungen auf die Tatbestandsseite einer Wirkungsnorm ankam (siehe oben Rn. 13, 26 ff.), betrifft die Rechtmäßigkeit eine ganz andere Gruppe von Normen, die man „Rechtmäßigkeits-" oder auch „Zulässigkeitsnormen" nennen kann. Hier geht es nicht darum, ob bei Vornahme des Rechtsakts Wirkungen eintreten, sondern ob bei Vorliegen gewisser Umstände die Vornahme des Rechtsakts **erlaubt oder verboten** ist. Die Vornahme des Rechtsakts erscheint das eine Mal (für die Wirkungen) als Tatbestandsmerkmal, das andere Mal (bei der Rechtmäßigkeit) als Gegenstand einer Aussage über Dürfen bzw. Nicht-Sollen.

Rechtmäßig ist, allgemein gesprochen, ein Rechtsakt, den die Verwaltung vornehmen darf bzw. durfte – anders gesagt, ein Rechtsakt, mit dessen Vornahme die Verwaltung kein sie bindendes Verbot verletzt. Umgekehrt heißt ein Rechtsakt **rechtswidrig**, wenn die Verwaltung damit ein solches Verbot gerade verletzt. Ein Rechtsakt ist, legt man diese Begriffe zugrunde, aus logischen Gründen stets entweder rechtmäßig oder rechtswidrig.

Auf die Rechtmäßigkeit eines Rechtsakts kommt es in verschiedenen Zusammenhängen an. Im Ausgangspunkt betrifft sie eine Frage, die sich vor allem der handelnde Hoheitsträger möglichst im Voraus selbst zu stellen hat – darf er diese oder jene Maßnahme treffen oder nicht (**Handlungsperspektive**). Sodann wird nach der Rechtmäßigkeit auch im Nachhinein gefragt – *durfte* er sie treffen oder nicht (**Kontrollperspektive**). Die letztere Frage steht dabei meist nicht für sich, sondern ist in den juristischen Zusammenhang einer von mehreren Verwaltungskontrollen eingebettet (vgl. § 8 Rn. 1 ZI). Dort erscheint die Rechtmäßigkeit dann ihrerseits als ein Tatbestandsmerkmal, das der Kontrolleur zu prüfen hat, um zu ermitteln, ob er eine Maßnahme gegenüber dem handelnden Hoheitsträger treffen muss (und/oder darf).

Prüfungshinweis

▶ Im Prüfungsfall dominiert die Kontrollperspektive. Erst zum Zweiten Staatsexamen hin begegnet hier auch die behördliche Handlungsperspektive öfter.

In diesem Sinne sind besonders vier **wichtige Vorkommen** der Rechtmäßigkeit – genauer meist: ihres kontradiktorischen Gegenteils, der Rechtswidrigkeit – als gesetzliches Tatbestandsmerkmal zu nennen, die sich überwiegend auf die Rechtsaktform des Verwaltungsakts beziehen:

- Das Verwaltungsgericht prüft auf *Anfechtungsklage* hin, ob ein Verwaltungsakt rechtswidrig ist, weil es diesen dann gemäß § 113 Abs. 1 S. 1 VwGO aufzuheben hat (dazu § 19 Rn. 142 ff.).
- Die Widerspruchsbehörde prüft auf *Widerspruch* hin, ob ein Verwaltungsakt oder dessen Unterlassung rechtswidrig ist, weil sie dann gemäß §§ 68, 73 Abs. 1 S. 1 VwGO diesen aufzuheben bzw. zu erlassen hat (dazu § 19 Rn. 203 ff., 250 ff., § 20 Rn. 19 ff.).
- Die Aufsichtsbehörde prüft im Rahmen der *Rechtsaufsicht* von Amts wegen (ggf. auf Anregung), ob eine beliebige Maßnahme oder Unterlassung rechtswidrig ist, weil sie dann gemäß dem jeweiligen Organisationsrecht einschreiten darf und/oder muss (dazu § 6 Rn. 39 ff.).
- Die ursprünglich handelnde Behörde selbst prüft ebenfalls von Amts wegen (ggf. auf Anregung), ob ihr Verwaltungsakt rechtswidrig ist, weil sie ihn dann gemäß § 48 Abs. 1 S. 1 VwVfG* im Wege der *Rücknahme* aufheben darf (dazu § 20 Rn. 24 ff.).

Zusatzinformationen
- Wenn das Gesetz selbst den Begriff „rechtmäßig" oder „rechtswidrig" verwendet, kann die Auslegung Abweichungen von der verallgemeinerten dogmatischen Begriffsbildung aus Rn. 33 ergeben.[16] Insbesondere kann damit eine Maßnahme als „rechtmäßig" zu behandeln sein, obwohl ihr gewisse Verbote entgegenstanden, die jetzt nicht berücksichtigt werden sollen – das ist der Mechanismus für den Ausschluss der Innenrechtsverstöße (siehe sogleich Rn. 37). Auch kann die Auslegung ergeben, dass eine Veränderung der Sach- oder Rechtslage nach der Vornahme der Maßnahme noch mit einzubeziehen ist, diese also (ganz ungeachtet der behördlichen Handlungsperspektive und damit durchaus kontraintuitiv) nachträglich noch „rechtswidrig" oder „rechtmäßig werden" kann – das ist der Anknüpfungspunkt für die Überlegungen zum „maßgeblichen Zeitpunkt" (siehe unten Rn. 84 und speziell zur Anfechtungsklage § 19 Rn. 192 ff.).
- Die Gesamtheit der rechtlichen Anknüpfungen an Rechtswidrigkeit kann man systematisch als ein „öffentliches Reaktionsrecht" erfassen.[17]

36 **Einschlägige Verbote** für die Verwaltung, die zur Rechtswidrigkeit eines Rechtsakts führen können, finden sich zuhauf. Sie können sich grundsätzlich **aus beliebigen außenwirksamen Rechtsnormen** ergeben – dem Grundgesetz, den einfachen Gesetzen, den Rechtsverordnungen und Satzungen oder auch dem Unionsrecht, ebenso aus außenwirksamen Einzelentscheidungen. Bei weitem am wichtigsten sind aber die verfassungsrechtlichen Verbote eines Handelns ohne gesetzliche Grundlage, denen wir denn auch die größte Aufmerksamkeit widmen müssen (Vorbehalt des Gesetzes, dazu sogleich Rn. 40 ff.).

37 Innengerichtete **Verwaltungsvorschriften** begründen dagegen nicht selbst die Rechtswidrigkeit im Sinne der gesetzlichen Anknüpfungen an dieses Merkmal. Sie ergehen von der Behördenleitung an die Bediensteten oder von einer vorgesetzten Behörde an die nachgeordneten Behörden und sind nur im Innenverhältnis verbindlich (siehe im Zusammenhang unten § 25). Ein Verstoß gegen eine Verwaltungsvor-

---

[16] Lit.: *Bumke*, Relative Rechtswidrigkeit, 2004.
[17] *Sauer*, Öffentliches Reaktionsrecht, 2021; *ders.*, JuS 2023, 209.

schrift macht den Verwaltungsakt daher für sich genommen nicht in diesem Sinne rechtswidrig.

Beispiel: Nach einem Erlass des Ministeriums haben die Landratsämter eine Begünstigung zu gewähren. U erfüllt die Voraussetzungen des Erlasses. Das zuständige Landratsamt bescheidet U dennoch abschlägig. U kann höchstens mit Art. 3 Abs. 1 GG argumentieren (siehe unten Rn. 64 ff.).

Erst recht führen in anderen Fällen ergangene **Gerichtsentscheidungen** nicht zur Rechtswidrigkeit inhaltlich abweichender Rechtsakte – selbst wenn sie von den höchsten Gerichten herrühren mögen. Die rechtlichen Wirkungen eines Gerichtsakts beschränken sich nämlich in aller Regel sachlich auf den entschiedenen Fall („Streitgegenstand") und persönlich auf dessen Beteiligte (vgl. noch unten § 30 Rn. 7 ff.). Das kann im Prinzip dazu führen, dass eine Behörde immer wieder auf bestimmte Weise entscheidet und die Gerichte mit gleicher Regelmäßigkeit diese Entscheidungen wieder aufheben; jeder einzelne Betroffene muss dies aber eben erstreiten. Praktisch orientieren die Behörden ihre weiteren Entscheidungen freilich meist an den Aussagen der Gerichte.[18]

38

Zusatzinformation
Eine bemerkenswerte und umstrittene Ausnahme von dieser rechtsprechungsorientierten Verwaltungspraxis stellen die „Nichtanwendungserlasse" dar, die das Bundesministerium der Finanzen in Bezug auf manche Gerichtsentscheidungen erlässt.

Die bis hierhin herausgearbeiteten Zusammenhänge verdeckt die oft angebotene, aber zu selten reflektierte dreischrittige Prüfungsfolge **„Rechtsgrundlage – formelle Rechtmäßigkeit – materielle Rechtmäßigkeit"**. Der mögliche Verstoß gegen den Vorbehalt des Gesetzes wird dadurch verteilt auf drei Teile, nämlich das Vorhandensein einer gesetzlichen Grundlage überhaupt und sodann separat das Vorliegen ihrer formellen und materiellen Voraussetzungen. Die weiteren einschlägigen Verbote werden in die formellen und materiellen Teile eingemischt. Mit dem verbreiteten Dreischritt geht nicht unbedingt in der Sache etwas verloren, wohl aber die Übersicht über die rechtslogische Struktur der Rechtmäßigkeit. Wir werden den Dreischritt in den Abschnitten zur Rechtmäßigkeit der einzelnen Rechtsaktformen aufgreifen (siehe insbesondere die dortigen Schemata), aber sollten nicht vergessen, dass er nur ein unverbindliches Raster darstellt und vor allem erlaubt, alle möglicherweise einschlägigen Verbotsnormen aufzufinden – seine Funktion ist „heuristisch", nicht logisch. In dieser Funktion erspart er dem Rechtsanwender immerhin die Abgrenzung zwischen Vorgaben innerhalb und außerhalb der Rechtsgrundlage, die nicht immer ganz leichtfällt. In diesem Kapitel bleiben wir für die rechtsformübergreifenden Betrachtungen zur Rechtmäßigkeit zunächst aber enger an den eigentlichen Normstrukturen. Abb. 2 stellt die beiden Vorgehensweisen zum direkten Vergleich gegenüber.

39

---

[18] Lit.: *Desens*, Bindung der Finanzverwaltung an die Rechtsprechung, 2011; *Payandeh*, Judikative Rechtserzeugung, 2017.

Normstrukturnahe Variante	Herkömmliche Variante
1. Vorbehalt des Gesetzes → Rn. 40ff. 　a) Eröffnung des Vorbehaltsbereichs 　b) taugliche, passende, einschlägige Befugnis des handelnden Hoheitsträgers 2. Verfahrensvorgaben (soweit außerhalb der Rechtsgrundlage) → Rn. 55ff. 3. Inhaltsvorgaben (soweit außerhalb der Rechtsgrundlage) → Rn. 59ff.	1. Rechtsgrundlage 　(heißt hier: Eröffnung des Vorbehaltsbereichs *und* Tauglichkeit sowie sachliche Passung einer wirksamen Befugnis) 2. formelle Rechtmäßigkeit 　a) Zuständigkeit 　　(heißt hier: Innehabung der Befugnis gerade durch den handelnden Hoheitsträger) 　b) Verfahren und Form 　　(heißt hier: verfahrensbezogene tatbestandliche Einschlägigkeit der Befugnis *und* weitere Verfahrensvorgaben) 3. materielle Rechtmäßigkeit 　a) Tatbestand 　　(heißt hier: übrige Passung und übrige tatbestandliche Einschlägigkeit der Befugnis) 　b) Inhaltsvorgaben

Abb. 2 Aufbauvarianten für die Rechtmäßigkeitsprüfung

1. Vorbehalt des Gesetzes – Verbot gewisser Maßnahmen ohne besondere Befugnis

40　Vor allem aus den Freiheitsgrundrechten folgt der Vorbehalt des Gesetzes. Eine Maßnahme ist danach verboten, wenn sie (1) tatbestandlich in den Vorbehaltsbereich fällt und (2) keine Befugnis zu ihrer Vornahme besteht.

a) Maßnahme im Vorbehaltsbereich

41　Ein Verstoß gegen den Vorbehalt des Gesetzes kommt von vornherein nur in Frage, wenn die fragliche Maßnahme überhaupt in dessen **Anwendungsbereich** fällt, also einen Grundrechtseingriff darstellt, rechtsstaatlich-demokratisch als wesentlich gilt oder aus institutionellen Gründen der Gesetzgebung vorbehalten ist (oben § 12 Rn. 15 f.).

V. Rechtmäßigkeit

Prüfungshinweis

▶ Auch wenn für die Rechtmäßigkeit einer Maßnahme alle den Vorbehalt des Gesetzes bildenden Verfassungsnormen zusammenzudenken sind, genügt es in der typischen Fallsituation, wo Private Rechtsschutz suchen, meist völlig, für den Vorbehalt auf eine Grundrechtsbestimmung zu verweisen – etwa: „Das Verbot der Demonstration unterliegt als Eingriff in die Versammlungsfreiheit der A nach Art. 8 Abs. 1 GG einem grundrechtlichen Vorbehalt des Gesetzes."

Konzentriert man sich wie meist auf den grundrechtlichen Vorbehalt des Gesetzes, muss an dieser Stelle der Charakter der Maßnahme als **Grundrechtseingriff** untersucht werden. Für diese Prüfung sind die Wirkungen entscheidend, die die Maßnahme auslöst (oben Rn. 11 ff.). Wir können einige Fallgruppen herausstellen:

- Die rechtsgestaltende *Auferlegung einer Pflicht* verkürzt die Verhaltensfreiheit der Adressaten, die durch Art. 2 Abs. 1 GG oder ein Spezialgrundrecht geschützt ist. Das Gleiche kann man annehmen für die verbindliche *Feststellung einer Pflicht* im Hinblick auf deren präjudizielle und Titelwirkung.

Beispiele: Die Behörde verpflichtet A zum Verlassen eines Ortes (Platzverweis). – Das Finanzamt stellt gegenüber B eine kraft Gesetzes entstandene Steuerschuld fest und tituliert diese (vgl. § 12 Rn. 61).

- Die rechtsgestaltende *Entziehung einer Genehmigung* lässt im Bereich eines Genehmigungserfordernisses das präventive Verbot wieder aufleben (oben § 12 Rn. 12 ff.). In dieser erneuten Verkürzung der Verhaltensfreiheit kann man einen neuen Grundrechtseingriff der Verwaltung sehen. Das Gleiche kann man annehmen für die *Entziehung eines Status*, soweit mit diesem Erlaubnisse akzessorisch einhergingen (oben § 11 Rn. 16) und nun wieder wegfallen.

Beispiele: Die Behörde entzieht A die Baugenehmigung; nun darf A nach dem Gesetz nicht mehr bauen. – Die Behörde entzieht B das Bestandenhaben der Zweiten juristischen Staatsprüfung; nun darf B nach dem Gesetz die Bezeichnung „Assessorin" nicht mehr führen.

- Die rechtsgestaltende *Entziehung eines sonstigen günstigen Status* bildet dagegen nur im Falle von Eigentum (Art. 14 GG) und Staatsangehörigkeit (Art. 16 Abs. 1 GG) einen Grundrechtseingriff. Wenn man hier allgemein trotzdem den Vorbehalt des Gesetzes für gegeben hält, kann das nur ein Fall von dessen rechtsstaatlicher Variante sein.[19]

Beispiel: Die Gemeinde entzieht A ihre Ehrenbürgerschaft.

- Die *faktischen Beeinträchtigungen des Adressaten* können faktische Grundrechtseingriffe darstellen. Sie geraten meist nur in den Blick, wenn die Maß-

---

[19] Vgl. *Kempny/Krüger*, JA 2022, 10 (12 f.).

nahme nicht auf rechtliche Wirkungen zielt, also keinen Rechtsakt darstellt, und nicht mit der Auferlegung einer Duldungspflicht durch begleitenden Rechtsakt einhergeht (z. B. Durchsuchungsbeschluss, vgl. § 21 Rn. 7, § 27 Rn. 11). Im Zusammenhang mit den Realakten der Verwaltung nehmen wir diesen Faden daher wieder auf (unten § 27 Rn. 17 f.).

Beispiel: Die Behörde warnt öffentlich vor Produkten der A, fesselt B und verarbeitet personenbezogene Daten der C.

Prüfungshinweis

▶ Im verwaltungsrechtlichen Zusammenhang erfolgt die Prüfung des Grundrechtseingriffs meist nicht so ausführlich wie im Staatsrecht II. Oft beschränkt man sich gar auf eine „Schwundstufe", indem man schlicht darauf verweist, die Maßnahme sei „belastend" – etwa: „Das Verbot der Demonstration unterliegt als belastende Maßnahme dem Vorbehalt des Gesetzes."

43 Längst nicht jede Maßnahme der Verwaltung ist danach jedoch vom Vorbehalt des Gesetzes erfasst. Zumal folgende Konstellationen enthalten normalerweise **keinen Grundrechtseingriff** und bedürfen deshalb an dieser Stelle eines genaueren Hinsehens:

- Die *Versagung einer Begünstigung* stellt selbst keinen Eingriff dar. Auch die Versagung einer Genehmigung belastet nicht über das gesetzlich statuierte Genehmigungsfordernis hinaus (dessen Aufstellung als Unterlassungspflicht, siehe oben § 12 Rn. 12 ff., aber natürlich selbst einen [gesetzesförmigen] Eingriff bildet).

  Beispiel: Die Behörde verweigert A die beantragte Baugenehmigung, B die beantragte Projektförderung, C den beantragten Polizeischutz.

- Die *Maßnahme mit Zustimmung* des Betroffenen ist nach den allgemeinen Grundrechtslehren ebenfalls kein Eingriff, soweit die Zustimmung willensmangelfrei ist. Insofern wirkt die Zustimmung rechtstechnisch anders als eine Erlaubnis, auch wenn sie im Ergebnis Ähnliches besorgt (vgl. oben § 11 Rn. 40).

  Beispiel: Die Behörde durchsucht Geschäftsräume der A mit deren Einverständnis.

- Die faktische *Beeinträchtigung eines Dritten* durch die Maßnahme muss ebenfalls nicht immer ein Eingriff sein.[20]

b) Befugnis für die Maßnahme

44 Soweit eine Maßnahme im Vorbehaltsbereich liegt, bedarf die Verwaltung dafür einer besonderen Befugnis, also einer **Erlaubnis** für den Hoheitsträger, die Maßnahme zu treffen. Solche Befugnisse haben wir oben im Zusammenhang der Rechts-

---

[20] Lit.: *Roth*, Verwaltungshandeln mit Drittbetroffenheit und Gesetzesvorbehalt, 1991.

positionen bereits betrachtet (§ 11 Rn. 10 f.). Es muss also gerade der handelnde Hoheitsträger eine Befugnis erworben (§ 11 Rn. 19 ff.) und nicht zwischenzeitlich verloren haben (§ 11 Rn. 45 ff.).

Prüfungshinweis

▶ Hier ist unbedingt auf den handelnden Hoheitsträger abzustellen. Dass das Gesetz jemand anderem eine Befugnis gibt, führt nicht zur Rechtmäßigkeit der eigenen Maßnahme. Dieser Gesichtspunkt erscheint im eingeführten Aufbau unter dem Stichwort „Zuständigkeit".

In der Regel stützt der Hoheitsträger den **Erwerb der Befugnis** auf einen abstrakten Rechtsakt (meist ein Gesetz), den man dann insoweit auch „Rechtsgrundlage" oder „Befugnisnorm" nennt. Seltener erwirbt er die Befugnis durch einen konkreten Rechtsakt, manche bestreiten diese Möglichkeit ganz (vgl. § 11 Rn. 33 ff.). In beiden Fällen muss der als Erwerbstatbestand fungierende Rechtsakt selbst wirksam sein; auf diese Weise hängt die *Rechtmäßigkeit* einer Maßnahme mittelbar von der *Wirksamkeit* des sie erlaubenden Rechtsakts ab. Soll etwa ein formelles Gesetz die Befugnis begründen, ist an Verkündung sowie Verfassungs- und Unionsrechtmäßigkeit als Wirksamkeitsbedingungen zu denken (vgl. § 24 Rn. 10 ff.); soll eine Rechtsverordnung oder Satzung die Befugnis begründen, bestimmt ihre jeweilige gesetzliche Kompetenzgrundlage die zu prüfenden Wirksamkeitsbedingungen (vgl. § 23 Rn. 18 ff.).

45

Beispiel: Die Behörde verbietet A, weiter Tiere einer bestimmten geschützten Art ins Bundesgebiet einzuführen, und stützt sich dazu auf eine Befugnis aus einer Rechtsverordnung. Diese Rechtsverordnung wurde aber von einer unzuständigen Stelle, ohne Einhaltung des nötigen Verfahrens und ohne ordnungsgemäße Verkündung erlassen und ist deshalb unwirksam; die Behörde konnte daraus keine Befugnis erwerben. Das Verbot gegenüber A kann sie darauf also nicht stützen.

Prüfungshinweise

▶ Der als Synonym für „Rechtsgrundlage" ebenfalls häufig gebrauchte Ausdruck „Ermächtigungsgrundlage" ist rechtstheoretisch unpräzise, denn Ermächtigung heißt Kompetenz, nicht Erlaubnis. Sie sollten ihn deshalb vermeiden.

▶ Denken Sie daran, dass der Hoheitsträger eine erworbene Befugnis auch wieder verloren haben kann, insbesondere durch „überlagernde" Rechtsakte (oben § 11 Rn. 46 ff.). Wo das passiert, überspringt man meist die dann belanglose Frage nach den Tatbestandsvoraussetzungen für den Befugniserwerb im konkreten Fall (§ 11 Rn. 20).

Die Befugnis muss sodann **drei Anforderungen** erfüllen: Sie muss (1) der Art nach tauglich, (2) dem Inhalt nach passend und (3) dem Tatbestand nach einschlägig sein. Wir betrachten die Anforderungen eine nach der anderen.

46

Prüfungshinweis

▶ Im Gutachten wird es häufig genügen, knapp auf den belastenden Charakter einer Maßnahme und das Vorhandensein eines passenden Gesetzes zu verweisen und dann direkt dessen tatbestandliche Einschlägigkeit zu prüfen. Etwa: „Die Heranziehung zu der Gebühr unterliegt als belastende Maßnahme dem Vorbehalt des Gesetzes (hier: allgemeine Handlungsfreiheit nach Art. 2 Abs. 1 GG); als gesetzliche Grundlage kommt nur § ... in Frage, dessen Tatbestandsvoraussetzungen hier gegeben sein müssten."

aa) Tauglichkeit für den Vorbehalt des Gesetzes

47 Um dem Vorbehalt des Gesetzes zu genügen, braucht es im Ausgangspunkt ein **formelles Gesetz**; der Vorbehalt dient verfassungsrechtlich gerade dazu, die Verwaltung an die parlamentarische Willensbildung zu binden. Befugnisse unmittelbar aus Bundes- oder Landesgesetzen bilden deshalb den klarsten Fall und sind auch praktisch am häufigsten anzutreffen (vgl. § 11 Rn. 19 ff.).

Zusatzinformationen
- Auch der staatliche Haushaltsplan kann prinzipiell eine Erlaubnis begründen, wenn er durch ein Gesetz festgestellt wird; praktisch sind jedenfalls *Eingriffe* darin kaum je vorgesehen (im Bundesbereich verhindert Art. 110 Abs. 4 S. 1 GG das auch rechtlich).
- Den Haushaltsplan bemühen manche im Sinne einer Pro-forma-Rechtsgrundlage für staatliche Begünstigungen. Diese unterliegen jedenfalls nicht dem grundrechtlichen Vorbehalt des Gesetzes; man erspart sich immerhin eine Stellungnahme zur Frage des „Totalvorbehalts" (vgl. § 12 Rn. 15 ZI), wenn man eine parlamentarische Rechtsgrundlage irgendwo auffinden kann.
- Gewohnheitsrecht ist in der vom Grundgesetz errichteten Ordnung generell problematisch. Selbst wenn man annimmt, dass vorkonstitutionelles Gewohnheitsrecht übernommen wurde, ist die Erzeugung neuen Gewohnheitsrechts seit 1949 angesichts der vielfältig formalisierten Rechtsetzungsverfahren des positiven Rechts kaum mehr zu begründen. Erkennt man gleichwohl dessen Existenz an, taugt es jedenfalls nicht dazu, anstelle eines formellen Gesetzes eine Befugnis zu Verwaltungsmaßnahmen zu begründen.[21] Dafür gibt es auch ein sachliches Argument: Eine Befugnis aus Gewohnheitsrecht würde bedeuten, eine Maßnahme bloß aufgrund (unwidersprochen gebliebener) behördlicher Gewohnheit zuzulassen; doch soll der Vorbehalt des Gesetzes ja gerade die Beteiligung des Parlaments an der Schaffung von Rechtsgrundlagen sicherstellen.

48 Sogenannte „materielle Gesetze" wie **Rechtsverordnungen und Satzungen** (unten § 23) können ebenfalls Befugnisse begründen; wirksam tun sie das freilich nur, soweit die Verordnung- oder Satzunggeber ihrerseits dazu ermächtigt sind. Entsprechendes gilt für Verwaltungsakte (vgl. § 11 Rn. 34 ff.); auch diese müssen selbst auf eine Kompetenz gestützt sein (vgl. § 14 Rn. 5 f.). Die in Frage stehende Maßnahme kann sich in all diesen Fällen zumindest mittelbar auf ein formelles Gesetz stützen.

Beispiele: „Die Straßenverkehrsbehörden können die Benutzung bestimmter Straßen oder Straßenstrecken aus Gründen der Sicherheit oder Ordnung des Verkehrs beschränken oder verbieten und den Verkehr umleiten", hat das Bundesverkehrsministerium in § 45 Abs. 1

---

[21] Lit.: *Witthohn*, Gewohnheitsrecht als Eingriffsermächtigung, 1997.

S. 1 StVO verordnet; die gesetzliche Ermächtigung dafür ergibt sich aus § 6 StVG. – Mit einem Auflagenvorbehalt im Sinne von § 36 Abs. 2 Nr. 5 VwVfG* verschafft eine Behörde sich selbst die Befugnis zum späteren Erlass von Auflagen (vgl. § 20 Rn. 81 f.).

Unproblematisch ist auch eine Befugnis aus **unmittelbar anwendbaren Normen des Unionsrechts**, denen innerstaatlich sogar ein höherer Rang zukommt als den Gesetzen. In Frage kommen Vorschriften des AEUV, praktisch aber vor allem solche aus Verordnungen im Sinne von Art. 288 Abs. 2 AEUV. 49

Beispiel: Die Datenschutz-Aufsichtsbehörden haben nach Art. 58 DSGVO eine Reihe von Befugnissen, etwa „eine vorübergehende oder endgültige Beschränkung der Verarbeitung, einschließlich eines Verbots, zu verhängen" oder „eine Aussetzung der Übermittlung von Daten an einen Empfänger in einem Drittland oder an eine internationale Organisation anzuordnen".

Keine Befugnisse gegenüber Privaten können dagegen aus Rechtsakten folgen, die lediglich im **Innenverhältnis von Staaten oder anderen Hoheitsträgern untereinander** wirken. Hierzu gehören etwa die Richtlinien, die nach Art. 288 Abs. 3 AEUV nur die Mitgliedstaaten binden,[22] und die zwischenstaatlichen Verträge. Wenn derartige Rechtsakte ein Handeln in Richtung auf Private vorsehen, muss der daraus verpflichtete Staat dafür erst eine Rechtsgrundlage schaffen, normalerweise in einem „Umsetzungsgesetz". 50

Zusatzinformationen
- Auch bei den Staatsverträgen der Länder (§ 2 Rn. 37 ZI) folgen die Befugnisse gegenüber Privaten dementsprechend nicht aus dem Vertrag als solchen, sondern aus dessen Inkorporation in das Landesrecht durch Landesgesetz (oder, je nach Landesverfassungsrecht, durch Landtagsbeschluss).
- Verwaltungsvorschriften oder Weisungen, etwa im Rahmen der Bundesaufsicht nach Art. 85 Abs. 3 GG, binden ebenfalls nur den staatlichen Adressaten (§ 25 Rn. 5) und begründen deshalb keine Befugnisse gegenüber Privaten.

bb) Passung zur Maßnahme

Die Befugnis muss inhaltlich gerade die Art von Maßnahme umfassen, um deren Rechtmäßigkeit es geht. Dabei kann man insbesondere **sachliche, räumliche, zeitliche und zahlenmäßige Passung** thematisieren (Fragen: Was wird erlaubt, wo und wann darf die Maßnahme erfolgen, in welchem Rahmen müssen sich Geld- oder ähnliche Beträge halten?). 51

Beispiele: Das Gesetz erlaubt dem Polizeipräsidium in der Stadt A ab 2024 die Festsetzung eines Zwangsgelds zwischen 5 und 1000 €. Wenn das Polizeipräsidium in der Stadt B im Jahr 2023 ein Zwangsgeld von 1500 € festsetzt, kann es sich aus räumlichen, zeitlichen und zahlenmäßigen Gründen jedenfalls auf dieses Gesetz nicht stützen. – § 48 Abs. 1 S. 1 VwVfG* erlaubt die Aufhebung eines Verwaltungsakts (vgl. § 20 Rn. 24 ff.). Wenn die Behörde einen Vertrag oder eine Verordnung aufheben möchte, kann sie sich aus sachlichen Gründen auf dieses Gesetz nicht stützen.

---

[22] Vgl. *Reimer*, JZ 2015, 910.

52 Eine Befugnis, die unter wenigstens einem dieser Gesichtspunkt inhaltlich nicht vollständig passt, braucht man nicht weiter in Betracht zu ziehen. Passt sie zu wenigstens einem Gesichtspunkt nur teilweise, muss man überlegen, ob der Hoheitsträger sie zumindest insoweit darauf stützen darf.

Beispiel: Das Gesetz erlaubt dem Polizeipräsidium die Auferlegung von Verboten für jeweils sechs Monate. Gegenüber A erlässt das Polizeipräsidium ein Verbot für die Dauer von sieben Monaten. Von der Auslegung des Gesetzes hängt ab, ob das Verbot nur hinsichtlich des „überschießenden" siebten Monats oder aber insgesamt nicht auf diese Rechtsgrundlage gestützt werden kann.

Prüfungshinweise

▶ Passt eine Befugnis inhaltlich nicht, braucht man die Frage nach ihrer Wirksamkeit (oben Rn. 45) grundsätzlich gar nicht erst aufzuwerfen. Passt sie ganz offensichtlich nicht, lässt man sie unerwähnt. Geht es etwa um die Versiegelung einer unsicheren Baustelle, dann liegt es fern, eine Rechtsgrundlage für die Veranlagung zur Einkommensteuer auch nur anzusprechen.

▶ Aspekte der Passung sieht man oft bei den Tatbestandsvoraussetzungen (dazu sogleich Rn. 54) eingeordnet. Das führt selten zu Verwechslungen. Strukturell unterscheiden sich beide gleichwohl: Bei der inhaltlichen Passung geht es darum, ob die Art der Maßnahme überhaupt von der Erlaubnis abgedeckt wird; bei den Tatbestandsvoraussetzungen darum, ob die Erlaubnis im konkreten Fall auch zur Verfügung steht.

▶ Die zahlenmäßige Passung ordnen manche den Ermessensfehlern zu, vor allem beim Verwaltungsakt (hierzu § 19 Rn. 137). Da hier aber schon keine Befugnis zur Verfügung steht, braucht man die Prüfung eigentlich so weit gar nicht kommen zu lassen. Vorsorglich dürften Sie aber darauf hinweisen, dass in einem solchen Fall auch eine „Ermessensüberschreitung" vorläge.

53 Das Gesetz beschränkt die Verwaltung mitunter ausdrücklich auf **verhältnismäßige Maßnahmen**. Typisch sind solche Vorschriften in den Polizeigesetzen (z. B. § 5 PolG BW). Man kann das so deuten, dass die Befugnis hier von vornherein nur verhältnismäßige Maßnahmen umfasst. Alternativ sieht man darin eine neben die Erlaubniswirkung tretende zusätzliche Inhaltsvorgabe, die der Sache nach die grundrechtlichen Verbote unverhältnismäßiger Maßnahmen wiederholt (dazu unten Rn. 63).

cc) Einschlägigkeit in der Situation

54 Handelt es sich wie meist um eine Befugnis aus einem abstrakten Rechtsakt, so muss dieser sie gerade in der gegebenen Situation zur Verfügung stellen. Das drückt man meist dahin aus, dass ihr „**Tatbestand**" gegeben sein müsse, also die Bedingungen vorliegen, unter denen der abstrakte Rechtsakt dem Hoheitsträger die Befugnis konkret gibt (im Einzelnen oben § 11 Rn. 20 ff.).

V. Rechtmäßigkeit

Beispiele: Die Gewerbeaufsichtsbehörden haben *bei Unzuverlässigkeit* des Gewerbetreibenden *und Erforderlichkeit* eines Verbots die Befugnis, das Gewerbe zu untersagen (§ 35 Abs. 1 GewO). – Die Gemeinden haben *ohne weitere Voraussetzungen* die Befugnis, die öffentlichen Straßen auf ihrem Gebiet zu benennen (z. B. § 5 Abs. 4 GemO BW).

Prüfungshinweis

▶ Hier liegt regelmäßig der inhaltliche Schwerpunkt eines Verwaltungsrechtsfalls. Zugleich ist dies das Einfallstor für das Besondere Verwaltungsrecht, aus dessen Normen sich die zu prüfenden Tatbestandsmerkmale überwiegend ergeben.

2. Verfahrensvorgaben – Verbot gewisser Maßnahmen ohne vorangegangene Verfahrensschritte

Außer wegen eines Verstoßes gegen den Vorbehalt des Gesetzes kann ein Rechtsakt auch rechtswidrig sein, weil er eine Vorschrift zum Verfahren verletzt, die vor Erlass des Rechtsakts befolgt werden muss.[23] Der Sache nach geht es auch hier um die Verletzung eines für die Verwaltung geltenden Verbots: Die Verfahrensvorgabe verbietet es, den Rechtsakt zu erlassen, solange nicht der vorgegebene Verfahrensschritt vorgenommen ist. 55

Zusatzinformationen

- Ein Verfahrensschritt *v* kann alternativ auch Tatbestandsmerkmal der Rechtsgrundlage sein. Eine solche Vorgabe ist dann kein eigenständiges Verbot („verboten, wenn nicht vorher *v*"), sondern eine zusätzliche Voraussetzung der Erlaubnis, die über den Vorbehalt des Gesetzes mittelbar Verbotswirkung entfalten kann („erlaubt, wenn vorher *v*" plus „verboten, wenn nicht gesetzlich erlaubt"). Auf die Abgrenzung kommt es aber normalerweise nicht an, was es auch gestattet, im eingeführten Dreischritt alle Verfahrensvorgaben einheitlich zu behandeln und der Rubrik der „formellen Rechtmäßigkeit" zuzuordnen (oben Rn. 39).
- Zumindest für Verfahrensvorgaben, die von einer anderen Gesetzgebungsinstanz herrühren oder in einem anderen Gesetz getroffen sind, liegt aber die Lesart als eigenständiges Verbot näher. Insbesondere gilt das für die Verfahrensvorgaben des VwVfG* (z. B. Anhörung) im Verhältnis zu den Rechtsgrundlagen des Besonderen Verwaltungsrechts, diejenigen des Bundesrechts (z. B. Umweltverträglichkeitsprüfung) im Verhältnis zu den Rechtsgrundlagen des Landesrechts sowie diejenigen des Unionsrechts im Verhältnis zu den Rechtsgrundlagen des deutschen Rechts.

Die vorgegebenen Verfahrensschritte haben vielfältige Gestalt (vgl. im Zusammenhang des Verwaltungsverfahrens noch § 29 Rn. 10 ff.). Ihrer Funktion nach dienen sie zumeist der **Informationsbeschaffung der Verwaltung** und der **Interessenwahrung der Privaten** (der konkret Betroffenen[24] oder der ganzen Öffentlichkeit)[25] sowie der **Abstimmung mit anderen Hoheitsträgern**. Auch das Besondere Verwaltungsrecht ordnet mitunter derartige Verfahrensschritte an. 56

---

[23] Lit.: *Hill*, Das fehlerhafte Verfahren und seine Folgen im Verwaltungsrecht, 1986; *Papier*, Der verfahrensfehlerhafte Staatsakt, 1973.
[24] Lit.: *Schwerdtfeger*, HVwR IV, 2022, § 110.
[25] Lit: *Seckelmann*, HVwR IV, 2022, § 112.

Beispiele: Nach § 28 Abs. 1 VwVfG* darf die Behörde in Rechte eingreifende Verwaltungsakte nicht erlassen, ohne die Betroffenen vorher anzuhören. – Nach § 4 Gesetz über die Umweltverträglichkeitsprüfung (UVPG) dürfen bestimmte Anlagengenehmigungen nicht erteilt werden, ohne dass die Behörde zuvor eine Umweltverträglichkeitsprüfung durchgeführt hätte. – Nach den Gemeindeordnungen der Länder darf der Bürgermeister vielfach nicht handeln, wenn nicht der Gemeinderat vorher zugestimmt hat.

Zusatzinformation
Die Einbeziehung der betroffenen Privaten nennt man auch „rechtliches Gehör" – dies in Anlehnung an Art. 103 Abs. 1 GG, der selbst nur für die Gerichte gilt.

57 Einige Verfahrensvorgaben haben auch einen negativen Inhalt in dem Sinne, dass sie **verbotene Vorgehensweisen** markieren.

Beispiel: Nach Art. 22 DSGVO (anwendbar auf alle Behörden außer Polizei und Nachrichtendiensten) dürfen Maßnahmen nicht getroffen werden, wenn ihnen allein eine Computerentscheidung vorangegangen ist.

Zusatzinformation
Zu den negativen Verfahrensvorgaben lassen sich auch die sogenannten Beweisverwertungsverbote zählen. Ihre rechtliche Struktur ist allerdings etwas komplexer. Sie verbieten es, eine Maßnahme auf der Grundlage eines Sachverhaltsbilds zu treffen, das auf einem unverwertbaren Beweismittel beruht. Möglich bleibt aber eine Maßnahme auf der Grundlage des Sachverhaltsbilds, wie es sich bei Ausblendung dieses Beweismittels darstellt; im Ergebnis kann die Maßnahme darüber durchaus rechtmäßig bleiben. Beweisverwertungsverbote sind auch im Verwaltungsrecht selten ausdrücklich geregelt. Ob z. B. die datenschutzrechtswidrige Verwendung personenbezogener Daten ein solches Verbot begründet, ist noch ungeklärt.

58 Das Verfahren und die diesbezüglichen Vorgaben erfahren im deutschen Verwaltungsrecht traditionell eine gewisse **Geringschätzung** (dazu auch noch unten § 28 Rn. 5). Das wirkt sich auch auf die Rechtmäßigkeit der Rechtsakte aus: An verschiedenen Stellen, wo das Gesetz an Rechtswidrigkeit anknüpft, scheidet es viele Verfahrensfehler als unbeachtlich aus und entwertet die Verfahrensvorgaben damit erheblich (etwa bei den Wirkungsbedingungen der Satzungen, § 23 Rn. 35, oder bei den Abwehransprüchen gegen Verwaltungsakte, § 19 Rn. 116 ff.).[26]

3. Inhaltsvorgaben

59 Die Bezeichnung „Inhaltsvorgaben" dient hier, insoweit genau wie die verbreitete „materielle Rechtmäßigkeit" (vgl. Rn. 39), als Auffangbegriff und Sammelbecken für **alle weiteren rechtlichen Anforderungen** an eine Maßnahme, die nicht bereits im Zusammenhang mit dem Vorbehalt des Gesetzes oder mit den eben thematisierten Verfahrensvorgaben behandelt wurden. Wir betrachten im Folgenden die freiheits- und gleichheitsgrundrechtlichen Vorgaben (soweit sie über den Vorbehalt des Gesetzes hinausgehen), die gesetzlichen Vorgaben zur Ermessensausübung sowie

---
[26] Lit.: *Ludwigs*, HVwR IV, 2022, § 96; *Morlok*, Die Folgen von Verfahrensfehlern am Beispiel von kommunalen Satzungen, 1988.

die ebenfalls auftretenden Vorgaben aus konkret-individuellen Rechtsakten. Diese Auswahl ist aber nicht abschließend; weitere inhaltliche Anforderungen stellen sowohl das Verfassungsrecht (etwa in Bezug auf Vertrauensschutz)[27] als auch das Fachrecht (etwa in Gestalt von Effizienzvorgaben).[28]

a) Freiheitsgrundrechte – Verbot unverhältnismäßiger Maßnahmen

Nach Art. 1 Abs. 3 GG darf keine behördliche Maßnahme ein Grundrecht verletzen, deshalb könnte hier systematisch eigentlich eine volle Grundrechtsprüfung wie im Staatsrecht II erfolgen. Sie wird aber an dieser Stelle nicht erwartet. Dahinter steht einmal mehr der grundrechtliche Vorbehalt des Gesetzes (vgl. Rn. 41 ff.). Mit dessen Einschlägigkeit hat man grundsätzlich bereits den Eingriff in den Schutzbereich eines Freiheitsgrundrechts bejaht; die gefundene Rechtsgrundlage ist dann das beschränkende Gesetz, worüber sich die verfassungsrechtliche Rechtfertigung dieses Eingriffs ergeben kann; zu klären bleiben nur noch die **grundrechtlichen Anforderungen an den Einzelfall**. 60

Diese bestehen, wie vom Prüfungsmaßstab der Verfassungsbeschwerde gegen einen Einzelakt her bekannt, hauptsächlich in dessen **Verhältnismäßigkeit**.[29] 61

An diesen Punkt gelangt man nur, wenn nicht das **Gesetz gerade die unverhältnismäßige Maßnahme verlangt**; dann wäre es nämlich selbst verfassungswidrig und nichtig und somit schon keine wirksame Rechtsgrundlage (oben Rn. 45 – ein Gericht müsste in dieser Situation nach Art. 100 Abs. 1 GG sein Verfahren aussetzen und die Frage dem Bundesverfassungsgericht zur Entscheidung vorlegen, vgl. § 24 Rn. 13).[30] Manchmal lässt sich diese Konsequenz vermeiden, indem man im zwingend erscheinenden Gesetz doch einen Aufhänger für Verhältnismäßigkeitserwägungen findet (etwa bei der zwingenden Gewerbeuntersagung in § 35 Abs. 1 S. 1 GewO den Bedingungssatz „sofern die Untersagung […] erforderlich ist"). 62

Beispiel: Das Gesetz legt die zwingend zu erhebende Zahlung unverhältnismäßig hoch fest. Die Behörde befolgt es und erlässt einen entsprechenden Bescheid. Wegen der Unwirksamkeit des Gesetzes fehlt für den Bescheid bereits die Rechtsgrundlage; auf seine eigene Verhältnismäßigkeit kommt es nicht mehr an.

Umgekehrt finden sich in Gesetzen, die bewusst der Behörde eine Auswahl zwischen verschiedenen Handlungsoptionen lassen („Ermessen", vgl. Rn. 67 ff.), oft ausdrückliche Vorgaben, die unverhältnismäßige Maßnahmen auch noch einmal **einfachrechtlich verbieten** (sofern man in solchen Bestimmungen nicht inhaltliche 63

---

[27] Vgl. *Froese*, HVwR IV, 2022, § 74; *Blanke*, Vertrauensschutz im Deutschen und Europäischen Verwaltungsrecht, 2000, bes. S. 12–47 zur verfassungsrechtlichen Herleitung und 148–308 zur Auswirkung bei den Rechtsaktformen.

[28] Vgl. *Ellerbrok*, HVwR IV, 2022, § 76.

[29] Lit.: *Petersen*, HVwR IV, 2022, § 73. Zu begrifflichen Präzisierungen *Reimer*, in: Jestaedt/Lepsius (Hg.), Verhältnismäßigkeit, 2015, S. 60.

[30] Lit.: *Barczak*, VerwArch 105 (2014), S. 142; *Mehde*, DÖV 2014, 541; *Naumann*, DÖV 2011, 96; *Vogl*, Die verhältnismäßige Anwendung „gebundener" Normen, 2019; *Weber*, Atypischer Einzelfall und allgemeines Gesetz, 2023.

Begrenzungen der Erlaubnis sieht, vgl. oben Rn. 53).[31] Solche Verbote sprechen die Erforderlichkeit und die Angemessenheit dabei häufig separat an.

Beispiele: „(1) Kommen für die Wahrnehmung einer polizeilichen Aufgabe mehrere Maßnahmen in Betracht, so hat die Polizei die Maßnahme zu treffen, die den Einzelnen und die Allgemeinheit voraussichtlich *am wenigsten beeinträchtigt*. (2) Durch eine polizeiliche Maßnahme darf kein Nachteil herbeigeführt werden, der erkennbar *außer Verhältnis* zu dem beabsichtigten Erfolg steht" (§ 5 PolG BW, ähnlich die meisten Polizeigesetze). – „Das Zwangsmittel muß in einem *angemessenen Verhältnis* zu seinem Zweck stehen. Dabei ist das Zwangsmittel möglichst so zu bestimmen, daß der Betroffene und die Allgemeinheit *am wenigsten beeinträchtigt* werden" (§ 9 Abs. 2 VwVG).

Prüfungshinweis

▶ Die einfachrechtlichen Verhältnismäßigkeitsvorgaben überlagern die verfassungsrechtlichen und sollten vorrangig herausgezogen werden.[32] Manche nennen das einen „Anwendungsvorrang" des einfachen Rechts.

b) Gleichheitssätze – Verbot ungerechtfertigter Ungleichbehandlungen

64 Außer den Freiheitsgrundrechten muss die Verwaltung auch die Gleichheitsgrundrechte und die sonstigen für sie geltenden Gleichheitssätze einhalten.[33] In erster Linie geht es dabei um den allgemeinen Gleichheitssatz aus Art. 3 Abs. 1 GG, der jede Ungleichbehandlung ohne sachlichen Grund verbietet; wichtig sind daneben die anknüpfungsabhängigen Gleichheitssätze aus Art. 3 Abs. 3 S. 1 und 2 GG, die eine gerade wegen eines verpönten Merkmals erfolgende Ungleichbehandlung verbieten.

Beispiele: Zwischen U und V bestehen keine relevanten Unterschiede. Die Behörde belastet gleichwohl nur U. Das Vorgehen verstößt gegen Art. 3 Abs. 1 GG. – Das Polizeipräsidium in P unterstellt weißen Frauen eine besondere Gewaltneigung. Weil die Polizei U dieser Gruppe zuordnet und V nicht, durchsucht sie U ohne weitere Veranlassung auf mitgeführte Waffen. Das Vorgehen verstößt gegen Art. 3 Abs. 3 S. 1 GG, weil die Verwaltung U damit gerade wegen der Merkmale „Geschlecht" und „Rasse" benachteiligt.

Zusatzinformationen
- Die unmittelbare Bindung auch der Verwaltung an die Gleichheitsgrundrechte folgt aus Art. 1 Abs. 3 GG. Im Vergleich zur Gleichheitsbindung der Gesetzgebung steht sie aber oft etwas im Schatten und ist denn auch dogmatisch noch immer nicht im gleichen Maß durchdrungen. Sie ist aber eigenständig zu beurteilen; so muss etwa die Befolgung eines gleichheitswidrigen Gesetzes durch die Verwaltung nicht auch selbst gleichheitswidrig sein.[34]
- Weitere Gleichheitssätze, die die Verwaltung binden, finden sich im einfachen Gesetz. Nach §§ 7, 24 AGG darf beispielsweise auch ein Verwaltungsträger seine öffentlich-rechtlich Bediensteten nicht wegen der in § 1 AGG genannten Merkmale benachteiligen (für den Bund und seine Soldaten ist eine weitgehend identische Spezialregelung in §§ 6, 7 Soldatinnen- und Soldaten-Gleichbehandlungsgesetz getroffen).

---

[31] Lit.: *Pieroth*, FS Jarass, 2015, S. 587.
[32] Vgl. *Kempny/Krüger*, JA 2022, 10 (13).
[33] Lit.: *Kempny/Reimer*, Die Gleichheitssätze, 2012; *Reimer*, in: Stern/Sodan/Möstl (Hg.), Das Staatsrecht der Bundesrepublik Deutschland, Bd. IV, 2022, §§ 128–130.
[34] Vgl. *Kempny/Lämmle*, JuS 2020, 22/113/215 (117).

V. Rechtmäßigkeit

- In der umgekehrten Konstellation – U begehrt die gleiche Begünstigung wie V – ist zwar der ablehnende Rechtsakt rechtswidrig, vorrangig interessieren U aber Ansprüche aus Art. 3 Abs. 1 GG (dazu oben § 13 Rn. 86 ff.). Solche Fälle erscheinen daher meist aus der Anspruchs-, nicht der Rechtsaktsperspektive.

Im Verwaltungsrecht erzwingt Art. 3 Abs. 1 GG oftmals die Gleichbehandlung mit den bisherigen Fällen (sog. „**Selbstbindung der Verwaltung**"). Wenn sich wenigstens ein solcher Vergleichsfall findet und der betrachtete Fall sich davon nicht sachlich unterscheidet, macht Art. 3 Abs. 1 GG die Maßnahme im betrachteten Fall angreifbar. Ein wichtiges Indiz für die Existenz geeigneter Vergleichsfälle können Verwaltungsvorschriften bilden, die der Verwaltung eine bestimmte Vorgehensweise vorschreiben (und selbst nicht zur Rechtswidrigkeit der Maßnahme führen, vgl. Rn. 37 und unten § 25 Rn. 4 ff.). Ein sachlicher Unterschied, der die Ungleichbehandlung tragen kann, besteht oft darin, dass die Verwaltung in der Zeit zwischen dem Vergleichsfall und dem jetzt betrachteten Fall (ohne Umgehungsabsicht) entschieden hat, ihre Praxis zu ändern.

65

Beispiel: Die Behörde belastet U. Aus einer Verwaltungsvorschrift entnimmt U, dass die Behörde eigentlich in entsprechenden Fällen von der Belastung absieht. Die Behörde mag sich nun darauf stützen, dass die Verwaltungspraxis (a) nie der Verwaltungsvorschrift entsprochen hat oder (b) zwischenzeitlich geändert worden ist.

Zusatzinformation
Den Einwand (a) würden manche nicht gelten lassen, denen die Verwaltungsvorschrift als „antizipierte Verwaltungspraxis" genügt. Für die Anwendbarkeit eines Gleichheitssatzes benötigt man aber eigentlich einen konkret existierenden Vergleichsfall.

Rechtsfolge der ungerechtfertigten Ungleichbehandlung von U und V ist allerdings grundsätzlich nicht die Rechtswidrigkeit der gegenüber U getroffenen Maßnahme für sich, sondern die der Kombination aus Handeln gegenüber U und Unterlassen gegenüber V. Die Verwaltung hat deshalb grundsätzlich die Wahl, ob sie die Maßnahme gegenüber U aufheben oder eine Maßnahme gegenüber V nachholen will. Lediglich dann, wenn Vertrauensschutzvorschriften oder andere Normen eine dieser Alternativen ausschließen, beschränkt sich die gleichheitsrechtliche Pflicht der Verwaltung auf die andere Alternative.

66

Beispiel: Die Behörde hat U mit einer Abgabe belastet und V verschont. Die Festsetzungsfrist ist abgelaufen, so dass V endgültig nicht mehr belastet werden darf. Zur Korrektur des Gleichheitsverstoßes kann die Behörde jetzt nur noch die Belastung von U aufheben.

Prüfungshinweis

▶ Die Auseinandersetzung mit dieser Alternativstruktur wird im Gutachten regelmäßig nicht erwartet. Man wird hier vielmehr regelmäßig honorieren, wenn Sie bei der Rechtmäßigkeit der Maßnahme in geeigneten Fällen überhaupt Art. 3 GG berücksichtigen, dabei das Vorliegen einer Ungleichbehandlung und deren mögliche Rechtfertigung untersuchen und darüber gegebenenfalls zum Ergebnis der materiellen Rechtswidrigkeit der Maßnahme gelangen.

c) Ermessensvorgaben – Verbot unbewusster oder unsachlicher Auswahl

67 Zu den Inhaltsvorgaben zählen auch die gesetzlichen Vorschriften über die **Ausübung des Ermessens**. Hier geht es darum, wie die Verwaltung unter den verfügbaren Handlungsoptionen auswählt. Auch hier weisen die Regelungen insofern die Gestalt eines Verbots auf, sie verbieten nämlich eine Maßnahme, wenn diese erstens (nach dem Gesetz) einer Auswahl unterliegt und zweitens (im Anwendungsfall) auf einer unsachlich getroffenen Auswahl beruht. Für Verwaltungsakte finden sich die gesetzlichen Vorgaben in § 40 VwVfG* (dazu unten § 19 Rn. 133 ff.), Ermessen ist aber ein allgemeineres Thema.[35]

Prüfungshinweis

▶ In manchen angebotenen Prüfungsschemata finden Sie das Ermessen unter der Überschrift „Rechtsfolge". Die Vorstellung, Ermessen sei die Rechtsfolge der Rechtsgrundlage, ist aber schief. Rechtsfolge der Rechtsgrundlage ist vielmehr, wie Sie bereits gesehen haben, eine Erlaubnis an die Behörde, die den sonst geltenden Vorbehalt des Gesetzes bedient (siehe Rn. 44 ff. und § 11 Rn. 10 f.). Die fehlerfreie Auswahl zwischen verschiedenen Handlungsoptionen tritt als weitere rechtliche Anforderung hinzu.

Zusatzinformation
Die Vorgabe der Ermessensfehlerfreiheit erfährt im Besonderen Verwaltungsrecht verschiedene Ausprägungen. Insbesondere hat man neben der allgemeinen verwaltungsaktbezogenen Regelung des § 40 VwVfG* ein „Planungsermessen" und ein wirtschaftsverwaltungsrechtliches „Regulierungsermessen" als besondere Typen herausgearbeitet.[36] Dabei darf man nicht verkennen, dass für die Rechtsanwendung weniger diese Typisierung als vielmehr die Vorschriften des jeweils einschlägigen Gesetzes maßgeblich sind.[37]

68 „Ermessen" (manchmal auch „der Ermessensspielraum") ist im Ausgangspunkt eine Restgröße. Es markiert die **Menge der möglichen rechtmäßigen Vorgehensweisen**, unter denen die Verwaltung sich eine aussuchen darf oder muss (gegebenenfalls auch automatisiert, z. B. mit Hilfe künstlicher Intelligenz;[38] siehe jedoch § 35a VwVfG* und dazu § 19 Rn. 39, 107). Bei der Auswahl innerhalb dieser Menge unterliegt der handelnde Hoheitsträger zwar im gewöhnlichen Umfang der Fachaufsicht (siehe oben § 6 Rn. 39 bzw. § 7 Rn. 82) sowie etwaigen Zielvorgaben und ähnlichen Direktiven der Gesetzgebung (die nicht auf die Rechtmäßigkeit des einzelnen Rechtsakts durchschlagen). Von *gerichtlicher* Kontrolle ist er im Umfang des Er-

---

[35] Lit.: *Bullinger*, JZ 1984, 1001; *Hwang*, HVwR V, 2022, § 128; *Jestaedt*, in: Ehlers/Pünder (Hg.), Allgemeines Verwaltungsrecht, 16. Aufl. 2022, § 11; *v. Achenbach*, DVBl 2023, 965; *Wendel*, Verwaltungsermessen als Mehrebenenproblem, 2019. Rechtstheoretisch *Elsner*, Das Ermessen im Lichte der Reinen Rechtslehre, 2011.
[36] Lit.: *Proelß*, AöR 136 (2011), S. 402; *Wieland*, DÖV 2011, 705.
[37] Vgl. *Ludwigs*, JZ 2009, 290.
[38] *Tischbirek*, ZfDR 2021, 307; vgl. auch *Pilniok*, JZ 2022, 1021.

Tab. 1 Systematische Einordnung der Spielräume

Der Hoheitsträger hat Spielraum …	Das Gericht kontrolliert insoweit …
bei der Festlegung auf ein Sachverhaltsbild	grundsätzlich vollständig – praktisch eingeschränkt durch Mitwirkungsobliegenheiten der Beteiligten (unten § 30 Rn. 18)
bei der Beurteilung der Rechtslage	grundsätzlich vollständig – abgesehen von „Beurteilungsspielräumen" hinsichtlich gewisser faktischer Tatbestandsmerkmale, dort beschränkt auf Beurteilungsfehler (oben § 9 Rn. 41 ff.)
bei der Auswahl zwischen mehreren rechtlich gegebenen Handlungsoptionen („Ermessen")	beschränkt auf Ermessensfehler (unten Rn. 73 ff.)

messensspielraums jedoch frei. Für den Adressaten des Rechtsakts, der sich auf fachaufsichtliche und objektivrechtliche gesetzliche Direktiven nicht berufen kann, ist das freilich das Entscheidende; aus seiner Perspektive unterliegt die behördliche Ermessensausübung grundsätzlich keinen rechtlichen Vorgaben mehr, sondern erscheint nur noch als eine Frage der Zweckmäßigkeit.

Zusatzinformation
Das Ermessen ist nicht der einzige Punkt, an dem ein Hoheitsträger teilweise von der gerichtlichen Kontrolle freibleibt.[39] Systematisch kann man drei Spielräume unterscheiden (siehe Tab. 1).[40]

aa) Bestehen eines Ermessens – Erforderlichkeit einer Auswahl

Ein Ermessen in diesem Sinne besteht nicht stets. Oftmals wird eine Behörde zu einer bestimmten Entscheidung verpflichtet sein – in begünstigender Richtung etwa zum Erteilen von Genehmigungen, aber auch in belastender Richtung etwa zur Anforderung von Abgaben und Kosten. Man spricht dann von **„gebundenen Entscheidungen"**. Die entsprechenden Rechtsgrundlagen erkennt man meist am Indikativ oder einer Formulierung mit „ist zu" oder „hat zu" (vgl. § 12 Rn. 20 f.). Solche Bestimmungen enthalten für den Hoheitsträger sowohl eine Erlaubnis als auch eine Pflicht (vgl. § 11 Rn. 19).

Beispiele – mit Indikativ: „In die Handwerksrolle wird eingetragen, wer […] die Meisterprüfung bestanden hat" (§ 7 Abs. 1a Handwerksordnung).

Mit „zu"-Infinitiv: „Die zu erstattende Leistung ist durch schriftlichen Verwaltungsakt festzusetzen" (§ 49a Abs. 1 S. 2 VwVfG*). – „Die Ausübung eines Gewerbes ist […] zu untersagen, wenn …" (§ 35 Abs. 1 S. 1 GewO). – „Die Baugenehmigung ist zu erteilen, wenn …" (§ 58 Abs. 1 S. 1 LBO BW).

---

[39] Lit.: *Ludwigs*, HVwR V, 2022, § 124; s.a. *Ehmke*, „Ermessen" und „unbestimmter Rechtsbegriff" im Verwaltungsrecht, 1960; *Koch*, Unbestimmte Rechtsbegriffe und Ermessensermächtigungen im Verwaltungsrecht, 1979.
[40] Vgl. *Reimer*, Verfahrenstheorie, 2015, S. 332–341.

70 Wann immer die getroffene Entscheidung nicht in diesem Sinne gebunden war, kann man davon sprechen, dass der Behörde ein Ermessen zustand. Dieses kann mehr oder weniger weit reichen; es ist also auch möglich, dass gewisse Aspekte der Entscheidung im Ermessen standen, aber gleichzeitig die Entscheidung in gewisser anderer Hinsicht auch gebunden war. Insbesondere kann man die Entscheidung, überhaupt eine Maßnahme zu ergreifen (**Entschließungsermessen**), von der Entscheidung, eine von mehreren möglichen Maßnahmen auszuwählen (**Auswahlermessen**), unterscheiden.

Zusatzinformation
Im Fachrecht bieten sich teilweise noch weitere Differenzierungen an. So unterscheidet man etwa im Polizei- und Ordnungsrecht noch zwischen dem Ermessen bezüglich der Auswahl zwischen möglichen Maßnahmeadressaten („Störerauswahl") und bezüglich der Auswahl zwischen möglichen Maßnahmearten. Letzteres kann insbesondere eine Auswahl zwischen verschiedenen in Frage kommenden Handlungsformen umfassen.

71 Rechtsgrundlagen, die die Behörde nicht zu einer bestimmten Vorgehensweise verpflichten, sondern ihr diese nur erlauben, sind oft am Wort „**kann**" zu erkennen.

Beispiele: „Ein rechtswidriger Verwaltungsakt kann […] zurückgenommen werden" (§ 48 Abs. 1 S. 1 VwVfG*). – „Die Polizei kann […] eine Person vorübergehend von einem Ort verweisen" (§ 30 Abs. 1 PolG BW). – „Der teilweise oder vollständige Abbruch einer Anlage […] kann angeordnet werden" (§ 65 S. 1 LBO).

Zusatzinformation
Treffender wäre aus rechtstheoretischer Sicht das Wort „darf", weil es hier um die Rechtmäßigkeit geht. Das rechtliche Können reicht oftmals weiter (dafür müssen nur die Wirkungsbedingungen erfüllt sein, siehe oben Rn. 25 ff.).

72 Auch wenn eine Rechtsgrundlage grundsätzlich ein Ermessen belässt, kann es vorkommen, dass im Ergebnis doch kein behördlicher Spielraum mehr besteht. Da das Ermessen nur Restgröße ist und das Bestehen mehrerer rechtmäßiger Vorgehensweisen bezeichnet, kann nämlich der Fall eintreten, dass von den eigentlich gegebenen Optionen alle bis auf eine in der konkreten Situation rechtswidrig wären. Dann ist aber gar keine Auswahlentscheidung mehr zu treffen, besteht also kein Ermessen mehr („**Ermessensreduzierung auf null**") und kommen auch Ermessens*fehler* dementsprechend nicht mehr in Betracht.

Beispiel: Hoheitsträger H hat nach dem Gesetz Ermessen auszuüben, ob er Privaten eine bestimmte Belastung auferlegt. Wenn H sich bereits bezüglich Vergleichsperson V für die Belastung entschieden hat, zwischen U und V keine relevanten Unterschiede bestehen und die Belastung von V nicht mehr aufgehoben werden darf, würde jede andere Entscheidung als die Belastung auch von U gegen Art. 3 Abs. 1 GG verstoßen. Die Pflicht zur Entscheidung verdichtet sich im Ergebnis auf eine Pflicht zur Belastung; für eine Ermessensfehlerprüfung bleibt kein Raum.

V. Rechtmäßigkeit

Prüfungshinweis

▶ Die Frage einer Ermessensreduzierung auf null kann sich außer bei der Rechtmäßigkeit einer getroffenen, meist belastenden Maßnahme (Prüfungsstandort meist: Begründetheit einer Anfechtungsklage) auch beim Bescheidungsanspruch hinsichtlich einer begünstigenden Maßnahme stellen (vgl. oben § 13 Rn. 8 – Prüfungsstandort meist: Begründetheit einer Leistungsklage). Dort wirkt die Ermessensreduzierung „zugunsten" des Privaten, weil sie den Anspruchsinhalt von der bloßen Sachentscheidung über die Begünstigung zu der Vornahme der Begünstigung hin verdichtet.

Zusatzinformationen
- Die Rechtswidrigkeit muss für alle anderen Optionen dargetan werden, einschließlich der Option, gar nichts zu tun. Zu einer Ermessensreduzierung auf null kann es also nur kommen, wenn überhaupt eine Pflicht zum Handeln besteht.
- Genannt wird an dieser Stelle als Fallgruppe oft noch die „Folgenbeseitigungslast".[41] Damit ist normalerweise gemeint, dass der handelnde Verwaltungsträger zugleich Schuldner eines Folgenbeseitigungsanspruchs (oben § 13 Rn. 61, 74 ff.) ist und, um diesen zu erfüllen, jetzt eine bestimmte der eigentlich gegebenen Handlungsoptionen wählen muss. Betrifft diese Maßnahme dann einen Dritten nachteilig, so kann der sich dieser Konstruktion zufolge nicht auf Ermessensfehler berufen.

bb) Ausübung des Ermessens – Fehlerfreiheit der Auswahl

Soweit die Verwaltung ein Ermessen hat, dieses insbesondere nicht auf null reduziert ist, kommen gesetzliche Regelungen in Betracht, die **Vorgaben für die Auswahl zwischen den verfügbaren Handlungsoptionen** machen. Im Kern geht es dabei um zweierlei, wie für Verwaltungsakte § 40 VwVfG* erkennen lässt (zu ihnen im Speziellen unten § 19 Rn. 133 ff.).

73

Die Verwaltung muss sich erstens überhaupt Gedanken zur Auswahl machen und darf insbesondere nicht irrig annehmen, sie habe gar keine Wahl. Trifft sie eine Maßnahme ohne bewusste Auswahl, spricht man von einem **Ermessensausfall** oder -nichtgebrauch.

74

Beispiel: A hat ihr Wochenendhaus ohne Genehmigung und entgegen den Bauvorschriften errichtet. Das Gesetz gibt der Baurechtsbehörde Ermessen bezüglich des Einschreitens; die Behörde hält sich aber für verpflichtet und verfügt die Beseitigung ohne weitere Überlegung.

Zusatzinformation
Gedanken machen kann man sich freilich auch *vor* dem Einzelfall. In diesem Sinne kann die Verwaltung das Ermessen auch bereits generell ausgeübt haben, sofern nicht das Gesetz entgegensteht (wie z. B. § 15 Abs. 1 Versammlungsgesetz, der eine Entscheidung gerade „nach den zur Zeit des Erlasses der Verfügung erkennbaren Umständen" verlangt). Das erfordert eine ihrerseits wirksame und tatsächlich auf Ermessenserwägungen beruhende Verwaltungsvorschrift, sei es von der Behördenleitung oder von einer Fachaufsichtsbehörde bis hin zur Bundes- oder Landesregierung (unten § 25).

Die Verwaltung darf sich zweitens nicht die falschen Gedanken zur Auswahl machen und insbesondere keine sachfremden Beweggründe für ihre Entscheidung

75

---
[41] Lit.: *Ivo*, Die Folgenbeseitigungslast, 1996.

haben. Trifft sie die Maßnahme aus einer sachfremden Motivation, spricht man von einem **Ermessensmissbrauch** oder -fehlgebrauch.

Beispiel: A hat ihr Wochenendhaus ohne Genehmigung und entgegen den Bauvorschriften errichtet. Das Gesetz gibt der Baurechtsbehörde Ermessen bezüglich des Einschreitens; die Behörde verfügt die Beseitigung nur, weil A im Stadtrat gegen die Oberbürgermeisterin arbeitet.

Zusatzinformation

Den Verstoß gegen eine Verwaltungsvorschrift (die eigentlich nur verwaltungsintern bindet, unten § 25 Rn. 4 ff.) sehen manche ebenfalls als Ermessensmissbrauch an.[42]

76   Diesen beiden Ermessensfehlern wird meist noch die „**Ermessensüberschreitung**" als dritte Kategorie zur Seite gestellt. Im Falle der Verwaltungsakte gibt § 40 VwVfG* hierzu insofern in der Tat Anlass, als dort auch noch von den „gesetzlichen Grenzen" des Ermessens die Rede ist, die nicht überschritten werden dürften. Dennoch ist es überflüssig und unzweckmäßig, diese Fälle als eigenen Ermessensfehlertyp zu behandeln, denn die Grenzüberschreitung bedeutet stets bereits einen Verstoß gegen ein gesetzliches Verbot, und die zusätzliche Annahme eines Ermessensfehlers führt nur zu einer „Fehlerverdopplung", die Systematik und Aufbau eher stört. Das lässt sich für beide Szenarien zeigen, in denen man von einer Überschreitung der gesetzlichen Grenzen sprechen würde:

- Zum einen, wenn die Rechtsgrundlage sie ganz oder teilweise nicht trägt: dann passt diese inhaltlich nicht mehr (oben Rn. 51 ff.), und die Maßnahme verstößt gegen den Vorbehalt des Gesetzes.

  Beispiel: Das Gesetz gestattet die Verhängung von Zwangsgeldern bis 50.000 €, die Behörde setzt aber 60.000 € fest.

- Zum anderen, wenn ein Gesetz entgegensteht: dann ist bereits wegen dieses Verstoßes der Verwaltungsakt rechtswidrig (oben Rn. 36).

  Beispiel: Das Gesetz gestattet die Gewaltanwendung zur Durchsetzung von Pflichten erst als letztes Mittel (z. B. § 12 VwVG, vgl. § 27 Rn. 27); die Behörde greift sofort dazu, obwohl ein Zwangsgeld ausgereicht hätte.

Prüfungshinweis

▶   Die „Unverhältnismäßigkeit" ist nicht als solche ein Ermessensfehler, obwohl dieser Gesichtspunkt oft der Ermessensprüfung und hier insbesondere der Ermessungsüberschreitung zugeordnet wird. Auch soweit ein Ermessen besteht, stehen der Behörde schließlich nur die rechtmäßigen Vorgehensweisen zu Gebote, ein unverhältnismäßiger Verwaltungsakt verletzt aber bereits ein Freiheitsgrundrecht und ist schon deshalb rechtswidrig (oben Rn. 61 f.). Im prak-

---

[42] Vgl. *Lange*, NJW 1992, 1193 (1994–1196).

tischen Ergebnis ist es freilich unschädlich, die Unverhältnismäßigkeit bei Ermessensentscheidungen als „Ermessensüberschreitung" zu etikettieren. Bei gebundenen Entscheidungen steht diese Möglichkeit allerdings nicht zur Verfügung.

d) Einzelfallvorgaben

Für die Rechtmäßigkeit zu beachten sind nicht nur generell-abstrakte Rechtsnormen, sondern grundsätzlich auch Verbote, die sich aus konkret für den Einzelfall getroffenen Rechtsakten ergeben. An dieser Stelle geht es allein um die **Gestaltungswirkung** solcher Rechtsakte, wie wir sie oben herausgearbeitet haben (Rn. 14 ff.); präjudizielle Wirkungen wirken sich auf einer anderen Ebene aus, nämlich bei der Beurteilung einzelner Tatbestandsmerkmale (§ 9 Rn. 36 f.). 77

In Betracht kommt hier in erster Linie die von einer Behörde gegebene **Zusicherung** im Sinne von § 38 VwVfG*, dass sie Verwaltungsakte eines bestimmten Inhalts unterlassen werde (zu diesem besonderen Regelungsinhalt eines Verwaltungsakts im Zusammenhang § 20 Rn. 48 ff.). Solange die Zusicherung wirksam bleibt – was dann inzident zu prüfen ist –, wäre ein dennoch erlassener Verwaltungsakt rechtswidrig. 78

Beispiel: Die Baurechtsbehörde hat A durch Bescheid zugesichert, dass sie nicht die Beseitigung ihres schwarz errichteten Wochenendhauses anordnen werde. Später tut sie es doch. Die Anordnung ist rechtswidrig, weil sie der Zusicherung widerspricht.

Eine entsprechende Selbstverpflichtung kann die Behörde auch durch **öffentlich-rechtlichen Vertrag** nach § 54 VwVfG* eingehen (zu dieser Rechtsaktform im Zusammenhang § 22). 79

Beispiel: Die Baurechtsbehörde hat A vertraglich zugesichert, dass sie nicht die Beseitigung ihres schwarz errichteten Wochenendhauses anordnen werde. Später tut sie es doch. Die Anordnung ist rechtswidrig, weil sie dem Vertrag widerspricht.

Gerichtsakte (zu ihnen § 21), auch solche anderer Gerichtsbarkeiten, können sich ebenfalls auf die Rechtmäßigkeit einer Maßnahme auswirken. 80

Beispiel: Das Amtsgericht – Strafrichter – hat A wegen eines schweren Verkehrsdelikts (§§ 315c, 316 StGB) nicht nur die Fahrerlaubnis entzogen, sondern nach § 69a StGB auch eine Wiedererteilungssperre verhängt. Für deren Dauer verbietet das Strafurteil es der Fahrerlaubnisbehörde, A eine neue Fahrerlaubnis zu erteilen; eine dennoch erteilte Fahrerlaubnis wäre rechtswidrig.

VI. Rechtsschutz

Beim rechtsaktbezogenen Rechtsschutz können wir zwei fundamentale Konstellationen unterscheiden: Entweder ist jemand **gegen** einen Rechtsakt (Abwehr), **oder** jemand **will** einen Rechtsakt (Erzwingung). 81

1. Abwehr des Rechtsakts

82 Die Abwehrrechtsbehelfe weisen oftmals spezifische **Zulässigkeitsvoraussetzungen** auf. Zu denken ist hier insbesondere an Fristen, die ab Erlass oder Bekanntgabe des Rechtsakts laufen.

Beispiele: Anfechtungsklage gegen Verwaltungsakte innerhalb eines Monats nach Bekanntgabe (§ 74 VwGO; wenn ein Widerspruchsbescheid ergeht, kommt es auf dessen Bekanntgabe an; vgl. unten § 19 Rn. 179 ff.). – Normenkontrollantrag gegen Rechtsverordnungen und Satzungen innerhalb eines Jahres nach Bekanntmachung (§ 47 Abs. 2 S. 1 VwGO; vgl. unten § 23 Rn. 56). – Rechtsmittel gegen Verwaltungsgerichtsurteile innerhalb eines Monats nach Zustellung (je nach Art des Rechtsmittels: § 124a Abs. 2 S. 1, Abs. 4, § 133 Abs. 2 S. 1, § 134 Abs. 1 S. 2, § 139 Abs. 1, ähnlich § 146 Abs. 4 S. 1 VwGO; vgl. unten § 21 Rn. 25). – Verfassungsbeschwerde gegen Gesetze innerhalb eines Jahres (§ 93 Abs. 3 BVerfGG; vgl. unten § 24 Rn. 23).

83 Zu achten ist auch auf den jeweiligen **Begründetheitsmaßstab** der Abwehrrechtsbehelfe. Dieser kann einmal stärker auf einen Beseitigungsanspruch des Rechtsbehelfsführers, ein andermal mehr auf die objektive Rechtswidrigkeit des Rechtsakts bezogen sein.

Beispiele: Die Anfechtungsklage gegen einen Verwaltungsakt ist begründet, wenn der Verwaltungsakt rechtswidrig und der Kläger dadurch in seinen Rechten verletzt ist (§ 113 Abs. 1 S. 1 VwGO): Hier nennt das Gesetz objektive Rechtswidrigkeit und subjektive Rechtsverletzung nebeneinander, auch wenn letztere eigentlich Teil der ersteren ist (vgl. unten § 19 Rn. 202). – Der Normenkontrollantrag gegen eine Rechtsverordnung o. ä. ist begründet, wenn diese objektiv rechtswidrig ist (§ 47 Abs. 5 S. 2 VwGO): Hier kommt es auf einen eigenen Beseitigungsanspruch des Antragstellers nicht an (vgl. unten § 23 Rn. 57). – Die Verfassungsbeschwerde gegen einen Akt der öffentlichen Gewalt ist begründet, wenn dieser ein Grundrecht des Beschwerdeführers verletzt (§ 90 Abs. 1 BVerfGG).

84 **Maßgeblicher Zeitpunkt** für die Beurteilung der Rechtswidrigkeit ist grundsätzlich derjenige, zu dem der Rechtsakt erlassen wurde (speziell zum Verwaltungsakt noch § 19 Rn. 192 ff.). Spätere Veränderungen der Sach- oder Rechtslage sind dann nicht zu berücksichtigen.

85 Für die genaue Konstruktion der Abwehrrechtsbehelfe unterscheiden wir weiter: Entweder ist der angegriffene Rechtsakt **wirksam** (dann grundsätzlich Abwehr durch Aufhebung), **oder** er ist **unwirksam** (dann höchstens Abwehr durch Klarstellung).

a) Wirksamer Rechtsakt

86 In der Frage des Abwehrrechtsschutzes gegen einen wirksamen Rechtsakt kommen die bisher behandelten Fragen zusammen. Im Kern geht es um diesen Zusammenhang:

Entfaltet ein Rechtsakt belastende Wirkungen, ist dabei aber rechtswidrig, so kann der Belastete mit einem Rechtsbehelf die Beseitigung der Wirkungen erreichen.

87 In der Terminologie der in Teil III behandelten Ansprüche lässt sich der gleiche Zusammenhang auch folgendermaßen ausdrücken:

VI. Rechtsschutz

Entfaltet ein Rechtsakt belastende Wirkungen und hat der Belastete einen Beseitigungsanspruch, so kann der Belastete mit einem Rechtsbehelf diesen Anspruch durchsetzen und damit die Beseitigung der Wirkungen erreichen.

Die Kopplung zwischen den beiden Formulierungen des Grundsatzes schaffen die Beseitigungsansprüche, die sich hauptsächlich aus Grundrechten ergeben und tatbestandlich eben an die Rechtswidrigkeit des Rechtsakts anknüpfen (siehe oben § 13 Rn. 56 ff.).

Abwehrrechtsbehelfe gegen wirksame Rechtsakte können **verschiedene Ziele** verfolgen. Der Unterschied liegt jeweils darin, welche rechtlichen Wirkungen im obigen Sinne (Rn. 11 ff.) die angestrebte Rechtsbehelfsentscheidung hervorbringen soll (die ihrerseits ein Rechtsakt wäre, meist ein gerichtlicher, § 21): 88

- *prozedurale Gestaltung*: Die Rechtslage kann verändert werden, indem der angegriffene Rechtsakt aufgehoben („kassiert"), inhaltlich geändert („reformiert") oder zumindest einstweilen ausgesetzt („suspendiert") wird. Dies ist das primäre Ziel; so lassen sich belastende Wirkungen unmittelbar beseitigen. Hierher gehören vor allem die Anfechtungsklage, der Anfechtungswiderspruch und der Eilantrag gegen Verwaltungsakte (§ 19 Rn. 139 ff.).
- *Feststellung und Titulierung einer Beseitigungspflicht*: Dem Rechtsbehelfsführer kann die Beseitigung des Rechtsakts zugesprochen werden, die dann aber der Hoheitsträger selbst noch vornehmen muss. Das Abwehrbegehren nimmt hier also technisch die Gestalt eines Erzwingungsbegehrens an (Rn. 91 ff.).
- *Feststellung der Rechtswidrigkeit des Rechtsakts*: Die Rechtslage kann mit präjudizieller Wirkung festgestellt werden. Von dieser Beurteilung der Rechtslage dürfen künftige behördliche oder gerichtliche Rechtsakte dann nicht mehr abweichen. Der Rechtsakt bleibt aber bestehen. Hierher gehört vor allem die Fortsetzungsfeststellungsklage gegen Verwaltungsakte (§ 19 Rn. 227 ff.).
- *Feststellung und Titulierung einer Kompensationspflicht*: Dem Rechtsbehelfsführer kann eine Ersatzleistung zugesprochen werden. Das Abwehrbegehren nimmt auch hier die Gestalt eines Erzwingungsbegehrens an, denn in dieser Konstellation geht es um die Geltendmachung von Staatshaftungsansprüchen (oben § 13 Rn. 77 ff.).

b) Unwirksamer Rechtsakt

Wenn der angegriffene Rechtsakt rechtlich bereits unwirksam ist, dann kann sich ein Rechtsschutzinteresse des Betroffenen nur noch daraus ergeben, dass der handelnde Hoheitsträger diese Rechtslage nicht erkannt hat und sich also verhält, als wäre sein Rechtsakt wirksam. Dementsprechend geht es in dieser Konstellation um die **Abwehr eines Rechtsscheins** durch eine verbindliche Klärung der Rechtslage. Dagegen hat eine Aufhebung des Rechtsakts mangels Wirksamkeit hier keinen Sinn; Gestaltungsklage und Beseitigungsklage scheiden also aus. Stattdessen hat man den Abwehrrechtsbehelf zu richten auf die Feststellung der Unwirksamkeit des Rechtsakts. 89

90 Die Abwehr unwirksamer Rechtsakte spielt besonders dort eine Rolle, wo das Gesetz die Wirksamkeit eines Rechtsakts von dessen Rechtmäßigkeit abhängen lässt. Das betrifft namentlich die Rechtsverordnungen und Satzungen, wo dieser Mechanismus als „Nichtigkeitsdogma" den Grundsatz bildet (oben Rn. 29 und unten § 23 Rn. 19 ZI, 44); dort gibt es mit dem Normenkontrollantrag nach § 47 VwGO einen eigenen Rechtsbehelf zur Feststellung der Unwirksamkeit (vgl. § 23 Rn. 52 ff.). Aber auch beim Verwaltungsakt, wo Rechtswidrigkeit gemäß § 44 VwVfG* nur selten zur Unwirksamkeit führt (vgl. § 19 Rn. 69 ff.), gibt es mit der Nichtigkeitsfeststellungsklage nach § 43 Abs. 1 Var. 2 VwGO einen speziellen Rechtsbehelf für diese Konstellation (§ 19 Rn. 240 f.).

2. Erzwingung des Rechtsakts

91 Die zweite hauptsächliche Rechtsschutzkonstellation ist anders gelagert. Hier fehlt es gerade an einem Rechtsakt, dementsprechend sind bislang keine rechtlichen Wirkungen eingetreten und kann auch die Rechtmäßigkeitsfrage mangels Gegenstands nicht gestellt werden. Der **Erzwingungsrechtsschutz** gibt dann eine Handlungsmöglichkeit, wenn jemand einen passenden Anspruch hat (vgl. § 13):

Unterlässt die Verwaltung einen Rechtsakt und hat der Interessent einen Anspruch auf dessen Vornahme, so kann der Interessent mit einem Rechtsbehelf die Vornahme des Rechtsakts erreichen.

92 Reformulieren kann man auch diesen Zusammenhang, muss die Rechtswidrigkeit dafür allerdings auf das Unterlassen beziehen:

Unterlässt die Verwaltung einen Rechtsakt und ist dieses Unterlassen dem Interessenten gegenüber rechtswidrig, so kann der Interessent mit einem Rechtsbehelf die Vornahme des Rechtsakts erreichen.

Man beachte allerdings, dass ein Unterlassen immer nur rechtswidrig ist, wenn sich aus einer Rechtsnorm ein Gebot zum Handeln ergibt. *Ver*bote, wie sie oben im Vordergrund standen (Vorbehalt des Gesetzes, abwehrgrundrechtliche Vorgaben, präjudizielle Abweichungsverbote, Rn. 32 ff.), kommen in der Erzwingungskonstellation deshalb von vornherein nicht in Betracht.

93 Mit den Rechtsbehelfen zur Erzwingung eines Rechtsakts macht man einen eigenen Anspruch geltend, der auf Vornahme oder Bescheidung gerichtet sein kann (oben § 13 Rn. 6, § 12 Rn. 8 f.). Ein solcher Rechtsbehelf ist begründet, soweit der geltend gemachte Anspruch wirklich besteht, also erworben und nicht verloren wurde (oben § 13 Rn. 10 ff.). Maßgeblicher Zeitpunkt für die Beurteilung dieser Voraussetzungen ist grundsätzlich derjenige der Entscheidung über den Rechtsbehelf; bei einem gerichtlichen Rechtsbehelf mit mündlicher Verhandlung stellt man dafür auf deren Ende ab (und ignoriert alles, was sich danach noch ereignet haben mag).

94 Das Ziel eines Erzwingungsrechtsbehelfs besteht regelmäßig in der **Verurteilung oder Verpflichtung zur Erfüllung des Anspruchs**. Die Begriffe sind in diesem Zusammenhang zwar gleichbedeutend, aber für die einzelnen Rechtsbehelfe spezifisch und deshalb nicht austauschbar.

Beispiele: Die Verpflichtungsklage für Ansprüche auf Vornahme von Verwaltungsakten führt im Erfolgsfall zu einem Urteil, das den Beklagten zur Vornahme des begehrten Verwaltungsakts „verpflichtet" (vgl. § 113 Abs. 5 S. 1 VwGO). – Die allgemeine Leistungsklage für sonstige Handlungs- oder Unterlassungsansprüche führt im Erfolgsfall zu einem Urteil, das den Beklagten zu der fraglichen Handlung bzw. Unterlassung „verurteilt" (vgl. etwa § 113 Abs. 4 VwGO).

Die Verurteilung bzw. Verpflichtung umfasst **zwei Teilziele** (vgl. § 21 Rn. 9, 11): 95

- die *präjudiziell wirkende Feststellung*, dass der Anspruch bestehe, und
- die *Titelwirkung*, die eine Vollstreckung der gerichtlichen Entscheidung ermöglicht. Eine Vollstreckung gegenüber der Verwaltung ist freilich nicht immer leicht (vgl. § 30 Rn. 39 ff.).

Dagegen zielt ein Erzwingungsrechtsbehelf regelmäßig auf **keine Gestaltungswirkung**, auch wenn dies dem Interesse eines Rechtsschutzsuchenden eigentlich besser entgegenkäme. So könnte man sich etwa vorstellen, dass ein Anspruch auf Erteilung einer Baugenehmigung besteht und, wenn die Verwaltung sich weigert, das Gericht die Baugenehmigung einfach selbst erteilt, also diese Rechtsposition gestaltend selbst begründet. Nicht anders geschieht es schließlich bei den Beseitigungsansprüchen, die das Gericht auf Anfechtungsklage hin einfach selbst durch Aufhebung des Verwaltungsakts nach § 113 Abs. 1 S. 1 VwGO erfüllt (siehe im Anspruchskontext oben § 13 Rn. 42 und im Verwaltungsaktskontext unten § 19 Rn. 142). Gleichwohl macht das Gesetz hier einen Unterschied, und zwar vor dem Hintergrund der Gewaltenteilung. Die Judikative soll die Exekutive kontrollieren (oben § 3 Rn. 1), dazu passt die Aufhebung von deren Rechtsakten. Die Judikative soll aber nicht an die Stelle der Exekutive treten, was tendenziell drohen würde, wenn sie alle verwaltungsrechtlichen Rechtspositionen auch unmittelbar selbst begründen könnte. 96

Zusatzinformation
Eine eng begrenzte und selten praktische Ausnahme macht § 113 Abs. 2 S. 1 VwGO. Auch dort darf die Judikative aber nur ganz punktuell an Stelle der Exekutive handeln, nämlich nur die Höhe eines Geldbetrags in einem Verwaltungsakt ändern. In diesem Umfang kommt es damit zu einem „reformatorischen" Urteil.

Anders liegt es folgerichtig dort, wo die Gewaltengrenze nicht überschritten werden muss, also bei verwaltungsinternen Rechtsbehelfen. So kann der Verpflichtungswiderspruch gegen die Versagung eines Verwaltungsakts zu einem Bescheid der Widerspruchsbehörde führen, mit dem diese den begehrten Verwaltungsakt unmittelbar selbst vornimmt (vgl. im Einzelnen § 19 Rn. 261). 97

Beispiel: Die Oberbürgermeisterin als untere Baurechtsbehörde lehnt die beantragte Baugenehmigung ab. Auf den Widerspruch hin erteilt das Regierungspräsidium als Widerspruchsbehörde die Baugenehmigung selbst.

§ 18. Rechtsakte Privater

Auf dem Gebiet des Verwaltungsrechts handeln sowohl Verwaltungsträger (durch ihre Behörden) als auch Private. Uns werden allerdings in den folgenden Kapiteln fast ausschließlich die Rechtsakte der ersteren beschäftigen, die auch schon in § 17 im Vordergrund standen. Das ebenfalls, und vor allem praktisch, nicht unwichtige Handeln der Privaten soll an dieser Stelle aber einmal zusammenhängend in den Blick genommen werden.[1]   1

Prüfungshinweis

▶   Rechtsakte Privater kommen im verwaltungsrechtlichen Gutachten kaum je als selbstständiges Thema vor, vielmehr sind sie meist eingebettet in die Frage nach der Wirksamkeit oder der Rechtmäßigkeit eines behördlichen Rechtsakts, die wiederum in die Frage nach den Erfolgsaussichten eines Rechtsbehelfs eingekleidet ist. Vorstellbar wäre aber eine Fallfrage in anwaltlich-beratender Perspektive („was kann A tun?"), bei der außer an die Einlegung von Rechtsbehelfen prinzipiell auch an die Abgabe materiellrechtlicher Erklärungen zu denken wäre. Während wir die Rechtsbehelfe jeweils in Bezug auf die zugehörigen behördlichen Rechtsaktformen betrachten werden, beleuchten wir im Folgenden gezielt diese materiellrechtlichen Handlungsmöglichkeiten.

I. Verwaltungsrechtliche Willenserklärungen

1. Wirkungen

In einigen Fällen räumt das Gesetz den Privaten eine **Kompetenz zu eigenständiger Verwaltungsrechtsgestaltung** ein (vgl. bereits aus der Perspektive der Rechts-   2

---

[1] Lit.: *Middel*, Öffentlich-rechtliche Willenserklärungen von Privatpersonen, 1971.

positionen oben § 14 Rn. 10 ff.). Die Privaten können in diesen Fällen gegenüber einer Behörde öffentlich-rechtliche Willenserklärungen abgeben. Tatbestandlich sehen diese grundsätzlich aus wie ihre privatrechtlichen Gegenstücke: willentlich abgegebene Äußerungen, die ihrem objektiven Inhalt nach auf die Setzung einer Rechtsfolge gerichtet sind. Erreichen kann man damit verschiedene Dinge – vier Hauptfälle sind die folgenden.

3   **Antrag oder Annahme eines öffentlich-rechtlichen Vertrags:** Mit einem solchen können Private im Zusammenwirken mit einem Verwaltungsträger die Verwaltungsrechtslage unmittelbar verändern (dazu näher § 22).

Beispiel: Gastwirtin A vereinbart mit der Gemeindeverwaltung, dass sie auf dem Gehweg Tische zur Bewirtung von Gästen aufstellen darf (erlaubnisbedürftige Sondernutzung nach z. B. § 16 StrG BW, vgl. oben § 15 Rn. 18). Der Vertrag verschafft A unmittelbar die Erlaubnis (vgl. oben § 11 Rn. 14).

4   **Gestaltungserklärung:** Ausnahmsweise können Private durch eine Willenserklärung die Verwaltungsrechtslage einseitig unmittelbar verändern. Diese Kompetenz besteht mitunter zum Verzicht auf eigene Rechtspositionen (vgl. oben § 9 Rn. 19, § 10 Rn. 16, § 11 Rn. 43).

Beispiel: A erklärt den Verzicht auf die Approbation als Ärztin (§ 9 BÄO).

5   Auch in anderen Fällen geht es darum, den Privaten die Entscheidung zu überlassen, welche Rechtsposition ihnen subjektiv als günstiger erscheint.

Beispiele: Kunstsammlerin A verleiht ein Gemälde an ein staatliches Museum und stimmt zu, dass es für die Dauer der Leihe als „nationales Kulturgut" gilt (§ 6 Abs. 2 S. 1 Kulturgutschutzgesetz [KGSG]); später widerruft sie die Zustimmung, und der Status erlischt damit (§ 6 Abs. 2 S. 2 KGSG). – Zivilistin B hat im Zweiten Weltkrieg eine kriegsbedingte Verletzung erlitten und bezieht Entschädigungsleistungen nach dem Bundesversorgungsgesetz; dessen ab 2024 geltende Nachfolgeregelung erhält die bestehenden Ansprüche aufrecht (§ 142 SGB XIV), aber gibt B die Kompetenz zu bestimmen, dass auch sie nach dem neuen Gesetz behandelt werden möchte (§§ 152, 153 SGB XIV).

6   **Zustimmungserklärung:** In manchen Fällen können Private mit einer Willenserklärung darüber entschieden, ob die Behörde die Befugnis zu einem bestimmten Vorgehen erlangt oder nicht.

Beispiele: C nimmt eine Ernennungsurkunde entgegen, wodurch sie einen Beamtenstatus erhält (vgl. § 10 Rn. 11); ohne ihre Zustimmung wäre dies rechtswidrig. – D hat einen öffentlich-rechtlichen Vertrag geschlossen und erklärt, sie unterwerfe sich bezüglich ihrer vertraglichen Pflichten der sofortigen Vollstreckung durch die Behörde (§ 61 VwVfG*); ohne die Erklärung müsste die Behörde für die Vollstreckung erst ein verwaltungsgerichtliches Urteil erstreiten (vgl. § 22 Rn. 56).

Zusatzinformation
Rechtsakte wie die Ernennung nannte man früher einen „Verwaltungsakt auf Unterwerfung (hin)". Der etwas martialische Ausdruck „Unterwerfung" stand dabei für die Zustimmung der privaten Seite.

I. Verwaltungsrechtliche Willenserklärungen

Antrag: Die wohl häufigste Form privater Erklärungen besteht darin, dass Private gegenüber der Behörde ein bestimmtes Vorgehen verlangen.[2] Das ist nicht stets, aber in vielen Fällen mit Rechtsfolgen ausgestattet: dann ist entweder ein behördliches Handeln mit Antrag *ge*boten oder ohne Antrag *ver*boten (vgl. § 22 S. 2 VwVfG*). Beantragen kann man allerdings vieles; längst nicht immer verbinden sich damit derartige Rechtsfolgen.

Beispiel: E beantragt die Erteilung einer Baugenehmigung; ohne Antrag müsste und dürfte die Behörde nicht tätig werden.

2. Wirkungsbedingungen

a) Handlungsfähigkeit

Natürliche Personen müssen geschäftsfähig sein, um privatrechtliche Willenserklärungen wirksam abgeben zu können (§§ 104 ff. BGB). Für verwaltungsrechtliche Willenserklärungen setzt man in gleichem Sinne eine **Handlungsfähigkeit** voraus. Dabei kann man sich an § 12 VwVfG* orientieren, auch wenn diese Bestimmung eigentlich nur für das Verfahren gilt (vgl. oben § 5 Rn. 10) und nur die Rechtsaktformen des Verwaltungsakts und des öffentlich-rechtlichen Vertrags betrifft (womit wir uns in § 19 bzw. § 22 beschäftigen werden). Die Norm verweist grundsätzlich auf das bürgerliche Recht, soweit nicht Vorschriften des öffentlichen Rechts gezielt davon abweichen.

Beispiel: Im Sozialrecht kann man ab 15 Jahren selbständig Leistungsanträge stellen (§ 36 SGB I).

b) Form

Wenngleich es wie im Privatrecht keine allgemeine Vorgabe zur **Form** einer Willenserklärung gibt, so muss praktisch doch oftmals nach fachrechtlichen Vorschriften eine solche eingehalten werden. Entsprechend § 125 BGB kann man grundsätzlich davon ausgehen, dass bei Nichteinhaltung einer so vorgeschriebenen Form die Willenserklärung nichtig und unbeachtlich ist.

Im Interesse der Rechtssicherheit (nicht zuletzt für die Behörde) ist die vorgegebene Form meist die **Schriftform**, also eine Erklärung auf Papier und mit Unterschrift. Eine gesteigerte Schriftform wird verlangt, wo die Erklärung auf einem behördlichen Vordruck (Formular) abgegeben werden muss, um wirksam zu sein.

Beispiel: „Diese Anträge sind nach amtlich vorgeschriebenem Vordruck zu stellen und vom Antragsteller eigenhändig zu unterschreiben" (§ 38b Abs. 3 S. 3 Einkommensteuergesetz [EStG]).

---

[2] Lit.: *Berger*, DVBl 2009, 401; *Schnell*, Der Antrag im Verwaltungsverfahren, 1986.

11 Bisher erst in Ansätzen möglich sind verwaltungsrechtliche Willenserklärungen im Wege der **elektronischen Kommunikation**.[3] Sie setzen stets voraus, dass die Behörde dafür einen Zugang eröffnet (§ 3a Abs. 1 VwVfG*), woran es oft bereits fehlen wird (trotz entsprechenden Pflichten etwa nach § 2 Abs. 1 E-Government-Gesetz). Aber auch soweit die Behörde eine E-Mail-Adresse oder gar ein Messenger-Handle bekannt gibt, kann man auf diesen Kanälen grundsätzlich keine Erklärungen wirksam abgeben, die der Schriftform bedürfen. Für deren Ersetzung eröffnet das Gesetz inzwischen eine Reihe von Wegen, die freilich unterschiedlich praktisch sind:

- die „qualifizierte elektronische Signatur" eines Dokuments, die und das dann mit einfacher E-Mail übersandt werden können (§ 3a Abs. 2 VwVfG*, die „elektronische Form" im engeren Sinne) – über derartige Signaturen verfügt bisher kaum jemand[4];
- die De-Mail (§ 3a Abs. 3 Nr. 2 Buchst. d VwVfG*) – über ein Konto bei einem entsprechenden Dienst nach dem De-Mail-Gesetz verfügt ebenfalls kaum jemand, und es gibt auch wenige entsprechende Diensteanbieter;
- ein behördliches Web-Formular mit Identitätskontrolle (§ 3a Abs. 3 Nr. 1 VwVfG*) – solche Dienste sind, wo vorhanden, mitunter schwer auffindbar und wirken oft noch eher handgestrickt;
- ein spezielles elektronisches Anwalts-, Behörden-, Bürger- oder Organisationspostfach (§ 3a Abs. 3 Nr. 2 Buchst. b, c VwVfG*) – zumindest für Private noch nicht leicht zugänglich.

12 Einen Schritt weiter geht man mit „**verpflichtendem E-Government**", wenn also *nur* noch eine elektronische Form wirksam sein soll („digital only").[5] Das kann ausschließend wirken, weil auch heute nicht alle Menschen in Deutschland über Zugang zum Internet und die Fähigkeiten zu dessen Benutzung verfügen; man braucht deshalb zumindest Härtefallregelungen, die doch eine wirksame Erklärung auf Papier ermöglichen. Für Unternehmer, denen insoweit mehr zugemutet wird, sind zwingende elektronische Formen im Steuer- und Sozialrecht aber bereits weitgehend die Regel.

Zusatzinformation

Schleswig-Holstein hat eine entsprechende Vorkehrung sogar in seinen Grundrechtskatalog aufgenommen: „Das Land sichert im Rahmen seiner Kompetenzen einen persönlichen, schriftlichen und elektronischen Zugang zu seinen Behörden und Gerichten. Niemand darf wegen der Art des Zugangs benachteiligt werden" (Art. 14 Abs. 2 LV SH).

---

[3] Überblick: *Müller*, RDi 2024, 162; *Schulz*, NVwZ 2024, 396.
[4] Zur Problematik bereits *Skrobotz*, Das elektronische Verwaltungsverfahren, 2005, bes. S. 73–80.
[5] Dazu *J. Eichenhofer*, JZ 2023, 1052; *Schulz*, RDi 2021, 377.

c) Negative Voraussetzungen: Anfechtung, Widerruf

Wie im Privatrecht stellt sich auch in Bezug auf verwaltungsrechtliche Willenserklärungen die Frage, ob diese einer **Anfechtung** wegen Willensmangels oder einem **Widerruf** wegen Interessefortfalls zugänglich sind.[6] Diese Frage lässt sich nicht einheitlich beantworten, vielmehr muss man für die verschiedenen Arten verwaltungsrechtlicher Willenserklärungen auf den jeweiligen Regelungszusammenhang schauen. So kann man beispielsweise für den privaten Akt der Mitwirkung am öffentlich-rechtlichen Vertrag wegen der Verweisung des § 62 S. 2 VwVfG* in das BGB einerseits und der Kündigungsregelung des § 60 VwVfG* andererseits davon ausgehen, dass eine Anfechtung möglich, ein freier Widerruf dagegen ausgeschlossen ist (vgl. auch noch unten § 22 Rn. 14, 39 ff.).

II. Verwaltungsrechtliche Wissenserklärungen

In zahlreichen Fällen sieht das Gesetz vor, dass Private gegenüber einer Behörde **Erklärungen** abzugeben haben. Es handelt sich dann nicht um Rechtsakte (weil Inhalt der Erklärung nicht der Ausdruck eines Rechtsfolgenbewirkungswillens ist), sondern um Wissenserklärungen; wir behandeln sie wegen des Sachzusammenhangs an dieser Stelle. Mit solchen Erklärungen tragen die Privaten zum Wissensaufbau der Verwaltung bei: Die mitgeteilten Informationen gehen in Akten und Datenbanken/Register ein (vgl. noch § 27 Rn. 41 ff.) und tragen zu dem Sachverhaltsbild bei, das die Behörde später anstehenden Verwaltungsentscheidungen zugrundelegen wird.

Beispiele: A zieht nach Konstanz um; dann muss sie bei der Stadtverwaltung ihre neue Hauptwohnung anmelden (melderechtliche Erklärung nach § 17 Bundesmeldegesetz [BMG]). Anschließend stehen diese Meldedaten für diverse Verwaltungszwecke zur Verfügung (siehe §§ 33–52 BMG). – B erzielt 2023 Einkünfte aus freiberuflicher Tätigkeit; dann muss sie beim Finanzamt für dieses Jahr eine Einkommensteuererklärung abgeben (§ 25 Abs. 3 EStG). Anschließend wird das Finanzamt in (heute weitgehend automatisierter) Auseinandersetzung mit der Erklärung die Einkommensteuer für 2023 festsetzen.

Zusatzinformation
Dass die Wissenserklärung nicht selbst gewünschte Rechtsfolgen zum Ausdruck bringt, schließt nicht aus, dass die Abgabe der Erklärung mitunter kraft Gesetzes Rechtsfolgen hervorbringt. Das deutlichste Beispiel ist die sog. Steueranmeldung – eine Sonderform der Steuererklärung, die nach § 168 S. 1 AO unmittelbar die gleiche Rechtswirkung auslöst, als hätte die Finanzbehörde einen Steuerbescheid erlassen. Dieses Verfahren wird vor allem bei der Umsatzsteuer und der Lohnsteuer angewandt, die Unternehmer bzw. Arbeitgeber monatlich oder vierteljährlich abzuführen haben; müsste hier jedes Mal ein Bescheid ergehen, wäre die Finanzverwaltung heillos überfordert.

Auch wenn es bei den Wissenserklärungen nicht um die Hervorbringung von Rechtsfolgen (also um die Ausübung einer Kompetenz im Sinne von § 14) geht, stellt das Gesetz **Wirkungsbedingungen** für sie auf. Nur wenn diese gegeben sind,

---

[6] Lit.: *Ismer/Wiesner*, VerwArch 105 (2014), S. 125; *Kluth*, NVwZ 1990, 608.

ist die Erklärung gültig und damit die Erklärungspflicht erfüllt. In der Sache handelt es sich dabei um ähnliche Bedingungen wie bei den Willenserklärungen, etwa bezüglich Zuständigkeit (wem gegenüber erklären?) und Handlungsfähigkeit (kann ich selbst erklären?).

16 Im Vordergrund steht unter den Wirkungsbedingungen sicherlich die **Form**. Sie ist in vielen Fällen eng reguliert, um der Verwaltung eine einfache Übernahme der Daten in ihre Informationssysteme zu ermöglichen. Wenn das Gesetz den Gebrauch eines „Vordrucks" (Formulars) vorschreibt, heißt das nichts anderes, als dass eine Erklärung, die nicht auf Vordruck abgegeben wird, ungültig ist und die Erklärungspflicht nicht erfüllt. Inzwischen wird teilweise auch die Internet-Übermittlung vorgeschrieben.

Beispiele: Steuererklärungen sind nach § 150 Abs. 1 S. 1 AO grundsätzlich „nach amtlich vorgeschriebenem Vordruck abzugeben", soweit der Steuerpflichtige nicht die elektronische Form wählen will oder muss. Letztere besteht in der Mitteilung über das ELSTER-Portal der Finanzverwaltung (vermutlich das beste bisher in Deutschland verwirklichte Stück „E-Government"). – Arbeitgeber müssen Meldungen zur Sozialversicherung nach § 28a Abs. 2 S. 1, §§ 95–98 SGB IV und der Datenerfassungs- und -übermittlungsverordnung (DEÜV) grundsätzlich über ein besonderes elektronisches System einreichen.

17 Im **Konfliktfall** gibt es bei Wissenserklärungen für Private oftmals wenige Handlungsmöglichkeiten. Verweigert etwa eine Behörde die Annahme der Erklärung, indem sie irrig ihre Zuständigkeit bestreitet oder die Form nicht akzeptiert, so könnte zwar prinzipiell ein Antrag auf Erlass einer einstweiligen Anordnung, die Erklärung einstweilen sanktionslos anzunehmen, die Sache klären (vgl. § 9 Rn. 64 ff.; eine allgemeine Feststellungsklage würde demgegenüber so lange brauchen, dass jede einschlägige Frist sicher vorher abliefe). Will man aber nicht wegen solcher verhältnismäßiger Geringfügigkeiten gleich gerichtliche Hilfe in Anspruch nehmen (die auch nie gewiss und nie ganz kostenfrei ist), so bleibt oft nichts übrig, als zumindest vorsorglich den behördlichen Anforderungen nachzugeben, um drohende Sanktionen zu vermeiden.

Beispiel: A hat ihre Hauptwohnung in der Stadt S und berufsbedingt eine Nebenwohnung in der Gemeinde G. Als sie die Nebenwohnung aufgibt, trifft sie eine Pflicht zur Abmeldung innerhalb zweier Wochen (§ 17 Abs. 2 BMG); dafür sind nebeneinander die Behörden von S und G zuständig (§ 21 Abs. 4 S. 3 BMG). Die Bürgermeisterin von G weist das Ansinnen von A zurück, sich dort abmelden zu wollen; zuständig sei nur S. Um kein Bußgeld zu riskieren (§ 54 Abs. 2 Nr. 2 BMG), sucht A nun wie geheißen doch das Meldeamt in S auf.

III. Verfügungsverträge über verwaltungsrechtliche Rechtspositionen

18 Für gewisse Rechtspositionen haben wir gesehen, dass private Rechtsträger sie untereinander übertragen können (oben § 9 Rn. 17 f.). Ihre Kompetenz dazu (oben § 14 Rn. 11) ergibt sich bei unbefangener Lesart aus §§ 398, 413 BGB, wonach Rechtspositionen aller Art (soweit es überhaupt zugelassen ist) durch Vertrag nach

III. Verfügungsverträge über verwaltungsrechtliche Rechtspositionen

diesen Vorschriften übertragen werden können (soweit nichts Spezielles geregelt ist). Da diese Vorschriften kein Sonderrecht für Hoheitsträger darstellen, spricht viel dafür, diesen Verfügungsvertrag über eine verwaltungsrechtliche Rechtsposition – ebenso wie ein zugehöriges Kausalgeschäft – privatrechtlich einzuordnen (verbreitet, aber kompetenziell schwieriger zu konstruieren ist eine verwaltungsrechtliche Deutung).[7]

Beispiel: A überträgt durch Vertrag mit B dieser (1) ihre Treibhausgasemissionsberechtigung über 1 Tonne CO_2 (in Erfüllung einer Nebenabrede eines Kaufvertrags über eine Fabrik), (2) die Baugenehmigung für ihr Bauvorhaben in der X-Straße (in Erfüllung einer Nebenabrede eines Kaufvertrags über das Grundstück), (3) den Anspruch auf ihre Beamtenbesoldung für den kommenden Monat (in Erfüllung einer Sicherungsabrede eines Darlehensvertrags).

Im Streitfall muss man auseinanderhalten (a) die jedenfalls verwaltungsrechtliche Rechtsposition, die vom Erwerber auf dem Verwaltungsrechtsweg geltend zu machen wäre, und (b) die möglicherweise privatrechtlichen Verpflichtungs- und Verfügungsgeschäfte, deren Störungen dann auf dem Zivilrechtsweg zu behandeln wären.

Am Beispiel (2) von eben: (a) Die Baurechtsbehörde ist der Auffassung, B stehe die Baugenehmigung jetzt nicht zu; B erhebt beim Verwaltungsgericht Feststellungsklage gegen den Verwaltungsträger der Behörde. (b) Die Baugenehmigung erfüllt nicht alle zugesagten Eigenschaften; B erhebt beim Landgericht Klage auf Schadensersatz gegen A.

---

[7]Lit.: *Gern*, Der Vertrag zwischen Privaten über öffentlichrechtliche Berechtigungen und Verpflichtungen, 1977 (bes. S. 51, 97–99); *Pestalozza*, JZ 1975, 50 (51 f.).

§ 19. Verwaltungsakte

Spezielle Studienliteratur: *Barczak*, JuS 2018, 238; *Kahl*, Jura 2001, 505; *Voßkuhle/Kaufhold*, JuS 2011, 34.

Der Verwaltungsakt ist zweifellos das zentrale und das charakteristische Rechtsinstitut des gesamten Verwaltungsrechts.[1] Wir behandeln in diesem Kapitel seine allgemeine Gestalt und in § 20 noch drei von der Gesetzgebung speziell geregelte Fälle.

Durch einen Verwaltungsakt kann eine Behörde u. a. Erlaubnisse, Pflichten und sonstige Rechtspositionen von Personen einseitig begründen, ändern, aufheben oder übertragen. Welche **rechtlichen Wirkungen** sie dabei alles genau hervorbringen kann, werden wir uns als erstes ansehen (sogleich unten Rn. 6 ff.).

Das **rechtliche Können der Behörde** (Frage der Wirkungsbedingungen, unten Rn. 27 ff.) reicht dabei sehr weit: Grundsätzlich kann sie auf jedes Rechtsverhältnis „auf dem Gebiet des öffentlichen Rechts" (§ 35 S. 1 VwVfG*) in dem genannten Sinne einwirken. Sie unterliegt dabei nur den weitgefassten Begrenzungen der §§ 2 und 44 VwVfG*. Der Verwaltungsakt ist insofern ein ausgesprochen mächtiges Instrument in den Händen der Verwaltung.

Das **rechtliche Dürfen der Behörde** (Frage der Rechtmäßigkeit, unten Rn. 89 ff.) ist demgegenüber meist deutlich enger begrenzt. Hierfür bestehen in den Gesetzen des Verwaltungsrechts zahlreiche, aber je auf bestimmte Regelungsinhalte bezogene und an spezifische Voraussetzungen geknüpfte Rechtsgrundlagen.

Oft wird ein Verwaltungsakt sich im Rahmen des rechtlichen Könnens halten und deshalb gegenüber seinem Adressaten **wirksam** sein, **obwohl** er nicht oder

---

[1] Lit.: *Bumke*, GVwR II³, 2022, § 34; *Windoffer*, HVwR V, 2022, § 142; *Meyer*, FG 50 Jahre BVerwG, 2003, S. 551. Zu den historischen Wurzeln *Schmidt-De Caluwe*, Der Verwaltungsakt in der Lehre Otto Mayers, 1999.

nicht so hätte ergehen dürfen und insofern **rechtswidrig** ist (vgl. allgemein oben § 17 Rn. 28). In diesem Fall steht es in der Verantwortung des Adressaten, sich aktiv und zeitnah – normalerweise binnen eines Monats – förmlich gegen den Verwaltungsakt zu wehren, ggf. mit der Anfechtungsklage zum Verwaltungsgericht (zum Rechtsschutz unten Rn. 138 ff.). Der Adressat eines Verwaltungsakts trägt in diesem Sinne eine „**Anfechtungslast**"; wird er nicht fristgerecht tätig (oder unterliegt er letztinstanzlich), so erwächst der Verwaltungsakt in „Bestandskraft" und lässt sich dann nicht mehr unter Hinweis auf seine vermeintliche Rechtswidrigkeit in Frage stellen.

I. Wirkungen

6   Verwaltungsakte können – einzeln oder in Kombination – eine Reihe verschiedener Wirkungen entfalten.[2] Seit Inkrafttreten der Verwaltungsverfahrensgesetze lassen sich mit §§ 35, 43, 44 VwVfG* die Wirkungsnormen (oben § 17 Rn. 13, 26 f.) präzise angeben.

Zusatzinformation
Zuvor war es nötig, die Wirkungen entweder aus Normen des Besonderen Verwaltungsrechts (jeweils für ihren sachlichen Geltungsbereich) oder aber aus ungeschriebenen Normen des Allgemeinen Verwaltungsrechts abzuleiten. Weder die Wirkungen noch die Wirkungsbedingungen waren damals gut auf eine textliche Grundlage zu stützen und dementsprechend schwer zu systematisieren. Reste dieser älteren Unklarheiten sind in der Dogmatik des Verwaltungsakts auch heute noch anzutreffen.

7   Welche Wirkungen mit einem gegebenen Verwaltungsakt hervorgebracht werden sollen, ist eine Frage der **Auslegung** der jeweiligen Äußerung der Behörde, die sich entsprechend §§ 133, 157 BGB primär am objektiven Empfängerhorizont orientiert.[3] Die Auslegung darf man mit der Prüfung der Rechtmäßigkeit (unten Rn. 89 ff.) nicht vermengen, denn die Behörde kann durchaus eine Maßnahme treffen wollen, die sich später als rechtswidrig erweist. Dennoch gehört zum Empfängerhorizont auch die Gesetzeslage; soweit diese einmal klar ist und die behördliche Erklärung dagegen unklar, darf die Auslegung annehmen, dass die Behörde eine dem Gesetz entsprechende Regelung treffen wollte (das mag man dann „gesetzeskonforme Auslegung" nennen).

8   Das Gleiche gilt für die Frage, ob diese Wirkungen schlechthin oder nur innerhalb gewisser **zeitlicher, sachlicher, persönlicher oder räumlicher Grenzen** eintreten sollen. So kann die Behörde eine vorgesehene Wirkung insbesondere durch Beifügung einer Bedingung oder Befristung einschränken (zu diesen und anderen

---

[2] Lit.: *Kreuter-Kirchhof*, HVwR V, 2022, § 143 Rn. 4–27; *Seibert*, Die Bindungswirkung von Verwaltungsakten, 1989.
[3] Lit.: *Rüping*, Verwaltungswille und Verwaltungsakt, 1986.

sogenanten „Nebenbestimmungen" noch § 20 Rn. 70 ff.); für den Eintritt der Wirkung müssen diese dann ebenfalls erfüllt sein – manche sprechen von „innerer Wirksamkeit".[4]

Zusatzinformation
Der inneren steht die „äußere Wirksamkeit" gegenüber, womit manche die Voraussetzungen bezeichnen, unter denen die Behörde die Wirkungen überhaupt herbeiführen *kann* (dazu unten Rn. 27 ff.). Bedingungen, Befristungen usw., betreffen dagegen die andere Frage, ob die Behörde sie auch herbeiführen *will*.

Auch wenn wir im Folgenden weitgehend von „dem Verwaltungsakt" als einheitlichem Rechtsakt sprechen werden, gilt es im Hinterkopf zu behalten, dass derselbe Verwaltungsakt **verschiedene Teilwirkungen** beinhalten kann (allgemein oben § 17 Rn. 22 ff.).[5] Die Teilwirkungen können von jeder der jetzt zu betrachtenden Arten sein und müssen prinzipiell je für sich im Hinblick auf Wirkungsbedingungen, Rechtmäßigkeit und Rechtsschutz betrachtet werden. Besonders wird uns dies wiederbegegnen im Zusammenhang mit den sogenannten „Nebenbestimmungen zum Verwaltungsakt" (unten § 20 Rn. 70 ff.). 9

1. Änderung der Rechtslage (Gestaltungswirkung)

Durch Verwaltungsakt kann eine Behörde Rechtspositionen eines Rechtsträgers (alternativ auch solche einer Sache oder einen Systemzustand) im Sinne von Teil III begründen, ändern oder aufheben. Die **materielle Rechtslage wird umgestaltet** und ist anschließend eine andere als zuvor, ein solcher Verwaltungsakt heißt daher „gestaltend" (allgemein oben § 17 Rn. 14 ff.). 10

Beispiel: A möchte bauen, unterliegt aber dem allgemeinen präventiven Bauverbot (z. B. aus § 49 LBO BW, vgl. § 12 Rn. 12 ff.). Wenn die Baurechtsbehörde ihr eine Baugenehmigung erteilt, ändert sie damit die Rechtslage, und A darf nunmehr bauen. Weitere Beispiele in Tab. 1.

Tab. 1 Weitere Beispiele zur Umgestaltung der materiellen Rechtslage

	begründen	*aufheben*
Status	Ernennung zum Beamten; Beleihung	Entlassung eines (Probe- oder Widerrufs-)Beamten
Erlaubnis	Erteilung einer Fahrerlaubnis	Entziehung der Fahrerlaubnis
Pflicht	Erteilung eines Platzverweises	Erlass einer Gebührenschuld
Sacheigenschaft	Widmung zur Straße	Entwidmung des Straßengrundstücks

---

[4] Lit.: *Steinweg*, Zeitlicher Regelungsgehalt des Verwaltungsaktes, 2006.
[5] Lit.: *Josten*, Die Teilbarkeit der Regelung von Verwaltungsakten, 1998.

Prüfungshinweis

▶ Im verwaltungsrechtlichen Gutachten kommt es auf den Eintritt der Gestaltungswirkung regelmäßig an, wenn man den Erwerb oder Verlust einer Rechtsposition zu prüfen hat (allgemein oben § 9 Rn. 11 ff.).

Zusatzinformationen
- In seltenen Fällen begründet die Behörde mit dem Verwaltungsakt auch eine Erlaubnis zu eigenen Gunsten in Gestalt einer *Befugnis zu weiteren Maßnahmen* (zum Phänomen und zum Streitstand bereits oben § 11 Rn. 34 ff.). Hierher gehören zum einen der „Auflagenvorbehalt" (schafft Befugnis zu nachträglichen Auflagen, vgl. § 20 Rn. 81 f.), zum anderen der „vorläufige Verwaltungsakt", den man hier präziser einen „Änderungsvorbehalt" nennen sollte (schafft Befugnis zur nachträglichen Änderung anderer Teilregelungen des Verwaltungsakts, vgl. § 20 Rn. 10).
- Noch seltener ist die Begründung, Änderung oder Aufhebung von *Kompetenzen* durch Verwaltungsakt (vgl. oben § 14 Rn. 3).

11   Die (um)gestalteten Rechtspositionen sind normalerweise solche des materiellen Verwaltungsrechts, wie sie auch oben hauptsächlich behandelt wurden. Mitunter geht es aber auch um Rechtspositionen des Verfahrensrechts („**prozedurale Gestaltungswirkung**"), wenn die Regelung etwa darin besteht, „das Verfahren wiederaufzugreifen" (nach § 51 VwVfG*), „den Widerspruch zurückzuweisen" (nach § 73 VwGO) oder „die Vollziehung auszusetzen" (nach § 80 Abs. 4 VwGO).[6] Hierher gehört auch der wichtige Fall der Aufhebung eines Verwaltungsaktes durch einen weiteren Verwaltungsakt (Rücknahme nach § 48 VwVfG* oder Widerruf nach § 49 VwVfG*; dazu unten § 20 Rn. 2 ff.); sie tritt oft funktional an die Stelle einer Aufhebung der durch den Verwaltungsakt begründeten materiellen Rechtsposition (vgl. § 11 Rn. 42).

Beispiel: Die Behörde erteilt durch Verwaltungsakt A eine Baugenehmigung. Anstatt ihr diese als solche zu entziehen, hebt sie später den Erteilungsbescheid wieder auf und bringt die Genehmigung darüber mittelbar zum Erlöschen.

12   Darüber hinaus können in einigen Fällen durch Verwaltungsakt auch Rechtspositionen des Privatrechts umgestaltet werden (allgemein oben § 17 Rn. 17). Die Rede ist dann von einem **„privatrechtsgestaltenden" Verwaltungsakt**.[7] Ein Problem liegt hier darin, ob das rechtliche Können der Behörden bereits nach §§ 35, 43 VwVfG* eine solche Gestaltungswirkung umfasst oder ob dafür jeweils eine spezialgesetzliche Wirkungsnorm erforderlich ist (dazu auch noch Rn. 59). Entsprechende Ermächtigungen finden sich in den fraglichen Fällen aber regelmäßig und entschärfen dieses Problem damit für die Praxis.

13   Die umgestalteten Privatrechtspositionen können verschiedener Art sein, etwa

---

[6] Lit:: *Sauer*, Die Verwaltung 50 (2017), S. 463.
[7] Lit.: *Bengel*, Der privatrechtsgestaltende Verwaltungsakt, 1968; *Gersdorf*, HVwR VI, 2024, § 174; *Huber*, Wirtschaftsverwaltungsrecht, Bd. 1, 2. Aufl. 1953, S. 72–81; *Manssen*, Privatrechtsgestaltung durch Hoheitsakte, 1994; *Schaub-Englert*, Rechtsschutz gegen privatrechtsgestaltende Verwaltungsakte im Regulierungsrecht, 2020; *Schmidt*, Unmittelbare Privatrechtsgestaltung durch Verwaltungsakt, 1975; *Tschentscher*, DVBl 2003, 1424. Mit dem Schwerpunkt auf fachrechtlichen Anwendungsfällen *Brenner*, Der privatrechtsgestaltende Verwaltungsakt im Regulierungsrecht, 2014.

- Eigentum und andere absolute Rechte des Sachenrechts oder des Rechts des „geistigen Eigentums",

  Beispiele: Die Einziehung einer beschlagnahmten Sache überträgt das Eigentum daran auf den Verwaltungsträger der Polizeibehörde (z. B. nach § 39 Abs. 1 PolG BW). – Den Sortenschutz für eine Pflanzenzüchtung verleiht das Bundessortenamt durch Verwaltungsakt (§§ 21 ff. Sortenschutzgesetz), das Patent für eine Erfindung das Deutsche Patent- und Markenamt (§ 49 Patentgesetz; das VwVfG ist nach dessen § 2 Abs. 2 Nr. 3 hier freilich unanwendbar).

- Ansprüche,

  Beispiel: Die immissionsschutzrechtliche Genehmigung einer (Industrie-)Anlage schließt die privatrechtlichen Unterlassungsansprüche von Nachbarn aus (§ 14 Bundes-Immissionsschutzgesetz [BImSchG]). Die Planfeststellung eines Infrastrukturgroßvorhabens geht sogar noch darüber hinaus (§ 75 Abs. 2 S. 1 VwVfG*).

- komplexe Schuldverhältnisse,

  Beispiel: Im Verteidigungsfall kann durch Verwaltungsakt zwangsweise ein privates Arbeitsverhältnis begründet werden (§§ 10, 14 Arbeitssicherstellungsgesetz).

- Rechtsträger,

  Beispiele: Einen nach Art. 9 Abs. 2 GG verbotenen Verein kann das zuständige Innenministerium auflösen (§ 3 Abs. 1 S. 1 Hs. 1 Vereinsgesetz). – Wenn eine GmbH „das Gemeinwohl dadurch gefährdet, daß die Gesellschafter gesetzwidrige Beschlüsse fassen oder gesetzwidrige Handlungen der Geschäftsführer wissentlich geschehen lassen", kann die zuständige Behörde die GmbH auflösen (§ 62 GmbHG). Dagegen besteht keine behördliche Kompetenz für die Auflösung einer Aktiengesellschaft durch Verwaltungsakt, sondern nur eine gerichtliche auf Antrag der zuständigen Behörde (§ 396 AktG).

- sonstige Status.

  Beispiel: Durch Verwaltungsakt können bürgerlicher Familienname und Vorname geändert werden (§§ 1, 11 Namensänderungsgesetz).

Eine andere Gruppe von Wirkungen in das Privatrecht hinein setzt nicht auf der Ebene der Rechtspositionen, sondern der Rechtsgeschäfte an. Hier geht es um **privatrechtliche Rechtsgeschäfte unter dem Vorbehalt behördlicher Genehmigung**. Der Verwaltungsakt begründet, ändert oder beseitigt also nicht eine Rechtsposition, sondern schaltet gewissermaßen eine private Kompetenz frei. Ein Rechtsgeschäft ist in diesen Fällen schwebend unwirksam, bis der erforderliche Verwaltungsakt ergeht. 14

Beispiele: Die Satzungsänderung einer privatrechtlichen Stiftung hängt von einer behördlichen Genehmigung ab (§ 85a Abs. 1 BGB).[8] – Grenzüberschreitende Unternehmens-

---

[8] Lit.: *Schaub-Englert*, NVwZ 2023, 221.

erwerbe, die im öffentlichen Interesse einem Genehmigungserfordernis unterliegen, sind sowohl hinsichtlich des Verpflichtungs- als auch hinsichtlich des Verfügungsgeschäfts ohne die erforderliche Genehmigung schwebend unwirksam (§ 15 Außenwirtschaftsgesetz). – Gleiches gilt, auch wenn das Gesetz hier nur das Genehmigungserfordernis ausspricht, für den Erwerb landwirtschaftlicher Grundstücke (§ 2 Grundstückverkehrsgesetz).

15 Nicht alle Verwaltungsakte sind allerdings in diesem Sinne gestaltend. Andere Verwaltungsakte beanspruchen lediglich, eine bestehende materielle Rechtslage auszusprechen, ohne sie dabei zu ändern. Bei solchen Verwaltungsakten stehen daher notwendig die nun zu betrachtenden anderen Wirkungen im Vordergrund.

2. Klärung für künftige Entscheidungen (präjudizielle Wirkung)

16 Durch Verwaltungsakt kann eine Behörde verbindliche Vorentscheidungen für künftige Verwaltungs- und auch Gerichtsverfahren treffen. Die im Verwaltungsakt geklärten Punkte muss die spätere Behörde oder das Gericht bei weiteren Entscheidungen zugrunde legen, sofern (1) die Wirkungsbedingungen des Verwaltungsakts gegeben sind (dazu gleich Rn. 27 ff.), insbesondere der Verwaltungsakt nicht zwischendurch aufgehoben wurde (§ 20 Rn. 2 ff.), und (2) die persönliche Reichweite des Verwaltungsakts die spätere Behörde bzw. das Gericht erfasst (dazu gleich Rn. 23 f.). Der Verwaltungsakt wirkt insoweit „präjudiziell" (allgemein oben § 17 Rn. 18 ff.) und überlagert in diesem Umfang die Tatbestandsmerkmale der sonst anwendbaren Verwaltungsrechtsnormen (oben § 9 Rn. 36 f.).[9]

Prüfungshinweis

▶ Im verwaltungsrechtlichen Gutachten kann es auf die präjudizielle Wirkung einer Vorentscheidung ankommen, wenn die Rechtmäßigkeit einer *späteren* Entscheidung zu beurteilen ist. Statt ein Tatbestandsmerkmal zu prüfen, hätten Sie dann nur die präjudizielle Wirkung festzustellen (Formulierungsbeispiel oben § 13 Rn. 25).

Zusatzinformation
Auch die präjudizielle Wirkung wird grundsätzlich von den Wirkungsnormen der §§ 35, 43, 44 VwVfG* vermittelt (Rn. 6). Freilich stellen diese Vorschriften nicht ausdrücklich klar, dass die „wirksam" werdende „Regelung" auch in einer verbindlichen Feststellung bestehen kann. Das hat Anlass zu der Gegenauffassung gegeben, dass Regelung nur eine Gestaltung sein könne und eine Behörde grundsätzlich nicht über die Kompetenz verfüge, präjudiziell wirkende Feststellungen zu treffen. Freilich sollte schon die als selbstverständlich von der Kompetenz umfasst angesehene „Titulierung" (Rn. 26 und oben § 12 Rn. 57 ff.) kraft Gesetzes bestehender Pflichten oder Ansprüche, die sicher auch deren präjudizielle Feststellung umfasst (Rn. 21),

---

[9] Lit.: *Braun*, Die präjudizielle Wirkung bestandskräftiger Verwaltungsakte, 1982; *Erichsen/Knoke*, NVwZ 1983, 185; *Ipsen*, Die Verwaltung 17 (1984), S. 169; *Knöpfle*, BayVBl 1982, 225; *Schroeder*, Bindungswirkung von Entscheidungen nach Art. 249 EG im Vergleich zu denen von Verwaltungsakten nach deutschem Recht, 2006, bes. S. 164–314.

eigentlich als Gegenargument genügen. Wer gleichwohl die präjudizielle Wirkung nicht zur generell bestehenden behördlichen Kompetenz zählt, muss eine solche jeweils konkret begründen, wo das Gesetz eine behördliche Feststellung ausdrücklich vorsieht (ein ähnliches Problem sahen wir bei der behördlichen Privatrechtsgestaltung, Rn. 12 ff.). Vorschriften wie § 44 Abs. 5 VwVfG* (Rn. 126) müsste man dann folgerichtig jeweils als Zuerkennung einer Kompetenz verstehen.

Statt von präjudizieller Wirkung ist manchmal auch von „materieller Bestandskraft" die Rede. Dieser Begriff ist allerdings weniger präzise und begünstigt Missverständnisse, weil man unter „Bestandskraft" zugleich auch noch zwei ganz andere Dinge versteht: den Ablauf aller Rechtsbehelfsfristen gegen den Verwaltungsakt („formelle Bestandskraft"; vgl. Rn. 168 ff., 179 ff.) und das teilweise Verbot späterer Aufhebung des Verwaltungsakts (vgl. § 20 Rn. 2 ff.).[10]

17

a) Anwendungsfälle

Präjudizialität gibt es zum einen bei Verwaltungsakten, die im eben beschriebenen Sinne die Rechtslage umgestalten („gestaltende Verwaltungsakte"). Hier bezieht sie sich in erster Linie darauf, dass die **Rechtslage nunmehr geändert** und so jeder weiteren Entscheidung zugrunde zu legen ist.

18

Beispiel: Die Baurechtsbehörde hat A eine Baugenehmigung erteilt. Nunmehr haben Behörden und Gerichte davon auszugehen, dass A über eine Baugenehmigung verfügt (solange die Baugenehmigung nicht aufgehoben worden ist).

Zusatzinformationen
In diesem Zusammenhang sprechen manche auch von der „Tatbestandswirkung" des Verwaltungsakts. Damit ist gemeint, dass die Behörde hier einen Tatbestand gesetzt hat, an dessen Vorhandensein andere Stellen nicht mehr vorbeikommen.

Darüber hinaus wird einem gestaltenden Verwaltungsakt, der eine Genehmigung erteilt, oft auch eine inhaltliche Feststellungswirkung dahin zukommen, dass das **genehmigte Verhalten rechtmäßig** sei.[11] Diese Feststellungswirkung spielt insbesondere eine Rolle, wenn die Genehmigung zunächst nur teilweise erteilt wird.[12]

19

Beispiele: Die Baurechtsbehörde hat A eine Baugenehmigung erteilt. Nunmehr haben Behörden und Gerichte davon auszugehen, dass das Vorhaben von A mit dem behördlich zu prüfenden Baurecht im Einklang steht (solange die Baugenehmigung nicht aufgehoben worden ist). – Die Immissionsschutzbehörde hat B für ihre Fabrikanlage zunächst nur eine Teilgenehmigung erteilt und damit die Errichtung des ersten Bauabschnitts freigegeben (§ 8 BImSchG). Die Feststellungen dieses Bescheids sind verbindlich für die ausstehende Entscheidung über die Schlussgenehmigung.

---

[10] Zu den Bedeutungsdimensionen etwa *Merten*, NJW 1983, 1993.
[11] Lit.: *Martensen*, Erlaubnis zur Störung?, 1994, bes. S. 29–69.
[12] Lit.: *S. Becker*, Die Bindungswirkung von Verwaltungsakten im Schnittpunkt von Handlungsformenlehre und materiellem öffentlichen Recht, 1997.

Zusatzinformationen

- Diese spezielle präjudizielle Wirkung nennen manche auch „Legalisierungswirkung" des Verwaltungsakts.[13] Daran ist richtig, dass die Behörde ein späteres Einschreiten nicht auf Rechtswidrigkeit des genehmigten Verhaltens stützen darf, solange die präjudizielle Wirkung besteht – selbst wenn, bei Lichte beurteilt, das Verhalten rechtswidrig *ist* (vgl. § 9 Rn. 36 f.).
- Nicht einheitlich zu beurteilen ist der Umfang einer Feststellungswirkung des Verwaltungsakts, der eine Genehmigung *ablehnt* („Versagung").[14] Diese könnte sich (1) auf das Nichtbestehen eines Erteilungsanspruchs, (2) auf die Genehmigungsunfähigkeit des antragsgegenständlichen Verhaltens oder gar (3) auf dessen Rechtswidrigkeit beziehen. Was davon es sein soll, entscheidet die konkrete behördliche Äußerung. Klar ist dagegen, dass die Versagung einen etwaigen Bescheidungsanspruch gestaltend zum Erlöschen bringt (weshalb sie auf den einschlägigen Rechtsbehelf hin im Erfolgsfall mit aufgehoben wird, Rn. 257 ZI).

20 Die Präjudizialität gilt zum anderen – und vor allem – aber auch für **rein feststellende Verwaltungsakte**, mit denen die Behörde gerade eine bestimmte Rechtsfrage einer Klärung zuführen will.[15] Hierzu gehören namentlich die fachrechtlich vorgesehenen „Vorbescheide", die im Vorfeld eines Genehmigungsantrags einzelne Rechtsfragen schon einmal außer Streit stellen und dem Antragsteller damit Planungssicherheit geben sollen.[16]

Beispiele: Die Baurechtsbehörde hat A einen Bauvorbescheid erteilt, wonach auf dem Grundstück *g* eine Bebauung mit einem viergeschossigen Wohngebäude zulässig ist (z. B. nach § 57 LBO BW). Nunmehr dürfen Behörden und Gerichte, vor allem die Baurechtsbehörde selbst, ihre Entscheidungen nicht mehr darauf stützen, dass ein viergeschossiges Wohngebäude auf *g* unzulässig sei (solange der Bauvorbescheid nicht selbst aufgehoben worden ist). – Die Behörde stellt durch Verwaltungsakt fest, dass ihr vorangegangener Verwaltungsakt nichtig sei (§ 44 Abs. 5 VwVfG*). Nunmehr müssen Behörden und Gerichte den vorangegangenen Verwaltungsakt als nichtig behandeln (solange die Nichtigkeitsfeststellung nicht selbst aufgehoben worden ist). – Das Landesinnenministerium stellt durch Verwaltungsakt gegenüber einer extremistischen Vereinigung fest, dass diese gemäß Art. 9 Abs. 2 GG kraft Gesetzes verboten ist (§ 3 Abs. 1 S. 1 Hs. 1 Vereinsgesetz, wonach ohne diese Feststellung die Schutzbereichsausnahme aus Art. 9 Abs. 2 GG von einer Behörde nicht angenommen werden darf).

Prüfungshinweis

▶ Mit dem Begriff „feststellender Verwaltungsakt" meint man meist einen *rein* feststellenden, also allein auf die präjudizielle Wirkung gerichteten Verwaltungsakt.

---

[13] Lit.: *Fluck*, VerwArch 79 (1988), S. 406; *Kempny*, DVBl 2023, 629.

[14] Lit.: *Struzina/Lindner*, VerwArch 108 (2017), S. 266; s. a. BGHZ 117, 159.

[15] Lit.: *Appel/Melchinger*, VerwArch 84 (1993), S. 349; *Kracht*, Feststellender Verwaltungsakt und konkretisierende Verfügung, 2002.

[16] Lit.: *Otto*, Die verbindliche Auskunft im allgemeinen Verwaltungsrecht, 2019; *Reichelt*, Der Vorbescheid im Verwaltungsverfahren, 1989; *Schmidt-Aßmann*, FG 25 Jahre BVerwG, 1978, S. 569. Anhand des bekanntesten Anwendungsfalls: *Drescher*, Rechtsprobleme des baurechtlichen Vorbescheids, 1993; *Heimpel*, Der Bauvorbescheid, 2012; *Kolbeck*, Bauvoranfrage und Bauvorbescheid, 2010.

I. Wirkungen

Zusatzinformation
Eine bedeutende Rolle spielen rein feststellende Verwaltungsakte im Steuerrecht, wo sie mit dem „Grundlagenbescheid" nach § 171 Abs. 10, § 175 Abs. 1 S. 1 Nr. 1 AO, den „gesonderten Feststellungen" nach §§ 179–183, 352 AO und der „verbindlichen Auskunft" nach § 89 Abs. 2 AO eine differenzierte Regelung erfahren haben.

Bei anderen nicht gestaltenden Verwaltungsakten verbindet sich die präjudizielle **Feststellung einer Pflicht** des Adressaten mit deren Titulierung (sogleich Rn. 25 f.). So liegt es insbesondere bei den Steuer- und Abgabenbescheiden, aber auch bei den rechtsaufsichtlichen und manchen ordnungsbehördlichen Verfügungen (vgl. § 12 Rn. 57 ff.).

In seltenen Fällen gibt es auch eine **Feststellung von Tatsachen** durch Verwaltungsakt, die ebenfalls präjudiziell wirkt. Ein Beispiel bietet die Bescheinigung über „gute Laborpraxis" nach § 19b Chemikaliengesetz. Auch hierfür gibt es prozessrechtliche Vorbilder, etwa die gerichtliche Feststellung der Echtheit einer Urkunde nach § 256 Abs. 1 ZPO.

b) Persönliche Reichweite

Die präjudizielle **Wirkung** gilt **im Verhältnis der Personen**, denen der Verwaltungsakt bekannt gegeben wurde (Rn. 64 ff.), **untereinander sowie gegenüber dem Verwaltungsträger** der erlassenden Behörde. In diesem Personenverhältnis gilt sie dann aber außergerichtlich ebenso wie in Rechtsstreitigkeiten, und zwar grundsätzlich vor allen Gerichten.[17]

Beispiel: Die Baurechtsbehörde hat A eine Baugenehmigung erteilt und dies auch Nachbarin N bekanntgegeben. N verklagt A vor dem Landgericht auf Unterlassung. Soweit der privatrechtliche Anspruch mittelbar von der verwaltungsrechtlichen Erlaubtheit des Bauvorhabens abhängt, muss für deren Beurteilung auch das Landgericht die gegenüber A und N eingetretene präjudizielle Wirkung des Verwaltungsakts zu Grunde legen.

Zusatzinformationen
- Teilweise haben die Zivilgerichte eine solche Bindung bislang nur angenommen, wenn der Verwaltungsakt von einem Verwaltungs*gericht* bestätigt wurde.[18] Das erscheint systemwidrig und könnte mit einem empfundenen Dignitätsmangel „bloßer" Behördenentscheidungen zu erklären sein.
- Umgekehrt haben Zivilgerichte eine Bindung auch angenommen, wenn eine Bekanntgabe an den zweiten Privaten gar nicht erfolgt war.[19] Das erscheint in der umgekehrten Richtung zu weitgehend.

Soll die präjudizielle **Wirkung auch gegenüber einem anderen Verwaltungsträger** eintreten, müsste diesem in der Logik der §§ 35, 43 VwVfG* der Verwaltungsakt ebenfalls bekannt gegeben werden (unten Rn. 64 ff.). Will das Gesetz

---

[17] Lit.: *Jesch*, Die Bindung des Zivilrichters an Verwaltungsakte, 1956; *Haaf*, Die Fernwirkungen gerichtlicher und behördlicher Entscheidungen, 1984.
[18] BGHZ 95, 28.
[19] BGHZ 232, 252.

diesen Aufwand vermeiden, kann es eine ergänzende Wirkungsnorm schaffen und die Wirkung gegenüber anderen Hoheitsträgern allgemein anordnen.[20]

Beispiel: A ist als IT-Freelancerin besonders viel für Auftraggeberin B tätig. Wenn die Deutsche Rentenversicherung Bund feststellt, dass A insoweit sozialversicherungspflichtig beschäftigt oder, dass sie selbstständig und sozialversicherungsfrei ist, sind andere Versicherungsträger an diese Entscheidung gebunden (§ 7a Abs. 2 S. 4 SGB IV).

Weitere Beispiele: „Die Ausländerbehörde [eine Behörde von Stadt oder Landkreis] ist an die Entscheidung des Bundesamtes […] über das Vorliegen der Voraussetzungen […] gebunden" (§ 42 S. 1 Asylgesetz [AsylG]). – „Die Entscheidung [der Aufsichtsbehörde über die Anwendbarkeit des Gesetzes] bindet die Verwaltungsbehörden" (§ 4 S. 2 Versicherungsaufsichtsgesetz). – „Die Entscheidung über die Ausstellung der Bescheinigung [über die Spätaussiedlereigenschaft] ist für Staatsangehörigkeitsbehörden und alle [zuständigen] Behörden und Stellen verbindlich" (§ 15 Abs. 1 S. 4 Bundesvertriebenengesetz). – „Die Feststellung [der Staatsangehörigkeitsbehörde über das Bestehen oder Nichtbestehen der Staatsangehörigkeit] ist in allen Angelegenheiten verbindlich, für die das Bestehen oder Nichtbestehen der deutschen Staatsangehörigkeit rechtserheblich ist" (§ 30 Abs. 1 S. 2 Staatsangehörigkeitsgesetz [StAG]).

3. Ermöglichung der Vollstreckung (Titelwirkung)

Spezielle Studienliteratur: *Voßkuhle/Wischmeyer*, JuS 2016, 698.

25 Durch einen Verwaltungsakt kann eine Behörde schließlich den Weg zur Verwaltungsvollstreckung eröffnen (allgemein oben § 17 Rn. 21). Diese haben wir bereits als Durchsetzungsmechanismus für verwaltungsrechtliche Pflichten kennengelernt (vgl. § 12 Rn. 45 ff.): für Zahlungspflichten in der Gestalt der „Beitreibung" und für andere Pflichten in der Gestalt der „Zwangsmittel" (Zwangsgeld, Ersatzvornahme, unmittelbarer Zwang).

26 Für die Vollstreckung ist gleichgültig, ob die zu vollstreckende Pflicht durch den Verwaltungsakt erst gestaltend begründet oder nur präjudiziell festgestellt worden ist. Entscheidend ist nur, dass es sich um den verbindlichen Ausspruch einer Pflicht zu einem Tun oder Unterlassen handelt. Ein solcher Verwaltungsakt heißt „**befehlend**"; man spricht davon, dass er die Pflicht „**tituliere**" und einen „**Titel**" für die Vollstreckung bilde; im Kontext der Vollstreckung nennt man ihn auch „**Grundverfügung**" für die darauffolgenden Vollstreckungsmaßnahmen.

Prüfungshinweis

▶ Auf die Titelwirkung kommt es im verwaltungsrechtlichen Gutachten dann an, wenn über Maßnahmen der Verwaltungsvollstreckung gestritten wird. Gefragt werden könnte etwa danach, ob eine Ersatzvornahme rechtmäßig vorgenommen werden durfte – was unter anderem einen Verwaltungsakt als Titel voraussetzt, dessen Wirkungsbedingungen dann zu prüfen wären. Beachten Sie, dass es an dieser Stelle grundsätzlich nicht auf die Rechtmäßigkeit des Titels ankommt (vgl. auch Rn. 124).

---

[20] Lit.: *Sauerland*, DÖV 2018, 67.

Zusatzinformationen
- Die möglichen Regelungsinhalte „gestaltend", „feststellend", „befehlend" werden meist als Dreiklang genannt. Die drei schließen sich allerdings nicht wechselseitig aus. Der „befehlende Verwaltungsakt" ist zugleich „gestaltender Verwaltungsakt", wenn er eine Pflicht erst begründet, und wirkt präjudiziell, wenn er eine bereits bestehende Pflicht nur feststellt.
- Die Redeweise vom Verwaltungsakt als „Titel" soll eine Parallele zum (Zivil-)Prozessrecht aufrufen, das bekanntlich ebenfalls Zwangsvollstreckungen vorsieht. Auch die vollstreckbaren Urteile der Zivilgerichte sowie gewisse weitere Rechtsakte (§ 794 ZPO) bezeichnet man traditionell als „(Vollstreckungs-)Titel". Der Vergleich des Verwaltungsakts mit dem Zivilurteil ist nicht nur sachlich stimmig, sondern hat auch Tradition – er wird vor allem dem wichtigsten Verwaltungsrechtslehrer des Kaiserreichs, *Otto Mayer*, zugeschrieben.[21]

II. Wirkungsbedingungen

Wie kann nun eine Behörde all diese Wirkungen herbeiführen? Was muss geschehen, damit die Wirkungen *gegenwärtig und für den konkreten Anwendungsfall* eintreten? Das ist die Frage nach den Wirkungsbedingungen des Verwaltungsakts (vgl. allgemein oben § 17 Rn. 25 ff.). 27

Beispiele: A hat einen Baugenehmigungsbescheid bekommen. Darf A dann auch bauen? – B hat einen Platzverweis bekommen. Darf die Behörde diesen auch durchsetzen, muss B ihn befolgen?

Hierfür sind **drei Voraussetzungen** nötig, die sogleich ausführlicher zu betrachten sind: 28

- Die Behörde muss in einer Weise gehandelt haben, die überhaupt den Tatbestand „*Verwaltungsakt*" erfüllt (dazu Rn. 31 ff.). Andernfalls spricht man auch von einem „Nicht(verwaltungs)akt".[22]
- Dieser Verwaltungsakt muss „*wirksam*" sein, woran vor allem das VwVfG* gewisse Anforderungen stellt (dazu Rn. 62 ff.). Andernfalls spricht man von einem „unwirksamen" oder u. U. einem „nichtigen" Verwaltungsakt.
- Hinzu tritt eine Anforderung aus dem Prozessrecht: Der Verwaltungsakt darf nicht „*unvollziehbar*" sein, weil jemand mit Widerspruch oder Anfechtungsklage um Rechtsschutz nachgesucht hat (dazu Rn. 81 ff.).

Wer ein belastendes Ansinnen der Behörde abwehren möchte, kann dementsprechend auf drei verschiedene Weisen argumentieren: es handele sich schon nicht um einen Verwaltungsakt, der Verwaltungsakt sei unwirksam oder der Verwaltungsakt sei unvollziehbar.

---

[21] *Mayer*, Deutsches Verwaltungsrecht, Bd. 1, 3. Aufl. 1924, S. 93. Kritik aber etwa bei *Bettermann*, GS Jellinek, 1955, S. 361.
[22] Lit.: *Münkler*, Der Nichtakt, 2015.

> **Prüfungsschema 6: Löst ein Handeln die beabsichtigte Rechtsfolge als Verwaltungsakt aus?**
> 1. Qualifikation des Handelns als Verwaltungsakt, § 35 VwVfG*
>   a) Handeln ist hoheitliche Maßnahme
>   b) Maßnahme ist einer Behörde zuzurechnen
>   c) Maßnahme hat Regelungscharakter
>   d) Regelung hat Einzelfallbezug
>   e) Regelung hat unmittelbare Rechtswirkung nach außen
>   f) Regelung liegt auf dem Gebiet des öffentlichen Rechts
> 2. Wirksamkeit des Verwaltungsakts, § 43 VwVfG*
>   a) bekannt gegeben, § 43 Abs. 1 VwVfG*
>   b) nicht nichtig, § 43 Abs. 3, § 44 VwVfG*
>   c) nicht aufgehoben oder erledigt, § 43 Abs. 2 VwVfG*
> 3. keine aufschiebende Wirkung eines Rechtsbehelfs, § 80 VwGO

Zusatzinformation
Die drei Voraussetzungen, manchmal auch nur die ersten beiden, fassen manche unter der Bezeichnung „äußere Wirksamkeit" zusammen. Damit meint man, dass außerhalb dieser Grenzen die Behörde nicht regeln *kann* – im Gegensatz zu den Regelungen, die die Behörde schon nicht treffen *will*, indem sie etwa zeitliche oder sachliche Grenzen selbst zieht („innere Wirksamkeit", vgl. oben Rn. 8).

29   Lassen sich die drei Punkte (wie meist) nicht ernsthaft in Abrede stellen, muss man den Rechtsweg beschreiten, wenn man die Wirkungen des Verwaltungsakts bekämpfen möchte. Die Qualifikation einer Handlung als Verwaltungsakt, einmal gegeben, lässt sich nicht mehr beseitigen. Die beiden weiteren Wirkungsbedingungen eröffnen demgegenüber **zwei Angriffsmöglichkeiten** (die auch nebeneinander eingesetzt werden können):

- man kann die Wirksamkeit angreifen (mit Widerspruch und Anfechtungsklage) – das ist langwierig, aber effektiv; und/oder
- man kann die Vollziehbarkeit angreifen (im System des vorläufigen Rechtsschutzes nach § 80 VwGO) – das geht kurzfristig, aber hilft meist nur vorübergehend.

Beiden Angriffen gehen wir später im Detail nach (Rn. 139 ff.).

30   Keine Voraussetzung für den Eintritt der Wirkungen ist im Übrigen die formelle **Bestandskraft** oder Unanfechtbarkeit des Verwaltungsakts, also der Ablauf der Rechtsbehelfsfristen (zu diesen Rn. 168 ff., 179 ff.). Insbesondere erwähnt § 43 VwVfG* sie nicht unter den Voraussetzungen der dort geregelten „Wirksamkeit". Wenn in der Überschrift vor § 43 VwVfG* von „Bestandskraft" die Rede ist, bezieht sich das vielmehr auf die Regelungen der §§ 47–52 VwVfG*, wo es um „Bestandskraftdurchbrechungen" geht, nämlich um spätere Einschränkungen der Wirkungen des Verwaltungsakts (dazu noch § 20 Rn. 2 ff.).

Zusatzinformationen
- Hierin liegt ein Unterschied zum gerichtlichen Urteil, dessen Wirkungen überwiegend erst mit der Rechtskraft eintreten (vgl. § 21 Rn. 16).
- Auch die präjudizielle Wirkung setzt nicht die Unanfechtbarkeit des Verwaltungsaktes voraus, wie man gelegentlich hört. Leider steht dieser Grundsatz nicht ausdrücklich im Gesetz (erfreulich deutlich im Besonderen Verwaltungsrecht § 182 Abs. 1 S. 1 AO: „auch wenn sie noch nicht unanfechtbar sind"). Besonders unglücklich ist das vor dem Hintergrund, dass die Unanfechtbarkeit als „formelle" und die präjudizielle Wirkung als „materielle Bestandskraft" oft mit dem gleichen Begriff belegt werden.
- Bei der Titelwirkung spielt die Bestandskraft insofern eine Rolle, als die Vollstreckung aus dem Verwaltungsakt außer der Wirksamkeit noch eine weitere Voraussetzung hat, die im Falle der Bestandskraft erfüllt ist (manchmal farblos „Vollstreckbarkeit" genannt; siehe § 6 Abs. 1 VwVG oder z. B. § 2 LVwVG BW). Im Gegensatz zur Wirksamkeit kann die Bestandskraft dabei aber durch eine Alternative ersetzt werden, nämlich den Entfall der aufschiebenden Wirkung eines Rechtsbehelfs (vgl. Rn. 86 f.).

1. Handlungsformqualifikation „Verwaltungsakt"

Einschlägige Gutachtenbeispiele: *Kempny/Reifegerste*, Fälle zum Allgemeinen Verwaltungsrecht, 2022, Fall 3.

Den Begriff des Verwaltungsakts definiert § 35 S. 1 VwVfG* in sechs Elementen. Es geht um eine hoheitliche Maßnahme (aa) einer Behörde (bb), die sich als das Treffen einer Regelung darstellt (cc), die wiederum drei inhaltliche Kriterien erfüllt: sich auf einen Einzelfall zu beziehen (dd), sich auf unmittelbare Rechtswirkung nach außen zu richten (ee) und auf dem Gebiet des öffentlichen Rechts angesiedelt zu sein (ff). 31

Zusatzinformationen
- Diese Legaldefinition gilt zunächst nur für das VwVfG* selbst. Für weitere Verwaltungsrechtsgesetze je derselben Staatsebene (z. B. VwVG bzw. LVwVG) kann sie meist ebenfalls angewandt werden. Methodisch problematisch wäre es allerdings, die Definition aus dem Landes-VwVfG zur Auslegung bundesrechtlicher Vorschriften heranzuziehen – auch wenn man das in Bezug auf § 42 VwGO (dazu Rn. 145) gelegentlich liest. Hier kann man stattdessen eher auf das Bundes-VwVfG verweisen (das freilich 16 Jahre jünger ist als die VwGO) oder besser noch auf die Regelungstradition des Verwaltungsprozessrechts (das einen inhaltsgleichen Verwaltungsaktsbegriff schon länger kennt).
- Abweichende Lesarten des Gesetzes führen zu leicht veränderten Strukturen. Wer – anders als hier – das Merkmal „hoheitlich" nicht auf die Maßnahme, sondern auf deren Regelungsinhalt bezieht, wird es den drei Regelungsinhaltskriterien beigesellen. Manche lassen es dann mit dem Merkmal „auf dem Gebiet des öffentlichen Rechts" zusammenfallen.
- Die drei inhaltlichen Kriterien sind den drei äußerlichen Merkmalen nicht nachrangig. Es gibt insbesondere keinen bloß „formellen Verwaltungsakt", der zwar hoheitliche regelnde Behördenmaßnahme, aber dessen Regelungsinhalt abstrakt-generell, innengerichtet oder privatrechtlich wäre.[23]

---

[23] Lit.: *W.-R. Schenke*, NVwZ 1990, 1009.

a) Hoheitliche Maßnahme

aa) Grundsatz: positives Tun

32 In § 35 S. 1 VwVfG* heißt es „Verfügung, Entscheidung oder andere hoheitliche Maßnahme". „Hoheitliche Maßnahme" ist also Ober- und Auffangbegriff, neben dem die Begriffe „Verfügung" und „Entscheidung" gar keiner näheren Betrachtung bedürfen. „**Maßnahme**" ist demgegenüber so offen, dass man fast von einer *Catch-all*-Formulierung sprechen kann. Irgendein Handeln genügt, sofern es „hoheitlichen Charakter" hat.

> *Beispiele:* Ein Brief (der typische Fall). – Eine mündliche Aufforderung, z. B. einen Ort zu verlassen (etwa § 30 Abs. 1 PolG BW). – Eine Handbewegung, z. B. seitliches Ausstrecken eines Armes oder beider Arme quer zur Fahrtrichtung durch eine Polizeibeamtin mit der Bedeutung „Halt vor der Kreuzung" (§ 36 Abs. 2 Nr. 1 StVO). – Ein rotes Wechsellichtzeichen (vulgo „Ampel") mit der gleichen Bedeutung (§ 37 Abs. 2 Nr. 1 StVO). – Ein blaues Blinklicht in Verbindung mit dem Einsatzhorn (vulgo „Blaulicht und Sirene") mit der Bedeutung „Alle übrigen Verkehrsteilnehmer haben sofort freie Bahn zu schaffen" (§ 38 Abs. 1 StVO).

33 Das Wort „**hoheitlich**" verstehen dabei manche als gleichbedeutend mit der Klausel „auf dem Gebiet des öffentlichen Rechts" (dazu Rn. 56 ff.); dann braucht hier nichts Zusätzliches geprüft zu werden. Näher liegt es hier aber, der Klausel einen eigenen Sinn zu belassen und im Merkmal „hoheitlich" stattdessen das Erfordernis der **Einseitigkeit** der Maßnahme und damit die Abgrenzung zu vertragsbezogenen Willenserklärungen zu sehen (zum öffentlich-rechtlichen Vertrag kommen wir in § 22).

bb) Ausnahme: Unterlassen („Genehmigungsfiktion")
Spezielle Studienliteratur: *Ernst/Pinkl*, Jura 2013, 685; *Kluth*, JuS 2011, 1078.

34 Keine Maßnahme im Sinne von § 35 S. 1 VwVfG* ist das behördliche **Unterlassen**. Das Unterlassen kann aber zum Eintritt einer **Genehmigungsfiktion** (präziser wäre „Genehmigungserteilungsfiktion") nach § 42a VwVfG* führen, die dann grundsätzlich wie ein Verwaltungsakt zu behandeln ist.[24] § 42a VwVfG* fungiert jedoch nur als Regelungsangebot, das jeweilige Fachgesetz muss die Möglichkeit einer Genehmigungsfiktion ausdrücklich anordnen.

> *Beispiel:* Genehmigung des U-Bahn-, Bus- oder Taxenbetriebs nach § 15 Abs. 1 S. 5 Personenbeförderungsgesetz (PBefG), wo es heißt: „Die Genehmigung gilt als erteilt, wenn sie nicht innerhalb der Frist versagt wird."

---

[24] Lit.: *Broscheit*, Rechtswirkungen von Genehmigungsfiktionen im Öffentlichen Recht, 2016; *Etzel*, Die Genehmigungsfiktion gem. § 42a VwVfG, 2014; *Hiese*, DVBl 2023, 825 (anhand der Baugenehmigungsfiktion); *Knauff*, VerwArch 109 (2018), S. 480; *Ziekow*, Möglichkeiten zur Verbesserung der Standortbedingungen für kleinere und mittlere Unternehmen durch Einführung von Genehmigungsfiktionen, 2008.

Voraussetzung für den Eintritt der Genehmigungsfiktion ist regelmäßig ein hinreichend bestimmter, vollständiger (§ 42a Abs. 2 S. 2 VwVfG*) und formgerecht bei einer Behörde gestellter **Antrag** auf Erteilung der fraglichen Genehmigung. Bezüglich dieses Antrags muss die Behörde einer Bescheidungsfrist unterliegen, die abgelaufen ist; die Behörde kann die Frist nach § 42a Abs. 2 S. 3, 4 VwVfG* verlängern (prozedurale Gestaltung, Rn. 11). Auch darf der Antrag sich nicht vorher erledigt haben, etwa vom Antragsteller zurückgenommen worden sein.[25] 35

> *Beispiel:* A hat am 1. Februar eine Taxenkonzession beantragt. Eine fehlende Unterlage reicht sie am 28. Februar nach; damit beginnt die Bescheidungsfrist von drei Monaten zu laufen (§ 15 Abs. 1 S. 2 PBefG), also bis zum 28. Mai. Die Behörde meint, mehr Zeit zu benötigen, und verlängert die Frist um zwei Monate (§ 15 Abs. 1 S. 3, 4 PBefG), also bis zum 28. Juli. Wenn sie bis dahin den Antrag nicht beschieden hat, tritt am 29. Juli zugunsten von A die Genehmigungsfiktion ein.

Die weiteren Begriffsmerkmale des Verwaltungsakts brauchen im Falle einer Genehmigungsfiktion nicht mehr geprüft zu werden, weil bei fachgesetzlicher Anordnung das qualifizierte Unterlassen bereits zur Fiktion des Verwaltungsakts führt. Unabhängig davon würde die Erteilung einer Genehmigung freilich *stets* eine öffentlich-rechtliche Einzelfallregelung nach außen darstellen. 36

> **Prüfungsschema 7: Ist eine Genehmigungsfiktion eingetreten?**
> 1. Anwendungsbefehl für § 42a VwVfG* bezüglich der fraglichen Genehmigung im Besonderen Verwaltungsrecht
> 2. Genehmigungsantrag formgerecht gestellt, hinreichend bestimmt, vollständig und nicht zurückgenommen
> 3. Frist von grundsätzlich drei Monaten abgelaufen

b) Zurechnung zu einer Behörde

Sodann muss „**eine Behörde**" die Maßnahme getroffen haben. Das verweist auf den Behördenbegriff in § 1 Abs. 4 VwVfG, Abs. 2 der Landesfassungen, wonach Behörde jede Stelle ist, die Aufgaben der öffentlichen Verwaltung wahrnimmt (dazu bereits oben § 7 Rn. 2). Auch beliehene Privatrechtssubjekte können Behörde in diesem Sinne sein (oben § 10 Rn. 20 ZI). 37

Zusatzinformationen
- Ausgeschlossen sind dagegen Stellen anderer Staaten und internationaler Organisationen (einschließlich der EU). Die Rede vom „transnationalen Verwaltungsakt" (oben § 9 Rn. 12 ZI) darf insofern nicht dazu verleiten, unbedacht Vorschriften der Verwaltungsverfahrensgesetze auf Maßnahmen solcher Stellen anzuwenden.
- Die Zurechnung darf auch nur zu genau einer Behörde erfolgen. Ein „gemeinsamer Verwaltungsakt" mehrerer Behörden ist begrifflich ausgeschlossen.[26]

---

[25] Vgl. *Behnsen*, NordÖR 2020, 541: Rücknahme kann wiederum im Fachrecht fingiert werden.
[26] *Maurer*, VBlBW 1987, 361 (362).

38 Da für die Behörde grundsätzlich Menschen handeln werden, bedarf es hier einer **Zurechnung der menschlichen Handlung** zur Behörde (dazu bereits im Zusammenhang oben § 7 Rn. 24 ff.). Am einfachsten ist dies bei monokratischen Behörden, wenn der Organwalter oder ein gesetzlich betrauter Organteil (z. B. ein allgemeiner Vertreter) selbst handelt; handeln Bedienstete, so muss ihnen die „Zeichnungsbefugnis" verliehen sein. Gibt jemand eine Erklärung ab, die inhaltlich Verwaltungsakt sein könnte, ohne aber zeichnungsbefugt zu sein, so liegt schon gar keine „Maßnahme einer Behörde" vor, die wirksam und verbindlich werden könnte (Fall des „Hauptmanns von Köpenick").

Beispiele – Organwalter: ein Brief von der Behörde „Der Landesbeauftragte für den Datenschutz und die Informationsfreiheit Baden-Württemberg", den der Landesbeauftragte eigenhändig unterzeichnet. – *Gesetzlicher Vertreter:* ein Brief von der Behörde „Die Oberbürgermeisterin der Stadt S", den die Erste Beigeordnete unterzeichnet (traditionell mit dem Zusatz „In Vertretung"). – *Bediensteter:* ein Brief von der Behörde „Rektorat der Universität U", den eine Sachbearbeiterin der Personalabteilung unterzeichnet (traditionell mit dem Zusatz „Im Auftrag"); die Behördenleitung muss der Unterzeichnenden dazu Zeichnungsbefugnis erteilt haben.

Prüfungshinweis

▶ Falls Ihnen der Hauptmann von Köpenick (Ereignis von 1906 und Theaterstück) kein Begriff sein sollte, schlagen Sie bitte dazu kurz nach.

39 Auch ein – heute nicht mehr seltener – **vollautomatisch erstellter Bescheid** kann der Behörde zugerechnet werden. Es genügt, dass die dazu befugten Personen zu irgendeinem vergangenen Zeitpunkt das entsprechende Computerprogramm autorisiert und in Gang gesetzt haben. Bereits seit Langem gibt § 37 Abs. 5 VwVfG* zu erkennen, dass ein Verwaltungsakt auch vorliegt, wenn ein Bescheid „mit Hilfe automatischer Einrichtungen erlassen wird"; noch länger regeln Lichtzeichenanlagen („Ampeln") vollautomatisch den Straßenverkehr. Die später eingefügte Bestimmung des § 35a VwVfG* begrenzt nach diesem Verständnis nur das rechtliche Dürfen der Behörde (also die Rechtmäßigkeitsfrage, vgl. Rn. 107), hindert aber nicht das begriffliche Vorliegen eines Verwaltungsakts.

c) Regelung

40 Die Maßnahme der Behörde muss sodann eine Regelung treffen.[27] Nicht anders als bei der privaten Willenserklärung erfordert dies eine Deutung des behördlichen Verhaltens, ob überhaupt eine **Setzung von Rechtsfolgen beabsichtigt** ist („Rechtsbindungswille"; präziser wäre: „Rechtsfolgenbewirkungswillensausdruck", weil es gerade nicht auf den inneren Willen ankommt). Dieses Kriterium ordnet den Verwaltungsakten den Rechtsakten zu (zu ihnen allgemein § 17) und grenzt ihn von den Realakten der Verwaltung ab (zu ihnen unten § 27).

---

[27] Lit.: *Widmann*, Abgrenzung zwischen Verwaltungsakt und eingreifendem Realakt, 1996.

Beispiele ohne Regelungscharakter: Die Stadtverwaltung sendet A ein „Merkblatt für Zugezogene". – Die Bürgermeisterin weist B auf die Baurechtslage hin. – Die Bundesgesundheitsministerin warnt öffentlich vor dem Genuss von Weinen der Firma C.

An bestimmten **Anzeichen** kann man oft den Regelungscharakter einer schriftlichen Maßnahme festmachen. Ihr Vorliegen gibt allerdings keine Gewähr für einen Verwaltungsakt (wenn etwa die abgesetzte „Entscheidungsformel" gar keine Entscheidung enthält), ebenso wenig wie ihr Fehlen garantiert, dass es sich nicht um einen Verwaltungsakt handele. Im Einzelnen geht es um folgende typische Elemente (ein Beispiel zeigt auch noch Abb. 2 auf S. 368): **41**

- eine *Selbstbezeichnung* wie „Bescheid", „Verfügung", „Anordnung";
- eine deutlich abgesetzte *Entscheidungsformel*, auch „Tenor" genannt;

Beispiele: „Die beantragte Baugenehmigung wird hiermit erteilt." – „Die Abwassergebühr wird mit 123 Euro festgesetzt." – „Den Bescheid vom … widerrufe ich hiermit."

- eine abschließende *Belehrung* über gegen die Maßnahme gegebene Rechtsbehelfe (vgl. noch Rn. 114).

Zusatzinformation
Bei der Entscheidungsformel („Bescheidtenor") sind unterschiedliche Stile verbreitet. Gerade monokratische Behörden (§ 7 Rn. 25 f.) gebrauchen traditionell die Ich-Form. Üblicher ist heute das Passiv. Hier und da verwenden Behörden auch eine Wir-Form.

Bei einer mündlich ausgesprochenen Maßnahme wird es sich meist um eine Aufforderung handeln – auch wenn im Indikativ ausgesprochen oder mit einem „bitte" versehen. **Höflichkeitsformeln** hindern, im Mündlichen wie im Schriftlichen, grundsätzlich nicht den Regelungscharakter. Freilich darf übermäßige Höflichkeit auch nicht den Rechtsbindungswillen unerkennbar (und damit unbeachtlich) werden lassen.[28] **42**

Beispiele: „Bitte zahlen Sie …": kann noch Regelung sein. – „Wir wären äußerst dankbar, wenn Sie freundlicherweise gelegentlich zahlen wollten …": sicher keine Regelung mehr.

Der Regelungscharakter kann auch **konkludent** zum Ausdruck kommen, besonders bei Maßnahmen, die weder einen schriftlichen noch einen mündlichen Text beinhalten. Eine solche Deutung spielt im Polizeirecht eine größere Rolle (dies vor allem aus historischen Gründen, vgl. § 13 Rn. 43 ZI). **43**

Beispiel: Die Polizei drängt sich an A vorbei in deren Wohnung (z. B. § 36 PolG BW); darin sieht die herrschende Auffassung eine konkludente Aufforderung, dies zu dulden, und damit eine Regelung.

---

[28] Vgl. *Renck*, FS Knöpfle, 1996, S. 291 (bes. 295 f.).

44 Manchmal treffen Behörden Maßnahmen, die der Vorbereitung einer späteren Hauptmaßnahme dienen und in diesem Sinne „**Verfahrenshandlungen**" sind (zum Verwaltungsverfahren noch im Zusammenhang § 29). Die gerichtliche Abwehr solcher Verfahrenshandlungen wird durch § 44a VwGO eingeschränkt (dazu unten Rn. 156). Auch solche „verfahrensinternen" Maßnahmen können jedoch durchaus einmal eine selbstständige Regelung enthalten und damit prinzipiell Verwaltungsakt sein. Hier muss man genau hinschauen.

Beispiel: Die Fahrerlaubnisbehörde führt gegen A ein Verwaltungsverfahren, um ihr möglicherweise die Fahrerlaubnis zu entziehen. Zur Vorbereitung der Entscheidung fordert sie A auf, ein medizinisch-psychologisches Gutachten beizubringen (§ 46 Abs. 3, § 11 Abs. 3, 6 Fahrerlaubnis-Verordnung [FeV]). Diese Aufforderung versteht man überwiegend dahingehend, dass sie keine eigene Regelung trifft und insbesondere keine Vollstreckung ermöglichen soll. Denn bringt A das Gutachten nicht bei, darf die Behörde daraus ohne Weiteres auf ihre Nichteignung schließen (§ 11 Abs. 8 FeV, vgl. oben § 12 Rn. 78).

d) Regelungsinhaltskriterium 1: Einzelfall

Spezielle Studienliteratur zur Allgemeinverfügung: *Schoch*, Jura 2012, 26.

45 Die in der Maßnahme der Behörde liegende Regelung muss sich inhaltlich auf einen „Einzelfall" beziehen.[29] Das ist zunächst eine nahe liegende Konsequenz der Gewaltenteilung: Die Exekutive soll sich um die Einzelfälle kümmern, nachdem die Legislative die Grundentscheidungen getroffen hat (vgl. § 2 Rn. 1).

46 Schwierigkeiten rühren daher, dass auch die Exekutive sinnvollerweise nicht immer nur gegenüber je *einer* Person und nur in je *einer* Angelegenheit handeln kann. Vor diesem Hintergrund fasst man den Einzelfallcharakter in ein persönliches und ein sachliches Kriterium: Die Regelung darf **nicht zugleich in persönlicher Hinsicht generell** (also gegenüber jedermann) **und in sachlicher Hinsicht abstrakt** (also für noch nicht feststehende Situationen) getroffen sein. Generell-abstrakte Regelungen in diesem Sinne sind niemals Verwaltungsakt. Sie stehen grundsätzlich der Legislative zu und werden in der Form des Parlamentsgesetzes getroffen. Die Exekutive kommt zwar auch hier ins Spiel, jedoch nur in den besonderen Rechtsformen der Rechtsverordnung und der Satzung (dazu später § 23). Für den Verwaltungsakt bleiben damit drei Kombinationen übrig, die jeweils als Einzelfallregelung gelten.

47 Die **individuell-konkrete Regelung** ist der typische Fall des Verwaltungsakts und liegt auch in den meisten bisher gegebenen Beispielen vor.

Beispiele: Erteilung einer Baugenehmigung an *eine* Bauherrin für *ein* Bauvorhaben; Festsetzung einer Abwassergebühr gegenüber *einer* Pflichtigen für *einen* Bemessungszeitraum; Widerruf *eines* Bescheides gegenüber *einer* Adressatin.

---

[29] Lit.: *Buchwald*, Rechtstheorie 28 (1997), S. 85; *von Mutius*, FS Wolff, 1973, S. 167; *Niehues*, DÖV 1965, 319; *Volkmar*, Allgemeiner Rechtssatz und Einzelakt, 1962. Aus schweizerischer Sicht *Jaag*, Die Abgrenzung zwischen Rechtssatz und Einzelakt, 1985.

Eine **individuell-abstrakte Regelung** kommt gelegentlich ebenfalls vor. 48

Beispiel: Aufforderung an *eine* Wohnungsinhaberin, *jedes Mal* zum Klavierspielen die Fenster zu schließen.

Die verbleibende Kombination, also die **generell-konkrete Regelung**, war früher 49 einmal umstritten.[30] Demgegenüber legt § 35 S. 2 VwVfG* heute fest, dass eine solche Regelung ebenfalls als Verwaltungsakt zu gelten hat; dieser heißt dann „**Allgemeinverfügung**".[31] Dabei gibt es wiederum drei Fallgruppen.

- die Regelung einer konkreten Frage gegenüber einem Personenkreis, der nach allgemeinen Merkmalen bestimmt oder bestimmbar ist (*personenbezogene Allgemeinverfügung*).

  Beispiel: Verbot *einer* angemeldeten Versammlung gegenüber *allen* potentiell Teilnehmenden (§ 15 Abs. 1 Var. 1 Versammlungsgesetz [VersG]). – *Grenzfall:* Verbot *aller* Veranstaltungen im Stadtgebiet in der Frühphase einer Pandemie (gestützt auf § 28 Infektionsschutzgesetz [IfSG]).[32]

- die Regelung der öffentlich-rechtlichen Eigenschaft(en) einer konkreten Sache gegenüber jedermann (*sachbezogene Allgemeinverfügung*). Dies ist der typische Rechtsakt des öffentlichen Sachenrechts (oben § 15 Rn. 11). Da es hier grundsätzlich keine Adressaten gibt und die öffentlich-rechtliche Eigenschaft gegenüber jedem privatrechtlichen Eigentümer gilt (oben § 9 Rn. 46), kann man dies auch einen „dinglichen" Verwaltungsakt nennen.

  Beispiele: Widmung eines Grundstücks zur öffentlichen Straße (z. B. § 5 Straßengesetz [StrG] BW); Änderung eines Straßennamens (z. B. § 5 Abs. 4 GemO BW).

- die Regelung der Benutzung einer konkreten Sache gegenüber jedermann.

  Beispiele: Gebots- und Verbotszeichen für den Straßenverkehr (§ 45 und Anlage 2 StVO);[33] Benutzungsordnung für ein gemeindliches Schwimmbad (soweit nicht als Satzung, § 23, Sonderverordnung, § 25, oder privatrechtliche Hausordnung, § 26).

Im Ergebnis kommt es für das Vorliegen eines Verwaltungsakts hier also nur darauf 50 an, dass **keine generell-abstrakte Regelung** getroffen werden soll. Ist dies doch einmal der Fall, müsste man darüber nachdenken, ob die Regelung möglicherweise als Rechtsverordnung Bestand haben kann (dazu § 23). Allerdings unterliegen Rechtsverordnungen besonderen Formvorschriften, woran eine solche Umdeutung leicht scheitert.

---

[30] Vgl. *Hüther/Lepej*, VBlBW 2022, 490.
[31] Lit.: *Steiner*, DVBl 2023, 197; *Wandschneider*, Die Allgemeinverfügung in Rechtsdogmatik und Rechtspraxis, 2009.
[32] Lit.: *Gallon*, DÖV 2022, 857.
[33] Lit.: *Müller/Rebler*, Das Verkehrszeichen, 2022.

Zusatzinformation

Das Problem kann sich auch in umgekehrter Richtung stellen, nämlich dann, wenn gesetzlich eine Rechtsverordnung oder Satzung für eine Regelung vorgeschrieben oder zugelassen ist, die auch durch Verwaltungsakt – ggf. als Allgemeinverfügung – getroffen werden könnte (vgl. § 23 Rn. 11). Die Unterschiede beim Rechtsschutz sind erheblich. In einem solchen Fall wird man die behördliche Erklärung daraufhin auszulegen haben, ob von der Rechtsverordnungs- bzw. Satzungsermächtigung oder aber von der gewöhnlichen Verwaltungsaktermächtigung Gebrauch gemacht werden soll. In manchen Fällen besteht sogar ein Wahlrecht, sodass beide Rechtsformen eingesetzt werden dürften – Beispiel: verkaufsoffene Sonntage dürfen die Gemeinden gemäß § 8 Abs. 1, § 14 Abs. 1 Ladenöffnungsgesetz BW auch durch gemeindliche Satzung gemäß § 4 Abs. 1 S. 1 GemO BW vorsehen.

e) Regelungsinhaltskriterium 2: unmittelbare Rechtswirkung nach außen

51 Die in der Maßnahme der Behörde liegende Regelung muss inhaltlich sodann gerade auf solche Rechtsfolgen abzielen, die nicht im internen Bereich des jeweiligen Verwaltungsträgers verbleiben, sondern für eine andere (natürliche oder juristische) Person gelten sollen. Das versteht sich eigentlich von selbst, wo gerade die Rechtspositionen einer Person gestaltend verändert werden sollen. Es ist darüber hinaus immer dort eigentlich klar, wo die Maßnahme gegenüber bestimmten Adressaten getroffen wird.

Beispiele: Erteilung einer Baugenehmigung gegenüber Antragstellerin A; Festsetzung einer Abwassergebühr gegenüber Gebührenschuldnerin B.

52 Problematisch sind bezüglich der Außenwirkung daher überhaupt nur wenige Fälle. Zum einen geht es dabei um **adressatenlose Regelungen**. Hier ist genau auf die mit der Maßnahme konkret verbundenen Rechtsfolgen abzustellen.

Beispiele: Die Widmung eines Grundstücks zur öffentlichen Straße (z. B. § 5 StrG BW) hat Außenwirkung, weil sie für jedermann das Benutzungsrecht auslöst. – Die Aufstellung eines Flächennutzungsplans (§ 5 BauGB) hat keine Außenwirkung, weil sie nur die Gemeinde selbst bei der darauffolgenden Aufstellung der konkreten Bebauungspläne bindet (§ 8 Abs. 2 BauGB).

53 Zum anderen geht es um **verwaltungsintern adressierte Regelungen**, deren Adressaten in der konkreten Situation der Behörde nicht als ein „Außen" gegenüberstehen, sondern als Organmitglieder oder in engeren Rechtsverhältnissen gewissermaßen „innerhalb" des Verwaltungsträgers stehen. Soweit hier die Außenwirkung fehlt, stellt sich die Maßnahme als Innenrechtsakt dar (unten § 25).

Beispiele: Die Gemeinderatsvorsitzende verweist ein Gemeinderatsmitglied wegen grober Ungebühr aus dem Beratungsraum (z. B. § 36 Abs. 3 GemO BW). – Die Bürgermeisterin erteilt einer Gemeindebeamtin eine dienstliche Anordnung (§ 35 Abs. 1 S. 2 BeamtStG). – Ein Bundesministerium erteilt einer Bundesoberbehörde eine Weisung.

54 Anders als in früheren Zeiten führt die Ausgrenzung dieser Fälle aus dem Verwaltungsaktsbegriff heute nicht mehr dazu, den Rechtsschutz ganz zu verweigern. Dieser vollzieht sich nur auf anderen Bahnen als beim Verwaltungsakt.

Beispiele (Fortsetzung): Das Gemeinderatsmitglied kann einen verwaltungsgerichtlichen Organstreit anstrengen (oben § 7 Rn. 44 f.), hier durch allgemeine Feststellungsklage nach § 43 Abs. 1 VwGO. – Die Beamtin kann auf Feststellung klagen, dass die Anordnung unverbindlich sei (unten § 25 Rn. 20).

Außenwirkung haben dagegen Regelungen, die die Behörde eines Verwaltungsträgers **gegenüber einem anderen Verwaltungsträger** erlässt.[34] Dieses Phänomen begegnet besonders bei Maßnahmen der Rechtsaufsicht (dazu oben § 6 Rn. 39 ff.) sowie der Gefahrenabwehr (hier als „Polizeipflicht von Hoheitsträgern" problematisiert[35]), aber auch etwa bei der Erteilung von Genehmigungen, wie sie ein Verwaltungsträger für Tätigkeiten „wie ein Privater" ebenfalls benötigen und erhalten kann (vgl. § 11 Rn. 6).

55

Beispiele: Die Kommunalaufsichtsbehörde des Landes erlässt eine Anordnung gegenüber einer Gemeinde, z. B. nach § 122 GemO BW. – Die Baurechtsbehörde erteilt der Handwerkskammer eine Baugenehmigung für ihr neues Kammerhaus.

Zusatzinformation
In Ausnahmefällen hält man sogar einen Verwaltungsakt einer Behörde gegenüber ihrem eigenen Verwaltungsträger für möglich. Die Personengrenze wird hier zwar nicht gekreuzt. Dennoch kann – gerade bei stark verselbstständigten Behörden – die Auslegung des Gesetzes ergeben, dass hier Verwaltungsakte ergehen können sollen. Ein möglicher Anwendungsfall sind die Aufsichtsmaßnahmen des unabhängigen Bundesdatenschutzbeauftragten (vgl. § 7 Rn. 59) gegenüber unmittelbaren Bundes- bzw. des Landesdatenschutzbeauftragten gegenüber unmittelbaren Landesbehörden.[36]

f) Regelungsinhaltskriterium 3: auf dem Gebiet des öffentlichen Rechts

Die in der Maßnahme der Behörde liegende Regelung muss inhaltlich schließlich auch noch „auf dem Gebiet des öffentlichen Rechts" liegen („**Gebietsklausel**"). Diese Abgrenzungsfrage weist Bezüge zur „öffentlich-rechtlichen Streitigkeit" auf, die für den Verwaltungsrechtsweg nach § 40 Abs. 1 S. 1 VwGO entscheidend war (oben § 3 Rn. 8 ff.). Sie ist nicht gleichzusetzen mit der Frage nach dem „hoheitlichen" Charakter der Maßnahme (Rn. 33).

56

Zu verlangen ist hier richtigerweise, dass die Regelung inhaltlich darauf gerichtet ist, **verwaltungsrechtliche Rechtspositionen zu gestalten oder festzustellen** (also solche der in Teil III behandelten Arten). Nach diesem Verständnis hat die Gebietsklausel zwei Funktionen:

57

Zum einen grenzt sie den Verwaltungsakt von den **einseitigen Rechtsgeschäften des Privatrechts** ab (Kündigung und Rücktritt von Schuldverhältnissen, An-

58

---

[34] Lit.: *Jungkind*, Verwaltungsakte zwischen Hoheitsträgern, 2008.
[35] Lit.: *Borowski*, VerwArch 101 (2010), S. 58; *Schoch*, Jura 2005, 324; *Wagner*, Die Polizeipflicht von Hoheitsträgern, 1971; s. a. *Blumenwitz*, AöR 96 (1971), S. 161.
[36] *Franck*, ZD 2021, 247 (249); *Friedrichsen/Rapp*, ZD 2023, 535 (537). Dagegen *Schwanengel*, ThürVBl 2023, 221 (225).

fechtung von Rechtsgeschäften nach § 143 BGB, Ausübung von Vorkaufsrechten nach § 464 BGB u. ä.), die sich auch dann nicht nach Verwaltungsrecht richten, wenn ein Verwaltungsträger sie vornimmt (vgl. noch § 26).

Zusatzinformationen
- Unter dem Gesichtspunkt des „Formenmissbrauchs" hat man die verwaltungsgerichtliche Klage zugelassen, wenn das einseitige Rechtsgeschäft fälschlicherweise die äußerliche Gestalt eines Verwaltungsakts angenommen hat. Beispiel: Die Behörde sendet der Kantinenpächterin einen „Bescheid", wonach sie das Pachtverhältnis kündige. Doch fällt es hier sowohl auf der Stufe der Rechtswegeröffnung als auch auf der Stufe des Verwaltungsakts schwer, die Öffentlichrechtlichkeit zu bejahen. Mangels Rechtsgrundlage (Verwaltungsaktbefugnis, Rn. 93) wäre eine entsprechende Anfechtungsklage, ließe man sie zu, aber sicher begründet.
- Einen Sonderfall bildet das kraft Gesetzes bestehende Vorkaufsrecht der Gemeinden nach §§ 24, 25 BauGB, das in der Vergangenheit auch privatrechtlich gedeutet worden ist. Hier wirft die Gebietsklausel heute aber kein Problem mehr auf, weil das Gesetz die Ausübung dieser Kompetenz nun ausdrücklich dem Verwaltungsakt zuordnet und damit eine weitere Subsumtion unter die Gebietsklausel entfällt, siehe § 28 Abs. 2 S. 1 BauGB.

59 Zum anderen schließt die Gebietsklausel es aus, dass eine Behörde durch Verwaltungsakt – und mit Anfechtungslast des Betroffenen, oben Rn. 5 – **privatrechtliche Schuldverhältnisse, Sachenrechte und sonstige Status gestaltet oder feststellt**. Wenn sich das allgemeine rechtliche Können der Behörde aus dem VwVfG* hierauf nicht erstreckt, dann bedürfen Behörden für „privatrechtsgestaltende Verwaltungsakte" (oben Rn. 12 ff.) jeweils einer zusätzlichen Kompetenz.

60 In beiden Fällen wären nach diesem Verständnis Anfechtungsklage, Widerspruch und Eilantrag nach § 80 Abs. 5 VwGO mangels Verwaltungsakts nicht statthaft (unten Rn. 213), soweit keine fachrechtliche Kompetenz besteht. Es gäbe keine Anfechtungslast (Rn. 5), und die vermeintliche Regelung wäre für niemanden verbindlich. Auf dem Verwaltungsrechtsweg könnte man höchstens darüber streiten, ob die Behörde sich „formenmissbräuchlich" einer nicht bestehenden Kompetenz berühmt hat; dafür wäre die allgemeine Feststellungsklage einschlägig (§ 9 Rn. 56 ff.).

61 Eine andere mögliche Deutung ginge dahin, die Gebietsklausel nicht auf den Inhalt der Regelung, sondern auf die **in Anspruch genommene Rechtsgrundlage** zu beziehen. Das Problem verschiebt sich dann von der Ebene des rechtlichen Könnens auf die des rechtlichen Dürfens: Solange die Behörde sich auf eine öffentlichrechtliche Rechtsgrundlage stützt, *kann* sie danach auch Privatrechtsverhältnisse umgestalten, *darf es nur nicht*.[37] Praktisch würde daraus zweierlei folgen: die Betroffenen träfe eine Anfechtungslast (Rn. 5), und die Zivilgerichte müssten die behördliche Regelung prinzipiell als gültig zugrundelegen, bis diese gerichtlich oder behördlich wieder aufgehoben ist.

---

[37] Vgl. auch *Kempny/Reifegerste*, Fälle zum Allgemeinen Verwaltungsrecht, 2022, Fall 3 Rn. 78, 80 mit weiterer Differenzierung: Schuldverhältnisse zu begründen liege auf dem Gebiet des öffentlichen Rechts, sie zu ändern nicht.

2. Wirksamkeit (im engeren Sinne)

Einschlägiges Gutachtenbeispiel: *Kempny/Reifegerste*, Fälle zum Allgemeinen Verwaltungsrecht, 2022, Fall 4.

Liegt nach dem Vorstehenden tatbestandlich ein Verwaltungsakt vor, so kann dieser seine diversen Wirkungen nur dann entfalten, wenn er „wirksam" ist.[38] Dafür stellt § 43 VwVfG* (nur) drei Voraussetzungen auf, die praktisch schnell erreicht sind.

62

> **Prüfungsschema 8: Ist ein Verwaltungsakt wirksam?**
> 1. bekannt gegeben, § 43 Abs. 1 VwVfG*
> 2. nicht nichtig, § 43 Abs. 3, § 44 VwVfG* – zwei Alternativen:
>   a) ausdrücklicher Nichtigkeitsgrund nach § 44 Abs. 2 VwVfG* oder
>   b) besonders schwerer und offensichtlicher Fehler, § 44 Abs. 1 VwVfG*, der nicht in § 44 Abs. 3 VwVfG* genannt ist
> 3. nicht aufgehoben oder erledigt, § 43 Abs. 2 VwVfG*

Zusatzinformation
Selten treten im Fachrecht weitere Wirksamkeitsvoraussetzungen hinzu. Ein Beispiel bietet das behördliche Vereinsverbot, wenn es sich gegen eine Gewerkschaft richtet.[39] Nach § 16 Abs. 1 Vereinsgesetz wird dieser Verwaltungsakt erst wirksam, wenn er durch ein Gerichtsurteil „bestätigt" wird; die Behörde muss nach dem Aussprechen des Verbots deshalb einen entsprechenden Antrag beim Verwaltungsgericht stellen.

Man sieht hier sofort: Keine Voraussetzung der Wirksamkeit eines Verwaltungsakts ist dessen Rechtmäßigkeit. §§ 35 und 43 VwVfG* verleihen jeder Behörde damit offenbar ein rechtliches Können, das über ihr rechtliches Dürfen potenziell weit hinausgeht. Gegen rechtswidrige, aber wirksame Verwaltungsakte müssen sich davon Belastete aktiv zur Wehr setzen – hier wurzelt die bereits erwähnte Anfechtungslast (Rn. 5).

63

a) Positive Wirksamkeitsvoraussetzung: Bekanntgabe

Ein Verwaltungsakt wird mit seiner Bekanntgabe wirksam (§ 43 Abs. 1 VwVfG*).[40] Dies ist die einzige positive Voraussetzung. Bekanntgabe ist dabei das verwaltungsrechtliche Pendant zum **Zugang der Erklärung**.

64

Zusatzinformation
Die Bekanntgabe muss nur einmalig erfolgen. Wird beim schriftlichen Verwaltungsakt das Schriftstück später vernichtet, nimmt ihm das also nicht die Wirksamkeit. Anders regelt es das Fachrecht lediglich für die Verkehrszeichen (§ 45 StVO): Diese sollen nur wirksam sein, solange sie für die Verkehrsteilnehmer sichtbar sind („Sichtbarkeitsprinzip").[41]

---

[38] Lit.: *Ehlers*, in: Liber amicorum Erichsen, 2004, S. 1; *Schmidt-De Caluwe*, VerwArch 90 (1999), S. 49; *Schneider*, HVwR V, 2022, § 145.
[39] Lit.: *Chassein*, Das Verbot einer verfassungswidrigen Gewerkschaft, 2022.
[40] Lit.: *Skouris*, VerwArch 65 (1974), S. 264.
[41] Vgl. *Müller/Rebler*, Das Verkehrszeichen, 2022, S. 14–39.

65 Gibt es **mehrere Adressaten**, ist die Wirksamkeit für diese jeweils einzeln zu betrachten. Das hat zwei Aspekte:

- Die jeweiligen Zeitpunkte der Bekanntgabe können auseinanderfallen. Dann wird derselbe Verwaltungsakt gegenüber den Adressaten *zu unterschiedlichen Zeitpunkten*, also gestaffelt, wirksam (§ 43 Abs. 1 S. 1 VwVfG*).
- Mehr noch: Gegenüber verschiedenen Adressaten kann der Verwaltungsakt auch *mit unterschiedlichem Inhalt* wirksam werden, weil es darauf ankommt, was die Behörde jedem Einzelnen genau bekannt gegeben hat (§ 43 Abs. 1 S. 2 VwVfG*).

Beispiel: Ein Kostenbescheid über 100 Euro soll gegenüber zwei Gesamtschuldnerinnen A und B erlassen werden. In der für B bestimmten Ausfertigung des Briefs ist versehentlich ein Betrag von 200 Euro angegeben. Für A wird der Bescheid in Höhe von 100 Euro wirksam, für B in Höhe von 200 Euro.

66 Dafür, auf welche **Art und Weise** die Bekanntgabe rechtmäßigerweise zu erfolgen hat, gibt es Vorschriften; sie finden sich insbesondere in § 41 VwVfG*. Auch in diesem Punkt können Wirksamkeit und Rechtmäßigkeit aber auseinanderfallen. Selbst wenn eine bestimmte Bekanntgabeform *vorgeschrieben* ist – etwa eine förmliche Zustellung durch einen Behördenboten, § 5 VwZG oder z. B. § 5 LVwZG BW –, wird der Verwaltungsakt dennoch *wirksam*, wenn er auf andere Weise bekannt gegeben wird – etwa per Fax oder mit einfachem Brief. Er ist dann nur eben formell rechtswidrig, doch das steht auf einem anderen Blatt (dazu dann unten Rn. 108 ff.).

67 Wann die Bekanntgabe erfolgt und damit (frühestens) die Wirksamkeit eintritt, hängt von dem gewählten Bekanntgabeweg ab. Bei Einstellung in ein „Kundenportal" gilt die Bekanntgabe am Tage nach dem tatsächlichen Abruf als erfolgt (§ 41 Abs. 2a S. 3 VwVfG*). Wichtiger ist die **Drei-Tages-Regel** des § 41 Abs. 2 VwVfG*, die für die Bekanntgabe von Schriftstücken per Post (Satz 1) und von E-Mails (Satz 2) gilt: Hier wird widerleglich vermutet, dass die Bekanntgabe am dritten Tage nach der Aufgabe zur Post bzw. nach der Absendung erfolgt sei.

Zusatzinformation
Diese Vermutung hat den belastenden Verwaltungsakt vor Augen. Bei einer begünstigenden Regelung würde sie dazu führen, dass trotz tatsächlich erfolgten Zugangs die Begünstigung vor Ablauf von drei Tagen nicht eintritt, und damit zum Nachteil des Adressaten wirken. Deshalb spricht manches für eine verengende, auf die Belastungsfälle beschränkte Auslegung.

68 Diese Drei-Tages-Regel betrifft nicht nur die materiellrechtliche Frage nach dem genauen Beginn der Wirksamkeit, sondern kann auch prozessrechtlich wichtig werden. Denn von der Bekanntgabe hängt auch der Zeitpunkt ab, zu dem die Rechtsbehelfsfristen nach §§ 70, 74 VwGO (grundsätzlich ein Monat, unten § 19 Rn. 179) zu laufen beginnen.

Beispiel: Der Bescheid geht am 1. April zur Post, gilt am 4. April als bekanntgegeben (Fristbeginn) und kann bis zum 4. Mai (bzw. nächsten Werktag, § 57 Abs. 2 VwGO mit § 222 Abs. 2 ZPO) angefochten werden.

b) Negative Wirksamkeitsvoraussetzung 1: Nichtigkeit

Spezielle Studienliteratur: *Will/Rathgeber*, JuS 2012, 1057.

Zu der positiven Wirksamkeitsvoraussetzung „Bekanntgabe" treten zwei negative Voraussetzungen hinzu. Die erste ist die Nichtigkeit, wie man sie begrifflich aus der privaten Rechtsgeschäftslehre kennt (besonders §§ 125, 134, 138 BGB) und die hier im Grundsatz ähnlich funktioniert (allgemein oben § 17 Rn. 26).[42] Ein nichtiger Verwaltungsakt ist unwirksam, wie § 43 Abs. 3 VwVfG* etwas redundant ausspricht. Die Details enthält § 44 VwVfG*. 69

Zusatzinformationen
- Die verwaltungsrechtliche Nichtigkeit ist ausschließlich eine Frage des Erlasszeitpunkts. Eine rückwirkend herbeigeführte Nichtigkeit wie nach § 142 Abs. 1 BGB gibt es hier begrifflich nicht. Diese Funktion erfüllt hier stattdessen die „Aufhebung" (dazu Rn. 79).
- Im Fachrecht gibt es mitunter Spezialregelungen, die in ihrem Anwendungsbereich § 44 VwVfG* verdrängen – etwa für die Beamtenernennung §§ 13 BBG bzw. 11 BeamtStG.

Nichtigkeit bedeutet immer einen Verlust an Sicherheit, weil der Tatbestand des Verwaltungsakts einen Rechtsschein setzt. Darauf reagiert das Gesetz: Die Behörde darf und muss auf Antrag die Nichtigkeit durch Verwaltungsakt feststellen (§ 44 Abs. 5 VwVfG*); der Betroffene kann auf Feststellung der Nichtigkeit klagen (§ 43 Abs. 1 Var. 2 VwGO, dazu unten Rn. 240 f.); eine verbreitete Auffassung hält überdies die Rechtsbehelfe gegen wirksame Verwaltungsakte für gegeben, um den Betroffenen zu entlasten (vgl. unten Rn. 149). 70

Zur Nichtigkeit führen zwei Alternativen. Zum einen enthält § 44 Abs. 2 VwVfG* einen **Katalog** – um nicht zu sagen ein Sammelsurium – von Nichtigkeitsgründen. Diese sind zweckmäßigerweise zuerst anzudenken, aber nur selten einschlägig. Die sechs Gründe sind: 71

- *ein bestimmter Zuständigkeitsmangel* (Nr. 3), nämlich die örtliche Unzuständigkeit, jedoch nur, wenn dafür die Belegenheit eines Grundstücks o. ä. maßgeblich ist, § 3 Abs. 1 Nr. 1 VwVfG*. 72

  Beispiel: Das Landratsamt erteilt eine Baugenehmigung für ein Grundstück im Nachbarlandkreis.

- *zwei bestimmte Formmängel*, nämlich die Unerkennbarkeit der Behörde bei einem textförmigen Verwaltungsakt (Nr. 1 – die Behördenbezeichnung sollte sich aus Briefkopf oder E-Mail-Signatur ergeben) und das Fehlen einer fachrechtlich vorgeschriebenen Urkundenaushändigung (Nr. 2 – diese seltene Form gilt etwa für die Einbürgerung nach § 16 StAG). Die Formnichtigkeit ist im Verwaltungsrecht somit deutlich enger gefasst als nach § 125 BGB, wo jeder Formmangel durchschlägt. 73

---

[42] Lit.: *Frank*, Rechtsfragen der Nichtigkeit von Verwaltungsakten, 2014; *Schladebach*, VerwArch 104 (2013), S. 188.

74 • *drei bestimmte Inhaltsmängel*, nämlich die tatsächliche Unmöglichkeit (Nr. 4), die rechtliche Unmöglichkeit infolge straf- oder ordnungswidrigkeitenrechtlichen Verbots (Nr. 5) und die Sittenwidrigkeit (Nr. 6). Die Sittenwidrigkeit steht als Auffangtatbestand wie § 138 BGB bereit. Dass die anfängliche Unmöglichkeit der Ausführung zur Nichtigkeit führen soll, entspricht dem bis 2001 geltenden Privatrecht (§ 306 BGB a. F.). Allerdings wird die *rechtliche* Unmöglichkeit hier enger geführt und betrifft nur die Verpflichtung zu (tatbestandsmäßigen und rechtswidrigen) Straftaten und Ordnungswidrigkeiten.[43]

Zusatzinformation
Weitere Nichtigkeitsgründe enthält in Ausnahmefällen auch das Besondere Verwaltungsrecht. Als Beispiel siehe § 22 Abs. 5 Kulturgüterschutzgesetz (KGSG) für die Ausfuhrgenehmigung: „Eine durch Drohung, Bestechung oder Kollusion erwirkte oder durch unrichtige oder unvollständige Angaben erschlichene Genehmigung ist nichtig."

75 Zum anderen enthält § 44 Abs. 1 VwVfG* einen **allgemeinen Nichtigkeitsgrund**. Dieser stellt in sehr engen Grenzen nun ausnahmsweise doch eine Verbindung zwischen Wirksamkeit und Rechtmäßigkeit her: Wenn ein Verwaltungsakt „besonders schwerwiegend" und zugleich „offensichtlich" rechtswidrig ist, dann soll er auch nicht wirksam sein. Das sind strenge Voraussetzungen; man sagt, die Rechtswidrigkeit müsse „dem Verwaltungsakt auf die Stirn geschrieben sein".

Beispiel: Die Baurechtsbehörde erteilt einen Einkommensteuerbescheid (sog. „Ressortverwechslung").

76 Um diesem offenen Tatbestand zumindest ein paar Konturen zu verleihen, steht ihm § 44 Abs. 3 VwVfG* zur Seite. Dort sind Mängel aufgezählt, die jedenfalls *nicht* zur Nichtigkeit führen:

- *ein örtlicher Zuständigkeitsmangel* außer in dem eben genannten Spezialfall des § 44 Abs. 2 Nr. 3 VwVfG* (Nr. 1, siehe Rn. 72) sowie
- *zwei bestimmte Verfahrensmängel*, nämlich verbotene Mitwirkung einer befangenen Person (Nr. 2) und fehlende Mitwirkung zu beteiligender Ausschüsse (Nr. 3) oder Behörden (Nr. 4).

In all diesen Fällen ist der Verwaltungsakt grundsätzlich zwar rechtswidrig, aber wirksam.

77 Möglich ist auch, dass der Nichtigkeitsgrund nicht den gesamten Verwaltungsakt betrifft, sondern nur einen Teil davon. Dann tritt nach § 44 Abs. 4 VwVfG* grundsätzlich **Teilnichtigkeit** ein, es sei denn, „dass die Behörde den Verwaltungsakt ohne den nichtigen Teil nicht erlassen hätte". Nötig ist also eine hypothetische Betrachtung der behördlichen Absichten. Die Regelung ähnelt § 139 BGB zur Teilnichtigkeit privater Rechtsgeschäfte, ist aber anders akzentuiert: vom Verwaltungsakt bleibt im Zweifel zumindest ein Teil wirksam, während vom Privatrechtsgeschäft im Zweifel nichts übrig bleibt. Voraussetzung ist allerdings in jedem Fall, dass der fragliche Teil überhaupt als selbstständige Regelung gedacht und dementsprechend gedanklich herausgelöst werden kann (vgl. allgemein oben § 17 Rn. 22 ff.).

---

[43] Lit.: *Kempny*, DVBl 2023, 629; *Beckermann/Wenzel*, DVBl 2017, 1345.

c) Negative Wirksamkeitsvoraussetzung 2: Aufhebung oder Erledigung

Die zweite negative Voraussetzung der Wirksamkeit besteht darin, dass der Verwaltungsakt nicht aufgehoben worden sein oder sich erledigt haben darf (§ 43 Abs. 2 VwVfG*). Diese Voraussetzung bezieht sich logischerweise nicht – wie die Nichtigkeit – auf den Erlasszeitpunkt, sondern auf den späteren Zeitpunkt, an dem die Aufhebung ausgesprochen worden oder die Erledigung eingetreten ist. Die einmal gegebene Wirksamkeit kann insofern später wieder verloren gehen.   78

Zusatzinformation
Eine Aufhebung kann dabei auch rückwirkend erfolgen. So kann ein nicht-nichtiger Verwaltungsakt zum Erlasszeitpunkt t_0 ursprünglich wirksam gewesen sein. Wird er im Zeitpunkt t_1 für die Zukunft aufgehoben, so bleibt er für den vergangenen Zeitraum t_0–t_1 wirksam. Wird er in t_1 dagegen mit Rückwirkung aufgehoben, so ist er jetzt – in der Rückschau – bereits als zur Zeit t_0 unwirksam anzusehen.

Die erste Variante, die hier kurz „**Aufhebung**" genannt wurde, fasst § 43 Abs. 2 VwVfG* in die Wendung „zurückgenommen, widerrufen, anderweitig aufgehoben". Der Ausdruck „anderweitig" macht aber deutlich, dass „aufgehoben" ein Oberbegriff ist, der die beiden ersten Fälle einschließt; dieser Oberbegriff wurde auch hier bisher verwendet. In der Tat gibt es eine ganze Reihe von Möglichkeiten, Verwaltungsakte aufzuheben, die wir uns noch ausführlich ansehen werden: vor allem durch einen weiteren (wirksamen und vollziehbaren) Verwaltungsakt (dazu § 20 Rn. 2 ff.) und durch (rechtskräftiges) Verwaltungsgerichtsurteil (dazu § 21 Rn. 5).   79

Zusatzinformation
Die Ausdrücke „zurückgenommen" und „widerrufen" verweisen auf eine Aufhebung durch Verwaltungsakt, die auf der Grundlage von § 48 bzw. § 49 VwVfG* erfolgt (dazu § 20 Rn. 24 ff., 36 ff.). Für die Wirksamkeitsfrage in § 43 VwVfG* ist die Rechtsgrundlage freilich gleichgültig.

Die zweite Variante von § 43 Abs. 2 VwVfG* ist die **Erledigung „durch Zeitablauf oder auf andere Weise"**.[44] Hier geht es darum, dass der Regelungsgehalt des Verwaltungsakts sich erschöpft hat (vgl. § 9 Rn. 13) oder an eine gesetzliche Grenze gestoßen ist (vgl. § 9 Rn. 51).   80

Beispiele: Eine Genehmigung wurde im Erteilungsbescheid auf drei Jahre befristet; diese sind abgelaufen. – Eine Baugenehmigung wurde ohne Befristung erteilt; nach Vorschriften wie § 62 LBO BW erlischt sie gleichwohl nach grundsätzlich drei Jahren, wenn nicht innerhalb dieses Zeitraums von ihr Gebrauch gemacht wurde.

Zusatzinformation
Die Regelung in § 43 Abs. 2 VwVfG* ist in beiden Konstellationen eigentlich überflüssig. Denn entweder ist sie erschöpft (der Verwaltungsakt „will" gar nicht mehr regeln) – dann braucht es keine Anordnung der Unwirksamkeit. Oder ein Spezialgesetz steht ihr entgegen (der Verwaltungsakt „kann" insofern nicht mehr regeln) – auch dann nimmt die Bestimmung nur auf, was kraft des Fachrechts ohnehin bereits gilt.

---

[44] Lit.: *Reimer*, Die Verwaltung 48 (2015), S. 259 (274–284); *Ruffert*, BayVBl 2003, 33; *W.-R. Schenke*, FS Peine, 2016, S. 503.

3. Vollziehbarkeit (Fehlen aufschiebender Wirkung)

Spezielle Studienliteratur: *Voßkuhle/Wischmeyer*, JuS 2016, 1079.

81 Ein nach dem Vorstehenden wirksamer Verwaltungsakt kann aus der Sicht des materiellen Verwaltungsrechts seine diversen Wirkungen eigentlich entfalten. Allerdings können diese Wirkungen zumindest vorübergehend durch Normen des Verwaltungs*prozess*rechts noch unterbunden werden. Damit man in einer konkreten Situation aus dem Verwaltungsakt Rechtsfolgen ziehen darf, muss deshalb sichergestellt sein, dass der Verwaltungsakt nicht **aus prozessualen Gründen unvollziehbar** ist.

82 Wie kommt das Prozessrecht, also das Recht des *gerichtlichen* Verfahrens, hier ins Spiel: Es geht um den sog. „einstweiligen", „vorläufigen" oder „**Eilrechtsschutz**".[45] Noch bevor ein Verwaltungsakt am Ende eines Anfechtungsprozesses aufgehoben wird und damit seine Wirksamkeit verliert, soll er in bestimmten Fällen schon vorher sozusagen gesperrt werden können, wenn er jemanden belastet und nicht dringlich ist.

83 Den rechtlichen Mechanismus zu dieser Grundidee enthält § 80 VwGO in Gestalt der **aufschiebenden Wirkung** (oder „Suspensiveffekt") der wirksamkeitsbezogenen Rechtsbehelfe gegen Verwaltungsakte – Anfechtungsklage (Rn. 142 ff.) und Widerspruch (Rn. 203 ff.).[46] **Sobald** ein solcher Rechtsbehelf eingelegt ist, **sofern** keine Ausnahme eingreift (Rn. 86 f.) **und solange** diese aufschiebende Wirkung anhält (Rn. 88), ist der Verwaltungsakt nicht vollziehbar (§ 80 Abs. 1 S. 1 VwGO). Die Privaten erhalten hierdurch eine beachtliche Rechtsmacht, behördliche Entscheidungen vorläufig auszusetzen; das ist aber nur eine gewisse Kompensation für die ihrerseits erhebliche Rechtsmacht der Behörden (Stichwort Anfechtungslast, siehe Rn. 5).

Zusatzinformationen
- Noch direkter formulieren den Zusammenhang § 80 Abs. 4 VwGO (unten Rn. 87) sowie generell das Steuerverwaltungsprozessrecht in § 69 FGO.[47] Hier ist jeweils von „Aussetzung der Vollziehung" statt von „aufschiebender Wirkung" die Rede.
- Umstritten ist die persönliche Reichweite der aufschiebenden Wirkung bei Rechtsbehelfen gegen einen Verwaltungsakt, der sich neben dem Rechtsbehelfsführer auch noch an weitere Personen richtet – etwa eine personenbezogene Allgemeinverfügung (oben Rn. 49).[48] Die Frage lautet hier, ob der Rechtsbehelf von A auch zur Unvollziehbarkeit gegenüber B führt. Zumindest bei einem gestaltenden Verwaltungsakt, der eine einheitliche Rechtsposition schafft, wird man das bejahen wollen (z. B. A und B gemeinsam erteilte Gaststättenerlaubnis). Bei ohne Weiteres auch separat sinnvollen Rechtspositionen entnimmt man dem Gesetz keine so klare Antwort (z. B. könnte ein Alkoholverbot für den öffentlichen Raum, das A anficht, durchaus gegenüber B vollziehbar bleiben). Man könnte in einer solchen Konstellation durchaus die Einheitlichkeit der von der Verwaltung getroffenen Maßnahme beim Wort nehmen (*ein* Verwaltungsakt, der *insgesamt* unvollziehbar wird). Alternativ würde man die Funktion des Rechtsbehelfs für den Individualrechtsschutz in den Vordergrund stellen (*ein* Rechtsbehelfsführer, der *allein* geschützt wird).

---

[45] Lit.: *Schoch*, Vorläufiger Rechtsschutz und Risikoverteilung im Verwaltungsrecht, 1988; *Windthorst*, Der verwaltungsgerichtliche einstweilige Rechtsschutz, 2009.

[46] Lit.: *Siegmund-Schultze*, DVBl 1963, 745.

[47] Lit.: *Sadiqi*, DStR 2023, 1112.

[48] Lit.: *Herold*, DVBl 2021, 1604; *Maurer*, VBlBW 1987, 361 (364); *Schenke*, NVwZ 2022, 273; *Stepanek*, NVwZ 2021, 778.

II. Wirkungsbedingungen

Unvollziehbarkeit qua aufschiebende Wirkung bedeutet zum einen, dass aus einem befehlenden Verwaltungsakt nicht vollstreckt werden, also die Behörde von der **Titelwirkung** einstweilen keinen Gebrauch machen darf. Das spiegelt das Verwaltungsvollstreckungsrecht in § 6 Abs. 1 VwVG und z. B. § 2 Nr. 2 LVwVG BW deutlich wider.

84

Zum anderen bedeutet Unvollziehbarkeit, dass auch die **gestaltenden und präjudiziellen Wirkungen** des Verwaltungsakts zunächst nicht beachtet werden sollen (§ 80 Abs. 1 S. 2 VwGO). Jedermann muss den Verwaltungsakt einstweilen behandeln, als wäre er nicht da. Insbesondere können sich Dritte auf eine ihnen günstige Umgestaltung der Rechtslage bis auf weiteres nicht berufen.

85

Beispiel: Die Behörde erteilt A eine Apothekenbetriebserlaubnis. B legt dagegen Widerspruch ein, der aufschiebende Wirkung entfaltet. Die Erlaubniserteilung ist zwar ein wirksamer Verwaltungsakt, aber bis auf Weiteres unvollziehbar. A kann sich auf die Befreiung vom präventiven Apothekenbetriebsverbot (§ 1 Abs. 2 Apothekengesetz [ApoG]) so lange nicht berufen und darf daher bis auf weiteres die Apotheke nicht betreiben – weiterhin unter der Strafdrohung des § 23 ApoG.

Allerdings tritt die aufschiebende Wirkung nur im Regelfall ein. Nach § 80 Abs. 2 VwGO entfalten zahlreiche Rechtsbehelfe bereits **kraft Gesetzes keine aufschiebende Wirkung.** Umfasst sind solche

86

- gegen Verwaltungsakte auf bestimmte Geldleistungen mit Finanzierungszweck, nämlich Abgaben und Kosten (S. 1 Nr. 1);

Beispiele: Heranziehung zur Hundesteuer; Anforderung von Verwaltungsgebühren für die Erteilung eines Reisepasses. Keinen Finanzierungszweck haben dagegen Leistungsbescheide im Rahmen der Verwaltungsvollstreckung (Zwangsgeld, Ersatzvornahmekosten, vgl. oben § 12 Rn. 52 f.; str.).

- gegen Verwaltungsakte von Polizeivollzugsbeamten, wenn unaufschiebbar (S. 1 Nr. 2), und in entsprechender Anwendung gegen Verwaltungsakte in der Gestalt von Verkehrszeichen;

Beispiele: Auflösung einer Versammlung; Wegfahrgebot gegenüber einer Falschparkerin; Haltverbotszeichen mit demselben Inhalt.

- gegen Verwaltungsakte, für die dies im Besonderen Verwaltungsrecht fachgesetzlich festgelegt ist (S. 1 Nr. 3 und S. 2), was häufig vorkommt.

Beispiele: Rechtsbehelfe gegen infektionsschutzrechtliche Anordnungen haben keine aufschiebende Wirkung (§ 16 Abs. 8 IfSG); sonst würde die Effektivität der Seuchenbekämpfung leiden. – Rechtsbehelfe eines Dritten gegen eine Baugenehmigung haben keine aufschiebende Wirkung (§ 212a BauGB); das soll Investitionen erleichtern.

Daneben steht die ebenso wichtige Möglichkeit, **durch konkreten Rechtsakt** von der gesetzlichen Regelung im Einzelfall abzuweichen. So kann

87

- die Behörde die kraft Gesetzes eigentlich eintretende aufschiebende Wirkung entfallen lassen, indem sie die „sofortige Vollziehung" anordnet (sog. *Vollziehungsanordnung*, § 80 Abs. 2 S. 1 Nr. 4 und Abs. 3 VwGO – kommt häufig vor, vgl. noch Rn. 225);[49]
- die Behörde die kraft Gesetzes eigentlich entfallende aufschiebende Wirkung eintreten lassen, indem sie die Vollziehung aussetzt (§ 80 Abs. 4 VwGO – kommt praktisch kaum vor);
- das Verwaltungsgericht die aufschiebende Wirkung anordnen bzw. nach Vollziehungsanordnung wiederherstellen (§ 80 Abs. 5 S. 1 Var. 1 bzw. 2 VwGO – wird sehr häufig beantragt und nicht selten gewährt).

Prüfungshinweis

▶ Zu begutachten sind in diesem Zusammenhang meist die Erfolgsaussichten des zuletzt genannten Antrags nach § 80 Abs. 5 VwGO (dazu Rn. 210 ff.). *Dass* einem Rechtsbehelf keine aufschiebende Wirkung zukommt, ist hier dann als Voraussetzung der Zulässigkeit (und zwar genauer: der Statthaftigkeit) des Antrags zu prüfen; für dessen Begründetheit kommt es in erster Linie auf die Rechtmäßigkeit des Verwaltungsakts an.

Zusatzinformation
Die behördlichen Rechtsakte nach § 80 Abs. 2 S. 1 Nr. 4 und Abs. 4 VwGO erfüllen mit ihrer prozessualen Gestaltungswirkung (Rn. 11) eigentlich den Tatbestand des Verwaltungsakts. Gleichzeitig zeigt die Einbettung dieser Rechtsakte in das besondere Rechtsschutzsystem dieses langen Paragraphen, dass es sich zumindest nicht um gewöhnliche Verwaltungsakte handeln kann – insbesondere tritt der Antrag nach Absatz 5 an die Stelle einer sonst möglicherweise denkbaren Anfechtungsklage. Übertragen lässt sich zumindest der Könnensüberschuss auf Seiten der Verwaltung (Rn. 5): Nichteinhaltung der formellen Anforderungen aus Absatz 3 führt nicht zur Unwirksamkeit, sondern nur zur Rechtswidrigkeit einer Vollziehungsanordnung (siehe noch Rn. 225).

88 Die aufschiebende Wirkung hält **höchstens bis zum Ende des Rechtsbehelfsverfahrens**, also dem Zeitpunkt der Unanfechtbarkeit des Verwaltungsakts an, wie § 80b Abs. 1 S. 1 Var. 1 VwGO es naheliegenderweise ausspricht. Sie kann aber auch kürzer sein: Wird die Anfechtungsklage von der ersten Instanz abgewiesen, endet die aufschiebende Wirkung auch dann kurz darauf, wenn der Prozess von Klägerseite noch in höhere Instanzen getragen wird – das Oberverwaltungsgericht kann Ausnahmen anordnen (§ 80b Abs. 1 S. 1 Var. 2, Abs. 2 VwGO), die private Rechtsmacht (Rn. 83) reicht aber nicht mehr aus.

Zusatzinformation
Hat ein Dritter Widerspruch gegen den Verwaltungsakt eingelegt, der einen anderen begünstigt, so hat ersterer ein Interesse an der längstmöglichen Fortdauer, letzterer ein Interesse an der möglichst baldigen Beendigung der aufschiebenden Wirkung. Kommt die Widerspruchsbehörde ihrer Entscheidungspflicht aus § 73 Abs. 1 S. 1 VwGO nicht nach, kann der Begünstigte nur versuchen, diese Entscheidung zu erzwingen. § 73 Abs. 1 S. 1 VwGO dürfte ihm darauf einen Anspruch geben; in dieser Konstellation kommt es dann ausnahmsweise zu einer Verpflichtungsklage auf Erlass eines Widerspruchsbescheides (Rn. 245 ZI).

---

[49] Lit.: *Limberger*, Probleme des vorläufigen Rechtsschutzes bei Großprojekten, 1985; *Nölscher*, NVwZ 2024, 463.

III. Rechtmäßigkeit

Einschlägige Gutachtenbeispiele: *Kempny/Reifegerste*, Fälle zum Allgemeinen Verwaltungsrecht, 2022, Fälle 5, 8, 9, 10, 11 (Teil 2) und 13.

Die nächste große Frage im Hinblick auf Verwaltungsakte ist die nach der Rechtmäßigkeit oder Rechtswidrigkeit („dürfen die das?"). Wir haben bereits gesehen, dass diese Frage mit der nach der Wirksamkeit („muss ich mich (erstmal) daran halten?") nur ganz punktuell verknüpft ist (nämlich über § 44 Abs. 1 VwVfG*, siehe Rn. 75). Die Rechtmäßigkeit ist vor allem deshalb von Interesse, weil sie auf zulässige Anfechtungsklage hin vom Verwaltungsgericht überprüft wird. Im Erfolgsfall hebt das Gericht den Verwaltungsakt direkt auf und nimmt ihm dadurch die Wirksamkeit (§ 113 Abs. 1 S. 1 VwGO, vgl. Rn. 142). Daneben ist die Rechtswidrigkeit aber auch Voraussetzung für behördliche Befugnisse und Pflichten zur Aufhebung auf einen Widerspruch hin (§§ 72, 73 VwGO, vgl. § 20 Rn. 19 ff.) oder von Amts wegen („Rücknahme" nach § 48 VwVfG*, vgl. § 20 Rn. 24 ff.).

89

Auch beim Verwaltungsakt ist die Rechtmäßigkeit im Ausgangspunkt gegeben, wenn die Behörde mit seinem **Erlass gegen kein Verbot verstoßen** hat (allgemein oben § 17 Rn. 32 ff.). Jedoch kann, wenn das Gesetz selbst den Begriff „rechtmäßig" oder „rechtswidrig" verwendet, seine Auslegung zu Abweichungen von dieser dogmatischen Begriffsbildung führen und dann die Frage eines Verstoßes auf der Grundlage einer anderen Sach- und/oder Rechtslage zu beurteilen sein als derjenigen zum Erlasszeitpunkt.[50] So versteht man in der Tat die Vorschriften zum Rechtsschutz gegen Verwaltungsakte, die an deren Rechtswidrigkeit anknüpfen. Für die Zwecke der Anfechtungsklage kann ein Verwaltungsakt deshalb – ungeachtet der behördlichen Handlungsperspektive – nachträglich noch „rechtswidrig" oder „rechtmäßig werden", wenn sich die Sach- oder Rechtslage nach seinem Erlass ändert und auf dieser Grundlage nun doch ein bzw. doch kein Verstoß gegeben ist (unten Rn. 192 ff.).

90

Zusatzinformation
Keine Rechtsänderung stellt es dar, wenn eine Rechtsgrundlage zwischenzeitlich (etwa von einem Verfassungsgericht) für von Anfang an unwirksam befunden oder rückwirkend aufgehoben wurde. In solchen Fällen war bereits zum Erlasszeitpunkt keine Rechtsgrundlage gegeben – jedenfalls von der Gegenwart aus gesehen (vgl. oben § 9 Rn. 29).

Im Mittelpunkt des Interesses steht auch beim Verwaltungsakt das Verbot eines Handelns ohne Befugnis, das man „**Vorbehalt des Gesetzes**" nennt (oben § 12 Rn. 15 f.) und das den häufigsten Grund für Rechtswidrigkeit von Rechtsakten bildet (oben § 17 Rn. 40 ff.). Die folgende Darstellung orientiert sich an der ganz üblich gewordenen Abfolge „Rechtsgrundlage – formelle Rechtmäßigkeit – materielle Rechtmäßigkeit"; es gilt aber im Kopf zu behalten, wie oben gezeigt, dass diese nicht vollständig der Normstruktur entspricht (vgl. § 17 Rn. 39).

91

---

[50] Lit.: *Kuch*, Die Verwaltung 50 (2017), S. 483 (mit anderem Ausgangspunkt); *Steinweg*, Zeitlicher Regelungsgehalt des Verwaltungsaktes, 2006, S. 290–374.

> **Prüfungsschema 9: Ist ein Verwaltungsakt rechtmäßig?**
> Vorprüfung: Gibt es eine Rechtsgrundlage? Falls nicht, bräuchte es eine?
> In Bezug auf jede einschlägige Rechtsgrundlage dann zu prüfen:
>
> 1. Formelle Rechtmäßigkeit
>   a) Zuständigkeit, bes. § 3 VwVfG*
>   b) Verfahren, bes. § 28 VwVfG*
>   c) Form, bes. § 37 Abs. 2–6, §§ 39, 41 VwVfG*
>   hier jeweils: Heilung oder Unbeachtlichkeit nach §§ 45, 46 VwVfG*?
> 2. Materielle Rechtmäßigkeit
>   a) Tatbestandsmerkmale der geprüften Rechtsgrundlage
>   b) Einhaltung materieller Anforderungen des VwVfG*, bes. Ermessensfehlerfreiheit nach § 40 VwVfG*
>   c) Einhaltung sonstiger rechtlicher Anforderungen

1. Rechtsgrundlage

92 Zahlreiche Verwaltungsakte zielen auf Wirkungen, die dem Vorbehalt des Gesetzes unterliegen: jede Begründung einer Pflicht, jede Entziehung einer Erlaubnis oder eines Status (str.), jede nachteilige Feststellung der Rechtslage (vgl. § 17 Rn. 41 ff.). Dafür bedarf eine Behörde – ungeachtet des Umstands, dass sie mit §§ 35, 43 VwVfG* bereits über das rechtliche Können verfügt, sie wirksam zu erlassen – einer gesetzlichen **Befugnis**, um diese Verwaltungsakte auch rechtmäßig erlassen zu *dürfen* (vgl. allgemein § 17 Rn. 44 ff.). Man nennt den erlaubenden Rechtsakt auch hier „Rechtsgrundlage", „Befugnisnorm" oder, weniger präzise, „Ermächtigungsgrundlage". Die Befugnis muss **der Art nach tauglich, dem Inhalt nach passend und dem Tatbestand nach einschlägig** sein. Die tatbestandliche Einschlägigkeit der Befugnis verbindet man gängigerweise mit den sonstigen Verfahrens- und Inhaltsvorgaben (vgl. § 17 Rn. 55 ff., 59 ff.) zu den Komplexen der „formellen" und „materiellen Rechtmäßigkeit", denen wir uns im Anschluss zuwenden (Rn. 98 ff., 122 ff.); der „formellen" ordnet man auch die Frage zu, ob die Befugnis gerade der handelnden Behörde zusteht (Rn. 99).

Zusatzinformation
Wir betrachten an dieser Stelle die Erlaubniswirkung der Befugnisnorm. Zugleich kann eine solche Norm auch eine Verpflichtung des Verwaltungsträgers zum Erlass des erlaubten Verwaltungsakts beinhalten. Soweit die Norm nur erlaubt und nicht auch verpflichtet, erhält die Behörde dadurch einen „Ermessensspielraum" – darauf werden wir zurückkommen (Rn. 133 ff.).

93 Um inhaltlich zu passen, muss die Befugnis in sachlicher Hinsicht auch gerade das Handeln durch Verwaltungsakt umfassen („**Verwaltungsaktbefugnis**").[51] In der Regel versteht sich das von selbst, wenn sie die Auferlegung von Pflichten,

---

[51] Lit.: *Druschel*, Die Verwaltungsaktbefugnis, 1999; *Löwenberg*, Die Geltendmachung von Geldforderungen im Verwaltungsrecht, 1967; *von Mutius*, Liber amicorum Erichsen, 2004, S. 135.

III. Rechtmäßigkeit

die Erteilung von Genehmigungen oder Ähnliches vorsieht. Wo es nur um die Feststellung und Titulierung eines kraft Gesetzes bestehenden Anspruchs geht (vgl. Rn. 26 und § 12 Rn. 57 ff.), wird die Verwaltungsaktbefugnis aber manchmal in Frage gestellt. Gelegentlich helfen dann Bestimmungen wie § 49a Abs. 1 S. 2 VwVfG*, die ausdrücklich einen „Verwaltungsakt" erlauben oder sogar vorschreiben.

Fehlt es im Anwendungsbereich des Vorbehalts des Gesetzes schon an einer Rechtsgrundlage, die Verwaltungsakte der fraglichen Art überhaupt erlauben würde, so ist der Verwaltungsakt schon deshalb rechtswidrig. 94

> *Beispiel:* Das Landratsamt verpflichtet A, der Prostitution nachzugehen. (Dass der Verwaltungsakt außerdem nach § 44 Abs. 2 Nr. 6 VwVfG* nichtig ist, spielt für die Rechtmäßigkeitsfrage keine Rolle.)

Umgekehrt liegt der Fall, wenn außerhalb des Anwendungsbereichs des Vorbehalts des Gesetzes eine Rechtsgrundlage, obwohl hier nicht nötig, doch einmal besteht. Das passiert etwa in der Leistungsverwaltung, wenn die Gesetzgebung etwa die Gewährung von Begünstigungen (kein Grundrechtseingriff!) explizit geregelt hat. In diesem Fall entspricht es dem *Vorrang* des Gesetzes, die vorhandene Rechtsgrundlage auch zugrunde zu legen. 95

> *Beispiel:* Rechtsgrundlage für den Bescheid über BAföG-Leistungen ist § 50 Bundesausbildungsförderungsgesetz.

Kommen mehrere Rechtsgrundlagen in Frage, stehen der Behörde möglicherweise mehrere Erlaubnisse für ihre Maßnahmen zur Verfügung (sofern nicht Spezialitätsbeziehungen manche davon unanwendbar machen, vgl. § 11 Rn. 47). 96

Prüfungshinweis

▶ Für das Gutachten haben Sie in einem solchen Fall zwei Möglichkeiten: Entweder versuchen Sie unter der Überschrift „Rechtsgrundlage" so lange die unpassenden davon auszuscheiden, bis eine einzige verbleibt, deren formelle und materielle Voraussetzungen Sie dann prüfen. Oder aber – noch etwas systematischer – Sie prüfen nacheinander die in Frage kommenden Rechtsgrundlagen auf deren formelle und materielle Voraussetzungen durch (was bei fernerliegenden Rechtsgrundlagen auch knapp ausfallen darf); dieses Vorgehen liegt auch dem obigen Prüfungsschema 9 zugrunde.

> *Beispiel:* Die Behörde hat ihren vorigen Verwaltungsakt aufgehoben (dazu noch im Detail § 20 Rn. 2 ff.). Als Befugnisnormen für die Aufhebung kommen §§ 48 und 49 VwVfG* in Frage. Die Wahl hängt daran, ob der vorige Verwaltungsakt rechtswidrig oder rechtmäßig war. Diese Frage würde in der ersten Aufbauvariante unter „Rechtsgrundlage" zu begutachten sein („§ 48 VwVfG* wäre eine geeignete Rechtsgrundlage, wenn der aufgehobene Verwaltungsakt rechtswidrig gewesen sein sollte..."). In der zweiten Variante erschiene sie als materielle Voraussetzung von § 48 VwVfG* („Der Verwaltungsakt müsste rechtswidrig gewesen sein...").

Abb. 1 führt beispielhaft einige praktisch wichtige Rechtsgrundlagen für Verwaltungsakte auf. 97

Aus dem Allgemeinen Verwaltungsrecht:

Aufhebung und Rückforderung:

- § 48 Abs. 1 S. 1 VwVfG* → Rücknahme eines rechtswidrigen Verwaltungsakts
- § 49 Abs. 1–3 VwVfG* → Widerruf eines rechtmäßigen Verwaltungsakts
- § 49a Abs. 1 S. 2 VwVfG* → Titulierung des Erstattungsanspruchs nach Unwirksamwerden eines anderen Verwaltungsakts

Verwaltungsvollstreckung (anhand der Bundesrechtsnormen):

- § 6 Abs. 1, § 9 Abs. 1 Nr. 2, § 11 VwVG → Festsetzung eines Zwangsgelds
- § 10 VwVG → Heranziehung zu den Kosten der Ersatzvornahme

Aus dem Besonderen Verwaltungsrecht:

Bundesrecht:

- § 35 Abs. 1 GewO → Untersagung eines Gewerbes wegen Unzuverlässigkeit
- § 15 Abs. 1 Var. 1 VersG → Verbot einer (bevorstehenden) Versammlung
- § 15 Abs. 3 VersG → Auflösung einer (laufenden) Versammlung
- § 45 Abs. 1 StVO → Anordnung eines Verkehrszeichens

Landesrecht (am Beispiel Baden-Württemberg):

- § 3 i.V.m. § 1 Abs. 1 S. 1 PolG BW → Verpflichtung zur Abwehr von Gefahren für die öffentliche Sicherheit oder Ordnung („polizeiliche Generalklausel")
- § 58 Abs. 1 S. 1 LBO BW → Erteilung einer Baugenehmigung
- § 65 S. 1 LBO BW → Anordnung des Abbruchs einer baurechtswidrigen Anlage

Abb. 1 Wichtige Rechtsgrundlagen für Verwaltungsakte

2. Formelle Voraussetzungen

98 Als „formelle" Rechtmäßigkeitsvoraussetzungen prüft man die Trias Zuständigkeit – Verfahren – Form.[52] Ohne dass diese Vorgehensweise – oder auch nur die Unterteilung in formelle und materielle Voraussetzungen – zwingend oder gar vor-

---

[52] Lit.: *Sachs*, VerwArch 97 (2006), S. 573.

geschrieben wäre, hilft sie uns regelmäßig dabei, das Rechtmäßigkeitsgutachten gut aufzugleisen und die wesentlichen Punkte im Blick zu behalten.

a) Zuständigkeit
Zuständigkeit heißt grundsätzlich nur, dass die betrachtete **Befugnis gerade der** 99 **handelnden Behörde** zustehen muss. Das gilt freilich nur, soweit der Verwaltungsakt – wie zumeist – im Bereich des Vorbehalts des Gesetzes liegt. Außerhalb des Vorbehalts des Gesetzes versteht man die Zuständigkeit in dem Sinne, wie wir die Kategorie bereits aus dem Verwaltungsorganisationsrecht kennen; als Rechtmäßigkeitsvoraussetzung heißt Zuständigkeit dann, dass die Behörde nicht das **Verbot der Wahrnehmung fremder Aufgaben** verletzen darf.

Im Ergebnis darf regelmäßig nur eine einzelne Behörde eines einzelnen Verwaltungsträgers handeln. Sie ist durch die Kriterien der **Verbands- und Organzuständigkeit** bestimmt (jeweils ggf. sachlich und örtlich; oben § 6 Rn. 6 ff. bzw. § 7 Rn. 4 ff.). Ausnahmsweise verlangt das Gesetz auch noch das Tätigwerden bestimmter Personen innerhalb der Behörde (sog. funktionale Zuständigkeit; § 7 Rn. 11). Für die Details können wir nach oben verweisen.

Handelt statt der zuständigen Behörde eine andere Behörde, so ist der Verwaltungsakt schon deshalb rechtswidrig. Bloß örtliche Unzuständigkeit erklärt § 46 VwVfG* allerdings für unbeachtlich, wenn sie die Sachentscheidung offensichtlich nicht beeinflusst hat (dazu gleich noch Rn. 116 ff.); ausgenommen ist der grundstücksbezogene Fall des § 3 Abs. 1 Nr. 1 VwVfG*, der dann auch gleich zur Nichtigkeit führt (Rn. 72).

b) Verfahren
Der potenziell umfangreichste, aber gleichwohl praktisch meist kurz ausfallende for- 102 melle Aspekt ist die Verfahrensrechtmäßigkeit. Hierbei geht es um das richtige Vorgehen der Behörde im Vorfeld des Verwaltungsakterlasses, das sog. „Verwaltungsverfahren" (§ 9 VwVfG* – das ganze Gesetz heißt danach). Vom Verwaltungsverfahren als solchem soll später noch die Rede sein (unten § 29); an dieser Stelle behandeln wir zunächst dessen Auswirkungen auf die Rechtmäßigkeit eines Verwaltungsakts.

Unterlässt die Behörde einen gebotenen Verfahrensschritt oder geht sie in ver- 103 botener Weise vor, macht auch dies den Verwaltungsakt grundsätzlich rechtswidrig. Diese Art der Rechtswidrigkeit ist dem „Produkt" normalerweise nicht anzusehen, weil sie unmittelbar weder Inhalt noch Form anders aussehen lässt.

Der regelmäßig wichtigste Einzelpunkt ist hier die nach § 28 Abs. 1 VwVfG* ge- 104 botene **Anhörung** eines Beteiligten, wenn der Verwaltungsakt in dessen Rechte eingreifen würde.[53] Die Behörde muss (1) ihm Gelegenheit zur Stellungnahme geben und (2) die Stellungnahme entgegennehmen; natürlich muss sie dieser nicht unbedingt entsprechen. In den Fällen von § 28 Abs. 2 und 3 VwVfG* darf bzw. muss sie von der Anhörung sogar ganz absehen, weil öffentliche Interessen überwiegen (wichtig: Gefahr im Verzug nach Abs. 2 Nr. 1; Allgemeinverfügungen nach Abs. 2

---

[53] Lit.: *Bartels*, Die Anhörung Beteiligter im Verwaltungsverfahren, dargestellt anhand von § 24 SGB X, 1985; *Ehlers*, Jura 1996, 617; *Langenbach*, Der Anhörungseffekt, 2017; *Schilling*, VerwArch 87 (1987), S. 45. Rechtsvergleichend *Eisenberg*, Die Anhörung des Bürgers im Verwaltungsverfahren und die Begründungspflicht für Verwaltungsakte, 1999.

Nr. 4 Var. 1; Vollstreckungsmaßnahmen nach Abs. 2 Nr. 5) oder private Interessen nicht berührt werden (siehe Abs. 2 Nr. 3). Eine bestimmte Form ist für die Anhörung nicht vorgeschrieben; sie wird normalerweise schriftlich, kann aber durchaus auch mündlich erfolgen (vgl. § 29 Rn. 21 f.). Lediglich fachrechtlich bestehen spezielle Anforderungen, beispielsweise zur persönlichen Anhörung des Antragstellers im Asylverfahren (§ 24 Abs. 1 S. 3, § 25 Asylgesetz).

> *Beispiele:* Die Baurechtsbehörde erwägt den Erlass einer Abrissverfügung (z. B. § 65 S. 1 LBO BW); vorher teilt sie dies der betroffenen Grundeigentümerin brieflich mit und schreibt, man gebe ihr hiermit die Gelegenheit zur Stellungnahme. – Das Gesundheitsamt gibt einer Ansteckungsverdächtigen telefonisch Gelegenheit zur Stellungnahme, bevor es im selben Telefonat die Quarantäne anordnet (§ 28 Abs. 1 IfSG).

105 Möglicherweise **befangene Bedienstete** dürfen nicht am Verwaltungsverfahren mitwirken. Wie im Prozessrecht gibt es hier einen Katalog von vornherein ausgeschlossener Personen, vor allem der Verfahrensbeteiligten selbst und ihrer engen Angehörigen (§ 20 VwVfG*), und ein Verfahren bei sonstigem „Besorgnis der Befangenheit" (§ 21 VwVfG*).

Zusatzinformation
Bei Allgemeinverfügungen, die sich „an alle" richten, kann es vorkommen, dass auch alle Behördenbediensteten zugleich Adressaten der Allgemeinverfügung und damit auf den ersten Blick nach § 20 Abs. 1 Nr. 1 VwVfG* ausgeschlossen wären. Da dann solche Allgemeinverfügungen aber überhaupt nicht ergehen dürften, wird man die Vorschrift insoweit einschränkend zu lesen haben.[54]

106 Nach § 24 Abs. 1 VwVfG* hat die Behörde den Sachverhalt von Amts wegen zu ermitteln (**Amtsermittlungsgrundsatz**). Da sie aber selbst über „Art und Umfang der Ermittlungen" bestimmt, führt diese Norm eher selten zur Rechtswidrigkeit. Konkretere Verfahrensregelungen für die Sachverhaltsermittlung ergeben sich aus dem Datenschutzrecht, wonach auch die im Verwaltungsverfahren erfolgende Verarbeitung personenbezogener Daten rechtmäßig sein muss (siehe vor allem Art. 6 und 9 DSGVO sowie unten § 27 Rn. 37 ff.), und aus dem Fachrecht.

107 Zum Verfahren gehört auch die Sondervorschrift des § 35a VwVfG*, die den **vollständig automatisierten Erlass** eines Verwaltungsakts grundsätzlich verbietet und vom Bestehen einer speziell erlaubenden „Rechtsvorschrift" abhängig macht (zum *Vorliegen* eines Verwaltungsakts in solchen Fällen bereits Rn. 39).[55] Unabhängig von Art. 22 DSGVO und vom verfassungsrechtlichen Vorbehalt des Gesetzes, der je nach Fall eine Rechtsgrundlage heischen mag oder nicht, braucht es für diese Erlassmodalität damit eine **zusätzliche Automatisierungserlaubnis**.

---

[54] *Scholz/Schröder*, NVwZ 2021, 1734.
[55] Lit.: *Berger*, NVwZ 2018, 1260; *J. Eichenhofer*, DÖV 2023, 93; *Guckelberger*, DÖV 2021, 566; *Ludwigs/Velling*, VerwArch 114 (2023), S. 71; *Michael*, DVBl 2023, 186; *Ziekow*, NVwZ 2018, 1169. Speziell zum Widerspruchsbescheid *Martini/Nink*, DVBl 2018, 1128 (1129–1135). Zum verfassungsrechtlichen Rahmen *Herold*, Demokratische Legitimation automatisiert erlassener Verwaltungsakte, 2020; *Mund*, Das Recht auf menschliche Entscheidung, 2022.

III. Rechtmäßigkeit

Selbst deren Vorhandensein genügt für § 35a VwVfG* aber nicht, wenn entweder ein Ermessen (§ 17 Rn. 69 ff. und unten Rn. 133 ff.) oder ein Beurteilungsspielraum (§ 9 Rn. 41 ff. und § 11 Rn. 27 f.) besteht, die Behörde also teilweise von gerichtlicher Kontrolle freigestellt ist. Freilich könnte eine fachgesetzliche Automatisierungserlaubnis dieses Verbot aus § 35a VwVfG* auch einfach verdrängen.

Zusatzinformation
Auf der anderen Seite kann man fragen, ob im Sinne der Gleichbehandlung nicht vielleicht sogar automatisiert werden *müsste*.[56]

c) Form

Der Gesichtspunkt der Form betrifft beim Verwaltungsakt in erster Linie dessen **Bekanntgabe**. Diese erscheint hier bereits das dritte Mal: Ohne sie liegt im Grunde schon keine „hoheitliche Maßnahme" vor (§ 35 S. 1 VwVfG*, siehe oben Rn. 32); ohne sie wird der Verwaltungsakt nicht wirksam (§ 43 Abs. 1 VwVfG*, siehe oben Rn. 64 ff.); nun muss sie auch noch auf bestimmte Weise erfolgen, damit der Verwaltungsakt rechtmäßig ist. 108

Allerdings lässt das Gesetz der Behörde hier einen großen Spielraum, denn während das „Ob" der Bekanntgabe vorgeschrieben ist (§ 41 Abs. 1 VwVfG*), hängt das „Wie" von der grundsätzlich frei zu wählenden Form ab: „schriftlich, elektronisch, mündlich oder in sonstiger Weise" darf der Verwaltungsakt ergehen (§ 37 Abs. 2 S. 1 VwVfG*). Engere Vorgaben gibt es allerdings oft im Besonderen Verwaltungsrecht. 109

Beispiele: Die Baugenehmigung ist schriftlich zu erteilen (z. B. nach § 58 Abs. 1 S. 3 LBO BW). – Im Rahmen des Allgemeinen Verwaltungsrechts ist angeordnet, dass die Rückforderung zu Unrecht erbrachter Leistungen schriftlich festzusetzen ist (§ 49a Abs. 1 S. 2 VwVfG*).

Entscheidet sich die Behörde – wie typischerweise – für die schriftliche oder elektronische Form, so muss sie darin über den eigentlichen Regelungsinhalt hinaus folgende **zusätzliche Informationen** aufnehmen: 110

- ihre eigene *Bezeichnung* (§ 37 Abs. 3 S. 1 VwVfG*). Wir hatten bereits gesehen, dass deren Fehlen gemäß § 44 Abs. 2 Nr. 1 VwVfG* einen speziellen Nichtigkeitsgrund darstellt und dem Verwaltungsakt damit zugleich die Wirksamkeit nimmt (Rn. 73). 111

- eine *Unterschrift* oder zumindest einen Namen der für die Behörde handelnden Person (ebenfalls § 37 Abs. 3 S. 1 VwVfG*). Eine Ausnahme gilt für automatisch erlassene Verwaltungsakte (§ 37 Abs. 5 S. 1 VwVfG*), weil hier u. U. gar kein konkret benennbarer Sachbearbeiter mehr vorhanden ist. Entsprechende Bescheide enthalten oft den (selbst nicht vorgeschriebenen) Hinweis, sie seien „ohne Unterschrift gültig". 112

---

[56] Vgl. *Machert*, NZS 2023, 681.

113 • eine *Begründung* (§ 39 VwVfG*).[57] Diese muss sich zum Sachverhalt, zur Rechtslage und bei Bestehen mehrerer behördlicher Handlungsoptionen auch zu den Beweggründen für die Auswahl zwischen diesen („Ermessensgesichtspunkten", vgl. Rn. 133 ff.) verhalten. Das Begründungserfordernis dient zum einen dazu, die Behörde zur Selbstvergewisserung über ihre Gründe anzuhalten, zum anderen dazu, den Betroffenen alle erforderlichen Informationen an die Hand zu geben, damit sie einen etwaigen Rechtsbehelf auch gehaltvoll begründen können.

114 • eine *Rechtsbehelfsbelehrung* (§ 37 Abs. 6 VwVfG*). Außer der Art des möglichen Rechtsbehelfs – normalerweise zunächst verwaltungsinterner Widerspruch (Rn. 203 ff.), ausnahmsweise (Rn. 176) direkt gerichtliche Anfechtungsklage (Rn. 142 ff.) – muss die Rechtsbehelfsbelehrung auch die dafür zuständige Stelle, deren Anschrift („Sitz") und die einzuhaltende Frist benennen. Auf die einzuhaltende Form muss im Umkehrschluss also nicht unbedingt hingewiesen werden (anders etwa im Sozialrecht nach § 36 S. 1 SGB X).[58] Fehlt die Rechtsbehelfsbelehrung oder gerät sie unvollständig, hat das Auswirkungen auf die Fristen, die für den Rechtsbehelf einzuhalten sind: Wenn die Betroffenen nicht oder nicht richtig informiert wurden, soll das nach § 58 Abs. 2 VwGO nicht zu ihren Lasten gehen (vgl. Rn. 168 und 181).

115 Die Bekanntgabe des schriftlichen Verwaltungsakts erfolgt

- *normalerweise* durch die **Post** und gilt dann als drei Tage nach der in den Akten dokumentierten Aufgabe zur Post als erfolgt (§ 41 Abs. 2 VwVfG* – dazu bereits Rn. 67). Ungeachtet der generell gesunkenen Bedeutung des Briefverkehrs bleibt das für die Verwaltung der Regelweg.[59]
- *fakultativ* (und gelegentlich gesetzlich vorgeschrieben wie nach § 73 Abs. 3 S. 1, 2 VwGO, § 58 Abs. 1 S. 7 LBO BW) durch förmliche „**Zustellung**" nach den Verwaltungszustellungsgesetzen (oben § 2 Rn. 43, 47). Für die Zustellung schickt die Behörde entweder einen Bediensteten vorbei, der sich den Empfang quittieren lässt (§ 5 VwZG und z. B. § 5 LVwZG BW), oder beauftragt wiederum die Post, jedoch mit Einschreiben (§ 4 VwZG und z. B. § 4 LVwZG BW) oder mit gelber Postzustellungsurkunde (§ 3 VwZG und z. B. § 3 LVwZG BW) wie beim Zivilgericht.
- *ausnahmsweise* (sofern gesetzlich erlaubt wie nach § 41 Abs. 3 VwVfG*) durch **öffentliche Bekanntgabe** nach § 41 Abs. 4 VwVfG*.[60] Diese erfolgt durch „ortsübliche Bekanntmachung", traditionell etwa durch Aushang an einer gemeindlichen Anschlagtafel und heute (zusätzlich) durch Veröffentlichung im Internet, die § 27a VwVfG* inzwischen vorschreibt. Da hier erheblich weniger mit einer tatsächlichen Kenntnisnahme durch die Adressaten gerechnet werden kann, führt das Gesetz diese Bekanntgabeform aus rechtsstaatlichen Gründen eng.

---

[57] Lit.: *Kischel*, Die Begründung, 2003; *Lindner/Jahr*, JuS 2013, 673; *Lohse*, HVwR IV, 2022, § 111; *Scheffler*, DÖV 1977, 767. Speziell zur Begründung bei Vollautomatisierung *Roth-Isigkeit*, DÖV 2020, 1018. Rechtsvergleichend *Eisenberg*, Die Anhörung des Bürgers im Verwaltungsverfahren und die Begründungspflicht für Verwaltungsakte, 1999; *Saurer*, VerwArch 100 (2009), S. 364.

[58] Lit.: *Brügmann*, DÖV 2020, 1008; *Lenk*, NVwZ 2021, 108.

[59] Vgl. *Guckelberger*, NVwZ 2018, 359.

[60] Lit.: *Blümel*, VerwArch 73 (1982), S. 5.

d) Ausnahme: Heilung oder Unbeachtlichkeit

Spezielle Studienliteratur: *Hufen*, JuS 1999, 313; *Pünder*, Jura 2015, 1307.

Dass formelle Rechtmäßigkeit wichtig sei, wird allenthalben anerkannt, dennoch relativiert das Gesetz ihre Tragweite deutlich und möchte Verwaltungsakte „retten", die „nur" an einem formellen Fehler kranken.[61] Dahinter steht die Vorstellung, dass dem Verfahren gegenüber der Sachentscheidung nur eine „dienende Funktion" zukomme (vgl. auch noch § 28 Rn. 5). 116

Zusatzinformation
Diese Vorstellung der deutschen Verwaltungsrechtstradition sieht sich heutzutage vor allem durch das insoweit ganz anders gepolte Unionsrecht herausgefordert. Dieses hat beispielsweise die Einführung der rein verfahrensrechtlichen Umweltverträglichkeitsprüfung (vgl. § 29 Rn. 20) erzwungen, deren Fehlen oder fehlerhafte Durchführung praktisch nicht selten zur Aufhebung von Verwaltungsakten führt.

Zwei Mechanismen bewirken diese grundsätzliche Relativierung der formellen Rechtswidrigkeit: die Heilung nach § 45 VwVfG* und die Unbeachtlichkeit nach § 46 VwVfG*.[62] 117

Prüfungshinweis

▶ Im Gutachten können Sie eine mögliche Heilung oder Unbeachtlichkeit jeweils unmittelbar im Anschluss an einen festgestellten formellen Fehler erörtern. Alternativ wäre es möglich, die formellen Rechtmäßigkeitsvoraussetzungen zunächst durchzuprüfen und erst anschließend gebündelt die Frage nach §§ 45, 46 VwVfG* aufzuwerfen; das trennt allerdings zusammenhängende Gesichtspunkte voneinander.

Zusatzinformation
Einen dritten Mechanismus stellt jetzt § 80c Abs. 2 VwGO bereit, der im Sinne eines Sonderprozessrechts für politisch gewollte Infrastrukturgroßvorhaben die „Verletzung von Verfahrens- oder Formvorschriften" speziell auf der Ebene des Eilrechtsschutzes (Rn. 210 ff.) noch weitergehend relativiert.

Gemäß § 45 Abs. 1 VwVfG* können bestimmte Verfahrensschritte (Rn. 102 ff.) und die schriftliche Begründung (Rn. 113) im Wege der **Heilung** auch nachgeholt werden.[63] Dies ist sogar bis zum Ende der verwaltungsgerichtlichen Berufungsinstanz möglich (§ 45 Abs. 2 VwVfG*). Nach der Heilung gilt der Verwaltungsakt nicht mehr als formell rechtswidrig. 118

Nachgeholt werden kann gemäß § 45 Abs. 1 Nr. 3 VwVfG* oftmals die verabsäumte Anhörung nach § 28 VwVfG* (Rn. 104). Dieser Verfahrensschritt wird da- 119

---

[61] Lit.: *Eichberger*, Die Einschränkung des Rechtsschutzes gegen behördliche Verfahrenshandlungen, 1986.

[62] Lit. – rechtsvergleichend: *Bülow*, Die Relativierung von Verfahrensfehlern im Europäischen Verwaltungsrecht und nach §§ 45, 46 VwVfG, 2007; *Ladenburger*, Verfahrensfehlerfolgen im französischen und deutschen Verwaltungsrecht, 1999.

[63] Lit.: *W.-R. Schenke*, VerwArch 97 (2006), S. 592.

durch erheblich entwertet, weil er ja eigentlich die Betroffenen *vor* der behördlichen Entscheidungsfindung einbeziehen soll, um diese noch beeinflussen zu können.[64]

120 Gemäß § 46 VwVfG* brauchen andere formelle Mängel – ausgenommen die sachliche Zuständigkeit – nicht einmal nachträglich korrigiert zu werden, sondern unterliegen ohne Weiteres der **Unbeachtlichkeit**.[65] Voraussetzung ist, dass die Mängel die Sachentscheidung offensichtlich nicht beeinflusst haben.

121 Der Verwaltungsakt bleibt hier zwar rechtswidrig, aber seine „Aufhebung [...] kann nicht allein deshalb beansprucht werden". Das Gesetz formuliert hier ausnahmsweise von den etwaigen Ansprüchen auf Aufhebung eines rechtswidrigen Verwaltungsakts her, wie sie vor allem mit der Anfechtungsklage durchgesetzt werden (siehe § 13 Rn. 42 ff.).

Zusatzinformation
Auch wenn die Aufhebungsansprüche ausgeschlossen sind, können die formellen Mängel doch noch Konsequenzen haben. So werden etwa in Rheinland-Pfalz zumindest Anwaltskosten und dergleichen ersetzt, wenn ein Widerspruchsverfahren nur wegen der Unbeachtlichkeit eines Fehlers erfolglos bleibt (§ 19 Abs. 1 S. 2 AGVwGO RP). Ebenso ist es im Sozialrecht geregelt (§ 63 Abs. 1 S. 2 SGB X).

3. Materielle Voraussetzungen

122 Die „materielle Rechtmäßigkeit" ist Auffangkategorie für alle Rechtmäßigkeitsvoraussetzungen außerhalb der Trias Zuständigkeit – Verfahren – Form (vgl. allgemein Abb. 2 bei § 17 Rn. 39). Sie ist deshalb an sich nicht sehr aussagekräftig. Der Sache nach gehören hierher besonders die folgenden vier Gesichtspunkte, die von Fall zu Fall mit unterschiedlichem Gewicht einschlagen. Die Untergliederung der „materiellen Rechtmäßigkeit" sollte dementsprechend flexibel gehandhabt werden.

Prüfungshinweis

▶ Die folgenden Zwischenüberschriften werden Sie dementsprechend (anders als Zuständigkeit – Verfahren – Form) normalerweise nicht direkt in Ihre Gutachtengliederung aufnehmen. Stattdessen empfiehlt es sich, die nächste Gliederungsebene unterhalb der „materiellen Rechtmäßigkeit" mit denjenigen Unterpunkten zu bestücken, die unter den im Folgenden behandelten in Ihrem Fall jeweils einschlägig sind (z. B. den einzelnen Tatbestandsvoraussetzungen der Rechtsgrundlage, sodann der Bestimmtheit und schließlich der Ermessensfehlerfreiheit).

---

[64] Vgl. zur Kritik zuletzt *Gwiasda*, NVwZ 2021, 526; *Gmeiner*, NVwZ 2021, 1673.
[65] Lit.: *Bettermann*, FS Ipsen, 1977, S. 271; *ders.*, FS Menger, 1985, S. 709; *Haug/Schadtle*, NVwZ 2014, 271.

III. Rechtmäßigkeit 371

Stadt Konstanz   *(Verwaltungsträger, § 6)*
Der Oberbürgermeister   *(Behörde, § 7)*
- Baurechts- und Denkmalamt -   *(Untergliederung der Behörde, § 7 Rn. 33)*

Betr.: Ordnungsverfügung – Ihr Gebäude X-Straße 23

Sehr geehrte...,   *(Briefformeln sind heute üblich; Rn. 42)*

hiermit wird Ihnen aufgegeben, das auf Ihrem vorbezeichneten Grundstück errichtete Gebäude (Lagerhaus) zu beseitigen. Hierfür wird eine Frist bis zum ... gesetzt. Für den Fall der Nichterfüllung wird zugleich die Ersatzvornahme durch ein von der Stadt beauftragtes Unternehmen angedroht, deren Kosten Ihnen zur Last fallen würden ... Die sofortige Vollziehung dieser Verfügung wird nach § 80 Abs. 2 S. 1 Nr. 4 VwGO angeordnet. *(Entscheidungsformel = eigentliche Regelung; Rn. 41)*

Begründung: *(Rn. 113)*
Grundlage dieser Verfügung ist § 65 S. 1 Landesbauordnung (LBO). Das Gebäude ist im Widerspruch zu öffentlich-rechtlichen Vorschriften errichtet ...

Rechtsbehelfsbelehrung: *(Rn. 114)*
Gegen diese Verfügung können Sie innerhalb eines Monats nach Bekanntgabe schriftlich, elektronisch oder zur Niederschrift Widerspruch bei der Stadt Konstanz, (Anschrift), einlegen. Die Frist wird auch gewahrt durch Einlegung des Widerspruchs beim Regierungspräsidium Freiburg, (Anschrift).

Mit freundlichen Grüßen
Im Auftrag   *(je nach Handelndem; Rn. 38)*

Abb. 2 Beispiel zur Erscheinung schriftlicher Verwaltungsakte

a) Tatbestandsmerkmale der Rechtsgrundlage

Zentraler Gesichtspunkt der materiellen Rechtmäßigkeit ist normalerweise die Frage, ob die Voraussetzungen der jeweils geprüften Rechtsgrundlage vorliegen (zur Struktur bereits handlungsformübergreifend oben § 11 Rn. 20 ff.). Hierzu hat das Allgemeine Verwaltungsrecht nur in Grenzen etwas zu sagen, weil sich die einzelnen Rechtsgrundlagen für das Verwaltungshandeln normalerweise aus dem Besonderen Verwaltungsrecht ergeben; dort werden Sie jeweils auch deren Voraussetzungen kennenlernen. Das Fachrecht zeigt dabei eine **große Varianz**. Wir werden uns an dieser Stelle um eine Systematisierung anhand der oben allgemeinen entwickelten Strukturen bemühen.

123

Beispiele (anknüpfend an die Rechtsgrundlagenzusammenstellung in Abb. 1 bei Rn. 97):

- Für die Rücknahme nach § 48 Abs. 1 S. 1 VwVfG* muss ein rechtswidriger Verwaltungsakt vorliegen.

- Für die Rechtsgrundlagen des Verwaltungsvollstreckungsrechts muss ein wirksamer und vollziehbarer Verwaltungsakt vorliegen; für den Kostenbescheid nach § 10 VwVG muss zusätzlich eine Ersatzvornahme rechtmäßig erfolgt sein.
- Für die Gewerbeuntersagung nach § 35 Abs. 1 GewO muss ein stehendes Gewerbe ausgeübt werden und die Unzuverlässigkeit des Gewerbetreibenden durch Tatsachen dargetan sein.
- Für das Versammlungsverbot nach § 15 Abs. 1 Var. 1 VersG muss eine öffentliche Versammlung unter freiem Himmel bevorstehen und bei deren Durchführung die öffentliche Sicherheit oder Ordnung unmittelbar gefährdet sein.
- Für eine polizeiliche Maßnahme z. B. nach § 3 i.V.m. § 1 Abs. 1 S. 1 PolG BW muss eine Gefahr für die öffentliche Sicherheit oder Ordnung bestehen und der Maßnahmeadressat zum Kreis der Pflichtigen gehören.
- Für die Erteilung einer Baugenehmigung z. B. nach § 58 Abs. 1 S. 1 LBO BW dürfen dem Bauvorhaben keine öffentlich-rechtlichen Vorschriften entgegenstehen.
- Für die Abbruchverfügung z. B. nach § 65 S. 1 LBO BW muss eine bauliche Anlage im Widerspruch zu öffentlich-rechtlichen Vorschriften errichtet worden sein.

124 Ein häufiges normatives Tatbestandsmerkmal bei Verwaltungsakten besteht in der **Wirksamkeit und Vollziehbarkeit eines *anderen*, vorausgegangenen Verwaltungsakts**. Der betrachtete Verwaltungsakt v_1 ist auf einer solchen Rechtsgrundlage nur dann und nur so lange rechtmäßig, wie der frühere Verwaltungsakt v_2 wirksam und vollziehbar ist. Fällt eine dieser Eigenschaften von v_2 mit Rückwirkung weg, verliert auch der betrachtete Verwaltungsakt v_1 automatisch seine Rechtsgrundlage.

- Der *zur Vollstreckung dienende Verwaltungsakt* v_1 (z. B. Zwangsgeldfestsetzung, § 12 Rn. 52) ist nur rechtmäßig, wenn ein Verwaltungsakt v_2 (Grundverfügung) zur Titulierung der zu vollstreckenden Pflicht (Rn. 25 f.) wirksam und vollziehbar ist (alternativ kommt statt v_2 ein wirksamer Vertrag infrage, vgl. unten § 22). Auf die Rechtmäßigkeit von v_2 kommt es für die Rechtmäßigkeit von v_1 dagegen grundsätzlich nicht an.[66]
- Sogar drei Verwaltungsakte spielen in folgender Konstellation zusammen: Die *Rückforderung* (v_1) einer durch Verwaltungsakt (v_3) bewilligten Leistung nach § 49a Abs. 1 S. 2 VwVfG* ist nur rechtmäßig, wenn ein Verwaltungsakt v_2 zur rückwirkenden Aufhebung des bewilligenden Verwaltungsakts wirksam und vollziehbar ist (alternativ kann bei v_3 eine rückwirkende auflösende Bedingung eingetreten sein, vgl. § 20 Rn. 85 ZI).

Prüfungshinweis

▶ In Praxis und Prüfung hat man hier oft mit parallelen Rechtsbehelfen gegen v_1 und v_2 zu tun. Diese sind dann auch prozessual miteinander verschränkt (zum Umgang damit noch Rn. 196 ff.).

Zusatzinformation
Technisch gibt es bei der Rückforderung noch einen weiteren Zwischenschritt, den Erstattungsanspruch aus § 49a Abs. 1 S. 1 VwVfG* (vgl. Rn. 126). Genaugenommen ist es dieser, dessen Entstehung von einem wirksamen v_2 abhängt.

---

[66] Lit.: *Enders*, NVwZ 2009, 958; *Pietzcker*, FS Schenke, 2011, 1045; *Pünder*, in: Steinbach (Hg.), Verwaltungsrechtsprechung, 2017, S. 227; *Schweikert*, Der Rechtswidrigkeitszusammenhang im Verwaltungsvollstreckungsrecht, 2013; *Weiß*, DÖV 2001, 275.

III. Rechtmäßigkeit

Ein normatives Tatbestandsmerkmal ist manchmal auch die **Rechtmäßigkeit** 125
oder Rechtswidrigkeit einer vorausgegangenen Handlung.

- Der *Ersatzvornahmekostenbescheid* im Rahmen der Verwaltungsvollstreckung (siehe oben § 12 Rn. 53) ist nur rechtmäßig, wenn die Durchführung der Ersatzvornahme rechtmäßig war.
- Die *Beanstandung* im Rahmen der Rechtsaufsicht (siehe oben § 6 Rn. 39) ist nur rechtmäßig, wenn die beanstandete Maßnahme des Beaufsichtigten rechtswidrig war. Entsprechend ist die *Anordnung* einer Maßnahme im Rahmen der Rechtsaufsicht nur rechtmäßig, wenn die Unterlassung des Beaufsichtigten rechtswidrig ist.

Prüfungshinweis

▶ Beim Ersatzvornahmekostenbescheid sind also drei Maßnahmen auseinanderzuhalten: die Rechtmäßigkeit des Kostenbescheids (m_1) hängt von der Rechtmäßigkeit der Ersatzvornahme (m_2), diese wiederum von der Wirksamkeit und Vollziehbarkeit der Grundverfügung (m_3) ab (vgl. Rn. 124).

Zusatzinformation
Soweit ein Gesetz lediglich die „Aufsicht" über einen anderen Verwaltungsträger anordnet, kann man das so verstehen, dass dies der Aufsichtsbehörde eine Rechtsgrundlage für Beanstandungen und Anordnungen gibt und erstere tatbestandlich die Rechtswidrigkeit einer Handlung, letztere die Rechtswidrigkeit einer Unterlassung des Beaufsichtigten voraussetzen.[67]

Bei den Rechtsgrundlagen für rein feststellende (Rn. 20) sowie feststellend- 126
befehlende Verwaltungsakte (Rn. 21, 26) ist zentrales normatives Tatbestandsmerkmal das **Bestehen der festzustellenden Rechtsposition**.

- Der *Leistungsbescheid* ist nur rechtmäßig, soweit der titulierte Anspruch wirklich bestand (§ 13 Rn. 10 ff., 30 ff.). So liegt es etwa beim Rückforderungsbescheid nach § 49a Abs. 1 S. 2 VwVfG* im Hinblick auf den Anspruch aus § 49a Abs. 1 S. 1 VwVfG*.
- Die *Nichtigkeitsfeststellung* nach § 44 Abs. 5 VwVfG* ist nur rechtmäßig, wenn der vorangegangene Verwaltungsakt wirklich nichtig war (Rn. 69 ff.).

Bei den Rechtsgrundlagen für die Erteilung von Genehmigungen stehen typischer- 127
weise normative und faktische Tatbestandsmerkmale nebeneinander. Als **Genehmigungsvoraussetzungen** in diesem Sinne begegnen uns

- *personenbezogene* wie Zuverlässigkeit und Sachkunde,
- *inhaltsbezogene* wie (Bau-)Rechtskonformität des Vorhabens,
- *antragsbezogene* wie die Stellung eines Antrags und die Einhaltung einer Ausschlussfrist,
- *objektive* wie die Nichterschöpfung eines Kontingents insgesamt höchstens zu erteilender Genehmigungen.

---

[67] Vgl. *Behr/Yuen*, DVBl 2021, 1397.

Zusatzinformation
Sobald personenbezogene Voraussetzungen im Raum stehen, darf man davon ausgehen, dass eine auf dieser Grundlage erteilte Genehmigung – die man dann „Personalkonzession" oder zumindest „Mischkonzession" nennt – weder der Gesamtrechtsnachfolge noch der rechtsgeschäftlichen Übertragung zugänglich ist (siehe oben § 11 Rn. 15, 17 f.).

128 Die Bandbreite des Fachrechts geht hin bis zu **Rechtsgrundlagen, die gar keine Tatbestandsvoraussetzungen enthalten** und bei denen dementsprechend nur die im Folgenden zu erörternde Einhaltung sonstiger Rechtsvorschriften und Ermessensfehlerfreiheit zu prüfen sind (vgl. allgemein § 9 Rn. 50).

Beispiel: (Um-)Benennung einer Straße durch die Gemeinde z. B. nach § 5 Abs. 4 GemO BW.

129 Zu den Voraussetzungen gehört auch, dass die im Verwaltungsakt getroffene Regelung inhaltlich überhaupt von der betrachteten Befugnis umfasst ist – sofern man diesen Punkt nicht bereits vorab im Rahmen der Suche nach einer passenden Befugnis geklärt hat (oben Rn. 92 und § 17 Rn. 51 ff.) und ihn auch nicht als speziellen Ermessensfehler einordnet (unten Rn. 137 und § 17 Rn. 76).

Beispiel: Nach § 23 LVwVG BW wird das Zwangsgeld „auf mindestens zehn und höchstens fünfzigtausend Euro" festgesetzt. Die Behörde setzt 100.000 Euro fest.

b) Einhaltung des VwVfG*

130 Spezielle Inhaltsvorgaben für Verwaltungsakte enthalten die Verwaltungsverfahrensgesetze. Soweit sie im konkreten Fall durch Fachgesetze verdrängt werden, wären stattdessen hier diese zu prüfen.

aa) Keine Unbestimmtheit, Sittenwidrigkeit, Unmöglichkeit

131 Die Regelung eines Verwaltungsakts muss **hinreichend bestimmt** sein (§ 37 Abs. 1 VwVfG*). Trotz des Regelungsstandorts ist dies keine Form-, sondern eine Inhaltsvorschrift.

Beispiele – fehlende Bestimmtheit: Der Polizeibeamte ruft „Tun Sie doch irgendwas!" (aber was denn?). Die Baugenehmigung enthält die Klausel „Luftverunreinigungen sind möglichst zu vermeiden" (aber welches Handeln oder welcher Erfolg ist genau geschuldet?) oder „Staubablagerungen sind regelmäßig zu entfernen" (aber wann wäre das?).[68]

132 Die Regelung darf auch **nicht sittenwidrig** sein und, soweit befehlenden Inhalts, nicht **tatsächlich unmöglich, strafbar oder ordnungswidrig**. Dass dies den Verwaltungsakt nicht nur nichtig (Rn. 74), sondern zugleich auch rechtswidrig macht, darf aus § 44 Abs. 2 Nr. 4–6 VwVfG* geschlossen werden.

bb) Ermessensfehlerfreiheit

Spezielle Studienliteratur: *Schoch*, Jura 2004, 462.

---

[68] Nach *Ottl*, NVwZ 2020, 1392; s. a. die Beispiele bei *Weber*, VR 2008, 183.

III. Rechtmäßigkeit

Aus § 40 VwVfG* ergibt sich für Verwaltungsakte außerdem das Gebot zur fehlerfreien Ausübung eines etwaigen **Ermessens** (dazu handlungsformübergreifend bereits oben § 17 Rn. 67 ff.). Soweit ein Ermessen besteht (§ 17 Rn. 69 ff.), gibt § 40 VwVfG* in dreierlei Hinsicht vor, wie dieser Spielraum auszufüllen ist, und bestimmt damit drei Rechtswidrigkeitsgründe („Ermessensfehler", vgl. § 17 Rn. 73 ff.).[69]

133

(1) Die Behörde „hat [...] ihr Ermessen [...] auszuüben". Materiell rechtswidrig ist der Verwaltungsakt daher, wenn die Behörde ganz oder teilweise gar keine Überlegungen dazu anstellt, welche Wahl sie treffen will (**Ermessensnichtgebrauch**). Das ist insbesondere der Fall, wenn die Behörde fälschlich davon ausgeht, sie habe gar keine Wahl, sondern sei zu einem bestimmten Handeln verpflichtet, oder fälschlich weniger Handlungsoptionen annimmt, als ihr in Wirklichkeit zustehen.

134

Beispiele: Das Landratsamt glaubt sich aus § 49 VwVfG* zum Widerruf einer Begünstigung verpflichtet. Tatsächlich enthält die Vorschrift eine Kann-Regelung, weshalb das Landratsamt sich Gedanken über das Für und Wider machen müsste. – Die Behörde darf nach einem Gesetz ein Zwangsgeld zwischen 10 und 200.000 Euro festsetzen. Infolge eines Missverständnisses geht sie aber davon aus, das Zwangsgeld müsse zwischen 10 und 20.000 Euro liegen.

Etwas anderes soll ausnahmsweise gelten, wenn das Gesetz, auch wenn es „kann" sagt, eigentlich doch ein bestimmtes Ergebnis im Sinn hat und nur besonders gelagerte Ausnahmefälle anders behandelt sehen will. Man spricht hier von **intendiertem Ermessen**. Ein Ermessensnichtgebrauch liegt dann nur vor, wenn die Behörde einmal übersehen hat, dass es sich tatsächlich um einen solchen Ausnahmefall handelt, zu dem sie doch eigene Erwägungen hätte anstellen müssen.

135

Beispiel: Die Polizei darf, wenn die Tatbestandsvoraussetzungen gegeben sind, von einem strafrechtlich Beschuldigten im Regelfall Fotos machen und Fingerabdrücke nehmen (§ 81b Var. 2 StPO); nur im Ausnahmefall muss sie dazu Ermessenserwägungen anstellen.

(2) Die Behörde hat das Ermessen dabei „entsprechend dem Zweck der Ermächtigung auszuüben". Materiell rechtswidrig ist der Verwaltungsakt daher auch, wenn der Auswahl der Behörde sachfremde Überlegungen zugrunde liegen (**Ermessensfehlgebrauch**).

136

Beispiel: Die Bürgermeisterin verweigert die Sondernutzungserlaubnis (vgl. § 15 Rn. 18) für ein Zeitungsentnahmegerät mit der Begründung, es gebe bereits genügende Vertriebswege für die Presse. Sachgerecht wäre aber nur eine straßenbezogene Argumentation, etwa mit der „Sicherheit und Leichtigkeit des Verkehrs".

(3) Die Behörde hat schließlich die „gesetzlichen Grenzen des Ermessens einzuhalten". Materiell rechtswidrig ist der Verwaltungsakt danach, wenn die getroffene Auswahl von der Rechtsgrundlage nicht mehr getragen wird oder ein Gesetz verletzt (**Ermessensüberschreitung**). Wir haben bereits gesehen, dass dieser Fehlertyp überflüssig ist, weil er bloß andere Rechtsfehler auch noch als Ermessensfehler etikettiert (oben § 17 Rn. 76).

137

---

[69] Lit.: *Alexy*, JZ 1986, 701.

Beispiele: Nach § 23 LVwVG BW wird das Zwangsgeld „auf mindestens zehn und höchstens fünfzigtausend Euro" festgesetzt. Die Behörde setzt 100.000 Euro fest. – Die Behörde belastet unter Verstoß gegen Art. 3 Abs. 1 GG nur U, nicht V.

IV. Rechtsschutz

Spezielle Studienliteratur: *Schaks/Friedrich*, JuS 2018, 954.

138 Der verwaltungsgerichtliche Rechtsschutz im Zusammenhang mit Verwaltungsakten gehört in das Zentrum des verwaltungsrechtlichen Lernstoffs. Prüfungsfälle sind nicht nur in aller Regel prozessual eingekleidet, sondern haben materiellrechtlich in aller Regel auch mit einem Verwaltungsakt zu tun. Es lohnt sich daher, wenn Sie sich die einschlägigen Konstellationen einschärfen. Im Wesentlichen geht es dabei um zwei Richtungen:

- entweder bewirkt ein Verwaltungsakt eine Belastung und soll abgewehrt werden (sogleich Rn. 139 ff.),
- oder ein Verwaltungsakt würde als Begünstigung wirken, wird aber von der Behörde verweigert und soll deshalb gerichtlich erzwungen werden (dazu unten Rn. 242 ff.).

1. Abwehr belastender Verwaltungsakte

139 Wer sich gegen einen belastenden Verwaltungsakt wehren möchte, kann – wie oben bei Rn. 29 gesehen – gerichtlich entweder gegen die Wirksamkeit oder aber gegen die Vollziehbarkeit vorgehen:

- ersteres im langwierigen Hauptsacheverfahren, aber mit nachhaltiger Wirkung (**Anfechtungsklage**, dazu Rn. 142 ff.);
- letzteres im schnelleren Eilverfahren, aber mit Wirkung höchstens für die Dauer des Hauptsacheverfahrens (**Antrag nach § 80 Abs. 5 VwGO**, dazu Rn. 210 ff.).

Die Wirksamkeit kann außer vor dem Verwaltungsgericht auch durch den **Widerspruch** vor der zuständigen Behörde angegriffen werden (dazu Rn. 203 ff.). Wo dieser Rechtsbehelf gegeben ist, muss normalerweise zuerst er eingelegt werden (Rn. 162 ff.).

Zusatzinformation
Das Verwaltungsrecht kennt keine „Nachbesserung", etwa bei einem unzureichend begründeten und daher schwer auf seine Rechtmäßigkeit hin zu beurteilenden Verwaltungsakt (vgl. Rn. 113). Auch wenn es durchaus interessengerecht wäre, zunächst einfach eine nachgelieferte Begründung verlangen zu können,[70] kann man nach geltendem Recht dieses Anliegen nur informell an die Behörde herantragen und tut im Übrigen gut daran, zur Fristwahrung den gegebenen förmlichen Rechtsbehelf einzulegen.

---

[70] Vgl. *Ismer*, DÖV 2023, 489.

Ist dagegen die Sache selbst bereits unwiederbringlich verloren, etwa wegen 140
Zeitablaufs bei einem befristeten Verwaltungsakt, gibt es nur noch die Möglichkeit,
die Rechtswidrigkeit des Verwaltungsakts gerichtlich feststellen zu lassen (**Fortsetzungsfeststellungsklage**, dazu Rn. 227 ff.). Fehlt es dem Verwaltungsakt infolge
Nichtigkeit nach § 44 VwVfG* (oben Rn. 69 ff.) bereits von vornherein an der
Wirksamkeit, so kommt alternativ zur Anfechtungs- auch eine gezielte **Nichtigkeitsfeststellungsklage** in Frage (dazu Rn. 240 f.).

In vieren dieser fünf Fälle ist die Rechtswidrigkeit des Verwaltungsakts (oben 141
Rn. 89 ff.) das zentrale Argument innerhalb der Begründetheitsprüfung, wenn auch
an etwas unterschiedlichen Stellen verortet. Lediglich bei der Nichtigkeitsfeststellungsklage steht nicht das rechtliche Dürfen, sondern das rechtliche Können der
Verwaltung in Frage (oben Rn. 27 ff.).

Prüfungshinweis

▶ Die oben behandelte Rechtmäßigkeitsprüfung bildet im Gutachten also regelmäßig einen „Baustein", der jeweils an der richtigen Stelle der Begründetheitsprüfung einzusetzen ist.

a) Gerichtliche Beseitigung der Wirksamkeit: Anfechtungsklage

Zu der gerichtlichen Beseitigung der rechtlichen Wirkungen eines rechtswidrigen 142
wirksamen belastenden Verwaltungsakts dient die Anfechtungsklage nach § 42 Abs. 1
Var. 1 VwGO.[71] Im Erfolgsfall „hebt das Gericht den Verwaltungsakt und den etwaigen Widerspruchsbescheid auf", § 113 Abs. 1 S. 1 VwGO. Wenn die Anfechtungsklage zulässig und begründet ist, **ändert das Gericht** also **unmittelbar die Verwaltungsrechtslage**, setzt dabei aber keine neue Regelung an deren Stelle (rein „kassatorische", keine „reformatorische" Entscheidung; vgl. auch noch unten § 21 Rn. 5).

Prüfungshinweis

▶ Die Anfechtungsklage und ihre Erfolgsaussichten bilden den unangefochten
führenden Gegenstand verwaltungsrechtlicher Aufgabenstellungen ebenso
wie Praxisszenarien. Die Zulässigkeits- und Begründetheitsvoraussetzungen
dieser Klageart sollten Sie deshalb unbedingt und vollständig verinnerlichen.

Zusatzinformationen
- Bei einem Verwaltungsakt, der gegenüber mehreren Adressaten ergangen ist, kann sich die Frage nach der persönlichen Reichweite der kassatorischen Entscheidung stellen, wenn nur einer der Adressaten geklagt hat. Die gleiche Frage ist uns bereits bei der aufschiebenden Wirkung begegnet (oben Rn. 83 ZI); man sollte sie dort und hier einheitlich beantworten.
- Ausnahmsweise ist in den Fällen des § 113 Abs. 2 VwGO ein reformatorisches Urteil möglich, denn danach kann das Gericht einen im Gebühren-, Kosten- oder ähnlichen Verwaltungsakt bestimmten Geldbetrag unmittelbar selbst neu festsetzen.[72]

---

[71] Lit. – wegweisend aus der Entstehungszeit der VwGO: *Menger*, System des verwaltungsgerichtlichen Rechtsschutzes, 1954, S. 97–192.
[72] Lit.: *Bettermann*, FS Wacke, 1972, S. 233.

143 Zahlreiche Elemente der Zulässigkeitsprüfung nach Prüfungsschema 10 wurden bereits oben behandelt (vgl. die Querverweise im Schema): Der Verwaltungsrechtsweg muss eröffnet, Kläger und Beklagter müssen beteiligungsfähig und prozessfähig bzw. richtig vertreten sein, und dem Kläger darf nicht das Rechtsschutzinteresse fehlen. Richtiger Beklagter ist nach § 78 Abs. 1 Nr. 1 VwGO (der hier direkt anwendbar ist) die „Körperschaft", also der Verwaltungsträger, dessen Behörde den angegriffenen Verwaltungsakt erlassen hat. Zu den weiteren Zulässigkeitsvoraussetzungen – insbesondere zum Vorverfahren als Besonderheit – sowie zur Begründetheit der Anfechtungsklage ist etwas mehr zu sagen. Auf den Spezialfall der Anfechtungsklage gegen die „Nebenbestimmung" eines Verwaltungsakts kommen wir später im entsprechenden Sachzusammenhang (unten § 20 Rn. 93 ff. mit Prüfungsschema 21).

Prüfungsschema 10: Hat die Anfechtungsklage Aussicht auf Erfolg?

1. Zulässigkeit
   - a) Eröffnung des Verwaltungsrechtswegs, § 40 Abs. 1 S. 1 VwGO — § 3 Rn. 4 ff.
   - b) statthafte Klageart – Statthaftigkeit der Anfechtungsklage nach § 42 Abs. 1 Var. 1 VwGO — Rn. 144 ff.
   - c) Klagebefugnis, § 42 Abs. 2 VwGO — Rn. 157 ff.
   - d) Durchführung des Vorverfahrens, § 68 Abs. 1 VwGO — Rn. 162 ff.
   - e) Einhaltung der Klagefrist, § 74 Abs. 1 VwGO — Rn. 179 ff.
   - f) richtiger Beklagter, § 78 VwGO — Rn. 183 ff.
   - g) Beteiligungsfähigkeit von Kläger und Beklagtem, § 61 VwGO — § 4 Rn. 11 f.
   - h) Prozessfähigkeit bzw. richtige Vertretung von Kläger und Beklagtem, § 62 VwGO — § 4 Rn. 13 f.
   - i) Zuständigkeit des angerufenen Gerichts, §§ 45 ff. VwGO — Rn. 186 ff.
   - j) Einhaltung der Klageform, § 81 Abs. 1 VwGO — § 30 Rn. 14
   - k) Rechtsschutzinteresse — § 13 Rn. 51 ff.
2. Begründetheit, § 113 Abs. 1 S. 1 VwGO — Rn. 190 ff.
   - a) Rechtswidrigkeit des Verwaltungsakts → Prüfungsschema 9 — materiellrechtlicher Baustein: Rn. 89 ff.
   - b) dadurch Rechtsverletzung des Klägers

---

aa) Wann ist die Anfechtungsklage statthaft?

Spezielle Studienliteratur: *W.-R. Schenke*, JuS 2016, 97 (zur Nicht-Nichtigkeit).

(1) Allgemeine Voraussetzungen

144 Wir wissen bereits: Die Anfechtungsklage dient der Beseitigung eines wirksamen Verwaltungsakts, den der Kläger als rechtswidrig ansieht. Letzteres – die Rechtswidrigkeit – ist im Wesentlichen eine Frage für die Begründetheitsprüfung. Mit der Statthaftigkeit wird dagegen nur ausgesagt, dass der Rechtsbehelf „Anfechtungsklage" und sein Ziel „Aufhebungsentscheidung" überhaupt zu der Fallkonstellation passen. Statthaft ist die Anfechtungsklage im Sinne von § 42 Abs. 1 Var. 1 VwGO dementsprechend immer schon dann, wenn ein **wirksamer Verwaltungsakt** im Raum steht. Ohne wirksamen Verwaltungsakt liefe die in § 113 Abs. 1 S. 1 VwGO vorgesehene Aufhebung leer.

IV. Rechtsschutz

Zunächst muss also der **Tatbestand des Verwaltungsakts** (Rn. 31 ff.) vollständig erfüllt sein. Der Verwaltungsaktsbegriff, den § 42 Abs. 1 VwGO ohne eigene Definition voraussetzt, gilt als identisch mit dem materiellrechtlichen Verwaltungsaktsbegriff, den § 35 VwVfG* definiert. Historisch hat die VwGO dabei keine Anleihe beim VwVfG* genommen, vielmehr ist der prozessuale Verwaltungsaktsbegriff der ältere. Funktional geht es darum, dass ein nach dem jeweiligen materiellen Recht wirksamer (behördlicher, außengerichteter und öffentlich-rechtlicher) Einzelfallrechtsakt vorliegt.[73] Praktisch kann man deshalb heute im Wege einer gesetzesexternen systematischen Auslegung den Zusammenhang herstellen und auf die Legaldefinition des § 35 VwVfG verweisen.

145

Prüfungshinweis

▶ In jedem Fall darf und sollte man an dieser Stelle die Begriffsmerkmale des § 35 VwVfG* aufführen und darunter subsumieren.

Zusatzinformationen
- Da man annehmen kann, dass die VwGO als Bundesgesetz eine einheitliche Bedeutung haben soll, muss man diesen Verweis, wenn überhaupt, auf § 35 VwVfG (Bund) setzen – und zwar auch dann, wenn es im materiellrechtlichen Teil des Falles auf das Landes-VwVfG ankommt.
- Die erste prozessuale Definition fand sich offenbar in Art. II Abs. 1 Verordnung Nr. 141 – Gerichtsbarkeit in Verwaltungssachen – von 1948 für die britische Besatzungszone: „Verwaltungsakt im Sinne dieser Verordnung ist jede Verfügung, Anordnung, Entscheidung oder sonstige Maßnahme, die von einer Verwaltungsbehörde [...] zur Regelung eines Einzelfalls auf dem Gebiet des öffentlichen Rechts [...] getroffen worden sind [!].” Die VwGO ist 1960 an die Stelle der besatzungsrechtlichen Vorschriften getreten und hat daraus vieles übernommen, allerdings nicht die Legaldefinition des Verwaltungsakts, die inhaltlich vorausgesetzt wurde.

Überdies müssen die drei Voraussetzungen der **Wirksamkeit des Verwaltungsakts** vorliegen (Rn. 27 ff.). An jeder kann es fehlen.

146

(a) Der Verwaltungsakt muss *bekannt gegeben* worden sein. Im Vorfeld kann man nur mit allgemeiner Leistungsklage auf Unterlassung (§ 13 Rn. 59) und Antrag auf einstweilige Anordnung (§ 9 Rn. 64 ff.) vorgehen; dafür wird es aber normalerweise am Rechtsschutzinteresse bzw. am Anordnungsgrund fehlen.

147

Beispiel: A bekommt mit, dass die Behörde ihr demnächst eine Abrissverfügung zusenden will, und klagt sofort. Die Anfechtungsklage ist nicht statthaft.

(b) Der Verwaltungsakt darf sich *nicht erledigt* haben. In solchen Fällen kann es ein Interesse daran geben zu klären, dass der nunmehr erledigte Verwaltungsakt seinerzeit rechtswidrig war. Dafür ist aber nicht die Anfechtungsklage, sondern eine besondere Form der Feststellungsklage gegeben (dazu Rn. 227 ff.), weil eine Aufhebung (kassatorische Entscheidung) keinen Sinn mehr hätte. Solange es rechtlich noch irgendwo auf die Wirksamkeit des Verwaltungsakts ankommt, würde sich des-

148

---

[73] *Rusteberg*, ZJS 2012, 449.

sen Aufhebung noch auswirken; deshalb führt etwa die Befolgung oder Vollstreckung eines befehlenden Verwaltungsakts nicht unbedingt zur Erledigung.[74]

Beispiele: Die Behörde hat ihre fehlerhafte Abrissverfügung schon selbst wieder aufgehoben. A klagt dennoch dagegen. Die Anfechtungsklage ist nicht statthaft. – Die Behörde hat ihre Abrissverfügung bereits im Wege der Ersatzvornahme durchgesetzt und A die Kosten auferlegt. A erhebt Anfechtungsklage gegen Abrissverfügung (umstritten, ob noch statthaft) und Kostenbescheid (unstreitig statthaft, aber bei Wirksamkeit der Abrissverfügung normalerweise unbegründet).

149 (c) Der Verwaltungsakt darf *nicht nichtig* sein. Auch hierfür gibt es statt der Anfechtungs- eine besondere Form der Feststellungsklage (dazu Rn. 240 f.). Weil jedoch die Nichtigkeit meist weniger eindeutig gegeben ist als der Bekanntgabemangel oder die Erledigung und die Betroffenen unverkennbar ein Interesse an verbindlicher Klarstellung haben, lässt die herrschende Auffassung hier eine Ausnahme zu. Die Anfechtungsklage soll insofern auch gegen einen nichtigen Verwaltungsakt statthaft sein. Dessen Aufhebung nach § 113 Abs. 1 S. 1 VwGO wäre schlimmstenfalls unschädlich (wie im Privatrecht die Anfechtung eines nichtigen Rechtsgeschäfts – Stichwort „Doppelwirkungen im Recht").

Beispiel: Das Gesundheitsamt hat A einen Einkommensteuerbescheid erteilt. A klagt.

150 Auf die weitere Wirkungsbedingung der Vollziehbarkeit des Verwaltungsakts (Rn. 81 ff.) kommt es hier demgegenüber nicht an, weil deren Aussetzung ja nur ein Mittel des vorläufigen Rechtsschutzes darstellt und nur die Interessen des Klägers bis zur Anfechtungsklage sichern soll.

(2) Teilanfechtungsklagen

151 Gelegentlich begehrt der Kläger nur die **Aufhebung eines Teiles** des Verwaltungsakts (vgl. allgemein oben § 17 Rn. 22). Die Statthaftigkeitsvorschrift des § 42 Abs. 1 Var. 1 VwGO spricht diesen Fall nicht an, immerhin aber die Begründetheitsvorschrift des § 113 Abs. 1 S. 1 VwGO, indem sie mit dem Wort „soweit" die Teilbarkeit des Verwaltungsakts zu erkennen gibt. Eine Teilaufhebung ist dem Gericht also prinzipiell möglich. Das legt eine Auslegung auch der Statthaftigkeitsvorschrift dahin nahe, dass man bereits die Klage auf einen Teil des Verwaltungsakts beschränken kann, wenn man von vornherein nur diesen für rechtswidrig hält oder nur an dessen Aufhebung interessiert ist („Teilanfechtungsklage").

152 Spezialfall der Teilaufhebung ist die **Aufhebung einer Nebenbestimmung** im Sinne von § 36 VwVfG*. Auch insoweit soll eine Teilanfechtungsklage grundsätzlich statthaft sein (näher unten § 20 Rn. 93 ff.).

---

[74] Lit.: *Enders*, NVwZ 2000, 1232; *Poscher*, FS Stürner, 2013, S. 1941; *Pünder*, in: Steinbach (Hg.), Verwaltungsrechtsprechung, 2017, S. 227 (235: Wirksamkeit sei durch Feststellungsurteil [!] zu beseitigen; *Reimer*, Die Verwaltung 48 (2015), S. 259 (261–274).

IV. Rechtsschutz

(3) Isolierte Anfechtungsklagen

Einschränkungen gelten für die Anfechtung von Maßnahmen, die zwar die Begriffsmerkmale des Verwaltungsakts erfüllen, aber einem anderen Verwaltungsakt funktional so eng zugeordnet sind, dass sich der Rechtsschutz auf diesen anderen Verwaltungsakt konzentriert. Eine „isolierte Anfechtung" des zugeordneten Verwaltungsakts ist dann nicht immer möglich. 153

Das betrifft zunächst den Verwaltungsakt, der den Antrag auf eine Begünstigung verbindlich ablehnt (**Versagung**, oben Rn. 19 ZI). Hier steht normalerweise die Verfolgung des Anspruchs auf die Begünstigung im Vordergrund, wofür je nach Anspruchsinhalt die Verpflichtungs- oder die allgemeine Leistungsklage gegeben ist (vgl. § 13 Rn. 36 ff. und zur Verpflichtungsklage gleich Rn. 244 ff.); in deren Rahmen würde der versagende Verwaltungsakt mit aufgehoben (Rn. 257 ZI). An einer „isolierten Anfechtungsklage" gegen die Versagung besteht deshalb normalerweise kein Rechtsschutzinteresse. Anders ist es lediglich in Ausnahmefällen, wo der Begünstigungsanspruch nicht weiter verfolgt werden soll.[75] 154

Auch der Verwaltungsakt, der einen Widerspruch bescheidet (**Widerspruchsbescheid**; zum Widerspruch näher gleich Rn. 162 ff., 203 ff.), ist einem anderen, nämlich dem angegriffenen Ausgangsverwaltungsakt eng funktional zugeordnet. Normalerweise wird man allein letzteren anfechten und hat an einem Vorgehen allein gegen den Widerspruchsbescheid gar kein Interesse. Auch hier gibt es seltene Ausnahmen, wie ein Blick auf die verschiedenen Konstellationen zeigt. 155

- Der *zurückweisende* Widerspruchsbescheid belastet den auch vom Ausgangsverwaltungsakt Belasteten; deshalb ficht man hier nur den letzteren an (§ 79 Abs. 1 Nr. 1 VwGO, vgl. Rn. 163). Eine isolierte Anfechtung des Widerspruchsbescheids ist aber möglich, wenn der Belastete nur gegen eine „Verböserung" des Ausgangsverwaltungsakts durch den Widerspruchsbescheid vorgehen möchte (§ 79 Abs. 2 VwGO, vgl. § 20 Rn. 22).
- Der *stattgebende* Widerspruchsbescheid begünstigt den vom Ausgangsverwaltungsakt Belasteten und belastet höchstens einen Dritten. Will der Dritte gegen den Widerspruchsbescheid vorgehen, ist die isolierte Anfechtungsklage statthaft (vgl. § 79 Abs. 1 Nr. 2 VwGO). Meist geht es hier um Nachbarschafts- und verwandte Dreieckskonstellationen (vgl. § 13 Rn. 18); manchmal möchte aber auch eine Selbstverwaltungskörperschaft als Verwaltungsträger der Ausgangsbehörde gegen die Aufhebung ihres Verwaltungsakts durch die Widerspruchsbehörde vorgehen, wenn sie darin eine Verletzung ihres Selbstverwaltungsrechts sieht.

Eine weitere Fallgruppe bilden behördliche **Verfahrenshandlungen**, wenn sie materiellrechtlich einmal Regelungscharakter (vgl. Rn. 44) aufweisen sollten und als Verwaltungsakt zu betrachten sind. Sie sind dem verfahrensbeendenden Verwaltungsakt funktional zugeordnet und können gemäß § 44a VwGO nicht isoliert 156

---

[75] Lit.: *Kellner*, MDR 1968, 965; *Laubinger*, FS Menger, 1985, S. 443; *von Wedel*, MDR 1975, 96.

angefochten werden (die Vorschrift gilt nicht nur für Anfechtungsklagen, aber liegt hier besonders nahe). Auch hier ist ausnahmsweise aber eine isolierte Anfechtung der Verfahrenshandlung möglich, nämlich wenn diese entweder selbst vollstreckt werden kann oder an Nichtbeteiligte gerichtet ist (§ 44a S. 2 VwGO).

Beispiel (Fortsetzung von Rn. 44): A klagt gegen die Anforderung des Gutachtens. Das soll unstatthaft sein; Einwendungen gegen diese Verfahrenshandlung sind dann erst im Rahmen der Anfechtungsklage gegen die spätere Entziehung der Fahrerlaubnis geltend zu machen (dort bei der formellen Rechtmäßigkeit).

bb) Wann ist die Klagebefugnis gegeben?

Spezielle Studienliteratur: *Kempny/Krüger*, JA 2022, 10; *Ramsauer*, JuS 2012, 769.

157 Die Klagebefugnis – das Erfordernis, ein eigenes subjektives Recht geltend zu machen – regelt für die Anfechtungsklage § 42 Abs. 2 VwGO speziell (allgemein oben § 13 Rn. 45 ff.). Diese ist danach nur zulässig, wenn der Kläger geltend macht, durch den Verwaltungsakt in seinen Rechten verletzt zu sein. Eine derartige Rechtsverletzung kommt in Frage, wenn der Kläger zunächst einen Anspruch auf Unterlassung des Verwaltungsakts hatte (der durch den Erlass verletzt wurde) und nunmehr einen Anspruch auf Beseitigung des Verwaltungsakts hat (der mit der Anfechtungsklage durchgesetzt werden soll). Die Anfechtungsklage dient insofern der Verfolgung von Abwehransprüchen (oben § 13 Rn. 42 ff.).

Prüfungshinweis

▶ Die Anspruchsdeutung hilft dabei, das Merkmal der Klagebefugnis zu verstehen. Im Gutachten genügt es an diesen Stellen aber regelmäßig, davon zu sprechen, dass eine Verletzung „in" diesem oder jenem Grundrecht in Betracht komme.

158 Einschlägige Unterlassungs- und Beseitigungsansprüche ergeben sich für Private in erster Linie aus den **Grundrechten** in deren Funktion als Abwehransprüche (vgl. § 13 Rn. 56 ff.). Für die Klagebefugnis genügt dabei grundsätzlich, dass der Verwaltungsakt sich als Grundrechts*eingriff* darstellt; die Rechtfertigungsfrage bleibt der Begründetheitsprüfung vorbehalten. Ein Verwaltungsakt, der seinen Adressaten rechtlich belastet (durch einen Befehl, eine nachteilige Rechtsgestaltung oder eine nachteilige Feststellung), wird im Zweifel zumindest Art. 2 Abs. 1 GG beeinträchtigen – diesen einfachen Zusammenhang nennt man oft, etwas groß, „Adressatentheorie".[76] Spezialgrundrechte sollten aber auch hier vorrangig herangezogen werden.

Beispiele: Das Versammlungsverbot beeinträchtigt die Anmelderin der Versammlung im Grundrecht aus Art. 8 Abs. 1 GG. – Die Gewerbeuntersagung beeinträchtigt die Gewerbetreibende im Grundrecht aus Art. 12 Abs. 1 GG. – Der Platzverweis beeinträchtigt die im Einsatz befindliche Journalistin im Grundrecht aus Art. 5 Abs. 1 S. 2 GG, andere meist nur in der Allgemeinen Handlungsfreiheit aus Art. 2 Abs. 1 GG.

---

[76] Lit.: *Köpfler*, Die Bedeutung von Art. 2 Abs. 1 Grundgesetz im Verwaltungsprozess, 2008.

IV. Rechtsschutz

Zusatzinformation
Für Kläger, die keine Grundrechtsträger sind, funktioniert die Adressatentheorie nicht. Klagt etwa eine Gemeinde gegen eine umweltbehördliche Auflage, so muss sie ihre Klagebefugnis anders begründen – etwa aus ihrem Selbstverwaltungsrecht (Art. 28 Abs. 2 S. 1 GG) oder damit, dass die jeweilige Rechtsgrundlage auch dem betreffenden Verwaltungsträger ein Recht darauf gebe, dass ihre Grenzen eingehalten werden. Vor der Einführung von Grundrechten mussten auch Private im letzteren Sinne argumentieren.

In anderen Konstellationen sind Unterlassungs- und Beseitigungsansprüche aus anderer Quelle zu suchen. Angesichts des weiten Anwendungsbereichs der „Adressatentheorie" bleiben hier vor allem die Fälle übrig, in denen eine andere Person als der Adressat gegen den Verwaltungsakt vorgeht. Der Adressat ist dann meist begünstigt, und jemand anderes fühlt sich durch diese Begünstigung belastet, ohne jedoch selbst in einem Grundrecht beeinträchtigt zu sein. Es geht hier insofern um Dreieckskonstellationen, sogenannte **„Drittanfechtungsklagen"**. 159

Beispiel: Die Baugenehmigung begünstigt die Bauherrin, mag aber von der Nachbarin angefochten werden.

Hier stellt sich mit besonderer Intensität jeweils die Frage, ob und inwieweit es Gesetzesrecht gibt, das den Dritten mit einem Abwehranspruch ausstattet. Die ist nur jeweils im Fachrecht zu beantworten, und zwar normalerweise anhand der „Schutznormtheorie" (vgl. § 13 Rn. 16). 160

Beispiel: Die Nachbarin kann sich nach §§ 30 ff. BauGB grundsätzlich darauf berufen, das Bauvorhaben sei der Nutzungsart nach unzulässig (als Wohnen, Gewerbe usw.), normalerweise jedoch nicht darauf, der Baukörper sei zu groß.

Wo danach kein Anspruch zur Verfügung steht, eröffnet § 42 Abs. 2 VwGO doch noch einen Weg zur Klagebefugnis, und zwar über die Auffangklausel, dass „gesetzlich nichts anderes bestimmt" sein darf. Hierher gehören die Regelungen über sogenannte **Verbandsklagen** (dazu bereits § 12 Rn. 44 und § 13 Rn. 48). 161

cc) Wann ist das Vorverfahren ordnungsgemäß durchgeführt?
Nach dem gesetzlichen Grundmodell ist die Anfechtungsklage gemäß § 68 Abs. 1 S. 1 VwGO nur zulässig, wenn vor ihrer Erhebung ein sogenanntes Vorverfahren durchgeführt wurde (ebenso wie bei der spiegelbildlichen Verpflichtungsklage, die wir unter Rn. 244 ff. behandeln).[77] Das Vorverfahren findet innerhalb der Verwaltung statt und dient der Überprüfung der „Rechtmäßigkeit und Zweckmäßigkeit" des Verwaltungsakts. Davon soll jeder der drei Interessenten etwas haben: 162

- Die Verwaltungsgerichte bleiben zunächst von der Sache **entlastet**.
- Die Verwaltung erhält eine Gelegenheit zur **Selbstkontrolle**.

---

[77] Lit.: *Steinbeiß-Winkelmann/Ott*, NVwZ 2011, 914.

- Die private Seite bekommt eine zusätzliche **Rechtsschutz**instanz und -chance, die ihr sogar mehr bringen kann als die Anfechtungsklage selbst, denn nur im Vorverfahren[78] können (theoretisch) auch noch Argumente zur „Zweckmäßigkeit" des Verwaltungsakts Gehör finden.

Zusatzinformation
Historisch stellt sich das Vorverfahren als letztes Überbleibsel eines vormals rein verwaltungsinternen Instanzenzugs dar. Heute sind die vermeintlichen drei Vorteile alle umstritten – manche meinen, das Vorverfahren würde weder die Gerichte entlasten (weil sie später doch noch angerufen werden) noch zur Selbstkontrolle führen (weil die Verwaltung selten ihre Meinung nochmal ändert) noch den Privaten etwas nützen (weil es unter diesen Umständen eigentlich nur eine Zeitverzögerung bewirkt). Rechtspolitisch hat das Vorverfahren daher auch zahlreiche Gegner und ist in manchen Ländern wie Bayern, Niedersachsen und Nordrhein-Westfalen sogar weitgehend beseitigt worden (in Ausübung der Öffnungsklausel aus § 68 Abs. 1 S. 2 Var. 1 VwGO, siehe noch Rn. 177).[79]

163 Die Bezeichnung als „Vorverfahren" denkt diese verwaltungsinterne Überprüfung allein von der nachfolgenden verwaltungsgerichtlichen Klage her, die sich dann mit dem gesamten „Verwaltungsprodukt" befasst – in den Worten von § 79 Abs. 1 Nr. 1 VwGO: dem „ursprüngliche[n] Verwaltungsakt in der Gestalt, die er durch den Widerspruchsbescheid gefunden" hat. Das Vorverfahren lässt sich aber auch als eigenständiges Rechtsbehelfsverfahren verstehen („Widerspruchsverfahren"). Mit diesem eigenständigen Rechtsbehelf, der die Anfechtungsklage nicht nur ermöglicht, sondern diese auch ergänzt, werden wir uns noch beschäftigen (Rn. 203 ff.).

Zusatzinformation
Die auf die Zulässigkeitsvoraussetzung beschränkte Perspektive muss die VwGO deshalb einnehmen, weil der Bundesgesetzgebung aus Art. 74 Abs. 1 Nr. 1 GG nur die Kompetenz für das *gerichtliche* Verfahren zusteht; für das behördliche Verfahren in den Ländern hat der Bund nur eingeschränkt Kompetenz (vgl. § 2 Rn. 42). Die Durchführung eines Vorverfahrens als Zulässigkeitsvoraussetzung soll gerade noch darunterfallen, das verwaltungsinterne Verfahren – soweit im Landesbereich – dagegen nicht (hier findet dann grundsätzlich das jeweilige Verwaltungsverfahrensgesetz Anwendung, vgl. § 79 VwVfG*).[80] So erklärt sich die etwas unvollständig erscheinende Regelung der §§ 68 ff. VwGO.

164 Die Zulässigkeitsvoraussetzung nach § 68 Abs. 1 S. 1 VwGO ist erfüllt, wenn das Vorverfahren ordnungsgemäß durchgeführt wurde. Das verlangt dem Kläger zweierlei ab, nämlich **ein Handlungsmoment** (Rn. 165 ff.) **und ein Abwartensmoment** (Rn. 173 ff.) – sofern das Vorverfahren nicht ausnahmsweise ganz entbehrlich gestellt ist (Rn. 176 ff.).

---

[78] Kritisch *Neupert*, Rechtmäßigkeit und Zweckmäßigkeit, 2011.
[79] Lit.: *Eibner*, Die Abschaffung des verwaltungsrechtlichen Vorverfahrens in Bayern, 2010; *Heins*, Die Abschaffung des Widerspruchsverfahrens, 2010 (zu Niedersachsen); *Moench*, FS Battis, 2014, S. 449.
[80] Lit.: *Allesch*, Die Anwendbarkeit der Verwaltungsverfahrensgesetze auf das Widerspruchsverfahren nach der VwGO, 1984; *Oerder*, Das Widerspruchsverfahren der Verwaltungsgerichtsordnung, 1989; *von Mutius*, Das Widerspruchsverfahren als Verwaltungsverfahren und Prozeßvoraussetzung, 1969.

IV. Rechtsschutz

(1) Handlungsmoment: form-, adressierungs- und fristgerechter Widerspruch

Das Handlungsmoment erbringt der Kläger, indem er **Widerspruch** einlegt und damit gemäß § 69 VwGO das Vorverfahren anstößt. Der Widerspruch muss formgerecht, bei der richtigen Stelle und fristgerecht eingelegt werden. 165

Für die **Form** hat der Kläger nach § 70 Abs. 1 S. 1 VwGO die Wahl zwischen Schriftform (Unterschrift auf Papier, kann auch per Fax übermittelt werden), elektronischer Form (unter Verweis auf § 3a Abs. 2 VwVfG [Bund], vgl. § 18 Rn. 11) und Niederschrift bei der Behörde (also mündlich vor Ort). 166

Für die **Adressierung** hat der Kläger nach § 70 Abs. 1 S. 1 und 2 VwGO die Wahl zwischen der Ausgangsbehörde und der Widerspruchsbehörde – sofern das im konkreten Fall überhaupt zwei verschiedene Behörden sind. Nach dem gesetzlichen Grundmodell ist Widerspruchsbehörde die „(nächst)höhere Behörde" (§ 73 Abs. 1 S. 2 Nr. 1 VwGO); solche gibt es freilich von vornherein nur in einem mehrstufigen Verwaltungsaufbau, wie ihn der Bund und die Länder, aber nur wenige andere Verwaltungsträger aufweisen (siehe oben § 7 Rn. 46 ff.). Für sonstige Verwaltungsträger, aber auch darüber hinaus, gibt es von dem Grundmodell weitreichende Ausnahmen in der VwGO, in den AGVwGO sowie im Besonderen Verwaltungsrecht. 167

- Bei verselbstständigten Verwaltungsträgern entscheidet „in *Selbstverwaltungsangelegenheiten* die Selbstverwaltungsbehörde" – also grundsätzlich das Leitungsorgan – über Widersprüche gegen ihre eigenen Verwaltungsakte (§ 73 Abs. 1 S. 2 Nr. 3 VwGO; zur entsprechenden Behördenstruktur oben § 7 Rn. 47 ff.).
- Überdies entlastet § 73 Abs. 1 S. 2 Nr. 3 VwGO die *Ministerien* von der Zuständigkeit, wo diese selbst nächsthöhere Behörden wären. Ihnen unmittelbar nachgeordnete Behörden entscheiden danach selbst über Widersprüche gegen ihre eigenen Verwaltungsakte (das betrifft namentlich Bundes- und Landesoberbehörden, oben § 7 Rn. 60 f., 69 f., und Bezirksregierungen/Regierungspräsidien, oben § 7 Rn. 71 ff.).
- Noch weitergehend erlaubt es eine Öffnungsklausel, generell die *Ausgangsbehörde* über Widersprüche entscheiden zu lassen (§ 73 Abs. 1 S. 3 VwGO). Das hat man etwa in Hamburg zur Regel gemacht (§ 7 Abs. 1 AGVwGO HH).
- Eine weitere Öffnungsklausel gestattet sogar, organisatorisch beliebig verortete *Widerspruchsausschüsse* zur Entscheidung zu berufen (§ 73 Abs. 2 VwGO). Davon macht etwa Rheinland-Pfalz recht weitreichend mit den Kreis- und Stadtrechtsausschüssen Gebrauch, die bei Landkreisen und kreisfreien sowie großen kreisangehörigen Städten eingerichtet sind (§ 6 AGVwGO RP). Die entsprechenden Ausschüsse in Hessen (§ 7 AGVwGO HE) hören demgegenüber nur an, aber entscheiden nicht selbst.

Für die **Frist** muss der Kläger gemäß § 70 Abs. 1 S. 1 VwGO den Zugang des Widerspruchs innerhalb eines Monats (ausnahmsweise eines Jahres) nach der Bekanntgabe des Verwaltungsakts bewirken, sofern die Behörde ihm nicht Wiedereinsetzung gewährt oder wirksam auf die Fristwahrung verzichtet. Im Einzelnen: 168

169 Die Frist **beginnt mit der Bekanntgabe** des anzufechtenden Verwaltungsakts. Damit verweist das Prozessrecht grundsätzlich auf den Zeitpunkt, in dem der Verwaltungsakt materiellrechtlich wirksam wird, denn hierfür kommt es nach § 43 Abs. 1 VwVfG* ebenfalls auf die Bekanntgabe an (oben Rn. 64 ff.).

Zusatzinformation
Gleichwohl handelt es sich um zwei verschiedene Vorschriften, sodass die Auslegung auch zu Abweichungen führen kann. Insbesondere bei Verwaltungsakten, die nicht individuell bekannt gegeben wurden (vgl. Rn. 115), nimmt die Rechtsprechung teilweise Korrekturen vor – so beim Verkehrszeichen, das danach materiellrechtlich zwar mit der Aufstellung wirksam wird, aber prozessrechtlich innerhalb einer Frist angegriffen werden kann, die erst mit der ersten individuellen Konfrontation eines Verkehrsteilnehmers mit dem Zeichen zu laufen beginnt.[81]

170 Die **Monatsfrist verlängert sich** gemäß § 70 Abs. 2, § 58 Abs. 2 S. 1 VwGO in eine Jahresfrist, wenn der Verwaltungsakt gar keine oder jedenfalls keine richtige Rechtsbehelfsbelehrung enthielt (vgl. auch Rn. 114). Eine vollständige Belehrung muss die Informationen nach § 58 Abs. 1 VwGO enthalten (dass Widerspruch gegeben und bei wem, unter welcher Anschrift und bis wann er einzulegen ist), überdies nach herrschender Auffassung die nötige Form des Rechtsbehelfs benennen (Rn. 166) und selbst schriftlich oder elektronisch erteilt werden (also nicht etwa nur mündlich).

Beispiele für Fehler: Die Frist wird mit „vier Wochen" statt „ein Monat" angegeben; die Anschrift der Behörde fehlt; die Möglichkeit, bei der Behörde den Widerspruch auch zur Niederschrift zu erheben, bleibt unerwähnt. – Dagegen ist kein Hinweis auf die Wahlmöglichkeit des § 70 Abs. 1 S. 2 VwGO nötig.

Prüfungshinweis

▶ Für die Berechnung der Widerspruchsfrist gelten im Ergebnis die Ihnen bekannten §§ 186 ff. BGB. Keine praktische Relevanz hat deshalb die unterschiedlich beantwortete Frage, ob die Widerspruchsfrist der allgemeinen prozessrechtlichen Fristenregelung des § 57 Abs. 2 VwGO unterliegt (der auf § 222 ZPO verweist, dessen Absatz 1 ins BGB führt) oder aber der verwaltungsverfahrensrechtlichen nach § 31 VwVfG* (dessen Absatz 1 ebenfalls ins BGB verweist). Lediglich die Regelung zum Fristende am Wochenende oder Feiertag (§ 193 BGB) wird verdrängt, entweder durch § 222 Abs. 2 ZPO oder aber durch § 31 Abs. 3 VwVfG*, allerdings inhaltsgleich: auch hier verschiebt sich das Fristende auf den nächsten Werktag.

Zusatzinformation
In der Sache spricht mehr dafür, § 57 VwGO für anwendbar zu halten, denn sonst wäre das Regelungsthema der Fristberechnung teilweise der Landesgesetzgebung überlassen, und das würde kaum zu der bundesweiten Vereinheitlichung des Vorverfahrens als Zulässigkeitsvoraussetzung durch §§ 68 ff. VwGO passen. Ein systematisches Gegenargument könnte man allerdings aus § 70 Abs. 2 VwGO gewinnen, der die entsprechende Anwendung von §§ 58 und 60 Abs. 1–4 VwGO anordnet und damit § 57 gerade ausspart.

---

[81] BVerwGE 138, 21.

Ein unverschuldet verspäteter Widerspruch ist nach § 70 Abs. 2, § 60 VwGO 171
doch noch zulässig, wenn die Behörde „**Wiedereinsetzung in den vorigen Stand**"
gewährt. Unverschuldet ist die Säumnis etwa bei Krankheit, aber gemäß § 45 Abs. 3
VwVfG* auch bei Fehlen einer erforderlichen Anhörung oder Begründung, wenn
dies für die Säumnis ursächlich war. Der Widerspruch muss dann innerhalb von
zwei Wochen nach Wegfall des unverschuldeten Hindernisses (und grundsätzlich
innerhalb eines Jahres nach dem Ablauf der ursprünglichen Frist) eingelegt werden.
Die Wiedereinsetzung kann zwar von Amts wegen gewährt werden (§ 60 Abs. 2 S. 4
VwGO), wird aber zweckmäßigerweise ausdrücklich beantragt (wie es dem gesetzlichen Regelfall entspricht, § 60 Abs. 1 VwGO).

Beispiel: Nach zwei bewusstlosen Monaten im Krankenhaus findet A zu Hause im Briefkasten eine Abrissverfügung für ihr Wochenendhaus vor. Die Widerspruchsfrist ist inzwischen abgelaufen. Sie schreibt der Baurechtsbehörde: „Ich beantrage Wiedereinsetzung in den vorigen Stand und erhebe zugleich Widerspruch gegen Ihren Bescheid vom …"
Dabei erklärt sie, was passiert ist, und legt zur Glaubhaftmachung eine Bescheinigung des Krankenhauses über ihren Aufenthalt dort vor.

Auch einen ohne Entschuldigung verspäteten Widerspruch lässt man überwiegend 172
für die Erfüllung des Handlungsmoments des Vorverfahrenserfordernisses genügen,
wenn die Behörde auf die Fristwahrung verzichtet. Einen solchen **Verzicht** sieht
man in einem Widerspruchsbescheid (sogleich Rn. 173 f.), der es unterlässt, den
Widerspruch als verfristet zurückzuweisen. Die Kompetenz zum Verzicht auf die
Fristwahrung begründet das Gesetz nicht ausdrücklich; sie ist das Ergebnis einer
Auslegung, die den Zweck der Fristbindung des Widerspruchs im Schutz der Verwaltung sieht und deshalb eine Disposition darüber durch die Verwaltung für möglich hält. Betont man demgegenüber die Entlastungsfunktion des Vorverfahrens
(oben Rn. 162), liegt ein solches Verständnis weniger nahe.

(2) Abwartensmoment: Widerspruchsbescheid oder Untätigkeit der Behörde

Spezielle Studienliteratur: *Wittmann*, JuS 2017, 842.

Das Abwartensmoment erbringt der Kläger, indem er nach der Einlegung des 173
Widerspruchs solange stillhält, bis entweder ein **Widerspruchsbescheid** ergangen
ist (§§ 73, 74 Abs. 1 S. 1 VwGO) **oder drei Monate** vergangen sind (§ 75 S. 1, 2
VwGO). Der Kläger muss hier nichts mehr tun und kann es auch gar nicht. Insbesondere hat er es nicht in der Hand, ob der Widerspruchsbescheid gerade von der
dafür zuständigen Behörde erlassen wird; das kann dementsprechend kein Teil der
Zulässigkeitsvoraussetzung des § 68 Abs. 1 S. 1 VwGO sein.

Der Widerspruchsbescheid schließt in jedem Fall das Widerspruchsverfahren ab. 174
Führt er zur Aufhebung des angefochtenen Verwaltungsakts (Rn. 204), ist die Anfechtungsklage gegenstandslos geworden und schon gar nicht mehr statthaft
(Rn. 148). In unserer Fallkonstellation wird der Widerspruchsbescheid daher
normalerweise den Widerspruch ganz oder teilweise zurückweisen; gegen den Verwaltungsakt bzw. dessen verbleibenden Teil ist dann der Weg zur Klage frei, weitere
Funktionen hat der Widerspruchsbescheid hier nicht.

Zusatzinformationen
- Nur wenn der Widerspruchsbescheid über die Zurückweisung hinaus eine eigenständige Regelung enthält, kann er selbst zum Gegenstand der Klage werden (vgl. bereits Rn. 155). Dies kann auf zwei Wegen geschehen: (1) Gegen die neue Regelung selbst kann unmittelbar Anfechtungsklage erhoben werden (§ 68 Abs. 1 S. 2 Nr. 2 VwGO, vgl. Rn. 176). (2) Soweit die neue Regelung die des ersten Verwaltungsakts inhaltlich ändert, wird die Anfechtungsklage gegen diesen sozusagen automatisch auf den Verwaltungsakt in der geänderten Gestalt bezogen (§ 79 Abs. 1 Nr. 2 VwGO).
- Wenn der Widerspruchsbescheid die Sache gegenüber dem ersten Verwaltungsakt sogar schlimmer macht, etwa die festgestellte Prüfungsnote herabsetzt („Verböserung" oder *reformatio in peius*, vgl. noch § 20 Rn. 20), ist diese Konstellation hinsichtlich der Zulässigkeit auf den eben beschriebenen Wegen zu bewältigen: man kann entweder die verschlechterte Note (Weg 2) oder aber die Verschlechterung selbst (Weg 1) angreifen. Ob die Verschlechterung selbst erlaubt ist, stellt dann eine Begründetheitsfrage dar (vgl. § 20 Rn. 20).

175 Wäre der Widerspruchsbescheid zwingende Voraussetzung für die Zulässigkeit der Anfechtungsklage, so hätte es die Verwaltung in der Hand, den Rechtsschutz zu vereiteln, indem sie einfach nie einen Widerspruchsbescheid erließe. Um dieser Gefahr vorzubeugen, erklärt § 75 S. 1 Var. 1 VwGO eine Klage unter gewissen Umständen auch dann für zulässig, wenn das Vorverfahren nicht mit einem Widerspruchsbescheid abgeschlossen wurde (sogenannte **Untätigkeitsklage**).[82] Über den Widerspruch darf dann „in angemessener Frist sachlich nicht entschieden" sein. Dieses etwas vage Kriterium macht § 75 S. 2 VwGO handhabbar, indem grundsätzlich mindestens drei Monate seit der Einlegung des Widerspruchs vergangen sein müssen (Ausnahmen können für den Einzelfall begründet werden).

Prüfungshinweis

▶ Beachten Sie, dass es sich bei der Untätigkeitsklage trotz des Namens nicht um eine eigene Klageart handelt. Es bleibt bei einer Anfechtungsklage, lediglich für die Zulässigkeitsvoraussetzung des Vorverfahrens wird eine Alternative geboten.

Zusatzinformation
Das Gericht prüft, ob ein „zureichender Grund" für die Untätigkeit vorliegen könnte, und gibt der Behörde in diesem Fall durch befristete Aussetzung des Verfahrens Gelegenheit, doch noch den Widerspruch zu bescheiden (§ 75 S. 3 VwGO). Dem Kläger ist damit nicht immer viel geholfen, weshalb die Untätigkeitsklage manchmal doch ein wenig effektives Mittel darstellt.

(3) Ausnahmen
176 Die Zulässigkeitsvoraussetzung des Vorverfahrens ist in einigen Fällen auch entbehrlich. Die Ausnahmen ergeben sich im Wesentlichen aus § 68 Abs. 1 S. 2 VwGO (oft in Verbindung mit weiteren Gesetzen), sind teilweise aber auch über den Gesetzeswortlaut hinaus anerkannt.

177 Ein **Vorverfahren entfällt** nach dem Gesetz

---

[82] Lit.: *Bettermann*, NJW 1960, 1081; *A. Leisner*, VerwArch 91 (2000), S. 227; *Reimer*, DVBl 2017, 333. Zur Rechtslage vor der VwGO *Obermayer*, NJW 1956, 361.

- bei Verwaltungsakten von *obersten Bundes- oder Landesbehörden*, denn den Ministerien wird unterstellt, ihre Entscheidungen bereits politisch voll reflektiert zu haben (§ 68 Abs. 1 S. 2 Var. 2 Nr. 1 VwGO). Fachspezifische Ausnahmen kann die Bundes- oder Landesgesetzgebung aber treffen, wenn das Ministerium doch einmal eine „gewöhnliche" Verwaltungsaufgabe ausübt.

   Beispiel: Das Landesjustizprüfungsamt ist in Baden-Württemberg organisatorisch ein Teil des Justizministeriums (§ 1 Abs. 2 S. 1 JAG BW); gegen seine Verwaltungsakte ist aber ausdrücklich ein Vorverfahren angeordnet (§ 4 JAG BW).

- bei Verwaltungsakten, die *bereits selbst Produkt eines Vorverfahrens*, also auf einen Widerspruch hin ergangen sind und nun ihrerseits einen neuen (vermeintlichen) Fehler aufweisen (§ 68 Abs. 1 S. 2 Var. 2 Nr. 2 VwGO: Widerspruchsbescheide sowie, wenn bereits die Ausgangsbehörde ein Einsehen hat, Abhilfebescheide).

   Beispiele: Der Widerspruchsbescheid hat die Regelung noch verschlimmert. – Die Behörde hat dem Widerspruch abgeholfen, aber dadurch sieht sich nunmehr eine dritte Person in Rechten verletzt.

- gemäß *spezialgesetzlicher Anordnung* (§ 68 Abs. 1 S. 2 Var. 1 VwGO – vor den beiden Nummern), sei es allgemein im VwVfG*, sei es landesweit im AGVwGO oder sei es im Besonderen Verwaltungsrecht. Hierher gehört auch die „Abschaffung" des Widerspruchsverfahrens in manchen Ländern, namentlich Nordrhein-Westfalen (§ 110 JustG NRW; siehe Rn. 162 ZI zur rechtspolitischen Seite).

   Beispiele: Allgemein gibt es kein Vorverfahren nach Verwaltungsakten, die in „förmlichen Verwaltungsverfahren" oder „Planfeststellungsverfahren" erlassen wurden (§§ 70, 74 Abs. 1 S. 2 VwVfG*; zu diesen besonderen behördlichen Verfahren noch § 29 Rn. 25 ff.). Auch hier darf angenommen werden, dass die Verwaltung bereits eine abschließend reflektierte Entscheidung getroffen hat. – In Baden-Württemberg entfällt das Vorverfahren regelmäßig bei Verwaltungsakten der Regierungspräsidien (§ 15 Abs. 1 AGVwGO BW).

Über den Wortlaut hinaus wird meist angenommen, dass das Vorverfahren entfällt, wenn die gleiche Sache bereits Gegenstand eines Widerspruchsverfahrens gewesen ist

178

Beispiel: A ficht die Abrissverfügung erfolgreich mit dem Widerspruch an. Eine Woche nach Zustellung des Widerspruchsbescheids erlässt die untere Baurechtsbehörde eine erneute, gleichlautende Abrissverfügung. Hier soll die Verwaltung nicht den Rechtsschutz vereiteln können.

oder der Beklagte sich gegenüber dem Verwaltungsgericht zur Sache eingelassen hat, ohne das Fehlen des Vorverfahrens zu rügen („rügelose Einlassung"). Weitere Ausnahmen *praeter legem* werden gelegentlich angenommen, sind aber jeweils umstritten und für den Kläger dementsprechend riskant.[83]

---

[83] Dazu *Schoch*, FS Schenke, 2011, S. 1207.

dd) Wann ist die Klagefrist gewahrt?

179 Die Anfechtungsklage ist eine der wenigen Klagearten, deren Zulässigkeit an eine strenge Ausschlussfrist gebunden ist (neben der spiegelbildlichen Verpflichtungsklage, zu der wir unter Rn. 244 ff. kommen werden, und dem Antrag nach § 47 VwGO, der erst später in § 23 Rn. 52 ff. zu behandeln ist).

Prüfungshinweise

▶ Die Klagefrist berechnet sich wegen der Verweisung in § 57 Abs. 2 VwGO nach § 222 ZPO, dessen Absatz 1 wiederum auf die Ihnen bekannten §§ 186 ff. BGB verweist. Lediglich die Regelung zum Fristende am Wochenende oder Feiertag (§ 193 BGB) wird durch § 222 Abs. 2 ZPO als Spezialregelung verdrängt, praktischerweise aber inhaltsgleich: auch hier verschiebt sich das Fristende auf den nächsten Werktag.

▶ Ist die Klagefrist einmal abgelaufen, sollte man darüber nachdenken, ob ein Anspruch auf Aufhebung des Verwaltungsakts ausnahmsweise im Wege der Verpflichtungsklage verfolgt werden kann. In Frage kommen dafür vor allem Ansprüche aus §§ 48, 49 und 51 VwVfG* (dazu bereits § 13 Rn. 64 ff.).

180 Da die Anfechtungsklage sich auf einen Verwaltungsakt bezieht, **beginnt** die Klagefrist frühestens zu laufen, wenn dieser bekannt gegeben worden ist (§ 74 Abs. 1 S. 2 VwGO). Sofern – wie regelmäßig – ein Vorverfahren durchgeführt werden muss, beginnt sie sogar erst zu laufen, wenn der Widerspruchsbescheid zugestellt worden ist (§ 74 Abs. 1 S. 1 VwGO); es muss dann aber zuvor die Widerspruchsfrist eingehalten oder wirksam von der Verwaltung darauf verzichtet worden sein (Handlungsmoment des Vorverfahrenserfordernisses, Rn. 165 ff.).

181 Die Klagefrist beträgt nach § 74 Abs. 1 S. 1 bzw. 2 VwGO einen Monat. Jedoch **verlängert** sie sich gemäß § 58 Abs. 2 S. 1 VwGO auf ein Jahr, wenn der Verwaltungsakt bzw. der Widerspruchsbescheid gar keine oder jedenfalls keine richtige Rechtsbehelfsbelehrung enthielt. Eine vollständige Belehrung muss

- die Informationen nach § 58 Abs. 1 VwGO enthalten (welcher Rechtsbehelf, bei wem und unter welcher Anschrift einzulegen, bis wann),
- überdies nach herrschender Auffassung die nötige Form des Rechtsbehelfs benennen (für die Klage nach § 81 Abs. 1 VwGO schriftlich oder zur Niederschrift des Urkundsbeamten der Geschäftsstelle, nach § 55a Abs. 1 VwGO jetzt auch elektronisch) und
- selbst schriftlich oder elektronisch erteilt werden (also nicht etwa nur mündlich).

Beispiele für Fehler: Die Frist wird mit „vier Wochen" angegeben; die Anschrift des Gerichts fehlt; die Möglichkeit, die Klage auch zur Niederschrift zu erheben, bleibt unerwähnt.

182 Auch hier gibt es die Möglichkeit der **Wiedereinsetzung** in den vorigen Stand nach § 60 VwGO (vgl. Rn. 171), worüber bei der Klage das Gericht entscheiden muss.

IV. Rechtsschutz

ee) Gegen wen ist die Anfechtungsklage zu richten?

Wie schon bei der allgemeinen Feststellungsklage (oben § 9 Rn. 63) gehört zu den Zulässigkeitsvoraussetzungen auch, dass der Kläger den **richtigen Beklagten** ausgewählt hat. Anders als dort hält das Gesetz für die Anfechtungsklage jedoch eine ausdrückliche Regelung bereit.   183

Zu beklagen ist danach grundsätzlich der „Bund, das Land oder die Körperschaft, deren Behörde den angefochtenen Verwaltungsakt erlassen" hat (§ 78 Abs. 1 Nr. 1 Hs. 1 Var. 1 VwGO).[84] Das erfordert es, den **Verwaltungsträger** zu bestimmen und zu benennen, für den die Behörde im konkreten Fall gehandelt hat (unter Beachtung etwaiger Organleihen, oben § 6 Rn. 17 ff., 26). Maßgeblich ist die Ausgangsbehörde, sofern nicht ein Widerspruchsbescheid isoliert angegriffen wird (§ 78 Abs. 2 VwGO; Rn. 155). Für den Kläger gilt die Erleichterung, dass die „Angabe der Behörde" genügt (§ 78 Abs. 1 Nr. 1 Hs. 2 VwGO); spätestens für die Urteilswirkungen müssen Gericht und Beteiligte aber herausarbeiten, welcher Verwaltungsträger gebunden sein soll.   184

Prüfungshinweis

▶ Falls Ihr Bundesland Landratsämter (§ 7 Rn. 76 f.) kennt und qua Organleihe für das Land statt den Kreis handeln lässt, ist dies der Ort im Gutachten, wo Sie entsprechend zu differenzieren haben.

Diese Grundsätze werden durchbrochen, soweit das **Behördenprinzip** reicht (dazu bereits § 7 Rn. 40 ff.). An Ort und Stelle bietet § 78 Abs. 1 Nr. 2 VwGO eine Öffnungsklausel zugunsten der Landesgesetzgebung, wovon eine Reihe von Ländern auch Gebrauch macht. Hinzu kommen bundesgesetzliche Ausnahmen, wonach bestimmte Behörden immer als solche zu beklagen sind (z. B. die Bundes- und Landesdatenschutzbeauftragten nach § 20 Abs. 5 S. 1 Nr. 2 BDSG).   185

Prüfungshinweis

▶ Falls das AGVwGO Ihres Bundeslands das Behördenprinzip vorsieht, ist das unbedingt zu merken und an dieser Stelle des Gutachtens abzurufen.

Zusatzinformationen

- Die dritte Fallgruppe des Behördenprinzips, der verwaltungsgerichtliche Organstreit, spielt bei der Anfechtungsklage keine Rolle, weil dort mangels Außenwirkung niemals Verwaltungsakte im Streit stehen.
- Abweichend von der VwGO ist die Anfechtungsklage beim Finanzgericht – etwa wegen eines Steuerbescheids – stets gegen die Behörde zu richten (§ 63 FGO).

ff) Welches Gericht ist zuständig?

Für die Anfechtungsklage gelten Besonderheiten nicht bezüglich der sachlichen, wohl aber bezüglich der örtlichen Zuständigkeit. Kennen gelernt haben wir die allgemeine Regelung der letzteren in § 52 VwGO (oben § 8 Rn. 14). Die Spezialregelung zur Anfechtungsklage ist dort ebenfalls untergebracht. Sie knüpft – überraschender- und ausnahmsweise – an die Identität des beklagten Verwaltungsträgers an.   186

---

[84] Zur Funktion dieser Vorschrift *Jestaedt*, NWVBl 1989, 45.

187 Den **Bund** und die anderen bundesrechtlichen Verwaltungsträger erfasst § 52 Nr. 2 VwGO. Zuständig ist das Gericht am Sitz der Bundesbehörde bzw. des Verwaltungsträgers (mit gewissen Modifikationen für Asylsachen und Auslandsvertretungen). Auf diese Weise wird erreicht, dass nicht für alle Klagen gegen Bundesstellen das Verwaltungsgericht Berlin zuständig ist, wo der Bund seinen (Regierungs-)Sitz hat. Vielmehr hat grundsätzlich jede Bundesstelle „ihr" Verwaltungsgericht.

> *Beispiel:* Für alle Klagen gegen Verwaltungsakte des Bundesamtes für Wirtschaft und Ausfuhrkontrolle (BAFA) in Frankfurt am Main ist das Verwaltungsgericht Frankfurt am Main zuständig.

188 Die Länder, die Kommunen und **alle sonstigen Verwaltungsträger** erfasst § 52 Nr. 3 VwGO. Die Zuständigkeit folgt hier grundsätzlich dem Ort, wo „der Verwaltungsakt erlassen wurde" (mit einigen Präzisierungen sowie einer Ausnahme für Studienplatzvergabesachen). Auch Gemeinden, Hochschulen und Kommunen haben angesichts ihrer begrenzten räumlichen Zuständigkeit stets mit demselben Verwaltungsgericht zu tun.

189 Doch soll diese Spezialregelung nur greifen, wenn es nicht um ein **Grundstück** oder um ein öffentlich-rechtliches Dienstverhältnis geht. Insoweit gehen § 52 Nr. 1 und 4 VwGO ausdrücklich vor.

gg) Wann ist die Anfechtungsklage begründet?

Spezielle Studienliteratur: *von Kielmannsegg*, JuS 2013, 312.

190 Den Begründetheitsmaßstab für die Anfechtungsklage finden wir in § 113 Abs. 1 S. 1 VwGO, wo die sachlichen Voraussetzungen der aufhebenden („kassatorischen") Entscheidung festgelegt sind, auf die die Klage abzielt. Die Begründetheit setzt danach kumulativ zweierlei voraus: (1) der Verwaltungsakt muss rechtswidrig sein, und (2) der Kläger muss dadurch in seinen Rechten verletzt sein.

Prüfungshinweis

▶ Der Obersatz der Begründetheitsprüfung einer Anfechtungsklage muss beide Voraussetzungen nennen und sollte außerdem § 113 Abs. 1 S. 1 VwGO anführen.

(1) Rechtswidrigkeit

191 Die Begründetheitsvoraussetzung der **Rechtswidrigkeit** verknüpft die Anfechtungsklage mit der materiellrechtlichen Rechtmäßigkeitsfrage, die wir zu Rn. 89 ff. bereits betrachtet haben. Dabei ergeben sich aus dem prozessualen Zusammenhang punktuell allerdings zusätzliche Rechtsfragen.

Prüfungshinweis

▶ An dieser Stelle können Sie im Ausgangspunkt Prüfungsschema 9 in Prüfungsschema 10 einsetzen.

(a) Maßgeblicher Zeitpunkt

Spezielle Studienliteratur: *Gärditz/Orth*, Jura 2013, 1100.

Oftmals praktisch relevant wird die Frage, welcher **Zeitpunkt für die Beurteilung** der Rechtswidrigkeit im Kontext der Anfechtungsklage maßgeblich sei (vgl. bereits oben Rn. 90 sowie allgemein § 17 Rn. 35 ZI).[85] Dabei geht es darum, ob sich der Kläger auf nachträgliche Änderungen der Sach- oder der Rechtslage berufen kann, die für ihn günstig sind („Rechtswidrigwerden"), und umgekehrt, ob er ungünstige spätere Änderungen gegen sich gelten lassen muss („Rechtmäßigwerden" des Verwaltungsakts).[86] 192

Im **Ausgangspunkt** kommt es allein auf den Zeitpunkt des **Verwaltungsaktserlasses** an und also darauf, ob die Behörde bei ihrer Entscheidung alle zu beachtenden Rechtsvorschriften eingehalten hat. Wenn – wie regelmäßig – der Verwaltungsakt und der Widerspruchsbescheid zu einem einheitlichen Klagegegenstand verbunden sind (§ 79 Abs. 1 Nr. 1 VwGO, Rn. 163), hebt man einheitlich auf den Zeitpunkt der letzten Verwaltungsentscheidung ab, also den des Erlasses des Widerspruchsbescheids. In dieser Logik kann ein Verwaltungsakt nicht „rechtswidrig werden"; entweder ist er es von Anfang an oder eben nicht. 193

Von dem Ausgangspunkt weicht die herrschende Auffassung jedoch ab, wenn der Verwaltungsakt als sogenannter „**Dauerverwaltungsakt**" eine anhaltende Befehlswirkung entfaltet. Hier entscheidet dann der Zeitpunkt der **Gerichtsentscheidung**, als den man immer den letzten Termin der mündlichen Verhandlung annimmt (vgl. § 30 Rn. 22). Der Dauerverwaltungsakt müsste nach diesem Verständnis in jedem Moment seiner Geltungsdauer von der Behörde erlassen werden dürfen. 194

Beispiel: A wendet sich gegen das polizeiliche Verbot, bei offenem Fenster Klavier zu spielen, mit dem Argument, nach Erlass des Verbots seien die verbindlichen Schallgrenzwerte erhöht worden.

Aus dem **Fachrecht** können sich Gegenausnahmen ergeben, wenn ersichtlich die Rechtmäßigkeit einmal nur nach dem **Erlasszeitpunkt** beurteilt werden sollte. 195

Beispiel: die Gewerbeuntersagung wegen Unzuverlässigkeit nach § 35 GewO. Da dort in Absatz 6 ein besonderes Verfahren für die sogenannte „Wiedergestattung" vorgesehen ist, versteht man auch die Untersagungsrechtsgrundlage in Absatz 1 dahin, dass sie allein zeitpunktbezogen gelten soll.

(b) Abhängigkeit von der Aufhebung eines anderen Verwaltungsakts

Ein besonderes Problem entsteht, wenn die Rechtswidrigkeit des angefochtenen Verwaltungsakts *w* tatbestandlich davon abhängt, ob ein gewisser *anderer* Verwaltungsakt *v* im maßgeblichen Zeitpunkt wirksam (und vollziehbar) ist (zu dieser speziellen Konstellation der Rechtmäßigkeit oben Rn. 124). 196

---

[85] Lit.: *Kopp*, FS Menger, 1985, S. 693; *Mager*, Der maßgebliche Zeitpunkt für die Beurteilung der Rechtswidrigkeit von Verwaltungsakten, 1994; *Rennert*, DVBl 2019, 593. S. a. Fn. 49.
[86] Lit.: *Schenke*, NVwZ 2015, 1341.

Beispiel: Der Leistungsbescheid, mit dem eine Subvention zurückgefordert wird, erweist sich als nur dann rechtmäßig, wenn der gleichzeitig ergangene Rücknahmebescheid wirksam (und vollziehbar) ist.

197 In einem derartigen Fall erheben Betroffene normalerweise zwei Anfechtungsklagen (oder auch: eine Anfechtungsklage mit zwei Gegenständen), nämlich gegen v und w. Der Verwaltungsakt v verliert seine Wirksamkeit erst dann, wenn das Verwaltungsgericht ihn durch Urteil aufhebt (§ 113 Abs. 1 S. 1 VwGO) und dieses Urteil rechtskräftig wird (vgl. § 21 Rn. 16). Erst dadurch wird der Verwaltungsakt w aber rückwirkend rechtswidrig und die zweite Anfechtungsklage zugleich begründet. Wenn dem Gericht nun beide Klagen zugleich zur Entscheidung vorliegen und die Klage gegen v als begründet angesehen wird: wie muss es mit der Klage gegen w umgehen?

198 Die erste Möglichkeit besteht darin, den Rechtsstreit gegen w offen zu halten, bis über v endgültig – d. h. rechtskräftig – entschieden ist. Das Gericht würde dann (wenn beide Klagen in demselben Rechtsstreit verfolgt werden) entweder v durch ein Teilurteil aufheben (§ 110 VwGO) und das Verfahren im Übrigen bis zu dessen Rechtskraft ruhen lassen oder aber den Rechtsstreit in zwei getrennte Rechtsstreite auftrennen (§ 93 S. 2 VwGO) und den Rechtsstreit über w dann bis zum Abschluss des Rechtsstreits über v aussetzen (§ 94 VwGO, vgl. unten § 30 Rn. 21). Das ist kompliziert und erfordert zu dem späteren Zeitpunkt ein erneutes Tätigwerden des Gerichts.

199 Praktisch wählt man daher die zweite, dogmatisch allerdings nicht ganz einwandfreie Möglichkeit. Diese besteht in einem Kunstgriff: Nachdem man die Begründetheit bezüglich v bejaht hat, prüft man die Begründetheit bezüglich w so, *als ob v bereits aufgehoben wäre*. Dafür streitet das Argument, dass ein Urteil, das *zugleich* die Verwaltungsakte v und w aufhebt, ja selbst erst einmal rechtskräftig werden muss und dann beide Aufhebungswirkungen *zugleich* hervorbringt: Mit der Aufhebung von v wird die Anfechtungsklage gegen w im selben Moment begründet, und im selben Moment ist ihr dann auch stattgegeben. Dieses Argument krankt freilich daran, dass selbst bei gleichzeitigem Urteil nicht auch die Rechtskraft gleichzeitig eintreten muss – schließlich können Rechtsmittel auch auf einzelne Urteilspunkte beschränkt werden (vgl. § 21 Rn. 24 ZI). Entscheidendes Argument der Praxis dürfte letztlich daher die Prozessökonomie sein.

Prüfungshinweis

▶ In einem Gutachten über die Erfolgsaussichten beider Anfechtungsklagen wird man dementsprechend zuerst die unabhängige, v betreffende Klage prüfen. Führt sie nicht zum Erfolg, ist die Wirksamkeit von v nicht infrage gestellt und bleibt es bei der Rechtmäßigkeit von w. Führt dagegen die Klage gegen v zum Erfolg, so kann man innerhalb des Gutachtens über die Klage gegen w darauf hinweisen, dass die Rechtmäßigkeitsvoraussetzung eines wirksamen v zwar einstweilen noch gegeben ist, aber mit der Rechtskraft der Entscheidung über die v betreffende Klage wegfallen und in diesem Zeitpunkt dann auch die Klage gegen w begründet werden wird.

IV. Rechtsschutz 395

(c) Ermessensfehler
Hat die Behörde mit dem Erlass des Verwaltungsakts gegen § 40 VwVfG* verstoßen (oben Rn. 133 ff.), macht dieser „Ermessensfehler" den Verwaltungsakt rechtswidrig im Sinne des § 113 Abs. 1 S. 1 VwGO. Das stellt § 114 S. 1 VwGO ausdrücklich klar, der als ein prozessuales Spiegelbild von § 40 VwVfG* erscheint und anstelle des behördlichen Entscheidungs- den gerichtlichen **Kontrollmaßstab** bestimmt. Historisch liegt seine Funktion darin klarzustellen, dass auch Ermessensverwaltungsakte überhaupt kontrolliert werden – angesichts von Art. 19 Abs. 4 GG wäre das heute eigentlich gar nicht mehr nötig.

200

In der Prozesssituation kann allerdings die Frage auftreten, ob die Behörde im Stande ist, einen Ermessensfehler dadurch zu „heilen" (und eine Anfechtungsklage dadurch unbegründet zu machen), dass sie das Ermessen nachträglich richtig ausübt („**Nachschieben von Ermessenserwägungen**").[87] Es ginge dabei wohlgemerkt nicht um eine Korrektur der Begründung (bloßes Formerfordernis – möglich nach §§ 39, 45 Abs. 1 Nr. 2 VwVfG*; oben Rn. 118), sondern um eine Korrektur des Entscheidungsvorgangs. Eine solche erschiene freilich von vornherein wenig zweckmäßig, da nicht mehr ergebnisoffen, und findet im Gesetz auch nicht die erforderliche Stütze.

201

(2) Rechtsverletzung
Keinesfalls übersehen darf man nach Bejahung der Rechtswidrigkeit den Gesichtspunkt der **Rechtsverletzung**.[88] Überall dort, wo der Adressat gegen einen belastenden Verwaltungsakt vorgeht und dazu insbesondere ein (Abwehr-)Grundrecht ins Feld führt, ist dieser Prüfungspunkt zwar ein Selbstgänger: Ein belastender Verwaltungsakt, der objektiv rechtswidrig ist, verletzt *stets* auch das subjektive Recht des klagenden Adressaten. Größerer Sorgfalt bedarf der Rechtsverletzungspunkt aber bei den Drittanfechtungsklagen (oben Rn. 159), zumal wenn der Aufhebungsanspruch des Dritten nicht den ganzen Verwaltungsakt erfasst.[89]

202

Beispiel: Kann sich die Nachbarin schon im Rahmen der Klagebefugnis nur darauf berufen, dass das Bauvorhaben wegen der Nutzungsart als Industriebetrieb unzulässig sei, weil sie nur insoweit über ein subjektives öffentliches (Nachbar-)Recht verfügt, dann ist sie auch im Rahmen der Begründetheit nur dann in einem Recht verletzt, wenn die angefochtene Baugenehmigung gerade gegen diesen Punkt verstößt, und nicht schon bei irgendeiner sonstigen Rechtswidrigkeit der Genehmigungserteilung.

b) Behördliche Beseitigung der Wirksamkeit: Widerspruch

Spezielle Studienliteratur: *Geis/Hinterseh*, JuS 2001, 1074. Einschlägiges Gutachtenbeispiel: *Kempny/Reifegerste*, Fälle zum Allgemeinen Verwaltungsrecht, 2022, Fall 13.

Zur Beseitigung eines rechtswidrigen wirksamen belastenden Verwaltungsakts dient außer der Anfechtungsklage auch der Widerspruch nach § 69 VwGO.[90] Zur

203

---

[87] Lit.: *Schenke*, DVBl 2014, 285.
[88] Lit.: *Weyreuther*, FS Menger, 1985, S. 681.
[89] Lit.: *Hornfischer*, VBlBW 2023, 309.
[90] Lit.: *Poschenrieder*, Außergerichtliche Vorverfahren im Verwaltungsrecht, 2019 (im Vergleich mit FGO und SGG). Historisch und vergleichend *Sydow/Neidhardt*, Verwaltungsinterner Rechtsschutz, 2007.

Unterscheidung von anderen Konstellationen nennt man ihn hier auch „**Anfechtungswiderspruch**". Wir haben ihn bereits kennen gelernt als regelmäßig nötiges Durchgangsstadium auf dem Weg zur Zulässigkeit einer Anfechtungsklage (Rn. 162 ff.). Er ist aber auch ein vollwertiger eigener Rechtsbehelf, den wir hier – entgegen der Chronologie – wegen seiner geringeren fallpraktischen Bedeutung erst nach der Anfechtungsklage vorstellen.

Prüfungshinweis

▷ Die Erfolgsaussichten eines Widerspruchs können auch selbst zum Gegenstand einer Fallfrage gemacht werden.

Zusatzinformation
Deutlicher zum Ausdruck kommt die Eigenständigkeit des verwaltungsinternen Vorverfahrens auf dem Gebiet des Steuerrechts, wo es nicht im Prozessgesetz zusammen mit der Anfechtungsklage (FGO), sondern im materiellen Recht zusammen mit den Verwaltungsakten geregelt ist (§§ 347–367 AO). Der „Einspruch", wie der Rechtsbehelf dort heißt, hat dem Vernehmen nach übrigens eine deutlich höhere Erfolgsquote.

204 Ohne dass es eine ausdrückliche Parallelvorschrift zu § 113 Abs. 1 S. 1 VwGO gäbe, führt auch der erfolgreiche Widerspruch zur Aufhebung des angegriffenen Verwaltungsakts. § 73 Abs. 1 S. 1 VwGO spricht nur vom „Widerspruchsbescheid", ohne dessen möglichen Inhalt zu präzisieren; ersichtlich geht es aber vor allem um die Aufhebung des Verwaltungsakts oder die Zurückweisung des Widerspruchs (vgl. § 20 Rn. 19 ff.). Anders als das Gericht kann die Widerspruchsbehörde außer einer rein „kassatorischen" aber auch eine neue Entscheidung in der Sache selbst treffen (weil der Widerspruchsbescheid ein Verwaltungsakt ist und sie über das rechtliche Können dazu verfügt, Rn. 3). Ob sie das darf, ist eine Frage der jeweiligen fachgesetzlichen Zuständigkeitsabgrenzung zwischen Ausgangs- und Widerspruchsbehörde (soweit diese nicht identisch sind, Rn. 167).

205 Zulässigkeits- und Begründetheitsprüfung laufen im Wesentlichen parallel zur Anfechtungsklage. Über Form, Frist und Zuständigkeit wissen wir bereits Bescheid (Rn. 166 ff.). Auch hier ist für die Statthaftigkeit ein wirksamer und nicht erledigter[91] Verwaltungsakt erforderlich (Rn. 148; siehe aber Rn. 238 ZI) und muss entsprechend § 42 Abs. 2 VwGO eine mögliche Rechtsverletzung geltend gemacht sein (Rn. 157 ff.; siehe aber Rn. 209). Darüber hinaus ist zum Widerspruch vor allem Folgendes zu bemerken.

206 Von „Rechtswegeröffnung" sollte man beim Widerspruch nicht sprechen, weil es sich nicht um ein gerichtliches, sondern um ein behördliches Verfahren handelt. Da in der Sache gleichwohl § 40 Abs. 1 S. 1 VwGO zu prüfen ist, bietet es sich an, von der „**Anwendbarkeit** der §§ 68 ff. VwGO" zu reden.

207 Wo das Vorverfahren entbehrlich ist (Rn. 176 ff.), heißt das umgekehrt meist für den Rechtsbehelf „Widerspruch", dass dieser nicht **statthaft** ist. Der Zusammenhang ist aber nicht zwingend: Gelegentlich kann der Betroffene auch zwischen

---

[91] Lit.: *Huxholl*, Die Erledigung eines Verwaltungsakts im Widerspruchsverfahren, 1993.

Widerspruch und Anfechtungsklage wählen (z. B. nach Art. 12 AGVwGO BY). Wählt er den Widerspruch, beginnt die Klagefrist nach dem Widerspruchsbescheid erneut zu laufen (Rn. 180).

Es gibt **keinen „Widerspruchsgegner"**. Anders als im gerichtlichen Verfahren stehen einander im Widerspruchsverfahren nicht zwei Beteiligte als Kläger und Beklagter „kontradiktorisch" vor einer neutralen Stelle gegenüber (vgl. § 30 Rn. 8), sondern der Widerspruchsführer ist grundsätzlich einziger Beteiligter des Verfahrens einer verwaltungsinternen Stelle, der Widerspruchsbehörde. 208

Begründet ist der Widerspruch entsprechend § 113 Abs. 1 S. 1 VwGO, wenn der angegriffene Verwaltungsakt rechtswidrig und der Widerspruchsführer dadurch in seinen Rechten verletzt ist (vgl. Rn. 190 ff.). Gemäß § 68 Abs. 1 S. 1 VwGO prüft die Verwaltung auf den Widerspruch hin aber auch die **Unzweckmäßigkeit** des Verwaltungsakts nach. Daraus schließen viele, dass der Maßstab der Widerspruchsbegründetheit – und dann auch korrespondierend der Maßstab der Widerspruchsbefugnis – um die Alternative einer Unzweckmäßigkeit zu ergänzen sei (ggf. noch mit einer der Rechtsverletzung angelehnten subjektiven Komponente: Unzweckmäßigkeit gerade zum Nachteil der Interessen des Widerspruchsführers). 209

Prüfungshinweise

▶ Dieser Punkt bringt für das Gutachten meist nichts ein, weil es hier gerade um eine *nichtjuristische* Frage geht, die die Behörde aus *verwaltungspolitischer* Sicht beantworten soll. Insofern sollten Sie ihn nur kurz erwähnen, um zu zeigen, dass Sie ihn kennen.

▶ Erwähnt werden sollte vor allem, wenn die Zweckmäßigkeitsprüfung einmal gesetzlich abbedungen ist. Das gilt z. B. in Baden-Württemberg für Verwaltungsakte von Gemeinden in Selbstverwaltungsangelegenheiten, die vom Landratsamt als Widerspruchsbehörde nicht auf Zweckmäßigkeit zu überprüfen sind (§ 17 Abs. 1 S. 2 AGVwGO BW).

Zusatzinformation
In der Sache erscheint schon fraglich, ob hinsichtlich der Zweckmäßigkeitsprüfung die Prozessrechtsgesetzgebungskompetenz des Bundes ausreicht, weil es hier nicht mehr um eine Rechtskontrolle der Verwaltung geht. Hielte man einen Widerspruch ohne mögliche Rechtsverletzung für zulässig, könnte überdies ein rechtlich nicht betroffener Dritter wegen § 80 Abs. 1 VwGO einen Verwaltungsakt unvollziehbar machen; eine solche Rechtsmacht wollte die Gesetzgebung sicher nicht verleihen.

Prüfungsschema 11: Hat der Widerspruch Aussicht auf Erfolg?
1. Zulässigkeit
   a) Anwendbarkeit der §§ 68 ff. VwGO, § 40 Abs. 1 S. 1 VwGO
   b) Statthaftigkeit des Widerspruchs nach § 68 Abs. 1 S. 1 VwGO
   c) Widerspruchsbefugnis, § 42 Abs. 2 VwGO analog (a. A.: Beschwer, vgl. § 70 Abs. 1 S. 1 VwGO und die Parallele unten § 21 Rn. 28
   d) Einhaltung der Widerspruchsfrist, § 70 Abs. 1 S. 1 VwGO
   e) Zuständigkeit der angerufenen Behörde, § 70 Abs. 1 VwGO

> f) Einhaltung der Widerspruchsform, § 70 Abs. 1 S. 1 VwGO
> g) Beteiligungsfähigkeit des Widerspruchsführers, § 11 VwVfG*
> h) Handlungsfähigkeit des Widerspruchsführers, § 12 VwVfG*
> 2. Begründetheit, § 68 Abs. 1 S. 1 VwGO: Unzweckmäßigkeit des Verwaltungsakts oder
>   a) Rechtswidrigkeit des Verwaltungsakts→ Prüfungsschema 9 (Rn. 89 ff.)
>   b) dadurch Rechtsverletzung des Klägers

c) Gerichtliche Beseitigung der Vollziehbarkeit: § 80 Abs. 5 VwGO

Spezielle Studienliteratur: *Herbolsheimer*, JuS 2024, 24; *Hummel*, JuS 2011, 317.

210 Ein gerichtlicher Rechtsbehelf steht auch zur Verfügung, um einem belastenden Verwaltungsakt die Wirkungsbedingung der Vollziehbarkeit (oben Rn. 81 ff.) zu nehmen.[92] Im Ausgangspunkt hat der Adressat eines Verwaltungsakts es zwar selbst in der Hand, dessen Vollziehbarkeit zu beseitigen: Er kann einfach Widerspruch bzw. Anfechtungsklage erheben, denen nach § 80 Abs. 1 VwGO aufschiebende Wirkung zukommt (Rn. 83). Dann muss die Behörde überlegen, ob sie die Vollziehbarkeit aktiv herbeiführen möchte, indem sie nach § 80 Abs. 2 S. 1 Nr. 4, Abs. 3 VwGO die „sofortige Vollziehung" anordnet und damit die aufschiebende Wirkung ausschließt (Rn. 87). In manchen Fällen ist die aufschiebende Wirkung aber auch bereits kraft Gesetzes nach § 80 Abs. 2 S. 1 Nr. 1–3, S. 2 VwGO ausgeschlossen (Rn. 86). Wenn auf diesem oder jenem Wege **Widerspruch und Anfechtungsklage keine aufschiebende Wirkung** beigelegt ist, bleibt dem Adressaten nur noch die Möglichkeit, beim Verwaltungsgericht zu beantragen,

- die aufschiebende Wirkung *anzuordnen* (wenn der Rechtsbehelf von vornherein kraft Gesetzes keine hatte) bzw.
- die aufschiebende Wirkung *wiederherzustellen* (nach einem behördlichen Ausschluss)

und damit die Vollziehbarkeit doch noch zu beseitigen.

211 Dieser Antrag richtet sich nach § 80 Abs. 5 S. 1 VwGO und dort nach Var. 1 für die Anordnung, Var. 2 für die Wiederherstellung der aufschiebenden Wirkung. § 80 Abs. 5 S. 1 VwGO regelt damit eine **spezifische Form des Eilrechtsschutzes für die Konstellation der Anfechtungsklage**, wie aus dem Wortlaut von § 80 Abs. 1 VwGO, aus der Positionierung im 8. Abschnitt der VwGO (§§ 68–80c) und dem Zurücktreten der einstweiligen Anordnung gemäß § 123 Abs. 5 VwGO deutlich wird.

---

[92] Lit.: *Schoch*, Vorläufiger Rechtsschutz und Risikoverteilung im Verwaltungsrecht, 1988; *Wieseler*, Der vorläufige Rechtsschutz gegen Verwaltungsakte, 1967.

Prüfungshinweis

▶ Dementsprechend kann man fast jeden Fall mit einer Anfechtungsklage zu Prüfungszwecken in einen Fall mit einem solchen Antrag umbilden. Auch dieser Rechtsbehelf hat eine erhebliche praktische Bedeutung und sollte unbedingt beherrscht werden.

> **Prüfungsschema 12: Hat der Antrag nach § 80 Abs. 5 VwGO Aussicht auf Erfolg?**
> 1. Zulässigkeit
>   a) Eröffnung des Verwaltungsrechtswegs, § 40 Abs. 1 S. 1 VwGO
>   b) statthafter Rechtsbehelf – Statthaftigkeit des Antrags nach § 80 Abs. 5 S. 1 Var. 1 oder Var. 2 VwGO
>   c) Antragsbefugnis, § 42 Abs. 2 VwGO analog
>   d) bei Verwaltungsakten zur Abgaben- oder Kostenanforderung: Durchführung des Vorverfahrens, § 80 Abs. 6 VwGO
>   e) richtiger Antragsgegner, § 78 VwGO analog
>   f) Beteiligungsfähigkeit von Antragsteller und -gegner, § 61 VwGO
>   g) Prozessfähigkeit bzw. richtige Vertretung von Antragsteller und -gegner, § 62 VwGO
>   h) Zuständigkeit des angerufenen Gerichts auch für die Hauptsache, § 80 Abs. 5 S. 1, §§ 45 ff. VwGO
>   i) Rechtsschutzinteresse
>   aa) keine Versäumung der Widerspruchsfrist, § 70 Abs. 1 VwGO
>   bb) keine Versäumung der Klagefrist, § 74 Abs. 1 VwGO
> 2. Begründetheit – zwei Alternativen:
>   a) formelle Rechtswidrigkeit der Anordnung der sofortigen Vollziehung (nur in Fällen des § 80 Abs. 2 S. 1 Nr. 4 VwGO)
>   b) Interessenabwägung – unter Einbeziehung der Erfolgsaussichten, vor allem der Begründetheit des Hauptsacherechtsbehelfs:
>   aa) Rechtswidrigkeit des Verwaltungsakts → Prüfungsschema 9 (Rn. 89 ff.)
>   bb) dadurch Rechtsverletzung des Klägers

Auch im Prüfungsschema 12 erkennt man die Parallelen zur Anfechtungsklage auf den ersten Blick. Antragsbefugnis und Antragsgegnerbestimmung entsprechen der Klagebefugnis und Klagegegnerbestimmung, die Vorschriften dazu wendet man hier analog an. Besonderheiten betreffen hier die Statthaftigkeit, das punktuell vorgesehene Vorverfahren, das Rechtsschutzinteresse und vor allem die Begründetheit.

aa) Wann ist der Antrag statthaft?

Mit der Statthaftigkeit wird auch hier nur ausgesagt, dass der Rechtsbehelf und sein Ziel überhaupt zu der Fallkonstellation passen müssen. Statthaft ist der Antrag nach § 80 Abs. 5 S. 1 VwGO dementsprechend immer schon dann, wenn (1) ein **wirksamer Verwaltungsakt** im Raum steht, (2) ein **Rechtsbehelf** eingelegt ist und (3) dieser **keine aufschiebende Wirkung** entfaltet. Bezüglich (1) gelten keine Besonderheiten gegenüber Widerspruch und Anfechtungsklage (Rn. 145 f.). Bezüglich (2) muss hier dagegen untersucht werden, ob ein geeigneter Rechtsbehelf – Widerspruch oder Anfechtungsklage – wirksam eingelegt wurde, und bezüglich (3), ob er abweichend von der Regel des § 80 Abs. 1 VwGO hier ausnahmsweise keine aufschiebende Wirkung entfaltet. Geprüft werden muss also, ob einer der Fälle des § 80 Abs. 2 VwGO vorliegt, die wir oben betrachtet haben (Rn. 86 f.).

214 Der Rechtsbehelf teilt sich hier in **mehrere Antragsarten** auf, deren Statthaftigkeit leicht unterschiedlich zu begründen ist:

- Entfällt die aufschiebende Wirkung kraft Gesetzes, so ist der *Antrag auf (erstmalige) Anordnung der aufschiebenden Wirkung* nach § 80 Abs. 5 S. 1 Var. 1 VwGO statthaft.
- Entfällt die aufschiebende Wirkung erst infolge einer behördlichen Vollziehungsanordnung, so ist der *Antrag auf Wiederherstellung der aufschiebenden Wirkung* nach § 80 Abs. 5 S. 1 Var. 2 VwGO statthaft.
- In einer Dreieckskonstellation, wo in der Hauptsache also eine Drittanfechtungsklage stattfindet (Rn. 159), ergeben sich im Wesentlichen die gleichen Anträge aus dem vorrangigen § 80a Abs. 3 VwGO. Praktisch ist hier vor allem der *(Nachbar-)Antrag auf Anordnung der aufschiebenden Wirkung* (§ 80a Abs. 3 S. 2, § 80 Abs. 5 S. 1 Var. 1 VwGO oder gleichwertig § 80a Abs. 3 S. 1, Abs. 1 Nr. 2 VwGO – im letzteren Fall „Antrag auf Aussetzung der Vollziehung" genannt).

215 Besonders gelagert ist der Fall, wo aufschiebende Wirkung eigentlich gegeben sein sollte, aber von der Behörde in Abrede gestellt wird. Die bisher genannten Anträge, die rechtsgestaltend an der Vollziehbarkeit ansetzen, nützen dann nichts. In dieser eher seltenen Konstellation hilft man sich mit einem Antrag analog § 80 Abs. 5 S. 1 VwGO, gerichtet auf **Feststellung der aufschiebenden Wirkung**. Dafür besteht ein Rechtsschutzinteresse, weil und soweit die Behörde die aufschiebende Wirkung bestreitet; der Antrag ist begründet, wenn und soweit die aufschiebende Wirkung tatsächlich besteht.

Beispiel: Die Schule stellt ein „Hygienekonzept" auf, wonach während des Unterrichts eine/keine Mund-Nasen-Bedeckung zu tragen ist. Schülerin S wendet sich erfolglos schriftlich an die Schulleitung und sucht dann beim Verwaltungsgericht um einstweiligen Rechtsschutz nach.[93] Das Gericht würdigt das Hygienekonzept als Verwaltungsakt und das Schreiben der S als Widerspruch, der aufschiebende Wirkung entfaltet. Der Antrag kann dann nur dahin gehen, die aufschiebende Wirkung auch gegenüber dem Schulträger festzustellen.

216 Alle diese Anträge beziehen sich logisch auf einen Widerspruch oder eine Anfechtungsklage als **Hauptsacherechtsbehelf**: ohne einen solchen keine aufschiebende Wirkung nach § 80 Abs. 1 VwGO. Allerdings lässt § 80 Abs. 5 S. 2 VwGO einen Antrag ausdrücklich „schon vor der Erhebung der Anfechtungsklage"

---

[93] Fall angelehnt an VG Wiesbaden, B. v. 24.8.2020 – 6 L 938/20.WI.

zu; der Antragsteller muss dann formulieren, er beantrage die Anordnung bzw. Wiederherstellung der aufschiebenden Wirkung „einer noch zu erhebenden Anfechtungsklage".

Zusatzinformation
Aus § 80 Abs. 5 S. 2 VwGO liegt es nahe, den Umkehrschluss zu ziehen und vor Erhebung des Widerspruchs den Antrag keinesfalls zuzulassen. Die *gleichzeitige* Einlegung von Widerspruch (bei der Behörde) und Antrag nach § 80 Abs. 5 S. 1 VwGO (beim Verwaltungsgericht) halten eigentlich alle für zulässig. Aber auch die *vorherige* Stellung des Antrags bei Gericht halten manche für möglich, um dem Weg zum Gericht keine Hindernisse entgegenzusetzen; andere dagegen möchten § 80 Abs. 5 S. 2 VwGO entsprechend der historischen Regelungsabsicht enger verstehen und in den Fällen nicht anwenden, wo ein Vorverfahren nicht stattfindet und die Anfechtungsklage also den ersten überhaupt einzulegenden Rechtsbehelf darstellt.[94]

bb) Wann ist das Vorverfahren ordnungsgemäß durchgeführt?
Nur für eine bestimmte Gruppe von Verwaltungsakten verlangt § 80 Abs. 6 S. 1 VwGO für die Zulässigkeit des Antrags grundsätzlich die Durchführung eines eigenen Vorverfahrens bei der Behörde: nämlich allein für solche Verwaltungsakte, die die Anforderung von öffentlichen Abgaben und Kosten zum Gegenstand haben (das folgt aus dem Verweis auf § 80 Abs. 2 S. 1 Nr. 1 VwGO, vgl. Rn. 86). Dieses Vorverfahren betrifft ebenso wie der gerichtliche Antrag die Beseitigung der Vollziehbarkeit, nicht der Wirksamkeit, und ist schon deshalb nicht identisch mit dem Widerspruchsverfahren nach §§ 68 ff. VwGO (Rn. 162 ff., 203 ff.).

217

Zusatzinformation
Für gerichtliche Anträge in Dreieckskonstellationen nach § 80a Abs. 3 VwGO (Rn. 214), der auch auf § 80 Abs. 6 VwGO verweist, nehmen manche an, hier sei das Vorverfahren auch außerhalb des engen Bereichs der Abgaben- oder Kostenverwaltungsakte erforderlich. Das ist nicht überzeugend.[95]

Wenn also ein Abgaben- oder Kostenverwaltungsakt vorliegt, ist für die Zulässigkeit des Eilantrags ebenfalls ein Handlungs- und ein Abwartensmoment gefordert (vgl. Rn. 162 ff.). *Handeln* muss der Antragsteller nach dem deutlichen Wortlaut von § 80 Abs. 6 S. 1 VwGO, indem er zunächst bei der Behörde „einen Antrag auf Aussetzung der Vollziehung" stellt; *abwarten* muss er, bis die Behörde diesen „ganz oder zum Teil abgelehnt hat". Da der Eilrechtsschutz den Antragsteller gerade vor der Vollziehbarkeit des Verwaltungsakts bewahren soll, hat das Gesetz zweckmäßigerweise eine Ausnahme für den Fall vorgesehen, dass „eine Vollstreckung droht" (§ 80 Abs. 6 S. 2 Nr. 2 VwGO).

218

cc) Wann besteht ein Rechtsschutzinteresse?
Die allgemeine Zulässigkeitsvoraussetzung des Rechtsschutzinteresses haben wir bereits kennen gelernt (§ 13 Rn. 51 ff.) und dabei mitgenommen, dass sie normalerweise nur ungewöhnlich gelagerte Sonderfälle herausfiltern soll. Bei den Anträgen

219

---
[94] Vgl. *Stepanek*, AöR 144 (2019), S. 536.
[95] Dazu im Detail *Will/Gabler*, VerwArch 110 (2019), S. 1.

nach § 80 Abs. 5 S. 1 VwGO übernimmt das – auch hier ungeschriebene – Rechtsschutzinteresse demgegenüber regelhaft eine wichtige Funktion: Es scheidet Eilanträge aus, deren zugehörigem **Hauptsacherechtsbehelf von vornherein kein Erfolg mehr** beschieden sein kann. Das ist der Grund dafür, dass sich zwei Zulässigkeitsvoraussetzungen der Anfechtungsklage – Vorverfahren/Widerspruchsfrist und Klagefrist – an dieser Stelle im Prüfungsschema 12 wiederfinden. Denn sind Widerspruchs- oder Klagefrist versäumt, so kann dem Kläger in der Hauptsache endgültig kein Erfolg mehr beschieden sein. Es wäre deshalb widersinnig, ihm noch Eilrechtsschutz zu gewähren, der ja nur den Hauptsacherechtsschutz gegen die Schaffung vollendeter Tatsachen sichern soll.

Zusatzinformation
Mit gleichem Fug und Recht könnte man auch die Klagebefugnis hier hinzunehmen. Die meisten übertragen diese jedoch wie im Schema gesehen als „Antragsbefugnis" analog § 42 Abs. 2 VwGO auf den Antrag selbst. Für den Gesichtspunkt „Klagebefugnis" im Rahmen des Rechtsschutzinteresses bleibt dann nichts mehr übrig – wenn sie einmal fehlte, hätte man schon längst die Antragsbefugnis verneint.

dd) Wann ist der Antrag begründet?

220 Im Vergleich zur Anfechtungsklage (§ 113 Abs. 1 S. 1 VwGO) und zum Anfechtungswiderspruch (§ 68 Abs. 1 S. 1 VwGO) scheint der Begründetheitsmaßstab für den Antrag nach § 80 Abs. 5 S. 1 VwGO etwas verschoben zu sein. Auch hier steht praktisch aber die Rechtmäßigkeit des Verwaltungsakts im Zentrum, man muss nur den Weg dorthin finden.

Zusatzinformation
Anders liegt es nur beim Antrag auf Feststellung der aufschiebenden Wirkung (Rn. 215). Wenig überraschend ist dieser bereits begründet, wenn die aufschiebende Wirkung wirklich besteht (was bei den anderen Anträgen ja bereits Statthaftigkeitsvoraussetzung ist, Rn. 213).

221 Den Begründetheitsmaßstab gibt das Gesetz hier nicht ausdrücklich vor. Man kann ihn aber aus der Funktion des Eilrechtsschutzes erschließen.[96] Dieser soll die Schaffung vollendeter Tatsachen verhindern, solange über einen anhängigen Rechtsbehelf noch nicht in der Sache entschieden ist. Gleichzeitig soll aber auch nicht beliebig eine im öffentlichen Interesse liegende Regelung verzögert werden können. Sachgerecht ist daher ein Kompromiss zwischen den beteiligten öffentlichen und privaten Belangen – eine **Interessenabwägung**. Diese stellt das Gericht selbst an, und zwar, wie bei § 123 VwGO (oben § 9 Rn. 66), auf der Grundlage einer „summarischen Prüfung der Sach- und Rechtslage".[97]

---

[96] Lit.: *Timmler*, Maßstab und Rechtsnatur der Aussetzungsentscheidung nach § 80 Abs. 5 Satz 1 VwGO, 1993.
[97] Lit.: *Heinemann*, NVwZ 2019, 517.

IV. Rechtsschutz

Prüfungshinweis

▶ Auch hier sollten Sie im Gutachten die Formel von der „summarischen Prüfung" zwar wiedergeben, aber selbst nicht weiter berücksichtigen. Die Sachlage ist durch die Aufgabenstellung abschließend festgestellt, und die Rechtslage voll zu prüfen ist ja gerade Ihr Metier.

Zusatzinformation
Das Erfordernis einer Interessenabwägung ist im neuen § 80c Abs. 3, 4 VwGO erstmals gesetzlich anerkannt, wenn dort von „Vollzugsfolgenabwägung" die Rede ist.

Die Interessenabwägung besteht darin, im Wege einer „**doppelten Hypothesenbildung**" gegenüberzustellen, wie einerseits die öffentlichen Interessen im Falle einer aufschiebenden Wirkung leiden würden und andererseits die privaten Interessen im Falle weiterer Vollziehbarkeit. In Dreieckskonstellationen (Drittanfechtung) tritt dem öffentlichen noch das nachbarliche Interesse zur Seite. Überwiegt das private (Aussetzungs-)Interesse, so ist der Antrag begründet. 222

Bei Gleichwertigkeit der beiden Interessen soll jeweils der gesetzlichen Regel gefolgt werden: Wo die aufschiebende Wirkung kraft Gesetzes entfällt, soll sie auch bei Gleichstand ausbleiben; wo sie erst durch behördliche Anordnung entfällt, soll sie schon bei Gleichstand wieder eintreten. Die Frage kommt selten zum Tragen, weil Gleichwertigkeit kaum einmal angenommen zu werden braucht; es werden ja keine exakten Werte bestimmt. Umso mehr gilt das, wenn die Interessenbewertung sich maßgeblich auf die Rechtmäßigkeit konzentriert (dazu sogleich). Gleichwohl ist beim Obersatz insoweit auf Präzision zu achten (zur Formulierung Rn. 226). 223

Die Verbindung zwischen der Interessenabwägung und der Rechtmäßigkeitsprüfung kommt nun durch folgende Überlegung zustande: **An der Vollziehung eines offensichtlich rechtswidrigen Verwaltungsakts besteht kein öffentliches Interesse**, an der Aussetzung eines offensichtlich rechtmäßigen kein schützenswertes privates. So ergeben sich drei Fälle: 224

- Der Hauptsacherechtsbehelf ist *offensichtlich begründet*, der Verwaltungsakt also offensichtlich rechtswidrig und rechtsverletzend. Dann überwiegt stets das private Aufschiebungsinteresse.
- Der Hauptsacherechtsbehelf ist *offensichtlich unbegründet*, der Verwaltungsakt also offensichtlich rechtmäßig oder nicht rechtsverletzend. Dann überwiegt das öffentliche Vollziehungsinteresse.
- Das Ergebnis ist *nicht offensichtlich*. Nur dann sind die hypothetischen Folgen beider Entscheidungsvarianten einander detailliert gegenüberzustellen (Rn. 222 f.).

Prüfungshinweis

▶ Im Ausbildungsfall können Sie fast immer damit rechnen, dass der gegebene Sachverhalt eine hinreichend „offensichtliche" Rechtslage ergibt und eine Folgenabwägung damit unterbleiben kann.

225 Eine Besonderheit gilt es aber noch zu beachten, wenn erst die behördliche Anordnung im Einzelfall die aufschiebende Wirkung verhindert (§ 80 Abs. 2 S. 1 Nr. 4 VwGO, Rn. 87). Auch im darauf bezogenen Antrag nach § 80 Abs. 5 S. 1 Var. 2 VwGO wägt das Gericht im beschriebenen Sinne selbst die beteiligten Interessen ab. Das gerichtliche Verfahren hat hier nicht die Funktion, die Vollziehungsanordnung auf ihre materielle Rechtmäßigkeit hin zu überprüfen (Fehlerquelle!), es handelt sich nicht um ein Kontrollverfahren gegenüber einer Behördenentscheidung, sondern um eine eigenständige Eilrechtsschutzgewährung durch das Gericht. Lediglich muss die **Vollziehungsanordnung formell rechtmäßig** sein, wofür die Voraussetzungen sämtlich vor Ort geregelt sind:

- *Zuständig* sind die Ausgangs- und die Widerspruchsbehörde, § 80 Abs. 2 S. 1 Nr. 4 VwGO.
- In der *Form* ist eine schriftliche Begründung nötig, § 80 Abs. 3 VwGO (mit eng begrenzten Ausnahmen für als solche bezeichnete „Notstandsmaßnahmen" bei Gefahr im Verzug).

Zusatzinformationen
- Ein besonderes Verfahren ist dagegen nicht einzuhalten. Selbst wenn man die Vollziehungsanordnung als Verwaltungsakt ansieht (Rn. 87 ZI), ist insbesondere für die Anhörungspflicht aus § 28 VwVfG* (Rn. 104) neben § 80 VwGO wohl kein Raum.
- Umstritten ist, ob die formelle Rechtswidrigkeit wirklich eine gleichwertige Alternative zur Interessenabwägung zugunsten des Antragstellers bildet. Bejaht ein Gericht dies, wird es auch bei formeller Rechtswidrigkeit „die aufschiebende Wirkung wiederherstellen"; andernfalls wird das Gericht im Beschlusstenor lediglich „die Anordnung der sofortigen Vollziehung aufheben".[98] Für ein Gutachten, das keinen Beschlussvorschlag zu formulieren braucht, macht das ebenso wenig einen Unterschied wie für die Praxis.

226 In den **Obersätzen zur Begründetheit** sollten die genannten Aspekte möglichst alle zum Ausdruck kommen. Sinnvollerweise legt man sich hier einige Formulierungen für die verschiedenen Konstellationen bereit. Solche könnten etwa lauten:

- wenn die aufschiebende Wirkung bereits kraft Gesetzes entfällt und nun nach § 80 Abs. 5 S. 1 Var. 1 VwGO angeordnet werden soll (hier formuliert mit einer Anfechtungsklage als Hauptsache, beim Widerspruch wäre der letzte Satz anzupassen):

„Der Antrag ist begründet, wenn das Aussetzungsinteresse des Antragstellers das öffentliche Interesse an der Vollziehung überwiegt. Maßgeblich dafür sind die Erfolgsaussichten in der Hauptsache: Bestehen diese offensichtlich, überwiegt ohne Weiteres das Aussetzungsinteresse; bestehen sie dagegen offensichtlich nicht, überwiegt das Vollziehungsinteresse; ansonsten sind die hypothetischen Folgen der Aussetzung und der Vollziehung gegeneinander abzuwägen. Der erste Fall ist gegeben, wenn die in der Hauptsache erhobene Anfechtungsklage offensichtlich begründet ist, wozu nach § 113 Abs. 1 S. 1 VwGO der angegriffene Verwaltungsakt rechtswidrig und der Kläger in seinen Rechten verletzt sein müsste …"

---

[98] Dazu näher *Kiehne*, VerwArch 111 (2020), S. 270.

IV. Rechtsschutz

- wenn die aufschiebende Wirkung erst infolge behördlicher Vollziehungsanordnung entfällt und nun nach § 80 Abs. 5 S. 1 Var. 2 VwGO wiederhergestellt werden soll:

  „Der Antrag ist begründet, wenn die Vollziehungsanordnung formell rechtswidrig ist oder das öffentliche Interesse an der Vollziehung nicht das Aussetzungsinteresse des Antragstellers überwiegt. Maßgeblich für Letzteres sind die Erfolgsaussichten in der Hauptsache …" (Weiter wie oben.)

d) Gerichtliche Feststellung der Rechtswidrigkeit: Fortsetzungsfeststellungsklage

Spezielle Studienliteratur: *Ogorek*, JA 2002, 222; *Rozek*, JuS 1995, 414.

In der nächsten Konstellation zur Abwehr eines belastenden Verwaltungsakts wird weder deren Wirksamkeit (wie bei Anfechtungsklage und Widerspruch) noch deren Vollziehbarkeit (wie beim Antrag nach § 80 Abs. 5 VwGO) angegriffen. Solche Angriffe würden von vornherein fehlgehen, weil der hier in Frage stehende **Verwaltungsakt in der Gegenwart keine rechtlichen Wirkungen mehr** entfaltet und sich in diesem Sinne erledigt hat. Anfechtungsklage und Widerspruch wären deshalb schon unstatthaft (vgl. Rn. 148) und scheiterten überdies am Fehlen eines Rechtsschutzinteresses. Wichtige Fälle sind der intendierte Zeitablauf einer Gestaltung oder Feststellung und die Erfüllung oder Gegenstandslosigkeit einer titulierten Pflicht. 227

Beispiele: Der für 24 Stunden ausgesprochene Platzverweis ist erledigt, nachdem dieser Zeitraum abgelaufen ist. – Die Abrissverfügung ist erledigt, nachdem das abzureißende Gebäude zufällig abgebrannt ist.

Entfaltet der Verwaltungsakt auch gegenwärtig keine rechtliche Wirkung mehr, kann den Betroffenen dennoch daran gelegen sein, doch noch seine **Rechtswidrigkeit gerichtlich klären zu lassen**. Die nunmehr zu behandelnde vierte Konstellation unterscheidet sich von den bisher behandelten insofern dadurch, dass hier nichts Aktuelles mehr umgestaltet, sondern nur im Rückblick auf einen vergangenen Sachverhalt etwas festgestellt werden soll. 228

Prüfungshinweis

▶ Besonders häufig tritt diese Konstellation im Polizeirecht auf, denn die dort zur Abwehr von Gefahren getroffenen Maßnahmen beziehen sich typischerweise auf eine vorübergehende Lage und erledigen sich deshalb oft kurzfristig.

Das Feststellungsurteil kann rechtlich insofern nur eine **präjudizielle Wirkung** entfalten (vgl. allgemein § 21 Rn. 9). Diese Präjudizialität würde sich beispielsweise auswirken in einem Folgeprozess über Amtshaftung, für den die Frage der Rechtswidrigkeit des Verwaltungsakts dann bereits bindend vorentschieden wäre. Der Amtshaftungsprozess würde nach Art. 34 S. 3 GG nicht vor dem Verwaltungs-, sondern vor dem ordentlichen Gericht stattfinden (§ 3 Rn. 32, § 13 Rn. 85). Es ginge also um eine rechtswegübergreifende Bindungswirkung. Daneben kann die Präjudizialität aber auch den Verwaltungsträger in dessen künftigem Handeln binden und damit sonst drohenden Wiederholungen vorbeugen. 229

230 Meist wird jedoch neben der rechtlichen Feststellungswirkung eine **faktische Befriedungswirkung im Vordergrund** stehen. Wenn schon eine Aufhebung des Verwaltungsakts aus technischen Gründen nicht mehr in Frage kommt, dann soll doch den von rechtswidrigem Verwaltungshandeln Betroffenen zumindest die Genugtuung zuteilwerden, dass der Staat selbst nunmehr die Rechtswidrigkeit förmlich anerkennt.

231 Für Feststellungsbegehren steht grundsätzlich die Klage nach § 43 Abs. 1 Var. 1 VwGO zur Verfügung (oben § 9 Rn. 56 ff.). Für die Situation des erledigten Verwaltungsakts ist es gleichwohl ganz herrschende Auffassung, dass § 113 Abs. 1 S. 4 VwGO dafür eine eigene Klageart vorsehe, die man **Fortsetzungsfeststellungsklage** nennt.[99] Dieser Name erklärt sich durch die Funktion: Gezielt wird auf eine *Feststellung*, und dieses Feststellungsbegehren stellt sich als *Fortsetzung* eines ursprünglichen Anfechtungsbegehrens dar. Die Bestimmung des § 113 Abs. 1 S. 4 VwGO bezieht sich dabei ersichtlich auf die Situation, dass diese Anfechtungsklage bereits anhängig war, als sich der Verwaltungsakt erledigte. Allgemein zieht man sie aber auch analog heran für die Situation, dass sich der Verwaltungsakt bereits erledigt hatte, als Klage erhoben wurde.

Zusatzinformation

Diese Konstruktionen überzeugen nicht.[100] Für eine eigene Klageart besteht kein Bedarf, weil mit der allgemeinen Feststellungsklage ein passender Rechtsbehelf zur Verfügung steht. Angesichts von § 43 VwGO liegt es näher, § 113 Abs. 1 S. 4 VwGO nicht als eigene Klageart, sondern bloß als Erlaubnis zur Klageänderung zu verstehen (denn eine Klageänderung im laufenden Verfahren ist sonst gemäß § 91 VwGO nur in Grenzen möglich). Erst recht verbietet sich angesichts von § 43 VwGO eigentlich auch eine Analogie, weil keine Regelungslücke besteht.

Prüfungshinweis

▶ Den hier skizzierten Streit sollten Sie zwar kennen, aber in einer Klausur grundsätzlich nicht ansprechen, sofern die Aufgabe Sie nicht deutlich dorthin führt. Praktisch kann die Frage als entschieden behandelt werden (trotz einer skeptischen Randbemerkung des Bundesverwaltungsgerichts von 1999, die gelegentlich zitiert wird[101]). Das gilt umso mehr, als im Ergebnis eigentlich keine Unterschiede bestehen.

232 Die Zulässigkeits- und Begründetheitsvoraussetzungen der Fortsetzungsfeststellungsklage entsprechen in großen Teilen denen der Anfechtungsklage. Nach dem im folgenden präsentierten Prüfungsschema brauchen wir daher nur noch ein paar Besonderheiten anzusprechen, nämlich das sog. Fortsetzungsfeststellungsinteresse, die Rolle von Fristen und Vorverfahren sowie die Begründetheitsprüfung.

---

[99] Lit.: *Mehde*, VerwArch 100 (2009), S. 432; *Müller*, DÖV 1965, 38; *Schenke*, FS Menger, 1985, S. 461.
[100] Vgl. *Felix*, DVBl 2020, 481.
[101] BVerwGE 109, 203 (207–209).

IV. Rechtsschutz

Prüfungsschema 13: Hat die Fortsetzungsfeststellungsklage Aussicht auf Erfolg?
1. Zulässigkeit
   a) Eröffnung des Verwaltungsrechtswegs, § 40 Abs. 1 S. 1 VwGO
   b) statthafte Klageart – Statthaftigkeit der Fortsetzungsfeststellungsklage nach § 113 Abs. 1 S. 4 VwGO (gegebenenfalls analog)
   c) Fortsetzungsfeststellungsinteresse, § 113 Abs. 1 S. 4 VwGO
   d) Klagebefugnis, § 42 Abs. 2 VwGO
   e) keine Versäumung der Widerspruchsfrist, § 70 Abs. 1 VwGO
   f) keine Versäumung der Klagefrist, § 74 Abs. 1 VwGO
   g) richtiger Beklagter, § 78 VwGO
   h) Beteiligungsfähigkeit von Kläger und Beklagtem, § 61 VwGO
   i) Prozessfähigkeit bzw. richtige Vertretung von Kläger und Beklagtem, § 62 VwGO
   j) Zuständigkeit des angerufenen Gerichts, §§ 45 ff. VwGO
   k) Einhaltung der Klageform, § 81 Abs. 1 VwGO
2. Begründetheit, § 113 Abs. 1 S. 4 VwGO
   a) Rechtswidrigkeit des Verwaltungsakts → Prüfungsschema 9 (Rn. 89 ff.)
   b) dadurch Rechtsverletzung des Klägers

aa) Wann besteht ein Fortsetzungsfeststellungsinteresse?

Gemäß § 113 Abs. 1 S. 4 VwGO setzt die Klage voraus, dass „der Kläger ein berechtigtes Interesse an dieser Feststellung hat".[102] Dieses Fortsetzungsfeststellungsinteresse kann man wahlweise einordnen 233

- als spezielle Zulässigkeitsvoraussetzung der Klageart (so gehandhabt in Prüfungsschema 13),
- als ergänzende Voraussetzung der Statthaftigkeit oder
- als besondere Ausprägung des Rechtsschutzinteresses (das in Prüfungsschema 13 dementsprechend weggelassen wurde).

Das **Fortsetzungsfeststellungsinteresse** kann zunächst **an der präjudiziellen Wirkung** des Feststellungsurteils bestehen (allgemein § 21 Rn. 9). Das ist in zwei Fällen vorstellbar: 234

- zum einen, wenn der Kläger noch eine *Amtshaftungsklage* anbringen möchte, für die das Feststellungsurteil dann bindend wäre (vgl. § 21 Rn. 9), und eine solche Klage nicht von vornherein aussichtslos wäre (vgl. § 13 Rn. 81 ff.). Allerdings darf das für die Amtshaftungsklage zuständige Gericht ohne Feststellungsurteil einfach selbst über die Rechtswidrigkeitsfrage entscheiden (siehe § 17 Abs. 2

---

[102] Lit.: *Diering*, Instanzenverlust durch Selbstbindung, 1995.

GVG); das Amtshaftungsbegehren hängt also nicht von einer verwaltungsgerichtlichen Feststellung ab. Ein Fortsetzungsfeststellungsinteresse mit Blick auf Amtshaftung besteht deshalb nur, wenn der Anfechtungsprozess bereits Früchte getragen hat, die dem Kläger nicht verloren gehen sollen. Diese Art von Fortsetzungsfeststellungsinteresse kommt also nur in Frage, wenn bereits vor Erledigung des Verwaltungsakts eine Anfechtungsklage anhängig war.

Beispiel: Die Behörde schließt eine Gaststätte aus hygienischen Gründen, die Wirtin W erleidet infolgedessen finanzielle Schäden. Während des Anfechtungsverfahrens brennt das Gebäude ab. W möchte noch Schadensersatz vom Verwaltungsträger verlangen und hat deshalb ein Interesse, dass das Verwaltungsgericht die Rechtswidrigkeit noch feststellt.

- zum anderen, wenn eine *Wiederholung* der Maßnahme konkret droht. Das setzt voraus, dass der Kläger erneut in die gleiche Situation kommen kann (er nicht etwa das fragliche Geschäft aufgegeben hat) und dass mit einer gleichen Vorgehensweise der Behörde gerechnet werden muss (sie nicht etwa ihre Rechtsauffassung ausdrücklich geändert hat).

  Beispiel: Die Polizei löst wegen vermeintlich strafbarer Äußerungen eine Versammlung auf. Veranstalterin V muss befürchten, dass ihre künftigen Versammlungen zum gleichen Thema das gleiche Schicksal erleiden werden, und hat deshalb ein Interesse, dass das Verwaltungsgericht die Rechtswidrigkeit der Maßnahme feststellt.

235 Das **Fortsetzungsfeststellungsinteresse** kann sodann auch bloß **an der faktischen Befriedungswirkung** bestehen. Für ein solches Interesse soll aber nicht jede vermeintliche Rechtswidrigkeit einer staatlich verantworteten Beeinträchtigung genügen, sondern nur eine Maßnahme, die den Kläger in den Augen der Rechtsgenossen diskriminiert und deshalb seine **Rehabilitierung** erforderlich scheinen lässt.

Beispiel: Die Polizei fordert A auf, sich für eine Durchsuchung (z. B. nach § 34 PolG BW) auf der Straße zu entkleiden.

236 Der bloße Verweis auf die erfolgte **Grundrechtsverletzung** sollte dagegen nicht genügen.[103] Schließlich ist beim eingriffswertigen Rechtsakt gegenüber einem Grundrechtsträger jedes Handeln ohne Befugnis zugleich Grundrechtsverletzung (vgl. § 17 Rn. 40 ff.), sodass bei einem solchen Verständnis das Tatbestandsmerkmal „berechtigtes Interesse" weitgehend leerliefe. Um diese Konsequenz zu vermeiden, schlagen manche ein Fortsetzungsfeststellungsinteresse bei qualifizierter Grundrechtsverletzung und andernfalls drohender Rechtsschutzlücke vor.[104] An einer solchen vierten Fallgruppe dürfte aber kein Bedarf bestehen, weil man alle etwa problematischen Fälle dem Rehabilitierungsinteresse zuordnen kann.[105]

---

[103] Dafür wohl aber *Lindner*, NVwZ 2014, 180.
[104] Vgl. *Unterreitmeier*, NVwZ 2015, 25.
[105] Andersherum *Thiele*, DVBl 2015, 954 (958).

IV. Rechtsschutz

Zusatzinformation
Für die Gegenposition könnte man verfassungsrechtlich argumentieren: Da Art. 19 Abs. 4 GG einen effektiven Rechtsschutz gebiete, müsse die Lücke der Anfechtungsklage in der Erledigungskonstellation gänzlich geschlossen werden. Es erscheint aber fraglich, ob eine so weitreichende Konsequenz wirklich von Art. 19 Abs. 4 GG geboten ist. Immerhin versteht man dieses formelle Grundrecht auch im Übrigen so, dass bei fehlendem Rechtsschutzinteresse eine Klage nicht zugelassen werden muss (vgl. § 13 Rn. 51 ff.).

bb) Was ist mit Fristen und Vorverfahren?

Für die Anfechtungsklage gelten gewöhnlich zwei Fristen, eine für den Widerspruch (§ 70 VwGO, oben Rn. 168 ff.) und eine für die Klageerhebung (§ 74 VwGO, Rn. 179 ff.). Diese Fristen spielen eine gewisse Rolle für den Fortsetzungsrechtsstreit. Auf einen kurzen Nenner bringt man diese Rolle, indem man sagt: Keine dieser Fristen darf vor Klageerhebung und Erledigung verstrichen sein; Fristablauf nach Erledigung schadet nicht. Oder in anderen Worten: Der Verwaltungsakt darf nicht in „Bestandskraft" erwachsen sein (Rn. 5). 237

Im Einzelnen ergeben sich verschiedene Konstellationen, je nach der Reihenfolge der Ereignisse: 238

- *Widerspruch wird fristgerecht erhoben und zurückgewiesen, Anfechtungsklage wird fristgerecht erhoben, Verwaltungsakt erledigt sich:* Das ist die Standardkonstellation, die § 113 Abs. 1 S. 4 VwGO im Sinn hat. Die Fortsetzungsfeststellungsklage ist zulässig.
- *Widerspruchs- oder Klagefrist läuft ab, Anfechtungsklage wird erhoben, Verwaltungsakt erledigt sich:* Hier wäre die Anfechtungsklage bereits unzulässig gewesen, auch eine Fortsetzungsfeststellungsklage scheidet deshalb aus.
- *Widerspruchs- oder Klagefrist läuft ab, Verwaltungsakt erledigt sich, Fortsetzungsfeststellungsklage wird erhoben:* Für diese Konstellation soll das Gleiche gelten, denn eine Anfechtungsklage wäre auch hier vor der Erledigung zwar noch statthaft, aber insgesamt bereits nicht mehr zulässig gewesen.
- *Verwaltungsakt erledigt sich, Widerspruch oder Klage hätte noch fristgerecht erhoben werden können:* Die Anfechtungsklage wäre nicht an der Frist gescheitert, Fortsetzungsfeststellungsklage soll daher ebenfalls zulässig sein. Eine Frist braucht bei dieser Klageart dann nicht mehr eingehalten zu werden.

Prüfungshinweis

▶ Eher als Auswendiglernen ist hier Mitdenken angeraten.

Zusatzinformation
In der letzten Konstellation befürworten manche einen „Fortsetzungsfeststellungswiderspruch", weil § 113 Abs. 1 S. 4 VwGO das Vorverfahren nicht abbedinge, die Prüfung nach § 68 Abs. 1 S. 1 VwGO noch alle drei Zwecke (Rn. 162) erfüllen würde und die Widerspruchsbehörde auch einen rein feststellenden Bescheid erlassen könne.[106] Dem gesetzlichen Konzept entspricht das freilich nicht.

---

[106] Vgl. *Schenke*, FS Menger, 1985, S. 461 (467–469).

cc) Wann ist die Fortsetzungsfeststellungsklage begründet?

239 § 113 Abs. 1 S. 4 VwGO benennt den Urteilsinhalt (Feststellung, „daß der Verwaltungsakt rechtswidrig gewesen ist"), aber nicht den Begründetheitsmaßstab. Dieser kann § 113 Abs. 1 S. 1 VwGO entnommen werden, indem man diese Vorschrift auf die Erledigungssituation überträgt und dazu die beiden Voraussetzungen in die Vergangenheitsform versetzt: Die Fortsetzungsfeststellungsklage ist begründet, wenn der angefochtene Verwaltungsakt rechtswidrig *war* und der Kläger dadurch in seinen Rechten verletzt *wurde*.

Prüfungshinweis

▶ Im Wesentlichen ist hier dann einfach wie bei der Anfechtungsklage zu prüfen, nur dass Sie durchgehend auf die geänderte Zeitform achten sollten.

e) Gerichtliche Feststellung der Nichtigkeit: Nichtigkeitsfeststellungsklage

240 Als letzter Rechtsbehelf, der für die Abwehr belastender Verwaltungsakte zur Verfügung steht, ist noch die Nichtigkeitsfeststellungsklage nach § 43 Abs. 1 Var. 2 VwGO zu erwähnen. Sie gehört wie die Fortsetzungsfeststellungsklage (Rn. 227 ff.) zu der Gruppe der Feststellungsklagen, die rechtlich im Erfolgsfall eine ausschließlich **präjudizielle Wirkung** zustande bringen (§ 21 Rn. 9). Bei der Nichtigkeitsfeststellungsklage geht es – wie ihr Name sagt – darum, die Nichtigkeit eines Verwaltungsakts gerichtlich klären zu lassen. Spricht das Verwaltungsgericht dann die begehrte Feststellung aus, darf der beklagte Verwaltungsträger bei seinen künftigen Entscheidungen den Verwaltungsakt nicht mehr als wirksam behandeln.

241 Die Nichtigkeitsfeststellungsklage unterscheidet sich von den bisher behandelten vier Rechtsbehelfen zur Abwehr eines belastenden Verwaltungsakts dadurch, dass es bei ihr als einziger nicht auf dessen Rechtmäßigkeit ankommt (Rn. 89 ff.), sondern auf dessen Wirksamkeit (Rn. 27 ff.).

Zusatzinformation

Die Begründetheitsprüfung erstreckt sich dabei nach herrschender Auffassung allein auf die engere Frage der Nichtigkeit im technischen Sinne von § 44 VwVfG*. Fehlt es schon an der positiven Wirksamkeitsvoraussetzung der Bekanntgabe im Sinne von § 43 Abs. 1 VwVfG*, soll die Nichtigkeitsfeststellungsklage nicht statthaft sein, sondern stattdessen eine allgemeine Feststellungsklage nach § 43 Abs. 1 Var. 1 VwGO. Praktisch ergibt sich kein Unterschied.

Prüfungsschema 14: Hat die Nichtigkeitsfeststellungsklage Aussicht auf Erfolg?
1. Zulässigkeit
    a) Eröffnung des Verwaltungsrechtswegs, § 40 Abs. 1 S. 1 VwGO
    b) statthafte Klageart – Statthaftigkeit der Nichtigkeitsfeststellungsklage nach § 43 Abs. 1 Var. 2 VwGO
    c) Klagebefugnis, § 42 Abs. 2 VwGO analog (str.)
    d) richtiger Beklagter, § 78 VwGO analog

e) Beteiligungsfähigkeit von Kläger und Beklagtem, § 61 VwGO
f) Prozessfähigkeit bzw. richtige Vertretung
   von Kläger und Beklagtem, § 62 VwGO
g) Zuständigkeit des angerufenen Gerichts, §§ 45 ff. VwGO
h) Einhaltung der Klageform, § 81 Abs. 1 VwGO
i) berechtigtes Interesse, § 43 Abs. 1 VwGO
2. Begründetheit: Nichtigkeit des Verwaltungsakts (Rn. 69 ff.)

2. Erzwingung begünstigender Verwaltungsakte

Wir haben uns bislang mit demjenigen Rechtsschutz beschäftigt, der *gegen* Verwaltungsakte gegeben ist. Eine Behörde trifft eine Entscheidung, wogegen sich deren Adressat oder ein Dritter (z. B. ein Nachbar) zur Wehr setzt. Es gibt aber auch noch die andere Rechtsschutzkonstellation, dass jemand von der Behörde einen *begünstigenden* Verwaltungsakt erreichen möchte. In dieser Konstellation hat sich die Behörde entweder noch gar nicht oder aber nur durch Kundtun der Ablehnung geäußert. 242

Beispiele: A begehrt die Erteilung einer Baugenehmigung, B die Gewährung einer Subvention, C die Standzulassung zum gemeindlichen Weihnachtsmarkt und D ein baupolizeiliches Einschreiten gegen ihre Nachbarin.

Die von der Belastungsabwehr bekannten Rechtsbehelfe (mit Ausnahme der Nichtigkeitsfeststellungsklage) haben alle ein Spiegelbild in **Rechtsbehelfen zur Begünstigungserzwingung**. Vor diesem Hintergrund können wir diesen Teil etwas kürzer halten und an das Bekannte anknüpfen. Im Einzelnen entsprechen 243

- der Anfechtungs- die *Verpflichtungsklage* nach § 42 Abs. 1 Var. 2 VwGO für das Hauptsacheverfahren (dazu Rn. 244 ff.),
- dem Anfechtungs- der *Verpflichtungswiderspruch* nach § 68 Abs. 2 VwGO für das behördliche Vorverfahren (dazu Rn. 260 ff.),
- der Fortsetzungsfeststellungsklage nach § 113 Abs. 1 S. 4 VwGO eine dazu analog gebildete *Verpflichtungs-Fortsetzungsfeststellungsklage* (dazu Rn. 263 ff.) und
- dem Antrag auf Anordnung oder Wiederherstellung der aufschiebenden Wirkung nach § 80 Abs. 5 VwGO der *Antrag auf Erlass einer einstweiligen Anordnung* nach § 123 Abs. 1 VwGO für den Eilrechtsschutz (dazu Rn. 267 ff.).

Die größten Unterschiede zur Belastungsabwehr bestehen beim Eilrechtsschutz. Untereinander weisen die vier Rechtsbehelfe zur Begünstigungserzwingung aber wiederum erhebliche Parallelen auf.

a) Verpflichtungsklage

Spezielle Studienliteratur: *Herbolsheimer*, JuS 2023, 217.

244 Mit der Verpflichtungsklage nach § 42 Abs. 1 Var. 2 VwGO kann der gegen einen Verwaltungsträger gerichtete **Anspruch auf Erlass eines bestimmten Verwaltungsakts** gerichtlich verfolgt werden („**Vornahmeklage**", vgl. § 13 Rn. 39 f.). Gibt das Gericht der Verpflichtungsklage statt und bejaht es damit den Anspruch, so ist der Kläger allerdings noch nicht am Ziel. Anders als das Gestaltungsurteil auf Anfechtungsklage hin (Rn. 142) ändert das Verpflichtungsurteil noch nicht selbst die Verwaltungsrechtslage in dem begehrten Sinn, sondern der verurteilte Verwaltungsträger muss es erst noch aktiv erfüllen, indem seine Behörde den im Urteil bezeichneten Verwaltungsakt erlässt. Das wird sie zwar in aller Regel tun, die gesetzliche Struktur ermöglicht aber gewisse Friktionen. Denn bei Weigerung der Behörde wird der Verwaltungsakt nicht einfach fingiert (wie das Problem im Zivilprozess nach § 894 ZPO gelöst würde), sondern droht nur das wenig wirksame Zwangsgeld nach § 172 VwGO (dazu noch § 30 Rn. 41).

Zusatzinformationen
- Im Ergebnis sind die Verwaltungsgerichte mangels effektiver Vollstreckungsmöglichkeit gegenüber der Verwaltung damit noch stärker als Zivil- und Strafgerichte darauf verwiesen, die Beteiligten zu überzeugen.
- Die relative Schwäche des Verpflichtungsurteils erklärt sich vor allem aus dem Gewaltenteilungsprinzip (vgl. § 17 Rn. 96 f.). Während die bloße Aufhebung eines Verwaltungsakts (§ 113 Abs. 1 S. 1 VwGO) als wenig problematisch empfunden wird (ähnlich der bloßen Nichtigerklärung eines Gesetzes durch ein Verfassungsgericht), würde die gerichtliche Setzung eines Verwaltungsakts tiefer in den Bereich der anderen Staatsgewalt eindringen (ähnlich einer – ebenfalls ausgeschlossenen – positiven Gesetzgebung durch das Verfassungsgericht!).

245 Mit der Verpflichtungsklage kann man außer dem Erlass eines bestimmten Verwaltungsakts aber auch einen **Bescheidungsanspruch** gegen den Verwaltungsträger gerichtlich verfolgen, der nur auf eine fehlerfreie Entscheidung der Behörde gerichtet ist („**Bescheidungsklage**", siehe oben § 13 Rn. 41). Stärker noch als bei der Vornahmeklage liegt hier auf der Hand, dass das Gericht den Anspruch nicht selbst erfüllen kann, ohne der Behörde vorzugreifen.

Prüfungshinweis

▶ Im Verwaltungsrechtsfall achten Sie zweckmäßigerweise darauf, ob jemand von vornherein nur „auf Bescheidung" klagen will (weil etwa ein behördlicher Spielraum unstreitig, die Behörde aber gänzlich untätig ist) oder ob jemand sozusagen mit der Maximalforderung einer Vornahmeklage vorgehen möchte, auch wenn er am Ende nur ein „Bescheidungsurteil" erreichen kann (was häufiger vorkommt). Diesen Punkt sollte man bereits bei der Statthaftigkeit präzise angeben; in der Begründetheitsprüfung kann er sogar gliederungsleitend werden (näher dazu Rn. 257 ff.).

Zusatzinformation
Geht es um den Anspruch aus § 73 Abs. 1 S. 1 VwGO auf Bescheidung eines Anfechtungswiderspruchs, so bietet die Anfechtungsklage in Gestalt der Untätigkeitsklage (Rn. 175) intensiveren Rechtsschutz; eine Verpflichtungsklage ist dann grundsätzlich mangels Rechtsschutzinteresses ausgeschlossen (vgl. § 13 Rn. 51 ff.). Anders liegt es nur, wenn gerade am Widerspruchsbescheid Interesse besteht – insbesondere wegen der dort gegebenen Zweckmäßigkeitskontrolle (Rn. 209) oder wenn der an der Bescheidung des Widerspruchs Interessierte gar nicht der Widerspruchsführer ist (Rn. 88).[107] Beispiel für letzteres: A wurde eine Genehmigung erteilt; dagegen hat N Widerspruch eingelegt; um von der Genehmigung Gebrauch machen zu dürfen (vgl. Rn. 27 f.), muss A die Zurückweisung des Widerspruchs erreichen.

Im Gesetz sind Verpflichtungs- und Anfechtungsklage als die beiden zentralen verwaltungsaktbezogenen Klagearten zusammenhängend geregelt. Regelungsorte für beide Klagearten sind die §§ 42, 68 ff. und 113 VwGO. Auch wenn sie nicht gänzlich identisch sind, erkennt man von den Zulässigkeitsvoraussetzungen jedenfalls wieder: **246**

- die Klagebefugnis,
- das Vorverfahren,
- die Klagefrist und
- die ausdrückliche Regelung zum richtigen Beklagten.

Zu behandeln sind im Folgenden deshalb vornehmlich die Besonderheiten, die sich für die Verpflichtungsklage gegenüber der Anfechtungsklage ergeben. Der unterschiedlichen Zielrichtung entsprechend, zeigt sich die größte Eigenheit der Verpflichtungsklage bei der Begründetheit.

Prüfungsschema 15: Hat die Verpflichtungsklage Aussicht auf Erfolg?
1. Zulässigkeit
    a) Eröffnung des Verwaltungsrechtswegs, § 40 Abs. 1 S. 1 VwGO
    b) statthafte Klageart – Statthaftigkeit der Verpflichtungsklage nach § 42 Abs. 1 Var. 2 VwGO
    c) Klagebefugnis, § 42 Abs. 2 VwGO
    d) Durchführung des Vorverfahrens, § 68 Abs. 2 VwGO
    e) Einhaltung der Klagefrist, § 74 Abs. 2 VwGO
    f) richtiger Beklagter, § 78 VwGO
    g) Beteiligungsfähigkeit von Kläger und Beklagtem, § 61 VwGO
    h) Prozessfähigkeit bzw. richtige Vertretung von Kläger und Beklagtem, § 62 VwGO
    i) Zuständigkeit des angerufenen Gerichts, §§ 45 ff. VwGO
    j) Einhaltung der Klageform, § 81 Abs. 1 VwGO
    k) Rechtsschutzinteresse
2. Begründetheit, § 113 Abs. 5 VwGO – zwei Varianten:
    a) Vornahmeanspruch (Satz 1) *oder*
    b) (unerfüllter) Bescheidungsanspruch (Satz 2)

---

[107] Lit.: *Brenner/Witt*, DVBl 2020, 977; *Schenke*, DÖV 1996, 529; *von Schledorn*, NVwZ 1995, 250; s. a. *Bettermann*, NJW 1960, 1081 (1088, 1098).

aa) Wann ist die Klagebefugnis gegeben?

247 Die Verpflichtungsklage dient, wie gesehen, der Geltendmachung von Ansprüchen, die auf den Erlass eines Verwaltungsakts (Vornahmeklage) oder doch zumindest auf die Entscheidung über den Erlass eines Verwaltungsakts (Bescheidungsklage) gerichtet sind. Solche Ansprüche müssen der Art nach überhaupt bestehen und im konkreten Fall möglich und unerfüllt sein, damit die Klagebefugnis nach § 42 Abs. 2 VwGO gegeben ist. Materiellrechtliche Grundlage ist insofern eine andere Gruppe von Ansprüchen als bei der Anfechtungsklage, wo es um (Abwehr-)Ansprüche auf Beseitigung eines Verwaltungsakts ging (zur Anfechtungsklage insoweit Rn. 157 und § 13 Rn. 42 ff., zu den Abwehransprüchen selbst § 13 Rn. 56 ff.).

248 Für Vornahme- und Bescheidungsansprüche muss stets eine besondere **Anspruchsgrundlage** aufgesucht werden. Insbesondere können sie nicht – wie bei der Anfechtungsklage des belasteten Adressaten (Rn. 158) – mit einem pauschalen Verweis auf Grundrechte hergeleitet werden, weil in der behördlichen Unterlassung oder Verweigerung einer Leistung – anders als in der behördlichen Auferlegung einer Belastung – normalerweise kein Grundrechtseingriff liegt. Stattdessen kommt aber die ganze Bandbreite verfassungsrechtlicher, gesetzlicher oder auch durch Einzelakt begründeter Ansprüche in Frage (oben § 13 Rn. 10 ff.).

Prüfungshinweis

▶ Die Anwendung des Adressatengedankens auf die Verpflichtungsklage ist ein schwerer, aber leider häufiger Fehler.

249 Für die Geltendmachung gewisser gesetzlicher Ansprüche im Wege der Verpflichtungsklage ist daran zu denken, dass – trotz möglicher Klagebefugnis – von vornherein kein **Rechtsschutzinteresse** besteht, weil effektivere Rechtsbehelfe zur Verfügung stehen und vorrangig zu wählen sind (vgl. § 13 Rn. 52). Das gilt vor allem für die Ansprüche auf Aufhebung eines rechtswidrigen Verwaltungsakts durch die Behörde, denn hier steht vorrangig die Anfechtungsklage zur Verfügung (oben § 13 Rn. 42 ff.); sie führt im Erfolgsfall bekanntlich unmittelbar zur Aufhebung durch das Gericht (Rn. 142). Ein weiteres Beispiel bietet der Anspruch auf Feststellung der Nichtigkeit eines Verwaltungsakts durch die Behörde nach § 44 Abs. 5 Hs. 2 VwVfG* (oben Rn. 126), denn hier ist die Nichtigkeitsfeststellungsklage (Rn. 240) rechtsschutzintensiver; ein feststellendes Urteil bietet größere Rechtssicherheit als ein inhaltsgleicher feststellender Verwaltungsakt, weil es weniger leicht wieder aufgehoben werden kann (vgl. § 21 Rn. 18).

bb) Wann ist das Vorverfahren ordnungsgemäß durchgeführt?

250 Auch vor Erhebung der Verpflichtungsklage muss zunächst ein Vorverfahren durchgeführt werden, wie § 68 Abs. 2 VwGO anordnet. Es richtet sich allerdings nicht gegen eine behördliche Maßnahme, sondern gegen die behördliche Ablehnung eines bereits beantragten Verwaltungsakts. Bei der Verpflichtungsklage stellt der Widerspruch (womit nach § 69 VwGO auch hier das Vorverfahren beginnt) deshalb nach dem ursprünglichen Antrag auf Erlass des Verwaltungsakts bereits die **zweite**

Erklärung der privaten Seite an die Behörde dar. Der erste Antrag an die Behörde ist zwar im Gesetz nicht ausdrücklich vorgeschrieben, ohne ihn wird für eine Verpflichtungsklage aber regelmäßig das Rechtsschutzinteresse fehlen (vgl. § 13 Rn. 51 ff.).

Der Kläger muss insofern **grundsätzlich zwei Antworten der Behörde abwarten**, auf seinen Antrag und auf seinen Widerspruch. Beide kann die Behörde verschleppen. Die Regelung des § 75 VwGO für den Untätigkeitsfall (Rn. 175) erfasst bei der Verpflichtungsklage daher zwei Konstellationen (im Normtext erkennbar an der Nennung des „Antrags" neben dem „Widerspruch"):

251

- der Antrag wird abgelehnt, auf den Widerspruch hin geschieht nichts (wie bei der Anfechtungsklage) oder
- bereits auf den Antrag hin geschieht nichts, zum Widerspruch kommt es gar nicht (spezifisch für die Verpflichtungsklage).

Zusatzinformation
Wurde der Antrag explizit abgelehnt und/oder der Widerspruch explizit zurückgewiesen, nennt man die daraufhin zu erhebende Verpflichtungsklage manchmal eine „Versagungsgegenklage". Die erste Konstellation von eben (Antrag abgelehnt, Widerspruch nicht beschieden) zeigt, dass auch die Versagungsgegenklage eine Untätigkeitsklage sein kann, diese Begriffe einander also nicht ausschließen.

Bei der Verpflichtungsklage gelten über die Verweisung in § 68 Abs. 2 VwGO die gleichen Anforderungen und Ausnahmen bezüglich des Vorverfahrens wie bei der Anfechtungsklage (oben Rn. 176 ff.). Auch hier müssen also das Handlungsmoment (form- und fristgerechte Einlegung bei der zuständigen Stelle) und das Abwartensmoment (bis Widerspruchsbescheid oder Eintritt der Voraussetzungen des § 75 VwGO) zusammenkommen.

252

cc) Gegen wen ist die Verpflichtungsklage zu richten?
Auch die Regelung zum **richtigen Beklagten** trifft das Gesetz in § 78 VwGO für die Verpflichtungs- gemeinsam mit der Anfechtungsklage (bezüglich letzterer Rn. 183 ff.). Da die Verpflichtungsklage zu den Leistungsklagen gehört und der Durchsetzung eines Anspruchs dient, kann man im Ausgangspunkt annehmen, dass der Schuldner dieses Anspruchs auch zu beklagen ist (vgl. oben § 13 Rn. 49 f.). Nach der maßgeblichen gesetzlichen Formulierung ist richtiger Beklagter der „Bund, das Land oder die Körperschaft, deren Behörde [...] den beantragten Verwaltungsakt unterlassen" hat (§ 78 Abs. 1 Nr. 1 Hs. 1 Var. 2 VwGO; für den Kläger gilt auch hier nach Hs. 2 die Erleichterung, dass die „Angabe der Behörde" genügt).

253

Soweit das **Behördenprinzip** reicht (dazu bereits § 7 Rn. 40 ff.), sei es nach § 78 Abs. 1 Nr. 2 VwGO über die Landesgesetzgebung oder nach speziellen Bundesgesetzen wie § 20 Abs. 5 S. 1 Nr. 2 BDSG, muss auch eine Verpflichtungsklage gegen die Behörde als solche gerichtet werden, um zulässig zu sein. Der Verwaltungsträger als eigentlicher Schuldner des Anspruchs ist dann am Rechtsstreit nicht beteiligt.

254

dd) Wann ist die Verpflichtungsklage begründet?

255 Die Verpflichtungsklage dient der Geltendmachung eines Anspruchs und ist daher begründet, wenn dieser Anspruch wirklich besteht. Der **Anspruch** muss also **entstanden und** darf **nicht erloschen** sein (dazu oben § 13 Rn. 10 ff., 30 ff.).

256 Das Gesetz drückt diesen einfachen Zusammenhang in § 113 Abs. 5 S. 1 VwGO etwas komplizierter aus, nämlich in sprachlicher Anlehnung an die Regelung zur Anfechtungsklage in Abs. 1 S. 1: die Ablehnung oder Unterlassung des Verwaltungsakts müsse rechtswidrig sein und den Kläger in seinen Rechten verletzen. Eine solche Rechtsverletzung bedeutet aber nichts anderes, als dass der Kläger einen Anspruch auf Erlass des fraglichen Verwaltungsakts (Vornahmeanspruch, vgl. Rn. 244) oder zumindest auf eine fehlerfreie Entscheidung darüber hat (Bescheidungsanspruch, vgl. Rn. 245).

Prüfungshinweis

▶ Im Gutachten bietet es sich an, wortlautnah zunächst die gesetzlichen Voraussetzungen wiederzugeben und dann zu erklären, diese seien gegeben, wenn ein Anspruch bestehe. Das bringt Sie unproblematisch zu einem praktikablen Obersatz.

257 Die beiden Sätze von § 113 Abs. 5 VwGO sehen für die beiden Anspruchsarten unterschiedliche **Entscheidungsformeln** vor, woran sich die Begründetheitsprüfung zu orientieren hat:

- Der beklagte Verwaltungsträger wird verpflichtet, den Verwaltungsakt („die beantragte Amtshandlung") vorzunehmen (Satz 1 – *Vornahmeurteil*). So ist zu entscheiden, wenn eine Vornahmeklage erhoben wurde und begründet ist, also ein Anspruch auf Erlass eines bestimmten Verwaltungsakts geltend gemacht wurde (Rn. 244) und dieser wirklich besteht.
- Der beklagte Verwaltungsträger wird verpflichtet, den Kläger unter Beachtung der Rechtsauffassung des Gerichts zu bescheiden (Satz 2 – *Bescheidungsurteil*). So ist zu entscheiden, wenn
  - entweder *nur eine Bescheidungsklage erhoben* wurde und begründet ist, also nur ein Anspruch auf fehlerfreie Entscheidung geltend gemacht wurde (Rn. 245) und dieser wirklich besteht
  - oder aber *eine Vornahmeklage erhoben* wurde, *aber nur teilweise begründet* ist, weil der Kläger zwar einen Anspruch hat, allerdings eben nicht direkt auf Erlass des beantragten Verwaltungsakts, sondern auf eine fehlerfreie Entscheidung darüber (insbesondere wegen Ermessens,[108] § 17 Rn. 67 ff., oder Beurteilungsspielraums, § 9 Rn. 41 ff.). Die Bescheidungsklage gilt dann als ein „Minus", das in der Vornahmeklage enthalten ist. Im Übrigen wird das Gericht die Vornahmeklage hier ausdrücklich abweisen.

---

[108] Lit.: *S. Meyer*, Die Verwaltung 52 (2019), S. 501.

IV. Rechtsschutz

Zusatzinformation
Eine behördliche Versagung (Rn. 19 ZI) hebt das Gericht im stattgebenden Urteil unmittelbar auf. Praktisch geschieht dies auch ohne ausdrückliche Anfechtung, weil das entsprechende Begehren normalerweise im Verpflichtungsbegehren enthalten ist. Man kann aber durchaus explizit beantragen, „den Ablehnungsbescheid vom … aufzuheben und den Beklagten zu verpflichten, …".

Am leichtesten fällt die Begründetheitsprüfung danach bei der (freilich selteneren) **Bescheidungsklage**. Hier braucht man von vornherein nur nach dem Bestehen eines Bescheidungsanspruchs zu fragen. Dieser darf insbesondere nicht schon erfüllt worden sein (entsprechend § 362 Abs. 1 BGB, vgl. § 12 Rn. 35, § 13 Rn. 30). Erfüllt ist er, wenn die Behörde bereits über den begehrten Verwaltungsakt fehlerfrei entschieden hat. Erst dieser Zwischenschritt führt zur Frage nach möglichen Ermessens- oder Beurteilungsfehlern der tatsächlich ergangenen Ablehnung. Hat die Behörde überhaupt nicht gehandelt, scheidet Erfüllung von vornherein aus. 258

Bei der **Vornahmeklage** muss man zunächst den geltend gemachten Vornahmeanspruch prüfen; Erfüllung kommt dabei nicht in Frage, denn sonst müsste ja nicht mehr geklagt werden. Ergibt sich hier, dass die Behörde einen Ermessens- oder Beurteilungsspielraum hat (was als „Anspruchsinhalt" geprüft werden kann), bricht man die Teilprüfung ab und verneint den Vornahmeanspruch. Die Klage könnte aber noch teilweise begründet sein, wenn zumindest ein Bescheidungsanspruch besteht. Dessen Grundlage und Voraussetzungen hat man im Rahmen der ersten Teilprüfung dann bereits bejaht, sodass es jetzt nur noch um eine mögliche Erfüllung geht, also um die Frage, ob eine tatsächlich ergangene Ablehnung fehlerfrei erfolgt ist. 259

Beispiel: A klagt auf Verpflichtung des Landes zur Erteilung einer Baugenehmigung. Hier besteht (z. B. nach § 58 Abs. 1 S. 1 LBO BW) grundsätzlich zwar ein Vornahmeanspruch, ausnahmsweise jedoch – z. B. wenn für das Bauvorhaben eine „Befreiung" nötig ist – nur ein Bescheidungsanspruch. Stellt sich die Erforderlichkeit der Befreiung erst unterwegs heraus, kommt es zu der beschriebenen „gebrochenen" Begründetheitsprüfung.

b) Verpflichtungswiderspruch

Ebenso wie in der Konstellation der Belastungsabwehr (oben Rn. 139 ff.) ist auch für die Begünstigungserzwingung der Widerspruch nicht nur Zulässigkeitsvoraussetzung der Klage (Rn. 250 ff.), sondern auch eigenständiger Rechtsbehelf. Auch nach den Erfolgsaussichten dieses Rechtsbehelfs könnte im Verwaltungsrechtsfall gefragt werden. Zulässigkeit und Begründetheit entsprechen auch hier weitgehend der Verpflichtungsklage, wobei die schon beim Anfechtungswiderspruch genannten Besonderheiten gelten (Rn. 205 ff.). 260

Im Unterschied zur Verpflichtungsklage kann der Verpflichtungswiderspruch – insoweit nicht treffend bezeichnet – im Erfolgsfall unmittelbar zum Erlass des begehrten Verwaltungsakts durch den Widerspruchsbescheid führen, weil hier nicht die Grenze zwischen Exekutive und Judikative beachtet werden muss (vgl. § 17 Rn. 97, mit Beispiel). Eine nachgelagerte Erfüllung durch oder Vollstreckung gegen die Ausgangsbehörde, wie sie bei den Leistungs*klagen* erforderlich ist (Rn. 244 und oben § 13 Rn. 38, 40), entfällt dann. Aus dem gleichen Grund braucht es normalerweise auch bei Verfolgung bloßer Bescheidungsansprüche keinen Bescheidungswiderspruch, weil die Verwaltung die Ermessens- und Beurteilungsspielräume 261 (welche Bescheidungsklage und -urteil schützen sollen) ja gerade selbst ausfüllen darf; just hierfür sieht § 68 Abs. 1 S. 1, Abs. 2 VwGO die Prüfung auch der „Zweckmäßigkeit" vor.

Prüfungshinweis

▶ Beachten Sie landesrechtliche Einschränkungen, die zwischen Rechtsaufsichtbehörde und Selbstverwaltungsträger eine Grenze einziehen. So steht in Baden-Württemberg für gemeindliche Verwaltungsakte in Selbstverwaltungsangelegenheiten die Ermessensausübung allein den Gemeinden zu (§ 17 Abs. 1 S. 2 AGVwGO BW); die Widerspruchsbehörde ist deshalb an der Zweckmäßigkeitsprüfung gehindert und darf den begehrten Ermessensverwaltungsakt nicht selbst erlassen.

262 Für den Verpflichtungswiderspruch lässt sich das folgende Prüfungsschema 16 angeben.

Prüfungsschema 16: Hat der (Verpflichtungs-)Widerspruch Aussicht auf Erfolg?
1. Zulässigkeit
   a) Anwendbarkeit der §§ 68 ff. VwGO, § 40 Abs. 1 S. 1 VwGO
   b) Statthaftigkeit des Widerspruchs nach § 68 Abs. 2 VwGO
   c) Widerspruchsbefugnis, § 42 Abs. 2 VwGO analog
   d) Einhaltung der Widerspruchsfrist, § 70 Abs. 1 S. 1 VwGO
   e) Zuständigkeit der angerufenen Behörde, § 70 Abs. 1 VwGO
   f) Einhaltung der Widerspruchsform, § 70 Abs. 1 S. 1 VwGO
   g) Beteiligungsfähigkeit des Widerspruchsführers, § 11 VwVfG*
   h) Handlungsfähigkeit des Widerspruchsführers, § 12 VwVfG*
2. Begründetheit, § 68 Abs. 1 S. 1 VwGO: Unzweckmäßigkeit der Ablehnung *oder* Rechtswidrigkeit der Ablehnung, d. h.
   a) Vornahmeanspruch *oder*
   b) (unerfüllter) Bescheidungsanspruch

---

c) (Verpflichtungs-)Fortsetzungsfeststellungsklage

263 Auch die Fortsetzungsfeststellungsklage hat ihr Pendant in der Konstellation der Begünstigungserzwingung, ohne hier allerdings über einen eigenen Namen zu verfügen. Um präzise zu sein, kann man von einer „Fortsetzungsfeststellungsklage nach erledigtem Verpflichtungsbegehren" sprechen. Die Statthaftigkeit dieser Klageart wird aus einer Analogie zu § 113 Abs. 1 S. 4 VwGO hergeleitet. Wird die Fortsetzungsfeststellungsklage erst nach Erledigung des Verpflichtungsbegehrens erhoben, wird sogar eine „doppelte Analogie" erforderlich – erst zur Anfechtungssituation, dann wie gehabt zur Situation der Erledigung nach Klageerhebung (Rn. 231).

IV. Rechtsschutz

Zusatzinformation
Das Postulat einer eigenen Klageart unterliegt hier denselben Bedenken wie beim Fortsetzungsfeststellungsbegehren der Abwehrkonstellation (vgl. Rn. 231 ZI).

Eine Verpflichtungs-Fortsetzungsfeststellungsklage kommt in Frage, wenn das ursprüngliche Begehren – einen bestimmten günstigen Verwaltungsakt zu erhalten – sich erledigt hat. Deutlicher noch als bei der Anfechtungs-Fortsetzungsfeststellungsklage bezieht sich die Erledigung nicht auf den Verwaltungsakt (an dem es ja gerade fehlt), sondern auf das Begehren des Klägers.

Beispiel: A klagt auf Verpflichtung der Gemeinde, ihren Stand zum Jahrmarkt zuzulassen. Der Jahrmarkt geht vorüber, bevor das Verwaltungsgericht entscheidet.

264

Der Begründetheitsmaßstab kann wiederum von der zu Grunde liegenden „gewöhnlichen" Klage, hier der Verpflichtungsklage, übernommen und in die Vergangenheitsform übertragen werden: Die Fortsetzungsfeststellungsklage nach erledigtem Verpflichtungsbegehren ist begründet, wenn zum Zeitpunkt der Erledigung der verfolgte Anspruch wirklich bestand.

265

Prüfungsschema 17: Hat die (Verpflichtungs-)Fortsetzungsfeststellungsklage Aussicht auf Erfolg?
1. Zulässigkeit
   a) Eröffnung des Verwaltungsrechtswegs, § 40 Abs. 1 S. 1 VwGO
   b) statthafte Klageart – Statthaftigkeit der Fortsetzungsfeststellungsklage nach § 113 Abs. 1 S. 4 VwGO (analog)
   c) Fortsetzungsfeststellungsinteresse, § 113 Abs. 1 S. 4 VwGO (analog)
   d) Klagebefugnis, § 42 Abs. 2 VwGO
   e) keine Versäumung der Widerspruchsfrist, § 70 Abs. 1 VwGO
   f) keine Versäumung der Klagefrist, § 74 Abs. 1 VwGO
   g) richtiger Beklagter, § 78 VwGO
   h) Beteiligungsfähigkeit von Kläger und Beklagtem, § 61 VwGO
   i) Prozessfähigkeit bzw. richtige Vertretung von Kläger und Beklagtem, § 62 VwGO
   j) Zuständigkeit des angerufenen Gerichts, §§ 45 ff. VwGO
   k) Einhaltung der Klageform, § 81 Abs. 1 VwGO
2. Begründetheit, § 113 Abs. 1 S. 4, Abs. 5 VwGO (analog) – zwei Varianten:
   a) früherer Vornahmeanspruch (Satz 1) *oder*
   b) früherer (unerfüllter) Bescheidungsanspruch (Satz 2)

266

d) Antrag auf Erlass einer einstweiligen Anordnung

Der Eilrechtsschutz funktioniert anders, wenn nicht ein belastender Verwaltungsakt abgewehrt, sondern ein begünstigender erlangt werden soll. Der Mechanismus der aufschiebenden Wirkung, den § 80 VwGO für die Konstellation der Belastungs-

267

abwehr vorsieht, würde auch nicht recht passen: höchstens würde ja die von der Behörde ausgesprochene Ablehnung unvollziehbar, aber damit wäre noch nicht die Begünstigung gewährt. Erforderlich ist deshalb eine positiv-gestaltende Entscheidung des Verwaltungsgerichts, die die Rechtsposition des Klägers vorläufig verbessert.

268 Im Unterschied zu den Rechtsbehelfen, die wir in diesem Kapitel bisher betrachtet haben, ist der Antrag auf Erlass einer einstweiligen Anordnung nicht spezifisch für Verwaltungsakte. Wir haben ihn deshalb bereits oben als allgemein gegebenes Mittel zum Schutz von Rechtspositionen in Eilfällen behandelt (§ 9 Rn. 64 ff., dort auch Prüfungsschema 4). Im Kontext der Verwaltungsakte hat zwar in der Abwehrkonstellation das System der aufschiebenden Wirkung nach § 80 VwGO Vorrang (§ 123 Abs. 5 VwGO), in der Erzwingungskonstellation ist für die einstweilige Anordnung aber Raum.

269 Anordnungsanspruch für die Zwecke der Antragsbefugnis und der Begründetheit des Antrags nach § 123 Abs. 1 VwGO muss hier wiederum ein Anspruch auf Vornahme eines Verwaltungsakts sein. Der Anordnungsgrund besteht darin, dass ein behördliches Zögern diesen Anspruch vereiteln würde. Dabei kommen begünstigende Verwaltungsakte verschiedener Art in Frage, etwa:

- die Erteilung einer Genehmigung (Anlagenzulassung, Gewerbeerlaubnis), die für eine Investition zeitkritisch sein kann;[109]
- die Bewilligung einer Sozialleistung, die für die Existenzsicherung entscheidend sein kann;
- die Zulassung zu einem Bildungsgang (Schule, Hochschule), die an feste Termine gebunden ist und für den Lebensweg wichtige Weichen stellen kann.

270 In all diesen Fällen führt eine einstweilige Anordnung nie selbst zu dem vom Hoheitsträger geschuldeten Rechtsakt „Verwaltungsakt" und damit auch nicht zu den dadurch materiellrechtlich hervorzubringenden Rechtspositionen. Da die Anordnung immer nur einer Vereitelung des Anspruchs vorbeugen soll, schafft sie auch immer nur **temporäre Rechtspositionen kraft Prozessrechts** (vgl. § 21 Rn. 6). Hierzu ist die Sicherungsanordnung nach § 123 Abs. 1 S. 2 VwGO aber eben durchaus im Stande. Bis auf den Vorläufigkeitsvorbehalt sind diese Rechtspositionen praktisch kaum von den endgültigen zu unterscheiden. Anknüpfend an die Fallgruppen von eben kann die Anordnung etwa

- eine einstweilige Genehmigung begründen, die vorübergehend das Genehmigungserfordernis erfüllt und etwaigen Sanktionen vorbeugt;
- den Verwaltungsträger zu laufenden Zahlungen verpflichten;
- den Verwaltungsträger verpflichten, den Antragsteller einstweilen an dem Bildungsgang teilnehmen zu lassen, damit er nichts versäumt und keine zeitlichen Nachteile befürchten muss.

---

[109] Vgl. *Maslaton*, NVwZ 2022, 773.

IV. Rechtsschutz

Zusatzinformation
Erkennbar bringt das für die Auffassung, welche die „Vorwegnahme der Hauptsache" für ein eigenständiges Problem hält (oben § 9 Rn. 69), stets zusätzlichen Begründungsaufwand mit sich, denn für die Dauer der einstweiligen Anordnung erhält ja der Antragsteller praktisch bereits das Gewünschte. Will man seinen Anspruch allerdings nicht ins Leere laufen lassen, geht es aber nicht anders – und damit ist das Erforderlichkeitskriterium im Begründetheitsmaßstab des § 123 Abs. 1 S. 2 VwGO dann auch gleich erfüllt.

§ 20. Spezielle Regelungsinhalte von Verwaltungsakten

In § 19 haben wir uns abstrakt mit Verwaltungsakten beliebigen Inhalts auseinandergesetzt. Nun wird es etwas konkreter, wenn wir in diesem Kapitel drei typische Regelungsinhalte von Verwaltungsakten betrachten, die vom Fachrecht unabhängig und deshalb sinnvollerweise im Zusammenhang des Allgemeinen Verwaltungsrechts zu beschreiben sind:

- Verwaltungsakte, die andere Verwaltungsakte aufheben (vor allem „Rücknahme" und „Widerruf", Rn. 2 ff.);
- Verwaltungsakte, die Ansprüche auf andere Verwaltungsakte oder deren Unterlassung begründen („Zusicherung", Rn. 48 ff.);
- Verwaltungsakte, deren Regelungen mit Bedingungen, Auflagen oder anderen „Nebenbestimmungen" versehen sind (Rn. 70 ff.).

I. „Aufhebung eines vorangegangenen Verwaltungsakts"

Spezielle Studienliteratur: *Krausnick*, JuS 2010, 594; *Scherff*, JA 2023, 841; *Voßkuhle/Kaufhold*, JuS 2014, 695.

Bereits kennen gelernt haben wir die gerichtliche Aufhebung, die auf eine erfolgreiche Anfechtungsklage hin auf der Grundlage von § 113 Abs. 1 S. 1 VwGO durch das „kassatorische Urteil" erfolgt (§ 19 Rn. 142). Aufgehoben werden können und dürfen Verwaltungsakte aber auch von der Verwaltung selbst, und dies in viel größerem Umfang als vom Gericht.

Die behördliche Aufhebung bringt Aspekte auf den drei Ebenen der Wirkungen, der Rechtmäßigkeit und des Rechtsschutzes mit sich, denen wir im Folgenden nachgehen wollen. Ein wiederkehrendes Motiv ist dabei die Unterscheidung zwischen begünstigenden und belastenden Verwaltungsakten:

- Begünstigende Verwaltungsakte sind im Interesse der Begünstigten schwerer aufzuheben, und ihre Aufhebung mündet prozessual in die Konstellation der Belastungsabwehr (§ 19 Rn. 139 ff.).
- Belastende Verwaltungsakte sind mangels gegenläufiger Betroffeneninteressen leichter aufzuheben, und ihre Aufhebung wäre prozessual ihrerseits eine möglicherweise erzwingbare Begünstigung (§ 19 Rn. 242 ff.).

1. Wirkungsaspekte

a) Aufhebung als Gestaltung

4 Zunächst einmal können wir uns bewusst machen, dass eine Behörde über §§ 35, 43 VwVfG* fraglos über das **rechtliche Können** verfügt, einen Verwaltungsakt aufzuheben. Sie muss dazu nur einen weiteren Verwaltungsakt erlassen, dessen Regelung darin besteht, dass die Regelung des ersten Verwaltungsakts nunmehr aufgehoben werde (prozedurale Gestaltungswirkung, § 19 Rn. 11). Der neue Verwaltungsakt muss dafür wegen § 43 Abs. 1 VwVfG* nur denselben Adressaten bekannt gegeben werden, damit die Aufhebung gegenüber all denjenigen wirksam werden kann, denen gegenüber auch der erste Verwaltungsakt wirksam geworden ist.

Zusatzinformation
Außer durch Verwaltungsakt könnte die Aufhebung eines Verwaltungsakts auch durch öffentlich-rechtlichen Vertrag erfolgen, also unter Mitwirkung des Adressaten (dazu § 22).

5 Im Rahmen dieses rechtlichen Könnens ist auch eine **partielle Aufhebung** möglich. Wie weit die Aufhebung reichen soll, ist eine Frage des Inhalts und damit der Auslegung des neuen Verwaltungsakts (vgl. § 19 Rn. 7 f.). Möglich ist etwa

- eine *persönlich* beschränkte Aufhebung;

  Beispiel: A und B wurde als Gesamtschuldnerinnen eine Zahlungspflicht auferlegt. Die Behörde hebt B gegenüber die Zahlungspflicht wieder auf.

- eine *sachlich* beschränkte Aufhebung;

  Beispiel: A wurde die Beseitigung zweier Gebäude aufgegeben. Die Behörde hebt die Beseitigungspflicht in Bezug auf eines der Gebäude wieder auf.

- eine *zeitlich* beschränkte Aufhebung;

  Beispiel: Das von A betriebene Krankenhaus wurde für fünf Jahre in den Krankenhausbedarfsplan aufgenommen (was Geld bringt und daher begünstigend wirkt, siehe § 8 Krankenhausfinanzierungsgesetz [KHG]). Die Behörde verkürzt die Aufnahme auf vier Jahre, hebt sie also für das fünfte Jahr wieder auf.

- eine *betragsmäßig* beschränkte Aufhebung;

  Beispiel: A wurde eine Gebühr von 20.000 Euro auferlegt. Die Behörde reduziert sie später auf die Hälfte.

I. „Aufhebung eines vorangegangenen Verwaltungsakts"

Bei der **zeitlichen Reichweite** der Aufhebung sind **zwei Extremfälle** besonders prominent, die – wie eben gesehen – aber nicht alle denkbaren Gestaltungsvarianten darstellen:

- zum einen die in zeitlicher Hinsicht vollständige, das heißt: bis auf den Zeitpunkt des Wirksamwerdens des ersten Verwaltungsakts zurückwirkende Aufhebung (lateinisch *ex tunc* ‚seit damals');
- zum anderen die nicht zurückwirkende, sondern nur für die Zukunft wirkende Aufhebung (lateinisch *ex nunc* ‚ab jetzt'). Für eine Aufhebung in Form des sogenannten Widerrufs (dazu Rn. 36 ff.) gibt § 49 Abs. 4 VwVfG* die *ex-nunc*-Wirkung als Auslegungsregel vor.

Zusatzinformation
Besondere Schwierigkeiten ergeben sich, wenn die *ex tunc* aufgehobene Regelung in andere Rechtsgebiete übergewirkt hat:

- Ist ein Handeln ohne behördliche Genehmigung strafbar (wie z. B. der Apothekenbetrieb nach § 23 Apothekengesetz) und wird die Genehmigung mit Rückwirkung aufgehoben, würde eigentlich rückwirkend Strafbarkeit eintreten (diese Folge wird man strafrechtsintern zu vermeiden suchen, etwa durch Verneinung des Vorsatzes).
- Ist die Verletzung einer verwaltungsrechtlichen Pflicht strafbar und wird der pflichtbegründende Verwaltungsakt mit Rückwirkung aufgehoben, entfällt die Strafbarkeit (eine etwaige Verurteilung könnte analog § 359 Nr. 4 StPO beseitigt werden, das ist strafprozessual allerdings umstritten).
- Ist ein Privatrechtsgeschäft ohne behördliche Genehmigung unwirksam (wie z. B. bestimmte Außenhandelsgeschäfte nach § 15 Außenwirtschaftsgesetz oder bestimmte arbeitsrechtliche Kündigungen nach § 18 Kündigungsschutzgesetz; vgl. § 19 Rn. 14) und wird die Genehmigung mit Rückwirkung aufgehoben, müsste das Geschäft eigentlich jetzt als nichtig gelten.

Soweit eine Aufhebung zeitlich in die Vergangenheit reicht und damit die Rechtsgrundlage für Leistungen entfällt, die der Verwaltungsträger dem Adressaten erbracht hat, entsteht mit dem Wirksamwerden des Aufhebungsverwaltungsakts zugleich kraft Gesetzes der **Erstattungsanspruch** aus § 49a Abs. 1 S. 1 VwVfG*, wofür im Wesentlichen das Bereicherungsrecht entsprechend gilt (vgl. § 13 Rn. 98, mit Beispiel). Die Erstattung wird durch einen feststellend-befehlenden Verwaltungsakt festgesetzt (§ 49a Abs. 1 S. 2 VwVfG*; vgl. § 19 Rn. 26, § 12 Rn. 29). Dieser ergeht zwar praktisch oft zusammen mit der Aufhebung, aber ist im Hinblick auf Rechtmäßigkeit und Rechtsschutz separat zu würdigen.

In anderen Fällen kann die Aufhebung umgekehrt kraft Gesetzes zu einem **Entschädigungsanspruch** führen, wenn die Begünstigten sie im öffentlichen Interesse hinzunehmen haben und die Gesetzgebung ihr schutzwürdiges Vertrauen kompensieren will (vgl. § 13 Rn. 93). Anspruchsgrundlagen sind § 48 Abs. 3 bzw. § 49 Abs. 6 VwVfG*, je nachdem, auf welcher Rechtsgrundlage die Aufhebung erfolgt ist.

b) Abgrenzung zu verwandten Erscheinungen

9 Manchmal wird die Behörde einen Verwaltungsakt nicht ausdrücklich aufheben, sondern dessen Regelung schlicht durch eine andere Regelung ersetzen. Auch mit einer derartigen **Änderung** wird der erste Verwaltungsakt im Sinne von § 43 Abs. 2 Var. 1 VwVfG* teilweise aufgehoben und unwirksam; eine bereits anhängige Anfechtungsklage erledigt sich dementsprechend ebenfalls in Bezug auf den geänderten Teil (vgl. § 19 Rn. 148). Soweit sich die Änderung als konkludente Teilaufhebung darstellt, unterliegt sie grundsätzlich denselben Rechtmäßigkeitsanforderungen wie eine reine Teilaufhebung (zum Rechtmäßigkeitsaspekt gleich Rn. 14 ff.).

10 Ein Unterfall der Änderung ist der **Schlussbescheid**, der im Nachgang zu einem „vorläufigen Verwaltungsakt" ergeht und auf diesen als Rechtsgrundlage gestützt werden kann (oben § 11 Rn. 36, mit Beispiel). Auf die gleich zu behandelnden Rechtsgrundlagen des §§ 48, 49 VwVfG* kommt es dann nicht mehr an.

11 Der Änderung ähnelt auf den ersten Blick die **Umdeutung** nach § 47 VwVfG*. Ermöglicht wird hier, einem rechtswidrigen Verwaltungsakt den Regelungsgehalt eines sachlich passenden rechtmäßigen Verwaltungsakts beizulegen; für den rechtswidrigen Verwaltungsakt wirkt das wie eine Aufhebung. Allerdings begreift die herrschende Auffassung die Umdeutung nicht als weiteren Verwaltungsakt (konstitutiv), sondern als rein „erkenntnismäßigen" Vorgang (deklaratorisch). Das bringt einige Folgeprobleme mit sich, aber entfernt die Umdeutung jedenfalls von einer auf die Gestaltungsmacht aus §§ 35, 43 VwVfG* gestützten Aufhebung.

Prüfungshinweis

▶ Die Umdeutung ist von verhältnismäßig geringer Relevanz im Verwaltungsrechtsfall.

12 Obschon ebenfalls der Änderung ähnlich, gilt als Verwaltungsakt (und damit als behördliche Aufhebung) auch nicht die sogenannte **Berichtigung** eines Verwaltungsakts nach § 42 VwVfG*. Hier geht es anders als bei der Umdeutung aber nicht darum, dessen Regelung abzuändern, sondern darum, dessen im Text durch „offenbare Unrichtigkeiten" missverständliche, aber dennoch im Auslegungsergebnis eindeutige Regelung nur klarzustellen. Die Berichtigung selbst hat insofern keinen eigenen Regelungscharakter und erweist sich deshalb schon nach § 35 S. 1 VwVfG* nicht als Verwaltungsakt (oben § 19 Rn. 41 ff.).

Beispiel: A wurde eine Zahlung auferlegt: „Position 1:100 Euro; Position 2:200 Euro; insgesamt 30 Euro." Auf den Rechenfehler braucht die Behörde nur klarstellend hinzuweisen; sie muss keinen neuen Verwaltungsakt erlassen.

13 Keine Aufhebung ist schließlich auch die **Nichtigkeitsfeststellung** nach § 44 Abs. 5 VwVfG*, obwohl hierin durchaus ein Verwaltungsakt liegt (vgl. § 19 Rn. 126). Die Nichtigkeitsfeststellung wirkt aber nicht rechtsgestaltend wie die Aufhebung, sondern allein präjudiziell, indem sie zwischen dem Verwaltungsträger und dem Adressaten für alle zukünftigen Verfahren verbindlich vorentscheidet, dass ein früherer Verwaltungsakt als nichtig zu behandeln sei.

2. Rechtmäßigkeitsaspekte

Soweit die Aufhebung dem **Vorbehalt des Gesetzes** unterliegt, braucht die Behörde dafür eine Befugnis (allgemein § 17 Rn. 40 ff.). Das ist nach herrschender Auffassung immer der Fall, wenn ein begünstigender Verwaltungsakt aufgehoben und damit ein rechtlicher Vorteil entzogen wird. Dagegen unterliegt die Aufhebung von Belastungen (gleichviel, ob diese ursprünglich rechtmäßig oder rechtswidrig waren) dem Vorbehalt des Gesetzes nicht.

Die Aufhebung hat aber auch darüber hinaus – also unter Einschluss belastender und neutraler Verwaltungsakte – eine gesetzliche Regelung erfahren, die nach dem **Vorrang des Gesetzes** bei der Beurteilung der Rechtmäßigkeit heranzuziehen ist (vgl. § 19 Rn. 95). Wir können insofern das Rechtmäßigkeitsgutachten über die behördliche Aufhebung eines Verwaltungsakts immer mit einer ausdrücklichen Rechtsgrundlage einsetzen lassen.

Schichten wir zunächst die auf einen Widerspruch hin erfolgende Aufhebung ab (dazu Rn. 19 ff.), dann sind es im Allgemeinen Verwaltungsrecht zwei Bestimmungen, die einschlägige Rechtsgrundlagen bereithalten und dafür je einen eigenen Begriff einführen:[1]

- Nach § 48 VwVfG* darf die Behörde einen **rechtswidrigen** Verwaltungsakt grundsätzlich „**zurücknehmen**", weil er eben rechtswidrig ist (dazu Rn. 24 ff.).
- Nach § 49 VwVfG* darf die Behörde einen **rechtmäßigen** Verwaltungsakt „**widerrufen**", dies jedoch nur unter engeren Voraussetzungen (dazu Rn. 36 ff.).

Zusatzinformation
Keine eigenständige Rechtsgrundlage für eine Aufhebung enthält § 51 VwVfG*. Das dort vorgesehene „Wiederaufgreifen des Verfahrens" bedeutet nur eine erneute Entscheidung in der Sache, die in beide Richtungen ausgehen kann (vgl. oben § 13 Rn. 67 f.).

Rücknahme und Widerruf regelt das Besondere Verwaltungsrecht oftmals abweichend. Solche Regelungen verdrängen §§ 48 oder 49 VwVfG*, allerdings nur jeweils in ihrem speziellen Anwendungsbereich.

Beispiel: Für den Widerruf von Gaststättenerlaubnissen (also die Aufhebung rechtmäßiger Erlaubniserteilungen) gilt abschließend § 15 Abs. 2, 3 Gaststättengesetz (GastG).

Zusatzinformation
Die beiden anderen Säulen des Verwaltungsrechts weichen hier deutlicher vom VwVfG* ab als sonst (vgl. § 2 Rn. 45 ZI). Für das Sozialrecht enthalten §§ 44–50 SGB X differenziertere Vorschriften als §§ 48–50 VwVfG*. Für das Steuerrecht sind §§ 130–132 AO zwar ähnlich angelegt, aber enger gefasst; für die wichtigen „Steuerbescheide" gelten überdies stattdessen die völlig anders konzipierten §§ 172–177 AO.

---

[1] Lit.: *Arndt*, Rücknahme und Widerruf von Verwaltungsakten – Aufhebung und Änderung von Steuerbescheiden, 1998; *Lindner*, HVwR V, 2022, § 146 Rn. 62–83.

18 Mitunter schränkt das Fachrecht auch nur den bei §§ 48, 49 VwVfG* grundsätzlich bestehenden Ermessensspielraum ein und verpflichtet die Behörde unter gewissen Voraussetzungen zur Rücknahme oder zum Widerruf. In einem solchen Fall ist, wenn diese Voraussetzungen der fachrechtlichen Pflicht nicht gegeben sind, eine Aufhebung nach Ermessen immer noch gestattet.

> *Beispiel:* Rechtswidrig erteilte Gaststättenerlaubnisse *müssen* zurückgenommen werden, wenn die Voraussetzungen von § 15 Abs. 1 GastG vorliegen. Im Übrigen *dürfen* sie unter den Voraussetzungen von § 48 VwVfG* zurückgenommen werden.

a) Aufhebung nach Widerspruch

Spezielle Studienliteratur: *Kahl/Hilbert*, Jura 2011, 660 (zur Verböserung).

19 Die erste Variante der behördlichen Aufhebung eines Verwaltungsakts haben wir bereits kennen gelernt: Sie steht am Ende eines erfolgreichen Widerspruchsverfahrens, ergeht im **Widerspruchsbescheid** und findet ihre Rechtsgrundlage in § 73 Abs. 1 S. 1 VwGO (oben § 19 Rn. 204). § 73 VwGO trägt Regelungen im Umfang des Streitgegenstands, also von der Aufhebung wie vom Widerspruchsführer beantragt (volle Stattgabe) über eine Teilaufhebung in diesem Rahmen (teilweise Stattgabe) bis hin zur vollen Zurückweisung des Widerspruchs.

20 Dagegen gibt § 73 VwGO selbst keine Rechtsgrundlage ab für einen Bescheid, der die Rechtslage für den Adressaten nachteiliger gestaltet als zuvor (sogenannte „Verböserung" oder „**reformatio in peius**").[2] Soweit der Widerspruchsbescheid über die bloße Zurückweisung des Widerspruchs hinausgeht, bedarf es dafür einer eigenen Befugnis. Aus dem Allgemeinen Verwaltungsrecht passen dafür nur §§ 48, 49 VwVfG*, deren Voraussetzungen dann aber vorliegen müssen; insbesondere muss die Befugnis gerade der Widerspruchsbehörde zustehen, was bei Nichtidentität der Behörden ein Selbsteintrittsrecht voraussetzt (oben § 7 Rn. 84). Selbst wenn eine Befugnis danach gegeben ist, halten manche die Verböserung dennoch für rechtswidrig, weil sie den Rechtsschutz in sein Gegenteil zu verkehren drohe; im Gesetz gibt es für ein solches selbstständiges Verböserungsverbot aber keinen Anhalt.

> *Beispiel:* A erhält eine Subvention über 10.000 Euro. In Höhe von 5000 Euro wird die Bewilligung widerrufen, dagegen erhebt A Widerspruch. Der Widerspruchsbescheid weist nicht nur den Widerspruch zurück, sondern hebt die Bewilligung in vollem Umfang auf, weil diese insgesamt rechtswidrig sei.

Zusatzinformation
Klarer ist an dieser Stelle das Steuerrecht. Nach § 367 Abs. 2 S. 2 AO darf der Verwaltungsakt „auch zum Nachteil des Einspruchsführers geändert werden, wenn dieser auf die Möglichkeit einer verbösernden Entscheidung unter Angabe von Gründen hingewiesen und ihm Gelegenheit gegeben worden ist, sich hierzu zu äußern". Zumindest zeigt dies, dass die Gesetzgebung eine Verböserung nicht prinzipiell ausschließt.

21 Der Widerspruch ist nach § 70 Abs. 1 S. 1 VwGO primär bei der Behörde einzulegen, die den Verwaltungsakt erlassen hat, auch wenn diese im Grundsatz nicht

---

[2] Lit.: *Ecker*, VerwArch 113 (2022), S. 24.

selbst über den Widerspruch zu entscheiden hat (§ 73 Abs. 1 S. 2, 3 VwGO; oben § 19 Rn. 167). Dieser „Umweg" soll der Ausgangsbehörde die Gelegenheit geben, eine etwaige Rechtswidrigkeit selbst zu erkennen und den Verwaltungsakt in einem **Abhilfebescheid** aufzuheben. Die entsprechende Befugnis aus § 72 VwGO trägt ganz oder teilweise stattgebende Regelungen; auf eine Verböserung passt die Vorschrift selbst noch weniger als § 73 VwGO.

Die Rechtmäßigkeit eines Widerspruchs- oder Abhilfebescheids als solchen ist weder im Rahmen der Anfechtungsklage gegen den Ausgangsverwaltungsakt (in der Gestalt, die er durch den Widerspruchsbescheid gefunden hat, § 79 Abs. 1 Nr. 1 VwGO, § 19 Rn. 174 ZI, 193) noch auch im Rahmen eines Anfechtungswiderspruchs zu begutachten. Auf die Rechtmäßigkeit eines Widerspruchs- oder Abhilfebescheids kommt es dagegen an, wenn gerade dieser neue Verwaltungsakt einen neuen Rechtsfehler aufweist – sei es zulasten des Adressaten oder zulasten eines Dritten. In dieser Konstellation ist eine **isolierte Anfechtungsklage** gegen den Widerspruchs- bzw. Abhilfebescheid statthaft (vgl. § 19 Rn. 155). Für einen jetzt erstmals belasteten Dritten folgt das aus § 79 Abs. 1 Nr. 2 VwGO, für einen nun zusätzlich belasteten Adressaten aus § 79 Abs. 2 VwGO (insbesondere in der Konstellation der Verböserung, Rn. 19).

22

Soweit die Aufhebung nach §§ 72, 73 VwGO auf einen zulässigen und begründeten Widerspruch hin erfolgt, stellt § 50 VwVfG* klar, dass in diesem besonderen prozessualen Kontext nicht der „Vertrauensschutz" gelten soll, den §§ 48, 49 VwVfG* bei der behördlichen Aufhebung geben (sogleich Rn. 28 ff., 40 ff.).[3]

23

Zusatzinformation
§ 50 VwVfG* gilt nicht nur für Abhilfe- und Widerspruchsbescheide, sondern erleichtert der Behörde die Aufhebung auch darüber hinaus, soweit nur eben einem zulässigen und begründeten Rechtsbehelf abgeholfen wird. Außer dem Widerspruch kann dieser Rechtsbehelf ausdrücklich auch die (Anfechtungs-)Klage sein.

b) Aufhebung wegen Rechtswidrigkeit (Rücknahme)
Spezielle Studienliteratur: *Ehlers/Kallerhoff*, Jura 2009, 823; *Martini*, JA 2012, 762/2013, 442/2016, 830/2017, 838. Einschlägige Gutachtenbeispiele: *Kempny/Reifegerste*, Fälle zum Allgemeinen Verwaltungsrecht, 2022, Fälle 7 (Ausgangsfall), 9 (Teil 2) und 10.

Die Grundidee des § 48 VwVfG* geht dahin, dass man einen rechtswidrigen Verwaltungsakt beseitigen können sollte, um die **Gesetzmäßigkeit** der Verwaltung wiederherzustellen (Art. 20 Abs. 3 GG!).[4] Das drückt sich in der grundsätzlich angeordneten Aufhebungsbefugnis aus § 48 Abs. 1 S. 1 VwVfG* aus. Diese ist allerdings ins behördliche Ermessen gestellt und geht nicht mit einer Aufhebungs*pflicht* einher, weil andere – rechtliche und verwaltungspolitische – Gesichtspunkte hinzutreten können, die im Einzelfall eine Aufrechterhaltung der Rechtslage opportun erscheinen lassen. Darüber soll die Behörde auch im Einzelfall entscheiden dürfen.

24

---
[3] Lit.: *Remmert*, VerwArch 91 (2000), S. 209.
[4] Lit.: *Knoke*, Rechtsfragen der Rücknahme von Verwaltungsakten, 1989.

25 Unter den gegenläufigen Gesichtspunkten sind es vor allem die Interessen der Begünstigten eines rechtswidrigen Verwaltungsakts, die auf dessen Bestand möglicherweise vertrauen und darin möglicherweise ebenfalls Schutz verdienen. Bei einem begünstigenden Verwaltungsakt streiten daher mit Gesetzmäßigkeit und **Vertrauensschutz** zwei rechtsstaatliche Belange gegeneinander. Darauf beziehen sich die ausführlichen Regelungen in § 48 Abs. 1 S. 2 und Abs. 2–4 VwVfG*. Bei einem rein belastenden Verwaltungsakt stellt sich dieses Problem nicht.

> **Prüfungsschema 18: Ist die Rücknahme rechtmäßig?**
> Rechtsgrundlage: § 48 Abs. 1 S. 1 VwVfG*
> 1. formelle Rechtmäßigkeit – einzige Besonderheit:
>   örtliche Zuständigkeit nach § 48 Abs. 5, § 3 VwVfG*
> 2. materielle Rechtmäßigkeit
>   a) Aufhebung eines Verwaltungsakts
>   (ganz oder teilweise, für Zukunft oder auch für Vergangenheit)
>   b) Rechtswidrigkeit dieses Verwaltungsakts → Prüfungsschema 9 (§ 19 Rn. 89 ff.)
>   c) falls begünstigender Verwaltungsakt, § 48 Abs. 1 S. 2 VwVfG*:
>   Vertrauensschutz
>   aa) sachlich, § 48 Abs. 2 VwVfG* – nur bei Leistungsverwaltungsakten
>   bb) zeitlich, § 48 Abs. 4 VwVfG*
>   d) Ermessensfehlerfreiheit

aa) Rechtswidrigkeit

26 Zentrale Tatbestandsvoraussetzung der Rechtsgrundlage des § 48 Abs. 1 S. 1 VwVfG* ist, dass ein Verwaltungsakt aufgehoben werden soll, der rechtswidrig ist. Das erfordert es, im Rahmen der Rechtmäßigkeit der Rücknahme die **Rechtswidrigkeit des ursprünglichen Verwaltungsakts** zu prüfen (oben § 19 Rn. 89 ff.).

Prüfungshinweise

▶ Das Gutachten wird an dieser Stelle notwendig verschachtelt. Die Rücknahme bildet eine besonders beliebte Fallkonstellation, weil sie die Begutachtung von zwei Verwaltungsakten auf einmal erfordert.

▶ Oft geprüft wird die Rücknahme von Verwaltungsakten, deren Rechtswidrigkeit aus der Unionsrechtsnorm des Art. 108 Abs. 3 S. 3 AEUV folgt, weil sie ohne Kommissionsbeschluss eine Subvention bewilligen.[5] Dann treten auch Besonderheiten beim sachlichen und zeitlichen Vertrauensschutz auf (Rn. 30 ZI bzw. 32 ZI).

---

[5] Lit.: *Ehlers*, GewArch 1999, 305; *Finck/Gurlit*, Jura 2011, 87.

I. „Aufhebung eines vorangegangenen Verwaltungsakts"

▶ Neben § 48 kommt regelmäßig auch § 49 VwVfG* als Rechtsgrundlage in Betracht, der für recht*mäßige* Verwaltungsakte gilt. Die Rechtmäßigkeitsfrage kann unter einem Prüfungspunkt „Rechtsgrundlage" vorab erörtert werden oder aber – übersichtlicher – im Rahmen der materiellen Rechtmäßigkeit nach § 48 VwVfG* (vgl. bereits § 19 Rn. 96 PH).

Anders als bei der Anfechtungsklage (vgl. § 19 Rn. 192 ff.) muss hier die Rechtswidrigkeit stets zum **Zeitpunkt** der Behördenentscheidung bestehen. Nachträgliche Änderungen der Sachlage sind damit stets unerheblich, und solche der Rechtslage ebenfalls, sofern sie nicht mit Rückwirkung erfolgen (vgl. § 9 Rn. 29). Das ergibt sich deutlich aus der systematischen Gegenüberstellung von § 48 und § 49 VwVfG*; spätere Entwicklungen soll erkennbar die letztere Vorschrift verarbeiten (vgl. deren Abs. 2 S. 1 Nr. 2–4, Abs. 3 S. 1 Nr. 1, 2). 27

bb) Vertrauensschutz

Die Rücknahme begünstigender Verwaltungsakte – legaldefiniert in § 48 Abs. 1 S. 2 VwVfG* – unterliegt einem differenzierten System des **Vertrauensschutzes** (sofern nicht § 50 VwVfG* greift, oben Rn. 23). Dieses umfasst eine sachliche Komponente (grundsätzlich Abwägung) und eine zeitliche Komponente (grundsätzlich Jahresfrist). 28

(1) Sachlich

Die Vorschrift unterscheidet zwei Arten von Verwaltungsakten, für welche die Rechtmäßigkeitsvoraussetzungen des sachlichen Vertrauensschutzes auseinanderfallen. 29

Auf der einen Seite stehen **Leistungsverwaltungsakte**. Diese gewähren oder ermöglichen Geld- oder teilbare Sachleistungen (z. B. Subventionsbewilligung). Für ihre Rücknahme gilt die zusätzliche Tatbestandsvoraussetzung nach § 48 Abs. 2 S. 1 VwVfG*, dass (1) der Begünstigte nicht darauf vertraut haben oder (2) sein Vertrauen zumindest nicht schutzwürdig sein darf. 30

zu 1: Das Vertrauen muss tatsächlich vorhanden und wohl auch betätigt worden sein, also in (wirtschaftlichen) Entscheidungen des Begünstigten zum Ausdruck kommen. Das kann man fast stets bejahen.

zu 2: Ob dieses Vertrauen aber auch schutzwürdig ist, ergibt sich nicht allein aus der Lage des Begünstigten, sondern aus deren Abwägung mit dem öffentlichen Interesse. Hat der Begünstigte die Geld- oder Sachleistung bereits verbraucht oder entsprechend disponiert, so ist das Vertrauen normalerweise schutzwürdig (§ 48 Abs. 2 S. 2 VwVfG*). In keinem Fall ist es jedoch schutzwürdig, wenn der Begünstigte den Leistungsverwaltungsakt auf einem verpönten Weg – insbesondere durch Täuschung, Drohung, Bestechung – erwirkt hat oder doch zumindest um die Rechtswidrigkeit wusste oder hätte wissen müssen (§ 48 Abs. 2 S. 3 VwVfG*).

Zusatzinformation
Das öffentliche Interesse kann sich auch aus dem EU-Recht ergeben. Die besonders wichtige „Alcan"-Konstellation betrifft die Rücknahme einer Subventionsbewilligung, die gegen das unions-

rechtliche Verbot von Unternehmensbeihilfen verstieß (Art. 107, 108 AEUV). Hier soll das Unionsinteresse stets so hoch zu veranschlagen sein, dass das Vertrauen der Begünstigten dahinter zurückstehen muss.[6]

31 Auf der anderen Seite stehen **sonstige begünstigende Verwaltungsakte** (z. B. Genehmigungserteilung). Ihre Rücknahme unterliegt keinen ausdrücklichen weiteren Tatbestandsvoraussetzungen, § 48 Abs. 2 VwVfG* ist auf sie nicht anwendbar. Die Gesichtspunkte des § 48 Abs. 2 VwVfG* können aber zur Annahme des Ermessensfehlgebrauchs (oben § 19 Rn. 136) oder der Unverhältnismäßigkeit führen; umgekehrt stellen die § 48 Abs. 2 S. 3 VwVfG* entsprechenden „bösen" Fälle sachliche Entscheidungskriterien dar, um eine Rücknahme zu begründen. Nach der gesetzlichen Konzeption hängt die Messlatte hier jedoch etwas niedriger, weil der Vertrauensschaden durch einen Entschädigungsanspruch ausgeglichen wird (§ 48 Abs. 3 VwVfG*, dazu bereits Rn. 8).

(2) Zeitlich

32 In zeitlicher Hinsicht besteht der Vertrauensschutz in der **Jahresfrist** des § 48 Abs. 4 VwVfG*: Nach Fristablauf können sich die Begünstigten grundsätzlich auf den Bestand des Verwaltungsakts verlassen. Die Vorschrift gilt für Leistungsverwaltungsakte ebenso wie für andere begünstigende Verwaltungsakte (wiederum vorbehaltlich § 50 VwVfG*, Rn. 23). Die Rücknahme ist danach nur rechtmäßig, wenn sie innerhalb dieser Frist wirksam wird, insbesondere bekannt gegeben wird.[7]

Zusatzinformation
Bei der Rücknahme einer unionsrechtswidrigen Subventionsbewilligung (bereits genannter Fall „Alcan") ist herrschende Auffassung, dass der Anwendungsvorrang der unionsrechtlichen Pflicht des Mitgliedstaats zur Rückabwicklung die Rücknahmevoraussetzungen aus § 48 Abs. 4 VwVfG* verdränge.[8] Subventionsempfänger müssen mit einer Aufhebung (und der darauf folgenden Rückforderung, Rn. 7!) dann unter Umständen noch nach vielen Jahren rechnen.

33 Es kommt insofern entscheidend darauf an, wann die Frist zu laufen beginnt.[9] An dieser Stelle liegt für die Begünstigten der Haken: Nicht etwa die Bekanntgabe des ursprünglichen Verwaltungsakts ist entscheidend (die ja die Widerspruchsfrist des § 70 Abs. 1 S. 1 VwGO auslöst, § 19 Rn. 169), sondern die positive **Kenntnis der Behörde** von den tatsächlichen Gründen der Rechtswidrigkeit. Die herrschende Auffassung schiebt den Fristbeginn zulasten der Begünstigten sogar noch weiter hinaus, indem sie inhaltlich von der Kenntnis der Tatsachen zur Erkenntnis der Rechtswidrigkeit übergeht und die Frist zur reinen „Entscheidungsfrist" der Behörde stilisiert.

---

[6] BVerwGE 106, 328. Lit.: *Götz*, FS Starck, 2007, S. 555.
[7] Vgl. *Broscheit*, DVBl 2017, 1274.
[8] BVerwGE 106, 328.
[9] Lit.: *Henning*, Wissenszurechnung im Verwaltungsrecht, 2003; *Sachs*, in: Steinbach (Hg.), Verwaltungsrechtsprechung, 2017, S. 179.

cc) Ermessensfehlerfreiheit

Schon der Wortlaut des § 48 Abs. 1 S. 1 VwVfG* („kann") erweist die Befugnis schließlich als im Ermessen der Behörde stehend.[10] Punktuelle Pflichten zur Rücknahme, die dieses Ermessen auf null reduzieren (§ 17 Rn. 72), ergeben sich aus dem Fachrecht (z. B. § 15 Abs. 1 GastG) und möglicherweise aus dem Unionsrecht.[11]

Zusatzinformation
Die Frage nach einer Ermessensreduzierung stellt sich normalerweise weniger bei der Befugnis zur Rücknahme als vielmehr bei einem etwaigen Anspruch auf Rücknahme (oben § 13 Rn. 73).

Besteht Ermessen, so hat die Behörde auch § 40 VwVfG* zu beachten und die entsprechenden Fehler zu vermeiden (vgl. allgemein § 19 Rn. 133 ff.). Neben einem **Ermessensfehlgebrauch** hinsichtlich etwaiger Vertrauensschutzgesichtspunkte außerhalb von § 48 Abs. 2 VwVfG* (oben Rn. 31) kommt hier vor allem der **Ermessensnichtgebrauch** in Betracht, wenn die Behörde sich irrig für verpflichtet gehalten hat. Höchstens über die Idee eines „intendierten Ermessens" könnte man in dieser Situation den Ermessensfehler verneinen – man müsste dazu annehmen, dass die Rücknahme einer rechtswidrigen Maßnahme nach dem Gesetz trotz der „kann"-Formulierung doch eigentlich die Regel sein sollte.

c) Aufhebung im öffentlichen Interesse (Widerruf)

Spezielle Studienliteratur: *Ehlers/Schröder*, Jura 2010, 503/824. Einschlägige Gutachtenbeispiele: *Kempny/Reifegerste*, Fälle zum Allgemeinen Verwaltungsrecht, 2022, Fälle 9 (Teil 1) und 10.

Wenn es nicht um einen rechtswidrigen Verwaltungsakt geht, drängt nicht die Gesetzmäßigkeit der Verwaltung zur Aufhebung, sondern höchstens ein sonstiges öffentliches Interesse. Im Falle der Aufhebung einer Belastung wird dem auch hier wenig entgegenstehen, sofern nicht gerade die Behörde den aufgehobenen Verwaltungsakt genauso wieder zu erlassen verpflichtet wäre (Rn. 39). Im Falle der Aufhebung einer Begünstigung fällt das Vertrauen der Begünstigten hier dagegen umso stärker ins Gewicht, als ihm bei der Abwägung hier kein ebenso starker rechtsstaatlicher Belang gegenübersteht wie die Korrektur einer rechtswidrigen Verwaltungsrechtslage (oben Rn. 28 ff.). So lässt das Gesetz den „Widerruf" belastender rechtmäßiger Verwaltungsakte recht weitgehend zu (§ 49 Abs. 1 VwVfG*), denjenigen begünstigender rechtmäßiger Verwaltungsakte dagegen nur unter engen Voraussetzungen (§ 49 Abs. 2, 3 VwVfG*, im Einzelnen gleich Rn. 40 ff.).[12]

Anders als § 48 Abs. 1 S. 1 VwVfG* für die Rücknahme enthält § 49 VwVfG* keine einheitliche Rechtsgrundlage für den Widerruf, sondern **drei verschiedene Rechtsgrundlagen** je nach Fallgestaltung:

---

[10] Lit.: *Baumeister*, FS Schenke, 2011, S. 601.
[11] Vgl. *Britz/Richter*, JuS 2005, 198.
[12] Lit.: *Bronnenmeyer*, Der Widerruf rechtmäßiger begünstigender Verwaltungsakte nach § 49 VwVfG, 1994.

- § 49 Abs. 1 VwVfG* für den nicht begünstigenden Verwaltungsakt, wonach dieser für die Zukunft (*ex nunc*) widerrufen werden darf;
- § 49 Abs. 2 S. 1 VwVfG* für den begünstigenden Verwaltungsakt, wonach dieser für die Zukunft widerrufen werden darf;
- § 49 Abs. 3 S. 1 VwVfG* für den begünstigenden Verwaltungsakt in der speziellen Form des Leistungsverwaltungsakts (§ 48 Abs. 2 VwVfG*, vgl. Rn. 30), wonach dieser auch für die Vergangenheit (*ex tunc*, vgl. Rn. 6) widerrufen werden darf.[13] Anders als bei § 48 VwVfG* hindert die Spezialregelung für Leistungsverwaltungsakte hier nicht den Rückgriff auf die andere Widerrufsrechtsgrundlage nach § 49 Abs. 2 S. 1 VwVfG*.

Zusatzinformation
Keine Rechtsgrundlage gibt es somit für den Widerruf eines nicht begünstigenden Verwaltungsakts mit Wirkung für die Vergangenheit. Grundsätzlich braucht es dafür aber auch keine (oben Rn. 14).

Prüfungsschema 19: Ist der Widerruf rechtmäßig?
Rechtsgrundlage: § 49 Abs. 1, 2 oder 3 VwVfG*
1. formelle Rechtmäßigkeit – einzige Besonderheit:
   örtliche Zuständigkeit nach § 49 Abs. 5, § 3 VwVfG*
2. materielle Rechtmäßigkeit
   a) Aufhebung eines Verwaltungsakts (ganz oder teilweise; für Vergangenheit nur nach Abs. 3)
   b) Rechtmäßigkeit dieses Verwaltungsakts (wohl entbehrlich)
   c) keine Pflicht zu erneutem Erlass (Abs. 1, gilt auch sonst)
   d) falls begünstigender Verwaltungsakt, vgl. § 48 Abs. 1 S. 2 VwVfG*:
      aa) Widerrufsgrund, § 49 Abs. 2 S. 1 oder Abs. 3 S. 1 VwVfG*
      bb) Einhaltung der Jahresfrist, § 49 Abs. 2 S. 2 bzw. Abs. 3 S. 2, je mit § 48 Abs. 4 VwVfG*
   e) Ermessensfehlerfreiheit

---

aa) Rechtmäßigkeit

38 Korrespondierend zum Tatbestandsmerkmal „rechtswidrig" in § 48 enthält § 49 VwVfG* das Tatbestandsmerkmal **„rechtmäßig"**, was eine gleichartige Schachtelprüfung, nur mit anderem Vorzeichen, nahelegt (vgl. Rn. 26 f.). Da die Anforderungen an einen Widerruf nach der geschilderten Grundidee aber enger sind als die an die Rücknahme gestellten, lässt die herrschende Auffassung im Wege eines Erst-recht-Schlusses auch den Widerruf rechtswidriger Verwaltungsakte in entsprechender Anwendung von § 49 VwVfG* zu.[14] Das Tatbestandsmerkmal der Rechtmäßigkeit wird damit praktisch entbehrlich.

---

[13] Lit.: *Suerbaum*, VerwArch 90 (1999), S. 391; *Beyer*, Der Einfluss des Vergaberechts auf Zuwendungen und ihren Widerruf, 2022.
[14] Lit.: *Kiefer*, NVwZ 2018, 1257; *Struzina*, DÖV 2017, 906.

Prüfungshinweis

▶ Sofern Sie die Rechtmäßigkeitsfrage im Gutachten bereits zuvor erörtert und bejaht haben (sei es bei der Abgrenzung zwischen den Rechtsgrundlagen oder bei der materiellen Rechtmäßigkeit der Rücknahme, Rn. 26 PH), können Sie nunmehr die Rechtmäßigkeit einfach mit einem Verweis nach oben feststellen. Zu der Erstreckung des § 49 VwVfG* auf rechtswidrige Verwaltungsakte brauchen Sie sich dann gar nicht zu verhalten.

Der Widerruf soll allerdings zu einer rechtmäßigen Verwaltungsrechtslage führen. Wird ein Verwaltungsakt aufgehoben, der sogleich wieder erlassen werden müsste, so würde eine Lage geschaffen, in der die gebotene Regelung vorübergehend nicht gälte. Deshalb soll ein Widerruf nur möglich sein, wenn zum jetzigen Zeitpunkt keine Erlasspflicht besteht (auch wenn der Verwaltungsakt früher vielleicht einmal erlassen werden musste). Diesen Grundsatz der sogenannten „**doppelten Deckung**" des Widerrufs (nämlich durch § 49 VwVfG* *und* das Fachrecht) spricht § 49 Abs. 1 VwVfG* für belastende Verwaltungsakte ausdrücklich aus. Nichts anderes wird man aber für begünstigende Verwaltungsakte annehmen können. 39

Zusatzinformation
Rechtswidrig ist die Aufhebung letzterenfalls nicht mangels Rechtsgrundlage, sondern wegen Verletzung einer Aufhebungsunterlassungspflicht, die man der Erlasspflicht zugleich entnehmen muss (ähnlich dem privatrechtlichen „dolo agit").

bb) Vertrauensschutz
Den Gesichtspunkt des **Vertrauensschutzes** bei Aufhebung begünstigender Verwaltungsakte berücksichtigt das Gesetz in sachlicher Hinsicht durch die abschließende Aufzählung von insgesamt sieben alternativen Widerrufsgründen in § 49 Abs. 2 S. 1 und Abs. 3 S. 1 VwVfG* sowie in zeitlicher Hinsicht durch die Jahresfrist, die über § 49 Abs. 2 S. 2, Abs. 3 S. 2 VwVfG* auch hier gilt. 40

Im Einzelnen sind die **Widerrufsgründe** in § 49 VwVfG* für die Aufhebung *ex nunc* zunächst: 41

- eine *geänderte Sachlage* in Verbindung mit einer Gefährdung des öffentlichen Interesses (Abs. 2 S. 1 Nr. 3);
- eine *geänderte Rechtslage* in Verbindung mit einer Gefährdung des öffentlichen Interesses, jedoch nur, wenn der Begünstigte von der Begünstigung noch keinen Gebrauch gemacht bzw. keine Leistung empfangen hat (Abs. 2 S. 1 Nr. 4).

Diese beiden Widerrufsgründe zeigen, dass auch eine Änderung der Sach- und Rechtslage nicht ohne Weiteres den Widerruf ermöglicht. Obwohl die Behörde nun die Begünstigung nicht mehr gewähren dürfte oder müsste oder würde, darf sie diese nur entziehen, wenn sie außerdem ein öffentliches Interesse darlegt, das über diesen Umstand hinausgeht.

42 Hinzu kommen

- sonst drohende schwere *Nachteile für das Gemeinwohl* (Abs. 2 S. 1 Nr. 5). Hierbei handelt es sich um eine – selten einschlägige – Auffangklausel. Ersichtlich wird für den Widerruf eine hohe Hürde aufgerichtet.
- eine *Rechtsvorschrift*, die den Widerruf gestattet (Abs. 2 S. 1 Nr. 1 Var. 1). Die Klausel ist inhaltsleer, weil in diesen Fällen bereits die (fachrechtliche) Rechtsvorschrift selbst eine Rechtsgrundlage für den Widerruf abgibt.
- bei Verwaltungsakten mit einem wirksamen *Widerrufsvorbehalt* (dazu noch Rn. 81 f.) bereits dessen Vorliegen (Abs. 2 S. 1 Nr. 1 Var. 2).

43 Eine Aufhebung auch *ex tunc* gestatten dagegen allein

- bei Verwaltungsakten mit einer wirksamen Auflage (dazu noch Rn. 77 ff.) das *Unterlassen der Auflagenerfüllung* (*ex nunc* nach Abs. 2 S. 1 Nr. 2, bei Leistungsverwaltungsakten *ex tunc* nach Abs. 3 S. 1 Nr. 2);
- bei Leistungsverwaltungsakten auch das *Unterlassen der Leistungsverwendung* gemäß dem vorgegebenen Zweck (Abs. 3 S. 1 Nr. 1).

cc) Ermessensfehlerfreiheit

44 Auch der Widerruf steht schließlich im Ermessen der Behörde, wofür Ähnliches wie bei der Rücknahme gilt (Rn. 34 f.). Insbesondere kann man auch hier über ein „intendiertes Ermessen" nachdenken.[15]

3. Rechtsschutzaspekte

45 Die zwei grundlegenden Rechtsschutzkonstellationen zum Verwaltungsakt – Belastungsabwehr und Begünstigungserzwingung – treten auch beim Rechtsschutz in Bezug auf die Aufhebung wieder auf. Dabei dreht die Aufhebung gewissermaßen das Vorzeichen des Verwaltungsakts um:

- die Aufhebung eines begünstigenden Verwaltungsakts wirkt belastend,
- die Aufhebung eines belastenden Verwaltungsakts wirkt begünstigend.

Dementsprechend geraten wir im ersten Fall in die Abwehrkonstellation (Anfechtungsklage usw.; dazu Rn. 46), im zweiten Fall in die Erzwingungskonstellation (Verpflichtungsklage usw.; dazu Rn. 47).

Zusatzinformation
Die Sache lässt sich fortsetzen: Der Widerruf des Widerrufs einer Begünstigung ist wiederum begünstigend usw.[16]

---

[15] Vgl. *Folnovic/Hellriegel*, DVBl 2020, 1571.
[16] Vgl. *Ibler*, NVwZ 1993, 451.

II. „Selbstverpflichtung zu Verwaltungsakt"

a) Abwehr der Aufhebung einer Begünstigung

Dass sich jemand gegen die Aufhebung einer Begünstigung zur Wehr setzt, dürfte die häufigste aufhebungsbezogene Fallkonstellation darstellen. Es ist zugleich die einfachste, weil hier die Anfechtungsklage und ihre Verwandten grundsätzlich unmodifiziert zum Tragen kommen.

Beispiel: A erhält eine Gaststättenerlaubnis, später wird diese widerrufen. A kann (Anfechtungs-)Widerspruch und Anfechtungsklage erheben, damit der Widerruf seinerseits aufgehoben wird (nach §§ 72, 73 oder 113 Abs. 1 S. 1 VwGO). Sollte diesen Rechtsbehelfen keine aufschiebende Wirkung zukommen, kann A überdies einen Antrag nach § 80 Abs. 5 S. 1 VwGO stellen, um zumindest während des Hauptsacheverfahrens noch von der Erlaubnis Gebrauch machen zu dürfen. Stellt A zwischenzeitlich den Betrieb ein, kommt noch eine Fortsetzungsfeststellungsklage in Betracht.

b) Erzwingung der Aufhebung einer Belastung

In anderen Fällen steht ein belastender Verwaltungsakt im Raum, dessen Aufhebung die Belasteten erstreben. Dazu dient in erster Linie die Anfechtungsklage, womit man meist einen grundrechtlichen Aufhebungsanspruch geltend macht (oben § 13 Rn. 42 ff.). Soweit aber keine Anfechtungsklage (mehr) zulässig ist – insbesondere nach Ablauf der Widerspruchs- oder der Klagefrist –, steht prozessual die Verpflichtungsklage zur Verfügung. Die entscheidende Frage geht dann dahin, ob den Belasteten materiellrechtlich noch ein anderer, also nicht-grundrechtlicher Aufhebungsanspruch zustehen kann – andernfalls fehlte es an der Klagebefugnis, und die Klage könnte auch nicht begründet sein. Dafür kommen nur, aber immerhin die Ansprüche auf Wiederaufgreifen des Verfahrens aus § 51 VwVfG* (oben § 13 Rn. 65 ff.) und ausnahmsweise auf Rücknahme des Verwaltungsaktes aus § 48 Abs. 1 S. 1 VwVfG* (oben § 13 Rn. 69 ff.) in Frage.

II. „Selbstverpflichtung zu Vornahme oder Unterlassung eines weiteren Verwaltungsakts" – die Zusicherung

Durch eine Zusicherung kann eine Behörde einseitig einen **Anspruch** des Adressaten gegen ihren eigenen Verwaltungsträger darauf begründen, einen bestimmten Verwaltungsakt später entweder zu erlassen oder aber zu unterlassen. Auf diese Weise kann sie dem Adressaten frühzeitig Rechtssicherheit gewähren.

Man erkennt sofort, dass die eben gegebene Definition der Zusicherung eine **Untermenge der Verwaltungsakte** ergibt, denn die Begründung eines derartigen Anspruchs fällt als gestaltende Regelung eines Einzelfalls auf dem Gebiet des öffentlichen Rechts mit unmittelbarer Rechtswirkung nach außen, nämlich gegenüber den begünstigten Personen, unter die Legaldefinition des Verwaltungsakts in § 35 S. 1 VwVfG* (oben § 19 Rn. 31 ff.). Prinzipiell könnte die Behörde deshalb in Ausübung ihrer Kompetenz zum Erlass von Verwaltungsakten auch den hier fraglichen Anspruch begründen.[17]

---

[17] So musste man vor dem VwVfG* konstruieren. Lit.: *Kellner,* Auskünfte und Zusagen über zukünftige Verwaltungsakte, 1966.

50 Allerdings hat die Zusicherung in § 38 VwVfG* eine **Spezialregelung** erfahren, die bezüglich der Wirksamkeit erheblich von § 43 VwVfG* abweicht und im Übrigen eine Reihe verwaltungsaktbezogener Vorschriften ausdrücklich für entsprechend anwendbar erklärt. Darüber zu streiten, ob die Zusicherung ein Verwaltungsakt „ist" oder nicht, ist angesichts dieser gesetzlichen Entscheidung weitgehend müßig. Im Anwendungsbereich von § 38 VwVfG* steht jedenfalls die normale Verwaltungsaktkompetenz nicht zur Verfügung.

Zusatzinformationen
- Die Bundesgesetzgebung wollte „über die Rechtsnatur der Zusicherung selbst" ausdrücklich keine Aussage treffen.[18]
- Unter den drei Kodifikationssäulen des Verwaltungsverfahrensrechts weicht das Steuerrecht hier ab und enthält kein Pendant zu § 38 VwVfG* mit seiner rechtsgestaltenden Zusicherung. Stattdessen kennt es die Institute der „verbindlichen Auskunft" (§ 89 Abs. 2 AO) und der „verbindlichen Zusage" auf Grund einer Außenprüfung (§§ 204 ff. AO), die jeweils auf einen *feststellenden* Verwaltungsakt und dessen präjudizielle Wirkung für die folgenden Besteuerungsverfahren gerichtet sind (vgl. § 19 Rn. 20).

51 In der Sache geht es vor diesem Hintergrund nur noch um **zwei Restfragen**, die voneinander unabhängig zu beantworten sind:

- materiellrechtlich, ob solche verwaltungsaktbezogenen Vorschriften *direkt* angewandt werden können, die § 38 VwVfG* weder ausdrücklich nennt noch durch eine Sonderregelung überlagert, *oder* ob § 38 VwVfG* eine Sperrwirkung entfaltet und diese Vorschriften höchstens *analog* herangezogen werden können (was man dann, angesichts von Regelungslücke und Interessenparallelität, grundsätzlich bejahen würde). Für das Ergebnis ist das unerheblich und deshalb im Gutachten grundsätzlich nicht zu vertiefen.
- prozessrechtlich, ob die Zusicherung zumindest im Sinne von § 42 Abs. 1 VwGO als Verwaltungsakt anzusehen und zur Abwehr bzw. Erzwingung von Zusicherungen deshalb *Anfechtungs- und Verpflichtungsklage* statthaft sind *oder* ob stattdessen auf die *allgemeine Leistungsklage* zurückgegriffen werden muss.

Prüfungshinweis

▶ Die praktische Relevanz der Zusicherung bleibt deutlich hinter der des Verwaltungsakts zurück.

1. Wirkungen

52 Die Zusicherung entfaltet lediglich eine **Gestaltungswirkung** dahin, dass ein Anspruch des Adressaten begründet wird (oben § 13 Rn. 26). Inhaltlich kann sich dieser Anspruch nach § 38 Abs. 1 S. 1 VwVfG* auf zweierlei richten:

---

[18] Regierungsbegründung auf BT-Drucks. 7/910, 1973, S. 59.

II. „Selbstverpflichtung zu Verwaltungsakt"

- einen bestimmten Verwaltungsakt später zu erlassen (Var. 1) oder
- einen bestimmten Verwaltungsakt später zu unterlassen (Var. 2).

In beiden Varianten tritt der so begründete Anspruch zu einem etwa bereits kraft Gesetzes bestehenden Anspruch hinzu. Die Zusicherung ähnelt damit funktional dem abstrakten Schuldversprechen des Privatrechts (§ 780 BGB).

Indem sie zusichert, keine Ordnungsmaßnahmen zu ergreifen, kann die Behörde diese Handlungsform beispielsweise für eine **rechtsverbindliche Duldung** einer eigentlich rechtswidrigen Tätigkeit oder Anlage einsetzen.[19] Man spricht hier auch von einem „no-action letter".[20]

Beispiel: A hat ein Wochenendhaus baurechtswidrig errichtet („Schwarzbau"). Die Baurechtsbehörde dürfte eine Beseitigungsanordnung (z. B. nach § 65 S. 1 LBO BW) erlassen, nimmt aber aus verwaltungspolitischen Gründen (geringes öffentliches Interesse, aber drohender aufwändiger Rechtsstreit) davon Abstand und sichert A zu, eine Beseitigungsanordnung nicht zu erlassen.

Zusatzinformationen
- Explizit geregelt ist die ausländerrechtliche Duldung, die darin besteht, trotz unerlaubten Aufenthalts die Abschiebung vorübergehend auszusetzen (§ 60a Aufenthaltsgesetz).
- Eine Zeitlang wurde diskutiert, ob auch ein bloßes Unterlassen von Ordnungsmaßnahmen bei Kenntnis der Behörde von der rechtswidrigen Tätigkeit oder Anlage Rechtswirkungen hervorbringen könne, vor allem mit Blick auf verwaltungsrechtsakzessorische Straftatbestände (vgl. § 12 Rn. 66 ff.).[21] Für solche Wirkungen einer „schlichten Duldung" gibt es aber keine Grundlage im Gesetz.

2. Wirkungsbedingungen

a) Tatbestand der Zusicherung

Bei der Zusicherung handelt es sich nach der Legaldefinition in § 38 Abs. 1 VwVfG* um die Zusage einer Behörde, einen bestimmten Verwaltungsakt später zu erlassen oder zu unterlassen. Wie beim Verwaltungsakt brauchen wir deshalb zunächst eine **Willenserklärung einer Behörde** (§ 19 Rn. 32 ff.). Inhalt der Willenserklärung muss sodann eine Zusage sein, also ein Versprechen künftigen eigenen Verhaltens und damit, technischer ausgedrückt, die Begründung eines Anspruchs. Das versprochene Verhalten kann positiv (Tun) oder negativ (Unterlassen) umschrieben sein, muss sich aber in jedem Fall auf einen Verwaltungsakt im Sinne von § 35 VwVfG* beziehen.

---

[19] Zu begrifflichen Abgrenzungen verschiedener Arten von „Duldung" vgl. etwa *Kment/Berger*, DVBl 2017, 1336 (1337).
[20] Vgl. *Krönke*, JZ 2021, 434 (439 f.), der ein Anwendungsfeld insbesondere bei der behördlichen Überwachung innovativer Unternehmen sieht.
[21] Vgl. *Randelzhofer/Wilke*, Die Duldung als Form flexiblen Verwaltungshandelns, 1981; *Hermes/Wieland*, Die staatliche Duldung rechtswidrigen Verhaltens, 1988; *Hallwaß*, Die behördliche Duldung als Unrechtsausschließungsgrund im Umweltstrafrecht, 1987; *Fluck*, NuR 1990, 1997.

Zusatzinformation
Wie eine Zusage zu behandeln ist, die sich inhaltlich nicht auf einen Verwaltungsakt, sondern auf ein sonstiges Verwaltungshandeln bezieht, ist umstritten. § 38 VwVfG* wird man angesichts des klaren Wortlauts nicht anwenden können. Nach dem eingangs Gesagten stellt sich aber auch die Begründung eines Anspruchs auf ein sonstiges Verwaltungshandeln als eine gestaltende Einzelfallregelung auf dem Gebiet des öffentlichen Rechts mit unmittelbarer Rechtswirkung nach außen und damit als Verwaltungsakt dar. Eine derartige Zusage kann man also einfach als Verwaltungsakt behandeln – wenn man nicht gerade aus § 38 VwVfG* den Gegenschluss ziehen will, dass sie ganz ausgeschlossen, also insoweit die Verwaltungsaktkompetenz eingeschränkt sein soll.

b) Wirksamkeit

55 § 38 VwVfG* verweist zur Wirksamkeit nur teilweise auf die Vorschriften über Verwaltungsakte, nämlich für die Nichtigkeit (§ 44 VwVfG*) und für die behördliche Aufhebung (auch wenn nicht § 43 Abs. 2 VwVfG* genannt wird, gibt der Verweis auf §§ 48, 49 VwVfG*, also auf die Rücknahme- und Widerrufsbefugnisse, doch die Möglichkeit der Aufhebung klar zu erkennen). § 43 Abs. 2 VwVfG* wird man darüber hinaus (direkt oder analog, Rn. 51) anwenden, etwa für die Erledigung durch Zeitablauf, wenn etwa eine Unterlassungszusicherung nur für einen bestimmten Zeitraum erfolgt ist.

56 Im Übrigen kommt es jedoch zu zwei beachtlichen Abweichungen gegenüber den Vorschriften über Verwaltungsakte. Zum einen genügt für das Wirksamwerden nicht einfach die **Bekanntgabe** (wie nach § 43 Abs. 1 VwVfG*, oben § 19 Rn. 64 ff.). Diese bleibt zwar erforderlich, wie das Wort „erteilt" verdeutlicht, aber es muss nach § 38 Abs. 1 S. 1 VwVfG* gerade die zuständige Behörde zusichern und dabei außerdem die Schriftform einhalten. **Zuständigkeit und Schriftform** sind hier deshalb nicht nur Rechtmäßigkeits-, sondern anders als beim Verwaltungsakt zugleich Wirksamkeitsvoraussetzungen (im Wortlaut: „bedarf zu ihrer Wirksamkeit"!).

57 Zum anderen gilt nach § 38 Abs. 3 VwVfG* eine **clausula rebus sic stantibus**, also ein kraft Gesetzes gemachter Vorbehalt, dass die Sach- und Rechtslage sich nicht erheblich verändert haben darf. Gegenüber dem Verwaltungsakt und dem öffentlich-rechtlichen Vertrag ist damit die Verlässlichkeit der Zusicherung deutlich eingeschränkt.[22] Einen (rechtmäßigen) begünstigenden Verwaltungsakt dürfte die Behörde nur unter den engen Voraussetzungen von § 49 Abs. 2 oder 3 VwVfG* widerrufen. Bei einer Zusicherung darf sie nicht nur das (über den Verweis in § 38 Abs. 2 VwVfG* am Ende), sondern die Zusicherung bindet darüber hinaus kraft Gesetzes die Behörde schon dann nicht mehr, wenn

- sich die Sach- oder Rechtslage geändert hat *und*
- die Behörde in dieser Lage die Zusicherung
  - nicht gegeben hätte (schwierige Beweisfrage!) *oder*
  - nicht hätte geben dürfen (sie also bei Neuerlass rechtswidrig wäre).

---

[22] Vgl. *Groh*, DÖV 2012, 582.

II. „Selbstverpflichtung zu Verwaltungsakt"

Zusatzinformation
Die „clausula rebus sic stantibus" ist ein traditionsreicher und rechtsgebietsübergreifender Rechtsgedanke, der im Privatrecht meist als „Wegfall der Geschäftsgrundlage" bezeichnet wird. Das BGB hatte ihn ursprünglich ebensowenig aufgenommen, wie er für Verwaltungsakte gilt. Aber auch der heutige § 313 BGB bleibt hinter § 38 Abs. 3 VwVfG* insofern zurück, als hier die Wirkung bereits kraft Gesetzes wegfällt und nicht erst über Anpassungen oder Rücktritt.

> **Prüfungsschema 20: Ist eine Zusicherung wirksam?**
> 1. positive Wirksamkeitsvoraussetzungen, § 38 Abs. 1 VwVfG*
>   a) Zuständigkeit
>   b) Schriftform
>   c) Bekanntgabe
> 2. keine Nichtigkeit, § 38 Abs. 2, § 44 VwVfG*
> 3. keine Aufhebung oder Erledigung, § 43 Abs. 2 VwVfG* (analog)
> 4. keine erhebliche Veränderung der Umstände, § 38 Abs. 3 VwVfG*

3. Rechtmäßigkeit

Über die Rechtmäßigkeit einer Zusicherung finden sich nur wenige ausdrückliche Regelungen. Immerhin wird man die allgemeinen Rechtmäßigkeitsvorschriften für Verwaltungsakte (direkt oder analog) anwenden, insbesondere zur Zuständigkeit (u. a. § 3 VwVfG*), zur Bestimmtheit (§ 37 Abs. 1 VwVfG*) und zur Ermessensfehlerfreiheit (§ 40 VwVfG*). Eine Anhörung ist dagegen nicht erforderlich, weil die Zusicherung nicht in Rechte des Adressaten eingreift (siehe aber sogleich zu § 38 Abs. 1 S. 2 VwVfG*). 58

Unterschieden werden muss im Weiteren zwischen der Zusicherung des Erlasses und der der Unterlassung eines Verwaltungsakts. 59

a) Zusicherung des Erlasses eines Verwaltungsakts
Für die positive Zusicherung eines Verwaltungsakts zieht § 38 Abs. 1 S. 2 VwVfG* einige **Verfahrensvorschriften**, die für diesen Verwaltungsakt gelten, bereits für die Zusicherung vor (Anhörung, Behörden-/Ausschussmitwirkung). Man beachte, dass dies keine Anhörung wegen der Zusicherung selbst ist, sondern eine Anhörung wegen des zugesicherten Verwaltungsakts. § 38 Abs. 2 VwVfG* erklärt außerdem die diesen Verfahrensvorschriften korrespondierenden Heilungsvorschriften für anwendbar (§ 45 Abs. 1 Nr. 3–5, Abs. 2 VwVfG*, dazu § 19 Rn. 118 f.). 60

Darüber hinaus wird man eine Zusicherung nur dann für rechtmäßig halten können, wenn der **zugesicherte Verwaltungsakt selbst rechtmäßig** wäre. Dies ist hier also inzident zu untersuchen (mit Prüfungsschema 9). 61

b) Zusicherung der Unterlassung eines Verwaltungsakts
Wenn ein Unterlassen zugesichert ist, fallen Verfahrensanforderungen natürlich weg. Das zugesicherte Unterlassen des Verwaltungsakts muss – ebenso wie ein 62

zugesichertes Tun – aber selbst rechtmäßig sein. Dies ist wiederum dann der Fall, wenn **keine Pflicht zum Erlass des Verwaltungsakts** besteht (vgl. § 12 Rn. 20 ff.). Soweit die Behörde ein Ermessen hat, darf dieses nicht auf null reduziert sein (vgl. § 17 Rn. 72).

4. Rechtsschutz

a) Durchsetzung gewährter Zusicherungen (Klage aus Zusicherung)

63 Für die Klage aus einer Zusicherung zur Durchsetzung des gewährten Anspruchs gilt grundsätzlich das Gleiche wie für die Durchsetzung verwaltungsrechtlicher Ansprüche allgemein (§ 5 Rn. 34 ff.).

64 Der Anspruch auf **Erlass** eines Verwaltungsakts kann mit Verpflichtungsklage und -widerspruch geltend gemacht werden, wenn die Behörde den zugesicherten Verwaltungsakt nicht von sich aus erlässt. Der Anspruch aus der wirksamen Zusicherung begründet dabei bereits selbst die Klagebefugnis (§ 19 Rn. 249).

65 Für den Anspruch auf **Unterlassung** eines Verwaltungsakts wäre prinzipiell zwar eine allgemeine Leistungsklage statthaft, relevanter ist aber die Anfechtungsklage: Erlässt die Behörde den Verwaltungsakt entgegen ihrer Zusicherung doch noch, so ist er schon deswegen rechtswidrig und verletzt den Adressaten in seinem Recht aus der Zusicherung. Auch hier begründet der Anspruch aus der Zusicherung selbst eine Klagebefugnis, auch wenn bei einem belastenden Verwaltungsakt daneben noch auf die Adressatentheorie zurückgegriffen werden mag (§ 19 Rn. 158).

b) Abwehr belastender Zusicherungen (Klage gegen Zusicherung)

66 Die Vorschriften über den Rechtsschutz gegen Verwaltungsakte hat das Gesetz (anders als etwa für die Genehmigungsfiktion in § 42a Abs. 1 S. 2 VwVfG*) in Bezug auf die Zusicherung nicht ausdrücklich für anwendbar erklärt. Zumindest der Landesgesetzgebung dürfte dafür allerdings auch die Kompetenz fehlen. Maßgeblich ist daher die an § 42 Abs. 1 VwGO gerichtete Auslegungsfrage, ob mit „Verwaltungsakt" auch die materiellrechtlich „Zusicherung" genannten behördlichen Rechtsakte gemeint sein sollen. Dafür spricht die klare Passung der Zusicherung unter den auch prozessualen Verwaltungsaktsbegriff; lediglich im materiellen Verwaltungsrecht sind gewisse Sonderregelungen getroffen worden, wie dies auch für andere Gruppen von Verwaltungsakten geschehen ist. Man wird daher die Anfechtungsklage gegen eine Zusicherung für statthaft halten dürfen. Die Gegenansicht müsste auf die allgemeine Leistungs- oder auch die allgemeine Feststellungsklage zurückgreifen.

67 Der Adressat einer Zusicherung ist von dieser niemals belastet, weil er mit dem zusätzlichen Anspruch lediglich einen rechtlichen Vorteil erlangt. In Betracht kommt aber eine Drittanfechtung, wenn jemand sich auch gegen den zu erlassenden Verwaltungsakt wehren könnte oder jemand auf den zu unterlassenden Verwaltungsakt einen Anspruch gehabt hätte.

c) Erzwingung von Zusicherungen (Klage auf Zusicherung)

Dass jemand einen Anspruch auf die Gewährung eines Anspruchs geltend machen möchte, erscheint als eher abseitige Konstellation. Dennoch kommen unter Umständen Ansprüche auf Zusicherung in Betracht. Anerkannt wird zumindest ein Bescheidungsanspruch in dem Sinne, dass die Behörde über einen Antrag auf Zusicherung ermessensfehlerfrei entscheiden muss. Bei einer Ermessensreduzierung (möglicherweise über Art. 3 Abs. 1 GG angesichts der Behandlung von Parallelfällen durch die Behörde) würde daraus ein Vornahmeanspruch entstehen.[23]

68

Soweit man derartige Ansprüche auffindet, hängt die statthafte Klageart wiederum von der Einordnung der Zusicherung ab (wie oben Rn. 66). Zur Auswahl stehen hier dementsprechend Verpflichtungsklage (nebst -widerspruch) und allgemeine Leistungsklage.

69

III. Regelungsinhalt mit „Nebenbestimmung"

Spezielle Studienliteratur: *Voßkuhle/Kaiser*, JuS 2012, 699.

Eine geradezu ärgerliche, weil aus der Sache heraus nicht gerechtfertigte Komplexität hat das Thema der sogenannten „Nebenbestimmungen zum Verwaltungsakt" ausgebildet.[24] Auch dieses Thema bringt Aspekte auf den drei Ebenen der Wirkungen, der Rechtmäßigkeit und des Rechtsschutzes mit sich, denen wir an dieser Stelle im Zusammenhang nachgehen wollen.

70

Im Kern geht es um **Besonderheiten des Regelungsinhalts** bei bestimmten begünstigenden Verwaltungsakten, welche die Begünstigung gegenüber dem „normalen" Regelungsinhalt einschränken und in diesem Sinne nur ein „Minus" gewähren (zu den Wirkungsaspekten sogleich Rn. 76 ff.). Der „Normalfall", mit dem verglichen wird, ist dabei typischerweise ein vorangegangener Antrag des Begünstigten.

71

> *Beispiel:* A beantragt eine normale, auf Dauer angelegte Baugenehmigung. Die Baurechtsbehörde erteilt ihr nur eine Baugenehmigung auf Zeit, die außerdem erst gelten soll, wenn A noch eine Unterschrift ihrer Nachbarin beigebracht hat. Der Bescheid erlegt ihr überdies auf, vor dem neuen Gebäude zwei weitere Bäume zu pflanzen.

Derartige Einschränkungen empfindet der Begünstigte – auch soweit sie technisch nur Vorenthaltung eines Teils des Beantragten sind – ähnlich wie eine Belastung, weshalb unter dem Rechtsschutzaspekt danach zu fragen ist, wie man eine solche Einschränkung loswird (dazu Rn. 93 ff.). Das wird in der

72

---

[23] Lit.: *Gmeiner*, VR 2023, 312.
[24] Lit.: *Reimer*, Die Verwaltung 45 (2012), S. 491; s.a. *Elster*, Begünstigende Verwaltungsakte mit Bedingungen, Einschränkungen und Auflagen, 1979; *Hönig*, Die Zulässigkeit von Nebenbestimmungen bei Verwaltungsakten, 1968; *Laubinger*, WiVerw 1982, 117; *Pietzcker*, NVwZ 1995, 15; *Rottenwallner*, VR 2023, 289 (mit hilfreichem Schaubild); *Schachel*, Nebenbestimmungen zu Verwaltungsakten, 1979; *W.-R. Schenke*, in: FS Roellecke, 1997, S. 281; *Schneider*, Nebenbestimmungen und Verwaltungsprozeß, 1981; *Sieckmann*, DÖV 1998, 525; *Stadie*, DVBl. 1991, 613; *Wernsmann*, HVwR V, 2022, § 144.

Sache wiederum davon abhängen, wann eine solche Einschränkung vorgenommen werden darf (dazu Rn. 88 ff.).

73 Auf der anderen Seite kann man die Einschränkungen selbst in einem gewissen Sinne als günstig verstehen. Aus der Sicht der Behörde wäre die Alternative gewesen, den Antrag komplett abzulehnen.[25] Mit den Nebenbestimmungen hat sie ein Mittel, statt eines „Nein" ein „Ja, aber" auszusprechen.

> *Beispiel:* A beantragt eine Gaststättenerlaubnis. Die Erteilungsvoraussetzungen liegen fast alle vor, A hat lediglich als Nachweis ihrer lebensmittelrechtlichen Kenntnisse eine Bescheinigung der Berufsschule und nicht der Industrie- und Handelskammer vorgelegt (vgl. § 4 Abs. 1 S. 1 Nr. 4 GastG). Statt den Antrag abzulehnen, erteilt die Behörde A die Erlaubnis unter der Bedingung, dass noch die IHK-Bescheinigung vorgelegt wird.

74 Allerdings erfasst der **Gesetzesbegriff „Nebenbestimmung"** nicht jede derartige Einschränkung der Begünstigung. „Nebenbestimmung" heißen vielmehr nur die in § 36 VwVfG* ausdrücklich so benannten, untereinander freilich recht verschiedenen fünf Typen von Einschränkungen:

> *Befristung – Bedingung – Widerrufsvorbehalt – Auflage – Auflagenvorbehalt.*

75 Alle anderen denkbaren Einschränkungen der Begünstigung, etwa in sachlicher oder räumlicher Hinsicht (vgl. oben § 19 Rn. 8), laufen unter dem Begriff „**Inhaltsbestimmung**". Auch diese Bezeichnung ist allerdings unglücklich, weil die aufgeführten Nebenbestimmungen ebenfalls sämtlich den Regelungsinhalt eines Verwaltungsakts mitgestalten und insofern in einem weiten Sinne stets auch selbst *Inhalts*bestimmungen sind.

> *Beispiel:* A beantragt eine normale, im ganzen Bundesgebiet wirksame Gewerbeerlaubnis. Die Behörde erteilt die Erlaubnis nur für eine Tätigkeit im Landkreis Konstanz.

1. Wirkungsaspekte

76 Die einzelnen Arten von Nebenbestimmungen bilden hinsichtlich der rechtlichen Wirkungen des Verwaltungsakts drei sehr unterschiedliche Gruppen.

a) Begründung einer zusätzlichen Pflicht („Auflage")

77 Auflage ist nach der Legaldefinition des § 36 Abs. 2 Nr. 4 VwVfG* eine „Bestimmung, durch die dem Begünstigten ein Tun, Dulden oder Unterlassen vorgeschrieben wird".[26] Ersichtlich handelt es sich dabei um die Begründung einer **zusätzlichen Pflicht** im Einzelfall (§ 12 Rn. 28) gegenüber einer Person außerhalb der Verwaltung, die angesichts des Regelungszusammenhangs des Verwaltungsverfahrensrechts nicht anders als auf dem Gebiet des öffentlichen Rechts vorstellbar ist. Eine derartige Regelung wäre insofern auch selbst ein (befehlender) Verwaltungsakt im Sinne des § 35 S. 1 VwVfG*, wenn sie für sich allein getroffen würde (vgl. § 19 Rn. 31 ff.).

---

[25] Vgl. zu dieser Perspektive *Heitsch*, DÖV 2003, 367.
[26] Lit.: *Schmehl*, UPR 1998, 334.

III. Regelungsinhalt mit „Nebenbestimmung"

Regelmäßig wird man die Auflagenbestimmung so zu verstehen haben, dass die 78
Pflicht erst dann eintreten soll, wenn der Begünstigte auch von der Begünstigung
Gebrauch macht. Das ist aber eine Frage der Auslegung der behördlichen Erklärung
(vgl. Rn. 6).

Beispiel: A erhält die gewünschte Baugenehmigung für ihren Fachmarkt, jedoch mit der
Auflage, 20 zusätzliche Stellplätze für die Autos der Kunden auszuweisen. Erkennbar ist
der Wille der Behörde, dass diese Pflicht nur bestehen soll, wenn A das genehmigte Vorhaben auch wirklich errichtet.

Als befehlender Verwaltungsakt eröffnet eine Auflage grundsätzlich die Möglich- 79
keit der Verwaltungsvollstreckung (oben § 19 Rn. 25 f.). Die Verbindung mit der
Begünstigung erlaubt der Behörde aber die Nutzung eines weiteren **Durchsetzungsmechanismus**, der häufig effektiver sein dürfte: Bei Nichterfüllung der Auflage
darf sie die Begünstigung nach § 49 Abs. 2 S. 1 Nr. 2 *ex nunc* oder nach § 49 Abs. 3
S. 1 Nr. 2 VwVfG* sogar *ex tunc* widerrufen (oben Rn. 40).

Nicht um eine Auflage handelt es sich, wenn die Begünstigung selbst inhaltlich 80
verändert wird. Die Behörde gewährt also kein „Minus", sondern ein „Aliud". Wenn
hier mitunter von einer „**modifizierenden Auflage**" die Rede ist, führt diese Sprechweise auf gedankliche Irrwege. Sie sollten sie kennen und beiseitelassen.[27]

Beispiel: A erhält die gewünschte Baugenehmigung, jedoch mit der „Auflage", statt des
vorgesehenen Flachdachs ein Satteldach zu bauen. Diese Vorgabe lässt nicht *zusätzlich* erfüllen, sondern kann nur so verstanden werden, dass sie den Inhalt der Hauptregelung verändert. Gestattet wird dann eben nicht das beantragte, sondern ein modifiziertes Vorhaben.

b) Begründung einer zusätzlichen behördlichen Befugnis („Widerrufsvorbehalt", „Auflagenvorbehalt")

Der „Vorbehalt des Widerrufs" nach § 36 Abs. 2 Nr. 3 VwVfG* und der „Vorbehalt 81
der nachträglichen Aufnahme, Änderung oder Ergänzung einer Auflage" nach § 36
Abs. 2 Nr. 5 VwVfG* – meist sprachlich verkürzt zum „Widerrufsvorbehalt"[28] und
zum „Auflagenvorbehalt" – erlegen dem Begünstigten keine zusätzliche Pflicht auf
und verkürzen auch den Inhalt der Begünstigung nicht. Die ihnen gemeinsame
Wirkungsrichtung ist es vielmehr, der Behörde eine **zusätzliche Befugnis** für einen
künftigen weiteren Verwaltungsakt zu verschaffen (siehe bereits oben § 11 Rn. 35).
Beim Widerrufsvorbehalt bestünde dieser Verwaltungsakt in einem Widerruf, beim
Auflagenvorbehalt in der Aufnahme, Änderung oder Ergänzung einer Auflage. Die
beiden Vorbehalte gestalten also die Verwaltungsrechtslage dahin um, dass solche
weiteren Verwaltungsakte als rechtmäßig zu beurteilen wären, und erfüllen damit
ebenso wie die Auflage (Rn. 77) auch selbst die Begriffsmerkmale eines Verwaltungsakts im Sinne von § 35 S. 1 VwVfG*.

---

[27] Lit.: *Ehlers*, VerwArch 67 (1976), S. 369; *Hoffmann*, DVBl 1977, 514; *Weyreuther*, DVBl 1984, 365.
[28] Lit.: *Eichberger*, GewArch 1983, 105.

Zusatzinformation
Auch insoweit ist die Aufzählung in § 36 Abs. 2 VwVfG* nicht abschließend. „Vorbehalte" im Sinne konkreter Rechtsgrundlagen für künftige Regelungen sind auch mit anderen Inhalten denkbar, etwa im Hinblick auf eine spätere Änderung einer mit der Hauptregelung erteilten Genehmigung[29] oder auf eine spätere Fixierung einer zunächst vorläufig gewährten Leistungsbewilligung. Hierbei handelt es sich dann aber nicht um „Nebenbestimmungen" im Sinne des Gesetzes.

82 Für die auf Grund eines Auflagenvorbehalts erlassene Auflage steht aus dem Allgemeinen Verwaltungsrecht denn auch keine weitere Regelung zur Verfügung, der wirksame Auflagenvorbehalt genügt als Rechtsgrundlage. Für den Widerrufsvorbehalt könnte man das ebenso sehen, hier steht mit § 49 Abs. 2 S. 1 Nr. 1 Var. 2 VwVfG* allerdings eine gesetzliche Rechtsgrundlage zur Verfügung, die nur tatbestandlich den (wirksamen und vollziehbaren) Widerrufsvorbehalt nach § 36 Abs. 2 Nr. 3 VwVfG* voraussetzt, damit der Widerruf rechtmäßig ist.

c) Zeitliche Gestaltung der Wirksamkeit der Begünstigung („Bedingung", „Befristung")

83 Keine zusätzliche Regelung – weder befehlenden noch gestaltenden Inhalts – treffen dagegen die beiden verbleibenden Arten von Nebenbestimmungen. Hierbei handelt es sich um **zeitliche Einschränkungen** der (begünstigenden oder belastenden) Hauptregelung:

- die *Befristung* knüpft den Beginn der Hauptregelung oder deren Wegfall an einen festen Zeitpunkt (§ 36 Abs. 2 Nr. 1 VwVfG*);

Beispiel: Die Behörde erteilt der A-GmbH die Anerkennung als private Hochschule zunächst für die Dauer von fünf Jahren.

- die *Bedingung* knüpft den Beginn der Hauptregelung oder deren Wegfall an den „ungewissen Eintritt eines zukünftigen Ereignisses" (§ 36 Abs. 2 Nr. 2 VwVfG*).

Beispiel: Die Behörde beruft B zum Wehrdienst ein, aber erst für den Verteidigungsfall (vgl. § 16 Rn. 4). Es ist ungewiss, ob und wann dieser Fall eintritt; kommt es aber dazu, entfaltet die Einberufung ihre Wirkung.

84 Ausgestaltet wird damit die manchmal sogenannte „innere" Wirksamkeit des Verwaltungsakts (vgl. oben § 19 Rn. 8, 28 ZI). Damit ist gemeint, dass die Behörde die „äußeren" Grenzen, die der Wirksamkeit gezogen sind (Bekanntgabe, Nichtigkeit, Aufhebung), nicht voll ausschöpft, sondern zusätzliche eigene Grenzen zieht. Ihr „Regelnwollen" bleibt gewissermaßen hinter dem „Regelnkönnen" zurück. Gewollt ist nur ein zeitlich begrenztes Minus gegenüber einer hypothetischen zeitlich unbegrenzten Vollregelung. Abb. 1 illustriert die verschiedenen Konstellationen anhand von Zeitstrahlen.

---

[29] Lit.: *Schmehl*, Genehmigungen unter Änderungsvorbehalt zwischen Stabilität und Flexibilität, 1998.

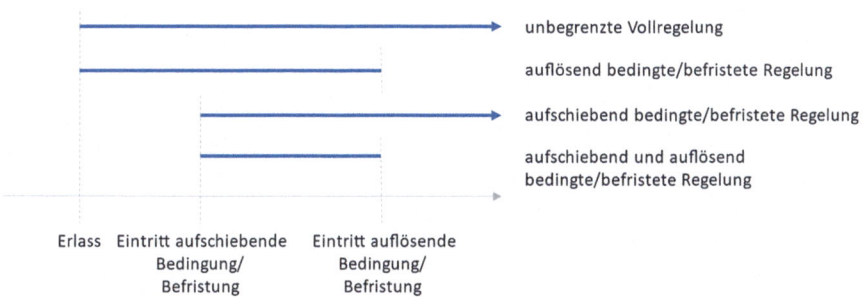

Abb. 1 Zeitliche Gestaltung der Wirksamkeit durch Bedingung oder Befristung

Zusatzinformation

Eine auflösende Bedingung kann nicht nur den Wegfall der Regelung *ex nunc* bewirken (wie in der Abbildung), sondern kann auch *ex tunc* wirken (Auslegungsfrage). Das gibt § 49a Abs. 1 S. 1 Var. 2 VwVfG* zu erkennen, der für diesen Fall einen Erstattungsanspruch wie nach rückwirkender Aufhebung des Verwaltungsakts entstehen lässt (vgl. Rn. 7). Auch dieser Anspruch wird durch feststellend-befehlenden Verwaltungsakt festgesetzt (§ 49a Abs. 1 S. 2 VwVfG*; vgl. § 19 Rn. 26, § 12 Rn. 29).

Bedingung und Befristung erfassen die Möglichkeiten zeitbezogener Gestaltung nicht abschließend. Vielmehr gibt es zeitliche Einschränkungen, die ebenso wie die sachlichen und räumlichen Einschränkungen dem gesetzlichen Begriff der Nebenbestimmung nicht unterfallen (Rn. 74 f.). 85

Beispiele: Die Gewerbeaufsichtsbehörde erteilt C eine saisonale Gaststättenerlaubnis; diese gilt zwar unbefristet, aber jeweils nur für die Sommermonate. – Das Landratsamt ordnet gegenüber jedermann an (Allgemeinverfügung), dass bis auf Weiteres jeweils zwischen dem 1. April und dem 31. August eines Jahres Katzen nicht vor die Tür gelassen werden dürfen.

d) Nachträgliche Nebenbestimmungen?

Nach der systematischen Stellung des § 36 VwVfG* in dem Gesetzesabschnitt über Begriff, Inhalt und Form des Verwaltungsakts ergänzen die Nebenbestimmungen jeweils einen Grundverwaltungsakt, der mit ihnen „versehen", „erlassen" oder „verbunden" wird (so § 36 Abs. 1, Abs. 2 vor Nr. 1–3 bzw. Abs. 2 vor Nr. 4 und 5 VwVfG*). Insofern kann man sich zwar vorstellen, dass Regelungen der in § 36 Abs. 2 Nr. 1–5 VwVfG* genannten Arten nachträglich erlassen werden, sie stellen dann aber im Sinne des Allgemeinen Verwaltungsrechts keine Nebenbestimmungen mehr dar, sondern **eigenständige Verwaltungsakte**. 86

Zusatzinformation

Das Besondere Verwaltungsrecht lässt dagegen teilweise ausdrücklich nachträgliche „Nebenbestimmungen" zu, womit dann Regelungen im Sinne der § 36 Abs. 2 Nr. 1–5 VwVfG* gemeint sind. Beispiele: Ergänzung der wasserrechtlichen Erlaubnis oder Bewilligung zu dem Zweck, nachteilige Wirkungen für andere zu vermeiden (§ 13 Wasserhaushaltsgesetz [WHG]); Ergänzung der gentechnikrechtlichen Genehmigung, um die fortlaufende Einhaltung der Genehmigungsvoraussetzungen sicherzustellen (§ 19 S. 3 Gentechnikgesetz [GenTG]).

87 Während es für die Nebenbestimmungen in Gestalt zusätzlicher Regelungen (Auflage, Widerrufs- und Auflagenvorbehalt) unter dem Wirkungsaspekt nichts tut, wann sie erlassen werden, weil sie immer schon selbst die Begriffsmerkmale eines Verwaltungsakts erfüllen, gilt das für die übrigen Arten nicht. **Bedingungen und Befristungen verändern bei nachträglichem Erlass ihren Inhalt.** Wenn die Behörde eine Begünstigung von vornherein nur bedingt oder befristet gewährt, enthält sie den Begünstigten nur etwas vor; wenn sie zunächst unbefristet gewährt und dann eine Bedingung oder Befristung hinzufügt, nimmt sie den Begünstigten dagegen etwas weg. Hinter der nachträglichen Bedingung oder Befristung verbirgt sich also eine zeitliche Teilaufhebung, die nach den Regeln über die Aufhebung von Verwaltungsakten zu beurteilen ist (dazu Rn. 2 ff.). Bei diesen Nebenbestimmungen ist in der nachträglichen Konstellation der Vertrauensschutz daher ein größeres Thema als bei den Auflagen, die den Bestand der Begünstigung als solcher unberührt lassen.

Zusatzinformationen
- Die fachrechtlichen Rechtsgrundlagen für nachträgliche Nebenbestimmungen lassen vor diesem Hintergrund meist nur Auflagen zu. Beispiele: Auflagen zur Aufenthaltserlaubnis, etwa wenn ein Ausweisungsinteresse besteht (§ 12 Abs. 2 S. 2, 3 Aufenthaltsgesetz [AufenthG]); Auflagen zur bergrechtlichen Erlaubnis oder Bewilligung, um gewisse öffentliche Interessen zu schützen (§ 16 Abs. 3 Bundesberggesetz); Auflagen zur beschussrechtlichen Zulassung, um Leben oder Gesundheit von Menschen zu schützen (§ 18 Abs. 1 S. 2 Hs. 2 Beschussgesetz – hier geht es um die Prüfung und Zulassung von Feuerwaffen, Böllern, Munition usw.).
- Auch die nachträgliche Beifügung eines Widerrufsvorbehalts, dem man Auflage und Auflagenvorbehalt gleichstellen müsste, wird mitunter als (dann: sachliche) Teilaufhebung begriffen.[30]

2. Rechtmäßigkeitsaspekte

Spezielle Studienliteratur: *Scherff*, JA 2024, 481. Einschlägiges Gutachtenbeispiel: *Kempny/Reifegerste*, Fälle zum Allgemeinen Verwaltungsrecht, 2022, Fall 6 (Abwandlung und Teil 2).

88 Für die Rechtmäßigkeit müssen wir zunächst wieder fragen, ob die Nebenbestimmung dem **Vorbehalt des Gesetzes** unterliegt, denn dann – und nur dann – bräuchte sie von Verfassung wegen zwingend eine Rechtsgrundlage (§ 17 Rn. 41 ff.).[31] Für die in § 36 Abs. 2 VwVfG* definierten Arten der Nebenbestimmung wird allerdings aus dem Gesetz klar, dass sie lediglich in den gesetzlich zugelassenen Fällen erlaubt sein sollen. Hier setzt sich wiederum der **Vorrang des Gesetzes** durch (vgl. § 19 Rn. 95). Das Rechtmäßigkeitsgutachten über die Beifügung einer Nebenbestimmung zu einem Verwaltungsakt können wir daher immer mit einer ausdrücklichen Rechtsgrundlage einsetzen lassen.

Zusatzinformation
Ohne die gesetzliche Regelung wäre eine Rechtsgrundlage zwar meist ebenfalls erforderlich, die Begründung müsste aber differenzierter ausfallen:

---

[30] VGH BW, NVwZ-RR 2008, 751 (752), mit § 48 Abs. 1 S. 1 LVwVfG BW als Rechtsgrundlage.
[31] Lit.: *Roellecke*, DÖV 1968, 333.

III. Regelungsinhalt mit „Nebenbestimmung"

- Eine Auflage ist als belastende Regelung bereits für sich genommen ein Grundrechtseingriff (zumindest in Art. 2 Abs. 1 GG) und unterfällt bereits deshalb dem Vorbehalt des Gesetzes. Für den Auflagenvorbehalt und den mit einer Begünstigung verbundenen Widerrufsvorbehalt, die jeweils eine künftige Belastung erlauben sollen, müsste das Gleiche gelten.
- Eine Bedingung oder Befristung nimmt jedoch nichts, sondern enthält nur vor – es sei denn, es bestand zuvor bereits eine entsprechende Rechtsposition, die durch die Bedingung oder Befristung jetzt verkürzt wird. Letzteres ist fraglos bei einer *nachträglich* ausgesprochenen Bedingung oder Befristung der Fall, die allerdings keine *Neben*bestimmung mehr darstellt (Rn. 87).

Das Gesetz enthält selbst bereits einzelne Rechtsgrundlagen für Nebenbestimmungen, unterscheidet dabei aber zwischen verschiedenen Gruppen von Verwaltungsakten. Leitend ist dabei zunächst die Einteilung danach, ob der Behörde in Bezug auf die Hauptregelung ein Ermessen zusteht (vgl. oben § 17 Rn. 69 ff.). 89

Bei **Ermessensverwaltungsakten**, seien sie begünstigend oder auch belastend, darf die Behörde nach § 36 Abs. 2 VwVfG* grundsätzlich Nebenbestimmungen beifügen (wobei die Auflage und damit auch der Auflagenvorbehalt eine begünstigende Hauptregelung voraussetzen, wie am Wort „Begünstigten" erkennbar wird).[32] 90

Zusatzinformation
Als Rechtsgrundlage ist dies zumindest insoweit überflüssig, als man die Möglichkeit der Gewährung eines „Minus" aus der Rechtsgrundlage der Hauptregelung mit herauslesen kann oder die Begünstigung im Bereich der gesetzesfreien Verwaltung erfolgt (wie vielfach bei der Vergabe von Fördermitteln).

Bei **begünstigenden Verwaltungsakten ohne Ermessen** darf eine Nebenbestimmung in den beiden Fällen des § 36 Abs. 1 VwVfG* getroffen werden: 91

- zum einen, wenn eine *Rechtsvorschrift* dies vorsieht. Angesichts der dann vorhandenen Spezialvorschrift ist diese Variante offensichtlich überflüssig.

  Beispiele: § 12 Bundes-Immissionsschutzgesetz erlaubt differenzierte Nebenbestimmungen zur immissionsschutzrechtlichen Genehmigung von (Industrie-)Anlagen. – Die Landesbauordnungen erlauben Befristung und Widerrufsvorbehalt bei der Genehmigung von Behelfsbauten (z. B. § 58 Abs. 4 S. 1 LBO BW).

- zum anderen, um sicherzustellen, dass die *gesetzlichen Voraussetzungen* des Verwaltungsaktes erfüllt werden (nicht: dass sie auf Dauer erfüllt bleiben!). Auf diesem Wege kann jemandem etwa eine Begünstigung bereits vor Erfüllung aller Anspruchsvoraussetzungen aufschiebend bedingt erteilt werden. Solche Nebenbestimmungen sind insofern oft nützlich für Antragsteller, da sie diesen bereits zu einem früheren Zeitpunkt eine bestandskraftfähige Gesamtregelung verschaffen (vgl. Rn. 73).

---

[32] Lit.: *Ingold*, DÖV 2015, 13.

92 Für **belastende Verwaltungsakte ohne Ermessen** enthält § 36 VwVfG* keine Regelung. Während Auflage und Auflagenvorbehalt hier mangels Begünstigung begrifflich nicht in Betracht kommen und der Widerrufsvorbehalt angesichts von § 49 Abs. 1 S. 1 VwVfG* gar nicht gegen einen Vertrauenstatbestand in Stellung gebracht werden muss (vgl. Rn. 36), sind Bedingung und Befristung hier möglich und sinnvoll. Inwieweit sie auch rechtmäßig sind, muss dem Fachrecht entnommen werden.

Beispiel: Wird ein Ausländer ausgewiesen, hat die Behörde ihm auch die Wiedereinreise zu verbieten. Dieses Verbot „ist bei seinem Erlass von Amts wegen zu befristen" (§ 11 Abs 2 S. 3 AufenthG).

3. Rechtsschutzaspekte

Spezielle Studienliteratur: *Hufen/Bickenbach,* JuS 2004, 867/966.

93 Streit herrscht beim Rechtsschutz in Bezug auf Nebenbestimmungen – allerdings nicht in dem Umfang, wie es manchmal den Anschein hat.[33] Nicht umstritten ist insbesondere,

- dass **nachträglich** getroffene Regelungen aus dem Katalog des § 36 Abs. 2 VwVfG* (Rn. 86) als selbstständige Verwaltungsakte mit Widerspruch und Anfechtungsklage angegriffen werden können;
- dass **zusätzlich** getroffene Regelungen (Rn. 77 ff.: Auflage, Auflagenvorbehalt, Widerrufsvorbehalt) ebenfalls den Charakter von Verwaltungsakten haben und dementsprechend mit Widerspruch und Anfechtungsklage angegriffen werden können, die hier auf die bekämpfte Nebenbestimmung beschränkt werden kann („Teilanfechtungsklage");[34]
- dass Bedingung und Befristung dagegen Besonderheiten aufweisen.

94 Das Problem mit letzteren besteht darin, dass die **Streichung einer Bedingung oder Befristung** nicht eine Belastung beseitigt, sondern **eine zusätzliche Begünstigung gewährt**, die dem Kläger zuvor noch gar nicht zugestanden hat. Für die Zeitabschnitte vor Eintritt der aufschiebenden und nach Eintritt der auflösenden Bedingung oder Befristung hatte die Behörde die Begünstigung nämlich ausdrücklich nicht erteilt (gestrichelte Zeitabschnitte in Abb. 2).

---

[33] Lit.: *Brüning,* NVwZ 2002, 1081; *Bumke,* FS Battis, 2014, S. 177; *Erichsen,* VerwArch 66 (1975), S. 299; *Fricke,* DÖV 2019, 48; *Funke,* NVwZ 2021, 114; *Kopp,* GewArch 1970, 97; *Labrenz,* NVwZ 2007, 161; *Laubinger,* VerwArch 73 (1982), S. 345; *Martens,* DVBl 1965, 428; *Pietzcker,* NVwZ 1995, 15; *Remmert,* VerwArch 88 (1997), S. 112 (mit Anspruchsperspektive); *W.-R. Schenke,* FS Roellecke, 1997, S. 281; *ders.,* WiVerw 1982, 142; *J. Schmidt,* NVwZ 1996, 1188; *Sieckmann,* DÖV 1998, 525; *Stadie,* DVBl 1991 613; *Störmer,* DVBl 1996, 81. Zuvor bereits *von Mangoldt,* VerwArch 37 (1932), S. 101.

[34] Lit.: *Fehn,* DÖV 1988, 202; *Hoenig,* Rechtsschutz gegen Auflagen, 1990; *Lange,* AöR 102 (1977), S. 337.

III. Regelungsinhalt mit „Nebenbestimmung"

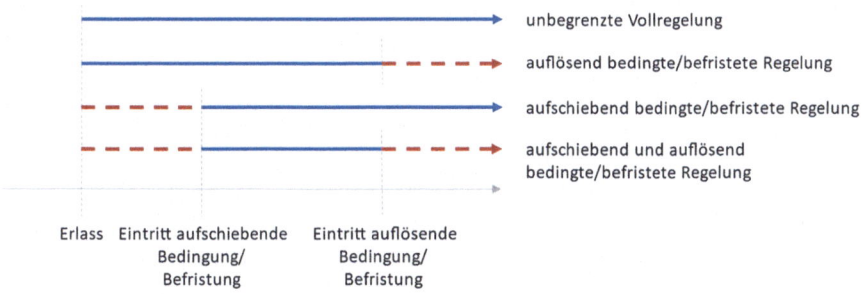

Abb. 2 Zeitlicher Effekt der „Streichung" von Bedingung oder Befristung

Die darin liegende erstmalige Gewährung einer Begünstigung liegt eigentlich 95 außerhalb der Funktion der Anfechtungsklage, die nach § 113 Abs. 1 S. 1 VwGO auf Kassation rechtswidriger Entscheidungen der Verwaltung ausgerichtet ist (§ 19 Rn. 142). Bei der Verpflichtungsklage haben wir gesehen, wie restriktiv das Gesetz vor dem Hintergrund der Gewaltenteilung damit ist, die Justiz positive Entscheidungen an Stelle der Verwaltung treffen zu lassen (§ 19 Rn. 244). Genau das würde die Zulassung der Anfechtungsklage gegen Bedingungen und Befristungen aber bewirken, weil deren „Streichung" *zusätzliche* Begünstigungszeiträume schüfe.

Zusatzinformation
Ein weiteres Problem liegt darin, dass mit der Anfechtungsklage auch die Anwendbarkeit von §§ 80–80c VwGO einhergeht; wer eine aufschiebend bedingte oder befristete Begünstigung erhält, könnte danach durch Einlegung eines (Teil-)Widerspruchs mit aufschiebender Wirkung die Bedingung oder Befristung als solche außer Vollzug setzen und dann von der Begünstigung sofort und bis auf Weiteres Gebrauch machen.

Das spricht dafür, zur Durchsetzung eines Anspruchs auf eine solche zusätzliche 96 Begünstigung die nach allgemeinen Regeln gegebene Verpflichtungsklage zuzulassen. Die herrschende Auffassung nimmt dies alles jedoch in Kauf und gibt auch in dieser Konstellation eine Teilanfechtungsklage „gegen" die Bedingung bzw. Befristung.[35] Die entstehenden Unzuträglichkeiten muss man dann versuchen auf der Ebene der Begründetheit aufzulösen.

Beispiel (Fortsetzung von Rn. 83): Die A-GmbH kann nach herrschender Auffassung Anfechtungsklage gegen die Befristung erheben, um eine unbefristete Anerkennung zu erlangen. Nach der Gegenauffassung müsste sie Verpflichtungsklage auf eine unbefristete Anerkennung ab dem sechsten Jahr erheben.

Soweit eine (Teil-)Anfechtungsklage statthaft ist – also unstreitig gegen zusätzlich 97 getroffene Regelungen und nach herrschender Auffassung auch gegen Bedingungen und Befristungen –, kommt es für ihre Begründetheit auf die Rechtmäßigkeit allein der Nebenbestimmung an (Rn. 88 ff.) und auf die Rechtsverletzung des Klägers

---

[35] BVerwGE 60, 269.

durch diese. Bei der Teilanfechtungsklage gegen Nebenbestimmungen werden heute jedoch meist über § 113 Abs. 1 S. 1 VwGO **hinausgehende Anforderungen an die Begründetheit** gestellt:

- Der *Restverwaltungsakt*, der nach Aufhebung allein der Nebenbestimmung verbleiben würde, soll rechtmäßig sein müssen.
- Nach Auffassung mancher soll außerdem ein Ermessensverwaltungsakt als Restverwaltungsakt nur stehen bleiben dürfen, wenn die Behörde ihr *Ermessen* bereits dahin ausgeübt hat, dass sie mit dieser verbleibenden Regelung einverstanden wäre.

Zusatzinformation
Gegen beide Einschränkungen des § 113 Abs. 1 S. 1 VwGO lässt sich ins Feld führen, dass die Behörde über § 48 VwVfG* grundsätzlich über eine Handhabe verfügt, rechtswidrigen Rechtslagen abzuhelfen, und dass diese Punkte außerhalb des vom Kläger nach § 88 VwGO bestimmten Streitgegenstands und damit außerhalb der gerichtlichen Kognitionsbefugnis liegen.

Prüfungsschema 21: Hat die Anfechtungsklage gegen eine Nebenbestimmung Aussicht auf Erfolg?
Auf der Grundlage der herrschenden Auffassung und auf die zentralen Punkte verkürzt; ergänzend gilt Prüfungsschema 10.
1. Zulässigkeit
   a) Eröffnung des Verwaltungsrechtswegs, § 40 Abs. 1 S. 1 VwGO
   b) statthafte Klageart – Statthaftigkeit der Anfechtungsklage nach § 42 Abs. 1 Var. 1 VwGO
      aa) Vorliegen einer Nebenbestimmung im Sinne von § 36 VwVfG*
      bb) Möglichkeit einer Teilanfechtungsklage (für Bedingung und Befristung str.)
   c) Klagebefugnis, § 42 Abs. 2 VwGO
   d) Durchführung des Vorverfahrens, § 68 Abs. 1 VwGO
   e) Einhaltung der Klagefrist, § 74 Abs. 1 VwGO
   f) ...
2. Begründetheit, § 113 Abs. 1 S. 1 VwGO
   a) Rechtswidrigkeit der Nebenbestimmung – Rechtsgrundlagen primär aus § 36 VwVfG*
   b) dadurch Rechtsverletzung des Klägers
   c) Rechtmäßigkeit des Restverwaltungsakts (str.)
   d) falls Ermessensverwaltungsakt: erkennbares Einverständnis der Behörde mit dem Restverwaltungsakt (str.)

§ 21. Gerichtsakte im Verwaltungsrecht – Urteile, Gerichtsbescheide, Beschlüsse

Auf die Rechtspositionen einzelner Rechtsträger können nicht nur Behörden mit ihren einseitigen Rechtsakten einwirken (Verwaltungsakte, § 19), sondern auch Gerichte. Es geht uns dabei an dieser Stelle nicht um das gerichtliche *Verfahren* (dazu noch § 30), sondern um die Rechtsakte, die an dessen Ende stehen können, und deren Wirkungen. Gerichtliche Rechtsakte finden nicht schlechthin in einer anderen Sphäre statt als behördliche und private, vielmehr wirken sie – trotz ihrer Verwurzelung im Prozessrecht – in die materielle Verwaltungsrechtslage hinein. In dieser Funktion ähneln sie den Verwaltungsakten erheblich und gehören zu einem vollständigen Überblick über die Rechtsakte des Allgemeinen Verwaltungsrechts dazu. 1

Begrifflich unterscheidet das Gesetz **drei Formen** gerichtlicher Rechtsakte: 2

- Das *Urteil* ist die weitestreichende und formalste Rechtsaktform. Es schließt regelmäßig das Verfahren einer Instanz ab („Endurteil", § 300 ZPO, § 173 S. 1 VwGO, Begriff auch in § 124 Abs. 1 VwGO). Das kann gegebenenfalls auch zunächst nur für einen Teil des Rechtsstreits geschehen („Teilurteil", § 110 VwGO). Im Vorfeld eines Endurteils kann ein Urteil auch eine zweckmäßigerweise vorab zu klärende Vorfrage außer Streit stellen („Zwischenurteil", §§ 109, 111 VwGO). Für ein Beispiel zum Aussehen von Urteilen siehe Abb. 1 bei § 30 Rn. 26.
- Der *Gerichtsbescheid* ist eine vereinfachte Rechtsaktform, die das Gericht in einfach gelagerten Fällen anstelle eines Urteils verwenden kann (§ 84 VwGO). Er ergeht insbesondere ohne vorherige mündliche Verhandlung (vgl. § 30 Rn. 23).
- Der *Beschluss* ist die flexibelste Rechtsaktform. Er kann das Verfahren einer Instanz abschließen wie ein Urteil (so in Eilverfahren, vgl. § 30 Rn. 27), aber auch im Laufe eines Verfahrens ergehen (etwa zur Verweisung an ein anderes Gericht, § 17a Abs. 2 GVG verbunden mit § 173 S. 1 VwGO [anderer Rechtsweg] oder § 83 VwGO [anderes Gericht der Verwaltungsgerichtsbarkeit]).

Behandelt werden in diesem Kapitel vorrangig die Rechtsakte von Gerichten der Verwaltungsgerichtsbarkeit (zur Institution oben § 8, zum Rechtsweg oben § 3). So- 3 weit Rechtsakte anderer Gerichte ausnahmsweise in das Verwaltungsrecht hineinwirken, werden sie an je passender Stelle erwähnt. Tatsächlich gilt auch darüber hinaus ein Großteil der Ausführungen aber entsprechend für die übrigen Prozessordnungen.

I. Wirkungen

Spezielle Studienliteratur: *Stepanek*, JuS 2023, 922/1016.

4   Ein Gerichtsakt kann – ähnlich wie ein Verwaltungsakt – Gestaltungs-, präjudizielle und Titelwirkungen entfalten.[1] Die dafür notwendigen Wirkungsnormen ergeben sich grundsätzlich aus der VwGO, seltener einmal aus dem Fachrecht.

1. Änderung der Rechtslage (Gestaltungswirkung)

5   Die wichtigste Gestaltungswirkung, die ein verwaltungsgerichtlicher Rechtsakt entfalten kann, setzt nicht unmittelbar auf der Ebene der Rechtspositionen an, sondern auf der Ebene der Rechtsakte: die **Aufhebung eines Verwaltungsakts** nach § 113 Abs. 1 S. 1 VwGO, die das Gericht auf die zulässige und begründete Anfechtungsklage hin ausspricht („kassatorisches Urteil"; dazu bereits § 19 Rn. 142). Der Verwaltungsakt wird dadurch rückwirkend und vollumfänglich aus der Welt geschafft, ebenso, wie es durch einen Aufhebungs-Verwaltungsakt geschehen würde (das haben wir in § 20 Rn. 2 ff. behandelt). Zeitliche und sachliche Einschränkungen sind aber möglich; falls das Gericht nur unter einer solchen Einschränkung aufhebt, bleibt ein entsprechender Rumpf der Regelung des Verwaltungsakts wirksam.

Zusatzinformationen
- Auf fachrechtlicher Grundlage erfolgt nach § 16 Abs. 3 Vereinsgesetz die Aufhebung eines behördlichen Vereinsverbots, wenn dieses sich gegen eine Gewerkschaft richtet.[2] Das Gesetz hat hier anstelle der vom Betroffenen zu erhebenden Anfechtungsklage einen von der Behörde zu erhebenden Bestätigungsantrag vorgesehen und musste deshalb für die Aufhebung, die dementsprechend nicht auf § 113 Abs. 1 S. 1 VwGO gestützt werden kann, eine Spezialregelung treffen.
- Auf der Ebene der verwaltungsrechtlichen Rechtspositionen wirken sich manche Rechtsakte der Strafgerichte aus. So kann insbesondere die Fahrerlaubnis (vgl. § 11 Rn. 6) durch Urteil nach § 69 StGB dauerhaft aufgehoben („entzogen") und durch Beschluss nach § 111a StPO vorübergehend aufgehoben („vorläufig entzogen") werden.
- Entsprechendes gilt für manche Rechtsakte der Familiengerichte. Diese können nach § 10 Versorgungsausgleichsgesetz u. a. etwaige Anwartschaften auf Beamtenversorgung zwischen den geschiedenen Ehegatten umverteilen und damit spezifisch verwaltungsrechtliche Rechtspositionen begründen oder ändern.

---

[1] Lit.: *Reimer*, Die Verwaltung 50 (2017), S. 395 (bes. 401–416); *Detterbeck*, Streitgegenstand und Entscheidungswirkungen im Öffentlichen Recht, 1995.
[2] Lit.: *Chassein*, Das Verbot einer verfassungswidrigen Gewerkschaft, 2022.

I. Wirkungen

Besondere Gestaltungswirkungen entfalten auch die gerichtlichen „Eilentscheidungen". Der stattgebende Beschluss über einen Antrag nach § 80 Abs. 5 S. 1 VwGO wirkt ebenfalls auf Ebene der Rechtsakte, er bewirkt nämlich die (erstmalige oder Wieder-)**Herbeiführung der aufschiebenden Wirkung** eines Rechtsbehelfs gegen einen Verwaltungsakt; anders ausgedrückt: Der Beschluss nimmt dem Verwaltungsakt die Vollziehbarkeit (oben § 19 Rn. 81 ff.). Die „einstweilige Anordnung", also der stattgebende Beschluss über einen Antrag nach § 123 Abs. 1 VwGO, wirkt dagegen auf der Ebene der Rechtspositionen: Sie begründet meist zusätzliche **temporäre Rechtspositionen**, insbesondere einstweilige Pflichten des Antragsgegners oder auch einstweilige Erlaubnisse für den Antragsteller (oben § 9 Rn. 64, § 19 Rn. 270).

6

Eine besondere Gestaltungswirkung hat der Gerichtsakt auch im Falle der diversen Richtervorbehalte, die eine eingriffsintensive behördliche Maßnahme von der Zustimmung eines Gerichts abhängig machen. Den Hintergrund bilden hier oft grundrechtliche Anforderungen (Art. 13 Abs. 2–4, Art. 104 Abs. 2 GG).[3] Der Gerichtsakt – hier ein Beschluss – begründet dann eine **Erlaubnis zugunsten der Behörde**, die Maßnahme zu treffen (vgl. § 11 Rn. 37, 49). Solche Erlaubnisse erteilt in manchen Fällen das Verwaltungsgericht, oft aber auch im verwaltungsrechtlichen Kontext das Amtsgericht.

7

Beispiele: Das Verwaltungsgericht erteilt der Polizei eine Erlaubnis, die Wohnung des zu musternden, aber flüchtigen Wehrpflichtigen A zu betreten und zu durchsuchen (§ 44 Abs. 4 S. 8 Wehrpflichtgesetz). – Das Amtsgericht erteilt der Bundespolizei eine Erlaubnis, die Terroristin B zur Verhinderung einer Straftat im Gewahrsam zu halten (§ 40 Bundespolizeigesetz).

Zusatzinformation
Besonders prominent sind entsprechende Richtervorbehalte im Strafprozessrecht, wo grundsätzlich das Amtsgericht (Ermittlungsrichter, § 162 StPO) für Beschlagnahmeanordnungen, Durchsuchungsbeschlüsse, Haftbefehle usw. zuständig ist. Soweit auch das Verwaltungsrecht eine Zuständigkeit des Amtsgerichts vorsieht, folgt es diesem Vorbild.

In vielen Fällen löst ein Gerichtsakt eine **innerprozessuale Gestaltungswirkung** aus – etwa durch die Aufhebung eines anderen Gerichtsakts. So kann etwa ein Beschluss nach § 80 Abs. 7 VwGO einen stattgebenden Beschluss nach § 80 Abs. 5 S. 1 VwGO wieder aufheben (und damit indirekt die aufschiebende Wirkung wieder entfallen lassen). Zentral ist die prozessuale Gestaltung im Rechtsmittelrecht (dazu gleich noch Rn. 24 ff.), wenn etwa auf die Revision hin durch Urteil nach § 144 Abs. 3 VwGO das Urteil der Vorinstanz wieder aufgehoben wird (und damit indirekt auch alle darin vorgesehenen Wirkungen entfallen). Ein anderes Beispiel ist die in eine frühere Phase des Prozesses gehörende Bestimmung des zuständigen Gerichts durch Verweisungsbeschluss nach §§ 17a, 17b GVG, 83, 173 S. 1 VwGO oder in uneindeutigen Fällen nach § 53 VwGO.

8

---

[3] Lit.: *Kuch*, Freiheitsentziehung, 2023, S. 283–345.

2. Klärung für künftige Entscheidungen (präjudizielle Wirkung)

9   Noch größere Bedeutung als beim Verwaltungsakt hat beim Gerichtsakt die präjudizielle Wirkung. Alle Feststellungsklagen sind von vornherein nur auf ein **Feststellungsurteil**, also den bloßen Ausspruch einer Feststellung, angelegt; dieses wirkt rechtlich allein darüber, dass es – innerhalb seiner persönlichen und sachlichen Grenzen – allen Behörden und Gerichten verbietet, den Inhalt der Feststellung anders zu beurteilen. Das gilt für die allgemeine Feststellungsklage nach § 43 Abs. 1 Var. 1 VwGO (oben § 9 Rn. 56 ff.) genauso wie für die verwaltungsaktbezogenen Fortsetzungsfeststellungsklagen nach § 113 Abs. 1 S. 4 VwGO und Nichtigkeitsfeststellungsklagen nach § 43 Abs. 1 Var. 2 VwGO (oben § 19 Rn. 227 ff., 240 f.). Auch der besondere Feststellungsantrag analog § 80 Abs. 5 S. 1 VwGO steht in dieser Reihe (oben § 19 Rn. 215). Präjudizielle Wirkung haben in gewissem Umfang aber auch andere Gerichtsakte, insbesondere das **Leistungsurteil** im Hinblick auf das Bestehen des titulierten Anspruchs und das **Anfechtungsurteil** im Hinblick auf die Rechtswidrigkeit des aufgehobenen Verwaltungsakts. In persönlicher Hinsicht trifft die präjudizielle Wirkung nach § 121 VwGO grundsätzlich allein die Beteiligten und deren Rechtsnachfolger.

Zusatzinformation
Die Bindungswirkung gegenüber Zivil- und Strafgerichten wird teilweise bestritten.[4] Soweit es dort wirklich auf dieselbe Rechtsposition ankommt, lässt sich das aber nicht gut begründen. Relevant wird die Frage besonders im Verfahren wegen Straf- und Bußgeldtatbeständen, die verwaltungsrechtliche Pflichten bewehren (oben § 12 Rn. 63 ff.), wenn das Verwaltungsgericht bereits festgestellt hat, dass der Beschuldigte diese Pflichten nicht verletzt hat.

3. Ermöglichung der Vollstreckung (Titelwirkung)

10   Auch ein Gerichtsakt kann schließlich als „Vollstreckungstitel" wirken, wenn er eine – zugleich gestaltend begründete oder auch bloß festgestellte – Pflicht befehlend ausspricht. Der Pflichtadressat muss grundsätzlich zugleich Beteiligter des Verfahrens gewesen oder dessen Rechtsnachfolger sein (§ 121 VwGO). Für die Verwaltungsgerichtsbarkeit zählt § 168 Abs. 1 VwGO die Arten von Gerichtsakten auf, aus denen vollstreckt werden kann; diese Bestimmung bildet insofern einen Teil der Wirkungsnorm für die Titelwirkung.

11   Der wichtigste Fall sind die **Leistungsurteile**, also stattgebende Urteile auf eine allgemeine Leistungsklage oder eine Verpflichtungsklage hin (§ 168 Abs. 1 Nr. 1 VwGO, nach Rechtskraft oder bei vorläufiger Vollstreckbarkeit). Ihnen entsprechen funktional die einstweiligen Anordnungen (stattgebende Beschlüsse auf einen Antrag nach § 123 Abs. 1 VwGO hin), soweit sie ebenfalls eine Pflicht des Antragsgegners aussprechen; auch sie entfalten Titelwirkung (§ 168 Abs. 1 Nr. 2 VwGO).

---

[4] Etwa BVerwGE 31, 177 – insoweit ohne Begründung.

Für ein Feststellungs- oder Gestaltungsurteil kommt für eine Vollstreckung dagegen überhaupt nur die darin gestaltend begründete **Kostentragungspflicht** des unterlegenen Beteiligten in Frage, weil ein solches Urteil eben nicht zu einer Leistung verurteilt bzw. verpflichtet (vgl. § 167 Abs. 2 VwGO, der das für die vorläufige Vollstreckbarkeit anerkennt). 12

Für die verwaltungsgerichtlichen Gerichtsakte enthalten §§ 167–172 VwGO ein eigenes **Vollstreckungsrecht**, das sich als Mischung aus dem Verwaltungsvollstreckungsrecht für Behörden (kraft Verweisung in § 169 VwGO) und dem Zwangsvollstreckungsrecht der ZPO (kraft Verweisung in § 167 Abs. 1 S. 1 VwGO) darstellt. Den Ablauf der Vollstreckung betrachten wir später im Zusammenhang mit dem Ablauf der gerichtlichen Verfahren insgesamt (unten § 30 Rn. 37 ff.). 13

II. Wirkungsbedingungen

Die Dogmatik der Wirkungsbedingungen ist für Gerichtsakte weniger ausdifferenziert als für Verwaltungsakte. Dahinter steht das stärker formalisierte gerichtliche Verfahren, das in der Praxis seltener Zweifel an der Wirksamkeit aufkommen lässt. Zumal beim verfahrensbeendenden Gerichtsakt, der sich inhaltlich innerhalb des Kontinuums zwischen Klägerantrag und Beklagtenantrag hält, braucht die Frage fast nie gestellt zu werden. Gleichwohl bedarf auch der Gerichtsakt einer Wirkungsnorm, die seine Wirkungen herbeiführen kann, und muss er deren Tatbestand erfüllen, um dies auch zu tun (vgl. § 17 Rn. 13, 26). Klar ist außerdem, dass auch ein Gericht nicht jede beliebige Rechtsfolge (z. B. die Änderung eines Gesetzes) durch bloßes Aussprechen bewirken kann. Der genaue Verlauf der Kompetenzgrenzen muss aber als ungeklärt gelten. Soweit das Thema rechtswissenschaftlich behandelt wird, ist überdies auch meist nur vom Urteil die Rede und nicht auch vom Beschluss oder Gerichtsbescheid. 14

Strukturell können wir auch bei den Wirkungsnormen für Gerichtsakte tatbestandlich zwischen **Handlungsformqualifikation** und Wirksamkeitsvoraussetzungen unterscheiden. Erstere grenzt ab zu den Nicht-Gerichtsakten, vor allem dem **„Nicht-Urteil"**. Dafür lassen sich zwei Voraussetzungen angeben: 15

1. Damit sie überhaupt als Gerichtsakt gedeutet werden kann, muss eine Handlung dem Gericht *zugerechnet* werden können. Als Urteil muss sie von Richtern (und nicht z. B. von Justizwachtmeistern) vorgenommen worden sein, die dem Gericht auch wirklich angehören (und nicht z. B. einem anderen Gericht).
2. Sodann bedarf es der richtigen *Bekanntgabe*. Beim Urteil ist diese verhältnismäßig streng formalisiert (wenn auch in der VwGO weniger als in ZPO und StPO) und besteht grundsätzlich in der mündlichen „Verkündung" in einem Termin mit den Beteiligten (§ 116 Abs. 1 S. 1 VwGO). Im Verwaltungsprozess wird diese aber vielfach durch die schriftliche „Zustellung" an die Beteiligten ersetzt (§ 116 Abs. 2 und 3 VwGO).

16 Als positive Wirksamkeitsvoraussetzung tritt beim Urteil – anders als beim Verwaltungsakt – der Ablauf der Rechtsmittelfristen hinzu, die sogenannte **Rechtskraft** oder Unanfechtbarkeit. Erst wenn keine weitere Instanz mehr zur Verfügung steht, die Rechtssache also endgültig geklärt ist, treten die Gestaltungs-, präjudizielle und Titelwirkung ein. Zuvor gilt also insbesondere ein im Urteil aufgehobener Verwaltungsakt (§ 113 Abs. 1 S. 1 VwGO) noch nicht als aufgehoben und darf ein im Urteil festgestelltes Rechtsverhältnis (§ 43 Abs. 1 VwGO) von anderen Stellen noch abweichend beurteilt werden.

Zusatzinformation
Lediglich für die Titelwirkung des Urteils gibt es die Möglichkeit einer „vorläufigen Vollstreckbarkeit" (§ 704 ZPO über die Verweisung in § 167 Abs. 1 S. 1 VwGO). Diese muss im Urteil selbst angeordnet werden (§§ 708, 709 ZPO), was eine prozessuale Gestaltung darstellt, die – um überhaupt Sinn zu haben – sofort wirksam wird. Im Verwaltungsprozessrecht gibt es vorläufige Vollstreckbarkeit aber nur für Urteile, die einer allgemeinen Leistungsklage stattgeben, sowie hinsichtlich des Kostenpunkts (§ 167 Abs. 2 VwGO); für die besonders wichtigen Anfechtungs- und Verpflichtungsklagen scheidet sie damit im Wesentlichen aus.

17 In Ermangelung einer Parallelvorschrift zu § 44 VwVfG* erscheinen die **negativen Wirksamkeitsvoraussetzungen** für Gerichtsakte eher noch dunkler. Sie dienen der Abgrenzung der wirksamen von den nichtigen Gerichtsakten, vor allem dem **„nichtigen Urteil"**. Außer den Fällen, wo Nichtigkeit anzunehmen ist, stehen hier auch die genauen Wirkungen in Frage, die bei Nichtigkeit entfallen sollen; insbesondere die Rechtsbehelfe – die eigentlich einen wirksamen Gerichtsakt voraussetzen müssten – sollen etwa erhalten bleiben. Jedenfalls die Gestaltungs-, präjudiziellen und Titelwirkungen sollen beim nichtigen Gerichtsakt aber wohl entfallen. Welche schweren Fehler die Rolle dieser negativen Wirksamkeitsvoraussetzung spielen sollen, hat man bisher aber nicht auf einen einheitlichen Begriff gebracht, sondern von Fall zu Fall entschieden.

Beispiel: Wirkungen treten nicht ein, soweit das Urteil entgegen § 88 VwGO inhaltlich über das Klagebegehren hinausgeht (*ultra petita*).

18 Negative Wirksamkeitsvoraussetzung ist auch, dass der Gerichtsakt **nicht aufgehoben** worden ist (ähnlich § 43 Abs. 2 Var. 1 VwVfG*). Anders als beim Verwaltungsakt (§ 20 Rn. 2 ff.) sind die Möglichkeiten dafür aber eng begrenzt. Einen Gerichtsakt aufheben können grundsätzlich nur

- ein höheres Gericht auf ein Rechtsmittel hin (vgl. Rn. 31);
- dasselbe Gericht bei verfahrensleitenden Beschlüssen auf eine veränderte Sach- oder Rechtslage hin, z. B. bei Eilentscheidungen nach § 80 Abs. 7 VwGO (vgl. Rn. 8) oder bei Ladungen nach §§ 227 ZPO, 173 S. 1 VwGO. Bei Urteilen und diesen gleichstehenden Gerichtsakten ist das ausgeschlossen (§§ 318 ZPO, 173 S. 1 VwGO);
- ein zuständiges Gericht auf einen Wiederaufnahmeantrag hin (§ 153 ZPO).

III. Rechtmäßigkeit

Die Frage, wann ein gerichtlicher Rechtsakt ergehen *darf*, lässt sich im Ausgangspunkt genauso stellen wie bei einem Verwaltungsakt. Wir können auch hier die Anforderungen in formelle und materielle Rechtmäßigkeitsgesichtspunkte einteilen und insbesondere auch über die Ausfüllung von Beurteilungs- und Ermessensspielräumen nachdenken. Solche Überlegungen sind keineswegs hypothetischer Natur, sondern die normale Perspektive eines Rechtsmittelgerichts, das einen Gerichtsakt der Vorinstanz auf dessen Rechtmäßigkeit hin zu kontrollieren hat (zum Rechtsschutzkontext gleich Rn. 23 ff.).

19

Bei der **formellen Rechtmäßigkeit** ist auch für Gerichtsakte an Zuständigkeit, Verfahren und Form zu denken. Die entsprechenden Anforderungen ergeben sich grundsätzlich aus den Prozessgesetzen. Die Zuständigkeitsregeln der §§ 45 ff. VwGO haben wir bereits behandelt (§ 8 Rn. 10 ff.); den zu durchlaufenden Verfahrensschritten widmen wir uns später im Zusammenhang (§ 30 Rn. 13 ff.). Formvorschriften enthält § 117 VwGO (vgl. § 30 Rn. 26 mit einem Anschauungsbeispiel in Abb. 1).

20

Bei der **materiellen Rechtmäßigkeit** geht es darum, ob der Gerichtsakt inhaltlich richtig ergangen ist. Hier können wir als Baustein einsetzen, was wir sonst in der Perspektive von Begründetheitsgutachten prüfen – der Obersatz der Begründetheit des Rechtsbehelfs wird zum Obersatz der materiellen Rechtmäßigkeit des Gerichtsakts.

21

Beispiel: Die Anfechtungsklage ist begründet, wenn der angegriffene Verwaltungsakt rechtswidrig ist und den Kläger in dessen Rechten verletzt; in diesem Fall hebt das Gericht den Verwaltungsakt auf (§ 113 Abs. 1 S. 1 VwGO). Dementsprechend ist das Urteil, womit das Gericht den Verwaltungsakt aufhebt, gemäß § 113 Abs. 1 S. 1 VwGO materiell rechtmäßig, wenn der angegriffene Verwaltungsakt rechtswidrig ist und den Kläger in dessen Rechten verletzt.

Gerade bei der materiellen Rechtmäßigkeit liegt auf der Hand, dass ein „Fehler" praktisch oft nichts anderes bedeutet, als dass ein Rechtsmittelgericht bei der Auslegung und Anwendung eines Gesetzes zu einer anderen Rechtsauffassung gelangt.

22

IV. Rechtsschutz

Auch gegen gerichtliche Rechtsakte gibt es prinzipiell Rechtsschutz, wenngleich dieser jedenfalls nicht im gleichen Umfang von Art. 19 Abs. 4 S. 1 GG geboten ist wie gegen Akte der Verwaltung.[5]

23

1. Abwehr belastender Gerichtsakte

Der Rechtsschutz in Bezug auf gerichtliche Rechtsakte ist fast ausschließlich auf die Abwehr-Konstellation ausgerichtet. Gewährt wird er mit innerprozessualen

24

---

[5] Lit.: *Voßkuhle*, Rechtsschutz gegen den Richter, 1993.

Rechtsbehelfen, die normalerweise zum nächsthöheren Gericht führen („Devolutiveffekt") und normalerweise aufschiebende Wirkung entfalten („Suspensiveffekt"). Einen Rechtsbehelf mit Devolutiv- und Suspensiveffekt nennt man „Rechtsmittel".

Prüfungshinweis

▶ Die verwaltungsgerichtlichen Rechtsmittel brauchen Sie einstweilen nicht gutachtenmäßig zu beherrschen, sie kommen in den Staatsprüfungen grundsätzlich nicht als Aufgabenschwerpunkte vor. Spätestens für die mündlichen Prüfungen sollten Sie aber die im Folgenden vorgestellten Grundbegriffe abrufen und einordnen können.

Zusatzinformation
Wie die Anfechtungsklage beim Verwaltungsakt (§ 19 Rn. 151 f.) kann auch das Rechtsmittel gegen einen Gerichtsakt im Ganzen gerichtet oder auf einen Teil seiner Regelung beschränkt sein. Mit der Einlegung nur eines Teilrechtsmittels lässt man zu, dass die restliche Regelung des Gerichtsakts in Rechtskraft erwächst.

25 Die **Formen der Rechtsbehelfe** korrespondieren den Formen der gerichtlichen Rechtsakte.

- Gegen das Urteil stehen prinzipiell *Berufung* zum OVG (ursprünglich als volle Sach- und Rechtskontrolle, §§ 124 ff. VwGO) und *Revision* zum BVerwG (als reine Rechtskontrolle, §§ 132 ff. VwGO) zur Verfügung. Gegen ein Urteil des OVG gibt es keine Berufung; gegen ein Urteil des VG kann auch unmittelbar Revision eingelegt werden, wenn es ersichtlich nur auf Rechtsfragen ankommt („Sprungrevision", § 134 VwGO). Hat das Urteil die Berufung oder Revision nicht ausdrücklich zugelassen, kann zunächst nur ein *Antrag auf Zulassung der Berufung* gestellt (§ 124a Abs. 4 VwGO) bzw. eine *Beschwerde gegen die Nichtzulassung der Revision* eingelegt werden (§ 133 VwGO).
- Gegen den Gerichtsbescheid stehen, da dieser nach § 84 Abs. 3 Hs. 1 VwGO die Wirkungen eines Urteils hat, grundsätzlich auch dieselben Rechtsbehelfe zur Verfügung. Hinzu kommt aber der *Antrag auf mündliche Verhandlung*, womit eine solche und dann auch ein echtes Urteil erzwungen werden kann (§ 84 Abs. 2 Nr. 2, 4, 5 VwGO); hier bleibt die Rechtssache einstweilen in der Hand desselben Gerichts, es gibt also keinen Devolutiveffekt.
- Gegen den Beschluss ist das Rechtsmittel der *Beschwerde* zum nächsthöheren Gericht gegeben (§§ 146 ff. VwGO). Wie beim Widerspruch gegen einen Verwaltungsakt erhält auch hier das untere Gericht zunächst Gelegenheit zur Überdenkung und gegebenenfalls Abhilfe (vgl. § 148 Abs. 1 mit § 72 VwGO, vgl. § 20 Rn. 21); wie beim Widerspruch kann die Beschwerde alternativ beim unteren Gericht oder beim Rechtsmittelgericht eingelegt werden (vgl. § 147 Abs. 1, 2 mit § 70 Abs. 1 S. 1, 2 VwGO, vgl. § 19 Rn. 167).

Zusatzinformationen
- Hinzu kommt als außerordentlicher Rechtsbehelf ohne aufschiebende Wirkung die *Verfassungsbeschwerde* zum Bundes- oder Landesverfassungsgericht. Wegen § 90 Abs. 2 S. 1

BVerfGG und Parallelvorschriften ist sie grundsätzlich nur zulässig, wenn ein anderer Rechtsbehelf nicht (mehr) zur Verfügung steht – insbesondere also gegen letztinstanzliche Gerichtsakte. Das sind hauptsächlich solche des Bundesverwaltungsgerichts, in Verfahren des Eilrechtsschutzes aber normalerweise solche eines Oberverwaltungsgerichts, mit deren Beschwerdeentscheidung der Verwaltungsrechtsweg hier erschöpft ist.
- Eine Sonderstellung hat der *Wiederaufnahmeantrag* nach §§ 153 VwGO, 578 ff. ZPO, der ebenfalls keine aufschiebende Wirkung entfaltet und grundsätzlich auch keinen Devolutiveffekt hat. Er eröffnet nach gravierenden Mängeln des Verfahrens (einschließlich solcher, wofür das Gerichts nichts konnte, wie Zeugenmeineide) einen Weg zur Aufhebung des rechtskräftig gewordenen Urteils.

Nicht anders als bei den Rechtsbehelfen gegen die Verwaltung wird das angerufene Gericht auch dem Rechtsmittel gegen einen gerichtlichen Rechtsakt dann stattgeben, wenn er **zulässig und begründet** ist. Auch die einzelnen dabei zu prüfenden Gesichtspunkte weisen einige Ähnlichkeiten mit dem Bekannten auf, etwa hinsichtlich der Form- und Fristanforderungen. Doch sind auch charakteristische Unterschiede festzustellen, worauf wir kurz eingehen wollen. 26

Anders als sonst kommt es für die Zulässigkeit insbesondere nicht auf die Eröffnung des **Verwaltungsrechtswegs** an: wenn der angegriffene Rechtsakt von einem Gericht der Verwaltungsgerichtsbarkeit herrührt, dann sind stets auch die verwaltungsprozessualen Rechtsmittel gegeben. Allerdings kann die *Begründetheit* des Rechtsmittels von der Rechtswegeröffnung abhängen. 27

Beispiel: Das VG hat den Rechtsweg als eröffnet angesehen und verurteilt. Die Rechtsmittelführerin meint, die Voraussetzungen von § 40 VwGO seien nicht gegeben. Das Rechtsmittelgericht stimmt zu und gibt statt, denn das Rechtsmittel ist zulässig und begründet.

An die Stelle der Klagebefugnis (oben § 13 Rn. 45 ff.) tritt bei den Rechtsmitteln funktional die **Beschwer**. Sie ist formal konzipiert. Ein Rechtsmittel kann danach nur einlegen, wer (1) am Verfahren des ursprünglichen Gerichts beteiligt war und (2) mit seinem Antrag dort zumindest teilweise unterlegen ist. 28

Beispiel: A hat gegen den Landkreis ein stattgebendes Urteil erstritten, sie ist jedoch mit dessen Begründung nicht zufrieden. Da sie nicht unterlegen ist, fehlt ihr für ein Rechtsmittel aber grundsätzlich die Beschwer. – Wenn B, die den Prozess verfolgt hat, mit dem Urteil inhaltlich nicht einverstanden ist, fehlt ihr die Beschwer für ein Rechtsmittel schon deshalb, weil sie am Prozess nicht beteiligt war.

Die **Begründetheit des Rechtsmittels** hängt normalerweise von der Rechtmäßigkeit des angegriffenen Rechtsakts ab – wie bei der Anfechtungsklage gegen Verwaltungsakte.[6] Anders als dort wird aber nicht ohne Weiteres die gesamte Breite der Rechtmäßigkeitsanforderungen überprüft, vielmehr kommt es darauf an, welche Anforderungen der Rechtsmittelführer im Einzelnen rügt. Bei der Beschwerde gegen Eilentscheidungen prüft das Oberverwaltungsgericht überhaupt nur die 29

---

[6] Zu den Parallelen *Menger*, System des verwaltungsgerichtlichen Rechtsschutzes, 1954, S. 134–165; *Reimer*, Bucerius Law Journal 2017, 93.

geltend gemachten Gründe (§ 146 Abs. 4 S. 6 VwGO). Bei der Revision müssen vermeintliche Verfahrensfehler genau bezeichnet werden (§ 137 Abs. 3 S. 1 VwGO); dagegen genügt – ausgerechnet – für vermeintliche Rechtsanwendungsfehler die pauschale „Sachrüge", die gerichtliche Entscheidung sei inhaltlich unrichtig.

Beispiel: Das OVG hat die Stadt S zur Gewährung einer Sozialleistung verurteilt. Mit ihrer Revision rügt S die Besetzung der entscheidenden Kammer sowie die inhaltliche Unrichtigkeit der Entscheidung. Wenn das Bundesverwaltungsgericht zur Auffassung gelangt, das OVG habe nicht ohne mündliche Verhandlung entscheiden dürfen, führt dieser nicht gerügte Punkt gleichwohl nicht zur Begründetheit des Rechtsmittels.

30   Die **Entscheidung über das Rechtsmittel** ergeht durch einen erneuten Gerichtsakt. Bei Berufung und Revision ergeht dieser in der Form eines Urteils (ausnahmsweise Beschluss nach § 125 Abs. 2 S. 2, § 130a S. 1, § 144 Abs. 1 VwGO), bei Beschwerde in der Form eines Beschlusses (§ 150 VwGO). Gerichtsbescheide gibt es auf dieser Ebene nicht.

31   Gibt das Rechtsmittelgericht dem Rechtsmittel statt, sind **zwei Handlungsoptionen** zu unterscheiden:

- Entweder kann das Rechtsmittelgericht *in der Sache entscheiden* (§ 130 Abs. 1 bzw. § 144 Abs. 3 S. 1 Nr. 1 VwGO). In diesem Fall kann der neue Gerichtsakt alle Wirkungen entfalten, die auch für den ursprünglichen möglich waren (siehe oben Rn. 4 ff.). Der ursprüngliche Gerichtsakt ist zugleich implizit aufgehoben, was das Gesetz nicht besonders ausspricht, aber das Rechtsmittelgericht in seiner Entscheidung klarstellen wird.
- Alternativ kann das Rechtsmittelgericht auf eine Sachentscheidung verzichten und sich auf eine innerprozessuale Gestaltung beschränken (oben Rn. 8). Dann wird es den angegriffenen ursprünglichen Gerichtsakt nur *aufheben* (§ 130 Abs. 2 bzw. § 144 Abs. 3 S. 1 Nr. 2 VwGO). Damit hängt die Rechtssache gewissermaßen wieder entscheidungslos in der Luft. Um die Rechtssache einer Entscheidung zuzuführen, wird sie deshalb in diesem Fall an das ursprüngliche Gericht *zurückverwiesen* (nach denselben Vorschriften).

32   Wird nicht stattgegeben, so unterscheidet man begrifflich: Hält das Rechtsmittelgericht das Rechtsmittel für unzulässig, so wird es **verworfen** (§ 125 Abs. 2, § 144 Abs. 1 VwGO); hält es das Rechtsmittel dagegen für unbegründet, so wird es **zurückgewiesen** (so ausdrücklich § 144 Abs. 2 VwGO). Auch diese Entscheidungen wirken als prozessuale Gestaltung (oben Rn. 8).

Prüfungsschema 22: Hat das Rechtsmittel Aussicht auf Erfolg?
1. Zulässigkeit
   a) Statthaftigkeit des Rechtsmittels, §§ 124, 132 ff. bzw. 146 VwGO
   b) Beschwer
   c) Zuständigkeit für die Einlegung des Rechtsmittels, § 124a Abs. 2, 4, § 139 Abs. 1 bzw. § 147 Abs. 1, 2 VwGO

d) Einhaltung der Rechtsmittelform, § 125 i.V.m § 81, § 139 Abs. 1 bzw. § 147 Abs. 1, 2 VwGO
e) Einhaltung der Rechtsmittelfrist, § 124a Abs. 2 S. 1, Abs. 4 S. 1, § 139 Abs. 1 bzw. § 147 Abs. 1, 2 VwGO
2. Begründetheit

2. Erzwingung begünstigender Gerichtsakte

Der Rechtsschutz gegen das Ausbleiben eines erwarteten inhaltlich günstigen Gerichtsakts ist uneinheitlich entwickelt. Zur Systematisierung nehmen wir die Unterscheidung zwischen „Versagung" und „Untätigkeit" wieder auf, die wir in ähnlicher Weise von der Verpflichtungsklage her kennen (§ 19 Rn. 251). 33

Im Falle der ausdrücklichen **Versagung** des Begehrten durch das Gericht – also der Abweichung des Gerichtsakts von Klage oder Antrag – haben wir es mit einer jedenfalls „formellen Beschwer" zu tun (Rn. 28). Selbst wenn das einmal im strengen Sinne keine Belastung bedeuten sollte, gilt für den Rechtsschutz hier das Gleiche wie eben zu den belastenden Gerichtsakten erörtert (Rn. 24 ff.). 34

Beispiel: Das VG hat die allgemeine Leistungsklage der K durch Urteil abgewiesen. Unabhängig davon, ob in der bloßen *Vorenthaltung* des begehrten Leistungsurteils eine Belastung oder gar ein Grundrechtseingriff liegt, stehen K die bekannten Rechtsmittel gegen Urteile zu, also Berufung oder Revision bzw. Zulassungsantrag oder Nichtzulassungsbeschwerde (Rn. 25).

Kaum ausgebildet ist dagegen der Rechtsschutz im Falle einer schlichten **Untätigkeit** des Gerichts. Eine Entsprechung zu § 75 VwGO – also eine „Untätigkeitsberufung", die ohne erstinstanzliches Urteil direkt zum Rechtsmittelgericht führen würde – kennt das Gesetz nicht. § 300 ZPO, § 173 S. 1 VwGO geben dem Gericht zwar auf, bei Entscheidungsreife auch zu entscheiden; dieses Gebot lässt sich aber praktisch kaum forcieren. 35

Immerhin wurde inzwischen zumindest ein sekundärer Durchsetzungsmechanismus geschaffen, nämlich eine **Entschädigung bei überlanger Verfahrensdauer**. Sie kann nach §§ 198 ff. GVG, § 173 S. 2 VwGO beantragt werden, wenn jemand „infolge unangemessener Dauer eines Gerichtsverfahrens als Verfahrensbeteiligter einen Nachteil erleidet" (§ 198 Abs. 1 GVG) und bereits gegenüber dem Gericht ausdrücklich eine „Verzögerungsrüge" erhoben hat (§ 198 Abs. 3 GVG). Zuständig für das Entschädigungsverfahren sind das Ober- und das Bundesverwaltungsgericht (§ 201 Abs. 1 GVG, modifiziert durch § 173 S. 2 VwGO). Der praktische Nutzen dieser Regelungen kann noch nicht als erwiesen gelten. Ob sie den erstinstanzlichen Gerichten überhaupt einen Anreiz zur Beschleunigung setzt, erscheint eher fraglich. 36

§ 22. Öffentlich-rechtliche Verträge

Spezielle Studienliteratur: *Gurlit*, Jura 2001, 659/731; *Höfling/Krings*, JuS 2000, 625; *Hüther/Blänsdorf/Lepej*, Jura 2022, 304/553; *Voßkuhle/Kaiser*, JuS 2013, 687. Einschlägiges Gutachtenbeispiel: *Kempny/Reifegerste*, Fälle zum Allgemeinen Verwaltungsrecht, 2022, Fall 15.

Durch einen öffentlich-rechtlichen Vertrag kann eine Behörde nach § 54 S. 1 VwVfG* „Rechtsverhältnisse auf dem Gebiet des öffentlichen Rechts" begründen, ändern oder aufheben – also Rechtspositionen im Sinne des Teils III im Verhältnis zu anderen Rechtsträgern (vgl. § 9 Rn. 6).[1] Diese Möglichkeiten kennen wir bereits vom Verwaltungsakt.[2] Zu ihrer Wahrnehmung handelt die Behörde aber – anders als dort – nicht einseitig, sondern im einvernehmlichen Zusammenwirken mit den betroffenen Privaten.

1

Prüfungshinweis

▶ Auch wenn die beiden Rechtsaktformen funktional zu einem großen Teil austauschbar sind, ist die Prüfungsrelevanz des öffentlich-rechtlichen Vertrags erheblich geringer als die des Verwaltungsakts.

---

[1] Lit.: *Hilbert*, HVwR V, 2022, § 147; *Bauer*, GVwR II³, 2022, § 35; *Gurlit*, Verwaltungsvertrag und Gesetz, 2000; *Henke*, JZ 1984, 441; *Maurer*, DVBl 1989, 798; *Pakeerut*, Die Entwicklung der Dogmatik des verwaltungsrechtlichen Vertrages, 2000; *Schlette*, Die Verwaltung als Vertragspartner, 2000; *Waechter*, JZ 2006, 166; *Ziekow/Siegel*, VerwArch 94 (2003), S. 593, und 95 (2004), S. 133/281. Mit Rechtsstand vor dem VwVfG: *Apelt*, Der verwaltungsrechtliche Vertrag, 1920; *Bosse*, Der subordinationsrechtliche Verwaltungsvertrag als Handlungsform öffentlicher Verwaltung, 1974; s.a. *Buddeberg*, AöR N.F. 8 (1925), S. 85. Zum Unionsrecht *Athanasiadou*, Der Verwaltungsvertrag im EU-Recht, 2017 (rechtsvergleichend); *Markopoulos*, Der EU-Verwaltungsvertrag, 2012. Aus älterer schweizerischer Sicht *Imboden*, Der verwaltungsrechtliche Vertrag, 1958; aus österreichischer *Layer*, Zur Lehre vom öffentlich-rechtlichen Vertrag, 1916.

[2] Lit. zum Verhältnis der beiden Handlungsformen: *Butterwegge*, Verwaltungsvertrag und Verwaltungsakt, 2001; *Fluck*, Die Erfüllung des öffentlich-rechtlichen Verpflichtungsvertrages durch Verwaltungsakt, 1985.

Zusatzinformationen
- Die vom Gesetz gewählte Bezeichnung „öffentlich-rechtlicher Vertrag" ist eigentlich zu weit, weil die Vorschriften nur im Anwendungsbereich der Verwaltungsverfahrensgesetze gelten und insofern nur einen „verwaltungsrechtlichen Vertrag" regeln. Völkerrechtliche Verträge der Bundesrepublik Deutschland mit auswärtigen Staaten,[3] Staatsverträge und Verwaltungsabkommen[4] des Bundes und der Länder untereinander sowie Staatskirchenverträge zwischen Bund oder Land einerseits und öffentlich-rechtlichen Religionsgesellschaften andererseits sind nicht erfasst, auch wenn sie ebenfalls zum öffentlichen Recht gehören.
- Weil immer eine Erklärung des Verwaltungsträgers und eine der (oft privaten) Gegenseite erforderlich sind, kann man gerade den öffentlich-rechtlichen Vertrag gut ein „Rechtsgeschäft der Verwaltung" nennen (vgl. § 17 Rn. 2).

2   Der Vertrag steht seiner praktischen Bedeutung nach hinter dem Verwaltungsakt deutlich zurück. Traditionell wurde er abgelehnt, weil man sich die hoheitlich handelnde Verwaltung als den Privaten übergeordnet vorstellte und in diesem Verständnis die der Vertragsform entsprechende Augenhöhe fehlte; der Staat sollte nicht hinabsteigen und verhandeln.[5] In bundesrepublikanischer Zeit wurde diese Vorstellung überwunden und der Vertrag auf verwaltungsrechtlichem Gebiet endgültig anerkannt. Regelrecht propagiert wird er mitunter als Kernstück eines moderneren **kooperativen Verwaltungsrechts** (vgl. § 1 Rn. 8). Trotzdem ist der öffentlich-rechtliche Vertrag nur auf einzelnen Feldern wirklich bedeutsam geworden, wozu namentlich das Sozialrecht gehört. Immerhin ergeben sich in der Praxis aber immer wieder einmal neue Gelegenheiten zu seiner Anwendung,[6] speziell etwa im Umweltrecht[7] oder im Wirtschaftsverwaltungsrecht.[8]

Beispiele: Nach § 108 Nr. 3 SGB V können private Krankenhäuser durch „Versorgungsvertrag" mit den Krankenkassenverbänden zur Leistungserbringung zulasten der gesetzlichen Krankenversicherung zugelassen werden. – Nach § 15 SGB II soll die Agentur für Arbeit mit jeder erwerbsfähigen leistungsberechtigten Person einen „Kooperationsplan" (vormals „Eingliederungsvereinbarung") über Leistungen und Bemühungen vereinbaren.[9]

Zusatzinformation
Unter den drei Kodifikationssäulen des Verwaltungsverfahrensrechts weicht hier das Steuerrecht ab, das kein Pendant zu §§ 54 ff. VwVfG* enthält. Steuerschulden soll auch der moderne Staat nicht frei aushandeln, sondern gesetzmäßig festsetzen und erheben. Freilich entsteht auch in diesem Bereich gelegentlich ein Bedürfnis für Vereinbarungen, das man insbesondere mit „tatsächlichen Verständigungen" zu erfüllen sucht.

---

[3] Zum Vergleich mit verwaltungsrechtlichen Verträgen *Kunig*, in: Liber amicorum Erichsen, 2004, S. 91; vgl. auch bereits *Grosch*, JöR 5 (1911), S. 267. Zu verschiedenen Vertragstypen für den Einsatz im Auswärtigen *Niedobitek*, Das Recht der grenzüberschreitenden Verträge, 2001; *Kment*, Grenzüberschreitendes Verwaltungshandeln, 2010, S. 617–682.

[4] Lit.: *Grawert*, Verwaltungsabkommen zwischen Bund und Ländern in der Bundesrepublik Deutschland, 1967.

[5] Lit.: *Dewitz*, Der Verwaltungsvertrag in der Lehre Otto Mayers, 2004.

[6] Vgl. *Ernst*, HVwR V, 2022, § 149 Rn. 37–66.

[7] Lit.: *Arnold*, VerwArch 80 (1988), S. 125; *Fontana*, EurUP 2017, 310.

[8] Lit.: *Siegel/Eisentraut*, VerwArch 109 (2018), S. 454.

[9] Für Vertragsnatur auch nach der Reform mit beachtlichen Gründen *Kern*, NZS 2023, 81; vgl. außerdem *Goldberg/Laing*, SGb 2021, 216; *Kretschmer*, Das Recht der Eingliederungsvereinbarung des SGB II, 2012; *Spitzlei*, NZS 2023, 121 (125 f.).

§ 22. Öffentlich-rechtliche Verträge

Der öffentlich-rechtliche Vertrag ist in §§ 54 ff. VwVfG* eigenständig geregelt, jedoch unter vielfachem Rückgriff auf das privatrechtliche Vorbild. Die Vorschriften des BGB sind über die Verweisung in § 62 S. 2 VwVfG* als Auffangregelung anwendbar; für die Nichtigkeit gilt die spezielle Verweisung auf das BGB in § 59 Abs. 1 VwVfG* (dazu Rn. 22 ff.).

3

Zusatzinformation
Die Verweisungen in das BGB sind dynamisch, transportieren also das jeweils geltende Privatrecht in das Recht des öffentlich-rechtlichen Vertrags. Auf diesem Weg hat auch die große Schuldrechtsreform von 2001, die das BGB umfassend geändert hat, Folgen im Verwaltungsrecht gezeigt.[10]

Als besondere Fallgruppe behandelt das Gesetz denjenigen öffentlich-rechtlichen Vertrag, der **anstelle eines Verwaltungsakts** geschlossen wird. § 54 S. 2 VwVfG* nennt diese Möglichkeit ausdrücklich. Man nennt einen solchen Vertrag „subordinationsrechtlich", weil er in der sonst von einseitig-hoheitlicher Regelung geprägten und insofern als Verhältnis von Über- und Unterordnung erscheinenden Beziehung zwischen Behörde und Gegenseite auftritt. Subordinationsrechtliche Verträge sind insofern heikel, als wegen der stets im Hintergrund drohenden einseitigen Regelung durch Verwaltungsakt die Freiwilligkeit der privaten Mitwirkung immer in Frage steht. Das Gesetz hat für subordinationsrechtliche Verträge deshalb einige Restriktionen vorgesehen: Sie sind in den wichtigen Fällen der §§ 55, 56 VwVfG* an inhaltliche Rechtmäßigkeitsvoraussetzungen geknüpft (Rn. 49 ff.) und unterliegen nach § 59 Abs. 2 VwVfG* verschärften Wirksamkeitsvoraussetzungen (Rn. 24 ff.).

4

Mit dem Wort „Insbesondere" lässt § 54 S. 2 VwVfG* zugleich erkennen, dass nicht alle öffentlich-rechtlichen Verträge subordinationsrechtlicher Art sein müssen. Regelungen nach § 54 S. 1 VwVfG* kann man vielmehr auch in **Kooperationsverhältnissen** treffen. Man spricht dann von „koordinationsrechtlichen" Verträgen.

5

Beispiele: Zwei Gemeinden vereinbaren die Bildung eines Zweckverbands zur gemeinsamen Wahrnehmung einer Aufgabe (z. B. öffentlicher Personennahverkehr; Abwasserbeseitigung) oder die Bündelung einer Aufgabe bei *einer* Gemeinde.

Zusatzinformationen
- Freilich wäre es auch hier rechtstechnisch möglich, dass ein Verwaltungsträger gegenüber einem anderen ein Kooperationsverhältnis durch Verwaltungsakt gestaltet. Ein derartiger Verwaltungsakt wäre aber sicher rechtswidrig. Es zeigt sich dadurch allerdings, dass § 54 S. 2 VwVfG* seine eigentliche Regelungsabsicht nur unvollkommen zum Ausdruck bringt: Die gesetzlich an seinen Tatbestand geknüpften Restriktionen sollen offenbar für Fälle gelten, in denen in Bezug auf den Regelungsgegenstand fachrechtlich ein Verhältnis der Über- und Unterordnung zwischen den Vertragsparteien begründet ist. Ein solches Verhältnis kann auch einmal zwischen Verwaltungsträgern bestehen (Beispiel: Aufsicht des Landes über die Gemeinden) und ebenso zwischen Verwaltungsträger und Privaten auch fehlen (Beispiel: Vereinbarung einer privaten Aufgabenwahrnehmung unter Beleihung der privaten Seite mit Hoheitsbefugnissen, vgl. § 10 Rn. 26).
- Für Verträge zur interkommunalen Zusammenarbeit gelten in den Ländern besondere Gesetze („GKZ" o. ä. genannt).

---

[10] Lit.: *Gündling*, Modernisiertes Privatrecht und öffentliches Recht, 2006.

I. Wirkungen

6 Die rechtlichen Wirkungen eines öffentlich-rechtlichen Vertrages vermitteln §§ 54, 59 VwVfG*. Für die möglichen Wirkungen stellt das Gesetz keinen abschließenden Typenkatalog auf. Vielmehr stellt sich § 54 S. 1 VwVfG* als Generalklausel und damit als öffentlich-rechtliche Entsprechung zu § 311 Abs. 1 BGB dar. Wie dort einfach „Schuldverhältnisse" aller Art durch Vertrag begründet, geändert und aufgehoben werden können, so hier die **„Rechtsverhältnisse auf dem Gebiet des öffentlichen Rechts"**. Welche rechtlichen Wirkungen ein öffentlich-rechtlicher Vertrag hervorbringen kann, können wir auch hier mit den allgemeinen Begriffen beschreiben (oben § 17 Rn. 11 ff.).

Zusatzinformationen
Die in §§ 55, 56 VwVfG* genannten Vertragstypen – Vergleichs- und Austauschvertrag – umschreiben insofern die Möglichkeiten öffentlich-rechtlicher Verträge nicht abschließend. Diese Vorschriften stellen selbst nur gewisse Rechtmäßigkeitsvoraussetzungen auf (Rn. 49 ff.), an die gewisse Nichtigkeitsgründe anknüpfen (Rn. 26 f.).

1. Änderung der Rechtslage (Gestaltungswirkung)

7 Auch der Vertrag kann zunächst die Verwaltungsrechtslage ändern (**Gestaltungswirkung**).[11] Dabei können sowohl Ansprüche und Pflichten („Verpflichtungsvertrag") als auch Erlaubnisse – Genehmigungen, Befugnisse[12] – oder sonstige Status der Vertragsparteien („Verfügungsvertrag") begründet, geändert oder aufgehoben werden. Daneben können die Parteien frühere zwischen ihnen geschlossene Verträge durch Vertrag wieder aufheben (prozedurale Gestaltung). All das können sie auch in einem äußerlich einheitlichen Vertrag kombinieren.

Beispiel: Die Behörde erteilt A vertraglich eine Sondernutzungserlaubnis (vgl. § 15 Rn. 18 – Verfügung), im Gegenzug verpflichtet sich A zu einer Zahlung (Verpflichtung).

Zusatzinformationen
- Eine besondere Gestaltungswirkung prozessualer Art, die nur ein Vertrag begründen kann, ist der Ausschluss des Rechtswegs zugunsten eines Schiedsgerichts durch eine so genannte Schiedsklausel. Diese aus dem Zivilrecht bekannte Möglichkeit besteht prinzipiell auch im Verwaltungsrecht (vgl. § 3 Rn. 36).
- Auch eine Gestaltung privatrechtlicher Positionen durch öffentlich-rechtlichen Vertrag ist möglich, wenn man ein Rechtsgeschäft gemischten Inhalts nach seinem Schwerpunkt dem Verwaltungsrecht zuordnet (vgl. Rn. 15 ff.). Alternativ müsste man das äußerlich einheitliche Rechtsgeschäft in zwei Verträge mit unterschiedlichen Wirkungsnormen und potenziell unterschiedlichem rechtlichem Schicksal aufspalten.

---

[11] Vgl. *Ernst*, HVwR V, 2022, § 149 Rn. 23–34.
[12] Ablehnend insoweit *Hilbert*, DVBl 2022, 521.

Nicht nur die gestaltende Hauptregelung eines Verwaltungsakts, sondern auch 8
dessen **Nebenbestimmungen** im Sinne des § 36 VwVfG* (oben § 20 Rn. 70 ff.)
lassen sich vertragsrechtlich „**nachbauen**":

- *Bedingungen* und *Befristungen* können wie im Privatrecht in den Vertragsinhalt aufgenommen werden (§§ 158, 163 BGB, 62 S. 2 VwVfG*).
- *Widerrufsvorbehalte* lassen sich durch Kündigungs- oder Rücktrittsrechte modellieren (§ 346 Abs. 1 Var. 1 BGB, § 62 S. 2 VwVfG*).
- *Auflagen* entsprechen einfach zusätzliche vertragliche Pflichten, *Auflagenvorbehalten* Leistungsbestimmungsrechte (§§ 315 BGB, 62 S. 2 VwVfG*).

Die Grenzen der Vertragsform überstiege allerdings eine Regelung mit nur be- 9
stimmbarem Adressatenkreis nach § 35 S. 2 Var. 1, 3 VwVfG*. Denn während eine
solche Allgemeinverfügung durch öffentliche Bekanntgabe gegenüber jedermann
zur Wirksamkeit gebracht werden kann (vgl. § 41 Abs. 3 S. 2 VwVfG*), bringt der
öffentlich-rechtliche Vertrag **Regelungswirkungen grundsätzlich nur für die
Vertragsparteien** hervor. Soweit Rechte Dritter beschränkt würden, müssen diese
einzeln schriftlich zustimmen (§ 58 Abs. 1 VwVfG*, unten Rn. 35 f.).

2. Klärung für künftige Entscheidungen (präjudizielle Wirkung)

Auch der Vertrag kann sodann eine Verwaltungsrechtsfrage für künftige Ent- 10
scheidungen verbindlich vorklären (**präjudizielle Wirkung**). Wie im Privatrecht
(§ 779 BGB) kommt diese Wirkung besonders dem Vergleichsvertrag zu, den § 55
VwVfG* denn auch ausdrücklich und als ersten Vertragstyp anspricht. Wenn durch
diesen eine „bestehende Ungewissheit [...] beseitigt wird", heißt das in erster Linie,
dass die Vertragsparteien sich auf eine (Rechts-)Auffassung einigen, die fürderhin
für sie verbindlich sein soll.

3. Ermöglichung der Vollstreckung (Titelwirkung)

Nur ausnahmsweise ermöglicht der Vertrag allerdings die Vollstreckung einer ver- 11
waltungsrechtlichen Pflicht (**Titelwirkung**). Die Möglichkeit der Selbstvollstreckung ohne Zwischenschaltung eines Gerichts geht zwar nicht ebenso allgemein
mit der Rechtsform des Vertrags einher, wie es beim Verwaltungsakt der Fall war
(§ 19 Rn. 25 f.). Ansprüche aus Vertrag muss der Gläubiger vielmehr grundsätzlich
mit einer gerichtlichen Leistungsklage durchsetzen – für den öffentlich-rechtlichen
Vertrag gilt das nicht anders als für den privatrechtlichen, nur dass hier die Verwaltungsgerichte zuständig sind.

Einen vollstreckbaren Titel bildet der öffentlich-rechtliche Vertrag jedoch dann, 12
wenn sich der Schuldner durch eine Erklärung nach § 61 Abs. 1 VwVfG* der **sofortigen Vollstreckung unterworfen** hat. Die Erklärung kann in der Vertragsurkunde
oder gesondert erfolgen. Für den Verwaltungsträger als Gläubiger ermöglicht die

Unterwerfungserklärung eine eigene Vollstreckung aus dem Vertrag wie aus einem Verwaltungsakt (vgl. § 61 Abs. 2 S. 1 VwVfG*). Eine private Vertragspartei kann als Gläubiger den Titel wie ein verwaltungsgerichtliches Urteil vom Verwaltungsgericht vollstrecken lassen (§ 61 Abs. 2 S. 1 VwVfG* verweist auf § 170 VwGO). Allerdings ist die Vollstreckungsunterwerfung nur bei einem verwaltungsaktersetzenden Vertrag möglich (Rn. 4).

II. Wirkungsbedingungen

13 Damit die beschriebenen Regelungswirkungen auch eintreten können, müssen zum einen der Tatbestand eines öffentlich-rechtlichen Vertrages überhaupt gegeben sein (dazu Rn. 14 ff.), zum anderen die Wirksamkeitsvoraussetzungen im engeren Sinne vorliegen (dazu Rn. 18 ff.); in Einzelfällen ist auch an die AGB-Kontrolle zu denken (dazu Rn. 44).

Zusatzinformation
Anders als beim Verwaltungsakt tritt nicht noch eine Ebene der Vollziehbarkeit hinzu, weil gegen den Vertrag kein § 80 Abs. 1 VwGO entsprechender Eilrechtsschutz mit aufschiebender Wirkung möglich ist.

1. Handlungsformqualifikation „öffentlich-rechtlicher Vertrag"

a) Vornahme des Rechtsgeschäfts

14 Der öffentlich-rechtliche Vertrag ist tatbestandlich zunächst einmal ein Vertrag. Wie im Privatrecht müssen zwei inhaltlich korrespondierende **Willenserklärungen** der beiden in Aussicht genommenen Vertragsparteien abgegeben werden. Eine Vertragspartei muss ein Verwaltungsträger sein, wie das Gesetz erkennen lässt. Über die Verweisung in § 62 S. 2 VwVfG* sind für die Willenserklärungen grundsätzlich die §§ 116 ff., 145 ff. BGB maßgeblich. Sie können deshalb insbesondere auch nach §§ 119, 123 BGB angefochten werden und dann gemäß § 142 BGB rückwirkend entfallen.

b) Inhalt des Rechtsgeschäfts

15 Vom privatrechtlichen Vertrag unterscheidet sich der öffentlich-rechtliche tatbestandlich nur durch seinen **Regelungsinhalt**. Die geregelten Rechtsverhältnisse müssen „auf dem Gebiet des öffentlichen Rechts" liegen. Der Verwaltungsträger kann deshalb zwar über die Inanspruchnahme der Vertragsform für ein bestimmtes Regelungsthema entscheiden, aber nicht darüber, ob der Vertrag öffentlich-rechtlich oder privatrechtlich sein soll.

16 Die Öffentlichrechtlichkeit des Regelungsinhalts ist schnell zu bejahen, wenn eindeutig **Rechtspositionen des Verwaltungsrechts** (z. B. Genehmigungen, Behördenzuständigkeiten oder Beleihungen) oder darauf bezogene Ansprüche be-

gründet, geändert oder aufgehoben werden. Man stellt insofern darauf ab, ob die Rechtspositionen sonst durch Verwaltungsrechtsnormen geregelt sind („Vorordnungslehre").

Neutrale Regelungsteile wie etwa eine Zahlungspflicht, die als Gegenleistung für die Genehmigung übernommen wird, tragen dagegen zur öffentlich- oder privatrechtlichen Einordnung des Vertrags nichts bei. Schwieriger zu beurteilen ist deshalb die Öffentlichrechtlichkeit, wenn der Regelungsinhalt ausschließlich in diesem Sinne neutral ist. Hier herrscht Kasuistik. Als öffentlich-rechtlich qualifiziert werden insbesondere Verträge über die **Gewährung von Subventionen** (nicht aber über deren Durchführung, etwa im Wege eines Darlehens oder einer Bürgschaft – insoweit soll Privatrecht anwendbar sein, sogenannte „Zwei-Stufen-Theorie", vgl. § 26 Rn. 26 ff.). Öffentlich-rechtlich sollen auch Verträge sein, die sich inhaltlich auf eine neutrale Verpflichtung der privaten Seite beschränken, aber erkennbar in der Erwartung eines öffentlich-rechtlichen Handelns des Verwaltungsträgers geschlossen werden (sogenannte **hinkende Austauschverträge**).[13]

17

Beispiel: A verpflichtet sich im Vertrag mit einer Gemeinde zur Übernahme gewisser Planungskosten. Dies geschieht im Hinblick auf einen erhofften für A günstigen Bebauungsplan, zu dessen Erlass sich die Gemeinde nicht wirksam verpflichten kann (vgl. Rn. 20).

2. Wirksamkeit (im engeren Sinne)

Die Wirksamkeitsfrage konzentriert sich wie im Privatrecht auf das Vorliegen von Nichtigkeitsgründen, die hier § 59 VwVfG* bündelt (Rn. 22 ff.). Hinzu kommen fachrechtliche Ausschlüsse (Rn. 19 ff.) und Zustimmungen von dritter Seite (Rn. 35 ff.). Da man in der Verwaltungsrechtsdogmatik meist weniger scharf zwischen Rechtsgeschäft und Rechtsverhältnis trennt als im Privatrecht, findet man auch die Kündigung hier als negative Voraussetzung eingeordnet (Rn. 39 ff.).[14]

18

> **Prüfungsschema 23: Ist ein öffentlich-rechtlicher Vertrag wirksam?**
> 1. kein Ausschluss der Vertragsform, § 54 S. 1 VwVfG*
> 2. keine Nichtigkeit, § 59 VwVfG* – alternativ:
>   a) spezielle Nichtigkeitsgründe für subordinationsrechtliche Verträge (Abs. 2)
>   b) entsprechend angewandte Nichtigkeitsgründe des BGB (Abs. 1)
> 3. erforderliche Zustimmungen, § 58 VwVfG*
> 4. keine Kündigung, § 60 VwVfG*
> 5. keine Aufhebung

---

[13] Vgl. *Stelkens*, DÖV 2009, 850 (855).
[14] Lit. zur Wirksamkeit: *Leisner-Egensperger*, HVwR V, 2022, § 148.

a) Negative Wirksamkeitsvoraussetzung 1: fachrechtlicher Ausschluss

19 Ein öffentlich-rechtlicher Vertrag kann seine Wirkungen nach § 54 S. 1 VwVfG* nur entfalten, „soweit Rechtsvorschriften nicht entgegenstehen". Der grundsätzliche Nachrang gegenüber dem Besonderen Verwaltungsrecht wird hier noch einmal ausgesprochen, was im Grunde überflüssig ist. Die Klausel erinnert jedenfalls daran, dass für bestimmte Regelungsinhalte die Rechtsform des Vertrags fachrechtlich in der Weise ausgeschlossen sein kann, dass es nicht erst auf spezielle Nichtigkeitsgründe ankommt, sondern dass für die vertragliche Begründung, Änderung oder Aufhebung gerade dieser fachrechtlichen Rechtspositionen die Behörde schlicht von vornherein nicht über das rechtliche Können verfügt.

Zusatzinformationen
- Häufig ist die Rede von „Vertragsformverboten". Das beschreibt die Tragweite jedoch nicht ganz: die Vertragsform ist der Behörde hier nicht bloß verboten (Rechtmäßigkeitsfrage), sondern ihr Gebrauch würde zu nichts führen (Wirkungsfrage).
- Einen Sonderfall des fachrechtlichen Ausschlusses enthält § 2 Abs. 3 Nr. 2 VwVfG*, wonach für Leistungs-, Eignungs- und ähnliche Prüfungen nur bestimmte Paragraphen des VwVfG* gelten und im Umkehrschluss damit die §§ 54 ff. VwVfG* auf derartige Verfahren nicht anwendbar sind. Genaugenommen werden hier die Regelungen zum öffentlich-rechtlichen Vertrag nicht vom Fachrecht verdrängt, sondern sind sie schon von vornherein nicht anwendbar; man könnte den Punkt mit Fug und Recht deshalb bereits vor der Prüfung des Tatbestands des Rechtsgeschäfts thematisieren. Im Ergebnis erlangen Verträge über Prüfungen jedenfalls keine Wirksamkeit.

20 Im Besonderen Verwaltungsrecht wird die Vertragsform selten ausdrücklich ausgeschlossen. Derartige Ausschlüsse gelten vor allem für die Umgestaltung von Ansprüchen auf Beamtenbesoldung (§ 2 Abs. 2 Bundesbesoldungsgesetz und Landesparallelregelungen) und für die Begründung von Ansprüchen auf Aufstellung eines Bebauungsplans (§ 1 Abs. 3 S. 2 Hs. 2 BauGB).

21 Häufiger wird vielmehr ein einseitiges Verwaltungshandeln angeordnet, woraus man einen Umkehrschluss ziehen kann. Charakteristische Beispiele sind die Begründung, Änderung oder Aufhebung des Beamtenstatus (§ 10 Abs. 2, §§ 30–59 BBG bzw. § 8 Abs. 2, §§ 21–32 BeamtStG) und der deutschen Staatsangehörigkeit (§ 16 Staatsangehörigkeitsgesetz; vgl. § 10 Rn. 11) oder die Feststellung und Titulierung einer gemeindlichen Abgabe (§ 155 AO über die Verweisung in den Kommunalabgabengesetzen der Länder, z. B. § 3 Abs. 1 KAG BW; vgl. § 12 Rn. 61).

b) Negative Wirksamkeitsvoraussetzung 2: Nichtigkeit

22 Die Nichtigkeit spielt beim öffentlich-rechtlichen Vertrag eine deutlich größere Rolle als beim Verwaltungsakt. Über die weitergehenden Nichtigkeitsvorschriften wird ausgeglichen, dass von der privaten Seite keine gerichtliche Aufhebung eines Vertrags erreicht werden kann und dementsprechend die Rechtmäßigkeitsfrage zumeist gar nicht gestellt wird (unten Rn. 57). Dies gilt umso mehr, als die private Seite ja am Zustandekommen des Vertrags mitgewirkt hat und mit dessen Inhalt deshalb normalerweise einverstanden, an einem Abwehrrechtsschutz also kaum interessiert sein wird.

23 Die Nichtigkeit regelt das Gesetz speziell, aber mit einem umfangreichen Verweis ins BGB, der freilich teilweise Fragen aufwirft. Es gibt hier nicht – wie in § 44

VwVfG* – einen Katalog und eine Generalklausel, sondern eine Reihe spezieller Nichtigkeitsgründe für subordinationsrechtliche Verträge (§ 59 Abs. 2 VwVfG*) und die entsprechend anzuwendenden Nichtigkeitsgründe des BGB (über § 59 Abs. 1 VwVfG*).

aa) Nichtigkeitsgründe nach § 59 Abs. 2 VwVfG*

Allein für die öffentlich-rechtlichen Verträge im Sinne des § 54 S. 2 VwVfG*, also 24 solcher verwaltungsaktersetzender oder „subordinationsrechtlicher" Art (Rn. 8), gelten die vier speziellen Nichtigkeitsgründe aus § 59 Abs. 2 VwVfG*.

Nichtigkeit des entsprechenden Verwaltungsakts (oben § 19 Rn. 69 ff.) bedeutet 25 immer auch Nichtigkeit des Vertrags (§ 59 Abs. 2 Nr. 1 VwVfG*). Im Subordinationsverhältnis kann die Behörde also nicht durch Wahl der Vertragsform ihr rechtliches Können ausdehnen. Die Fehlerkategorien des § 44 VwVfG* sind über diese Verweisungsnorm auch auf den subordinationsrechtlichen Vertrag anzuwenden.

Rechtswidrigkeit des entsprechenden Verwaltungsakts (oben § 19 Rn. 89 ff.) 26 bedeutet demgegenüber nur dann Nichtigkeit des Vertrags, wenn sie sich nicht in einem Verfahrens- oder Formfehler erschöpft (was auch beim Verwaltungsakt nach § 46 VwVfG* grundsätzlich unschädlich wäre) *und* dies entweder den Vertragsparteien bekannt war (§ 59 Abs. 2 Nr. 2 VwVfG*) oder ein Vergleichsvertrag nach § 55 VwVfG* geschlossen werden sollte (also „gegenseitiges Nachgeben" beinhaltete), aber nicht durfte (§ 59 Abs. 2 Nr. 3 VwVfG*; vgl. noch Rn. 52 f.). Dass beide Parteien um die Rechtswidrigkeit wussten, macht den Vertrag zu einem Produkt der Kollusion; die Nichtigkeit ist hier angeordnet, damit weder die Verwaltung auf diese Weise ihre Gesetzes- und Rechtsbindung nach Art. 20 Abs. 3 GG unterlaufen noch die private Seite vorsätzlich einen rechtswidrigen Vorteil erlangen können. Ein Vergleichsvertrag soll in einer unklaren Sach- oder Rechtslage Klarheit und Rechtssicherheit für beide Vertragsparteien schaffen. Die Abweichung von einer (ohnehin fingierten) „objektiven" Verwaltungsrechtslage und damit die materielle Rechtswidrigkeit ist hier vorprogrammiert; hier ist die Nichtigkeit angeordnet, wenn für einen Vergleich keine Veranlassung bestand und die Parteien also offenbar anderes im Sinn hatten, also ebenfalls Kollusion im Raum steht.

Schließlich begründen **Gegenleistungspflichten der privaten Seite** die Nichtig- 27 keit des Vertrags, wenn sie in diesen nach § 56 VwVfG* nicht hätten aufgenommen werden dürfen (§ 59 Abs. 2 Nr. 4 VwVfG*; vgl. noch Rn. 50 f.).

bb) Nichtigkeitsgründe aus dem BGB

Daneben sind auf alle öffentlich-rechtlichen Verträge nach § 59 Abs. 1 VwVfG* die 28 Nichtigkeitsgründe des bürgerlichen Rechts entsprechend anzuwenden.

Ein **Formmangel** führt nach § 125 S. 1 BGB zur Nichtigkeit. Nach § 57 VwVfG* 29 muss der öffentlich-rechtliche Vertrag grundsätzlich schriftlich geschlossen werden,[15] weshalb an § 125 S. 1 BGB immer zu denken ist. Schriftform bedeutet dabei jedenfalls, dass die beiden Willenserklärungen der Vertragsparteien schriftlich

---

[15] Lit.: *Ibagón-Ibagón*, Rechtsstaatliche Anforderungen an den Verwaltungsvertrag am Beispiel der Schriftlichkeit des Vertrages, 2011.

abgegeben worden sein müssen, insbesondere mit handschriftlicher Unterschrift. Ob beide Unterschriften darüber hinaus auf derselben Urkunde stehen müssen (§ 126 Abs. 2 S. 1 BGB), ist umstritten; die Tendenz geht für das Verwaltungsrecht dahin, die Anforderungen an die Schriftform insoweit etwas zu lockern.

30 Spezielle Formvorschriften ergeben sich mitunter aus dem Fachrecht und sind dann vorrangig, selbst wenn sie nicht strenger sind (etwa § 11 Abs. 3 BauGB: ebenfalls Schriftform). Auch das Erfordernis notarieller Beurkundung für Grundstücksgeschäfte aus § 311b BGB zählt man zu den Rechtsvorschriften, die gegenüber § 57 VwVfG* spezieller sein sollen.

31 Der Verstoß gegen ein gesetzliches Verbot führt nach § 134 BGB zur Nichtigkeit. Dies kann bei der entsprechenden Anwendung auf die verwaltungsrechtliche Situation aber nicht schon jeden Fall der Rechtswidrigkeit erfassen, andernfalls würde der Vertrag keine Rechtssicherheit schaffen und keine brauchbare Alternative zum Verwaltungsakt bilden. Auch wäre der auf gewisse Fälle der Rechtswidrigkeit beschränkte Katalog des § 59 Abs. 2 VwVfG* (besonders Nr. 2, vgl. Rn. 26!) nicht recht verständlich. Gefordert wird deshalb eine **qualifizierte Rechtswidrigkeit**: Das Verbotsgesetz muss so auszulegen sein, dass bei Verstoß gerade auch die Nichtigkeitsfolge als von der Gesetzgebung gewollt angesehen werden kann.

32 Deutlich wäre das etwa beim Verstoß gegen ein Strafgesetz. Dieser würde bei einem subordinationsrechtlichen Vertrag freilich oft auch den entsprechenden Verwaltungsakt nichtig machen (§ 44 Abs. 2 Nr. 5 VwVfG*) und dann die Nichtigkeit des Vertrags schon über § 59 Abs. 2 Nr. 1 VwVfG* auslösen.

33 Die **Sittenwidrigkeit** führt nach § 138 Abs. 1 BGB zur Nichtigkeit. So kann durch Vertrag nicht etwa eine Zwangslage der privaten Seite ausgenutzt werden. Bei einem subordinationsrechtlichen Vertrag würde der Verstoß gegen die guten Sitten auch den entsprechenden Verwaltungsakt nichtig machen (§ 44 Abs. 2 Nr. 6 VwVfG*) und deshalb die Nichtigkeit des Vertrags auch über § 59 Abs. 2 Nr. 1 VwVfG* mit sich bringen.

34 Zur Nichtigkeit führen über § 105 Abs. 1 BGB auch das Fehlen der **Handlungsfähigkeit** im Sinne von § 12 VwVfG*, die im Verwaltungsrecht an die Stelle der privatrechtlichen Geschäftsfähigkeit tritt (oben § 5 Rn. 10, § 18 Rn. 8), und über § 142 BGB die erfolgreiche **Anfechtung**. Systematischer erscheint es in beiden Fällen, bereits den Tatbestand des Vertrags zu verneinen (Rn. 14); zumal bei der Geschäftsfähigkeit spricht auch das BGB von der Nichtigkeit der Willenserklärung und nicht des Vertrags.

c) Positive Wirksamkeitsvoraussetzung: erforderliche Zustimmungen

35 Der öffentlich-rechtliche Vertrag entfaltet seine Wirkungen erst, wenn alle etwa erforderlichen Zustimmungserklärungen anderer Stellen abgegeben worden sind. Bis dahin ist der Vertrag **schwebend unwirksam**. Auch die Zustimmungen sind deshalb eine Wirksamkeitsvoraussetzung – allerdings eine, die anders als die bisher erörterten negativen Voraussetzungen noch nachträglich erfüllt werden kann.

36 Zustimmen muss zum einen nach § 58 Abs. 1 VwVfG* jeder – private oder staatliche – **Dritte**, in dessen Rechte der Vertrag eingreifen soll. Die Verfügung über Rechtspositionen Dritter könnte man sonst auch von vornherein als aus dem recht-

lichen Können der Vertragsparteien nach § 54 S. 1 VwVfG* ausgeschlossen ansehen (oben Rn. 9); es ist ja eine – im Privatrecht wie im Völkerrecht – etablierte Regel, dass die vertragliche Rechtsetzung Dritten nicht schadet (*pacta tertiis non nocent*). Durch § 58 Abs. 1 VwVfG* wird insofern bekräftigt, dass derartige rechtliche (Gestaltungs-) Wirkungen nur mit Zustimmung aller betroffenen Dritten ausgelöst werden können.

Beispiel: Im Rahmen eines Vertrags mit dem Träger der Baurechtsbehörde erhält A eine Baugenehmigung, die das Recht ihrer Nachbarin B auf Freihaltung der Abstandsflächen z. B. nach § 5 LBO BW beeinträchtigt.

Zustimmen muss zum anderen nach § 58 Abs. 2 VwVfG* jede **Behörde**, deren Genehmigung, Zustimmung oder Einvernehmen zu einem entsprechenden Verwaltungsakt erforderlich wäre.

37

Beispiel: Im Rahmen eines Vertrags mit dem Träger der Baurechtsbehörde erhält A eine Baugenehmigung; vor einer Erteilung durch Verwaltungsakt müsste nach § 36 BauGB die Gemeinde ihr Einvernehmen erteilen.

Zusatzinformation
Behörde in diesem Sinne kann auch die Europäische Kommission sein. Das kommt zum Tragen, wenn durch den Vertrag eine Beihilfe im Sinne von Art. 107 AEUV gewährt wird und der Vertrag deshalb von der Genehmigung durch die Kommission nach Art. 108 Abs. 3 S. 3 AEUV abhängt. Bis dahin ist ein Subventionsvertrag deshalb schwebend unwirksam.[16]

Entsprechend zu behandeln sind Fälle, in denen der Vertrag selbst von der Genehmigung einer Behörde abhängt. Alternativ müsste man §§ 182 ff. BGB, § 62 S. 2 VwVfG* anwenden.

38

Beispiel: Gemeinden A und B vereinbaren die Bildung eines Zweckverbands. Dies bedarf der Genehmigung durch die Rechtsaufsichtsbehörde (z. B. § 7 GKZ BW).

Zusatzinformation
Ein Sonderfall ist die Genehmigung durch eine andere Behörde desselben Verwaltungsträgers. Hier kommt es darauf an, ob man die Behörde oder den Verwaltungsträger als Vertragspartei ansieht: Ersterenfalls erscheint das Genehmigungerfordernis als Zustimmung im Sinne von § 58 VwVfG*, letzterenfalls als Beschränkung der Vertretungsmacht, für den Verwaltungsträger zu handeln. Beispiel: „Die [nicht rechtsfähige] Bundesanstalt [= das Informationstechnikzentrum Bund] kann durch öffentlich-rechtlichen Vertrag weitere Aufgaben mit Zustimmung des Bundesministeriums der Finanzen übernehmen" (§ 2 Abs. 4 S. 2 ITZBundG).

d) Nachträgliche negative Wirksamkeitsvoraussetzung: Kündigung oder Aufhebung

Eine *clausula rebus sic stantibus* wie in § 38 Abs. 3 VwVfG* (oben § 20 Rn. 57) gibt es beim öffentlich-rechtlichen Vertrag nicht,[17] weshalb die Behörde durch einen

39

---

[16] *Finck/Gurlit*, Jura 2011, 87 (93).
[17] Lit.: *Efstratiou*, Die Bestandskraft des öffentlich-rechtlichen Vertrages, 1988 (rechtsvergleichend).

Vertrag der privaten Seite größere Rechtssicherheit bieten kann als bei Wahl der Rechtsform „Zusicherung". Nur die einvernehmliche Aufhebung durch einen Aufhebungsvertrag (Rn. 7) und die einseitige Ausübung einer Kündigungskompetenz führen zur Beendigung des Vertrags.[18] Eine (ihrerseits wirksame) Aufhebung oder Kündigung kann man deshalb als negative Wirksamkeitsvoraussetzung einordnen, ähnlich wie die Aufhebung beim Verwaltungsakt (oben § 19 Rn. 79).

Zusatzinformation
Mit gleichem Recht kann man die Kündigung auch als nachträgliche Umgestaltung der Rechtslage durch weiteres, dann einseitiges Rechtsgeschäft deuten. Man wäre dann nicht auf der Ebene der Rechtsakte, sondern der Rechtspositionen: ein Anspruch etwa wäre durch Vertrag entstanden und durch Kündigung erloschen. Die im Folgenden angebotene Betrachtung als negative Wirksamkeitsvoraussetzung des Vertrags dürfte aber gängiger und einfacher sein.

aa) Kündigung wegen geänderter Verhältnisse

40 Die bloße Veränderung der Umstände beendet nicht die Wirksamkeit des Vertrags, sondern gibt nur – ähnlich § 313 BGB – einen Anspruch auf Anpassung und hilfsweise ein Gestaltungsrecht zur Kündigung. Das Kündigungsrecht steht dabei **beiden Vertragsparteien** zu.

41 Die Wirksamkeit entfällt durch Kündigung nach § 60 Abs. 1 S. 1 VwVfG*, wenn

1. die maßgeblichen Verhältnisse (Geschäftsgrundlage) sich nach Abschluss des Vertrags wesentlich verändert haben,
2. das Festhalten am Vertrag einer Partei nicht zuzumuten ist,
3. eine Anpassung des Vertrags nicht möglich oder ebenfalls der Partei nicht zuzumuten ist und
4. die Partei die Kündigung schriftlich erklärt hat (§ 60 Abs. 2 S. 1 VwVfG*).

42 Eine Kündigung durch die Behörde wird nicht als Verwaltungsakt behandelt. Obwohl sie sich als behördliche öffentlich-rechtliche Einzelfallregelung mit Außenwirkung darstellt, steht sie so sehr im Zusammenhang mit dem vertraglich-zweiseitigen Handeln, dass man ihr das Merkmal der „hoheitlichen Maßnahme" abspricht (§ 19 Rn. 33). Handeln soll es sich vielmehr um ein sonstiges öffentlich-rechtliches einseitiges Rechtsgeschäft (manchmal auch einfach „öffentlich-rechtliche Willenserklärung" oder „Verwaltungserklärung").[19]

Zusatzinformationen
- Diese Argumentation erscheint keineswegs zwingend. Eine Alternative bestünde darin, die Kündigung als gestaltenden Verwaltungsakt zu deuten und der anderen Vertragspartei dagegen die Anfechtungsklage zu geben.
- Versteht man die Kündigung nicht als Verwaltungsakt, kommt prozessual statt der Anfechtungsklage nur eine Klage auf Feststellung in Frage, dass das vertragliche Rechtsverhältnis noch fortbestehe (§ 43 Abs. 1 VwGO).

---

[18] Lit.: *Kaminski*, Die Kündigung von Verwaltungsverträgen, 2005.
[19] Lit.: *Ernst*, Die Verwaltungserklärung, 2008.

III. Rechtmäßigkeit

bb) Kündigung im öffentlichen Interesse
Darüber hinaus ist **allein der Behörde** ein gesetzliches Kündigungsrecht auch für den Fall eingeräumt, dass die Fortsetzung des Vertrags schwere Nachteile für das Gemeinwohl mit sich brächte. Auch in diesem Fall muss sie die Kündigung schriftlich erklären (§ 60 Abs. 2 S. 1 VwVfG*), und vor allem hierauf bezieht sich die Sollvorschrift über eine Begründung der Kündigung (§ 60 Abs. 2 S. 2 VwVfG*). 43

3. Wirksamkeit einzelner Vertragsklauseln (AGB-Kontrolle)

Da § 62 S. 1 VwVfG* das Bürgerliche Gesetzbuch zur entsprechenden Anwendung beruft, kommen auch dessen Vorschriften über Allgemeine Geschäftsbedingungen (§§ 305 ff. BGB) bei öffentlich-rechtlichen Verträgen in Frage.[20] Wie im Privatrecht haben diese Vorschriften insofern eine Sonderstellung, als sie nicht schlechthin der Wirksamkeit des ganzen Rechtsgeschäfts entgegenstehen, sondern – im Wege der Einbeziehungs- und der Inhaltskontrolle – einzelne Klauseln eines ansonsten wirksamen Vertrags unbeachtlich machen können. 44

III. Rechtmäßigkeit

Wegen der privaten Zustimmung wird die private Seite normalerweise nicht gegen einen öffentlich-rechtlichen Vertrag als solchen vorzugehen suchen. Eher schon werden interessierte Dritte die Rechtmäßigkeitsfrage aufwerfen, gerade angesichts der prinzipiellen Möglichkeit zu kollusivem Zusammenwirken von Verwaltung und Vertragspartner. Mangels eines Rechtsbehelfs, mit dem die Rechtswidrigkeit eines Vertrags als solche gerügt werden könnte, wird aber praktisch fast nur der Wirksamkeitsaspekt interessieren. 45

Gleichwohl ist die Verwaltung auch dann nach Art. 20 Abs. 3 GG an Gesetz und Recht gebunden, wenn sie durch Vertrag handelt.[21] Auch dort, wo die Rechtsform des Vertrags nicht fachrechtlich ausgeschlossen ist (Rn. 19), darf sie von gesetzlichen Vorgaben nicht abweichen – der Vorrang des Gesetzes beansprucht volle Geltung. Auf die Wirksamkeit schlägt er freilich nur in begrenztem Rahmen durch, vor allem über die Nichtigkeitsvorschriften des § 59 VwVfG* (Rn. 22 ff.). 46

In **formeller** Hinsicht gelten die Zuständigkeitsvorschriften nicht anders als beim Verwaltungsakt. Außerdem sind grundsätzlich die gleichen Verfahrensvorschriften zu beachten wie vor dem Erlass eines Verwaltungsakts, denn §§ 9–30 VwVfG* gelten auch für solche Verwaltungsverfahren, die zum Abschluss eines öffentlich-rechtlichen Vertrags führen sollen (siehe die Legaldefinition in § 9 VwVfG*); gerade die wichtige Anhörungspflicht nach § 28 VwVfG* ist aber ausdrücklich auf Verwaltungsakte beschränkt. Die Formvorschrift des § 57 VwVfG* haben wir bereits gesehen 47

---
[20] Lit.: *Ruttloff*, DVBl 2013, 1415; *Treffer*, VR 2021, 217.
[21] Lit.: *Schimpf*, Der verwaltungsrechtliche Vertrag unter besonderer Berücksichtigung seiner Rechtswidrigkeit, 1982.

(Rn. 29); nicht anwendbar sind dagegen die Formvorschriften der §§ 37, 41 VwVfG*, die im Gesetzesteil über den Verwaltungsakt verortet sind.

48 Für die **materielle** Rechtmäßigkeit macht es einen wichtigen Unterschied, dass beim Vertrag mit Privaten die private Seite dem Vertragsinhalt zustimmt.[22] Diese Zustimmung schließt einen Grundrechtseingriff aus, sodass der grundrechtliche Vorbehalt des Gesetzes nicht greift und dementsprechend keine besondere Rechtsgrundlage für eine Belastung der privaten Seite nötig ist.[23] Punktuell äußert sich das Fachrecht ausdrücklich zu bestimmten Verträgen, die geschlossen werden dürfen sollen. Dabei wird nicht unbedingt die Kompetenz erweitert, die ohnehin weit reicht (oben Rn. 6 ff.). Zumindest die Aussage einer Erlaubnis, also eine Regelung auf der Ebene der Rechtmäßigkeit, lässt sich solchen Vorschriften aber entnehmen.

Beispiel: Nach § 7g Atomgesetz darf der Bund mit gewissen (namentlich genannten) Aktiengesellschaften einen öffentlich-rechtlichen Vertrag über Detailregelungen zum „Atomausstieg" schließen.

49 Zu beachten sind – außer den Vorgaben des Fachrechts – aber die ausdrücklichen inhaltlichen Anforderungen der §§ 55, 56 VwVfG*, die wir ebenfalls unter dem Wirksamkeitsaspekt bereits kennen gelernt haben (Rn. 26 f.).

1. Rechtmäßigkeit des Austauschvertrags

50 Einen subordinationsrechtlichen Vertrag mit Gegenleistungspflichten nennt § 56 VwVfG* „**Austauschvertrag**".[24] Das Gesetz stellt ihn unter enge Rechtmäßigkeitsanforderungen, um eine Übervorteilung privater Vertragspartner zu verhindern. Im Einzelnen muss die Gegenleistung dazu

1. einem bestimmten Zweck und zugleich der Behörde zur Erfüllung ihrer öffentlichen Aufgaben dienen (§ 56 Abs. 1 S. 1 VwVfG*),
2. angemessen sein (§ 56 Abs. 1 S. 2 Var. 1 VwVfG),
3. im sachlichen Zusammenhang mit der Leistung der Behörde stehen („Koppelungsverbot", § 56 Abs. 1 S. 2 Var. 2 VwVfG) und
4. als Nebenbestimmung auferlegt werden dürfen, falls auf die Leistung der Behörde ein Anspruch besteht (§ 56 Abs. 2 VwVfG* – das sichert den Gleichklang mit § 36 Abs. 1 VwVfG*, vgl. § 20 Rn. 91).

Zusatzinformation
Eine komplexe Spezialregelung enthält für den „städtebaulichen Vertrag" auf dem Gebiet des öffentlichen Baurechts § 11 Abs. 2 BauGB.

---

[22] Die tatsächliche Freiwilligkeit dieser Zustimmung problematisiert *Egidy*, DVBl 2022, 83.
[23] Ebenso *Krönke*, JZ 2021, 434 (439) m. w. N.
[24] Lit.: *Lischke*, Tauschgerechtigkeit und öffentlich-rechtlicher Vertrag, 2000; *Preuß*, Zu den Rechtmäßigkeitsvoraussetzungen subordinationsrechtlicher Verwaltungsverträge unter besonderer Berücksichtigung des Kopplungsverbots, 2000.

Diese Einschränkungen möglicher Pflichten der privaten Seite sollen nach herrschender Auffassung auch gelten, wenn es sich nur deshalb nicht um eine „*Gegenleistung*" handelt, weil der Verwaltungsträger selbst gar keine Leistungspflicht übernommen hat. Die private Pflicht wird hier oft in bloßer Erwartung einer behördlichen Leistung übernommen, zu der aber der Vertrag den Verwaltungsträger nicht verpflichtet (sogenannter „**hinkender Austauschvertrag**" – siehe bereits Rn. 17 zu dessen Öffentlichrechtlichkeit). 51

2. Rechtmäßigkeit des Vergleichsvertrags

Nach der **Legaldefinition** in § 55 VwVfG*, die sich eng am § 779 BGB anlehnt, heißt „**Vergleich(svertrag)**" ein subordinationsrechtlicher Vertrag, „durch den eine bei verständiger Würdigung des Sachverhalts oder der Rechtslage bestehende Ungewissheit durch gegenseitiges Nachgeben beseitigt wird".[25] Damit erkennt das Gesetz zunächst an, dass auch ein solcher Vertragsinhalt vom rechtlichen Können nach § 54 S. 1 VwVfG* umfasst ist (oben Rn. 6 ff.). Die einzelnen Regelungen eines derartigen Vertrages werden sich je nach dem Rechtsstandpunkt der Partei entweder als Feststellung (Zugeständnis durch die Gegenseite) oder als Gestaltung (Zugeständnis an die Gegenseite) darstellen; von beiden Rechtsstandpunkten sind sie anschließend aber als geklärt zu betrachten. 52

Im Gegensatz zu § 779 BGB, der einen speziellen Nichtigkeitsgrund enthält, bezieht sich die Rechtsfolgenanordnung des § 55 VwVfG* auf die **Rechtmäßigkeit des Vertragsschlusses** (zur Nichtigkeitsfolge oben Rn. 26). Diese liegt nicht auf der Hand, führt das „Nachgeben" der hinsichtlich der Rechtslage richtig liegenden Vertragspartei doch stets zu einem materiell rechtswidrigen Vertragsinhalt. Gleichwohl lässt das Gesetz den Vergleich zu, wenn nur „die Behörde den Abschluss des Vergleichs zur Beseitigung der Ungewissheit nach pflichtgemäßem Ermessen für zweckmäßig hält". Da die behördliche Annahme der Zweckmäßigkeit bereits im Vertragsschluss zum Ausdruck kommt, reduziert sich diese Inhaltsvorgabe letztlich auf die Ermessensfehlerfreiheit. § 55 erweist sich damit als Seitenstück zum hier unanwendbaren § 40 VwVfG* (zu ihm § 19 Rn. 133 ff.). 53

IV. Rechtsschutz

1. Durchsetzung gewährter Ansprüche (Klage aus Vertrag)

Beim vertragsbezogenen Rechtsschutz geht es in erster Linie um die Durchsetzung von Ansprüchen, die jemandem – sei es dem Verwaltungsträger oder der Gegenseite – mit dem öffentlich-rechtlichen Vertrag eingeräumt worden sind. Insoweit gilt grundsätzlich nichts anderes als für die Durchsetzung verwaltungsrechtlicher An- 54

---

[25] Lit.: *von Rintelen*, Der verwaltungsrechtliche Vergleichsvertrag, 2003; *Wolff*, VerwArch 108 (2017), S. 197.

sprüche allgemein (oben § 13 Rn. 34 ff.). Statthaft ist dementsprechend grundsätzlich die allgemeine Leistungsklage und, wenn das geschuldete Verhalten im Erlass eines Verwaltungsakts besteht, die Verpflichtungsklage. Wie bei der Zusicherung (oben § 20 Rn. 63 ff.) begründet dabei der öffentlich-rechtliche Vertrag selbst den Anspruch und damit die Klagebefugnis (oben § 13 Rn. 26, 45 ff.).

Zusatzinformation
Die allgemeine Leistungsklage ist auch für Ansprüche wegen Vertragsverletzung (Sekundäransprüche) gegeben. Auch wenn es hier um eine Konstellation aus dem Bereich der Staatshaftung geht und für derartige – stets öffentlich-rechtliche – Streitigkeiten vielfach die ordentlichen Gerichte im Wege der abdrängenden Sonderzuweisung für zuständig erklärt werden (oben § 3 Rn. 32), bleiben für vertragliche Sekundäransprüche nach der Formulierung in § 40 Abs. 2 S. 1 Hs. 1 VwGO ausdrücklich die Verwaltungsgerichte zuständig.

55 Die **Begründetheit** einer solchen Klage setzt voraus, dass der geltend gemachte Anspruch aus dem Vertrag auch bestehe. Demzufolge kommt es hier in erster Linie auf das Vorliegen und die Wirksamkeit eines öffentlich-rechtlichen Vertrags an. Sodann müssen – wie im Privatrecht – die im Vertrag vereinbarten Anspruchsvoraussetzungen gegeben und darf der Anspruch nicht erloschen sein.

56 Auch die Verwaltung muss ihre Ansprüche aus einem Vertrag mit einer Leistungsklage geltend machen und darf nicht etwa einfach einen befehlenden Verwaltungsakt entsprechenden Inhalts („**Leistungsbescheid**") erlassen.[26] Daraus, dass eine Verwaltungsvollstreckung aus dem Vertrag nur im Falle der Unterwerfung nach § 61 Abs. 1 VwVfG* gestattet ist (vgl. Rn. 11), kann man schließen, dass im Übrigen eine einseitige Durchsetzung durch die Behörde verboten sein soll. Freilich bleibt das rechtliche Können der Behörde mitsamt der Anfechtungslast erhalten; ein doch etwa ergehender Leistungsbescheid muss deshalb (rechtzeitig) angefochten werden, wenn der Vertragspartner die Befugnis der Behörde zum Handeln durch Verwaltungsakt rügen will.

2. Abwehr belastender Verträge (Klage gegen Vertrag)

57 Wie wir bereits gesehen haben, spielt die Abwehrkonstellation beim öffentlich-rechtlichen Vertrag kaum eine Rolle. Dem **Vertragspartner** der Verwaltung wird angesichts seiner Zustimmung zu dem Vertrag meist das Interesse fehlen, gegen diesen vorzugehen. Immerhin mag es zum Streit über das Bestehen einer vertraglich begründeten, geänderten oder aufgehobenen Rechtsposition kommen – zumal, wenn sich eine Seite später doch gern vom Vertrag lösen würde. Dann ist eine allgemeine Feststellungsklage nach § 43 Abs. 1 Var. 1 VwGO möglich (oben § 9 Rn. 56 ff.).

58 **Dritten**, die sich durch den Vertrag in Rechten verletzt sehen, schadet dieser, wie gesehen, nicht, weil er bis zu ihrer Zustimmung nach § 58 Abs. 1 VwVfG* ohnehin

---

[26] Lit.: *Payandeh*, DÖV 2012, 590 (differenzierend); *Junge*, NVwZ 2021, 198 (speziell zu Ansprüchen auf Vertragsstrafe).

IV. Rechtsschutz

schwebend unwirksam ist (Rn. 36). Auch hier kommt aber gegebenenfalls eine allgemeine Feststellungsklage in Betracht, wenn die Verwaltung und ihr Vertragspartner den Vertrag trotz Fehlens einer Zustimmungserklärung als wirksam behandeln.

3. Erzwingung von Verträgen (Klage auf Vertrag)

Eine allgemeine Leistungsklage auf Abgabe einer Willenserklärung zum Abschluss eines öffentlich-rechtlichen Vertrags wäre zwar statthaft, doch sind materiellrechtliche Ansprüche kaum ersichtlich, die dafür die Klagebefugnis begründen könnten. **59**

Was es dagegen im Fachrecht – vor allem im Sozialrecht – durchaus gibt, ist eine behördliche Erzwingung des Vertrags, den andere miteinander abzuschließen haben. Hier ergeht dann ein Verwaltungsakt einer oft „Schiedsamt" genannten Behörde, der die Rechtswirkungen eines öffentlich-rechtlichen Vertrages zwischen den Adressaten unmittelbar selbst herbeiführt und dessen Erzwingung oder Abwehr dann auf den für Verwaltungsakte gegebenen Wegen erfolgt. **60**

Beispiel: „Der Spitzenverband Bund der Krankenkassen und die Kassenzahnärztliche Bundesvereinigung vereinbaren jeweils bis zum 30. September eines Kalenderjahres für das Folgejahr die Höhe der Vergütungen für die zahnärztlichen Leistungen bei den Regelversorgungen [...]. Kommt eine Vereinbarung nicht zustande oder kündigt eine Vereinbarungspartei die Vereinbarung und kommt bis zum Ablauf der Vereinbarungszeit keine neue Vereinbarung zustande, setzt das Schiedsamt nach § 89 den Vertragsinhalt fest" (§ 57 Abs. 1 SGB V).

§ 23. Rechtsverordnungen und Satzungen

Spezielle Studienliteratur – zu Rechtsverordnungen: *Hollo*, Jura 2022, 42; *Voßkuhle/Wischmeyer*, JuS 2015, 311. Zu Satzungen: *Funke/Papp*, JuS 2010, 395.

Auch durch eine Rechtsverordnung oder Satzung kann eine Behörde u. a. Rechtspositionen im Sinne von Teil III (Rechtsträgerpositionen, Sacheigenschaften, Systemzustände) einseitig begründen, ändern, aufheben oder übertragen. Anders als beim Verwaltungsakt, woran diese Umschreibung natürlich erinnert (oben § 19 Rn. 2), ist die Behörde bei einer Rechtsverordnung oder Satzung aber nicht auf Einzelfallregelungen beschränkt. Vielmehr kann eine Rechtsverordnung oder Satzung **auch generell-abstrakte Regelungen** enthalten (dazu gleich Rn. 8 ff.), wofür das Rechtsregime des Verwaltungsakts den Behörden bekanntlich nicht das erforderliche rechtliche Können vermittelt (oben § 19 Rn. 46).[1]

1

Generell-abstrakte Regelungen zu erlassen ist im demokratischen Rechtsstaat normalerweise Aufgabe der parlamentarischen Legislative, die mit der Rechtsform „Gesetz" über dieses rechtliche Können in erster Linie verfügt (hierzu auch noch § 24). Mit den Rechtsformen „Rechtsverordnung" und „Satzung" wird der Exekutive sozusagen ein Stück Gesetzgebung eingeräumt und damit die **Gewaltenteilung punktuell modifiziert**. Das ist der Hintergrund dafür, dass die generell-abstrakten Regelungsmöglichkeiten der Verwaltung in der Sache eng begrenzt bleiben – wie man es aus dem Staatsorganisationsrecht bereits kennt, wo in diesem Zusammenhang Art. 80 GG einschlägt (dazu Rn. 20, 34).

2

---

[1] Lit.: *Martini*, GVwR II³, 2022, § 33; *Sachs*, FS Battis, 2014, S. 161; s.a. *Blankenagel*, FS Battis, 2014, S. 127; *Schmidt-Aßmann*, Die kommunale Rechtsetzung im Gefüge der administrativen Handlungsformen und Rechtsquellen, 1981. Rechtsvergleichend *Pünder*, Exekutive Normsetzung in den Vereinigten Staaten von Amerika und der Bundesrepublik Deutschland, 1995.

Zusatzinformationen
- Die Gemeinsamkeit von (Parlaments-)Gesetz und Rechtsverordnung/Satzung, generell-abstrakte Regelungen treffen zu können, hat zu dem Sprachgebrauch geführt, diese Rechtsakte der Legislative und der Exekutive zusammen als „materielle Gesetze" zu bezeichnen. Da das vor allem Verwechslungsmöglichkeiten schafft (ist mit „Gesetz" jeweils ein parlamentarisches oder auch eine Rechtsverordnung gemeint?), sollten Sie den Begriff zwar kennen, aber möglichst nicht gebrauchen.
- Statt „materielles Gesetz" hört man oft „Rechtsnorm", auch in der Gesetzessprache (etwa Art. 2 EGBGB). Dieser Sprachgebrauch ist aus rechtstheoretischer Sicht unpräzise, weil man auch den Regelungsinhalt eines Vertrags (den man ja sogar lex contractus, also „Gesetz des Vertrages", nennt) oder eines Verwaltungsakts sinnvoll als „Individualnorm" beschreiben kann.

3   Die beiden Rechtsformen „Rechtsverordnung" und „Satzung" werden hier zusammen behandelt, weil sie sich hinsichtlich des Tatbestands, der Wirksamkeitsvoraussetzungen und der Rechtsschutzmodalitäten nicht grundsätzlich voneinander unterscheiden. Inhaltliche Unterschiede ergeben sich eigentlich nur, soweit das Verfassungsrecht gerade an Rechtsverordnungen besondere Anforderungen stellt (siehe unten Rn. 20, 23 ff., 28, 30 ff.). Im Übrigen handelt es sich eher um einen terminologischen Unterschied.

4   Die „**Rechtsverordnung**" wird dem Bereich der **staatlichen Verwaltung** zugeordnet, obwohl sie teilweise auch von kommunalen Behörden erlassen werden kann (soweit diese staatlich übertragene Aufgaben wahrnehmen).[2] Statt „Rechtsverordnung" sagt man oft einfach „Verordnung". Der ältere Ausdruck „Verwaltungsverordnung" für das, was wir heute „Verwaltungsvorschrift" nennen (vgl. § 25 Rn. 2), ist aus der Mode gekommen, weshalb hier keine Missverständnisse mehr drohen. Nicht verwechseln darf man die Rechtsverordnung aber mit der gesetzesähnlichen EU-Handlungsform „Verordnung" nach Art. 288 Abs. 2 AEUV und mit dem Innenrechtsakt „Sonderverordnung" (vgl. § 25 Rn. 2).

Prüfungshinweis

▶ Im Pflichtfachcurriculum wird Ihnen die Rechtsverordnung insbesondere als „Gefahrenabwehr-", „ordnungsbehördliche" oder „Polizeiverordnung" im Polizei- und Ordnungsrecht wiederbegegnen.[3]

5   Die „**Satzung**" ist dagegen dem Bereich der **Selbstverwaltung** zugeordnet (Kommunen, aber z. B. auch Hochschulen mit ihren Studien- und Prüfungsordnungen).[4] Dem Charakter der Selbstverwaltung entsprechend, kann die Satzung einer Selbstverwaltungskörperschaft ihre Wirkungen grundsätzlich nur gegenüber deren Mitgliedern entfalten; eine Kompetenz gegenüber Nichtmitgliedern stößt auf verfassungsrechtliche Legitimationsprobleme.[5]

---

[2] Lit.: *Ossenbühl*, HStR V³, 2005, § 103; *J. Wolff*, HVwR V, 2022, § 153.
[3] Lit.: *Burke*, Die Polizeiverordnung, 2019.
[4] Lit.: *Ellerbrok*, Die öffentlich-rechtliche Satzung, 2020; *Mann*, HVwR V, 2022, § 154; *Ossenbühl*, HStR V³, 2005, § 105; s.a. *Dierkes*, Gemeindliche Satzungen als Instrumente der Stadterhaltung und -gestaltung, 1991.
[5] Lit.: *Papenfuß*, Die personellen Grenzen der Autonomie öffentlich-rechtlicher Körperschaften, 1991.

Prüfungshinweis

▶ Im Pflichtfachcurriculum hat die Satzung ihre Heimat dementsprechend in der Kommunalrechts- und, in ihrer Erscheinungsform als gemeindlicher Bebauungsplan, der Baurechtsvorlesung.

Zusatzinformation

Typologisch gehören zu den Satzungen danach auch die „Richtlinien", die im Selbstverwaltungssystem der gesetzlichen Krankenversicherung der „Gemeinsame Bundesausschuss" mit Wirkung gegenüber allen beteiligten Rechtsträgern nach §§ 92, 94 SGB V erlässt.[6] Sie werden heute meist als Rechtsnormen eigener Art qualifiziert und sind im Bereich der allgemeinen Verwaltung ohne wirkliche Parallele. Ihre praktische, auch wirtschaftliche, Bedeutung ist erheblich und kann mit „gewöhnlichen" Rechtsverordnungen oder Satzungen ohne Weiteres mithalten.

Regelungsstandort für die Rechtsverordnungen und Satzungen ist das Fachrecht, ergänzt durch das Verfassungsrecht. Die Verwaltungsverfahrensgesetze enthalten grundsätzlich keine einschlägigen Regelungen und erweisen sich nicht zuletzt hierin als bloße Teilkodifikationen (vgl. § 2 Rn. 45 ZI). Eine Ausnahme bildet auch hier das Land Schleswig-Holstein, das in seinem VwVfG-Pendant auch für Rechtsverordnungen und Satzungen einen allgemeinen Rahmen geschaffen hat (§§ 53–70 Landesverwaltungsgesetz SH). Prinzipiell möglich wäre eine derartige Kodifikation also durchaus.[7] 6

I. Wirkungen

Die rechtlichen Wirkungen einer Rechtsverordnung oder Satzung ergeben sich stets aus dem Spezialgesetz, das die Ermächtigung zu ihrem Erlass enthält, also eine besondere Kompetenz (§ 14). Bei diesen Wirkungen geht es in erster Linie um **gestaltende Regelungen** aller Art. 7

Typisch für sie sind dabei gerade **generell-abstrakte** Gestaltungen, also vor allem die Begründung von Pflichten, die kraft der Rechtsverordnung oder Satzung unmittelbar für jedermann bestehen sollen, oder deren Änderung oder Aufhebung. Da solche Regelungen durch Verwaltungsakt gerade nicht hervorgebracht werden können, schließt die Rechtsform der Rechtsverordnung oder Satzung hier insofern eine Lücke, als dazu sonst immer die parlamentarische Legislative tätig werden müsste. 8

Bei der Rechtsverordnung lassen sich zwei **inhaltliche Haupttypen** erkennen:[8] 9

- Durch Rechtsverordnung werden häufig *gesetzlich vorgesehene Pflichten näher bestimmt*. Zuständig ist dann meist die Regierung oder ein Ministerium (des Bundes oder des Landes).

---

[6] Lit.: *Axer*, Normsetzung der Exekutive in der Sozialversicherung, 2000; *Klafki/Loer*, VerwArch 108 (2017), S. 343.
[7] Lit.: *Trips*, Das Verfahren der exekutiven Rechtsetzung, 2006.
[8] Ähnlich *Maurer*, JZ 2005, 892 (896 f.). Zu den Funktionen aus verfassungsrechtlicher Sicht: *Saurer*, Die Funktionen der Rechtsverordnung, 2008.

Beispiele: Konkretisierung der technischen Anforderungen an potentiell umweltstörende Anlagen nach §§ 7 und 23 Bundes-Immissionsschutzgesetz (BImSchG). Auch die Straßenverkehrsordnung kann man hier einordnen, die das Bundesverkehrsministerium nach § 6 StVG erlässt.

- Durch Rechtsverordnung kann aber auch generell-abstrakt *auf besondere regionale oder örtliche Lagen* reagiert werden.

Beispiele: Die Landesregierungen können nach §§ 32, 28 Infektionsschutzgesetz (IfSG) Rechtsverordnungen erlassen, „soweit und solange es zur Verhinderung der Verbreitung übertragbarer Krankheiten erforderlich ist".[9] – Die allgemeinen Ordnungsbehörden in den Ländern können, etwa nach § 17 PolG BW, Rechtsverordnungen zur Gefahrenabwehr erlassen (je nach Landesrecht auch „Polizeiverordnungen" oder „Ordnungsbehördliche Verordnungen" genannt). – Das Bundesverkehrsministerium kann nach §§ 27, 24 Bundeswasserstraßengesetz „Strompolizeiverordnungen" zur Gefahrenabwehr erlassen, um die Wasserstraßen in einem für die Schifffahrt erforderlichen Zustand zu erhalten.

10 In der Form der Satzung finden wir als typische abstrakte Inhalte insbesondere

- Regelungen über Beiträge, Gebühren und Steuern (*Abgabensatzungen*, vgl. § 12 Rn. 7),
- Regelungen über die Benutzung öffentlicher Einrichtungen (*Benutzungssatzungen*, vgl. § 15 Rn. 12), soweit diese nicht durch Allgemeinverfügung (§ 19 Rn. 49) oder Sonderverordnung (§ 25 Rn. 2, 8) ergehen.[10]

11 Die Rechtsverordnung oder Satzung ist jedoch nicht auf generell-abstrakte Regelungen beschränkt, sondern steht begrifflich für Regelungsinhalte aller Art zur Verfügung. Sie kann also durchaus auch einmal **individuelle oder konkrete** Regelungen enthalten. Diese Form wird oft genutzt, um Private mit Hoheitsrechten zu beleihen (vgl. § 10 Rn. 25 mit weiteren Beispielen).

Beispiel: „Mit der Wahrnehmung der Flughafenkoordinierung gemäß § 27a Absatz 1 des Luftverkehrsgesetzes wird die im Handelsregister, Abteilung B des Amtsgerichts Frankfurt am Main unter der Nummer 110551 eingetragene Fluko Flughafenkoordination Deutschland GmbH beauftragt" (§ 1 Abs. 1 Verordnung zur Beauftragung des Flughafenkoordinators). In früheren Fassungen dieser Rechtsverordnung wurden sogar namentlich bezeichnete natürliche Personen beliehen.

12 Daneben ist die Rechtsverordnung oder Satzung mit konkreten Regelungsinhalt aber auch typisch für andere herausgehobene Entscheidungen organisationsrechtlicher Art – Errichtung, Zusammenlegung, Aufhebung von Verwaltungsträgern oder Behörden, Begründung von Zuständigkeiten und dergleichen.

---

[9] Lit.: *Gärditz/Abdulsalam*, GSZ 2020, 108; *Hering*, Die Verwaltung 55 (2022), S. 365 (rechtsvergleichend zur Bewältigung der Corona-Pandemie).
[10] Lit.: *Knierim*, Belastende Benutzungsregelungen, 2021.

Beispiel: Nach § 156 SGB V kann das Bundesarbeitsministerium durch Rechtsverordnung im Einzelfall zwei Krankenkassen miteinander vereinigen. – Nach § 6a SGB II kann das Bundesarbeitsministerium durch Rechtsverordnung einem konkreten Landkreis oder einer konkreten kreisfreien Stadt die Zuständigkeit für die Verwaltung des Bürgergelds (vormals „Hartz IV") übertragen. – Nach den Gemeindeordnungen kann die Gemeinden durch Satzung eine rechtsfähige Anstalt des öffentlichen Rechts errichten oder aufheben (z. B. § 102a GemO BW).

Als konkrete Rechtsakte fungieren Rechtsverordnungen und Satzungen auch im öffentlichen Sachenrecht, indem sie räumliche Gebiete und Sachgesamtheiten mit öffentlich-rechtlichen Eigenschaften versehen oder diese verändern oder aufheben (oben § 15 Rn. 12). 13

Dagegen entfaltet eine Rechtsverordnung oder Satzung **keine Titelwirkung**, eröffnet also nicht unmittelbar den Weg zur Verwaltungsvollstreckung (vgl. § 12 Rn. 47 ff.). Das gilt auch dann, wenn sie selbst Pflichten begründet – sei es konkret oder generell-abstrakt. Für die Vollstreckung ist deshalb regelmäßig ein Verwaltungsakt als konkretisierender Zwischenschritt erforderlich. Erst aus dem Verwaltungsakt darf dann auf den gewöhnlichen Wegen vollstreckt werden. 14

Zusatzinformationen
- Rechtsgrundlage für den Verwaltungsakt kann eine Befugnisnorm aus der Rechtsverordnung selbst sein; ob es eine solche gibt, ist Auslegungsfrage.
- Oftmals wird Rechtsgrundlage aber die sogenannte polizeiliche Generalklausel sein, z. B. § 3 PolG BW (näher dazu im Polizei- und Ordnungsrecht). Hier setzt die materielle Rechtmäßigkeit eine Gefahr für die öffentliche Sicherheit oder Ordnung voraus, und zur öffentlichen Sicherheit zählt man die Einhaltung der gesamten Rechtsordnung und damit auch die Befolgung der Pflichten aus einer Rechtsverordnung.

Neben der Erzwingung im Verwaltungswege können Pflichten aus Rechtsverordnungen und Satzungen auch mit Bußgeldverfahren durchgesetzt werden (vgl. § 12 Rn. 68 f.). Dazu können diese Rechtsakte selbst entsprechende **Ordnungswidrigkeitentatbestände** enthalten, wenn dafür eine (spezielle) gesetzliche Ermächtigung besteht. 15

Beispiel: „Ordnungswidrig handelt, wer vorsätzlich oder fahrlässig einer aufgrund dieses Gesetzes erlassenen Polizeiverordnung zuwiderhandelt, soweit die Polizeiverordnung für einen bestimmten Tatbestand auf diese Bußgeldvorschrift verweist" (§ 26 PolG BW).

II. Wirkungsbedingungen

1. Handlungsformqualifikation „Rechtsverordnung"/„Satzung"

Die Begriffe „Rechtsverordnung" und „Satzung" sind nicht nach Art des § 35 VwVfG* legaldefiniert. Eine Rechtsverordnung oder Satzung setzt zumindest voraus, dass eine Behörde einen **Regelungswillen ausspricht**. Dass die intendierte Regelung nicht unbedingt generell-abstrakter Art sein muss, haben wir bereits gesehen (Rn. 11). Alle weiteren förmlichen und inhaltlichen Anforderungen werden meist 16 bereits als Wirksamkeitsvoraussetzungen eingeordnet – insbesondere das Erfordernis einer Rechtsgrundlage und die ordnungsgemäße Verkündung.

17 Der Tatbestand der Rechtsverordnung oder Satzung bleibt damit seltsam blass. Offenbar liegt ein Rechtsakt dieser Art zunächst einmal vor, wenn eine Behörde sich entsprechend äußert. Alles Weitere ist dann eine Frage seiner Wirksamkeit.

Prüfungshinweis

▶ Im Gutachten dürfen Sie über diesen Punkt deshalb normalerweise einfach hinweggehen. Manchmal lohnt es sich, kurz von allgemeinen Geschäftsbedingungen abzugrenzen, wenn auch ein privatrechtliches Handeln der Verwaltung im Raum steht (vgl. unten § 26); Prüfungsstandort kann dann schon die Rechtswegeröffnung sein (oben § 3).

2. Wirksamkeitsvoraussetzungen

18 Eine Rechtsverordnung oder Satzung ist wirksam, wenn die Behörde eine Kompetenz für ihren Erlass hatte und die Wirksamkeit nicht zwischenzeitlich verloren gegangen ist. Eine unwirksame Rechtsverordnung oder Satzung dürfen und müssen alle behördlichen, gerichtlichen und privaten Rechtsanwender ohne Weiteres außer Acht lassen.[11]

19 In Ermangelung allgemeiner Wirkungsnormen wie §§ 35, 43, 44 VwVfG* für den Verwaltungsakt (oben § 19 Rn. 6) braucht es für den **Erwerb der Kompetenz** jeweils ein wirksames, anwendbares, sachlich passendes und tatbeständlich einschlägiges Gesetz (vgl. § 14 Rn. 9), das man „Ermächtigungs-" oder präziser „Kompetenzgrundlage" nennen kann und das hier jeweils als Wirkungsnorm fungiert. Bei der tatbestandlichen Einschlägigkeit ist es üblich, einmal mehr zwischen formellen und materiellen Voraussetzungen zu unterscheiden, wobei man jeweils die sonstigen gesetzlichen Anforderungen mit einbezieht (vgl. die Parallele bei § 17 Rn. 39).

Prüfungshinweis

▶ Die Wirksamkeitsprüfung einer Rechtsverordnung oder Satzung ähnelt vor diesem Hintergrund weit mehr der Rechtmäßigkeits- als der Wirksamkeitsprüfung eines Verwaltungsakts (vgl. Prüfungsschema 9). Hinzu tritt nur der Aspekt, dass die Wirksamkeit nicht zwischen Erlass- und Beurteilungszeitpunkt wieder verloren gegangen sein darf (wie beim Verwaltungsakt nach § 43 Abs. 2 VwVfG*).

---

[11] Lit.: *Jürgensen*, Die Theorie vom Geltungsbeendigungsanlass, 2021, bes. S. 168 f., 169–185, 195–201; *Schnelle*, Eine Fehlerfolgenlehre für Rechtsverordnungen, 2007, S. 316–327.

II. Wirkungsbedingungen

Zusatzinformation
Wir bleiben hier bei der schon in den vorangegangenen Kapiteln praktizierten Vorgehensweise, zunächst die Wirkungsbedingungen und dann erst die Rechtmäßigkeitsvoraussetzungen zu betrachten (hierzu unten Rn. 44 f.). In Bezug auf Rechtsverordnungen und Satzungen ist es aber auch gängig, die Unwirksamkeit als „Folge" von Rechtsfehlern zu beschreiben und dieses „Durchschlagen" der Rechtsfehler auf die Wirkungen einem „Nichtigkeitsdogma" zuzuschreiben.[12] Wie hier von der Kompetenz auszugehen erscheint aber systematischer.

Prüfungsschema 24: Ist eine Rechtsverordnung oder Satzung wirksam?
1. Bestehen einer wirksamen anwendbaren und sachlich passenden Kompetenzgrundlage im Erlasszeitpunkt
2. Formelle Tatbestandsvoraussetzungen der Kompetenzgrundlage
   a) Zuständigkeit
   b) Verfahren – teilweise insbesondere Zustimmungen anderer Stellen
   c) Form – insbesondere Zitiergebote
   hier jeweils: Unbeachtlichkeit?
3. Materielle Tatbestandsvoraussetzungen der Kompetenzgrundlage
4. kein zwischenzeitlicher Verlust der Wirksamkeit durch Aufhebung oder Erledigung

a) Kompetenzgrundlage

Die gesetzliche Kompetenzgrundlage unterliegt ihrerseits **verfassungsrechtlichen** 20 **Bindungen**, bei deren Fehlen sie unwirksam ist und eine auf sie gestützte Rechtsverordnung oder Satzung mangels Wirkungsnorm dann ebenso. Diese Bindungen kennen wir für die Rechtsverordnung bereits aus dem Staatsorganisationsrecht: Im Gesetz müssen Inhalt, Zweck und Ausmaß der Ermächtigung bestimmt werden (Art. 80 Abs. 1 S. 2 GG, entsprechendes Landesrecht wie Art. 61 Abs. 1 S. 2 LV BW). Aber auch darüber hinaus gilt, dass alle „wesentlichen" Entscheidungen von der parlamentarischen Legislative getroffen werden müssen. Auch eine Ermächtigung zum Erlass von Satzungen kann deshalb nicht unbegrenzt erteilt werden.

Vor diesem Hintergrund finden wir **keine Generalklauseln** zum Erlass von 21 Rechtsverordnungen und Satzungen (nach Art von §§ 35, 43 und 54 VwVfG*), sondern nur begrenzte fachrechtliche Kompetenzgrundlagen (siehe Abb. 1 und 2).

b) Formelle Voraussetzungen

aa) Zuständigkeit

Die Zuständigkeit zum Erlass einer Rechtsverordnung oder Satzung wird zugleich 22 mit der Kompetenzgrundlage festgelegt. Diese ermächtigt nicht die Verwaltung schlechthin, sondern jeweils nur eine bestimmte Behörde zu Rechtsakten dieser Art. Zuständigkeit heißt insoweit hier nur, dass die handelnde Behörde gerade die Inhaberin der Kompetenz sein muss.

---

[12] Lit.: *Schnelle*, Eine Fehlerfolgenlehre für Rechtsverordnungen, 2007.

> *Bundesrecht:*
>
> - §§ 7, 23 BImSchG → generell-abstrakte Verpflichtungen zur Vermeidung schädlicher Umwelteinwirkungen
>
> - § 32 IfSG → generell-abstrakte Verpflichtungen zur Bekämpfung übertragbarer Krankheiten
>
> *Landesrecht (am Beispiel Baden-Württemberg):*
>
> - § 17 PolG BW → generell-abstrakte Verpflichtungen zur Abwehr von Gefahren für die öffentliche Sicherheit oder Ordnung („Polizeiverordnung")

Abb. 1 Wichtige Kompetenzgrundlagen für Rechtsverordnungen

> *Bundesrecht:*
>
> - § 10 Abs. 1 BauGB → Aufstellung von Bebauungsplänen als Satzung
>
> *Landesrecht (am Beispiel Baden-Württemberg):*
>
> - § 4 Abs. 1 S. 1 GemO BW → Regelung weisungsfreier Gemeindeangelegenheiten
>
> - § 11 GemO BW → generell-abstrakte Verpflichtung zu Anschluss an und Benutzung von gemeindlicher Infrastruktur
>
> - § 102a GemO BW → Errichtung einer rechtsfähigen Anstalt des öffentlichen Rechts in Trägerschaft der Gemeinde
>
> - § 74 LBO BW → örtliche Bauvorschriften

Abb. 2 Wichtige Kompetenzgrundlagen für Satzungen

23   Eine **bundesgesetzliche Verordnungsermächtigung** darf nur der Bundesregierung, einem Bundesminister oder den Landesregierungen erteilt werden (Art. 80 Abs. 1 S. 1 GG).

Beispiel: Ermächtigt und damit zuständig nach § 32 IfSG sind die Landesregierungen.

Zusatzinformation
Eine unmittelbare Ermächtigung des Bundeskanzlers oder des Bundespräsidenten[13] ist im Umkehrschluss aus Art. 80 Abs. 1 S. 1 GG nicht möglich. In Betracht käme für sie nur eine Ermächtigung durch Subdelegation (Rn. 24), was der Staatspraxis für diese Ämter aber als unangemessen erscheint.

---

[13] Lit.: *Huwar*, Der Erlaß von Rechts- und Verwaltungsverordnungen durch den Bundespräsidenten, 1967.

II. Wirkungsbedingungen

Diese Stellen können aber durch eine Rechtsverordnung die Verordnungsermächtigung und damit die Zuständigkeit weiterübertragen, sofern das im Gesetz vorgesehen ist (Art. 80 Abs. 1 S. 4 GG – sogenannte „**Subdelegation**"). In einer solchen Konstellation wäre im Rahmen der Zuständigkeit inzident die Wirksamkeit der Subdelegationsverordnung zu begutachten. 24

Eine **landesgesetzliche Verordnungsermächtigung** kann dagegen grundsätzlich jeder (Landes-)Behörde erteilt werden (siehe z. B. Art. 61 Abs. 1 S. 1 LV BW). 25

Beispiel: Ermächtigt und damit zuständig nach § 17 PolG BW sind die allgemeinen Polizeibehörden im Sinne von § 107 PolG BW, und zwar bei der Ortspolizeibehörde der Bürgermeister (§ 21 S. 2 PolG BW).

Für die **Satzung** als typischen Rechtsakt der Selbstverwaltung (Rn. 3) ist regelmäßig eine Selbstverwaltungskörperschaft (z. B. die Gemeinde) verbandszuständig und innerhalb derselben das Vertretungsorgan organzuständig (z. B. der Gemeinderat nach § 24 Abs. 1 S. 2 GemO BW). 26

bb) Verfahren

Das Verfahren braucht, anders als die Zuständigkeit, das Gesetz nicht unbedingt zu regeln. In Abwesenheit von Verfahrensvorschriften genügt für die Wirksamkeit eben der Erlass durch die zuständige Stelle. Es kommt insofern auf das Fachrecht an, das beispielsweise **Anhörungserfordernisse** aufstellt. Zu beteiligen sein kann auf diese Weise die ganze Öffentlichkeit, eine Fachöffentlichkeit oder auch etwa ein Sachverständigengremium. 27

Beispiele: Vor dem Erlass eines Bebauungsplans ist die Öffentlichkeit formell zu beteiligen (§ 3 BauGB). – Vor dem Erlass immissionsschutzrechtlicher Rechtsverordnungen ist vielfach die Anhörung der „beteiligten Kreise" nach § 51 BImSchG vorgeschrieben. – Vor dem Erlass tierschutzrechtlicher Rechtsverordnungen hat das für den Tierschutz zuständige Bundeslandwirtschaftsministerium nach § 16b Abs. 1 S. 2 Tierschutzgesetz die bei ihm eingerichtete Tierschutzkommission zu beteiligen.

Häufig sind **Zustimmungserfordernisse**, wonach eine andere Stelle mal vor, mal nach dem Beschluss der erlassenden Behörde beteiligt werden und ihr Einvernehmen erteilen muss. Die andere Stelle kann etwa eine vorgesetzte oder Aufsichtsbehörde sein oder auch ein gewähltes Kollegialorgan – manchmal sogar das Parlament.[14] 28

Beispiele: Für Rechtsverordnungen der Bundesregierung oder eines Bundesministeriums ist oftmals eine Zustimmung des Bundesrates als Verfahrensschritt vorgeschrieben (vgl. Art. 80 Abs. 2 GG). – Für Polizeiverordnungen des Bürgermeisters, die länger als einen Monat gelten sollen, muss in Baden-Württemberg die Zustimmung des Gemeinderats eingeholt werden (§ 23 Abs. 2 PolG BW). – Für bestimmte Bebauungspläne braucht es die Genehmigung der höheren Verwaltungsbehörde (§ 10 Abs. 2 BauGB).

---

[14] Lit.: *Schmidt*, Die Beteiligung des Bundestags beim Erlaß von Rechtsverordnungen, 2002; *Uhle*, Parlament und Rechtsverordnung, 1999.

cc) Form

29 Die Form braucht ebenfalls nicht besonders geregelt zu sein, ist es im Gegensatz zum Verfahren allerdings regelmäßig. Insoweit treten zwei Aspekte hervor: Verkündung und Zitiergebot.

Zusatzinformationen
- Streng genommen gehört die Form nicht zur Frage nach dem Bestehen der Kompetenz, sondern zu deren richtiger Ausübung. Gut vertretbar wäre es deshalb, sie in den Kontext der Handlungsformqualifikation (Rn. 16 f.) einzuordnen.
- Eine Begründung ist, anders als bei Verwaltungsakten, hier meist nicht vorgeschrieben.[15] Praktisch findet man durchaus Begründungen, etwa in veröffentlichten ministeriellen Vorlagen („Referentenentwürfen") für Regierungsverordnungen oder auf Bundesratsdrucksachen, wenn die Zustimmung des Bundesrates erforderlich ist (Rn. 28) und die Bundesregierung politisch für ihre Vorlage werben muss.

30 Zum einen muss die Rechtsverordnung oder Satzung auf ordnungsgemäße Weise ihrem Adressatenkreis – der Öffentlichkeit – bekanntgegeben werden, was hier **„Verkündung"** heißt und normalerweise durch den Abdruck in einem Verkündungsblatt (Amtsblatt) des jeweiligen Verwaltungsträgers erfolgt, manchmal aber auch in einem fremden Verkündungsblatt.[16] Hierfür gelten bereichsweise verschiedene Anforderungen.

31 Rechtsverordnungen auf **bundesgesetzlicher Grundlage** sind im verfassungsrechtlichen Ausgangspunkt ebenso wie Bundesgesetze im Bundesgesetzblatt zu verkünden, wobei aber gesetzliche Ausnahmen zugelassen sind (Art. 82 Abs. 1 S. 2 GG), was in großem Umfang erfolgt ist. Die Behörde kann danach generell zwischen dem Bundesgesetzblatt und dem traditionell etwas schnelleren Bundesanzeiger wählen (§ 2 Abs. 1 Gesetz über die Verkündung von Rechtsverordnungen und Bekanntmachungen [VkBkmG]); inzwischen werden beide Verkündungsblätter elektronisch veröffentlicht, bis vor kurzem hatte man sie sich nach Art von Zeitschriften vorzustellen. Im Verteidigungs- oder Spannungsfall ist darüber hinaus eine noch weiter „vereinfachte Verkündung" über Rundfunk, Zeitungen und Aushänge möglich (§ 2 Abs. 1 Nr. 4 Gesetz über vereinfachte Verkündungen und Bekanntgaben).

32 Rechtsverordnungen auf **landesgesetzlicher Grundlage** sind im Ausgangspunkt ebenso im Gesetzblatt des Landes zu verkünden (z. B. Art. 63 Abs. 2 LV BW). Das Nähere regelt auch hier oft ein Spezialgesetz, in Baden-Württemberg etwa das Gesetz über die Verkündung von Rechtsverordnungen (VerkG BW). Rechtsverordnungen der Gemeinden auf landesrechtlicher Grundlage – das können insbesondere die bereits erwähnten Polizeiverordnungen sein – werden danach wie gemeindliche Satzungen verkündet (§ 5 VerkG BW). Ist die ordnungsgemäße Verkündung nicht rechtzeitig möglich, so genügt für die Wirksamkeit einstweilen eine „Notverkündung" „in anderer geeigneter Weise" (§ 4 VerkG BW).

---

[15] Vgl. rechtspolitisch *Groß*, NordÖR 2015, 467.
[16] Lit.: *Wittling-Vogel*, Die Publikation der Rechtsnormen einschließlich der Verwaltungsvorschriften, 1991.

II. Wirkungsbedingungen

Beispiel: Notverkündungen über Internet u. a. sind im Zuge der Corona-Pandemie vielfach praktiziert worden, damit Maßnahmen schnell umgesetzt werden konnten.

Für **Satzungen** gelten die Vorschriften des jeweiligen Fachrechts. Im Bereich der Kommunen finden sich diese meist in den Gemeinde- und Kreisordnungen, z. B. § 4 Abs. 3 S. 1 GemO BW.[17] 33

Zum anderen verlangt für eine Rechtsverordnung bereits das Verfassungsrecht, dass diese ihre Kompetenzgrundlage nennt (**Zitiergebot**). Für Rechtsverordnungen nach Bundesrecht folgt das aus Art. 80 Abs. 1 S. 3 GG, nach Landesrecht aus der jeweiligen Landesverfassung, z. B. Art. 61 Abs. 1 S. 3 LV BW. Im Fall der Subdelegation (Rn. 22) ist eine vollständige Paragraphenkette bis hin zur ursprünglichen gesetzlichen Ermächtigung zu bilden. 34

dd) Ausnahme: Unbeachtlichkeitsregelungen

Vor allem bei Satzungen sind, wie wir es bereits vom Verwaltungsakt her kennen (oben § 19 Rn. 116 ff.), Fehler im Bereich der formellen Voraussetzungen in gewissem Umfang unbeachtlich.[18] Es gibt allerdings keine allgemeine, etwa den §§ 45, 46 VwVfG* entsprechende Vorschrift dazu, sondern das einschlägige Unbeachtlichkeitsregime ergibt sich jeweils allein aus dem Fachrecht. Wichtig sind 35

- für gemeindliche Satzungen allgemein die Regeln der Gemeindeordnung wie z. B. § 4 Abs. 4 GemO BW, wonach Verfahrens- oder Formfehler grundsätzlich nach einem Jahr unbeachtlich werden, sowie
- für gemeindliche Satzungen aufgrund des BauGB – insbesondere Bebauungspläne – dessen §§ 214, 215, wo die zahlreichen Verfahrensvorschriften des BauGB mit differenzierten Unbeachtlichkeitsfolgen verbunden werden.

Prüfungshinweis

▶ Näheres hierzu erfahren Sie in der Kommunalrechts- bzw. der Baurechtsvorlesung.

c) Materielle Voraussetzungen

Die materiellen Anforderungen an eine Rechtsverordnung oder Satzung determiniert wie schon beim Verwaltungsakt weitestgehend das Fachrecht. Aus der Sicht des Allgemeinen Verwaltungsrechts kann man insofern wiederum lediglich übergreifend Geltendes zusammentragen und Gliederungsvorschläge machen. 36

Zentral sind die **Tatbestandsvoraussetzungen** der Kompetenzgrundlage (die sich jeweils natürlich auch aus den umliegenden Paragraphen ergeben können). 37

---

[17] Lit.: *Ziegler*, Die Verkündung von Satzungen und Rechtsverordnungen der Gemeinden, 1976; *Hentzschel*, NWVBl 2022, 445.

[18] Lit.: *Morlok*, Die Folgen von Verfahrensfehlern am Beispiel von kommunalen Satzungen, 1988.

Beispiele: Eine Polizeiverordnung darf die Polizei nach § 17 PolG BW nur „zur Wahrnehmung ihrer Aufgaben nach diesem Gesetz" erlassen, d. h. vor allem zur Abwehr von Gefahren für die öffentliche Sicherheit oder Ordnung (§ 1 Abs. 1 PolG BW). – Eine Satzung über den Anschlusszwang der Grundstückseigentümer an die gemeindliche Abwasserbeseitigung setzt ein „öffentliches Bedürfnis" voraus (§ 11 Abs. 1 S. 1 GemO BW).

38 Daneben sind die weiteren **gesetzlichen Kompetenzgrenzen** einzuhalten. Für Polizeiverordnungen sprechen Vorschriften wie § 19 Var. 1 PolG BW dies ausdrücklich aus. An dieser Stelle wäre auch ggf. die Grundrechtskonformität einer Rechtsverordnung oder Satzung zu prüfen.

Zusatzinformationen
- Die Kompetenzgrenzen kann man auf zwei Weisen deuten: entweder als Begrenzung schon der Kompetenzgrundlage (der Behörde steht dann schon fachrechtlich nur die beschränkte Kompetenz zur Verfügung) oder als zusätzliche Begrenzung (die Behörde könnte dann aus fachrechtlicher Sicht zwar handeln, aber ihre Kompetenz ist durch hinzutretende Vorschriften beschränkt). Im Ergebnis macht das normalerweise keinen Unterschied.
- Nicht alle gesetzlichen Verbote beinhalten zugleich eine Kompetenzgrenze, also eine Wirksamkeitsvoraussetzung. Eine Ausnahme kann man mit guten Gründen für die Ungleichbehandlungsverbote aus Art. 3 Abs. 1 GG u. a. annehmen. Diese lassen den Staatsorganen nämlich grundsätzlich eine Wahl zwischen zwei Regelungsalternativen, die eine generelle Unwirksamkeitsfolge unterlaufen würde.[19]

39 Der Einklang mit **anderen untergesetzlichen Rechtsvorschriften** – insbesondere anderen Rechtsverordnungen oder Satzungen – ist dagegen nicht generell erforderlich. Landesrechtliche Rechtsverordnungen und Satzungen dürfen (und können) wegen Art. 31 GG auch gegen untergesetzliches Bundesrecht nicht verstoßen. Im Übrigen würde man sich an die zuletzt ergangene untergesetzliche Rechtsvorschrift halten (*lex posterior*). Das Fachrecht begründet jedoch manchmal eine innere Hierarchie unter diesen Rechtsvorschriften, und in diesem Fall hängt die Wirksamkeit der rangniederen dann auch an deren Vereinbarkeit mit der ranghöheren Rechtsvorschrift.

Beispiele: Eine Polizeiverordnung darf nach § 19 Var. 2 PolG BW nicht „mit Rechtsverordnungen übergeordneter Behörden in Widerspruch stehen". – Die Rechtsverordnungen nach dem Juristenausbildungsgesetz (JAG) BW, also insbesondere die JAPrO BW, bleiben nach § 34 Abs. 4 S. 2 LHG BW von den Satzungen der Hochschulen unberührt; das hochschulinterne Prüfungsrecht ist dadurch in Baden-Württemberg immer nachrangig gegenüber dem staatlichen.

40 Schließlich besteht beim Erlass von Rechtsverordnungen oder Satzungen normalerweise ein **Ermessen** der Behörde, weil eigentlich immer verschiedene Regelungen (und Regelungsformulierungen!) in Betracht kommen.[20] Man spricht hier vom

---
[19] Vgl. *Kempny/Lämmle*, JuS 2020, 22/113/215 (220, auch 117); *Reimer*, in: Stern/Sodan/Möstl (Hg.), Das Staatsrecht der Bundesrepublik Deutschland, Bd. IV, 2022, § 128 Rn. 122–127.
[20] Lit.: *Bickenbach*, HVwR V, 2022, § 132; *von Danwitz*, Die Gestaltungsfreiheit des Verordnungsgebers, 1989; *Weitzel*, Justitiabilität des Rechtsetzungsermessens, 1998.

„Verordnungs-" bzw. „Satzungsermessen". Hier wäre auch Raum für eine Ermessensfehlerprüfung (vgl. allgemein oben § 17 Rn. 73 ff.). Da allerdings § 40 VwVfG* angesichts seines Standorts im Gesetz nur auf Verwaltungsakte anwendbar ist, sind die Maßstäbe weniger klar. Man wird aber wohl zumindest eine evident sachfremde Rechtsverordnung oder Satzung unter dem Gesichtspunkt eines Ermessensfehlgebrauchs als unwirksam ansehen und dies deshalb als weitere materielle Voraussetzung der Kompetenzgrundlage zusinnen wollen.

d) Keine Aufhebung oder Erledigung

Auch wenn über das Nichtigkeitsdogma die Wirksamkeit der Rechtsverordnung oder Satzung weitestgehend an deren Rechtmäßigkeit gekoppelt ist, tritt doch bei der Prüfung ihrer Wirksamkeit zu einem bestimmten Zeitpunkt wie beim Verwaltungsakt (vgl. § 43 Abs. 2 VwVfG*, oben § 19 Rn. 80) die negative Voraussetzung hinzu, dass die zunächst erlangte Wirksamkeit nicht zwischenzeitlich wieder verloren gegangen ist. 41

Wie beim Verwaltungsakt kann ein Wirksamkeitsverlust zum einen im Wege der **Aufhebung** eintreten.[21] Hierzu müsste ein späterer, seinerseits wirksamer Rechtsakt das Außerkrafttreten der Rechtsverordnung oder Satzung anordnen. Über die erforderliche Ermächtigung dazu werden normalerweise dieselben Stellen verfügen, die die Rechtsverordnungen oder Satzungen auch ursprünglich erlassen konnten. Das Gesetz erteilt sie mitunter ausdrücklich, im Übrigen wird sie regelmäßig als *actus contrarius* von der ursprünglichen Verordnungs- oder Satzungsermächtigung umfasst sein. Die Gesetzgebung kann überdies auch selbst eintreten und die Rechtsverordnung oder Satzung unmittelbar aufheben, was insbesondere bei Änderungsgesetzen nicht selten ist. 42

Zusatzinformationen
- Hebt die Gesetzgebung nicht die Rechtsverordnung oder Satzung als solche, dafür aber deren Kompetenzgrundlage auf, so braucht man das normalerweise nicht so zu verstehen, dass auch alle darauf gestützten Rechtsverordnungen oder Satzungen ihre Wirksamkeit dadurch verlören. Manchmal spricht ein Änderungsgesetz in diesem Sinne auch ausdrücklich aus, dass die ergangenen Rechtsakte wirksam bleiben sollen.
- Mit einer gerichtlichen Aufhebung (wie beim Verwaltungsakt nach § 113 Abs. 1 S. 1 VwGO, oben § 19 Rn. 142) brauchen wir bei Rechtsverordnungen und Satzungen dagegen nicht zu rechnen, was wiederum am Nichtigkeitsdogma liegt (vgl. § 17 Rn. 89 f.). Kommt es zum Normenkontrollverfahren über eine Rechtsverordnung oder Satzung (dazu noch Rn. 52 ff.), wird diese im Erfolgsfall am Ende nur deklaratorisch für unwirksam erklärt (§ 47 Abs. 5 S. 2 VwGO); sie soll dann aber bereits von Anfang an als nichtig gegolten haben.

Zum anderen kann sich auch eine Rechtsverordnung oder Satzung **durch Zeitablauf oder auf andere Weise erledigen**. Wie beim Verwaltungsakt geht es hier darum, dass ihr Regelungsgehalt sich erschöpft hat oder an eine gesetzliche Grenze gestoßen ist. 43

---

[21] Vgl. *Jürgensen*, Die Theorie vom Geltungsbeendigungsanlass, 2021, S. 155–163 („autoritative Geltungsbeendigung").

Beispiele: Eine Polizeiverordnung wurde ausdrücklich nur für drei Jahre erlassen; diese sind abgelaufen. – Eine Polizeiverordnung wurde ohne Befristung erteilt; nach § 25 Abs. 1 PolG BW erlischt sie gleichwohl spätestens nach 20 Jahren.

Zusatzinformationen
- Ein Gesetz, das diesen Zusammenhang aussprüche, ist daneben nicht erforderlich (ebenso wenig wie § 43 Abs. 2 VwVfG*, vgl. § 19 Rn. 80 ZI). Denn entweder ist die Regelung erschöpft (die Rechtsverordnung oder Satzung „will" gar nicht mehr regeln) – dann braucht es keine Anordnung der Unwirksamkeit. Oder ein Spezialgesetz steht ihr entgegen (die Rechtsverordnung oder Satzung „kann" insofern nicht mehr regeln) – dann tritt die Unwirksamkeit bereits kraft dieses Fachrechts ein.
- Bei Bebauungsplänen soll die Wirksamkeit auch enden, wenn zwar ihr Regelungswille fortbesteht, aber die tatsächlichen Verhältnisse sich massiv geändert haben. Da dieses Ergebnis im Gesetz nicht angelegt ist, erscheint die Konstruktion als systemwidrig.

III. Rechtmäßigkeit

44   Die Rechtmäßigkeit einer Rechtsverordnung oder Satzung[22] ist nach herrschender Auffassung mit deren Wirksamkeit grundsätzlich deckungsgleich („Nichtigkeitsdogma", vgl. allgemein § 17 Rn. 29). Lediglich die Frage einer späteren Aufhebung oder Erledigung (Rn. 41 ff.) stellt sich hier nicht. Dafür kann man sich bei Rechtsverordnungen und Satzungen ebenso wie bei anderen Rechtsakten (oben § 17 Rn. 35 ZI) fragen, ob sie auch nachträglich rechtswidrig werden können.[23]

45   Ergänzend ist zu bemerken, dass die Rechtsverordnung oder Satzung das Gesetz, das die Kompetenz vermittelt (Rn. 18 ff.), zugleich in der Funktion einer Rechtsgrundlage im Hinblick auf den Vorbehalt des Gesetzes benötigt. Anders als beim Verwaltungsakt kann hierauf auch bei begünstigenden Regelungen nicht verzichtet werden, weil der Vorbehalt des Gesetzes hier nicht (allein) aus den Grundrechten der Betroffenen folgt, sondern angesichts der Relevanz für die Gewaltenteilung (Rn. 2) aus dem Staatsorganisationsrecht („**institutioneller Vorbehalt des Gesetzes**"). Für Rechtsverordnungen nach Bundesrecht ergibt sich das ausdrücklich aus Art. 80 Abs. 1 S. 1 GG, für solche nach Landesrecht aus den Parallelvorschriften der Landesverfassungen (z. B. Art. 61 Abs. 1 S. 1 LV BW). Für Satzungen soll insoweit dasselbe gelten, auch wenn die Verfassungen hier schweigen.

IV. Rechtsschutz

1. Abwehr belastender Rechtsverordnungen/Satzungen

46   Die Möglichkeiten des Rechtsschutzes gegen Rechtsverordnungen und Satzungen, durch die man sich in Rechten verletzt sieht, sind vielgestaltig. Während die

---

[22] Lit.: *Bätge*, DVBl 2020, 1510.
[23] Lit.: *Baumeister*, Das Rechtswidrigwerden von Normen, 1996 (auch zu den Folgen für die Wirksamkeit).

IV. Rechtsschutz

Interessenkonstellation – Abwehr einer Belastung – eigentlich derjenigen beim belastenden Verwaltungsakt entspricht, unterscheidet sich das gerichtliche Vorgehen signifikant.

Während man beim Verwaltungsakt wegen der Anfechtungslast und der Titelwirkung seinen Rechtsschutz nicht auf spätere Vollzugsmaßnahmen beschränken kann (will man die Rechtswidrigkeit des Verwaltungsakts noch rügen können), findet der Rechtsschutz gegen Rechtsverordnungen und Satzungen vor allem **inzident** im Rahmen des Rechtsschutzes gegen Vollzugsakte statt (dazu Rn. 49 ff.).

Daneben gibt es, in gewisser Parallele zur Anfechtungsklage gegen Verwaltungsakte, auch **prinzipalen** Rechtsschutz gegen die Rechtsverordnungen und Satzungen als solche. Dazu dient der Normenkontrollantrag, der allerdings nicht flächendeckend gegeben ist (dazu Rn. 52 ff.); soweit er vorgesehen ist, gibt es auch einen speziellen Eilrechtsbehelf (dazu Rn. 59 f.). Wo der Normenkontrollantrag nicht statthaft ist, bleibt man auf den inzidenten Rechtsschutz verwiesen; soweit – mangels Vollzugsakts – auch dieser nicht hilft, soll ausnahmsweise eine Feststellungsklage gegen den erlassenden Hoheitsträger möglich sein (dazu Rn. 61).

a) Inzidenter Rechtsschutz

Der inzidente Rechtsschutz funktioniert über den Hebel des Nichtigkeitsdogmas (Rn. 18). Wenn eine wirksame Rechtsverordnung oder Satzung Voraussetzung für die Rechtmäßigkeit einer Maßnahme ist und die Rechtsverordnung oder Satzung wegen ihrer eigenen Rechtswidrigkeit unwirksam ist, dann führt das automatisch zur Rechtswidrigkeit der darauf gestützten Maßnahme. In jedem gerichtlichen oder auch behördlichen Verfahren gegen eine derartige Maßnahme kann man dementsprechend die Unwirksamkeit der Rechtsverordnung oder Satzung rügen. Jedes Gericht und jede Behörde muss in einem solchen Verfahren die unwirksame Rechtsverordnung oder Satzung unangewandt lassen. Anders als bei einem (Parlaments-) Gesetz, wo im entsprechenden Fall die Aussetzungs- und Vorlagepflicht nach Art. 100 Abs. 1 GG gilt („konkrete Normenkontrolle"), besteht hier kein Verwerfungsmonopol eines bestimmten Gerichts.

Dieser Mechanismus inzidenter Überprüfung kann sich grundsätzlich **auf allen Rechtswegen und in allen Klagearten** abspielen. Wichtige Fälle:

- *Anfechtungsklage* gegen einen Verwaltungsakt, dessen Rechtmäßigkeit von der Wirksamkeit der Rechtsverordnung oder Satzung abhängt (Rn. 14). Der Standort der Inzidentprüfung kann dabei variieren. Enthält die Rechtsverordnung oder Satzung selbst die Rechtsgrundlage des Verwaltungsakts, muss ihre Wirksamkeit bereits unter diesem Prüfungspunkt geklärt werden (vgl. oben § 17 Rn. 45) – ansonsten bei dem konkreten Aspekt der formellen oder materiellen Rechtmäßigkeit, um den es jeweils geht (z. B. Zuständigkeit bei einer zuständigkeitsbegründenden Rechtsverordnung; Gefahr für die öffentliche Sicherheit bei drohendem Verstoß gegen eine Polizeiverordnung).

Beispiele: A klagt gegen die Erteilung einer Baugenehmigung an B und macht geltend, wegen Unwirksamkeit des Bebauungsplans sei auch die im Einzelfall erfolgte Genehmigungserteilung rechtswidrig. – C klagt gegen die Festsetzung einer Gemeindesteuer und macht geltend, wegen Unwirksamkeit der gemeindlichen Steuersatzung sei auch die im Einzelfall erfolgte Steuerfestsetzung rechtswidrig.

- *Verpflichtungsklage* auf einen Verwaltungsakt, dem die Rechtsverordnung oder Satzung – wenn wirksam – entgegenstünde;

    Beispiele: B klagt auf Erteilung einer Baugenehmigung und macht geltend, wegen Unwirksamkeit des Bebauungsplans – der ihrem Vorhaben eigentlich entgegenstünde – sei ihr Bauvorhaben doch genehmigungsfähig.

- vor den ordentlichen Gerichten: Einspruch gegen einen Bußgeldbescheid, der auf einen Verstoß gegen die Rechtsverordnung gestützt ist (Rn. 15). Diese praktisch nicht unwichtige Konstellation wird wegen der ordnungswidrigkeitenrechtlichen Einkleidung im Verwaltungsrechtsfall allerdings kaum begegnen (vgl. oben § 12 Rn. 68 f.). Die Verfahrensvorschriften finden sich in §§ 67 ff. OWiG.

    Beispiele: V erhält einen Bußgeldbescheid wegen einer Geschwindigkeitsübertretung im Straßenverkehr, erhebt Einspruch und macht geltend, wegen Unwirksamkeit der Straßenverkehrsordnung sei ein Ordnungswidrigkeitstatbestand nicht verwirklicht und damit der Bußgeldbescheid rechtswidrig.

51 Möglich ist es nicht zuletzt auch, **gezielt** die **inzidente Überprüfung** der Rechtsverordnung oder Satzung auszulösen, indem man

- auf Verurteilung zur Unterlassung eines Vollzugsakts,
- auf Feststellung des Nichtbestehens einer Befugnis zum Vollzugsakt oder
- auf Feststellung des Fortbestehens einer durch die Rechtsverordnung bzw. Satzung vermeintlich aufgehobenen Rechtsposition

klagt. Eine solche Klage ist manchmal der Ausweg, wenn nämlich die sogleich anzusprechende prinzipale Normenkontrolle nicht zur Verfügung steht – insbesondere bei Rechtsverordnungen von Bundesbehörden.[24] Anders als diese richtet man sie gegen den Verwaltungsträger, der die Rechtsverordnung oder Satzung vollzieht, und nicht gegen denjenigen, der sie erlassen hat. Im Erfolgsfall führt sie auch nur zu einem Urteil, das zwischen dem Kläger und dem für ihn vollzugszuständigen Verwaltungsträger wirkt und nicht gegenüber jedermann.

Zusatzinformation
Ein paralleles Problem besteht bei EU-Verordnungen, die keinen für sich anfechtbaren Vollzugsakt nach sich ziehen („Jacobs gap").[25]

---

[24] Lit.: *Geis*, FS Schenke, 2011, S. 709; *Kuntz*, Der Rechtsschutz gegen unmittelbar wirkende Rechtsverordnungen des Bundes, 2001; *Seiler*, DVBl 2007, 538; *Weidemann*, VerwArch 98 (2007), S. 523. Zu Hamburg *Felix*, NordÖR 2024, 153.
[25] Lit.: *W. Michl*, NVwZ 2014, 841; *Lenz/Staeglich*, NVwZ 2004, 1421.

IV. Rechtsschutz

b) Antrag auf Unwirksamerklärung (Normenkontrolle)
Unmittelbar gegen eine Rechtsverordnung oder Satzung sind dem Betroffenen ebenfalls Rechtsbehelfe gegeben („prinzipaler Rechtsschutz"). Im Prinzip zählt dazu natürlich auch die bereits aus dem Staatsrecht vertraute Verfassungsbeschwerde nach Art. 93 Abs. 1 Nr. 4a GG (für deren Zulässigkeit wäre hier vor allem auf die materielle Subsidiarität, also die Möglichkeit von Klagen im Sinne der Rn. 51, zu achten; für Beschwerdebefugnis und Begründetheit muss es gerade um eine Grundrechtsverletzung gehen). Im verwaltungsrechtlichen Zusammenhang ist allerdings eher der **Antrag auf verwaltungsgerichtliche Normenkontrolle nach § 47 VwGO** gemeint.

52

Zusatzinformationen
- Die Normenkontrolle hat gleichwohl gewisse Bezüge zum Verfassungsrecht. Nach Landesrecht kann sie teilweise zugunsten eines Landesverfassungsgerichts ausgeschlossen werden (§ 47 Abs. 3 VwGO); auch kann einem parallel anhängigen verfassungsgerichtlichen Verfahren über dieselbe Rechtsverordnung oder Satzung Vorrang gegeben werden (§ 47 Abs. 4 VwGO). Die stattgebende Entscheidung ist allgemein verbindlich und steht der weiteren Vollziehung von Vollzugsakten entgegen (§ 47 Abs. 5, § 183 VwGO ähnlich § 79 BVerfGG);[26] der Eilrechtsschutz ist verfassungsgerichtstypisch ausgestaltet (§ 47 Abs. 6 VwGO ähnlich § 32 BVerfGG).
- Auf verfassungsrechtlicher Ebene gibt es neben der Verfassungsbeschwerde auch noch die abstrakte Normenkontrolle im Sinne von Art. 93 Abs. 1 Nr. 2 GG bzw. den entsprechenden Landesverfassungsnormen. Diese steht aber bekanntlich nicht den Betroffenen, sondern nur den dort aufgezählten Verfassungsorgan(teil)en zur Verfügung.

Für den Normenkontrollantrag ist stets das **Oberverwaltungsgericht** zuständig, wie sich aus § 47 Abs. 1 VwGO ergibt. Diese Bestimmung ist also zugleich Spezialvorschrift gegenüber §§ 45 ff. VwGO.

53

Statthaft ist der Antrag nicht gegen jegliche Rechtsverordnung oder Satzung, sondern nur in den zwei in derselben Bestimmung aufgeführten Fällen:

54

- gegen (gemeindliche) Satzungen nach dem BauGB, insbesondere gegen *Bebauungspläne* (§ 47 Abs. 1 Nr. 1 VwGO). Die in der Vorschrift ebenfalls genannten Rechtsverordnungen betreffen eine Sonderregelung für die Stadtstaaten, denen mangels Gemeinden eine andere rechtliche Gestaltung ermöglicht wurde (§ 246 Abs. 2 BauGB).
- gegen landesrechtliche *Rechtsvorschriften „im Rang unter dem Landesgesetz"*, also in erster Linie Rechtsverordnungen und Satzungen von Behörden des Landes und der vom Land beaufsichtigten Verwaltungsträger (Gemeinden, Hochschulen usw. – § 47 Abs. 1 Nr. 2 VwGO). Dies gilt jedoch nur, soweit das Landesrecht diesen Weg eröffnet, weshalb an dieser Stelle stets das einschlägige Ausführungsrecht hinzuziehen ist. Die meisten Länder haben inzwischen von dieser Möglichkeit umfassend Gebrauch gemacht (z. B. § 4 AGVwGO BW), sodass auch gegen Rechtsverordnungen und Satzungen landesrechtlicher Hoheitsträger meist der Antrag nach § 47 Abs. 1 Nr. 2 VwGO statthaft ist.

---

[26] Lit.: *Gerhard*, Die Rechtsfolgen prinzipaler Normenkontrollen für Verwaltungsakte, 2008.

Prüfungshinweis

▶ Finden Sie für Ihr Bundesland heraus, ob es eine entsprechende Vorschrift gibt, und haben Sie diese für die Fallbearbeitung im Hinterkopf.

Zusatzinformation
Eine generelle Lücke besteht insofern für Rechtsverordnungen des Bundesrechts. Diese können prinzipal nur vom Bundesverfassungsgericht kontrolliert werden, das allerdings nur am Maßstab des Grundgesetzes und nicht etwa des ermächtigenden Bundesgesetzes und dessen Voraussetzungen. Für Letzteres bleibt dann nur eine gezielte inzidente Überprüfung (Rn. 51).

55 Die Normenkontrolle darf nach § 47 Abs. 1 VwGO vom Oberverwaltungsgericht nur „**im Rahmen seiner Gerichtsbarkeit**" ausgeübt werden. Diese etwas undeutliche Formulierung – denn der Rechtsweg nach § 40 VwGO muss ja ohnehin eröffnet sein – versteht man zutreffend als weitere, inhaltliche Beschränkung: Während jede Streitigkeit über die Wirksamkeit einer Rechtsverordnung oder Satzung öffentlich-rechtlich ist, weil es um spezifische und damit hoheitliche Kompetenzen der erlassenden Behörde geht, soll die Normenkontrolle nur möglich sein, wenn auch die Regelungen der Rechtsverordnung oder Satzung selbst öffentlich-rechtlichen *Inhalt* haben und nicht einer abdrängenden Sonderzuweisung unterliegen. Ausgeschlossen sind damit Rechtsverordnungen, die privat-, straf-, ordnungswidrigkeiten-, steuer- oder sozialrechtlichen Inhalt haben – z. B. die Betriebskostenverordnung für das Wohnraummietrecht (§ 556 BGB).

Zusatzinformation
Für Rechtsverordnungen und Satzungen, die nicht der Gerichtsbarkeit der Oberverwaltungsgerichte unterliegen, sieht das Gesetz teilweise eine Normenkontrolle durch andere Gerichte vor. Unter den besonderen Verwaltungsgerichten ist zu nennen die sozialgerichtliche Normenkontrolle nach § 55a SGG,[27] unter den Zivilgerichten die arbeitsgerichtlichen Normenkontrolle nach § 98 Arbeitsgerichtsgesetz.

56 Die **übrigen besonderen Zulässigkeitsvoraussetzungen** des Normenkontrollantrags ähneln der Anfechtungsklage (oben § 19 Rn. 142 ff.):

- *Antragsbefugt* ist nach § 47 Abs. 2 S. 1 VwGO, wer eine Rechtsverletzung geltend macht (ähnlich § 42 Abs. 2 VwGO).[28] Das Gesetz nennt ausdrücklich natürliche und juristische Personen, was die Frage aufwirft, ob nichtrechtsfähige Personenverbände – anders als bei der Beteiligungsfähigkeit nach § 61 Nr. 2 VwGO – hier ausgeschlossen sein sollen; vor dem Hintergrund der Rechtsschutzgarantie aus Art. 19 Abs. 4 GG zieht man hier aber keinen Umkehrschluss, sondern bezieht (im Wege einer Analogie oder einer spezifischen weiten Auslegung von „juristische Person") die Norm auch auf alle anderen Vereinigungen,

---

[27] Von 2011. Zur vorangegangenen Entwicklung vgl. *Axer*, NZS 1997, 10.
[28] Lit.: *Herr*, Die „neue" Antragsbefugnis im Normenkontrollverfahren nach § 47 II VwGO, 2003.

denen ein Recht zustehen kann. Alternativ ist die Antragsbefugnis auch „jede[r] Behörde" gegeben, der als solcher grundsätzlich keine Rechte zustehen (oben § 7 Rn. 12) und die dementsprechend auch keine Rechtsverletzung mitbringen muss. Man verlangt gleichwohl zumindest eine Berührung des Zuständigkeitsbereichs der Behörde durch die fragliche Rechtsverordnung oder Satzung.
- *Antragsgegner* ist nach § 47 Abs. 2 S. 2 VwGO der Verwaltungsträger, dessen Behörde die Rechtsverordnung oder Satzung erlassen hat (ähnlich § 78 Abs. 1 Nr. 1 VwGO).
- *Antragsfrist* ist nach § 47 Abs. 2 S. 1 VwGO ein Jahr (großzügiger als § 74 VwGO; ähnlich § 93 Abs. 3 BVerfGG).

Dagegen ist die **Begründetheit** anders geregelt, nämlich ohne das Erfordernis einer subjektiven, der Antragsbefugnis korrespondierenden Rechtsverletzung, wie sie § 113 Abs. 1 S. 1 VwGO kennt (§ 19 Rn. 202). Beim Normenkontrollantrag gibt es also eine subjektivrechtliche Zulässigkeitshürde; wird diese genommen, hat das Gericht die Wirksamkeit der Rechtsverordnung oder Satzung jedoch objektivrechtlich – also unter jedem rechtlichen Gesichtspunkt – zu prüfen. 57

Der objektivrechtlichen Prüfung korrespondiert die gerichtliche **Entscheidung** im Erfolgsfall: Die Rechtsverordnung oder Satzung ist nach § 47 Abs. 5 VwGO für unwirksam zu erklären, und zwar mit allgemeiner Verbindlichkeit (*erga omnes*). 58

c) Antrag auf Erlass einer einstweiligen Anordnung

Spezielle Studienliteratur: *Lenk*, JA 2021, 388.

Speziell für die Konstellation des Normenkontrollantrags nach § 47 Abs. 1 VwGO sieht § 47 Abs. 6 VwGO eine besondere Form des Eilantrags vor, nämlich einen Antrag auf Erlass einer einstweiligen Anordnung. Anders als in § 80 VwGO sieht das Gesetz keine aufschiebende Wirkung des Normenkontrollantrags vor (angesichts des reduzierten rechtlichen Könnens der Behörden ist ein solcher Kompensationsmechanismus hier nicht nötig, vgl. § 19 Rn. 83). Mit einer einstweiligen Anordnung nach § 47 Abs. 6 VwGO kann das Oberverwaltungsgericht aber konstitutiv die Rechtsverordnung oder Satzung außer Vollzug setzen (mit Wirkung gegenüber jedermann, str.[29]). 59

Anders als beim Antrag nach § 123 VwGO (oben § 9 Rn. 66 ff.) kommt es für die Begründetheit hier nach bisher überwiegender Auffassung aber auch nicht auf das Bestehen eines Anordnungsanspruchs und -grundes an, sondern es wird unmittelbar auf die drohenden Folgen abgestellt („Abwehr schwerer Nachteile oder aus anderen wichtigen Gründen"); diese Art einstweiliger Anordnung erinnert eher an diejenige nach § 32 BVerfGG. In jüngerer Zeit wird auch bei § 47 Abs. 6 VwGO eine stärkere Orientierung an den Erfolgsaussichten der Hauptsache, wenn nicht sogar eine Übernahme der beiden Voraussetzungen „Anordnungsanspruch" und „Anordnungsgrund" gefordert.[30] 60

---

[29] Vgl. *Eibenstein*, NJW 2022, 980.
[30] *Schoch*, NVwZ 2022, 1.

d) Klage auf Feststellung des Nichtbestehens einer Kompetenzgrundlage

61 Übrig lassen die vorstehend beschriebenen Rechtsbehelfe diejenigen Fälle, in denen *weder* ein Fall des § 47 Abs. 1 VwGO gegeben ist *noch* ein Vollzugsakt oder eine Rechtsposition im Raum steht, über die man zumindest eine inzidente Kontrolle der Rechtsverordnung bzw. Satzung erreichen könnte. Hier wird erwogen, dem Betroffenen ausnahmsweise eine allgemeine Feststellungsklage gegen den Hoheitsträger zu geben, der die Rechtsverordnung bzw. Satzung erlassen hat (die inzident angreifenden Feststellungsklagen richten sich gegen den *vollziehenden* Hoheitsträger, Rn. 51). Inhaltlich würde sich die Klage auf die Feststellung richten, dass der Beklagte keine Kompetenz zum Erlass der Rechtsverordnung bzw. Satzung gehabt habe. Auch wenn eine solche Klage nur im Verhältnis der Beteiligten präjudiziell wirken würde (und nicht *erga omnes* wie bei beim Normenkontrollantrag, Rn. 58), lässt § 47 VwGO doch deutlich erkennen, dass das Gesetz eine prinzipale Normenkontrolle nur in den dort genannten Fällen eröffnen will. Die Konstruktion einer entsprechenden „atypischen" Feststellungsklage ist deshalb als vom Gesetz nicht gedeckter Umgehungsversuch anzusehen. Wer sie dennoch zulassen will, um etwaige Rechtsschutzlücken zu schließen, kann höchstens mit Art. 19 Abs. 4 GG argumentieren.[31]

2. Erzwingung von Rechtsverordnungen/Satzungen

62 Konstruktiv möglich ist auch eine allgemeine Leistungsklage gegen einen Verwaltungsträger mit dem Antrag, diesen zu verurteilen, eine bestimmte Rechtsverordnung oder Satzung zu erlassen („**Normerlassklage**").[32] Angesichts des typischerweise weiten Ermessens, das beim Normerlass besteht, wird dabei meist an eine Entscheidungs-, nicht Vornahmeklage zu denken sein (vgl. oben § 13 Rn. 8).

63 Die schwierigere Frage liegt hier darin, ob und inwieweit es **materiellrechtliche Ansprüche auf Normerlass** gibt.[33] Eher wird es sich dabei um Bescheidungs- als um Vornahmeansprüche handeln. In Betracht kommt immerhin ein Gleichbehandlungsanspruch aus Art. 3 Abs. 1 GG, wenn einer ungerechtfertigten Ungleichbehandlung nur durch Änderung einer Rechtsverordnung oder Satzung abgeholfen werden kann.

---

[31] Lit.: *Schenke*, NVwZ 2016, 720; *ders.*, NJW 2017, 1062 (1064); *Fellenberg/Karpenstein*, NVwZ 2006, 1133; *Weidemann*, NVwZ 2006, 1259.

[32] Lit.: *Schenke*, Rechtsschutz bei normativem Unrecht, 1979, S. 332 ff.

[33] Lit.: *Henrichs*, Das subjektive öffentliche Recht auf Erlaß einer untergesetzlichen Norm und seine Durchsetzbarkeit, 1998; *Westbomke*, Der Anspruch auf Erlaß von Rechtsverordnungen und Satzungen, 1976.

§ 24. Gesetzgebungsakte im Verwaltungsrecht

Rechtspositionen grundsätzlich aller Art können – natürlich – auch durch ein formelles Gesetz begründet, geändert oder aufgehoben werden. Das Gesetz ist ein Rechtsakt, der im Wesentlichen vom Parlament ausgeht, wobei andere Verfassungsorgane mitwirken; es ist jedenfalls kein Rechtsakt der Verwaltung und dient im Gegenteil oftmals gerade zu deren Steuerung (oben § 2). Gleichwohl hat die Verwaltung einigen **Einfluss auf die Gesetzgebung**, und zwar in erster Linie über das Recht der Regierung zur Gesetzesvorlage (Art. 76 Abs. 1 GG und entsprechende Landesvorschriften). Eine solche Vorlage bereitet normalerweise das fachlich zuständige Ministerium vor. Die Initiative dafür kann aber durchaus auch von einer untergeordneten Behörde ausgehen, die ein praktisches Bedürfnis zu einer Gesetzesänderung erkennt und dem Ministerium mitteilt (über die in der Hierarchie dazwischenstehenden Behörden, also auf dem sogenannten „Dienstweg"). 1

Wirkungen, Wirkungsbedingungen, Rechtmäßigkeitsanforderungen und Rechtsschutzmöglichkeiten in Bezug auf das Gesetz wurden im Staatsorganisationsrecht bereits ausführlich behandelt. Sie werden deshalb im Folgenden nur insoweit in Erinnerung gerufen, als sie gerade für das Verwaltungsrecht besondere Bedeutung haben. 2

I. Wirkungen

Gesetzgebungsakte begegnen uns meist in der Gestalt, dass sie Rechtspositionen **abstrakt** begründen, ändern oder aufheben – also bei Eintritt eines gewissen Tatbestands, der später vom Rechtsanwender noch beurteilt werden muss (vgl. allgemein oben § 9 Rn. 20 ff.). Für behördliche Befugnisse (oben § 11 Rn. 19 ff.) und Kompetenzen (oben § 14 Rn. 4 ff.) sowie private Abgaben- und Unterlassungspflichten (oben § 12 Rn. 7, 12, 27) haben wir gesehen, dass der Erwerb durch abstrakten Rechtsakt sogar die Regel bildet. Aber auch andere Status, Erlaubnisse, 3

Pflichten, Ansprüche, Kompetenzen, Eigenschaften von Sachen und Systemzustände entstehen in vielen Zusammenhängen auf dieselbe Weise.

Beispiel: „Jede Person, die durch Hochwasser betroffen sein kann, ist im Rahmen des ihr Möglichen und Zumutbaren verpflichtet, geeignete Vorsorgemaßnahmen zum Schutz vor nachteiligen Hochwasserfolgen und zur Schadensminderung zu treffen" (§ 5 Abs. 2 Wasserhaushaltsgesetz).

4 Nicht anders als Rechtsverordnungen und Satzungen (oben § 23 Rn. 11 ff.) können Gesetzgebungsakte aber auch **konkret** Rechtspositionen zuordnen, also ohne dass noch ein Tatbestand später verwirklicht werden müsste. Das ist ebenfalls prinzipiell für alle Arten von Rechtspositionen möglich, die wir erörtert haben, und kann sowohl zur Begründung als auch zur Änderung oder Aufhebung solcher Rechtspositionen führen; aus der Sicht des betroffenen Rechtsträgers kann das günstig oder aber nachteilig sein. Auch Private und Privatrechtssubjekte können Adressaten einer solchen Regelung werden.

Beispiele: § 2 Gesetz über die Durchführung von Maßnahmen aus dem Corona-Konjunkturpaket zum Erhalt und zur nachhaltigen Bewirtschaftung der Wälder begründet den *Status* als Beliehener zugunsten des Fachagentur Nachwachsende Rohstoffe e.V. – § 51 Postgesetz begründete eine *Erlaubnis* zur Erbringung von Briefdienstleistungen zugunsten der Deutsche Post AG. – § 105 Abs. 4 S. 2 Nr. 4 SGB IV begründet eine *Pflicht* zur Leistung von Finanzierungsbeiträgen zum Nachteil eines konkreten Privatrechtssubjekts, des Deutsche Gesetzliche Unfallversicherung e.V. – § 7f Atomgesetz begründet eine bedingte Zahlungspflicht der EnBW Energie Baden-Württemberg AG. – § 6 Abs. 1 S. 2 Gesetz über die Errichtung einer Bundeskanzler-Willy-Brandt-Stiftung begründet eine *Kompetenz*, nämlich ein „bindendes Vorschlagsrecht", zugunsten konkreter natürlicher Personen, nämlich der Witwe und der Kinder Willy Brandts.

Zusatzinformationen
- Konkrete Rechtspositionen Privater durch Gesetz zu gestalten findet in jüngerer Zeit einen Anwendungsbereich im Planungsrecht, nämlich bei der Zulassung von Infrastrukturvorhaben, die sonst im Wege eines Verwaltungsakts erfolgen würde.[1] Die Wahl eines Gesetzes soll insbesondere „NIMBYs" den Verwaltungsrechtsweg abschneiden, soweit dies verfassungsrechtlich möglich ist. Das Gesetz zur Vorbereitung der Schaffung von Baurecht durch Maßnahmengesetz im Verkehrsbereich (Maßnahmengesetzvorbereitungsgesetz – MgVG) von 2020 regelte bis 2023 ein besonderes behördliches „vorbereitendes Verfahren", woran sich jeweils ein die Zulassung konkret erteilendes Einzelfallgesetz anschließen sollte.[2] Nur eine Spur zurückhaltender ist das Standortauswahlgesetz (StandAG) von 2017, wonach im Anschluss an ein behördliches Verfahren durch konkretes Gesetz über die Auswahl eines Standortes für ein deutsches Endlager für hoch radioaktive Abfälle entschieden werden soll; die Standortentscheidung bindet dann gemäß § 20 Abs. 3 S. 1 StandAG das anschließende behördliche Genehmigungsverfahren.
- Konkrete Rechtspositionen von Religionsgemeinschaften begründen die Länder, vielfach in sogenannten „Staatskirchenverträgen". Diese werden nicht als verwaltungsrechtliche Verträge (§ 22) verstanden, sondern – wie zwischenstaatliche Verträge – auf staatlicher Seite durch ein Gesetz in Kraft gesetzt. Die Religionsgemeinschaften erhalten dadurch verwaltungsrechtliche Status, Erlaubnisse und Ansprüche, aber auch Pflichten – Beispiel: „Die Nordelbische

---
[1] Vgl. *von Weschpfennig*, AöR 145 (2020), S. 438; *Wißmann*, VVDStRL 73 (2014), S. 369.
[2] Vgl. *Chladek*, DVBl 2022, 578 zu völker- und unionsrechtlichen Bedenken, *Marek/Meyer*, Jura 2024, 31 zu verfassungsrechtlichen und *Roth*, NVwZ 2024, 973 zur überraschenden Aufhebung.

Evangelisch-Lutherische Kirche stellt sicher, dass ihre Denkmäler grundsätzlich der Allgemeinheit zugänglich gemacht werden" (Art. 9 Abs. 2 evangelischer Staatskirchenvertrag Hamburg).

Besonders häufig begegnet die gesetzliche Ausstattung mit konkreten Rechtspositionen allerdings bei Verwaltungsträgern und Behörden. Hier geht es bereits mit den Errichtungsgesetzen los, die, wie gesehen, oftmals nur einem einzigen Hoheitsträger gelten und diesem Existenz und Zuständigkeiten zuordnen (oben § 6 Rn. 12). Aber auch etwa Verordnungskompetenzen werden typischerweise auf die gleiche Weise erteilt (oben § 14 Rn. 9, § 23 Rn. 18 ff.). 5

Beispiel: § 6 Infrastrukturgesellschaftserrichtungsgesetz begründet eine Kompetenz gerade des Bundesverkehrsministeriums zur Beleihung eines konkreten Privatrechtssubjekts durch Rechtsverordnung.

Die Wirkungsnormen ergeben sich für Gesetzgebungsakte allein aus dem Verfassungsrecht, also nicht auch aus anderen („einfachen") Gesetzen. Sie sind ungünstigerweise nicht ebenso deutlich formuliert wie etwa §§ 43 und 44 VwVfG*. Für Bundesgesetze können wir vorrangig Art. 20 Abs. 3 sowie Art. 76 bis 78 und 82 GG als Sitz der Wirkungsnormen ansprechen; für Landesgesetze suchen wir die entsprechenden Bestimmungen in der jeweiligen Landesverfassung. 6

II. Wirkungsbedingungen

Unter welchen Bedingungen die Wirkungen eines Gesetzes genau eintreten, geben die Verfassungsbestimmungen von Bund und Ländern nicht mit der wünschenswerten Deutlichkeit an. Sicher muss zunächst überhaupt ein als „Gesetz" anzusprechender Vorgang gegeben sein (Handlungsformqualifikation). Darüber hinaus werden weitere Anforderungen zu stellen sein (Wirksamkeitsvoraussetzungen). 7

1. Handlungsformqualifikation „Gesetz"

Zentrales Merkmal des Gesetzesbegriffs ist im demokratischen Verfassungsstaat der **Parlamentsbeschluss**. So beschließt die Bundesgesetze nach Art. 77 Abs. 1 S. 1 GG der Bundestag und kennt Art. 78 GG ein „vom Bundestage beschlossenes Gesetz"; offenbar ist die Handlungsformqualifikation damit bereits gegeben. Den Beschluss des Bundestags oder entsprechend des Landtags kann man den veröffentlichten Protokollen des Parlaments entnehmen; dieses Merkmal ist für den Rechtsanwender also auch nachprüfbar. 8

Im Bundesbereich tritt mit dem **Bundesrat** ein zweites Gesetzgebungsorgan neben das Parlament, das je nach Inhalt der Vorlage mal zustimmen, mal ein anderes Verfahren durchlaufen muss (Art. 77 Abs. 2–4 GG). Nach Art. 78 GG „kommt" das vom Bundestag beschlossene Gesetz „zustande", wenn das jeweils gegebene Bundesratsverfahren abgeschlossen, insbesondere die etwa erforderliche Zu- 9 stimmung erteilt ist. Das „Zustandekommen" des Gesetzes kann man alternativ schon dem Gesetzesbegriff zuordnen oder als zusätzliche positive Wirksamkeitsvoraussetzung auffassen.

2. Wirksamkeit

a) Positive Wirksamkeitsvoraussetzungen: Ausfertigung und Verkündung

10 Unabdingbar für ein wirksames Gesetz ist die **Verkündung**, bei einem Bundesgesetz im Bundesgesetzblatt nach Art. 82 Abs. 1 GG. Sie ist für den Rechtsanwender als einziger Schritt des Gesetzgebungsverfahrens gut festzustellen, kann aber wohl nicht die einzige Voraussetzung sein, denn sonst läge die wirksame Gesetzgebung effektiv allein in der Hand der Redakteure des Bundesgesetzblatts; das kann die Verfassungsgebung kaum gewollt haben.

11 Die **Ausfertigung** durch den Bundespräsidenten und die **Gegenzeichnung** durch Mitglieder der Bundesregierung nach Art. 82 Abs. 1 GG wird man deshalb ebenfalls als Wirksamkeitsvoraussetzung ansehen müssen. Sie werden im Gesetzblatt wiedergegeben, aber sind vom Rechtsanwender ohne Kenntnis der Urschrift eigentlich schon nicht mehr nachzuprüfen.

b) Negative Wirksamkeitsvoraussetzung 1: Verfassungsmäßigkeit

12 Als Wirksamkeitsvoraussetzung nimmt die ganz überwiegende Auffassung an, dass das Gesetz verfassungsmäßig sein muss, sein Erlass also gegen kein verfassungsrechtliches Verbot – dazu inhaltlich noch gleich Rn. 18 ff. – verstoßen darf; andernfalls ist es als unwirksam und nichtig zu betrachten („Nichtigkeitsdogma", vgl. allgemein § 17 Rn. 29). Nichtigkeit in diesem Sinne bedeutet: die vorgesehenen Rechtspositionen treten zu keinem Zeitpunkt in Geltung; vorgesehene Pflichten brauchen von Anfang an nicht erfüllt zu werden, vorgesehene Befugnisse stehen von Anfang an nicht zur Verfügung, auf vorgesehene Status kann man sich von Anfang an nicht berufen – obwohl das durchlaufene Gesetzgebungsverfahren und die erfolgte Verkündung einen besonders starken gegenteiligen Rechtsschein setzen.

Zusatzinformation
Nicht alle verfassungsrechtlichen Verbote beinhalten eine Wirksamkeitsvoraussetzung, insbesondere nicht die Ungleichbehandlungsverbote aus Art. 3 Abs. 1 GG u. a. (vgl. § 23 Rn. 38 ZI).

13 Das Nichtigkeitsdogma wird beim Gesetz zwar nicht materiellrechtlich (wie bei Rechtsverordnungen und Satzungen, oben § 23 Rn. 35), wohl aber **prozedural relativiert**. Denn ein Gericht darf ein Gesetz, das es für entscheidungserheblich, aber grundgesetzwidrig hält, nicht einfach unangewendet lassen, sondern muss es nach Art. 100 Abs. 1 S. 1 GG dem Bundesverfassungsgericht vorlegen (entsprechend bei Verstoß gegen die Landesverfassung: Art. 100 Abs. 1 S. 2 GG). Auch wenn die Entscheidung des Bundesverfassungsgerichts als bloß deklaratorische Feststellung ohnehin gegebener Nichtigkeit konzipiert ist, könnte man sie auch als konstitutive Beseitigung bis dahin gegebener Wirksamkeit deuten.

II. Wirkungsbedingungen

Zum Schwur kommt es für Behörden und Private als Rechtsanwender, denn für beide gibt es keine Entsprechung zu Art. 100 Abs. 1 GG. Nach dem Nichtigkeitsdogma dürften und müssten sie das Gesetz konsequenterweise außer Acht lassen. Für Behörden deutet auch der Wortlaut von § 76 Abs. 1 Nr. 2 Var. 2 BVerfGG auf eine gesetzgeberische Anerkennung dieses Ergebnisses hin, gleichwohl wollen viele diese Konsequenz nicht ziehen.[3]

Zusatzinformation
Zwei Gesichtspunkte spielen dabei eine Rolle: zum einen die Möglichkeit von Bundes- und Landesregierungen als Spitzen der Staatsverwaltung, eine verfassungsgerichtliche abstrakte Normenkontrolle anzustoßen und darüber die Frage klären zu lassen; zum anderen die Pflicht jedenfalls der Beamten, eine für rechtswidrig gehaltene Anweisung zunächst die Reihe der Vorgesetzten hochzugeben (vgl. unten § 25 Rn. 16), worüber sie im Prinzip die Regierung erreichen könnte.

c) Negative Wirksamkeitsvoraussetzung 2: Unionsrechtmäßigkeit
Eine weitere Wirksamkeitsvoraussetzung wird man darin sehen müssen, dass das Gesetz auch unionsrechtmäßig ist. Wenn man den (nach wie vor nicht ausdrücklich geregelten, aber wohl Art. 23 GG zu entnehmenden) Anwendungsvorrang des Unionsrechts anerkennt, dann entfalten Normen eines deutschen Bundes- oder Landesgesetzes keine Wirkung, soweit entweder

- ihr Erlass selbst gegen ein unionsrechtliches Verbot verstößt oder
- die von ihnen beabsichtigten Rechtsfolgen (Rechtspositionen) bereits durch eine Unionsrechtsnorm abschließend geregelt sind.

Die Relativierungen der Nichtigkeit wie bei Verfassungsverstößen treten hier nicht ein. Gerichte haben das unionsrechtswidrige Gesetz ohne weiteres außer Acht zu lassen. Nur wenn dafür eine Frage des Unionsrechts noch zu beantworten ist, legen sie nach Art. 267 AEUV dem Europäischen Gerichtshof vor, der sich aber nie zur Wirksamkeit oder Nichtigkeit des Gesetzes äußern wird, sondern immer nur zu den Vorgaben des Unionsrechts.

Beispiel: Nach § 176 Telekommunikationsgesetz sollen Telekommunikationsunternehmen Verbindungsdaten auf Vorrat speichern. Ein Unternehmen sieht darin einen Verstoß gegen Unionsrecht und beantragt beim Verwaltungsgericht die Feststellung, dass es nicht verpflichtet sei. Das Verwaltungsgericht legt zunächst dem EuGH vor und trifft dann die begehrte Feststellung.

Entsprechend müssen auch Behörden ein unionsrechtswidriges Gesetz ohne Weiteres außer Acht lassen.[4] Die Möglichkeit einer Vorlage an den Europäischen Gerichtshof steht ihnen nicht offen, weil diese nur den „Gerichten der Mitgliedstaaten" eingeräumt ist. Freilich verlangt es den zuständigen Bediensteten einer Behörde ei-

---

[3] Lit.: *Kabisch*, Prüfung formeller Gesetze im Bereich der Exekutive, 1967.
[4] Lit.: *Burger*, DVBl 2011, 985.

niges an politischem Selbstbewusstsein ab, sich auf diesem Wege von der Bindung an ein Parlamentsgesetz zu lösen – praktisch wird das deshalb selten vorkommen.

Beispiel: Bei der Nachprüfung der Vergabe eines öffentlichen Bauauftrags an die A GmbH auf Antrag der B GmbH hält die Vergabekammer (ein behördlicher Ausschuss, vgl. § 26 Rn. 23) eine Unionsrechtsfrage für klärungsbedürftig und legt dem EuGH vor. Die Vorlage ist unzulässig, weil trotz ihres formalisierten Verfahrens die Vergabekammer kein Gericht darstellt.

III. Rechtmäßigkeit

18 Rechtmäßig ist ein Gesetz dann, wenn die Gesetzgebungsorgane mit seinem Erlass nicht gegen ein für sie geltendes Verbot verstoßen. Es ist verfassungsmäßig, wenn kein verfassungsrechtliches, und unionsrechtsmäßig, wenn kein unionsrechtliches Verbot verletzt ist. Die in Frage kommenden Verbotsnormen behandeln im Detail die Lehrveranstaltungen zum Verfassungs- und Europarecht. Im Folgenden betrachten wir deshalb nur wenige ausgewählte Verbote, die besonders für das Verwaltungsrecht bedeutsam sind.

19 Die Möglichkeit zum Einsatz des Gesetzes als konkreter Rechtsakt wird zunächst beschränkt durch das **Einzelfallgesetzverbot** aus Art. 19 Abs. 1 S. 1 GG. Danach darf ein Gesetz, das Grundrechte einschränkt, nicht nur für den Einzelfall gelten. Im Kontext der verwaltungsrechtlichen Rechtspositionen heißt das: Man darf kein Gesetz erlassen, um einem konkreten einzelnen Grundrechtsträger einen ungünstigen Status aufzuerlegen oder einen günstigen Status zu entziehen, um ihm eine Erlaubnis, einen Anspruch oder eine Kompetenz zu entziehen oder um ihm eine Pflicht aufzuerlegen. Rechtspositionen, mit denen kein Grundrechtseingriff einhergeht, dürfen dagegen sehr wohl für einen Einzelfall begründet werden.

Beispiel: Ein Gesetz darf nicht allein Apothekerin A längere Ladenschlusszeiten auferlegen. Es darf allerdings für alle Apotheken in Bahnhöfen eine solche Pflicht abstrakt begründen – und dies auch dann, wenn die Apotheke der A die einzige Bahnhofsapotheke in Deutschland sein sollte (und die Gesetzgebungsorgane nicht mit der abstrakten Formulierung nur das Einzelfallgesetzverbot umgehen wollten).

Zusatzinformation
Eine Besonderheit gilt für die Enteignung, die nach Art. 14 Abs. 3 S. 2 GG auch „durch Gesetz" erfolgen kann; diese Spezialregelung verdrängt das Einzelfallgesetzverbot jedenfalls. Allerdings soll eine derartige „Legalenteignung" verfassungsrechtlich gegenüber der „Administrativenteignung" nachrangig sein.

20 Die Entziehung günstiger Rechtspositionen durch Gesetz beschränken überdies die **Verbote wegen Vertrauensschutzes**, welche die ganz herrschende Auffassung, obwohl ungeschrieben, unter dem Topos „Rechtsstaatsprinzip" dem Grundgesetz entnimmt. Verboten ist danach in vielen Fällen, wie aus dem Staatsorganisationsrecht bekannt, insbesondere eine rückwirkende Begründung von Pflichten oder Aufhebung von Erlaubnissen.

Gerade für das Verwaltungsrecht bedeutsam sind natürlich daneben die aus den Grundrechtsnormen folgenden **Verbote ungerechtfertigter Grundrechtseingriffe und Ungleichbehandlungen.** Bei den Freiheitsgrundrechten bedeutet das nach herrschender Auffassung in erster Linie, dass ein Gesetz keine unverhältnismäßig eingreifende Regelung treffen darf. Strukturell geht es dabei vor allem um die Begründung von Pflichten. Die Entziehung eines bestimmten Status, nämlich der deutschen Staatsangehörigkeit, verbietet Art. 16 Abs. 1 GG ausdrücklich; sie darf also auch nicht durch Gesetz erfolgen, sei es allgemein oder für einen Einzelfall gefasst.

IV. Rechtsschutz

1. Abwehr von Gesetzen

Wie bei der Abwehr belastender Rechtsverordnungen oder Satzungen kommt auch in Bezug auf Gesetzgebungsakte sowohl ein inzidenter als auch ein prinzipaler Rechtsschutz in Frage. Für den inzidenten Rechtsschutz können wir im Wesentlichen nach oben verweisen (§ 23 Rn. 49 ff.).[5] Als prinzipaler Rechtsschutz kommt hier dagegen nur Verfassungsprozessrecht in Frage – § 47 VwGO steht gegenüber formellen Gesetzen nicht zur Verfügung.

Zusatzinformation
Die einzige Ausnahme betrifft Hamburger Landesgesetze, soweit sie in der Funktion von Bebauungsplänen nach dem BauGB erlassen werden (es gibt dort keine städtischen Satzungen). Hier wendet man § 47 Abs. 1 Nr. 1 VwGO an, den ein Land nicht durch Wahl der Gesetzesform soll umgehen können.

Im Vordergrund steht daher (neben der abstrakten Normenkontrolle nach Art. 93 Abs. 1 Nr. 2 GG, die privaten Antragstellern nicht zur Verfügung steht) die **Verfassungsbeschwerde** nach Art. 93 Abs. 1 Nr. 4a GG und § 90 Abs. 1 BVerfGG. Weil gegen ein Gesetz als solches kein anderer Rechtsbehelf gegeben ist, muss hier auch kein Rechtsweg erschöpft werden (§ 90 Abs. 2 BVerfG). Allerdings hält das Bundesverfassungsgericht die Verfassungsbeschwerde gegen ein Gesetz für „materiell subsidiär" und behandelt sie deswegen nur als zulässig, wenn ein inzidenter Rechtsschutz erfolglos gesucht wurde oder wegen des Inhalts des Gesetzes nicht angemessen wäre – namentlich bei Androhung von Strafen und Bußgeldern und bei behördlichen Befugnissen zu besonders intensiven und unumkehrbaren Grundrechtseingriffen.[6]

Beispiel: Nach § 14 Abs. 3 Luftsicherheitsgesetz dürfte der Bundesminister der Verteidigung ein Flugzeug der zivilen Luftfahrt abschießen lassen, wenn eine näher definierte terroristische Gefahr davon ausginge. Pilotin P und Vielfliegerin V sehen durch diese be-

---
[5] Lit.: *T. Klatt*, Verwaltungsgerichtliche Feststellungsklage und Parlamentsgesetze, 2023.
[6] Lit.: *Barczak*, in: Modrzejewski/Naumann (Hg.), Linien der Rechtsprechung des Bundesverfassungsgerichts, Bd. 5, 2019, S. 17.

hördliche Befugnis ihr Leben gefährdet und erheben Verfassungsbeschwerde unmittelbar gegen das Gesetz. Diese ist hier ausnahmsweise zulässig, weil ein Abwarten des etwaigen Flugzeugabschusses und eine anschließende Feststellungsklage in Anbetracht der Lebensgefahr nicht als ausreichender Rechtsschutz erscheinen.

24 Auch ein **Eilrechtsschutz** ist entweder prinzipal gegen das Gesetz durch eine einstweilige Anordnung des Bundesverfassungsgerichts nach § 32 BVerfGG oder aber inzident gegen einen drohenden Vollzugsakt durch eine einstweilige Anordnung (Sicherungsanordnung) des Verwaltungsgerichts nach § 123 Abs. 1 S. 1 VwGO zu erlangen.

2. Erzwingung von Gesetzen

25 Eine „Normerlassklage" steht für Gesetze dem System des Prozessrechts noch ferner als für Rechtsverordnungen oder Satzungen (vgl. oben § 23 Rn. 62 f.). Sie wird diskutiert unter der Bezeichnung „**Verfassungsbeschwerde gegen gesetzgeberisches Unterlassen**". Das Prozessrecht schließt in der Tat nicht aus, dass die „Rechtsverletzung durch die öffentliche Gewalt" im Sinne von Art. 93 Abs. 1 Nr. 4a GG, § 90 Abs. 1 BVerfGG durch ein Unterlassen geschieht. Die Schwierigkeit liegt deshalb einmal mehr vor allem darin, materiellrechtlich überhaupt so konkrete Pflichten zur Gesetzgebung zu finden. Die einschlägigen Fälle liegen oft im Besonderen Verwaltungsrecht und betreffen die (mehr oder weniger deutlich) verfassungsrechtlich gebotene Schaffung oder Erhöhung von Ansprüchen auf staatliche Zahlungen.

Beispiele: Die arbeitslose A hält das ihr nach dem SGB II zustehende Bürgergeld (vormals „Hartz IV") für zu gering und erhebt Verfassungsbeschwerde gestützt auf Art. 1 Abs. 1 S. 2 GG. – Bundesbeamtin B hält die ihr nach dem Bundesbesoldungsgesetz zustehenden Bezüge für zu gering und erhebt Verfassungsbeschwerde gestützt auf Art. 33 Abs. 5 GG.

26 Ein **Eilrechtsschutz** ist in solchen Fällen grundsätzlich über die einstweilige Anordnung (Regelungsanordnung) nach § 123 Abs. 1 S. 2 VwGO möglich (vgl. oben § 9 Rn. 64 ff.). Hält das Verwaltungsgericht etwa einen höheren Zahlungsanspruch für verfassungsrechtlich geboten und einen Anordnungsgrund für gegeben, so könnte es den Hoheitsträger bereits vorläufig zu Zahlungen (unter Vorbehalt) verpflichten.

§ 25. Innenrechtsakte – Weisungen, Verwaltungsvorschriften, Sonderverordnungen

Spezielle Studienliteratur: *Reimer*, Jura 2014, 678; *Voßkuhle/Kaufhold*, JuS 2016, 314. Einschlägiges Gutachtenbeispiel: *Kempny/Reifegerste*, Fälle zum Allgemeinen Verwaltungsrecht, 2022, Fall 12.

Unter der Sammelbezeichnung „Innenrechtsakt" betrachten wir einseitige, öffentlich-rechtliche Rechtsakte der Verwaltung, denen – im Unterschied zu Verwaltungsakt, Vertrag und Rechtsverordnung/Satzung – keine Außenwirkung zugesprochen wird.[1] Damit ist gemeint, dass ein Innenrechtsakt die „Sphäre" des erlassenden Hoheitsträgers nicht verlassen und in diesem Sinne ein „Verwaltungsinternum" bleiben soll. Diese räumlichen Metaphern täuschen allerdings darüber hinweg, dass auch ein Innenrechtsakt einen dem Erlassenden gegenüberstehenden Adressaten braucht. Die eigentliche Besonderheit des Innenrechtsakts in den zumeist interessierenden Fällen besteht darin, dass der Adressat einer bereits begründeten **Weisungsbindung** unterliegt, die aus Dienstrecht, Organisationsrecht oder Fachrecht stammen kann und die durch den Innenrechtsakt nur konkretisiert wird. 1

Die Innenrechtsakte weisen damit eine einheitliche Grundstruktur auf. Innerhalb dieser Struktur können wir **drei Typen** auseinanderhalten: 2

- die konkret-individuelle *Weisung*,
- die abstrakt-generelle *Verwaltungsvorschrift* an Adressaten „innerhalb" der Verwaltung (Bedienstete und nachgeordnete Behörden)[2] und

---

[1] Lit.: *Freund*, Innenrecht und Außenrecht, 1984 (dort auch der Begriff „Innenrechtsakt"); *Schnapp*, Amtsrecht und Beamtenrecht, 1977; s. a. *Bachof*, FG Laforet, 1953, S. 285.
[2] Lit.: *Brohm*, in: ders. (Hg.), Das Innenrecht der Verwaltung, 1983, S. 11; *Erichsen*, FS Kruse, 2001, S. 39; *Frye*, ThürVBl 2012, 73; *Groh*, HVwR V, 2022, § 155; *Guckelberger*, Die Verwaltung

- die abstrakt-generelle *Sonderverordnung* an Adressaten außerhalb der Verwaltung (Verwaltungshelfer und Personen in Anstalten), die ausnahmsweise einer besonderen Folgepflicht unterliegen.[3]

Prüfungshinweis

▸ Der Innenrechtsakt verbleibt mit seinen rechtlichen Wirkungen im staatsinternen Bereich und wird deshalb selten einmal streitig. Man muss ihn aber erkennen und abgrenzen können, um gerade seine Irrelevanz für eine Falllösung zu begründen.

Zusatzinformation
Der Begriff „Sonderverordnung" ist nicht allgemein üblich, aber wird hier verwendet, um ein sonst durch das Raster fallendes Regelungsphänomen zu erfassen. Er hat seine Wurzeln in der Auflösungsphase des „besonderen Gewaltverhältnisses". Auch die Diskussionen um den Rechtscharakter der Verwaltungsvorschriften stehen damit in Verbindung.[4]

I. Wirkungen

3 Da der Innenrechtsakt normalerweise nur eine Weisungsbindung aktualisiert und konkretisiert, stellen sich seine rechtlichen Wirkungen nicht so vielfältig dar wie etwa beim Verwaltungsakt. Präjudizielle oder Titelwirkungen sind ausgeschlossen, es kommt lediglich zu einer **Gestaltungswirkung**. Diese kann sich aber inhaltlich auf verschiedene Gegenstände beziehen.

1. Gestaltung von Pflichten

4 In erster Linie sind es **Pflichten** anderer Rechtsträger, die ein Innenrechtsakt begründet, ändert oder aufhebt. Vermittelt wird diese Gestaltungswirkung über die Normen, die die Weisungsbindung jeweils begründen.

---

35 (2002), S. 61; *Hinrichs*, VR 2023, 218; *Jarass*, JuS 1999, 105; *Krüger*, FS Smend, 1952, S. 211; *A. Leisner*, JZ 2002, 219; *Ossenbühl*, HStR V[3], 2005, § 104; ders., FG 25 Jahre BVerwG, 1978, S. 433; ders., Verwaltungsvorschriften und Grundgesetz, 1968; *Remmert*, Jura 2004, 728; *Sauerland*, Die Verwaltungsvorschrift im System der Rechtsquellen, 2005; *Saurer*, VerwArch 97 (2006), S. 249; ders., DÖV 2005, 587; *Wahl*, FG 50 Jahre BVerwG, 2003, S. 571. Eine Neuinterpretation aus chinesischer Sicht bei *Renninger*, Rechtstheorie 50 (2019), S. 481.
[3] Lit.: *Böckenförde/Grawert*, AöR 95 (1970), S. 1; *Erichsen*, FS Wolff, 1973, S. 219. Mit dem Begriff „Anstaltsordnung" *Thieme*, DÖV 1965, 521 (526 f.).
[4] Vgl. *Brohm*, DÖV 1964, 238.

I. Wirkungen

Gegenüber **nachgeordneten Hoheitsträgern** ergeben sich die Wirkungsnormen 5
aus dem Staats- und Verwaltungsorganisationsrecht. Zu nennen sind

- Art. 84 Abs. 2 und Art. 85 Abs. 2 GG für die „*Allgemeinen Verwaltungsvorschriften*" der Bundesregierung gegenüber den Länder(verwaltunge)n betreffend die Ausführung der Bundesgesetze;
- Art. 65 S. 2 GG und Landesparallelvorschriften für die *Erlasse der Ministerien* gegenüber allen Hoheitsträgern in ihrem Geschäftsbereich (vorbehaltlich „ministerialfreier" Bereiche, oben § 7 Rn. 85);
- gesetzliche Anordnungen von „Fachaufsicht" für die *aufsichtlichen Weisungen* der jeweils bestimmten Aufsichtsbehörden gegenüber den beaufsichtigten Behörden (oben § 7 Rn. 82 f.). Verfassungsrechtlich gehören auch die Weisungen nach Art. 85 Abs. 3 GG hierher.

Zusatzinformation
Je nachdem, ob die Adressaten demselben oder einem anderen Verwaltungsträger angehören, klassifiziert man die Innenrechtsakte auch als „intrapersonal" bzw. „interpersonal". Intrapersonale Innenrechtsakte gegenüber einer anderen Behörde desselben Verwaltungsträgers sind „interbehördlich", solche gegenüber Bediensteten derselben Behörde (dazu sogleich) „intrabehördlich".

Gegenüber **Bediensteten** finden sich die Wirkungsnormen in deren jeweiligem 6
Dienstrecht. Da bei Verwaltungsträgern sowohl privates Arbeitsrecht als auch besondere öffentliche Dienstrechte im Einsatz sind (vgl. oben § 5 Rn. 24 ff.), schlagen hier häufiger als bei anderen Rechtsakten mehrere Wirkungsnormen ein, wenn der Innenrechtsakt gleichzeitig Bedienstete im Beamtenverhältnis und im Angestelltenverhältnis anspricht. Die zentralen Wirkungsnormen sind dabei

- § 62 Abs. 1 S. 2 BBG für Bundesbeamte,
- § 35 Abs. 1 S. 2 BeamtStG für andere Beamte,
- § 11 SG für Soldaten,
- das jeweilige Arbeitsverhältnis (vgl. §§ 611a Abs. 1, § 315 BGB, teilweise auch § 106 GewO) für Arbeitnehmer.

Öffentlich-rechtlich Bedienstete kann der Innenrechtsakt zugleich von einer gegen- 7
läufigen Verbotsnorm befreien, die das angewiesene Verhalten sonst verletzen würde – u. U. einschließlich Strafgesetzen und Ordnungswidrigkeitentatbeständen. Der Innenrechtsakt gibt ihnen damit außer der Pflicht auch eine Erlaubnis oder, strafrechtlich gesprochen, einen **Rechtfertigungsgrund**. Beamte müssen, um in den Genuss des Rechtfertigungsgrunds aus § 36 Abs. 2 S. 3, 4 BeamtStG, § 63 Abs. 2 S. 3, 4 BBG zu kommen, allerdings zuvor das sogenannte Remonstrationsverfahren durchlaufen (dazu sogleich Rn. 16). Bei Soldaten greift der Rechtfertigungsgrund aus § 11 Abs. 2 S. 2 SG früher ein, weil das Rechtsinstitut des militärischen Befehls auf möglichst schnelle Ausführung angelegt ist.

8 Gegenüber **Adressaten außerhalb der Verwaltung**, also für die Gruppe der Sonderverordnungen, lässt sich ein Kanon von Wirkungsnormen nicht ebenso einfach zusammenstellen. Die Weisungsbindung muss sich hier jeweils aus dem Fachrecht ergeben.

Beispiele: Schüler „haben die Schulordnung einzuhalten und die Anordnungen der Lehrerinnen und Lehrer, der Schulleitung und anderer dazu befugter Personen zu befolgen" (§ 42 Abs. 3 S. 3 Schulgesetz NRW). – „Die oder der Gefangene hat die rechtmäßigen Anordnungen der Vollzugsbediensteten zu befolgen" (§ 75 Abs. 1 Niedersächsisches Justizvollzugsgesetz). – Auch die (privaten) anwaltlichen Ausbilder sind an die Richtlinien für die Stationsausbildung gebunden, die der Präsident des Oberlandesgerichts (als Behörde, vgl. § 8 Rn. 17) nach § 39 Abs. 2 Nr. 1 Hamburgisches Juristenausbildungsgesetz erlässt.[5]

Zusatzinformation
Abgrenzungsfragen können sich hier zur Rechtsverordnung stellen. Kommt eine solche nicht in Frage (weil etwa die im Bundesgesetz ermächtigte Stelle nicht in Art. 80 Abs. 1 GG genannt ist), bleibt eigentlich nur die Sonderverordnung übrig. Ein Beispiel gibt § 44 Abs. 1 S. 3 Einkommensteuergesetz, wonach bei der Abführung der Kapitalertragsteuer unter anderem Kreditinstitute an „Auslegungsvorschriften der Finanzverwaltung" gebunden sein sollen.

9 Gegenüber **Außenstehenden** begründen die pflichtgestaltenden Innenrechtsakte weder Pflichten noch Ansprüche. Dabei wären Private an einer verwaltungsvorschriftsmäßigen Behandlung mitunter durchaus interessiert, etwa wenn sie meinen, die Kriterien einer Förderrichtlinie zu erfüllen, aber die fragliche staatliche Zuwendung dennoch nicht bekommen. Da ihnen die Verwaltungsvorschrift selbst aber keinen Anspruch gibt, kommt hier meist nur ein Anspruch aus Art. 3 Abs. 1 GG auf Gewährung einer gleichheitswidrig vorenthaltenen Begünstigung in Betracht (dazu oben § 13 Rn. 86 ff.). Dass zwischen den Fällen, die nach einer Verwaltungsvorschrift zu begünstigen sind, kein relevanter Unterschied besteht, hat die Verwaltung schließlich mit dem Erlass der Vorschrift der Sache nach bereits zugegeben.

2. Gestaltung von Tatbestandsmerkmalen („Normkonkretisierung")

10 In seltenen Fällen ermöglicht das Gesetz einer Behörde, durch Verwaltungsvorschrift **einen gesetzlichen Tatbestand verbindlich zu konkretisieren**. Eine solche Normkonkretisierung führt dazu, dass das ursprüngliche gesetzliche Tatbestandsmerkmal von der Verwaltungsvorschrift verdeckt und überlagert wird; bei der Rechtsanwendung zieht man nur noch die Verwaltungsvorschrift heran (dazu näher oben § 9 Rn. 38 ff.). Dafür muss das Gesetz allerdings eine spezielle „normative Ermächtigung" der Behörde zur Normkonkretisierung erkennen lassen.

---

[5] Vgl auch *Lohse*, ZDRW 2023, 275 (283 f.).

Zusatzinformation
Äußerlich erscheinen auch Verwaltungsvorschriften dieser Art regelmäßig nur als Weisungen gegenüber internen Adressaten, das Gesetz auf eine bestimmte Weise auszulegen.

3. Gestaltung der Verwaltungsorganisation

Schließlich kann sich die Gestaltungswirkung auch auf organisationsrechtliche Aspekte beziehen. Soweit nicht der institutionelle Vorbehalt des Gesetzes eingreift und die **Behördenorganisation** unmittelbar im Gesetz geregelt werden muss (oben § 12 Rn. 15), kommen auch Innenrechtsakte für die Ausgestaltung der Organisation in Frage. 11

> *Beispiel:* Der Bundeskanzler errichtet die Bundesministerien durch „Organisationserlass" auf der Grundlage von Art. 64 Abs. 1, Art. 65 S. 1 GG.

Innenrechtsakte sind insbesondere das Mittel der Wahl für die **Binnenorganisation** der Behörden (oben § 7 Rn. 33). Solche Vorschriften gehen oft von der Behörde(nleitung) selbst aus, manchmal auch einheitlich von vorgesetzten Behörden. 12

> *Beispiele:* Die Landrätin regelt die Aufbauorganisation ihrer Behörde in einer Geschäftsordnung und begründet damit Dezernate, Ämter und Fachbereiche. – Das Landesfinanzministerium erlässt eine Geschäftsordnung für die Finanzämter des Landes, die u. a. deren innere Gliederung in Sach- und Arbeitsgebiete regelt.

Zusatzinformation
Als organisationsgestaltender Innenrechtsakt lässt es sich auch deuten, wenn ein Offizier oder Unteroffizier sich in einer Notlage o. ä. selbst zum Vorgesetzten über andere Soldaten erklärt (§ 6 Vorgesetztenverordnung). Dieser Rechtsakt, der selbst kein Befehl ist, erweitert seine Kompetenz, durch Befehl deren dienstliche Pflichten zu gestalten (Rn. 6, 14).

II. Wirkungsbedingungen

Wann die gestaltende Wirkung eines Innenrechtsakts eintritt, muss wie stets die Auslegung der Wirkungsnormen ergeben.[6] Auch hier lassen sich Handlungsformqualifikation und zusätzliche Wirksamkeitsvoraussetzungen unterscheiden (allgemein § 17 Rn. 26), wobei letztere meist überschaubar sind – insbesondere ist regelmäßig keine Veröffentlichung nötig.[7] Wegen der Mehrzahl an einschlägigen Wirkungsnormen seien an dieser Stelle nur exemplarisch die besonders markanten Fälle der pflichtbegründenden, -ändernden oder -aufhebenden Innenrechtsakte des öffentlichen Dienstrechts vorgestellt. 13

---

[6] Lit.: *Hentzschel*, DVBl 2023, 433.
[7] Lit.: *Gusy*, DVBl 1979, 720; *Ketteler*, VR 1983, 174; *Kiefer*, LKRZ 2007, 212; *Maurer*, JZ 2005, 892.

14   Wir betrachten als erstes Beispiel das Soldatenrecht, das insoweit besonders klar formuliert ist. Hier braucht es für die Gehorsamspflicht nach § 11 SG zunächst einen „**Befehl**" (Handlungsformqualifikation), das heißt – in der auch hier passenden Formulierung aus dem zugehörigen Nebenstrafrecht – „eine Anweisung zu einem bestimmten Verhalten, die ein militärischer Vorgesetzter (§ 1 Abs. 3 des Soldatengesetzes) einem Untergebenen schriftlich, mündlich oder in anderer Weise, allgemein oder für den Einzelfall und mit dem Anspruch auf Gehorsam erteilt" (§ 2 Nr. 2 Wehrstrafgesetz). Dass der Befehl „erteilt" wird, wie es schon diese Definition voraussetzt, kann man als positive Wirksamkeitsvoraussetzung ansehen. Darüber hinaus ist der Befehl **unwirksam**, wenn er die Menschenwürde verletzt oder nicht zu dienstlichen Zwecken erteilt worden ist (§ 11 Abs. 1 S. 3 Hs. 1 SG) oder seine Befolgung eine Straftat wäre (§ 11 Abs. 2 S. 1 SG).

15   Den weiteren persönlichen Anwendungsbereich hat das Beamtenrecht, unser zweites Referenzgebiet in diesem Zusammenhang. Die Folgepflicht aus § 35 Abs. 1 S. 2 BeamtStG, § 62 Abs. 1 S. 2 BBG aktualisiert sich durch eine „**Anordnung**" (Handlungsformqualifikation), das heißt eine mit dem Anspruch auf Verbindlichkeit ausgesprochene Aufforderung eines Vorgesetzten, etwas Bestimmtes zu tun oder zu unterlassen.

16   Inhaltliche Wirkungsbedingungen spricht das Gesetz nur indirekt aus, indem es den Beamten „für die Rechtmäßigkeit ihrer dienstlichen Handlungen die volle persönliche Verantwortung" zuweist (§ 36 Abs. 1 BeamtStG, § 63 Abs. 1 BBG); das legt die Auslegung nahe, dass die Anordnung einer rechtswidrigen Handlung unwirksam ist. Dieses eigentlich geradlinige Ergebnis unterläuft das Gesetz dann aber im Folgenden, indem es ein prozedurales Element einzieht, das sogenannte **Remonstrationsverfahren**[8]: der Beamte darf die Anordnung, deren Inhalt er für rechtswidrig hält, nicht einfach ignorieren, sondern muss erst seinen eigenen Vorgesetzten und dann noch dessen Vorgesetzten die Anordnung im Angesicht seiner Bedenken bestätigen lassen; in diesem Fall ist die Anordnung dann doch wirksam (§ 36 Abs. 2 S. 3 BeamtStG, § 63 Abs. 2 S. 3 BBG), sofern ihr Inhalt nicht gerade die Menschenwürde verletzt oder erkennbar strafbar oder ordnungswidrig ist (§ 36 Abs. 2 S. 4 BeamtStG, § 63 Abs. 2 S. 4 BBG). In den gleichen Grenzen ist die Anordnung im Übrigen ebenfalls wirksam, wenn der Vorgesetzte wegen Gefahr im Verzug die sofortige Ausführung verlangt (§ 36 Abs. 3 BeamtStG, § 63 Abs. 3 BBG).

Zusatzinformation
Manche Beamten sind in ihrem Tätigkeitsbereich (oder einem Teil davon) nach dem Fachrecht von Weisungen freigestellt, wie es § 35 Abs. 1 S. 3 BeamtStG, § 62 Abs. 1 S. 3 BBG anerkennen. Entgegenstehende Anordnungen sind diesen Vorschriften zufolge dann unwirksam. Bevor die Richter nach Inkrafttreten des Grundgesetzes gemäß Art. 98 GG ihr eigenes Dienstrecht bekamen, wurden auch sie zu der entsprechenden Gruppe gezählt („richterliche Beamte").

---

[8] Lit.: *Romann*, Remonstrationsrecht und Remonstrationspflicht im Beamtenrecht, 1996.

III. Rechtmäßigkeit

Die Rechtmäßigkeit ist auch beim Innenrechtsakt unabhängig vom Vorliegen der Wirkungsbedingungen.[9] Auch hier kann also eine Pflicht zur Befolgung bestehen, obwohl die Anordnung nicht hätte erteilt werden dürfen. Besonders deutlich wird das im Soldatenrecht, wo diese Trennung schon aus der Gesetzessystematik hervorgeht: regelt § 11 SG die Bedingungen der Befolgungspflicht (oben Rn. 14), so begründet § 10 Abs. 4 SG weitere Bindungen des Vorgesetzten an die „Regeln des Völkerrechts, der Gesetze und der Dienstvorschriften", die ersichtlich darüber hinausgehen. Ein solcher Rechtsverstoß des Vorgesetzten entbindet den Befehlsempfänger insoweit nicht von der Befolgungspflicht.

17

IV. Rechtsschutz

Entgegen einem früheren Rechtszustand verbindet sich heute mit dem Innenrechtsakt nicht mehr die Folge, dass es hier keinen Rechtsschutz gäbe. Auch der Adressat eines belastenden Innenrechtsakts hat die Möglichkeit, zu dessen Abwehr einen Rechtsbehelf einzulegen (die Konstellation der Erzwingung eines Innenrechtsakts dürfte nur in Ausnahmefällen relevant werden und wäre mit der allgemeinen Leistungsklage zu bewältigen).

18

Für den **Rechtsweg** maßgeblich ist wiederum die Kompetenznorm, auf die sich der Innenrechtsakt stützt (oben § 3 Rn. 16). Bei Arbeitnehmern der Verwaltung gehört diese zum Privatrecht; will sich ein Arbeitnehmer gegen eine Weisung zur Wehr setzen, so gehört der Rechtsstreit grundsätzlich nach § 2 Arbeitsgerichtsgesetz vor die Arbeitsgerichte. Dagegen ergehen Innenrechtsakte gegenüber Beamten sowie gegenüber Behörden auf öffentlich-rechtlicher Grundlage. Insoweit ist prinzipiell der Verwaltungsrechtsweg eröffnet – was im Falle der Beamten sogar durch die aufdrängende Sonderzuweisung in § 54 Abs. 1 BeamtStG, § 126 Abs. 1 BBG ausdrücklich angeordnet ist (oben § 3 Rn. 5).

19

Zusatzinformation
Für Soldaten besteht insoweit ein besonderer Rechtsweg: die abdrängende Sonderzuweisung in § 17 Wehrbeschwerdeordnung (WBO) erklärt hier in erster Instanz die Truppendienstgerichte für zuständig (siehe auch oben § 3 Rn. 28).[10]

Auf dem Verwaltungsrechtsweg kommt als Klageart vor allem die **allgemeine Feststellungsklage** in Betracht. Mit ihr kann die Feststellung beantragt werden, dass (1) die mit dem Innenrechtsakt beabsichtigte Pflicht nicht bestehe, der Rechtsakt also unwirksam sei, oder dass (2) der Innenrechtsakt gegenüber dem Kläger nicht habe vorgenommen werden dürfen, also rechtswidrig sei. Will der Kläger auch künftigen Maßnahmen der gleichen Art vorbeugen, kann er auch eine

20

---

[9] Lit.: *Baars*, Rechtsfolgen fehlerhafter Verwaltungsvorschriften, 2010.
[10] Lit.: *Langer*, DVBl 2023, 787.

allgemeine Leistungsklage als Unterlassungsklage erheben. Für alle Fälle kann man sogar an den Antrag auf Erlass einer einstweiligen Anordnung nach § 123 VwGO denken.

Zusatzinformationen
- In Angelegenheiten der Beamten muss der Kläger nach § 54 Abs. 2 BeamtStG, § 126 Abs. 2 BBG auch bei Feststellungs- und allgemeinen Leistungsklagen ein Vorverfahren wie bei der Anfechtungsklage (oben § 19 Rn. 162 ff.) durchlaufen.[11] Noch komplexer ist nach der WBO das Beschwerdeverfahren als Vorverfahren in Angelegenheiten der Soldaten ausgestaltet.[12]
- Inwieweit ein Normenkontrollantrag (vgl. oben § 23 Rn. 52 ff.) statthaft ist, hängt von der Auslegung des Begriffs „Rechtsvorschriften" in § 47 Abs. 1 Nr. 2 VwGO ab. Einzelne Weisungen fallen sicherlich nicht darunter; für Verwaltungsvorschriften nimmt man grundsätzlich das Gleiche an; zumindest für die Sonderverordnungen, die sich an Adressaten „außerhalb" der Verwaltung richten, kommt ein solcher Antrag dagegen durchaus in Frage.[13]

21 Neben diesen Rechtsbehelfen, die den prinzipalen Rechtsschutz gegen einen Innenrechtsakt darstellen, kann sich ein Betroffener dagegen auch **inzident** verteidigen. Dazu kommt es, wenn er die mit dem Innenrechtsakt auferlegte Pflicht nicht erfüllt und daraufhin mit einer disziplinarischen oder gar strafrechtlichen Sanktion belegt wird (siehe oben § 12 Rn. 70 f.). Er kann dann im Disziplinarverfahren bzw. im Strafverfahren geltend machen, der Innenrechtsakt sei unwirksam (oben Rn. 13 ff.).

---

[11] Lit.: *Hirschenauer*, Die Besonderheiten des Vorverfahrens in beamtenrechtlichen Streitigkeiten, 2001.
[12] Lit.: *Soll*, NVwZ 2023, 722.
[13] Vgl. *Schenke*, DÖV 1979, 622.

§ 26. Privatrechtsgeschäfte der Verwaltung

Durch ein privatrechtliches Rechtsgeschäft kann ein Verwaltungsträger Rechtsverhältnisse auf dem Gebiet des Privatrechts begründen, ändern oder aufheben – und zwar grundsätzlich genauso wie die Privaten.[1] Die Verwaltungsträger können sich kraft ihrer Rechtsfähigkeit (§ 6 Rn. 3 ff.) der rechtlichen Handlungsmöglichkeiten des Privatrechts bedienen und treten insoweit den Privaten auf Augenhöhe gegenüber, haben ihnen dann also keine besonderen Befugnisse, Kompetenzen oder Ansprüche voraus (denn das wäre ja definitionsgemäß öffentliches Recht, vgl. oben § 2 Rn. 5). Es ist vielmehr umgekehrt so, dass die Verwaltungsträger beim Gebrauch der privatrechtlichen Handlungsmöglichkeiten im Vergleich zu den Privaten zusätzlichen Beschränkungen unterliegen, die sich insbesondere aus ihrer Grundrechtsbindung ergeben.

Zusatzinformationen
- „Private" sind die Grundrechtsberechtigten (und die ausländischen juristischen Personen, vgl. § 5 Rn. 2 ZI). Die Verwaltungsträger können „am Privatrechtsverkehr teilnehmen", ohne Private oder Privatrechtssubjekte zu sein. Gleiches gilt für ihre Tochtergesellschaften in Privatrechtsform (oben § 5 Rn. 13). So ergeben sich drei Gruppen privatrechtlich Handelnder: die eigentlichen Privaten, die staatlich getragenen Privatrechtssubjekte und die Verwaltungsträger.
- Die Teilnahme der Verwaltungsträger am Privatrechtsverkehr nennt man auch „Fiskalhandeln". Dahinter steht lateinisch *fiscus* ‚Staatskasse' – zu einem großen Teil gibt der Staat durch Privatrechtsgeschäfte sein Geld aus. Historisch steht hinter dem Begriff noch, dass im Bereich des privatrechtlichen Handelns gegen den Staat als „Fiskus" geklagt werden konnte, gegen sein öffentlich-rechtliches Handeln jedoch lange Zeit nicht.

Das Privatrechtsgeschäft vollzieht sich auch dann, wenn ein Verwaltungsträger Partei ist, **normalerweise** durch einen Vertrag im Sinne der §§ 145 ff. BGB, also **zweiseitig**. Ausgenommen sind nur die Fälle einseitiger Rechtsgeschäfte, die auch Private vornehmen können.

---

[1] Lit.: *de Wall*, HVwR VI, 2024, § 161; *Ehlers*, Verwaltung in Privatrechtsform, 1984; *Fritz*, Vertrauensschutz im Privatrechtsverkehr mit Gemeinden, 1983; *Stelkens*, Verwaltungsprivatrecht, 2005.

Beispiele: Der Verwaltungsträger ficht eine eigene Willenserklärung an, tritt von einem Kauf zurück, kündigt ein Arbeitsverhältnis.

3 Die **rechtlichen Grundlagen** für die Privatrechtsgeschäfte der Verwaltungsträger ergeben sich ebenso wie bei den Privaten aus dem BGB und den weiteren Gesetzen des Privatrechts. Anders als die Verwaltungsrechtsgesetze, die stets an bestimmte staatliche Stellen adressiert sind und diesen gewisse Pflichten, Befugnisse oder Kompetenzen erteilen, kann man die Privatrechtsgesetze weitgehend so lesen, dass sie neutral sein sollen. Das Privatrecht erscheint dann nicht als das „Recht der Privaten", sondern einfach als das „allgemeine Recht", dessen sich alle Rechtsträger bedienen können – private ebenso wie staatliche (vgl. bereits oben § 2 Rn. 4).

4 Die Zurechnung auf der Seite der Hoheitsträger trifft beim Privatrechtshandeln noch deutlicher als beim öffentlich-rechtlichen Handeln die **Ebene der Verwaltungsträger** (oben § 6). Während in der Formulierung des VwVfG* und überhaupt der meisten Verwaltungsrechtsgesetze die „Behörde" durchgehend präsent ist, die Organebene also mitgedacht, wenn nicht gar vorrangig angesprochen wird, wird das privatrechtliche Rechtsgeschäft fast selbstverständlich von dem Verwaltungsträger geschlossen. Die Behörde (§ 7) bildet hier nur einen Zwischenschritt der Zurechnung von den unterschreibenden Verwaltungsbediensteten hin zum letztlich vertretenen Verwaltungsträger – nicht anders als eine private Kapitalgesellschaft durch ihr Organ vertreten wird und dieses wiederum durch seine Mitglieder.

Beispiel: Die Universität K, vertreten durch die Behörde „Rektorat", diese vertreten durch die Rektorin (und diese wiederum durch Bedienstete der Beschaffungsstelle), schließt einen Kaufvertrag mit einer Aktiengesellschaft, vertreten durch das Organ „Vorstand", dieses vertreten durch ein Vorstandsmitglied (und dieses wiederum durch Angestellte des Vertriebsbereichs).

I. Anwendungsbereiche

5 Privatrechtsgeschäfte schließen die Verwaltungsträger (und die von ihnen gegründeten und getragenen Privatrechtssubjekte) in großer Zahl und zu ganz verschiedenen Zwecken.

6 Naheliegend und wichtig ist die **Beschaffung** von Gütern und Dienstleistungen für Verwaltungszwecke, einschließlich der Verwaltung des Staatsvermögens, in den Formen des Privatrechts.[2] Hierzu werden in großem Umfang z. B. Kauf-, Werk- und Mietverträge geschlossen. Man nennt dies manchmal, unangemessen verniedlichend, „fiskalische Hilfsgeschäfte" der Verwaltung.

Zusatzinformationen
- Da es hier um ein immenses Finanzvolumen geht, kann mit Beschaffungsverwaltung auch Wirtschaftsförderung betrieben werden. Um hier Diskriminierungen zu verhindern, hat das Recht der öffentlichen Aufträge (Vergaberecht) seit den 1990er-Jahren ausgehend vom Unionsrecht eine differenzierte Regelung erfahren (dazu noch Rn. 21).

---

[2] Lit.: *Kunert*, Staatliche Bedarfsdeckungsgeschäfte und Öffentliches Recht, 1977.

I. Anwendungsbereiche

- Früher hat man für den Bereich der privatrechtlichen Beschaffungen behauptet, hier seien die Grundrechte nicht anwendbar. Das erscheint heute nicht mehr als vertretbare Lesart von Art. 1 Abs. 3 GG.[3] Eine andere Frage ist, ob das Beschaffungshandeln zur Ausübung öffentlicher Gewalt gehört und damit die Rechtsschutzgarantie von Art. 19 Abs. 4 GG eröffnet; die Rechtsprechung hat das verneint.[4]
- Neben diese Beschaffungsgeschäfte tritt funktional noch die „mittelbare Leistungsbeschaffung", bei der ein Bediensteter der Verwaltung im eigenen Namen ein Geschäft schließt (z. B. über Bahnfahrkarten und Hotelübernachtungen bei einer Dienstreise) und anschließend die Kosten von dem Verwaltungsträger erstattet bekommt (z. B. nach den Reisekostengesetzen des Bundes und der Länder [BRKG/LRKG]). Der Verwaltungsträger selbst ist bei dieser Beschaffungsvariante nicht an Privatrechtsgeschäften beteiligt.

Im weitesten Sinne zur Beschaffung von Dienstleistungen gehört auch das **Personal** der Verwaltung, soweit es privatrechtlich angestellt wird („Arbeitnehmer im öffentlichen Dienst" oder auch „Verwaltungsbeschäftigte"). Die Verwaltungsträger schließen Arbeitsverträge, erteilen Beschäftigten Weisungen und sprechen Kündigungen aus.

Zusatzinformationen
- Der öffentliche Dienst ist insofern „zweispurig" aufgestellt (vgl. oben § 5 Rn. 24 ff.). In öffentlich-rechtlichen Dienstverhältnissen als Beamte, Richter oder Soldaten steht nur ein gutes Drittel der öffentlich Bediensteten, die übrigen stehen in privatrechtlichen Arbeitsverhältnissen zu einem Verwaltungsträger. Streitigkeiten aus dem Bereich des öffentlichen Dienstes landen bei den letzteren vor den Arbeitsgerichten (§ 2 Arbeitsgerichtsgesetz).
- Die staatlich getragenen Privatrechtssubjekte beschäftigen ihr Personal dagegen grundsätzlich privatrechtlich. Im Sinne von § 2 BeamtStG fehlt ihnen die öffentlich-rechtliche „Dienstherrnfähigkeit", um „Beamte zu haben". Sie könnten höchstens spezialgesetzlich damit beliehen werden; das hat es vor allem im Zuge der Privatisierung der früheren Deutschen Bundespost gegeben, wo die Deutsche Post AG und die Deutsche Telekom AG wegen der seinerzeit vorhandenen Beamten beliehen wurden (§ 1 Postpersonalrechtsgesetz). Ein etwas anderes Modell wurde im Zusammenhang mit der (formellen) Privatisierung der früheren Deutschen Bundesbahn gewählt.[5]

Über diese Beschaffungsgeschäfte hinaus, die letztlich alle nur die „eigentliche" Verwaltungstätigkeit ermöglichen sollen, wird manchmal auch die **Erfüllung von Verwaltungsaufgaben** in Formen des Privatrechts gebracht. Dass auf diese Weise nicht die grundrechtlichen und gesetzlichen Bindungen umgangen werden können, versteht sich (keine „Flucht ins Privatrecht"). Gerade hier unterliegt der Gebrauch der privatrechtlichen Handlungsmöglichkeiten durch Verwaltungsträger deshalb einer verschärften Beobachtung („Verwaltungsprivatrecht").[6]

Es versteht sich auch, dass Aufgaben der Eingriffsverwaltung (Polizei!) nicht mit privatrechtlichen Rechtsaktformen erfüllt werden können, die auf das Einvernehmen mit dem privaten Gegenüber angewiesen sind. Das Verwaltungsprivatrecht

---
[3] Vgl. *Ehlers*, HVwR IV, 2022, § 69.
[4] BVerfGE 116, 135 (149 f.).
[5] Lit.: *Panke*, Privatisierungsfolgenmanagement im Personalbereich am Beispiel der Deutschen Bahn AG, 2005.
[6] Lit.: *Stelkens*, Verwaltungsprivatrecht, 2005.

hat seinen Platz deshalb in der „gewährenden" oder „Leistungsverwaltung" (oben § 1 Rn. 4). Zentrale Bereiche sind

- zum einen die Bereitstellung von technischer, sozialer, kultureller, sportlicher oder sonstiger Infrastruktur für die Bevölkerung („**Daseinsvorsorge**"),

    Beispiele: Die Gemeinde betreibt ein Schwimmbad für ihre Einwohner; mit den Nutzern schließt sie privatrechtliche Verträge (Schwimmbadnutzung gegen Entgelt). – Der Bund betreibt durch eine Tochtergesellschaft eine öffentliche Eisenbahn (Deutsche Bahn AG).

- zum anderen die Unterstützung von Unternehmen im Interesse etwa der Standortpolitik, der Arbeitsplatzerhaltung oder der technischen Innovation („**Wirtschaftsförderung**").

    Beispiel: Das Land gewährt Unternehmerin U ein Darlehen (§ 488 BGB).

Noch am eingriffsnächsten stellen sich die (etwas selteneren) **Testkäufe** dar, mit denen ein verdeckt auftretender Verwaltungsträger die Einhaltung von Vorschriften durch den Vertragspartner überprüfen will.[7]

10 Möglich ist weiterhin auch eine eigene **Wirtschaftstätigkeit der öffentlichen Hand**. Von der Daseinsvorsorge, die ebenfalls durch „öffentliche Unternehmen" erbracht wird, ist sie nicht restlos zu unterscheiden. Zwischen Gewinnerzielung und öffentlichen Zwecken besteht oft ein latenter Zielkonflikt.[8]

Beispiele: Das Land L betreibt Staatsweingüter, die Gemeinde G eine kommunale Brauerei.

Zusatzinformation
Soweit Verwaltungsträger sich gewerblich betätigen, unterliegen sie ausnahmsweise der Körperschaftsteuer, nämlich als „Betriebe gewerblicher Art von juristischen Personen des öffentlichen Rechts" nach § 1 Abs. 1 Nr. 6, § 4 Körperschaftsteuergesetz.

11 Schließlich ist noch an die **Vermögensverwaltung** der Verwaltungsträger zu denken, wie sie auch Private zu betreiben hätten. Dazu kann etwa die Verpachtung von Kantinen in Dienstgebäuden oder auch der Verkauf nicht mehr benötigter Liegenschaften gehören.

II. Wirkungen

12 Auch für Privatrechtsgeschäfte können wir zunächst die rechtlichen Wirkungen betrachten, die mit ihnen hervorgebracht werden können. Es sind freilich die aus dem Privatrecht längst bekannten. Wir wollen deshalb nur kurz Bestand aufnehmen, um

---

[7] Dazu *Hoppe*, NVwZ 2022, 303.
[8] Lit.: *P. Kirchhof*, FS Battis, 2014, S. 349; *Lüdemann*, HVwR VI, 2024, § 166.

III. Wirkungsbedingungen

die Gemeinsamkeiten mit und Unterschiede zu den öffentlich-rechtlichen Rechtsformen hervortreten zu lassen.

Der erste, recht äußerliche Unterschied liegt in den relevanten **Wirkungsnormen**. Alle rechtlichen Wirkungen der Privatrechtsgeschäfte vermitteln die Privatrechtsnormen, insbesondere solche aus dem BGB. Sonderrecht der Verwaltung kommt hier grundsätzlich nicht zur Anwendung.

Das Privatrechtsgeschäft zeitigt regelmäßig **Gestaltungswirkung**, weil mit ihm die Privatrechtslage geändert wird. So werden insbesondere Schuldverhältnisse mit Ansprüchen und Pflichten begründet, geändert oder aufgehoben (§ 311 Abs. 1 BGB) und Eigentum (§§ 873, 925, 929 ff. BGB) sowie andere Rechte übertragen (§§ 398 ff. BGB).

Auch eine **präjudizielle Wirkung** finden wir im Privatrechtsgeschäft, weil und soweit Vertragsparteien ihre vertraglichen Vereinbarungen für künftige Entscheidungen als geklärt ansehen müssen. Besonders deutlich ist das beim Vergleichsvertrag nach § 779 BGB.

Dagegen ermöglicht ein Privatrechtsgeschäft grundsätzlich keine Vollstreckung (**keine Titelwirkung**). Nicht anders als beim öffentlich-rechtlichen muss auch die Partei eines privatrechtlichen Vertrags, um ihre Ansprüche durchzusetzen, die Gerichte in Anspruch nehmen – in diesem Fall eben die ordentlichen und nicht die Verwaltungsgerichte, weil nicht über Sonderrecht von Hoheitsträgern gestritten wird und deshalb keine öffentlich-rechtliche Streitigkeit im Sinne von § 40 Abs. 1 VwGO vorliegt (vgl. § 3 Rn. 8 ff.).

In Parallele zu § 61 VwVfG* (vgl. § 22 Rn. 12) besteht aber auch beim privatrechtlichen Vertrag die Möglichkeit, dass eine Partei sich der sofortigen Vollstreckung unterwirft (in notarieller Form, § 794 Abs. 1 Nr. 5 ZPO). Tut das die private Seite gegenüber einem Verwaltungsträger, darf dieser gleichwohl nicht selbst eine Verwaltungsvollstreckung betreiben (wie aus Verwaltungsakt und vollstreckbarem öffentlich-rechtlichem Vertrag, vgl. § 12 Rn. 47 ff.), sondern ist auf die zivilprozessuale Zwangsvollstreckung verwiesen, also auf die Hilfe von ordentlichem Gericht und Gerichtsvollzieher (§§ 704 ff. ZPO). Die Verwaltungsvollstreckungsgesetze sind hier nicht anwendbar.

Zusatzinformation
Manche Landesrechte lassen jedoch für bestimmte Forderungen aus Privatrechtsgeschäften ausdrücklich eine Verwaltungsvollstreckung zu (z. B. § 2 VwVG HH, § 2 Abs. 2 VwVG NRW).

III. Wirkungsbedingungen

Die grundsätzlichen Bedingungen für Tatbestandsmäßigkeit und Wirksamkeit von Privatrechtsgeschäften sind aus dem Privatrecht bekannt. Insbesondere die Nichtigkeitsgründe des BGB gelten auch dann, wenn ein Verwaltungsträger am Vertrag beteiligt ist.

Zusatzinformation
Manche halten die privatrechtlichen Kompetenzen eines Verwaltungsträgers aber für auf deren Aufgabenkreis begrenzt; der Verwaltungsträger ist damit im Ergebnis nur teilrechtsfähig („Ultra-vires-Lehre", vgl. oben § 6 Rn. 3 ZI). Einen Anhalt im Gesetz gibt es dafür nicht. Begründet wird die Konstruktion mit dem Ziel der Gesetzmäßigkeit des Verwaltungshandelns; Leidtragender wäre aber der gutgläubige Vertragspartner.

19   Eine gewisse Sonderrolle spielt aber – wie schon beim öffentlich-rechtlichen Vertrag, oben § 22 Rn. 31 ff. – auch hier die Vorschrift des § 134 BGB, weil die Verwaltungsträger zahlreiche **spezifisch hoheitliche Verpflichtungen** treffen, die **als Verbotsgesetze** in Betracht kommen, aber nicht alle zur Nichtigkeit führen sollen.

- Bei der Vergabe eines öffentlichen Auftrags etwa (vgl. Rn. 6, 21, 23) wird nicht der Verstoß gegen die materiellen Vergabevorschriften als Nichtigkeitsgrund angesehen, sondern nur der Verstoß gegen das *prozedurale Vergabeverbot* während eines Rechtsbehelfsverfahrens (§ 169 Abs. 1 GWB). Überdies gibt es mit § 135 GWB noch einen speziellen vergaberechtlichen Nichtigkeitsgrund, der ausschließlich bei Beteiligung einer vergaberechtsgebundenen Stelle – vor allem also: eines Verwaltungsträgers – gilt.
- Bei der Wirtschaftsförderung (vgl. Rn. 9) könnte man in gleicher Weise für den Verstoß gegen das *prozedurale Beihilfenverbot* während des Prüfverfahrens der Europäischen Kommission (Art. 108 Abs. 3 S. 3 AEUV) Nichtigkeit annehmen. Alternativ wird hier jedoch vorgeschlagen, über § 134 Hs. 2 BGB nur schwebende Unwirksamkeit bis zur Positiventscheidung der Kommission anzunehmen.[9]

IV. Rechtmäßigkeit

20   Ebenso wie beim öffentlich-rechtlichen (oben § 22) ist auch beim privatrechtlichen Vertrag die Gegenseite von vornherein in das Verwaltungshandeln einbezogen und, ausweislich ihrer Willenserklärung, mit diesem einverstanden. Die Frage nach der Rechtmäßigkeit des Verwaltungshandelns – über ihre mittelbare Relevanz für die Wirksamkeit über § 134 BGB hinaus – wird insofern vom Gegenüber der Verwaltung normalerweise nicht gestellt werden.

21   Denkbar ist allerdings, dass Dritte das von der Verwaltung geschlossene Rechtsgeschäft beanstanden – vor allem, wenn sie als Unternehmer in einem Konkurrenzverhältnis zu demjenigen stehen, mit dem die Verwaltung letztlich den Vertrag geschlossen hat. Für die damit angesprochene Situation im Beschaffungswesen gibt es mit dem **Vergaberecht** jetzt einen besonderen Rechtsrahmen, der die Vergabe des öffentlichen Auftrags an ein „Vergabeverfahren" nach §§ 119 ff. GWB knüpft und den „Zuschlag" zwingend auf das wirtschaftlichste Angebot vorsieht (§ 127 GWB). Im Vergaberecht ergibt sich damit die Besonderheit, dass

---

[9] Vgl. *Finck/Gurlit*, Jura 2011, 87 (90 f.).

V. Rechtsschutz

hier tatsächlich die Frage nach der formellen und materiellen Rechtmäßigkeit einer privatrechtlichen Willenserklärung gestellt wird.

Steht der Dritte als Unternehmer in einem Konkurrenzverhältnis zur Verwaltung selbst, weil diese auf „seinem" Markt erwerbswirtschaftlich tätig geworden ist (oben Rn. 10), ist das allgemeine **Lauterkeitsrecht**[10] und **Kartellrecht** anwendbar. Hinzu kommt als Besonderheit für die Verwaltung, dass das Gesetz einzelnen Verwaltungsträgern noch spezifische und damit **öffentlich-rechtliche Schranken** zieht – insbesondere dem Bund durch Art. 30, 83 GG und den Gemeinden durch die Gemeindeordnungen der Länder, z. B. § 102 GemO BW (vgl. § 5 Rn. 13 ZI).[11] 22

Zusatzinformation
Innerhalb des Lauterkeitsrechts kann man fragen, ob ein Verstoß des Verwaltungsträgers gegen ein verwaltungsrechtliches Verbot erwerbswirtschaftlicher Betätigung, etwa das kommunalrechtliche, zugleich eine unlautere Wettbewerbshandlung darstellt, die der Konkurrent vor dem ordentlichen Gericht abwehren kann (§ 3a UWG); das wird heute überwiegend verneint. Soweit ein solches Verbot den Konkurrenten schützt, kann dieser daraus einen öffentlich-rechtlichen Unterlassungsanspruch vor dem Verwaltungsgericht geltend machen (vgl. § 13 Rn. 16).

V. Rechtsschutz

1. Spezialfall: Vergaberechtsweg

Für das Beschaffungswesen enthält das eben angesprochene Vergaberecht nicht nur Rechtmäßigkeitsanforderungen an Privatrechtsgeschäfte (Rn. 21) und eine spezielle Wirksamkeitsvoraussetzung (Rn. 19), sondern sieht in §§ 155 ff. GWB auch ein besonderes Prozessrecht vor. Die Vergabe öffentlicher Aufträge unterliegt danach der **Nachprüfung durch die Vergabekammern**, speziell eingerichteter und unabhängiger Rechtsbehelfsstellen innerhalb der Verwaltung. Während des Nachprüfungsverfahrens darf das Privatrechtsgeschäft nicht geschlossen werden; nachträglich aufgehoben werden kann es aber grundsätzlich nicht, das Vertrauen des Vertragspartners wird insoweit geschützt (§ 168 Abs. 2 S. 1 GWB, siehe aber auch § 135 GWB, Rn. 19).[12] 23

2. Normalfall: Zivilrechtsweg

Soweit dagegen – wie meist – kein besonderes Prozessrecht geschaffen worden ist, ergeben sich die Rechtsschutzmöglichkeiten nach allgemeinen Regeln aus der ZPO und der VwGO. Für öffentlich-rechtliche Streitigkeiten sind nach § 40 Abs. 1 24

---

[10] Lit.: *Heindorf*, VR 2022, 127.

[11] Lit.: *Berger*, DÖV 2010, 118; *Brüning*, NVwZ 2015, 689; *Lange*, NVwZ 2014, 616.

[12] Lit.: *Schneider*, Primärrechtsschutz nach Zuschlagserteilung bei einer Vergabe öffentlicher Aufträge, 2007 (vor den letzten Reformen).

VwGO die Verwaltungsgerichte zuständig, für bürgerlichrechtliche nach § 13 GVG die ordentlichen Gerichte.

25 Klar auf den Zivilrechtsweg gehört der **Streit über die Rechtsfolgen des Privatrechtshandelns** – etwa die Forderungen aus einem Vertragsverhältnis, das nach einem Vergabeverfahren zustande gekommen ist.

Beispiel: Das Land hat für seine Polizei von der A-AG neue Dienstfahrzeuge gekauft, aber wegen eines Sachmangels den Kaufpreis gemindert. Die A-AG klagt auf Zahlung des Differenzbetrags.

26 Differenziert beurteilt wird dagegen der vorgelagerte **Streit über die Rechtmäßigkeit des Privatrechtshandelns.** Den klaren Fall stellt es hier dar, wenn der Verwaltungsträger gestuft entscheidet – dann erlässt er zunächst ausdrücklich einen Verwaltungsakt über den Abschluss eines Privatrechtsgeschäfts (Stufe der Grundentscheidung oder des „Ob") und schließt sodann privatrechtlich das Rechtsgeschäft (Stufe der Durchführung oder des „Wie"). Dann ist für den Streit über das „Ob" der Verwaltungsrechtsweg, für den Streit über das „Wie" der Zivilrechtsweg eröffnet.[13]

Beispiel: Das Land bewilligt die Subvention für A durch Bescheid. Auf dieser Grundlage schließt es mit A einen Darlehensvertrag zu günstigen Konditionen.

27 Fraglich ist nur, ob man diese zwei Stufen auch dann unterscheiden kann und muss, wenn der Verwaltungsträger nicht ausdrücklich zunächst Verwaltungsakte („Bewilligungsbescheid") erlässt, sondern äußerlich allein Privatrechtsgeschäfte in Erscheinung treten.

Beispiel: Die Gemeinde schließt mit den Nutzern ihres Schwimmbads privatrechtliche Benutzungsverträge; A verweigert sie den Vertragsschluss.

28 Hier bestehen **drei Möglichkeiten**:

- die Sache *einheitlich privatrechtlich* zu qualifizieren und alle diesbezüglichen Streitigkeiten den ordentlichen Gerichten zuzuweisen (die gemäß § 17 Abs. 2 GVG auch über öffentlich-rechtliche Vorfragen entscheiden dürfen),
- die *„Ob"-Entscheidung als öffentlich-rechtlich* herauszuschneiden und diesbezügliche Streitigkeiten den Verwaltungsgerichten zuzuweisen (sogenannte „Zwei-Stufen-Theorie") oder
- darauf abzustellen, was für ein Anspruch konkret verfolgt wird und ob dieser auf eine *öffentlich-rechtliche oder privatrechtliche Anspruchsgrundlage* gestützt wird.

29 Der dritte Ansatz würde einfach den allgemeinen Regeln zur Rechtswegabgrenzung folgen (siehe oben § 3 Rn. 12) und erscheint insofern am überzeugendsten. In die-

---

[13] Lit.: *Klafki*, HVwR VI, 2024, § 163; *Tanneberg*, Die Zweistufentheorie, 2011; *Weißenberger*, GewArch 2009, 417, 465.

sem Sinne wird auch im Schrifttum vor einer Überdehnung des Zweistufigkeitsgedankens gewarnt. Die Rechtsprechung ist insoweit nicht ganz einheitlich. Bei Klagen gegen Verwaltungsträger wegen der Bewilligung von Subventionen oder wegen der Zulassung zu öffentlichen Einrichtungen soll der Verwaltungsrechtsweg grundsätzlich eröffnet sein; für Klagen gegen staatlich getragene Privatrechtssubjekte wird der Verwaltungsrechtsweg dagegen grundsätzlich verneint.

Zusatzinformation
Historisch stand hinter der Zwei-Stufen-Theorie das Ziel, Verwaltungsrechtsschutz im Bereich des Privatrechtshandelns zu einer Zeit zu eröffnen, da weder die öffentlich-rechtlichen Bindungen des Privatsrechtshandelns noch die Möglichkeit öffentlich-rechtlicher Verträge durchgehend anerkannt waren. Die Konstruktion eines Verwaltungsakts gab hier der privaten Seite einen Hebel, um subjektive öffentliche Rechte geltend machen zu können. Dieses Anliegen ist überholt, die Theorie gibt es aber immer noch.

VI. Ausübung von Privatrechten

In einen sachlichen Zusammenhang mit den Privatrechtsgeschäften gehört auch die Ausübung privatrechtlicher Rechte durch Verwaltungsträger. Soweit diesen Ansprüche und Gestaltungsrechte zustehen, können sie diese im Ausgangspunkt ebenso geltend machen wie die Privaten – das Privatrecht erscheint hier wieder als das „allgemeine Recht" (§ 2 Rn. 4). Auch auf der Ebene der Ausübung der Rechte stellt sich aber, wie schon bei der Eingehung der Rechtsgeschäfte, die Frage nach den Auswirkungen der besonderen öffentlich-rechtlichen Bindungen der Verwaltungsträger.

30

Beispiele: Das Land kündigt der Pächterin der Finanzamtskantine (einseitiges Rechtsgeschäft). – Die staatlich getragene Flughafenaktiengesellschaft erteilt Demonstrantinnen ein Hausverbot (Geltendmachung eines Anspruchs nach § 1004 BGB).[14]

Das Privatrecht wird hier modifiziert vor allem durch die unmittelbare **Grundrechtsbindung** der Verwaltungsträger. Relevant sind sowohl Gleichheits- als auch Freiheitsgrundrechte. Zum einen können Betroffene gegen die Rechtsausübung Art. 3 Abs. 1 GG ins Feld führen und einwenden, sie würden ungerechtfertigt anders behandelt als andere Grundrechtsberechtigte.

31

Beispiel-Fortsetzung: Die Kantinenpächterin sieht sich ungleich behandelt gegenüber anderen Pächterinnen, denen das Land nicht gekündigt hat. Entscheidend kommt es dann auf das Vorliegen eines sachlichen Grundes an.

Zum anderen können Betroffene auch Freiheitsgrundrechte geltend machen. Wenn die Rechtsausübung einen Eingriff darstellt, dann kommt das zugrunde liegende Privatrechtsgesetz als gesetzliche Grundlage dafür in Frage.

32

---

[14] Vgl. BVerfGE 128, 226 – Fraport.

Beispiel-Fortsetzung: Das Hausverbot der Flughafenaktiengesellschaft greift in die Versammlungsfreiheit der Demonstrantinnen aus Art. 8 Abs. 1 GG ein. § 1004 BGB bildet eine gesetzliche Grundlage für die Beschränkung; diese müsste im Einzelfall verfassungsgemäß, insbesondere verhältnismäßig, angewandt worden sein.

33 Ein Abgrenzungsproblem, das wiederum schon den Rechtsweg betrifft, stellt sich beim **Hausverbot für ein behördliches Dienstgebäude**[15] (und neuerdings auch behördlich verwaltete digitale Räume[16]). Außer als Geltendmachung eines Anspruchs aus § 1004 BGB, Störungen des Grundeigentums des Verwaltungsträgers zu unterlassen, könnte man ein solches Hausverbot nämlich auch als einseitig gegenüber einem Außenstehenden getroffene Einzelregelung auf dem Gebiet des *öffentlichen Rechts* und damit als Verwaltungsakt qualifizieren, sodass der Verwaltungsrechtsweg eröffnet und die Anfechtungsklage statthaft wäre.

34 Zu welcher Art von Maßnahme der Hoheitsträger im konkreten Fall gegriffen hat, ist **Auslegungsfrage**. Lässt der Hoheitsträger ausdrücklich erkennen, dass es sich um einen Verwaltungsakt oder um Privatrechtsausübung handeln soll (etwa durch Hinweis auf einen bestimmten Rechtsbehelf), dann ist das auch maßgeblich. Wird die Zuordnung dagegen aus der Erklärung des Hoheitsträgers nicht deutlich, benötigt man Abgrenzungskriterien. Die wohl herrschende Auffassung unterscheidet nach dem Zweck des Besuchs: ein Hausverbot für eine gewalttätige Antragstellerin wäre danach Verwaltungsakt, eines für eine gewalttätige Touristin wäre Privatrechtsausübung. Ein anderer Vorschlag geht dahin, nach dem Zweck der Maßnahme zu unterscheiden, also danach, ob die Verwaltungstätigkeit geschützt werden soll (dann Verwaltungsakt) oder das Verwaltungsvermögen (dann Privatrecht); das wird sich freilich oft kaum trennen lassen.

Zusatzinformation
Alternativ könnte man bei Unklarheit annehmen, dass der Hoheitsträger gesetzeskonform handeln wollte (vgl. § 19 Rn. 7) und die Fälle der Privatrechtsausübung zuordnen, wo für einen Verwaltungsakt schon keine Befugnis besteht. Gesetzlich fundiert ist eine Befugnis fast nur im Rahmen der Generalklausel zur Gefahrenabwehr, die den Polizei- und Ordnungsbehörden zusteht – darunter fallen meist die Kreise- und Gemeindenverwaltungen. Im Übrigen findet sich meist keine ausdrückliche Befugnis zu Eigensicherungsverwaltungsakten – das gilt etwa für Arbeitsagenturen und Hochschulen. Will man keine gewohnheitsrechtliche Befugnis postulieren, dürfen solche Hoheitsträger nur das private Hausrecht ausüben und müssen ansonsten die Hilfe von Polizei- und Ordnungsbehörden in Anspruch nehmen.

---

[15] Lit.: *Kalscheuer/Jacobsen*, NVwZ 2020, 370.
[16] Vgl. *Schröder*, RDi 2021, 562.

§ 27. Nichtrechtsakte („Realakte") der Verwaltung

Spezielle Studienliteratur: *Remmert*, Jura 2007, 736.

Ein faktisch großer, wenn auch juristisch erst seit einigen Jahrzehnten beleuchteter Bereich des Verwaltungshandelns soll dem Kapitel über die verwaltungsrechtlichen Rechtsakte abschließend als Exkurs angeschlossen werden: das Realhandeln der Verwaltung (Handeln durch „Realakt" oder auch „schlichtes Verwaltungshandeln").[1] Natürlich ist es nicht so, dass das Realhandeln überhaupt keine Rechtsfolgen hervorbrächte – so kann etwa ein rechtswidriges Realhandeln Folgenbeseitigungs- und Schadensersatzansprüche auslösen (oben § 13 Rn. 74 ff., 77 ff.). Aber es gibt – im Unterschied zu allen bisher erörterten Handlungsformen der Verwaltung, die daher eben „Rechtsakte" heißen – **keine Regelung**, die mit dem Realhandeln ausgedrückt und durch das Realhandeln in Geltung gesetzt würde (vgl. oben § 17 Rn. 12 f.). 1

> *Beispiele:* Die Straßenbaubehörde asphaltiert eine Straße. – Die Bundeswehr hält ein Manöver ab. – Das Bundesgesundheitsministerium warnt vor verunreinigtem Wein. – Die Krankenkasse teilt einer Versicherten mit, welche Daten über sie gespeichert sind. – Das Landesamt für Verfassungsschutz observiert eine Gefährderin und speichert Daten über sie in einer Datenbank. – Die Polizei erschießt eine Geiselnehmerin.

Unseren gewöhnlichen Vierklang aus Wirkung – Wirkungsbedingungen – Rechtmäßigkeit – Rechtsschutz (vgl. § 17 Rn. 9 f.) können wir dementsprechend nur zur Hälfte auf das Realhandeln anwenden. Die Wirkungen des Realakts sind faktischer Art, und ihre Bedingung ist nur das tatsächliche, nicht ein rechtliches Können der Behörde. Auch würde offensichtlich eine gerichtliche „Aufhebung" des Realakts 2

---

[1] Lit.: *Hermes*, GVwR II³, 2022, § 38; *Kersten*, FS Battis, 2014, S. 239; *Robbers*, DÖV 1987, 272; *Schulte*, Schlichtes Verwaltungshandeln, 1995; *Siems*, Der Begriff des schlichten Verwaltungshandelns, 1999; *Winkler*, HVwR V, 2022, § 150. Zur EU-Eigenverwaltung *Rademacher*, Realakte im Rechtsschutzsystem der Europäischen Union, 2013.

von vornherein nicht funktionieren, und schon gar nicht eine solche mit Rückwirkung. Streiten kann man nur darüber, ob ein Realakt rechtmäßig ist, war oder wäre (und etwa rückabgewickelt werden muss) oder ob ein unterlassener Realakt vorgenommen werden muss. Wir können insofern zumindest wie gehabt die **Rechtmäßigkeits- und** die **Rechtsschutzaspekte** nacheinander behandeln. Um die Bandbreite der Arten und Anwendungsbereiche von Realakten der Verwaltung etwas zu veranschaulichen, greifen wir anschließend einige prominente **Fallgruppen** zur näheren Betrachtung heraus.

I. Rechtmäßigkeit

3   Unter den Rechtmäßigkeitsanforderungen dominiert wiederum der Vorbehalt des Gesetzes (Rn. 4 ff.). Daneben betrachten wir kurz die Richtervorbehalte als weitere Regelungstechnik (Rn. 11 ff.). Gesetzliche Anforderungen aller Art können im Fachrecht hinzutreten, aber lassen sich nicht so auf einen gemeinsamen Nenner bringen, dass wir sie hier übergreifend darstellen könnten.

1. Vorbehalt des Gesetzes – Verbot gewisser Maßnahmen ohne besondere Befugnis

4   Auch beim Realakt bildet der Vorbehalt des Gesetzes den zentralen Einstiegspunkt für die Rechtmäßigkeitsfrage (allgemein oben § 12 Rn. 15 f. und § 17 Rn. 40 ff.). Die von ihm erfassten Maßnahmen – in erster Linie alle Grundrechtseingriffe – darf ein Hoheitsträger nur auf Grund einer ihm wirksam zustehenden tauglichen, auf die konkreten Maßnahmen passenden und in der konkreten Situation einschlägigen Befugnis treffen.

a) Maßnahme im Vorbehaltsbereich

5   Ein Realakt wird sich oftmals als **unmittelbarer Grundrechtseingriff** darstellen (faktischer, nicht klassischer Art).[2] Insbesondere ist ein Eingriff

- in das Recht auf Leben und körperliche Unversehrtheit aus Art. 2 Abs. 2 S. 1 GG: die Anwendung körperlicher Gewalt durch Behördenbedienstete (vgl. noch Rn. 24 ff.);
- in das Recht auf Freiheit der Person aus Art. 2 Abs. 2 S. 2 GG:[3] die Festhaltung, Verbringung oder Einsperrung durch Behördenbedienstete;
- in das Recht aus Art. 10 GG: die Überwachung der Briefe, der Post oder der Telekommunikation durch Behördenbedienstete;
- in das Recht aus Art. 13 GG:

---
[2] Lit.: *Gallwas*, Faktische Beeinträchtigungen im Bereich der Grundrechte, 1970.
[3] Lit.: *Kuch*, ZJS 2023, 939.

die Betretung, Durchsuchung oder Überwachung einer Wohnung durch Behördenbedienstete;
- in das Recht aus Art. 14 Abs. 1 S. 1 GG:
die Zerstörung oder Beschädigung eines Eigentumsobjekts durch Behördenbedienstete;
- in das Recht auf Freibleiben von Mandatsüberschreitungen einer Körperschaft mit Zwangsmitgliedschaft, das Art. 2 Abs. 1 GG entnommen wird:
die allgemeinpolitische Äußerung seitens z. B. der Verfassten Studierendenschaft oder der Rechtsanwaltskammer;
- in das Recht auf informationelle Selbstbestimmung, das die herrschende Auffassung aus Art. 2 Abs. 1 und Art. 1 Abs. 1 GG herleitet:[4]
die Verarbeitung personenbezogener Daten durch die Behörde (vgl. noch Rn. 37 ff.).

Manche Realakte wirken sozusagen „über Bande" und können dann als **mittelbarer Grundrechtseingriff** anzusehen sein. Das spielt eine besonders große Rolle bei an die Öffentlichkeit gerichtetem Informationshandeln, das die öffentlichkeitsbezogene Ausübung etwa der Grundrechte aus Art. 4 Abs. 1 und Art. 12 Abs. 1 GG beeinträchtigen kann (siehe unten Rn. 31). 6

Beispiel: Die Lebensmittelüberwachungsbehörde gibt bekannt, die Produkte von A seien gefährlich. A bleiben die Kunden weg. A sieht sich in ihrer Berufsfreiheit beeinträchtigt.

Wo das Verwaltungshandeln **keinen Grundrechtseingriff** darstellt und auch sonst keinem Vorbehalt des Gesetzes unterfällt, bedarf die Verwaltung für ihr Realhandeln auch **keiner besonderen Befugnis**. 7

Beispiele: Die Polizei fährt Streife. – Die Straßenbaubehörde bessert einen Gehweg aus. – Die Schule empfiehlt, ohne Anspruch auf Verbindlichkeit, das Tragen/Nicht-Tragen eines Mund-Nasen-Schutzes. – Das Robert-Koch-Institut gibt tägliche Lageberichte zum Infektionsgeschehen heraus.

Allerdings kommt es vor, dass das Gesetz das Realhandeln ausdrücklich regelt, obwohl eine Befugnis dafür nicht nötig ist. In diesem Fall gilt der **Vorrang des Gesetzes** und ist die Rechtsgrundlage für die Rechtmäßigkeitsbeurteilung vorrangig heranzuziehen (vgl. zum Verwaltungsakt § 19 Rn. 95). 8

Beispiel: Die Polizei observiert jemanden eine Weile, aber (das sei unterstellt) noch unterhalb der Schwelle eines Grundrechtseingriffs. Gleichwohl ist z. B. in Baden-Württemberg die Rechtsgrundlage des § 49 Abs. 2 Nr. 1 PolG BW einschlägig und zu beachten.

Solche prinzipiell entbehrlichen Rechtsgrundlagen gibt es inzwischen gerade für behördliche Öffentlichkeitsinformationen in größerem Umfang (siehe unten Rn. 31). Ihre Funktion ist in erster Linie, Behörden zu diesen Informationen zu *verpflichten* und damit für mehr Transparenz zu sorgen. 9

---

[4] Kritisch zuletzt *Behrendt*, Entzauberung des Rechts auf informationelle Selbstbestimmung, 2023.

Beispiele: Die Bundesbehörden stellen der Öffentlichkeit nach § 3 E-Government-Gesetz (EGovG) im Internet Informationen über ihre Aufgaben, ihre Anschrift, ihre Geschäftszeiten sowie postalische, telefonische und elektronische Erreichbarkeiten und nach § 10 Umweltinformationsgesetz (UIG) „Umweltinformationen" zur Verfügung. – Die Strahlenschutzbehörden warnen vor radioaktiven Notfällen auf der Rechtsgrundlage des § 112 Strahlenschutzgesetz (StrlSchG).

b) Befugnis für die Maßnahme

10 Soweit eine Maßnahme im Vorbehaltsbereich liegt, bedarf die Verwaltung auch beim Realakt dafür einer besonderen Befugnis, also einer **Erlaubnis** für den Hoheitsträger, die Maßnahme zu treffen (§ 11 Rn. 10 f.). Insoweit gilt das Gleiche wie bei den Rechtsakten (oben § 17 Rn. 44 ff.): Der handelnde Hoheitsträger muss eine Befugnis erworben (§ 11 Rn. 19 ff.) und nicht zwischenzeitlich verloren haben (§ 11 Rn. 45 ff.). Abb. 1 gibt eine Übersicht über einige Rechtsgrundlagen für Realakte.

Prüfungshinweise

▶ Sofern eine geeignete Rechtsgrundlage vorhanden ist, können Sie damit – wie beim typischen Verwaltungsaktfall – das Rechtmäßigkeitsgutachten zu gliedern beginnen. Auch hier kann anschließend nach formellen Voraussetzungen (Zuständigkeit, Verfahren, Form) und materiellen Voraussetzungen untergliedert werden.

Aus dem Allgemeinen Verwaltungsrecht (anhand der Bundesrechtsnormen):

Verwaltungsvollstreckung:

- § 6 Abs. 1, § 9 Abs. 1 Nr. 1, § 10 VwVG → Ersatzvornahme

- § 6 Abs. 1, § 9 Abs. 1 Nr. 3, § 12 VwVG → unmittelbarer Zwang

Datenverarbeitung:

- § 3 BDSG → Verarbeitung personenbezogener Daten zur Erfüllung der behördlichen Aufgaben

Aus dem Besonderen Verwaltungsrecht (am Beispiel Baden-Württemberg):

- § 8 Abs. 1 S. 1 PolG BW → unmittelbare Ausführung einer Maßnahme zur Abwehr von Gefahren für die öffentliche Sicherheit

- § 37 Abs. 1 PolG BW → Sicherstellung einer gewahrsamslosen Sache im Interesse des Eigentümers/Besitzers

- § 63 Abs. 2, § 66 Abs. 4 PolG BW i.V.m. § 2 LVwVG BW → unmittelbarer Zwang zur Durchsetzung eines Verwaltungsakts durch den Polizeivollzugsdienst

- § 64 Abs. 2 LBO BW → Versiegelung einer Baustelle

- § 66 Abs. 3 LBO BW → Betreten einer Baustelle

Abb. 1 Einige Rechtsgrundlagen für Realakte

I. Rechtmäßigkeit

▶ Bei mehreren denkbaren Rechtsgrundlagen haben Sie wiederum zwei Möglichkeiten (vgl. oben § 19 Rn. 96): entweder unter der Überschrift „Rechtsgrundlage" so lange die unpassenden davon auszuscheiden, bis eine einzige verbleibt, oder aber nacheinander die in Frage kommenden Rechtsgrundlagen jeweils auf deren formelle und materielle Voraussetzungen durchzuprüfen (was bei fernerliegenden Rechtsgrundlagen auch knapp ausfallen darf).

2. Richtervorbehalt – Verbot gewisser Maßnahmen ohne erlaubenden Gerichtsakt

Neben dem Vorbehalt des Gesetzes besteht für einige Realakte auch noch ein Richtervorbehalt. Dieser ist oft verfassungsrechtlich begründet, insbesondere für Wohnungsdurchsuchungen durch Art. 13 Abs. 2 GG und für Freiheitsentziehungen durch Art. 104 Abs. 2 GG; er kann aber auch einfachrechtlich angeordnet sein. Soweit bereits vor dem Realakt ein **erlaubender Gerichtsakt** ergangen ist (oben § 21 Rn. 7), stellt sich der Realakt typischerweise als dessen bloße Ausführung dar. Sowohl bezüglich der Rechtmäßigkeit als auch bezüglich des Rechtsschutzes konzentriert man sich in einer solchen Konstellation meist auf den Gerichtsakt. Lediglich wenn jemand die Art und Weise beanstandet, in der die Behörde die richterliche Anordnung ausgeführt hat, gerät der Realakt als solcher in den Blick, dies dann aber nicht mehr unter dem Gesichtspunkt des Richtervorbehalts.

11

Beispiel: Die Polizei durchsucht auf der Grundlage einer richterlichen Erlaubnis eine Wohnung. Die Wohnungsinhaberin akzeptiert zwar die Durchsuchung dem Grunde nach, aber hält die dabei entstandene Verwüstung für unverhältnismäßig.

Anders liegt der Fall, wenn die Behörde ohne vorausgehenden Gerichtsakt gehandelt hat, also insbesondere bei Gefahr im Verzug; für die polizeiliche Ingewahrsamnahme ist das der Regelfall. Hier ist dann eindeutig das behördliche Realhandeln selbst der Bezugspunkt des Rechtsschutzes. Das führt grundsätzlich zur Möglichkeit einer nachträglichen allgemeinen Feststellungsklage (Rn. 17). Dabei entsteht eine gewisse Konkurrenz mit dem Verfahren für die richterliche Erlaubnis, das manchmal zu den ordentlichen Gerichten führt.

12

Beispiel: Die Bundespolizei nimmt am Bahnhof die minderjährige A in Gewahrsam, die sich der Obhut der Personensorgeberechtigten entzogen hat (vgl. § 39 Abs. 2 BPolG), und führt sie wenig später ihren Eltern zu, bevor die richterliche Erlaubnis beim Amtsgericht eingeholt werden kann (§ 40 Abs. 1, 2 BPolG). Später beantragt A beim Verwaltungsgericht festzustellen, dass ihre Ingewahrsamnahme rechtswidrig gewesen sei.

Zusatzinformationen

- Man wird eine Feststellungsklage immer für statthaft halten müssen. Wenn das andere Gericht die Freiheitsentziehung für zulässig erklärt hat, wirkt dieser Gerichtsakt aber präjudiziell und bleibt für die verwaltungsgerichtliche Feststellung nur noch die Art und Weise der Durchführung übrig (wie in der Konstellation von Rn. 11).
- Dem Realhandeln stellen in dieser Konstellation viele einen konkludenten Verwaltungsakt zur Seite, der zur Duldung der Maßnahme verpflichten soll. Statt einer allgemeinen hält man dann eine Fortsetzungsfeststellungsklage für statthaft (§ 19 Rn. 227 ff.). In deren Rahmen kann die Rüge der Art und Weise der Durchführung aber nicht sinnvoll eingebettet werden. Auch zeigt schon der Beispielsfall, dass die Konstruktion nicht immer aufgeht: der Minderjährigen kann ein Verwaltungsakt schließlich nicht wirksam bekannt gegeben werden.

II. Rechtsschutz

13 Im Hinblick auf den Rechtsschutz ergeben sich auch für das Realhandeln die bekannten beiden Konstellationen: entweder soll ein belastender Realakt abgewehrt (dazu Rn. 17 f.) oder ein begünstigender erzwungen werden (dazu Rn. 19 ff.). Ein gemeinsames Problem beider Konstellationen ist die Bestimmung des Rechtswegs (dazu Rn. 14 ff.).

1. Rechtsweg

14 Anders als beim Verwaltungsakt, der selbst überhaupt nur auf dem Gebiet des öffentlichen Rechts möglich ist (§ 35 S. 1 VwVfG*), ist mit der Handlungsform des Realakts die Öffentlichrechtlichkeit nicht automatisch verbunden. Vielmehr kann eine Streitigkeit darüber prinzipiell sowohl öffentlich-rechtlich (§ 40 VwGO) als auch bürgerlichrechtlich (§ 13 GVG) sein.

15 Maßgeblich ist wie stets die streitentscheidende Norm. Wo sich also eine **ausdrückliche Bestimmung** über den fraglichen Realakt findet (sei es als Befugnis oder Verpflichtung der Behörde, sei es ausdrücklich als Berechtigung privater Betroffener) und diese spezifisch für Hoheitsträger gilt, kann man die Öffentlichrechtlichkeit der Norm und der Streitigkeit (und, wenn man den Begriff darauf erstrecken will, auch des Realakts selbst) bejahen.

Beispiele: Speziell die behördliche Warnung von gefährlichen Medizinprodukten regelt § 28 Abs. 4 Medizinproduktegesetz; darüber wäre auf dem Verwaltungsrechtsweg zu streiten. Entsprechendes gilt für die polizeiliche Gewaltanwendung. – Die Zuführung von Gasen, Geräuschen usw. auf ein Nachbargrundstück behandelt § 906 BGB, aber für Private und Verwaltungsträger gleichermaßen und damit nicht öffentlich-rechtlich.

16 Oftmals wird eine ausdrückliche Bestimmung gerade über den konkret vorgenommenen Realakt aber fehlen. Hier hebt man darauf ab, ob der Realakt in einem unmittelbaren **Zusammenhang mit einer Tätigkeit** steht, die auf Grund öffentlich-rechtlicher Normen ausgeübt wird, also insbesondere in Erfüllung spezifischer Pflichten als Hoheitsträger (vgl. allgemein § 3 Rn. 15).

II. Rechtsschutz

Beispiele: Straßenbaumaßnahmen durch den dafür gesetzlich zuständigen, öffentlich-rechtlichen Träger der Straßenbaulast; Sirenenbetätigung der Feuerwehr bei ihrer Aufgabenerfüllung.

Zusatzinformation
Ein Schulbeispiel betrifft die Kirchenglocken derjenigen Religionsgesellschaften, die aus Traditionsgründen den Status einer Körperschaft des öffentlichen Rechts haben (Art. 137 Abs. 5 WRV, Art. 140 GG, vgl. § 6 Rn. 33): Schlagen die Glocken im Zusammenhang mit der gottesdienstlichen Tätigkeit (die hier sozusagen der Verwaltungstätigkeit entspricht), gilt die Streitigkeit über diesen Realakt als öffentlich-rechtlich, andernfalls (also beim bloßen „Zeitschlagen" zu bestimmten Uhrzeiten) als privatrechtlich.

2. Abwehr belastender Realakte

Der Unterschied zu den Rechtsakten liegt in der Abwehrkonstellation deutlich auf der Hand: Mit einem bloßen Ausspruch, die Handlung werde aufgehoben (wie bei § 113 Abs. 1 S. 1 VwGO) oder sei unwirksam (wie bei § 47 Abs. 5 S. 2 VwGO), ist es nicht getan, weil die Handlung vorüber und ihre tatsächlichen Folgen noch immer in der Welt sind. Streiten kann man deshalb von vornherein nur über andere **drei Ziele**: 17

- die *Rechtswidrigkeit* der erfolgten Vornahme im Wege einer allgemeinen Feststellungsklage (§ 9 Rn. 56 ff.), wenn eine Rückabwicklung der Folgen nicht in Betracht kommt. Ersichtlich handelt es sich hierbei um ein Pendant zur Fortsetzungsfeststellungsklage nach § 113 Abs. 1 S. 4 VwGO (vgl. § 19 Rn. 227 ff.). Bei diesem Ziel bleibt es auch, wenn das Gesetz ausnahmsweise die Anwendung der Verwaltungsaktvorschriften auf den Realakt anordnet wie in § 18 Abs. 2 VwVG; es ist dann eben § 113 Abs. 1 S. 4 VwGO direkt anwendbar.
- die *Rückabwicklung* der tatsächlichen Folgen im Wege einer allgemeinen Leistungsklage (§ 13 Rn. 37 f.), wenn der Realakt bereits vorgenommen wurde. Materiellrechtlich macht man dann einen Folgenbeseitigungsanspruch geltend, auf den also bezüglich Klagebefugnis und Begründetheit abzustellen ist (vgl. oben § 13 Rn. 74 ff.). Voraussetzung ist, dass ein rechtsverletzendes Verwaltungshandeln lästige Folgen gezeigt hat, die der Verletzte nicht hinzunehmen verpflichtet ist und die die Verwaltung tatsächlich beseitigen kann (und rechtlich darf).
- die *Unterlassung* der Vornahme, wenn der Realakt erst noch droht, im Wege einer allgemeinen Leistungsklage (§ 13 Rn. 59) oder vorläufig eines Antrags auf Sicherungsanordnung (§ 9 Rn. 64 ff.). Der fragliche Realakt muss dazu hinreichend konkret in Aussicht stehen, damit man das Rechtsschutzinteresse bzw. den Anordnungsgrund bejahen kann. Hier wird materiellrechtlich ein öffentlich-rechtlicher Unterlassungsanspruch geltend gemacht (vgl. oben § 13 Rn. 58 f.).

In Bezug auf die behördliche **Datenverarbeitung** stellt sich der Rechtsschutz insofern etwas anders dar, als Art. 15 ff. DSGVO die Ansprüche betroffener Personen ausdrücklich regeln. Ein allgemeiner Unterlassungsanspruch gegenüber 18

DSGVO-widriger Datenverarbeitung wird deshalb überwiegend verneint.[5] Wer sich gegen eine Datenverarbeitung wenden will, ist dann vor allem auf den speziellen Folgenbeseitigungsanspruch auf Löschung gespeicherter Daten aus Art. 17 DSGVO verwiesen (vgl. § 13 Rn. 76). Diesen kann man als begünstigenden Realakt notfalls prozessual erzwingen (zu dieser Konstellation sogleich).

3. Erzwingung begünstigender Realakte

19   Entsprechend vielgestaltig wie die Realakte selbst sind auch die Ansprüche, die jemand auf ihre Vornahme haben kann. Aus dem Allgemeinen Verwaltungsrecht gehören dazu insbesondere die Ansprüche auf Folgenbeseitigung und auf Informationserteilung (oben § 13 Rn. 74 ff., 111 ff.).

Beispiele: Vertreter der Presse haben nach den Pressegesetzen der Länder gegen Behörden einen Anspruch auf die der Erfüllung ihrer öffentlichen Aufgabe dienenden Auskünfte (z. B. § 4 Landespressegesetz BW). – Jedermann hat unter gewissen Voraussetzungen Anspruch auf Löschung der über ihn gespeicherten personenbezogenen Daten (Art. 17 DSGVO).

20   Ansprüche auf Vornahme eines Realakts sind mit Leistungsklagen geltend zu machen, und zwar – da es sich beim Anspruchsinhalt nicht um den Erlass eines Verwaltungsakts im Sinne von § 42 Abs. 1 Var. 2 VwGO handelt – mit der **allgemeinen Leistungsklage**. Von dieser eigentlich klaren Ausgangslage weicht die wohl herrschende Auffassung allerdings ab, indem sie der ausdrücklichen Verweigerung einen eigenen Regelungsgehalt zuspricht und deshalb die Verpflichtungsklage geben will.[6]

Praxishinweis

▶   Vorsorglich wird man vor diesem Hintergrund die Frist wahren und Widerspruch einlegen, um auch die Zulässigkeitsvoraussetzungen einer Verpflichtungsklage jedenfalls erfüllt zu haben.

Zusatzinformation
Die Annahme einer Verpflichtungsklage überzeugt nicht. Wir haben gesehen, dass es für die Abgrenzung der Klagearten auf die Handlungsform der *erstrebten* Handlung ankommt (§ 13 Rn. 36 ff.), und das wäre hier der Realakt. Der Verweigerung kann man zwar als Regelungsgehalt die Feststellung entnehmen, dass ein Anspruch auf den Realakt nicht bestehe (vgl. § 19 Rn. 19 ZI); um der präjudiziellen Wirkung zu entgehen, müsste man konsequenterweise Anfechtungsrechtsbehelfe gegen die Verweigerung erheben. An der Natur der begehrten Leistung als Realakt ändert sich dadurch aber nichts; man müsste also vor allem und zugleich allgemeine Leistungsklage auf den Realakt erheben. Tatsächlich ist die Kombination aus Anfechtungs- und Leistungsklage in der Sozialgerichtsbarkeit gängig – in der allgemeinen Verwaltungsgerichtsbarkeit freilich unüblich.

21   Anders liegt der Fall, wenn das (Bundes-)Gesetz die **Verpflichtungsklage ausdrücklich angeordnet hat.**

---

[5] Dafür aber etwa *Breß*, CR 2023, 584.
[6] Siehe etwa *Schwanengel*, ThürVBl 2023, 221 zum Anspruch aus Art. 15 DSGVO. Lit.: *Widmann*, Abgrenzung zwischen Verwaltungsakt und eingreifendem Realakt, 1996, S. 94–100.

Beispiel: Jeder hat gegen Bundesbehörden einen Anspruch auf Zugang zu amtlichen Informationen (§ 1 IFG). Gegen eine ablehnende Entscheidung werden Widerspruch und Verpflichtungsklage ausdrücklich für zulässig erklärt (§ 9 Abs. 4 S. 1 IFG).

Zusatzinformation
Der Landesgesetzgebung fehlt für eine Regelung der Klageart die Kompetenz. § 9 LIFG BW z. B. enthält eine derartige Vorschrift schon deshalb nicht.

Auch die Erzwingung eines Realakts kann nach § 44a VwGO ausgeschlossen sein, wenn dieser sich als **Verfahrenshandlung** im Rahmen eines Verwaltungsverfahrens darstellt (vgl. § 29 Rn. 13 und zum Verwaltungsakt § 19 Rn. 156).

Beispiel: Auf die Gewährung von Akteneinsicht haben die Beteiligten des Verwaltungsverfahrens einen Anspruch (§ 29 VwVfG*), den sie aber nicht selbständig geltend machen können.[7]

III. Wichtige Fallgruppen

Im Folgenden betrachten wir eine Reihe von Fallgruppen, wo Realhandeln jeweils – durchgehend oder typischerweise – den Charakter von Grundrechtseingriffen aufweist. Es handelt sich hierbei freilich nur um eine begrenzte Auswahl markanter Fälle, der man ohne Weiteres andere bedeutsame Konstellationen wie die Ingewahrsamnahme oder die Erteilung von Unterricht hinzugesellen könnte.

1. Gewaltanwendung

Zu den Realakten der Verwaltung gehört insbesondere die **Anwendung körperlicher Gewalt**, die in der Rechtssprache meist etwas verbrämt wird. Da dem Rechtsstaat aber das „Gewaltmonopol" zugeschrieben wird, finden sich tatsächlich diverse Rechtsgrundlagen für die Gewaltanwendung durch Verwaltungsbedienstete. Diese Erlaubnisnormen sind nötig, weil sich eine Gewaltanwendung stets als Eingriff in ein Grundrecht aus Art. 2 Abs. 2 S. 1 GG darstellt – die körperliche Unversehrtheit, die persönliche Freiheit und unter Umständen sogar das Leben.

Zusatzinformationen
- Zugleich stellen die Erlaubnisnormen auch hier Rechtfertigungsgründe im strafrechtlichen Sinne dar (vgl. § 11 Rn. 4). Bei Erfüllung aller Tatbestandsvoraussetzungen handeln die Verwaltungsbediensteten in einem Bereich erlaubt, der sonst weitgehend durch §§ 223 ff. StGB mit Strafe bedroht wäre (gerade *um* das staatliche Gewaltmonopol zu etablieren!).[8]
- Verwaltungsbedienstete haben auch im Rahmen der Strafverfolgung Gewalt anzuwenden. Diese Fälle liegen außerhalb des Verwaltungsrechts, unterliegen grundrechtlich aber den gleichen Anforderungen. Als Gewalterlaubnisse gelten dort Bestimmungen wie §§ 81a, 81b StPO, auch wenn diese insoweit ausgesprochen zurückhaltend formuliert sind. Deutlicher sind dagegen die für Gerichtsvollzieher geltenden Erlaubnisse zur Gewaltanwendung in § 758 ZPO.

---
[7] BVerwG, 22.09.2016 – 2 C 16.15.
[8] Vgl. *Metz,* JuS 2022, 713 (speziell zum Schusswaffengebrauch).

25 Neben den Vorschriften, die der Verwaltung prinzipiell Gewalt erlauben, gelten weitere Vorgaben für die **Art und Weise der Gewaltanwendung**. Für Bundesbehörden sind diese im Gesetz über den unmittelbaren Zwang bei Ausübung öffentlicher Gewalt durch Vollzugsbeamte des Bundes (UZwG) niedergelegt.[9] Sie enthalten vor allem zusätzliche Voraussetzungen für spezielle Gewaltformen wie Fesselung und Schusswaffengebrauch.

a) Körperliche Gewalt als Vollstreckungsmittel

26 Im Verwaltungsrecht tritt körperliche Gewalt vor allem als (letztes) Mittel zur **Vollstreckung befehlender Verwaltungsakte** in Erscheinung (vgl. § 19 Rn. 25 f.). Sie firmiert dann als „unmittelbarer Zwang" und findet ihre Regelung in den Verwaltungsvollstreckungsgesetzen. Wir haben dieses Vollstreckungsinstrument („Zwangsmittel") bereits im Zusammenhang mit der Durchsetzung verwaltungsrechtlicher Pflichten kennen gelernt (oben § 12 Rn. 54). Hier wird es nun selbst zum Gegenstand der Betrachtung.

27 Zusätzlich zu den für alle Zwangsmittel geltenden Rechtmäßigkeitsanforderungen – insbesondere Vollstreckbarkeit des Verwaltungsakts (= Unanfechtbarkeit oder sofortige Vollziehbarkeit), wirksamer vorheriger Androhung, Verhältnismäßigkeit – ist der unmittelbare Zwang **nachrangig** gegenüber seinen Alternativen Zwangsgeld und Ersatzvornahme und unterliegt zusätzlichen Anforderungen je nach Art der Maßnahme (etwa: Zwangsräumung eines Grundstücks, Wegnahme einer Sache, Fesselung, Schusswaffengebrauch o. ä.).

> **Prüfungsschema 25: Ist die Anwendung unmittelbaren Zwangs als Vollstreckungsmaßnahme rechtmäßig?**
> Das Schema gilt für Bundes- und Landesbehörden, die Vorschriften sind beispielhaft dem Bundesrecht entnommen.
> Rechtsgrundlage: § 6 Abs. 1, § 9 Abs. 1 Nr. 3, § 12 VwVG sowie ergänzend das UZwG.
> 1. formelle Rechtmäßigkeit
>   a) Zuständigkeit, § 7 VwVG
>   b) vorherige Androhung, § 13 VwVG
> 2. materielle Rechtmäßigkeit
>   a) Vorliegen und Wirksamkeit eines befehlenden Verwaltungsakts
>   b) Vollstreckbarkeit, § 6 Abs. 1 VwVG
>   c) Erfolglosigkeit anderer Zwangsmittel, § 12 VwVG
>   d) Zusatzvoraussetzungen für bestimmte Anwendungsfälle, §§ 9–14 UZwG
>   e) Verhältnismäßigkeit, § 9 Abs. 2 VwVG

---

[9] Zu Reformvorhaben *Wagner*, NVwZ 2022, 1853.

b) Körperliche Gewalt außerhalb der Vollstreckungskonstellation

Demgegenüber lässt das Gesetz nur in wenigen Fällen die **Anwendung von Gewalt ohne Dazwischentreten eines Verwaltungsakts** zu. Jemanden aufzufordern (und dann selbst machen zu lassen) ist immer das mildere Mittel gegenüber dem sofortigen Handanlegen. Letzteres darf deshalb schon aus grundrechtlicher Sicht nur zugelassen werden, wenn für ersteres keine Zeit mehr ist („Gefahr im Verzug").

Die Hauptfälle gehören ins Polizeirecht und seien hier nur kurz benannt.[10] Allgemein darf die Polizei zur „unmittelbaren Ausführung einer Maßnahme" greifen, wenn Verwaltungsakte „nicht oder nicht rechtzeitig" möglich sind (z. B. nach § 8 PolG BW). In nicht ganz klarem Verhältnis dazu stehen die Befugnisse, vollstreckungsrechtliche Zwangsmittel ohne Vollstreckungstitel anzuwenden, wenn die Lage das erfordert (z. B. nach § 6 Abs. 2 VwVG). Daneben entnimmt man einigen Befugnisnormen, die den Erlass von Verwaltungsakten gestatten, zugleich eine „Handlungserlaubnis" für die typischerweise mit dem Verwaltungsakt einhergehende Gewaltanwendung (so insbesondere für die Ingewahrsamnahme, z. B. nach § 33 PolG BW).[11]

2. Öffentliche Warnung

Ein wichtiger Fall des Realhandelns der Verwaltung besteht im Verbreiten von Informationen,[12] und dies nicht nur an Einzelne (wie Verfahrensbeteiligte oder Auskunftsantragsteller, vgl. § 13 Rn. 111 ff.), sondern vielfach in Gestalt einer Information der Öffentlichkeit.[13] Dies kann ein Instrument für den Umgang mit Gefahren oder Risiken bilden: etwas potenziell Gefährliches wird nicht (nur) dem Verantwortlichen verboten, sondern den potenziellen Nutzern wird eine Information gegeben, damit diese selbst eine verantwortliche Entscheidung treffen können. Für die Öffentlichkeitsinformation kommen diverse Formen in Frage, von traditionelleren Aushängen, Druckschriften und Zeitungsanzeigen über Radiodurchsagen bis neuerdings hin zu Social Media.[14]

---

[10] Lit.: *Kaniess*, LKV 2015, 401; *Kästner*, JuS 1994, 361; *Leinius*, Anwendung von Zwangsmitteln ohne vorausgehenden Verwaltungsakt (sofortiger Vollzug und unmittelbare Ausführung), 1976; *Sadler*, DVBl 2009, 292; *Schmitt-Kammler*, NWVBl 1989, 389.

[11] Vgl. *Pünder*, Jura 2022, 1055 (1062 f.). Lit.: *Heintzen*, DÖV 2005, 1038; *Schmitt-Kammler*, NWVBl 1995, 166.

[12] Lit.: *Spiecker genannt Döhmann*, HVwR I, 2021, § 23; *I. Augsberg*, Informationsverwaltungsrecht, 2014, S. 200–212.

[13] Lit.: *Hillgruber*, HVwR V, 2022, § 151; *Kühn*, Bürgerbeeinflussung durch Berichterstattung staatlicher Stellen, 2018; *Ossenbühl*, Umweltpflege durch behördliche Warnungen und Empfehlungen, 1986; *Philipp*, Staatliche Verbraucherinformationen im Umwelt- und Gesundheitsrecht, 1989.

[14] Lit. zu letzteren: *Harding*, Staatliche Öffentlichkeitsarbeit in sozialen Netzwerken, 2023; *Ingold*, VerwArch 108 (2017), S. 240; *Milker*, NVwZ 2018, 1751.

Zusatzinformation
Ein Sonderproblem bildet die gezielte *Fehl*information der Öffentlichkeit, die etwa zur Gefahrenabwehr für behördliche Entscheidungsträger gelegentlich attraktiv sein mag.[15]

31 Wenn die Gefahrenquelle nicht gerade ein Naturereignis ist (etwa: Warnung vor Unwettern) oder in der Hand der Adressaten liegt (etwa: Aufforderung zur Nutzung von Impfangeboten oder Verhütungsmitteln), sondern von einem einzelnen Grundrechtsträger betrieben wird, kann die Information der Öffentlichkeit diesem freilich die Ausübung seines Grundrechts erheblich erschweren und insofern einen **mittelbaren (da über Dritte wirkenden) Grundrechtseingriff** darstellen (Rn. 6).[16] Dem Gewerbetreibenden nimmt die Verwaltung damit die Kunden (Art. 12 Abs. 1 GG), der Religionsgemeinschaft die potenziellen neuen Gläubigen (Art. 4 Abs. 1 Var. 3 GG). Dafür braucht es nach heute allgemein anerkanntem Verständnis der Grundrechte einer gesetzlichen Grundlage – allerdings nur, wenn hinreichend individualisierte Grundrechtsträger betroffen sind, also nicht nur allgemein vor Produkten einer ganzen Branche gewarnt wird (etwa: Alkohol, Zigaretten, Zucker).[17]

Beispiele: Die zuständigen Behörden informieren die Öffentlichkeit nach § 40 Lebensmittel- und Futtermittelgesetzbuch (LFGB) unter Nennung des Produkts und gegebenenfalls des Inverkehrbringers über gefährliche Lebensmittel. – Das Bundesamt für Sicherheit in der Informationstechnik veröffentlicht nach § 7 Abs. 1 BSIG unter anderem „Warnungen vor Sicherheitslücken in informationstechnischen Produkten und Diensten", warnt also insbesondere vor konkreten Computerprogrammen einzelner Hersteller.[18]

Zusatzinformationen
- Früher hielt man solche Warnungen teilweise ohne gesetzliche Befugnis für rechtmäßig, was noch 2002 das Bundesverfassungsgericht in zwei Entscheidungen guthieß.[19] Danach sollte eine zutreffende und sachliche Öffentlichkeitsinformation einer zuständigen Stelle schon keinen Grundrechtseingriff darstellen. Das gilt den meisten als systemwidrig, die beiden Entscheidungen sind weitgehend folgenlos geblieben, und die Gesetzgebung trifft heute öfter ausdrückliche Regelungen (wie eben in den Beispielen).
- Manche Rechtsgrundlagen knüpfen nicht nur an fortbestehende Gefahrenlagen an, sondern erlauben eine Öffentlichkeitsinformation über vergangene Pflichtverletzungen. Ein derartiger „Pranger" hat für den Betroffenen den Charakter einer fachrechtlichen Sanktion (vgl. § 12 Rn. 73). Siehe zum Beispiel § 5 Abs. 3 S. 1 Nr. 1 Wertpapierinstitutsgesetz: „Bei einem Verstoß gegen [gewisse Pflichten] kann die Bundesanstalt [für Finanzdienstleistungsaufsicht] insbesondere [...] auf ihrer Internetseite eine Warnung unter Nennung der natürlichen oder juristischen Person oder der Personenvereinigung, die für den Verstoß verantwortlich ist, sowie der Art des Verstoßes veröffentlichen".

---

[15] Dazu *Ingold*, Desinformationsrecht, 2011.
[16] Lit.: *Merschmann*, Staatliche Information über lebensmittelrechtliche Beanstandungen während laufender Verfahren, 2019; *Monsees*, Behördliches Informationshandeln im Lebensmittelbereich, 2018.
[17] Vgl. *Wißmann*, DVBl 2023, 200 (besonders zur Zunahme derartiger Warnungen im digitalen Raum).
[18] Vgl. *Dittrich*, NJW 2022, 2971.
[19] BVerfGE 105, 252 – Glykolwein; 105, 279 – Osho.

Sogar einen **unmittelbaren Grundrechtseingriff**, nämlich **in das allgemeine Persönlichkeitsrecht nach Art. 2 Abs. 1 GG**, kann die Öffentlichkeitsarbeit der Behörden darstellen, wenn sie über konkrete, gar namentlich bezeichnete natürliche Personen berichtet (als Gefährder, Störer, Verdächtiger, Angeklagter oder Verurteilter). Manche Maßnahmen der eben beschriebenen mittelbar wirkenden Art können zugleich hierunter fallen. Eine spezielle Fallgruppe bilden die Pressemitteilungen der Staatsanwaltschaften und Strafgerichte, die insoweit wie Verwaltungsbehörden kontrolliert werden.[20] 32

Angesichts der belastenden Wirkung eines unmittelbaren oder mittelbaren Grundrechtseingriffs liegt eine vorherige **Anhörung** der Betroffenen nahe. Eine § 28 VwVfG* entsprechende allgemeine Verfahrensvorgabe gibt es aber für behördliche Informationsmaßnahmen nicht; auch aus Verfassungsrecht lässt sie sich nicht herleiten. Fachrechtliche Rechtsgrundlagen enthalten aber teilweise die Anhörung als zusätzliche Voraussetzung der Befugnis. 33

Beispiele: „Bevor die Behörde die Öffentlichkeit nach den Absätzen 1 und 1a informiert, hat sie den Hersteller oder den Inverkehrbringer anzuhören, sofern hierdurch die Erreichung des mit der Maßnahme verfolgten Zwecks nicht gefährdet wird" (§ 40 Abs. 3 S. 1 LFGB). – „Die Hersteller betroffener Produkte sind rechtzeitig vor Veröffentlichung der Warnungen zu informieren" (§ 7 Abs. 1 BSIG).

3. Drohung

Von der Warnung unterscheiden kann man den weiteren, ebenfalls kommunikativen Realakttyp der Drohung. Hier informiert die Behörde den Empfänger nicht nur über Gefahren, die er vermeiden kann, sondern über Maßnahmen, die sie ihm gegenüber ergreifen will, wenn er sich nicht auf bestimmte Weise verhält. Das erzeugt faktischen Druck, sich wie gewünscht zu verhalten, ohne aber rechtlich eine entsprechende Pflicht zu begründen; diese mag bereits kraft Gesetzes bestehen, kann aber auch fehlen. Gerade im zuletzt genannten Fall wird man einen faktischen Grundrechtseingriff annehmen. 34

Beispiele: Die Polizei erwartet, dass A Straftaten begehen wird, und fordert A zur Unterlassung auf, widrigenfalls die Polizei unverzüglich Verfolgungsmaßnahmen treffen werde („Gefährderansprache"). – Die Landesgesundheitsbehörde fordert B auf, ihr Kind binnen einer Frist zur Früherkennungsuntersuchung vorzustellen, widrigenfalls man dem zuständigen Jugendamt einen Verdacht melden werde („verbindliches Einladungswesen", ohne korrespondierende Pflicht); dafür gibt das Landesrecht eine ausdrückliche Befugnis.

4. Absprache und anderes „informelles Verwaltungshandeln"

Zu den Realakten gehören auch alle informell gegebenen Hinweise (vgl. § 25 VwVfG*) und getroffenen Absprachen und Abstimmungen mit Beteiligten und In- 35

---

[20] Lit.: *Hubig*, NJW 2021, 1637; *Neuling*, Inquisition durch Information, 2005 (der den Verwaltungsrechtsweg ablehnt, S. 261 f.).

teressenten, wie sie für eine kooperative Verwaltung zum Alltag gehören (vgl. § 1 Rn. 8).[21] Denn anders als Verträge (oben § 22) – selbst wenn sie einmal darauf hinauslaufen sollen – bleiben sie absichtsvoll unterhalb der Schwelle rechtlicher Regelungen. Auch für ihre Rechtmäßigkeit gibt es aber Grenzen.[22] Insbesondere muss die Verwaltung ungerechtfertigte Ungleichbehandlungen zwischen verschiedenen Interessenten vermeiden (Art. 3 Abs. 1 GG).

5. Datenverarbeitung

36   Zu den Realakten der Verwaltung gehört schließlich – und schon lange[23] – auch die behördliche Datenverarbeitung. Von anderen Realakten wie Gewaltanwendung oder Warnung unterscheidet sie sich äußerlich insofern, als sie für das private Gegenüber der Verwaltung normalerweise nicht wahrnehmbar ist. Rechtlich ist Datenverarbeitung unproblematisch, soweit es etwa um die Buchführung über das Verwaltungsvermögen oder ähnliche Interna geht; auch noch, wenn sie für generalisierte Vorhersagen des Verhaltens der Bevölkerung eingesetzt wird;[24] komplexen Bindungen unterliegt sie dagegen, sobald Daten über einzelne natürliche Personen ins Bild kommen.

a) Verarbeitung personenbezogener Daten – Verwaltungsdatenschutzrecht

37   Wenn die Verwaltung Daten identifizierbarer natürlicher Personen („personenbezogene Daten") verarbeitet, ist die Rechtmäßigkeit der Datenverarbeitung differenzierter zu beurteilen. Hier gilt das **Verwaltungsdatenschutzrecht**, worauf wir einen kurzen Blick werfen müssen.[25]

38   Der Realakt der Personendatenverarbeitung unterliegt gewissermaßen einem **doppelten Vorbehalt des Gesetzes**. Er wird zum einen als Eingriff in das aus Art. 2 Abs. 1 (und Art. 1 Abs. 1) GG hergeleitete allgemeine Persönlichkeitsrecht – in dessen Ausprägung als „Recht auf informationelle Selbstbestimmung" – verstanden und braucht schon deshalb eine Rechtsgrundlage.[26] Zum anderen unterliegt er aber auch dem präventiven Verarbeitungsverbot für personenbezogene Daten aus Art. 6

---

[21] Lit.: *Fehling*, GVwR II³, 2022, § 37; *Schuppert*, HVwR V, 2022, § 152. „Entdeckt" wurde das Phänomen in den 1980er-Jahren, vgl. etwa *Bauer*, VerwArch 78 (1987), S. 241; *Bohne*, VerwArch 75 (1984), S. 343.
[22] Lit.: *Kautz*, Absprachen im Verwaltungsrecht, 2002.
[23] Lit.: *Bull*, Verwaltung durch Maschinen, 1964; *Eberle*, Organisation der automatisierten Datenverarbeitung in der öffentlichen Verwaltung, 1976; *Luhmann*, Recht und Automation in der öffentlichen Verwaltung, 1966; *Zeidler*, Über die Technisierung der Verwaltung, 1959.
[24] Vgl. *Kuhlmann/Trute*, GSZ 2021, 103 (107) zu raumbezogenem „Predictive Policing".
[25] Lit.: *Reimer*, Verwaltungsdatenschutzrecht, 2019; *Albers*, GVwR I³, 2022, § 22. Zu den Konstellationen grenzüberschreitender Datenverarbeitung, allerdings vor der DSGVO, *Kment*, Grenzüberschreitendes Verwaltungshandeln, 2010, S. 683–724.
[26] BVerfGE 65, 1 – Volkszählung.

Abs. 1 und Art. 9 Abs. 1 DSGVO und muss sich deshalb auch auf einen DSGVO-Erlaubnistatbestand stützen können.

Zusatzinformationen
- Das Verhältnis zwischen deutschem Datenschutzgrundrecht und unionsrechtlichen Vorgaben muss derzeit noch als ungeklärt gelten. Das Problem wird aber dadurch entschärft, dass eine bundes- oder landesgesetzliche Erlaubnis regelmäßig zugleich einen DSGVO-Erlaubnistatbestand erfüllt.
- Die DSGVO gilt außer für Private auch für die Behörden der Verwaltung. Ausgenommen sind nur (1) der Polizeivollzugsdienst bei seiner gefahrenabwehrenden und strafverfolgenden Tätigkeit sowie (2) die Verfolgung von Ordnungswidrigkeiten durch gleich welche Behörden (so liest man Art. 2 Abs. 2 Buchst. d DSGVO). Für beides beschränkt sich das Unionsrecht auf eine Richtlinie (2016/680), die teilweise im BDSG und in manchen Landesdatenschutzgesetzen, vor allem aber direkt in den Polizeigesetzen von Bund und Ländern umgesetzt sein soll. Im Einzelnen ist hier vieles noch zweifelhaft.[27]

Die wesentlichen **Rechtsgrundlagen** für die Verarbeitung personenbezogener Daten beziehen die Behörden ebenso wie die Privaten aus Art. 6 Abs. 1 DSGVO. Gestattet ist die Verarbeitung danach 39

- bei Vorliegen einer *Einwilligung* der betroffenen Person (Buchst. a). Gegenüber der hoheitlichen Verwaltung wird es allerdings oft schwierig erscheinen, wirklich von einer frei erteilten Einwilligung auszugehen.
- bei Vorliegen eines privat- oder öffentlich-rechtlichen *Vertrags*, der erfüllt werden soll und die Datenverarbeitung erforderlich macht (Buchst. b). Dieser Erlaubnistatbestand wird für das Privatrechtshandeln der Behörden eine gewisse Rolle spielen. Für das öffentlich-rechtliche Handeln ist seine Bedeutung – entsprechend der des öffentlich-rechtlichen Vertrags – eher begrenzt.
- bei Vorliegen einer sonstigen *Rechtspflicht*, die erfüllt werden soll und die Datenverarbeitung erforderlich macht (Buchst. c). Solche Rechtspflichten ergeben sich normalerweise aus dem Fachrecht.
- bei Vorliegen einer im öffentlichen Interesse eingeräumten gesetzlichen *Erlaubnis* (Buchst. e). Auch hier kommen fachrechtliche Erlaubnisse in Frage. Es sind darüber hinaus aber auch allgemeinverwaltungsrechtliche Erlaubnisse geschaffen worden (§ 3 BDSG und z. B. § 4 LDSG BW), deren Sinnhaftigkeit aber umstritten ist. Denn man kann die DSGVO selbst bereits so lesen, dass eine nach dem Fachrecht *zuständige* Behörde im Rahmen dieser Zuständigkeit grundsätzlich Daten verarbeiten darf.
- zur Wahrung *lebenswichtiger Interessen* (Buchst. d). Das Unionsrecht gestattet damit für Katastrophenfälle und dergleichen bereits unmittelbar selbst die Datenverarbeitung. Ob wegen des deutschen Datenschutzgrundrechts daneben noch eine bundes- oder landesgesetzliche Rechtsgrundlage nötig ist, erscheint zweifelhaft.

---

[27] Lit.: *Johannes/Weinhold*, Das neue Datenschutzrecht bei Polizei und Justiz, 2018; *dies.*, DVBl 2016, 1501.

Zusatzinformation
Der für die Privatwirtschaft besonders wichtige Erlaubnistatbestand der Wahrung überwiegender eigener berechtigter Interessen (Buchst. f) ist dagegen für Behörden ausdrücklich nicht anwendbar. Höchstens öffentliche Unternehmen sollen sich darauf berufen können.

40 Eine rechtswidrige Datenverarbeitung hat vor allem Konsequenzen in Gestalt der datenschutzrechtlichen Betroffenenansprüche (oben Rn. 18 und § 13 Rn. 76), vor allem auf Löschung rechtswidrig gespeicherter Daten. Wenn personenbezogene Daten im Rahmen eines Verwaltungsverfahrens rechtswidrig verarbeitet werden und daraufhin ein Verwaltungsakt ergeht, dürfte die Datenverarbeitung daneben auch einen Verfahrensfehler darstellen und den Verwaltungsakt formell rechtswidrig machen (dazu bereits § 19 Rn. 105).

b) Registerführung

41 Eine Fallgruppe der behördlichen Datenverarbeitung, bei der diese besonders systematisch und weitreichend erfolgt, sind die „Register". Soweit sie (wie inzwischen häufig) elektronisch geführt werden, heißt das nichts anderes als **Datenbanken**. Die Verwaltung führt auf fachrechtlicher Grundlage zahlreiche davon, mit höchst unterschiedlichen Inhalten und Zwecken und meist unter Einbeziehung personenbezogener Daten.

42 In einer Reihe vor allem jüngerer Fälle hat man für das ganze Bundesgebiet geführte **zentrale Register** geschaffen.

Beispiele: Nach dem Waffenregistergesetz führt das Bundesverwaltungsamt ein „nationales Waffenregister". Nach dem Visa-Warndateigesetz führt es außerdem eine „Visa-Warndatei". Nach dem Samenspenderregistergesetz führt das Bundesinstitut für Arzneimittel und Medizinprodukte ein „Samenspenderregister". Nach dem Implantateregistergesetz führt eine beliehene juristische Person des Privatrechts in der Trägerschaft des Bundes (Organisationsprivatisierung, oben § 5 Rn. 40 f.) das „Implantateregister Deutschland".

Zusatzinformation
Ein prominentes bundesweites Register kennen Sie vermutlich aus dem Strafrecht, nämlich das „Bundeszentralregister" der strafrechtlichen Verurteilungen: als Auszüge hieraus werden die bekannten „Führungszeugnisse" erstellt. Dieses Register führt nach § 1 Bundeszentralregistergesetz (BZRG) das Bundesamt für Justiz, eine Bundesoberbehörde. Rechtsschutz geben hier kraft abdrängender Sonderzuweisung die ordentlichen Gerichte.

43 Traditionell verbreiteter sind dagegen **dezentrale Register**. Sie entsprechen in dem Sinne der Zuständigkeitsordnung, dass jede Behörde über die in ihrem Bezirk liegenden Einzelfälle Buch führt. Der insgesamt eigentlich vorhandene Wissensbestand „der Verwaltung" ist dann auf verschiedenartige Systeme bei verschiedenen Behörden verschiedener Verwaltungsträger verteilt und steht anderen Behörden damit nicht oder nur mit erheblichem Aufwand zur Verfügung. Für die politisch angestrebte Digitalisierung im Verwaltungsbereich ist das ein wesentliches Hemmnis.

Beispiel: Die Melderegister werden von den einzelnen Meldebehörden, meist bei den Gemeinden, geführt (§ 2 Bundesmeldegesetz).

Zusatzinformation

Prominente dezentrale Register kennen Sie bereits aus dem Privatrecht: es sind schließlich die einzelnen Amtsgerichte, welche die Grundbücher, Handelsregister, Vereinsregister usw. führen. Da es sich hier um Justizbehörden handelt, führt der Rechtsweg in den entsprechenden Registersachen kraft abdrängender Sonderzuweisung zu den ordentlichen Gerichten. Von den (Gemeinde-)Behörden geführt, aber ebenfalls kraft abdrängender Sonderzuweisung von den ordentlichen Gerichten kontrolliert werden die Personenstandsregister (Geburten, Eheschließungen usw.).

Um eine zweckmäßige Verknüpfung und Nutzung der Daten in verteilten Registern zu ermöglichen, sieht das Gesetz vor allem im Sicherheitsbereich teilweise eine Zusammenschaltung vor, die allen teilnehmenden Behörden den Abruf auch der von einer anderen Behörde gespeicherten Daten ermöglicht („**Verbunddatei**", wobei „Datei" ein altmodischer gesetzessprachlicher Ausdruck für „Datenbank" ist).

44

Beispiel: „Das Bundeskriminalamt, die in der Rechtsverordnung nach § 58 Abs. 1 des Bundespolizeigesetzes bestimmte Bundespolizeibehörde, die Landeskriminalämter, die Verfassungsschutzbehörden des Bundes und der Länder, der Militärische Abschirmdienst, der Bundesnachrichtendienst und das Zollkriminalamt (beteiligte Behörden) führen beim Bundeskriminalamt zur Erfüllung ihrer jeweiligen gesetzlichen Aufgaben zur Aufklärung oder Bekämpfung des internationalen Terrorismus mit Bezug zur Bundesrepublik Deutschland eine gemeinsame standardisierte zentrale Antiterrordatei" (§ 1 Abs. 1 Antiterrordateigesetz).

Selbstkontrollaufgaben zu Teil IV

1. Erklären Sie die folgenden Begriffe für jemanden, der sich mit der Materie noch nicht beschäftigt hat (gern schriftlich oder gegenüber einem Lernpartner).
   a) Ermessen
   b) Nebenbestimmung
   c) Rechtsgrundlage
   d) Rücknahme
   e) Verwaltungsakt
   f) Vollziehbarkeit
   g) Widerruf
2. Erklären Sie die folgenden Begriffe für jemanden, der die Definition des Verwaltungsakts bereits kennt. In welchem rechtlichen Zusammenhang spielen sie jeweils eine Rolle?
   a) Allgemeinverfügung
   b) belastender Verwaltungsakt
   c) bestandskräftiger Verwaltungsakt
   d) feststellender Verwaltungsakt
   e) fingierter Verwaltungsakt
   f) nichtiger Verwaltungsakt
   g) Nichtverwaltungsakt
   h) privatrechtsgestaltender Verwaltungsakt
   i) rechtswidriger Verwaltungsakt
   j) schriftlicher Verwaltungsakt
   k) unvollziehbarer Verwaltungsakt
   l) Verwaltungsakt mit Nebenbestimmungen
   m) Verwaltungsakt über Geldleistungen

3. Überlegen Sie, inwieweit die folgenden Sätze zutreffen und nicht zutreffen, und stellen Sie sie richtig (am besten in eigenen ganzen Sätzen).
   a) „Gegen einen Verwaltungsakt muss zuerst Widerspruch eingelegt werden, und zwar innerhalb von vier Wochen nach Erlass."
   b) „Eine Anfechtungsklage ist immer gegen die Behörde zu richten, die den Verwaltungsakt erlassen hat."
4. Welche Rechtsbehelfe stehen in Bezug auf einen Verwaltungsakt zur Verfügung, und welche Funktion haben sie jeweils?
5. Welche behördlichen Rechtsakte sind Ihnen persönlich gegenüber bereits ergangen? Haben Sie selbst Erklärungen auf dem Gebiet des Verwaltungsrechts abgegeben, und wie wären diese einzuordnen?
6. Ganz Deutschland befürchtet einen bewaffneten Angriff auf das Bundesgebiet. Die von der Nervosität ebenfalls erfasste Bürgermeisterin B sucht das örtliche Gymnasium auf und verkündet den Schülerinnen und Schülern des Abschlussjahrgangs, dass sie hiermit zum Wehrdienst einberufen seien und sich in der benachbarten Bundeswehrkaserne zu melden hätten.
   a) Unter welchen rechtlichen Gesichtspunkten könnten die Angesprochenen versuchen, die Ansage der B anzugreifen? Überlegen Sie zunächst, welche Sachverhaltselemente sich welchen Prüfungsschritten zuordnen lassen, und ziehen Sie anschließend das Wehrpflichtgesetz zu Rate.
   b) Würden Sie den Betroffenen zur Einlegung eines Rechtsbehelfs raten? Wenn ja, welchen empfehlen Sie?
7. A betreibt ein Gewerbe und hat auch die dafür nötige Erlaubnis. Nun gelangt die Behörde zu der Einschätzung, A solle wegen gewisser Missstände ihre Erlaubnis verlieren. Mit welchen Handlungsformen könnte sie prinzipiell diese Wirkung hervorbringen? Was sind jeweils die entscheidenden Wirkungsbedingungen? Wie könnte A sich jeweils dagegen wehren?
8. Das Land L beabsichtigt, gemäß einem neuen Gesetz die Erfüllung der öffentlichen Aufgabe „Sonderabfallbeseitigung" einschließlich der damit verbundenen Hoheitsrechte auf die private P-GmbH zu übertragen. Welche Handlungsformen der Verwaltung kommen dafür aus prinzipiellen Gründen *nicht* in Betracht?
9. A erhält ein mit Rechtsbehelfsbelehrung versehenes Schreiben der unteren Baurechtsbehörde, in dem es heißt: „Es wird festgestellt, dass auf Ihrem Grundstück in der Poststraße 123 keine baulichen Anlagen zu Wohnzwecken errichtet werden dürfen."
   a) Wie ist das Schreiben verwaltungsrechtlich einzuordnen?
   b) Wenn A doch mit dem Bau eines Wohnhauses auf demselben Grundstück beginnt: Darf die Behörde sie auf Grund des Schreibens mit Zwangsmitteln davon abbringen?
   c) Wenn A später eine Baugenehmigung für ein Wohngebäude auf demselben Grundstück beantragt und es darüber zum Rechtsstreit kommt: Muss A die Feststellung in dem Schreiben gegen sich gelten lassen?
   d) Was kann A tun, um die zu c) herausgearbeitete Wirkung zu verhindern?

e) Angenommen, das Schreiben käme nicht von der unteren Baurechtsbehörde, sondern vom Vorstand der örtlich zuständigen Rechtsanwaltskammer. Würden sich die Antworten dadurch ändern?
10. B lässt sich durch Vertrag mit der Stadt eine Baugenehmigung erteilen. Ihr Bauvorhaben ist aber so dicht am Nachbargrundstück der N gelegen, dass damit deren Nachbarrechte aus der Landesbauordnung verletzt würden. Stünde N besser oder schlechter, wenn die Stadt stattdessen durch Verwaltungsakt gehandelt hätte?
11. C wurde vom Landwirtschaftsministerium des Landes eine Subventionszahlung unter der Auflage bewilligt, sie für die Erforschung nachhaltiger Käserei einzusetzen. Als C die Forschung daran abbricht, schreibt ihr die Ministerin: „Hiermit widerrufe ich die Bewilligung, wozu ich gesetzlich verpflichtet bin."
   a) Ist der Widerruf rechtmäßig erfolgt?
   b) Welcher Rechtsbehelf ist dagegen statthaft? Gegen wen ist er zu richten? Wo ist er einzulegen?
12. D beantragt bei der zuständigen Behörde eine Baugenehmigung für die (nach der Landesbauordnung genehmigungsbedürftige) Errichtung eines Wohngebäudes auf ihrem Grundstück. Die Behörde erteilt ihr die Baugenehmigung mit einem Schreiben, das sie am Dienstag, den 2. Januar 2024 zur Post gibt und das am 4. Januar in den Briefkasten eingeworfen wird – allerdings mit der zusätzlichen „Maßgabe", auch noch den öffentlichen Gehweg vor dem Grundstück zu erneuern. Von einer befreundeten Behördenmitarbeiterin erfährt D bereits am Abend des 2. Januar von dem Inhalt des Schreibens. Am 10. Januar beginnt D mit Baumaßnahmen.
   a) Hat D am 3. Januar eine Baugenehmigung?
   b) Ist D am 9. Januar verpflichtet, den Gehweg zu erneuern?
   c) Welche Mittel hätte die Behörde, um diese Pflicht bei Nichterfüllung durchzusetzen? Gibt es eine Rechtshandlung, mit der D solchen Mitteln bis auf Weiteres entgehen könnte? Bis wann hätte D diese Möglichkeit?
13. E beantragt am 5. Januar 2024 bei der zuständigen Behörde unter Beifügung aller erforderlichen Angaben und Unterlagen eine Taxenkonzession (offiziell: eine „Genehmigung zur Personenbeförderung mit Kraftfahrzeugen im Gelegenheitsverkehr in Form des Verkehrs mit Taxen"). Da sie von der Behörde bis dahin noch immer nichts gehört hat und dieses Schweigen nach ihrem Verständnis von § 15 Personenbeförderungsgesetz Zustimmung bedeutet, nimmt E am 19. April 2024 den Betrieb auf.
   a) Hat E am 19. April die erforderliche Taxenkonzession?
   b) Die nunmehr aufgeschreckte Behörde ist der Auffassung, E habe keine Genehmigung, und untersagt ihr deshalb mit Schreiben vom 23. April, gestützt auf § 15 Abs. 2 Gewerbeordnung und mit ordnungsgemäßer Rechtsbehelfsbelehrung, die Fortsetzung des Betriebs. Sie ordnet außerdem die sofortige Vollziehung an. Welche Rechtsbehelfe stehen E in dieser Lage zur Verfügung, und welche Wirkung hätten sie jeweils – unmittelbar durch Einlegung sowie im Erfolgsfall?

c) Angenommen, das Vorgehen der Behörde hat letztlich keinen Erfolg. Nach Ende der Rechtsstreitigkeiten möchte die Behörde die Genehmigung der E, die sie von Anfang an auch inhaltlich für rechtswidrig gehalten hat, aufheben. E meint, dafür sei es – im März 2026 – nun zu spät. Welche Rechtsgrundlage könnte die Behörde bemühen, und wäre eine darauf gestützte Aufhebung rechtmäßig?

14. Ein Landesministerium hat der Unternehmerin F einen nicht rückzahlbaren Zuschuss als Subvention gewährt und das mit der Vorgabe verbunden, dass F das folgende Jahr lang die Zahl ihrer Beschäftigten nicht reduziert. Nach Ablauf des Jahres stellt sich heraus, dass nur noch die Hälfte der Beschäftigten vorhanden ist.

a) Wie kann das Ministerium reagieren, wenn es die Subvention einseitig bewilligt hat, und wie lange hat es dafür Zeit?

b) Wie kann das Ministerium reagieren, wenn es die Subvention mit F vertraglich vereinbart hat?

V. Verfahren

§ 28. Systematischer Überblick

Bisher haben wir eine materiellrechtliche Perspektive auf das Verwaltungsrecht eingenommen. Dazu gehörten zunächst die Rechtsträger, besonders Private und Verwaltungsträger (Teil II), sowie deren Rechtspositionen (Teil III) und sodann die Rechtsakte, mit denen die Rechtsträger diese Rechtspositionen begründen, ändern und aufheben (Teil IV). Wir wollen nunmehr die Perspektive wechseln und das Verwaltungsrecht unter dem Gesichtspunkt des Verfahrens betrachten. 1

Natürlich sind Verfahrensaspekte schon bisher immer wieder aufgeschienen – einerseits beim Rechtsschutz (gerichtliches Verfahren, behördliches Widerspruchsverfahren), andererseits bei der formellen Rechtmäßigkeit der Rechtsakte (behördliches Verfahren). Man kann aber diese Verfahren auch als solche in den Blick nehmen. Dazu wenden wir uns im Folgenden hauptsächlich bereits bekanntem Stoff noch einmal von einer anderen Seite zu; es werden aber auch zusätzliche Themen des Verwaltungsrechts erst sichtbar. 2

Jedes Verfahren zielt auf die Vornahme einer Maßnahme, typischerweise eines Rechtsakts, und bereitet diese vor (vgl. nur die Legaldefinition in § 9 VwVfG*). Die Verfahrensperspektive einzunehmen heißt dementsprechend, nicht nach den Rechten, Pflichten und sonstigen Status von Verwaltungsträgern und Privaten zu fragen, sondern nach dem **Vorgehen eines Hoheitsträgers auf dem Weg zu der Vornahme der Maßnahme.** 3

Ein Interesse an dieser Fragestellung haben vor allem zwei Gruppen von Akteuren: 4

- die verfahrenden Stellen selbst (was sollen wir tun?) und
- die Verfahrensbeteiligten (worauf dürfen wir hoffen, dass die Stelle es tut?).

Sowohl aus richterlicher und verwaltungsjuristischer als auch aus anwaltlicher Sicht wollen also Verfahrensfragen beantwortet werden. Das ist gerade für die Beteiligten(-Anwälte) kein Selbstzweck, sondern dient dazu, über die Beeinflussung des Verfahrens auch den Inhalt des am Ende ergehenden Rechtsakts in die erwünschte Richtung zu beeinflussen.

5   Die Bedeutung des Verfahrens und damit des Verfahrensrechts ist früher oft unterschätzt worden.[1] Als bloßer Vorbereitung des angezielten Rechtsakts schreibt man ihm **dienende Funktion** zu.[2] Dass das Gesetz in vielen Fällen Verfahrensfehler ausblendet und damit die dienende Funktion des Verfahrens betont, haben wir bereits gesehen (zu §§ 45, 46 VwVfG* oben § 19 Rn. 116 ff., zum Satzungserlassverfahren oben § 23 Rn. 35).

6   So richtig das im Ausgangspunkt ist, so wenig darf man übersehen, dass im Verfahren das Sachverhaltsbild und die Rechtsauffassung der verfahrenden Stelle überhaupt erst zustande kommen und dass gerade deshalb der Einbeziehung der Beteiligten und gegebenenfalls auch Dritter ein **Eigenwert** zukommt. Besonders ausgeprägt ist dieser Eigenwert dort, wo der verfahrenden Stelle auch ein eigener, das heißt späteren Rechtsmittelinstanzen unzugänglicher **Spielraum** bei der Bildung ihrer Rechtsauffassung (Beurteilungsspielraum, vgl. § 9 Rn. 41 ff.) oder bei der Auswahl zwischen verschiedenen Entscheidungsvarianten (Ermessen, vgl. § 17 Rn. 67 ff.) eingeräumt ist; nicht zu vernachlässigen ist aber auch der Spielraum, der bei der Ermittlung des zugrunde zu legenden Sachverhalts besteht (vgl. § 17 Rn. 68 ZI und § 29 Rn. 16 ff.). Geschicktes Agieren der Beteiligten kann sich durchaus darauf auswirken, wie die Stelle ihren Spielraum ausübt.

7   Wie bei den Rechtsakten können wir auch an die einzelnen Verfahrensarten des Verwaltungsrechts einheitliche **Fragen** stellen. Sinnvolle Kategorien für die Analyse der Verfahrensordnungen sind hier einerseits die Akteure, andererseits der Ablauf des Verfahrens.

8   Suchen kann man zunächst nach den **Akteuren** des Verfahrens. Leitfragen wären insoweit:

(1) Wer ist die verfahrende Stelle?
(2) Wer sind die Verfahrensbeteiligten?

9   Das zweite übergreifende Thema ist der **Ablauf** des Verfahrens. Über alle Arten von Verfahren abstrahierend, kann man insoweit vor allem nach vier Teilschritten fragen:

(1) Initiation – wie hat die Stelle das Verfahren einzuleiten?
(2) Information – wie hat die Stelle sich den Sachverhalt anzueignen?
(3) Partizipation – wie hat die Stelle die Beteiligten einzubeziehen?
(4) Dezision – wie hat die Stelle über den angezielten Rechtsakt zu entscheiden?

---

[1] Dagegen etwa *Reimer*, Verfahrenstheorie, 2015.
[2] Lit.: *Fehling*, VVDStRL 70 (2011), S. 278; *Gurlit*, HVwR IV, 2022, § 109; *Quabeck*, Dienende Funktion des Verwaltungsverfahrens und Prozeduralisierung, 2010. Die Formulierung zuerst bei *Groschupf*, DVBl 1962, 627 (630).

§ 28. Systematischer Überblick

Im Verwaltungsrecht haben wir es von vornherein mit **zwei Verfahrensebenen** zu tun, nämlich den behördlichen und den gerichtlichen Verfahren.[3] Die Fragen zu Akteuren und Abläufen stellen wir daher nacheinander dem *Verwaltungs*verfahrensrecht (dazu § 29) und dem Verwaltungs*prozess*recht (dazu § 30). Trotz unterschiedlicher Regelungsstandorte und Begriffe werden sich hier viele Parallelen zeigen.

10

Prüfungshinweise

▷ Die reine Verfahrensperspektive ist normalerweise eher Stoff für Zusatzfragen. Ihr Verständnis hilft aber bei der Anwendung der Vorschriften im Rahmen der formellen Rechtmäßigkeit eines zu begutachtenden Rechtsakts.

▷ Gerichtliche Verfahren haben Sie bereits im Staatsorganisationsrecht kennengelernt; das Verfassungsprozessrecht kann man auf die gleiche Weise analysieren wie das Verwaltungsprozessrecht. Entsprechendes gilt für das Zivil- und das Strafprozessrecht, womit Sie sich noch in eigenen Lehrveranstaltungen befassen werden.

Zusatzinformation
Mit dem gleichen Analyseraster kann man sich außer den gerichtlichen und behördlichen auch den Verfahren der ersten Gewalt, also den Gesetzgebungsverfahren zuwenden.[4] Eine solche Untersuchung gehörte aber nicht mehr zum Allgemeinen Verwaltungsrecht, sondern zum Staatsorganisationsrecht.

---

[3] Zu Vergleich und Verhältnis beider namentlich *von Mutius*, FS Menger, 1985, S. 575; unter dem Gesichtspunkt der Europäisierung *Wahl*, DVBl 2003, 1285.
[4] Vgl. *Reimer*, in: Krüper/Pilniok (Hg.), Organisationsverfassungsrecht, 2019, S. 85.

§ 29. Behördliche Verfahren

Die Verwaltungsgesetzgebung stellt traditionell die Rechtsakte in den Vordergrund. Mehr oder weniger deutlich statuiert sie Rechtsgrundlagen für den Erlass von Verwaltungsakten, Rechtsverordnungen usw. Das Verfahren der Behörden, das diesen Rechtsakten vorausgeht, erscheint verwaltungsrechtshistorisch eher als ein Nachgedanke.[1] Zu drängend waren die Fragen nach den Befugnissen der Behörden (darf die Versammlung verboten, der Abriss verfügt, die Steuer festgesetzt werden?), als dass für die scheinbare Nebensache des vorangehenden Verfahrens noch Kapazität übrig geblieben wäre. Hier blieb es insofern bei punktuellen Regelungen nach Bedarf, bis die Verwaltungsverfahrensgesetze ab 1976 zumindest einen großen Teilbereich der behördlichen Verfahren kodifizierten (oben § 2 Rn. 45). Gleichwohl ist die eigentliche Verfahrensperspektive, wie wir sie in diesem Teil des Buches einnehmen, in Bezug auf das behördliche Verfahren wenig verbreitet.[2]

1

Zusatzinformationen
- Nicht verschwiegen sei aber auch, dass es bereits zuvor in einigen Ländern entsprechende Ansätze gab. Erwähnenswert sind die Thüringer Landesverwaltungsordnung von 1926 und der – nicht mehr verabschiedete – Entwurf einer Verwaltungsrechtsordnung für Württemberg mit dem ihm beigegebenen, bereits so heißenden Verwaltungsverfahrensgesetz von 1931. Auf zentralstaatlicher Ebene enthielt die Reichsabgabenordnung von 1919 eine – sachlich allerdings auf das Verfahren in Steuersachen beschränkte – Kodifikation.

---

[1] Vgl. *Reimer*, in: Kmieciak (Hg.), Contemporary Concepts of Administrative Procedure, 2023, S. 179.
[2] Siehe aber *Fehling*, VVDStRL 70 (2011), S. 278; *Gurlit*, ebd., S. 227. Eine Zeit lang gab es größere Aufmerksamkeit dafür, das belegt etwa das Lehrbuch von *Martens*, Die Praxis des Verwaltungsverfahrens, 1985 (später nicht mehr neu aufgelegt). Aus der Zeit vor dem VwVfG siehe *Bettermann*, VVDStRL 17 (1959), S. 118.

- Eine eigene Diskussion geht darum, inwieweit das Verfassungsrecht das einfachgesetzliche Recht des behördlichen Verfahrens determiniert, nicht zuletzt unter dem Gesichtspunkt eines „Grundrechtsschutzes durch Verfahren".[3] Tatsächlich gibt es derartige verfassungsrechtliche Vorgaben kaum.[4]

I. Verwaltungsverfahren im Sinne des § 9 VwVfG*

Spezielle Studienliteratur: *Pünder*, JuS 2015, 289; *Voßkuhle/Schemmel*, JuS 2022, 717.

2 Die Verwaltungsverfahrensgesetze haben wir vor allem in Bezug auf Verwaltungsakte (oben § 19 und § 20) und öffentlich-rechtliche Verträge (oben § 22) heranziehen können, wofür sie umfängliche materiellrechtliche Regelungen enthalten (nämlich zu Wirkungs- und Rechtmäßigkeitsbedingungen dieser Rechtsformen). Sie sind aber zugleich – wie ihr Name ja nahelegt – auch Verfahrensordnungen für die Behörden, wenn sie den Erlass eines Verwaltungsakts oder den Abschluss eines öffentlich-rechtlichen Vertrags vorbereiten. Auf diese Konstellation beschränkt die Legaldefinition in § 9 VwVfG* den rechtstechnischen Begriff „**Verwaltungsverfahren**", der also insbesondere den Erlass von Rechtsverordnungen nicht umfasst.[5]

1. Akteure

a) Behörde

3 Im Zentrum des Verwaltungsverfahrens steht die Behörde im Sinne von § 1 Abs. 4 VwVfG bzw. § 1 Abs. 2 der Länderfassungen als verfahrende Stelle. Das Verfahren wird hier also der Organebene zugerechnet.

4 Für die Behörde handeln konkrete Menschen, meist **Bedienstete** (vgl. oben § 7 Rn. 31 ff.). Sie unterliegen den Befangenheitsregelungen der §§ 20, 21 VwVfG* (oben § 19 Rn. 105), dürfen also in gewissen Fällen nicht am Verfahren mitwirken.[6] Die Besorgnis der Befangenheit in diesem Sinne ergibt sich hauptsächlich aus einer verwandtschaftlichen oder ähnlichen Beziehung zu einem Beteiligten.

5 Möglich ist auch, dass das Fachrecht einen **Ausschuss** als verfahrende Stelle beruft, also mehrere Bedienstete oder auch Ehrenamtliche auf einmal (zur Organisation siehe oben § 7 Rn. 36). Dafür treffen §§ 88 ff. VwVfG* ein paar übergreifende

---

[3] Lit.: *Laubinger*, VerwArch 73 (1982), S. 60.
[4] Vgl. *Reimer*, HVwR I, 2021, § 10 Rn. 52–55.
[5] Lit.: *Hilbert*, Die Verwaltung 51 (2018), S. 313; *Ingold*, HVwR IV, 2022, § 117; *ders.*, FS Battis, 2014, S. 389; *Knauff*, VerwArch 110 (2019), S. 388; *Obermayer*, FS Boorberg Verlag, 1977, S. 111; *Pietzcker* und *Wahl*, VVDStRL 41 (1983), S. 193 bzw. 151. Anschaulich aus Unternehmenssicht *Fluck*, VerwArch 86 (1995), S. 466. Rechtsvergleichend *Pünder*, HVwR IV, 2022, § 116.
[6] Lit.: *Kazele*, Interessenkollisionen und Befangenheit im Verwaltungsrecht, 1990. Vor dem VwVfG: *P. Kirchhof*, VerwArch 66 (1975), S. 370. Zum weiteren Kontext *Fehling*, Verwaltung zwischen Unparteilichkeit und Gestaltungsaufgabe, 2001.

I. Verwaltungsverfahren im Sinne des § 9 VwVfG*

Regelungen. Ein Ausschuss hat einen Vorsitzenden, der den Verfahrensablauf steuert, und wird normalerweise von einer Geschäftsstelle innerhalb der Behörde technisch-praktisch unterstützt. Die Sachentscheidungen treffen die Ausschussmitglieder gemeinsam, normalerweise durch Mehrheitsbeschluss (§ 91 VwVfG*).

Beispiele: Enteignungsausschüsse z. B. nach § 17 Abs. 3 Landesenteignungsgesetz BW; Prüfungsausschüsse z. B. nach § 17 Abs. 3 JAPrO BW, die die mündliche Staatsprüfung abnehmen (aber siehe § 2 Abs. 3 Nr. 2 LVwVfG BW). Als Geschäftsstelle fungiert hier für erstere ein Büro im Regierungspräsidium, für letztere eines im Landesjustizprüfungsamt.

b) Beteiligte

Das Verwaltungsverfahren hat regelmäßig Beteiligte nach § 13 VwVfG*.[7] Aus dieser Stellung folgen nach dem Gesetz besondere Ansprüche gegen die Behörde bzw. deren Träger, insbesondere auf Gewährung von Akteneinsicht (§ 29 VwVfG*, vgl. § 13 Rn. 113) und auf Geheimhaltung ihrer Daten gegenüber Dritten (§ 30 VwVfG*). Außerdem knüpft das Gesetz weitere pflichtige Verfahrensschritte an die Beteiligtenstellung, nämlich die Anhörung nach § 28 VwVfG* (oben § 19 Rn. 104) und die Beratung und Auskunfterteilung nach § 25 Abs. 1 VwVfG*.

§ 13 Abs. 1 VwVfG* benennt abschließend die **Arten von Beteiligten** und damit die Tatbestände, die zur Beteiligtenstellung und zu den genannten Beteiligtenrechten führen. Wichtig sind

- der *Antragsteller* als Verfahrensinitiator (Nr. 1 Var. 1),
- der vom Antragsteller bezeichnete *Antragsgegner* (Nr. 1 Var. 2) oder von der Behörde in Aussicht genommene *Adressat* (Nr. 2) oder *Vertragspartner* (Nr. 3) als Verfahrensbetroffener und
- der *Hinzugezogene* (Nr. 4) als Verfahrensmitbetroffener.

Zusatzinformationen
- Die Beteiligtenstellung als Hinzugezogener erwirbt man nur durch einen konstitutiven Akt der Behörde, eben die „Hinzuziehung". Sie ist als öffentlich-rechtliche Einzelfallregelung selbst Verwaltungsakt (mit prozeduraler Gestaltungswirkung, § 19 Rn. 11, nämlich Begründung eines prozeduralen Status, § 10 Rn. 29). Man kann sie wegen § 44a S. 2 Var. 2 VwGO auch selbstständig angreifen, das wird aber – angesichts der auf das Verwaltungsverfahren begrenzten Wirkung – selten als solches zu begutachten sein.
- Dem Hinzugezogenen des behördlichen Verfahrens entspricht funktional der „Beigeladene" des gerichtlichen Verfahrens (dazu unten § 30 Rn. 10 f.).[8]

Offenbar ist nicht jede dieser Stellungen in jedem Verfahren besetzt. Vielmehr ergeben sich einige typische **Beteiligtenkonfigurationen**:

- Verfahren *ohne Beteiligte*, etwa zum Erlass einer sachbezogenen Allgemeinverfügung (oben § 19 Rn. 49);

---

[7] Lit.: *Kopp*, FS Boorberg Verlag, 1977, S. 159; *ders.*, FG 25 Jahre BVerwG, 1978, S. 387.
[8] Zum Vergleich beider Rollen *Weilert*, DÖV 2022, 72.

- Verfahren mit einem *Adressaten* als einzigem Beteiligten, etwa zum Erlass einer Polizeiverfügung (z. B. Platzverweis) oder zur Festsetzung einer Steuer;
- Verfahren mit einem *Antragsteller* als einzigem Beteiligten, etwa zur Erteilung einer Gewerbeerlaubnis oder Baugenehmigung;
- Verfahren mit Antragsteller und Antragsgegner („*kontradiktorisch*"), etwa wenn das behördliche Einschreiten gegen Anlagen oder Tätigkeiten eines anderen begehrt wird – diese im gerichtlichen Bereich häufige Konstellation ist im Verwaltungsverfahren aber verhältnismäßig selten anzutreffen.

9 Beteiligte können im Verwaltungsverfahren selbst oder durch **Bevollmächtigte** handeln (§§ 14 ff. VwVfG*), sodass insbesondere eine anwaltliche Vertretung möglich ist. Sonderregelungen gibt es für sogenannte „Massenverfahren" mit mehr als 50 Personen in der gleichen Beteiligtenstellung: Diesen kann in gewissen Fällen ein Vertreter von Amts wegen aufgedrängt werden, damit die Durchführung des Verwaltungsverfahrens nicht unpraktikabel wird (§§ 17 ff. VwVfG*).[9]

2. Ablauf

10 Auch nach der Teilkodifikation in den Verwaltungsverfahrensgesetzen bleibt es bei dem Ausgangspunkt, dass das Gesetz einer zweckmäßigen und raschen behördlichen Entscheidungsfindung möglichst keine Steine in den Weg legen will. Das Verwaltungsverfahren ist daher formfrei und soll „einfach, **zweckmäßig und zügig**" durchgeführt werden (§ 10 VwVfG*). Der prinzipiell geringere Formalisierungsgrad ist ein markanter Unterschied zu den gerichtlichen Verfahren, die im Interesse der gründlichen und allseits anerkannten Entscheidungsfindung strengeren Regeln folgen. Das Verwaltungsverfahren soll dagegen in erster Linie eine gewiss rechtsstaatliche, aber zugleich auch effektive und effiziente Aufgabenerfüllung ermöglichen. Gerade die Möglichkeit nachträglicher gerichtlicher Überprüfung erlaubt hier ein größeres Maß an Flexibilität.

Zusatzinformation
Den damit gegebenen Spielraum der Behörden nennt man auch „Verfahrensermessen".[10]

11 Mindestens so sehr wie das gerichtliche Verfahren bietet sich das flexible Verwaltungsverfahren für eine **Digitalisierung** einzelner Schritte oder gar des ganzen Ablaufs an.[11] Rechtliche Niederschläge findet das namentlich in den Regeln dazu, in welcher Form Erklärungen gegenüber Behörden abgegeben werden können oder

---

[9] Lit.: *Schmel*, Massenverfahren vor den Verwaltungsbehörden und den Verwaltungsgerichten, 1982.
[10] Lit.: *Hill*, NVwZ 1985, 449.
[11] Lit.: *Britz*, in: Hoffmann-Riem/Schmidt-Aßmann (Hg.), Verwaltungsverfahren und Verwaltungsverfahrensgesetz, 2002, S. 213; *Roth-Isigkeit*, NVwZ 2022, 1253 (anhand des Baugenehmigungsverfahrens); *Schliesky*, HVwR IV, 2022, § 113; *Siegel*, NVwZ 2023, 193; *Skrobotz*, Das elektronische Verwaltungsverfahren, 2005; *Spilker*, NVwZ 2022, 680. S. a. *Martini*, HVwR I, 2021, § 28.

müssen (oben § 18 Rn. 11 f.) und wann Verwaltungsakte automatisiert erlassen werden dürfen (oben § 19 Rn. 107).

Dass in der **Praxis** nicht alle Verwaltungsverfahren als „zweckmäßig und zügig" erlebt werden und dass die politisch eigentlich gewollte Verfahrensdigitalisierung bisher nur in engen Grenzen erfolgt ist, weiß jeder. Dafür gibt es eine Reihe von Gründen, nur manche davon rechtlicher Art. Das Fachrecht stellt für viele Verwaltungsverfahren eben doch komplexere Regeln auf; auch das allgemeine Verwaltungsverfahrensrecht selbst kennt noch besondere Verfahrensarten, für die zusätzliche Regeln gelten (Rn. 25 ff.). **12**

Beteiligte werden mitunter durch einzelne Verfahrensschritte belastet oder wären an deren Vornahme interessiert. Insoweit gibt es jedoch grundsätzlich keinen separaten (Abwehr- bzw. Erzwingungs-)**Rechtsschutz**, vielmehr statuiert § 44a S. 1 VwGO, dass einzelne Verfahrensschritte grundsätzlich nur „gleichzeitig mit den gegen die Sachentscheidung zulässigen Rechtsbehelfen geltend gemacht werden" können. Das ist eine besondere negative Zulässigkeitsvoraussetzung, die man prüfen muss, wenn jemand isoliert einen Verfahrensschritt angreift (vgl. bereits § 19 Rn. 156 im Zusammenhang der Anfechtungsklage). Ist die Sachentscheidung – also die Entscheidung am Ende des Verwaltungsverfahrens – wie meistens ein Verwaltungsakt, dann findet dagegen ja die Anfechtungsklage statt; in deren Rahmen kann man den Verfahrensfehler als Grund für formelle Rechtswidrigkeit geltend machen. **13**

a) Initiation

Das Verwaltungsverfahren beginnt damit, dass die Behörde einen ersten Schritt macht. Ob und wann sie das tut, steht grundsätzlich in ihrem **Einleitungsermessen** (§ 22 S. 1 VwVfG*). An sich überflüssig, weist § 22 S. 2 VwVfG* darauf hin, dass dieses Ermessen fachrechtlich von zwei Seiten her eingegrenzt („reduziert", vgl. § 17 Rn. 72) sein kann: **14**

- bei fachrechtlichem Gebot der Verfahrenseinleitung, das insbesondere an den Tatbestand geknüpft sein kann, dass jemand einen Antrag gestellt hat, und
- bei fachrechtlichem Verbot der Verfahrenseinleitung, solange niemand einen Antrag gestellt hat.

Tatsächlich verhält sich das Fachrecht zu diesem Punkt selten ausdrücklich. Soweit etwa die Erteilung von Genehmigungen vorgesehen ist, kann man aber grundsätzlich davon ausgehen, dass eine Erteilung ohne vorhergehenden Antrag rechtswidrig ist (vgl. § 19 Rn. 127).[12] **15**

Beispiel: Nach § 58 Abs. 1 LBO BW ist die Baugenehmigung unter gewissen Voraussetzungen zu erteilen, der Antrag wird dabei nicht ausdrücklich genannt. Seine Erforderlichkeit wird aber aus dem Regelungszusammenhang erkennbar.

---

[12] Lit.: *Berger*, DVBl 2009, 401 (bes. 408).

b) Information

16 Im Verwaltungsverfahren gilt der Grundsatz der **Amtsermittlung** nach § 24 VwVfG*.[13] Dieser kennzeichnet die Verfahren des öffentlichen Rechts – sowohl die behördlichen als auch die gerichtlichen – und hebt sie von den zivilgerichtlichen Verfahren ab, wo die sogenannte „Beibringungsmaxime" herrscht und damit die Beteiligten (dort: „Parteien") durch ihren Vortrag den vom Gericht zugrunde zu legenden Sachverhalt bestimmen.

Zusatzinformation
Dass die Amtsermittlungspflicht nach §§ 160, 244 StPO auch im Strafverfahrensrecht gilt, unterstreicht dessen prinzipielle Zugehörigkeit zum öffentlichen Recht (vgl. § 2 Rn. 7).

17 Kernstück des Verwaltungsverfahrens ist demnach die Ermittlung des Sachverhalts durch die Behörde, und zwar wiederum im Rahmen des Zweckmäßigen und Zügigen.[14] Eine wichtige Rolle spielt allerdings auch hier die gesetzlich vorgesehene **Mitwirkung der Beteiligten** (§ 26 Abs. 2 VwVfG*).[15] Die Ermittlung kann sich etwa auf die Auswertung eines vom Antragsteller ausgefüllten **Vordrucks** beschränken (vgl. zu den privaten „Wissenserklärungen" oben § 18 Rn. 14 ff.).

18 Die Behörde kann aber auch wie ein Gericht andere **Beweismittel** wie Zeugen, Sachverständige und Urkunden heranziehen, ohne dafür aber einen formalen Beweisbeschluss o. ä. fassen zu müssen (§ 26 Abs. 1 VwVfG*, im Unterschied etwa zu § 358 ZPO). Allerdings sind Zeugen und Sachverständige anders als bei Gericht grundsätzlich nicht zur Aussage bzw. zum Gutachten verpflichtet (§ 26 Abs. 3 VwVfG*). Auch darf die Behörde zumindest ihre Sachverhalts*bewertung* nicht einfach auf einen Sachverständigen abwälzen.[16]

19 Neben diesen vertypten Beweismitteln kann die Behörde auch einfach auf die **Wissensvorräte der Verwaltung** selbst zurückgreifen:[17]

- *eigenes Wissen* der Behörde in Akten und Registern (papierenen oder elektronischen, vgl. § 27 Rn. 41 ff.),
- *geteiltes Wissen* aus den gemeinsamen Datenbanken mehrerer Behörden (vgl. § 27 Rn. 44) und
- *fremdes Wissen*, das eine andere Behörde auf Anfrage übermittelt (Amtshilfe, § 4 VwVfG*, hier in der Gestalt der Informationshilfe). Solche Anfragen gehören zu dem Einholen von Auskünften, das auch § 26 Abs. 1 S. 2 Nr. 1 VwVfG* ausdrücklich benennt.

---

[13] Lit.: *Pestalozza*, FS Boorberg Verlag, 1977, S. 185; *Spilker*, Behördliche Amtsermittlung, 2015.
[14] Lit.: *Hartmann*, Die Verwaltung 55 (2022), S. 91.
[15] Lit.: *Grupp*, VerwArch 80 (1989), S. 44.
[16] Lit.: *Di Fabio*, VerwArch 81 (1990), S. 193; *Nußberger*, AöR 129 (2004), S. 282; *Scholl*, Der private Sachverständige im Verwaltungsrecht, 2005, S. 147–205.
[17] Lit.: *I. Augsberg*, Informationsverwaltungsrecht, 2014, bes. S. 157–193; *Krönke*, DVBl 2023, 1044.

Zusatzinformation
Zugleich erweitert die Behörde mit der Informationsbeschaffung im Verwaltungsverfahren ihren eigenen Wissensvorrat auch für künftige Entscheidungen.[18]

Daneben sieht das Fachrecht zuweilen **besondere informatorische Verfahrensschritte** vor, um sicherzustellen, dass die Behörde ein möglichst vollständiges Sachverhaltsbild erhält. Wir geben nur Beispiele, die zeigen, wie sich das allgemeine Verfahrensrecht auf diese Weise „andicken" lässt.

- Wohl wichtigster Anwendungsfall ist die *Umweltverträglichkeitsprüfung* („UVP") in Genehmigungs- und Planungsverfahren, die gemäß unionsrechtlicher Vorgabe verschiedene Gesetze für einen ganzen Katalog vor allem industrieller Anlagen vorschreiben (bundesrechtlich § 4 Gesetz über die Umweltverträglichkeitsprüfung [UVPG], landesrechtlich z. B. § 10 Umweltverwaltungsgesetz BW). Dahinter steht die Überlegung, dass der Antragsteller zwar gewiss die günstigen Auswirkungen des Vorhabens vortragen wird, dass die Behörde aber die nachteiligen Umweltauswirkungen gezielt erforschen muss, sollen diese nicht unbeachtet bleiben.[19]
- Manchmal muss die Behörde ein *Konzept* erstellen und darf erst in dessen Ausführung handeln.[20] Das soll in gewissen komplexen Zusammenhängen ein insgesamt stimmiges Verfahrenshandeln absichern helfen.
- Auf wieder anderen Feldern ist eine *Simulation* der Auswirkungen einer positiven Entscheidung vorgeschrieben.[21]

c) Partizipation
Die Behörde hat die Beteiligten des Verwaltungsverfahrens nach § 28 VwVfG* anzuhören, wenn der angezielte Verwaltungsakt in deren Rechte eingreifen würde und keine Ausnahme einschlägt (oben § 19 Rn. 104). Diese **Anhörung** gehört einerseits zur Informationsbeschaffung (vgl. § 26 Abs. 1 S. 2 Nr. 2 Var. 1 VwVfG*), andererseits und vor allem dient sie aber dazu, die Beteiligten in das Verwaltungsverfahren einzubinden und so in ihnen die Bereitschaft zu fördern, die abschließende Entscheidung der Behörde auch tatsächlich zu akzeptieren – nachdem sie immerhin Gelegenheit zur Äußerung hatten und diese Äußerung zumindest zur Kenntnis genommen und verarbeitet wurde[22] („Legitimation durch Verfahren" ist dafür der rechtssoziologische Begriff[23]).

---

[18] Lit.: *Röhl*, GVwR II³, 2022, § 30; *B. Wollenschläger*, Wissensgenerierung im Verfahren, 2009.
[19] Lit.: *Schneider*, Nachvollziehende Amtsermittlung, 1991; *Hoffmann-Riem*, AöR 119 (1994), S. 590 (610–614).
[20] Lit.: *Müller*, Konzeptbezogenes Verwaltungshandeln, 1992.
[21] Lit.: *Jabri*, Simulationen, 2023.
[22] Lit.: *Würtenberger*, NJW 1991, 257; *Zeccola*, DÖV 2019, 100.
[23] *Luhmann*, Legitimation durch Verfahren, 1969.

Zusatzinformation
Freilich sind die privaten Beteiligten in ganz verschiedenem Maße zur Mitwirkung und Akzeptanz bereit. Im Extremfall handelt es sich um so genannte „Querulanten", mit denen die Behörde umzugehen verstehen muss.[24]

22 Auch die Anhörung muss nur zweckmäßig und zügig erfolgen. Typischerweise hat sie die Form eines Schreibens, in dem die Behörde die Beteiligten zur Stellungnahme auffordert. Eine telefonische Anfrage wird aber oft genügen, besonders, wenn Eile geboten ist (daran ist bei der Ausnahme wegen Eilbedürftigkeit nach § 28 Abs. 2 Nr. 1 VwVfG* zu denken: wäre nicht zumindest noch Zeit gewesen anzurufen?). Möglich wäre umgekehrt in wichtigen, aber weniger eiligen Fällen auch eine formlose mündliche Verhandlung, zu der die Behörde mit den Beteiligten vor Ort oder online zusammenkäme.

23 Im Übrigen hält § 25 Abs. 1, 2 VwVfG* die Behörde dazu an, Beteiligten auch **Ratschläge und Auskünfte** zu erteilen.[25] Ersichtlich liegt dem Gesetz die Vorstellung einer konstruktiven Kommunikationsbeziehung zugrunde, die als solche freilich kaum zu erzwingen ist. Der später angefügte § 25 Abs. 3 VwVfG* sieht darüber hinaus vor, dass die Behörde potenzielle Antragsteller noch vor der Antragstellung informell dazu bringen soll, die betroffene Öffentlichkeit einzubeziehen („frühe Öffentlichkeitsbeteiligung").[26]

d) Dezision

24 Das Verwaltungsverfahren wird abgeschlossen mit der **Bekanntgabe** des Verwaltungsakts nach § 41 VwVfG* (oben § 19 Rn. 108 ff.) bzw. dem Abschluss des Vertrags (oben § 22 Rn. 14). Dem voran geht die eigentliche, behördenintern getroffene **Entscheidung** über den Verwaltungsakt oder Vertrag. Diese regelt das Gesetz allerdings so gut wie nicht ausdrücklich. Für die Fälle, in denen ein Ausschuss zu entscheiden hat, gibt es Vorschriften zu Beschlussfähigkeit und Abstimmungsmodus (§§ 90, 91 VwVfG*); im Übrigen entscheiden die jeweils zeichnungsbefugten Bediensteten der Behörde grundsätzlich nach außen hin allein (oben § 7 Rn. 32).

3. Arten

25 Den Normalfall des Verwaltungsverfahrens bildet das einfache, nur zweckmäßig und zügig durchzuführende im Sinne von § 9 VwVfG*, das dementsprechend auch **nichtförmliches Verwaltungsverfahren** genannt wird. Ihm stellt das Gesetz in seinem Teil V zwei „Besondere Verfahrensarten" zur Seite, die dann zum Einsatz kommen, wenn das Fachrecht dies vorsieht. Die Verwaltungsverfahrensgesetze unter-

---

[24] Lit.: *Engel*, VR 2022, 117; *Knospe*, NZS 2024, 206. Interessante (literatur)historische Perspektive auf das Thema: *Gaderer*, Querulieren, 2021.
[25] Lit.: *J. Eichenhofer*, Die Verwaltung 53 (2020), S. 501.
[26] Lit.: *Seibert-Fohr*, VerwArch 104 (2013), S. 311; *Ziekow*, NVwZ 2013, 754.

breiten der nachfolgenden Fachrechtsgesetzgebung hier sozusagen ein Angebot, worauf diese zurückgreifen kann. Tatsächlich macht das Fachrecht hiervon recht selektiv Gebrauch, indem es fast ausschließlich das zweite Angebot annimmt (Planfeststellungsverfahren nach §§ 72 ff. VwVfG*) und auch insoweit die nachrangigen Regelungen der Verwaltungsverfahrensgesetze kaum je unmodifiziert lässt.

Prüfungshinweis

▷ Die besonderen Verfahrensarten gehören normalerweise nicht zum Prüfungsstoff der Staatsprüfung. Sie gehören aber zu einem vollständigen Bild des Verwaltungsrechts dazu und wären jedenfalls in einem planungsrechtlichen Schwerpunktbereich zu studieren.

Zusatzinformation
Die Verwaltungsverfahrensgesetze stellen auch im Hinblick auf die besonderen Verfahrensarten, die sie regeln, nur eine Teilkodifikation dar. Andere häufig vorkommende Typen von Verfahren hätten sich für eine übergreifender Regelung möglicherweise ebenfalls angeboten, etwa die Genehmigungsverfahren[27] oder auch die Verteilungsverfahren.[28]

a) Förmliches Verwaltungsverfahren
Das förmliche Verwaltungsverfahren nach §§ 63 ff. VwVfG* begegnet kaum je in Reinform.[29] Es ist in dem Sinne „justizförmig" ausgestaltet, dass wie bei Gericht grundsätzlich eine mündliche Verhandlung durchzuführen ist (§§ 67, 27c VwVfG*) und Zeugen zur Aussage verpflichtet sind (§ 65 VwVfG*). Die stärkere Formalisierung lässt eine von vornherein „definitivere" Meinungsbildung der Behörde erwarten; das Gesetz verzichtet deshalb auf ein weiteres behördliches (Vor-)Verfahren (vgl. § 19 Rn. 177) und gibt gegen den im förmlichen Verwaltungsverfahren erlassenen Verwaltungsakt sogleich die Anfechtungsklage (§ 70 VwVfG*).

Beispiel: Das förmliche Verwaltungsverfahren nach §§ 63 ff. VwVfG* findet statt, wenn fortbestehende subjektive Bergrechte aus einer früheren Gesetzeslage nunmehr enteignet werden sollen (§ 160 Abs. 4 Bundesberggesetz).

Im Fachrecht sind manche Verwaltungsverfahren der Sache nach ähnlich ausgestaltet, aber nicht den §§ 63 ff. VwVfG* unterworfen.

Beispiel: Enteignungsverfahren nach §§ 104 ff. BauGB oder den Enteignungsgesetzen der Länder.

26

27

---

[27] Vgl. *Durner*, in: Hill/Sommermann/Stelkens/Ziekow (Hg.), 35 Jahre Verwaltungsverfahrensgesetz, 2011, S. 237; *Hofmann*, Das Genehmigungsverfahren als Verwaltungsverfahrenstyp, 2016 (im Ergebnis skeptisch). S. a. *Appel*, HVwR IV, 2022, § 122.
[28] Lit.: *Klement*, HVwR IV, 2022, § 121; *Malaviya*, Verteilungsentscheidungen und Verteilungsverfahren, 2009; *F. Wollenschläger*, Verteilungsverfahren, 2010.
[29] Lit.: *Schwarz*, HVwR IV, 2022, § 118; rechtsvergleichend *Erath*, Förmliche Verwaltungsverfahren und gerichtliche Kontrolle, 1996.

b) Planfeststellungsverfahren

28 Das Planfeststellungsverfahren nach §§ 72 ff. VwVfG* bereitet eine besondere Art des Verwaltungsakts vor, nämlich den **Planfeststellungsbeschluss** (§ 74 VwVfG*), der über §§ 35, 43 VwVfG* hinausgehende Rechtswirkungen entfaltet (§ 75 VwVfG*).[30] Meist geht es dabei um die Zulassung großer Vorhaben im Infrastrukturbereich. Eine einfache Baugenehmigung genügt hier nicht.

> *Beispiele:* „Betriebsanlagen einer Eisenbahn einschließlich der Bahnfernstromleitungen dürfen nur gebaut oder geändert werden, wenn der Plan vorher festgestellt ist" (§ 18 Abs. 1 S. 1 Allgemeines Eisenbahngesetz [AEG]). – „Bundesfernstraßen dürfen nur gebaut oder geändert werden, wenn der Plan vorher festgestellt ist" (§ 17 Abs. 1 S. 1 Bundesfernstraßengesetz [FStrG]).

29 Auch wenn nach der gesetzlichen Formulierung der Planfeststellungsbeschluss den Plan für ein Vorhaben „feststellt", steht nicht seine präjudizielle, sondern seine Gestaltungswirkung im Vordergrund (oben § 17 Rn. 14 ff.). Der Planfeststellungsbeschluss ersetzt alle sonst erforderlichen Genehmigungen (nach Baurecht, Umweltrecht usw.) und schließt zugleich nachbarliche Abwehransprüche aus. In letzterer Hinsicht wirkt er auch privatrechtsgestaltend.

30 Vor diese umfassenden Wirkungen ist das Anhörungsverfahren nach § 74 VwVfG* gesetzt, in dem alle Betroffenen **Einwendungen** erheben und diese in einem **Erörterungstermin** – einer Mischung aus mündlicher Verhandlung und Bürgerversammlung – diskutieren können.[31] Der Termin darf auch online stattfinden (§ 27c VwVfG*).

II. Behördliches Vollstreckungsverfahren

31 Oft ist auch die Rede vom „Vollstreckungsverfahren". Gemeint sind dann alle Maßnahmen zur Vollstreckung aus einem bestimmten behördlichen Titel (Verwaltungsakt oder öffentlich-rechtlichen Vertrag mit Unterwerfungsklausel, vgl. § 12 Rn. 47 ff., § 19 Rn. 25 f. und § 22 Rn. 11 f.). Ein einheitliches Verfahren und Verfahrensrecht gibt es dafür allerdings nicht. Soweit Vollstreckungsmaßnahmen – wie etwa die Festsetzung eines Zwangsgelds – selbst Verwaltungsakte sind, geht ihnen vielmehr wiederum ein „gewöhnliches" Verwaltungsverfahren nach § 9 VwVfG* voraus, das dann gewissermaßen als „Unterverfahren" des „Vollstreckungsverfahrens" betrachtet werden müsste. Der letztere Begriff trägt insofern nicht viel aus. Umso weniger tut er dies, wenn noch zwischen gestrecktem und gekürztem Verfahren unterschieden wird: „gestreckt" heißt einfach, dass sich die Vollstreckung an ein Verwaltungsverfahren anschließt; „gekürzt" heißt, dass es gar keinen Titel gibt und insofern in einem technischen Sinne von Vollstreckung überhaupt nicht die

---

[30] Lit.: *Hofmann*, HVwR IV, 2022, § 120; *Kügel*, Der Planfeststellungsbeschluß und seine Anfechtbarkeit, 1985.

[31] Lit.: *Zeccola/Augsten*, DÖV 2022, 442. Zur Öffentlichkeitsbeteiligung in Planungsverfahren auch *Gurlit*, JZ 2012, 833; *Knauff*, DÖV 2012, 1; *Peters*, Legitimation durch Öffentlichkeitsbeteiligung? 2020.

Rede sein kann (sondern nur von Gefahrenabwehr, weshalb das Ganze vorrangig ein Thema für das Polizeirecht bildet; vgl. oben § 27 Rn. 28 f.).

Der Begriff „Vollstreckungsverfahren" verweist aber immerhin auf das dynamische Geschehen, in dem die Vollstreckung aus einem verwaltungsrechtlichen Titel abläuft. Auch hier geht es, wie beim Verwaltungsverfahren, um das behördliche Vorgehen und das Mitwirken von Beteiligten an der Vorbereitung gewisser Maßnahmen. Nimmt man diese Perspektive ein, so fällt zunächst auf, dass es im Regelfall dieselbe Behörde ist, die den Titel nicht nur schafft („Selbsttitulierung"), sondern auch daraus vollstreckt („Selbstvollstreckung"). Das Vollstreckungsverfahren stellt sich dann als organische Fortsetzung des Verwaltungsverfahrens für den Fall dar, dass das Gegenüber der Verwaltung seine titulierte Pflicht nicht erfüllt. Vom Ablauf her ist normalerweise eine **Androhung und Fristsetzung** erforderlich (§ 13 Abs. 1 VwVG und Parallelvorschriften). 32

Etwas anders sieht das Vollstreckungsverfahren oftmals aus, wenn wegen Zahlungspflichten vollstreckt, also „beigetrieben" wird (vgl. § 12 Rn. 50). Weil diese Pflichten inhaltlich alle gleichartig sind und nicht an Eigenheiten des Besonderen Verwaltungsrechts hängen, überträgt das Gesetz die Vollstreckung hier oft bestimmten spezialisierten und dementsprechend professionalisierten Behörden (desselben oder auch eines anderen Verwaltungsträgers). Es kommt dann trotz „Selbsttitulierung" zu einer „Fremdvollstreckung". 33

Beispiele: Nach § 4 Buchst. b VwVG obliegt die Vollstreckung wegen Geldforderungen des Bundes grundsätzlich den Bundesfinanzbehörden. – Vollstreckungsbehörden für Leistungsbescheide des Freistaats Bayern sind nach Art. 25 Abs. 1 VwZVG BY die Finanzämter des Landes.

III. Andere behördliche Verfahren

Kein Verwaltungsverfahren im Sinne des § 9 VwVfG* ist etwa das behördliche Verfahren 34

- zum Erlass einer Rechtsverordnung oder Satzung,
- zum Erlass eines Bußgeldbescheids nach dem OWiG oder
- zur Abgabe einer privatrechtlichen Willenserklärung.

Wie eine Behörde bei der Vorbereitung solcher Rechtsakte vorzugehen hat, ergibt sich deshalb nicht aus den Verwaltungsverfahrensgesetzen, sondern höchstens aus dem Fachrecht.

Das Verfahren zum Erlass von **Rechtsverordnungen**, die ja typischerweise generell-abstrakte Regelungen enthalten und insofern über Einzelfälle hinausgehen (oben § 23 Rn. 8 ff.), hat dementsprechend normalerweise keine Beteiligten. Nicht selten sind hier aber Gremien zu beteiligen, die gewissermaßen stellvertretend für die betroffenen Interessen eintreten (§ 23 Rn. 27 f.). 35

Beispiele: Der Bürgermeister als Ortspolizeibehörde hat in Baden-Württemberg vor dem Erlass einer Polizeiverordnung die Zustimmung des Gemeinderats einzuholen (§ 23 Abs. 2 PolG BW). – Die Bundesregierung hat vor dem Erlass einer Rechtsverordnung oftmals die Zustimmung des Bundesrats einzuholen (Art. 80 Abs. 2 GG). – Im Umweltrecht hat die Bundesregierung die „beteiligten Kreise" anzuhören (§§ 7, 23, 51 Bundes-Immissionsschutzgesetz [BImSchG]), im Tierschutzrecht das Bundeslandwirtschaftsministerium seine Tierschutzkommission (§ 16b Tierschutzgesetz).

36 Für das Verfahren zum Erlass von **Satzungen** gilt im Ausgangspunkt das Gleiche. Da Satzungen von Selbstverwaltungsträgern und hier normalerweise von deren Vertretungsorganen (§ 7 Rn. 50) erlassen werden, sind die Betroffenen der Idee nach bereits in der verfahrenden Stelle selbst repräsentiert. Stellvertretende Gremienbeteiligung gibt es hier deshalb normalerweise nicht.

37 Ein besonders intensiv geregeltes Satzungsverfahren ist dasjenige zur Aufstellung von **Bebauungsplänen** nach §§ 1 ff., 8 ff. BauGB. Eine große Rolle spielt hier die Öffentlichkeitsbeteiligung (§ 3 BauGB), die die potenziell Betroffenen zwar nicht zu Verfahrensbeteiligten in einem technischen Sinne macht, aber sie dennoch stark in das Verfahren einbindet – jedermann kann hier eine Stellungnahme abgeben, die dann geprüft werden muss.

Prüfungshinweis

▶ Genaueres dazu wird die Baurechtsvorlesung behandeln.

38 Soweit die Behörde privatrechtlich handelt, ist ihr im Ausgangspunkt ebenso wenig die Einhaltung eines Verfahrens vorgeschrieben wie den Privaten, die von den Handlungsmöglichkeiten des BGB Gebrauch machen. Einen Spezialfall, wo das Privatrechtsgeschäft ausnahmsweise in ein öffentlich-rechtliches Verfahren eingebettet wird, stellt aber das Beschaffungswesen mit dem **Vergabeverfahren** nach §§ 119 ff. GWB dar (oben § 26 Rn. 21) – inzwischen auch in digitalen Formen.[32] Verfahrende Stelle ist hier der „öffentliche Auftraggeber", also der jeweils beschaffende Verwaltungsträger. Beteiligte sind die Unternehmer, die an dem zu vergebenden Auftrag Interesse zeigen.

---

[32] Lit.: *Vogt*, E-Vergabe, 2019.

§ 30. Verwaltungsgerichtliche Verfahren

I. Erstinstanzliches Verfahren

Spezielle Studienliteratur: *Pohle*, JuS 2023, 741.

Das verwaltungsgerichtliche Verfahren, das traditionell auch „**Verwaltungsstreit-** **verfahren**" oder „**Verwaltungsprozess**" genannt wird, ist kein Verwaltungsverfahren, sondern ein gerichtliches Verfahren. Es richtet sich nach den Vorschriften der Verwaltungsgerichtsordnung und hilfsweise nach denen der Zivilprozessordnung und des Gerichtsverfassungsgesetzes, die über diverse Verweisungsnormen, anwendbar gemacht werden (vor allem die Generalklausel in § 173 S. 1 VwGO – siehe daneben etwa §§ 54, 55, 56, 57, 98, 105, 123 VwGO).[1] Nicht einmal subsidiär gelten dagegen die Vorschriften der Verwaltungsverfahrensgesetze, weil die Verwaltungsgerichte nicht als öffentliche Verwaltung, sondern als rechtsprechende Gewalt gelten und nach Art. 92 GG sowie §§ 1 und 39 VwGO von der Verwaltung streng getrennt sind. 1

Gleichwohl lässt sich das Verwaltungsstreitverfahren in den gleichen Kategorien analysieren wie das Verwaltungsverfahren. Das liegt nicht zuletzt daran, dass das Verwaltungsverfahren seinerseits wie ein – erheblich vereinfachtes – Gerichtsverfahren ausgestaltet wurde (vgl. oben § 29 Rn. 2 ff.). 2

Die verschiedenen Klagearten, die wir jeweils im Zusammenhang mit dem passenden materiellen Recht behandelt haben, bedeuten nicht auch unterschiedliche Verfahrensarten. Aus dem Blickwinkel der Abläufe bei Gericht bestehen etwa zwischen Anfechtungs-, Verpflichtungs-, allgemeinen Leistungs- und allgemeinen Feststellungsklagen kaum Unterschiede. Selbst die Eilanträge laufen in ähnlichen Spuren (sie führen bloß statt zu einem Urteil gemäß § 123 Abs. 4 VwGO zu einem Beschluss und werden von der Gerichtsverwaltung mit andersartigen Geschäftszeichen registriert). 3

---

[1] Lit.: *J. Nolte*, Die Eigenart des verwaltungsgerichtlichen Rechtsschutzes, 2015.

1. Akteure

a) Gericht

4 Im Zentrum des Verwaltungsstreitverfahrens steht das (gegebenenfalls Ober- oder Bundes-)**Verwaltungsgericht** im Sinne von §§ 2 ff. VwGO als verfahrende Stelle (zum Gerichtsaufbau bereits oben § 8). Das Verfahren wird auch hier also primär der Organebene, nicht dem Gerichtsträger zugerechnet (§ 8 Rn. 2).

5 Für das Gericht handelt, wie wir ebenfalls bereits gesehen haben, jeweils ein Spruchkörper (eine Kammer beim Verwaltungsgericht, ein Senat beim VGH oder beim Bundesverwaltungsgericht; oben § 8 Rn. 8 f.). Ganz wie der Prüfungsausschuss im Rahmen seiner Zuständigkeit das Justizprüfungsamt „ist" (oben § 7 Rn. 36), „ist" der Spruchkörper im Verwaltungsstreitverfahren das Gericht.

6 Dass das Gericht auch noch einen Präsidenten und einen eigenen Verwaltungsapparat hat, darf man für die Zwecke des Verfahrens völlig ausblenden. Für den Spruchkörper in seiner „Spruchtätigkeit" sind Präsident und Gerichtsverwaltung nur insofern von Bedeutung, als sie geeignete Räume, Büromaterialien, Literaturzugang usw. zu stellen haben.

b) Beteiligte

Spezielle Studienliteratur: *Guckelberger*, JuS 2007, 436 (zur Beiladung).

7 Das Verwaltungsstreitverfahren hat **Beteiligte** nach § 63 VwGO. Wie beim Verwaltungsverfahren ergeben sich Rechte und Obliegenheiten unmittelbar aus der Beteiligtenstellung, insbesondere auch hier ein Anspruch auf Gewährung von Akteneinsicht (§ 100 VwGO). Prozessrechtlich ist der Kreis der Beteiligten auch für die Bindungswirkung des am Ende des Verfahrens stehenden Urteils von Bedeutung, denn dieses gilt nach § 121 Nr. 1 VwGO für die Beteiligten und deren Rechtsnachfolger (vgl. § 21 Rn. 9, 10).

8 Die vorgesehenen Rollen ähneln denen aus § 13 VwVfG* (vgl. § 29 Rn. 7), anders als dort können Beteiligte hier aber nicht ganz fehlen. Vielmehr braucht es stets zumindest die zwei einander gegenüberstehenden sogenannten „**Hauptbeteiligten**" nach § 63 Nr. 1 und 2 VwGO, nämlich den Kläger und den Beklagten. Das Verfahren ist also stets kontradiktorisch.

Zusatzinformationen

- Wenn der eingelegte Rechtsbehelf im Gesetz nicht als „Klage", sondern als „Antrag" bezeichnet wird (wie nach § 47 Abs. 1 oder 6, § 80 Abs. 5, § 123 VwGO), werden auch die Hauptbeteiligten abweichend von § 63 VwGO als „Antragsteller" und „Antragsgegner" bezeichnet.
- Beklagter bzw. Antragsgegner ist in aller Regel ein Verwaltungsträger (oben § 6 Rn. 22), im Ausbildungsfall typischerweise das Land oder eine Gemeinde. Ausnahmsweise kommt auch eine Behörde als solche in Frage (oben § 7 Rn. 40 ff.).
- In der Rolle des Klägers und des Beklagten können auch jeweils mehrere Rechtsträger stehen, die den Rechtsstreit gemeinsam führen bzw. zu führen haben. Man spricht dann von „Streitgenossen" (§§ 59–63 ZPO über § 64 VwGO).

Auch im gerichtlichen Verfahren können die Beteiligten selbst oder durch **Bevoll-** 9
mächtigte, insbesondere durch Rechtsanwälte, handeln (§ 67 Abs. 2 VwGO). Ein
Anwaltszwang gilt erst vor dem Ober- und dem Bundesverwaltungsgericht (§ 67
Abs. 1, 4 VwGO). Verwaltungsträger als Beteiligte können auch hier ihre Vertretung
von bediensteten Volljuristen wahrnehmen lassen (§ 67 Abs. 4 S. 4 VwGO).

Im Gegensatz zu den Hauptbeteiligten gibt es **Beigeladene** nicht stets (§ 63 10
Nr. 3, § 65 VwGO).[2] Sie stellen eine Besonderheit der öffentlich-rechtlichen Verfahrensarten dar: in den Hinzugezogenen des Verwaltungsverfahrensrechts haben
sie eine Parallele (oben § 29 Rn. 7), keine dagegen im Zivilprozessrecht. Die Beteiligtenstellung als Beigeladener kann man sich nicht selbst verschaffen, sondern nur
durch einen konstitutiven gerichtlichen Beschluss erwerben. Unterbleibt die Beiladung, so wird die fragliche Person nicht zum Beteiligten und ist dementsprechend
auch nicht an das Urteil gebunden (§ 121 Nr. 1 VwGO).

Das Gericht *darf* jemanden beiladen, wenn dessen rechtliche Interessen „berührt 11
werden" (§ 65 Abs. 1 VwGO). Es *muss* beiladen, wenn jemand von der Sachentscheidung rechtlich mitbetroffen wird (§ 65 Abs. 2 VwGO – sogenannte „notwendige Beiladung").[3]

Beispiel: Nachbarin N ficht die Erteilung der Baugenehmigung durch die untere Baurechtsbehörde an Bauherrin B an. Beklagter ist der Verwaltungsträger hinter der unteren Baurechtsbehörde (meist Stadt, Land oder Landkreis). B ist beizuladen, weil die Aufhebung der Baugenehmigung nach § 113 Abs. 1 S. 1 VwGO ihr eine Rechtsposition entziehen würde.

Prüfungshinweis

▶   Die Beiladung obliegt dem Gericht, nicht dem Kläger. Sie ist dementsprechend
keine Voraussetzung für den Erfolg der Klage und im Gutachten weder bei der
Zulässigkeit noch bei der Begründetheit anzusprechen. Wenn Sie einen Fall notwendiger Beiladung erkennen, dürfen Sie Ihr verwaltungsprozessrechtliches
Wissen aber an unauffälliger Stelle mitteilen. Empfohlen wird meist ein kurzer
Punkt „Beiladung" zwischen der Zulässigkeits- und Begründetheitsprüfung.

Zusatzinformation
In „Massenverfahren" mit mehr als 50 notwendig Beizuladenden kann die Beiladung nach entsprechender öffentlicher Bekanntmachung von einem Antrag abhängig gemacht werden (§ 65 Abs. 3 VwGO). Wer den Antrag nicht (rechtzeitig) stellt, wird ausnahmsweise durch das Urteil gebunden, obwohl er nicht Beteiligter des Verfahrens gewesen ist (§ 121 Nr. 2 VwGO).

---

[2] Lit.: *Benkel*, NZS 1997, 254; *ders.*, Die Verfahrensbeteiligung Dritter, 1996; *Martens*, VerwArch 60 (1969), S. 195, 356; *Nottbusch*, Die Beiladung im Verwaltungsprozeß, 1995; *Stahl*, Beiladung und Nebenintervention, 1972 (vergleichend mit der ZPO); *Stober*, FS Menger, 1985, S. 401. Zur besonderen Verwaltungsgerichtsbarkeit *Schäfer*, Die Beiladung im Sozialgerichtsverfahren, 1983. Rechtsvergleichend *Tatsumi*, GVRZ 2020, 3. Zu den älteren Vorläufern *Schultzenstein*, VerwArch 19 (1911), S. 1.

[3] Lit.: *Joerres*, Die Rechtsstellung des notwendigen Beigeladenen im Verwaltungsstreitverfahren, 1982; *Stettner*, Das Verhältnis der notwendigen Beiladung zur notwendigen Streitgenossenschaft im Verwaltungsprozeß, 1974.

12 Eine Besonderheit der Verwaltungsgerichtsbarkeit sind auch die **Vertreter des öffentlichen Interesses**, die nach § 63 Nr. 4 VwGO durch eigene Erklärung die Beteiligtenstellung erlangen.[4] Sie sind besondere Behörden des Bundes oder des Landes und über § 61 Nr. 3 VwGO hinaus beteiligungsfähig, wie § 63 Nr. 4 VwGO erkennen lässt. Ihre Aufgabe besteht darin, die Verwaltungsrechtsprechung aus Sicht der staatlichen Exekutive zu begleiten und Interessen zu artikulieren, die möglicherweise von keinem der Hauptbeteiligten wahrgenommen werden. Ihre Prominenz ist unterschiedlich.

- Für den Bund besteht der „Vertreter des Bundesinteresses beim Bundesverwaltungsgericht" (vormals „Oberbundesanwalt"), dessen Dienststelle im Bundesinnenministerium angesiedelt ist (§ 35 VwGO).[5]
- Die Länder können „Vertreter des öffentlichen Interesses" einrichten (§ 36 VwGO). Wenige machen heute Gebrauch davon, namentlich aber Bayern mit seiner Landesanwaltschaft (§§ 1, 5 Verordnung über die Landesanwaltschaft Bayern).[6]

2. Ablauf

a) Initiation

13 Das Verwaltungsstreitverfahren wird mit einer **Klage** angestoßen.[7] In bestimmten Fällen ist ohne Unterschied in der Sache von einem „Antrag" die Rede: beim Normenkontrollverfahren nach § 47 VwGO (oben § 23 Rn. 52 ff.) sowie beim Eilverfahren nach § 123 (§ 9 Rn. 64 ff.), § 80 Abs. 5 (§ 19 Rn. 210 ff.) und auch § 47 Abs. 6 VwGO (oben § 23 Rn. 59 f.).

14 Das Gericht muss das Verfahren einleiten, wenn ihm eine Klage in der Form des § 81 Abs. 1 VwGO zugeht – grundsätzlich schriftlich (einschließlich Fax), beim Verwaltungsgericht auch mündlich zur Niederschrift eines Urkundsbeamten der Geschäftsstelle. Die schriftliche Form kann inzwischen auch mit geeigneten elektronischen Dokumenten erfüllt werden (§ 55a VwGO); seit 2022 sind Behörden und juristische Personen des öffentlichen Rechts, aber auch Rechtsanwälte dazu sogar verpflichtet (§ 55d VwGO).[8]

Prüfungshinweis

▶ Die Klageform ist zugleich Zulässigkeitsvoraussetzung der Klage.

15 Wenn die Klage nicht den Kläger, den Beklagten und das Klagebegehren bezeichnet, fordert der Vorsitzende oder Berichterstatter des Spruchkörpers den Kläger zur Ergänzung auf, gegebenenfalls unter Setzung einer Frist (§ 82 VwGO).

---

[4] Lit.: *Wolters*, Der Vertreter des öffentlichen Interesses in der VwGO, 2022.
[5] Lit.: *Auerbach/Mertens*, DVBl 2024, 150.
[6] Lit.: *Vogel*, DVBl 2024, 146.
[7] Lit.: *Koehl*, NVwZ 2017, 1089.
[8] Überblick: *Hoes*, NVwZ 2022, 285; *Jenak*, ThürVBl 2022, 197.

I. Erstinstanzliches Verfahren

Ist die Klage vollständig, lässt der Vorsitzende des Spruchkörpers sie dem Beklagten zustellen und fordert diesen zur Äußerung auf (§ 85 VwGO). Ein Verwaltungsträger als Beklagter wird dabei regelmäßig außerdem aufgefordert, seine Akten zu dem Vorgang zu übermitteln, der der Klage zugrunde liegt;[9] dazu ist er grundsätzlich verpflichtet (§ 99 Abs. 1 S. 1 VwGO). 16

b) Information

Sodann ermittelt das Gericht den **Sachverhalt**, und zwar wie die Behörde im Verwaltungsverfahren von Amts wegen (§ 86 Abs. 1 VwGO – sog. Amtsermittlungs- oder auch Untersuchungsgrundsatz).[10] Die Amtsermittlung findet zunächst in Form vorbereitender Anordnungen statt (§ 87 VwGO – dafür ist innerhalb des Spruchkörpers der Vorsitzende oder ein zum „Berichterstatter" bestellter Richter zuständig). Sie setzt sich in der mündlichen Verhandlung in Form der Beweisaufnahme fort (§ 96 Abs. 1 S. 1 VwGO). 17

Tatsächlich ist im Verwaltungsstreitverfahren oftmals nicht der Sachverhalt umstritten, sondern nur dessen rechtliche Würdigung. Die Gerichte verstehen ihre Amtsermittlungspflicht deshalb als begrenzt, was man auf die **Mitwirkungsobliegenheit** der Beteiligten nach § 86 Abs. 1 S. 1 Hs. 2 VwGO stützen kann. Die angeforderten Sachakten eines beklagten Verwaltungsträgers (Rn. 16) bilden dann gewissermaßen die „Basislinie", die man nur mit gewisser Veranlassung nachprüft, insbesondere bei abweichendem Vortrag des Klägers oder eines anderen Beteiligten.[11] 18

Zusatzinformationen
- Der Vorsitzende oder Berichterstatter kann den Beteiligten auch Fristen für ihre Mitwirkung setzen, nach deren Ablauf das Gericht weiteren Vortrag (einschließlich Beweismittel) unter gewissen Voraussetzungen außer Acht lassen darf („formelle Präklusion", § 87b VwGO).[12] Diese prozessuale Vorschrift geht im Anwendungsbereich über die mitunter fachrechtlich angeordnete „materielle Präklusion" hinaus, die bereits auf der Ebene des vom Gericht zu beurteilenden Rechts greift (oben § 9 Rn. 34).
- Ein Sonderproblem ergibt sich, wenn die Behörde des Verwaltungsträgers ihre Sachakten meint geheim halten zu müssen (§ 99 Abs. 1 S. 2 VwGO). Diese Entscheidung ist zwar in einem besonderen Zwischenverfahren beim Ober- oder Bundesverwaltungsgericht überprüfbar („In-camera-Verfahren" nach § 99 Abs. 2 VwGO), aber bei rechtmäßiger Zurückhaltung der Akten bleibt dem Verwaltungsgericht ein erklecklicher Teil des Sachverhalts unzugänglich.[13]

---

[9] Kritisch aber bereits *Czermak*, DVBl 1969, 612.
[10] Lit.: *Burkholz*, Der Untersuchungsgrundsatz im verwaltungsgerichtlichen Eilverfahren, 1988; *Geismann*, Sachverhaltsaufklärung im Verwaltungsprozess, 2021; *Kaufmann*, Untersuchungsgrundsatz und Verwaltungsgerichtsbarkeit, 2002.
[11] Lit.: *Hensel*, NVwZ 2020, 1628; *Kaiser*, VerwArch 111 (2020), S. 120.
[12] Lit.: *Baudewin/Großkurth*, NVwZ 2018, 1674; *Dietrich*, DVBl 2021, 568; *Dombert*, FS Peine, 2016, S. 409.
[13] Lit.: *Benedikt*, Geheimnisschutz im deutschen Verwaltungsprozess und im Verfahren vor der Unionsgerichtsbarkeit, 2013; *Ilal*, Der Geheimhaltungskonflikt im Verwaltungsprozess, 2023; *Rusteberg*, in: Kulick/Goldhammer (Hg.), Der Terrorist als Feind, 2020, S. 215; *Schüly*, Das „in camera"-Verfahren der Verwaltungsgerichtsordnung, 2006.

19 Das Gericht hat aber unter dem Gesichtspunkt der Amtsermittlung den vollen Zugriff und kann, wo immer es ihm angezeigt erscheint, einem Sachverhaltsaspekt genauer nachgehen. In diesem Fall kann es auch förmlich **Beweis** erheben, wofür dann Zivilprozessrecht entsprechend anzuwenden ist (§ 96 Abs. 1 S. 2, § 98 VwGO mit Verweis auf §§ 358–444, 450–494 ZPO – in der Mitte ausgelassen sind nur die Vorschriften über die sogenannte Parteivernehmung). Dann können Zeugen und Sachverständige[14] vernommen (Personalbeweis) sowie Gegenstände betrachtet werden (Sachbeweis), wobei man zwischen Urkunden einerseits und allem anderen (sogenannten „Augenscheinsobjekten") andererseits unterscheidet. Zu letzteren zählen auch die elektronischen Dokumente, einschließlich der inzwischen mitunter wichtigen Social-Media-Posts und -Kommentare.[15]

Zusatzinformation
Die Beteiligten können zwar die Erhebung eines Beweises beantragen,[16] das Gericht ist aber nicht daran gebunden (§ 86 Abs. 1 S. 2 VwGO). Hierin liegt ein weiterer deutlicher Unterschied zum ebenfalls öffentlich-rechtlichen Strafprozess.

20 Die **Würdigung** der Beweismittel und die Ableitung der Rechtsfolgen aus dem so ermittelten Sachverhalt obliegt allein dem Gericht (§ 108 Abs. 1 S. 1 VwGO). Auch ein Sachverständiger kann deshalb immer nur einen Sachverhalt beschreiben, aber nie auch nur unter ein einzelnes Tatbestandsmerkmal verbindlich subsumieren; das führt gerade bei diesem Beweismittel zu Abgrenzungsproblemen (zumal bei historischen Sachverständigen[17]). Ergibt sich nach der gerichtlichen Würdigung aus den verfügbaren Beweismitteln kein klarer Sachverhalt, dann stellt sich auch im Verwaltungsrecht die Frage, zu wessen Nachteil das gereichen soll, wer also die „Beweislast" trägt.[18]

21 Ergibt die rechtliche Beurteilung des Sachverhalts, dass die zu treffende **Entscheidung vom Bestehen einer Rechtsposition abhängt**, mit dessen Feststellung ein anderes Gericht oder eine Behörde aktuell befasst ist (vgl. bereits oben § 11 Rn. 30 f. und § 19 Rn. 196 ff.), dann kann das Verwaltungsgericht beschließen, sein eigenes Verfahren bis zum Abschluss dieses anderen Verfahrens auszusetzen (§ 94 VwGO). Das kann prinzipiell sogar im Eilrechtsschutz passieren.[19]

---

[14] Lit.: *Skouris*, AöR 107 (1982), S. 215.
[15] Vgl. *Knoop/Bülow*, NVwZ 2022, 290.
[16] Lit.: *Kleinschnittger*, NWVBl 2013, 226.
[17] Zu diesem Problem bei einer Norm, die tatbestandlich an eine zeitgeschichtliche Würdigung anknüpft (hat jemand dem Nationalsozialismus Vorschub geleistet?) *Gärditz*, JöR 69 (2021), S. 269; *Schwab*, JZ 2021, 500; s. a. *S. Schönberger*, NVwZ 2022, 1753.
[18] Lit.: *Berg*, Die verwaltungsrechtliche Entscheidung bei ungewissem Sachverhalt, 1980; *Perschau*, Die Beweislast im Verwaltungsrecht, 1983; *Wirtz*, Beweislasten im Verwaltungsrecht, 2024.
[19] *Gmeiner*, NVwZ 2021, 1035.

I. Erstinstanzliches Verfahren

Zusatzinformation
Bundesrechtlich können Spezialvorschriften bestehen. So verpflichtet § 6 Vereinsgesetz das Verwaltungsgericht unter bestimmten Voraussetzungen sogar zum Aussetzen seines Verfahrens über die Anfechtungsklage gegen eine Vollzugsmaßnahme, bis über die Anfechtung des zu Grunde liegenden Vereinsverbots unanfechtbar entschieden ist.

c) Partizipation

Spezielle Studienliteratur: *Scheidler*, VBlBW 2012, 365.

Die Partizipation der Beteiligten wird zunächst durch die Klage und die Klageerwiderung sowie in vorbereitenden Schriftsätzen (§ 86 Abs. 4 VwGO), sodann aber auch in einer mündlichen Verhandlung (§§ 101–105 VwGO) ermöglicht.[20] Das Gesetz konzipiert die **mündliche Verhandlung** als Kernstück des Verwaltungsstreitverfahrens, das insbesondere ein Rechtsgespräch der Beteiligten umfasst. Inzwischen darf das Gericht dazu auch Videoübertragungen einsetzen.[21]

22

Prüfungshinweis

▶ Die mündliche Verhandlung gibt es in demselben Verfahren nur im Singular – auch wenn sie einmal aus mehreren Terminen besteht, also zwischendurch vertagt wird.

In der Praxis ist die Bedeutung der mündlichen Verhandlung allerdings etwas geringer. Rechtlich führen mehrere **Wege an ihr vorbei**:

23

- Die Beteiligten können und werden oft ihren *Verzicht* auf die mündliche Verhandlung erklären (§ 101 Abs. 2 VwGO). Sie begnügen sich dann freiwillig mit der schriftlichen Partizipation.
- Auch kann das Gericht statt eines Urteils in einfach gelagerten Fällen ohne mündliche Verhandlung einen sogenannten *Gerichtsbescheid* erlassen, der prinzipiell die gleiche Wirkung entfaltet wie ein Urteil (§ 84 VwGO, dazu oben § 21 Rn. 2).
- Hält das Gericht schon den Rechtsweg für nicht eröffnet oder die Zuständigkeit für nicht gegeben, braucht es vor Erlass des *Verweisungsbeschlusses* die Beteiligten nur anzuhören (§ 17a Abs. 2 GVG mit § 173 S. 1, § 83 VwGO; vgl. oben § 3 Rn. 22). Auch andere Sonderformen der Verfahrensbeendigung (unten Rn. 28 ff.) setzen eine mündliche Verhandlung nicht voraus.
- Im *Normenkontrollverfahren* kann das Gericht von mündlicher Verhandlung schon absehen, wenn es diese nicht für erforderlich hält (§ 47 Abs. 5 S. 1 VwGO).

---

[20] Lit.: *Ortloff*, NVwZ 1995, 28; *Strauch*, FS Mallmann, 1978, S. 345.
[21] Lit.: *Held-Daab*, DVBl 2021, 775. Zum Sonderproblem einer Zuschaltung aus dem Ausland *Jenssen/Schiebel*, NVwZ 2022, 1416.

d) Dezision

Spezielle Studienliteratur: *Wittmann/Sandner*, JuS 2022, 1121.

24 Auf Grund der mündlichen Verhandlung fällen die Richter, die daran teilgenommen haben (§ 112 VwGO, „Unmittelbarkeitsgrundsatz"), grundsätzlich ein **Urteil** (§§ 107 ff. VwGO, dazu oben § 21 Rn. 2). In diesem Regelungszusammenhang steht auch die wichtige Vorschrift des § 113 VwGO, die wir im Zusammenhang mit der Begründetheit der Anfechtungs- und der Verpflichtungsklage bereits kennen gelernt haben (oben § 19 Rn. 190 ff., 255 ff.). Als Verfahrensvorschrift stellt sie im Ausgangspunkt eine Anweisung an die Richter dar, wie nun zu entscheiden ist – welche Anforderungen also an die Begründetheit zu stellen sind und welche Urteilsformel auszusprechen ist.

Prüfungshinweis

▶ Achten Sie auf den Sprachgebrauch: Das Gericht *gibt* dem erfolgreichen Rechtsbehelf *statt*, *weist* die erfolglose Klage *ab* und *lehnt* den erfolglosen Antrag *ab*. Das unzulässige Rechtsmittel *verwirft* es, das unbegründete *weist* es *zurück* (§ 21 Rn. 32).

25 Das Urteil wird wirksam mit seiner mündlichen **Verkündung**, entweder noch in der mündlichen Verhandlung („Stuhlurteil", selten) oder aber in einem eigenen Termin (§ 116 Abs. 1 S. 1 VwGO). Es ist außerdem in einer schriftlichen Fassung – die meist gemeint ist, wenn man von „dem Urteil" spricht – den Beteiligten zuzustellen (§ 116 Abs. 1 S. 2 VwGO). Auch hier kann die mündliche Form weitgehend durch die schriftliche ersetzt werden (§ 116 Abs. 2, 3 VwGO), deutlich weitergehend als im Zivil- und gar im Strafprozess (vgl. § 310 Abs. 3 ZPO, § 268 StPO).

26 Form und Inhalt des schriftlichen Urteils ergeben sich aus § 117 VwGO. Abb. 1 vermittelt einen Eindruck davon, wie ein Urteil auf dieser Grundlage aussehen kann.

27 Anstelle eines Urteils hat das Gericht in manchen Fällen einen verfahrensbeendenden **Beschluss** zu erlassen (oben § 21 Rn. 2) – insbesondere in Verfahren, wo es „Antrag" statt „Klage" heißt (Rn. 13); manchmal darf das Gericht auch wählen (siehe § 47 Abs. 5 S. 1 VwGO). Der verfahrensbeendende Beschluss erfüllt grundsätzlich die gleichen Funktionen wie das Urteil, ist aber hinsichtlich Verfahrens- und Formanforderungen etwas vereinfacht und unterliegt anderen Rechtsmitteln. Einige Vorgaben enthält § 122 VwGO. Auffälligster äußerlicher Unterschied ist, dass der Beschluss nicht die Formel „Im Namen des Volkes" enthält.

e) Sonderformen der Verfahrensbeendigung

28 Die Hauptbeteiligten haben jederzeit die Möglichkeit, den Verwaltungsrechtsstreit einvernehmlich durch Vertrag – einen sogenannten **Prozessvergleich** – zu beenden (§ 106 VwGO).[22]

---

[22] Lit.: *Schröder*, Der Prozeßvergleich in den verwaltungsgerichtlichen Verfahrensarten, 1971.

Verwaltungsgericht Freiburg 3 K 1234/20	*(entscheidendes Gericht)* *(Geschäftszeichen mit Kammer-Nummer, Registerzeichen, laufender Nummer und Eingangsjahr)*
Im Namen des Volkes!	*(§ 117 Abs. 1 S. 1 VwGO)*

Urteil

In der Verwaltungsrechtssache

der X…	- Klägerin -
gegen	
Stadt Y…	- Beklagte -
beigeladen: Z…	

hat das Verwaltungsgericht Freiburg - 3. Kammer - durch die Vorsitzende Richterin am Verwaltungsgericht … und die Richterinnen am Verwaltungsgericht … sowie die ehrenamtlichen Richterinnen … auf die mündliche Verhandlung vom … für Recht erkannt:

(die eigentliche Regelung, Urteilsformel oder „Tenor", z. B.:)

1. Die Klage wird abgewiesen.

2. Die Klägerin trägt die Kosten des Verfahrens.

Tatbestand *(Darstellung des Sach- und Streitstands, insbesondere des in konkrete Anträge gefassten Begehrens der Beteiligten, § 117 Abs. 3 VwGO)*

Entscheidungsgründe *(Darstellung der Rechtslage im Urteilsstil)*

Die Klage ist zulässig, aber nicht begründet …

Die Kostenentscheidung folgt aus § 154 Abs. 1 VwGO.

Rechtsmittelbelehrung *(Angabe des gegebenen Rechtsbehelfs, des Adressaten, der Form und der Frist, § 117 Abs. 2 Nr. 6 VwGO)*

(Unterschriften der Richter, § 117 Abs. 1 S. 2 VwGO)

Abb. 1 Beispiel zur Erscheinung eines Urteils

29 Auch können sie einvernehmlich durch Erklärungen gegenüber dem Gericht die **Erledigung** des Rechtsstreits erklären. Das Gericht erlässt dann nur noch einen Beschluss über die Kosten und orientiert sich dabei an den hypothetischen Erfolgsaussichten des Rechtsbehelfs vor Eintritt der Erledigung (§ 161 Abs. 2, auch § 87a Abs. 1 Nr. 3 VwGO).[23]

Zusatzinformation
Sind die Hauptbeteiligten sich über die Erledigung nicht einig, ist aber durch ein äußeres Ereignis der Rechtsbehelf wirklich unzulässig oder unbegründet geworden, müsste eigentlich die Klage abgewiesen bzw. der Antrag abgelehnt werden. Um diese Folge zu vermeiden, muss der Kläger/Antragsteller seinen Rechtsbehelf entweder zurücknehmen (Rn. 30) oder inhaltlich ändern.

30 Der Kläger/Antragsteller hat überdies jederzeit die Möglichkeit, den Verwaltungsrechtsstreit einseitig durch Erklärung der **Rücknahme** zu beenden. Das Gericht erlässt dann nur noch einen Beschluss über die Einstellung des Verfahrens (§ 92 VwGO).

31 Der Kläger/Antragsteller kann sogar noch einen Schritt weiter gehen und nicht nur die prozessuale Rücknahme, sondern den materiellrechtlichen **Verzicht** erklären. Der Rechtsbehelf gilt dann als unbegründet, und es kann ein Urteil/Beschluss zugunsten des Beklagten/Antragsgegners ergehen (§ 306 ZPO, auch arg. § 87a Abs. 1 Nr. 2 VwGO).

32 Umgekehrt kann auch der Beklagte/Antragsgegner das **Anerkenntnis** erklären, womit der Rechtsbehelf als begründet gilt und ein Urteil/Beschluss zugunsten des Klägers/Antragstellers ergehen kann (§ 307 ZPO, auch arg. § 87a Abs. 1 Nr. 2 VwGO).

33 Aus Sicht des Verwaltungsgerichts endet das Verfahren schließlich auch mit der **Verweisung** an ein anderes Gericht, wenn das Verwaltungsgericht den Rechtsweg für nicht eröffnet oder seine Zuständigkeit für nicht gegeben hält. Einen entsprechenden Beschluss erlässt es dann möglichst frühzeitig und von Amts wegen (§ 17a Abs. 2 GVG mit § 173 S. 1, § 83 VwGO; vgl. oben § 3 Rn. 22).

II. Rechtsmittelverfahren

34 An das erstinstanzliche Verfahren kann sich ein Rechtsmittelverfahren anschließen. Die in Frage kommenden Rechtsmittel – Berufung, Revision, Beschwerde – und deren Funktionen haben wir bereits im Zusammenhang mit dem Rechtsschutz gegen Gerichtsakte betrachtet (§ 21 Rn. 24 ff.). Auch in Bezug auf die Rechtsmittel nehmen wir an dieser Stelle ergänzend noch einmal die Verfahrensperspektive ein und sehen uns an, wie die Sache hier abläuft.

35 Das Rechtsmittelverfahren unterliegt prinzipiell denselben Vorschriften wie das erstinstanzliche Verfahren (§§ 125, 141 VwGO). Durchgeführt wird es von einem anderen Gericht, aber Beteiligte sind grundsätzlich dieselben wie zuvor. Es können sich

---

[23] Lit.: *Burgi*, DVBl 1991, 193; *Cormann*, Die Erledigung im Verwaltungsprozeß, 1998; *Müller-Tochtermann*, VerwArch 53 (1962), S. 44.

III. Gerichtliches Vollstreckungsverfahren

nur ihre Rollen verkehren, wenn in der ersten Instanz der Beklagte unterlegen ist und nun die Rolle des Verfahrensinitiators – hier „Rechtsmittelführer" genannt – übernimmt. Angestoßen wird das Verfahren durch die Erklärung, das Rechtsmittel einzulegen. Als zentrales partizipatives Element ist auch im Berufungs- und Revisionsverfahren grundsätzlich eine mündliche Verhandlung vorgesehen (vgl. §§ 126, 130a, 140 VwGO). Beschränkt ist im Revisionsverfahren vor allem die gerichtliche Informationsbeschaffung, weil Tatfragen als solche nicht mehr gestellt werden (§ 137 Abs. 2 VwGO); lediglich Verfahrensfehler der Vorinstanz bei der Sachverhaltsermittlung können geltend gemacht werden.

36

III. Gerichtliches Vollstreckungsverfahren

Die Vollstreckung aus gerichtlichen Titeln (vgl. schon § 21 Rn. 10 ff.) gestaltet das Gesetz unterschiedlich aus, je nachdem, ob für oder gegen einen Verwaltungsträger vollstreckt werden soll.

37

1. Vollstreckung zugunsten von Verwaltungsträgern

Für die Vollstreckung zugunsten eines Verwaltungsträgers baut das Prozessrecht das Verwaltungsvollstreckungsrecht nach, indem es auf das VwVG bzw. entsprechendes Landesrecht verweist (§ 169 Abs. 1 S. 1 bzw. Abs. 2 VwGO) und nur die Zuständigkeit abweichend dem Vorsitzenden des Gerichts des ersten Rechtszugs zuweist, der hier als eigenständiges Vollstreckungsorgan fungiert, aber die Vollstreckung einer spezialisierten Stelle übertragen kann und normalerweise auch wird (§ 169 Abs. 1 S. 2 VwGO).

38

> *Beispiel:* Die Gemeinde hat A wegen einer offenen Geldforderung aus einem öffentlich-rechtlichen Vertrag mit ihr verklagen müssen (vgl. oben § 22 Rn. 56) und obsiegt. Da A immer noch nicht zahlt, beantragt die Gemeinde nun beim Gericht Vollstreckungsmaßnahmen.

2. Vollstreckung gegen Verwaltungsträger

Auf die Vollstreckungsmöglichkeiten gegen einen Verwaltungsträger kommt es nicht an, solange deren verantwortlich Handelnde rechtstreu sind und die titulierten Pflichten einfach befolgen, wie man es im Rechtsstaat erwarten möchte. Die entsprechenden Vorschriften standen deshalb lange im Schatten. Demgegenüber haben mehrere Fälle renitenter Verwaltungsträger in den letzten Jahren Anlass gegeben, auch die verwaltungsgerichtete Vollstreckung stärker in den Blick zu nehmen.[24] Sie weist die immanente Schwäche auf, dass die Judikative physisch immer

39

---

[24] Lit.: *Berkemann*, DÖV 2019, 761; *Brocker*, jM 2019, S. 155; *Klinger*, NVwZ 2019, 1332; *Klinger/Welker*, ZRP 2024, 87; *Koepsell*, Exekutiver Ungehorsam und rechtsstaatliche Resilienz, 2023.

schwächer sein wird als die Exekutive (während bei der zivilprozessualen Vollstreckung beide Gewalten gegenüber privaten Schuldnern an einem Strang ziehen können). Das Gesetz regelt im Einzelnen drei Konstellationen separat.

40 Für **Zahlungspflichten** von Verwaltungsträgern gelten § 170 VwGO und §§ 802a 882i ZPO. Das Gesetz trifft hier nur besondere Vorkehrungen zum Schutz von Vermögenswerten, „die für die Erfüllung öffentlicher Aufgaben unentbehrlich sind oder deren Veräußerung ein öffentliches Interesse entgegensteht" (§ 170 Abs. 3 S. 1 VwGO).

> *Beispiel:* A würde zur Befriedigung ihrer titulierten Forderung gegen die Gemeinde gern das allein werthaltige Rathausgrundstück zwangsversteigern lassen. Dieses ist zwar nicht unentbehrlich, soweit die Verwaltung auch in anderen Räumen geführt werden könnte; dennoch dürfte hier ein öffentliches Interesse am Erhalt bestehen.

41 Für **Pflichten zum Erlass von Verwaltungsakten** (§ 113 Abs. 5 VwGO), Pflichten zur Beseitigung der Folgen von Verwaltungsakten (§ 113 Abs. 1 S. 2 VwGO) sowie Pflichten aus einstweiligen Anordnungen (§ 123 VwGO) gilt § 172 VwGO. Danach setzt das Gericht auf Antrag des Gläubigers ein Zwangsgeld bis 10.000 € fest, bei Bedarf auch mehrfach. Das Gesetz bestimmt nicht, wem das Zwangsgeld zufließen soll; allgemein geht man von einer Zahlung zugunsten der Staatskasse aus, doch dürfte ein gerichtlicher Beschluss ebenso rechtmäßig und mindestens so interessengerecht sein, der das Zwangsgeld dem Vollstreckungsgläubiger oder einer gemeinnützigen Einrichtung zuspricht.

> *Beispiel:* A hat ein Urteil erstritten, das die Stadt zur Erteilung der begehrten Baugenehmigung verpflichtet. Die Stadt kommt der Pflicht gleichwohl nicht nach. A beantragt beim Gericht die Festsetzung eines Zwangsgelds.

42 Für **sonstige Pflichten** von Verwaltungsträgern ist keine Sonderregelung getroffen, deshalb gelten über § 167 Abs. 1 VwGO grundsätzlich §§ 883–898 ZPO. Das betrifft Fälle, in denen einer nicht auf Zahlung gerichteten allgemeinen Leistungsklage stattgegeben wurde – etwa die Unterlassungsklage oder die Normerlassklage.

- Nach zivilprozessualen Regeln kann jede Zuwiderhandlung gegen eine *Unterlassungspflicht* mit einem Ordnungsgeld bis 250.000 € belegt werden (§ 890 ZPO).
- Für *nicht vertretbare Handlungen* wie den Erlass einer bestimmten Rechtsverordnung oder Satzung kommt zivilprozessrechtlich ein Zwangsgeld bis 25.000 € – auch hier: an das Land, den Vollstreckungsgläubiger oder eine gemeinnützige Einrichtung – oder eine Zwangshaft bis sechs Monaten in Frage (§§ 888, 802j ZPO).[25] Diese „Beugehaft", die dann die Organwalter des Leitungsorgans des Verwaltungsträgers treffen müsste, halten die meisten allerdings nicht für auf das Verwaltungsprozessrecht übertragbar.

---

[25] Lit.: *Brockmann/Lücke*, DÖV 2021, 392; *Will*, NJW 2020, 963; *ders.*, VerwArch 110 (2019), S. 280.

III. Gerichtliches Vollstreckungsverfahren

Beispiel: Ein Umweltschutzverein hat ein Urteil gegen das Land erwirkt, wonach dieses zur Schadstoffminderung eine Rechtsverordnung über ein räumlich begrenztes Fahrverbot erlassen muss. Die zuständige Landesregierung befolgt das Urteil auch nach Festsetzung eines Zwangsgelds nicht. Der Verein beantragt beim Gericht, gegen den Ministerpräsidenten die Zwangshaft anzuordnen.

Selbstkontrollaufgaben zu Teil V

1. Erklären Sie die folgenden Begriffe für jemanden, der sich mit der Materie noch nicht beschäftigt hat (gern schriftlich oder gegenüber einem Lernpartner).
   a) Amtsermittlung
   b) Beiladung
   c) Erledigung
   d) Klage
   e) Planfeststellungsbeschluss
   f) Prozessvergleich
   g) Verwaltungsstreitverfahren
   h) Verwaltungsverfahren
2. Überlegen Sie, inwieweit die folgenden Sätze zutreffen und nicht zutreffen, und stellen Sie sie richtig (am besten in eigenen ganzen Sätzen).
   a) „Das Verwaltungsgericht ermittelt den Sachverhalt nicht selbst, sondern muss immer die Behördenakten zugrunde legen."
   b) „Die Hinzuziehung zu einem Verwaltungsverfahren kann man nicht anfechten."
   c) „Anders als bei Richtern ist es bei Beamten nicht schädlich, wenn sie über Anträge ihrer Schwägerinnen selbst entscheiden."

Lösungshinweise

Lösungshinweise zu den Selbstkontrollaufgaben

Die folgenden Hinweise sollen in knappen Worten eine Möglichkeit bieten zu erkennen, ob Sie mit Ihrer eigenen Antwort auf dem richtigen Weg sind. Für die Fragen nach Begriffserklärungen suchen Sie die entsprechenden Definitionen und Erläuterungen bitte einfach im Haupttext auf.

Teil I

Frage 1
a) und b) Eingriffsverwaltung und Leistungsverwaltung, siehe § 1 Rn. 4 ff.
c) Verwaltungsrechtsweg, siehe § 3 Rn. 4 ff.
d) Zulässigkeitsvoraussetzungen, siehe § 3 Rn. 21 ff.

Frage 2
a) „Verwaltung" umfasst staatliche Tätigkeiten verschiedener Art, von denen nur manche Rechte der Bürger beeinträchtigen – dies ist vor allem bei der Eingriffsverwaltung der Fall, seltener dagegen bei der Leistungsverwaltung.
b) „Öffentliches Recht" definiert man zwar in der Tat meist als das Sonderrecht der Hoheitsträger. Dagegen spricht das Privatrecht nicht speziell Private an, sondern steht allen Rechtssubjekten zur Verfügung; es ist insofern nicht Sonderrecht einer gewissen Gruppe von Rechtsträgern, sondern eher „allgemeines Recht".
c) Das Allgemeine Verwaltungsrecht und Verwaltungsprozessrecht ist nicht in Bund und Ländern identisch. Zwar gelten manche Gesetze einheitlich auf beiden Ebenen (vor allem die Verwaltungsgerichtsordnung) und sind die meisten Fragen auf beiden Ebenen in gleicher Weise geregelt (auch vor dem Hintergrund des Grundgesetzes). Dennoch haben Bund und Länder je eigene Gesetze insbesondere über Verfahren, Zustellungen, Vollstreckungen und Organisation.

d) Ein einheitlich geltendes Verwaltungsverfahrensgesetz gibt es nicht. Vielmehr hat der Bund eines erlassen, die meisten Länder haben wortgleiche Gesetze erlassen, manche Länder haben dynamisch auf das Bundesgesetz verwiesen. Nur wenn ein Land keine Regelung trifft, gilt auch für die Landesverwaltung beim Vollzug der Bundesgesetze das VwVfG des Bundes (§ 1 Abs. 3 VwVfG Bund).

e) Vom Privatrecht als allgemeinem Recht kann auch der Staat Gebrauch machen, mithin kann er auch privatrechtliche Arbeitsverhältnisse eingehen. Streitigkeiten daraus sind dann aber nicht öffentlich-rechtlich, sondern privatrechtlich; zuständig sind nicht die Verwaltungsgerichte, sondern die Arbeitsgerichte als besondere Zivilgerichte.

f) Abdrängende Sonderzuweisungen führen dazu, dass gegen manche Verwaltungsakte nicht die Verwaltungsgerichte Rechtsschutz geben, sondern z. B. die Finanz- und Sozialgerichte sowie die ordentlichen Gerichte.

g) Die ordentlichen Gerichte geben Rechtsschutz bei privatrechtlichen Geldforderungen gegen den Staat. Öffentlich-rechtliche Geldforderungen begründen öffentlich-rechtliche Streitigkeiten, die grundsätzlich vor die Verwaltungsgerichte gehören (§ 40 Abs. 1 VwGO). Die Gegenausnahme betrifft Amtshaftung und Entschädigung (§ 40 Abs. 2 S. 1 VwGO).

Frage 3
Für die Bundesebene gelten folgende Zuordnungen:

- Bundesverwaltungsverfahrensgesetz → „Verwaltungsverfahrensgesetz"
- Bundesverwaltungsvollstreckungsgesetz → „Verwaltungs-Vollstreckungsgesetz"
- Bundesverwaltungszustellungsgesetz → „Verwaltungszustellungsgesetz"
- Bundesverwaltungsprozessgesetz → „Verwaltungsgerichtsordnung"
- Bundesverwaltungsdatenschutzgesetz → „Bundesdatenschutzgesetz"
- Bundesverwaltungsfinanzgesetz → „Bundeshaushaltsordnung"
- Bundesverwaltungsorganisationsgesetz → gibt es nicht

Für die Landesebene gibt es 16 durchaus verschiedene Lösungen. Häufig tragen die entsprechenden Gesetze tatsächlich den Ausdruck „Landes-" zu Beginn ihrer Bezeichnung, etwa „Landesverwaltungsverfahrensgesetz". Ein vollständiges Landesverwaltungsprozessgesetz gibt es neben der VwGO nicht, dafür immerhin Ausführungsgesetze zur VwGO (teilweise im Rahmen breiter angelegter Justizgesetze).

Frage 4
Der Fall gehört nicht vor das Verwaltungsgericht, weil …

a) die Streitigkeit nicht die öffentlich-rechtliche Forderung der Gemeinde, sondern nur die Darlehensforderung im Innenverhältnis von A und B betrifft, die sich nach Privatrecht richtet.

b) die Streitigkeit nicht die öffentlich-rechtliche Baugenehmigung als solche betrifft, sondern nur die kaufvertragliche Schadensersatzforderung zwischen A und B, die sich nach Privatrecht richtet.
c) die Streitigkeit aus dem Rechtsverhältnis des gesetzlich Krankenversicherten zur gesetzlichen Krankenkasse zwar öffentlich-rechtlich ist, aber kraft abdrängender Sonderzuweisung vor die Sozialgerichte gehört (vgl. § 51 SGG).
d) die Streitigkeit zwar eine sonderrechtliche Befugnis der Polizei betrifft und damit öffentlich-rechtlich ist, aber kraft abdrängender Sonderzuweisung vor die Strafgerichte gehört (vgl. § 98 StPO).

Frage 5
Das öffentliche Recht ist das Sonderrecht der Hoheitsträger. Das Strafrecht sieht die Verfolgung und Ahndung gewisser privater Verhaltensweisen durch Strafverfolgungsbehörden und Gerichte vor, die zu den staatlichen Hoheitsträgern gehören; indem es diesen spezielle Pflichten und Befugnisse gibt, statuiert es Sonderrecht und erweist sich als öffentliches Recht. Zur Verwaltung gehören die Strafgerichte aber nicht, weil die Tätigkeit der letzteren der Rechtsprechung zugeordnet ist; ihr öffentliches Recht ist daher kein Verwaltungsrecht. Das Recht der Strafverfolgung durch Staatsanwaltschaft und Polizei ist mit den Strafgerichten so eng verbunden, das man es ebenfalls aus dem Begriff „Verwaltungsrecht" herausnimmt, obwohl es sich hier um Stellen der Exekutive handelt.

Teil II

Frage 1
a) Bedienstete, siehe § 5 Rn. 24 ff.
b) Behörde, siehe § 7 Rn. 1 ff.
c) Beteiligungsfähigkeit, siehe § 4 Rn. 11 f.
d) Körperschaft, siehe § 6 Rn. 29 ff.
e) monokratisch, siehe § 7 Rn. 25
f) Privatisierung, siehe § 5 Rn. 37 ff.
g) Prozessfähigkeit, siehe § 4 Rn. 13 f.
h) Verwaltungsträger, siehe § 6 Rn. 1 ff.

Frage 2
a) Die (staatlichen) Universitäten und die Städte sind beides Körperschaften des öffentlichen Rechts mit Selbstverwaltung. Nur die Städte zählen aber zu den Gebietskörperschaften.
b) Das Regierungspräsidium ist als Behörde selbst nicht (zivil)rechtsfähig und kann deshalb nicht Eigentümer eines Grundstücks sein. Höchstens kann dieses dem Land als Verwaltungsträger des Regierungspräsidiums gehören.

c) Regierungspräsidien sind Behörden, keine Verwaltungsträger, und deshalb auch keine Gebietskörperschaften. (In Bayern korrespondieren ihnen die „Bezirke" als Gebietskörperschaften, diese sind mit den „Regierungen" aber nicht identisch.)

d) Die Gemeinde ist ein Verwaltungsträger, keine Behörde, und deshalb auch keine monokratische. „Der Bürgermeister" kann eine natürliche Person bezeichnen, aber auch eine (monokratische) Behörde der Gemeinde.

e) Verwaltungsrechtliche Klagen können gegen alle nach § 61 VwGO oder fachrechtlichen Spezialvorschriften beteiligungsfähigen Rechtsträger gerichtet werden. Die juristischen Personen sind nur eine Gruppe davon (§ 61 Nr. 1 Var. 2 VwGO). Das landesrechtliche Behördenprinzip beschreibt eine wichtige Ausnahme (§ 61 Nr. 3 VwGO).

f) Die sogenannte funktionale Zuständigkeit innerhalb des Gerichts ist keine Zulässigkeitsvoraussetzung; das Gericht muss nur sachlich (einschließlich instanziell) und örtlich zuständig sein. Die richtige Kammer wird nach Eingang beim Gericht anhand dessen Geschäftsverteilungsplans bestimmt.

Frage 3
Typisch wären etwa Schulen (Verwaltungsträger: Land), Gemeindeverwaltungen („Der Bürgermeister", Verwaltungsträger: Gemeinde) und Hochschulverwaltung („Rektorat", Verwaltungsträger: Universität). Hinzukommen könnten z. B. Industrie- und Handelskammer, Handwerkskammer o. a., wenn Sie bereits eine Berufsausbildung durchlaufen haben, oder die Behörden der Wehrverwaltung (Verwaltungsträger: Bund), wenn Sie Wehrdienst geleistet haben sollten.

Frage 4
a) Als Verwaltungsträger ist V (zivil)rechtsfähig und kann deshalb auch von den Handlungsmöglichkeiten des Gesellschaftsrechts Gebrauch machen, insbesondere also Tochtergesellschaften aller Rechtsformen des privaten Rechts gründen. GmbH und Aktiengesellschaft kommen für das Rechenzentrum in Frage. Für öffentlich-rechtliche Rechtsformen – also die Schaffung eines neuen Verwaltungsträgers bedürfte es dagegen einer sonderrechtlichen Kompetenz, die nur anhand des Fachrechts ermittelt werden könnte.

b) Als Gemeinde hat V nach den Gemeindeordnungen der Länder meist auch die öffentlich-rechtliche Kompetenz zur Errichtung rechtsfähiger Anstalten. Steht eine gemeinsame Errichtung mit anderen Gemeinden o. ä. im Raum, kommt daneben möglicherweise noch die öffentlich-rechtliche Kompetenz zur Errichtung von Zweckverbänden als rechtsfähigen Körperschaften in Betracht.

c) Als Land hat V die Gesetzgebungskompetenz und kann durch Gesetz grundsätzlich Rechtsträger beliebiger Art schaffen (in den Grenzen des Bundes- und Unionsrechts und der Landesverfassung). V könnte das Rechenzentrum etwa zu einer Anstalt oder Stiftung des öffentlichen Rechts verselbstständigen.

Teil III

Frage 1
a) allgemeine Feststellungsklage, siehe § 9 Rn. 56 ff.
b) allgemeine Leistungsklage, siehe § 13 Rn. 37 f.
c) Amtshaftungsanspruch, siehe § 13 Rn. 83
d) Anfechtungsklage, siehe § 13 Rn. 42 ff.
e) Befugnis, siehe § 11 Rn. 10 f.
f) Beleihung, siehe § 10 Rn. 20 ff.
g) Folgenbeseitigungsanspruch, siehe § 13 Rn. 61, 74
h) Gemeingebrauch, siehe § 15 Rn. 16
i) Genehmigung, siehe § 11 Rn. 5 ff.
j) öffentliche Sache, siehe § 15 Rn. 1
k) Verpflichtungsklage, siehe § 13 Rn. 39 ff.
l) Verwaltungsvollstreckung, siehe § 12 Rn. 45 ff.

Frage 2
a) Bei der „Genehmigung für diese Fabrik" dürfte es sich um eine verwaltungsrechtliche Erlaubnis handeln. Eine rechtsgeschäftliche Übertragung einer Erlaubnis auf ein anderes Privatrechtssubjekt kommt zwar prinzipiell in Frage, aber wird nur für sogenannte „Sachkonzessionen" für möglich gehalten. Die Übertragung ist danach ausgeschlossen, wenn die Erteilung der Genehmigung gesetzlich zumindest auch von Eigenschaften gerade des Genehmigungsinhabers abhing („Personalkonzession").
b) Die Verpflichtungsklage dient nur der Geltendmachung solcher verwaltungsrechtlicher Ansprüche, die auf den Erlass eines Verwaltungsakts gerichtet sind. Für Ansprüche auf Aufhebung eines Verwaltungsakts ist die Anfechtungsklage gegeben, für andere Ansprüche gibt es die allgemeine Leistungsklage.
c) „Durchsetzung mit Gewalt" ist verwaltungsrechtlich „unmittelbarer Zwang" und gehört zu den Zwangsmitteln des Verwaltungsvollstreckungsrechts. Solche darf die Verwaltung aber grundsätzlich nur zur Durchsetzung „titulierter" Pflichten anwenden. Zur Titulierung braucht es einen Verwaltungsakt (oder ausnahmsweise einen Vertrag), eine Verordnung genügt nicht. Durch Verordnung begründete Pflichten müssen vor ihrer gewaltsamen Durchsetzung deshalb zunächst durch Verwaltungsakt „konkretisiert" werden.

Frage 3
Typisch wären Status als „Schülerin" und „Studentin" sowie „Mitglied" und „Versicherte" einer Krankenkasse. Vielleicht auch „Beisitzerin des Wahlvorstands" (vulgo „Wahlhelferin"), „Angehörige der Gemeindefeuerwehr" oder „Freiwillig Wehrdienstleistende".

Frage 4
Für den Erwerb ist zu rechnen mit einer einseitigen individuellen Erteilung durch die Hochschulverwaltung (Verwaltungsakt); da es sich um einen massenhaften Vorgang handelt, sind hier Verträge oder gar Einzelfallgesetze nicht zu erwarten. Ein Erwerb durch Gesamtrechtsnachfolge, etwa Erbschaft, dürfte angesichts des starken Personenbezugs ausgeschlossen sein. Eher schon könnte man sich eine gesetzliche Möglichkeit rechtsgeschäftlicher Übertragung vorstellen, etwa als „Studienplatztausch".

Für den Verlust kommt eine einseitige individuelle Exmatrikulation in Frage (Verwaltungsakt), aber auch ein gesetzlicher Verlust z. B. bei Nichtrückmeldung oder ein privater Verzicht auf den Status. Ein Verlust des Studentenstatus bei der konkreten Hochschule H kommt auch bei organisatorischen Veränderungen in Frage, wenn z. B. H durch Gesetz auf die Hochschule I verschmolzen wird; dann wird das Gesetz vermutlich auch alle Träger des Status „Student von H" in den neuen Status „Student von I" überführen.

Frage 5
Ob B die Erlaubnis von A übernehmen kann, sei es von Todes wegen oder durch rechtsgeschäftliche Übertragung, ist eine Frage der Rechtsnachfolge. Diese ist prinzipiell auch im Verwaltungsrecht möglich, aber hier nicht die Regel, da verwaltungsrechtliche Rechtspositionen meist als höchstpersönlich anzusehen sind. Das gilt insbesondere für Erlaubnisse, wenn sie gerade einer bestimmten Person erteilt werden (Personalkonzessionen). Darunter fallen typischerweise auch gewerberechtliche Erlaubnisse, weshalb die Übernahme durch B hier wenig aussichtsreich ist. Konkret hängt es allerdings vom jeweiligen Fachrecht ab.

Frage 6
B kann den Streit zunächst selbst zum Verwaltungsgericht bringen, indem sie allgemeine Feststellungsklage gegen S erhebt mit dem Antrag festzustellen, dass B eine entsprechende Erlaubnis habe. Die Klage wäre genau dann begründet, wenn dies zutrifft.

Alternativ könnte B ein rechtsförmiges Tätigwerden der Oberbürgermeisterin abwarten. Das wäre ein Verwaltungsakt (Unterlassungsverfügung oder Feststellung des Nichtbestehens der Erlaubnis), wogegen B dann Anfechtungsklage erheben müsste. Im Rahmen dieser Klage käme es mittelbar auf das Bestehen der Erlaubnis an, weil die Rechtmäßigkeit des Verwaltungsakts davon abhinge.

Denkbar ist im Prinzip auch eine allgemeine Feststellungsklage der S gegen B mit dem Antrag festzustellen, dass die Erlaubnis nicht bestehe. Dafür dürfte S angesichts der Möglichkeiten zum Handeln durch Verwaltungsakt aber kein Rechtsschutzbedürfnis haben, sodass eine solche Klage unzulässig wäre.

Frage 7
a) Schuldner aller etwaigen Ansprüche, die die Behörde „Gesundheitsministerium" begründet, wäre als deren Rechtsträger das Land L. Der Erlass schei-

det als Anspruchsgrundlage aus, weil er als bloße Verwaltungsvorschrift keine rechtliche Außenwirkung entfaltet und dementsprechend keinen Anspruch der G begründen kann. In Frage kommt daher nur eine Anspruch aus Art. 3 Abs. 1 GG. Diese Grundrechtsnorm gebietet Gleichbehandlung mit allen Fällen, zu denen keine hinreichenden Unterschiede, also sachliche Gründe zur Differenzierung, bestehen. Eine Ungleichbehandlung besteht hier darin, dass „professionelle Pflegekräfte" die Begünstigung erhalten, aber FSJler nicht. Einen sachlichen Grund könnte man hier in der vermutlich heftigeren Konfrontation der Professionellen mit den Belastungen der Pandemie finden. Angesichts des weiten Spielraums der Staatsgewalt bei Art. 3 Abs. 1 GG erscheint eine solche Einschätzung kaum als willkürlich, eine andere Auffassung wäre aber gut vertretbar.

b) Die Formulierung „gegen den Bescheid" deutet zwar auf Anfechtungsklage hin, diese entspricht aber nicht dem Interesse der G, weil sie mit der bloßen Aufhebung des Ablehnungsbescheids den begehrten Bonus noch nicht erhält. Deshalb ist eine Leistungsklage nötig, und zwar je nachdem, ob die Leistung in einem Verwaltungsakt besteht oder nicht, eine Verpflichtungs- oder allgemeine Leistungsklage. Da der Erlass vor der Auszahlung eine förmliche Bewilligung vorsieht, die Verwaltungsakt wäre (vgl. § 35 VwVfG*), ist hier die Verpflichtungsklage statthaft.

Frage 8
Zweckmäßigerweise sind aufzunehmen

- das eigentliche Genehmigungserfordernis (allgemeine bedingte Unterlassungspflicht),
- typischerweise eine behördliche Pflicht zur und einen privaten Anspruch auf Erteilung von Genehmigungen, geknüpft an gewisse Genehmigungsvoraussetzungen,
- gegebenenfalls Kompetenzen zur Übertragung der Genehmigung oder zum Verzicht darauf,
- gegebenenfalls Ermöglichung oder Ausschluss der Gesamtrechtsnachfolge.

Teil IV

Frage 1
a) Ermessen, siehe § 17 Rn. 67 ff.
b) Nebenbestimmung, siehe § 20 Rn. 74
c) Rechtsgrundlage, siehe § 17 Rn. 45
d) Rücknahme, siehe § 20 Rn. 16, 24
e) Verwaltungsakt, siehe § 19 Rn. 31 ff.
f) Vollziehbarkeit, siehe § 19 Rn. 81 ff.
g) Widerruf, siehe § 20 Rn. 16, 36

Frage 2
a) Allgemeinverfügung, siehe § 19 Rn. 49
b) belastender Verwaltungsakt, siehe § 20 Rn. 3
c) bestandskräftiger Verwaltungsakt, siehe § 19 Rn. 5, 17
d) feststellender Verwaltungsakt, siehe § 19 Rn. 20
e) fingierter Verwaltungsakt, siehe § 19 Rn. 34 ff
f) nichtiger Verwaltungsakt, siehe § 19 Rn. 69 ff.
g) Nichtverwaltungsakt, siehe § 19 Rn. 28
h) privatrechtsgestaltender Verwaltungsakt, siehe § 19 Rn. 12 ff.
i) rechtswidriger Verwaltungsakt, siehe § 19 Rn. 89 ff.
j) schriftlicher Verwaltungsakt, siehe § 19 Rn. 110 ff.
k) unvollziehbarer Verwaltungsakt, siehe § 19 Rn. 81 ff.
l) Verwaltungsakt mit Nebenbestimmungen, siehe § 20 Rn. 70 ff.
m) Verwaltungsakt über Geldleistungen, siehe § 20 Rn. 30, 43

Frage 3
a) Der Widerspruch ist grundsätzlich erforderlich, will man später Anfechtungsklage gegen den Verwaltungsakt erheben. Es gibt aber zahlreiche gesetzliche Ausnahmen. Auch beträgt die Frist einen Monat nach Bekanntgabe, was nicht dasselbe ist wie vier Wochen nach Erlass.
b) Die Anfechtungsklage ist grundsätzlich gegen den Verwaltungsträger der Behörde zu richten, die den Verwaltungsakt erlassen hat. Nur in manchen Ländern sowie gewissen Sonderfällen gilt das Behördenprinzip.

Frage 4
Zu nennen sind an gerichtlichen Rechtsbehelfen

- die Anfechtungsklage, die zur Aufhebung des Verwaltungsakts (Beseitigung der Wirksamkeit) führen soll;
- der Antrag auf Anordnung oder Wiederherstellung der aufschiebenden Wirkung eines Rechtsbehelfs gegen den Verwaltungsakt nach § 80 Abs. 5 VwGO, der zur Beseitigung seiner Vollziehbarkeit führen soll;
- die Verpflichtungsklage, die zur Erzwingung des Erlasses des Verwaltungsakts dient;
- der Antrag auf Erlass einer einstweiligen Anordnung nach § 123 Abs. 1 VwGO, der zur vorläufigen Gewährung der Wirkungen eines Verwaltungsakts führen soll;
- die Fortsetzungsfeststellungsklage zur Feststellung der Rechtswidrigkeit des Erlasses oder der Versagung des Verwaltungsakts, nachdem sich das ursprüngliche Begehren erledigt hat;
- die Nichtigkeitsfeststellungsklage zur Feststellung der Nichtigkeit eines erlassenen Verwaltungsakts.

An verwaltungsinternen Rechtsbehelfen kommen der Anfechtungswiderspruch (zur behördlichen Aufhebung des Verwaltungsakts) und der Verpflichtungswiderspruch (zur behördlichen Erlassung des begehrten Verwaltungsakts) hinzu.

Frage 5
Typisch wären die Verleihung der allgemeinen Hochschulreife (Abiturzeugnis), vorher eine Reihe von Versetzungen in nächsthöhere Klassenstufen, dann die Immatrikulation in die Hochschule. Falls Sie z. B. Wehrdienst geleistet haben, käme etwa die Einberufung oder Ernennung hinzu. Falls Sie Konflikte mit dem Gesetz hatten, vielleicht ein Kostenbescheid für das Abschleppen Ihres Autos oder sogar ein Platzverweis bei einer aus dem Ruder gelaufenen Demonstration.

Selbst abgegeben haben Sie, wenn Sie studieren, sicherlich einen Antrag auf Immatrikulation; vielleicht haben Sie auch zu Schulzeiten bereits bestimmte Fächer gewählt o. ä. (verwaltungsrechtliche Willenserklärungen). Möglicherweise haben Sie eine Wohnung am Studienort angemeldet und vielleicht auch bereits eine Steuererklärung abgegeben (verwaltungsrechtliche Wissenserklärungen).

Frage 6
a) Eine Rechtsgrundlage dürfte sich zwar prinzipiell im Wehrpflichtgesetz finden (vgl. § 21 WPflG). Die Bürgermeisterin ist aber bereits *unzuständig*, weil der Landesebene die Verwaltungszuständigkeit und der Gemeinde damit die Verbandszuständigkeit fehlt. Auch das *Verfahren* (spontan, ohne Sachverhaltsermittlung) dürfte fehlerhaft sein, weil der Einberufung normalerweise eine Prüfung der Tauglichkeit („Musterung") voranzugehen hat (vgl. §§ 16–21 WPflG). Die *Form* (mündlich) dürfte fehlerhaft sein, weil für eine statusbegründende Maßnahme normalerweise mindestens die Schriftform vorgeschrieben ist (vgl. § 21 WPflG: „Bescheid", „zugestellt"). *Materiellrechtlich* kommt hinzu, dass die Wehrpflicht seit einigen Jahren „ausgesetzt" ist und nur im Verteidigungs- oder Spannungsfall auflebt, der nach dem Sachverhalt aber noch nicht eingetreten zu sein scheint (vgl. § 2 WPflG). Schließlich sind wehrpflichtig nur volljährige deutsche Männer, weshalb die Einberufung durch B zumindest gegenüber den minderjährigen, den weiblichen und den ausländischen Schülern auch aus adressatenbezogenen Gründen fehlerhaft ist (vgl. § 1 WPflG).
b) Angesichts der belastenden Wirkung und der eindeutigen Rechtswidrigkeit ist zu Rechtsbehelfen zu raten – auch wenn die Maßnahme als offensichtlich und schwerwiegend fehlerhaft nach § 44 Abs. 1 VwVfG* gar keine *rechtliche* Wirkung auslösen dürfte. Die Art des zu empfehlenden Rechtsbehelfs hängt von der Form des Rechtsakts ab: das ist hier als einseitige, außenwirksam einen öffentlich-rechtlichen Einzelfall regelnde behördliche Maßnahme ein Verwaltungsakt. Auch wenn man diesen für nichtig hält, sollten Widerspruch und Antrag nach § 80 Abs. 5 S. 1 VwGO vorsorglich erhoben werden. Daneben könnte sofort Nichtigkeitsfeststellungsklage nach § 43 Abs. 1 Var. 2 VwGO erhoben werden.

Frage 7
Gesucht ist eine Handlungsform, mit der eine Erlaubnis aufgehoben, d. h. eine einzelne Rechtsposition gestaltet werden kann. In Frage kommt praktisch nur ein Verwaltungsakt. Die Behörde muss dazu eine einseitige, außenwirksam einen

öffentlich-rechtlichen Einzelfall regelnde Maßnahme treffen und bekannt geben und dabei Fehler im Sinne des § 44 VwVfG* vermeiden. A kann Widerspruch, Anfechtungsklage und bei Bedarf einen Antrag nach § 80 Abs. 5 stellen. Prinzipiell wäre daneben zu denken an

- einen öffentlich-rechtlichen Vertrag. Die Behörde bräuchte dazu aber die Mitwirkung der A, die bei der gegebenen Interessenlage sicher nicht erfolgen wird, und müsste im Übrigen Nichtigkeitsgründe im Sinne des § 59 VwVfG* vermeiden. A bliebe die Möglichkeit einer allgemeinen Feststellungsklage.
- eine Rechtsverordnung (da diese nicht auf abstrakt-generelle Regelungen beschränkt ist). Die Behörde bräuchte dazu aber eine einschlägige Verordnungskompetenz, die jedenfalls nicht generalklauselmäßig erteilt ist (wie §§ 35, 43 bzw. 54 VwVfG*).

Frage 8
In Betracht kommen nur solche Handlungsformen, mittels deren eine öffentlich-rechtliche Befugnis überhaupt übertragen werden kann. Damit scheiden viele Handlungsformen aus:

- Mit einem Realakt werden unmittelbar überhaupt keine Rechtspositionen verändert.
- Mit einer Verwaltungsvorschrift werden keine Rechtspositionen des Außenverhältnisses verändert.
- Mit einem Privatrechtsgeschäft können keine verwaltungsrechtlichen Rechtspositionen verändert werden.
- Mit einer Zusicherung können nur Ansprüche auf Vornahme oder Unterlassung von Verwaltungsakten, aber keine Befugnisse begründet werden.

Eine Satzung ist als Handlungsform nur für Selbstverwaltungsträger wie z. B. Gemeinden gegeben. Für eine Maßnahme des Landes kommt auch die Satzung deshalb nicht in Betracht.

Frage 9
a) Das Schreiben erfüllt die Begriffsmerkmale des Verwaltungsakts: Es stammt von der unteren Baurechtsbehörde, also einer Behörde, und ist auf eine Feststellung gerichtet, die hier offenbar verbindlich sein soll und deshalb eine Regelung darstellt. Diese soll gegenüber A, also nach außen, gelten, betrifft inhaltlich nur A, also einen Einzelfall, und hat die Bebaubarkeit ihres Grundstücks, also eine öffentlich-rechtliche Eigenschaft, zum Gegenstand.
b) Die Anwendung von Zwangsmitteln setzt für ihre Rechtmäßigkeit primär voraus, dass ein wirksamer und vollziehbarer Vollstreckungstitel vorhanden ist, normalerweise ein Verwaltungsakt mit Titelwirkung. Das Schreiben an A ist zwar Verwaltungsakt, aber seine Regelung erschöpft sich in der Feststellung

(präjudizielle Wirkung) und bezieht sich nicht auf eine verwaltungsrechtliche Pflicht, die es vollstreckbar machen würde (keine Titelwirkung). Die Behörde darf A also nicht mit Zwangsmitteln vom Bauen abbringen (sondern müsste zunächst einen weiteren Verwaltungsakt erlassen).
c) Das Schreiben der Behörde an A entfaltet als feststellender Verwaltungsakt präjudizielle Wirkung. Solange es wirksam und vollziehbar ist, müssen beide Seiten den Feststellungsinhalt gegen sich gelten lassen. Das gilt insbesondere in einem Rechtsstreit zwischen A und dem Verwaltungsträger bzw. der Behörde, wo dann das Gericht die präjudizielle Wirkung zu beachten hat.
d) Die präjudizielle Wirkung kann A mit Widerspruch bzw. Anfechtungsklage zu verhindern suchen. Diese nehmen dem Schreiben nach § 80 Abs. 1 VwGO grundsätzlich bis auf Weiteres die Vollziehbarkeit und können im Erfolgsfall überdies zum Verlust der Wirksamkeit führen.
e) Der Kammervorstand ist ebenfalls Behörde, sodass auch in dieser Variante das Schreiben als Verwaltungsakt anzusehen wäre. Der Kammervorstand wäre aber unzuständig, und zwar offensichtlich und erheblich („Ressortverwechslung"), weshalb man den Verwaltungsakt hier als nichtig nach § 44 Abs. 1 VwVfG* ansehen dürfte. Die Folge ist, dass das Schreiben keine präjudizielle Wirkung entfalten würde. Die Einlegung eines Rechtsbehelfs wäre dazu nicht erforderlich (aber praktisch möglicherweise trotzdem ratsam).

Frage 10
Den Vertrag kann N zwar nicht anfechten; er ist ohne ihre Zustimmung aber nach § 58 Abs. 2 VwVfG* schwebend unwirksam, was sie bei Bedarf mit einer allgemeinen Feststellungsklage geltend machen könnte.
Dagegen würde ein Verwaltungsakt auch ohne Zustimmung der N wirksam. N wäre gezwungen, aktiv einen Rechtsbehelf einzulegen, um ihre Nachbarrechte zu wahren. Das stellt sie im Ergebnis eher schlechter.

Frage 11
a) Der Widerruf eines begünstigenden Verwaltungsakts, wie hier der Subventionsbewilligung, bedarf als belastende Maßnahme für seine Rechtmäßigkeit einer Rechtsgrundlage. In Frage kommt § 49 Abs. 2 S. 1 Nr. 2 und Abs. 3 S. 1 Nr. 2 VwVfG*. Zuständigkeit, Verfahren und Form stehen hier nicht im Zweifel. Voraussetzung beider genannten Rechtsgrundlagen ist die Nichterfüllung einer Auflage; das ist hier gegeben. Doch liegt der Widerruf im Ermessen der Behörde („kann"), das gemäß § 40 VwVfG* ausgeübt werden muss. Indem das Ministerium sich für verpflichtet gehalten hat zu widerrufen, hat es Ermessenserwägungen nicht angestellt und damit ermessensfehlerhaft gehandelt (Ermessensausfall). Der Widerruf ist deswegen rechtswidrig.
b) Da der Widerruf selbst Verwaltungsakt ist, sind prinzipiell Widerspruch und Anfechtungsklage gegeben. Der Widerspruch scheidet hier aus, weil eine oberste Landesbehörde gehandelt hat (§ 68 Abs. 1 S. 2 Var. 2 Nr. 1 VwGO), daher ist nur

die Anfechtungsklage statthaft. Diese ist grundsätzlich gegen das Land als Rechtsträger des Landesministeriums, bei landesrechtlichem Behördenprinzip gegen dieses selbst zu richten (§ 78 Abs. 1 VwGO) und beim örtlich zuständigen Verwaltungsgericht zu erheben (§§ 45, 52 Nr. 3 VwGO).

Frage 12

a) D hat am 3. Januar eine Baugenehmigung, wenn diese ihr bis dahin wirksam erteilt wurde. Die hier gewollte einseitige Erteilung ist ein Verwaltungsakt und wird deshalb nach § 43 Abs. 1 VwVfG* mit der Bekanntgabe wirksam. Der hier schriftliche Verwaltungsakt muss dazu auf behördliche Veranlassung in den Machtbereich der D gelangen. Die informelle Mitteilung am 2. Januar genügt also nicht; frühestens mit dem Einwurf in den Briefkasten am 4. Januar kommt Bekanntgabe in Frage, rechtlich wird sie nach § 41 Abs. 2 S. 1 VwVfG* am 5. Januar als drittem Tag nach Aufgabe zur Post vermutet. Damit aber hat D am 3. Januar noch keine Baugenehmigung.

b) Bis zum 9. Januar ist der Bescheid jedenfalls bekannt gegeben und damit wirksam. Ob D damit auch bereits eine Pflicht zur Gehwegerneuerung hat, hängt vom Regelungswillen der Behörde ab („innere Wirksamkeit"). Hier wird die Auslegung normalerweise ergeben, dass eine genehmigungsergänzende Auflage dieser Art erst ab dem Gebrauchmachen von der Genehmigung – hier ab 10. Januar – verpflichtet.

c) Die Auflage begründet und tituliert eine verwaltungsrechtliche Pflicht, die die Behörde prinzipiell mit Zwangsmitteln durchsetzen dürfte (hier: Zwangsgeld oder Ersatzvornahme). Daneben kommt aber auch der Widerruf der Baugenehmigung nach § 49 Abs. 2 S. 1 Nr. 2 VwVfG* in Frage, der D noch empfindlicher treffen dürfte. Zwangsmittel und Widerruf setzen alle einen wirksamen und vollziehbaren Verwaltungsakt voraus. Mit einem Widerspruch würde D dem Bescheid nach § 80 Abs. 1 VwGO die Vollziehbarkeit nehmen; um die Baugenehmigung selbst nutzen zu können, empfiehlt sich ein Teilwiderspruch allein gegen die Auflage. Dafür gilt grundsätzlich die Monatsfrist nach § 70 Abs. 1 S. 1 VwGO, die am Tag der Bekanntgabe – 5. Januar gemäß § 41 Abs. 2 S. 1 VwVfG* – beginnt und damit bis zum 5. Februar läuft.

Frage 13

a) E hat am 19. April die Taxenkonzession, wenn diese ihr bis dahin wirksam erteilt wurde; dafür braucht es normalerweise einen Verwaltungsakt. Ein entsprechender Bescheid ist nicht ergangen. Ein Verwaltungsakt wird aber nach § 15 Abs. 1 S. 5 PBefG, § 42a VwVfG* fingiert, wenn ein hinreichend bestimmter und vollständiger Antrag gestellt und innerhalb der gesetzlichen Frist – nach § 15 Abs. 1 S. 2 PBefG – nicht entschieden wurde. Der Antrag der E enthielt alle erforderlichen Angaben und Unterlagen, und die Dreimonatsfrist ist am 5. April 2024 abgelaufen. Damit hat E am 19. April jetzt kraft Fiktion die Taxenkonzession.

b) E kann gegen die Wirksamkeit und die Vollziehbarkeit der Untersagungsverfügung vorgehen. Ein Widerspruch oder – wenn landesrechtlich der Widerspruch ausgeschlossen ist – eine Anfechtungsklage, die zur Beseitigung der Wirksamkeit der Verfügung führen soll, entfaltet hier wegen der Vollziehungsanordnung keine aufschiebende Wirkung (§ 80 Abs. 1, Abs. 2 S. 1 Nr. 4 VwGO). Um von der Taxenkonzession auch zwischenzeitlich Gebrauch machen zu können, müsste E deshalb zusätzlich einen Antrag auf Wiederherstellung der aufschiebenden Wirkung stellen und eine gerichtliche Entscheidung abwarten (§ 80 Abs. 5 S. 1 Var. 2 VwGO).

c) Die Behörde könnte eine Rücknahme des fingierten Erteilungsverwaltungsakts nach § 48 VwVfG* versuchen. Für eine rechtmäßige Rücknahme müsste dieser Verwaltungsakt rechtswidrig sein; das ist hier mangels Details nicht zu beurteilen. Die Rücknahme müsste aber außerdem innerhalb eines Jahres nach Kenntnis der Behörde von den die Rechtswidrigkeit begründenden Umständen erfolgen (§ 48 Abs. 4 VwVfG*). Die Behörde hat laut Sachverhalt den Erteilungsverwaltungsakt von Anfang an für rechtswidrig gehalten, also seit April 2024 und damit seit deutlich über einem Jahr; stellt man auf diesen Zeitpunkt ab, macht das eine Rücknahme jetzt rechtswidrig. Alternativ bezieht man die Kenntnis von der Wirksamkeit des Erteilungsverwaltungsakts mit ein, die erst mit dem Ende des Rechtsstreits feststand; dann könnte die Frist noch laufen.

Frage 14

a) Die einseitige Bewilligung stellt eine öffentlich-rechtliche Einzelfallregelung gegenüber einer Person außerhalb der Verwaltung, also einen Verwaltungsakt im Sinne von § 35 S. 1 VwVfG* dar. Die „Vorgabe" wäre dann durch eine Auflage im Sinne von § 36 Abs. 2 Nr. 4 VwVfG* umgesetzt. Wird die Auflage nicht innerhalb der gesetzten Jahresfrist erfüllt, darf die Bewilligung – da sie eine Geldleistung gewährt – gemäß § 49 Abs. 3 S. 1 Nr. 2 VwVfG* widerrufen werden. Das Ministerium hat gemäß § 49 Abs. 3 S. 2, § 48 Abs. 4 VwVfG* für seine Entscheidung ein Jahr Zeit, beginnend mit der Kenntnis von den rechtfertigenden Tatsachen.

b) Der Vertrag kann hier öffentlich-rechtlich oder privatrechtlich sein. In beiden Fällen gibt es keine ausdrückliche gesetzliche Regelung für eine Rückforderung einer vertraglich gewährten Subvention. Insbesondere die für den öffentlich-rechtlichen Vertrag gegebenen gesetzlichen Kündigungsrechte aus § 60 Abs. 1 S. 1 VwVfG* (Änderung der Geschäftsgrundlage) und § 60 Abs. 1 S. 2 VwVfG* (schwere Nachteile für das Gemeinwohl) liegen tatbestandlich fern. Sofern das Land und F keine vertragliche Regelung dazu getroffen haben, wäre an eine Kündigung nach § 314 BGB zu denken, der über § 62 S. 2 VwVfG* auch auf öffentlich-rechtliche Verträge anwendbar ist.

Teil V

Frage 1
a) Amtsermittlung, siehe § 29 Rn. 16, § 30 Rn. 17
b) Beiladung, siehe § 30 Rn. 10 f.
c) Erledigung, siehe § 30 Rn. 29
d) Klage, siehe § 30 Rn. 13 ff.
e) Planfeststellungsbeschluss, siehe § 29 Rn. 28 f.
f) Prozessvergleich, siehe § 30 Rn. 28
g) Verwaltungsstreitverfahren, siehe § 30 Rn. 1
h) Verwaltungsverfahren, siehe § 29 Rn. 2

Frage 2
a) Das Verwaltungsgericht ist zur Amtsermittlung verpflichtet und befugt. Es darf sich aber darauf beschränken, den Sachverhalt den Behördenakten zu entnehmen, soweit nicht der Vortrag der Beteiligten oder sonstige Gründe deren Inhalt in Frage stellen.
b) Die Hinzuziehung zum Verwaltungsverfahren ist ein verfahrensgestaltender Verwaltungsakt. Da sie gegen einen bis dahin Nichtbeteiligten ergeht, kann dieser nach § 44a S. 2 Var. 2 VwGO auch separat angefochten werden.
c) Befangenheitsvorschriften gelten auch im Verwaltungsverfahren, wo Beamte meist tätig werden. Nach § 20 Abs. 1 S. 1 Nr. 2, Abs. 5 S. 1 Nr. 6 VwVfG* dürfen Beamte (oder sonstige Bedienstete) für die Behörde nicht tätig werden, wenn Ehegatten der Geschwister oder Geschwister der Ehegatten – also Schwägerinnen und Schwager – am Verfahren beteiligt sind.

Sachregister

Die Zahlen verweisen auf Paragraphen/Randnummern. „PH" weist auf einen dort angebrachten Prüfungshinweis hin, „ZI" auf einen als Zusatzinformation gekennzeichneten Absatz.

A
Abänderungsbeschluss 21/8
Abgaben 12/7
Abgabenbescheide 12/61
Abgabenordnung (AO) 2/45ZI
Abgabensatzungen 23/10
Abhilfebescheide 20/21f.
Abschiebung 12/56
Abschleppunternehmer 5/34
Absprachen 27/35
Abstraktes Schuldversprechen 20/52
Abstrakt-generelle Regelungen
– begründen/beseitigen Rechtspositionen 9/20ff.
– durch Gesetz 24/3
– durch Rechtsverordnung/Satzung 23/1f., 8ff.
– nicht durch Verwaltungsakt 19/46, 50
Abstrakt-individuelle Regelungen 19/48
Abstufung 15/14
Abteilungen 7/33
Abwehransprüche 13/56ff., 19/157f.
– Geltendmachung 17/82ff., 19/139ff., 23/46ff., 27/17f.
Abweichungsverbot 9/36
actus contrarius 13/62ff., 17/16, 23/42
Adjudizierung 9/41ff., 11/27f., 13/22
Adressatentheorie 19/158, 248
Affenfleisch 12/10
AGB
– Abgrenzung zu Satzungen 23/17PH
– Kontrolle bei öffentlich-rechtlichen Verträgen 22/44

AGVwGO 2/36, 39
– Behördenprinzip 7/41f.
Aktenanforderung 30/18
Akteneinsicht 13/113
Akteure
– des Verwaltungsrechts 4/1, 28/8
– im behördlichen Verfahren 29/3ff.
– im gerichtlichen Verfahren 30/4ff.
– private 5/1ff.
Aktionenrecht 13/42ZI
Akzessorietät 9/45f., 10/13, 11/16
Alcan-Fall 20/30ZI, 32ZI
Alkoholverbot 19/83ZI
Alkoholwarnung 27/31
Allgemeine Feststellungsklage 9/56ff., Prüfungsschema 3
– als mittelbare Verordnungskontrolle 23/51
– vorbeugende 13/59ZI
– wegen Innenrechtsakts 25/20
Allgemeine Grundsätze des Verwaltungsrechts 2/45ZI
Allgemeine Leistungsklage 13/37f.
– als mittelbare Verordnungskontrolle 23/51
– auf Unterlassung 13/59
– auf Realakt 27/20
– aus Vertrag 22/54ff.
– aus Zusicherung 20/65
– wegen Innenrechtsakts 25/20
Allgemeiner Erstattungsanspruch 13/99ff.
Allgemeinverfügungen 19/49

- Reichweite der aufschiebenden Wirkung 19/83ZI
- Reichweite des aufhebenden Urteils 19/142ZI

Als-ob-Verwaltungsträger 6/37f.
Altersgrenze für Beamte 10/17
Ampeln 19/32, 39
Amtsbezeichnungen 5/27
Amtsermittlung 19/106, 29/16ff., 30/17ff.
Amtshaftung 13/81ff.
- als Einstandspflicht 12/24
- als Fortsetzungsfeststellungsinteresse 19/234
- Rechtsweg 3/32, 13/85
Amtshilfe 7/19, 29/19
Amtspflicht 13/83
Amtsverhältnisse 5/25ZI
Änderung von Verwaltungsakten 20/9
Änderungsvorbehalt 11/35ZI
Anerkenntnis 30/32
Anfechtung
- beim öffentlich-rechtlichen Vertrag 22/14
- von Willenserklärungen 18/13
Anfechtungsklage 13/42ff., 17/35, 19/139, 142ff., Prüfungsschema 10
- als mittelbare Verordnungskontrolle 23/50
- isolierte 19/153ff., 20/22
- Klagebefugnis 19/157ff.
- Klagefrist 19/179ff.
- richtiger Beklagter 19/183ff.
- Statthaftigkeit 19/144ff.
- Vorverfahren 19/162ff.
- zuständiges Gericht 19/186ff.
Anfechtungslast 14/4, 17/28, 19/5
Anfechtungswiderspruch 19/203ff., Prüfungsschema 11
Angestellte 5/24; *siehe auch* Bedienstete
Anhörung
- als Verfahrensschritt 29/21f.
- vor Realakt 27/33
- vor Rechtsverordnung/Satzung 23/27
- vor Verwaltungsakt 19/104, 119, 29/21f.
- vor Vollziehungsanordnung 19/225ZI
- vor Zusicherung 20/60
Anlagenzulassung 11/6
Anmeldung einer Wohnung 18/14, 17
Anordnungen, dienstliche *siehe* Weisungen
Anordnungsanspruch 9/66, 68
Anordnungsgrund 9/66f.
Ansprüche 9/3, 13/1ff.
- auf Aufhebung eines Verwaltungsakts 13/42ff.
- auf Aufwendungsersatz 13/102ff.
- auf Bescheidung 13/8, 23
- auf Besoldung *siehe* Besoldungsanspruch
- auf ermessensfehlerfreie Entscheidung 13/8
- auf Erstattung rechtsgrundloser Leistungen 13/96ff.
- auf Genehmigungserteilung 13/9, 17
- auf Gleichbehandlung 13/58ZI, 86ff.
- auf Informationserteilung 13/111ff.
- auf Normerlass 13/37, 23/63
- auf Rücknahme 13/69ff.
- auf Unterlassung und Beseitigung rechtswidriger Maßnahmen 13/7, 37, 56ff.
- auf Wiederaufgreifen 13/66
- auf Zahlung 13/37
- auf Zulassung zu öffentlichen Einrichtungen 15/23ff.
- auf Zusicherung 20/68f.
- aus Gesetz 13/11ff.
- aus Verwaltungsakt 13/26, 19/10
- aus Zusicherung 20/48ff.
- Bedeutung für den Rechtsweg 3/10ff.
- Erfüllung 13/30
- Erwerb 13/10ff.
- Geltendmachung 13/34ff.
- gesetzlich ausgeschlossen 13/15
- Grundlage 13/5, 11ff.
- Inhalt 13/6, Klageart 13/36ff., wichtige Fälle 13/54ff.
- Legaldefinition 13/1ZI
- Pflicht als Korrelat 13/1ff., 10
- Rechtnachfolge 13/28f.
- Rechtsweg 3/10, 12ff., 16, rechtswegfremder 12/36ZI
- Untergang 13/5
- Verjährung 13/31f.
- Verlust 13/30ff.
- Verzicht 13/33
- von Hoheitsträgern selbst durchzusetzen 12/42
- von Organen 7/18f., 44, 51
- Voraussetzungen 13/5, 20ff.
- zugleich Pflicht 12/21, Durchsetzung dieser Pflicht 12/40ff.
Anstalten 6/34ff.
- Gründung durch Gemeinde 23/12
Anstaltsgebrauch 15/10, 23ff.
Antrag
- als Anspruchsvoraussetzung 13/21
- als Genehmigungsvoraussetzung 19/127
- als private Handlungsmöglichkeit 18/7

Sachregister

- als Verfahrensvoraussetzung 29/14f.
- als Voraussetzung einer Genehmigungsfiktion 19/35
- auf Anordnung/Wiederherstellung der aufschiebenden Wirkung 19/210ff.
- auf einstweilige Anordnung 9/64ff., 19/267ff., Prüfungsschema 4
- auf Feststellung der aufschiebenden Wirkung 19/215
- auf mündliche Verhandlung 21/25
- auf Normenkontrolle/Unwirksamerklärung 23/52ff.
- auf Wiederaufgreifen 13/66, Prüfungsschema 5
- auf Zulassung der Berufung 21/25
- nach § 80 Abs. 5 VwGO 19/210ff.
- statt „Klage" 30/13

Antragsbefugnis *siehe auch* Klagebefugnis
- bei Antrag nach § 80 Abs. 5 VwGO 19/212, 219ZI
- bei einstweiliger Anordnung 9/68, 19/261
- bei Normenkontrolle 23/56

Anwaltsgerichte 3/28
Anwaltskosten 13/104
Anwendungsbefehl 16/3
Anwendungsdimension eines Tatbestands 9/32ff.
Anwendungsvorrang
- des einfachen Rechts 17/63PH
- des Unionsrechts 20/32ZI, 24/15

Apotheken 5/44, 10/24, 12/66, 19/85, 20/6ZI
Approbation 9/19, 11/6, 14/11
Arbeitnehmer 5/24, 26/7
Arbeitsgerichte 5/247ZI, 23/55ZI, 25/19, 26/7ZI
Arbeitsrecht 5/24
arcana imperii 13/111
Archivrecht 15/1ZI, 25, 27
Assessor, Führen der Bezeichnung 11/3, 17/42
asset deal 9/18ZI
Asylrecht 5/7, 8/13, 19/24, 104
Atomausstieg 22/48
Atommüll 24/4ZI
Aufenthaltstitel 11/6
Aufgabenprivatisierung 5/38f.
Aufgabenwahrnehmungspflicht 6/6ff., 7/4ff., 12/19
Aufgabenwahrnehmungsverbot 19/99
Aufhebung
- Anspruch auf ~ 13/42ff.
- partielle 20/5
- Pflicht zur ~ 20/18
- Rückwirkung der ~ 20/6, 37, 43
- von Aufhebungsakten 20/45

- von Gerichtsakten 21/18
- von Rechtsakten 17/16
- von Rechtsverordnungen/Satzungen 23/42
- von Steuerbescheiden 20/17ZI
- von Verträgen 22/7, 39
- von Verwaltungsakten 19/11, 78f., 20/2ff., 21/5

Auflagen 20/77ff.
- modifizierende 20/80
- Nichterfüllung als Widerrufsgrund 20/43, 79

Auflagenvorbehalt 11/35, 49, 19/10ZI, 20/81f.
Aufopferungsanspruch 13/94
Aufopferungsgleicher Eingriff 13/84
Aufrechung 12/36
Aufschiebende Wirkung 19/83ff.
- gerichtliche Anordnung/Wiederherstellung 21/6
- Rechtsbehelfe wegen ~ 19/210ff.

Aufsicht
- über Behörden 7/82ff.
- über Gerichte 8/18ff.
- über Privatrechtssubjekte 5/3
- über Verwaltungsträger 6/39ff.

Aufsichts- und Dienstleistungsdirektion 7/71, 86ZI
Aufwendungsersatz 13/102ff.
Augenscheinsobjekte 30/19
Ausfertigung 24/11
Auskunft
- Anspruch auf ~ 13/114
- im Verfahren 29/23
- verbindliche 19/20, 20/50ZI

Ausländerrecht 11/6, 12/4, 56; *siehe auch* Asylrecht
Auslegung
- gesetzeskonforme 19/7
- von Verwaltungsakten 19/7f.
- ob Gesetz bestimmte Rechtspositionen begründet 9/21, speziell Pflichten 12/20ff., Ansprüche 13/12ff.

Ausreisepflicht 12/4
Ausschluss von der Mitwirkung 19/105
Ausschüsse in Behörden 7/36, 29/5
- ehrenamtliche Mitglieder 5/30

Außengastronomie 15/18
Außenwirkung 19/51ff.
Außenwirtschaftsrecht 19/14, 20/6ZI
Aussetzung
- der Vollziehung 19/83ZI, 87
- des Verfahrens 11/31

Austauschverträge 22/50f.
- hinkende 22/17, 51

Auswahlermessen 17/70
Auswärtiger Dienst 7/62ZI
Ausweisung 20/92
Autobahnen 15/8, 16
Automatische Rechtsnachteile bei
  Pflichtverletzung 12/76ff.
Automatisches Erlöschen 9/13
Automatisierte Entscheidungen 17/57,
  19/107
Avatare 5/5

B
Baden-Württemberg 2/43, 7/64, 8/5ff.,
  19/177, 209PH, 261PH
BAFA 7/22
BAFin 6/5, 12, 19, 7/27
Bau- und Liegenschaftsbetrieb 6/38
Baulast 15/5
Baulastträger 15/8
Baurecht 2/11, 38, 3/35, 15/7, 12
Bayern 2/47, 6/25, 7/71, 8/5ff., 18, 19/162ZI,
  30/12
Beamte 5/25ff.; *siehe auch* Bedienstete
 – Anspruch auf Besoldung 10/18, 12/21,
   81, 22/20
 – auf Widerruf (Anwärter) 10/17
 – Auslagenersatz 13/103
 – Dienstpflichten 12/70ff., 25/6f.
 – Gesetze 2/15
 – Haftung 13/82
 – Hinterbliebenenversorgung 10/14ZI
 – politische 7/61ZI
 – Rechtsweg 3/5
 – Status als Rechtsposition 10/1, 4f., 11,
   14, 15ff., 11/16
Beanstandung 7/86, 19/125
Bebaubarkeit 10/30
Bebauungspläne 15/12, 17/29
Bedienstete 5/24ff.
 – Befugnisse 7/16, 38
 – Handeln für Behörde 7/31ff., 29/4
 – öffentlich-rechtliche *siehe* Beamte
 – privatrechtliche 5/24, 26/7
 – Weisungsbindung 25/6f.
Bedingung 9/13, 20/83ff., 87, 93ff.
Befangenheit 19/105
Befehle 25/14
Befriedungswirkung 19/230, 235
Befristung 9/13, 20/83ff., 87, 93ff.
Befugnisse 7/12ff., 11/10f.
 – als Erlaubnis gegenüber Vorbehalt des
   Gesetzes 17/44ff., 19/123ff.
 – aus Privat- und Strafrechtsgesetzen 11/19ZI

 – Begründung durch Auflagen-/Widerrufs-
   vorbehalt 11/35, 20/81f.
 – Erwerb 11/19ff., 17/45
 – für Realakte 27/10
 – für Verwaltungsakte 19/92ff.
 – Geltendmachung 11/51
 – Überlagerung/Verdrängung 11/46ff.
 – Verlust 11/45ff.
Begnadigung 3/1ZI, 8ZI
Begründetheit 17/83f.
 – der Anfechtungsklage 19/190ff.
 – der Fortsetzungsfeststellungsklage
   19/239
 – der Verpflichtungsklage 19/255ff.
 – des Anfechtungswiderspruchs 19/209
 – des Antrags nach § 80 Abs. 5 VwGO
   19/220ff.
 – des Normenkontrollantrags 23/57
Begründung
 – von Rechtsverordnungen/Satzungen
   23/29ZI
 – von Verwaltungsakten 19/113
Behörden 7/1ff.
 – Arten 7/46ff.
 – Aufsicht über ~ 7/82ff.
 – Bezeichnung im Verwaltungsakt 19/73,
   111
 – Entstehung und Untergang 7/20ff.
 – Hamburger Begriff für Ministerien 7/68
 – Handlungszurechnung 7/24ff.
 – kollegiale 7/27ff.
 – Legaldefinition 7/2, 10/20
 – monokratische 7/25f.
 – oberste, obere, mittlere und untere als
   Idealformen 7/53
 – ohne Verwaltungsträger 7/81
 – versächlichte 7/30
 – zuständige 7/4ff.
Behördengruppen 7/3
Behördenleitervorbehalt 7/14, 57ZI
Behördenprinzip 7/40ff., 8/16, Anfechtungs-
   klage 19/185, Verpflichtungsklage
   19/254
Beibringungspflicht 12/78, 30/18
Beigeladene 30/10f.
Beigeordnete 7/35
Beihilfenverbot 26/19
Beiträge 12/7, 31ZI
Beitragsbescheid 12/61
Beitreibung 12/6, 50, 52f.
Bekanntgabe 17/30
 – als Verfahrensschritt 29/24
 – öffentliche 19/115; *siehe auch*
   Verkündung

Sachregister

- von Verwaltungsakten als Rechtmäßigkeitsanforderung 19/66, 108ff.
- von Verwaltungsakten als Wirksamkeitsvoraussetzung 19/64ff.
- von Zusicherungen 20/56

Beklagtenbefugnis 6/24, 9/63, 19/183ff.
Beklagter 30/8
Belastungswirkung 17/42f.
Beleihung 10/20ff.
- als Spezialfall funktionaler Privatisierung 5/43f.
- durch Gesetz 10/24, 24/4
- durch Rechtsverordnung 10/25, 23/11
- durch Verwaltungsakt oder Vertrag 10/26
- Haftung 13/83ZI

Benutzungsgebühren 12/7, 31ZI
Benutzungssatzungen 23/10
Berechtigtes Interesse *siehe* Feststellungsinteresse, Fortsetzungsfeststellungsinteresse
Bereicherungsrecht 13/96
Bergrecht 2/14, 11/5
Berichterstatter 30/17
Berichtigung 20/12
Berichtigungsanspruch 13/76
Berlin 2/36, 7/79, 8/6f.
Berufsgerichte 3/28
Berufsjäger 10/26
Berufskammern 6/31
Berufung 21/25
Beschaffungsgeschäfte 26/5
Bescheidtenor 19/41
Bescheidungsanspruch 13/8, 23, 19/256
- bezüglich Rücknahme 13/71ff.
- nach Wiederaufgreifen 13/67f.

Bescheidungsklage 13/41, 19/245, 257f.
Bescheidungspflicht 12/8f.
- Bewehrung mit Genehmigungsfiktion 12/79

Beschlüsse 21/2, 30/27; *siehe auch* Gerichtsakte
Beschlusskammern 7/36
Beschwer 21/28
Beschwerde 21/25
Beseitigungspflicht, Titulierung als Rechtsschutzziel 17/88
Besoldungsanspruch 10/18, 12/21, 81
- Abtretung 13/27
- kein Vertrag über ~ 22/20

Besoldungsordnungen 5/27ZI
Besonderes Gewaltverhältnis 10/5ZI, 25/2ZI
Besonderes Verwaltungsrecht 2/10ff., 34
Bestandskraft

- formelle 19/17, 30
- keine Wirkungsbedingung 19/30
- materielle 19/17
- und Fortsetzungsfeststellungsklage 19/237f.

Bestechung als Vertrauenshindernis 20/30
Bestimmtheit 19/131
Beteiligte
- im Gerichtsverfahren 30/7ff.
- im Verwaltungsverfahren 10/28, 29/6ff.
- Mitwirkung 29/17
- Stellung als Status 10/28

Beteiligungsfähigkeit 4/11f., 5/9, 16, 20, 6/23
- beim Organstreit 7/44

Betraute Stellen 5/46
Betriebe gewerblicher Art 26/10ZI
Betriebsplanzulassung 11/5; *siehe auch* Genehmigung
Betteln 15/19
Beugehaft 30/42
Beurteilungsspielraum 9/27, 41ff., 11/27f., 13/22f., 17/68ZI
Bevollmächtigte
- im behördlichen Verfahren 29/9
- im Gerichtsverfahren 30/9

Beweiserhebung
- behördliche 29/18
- gerichtliche 30/19

Beweislast 30/20
Beweismittel 29/18
Beweisverwertungsverbote 17/57ZI
Beweiswürdigung 30/20
Bewilligung 11/5; *siehe auch* Genehmigung
Bewilligungsbescheide 26/26ff.
Bewirtschaftung knapper Ressourcen 12/13
Bezeichnung der Behörde 19/73, 111; *siehe auch* Funktionsbezeichnungen
Bezirksämter 7/79
Bezirksregierungen 7/71ff.
Bibliotheken 15/6
Bindungswirkung *siehe* präjudizielle Wirkung
Binnenorganisation einer Behörde 7/33, 37, 25/12
Blaulicht 10/27ZI, 19/32
Brandenburg 2/36, 7/42, 8/7
Bremen 6/19, 7/65, 68, 79, 8/7
Bund
- als Gebietskörperschaft und Verwaltungsträger 6/11, 30
- Behördenstruktur 7/55ff.
- Gerichtsstand bei Anfechtungsklage 19/187

Bundesamt für Justiz 27/42ZI
Bundesämter 7/60

Bundesanzeiger 23/31
Bundesarchiv 15/25
Bundesaufsicht 6/39
Bundesbahn 6/38, 14/6ZI, 26/7ZI
Bundesbank 6/39ZI
Bundesbeauftragter für den Datenschutz und die Informationsfreiheit 7/43, 59, 85, 19/55ZI, 185
Bundeseigenverwaltung 2/29ff.
Bundesfernstraßen 15/8, 16
Bundesfreiwilligendienst 5/24
Bundesgesetzblatt 23/31
Bundesgesetze, Ausführung durch Länder 2/33ff., 6/7; *siehe auch* Gesetze
Bundeskanzler 23/23ZI, 25/11ZI
Bundeskanzler-Willy-Brandt-Stiftung 24/4
Bundesministerien 7/57, 19/167, 177
– als Gesetzgebungsakteure 24/1
– als Verordnungsermächtigte 23/23
Bundesmittelbehörden 7/62
Bundesnetzagentur 7/36
Bundesoberbehörden 7/60f.
Bundespatentgericht 3/29
Bundespersonalausschuss 7/59
Bundespolizei 7/62
Bundespost 6/38, 10/24, 14/6ZI, 26/7ZI
Bundespräsident
– als Behörde 7/58
– als Verordnungsermächtigter 23/23ZI
Bundesrechnungshof 7/59
Bundesregierung
– als Kollegialbehörde 7/27
– als oberste Behörde 7/56
– als Verordnungsermächtigte 23/23
Bundestagspräsident 7/58
Bundesunterbehörden 7/62
Bundesverwaltungsgericht Vorb/39, 8/4
Bundeswehr 27/1
Bund-Länder-Streit 1/13
Bürgergeld *siehe* Hartz IV
Bürgerliches Gesetzbuch (BGB)
– Anwendung durch Verwaltungsträger 26/1ff.
– Anwendung im Verwaltungsrecht 2/48
– Rechtsweg für Ansprüche 3/15
Bürgermeister 5/25ZI, 7/25f.; *siehe auch* Oberbürgermeister
– in den Stadtstaaten, Erster ~, Regierender ~ 7/68
Bußgeld 12/64, 68f.

C
causa 13/30

change of control 9/18ZI
Chefsache 7/14
Chevron deference 9/43ZI
clausula rebus sic stantibus 20/57, 22/39

D
Daseinsvorsorge 26/9
Datenbanken 27/41ff.
Datenschutzrecht 2/15, 12/41, 69, 13/76, 114, 17/57, 19/55ZI, 106f., 27/37ff.
Datenverarbeitung 27/36ff.
Dauerverwaltungsakte 19/194
DDR Vorb/38ZI, 13/80
Delegation 11/39
De-Mail 18/11
Demokratieprinzip 2/40
– demokratische Legitimation 6/44, 7/85
Denkmalschutzrecht 15/11, 13
Desinformation 27/30ZI
Deutsche Bahn 5/13
DEÜV 18/16
Devolutiveffekt 21/24
Dezernate 7/33
Dienende Funktion des Verfahrens 27/5
Dienstaufsicht über Richter 8/8, 20
Dienstgebäude, Hausverbot 26/33f.
Dienstgerichte 3/28
Dienstherr 6/10
Dienstherrnfähigkeit 26/7ZI
Dienstleistungsrichtlinie 11/7ZI
Dienstliche Beurteilungen 9/43, 11/28
Dienstsiegel 15/10, 29
Dienststrafrecht 12/70
Dienstvergehen 5/27
Dienstverhältnis 9/7, 10/5
Digitalisierung
– der Akteneinsicht 13/113
– der Kommunikation 18/11f.
– der Verwaltung 1/9
– des Verfahrens 29/11f.
Digital-only 18/12
Dinglichkeit
– von Mitgliedschaften 6/32, 15/13
– von Rechtspositionen 9/46
– von Verwaltungsakten 19/49
Diskriminierung 17/64
Disziplinargerichte 3/28
Disziplinarmaßnahmen 12/64, 70f.
Disziplinarverfahren 5/26
dolo agit 20/39
Doppelfunktionale Maßnahmen 3/34
Doppelte Deckung 20/39
Doppelte Hypothesenbildung 19/222

Dreieckskonstellationen 13/18
- isolierte Widerspruchsanfechtung 19/155
- Eilrechtsschutz 19/88ZI, 214, 217ZI
Drei-Tages-Regel 19/67f.
Drittanfechtungsklage 19/159f.
Drittschutz 13/18, 83
Drohungen
- als Vertrauenshindernis 20/30
- als Verwaltungsmaßnahme 27/34
DSGVO *siehe* Datenschutzrecht
Duldung 11/5ZI, 20/53
Durchsuchung 21/7
- als spezielles Zwangsmittel 12/56
- richterliche Erlaubnis 11/37, 49

E
Effizienzvorgaben 17/59
E-Government 1/9, 18/11f., 16, 27/9
- verpflichtendes 18/12
Ehrenamtliche 5/28ff.
- Richter 8/8
Ehrenbürgerschaft 10/1
Ehrenmanntheorie 13/59ZI
Eigenbetriebe 7/70
Eigentum, öffentliches 15/9
Eigentumsakzessorietät 9/46
Eigentumseingriffe 13/91, 93, 19/13
Eigentumsstörung 13/556ZI
Eigenverwaltung (EU) 2/19ff.
Eilrechtsschutz *siehe auch* einstweilige Anordnung *und* aufschiebende Wirkung
- gegen Rechtsverordnungen/Satzungen 23/59f.
- gegen Verwaltungsakte 19/82, 210ff.
- vorbeugender 19/267ff.
Einbürgerung 10/11, 18, 19/73
Eingriffsverwaltung 1/4
Einheitliche Stelle 11/8
Einlagensicherung 10/4
Einschulung 10/11
Einspruch
- gegen Bußgeldbescheid 12/69, 23/50
- gegen Steuerverwaltungsakt 19/203ZI, 20/20ZI
Einstandspflichten 12/24
Einstweilige Anordnung 9/64ff., 19/267ff., 21/6
Einvernehmen der Gemeinde 17/5ZI
Einwendungsobliegenheit 12/80
Einzelfall
- Regelung durch Gesetz 24/19
- Regelung durch Verwaltungsakt 19/45ff.

Einzelrechtsnachfolge 9/17f., 47ZI; *siehe auch* Rechtsnachfolge
Einziehung 19/13
Elektronische Kommunikation 18/11f.
- mit Gerichten 30/14
ELSTER-Portal 18/16
Elterngeld 11/36ZI, 13/13
E-Mail 18/11, 19/67f.
Empfängerhorizont 19/7
Energieaudit 5/46
Energiewirtschaftsrecht 3/35
Enteignender Eingriff 13/94
Enteignung 13/91, 24/19ZI
Enteignungsgleicher Eingriff 13/84
Entschädigungsansprüche 13/90ff., 20/8, 21/36
Entscheidungsformel 19/41
Entscheidungsklage 13/38
Entschließungsermessen 17/70
Entwicklungsdienst 10/4
Entwidmung 15/14
Epidemische Lage 16/2, 4, 7
Erbwaffen 11/18ZI
Erdölbevorratung 5/36
Erfüllung 12/35, 13/30, 19/258f.
erga omnes 23/58
Erhaltungsvorschriften 23/35
Erkennungsdienstliche Behandlung 11/19ZI
Erlass von Ansprüchen 13/33
Erlaubnisse 9/3, 11/1ff.
- Arten 11/3ff.
- Erwerb 11/12ff.
- Geltendmachung 11/50f.
- richterliche 21/7
- Verlust 11/41ff.
Erledigung
- von Rechtsstreitigkeiten 30/29
- von Rechtsverordnungen/Satzungen 23/43
- von Verwaltungsakten 19/80, 148
Ermächtigungsgrundlage 17/45PH, 19/92, 23/19
Ermessen 17/67ff.
- bei Rechtsverordnungen/Satzungen 23/40
- bei Verwaltungsakten 19/133ff.
- intendiertes 19/135, 20/35, 44
- Pflicht zur ~sfehlerfreien Entscheidung 12/9
- und Anfechtungsklage 19/200f.
- und Beurteilungsspielraum 9/44, 17/68ZI, 28/6
- und Verhältnismäßigkeit 17/63, 76PH
Ermessensausfall 17/74

Ermessensfehlerfreiheit 17/73ff., 19/133ff., 200f.; *siehe auch* Pflicht zur ermessensfehlerfreien Entscheidung
- bei Rücknahme 20/34f.
- bei Verwaltungsakten 19/133ff.
- bei Widerruf 20/44
- von Vergleichsverträgen 22/53

Ermessensfehlgebrauch 12/55, 17/75, 19/136, 20/35
- bei Rücknahme 20/31

Ermessensmissbrauch 12/55, 17/75, 19/36
Ermessensnichtgebrauch 17/4, 19/134f., 20/35
Ermessensreduzierung auf null 13/8, 73, 17/72
- bei Rücknahme 20/34ZI

Ermessensüberschreitung 17/76, 19/137
Ermittlungsrichter 21/7ZI
Ernennung 10/11, 11/29, 19/10, 22/21
Eröffnungskontrollen 11/6
Erörterungstermin 29/30
Errichtungsgesetz 6/12, 7/22
Ersatzvornahme 12/53
- Kostenbescheid 19/125

Erstattungsansprüche 13/96ff., 20/7
Erteilungspflicht 12/22
Erwerbstatbestände 9/11ff.
Erwerbswirtschaftliche Betätigung 26/10, 22
Erzwingung
- behördlich geschuldeter Rechtsakte 17/91ff., Verwaltungsakte 19/242ff.
- privater Pflichterfüllung 12/39ff.

Europäische Kommission 2/21, 6/39ZI, 17/8ZI, 22/37ZI
- Rolle bei Subventionen 20/26ZI

Europäisierung 2/26
Evokationsrecht 7/65, 84
ex nunc/ex tunc 20/6, 37, 41ff.
Exmatrikulation 10/15, 18

F

Fachaufsicht 6/39, 7/82
Fachrecht 2/10
Fahrerlaubnis 9/12ZI, 11/23, 11/42, 12/78, 17/80, 19/10, 44, 21/5ZI
Fahrlehrererlaubnis 11/18ZI, 43
Fahrverbote 30/42
Fax 19/66, 166, 30/14
Fehlerverdopplung 17/76
Fehlinformation 27/30ZI
Feldpost 16/8
Fesselung 27/25
Festsetzungsverjährung 13/32
Feststellungsbetroffenheit 10/30
Feststellungsinteresse 9/61, 19/232, 233ff.

Feststellungsklage 21/9
- allgemeine 9/56ff., Prüfungsschema 3
- atypische 23/61
- Feststellung der aufschiebenden Wirkung 19/215
- Fortsetzungs~ 19/227ff., Prüfungsschema 13
- Nichtigkeits~ 19/240f., Prüfungsschema 14
- Zwischen~ 9/55ZI

Feststellungswirkung *siehe* präjudizielle Wirkung
Feuerwehr 5/31, 42, 6/36, 7/37, 13/15
- Einsatzkosten 13/106

Fiktion 9/35, 12/78f.
Finanzämter 7/80
Finanzgerichte 3/26
Finanzierungszweck und aufschiebende Wirkung 19/86, 217
Fiskalhandeln 26/1ff., 6
Fiskus 26/1ZI
Flachdach 20/80
Flächennutzungsplan 19/52
Flucht ins Privatrecht 26/8
Flugblätter 15/19
Flughafenkoordinator 23/11
Flugkapitäne 10/27
Folgenbeseitigungsanspruch 13/61, 74ff., 27/19
- ist selbst keine Anspruchsgrundlage 13/57PH

Folgenbeseitigungslast 17/72ZI
Folter 12/54ZI
Form
- Nichtigkeit wegen ~fehlers 19/73
- von Verwaltungsakten 19/73, 108ff.
- von Willenserklärungen 18/9
- von Wissenserklärungen 18/16

Formelle Rechtmäßigkeit
- von Verwaltungsakten 19/98ff.
- von Vollziehungsanordnungen 19/225

Formenmissbrauch 19/58ZI
Formfehler 19/108ff., 22/29f.
Fortsetzungsfeststellungsinteresse 19/233ff.
Fortsetzungsfeststellungsklage 19/227ff., 263ff., Prüfungsschema 13
- Begründetheit 19/239
- Fristen 19/237f.

Fortsetzungsfeststellungswiderspruch 19/238ZI
Freiheitsstrafen 12/64ff., 72
- gegen Beamte 10/17

Fremdvollstreckung 29/33
Frist *siehe* Klagefrist, Rücknahmefrist, Widerspruchsfrist

Fristbeginn
 – für den Widerspruch 19/169
 – für die Anfechtungsklage 19/180
 – für die Rücknahme 20/33
Fristberechnung 19/170PH
Frontex 2/20
Führungszeugnisse 27/42ZI
Fundsachen 13/109
Funktionsbezeichnungen 6/9, 7/17, 10/8
Fußgängerzone 15/20, 22

G
Gasversorgungskrise 16/2
Gebietsklausel 19/56ff.
Gebietskörperschaften 6/30
Gebühren 12/7, 19/10
Gebührenbescheid 12/61
Gebundene Entscheidung 17/69
Geburt 5/5, und Staatsangehörigkeit 10/12
Gefahr im Verzug 27/12, 28
Gefährderansprache 27/34
Gefahrenabwehr 1/5
Gefahrenlagen als Systemzustände 16/2
Gefangene 25/8
Gegenleistung 22/50f.
Gegenstatus 6/10, 10/5
Gegenzeichnung 24/11
Geheimhaltung 30/18ZI
Geldbuße 12/64, 68f.
Geldschulden 12/6f.
 – Rechtsnachfolge 12/31f.
 – Vollstreckung 12/50, 30/38, 40
 – Vollziehbarkeit 19/86
Geldstrafen 12/64ff.
Gemeinderat 7/50
Gemeingebrauch 15/10, 16ff.
Gemeinwohl als Widerrufsgrund 20/42; siehe auch öffentliches Interesse
Genehmigungen 11/5ff.
 – automatischer Verlust 11/44
 – einstweilige 19/270
 – Entziehung versus Erteilungsaufhebung 11/42
 – erschlichene im Strafrecht 12/65
 – Erteilung 11/13f., 12/22
 – Feststellungswirkung 19/19
 – Geltendmachung 11/50
 – Gesamtrechtsnachfolge 11/17f.
 – Übertragung 11/15
 – Verfahren 29/25ZI
 – Verzicht 11/43
 – Voraussetzungen 19/127
Genehmigungserfordernis
 – als grundsätzliches Verbot 12/12ff.
 – für private Verträge 19/14
 – Passung von Erlaubnis und ~ 11/7ff.
 – präventiv/repressiv/bewirtschaftend 12/13
Genehmigungsfiktion 12/79, 19/34ff.,
 Prüfungsschema 7
Generaldirektion Wasserstraßen und Schifffahrt 7/62
Gericht 8/1ff.; siehe auch Verwaltungsgerichte
 – Bindung an Verwaltungsakte 19/23
 – Präsident 8/9, 17, 18
 – Präsidium 8/9
 – Zuständigkeit 8/10ff., 19/186ff.
Gerichtsakte 21/1ff.
 – Rechtmäßigkeit 21/19ff.
 – Rechtsmittel 21/24ff.
 – Vollstreckung 30/37ff.
 – Wirkung auf folgende Akte 17/80
 – Wirkungen 21/4ff.
 – Wirkungsbedingungen 21/14ff.
Gerichtsbarkeitsklausel 23/55
Gerichtsbescheide 21/2, 30/23; siehe auch Gerichtsakte
Gerichtskosten 21/12
Gerichtsträger 8/2
Gerichtsverfahren siehe Verwaltungsprozess
Gerichtsverwaltung 30/6
GerStrukGAG 2/36
Gesamthandsgemeinschaften 5/18ff.
Gesamtrechtsnachfolge 6/14, 9/47ff., in Status 10/14, in Erlaubnisse 11/17f., in Pflichten 12/30ff., in Ansprüche 13/28f.
Geschäftsbereich 6/40, 7/29
Geschäftsführung ohne Auftrag 13/105ff.
Geschäftsgrundlage 20/57ZI
Geschäftsordnung 7/33ZI
Geschäftsverteilungsplan 8/9, 15
Gesetzblätter 23/30ff.
Gesetze 24/1ff.
 – als Steuerungsinstrument 2/1ff.
 – Ausführung 1/2
 – für das Allgemeine Verwaltungsrecht 2/42ff.
 – materielle 23/2ZI
Gesetzeskonforme Auslegung 19/7
Gesetzesvorbehalt siehe Vorbehalt des Gesetzes
Gesetzliche Vertretung 5/8, 17, 21
 – von Verwaltungsträgern 6/20f.
Gesetzlicher Richter 8/20
Gesetzmäßigkeit 20/24
Gestaltungswirkung 17/14ff.
 – prozedurale 17/16, Verwaltungsakte 19/11, Gerichtsakte 21/5ff., 31f., Verträge 22/7

- Rechtmäßigkeit von Folgeakten 17/77ff.
- von Innenrechtsakten 25/3ff.
- von Privatrechtsakten 26/14
- von Verwaltungsakten 19/10ff., 85
- von Zusicherungen 20/52f.

Gestattung 11/5; *siehe auch* Genehmigung
Gewahrsam 27/11f.
Gewaltanwendung 27/24ff.
Gewaltenteilung
- Bedeutung für Verpflichtungsklagen 17/96, 19/244ZI
- innerhalb eines Verwaltungsträgers 7/18
- modifiziert durch Rechtsverordnungs- und Satzungskompetenzen 23/2

Gewerbeuntersagung 19/195; *siehe auch* Unzuverlässigkeit
Gewerkschaftsverbot 19/62ZI, 21/5ZI
Gewinnentgang 13/77
Gewohnheitsrecht
- als Quelle von Abwehransprüchen 13/57
- als Quelle von Entschädigungsansprüchen 13/94ZI
- als Quelle von Befugnissen 17/47ZI

Gleichbehandlung
- als Anspruch 13/58ZI, 86ff.
- als Kompetenzgrenze 23/38ZI, 24/12ZI
- als Rechtmäßigkeitsanforderung 17/64ff., 24/21

Glockengeläut 6/33
Glücksspiel 2/37ZI, 39ZI
Glykol-Entscheidung 27/31ZI
Grundlagenbescheide 19/20ZI
Grundrechte
- als Alleinstellungsmerkmal der Privaten 4/3, 5/2
- als Anspruchsgrundlagen 13/14, 56ff.
- als Erlaubnisse 11/3ZI
- als Unterlassungs- und Beseitigungspflichten 12/23
- Schutz durch Verfahren 29/1ZI

Grundrechtsberechtigung 4/3, 5/2
Grundrechtseingriffe 17/42f., 27/5ff.
- mittelbare 27/6, 31
Grundrechtsverletzung und Fortsetzungsfeststellungsklage 19/236
Grundstücke
- Kauf 11/15
- öffentlich-rechtliche Eigenschaften 15/5
- zuständiges Gericht 19/189
Grundverfügung 19/26
GVG, Anwendbarkeit in der VwGO 30/1

H

Hamburg 7/37, 64, 65ZI, 68, 79, 8/7, 19/167
Handbewegungen 19/32
Handlungsfähigkeit 4/13, 15, 5/10, 18/8, 22/34
Handlungsformensystem 17/3ff.
Handlungsformqualifikation 17/26, beim Verwaltungsakt 19/31ff.
Handlungsperspektive 17/34
Handlungspflichten 12/4ff., 67
- von Hoheitsträgern 12/19ff.
Handlungszurechnung
- beim Verwaltungsakt 19/37ff.
- zu einem Gericht 8/8f.
- zu einem Verwaltungsträger 6/15ff.
- zu einer Behörde 7/24ff.

Hartz IV 11/36ZI, 12/81, 23/12, 24/25
Hauptbeteiligte 30/8
Hauptmann von Köpenick 19/38
Haushaltsplan als Rechtsgrundlage 17/47ZI
Haushaltsrecht 2/15, 6/5, 13/15, 33
Hausverbot 3/14ZI, 26/30, 32ff.
hD-Vorbehalt 7/14
Heilung 19/116ff.
Herstellungsanspruch 13/84ZI
Hessen 7/27, 71, 8/5, 7, 19/167
Hilfsgeschäfte 26/5
Hinterbliebenenversorgung 10/14ZI, 11/18ZI
Hinzuziehung 29/7
Hochschulen 6/12, 31
- Rektorat 7/27, 29
- Senat 7/50
- Zulassung 2/37ZI
Hochschulreife 10/3
Höchstpersönlichkeit
- als Grenze der Gesamtrechtsnachfolge 9/49
- als Grenze der Übertragbarkeit 9/18, 11/15
Höflichkeitsformeln 19/42
Hoheitlichkeit 19/33
Hoheitsträger *siehe auch* Verwaltungsträger, Behörden
- Polizeipflicht 19/55
Honorarkonsuln 5/29
Hundefleisch 12/10
Hundeführung 11/6, 15/4
Hygienekonzept 19/215

I

Idiotentest 12/78, 19/44
„Im Auftrag" 7/32, 19/38
Immatrikulation 10/11
Impfschäden 13/91ZI
„In Vertretung" 7/35, 19/38

Sachregister

In-camera-Verfahren 30/18ZI
Indienstnahme 5/36
Indirekter Vollzug 2/19
Individualnorm 23/2ZI
Infektionsschutzrecht 2/14, 11/6, 16/2, 4, 7,
  19/86, 104, 23/9
Informationsansprüche 13/111ff.
Informationsbeschaffung 17/56
Informationsfreiheitsgesetz 2/43, 47, 13/112
Informationstechnikzentrum Bund 6/36, 7/61
Informelles Handeln 27/35
Infrastrukturabgabe 16/3
Ingewahrsamnahme 12/56, 27/11f.
Inhaltsbestimmungen 20/75
Inhaltsdimension eines Tatbestands 9/23ff.
Innenrechtsakte 17/5, 25/1ff.
– inter-/intrapersonale/-behördliche 25/5ZI
– Kompetenz für ~ 14/8
– Rechtmäßigkeit 25/17
– Rechtsschutz 25/18ff.
– Wirkungen 25/3ff.
– Wirkungsbedingungen 25/13ff.
Interessenabwägung
– bei Eilantrag 19/221ff.
– bei Rücknahme 20/30
Interessentheorie 2/6
Internetportale 15/6
Isolierte Anfechtungsklage 19/153ff.

J
Ja-aber-Entscheidung 20/73
Jacobs gap 23/51ZI
Jagdrecht 5/7, 6/32, 10/26
Jellinek, Georg 9/5ZI, 13/7ZI
Jellinek, Walter Vorb/38
Jugendgefährdende Medien 7/36, 11/28ZI
Junktimklausel 13/91
Juristen in der Verwaltung 5/27ZI
Juristische Personen
– ausländische 5/2ZI
– des öffentlichen Rechts 6/1ff.
– des Privatrechts 5/11ff.
Justizgesetz 2/36
Justizministerien 8/18
Justizprüfungsamt 7/36
Justizverwaltungsakte 3/34

K
Kampfhunde 11/6, 15/4
Kantinen 5/42, 19/58ZI, 26/11, 30f.
Kapitalmarktrecht 2/13
Kapitäne 10/27

Karrierecenter der Bundeswehr 16/7
Kartellrecht 2/13, 3/35, 12/3ZI, 41, 69, 26/22
Kassatorischer Akt 13/42, 17/88, 19/142, 204,
  20/2
Katastrophenschutzrecht 16/2
Kategorische Normen 9/50, 19/128
Katzenfleisch 12/10
Kaufmannseigenschaft 10/1ZI
Kehrseitentheorie 3/15
„Keine Gleichheit im Unrecht" 13/89ZI
Kirchen 6/33
Kirchenglocken 6/33, 27/16
Klage 30/13ff.
Klagearten 13/36ff.; *siehe auch* Leistungsklage,
  Anfechtungsklage, Feststellungsklage
– betreffend Verwaltungsakte 19/138ff.
Klagebefugnis
– allgemein 13/45ff.
– bei Anfechtungsklage 19/157ff.
– bei allgemeiner Feststellungsklage 9/62
– bei Verpflichtungsklage 19/247ff.
Klageform 30/14
Klagefrist
– bei Anfechtungsklage 19/179ff.
– bei Fortsetzungsfeststellungsklage
  19/237f.
– bei Verpflichtungsklage 19/246
Kläger 30/8
Kodifikationen 2/45, 29/1
Kollegialbehörden 7/27ff.
– ehrenamtliche Mitglieder 5/30
Kommunale Zusammenarbeit 22/5
Kommunalrecht 2/11, 38
Kommunalwahl 14/13
Kompetenzen 7/15, 9/3, 14/1ff.
Kompetenzgrundlage für Rechtsverordnung/
  Satzung 23/19
Konkludente Erklärung 19/43
Konkret-generelle Regelungen 19/49
Konkret-individuelle Regelungen 19/48,
  23/11ff., 24/4f.
Konkurrenten 13/18
Könnensüberschuss 17/28, 19/5
Kontrastorgane 7/18
Kontrolldichte 17/68
Kontrollperspektive 3/1, 17/34
Konzentrationswirkung 11/8, 12/12
Konzeptpflicht 29/20
Konzession 11/5; *siehe auch* Genehmigungen
Konzessionsabgaben 11/5
Kooperationsverhältnisse 22/5
Körperschaften 6/29ff.
– Organzuständigkeit bei ~ 7/5
Kostenfeststellungsbeschluss 8/9

Krankenkassen 23/12
Kreditinstitute 5/7, 45, 6/3, 34, 12/25, 45ZI, 25/8ZI
Kreisrechtsausschüsse 5/30, 7/86ZI, 19/167
Kreiswehrersatzämter 16/7
Kriegswaffenrecht 7/56, 13/15
Kulturgüter 14/3ZI, 15/5, 11, 27, 19/74ZI
Kündigung 22/39ff.
Künstlersozialkasse 6/21
Künstliche Intelligenz 1/9

L
Landesämter 7/69
Landesanwaltschaft 6/25, 30/12
Landesbanken 6/34
Landesjustizministerien 8/18
Landesministerien 7/66f., 19/167, 177, 24/1
Landesmittelbehörden 7/71ff.
Landesoberbehörden 7/69f.
Landesorganisationsgesetze 2/44, 7/64
Landesplanung 1/6
Landesrecht Vorb/6, 22ff., 33, 37, 2/37ff.
– Revision 2/39ZI
Landesregierungen
– als Kollegialbehörde 7/27
– als Verordnungsermächtigte 23/23
Landräte 5/25ZI, 7/25, 77
Landratsämter 5/18, 7/17, 30, 76f., 16/7, 19/184
Landwirtschaftsgerichte 3/35
Landwirtschaftsrecht 19/14
Lauterkeitsrecht 26/22
Legalisierungswirkung 19/19ZI
Legislative 2/1ff., 17/8
Legitimationskette 6/44
Leistungsbescheid 19/126
– bei Vertrag 22/56
– Rücknahme 20/30, 43
– Verjährung 13/32
Leistungsklage
– allgemeine ~ 13/37f.
– Verpflichtungsklage als besondere ~ 13/39ff.
– zur Durchsetzung von Pflichten 12/40
Leistungsurteile 21/11
Leistungsverwaltung 1/4
Leistungsverwaltungsakte 20/30, 43
Leitungsorgane 7/48f.
lex contractus 23/2ZI
lex posterior 23/39
lex specialis 11/47
lex superior 11/48

Linienführung 1/6
Lizenz 11/5; *siehe auch* Genehmigung
Lkw-Maut 3/36
Löschungsanspruch 13/76
Luftsicherheit 10/2 /
Luftsicherheitsgesetz 24/23

M
Magistrat 7/27
Massenverfahren 29/9, 30/11ZI
Maßgeblicher Zeitpunkt
– für Abwehrrechtsbehelfe allgemein 17/84
– für Anfechtungsklagen 19/192ff.
– für Rechtswidrigkeit 17/35ZI, 19/90, 192ff., 20/27
– für Rücknahme 20/27
Maßnahmengesetzvorbereitungsgesetz 24/4ZI
Materielle Rechtmäßigkeit von Verwaltungsakten 19/122ff.
Materiellrechtliche Folgen von Pflichtverletzungen 12/76ff.
Mayer, Otto Vorb/38, 19/26ZI
Mecklenburg-Vorpommern 2/36, 47, 7/42, 8/7
Medienrecht 2/12
Medizinisch-psychologisches Gutachten 12/78, 19/44
Melderecht 18/14, 17, 27/43
Merkblätter 19/40
Messengerdienste 18/11
Militärischer Sicherheitsbereich 15/7, 11
Minderjährige 5/8, 18/8, 27/12
Ministerialfreie Räume 6/44, 7/85
Ministerialverwaltung 1/7
Ministerien 7/53, 19/167, 177, 24/1; *siehe auch* Bundesministerien, Landesministerien
Ministerpräsidenten 7/66
Minusgewährung 20/71, 90ZI
Mischkonzession 11/15, 19/127ZI
Mitgliedschaft 6/29ff.
Mitwirkungspflichten 12/78, 30/18
Möglichkeitstheorie 13/47
Multipolarität 13/18
Mündliche Verhandlung 30/22f.
Muttergemeinwesen 6/39

N
Nachbarschutz 13/13ZI
Nachfolgenormen 9/47ff.

Sachregister

Nachschieben von Ermessenserwägungen 19/201
Näheverhältnisse 10/5ZI, 12/70ff., 25/2ZI
Namensänderungsrecht 19/13
Naturalrestitution 13/61, 77ff.
Naturschutzgebiete 15/7
Nebenbestimmungen 20/70ff.
– Anfechtungsklage wegen ~ 20/93ff., Prüfungsschema 21
– im Vertrag 22/8
Nebenstrafrecht 12/65
Neidanspruch 13/89
Nichtigkeit 17/26f.; *siehe auch* Nichtigkeitsdogma
– Feststellung durch Behörde 19/20
– Feststellung durch Gericht 19/240f.
– Rechtsschutz bei ~ 13/62ZI, 17/89f., 19/149
– von Privatrechtsakten 26/18ff.
– von Urteilen 21/17
– von Verträgen 22/22ff.
– von Verwaltungsakten 19/69ff., 149
Nichtigkeitsdogma 17/29, 90
– für Gesetze 24/12ff.
– für Rechtsverordnungen/Satzungen 23/19ZI, 41, 44, 49
Nichtigkeitsfeststellungsklage 19/240f., Prüfungsschema 14
Nichtigkeitsfeststellungsverwaltungsakt 19/20, 126, 249, 20/13
Nichtrechtsakte 27/1ff.
Nichtstörerentschädigung 13/93
Nicht-Urteil 21/15
Nichtverfassungsrechtliche Streitigkeit 3/20
Nichtzulassungsbeschwerde 21/25
Niedersachsen 2/36, 7/42, 71, 8/7, 19/162ZI
Niederschlagung 13/33
NIMBYs 24/4ZI
no-action letter 20/53
Nordrhein-Westfalen 2/36, 7/64, 71ff., 8/6f., 19/162ZI, 177
Normative Ermächtigung 9/39, 25/10
Normenkontrolle
– mündliche Verhandlung 30/23
– verfassungsgerichtliche konkrete 17/62, 24/13f.
– verwaltungsgerichtliche prinzipale 23/52ff.
Normerlassklage 23/62f.
Normkonkretisierende Verwaltungsvorschriften 9/38ff., 11/26, 13/22, 25/10
Notverkündung 23/32

O

Oberbürgermeister
– als Leitungsorgane 7/25f.
– als untere Landesbehörden 7/78
– als Wahlbeamte 5/25ZI
Oberfinanzdirektionen 7/74
Oberlandesgerichte 3/35
Oberverwaltungsgerichte 8/5
– Präsidenten als Mittelinstanz 8/19
– Zuständigkeit für Normenkontrolle 23/53
Obliegenheit 12/1ZI, 76ZI, 80
Öffentliche Aufträge 26/6ZI, 19, 21, 23
Öffentliche Bekanntgabe 19/115
Öffentliche Einrichtungen 15/6
Öffentliche Last 9/46, 15/13
Öffentliche Sachen 9/4, 15/1ff.
Öffentliche Sicherheit 12/62ZI
Öffentlicher Dienst 5/24ff.
Öffentlicher Raum 15/7ZI
Öffentliches Interesse
– an Aufhebung eines Verwaltungsakts 20/36ff.
– an Kündigung eines Vertrags 22/43
– an Vollziehung eines Verwaltungsakts 19/224
Öffentliches Recht 2/5f.
Öffentliches Sachenrecht 15/1ff.
Öffentlichkeitsbeteiligung 23/27
– frühe 29/23
Öffentlich-rechtliche Abgaben 12/7, 61
Öffentlich-rechtliche Eigenschaften von Sachen 15/1ff.
Öffentlich-rechtliche Streitigkeit 3/8ff.
Öffentlich-rechtliche Verträge 17/4, 22/1ff., Prüfungsschema 23
– als private Handlungsmöglichkeit 18/3, 18
– als Rechtmäßigkeitsmaßstab für folgende Akte 17/79
– Kompetenz für ~ 14/7
– koordinationsrechtliche 22/5
– Rechtmäßigkeit 22/45ff.
– Rechtsschutz 22/54ff.
– subordinationsrechtliche 22/4, 24ff.
– Wirkungen 22/6ff.
– Wirkungsbedingungen 22/13ff., Prüfungsschema 23
Orden 10/15
Ordentliche Gerichte 3/30ff., 12/36ZI, 64ZI
– Bindung an verwaltungsgerichtliche Feststellungen 21/9
Ordnungsgeld 30/42

Ordnungsrecht 2/11
Ordnungsverfügung 12/62
Ordnungswidrigkeitenrecht 12/68f., 23/15
Organe
- aufgedrängte 6/42
- gerichtliche 8/1ff.
- kollegiale 7/27ff., 8/8
- Kontrast~ 7/18
- Leitungs- und Vertretungs~ 7/47ff.
- monokratische 7/25f.
- versächlichte 7/30
- von juristischen Personen des Privatrechts 5/15, 7/1, 27ZI
- von Verwaltungsträgern 6/15f., 7/1
Organisation *siehe* Verwaltungsaufbau
Organisationseinheiten einer Behörde 7/33, 37, 25/12
Organisationserlass 7/23, 25/11ZI
Organisationsgesetze 2/44, 7/64
Organisationsprivatisierung 5/40f.
Organleihe 6/17ff., 26, 19/184
Organstreit 1/13, 7/18, 44f., Kostenerstattung 13/104
Organteile 7/34ff., 8/8f.
Organwalter 7/25ff.
Organzuständigkeit 7/4ff.
Osho-Entscheidung 27/31ZI

P

pacta tertiis non nocent 22/9, 36
Paragraph-fünf-Schein 12/10
Parkhäuser 5/42
Parteienrecht 7/58
Passung von Befugnis und Maßnahme 17/51ff.
Patentrecht 19/13
Personalausweise 15/8, 10
Personalkonzession 11/15, 19/127ZI
Personalkörperschaften 6/31
Personalräte 7/18ZI, 36ZI, 14/13ZI
Personen
- juristische 5/11ff., 6/1ff.
- natürliche 5/5ff.
- zu trennen von Organen 4/4
Personenbezogene Daten 27/37ff.
Petitionsrecht 13/8ZI
Pflichten 9/3, 12/1ff.
- als Korrelat von Ansprüchen 13/1ff., 10
- Arten 12/4ff.
- bloße abstrakte, formelle 12/17, 34ZI
- dienstliche 25/6f.
- Durchsetzungsmechanismen 12/38ff.
- Erfüllung 12/35
- Erwerb 12/18ff., 20/77

- Erzwingung 12/39ff.
- Feststellung und Tituierung 12/29, 57ff.
- Formulierungen 11/19, 12/12ZI, 20f., 17/69, 71
- Sanktionierung 12/63ff.
- tituierte 12/47f.
- Verlust 12/35ff.
- von Hoheitsträgern 12/19ff., Durchsetzung 12/43f.
- von Privaten 12/25ff., Durchsetzung 12/41f.
- zur Bescheidung 12/8f.
- zur ermessensfehlerfreien Entscheidung 12/9
- zur Erteilung von Genehmigungen 12/22
- zur Gleichbehandlung 13/89, 17/66; *siehe auch* Gleichbehandlung
- zur Unterlassung 12/10ff., 23
Pflichtigkeit 12/17
Piloten 10/27
Pkw-Maut 16/3
Planfeststellung 1/6, 11/5, 8, 19/177, 29/28ff.; *siehe auch* Genehmigung
- Freistellung vom Plan 15/14
Planungsermessen 17/67ZI
Planungsverwaltung 1/6
Platzverweis 12/4, 18, 28, 54, 19/10, 32, 227
Polizei
- als Behördengruppe 7/3
- als Organteil in Hamburg 7/37
- Bundes~ 7/62
Polizeipflichtigkeit 12/17
- von Hoheitsträgern 19/55
Polizeirecht 2/11, 38
Polizeiverordnungen 23/4ZI, 9, 37ff.
Polizeivollzugsbeamte, aufschiebende Wirkung bei Verwaltungsakten von ~ 19/86
Postulationsfähigkeit 4/16ff.
Postversand 19/67f., 115
Prädeterminierung 9/38ff.
Präjudizielle Wirkung
- als Rechtsschutzziel 17/88, 89f., 95, 19/229, 234
- bei der Anwendung von Tatbeständen 9/36f., 10/30, 32, 11/25, 13/25
- unabhängig von Bestandskraft 19/30
- von Gerichtsakten 21/9
- von Privatrechtsakten 26/15
- von Rechtsakten 17/18ff., Verwaltungsakten 19/16ff., 85, Gerichtsakten 21/9, Verträgen 22/10

Sachregister

Präklusion
- formelle 30/18ZI
- materielle 9/34, 12/80

Pranger 27/31ZI
Präventives Verbot 12/13
predictive policing 27/36
Pressemitteilungen 27/32
Preußen
- Allgemeines Landrecht als Anspruchsgrundlage 13/94ZI
- Landräte 7/25
- Preußischer Kulturbesitz 6/35
- Regierungspräsidenten 7/71

Private 5/2
private enforcement 12/3ZI, 41
Private
- verwaltungsrechtliche Kompetenzen 14/10ff.
- verwaltungsrechtliche Pflichten 12/25ff.
- verwaltungsrechtliches Handeln 17/8, 18/1ff.

Privatgebrauch 15/10
Privatisierung 5/37ff.
Privatklinik 11/6
Privatrecht
- als das allgemeine Recht 2/4
- Flucht ins ~ 26/8
- Gestaltung durch die Verwaltung 3/18, 17/17, 19/12ff., 59ff.
- Handeln nach ~ 26/1ff.
- Rechtsverordnungen auf dem Gebiet des ~ 23/55
- Verträge über Verwaltungsrechtspositionen 18/18f.

Privatrechtliche Verträge 26/1ff.
Privatrechtshandeln 17/6, 26/1ff.
Privatrechtssubjekte 5/1ff.
- Mitwirkung an der Verwaltung 5/22ff.

Prozessfähigkeit 4/13f., 5/10
Prozessstandschaft 13/46
Prozessurteil 3/22
Prozessvergleich 30/28
Prüfstelle für jugendgefährdende Medien 7/36, 11/28ZI
Prüfungsbewertungen 9/43
Prüfungsordnungen 23/5
Prüfungsrecht 10/3, 11/28
Prüfungsschemata *siehe das Verzeichnis der Schemata und Übersichten auf Seite* 4
public enforcement 12/3
Public-Private Partnership 5/42ZI

Q
Quarantäne 12/54
Querulanten 13/114, 29/21ZI

R
Raum 15/7
Reaktionsansprüche 3/15, 13/21
Realakte 17/7, 27/1ff.
- Folgenbeseitigung 13/61, 74ff.

Realberechtigung 11/16, 18
Realkörperschaften 6/32
Rechnungshöfe 3/1ZI
Recht
- öffentliches 2/5f.
- subjektives 9/5; *siehe auch* Ansprüche, Genehmigungen, Kompetenzen

Rechtfertigung
- strafrechtliche ~ durch Befugnisse 11/4
- strafrechtliche ~ durch Dienstpflichten 25/6
- strafrechtliche ~ durch Duldung 20/53ZI
- von Ungleichbehandlungen 13/88, 17/65f.

Rechtliches Gehör 17/56ZI
Rechtliches Können und Dürfen 14/1, 4, 17/27f., 18/3ff., 20/4
Rechtmäßigkeit 17/32ff.
- als Rechtmäßigkeitsvoraussetzung des Widerrufs 20/38f.
- formelle und materielle 17/39, 19/91
- keine Wirksamkeitsvoraussetzung beim Verwaltungsakt 19/63
- von Verwaltungsakten 19/89ff.

Rechtmäßigwerden 17/35ZI, 19/192
Rechtsakte 17-26
- Einteilung 17/3ff.
- höherrangige 11/48
- Kompetenz als Voraussetzung 14/2
- Privater 18/1ff.
- Rechtmäßigkeit 17/32ff.
- Rechtsschutz 17/81ff.
- speziellere 11/47
- Teile 17/22ff.
- Wirkungen 17/11ff.
- Wirkungsbedingungen 17/25ff.

Rechtsänderung
- als Widerrufsgrund 20/41
- rückwirkende *siehe* Rückwirkung

Rechtsanwaltszulassung 9/19
Rechtsanwendung, tatbestandliche Besonderheiten 9/32ff.
Rechtsaufsicht 6/39, 17/35
- Anordnung der ~ 12/60, 19/125ZI

Rechtsbehelfsbelehrung 19/41, 114
- Frist bei Fehlen 19/170
Rechtsbindungswille 19/40
Rechtsdogmatik Vorb/16f.
Rechtsdynamik 14/2
Rechtsfähigkeit 4/4
- der Verwaltungsträger 6/3ff.
- trotz Nichtrechtsfähigkeit 5/18
Rechtsfolgenbewirkungswillensausdruck 19/40
Rechtsgeschäfte 17/2, 22/1ZI
- als Synonym für Rechtsakte 17/2
- zur Übertragung von Rechtspositionen 9/17f., 10/14, 11/15, 13/27, 18/18f.
Rechtsgrundlagen 17/39, 44ff., 19/92ff.; *siehe auch* Befugnisse
- Mehrheit von ~ 19/96
- Passung von ~ und Maßnahme 19/92, 129, 137
- wichtige ~ für Verwaltungsakte 19/97
Rechtskraft 21/16
Rechtsmittel 21/24ff., Prüfungsschema 22
- Ausschluss/Begrenzung 8/13
- Verfahren 30/34ff.
- Zuständigkeit 8/13
Rechtsnachfolge 6/14, 9/47ff., in Status 10/14, 32, in Genehmigungen 11/17f., in Pflichten 12/30ff., in Ansprüche 13/28f.
Rechtspositionen 9–16
- dingliche 9/46
- Erwerb und Verlust 9/11ff.
- Geltendmachung 9/53ff.
- Gestaltung durch Rechtsakte 17/1ff., 14ff.
- Rückabwicklung wegen Rechtswidrigkeit 13/62ff.
- temporäre 9/64, 19/270, 21/6
Rechtsprechung als Verwaltungskontrolle 3/1ff.; *siehe auch* Gerichte
Rechtsschein 19/70
Rechtsschutz
- allgemein bezüglich Rechtsakten 17/81ff.
- bezüglich Nebenbestimmungen 20/93ff.
- bezüglich Realakten 27/13ff.
- bezüglich Verwaltungsakten 19/138ff., 20/45ff.
- bezüglich Zusicherungen 20/63ff.
- inzidenter und prinzipaler 23/47f.
- vorbeugender 13/59; *siehe auch* einstweilige Anordnung
Rechtsschutzbedürfnis *siehe* Rechtsschutzinteresse

Rechtsschutzgarantie 3/1, 13/34f.
Rechtsschutzinteresse 13/51ff.
- für Antrag nach § 80 Abs. 5 VwGO 19/219
- für Feststellungsklagen *siehe* Feststellungsinteresse
- für Verpflichtungsklage 19/249
Rechtsschutzkonstellationen 17/81ff.
Rechtsschutzziele 17/88, 89, 94f., 27/17
Rechtsstaatsprinzip 2/40
- als Rechtmäßigkeitsanforderung an Gesetze 24/20
- als Sitz von Abwehransprüchen 13/57
Rechtsträger 4–8
Rechtsträgerprinzip 6/22
Rechtsvergleichung
- Ausland 1/14ff.
- Landesrechte Vorb/6
Rechtsverhältnisse 9/6ff., 10/5
- als Gegenstand von Feststellungsklagen 9/58f.
- als Gegenstand von Verträgen 22/6
Rechtsverletzung 19/202
Rechtsverordnungen 17/4, 23/1ff., Prüfungsschema 24
- als Rechtsgrundlage 17/48
- befristete 23/43
- Begriff 23/4
- Durchsetzung 23/14
- Kompetenz für ~ 14/9, 23/18ff.
- mit privat-, straf-, ordnungswidrigkeiten-, steuer- oder sozialrechtlichem Inhalt 23/55
- Rechtmäßigkeit 23/44f.
- Rechtsschutz 23/46ff.
- Verfahren zum Erlass 29/35
- von Bundesbehörden, Rechtsschutz 23/51, 54ZI
- Wirkungen 23/7ff.
- Wirkungsbedingungen 23/16ff., Prüfungsschema 24
Rechtsweg 3/1ff.
- beim Privatrechtshandeln 26/23ff.
- beim Realakt 27/14ff.
- beim Widerspruch 19/206
- für Amtshaftungsansprüche 3/32, 13/85
- für Aufwendungsersatzansprüche 13/110
- für Entschädigungsansprüche 13/95
- für Erstattungsansprüche 13/101
- für Informationserteilungsansprüche 13/115
- zu den Verwaltungsgerichten 3/4ff.
Rechtswidrigkeit 17/33, 35, 19/90; *siehe auch* Rechtmäßigkeit

Sachregister

- als Begründetheitsvoraussetzung der Anfechtungsklage 19/191ff.
- als Rechtmäßigkeitsvoraussetzung der Rücknahme 20/26f.
- Feststellung als Rechtsschutzziel 17/88, 19/227ff.
- nachträglich eintretende 17/35ZI, 19/192
Referate 7/33
Referendare
- Führen der Bezeichnung 9/45
- Ausbildungsrichtlinien 25/8
reformatio in peius 19/174ZI, 177, 20/20
Reformatorischer Akt 17/96ZI, 97, 19/142, 204
Regelnwollen und -können 20/84
Regelung
- abstrakte/konkrete, generelle/individuelle 19/46ff.
- adressatenlose 19/52
- als Verwaltungsaktsmerkmal 19/41ff.
- Maßnahmen ohne ~ 27/1ff.
- öffentlich-rechtliche 19/56ff.
- verwaltungsinterne 19/53ff.
Regelungsanordnung 9/65
Regierungspräsidien 7/17, 71ff.
Register 27/41ff.
Regulierungsermessen 17/67ZI
Reisekosten 13/103, 26/6ZI
Rektorat 7/27, 29
Religionsgesellschaften 6/33, 27/16
Remonstration 25/16
ReNEUAL 2/23
Repressives Verbot 12/13
Reservisten 5/31, 12/78
Ressortprinzip 6/40, 7/29
Ressortverwechslung 19/75
Restverwaltungsakt 20/97
Revisibilität 2/39ZI
Revision 21/25
Rheinland-Pfalz 7/71, 86ZI, 8/7, 19/167
Richter 5/25f., 8/8, 20, 25/16ZI
- Vorbehalt ~licher Entscheidung 11/37, 49, 21/7, 27/11f.
Richtiger Beklagter 6/24
- ausnahmsweise die Behörde 7/40ff.
- bei allgemeiner Feststellungsklage 9/63
- bei allgemeiner Leistungsklage 13/49
- bei Anfechtungsklage 13/50, 19/183ff.
- bei Verpflichtungsklage 13/50, 19/253f.
- im Falle der Beleihung 5/44
Richtlinien
- der EU 2/19ZI, 27, 17/50
- des Gemeinsamen Bundesausschusses 23/5ZI
Robert Koch-Institut 7/60

Rückabwicklungsansprüche 13/60ff.
Rückforderung 11/30, 12/75, 19/124, 20/7, 32ZI
- prozessuale Abhängigkeit 19/196ff.
Rückgabezusage 14/3ZI
Rückkehrverbot 12/10
Rückmeldegebühren 10/19
Rücknahme 17/35, 19/11, 79, 20/16ff., 24ff., Prüfungsschema 18
- Anspruch auf ~ 13/69ff.
- Verhältnis zur Rückforderungsbefugnis 11/30f.
- von Klagen 30/30
Rücknahmefrist 20/32f.
Rückwirkung 9/29, 11/30, 19/90
- Aufhebung mit ~ 20/6, 37, 43
Rügelose Einlassung 19/178
Ruhestand 10/17
Rundfunkanstalten 6/34, 43
Rundfunkbeitrag 12/61
Rundfunkrecht 2/12, 37ZI

S
Saarland 7/42, 8/7
Sachakten 30/18
Sacheigenschaften 9/4, 15/1ff.
Sachen 15/5
Sachentscheidungsvoraussetzungen 3/21ff.
Sachgesamtheiten 15/6
Sachherr 15/8
Sachkonzession 11/15
Sachkundige Bürger 5/30
Sachrüge 21/29
Sachsen 7/71, 8/7, 15/27
Sachsen-Anhalt 2/36, 7/42, 71, 8/7
Sachverhaltsermittlung 17/68ZI
- behördliche 29/16
- gerichtliche 30/17ff.
Sachverständige 5/42ZI
- Entschädigung 13/104ZI
- Gremien 7/36ZI, 23/27
- im behördlichen Verfahren 29/18
- im Gerichtsverfahren 30/19f.
Sanktionierung der Pflichtverletzung 12/63ff.
Satteldach 20/80
Satzungen 17/4, 23/1ff., Prüfungsschema 24
- als Rechtsgrundlage 17/48
- befristete 23/43
- Begriff 23/5
- Durchsetzung 23/14
- Kompetenz für ~ 14/9, 23/18ff.
- Rechtmäßigkeit 23/44f.
- Rechtsschutz 23/46ff.

- Verfahren zum Erlass 29/36f.
- Wirkungen 23/7ff.
- Wirkungsbedingungen 23/16ff., Prüfungsschema 24

Satzungsermessen 23/40
Säulen des Verwaltungsrechts 2/45ZI
- Rechtswege 3/25ff.

Säumniszuschlag 12/81ZI
Schiedsämter 22/60
Schiedsgerichte 3/36
Schiedsklausel 22/7ZI
Schleswig-Holstein 2/36, 47, 7/42, 64, 8/7, 18/12ZI
- Rechtsverordnungen 23/6

Schlussbescheide 11/36, 20/10
Schlüssel-Tatbestandsmerkmale 10/4
Schriftform 18/10, 19/109
Schulämter 7/80
Schuldrechtsreform 22/3ZI
Schuldverhältnis 9/7f.
Schüler 10/1, 5, Weisungsbindung 25/8
Schulrecht 2/14
- Schulpflicht 1/4
- Status der Schüler 10/1
- Weisungen an Schüler 25/8

Schusswaffengebrauch 27/1, 25
Schutznormtheorie 13/16
Schwarzbau 12/53, 20/53
Schwebende Unwirksamkeit 22/35ff.
Schwimmbäder 15/6, 10, 26, 19/49, 26/9
Seehunde 4/12
Selbstbindung der Verwaltung 17/65
Selbsteintritt 7/84
Selbsttitulierung und -vollstreckung 29/32f.
Selbstverpflichtung 20/48ff.
Selbstverwaltung 6/29
- Garantie 6/44
- Satzung als typischer Rechtsakt 23/5
- Widerspruchsbehörde bei~ 19/167, 209PH, 261PH

Senat
- als Hochschulorgan 7/50
- als Landesregierung 7/65
- als Spruchkörper 8/8

share deal 9/18ZI
Sicherheitsgewerbe 5/44, Beleihung 10/26
Sicherungsanordnung 9/65, 13/59
Sichtbarkeitsprinzip 19/64ZI
Signatur 18/11
Simulationspflicht 29/20
Sittenwidrigkeit 19/74, 132, 22/33
Social Media
- als Beweismittel 30/19
- Öffentlichkeitsarbeit 27/30

Sofortige Vollziehung 19/87
Sofortvollzug 27/29
Soldaten 5/25ff., 12/72, 13/103, 17/64ZI, 25/12ZI, 14, 19ZI, 20ZI
Sonderbeauftragte 5/45
Sonderbehörden 7/74, 80
Sondernutzung 15/18
Sondernutzungserlaubnis 11/29, 40
Sonderopfer 13/94
Sonderrecht 2/3ff., 3/8
Sondervermögen
- öffentlich-rechtliche 6/37f.
- privatrechtliche 5/11ZI

Sonderverordnungen 25/2; siehe auch Innenrechtsakte
Sonderzuweisungen
- abdrängende 3/24ff.
- aufdrängende 3/5f.

Sonntagsöffnung 19/50ZI
Sortenschutzrecht 19/13
Sozialgerichte 3/27
Sozialgesetzbuch (SGB) 2/45ZI
Sozialrecht 2/12, 45ZI, 13/28, 84ZI, 90ZI, 18/8, 16, 19/114, 23/12
- Aufhebungsvorschriften 20/17ZI
- GBA-Richtlinien 23/5ZI
- Rechtsverordnungen auf dem Gebiet des ~ 23/55ZI
- Schiedsämter 22/60
- Verträge im ~ 22/2

Sozialwahl 14/13
Spaltung 9/48
Sparkassen 6/13, 34
Spätaussiedler 10/30, 19/24
Spruchkörper 8/8, 15, 30/5
Staatsangehörigkeit 10/1, 4, 11f., 15ZI, 16, 14/12, 19/24, 73, 24/21
Staatsanwaltschaften 2/7, 7/74, 80ZI
- als Verwaltungskontrollinstanz 12/64ZI
- Öffentlichkeitsarbeit 27/32

Staatsbrauerei 7/70
Staatsexamen
- Bestandenhaben 10/3, 11/16
- Prüfereigenschaft 10/13

Staatshaftung
- Abwehransprüche 13/56ff.
- Aufwendungsersatzansprüche 13/102ff.
- Einstandspflichten 12/24
- Entschädigungsansprüche 13/90ff.
- Erstattungsansprüche 13/96ff.
- Rechtsweg 3/32

Staatshaftungsgesetz
- der Bundesrepublik 13/79
- der DDR 13/80

Sachregister

Staatskirchenverträge 22/1ZI, 24/4ZI
Staatsministerien 7/66f.; *siehe auch*
    Landesministerien
Staatsregierung 7/65
Staatsverträge
 - als Landesrecht 2/37ZI, 22/1ZI
 - als Rechtsgrundlage 17/50ZI
Staatsweingüter 26/10
Städtebauliche Verträge 22/50ZI
Stadtrechtsausschüsse 5/30, 7/86ZI, 19/167
Stadtsiegelfall 15/29
Stadtwerke 5/13
Standesämter 3/35
Statthaftigkeit 13/36ff.
 - allgemeine Feststellungsklage 9/58f.
 - allgemeine Leistungsklage 13/37f.
 - Anfechtungsklage 19/144ff.
 - Anfechtungswiderspruch 19/207
 - Antrag nach § 47 Abs. 1 VwGO 23/54f.
 - Antrag nach § 80 Abs. 5 VwGO 19/213ff.
 - Fortsetzungsfeststellungsklage 19/231
 - Fortsetzungsfeststellungswiderspruch 19/238ZI
 - Verpflichtungsklage 13/39ff.
Status 9/3, 10/1ff.
 - Erwerb 10/10ff.
 - Geltendmachung 10/19ff.
 - negativus 13/7ZI
 - organisatorischer 10/7
 - prozeduraler 10/9, 28ff.
 - Verlust 10/15ff.
 - von Sachen 15/3
Statuslehre 9/5ZI
Stellvertreter des Behördenleiters 7/35
Steuerrecht 2/12, 45ZI, 13/28, 20/20ZI, 50ZI, 22/2ZI
 - Steuer 12/7, 31ZI
 - Steueranmeldung 18/14ZI
 - Steuerbescheide 12/61, 20/17ZI
 - Steuererklärung 18/14, 16
 - Steuerhinterziehung 12/67
 - Steuerpflichtigkeit 12/17
 - Steuerschätzung 12/78
 - Steuerschuldverhältnis 9/7
Stiftungen des öffentlichen Rechts 6/35
Stiftungsrecht 19/14
Störerauswahl 17/70ZI
Strafantrag 17/5ZI
Strafen 12/64ff., 72
Strafrecht
 - Rechtfertigung durch Befugnisse 11/4, 27/24ZI

 - Rechtfertigung durch behördliche Duldung 20/53ZI
 - Rechtfertigung durch Dienstpflicht 25/7
 - Rechtsweg 3/31
 - Rückwirkungsprobleme 20/6ZI
 - verwaltungsakzessorisches 12/65
 - verwaltungsrechtliche Erlaubnisse im ~ 11/4
Strafvollzug 3/34, 25/8
Straßenbau 27/1, 7
Straßenbenennung 15/11, 19/49, 128
Straßenrecht 15/1ZI
Straßenverkehrsordnung 23/9
Straßenverkehrsrecht 15/21; *siehe auch* Fahrerlaubnis
Streifenfahrt 27/7
Streitgenossen 30/8ZI
Streitkräfte 1/11ZI, 7/3
Struktur- und Genehmigungsdirektionen 7/71
Studentenstatus 10/1, 5, 15, 18f.
Studentenwerke 6/34
Stuhlurteil 30/25
Stundung 13/33
Subdelegation 23/24
Subjektives öffentliches Recht 9/5; *siehe auch* Anspruch, Erlaubnis, Kompetenz
Subjektstheorie 2/5f.
Subordinationstheorie 2/6
Subsidiarität der Feststellungsklage 9/60, 13/59ZI
Subventionen 11/30, 36, 26/19
Subventionen
 - öffentlich-rechtliche Einordnung 22/17
 - Unionsrecht 20/26ZI, 30ZI, 32ZI
 - Zweckentfremdung als Widerrufsgrund 20/43
Summarische Prüfung 9/66, 19/221
Suspensiveffekt 21/24
 - von Anfechtungswiderspruch und -klage 19/83
 - von Rechtsmitteln 21/24
Systemzustände 9/4, 16/1ff.

T
TA Luft 11/26
Tarifverträge 5/24
Tatbestandsmerkmale 9/20ff.
 - alternative 11/32
 - faktische 11/24ff., 11/23ff., 13/21ff.
 - für Ansprüche 13/20ff.
 - für Befugnisse 11/20ff., 17/54, 19/123ff.
 - normative 9/28f., 11/29ff., 13/24
 - Schlüssel~ 10/4

Tatbestandswirkung 19/18ZI
Tatsachenfeststellung 19/22
Tatsächliche Wirkungen 17/12f., 27/1ff.
Tatstrafe 12/76ZI
Täuschung als Vertrauenshindernis 20/30
Taxenkonzession 19/34f.
Teilanfechtungsklage 19/151f., 20/93ff.
Teilbarkeit 17/23f.
Teilnichtigkeit 19/77
Teilrechtmäßigkeit 17/52
Teilrechtsfähigkeit 6/3ZI, 26/18ZI
Teilrechtsmittel 21/24ZI
Teilurteile 21/2
Teilwirkungen 17/22ff.
– von Verwaltungsakten 19/9
Tenor 19/41
Testkäufe 26/9
Thüringen 8/7, 29/1ZI
THW 6/36, 7/19
– Helfer 5/31, 10/16
Tierschutzkommission 23/27, 29/35
Titel *siehe* Vollstreckungstitel
Titelverjährung 13/32
Titelwirkung 17/21, 19/25f.
– nicht bei Rechtsverordnung/Satzung 23/14
– Verhältnis zur Vollziehbarkeit 19/84
– von Gerichtsakten 21/10ff.
– von öffentlich-rechtlichen Verträgen 22/11f.
– von privatrechtlichen Verträgen 26/16f.
– von Verwaltungsakten 19/25f.
Titulierung bestehender Pflichten 12/29, 57ff.
Tochteranstalten 6/13
Tochtergesellschaften 5/13, 26/1ZI
Tod 5/5, 9/48
Totalvorbehalt 12/15ZI, 17/47ZI
Trägheitsprinzip 9/11
Transparenzgesetz 2/47
Treibhausgas-Emissionszertifikate 9/17, 14/12, 18/18
Truppendienstgerichte 3/28, 25/19ZI
TV-L, TVöD 5/24

U
Überlagerung
– von Befugnissen 11/46ff.
– von Tatbestandsmerkmalen 9/32ff.
Übertragung 9/17f., 14/11, 18/18f.
– von Ansprüchen 13/27
– von Genehmigungen 11/15
– von Status 10/14
Überwachungsstellen 5/46

Ultra-vires-Lehre 6/3ZI, 26/18ZI
Umdeutung 20/11
Umwandlungsrecht 9/48, 11/17f.
Umweltaudit 10/25
Umweltinformationen 13/112
Umweltrecht 2/12, 12/4, 33, 44, 15/7
Umweltstrafrecht 12/65
Umweltverträglichkeitsprüfung 19/116ZI, 29/20
Umwidmung 15/14
Unabhängige Behörden 7/85
Unabhängige Verwaltungsträger 6/43f.
Unabhängiger Kontrollrat 7/59
Unabkömmlichstellung 11/29
Unanfechtbarkeit 21/16
Unbeachtlichkeit von Verfahrensfehlern 19/116ff., 23/35
Unbestimmte Rechtsbegriffe 9/27
Unionsrecht 2/19ff.
– als Rechtsgrundlage 17/49
– als Wirksamkeitsvoraussetzung für Gesetze 24/15ff.
Unmittelbare Ausführung 27/29
Unmittelbare Staatsverwaltung 7/52ff.
Unmittelbarer Zwang 12/54, 27/24ff., Prüfungsschema 25
Unmittelbarkeitsgrundsatz 30/24
Unmöglichkeit 19/132
– Nichtigkeit wegen ~ 19/74
Unrichtigkeiten 20/12
Untätigkeitsberufung 21/35
Untätigkeitsklage
– Anfechtungsklage als ~ 19/175, 245ZI
– Verpflichtungsklage als ~ 19/251f.
Untere Landesbehörden 7/75ff.
Unterlassen
– als Verwaltungsakt 19/34ff.
– der Gesetzgebung 24/25
Unterlassungsansprüche 13/58ff.
Unterlassungsklage 13/59
Unterlassungspflicht 12/10ff.
– Strafbewehrung 12/66
– von Hoheitsträgern 12/23
Unternehmenskauf 9/18ZI
Unternehmensorganisation 5/45
Unterschrift 19/112
Unterstützungspflicht 7/19
Untersuchungsgrundsatz 30/17
Unterwerfung 11/40, 18/6ZI
– unter die sofortige Vollstreckung 22/12
Unzuverlässigkeit *siehe* Gewerbeuntersagung, Zuverlässigkeit
Unzweckmäßigkeit 19/209, 261
Urkunden, Pflicht zur Herausgabe 15/28

Sachregister

Urkundsbeamter 8/9
Urteile 21/2, 30/24ff.; *siehe auch* Gerichtsakte
— ähneln Verwaltungsakten 19/26ZI
— kassatorische 13/42, 17/88
— Nicht~ 21/15
— nichtige 21/17
— reformatorische 17/96ZI
USA 1/16, 3/33ZI, 9/43ZI

V

Verbandsgemeinden 6/30
Verbandsklage 4/12, 12/44, 13/19ZI, 48, 19/161
Verbandszuständigkeit 6/6ff.
Verbindliche Einladung 27/34
Verböserung 19/174ZI, 177, 20/20
Verbot
— als Grund der Rechtswidrigkeit 17/32ff.
— Erlaubnis als Schlüssel 11/2, 7ff.
— fremde Aufgaben wahrzunehmen 19/99
— gesetzliches (§ 134 BGB) 22/31f., 26/19
— ohne Befugnis zu handeln *siehe* Vorbehalt des Gesetzes
— präventives 12/11ff.
Verbraucherinformationen 13/112
Verbunddateien 27/44
Verdeckung von Tatbestandsmerkmalen 9/33
Vereinsrecht 19/13
Vereinsverbot 21/5ZI, 30/21ZI
Verfahren 28/1ff.
— Aussetzung 11/31
— behördliche 29/1ff.
— Einleitung 29/14f.
— gerichtliche 11/31, 30/1ff.
— Geringschätzung 17/58, 28/5
— kontradiktorische 29/8, 30/8
— vor Rechtsakten 17/55ff.
Verfahrensautonomie 2/25, 33
Verfahrensdauer 21/36
Verfahrensermessen 29/10ZI
Verfahrensfehler
— bei Gerichtsakten 21/29
— bei Rechtsverordnungen/Satzungen 23/22ff., Relativierung 35
— bei Verwaltungsakten 19/102ff., Nichtigkeitsfolge 19/76, Relativierung 19/116ff.
Verfahrenshandlungen 19/44, 29/13
— allgemeine Leistungsklage auf ~ 27/22
— Anfechtungsklage gegen ~ 19/156
Verfassungsbeschwerde
— gegen Gerichtsakte 21/25ZI
— gegen Gesetze 24/23
Verfassungsgerichtsbarkeit 3/20

Verfassungsorgane als Behörden 7/58, 66
Verfassungsrecht 2/40f.
Verfügungsverträge 18/18f., 22/7
Vergabekammern 26/23
Vergaberecht 13/13, 26/6ZI, 19, 21
— Rechtsschutz 26/23
— Verfahren 29/38
Vergangenheit
— Änderung der ~ 9/29
— Anknüpfung an die ~ 9/30
Vergleich
— durch Vertrag 22/10, 52f., 26/15
— im Gerichtsverfahren 30/28
Vergleichsperson 13/88
Verhalten
— als Pflichtinhalt 12/2
— als Tatbestandsmerkmal 9/25
Verhältnismäßigkeit
— als Befugnisgrenze 17/53
— als Rechtmäßigkeitsanforderung 17/60ff.
Verjährung 12/6, 37, 13/31f.
Verkehrsrecht 15/21
Verkehrszeichen 15/21, 19/169
— Bekanntgabe 19/64ZI
Verkündung 17/30
— von Gesetzen 24/10
— von Rechtsverordnungen/Satzungen 23/30ff.
— von Urteilen 30/25
Verkündungsblätter 23/30
Verlusttatbestände 9/11ff.
Vermögensverwaltung 26/11
Verordnungen 23/4; *siehe auch* Rechtsverordnungen
Verordnungsermessen 23/40
Verpflichtungserklärungen 6/15ZI
Verpflichtungsfortsetzungsfeststellungsklage 19/263ff., Prüfungsschema 17
Verpflichtungsklage 13/39ff., 17/91ff., 19/244ff., Prüfungsschema 15
— als mittelbare Verordnungskontrolle 23/50
— aus Zusicherung 20/64
— Klagebefugnis 19/247ff.
— richtiger Beklagter 19/253f.
Verpflichtungsvertrag 22/77777
Verpflichtungswiderspruch 17/97, 19/260ff., Prüfungsschema 16
Versagung 19/19ZI
— Anfechtungsklage gegen ~ 19/154
— Aufhebung der ~ 19/257ZI
— gerichtliche 21/34
Versagungsgegenklage 19/251ZI

Versammlungen 15/19
Versammlungsverbot 11/24, 19/49
Verschmelzung 9/48
Versiegelung 12/56, 15/5
Verspätungszuschlag 12/73
Verteidigungsfall 16/2, 4, 7f., 19/13, 20/83
Verträge 3/19, 22/1; *siehe auch* öffentlich-rechtliche Verträge, privatrechtliche Verträge
Vertragsformverbot 22/19
Vertrauensbetätigung 20/30
Vertrauensschutz
- als Rechtmäßigkeitsanforderung 17/59
- bei Gesetzen 24/20
- bei Rücknahme 20/25, 28ff.
- bei Widerruf 20/40ff.
- durch Entschädigung 13/93
- reduziert durch Widerspruch 20/23
Vertreter des öffentlichen Interesses 30/12
Vertreterversammlung 7/50
Vertretungsorgane 7/50
Verwahrungsverhältnis 9/7
Verwaltung
- allgemeine Landes~ 7/67, 71ff., 75ff.
- als Kollektivname 1/12
- als Organisation 1/11ff.
- als Tätigkeit 1/1ff.
- digitale 1/9
- kooperative 1/8
Verwaltungsabkommen 22/1ZI
Verwaltungsaktbefugnis 19/93
- bei Formenmissbrauch 19/58ZI
Verwaltungsakte 17/4, 19/1ff.
- abhängige 11/31, 19/196ff., 30/21
- als Rechtswegöffner 13/44ZI
- an mehrere Adressaten 19/65
- ändernde 20/9
- auf Unterwerfung erfolgende 18/6ZI
- aufhebende 19/2ff.
- automatisierte 19/39, 107
- befehlende 19/25f., 132, Auflage 20/77
- Begriffsmerkmale 19/31ff.
- begünstigende: Erzwingung 19/242ff., Aufhebung 20/3, Rücknahme 20/28ff., Widerruf 20/36, 40ff., Nebenbestimmungen 20/90f.
- belastende: Abwehr 19/139ff., Aufhebung 20/3, Nebenbestimmungen 20/90, 92
- Dauer~ 19/194
- erledigte 19/80; *siehe auch* Fortsetzungsfeststellungsklage
- Ermessens~ 19/133ff., Anfechtung 20/1f.
- feststellende 19/16ZI, 20, 26ZI
- gemeinsame 19/37ZI

- gestaltende 19/10ff., 18, 26ZI; für einzelne Rechtspositionen 9/15, 10/11, 11/13, 34ff., 12/28, 13/26, 14/3ZI, 15/11
- inhaltlich begrenzte 19/8, 20/71, 75, 83ff.
- Kompetenz für ~ 14/5f.
- Legaldefinition 19/31
- nichtige 19/69ff., Anfechtung 19/149, behördliche Feststellung 19/126, 249, 20/13, gerichtliche Feststellung 19/240f.
- präjudiziell wirkende 19/16ff.
- privatrechtsgestaltende 19/12ff., 59ff.
- rechtmäßige 19/89ff., Prüfungsschema 9
- Rechtsschutz 13/42ff., 19/138ff.
- Rechtsweg 3/13f., 17
- transnationale 9/12ZI, 17/8ZI, 19/37ZI
- unvollziehbare 19/81ff., Anfechtung 19/150
- Vollzugsfolgen 13/75
- vorläufige 11/36, 19/10ZI, 20/10
- wirksame 19/62ff., Prüfungsschema 8
- Wirkungen 19/6ff.
- Wirkungsbedingungen 19/27ff., Prüfungsschema 6
- Zusicherungen als ~ 20/49ff.
- zwischen Verwaltungsträgern 6/41
Verwaltungsaufbau 7/46ff.
- im Bund 7/55ff.
- in den Ländern 7/63ff.
- von anderen Verwaltungsträgern 7/47ff.
Verwaltungsbeschäftigte 5/24, 26/7
Verwaltungsdatenschutzrecht 27/37ff.
Verwaltungserklärung 22/42
Verwaltungsgebrauch 15/10, 27ff.
Verwaltungsgebühren 12/7, 31ZI
Verwaltungsgerichte
- als Gerichtszweig 8/1ff.
- als verfahrende Stellen 30/4ff.
- im engeren Sinne (VG) 8/5f.
- Rechtswegzuständigkeit 3/4ff.
Verwaltungsgerichtshof 8/5
Verwaltungsgerichtsordnung (VwGO) Vorb/28, 2/35, 39
- Ausführungsgesetze 2/36, 39
Verwaltungshandeln *siehe auch* Rechtsakte, Realakte
- informelles 27/35
Verwaltungshelfer 5/33ff.
Verwaltungskontrolle 3/1, 17/68
Verwaltungsorganisation *siehe* Verwaltungsaufbau
Verwaltungspraxis 17/65
Verwaltungsprivatrecht 26/8
Verwaltungsprozess 30/1ff.

Sachregister

- Kostenerstattung 13/104
Verwaltungsprozessrecht Vorb/8ff., 2/16, 30/1ff.
Verwaltungsrecht 2/7
- Allgemeines und Besonderes ~ 2/8ff.
- kooperatives 1/8, 22/2
- materielles und prozessuales 2/16; *siehe auch* Verwaltungsprozessrecht
Verwaltungsrechtsverhältnis 6/10, 9/6ff., 10/5
Verwaltungsrechtsweg 3/4ff., Prüfungsschema 1; *siehe auch* Rechtsweg
Verwaltungsstrafrecht 12/68ZI
Verwaltungsstreitverfahren 30/1ff.
Verwaltungsträger 6/1ff.
- Arten 6/28ff.
- Aufsicht 6/39ff.
- Behörden ohne ~ 7/81
- Bindung an Verwaltungsakte 19/23f.
- Entstehung und Untergang 6/11ff.
- Handeln durch Organe 6/15ff.
- Zurechnungspunkte für das Privatrechtshandeln 26/4
Verwaltungsverbund 2/27
Verwaltungsverfahren 29/2ff.
- als Rechtmäßigkeitsthema beim Verwaltungsakt 19/102ff.
- förmliche 29/26f.
Verwaltungsverfahrensgesetze (VwVfG*) Vorb/27, 2/45, 29/1
Verwaltungsverordnungen 23/4; *siehe auch* Verwaltungsvorschriften
Verwaltungsverträge *siehe* öffentlich-rechtliche Verträge
Verwaltungsvollstreckung 12/45ff., 27/26f.
- ~gesetze 2/43, 46
- als Durchsetzungsmechanismus für Ansprüche von Hoheitsträgern 12/42
- aus privatrechtlichen Titeln 26/17ZI
- gegen Rechtsnachfolger 10/32, 12/34
- gegen Verwaltungsträger 12/45ZI
Verwaltungsvorschriften 17/5, 25/2; *siehe auch* Innenrechtsakte
- Allgemeine 25/5
- als Ermessensausübung 17/74ZI
- als Ermessensfehlerquelle 17/75ZI
- als Rechtsgrundlage 17/50ZI
- an Behörden 7/83
- führen nicht zur Außenrechtswidrigkeit 17/37
- normkonkretisierende 9/38ff., 25/10
- und Gleichbehandlung 17/65
- Veröffentlichung 25/13
Verwaltungszuständigkeit 6/7
Verwaltungszustellungsgesetze 2/43, 46

Verweisungsbeschluss 3/22, 21/8, 30/23, 33
Verwerfung von Rechtsmitteln 21/32
Verwirkung
- materiellrechtliche 9/51f.
- prozessuale 13/53
Verzicht 9/19
- als private Handlungsmöglichkeit 14/11, 18/4
- auf Anspruch 13/33
- auf Fristwahrung beim Widerspruch 19/172
- auf Genehmigung 11/43
- auf Klagen 30/31
- auf mündliche Verhandlung 30/23
- auf Pflicht 12/37
- auf Status 10/16
Verzinsung 12/6
Verzögerungsrüge 21/36
vis absoluta 12/54
Vollstreckbarkeit, vorläufige 21/16ZI
Vollstreckung *siehe auch* Verwaltungsvollstreckung, Zwangsvollstreckung
- aus Gerichtsakten 21/13, 30/37ff.
- gegen Verwaltungsträger 30/39ff.
Vollstreckungshilfe 13/107
Vollstreckungsmaßnahme, Rechtmäßigkeit 19/26PH, 124f., 27/26f.
Vollstreckungstitel *siehe auch* Verwaltungsvollstreckung
- als Eigenschaft eines Rechtsakts 17/21, Verwaltungsakt 19/25f.
- als Voraussetzung der Verwaltungsvollstreckung 12/47ff.
- Betroffensein von ~ als prozeduraler Status 10/31f.
- Schaffung 17/21, durch Verwaltungsakt 19/25f., durch Gerichtsakt 21/10ff., durch Vertrag 22/11f.
Vollstreckungsunterwerfung 22/12
Vollstreckungsverfahren 29/31ff.
Vollstreckungsverjährung 13/32
Vollziehbarkeit 19/81ff.
Vollziehungsanordnung 19/87, 225f.
Vollziehungsaussetzung 19/83ZI, 27
Vollzugsföderalismus 3/3
Vollzugshilfe 13/107
Vollzugsverwaltung 1/7
Vorbehalt des Gesetzes 12/15f., 17/40ff.
- als Grund der Rechtswidrigkeit 17/40ff., 19/91
- als Grund für Befugnisse 11/3, 10
- Anwendungsbereich 17/41ff.
- für Aufhebungsverwaltungsakte 20/14
- für Datenverarbeitungen 27/38

- für Nebenbestimmungen 20/88
- für Realakte 27/4ff.
- institutioneller für Beleihung 10/22
- institutioneller für Rechtsverordnung/ Satzung 23/45

Vorbehalt des höheren Dienstes 7/14
Vorbescheide 10/30, 11/25, 19/20
Vorführung als spezielles Zwangsmittel 12/78
Vornahmeklage 19/244, 256f., 259
Vorrang des Gesetzes 19/95, 20/15
Vorstand 5/15, 7/27ZI
„Vorständin" 7/27ZI
Vorstellungspflicht 12/78
Vorteilsabschöpfung 12/81
Vorverfahren
- vor Anfechtungsklage 19/162ff.
- vor Antrag nach § 80 Abs. 5 VwGO 19/217f.
- vor Verpflichtungsklage 19/250ff.

Vorwegnahme der Hauptsache 9/69, 19/270ZI
Vorzeichenwechsel bei Aufhebung 20/45

W

Wachdienste 5/44, 10/26
Waffenrecht 5/7, 11/6, 18ZI, 15/4, 27/42; *siehe auch* Kriegswaffenrecht
Wahlrecht 14/13
Warnungen 19/40, 27/30ff.
Wasser- und Bodenverbände 6/32, 15/13
Wasserrecht 11/5ZI, 8
Wasserstraßen 15/16, 21
Wehrdienstfähigkeit 10/6
Wehrpflichtigkeit 10/4, 12/17, 16/7
Wehrverwaltung 1/11ZI, 7/62
Weihnachtsmarkt 5/38
Weinrecht 11/27PH
Weisungen 17/5, 21/2, 25/15f.; *siehe auch* Innenrechtsakte
- als Rechtsgrundlage 17/50ZI

Weisungsbindung 25/1
Weisungsfreiheit 6/43f., 7/85, 25/16ZI
Werkfeuerwehr 5/42
Widerpruchsbescheid 20/19ff.
Widerruf von Verwaltungsakten 19/11, 79, 20/36ff., Prüfungsschema 19
- eine oder mehrere Befugnisse 11/32

Widerruf von Willenserklärungen 18/13
Widerrufsvorbehalt 11/35ZI, 20/81f.
Widerspruch 17/35, 19/203ff., Prüfungsschema 11; *siehe auch* Anfechtungswiderspruch, Verpflichtungswiderspruch

- als Auslöser eines Bescheidungsanspruchs 13/21
- als eigenständiger Rechtsbehelf 19/203ff.
- als Zulässigkeitsvoraussetzung von Klagen 19/165ff., 250ff.
- Kostenerstattung 13/104
- Zurückweisung durch Verwaltungsakt 19/11; *siehe auch* Widerspruchsbescheid

Widerspruchsbehörden 7/73, 19/167
Widerspruchsbescheid 19/173ff., 204
- isolierte Anfechtungsklage gegen ~ 19/155, 20/22
- Verbindung mit Ausgangsbescheid 19/155, 163, 193, 20/22

Widerspruchsfrist 19/168ff.
- bei Fortsetzungsfeststellungsklage 19/237f.

Widerspruchsgegner 19/208
Widerspruchsverfahren
- vor Anfechtungsklage 19/162ff., 203ff.
- vor Verpflichtungsklage 19/250ff.

Widmung 15/11, 17, 19/10, 52
- als Allgemeinverfügung 19/49

Wiederaufgreifen 13/65ff., 19/11, 20/16ZI, Prüfungsschema 5
Wiederaufnahme 13/65ZI, 21/25ZI
Wiedereinsetzung 19/171, 182
Wiedererteilungssperre 17/80
Wiedergestattung 19/195
Wiederholungsgefahr 19/234
Willenserklärungen 18/2ff.
- auf verwaltungsrechtlichem Gebiet 18/2ff.
- beim öffentlich-rechtlichen Vertrag 22/14

Wirksamkeit
- ~svoraussetzungen 17/26, 30f.
- äußere und innere 19/8, 28ZI
- von Rechtsverordnungen/Satzungen 23/18ff.
- von Verträgen 22/18ff.
- von Verwaltungsakten 19/62ff., Beseitigung 19/139ff.
- von Weisungen 25/13ff.

Wirkungen von Rechtsakten 17/11ff.
Wirkungsnormen 17/13, 26f.
- für Rechtsverordnungen/Satzungen 23/19
- für Verwaltungsakte 19/6

Wirtschaftsförderung 26/9
Wirtschaftstätigkeit 26/10, 22
Wirtschaftsverwaltungsrecht 2/12
Wissenserklärungen 18/14ff.
Wissensqualifikation 9/26

Sachregister

Wissensvorräte 27/41ff., 29/19
Wissenszurechnung 7/24ZI, 20/33
Witwenprivileg 11/18ZI
Wohnungsbetretung 12/15ZI
Württemberg 29/1ZI

Z
Zahlungspflichten 12/6ff.
Zeichnungsbefugnis 7/32, 19/38
Zeitungsentnahmegerät 19/136
Zeugen
 – Entschädigung 13/104ZI
 – im behördlichen Verfahren 29/18
 – im Gerichtsverfahren 30/19
Zielvereinbarungen 17/5ZI
Zigaretten 27/31
Zitiergebot 23/34
ZPO, Anwendbarkeit in der VwGO 30/1
Zucker 27/31
Zugang des Verwaltungsakts 19/64
Zukunftsprognosen 9/30, 11/24
Zulässigkeitsvoraussetzungen 3/21ff., 17/82, Prüfungsschema 2
Zulassungsstelle 10/25
Zurechnung *siehe* Handlungszurechnung, Wissenszurechnung
Zurückverweisung 21/31
Zurückweisung 19/11, 21/32
Zusagen 20/54ZI
 – verbindliche 20/50ZI
Zusicherungen 20/48ff., Prüfungsschema 20
 – Auswirkung auf Folgeakte 17/78
 – Rechtsweg 3/17
Zustände als Tatbestandsmerkmale 9/25
Zuständigkeit
 – als Inhaberschaft einer Befugnis 17/44PH, 19/99

 – als Rechtmäßigkeitsanforderung 19/99ff.
 – behördliche 7/4ff.
 – funktionale 7/11, 8/15
 – für Rechtsverordnungen/Satzungen 23/22
 – gerichtliche 8/10ff., 19/186ff.
 – instanzielle 8/13
 – Nichtigkeit mangels ~ 19/72, 76
 – Organ~ 7/4ff.
 – örtliche 7/9f., 8/14, 19/72, 186ff.
 – Rechtsweg~ 3/4ff., Prüfungsschema 1
 – sachliche 7/7f., 8/12f.
 – Verbands~ 6/6ff.
 – Verwaltungs~ (Bund/Länder) 6/7
 – verwaltungsgerichtliche 8/10ff.
Zustellung 19/115
 – der Klage 30/16
Zustimmung
 – anderer Stellen zu Rechtsverordnungen/ Satzungen 23/28
 – Betroffener zu belastenden Maßnahmen 11/40, 17/43, 18/6
 – Dritter zu Verträgen 22/35ff.
Zuverlässigkeit 11/24, 45
 – als Genehmigungsvoraussetzung 19/127
Zwangsgeld 12/32, 52
 – gegen Verwaltungsträger 30/41f.
Zwangsleistungen Privater 5/35
Zwangsmittel 12/51ff., 27/26f.
Zwangsvollstreckung 12/46ZI, 50, 19/26ZI
Zweckmäßigkeit 19/209, 261
Zweckverbände 6/13
Zwei-Stufen-Theorie 3/13ZI, 15/26, 22/17, 26/26ff.
Zwischenfeststellungsklage 9/55ZI
Zwischenurteile 21/2

SPRINGER NATURE

GPSR Compliance

The European Union's (EU) General Product Safety Regulation (GPSR) is a set of rules that requires consumer products to be safe and our obligations to ensure this.

If you have any concerns about our products, you can contact us on ProductSafety@springernature.com

In case Publisher is established outside the EU, the EU authorized representative is:

Springer Nature Customer Service Center GmbH
Europaplatz 3
69115 Heidelberg, Germany

The manufacturer's authorised representative in the EU is Springer Nature Customer Service Centre GmbH, Europaplatz 3, 69115 Heidelberg, Germany. If you have any concerns regarding our products, please contact ProductSafety@springernature.com

Printed and bound by CPI Group (UK) Ltd, Croydon, CR0 4YY
23/03/2026
02076466-0017